Walter Rauscher

# HITLER UND MUSSOLINI

## MACHT, KRIEG UND TERROR

Walter Rauscher

# Hitler und Mussolini

## Macht, Krieg und Terror

F.Pustet

:STYRIA

Die Deutsche Bibliothek – CIP-Einheitsaufnahme

Rauscher, Walter:
Hitler und Mussolini : Macht, Krieg und Terror / Walter Rauscher. –
Graz ; Wien ; Köln : Verl. Styria; Regensburg : Pustet, 2001
ISBN 3-222-12871-5 (Styria)
ISBN 3-7917-1777-4 (Pustet)

Vertrieb Österreich, Schweiz, Südtirol: Styria
Vertrieb Deutschland: Pustet


Layout und Umbruch: Helmut Lenhart, Graz
Umschlaggestaltung: Graphic-Design Mag. Kurt Rendl, Wien
Umschlagbild: Scherl/SV-Bilderdienst, München
Druck und Bindung: druckservice STYRIAN
ISBN 3-222-12871-5 (Styria)
ISBN 3-7917-1777-4 (Pustet)

# Inhalt

# Vorwort

Das 20. Jahrhundert war das Jahrhundert der Diktatoren. Lenin, Stalin und Mao sind bloß die drei bekanntesten Gewaltherrscher, die der Kommunismus hervorgebracht hat. Sie fanden ihre Epigonen an der Spitze kleinerer Terrorregimes, ob in Osteuropa oder Südostasien. Die Liste der Tyrannen der extremen Linken ließe sich noch lang, bis in die Gegenwart fortsetzen. Sie besitzt ihr entsprechendes Pendant auf der Rechten, deren Namen quer über den ganzen Erdball und bis in unsere Zeit reichen. Adolf Hitler und Benito Mussolini gaben ihren beiden Bewegungen und Regimes freilich eine Gestalt, die auf der extremen Rechten ihresgleichen suchte. Ihre Besonderheit macht dabei freilich auch der Umstand aus, dass sie ihre Diktaturen in zwei der höchst entwickelten Nationen Europas errichten konnten.

Der Faschismus war nicht ohne Mussolini, der Nationalsozialismus nicht ohne Hitler denkbar. Im Gegensatz zu den politischen Bewegungen des linken Spektrums basierte die radikale Rechte in Deutschland und Italien nicht auf Theorien intellektueller Ideologen, sondern maßgeblich und vorrangig auf den Ideen, Taten und der Anziehungskraft ihrer beiden Führergestalten. Keine noch so kritische, distanzierte und strukturbezogene Betrachtung kommt an der Erkenntnis vorbei, dass es besonders auch die charismatische Erscheinung war, der die beiden ihren Aufstieg und Erfolg zu verdanken hatten. Es ist unbestritten und zudem nur folgerichtig, dass beiden die spezifischen Umstände der Zeit außerordentlich entgegenkamen und dass beide – wenngleich in unterschiedlichem Ausmaß – gerade bei schwerwiegenden Entscheidungen von ihrer nächsten Umgebung beeinflusst wurden. Anzunehmen, dass die Handlungen der beiden Parteiführer und Diktatoren ausschließlich auf ihre ureigenste Gedankenwelt zurückzuführen waren, hieße, ihnen einen Status zu verleihen, der der Wirklichkeit keineswegs entsprach. Ebenso wenig wäre es freilich zutreffend, die beiden lediglich auf demagogische Galionsfiguren ihrer Bewegungen zu reduzieren, die dem ganzen System bloß ihr Gesicht verliehen, den Gang der Dinge jedoch zuweilen gar nicht beeinflussten.

Bei allen Unterschieden verfügten beide Männer über einen überaus wirksamen dämonischen Charme, dessen sie sich vollauf bewusst waren und je nach Bedarf einsetzten. Es war dies die gewinnende, redlich wirkende, ebenso sinnliche wie brutale Ausstrahlung des Verführers und Schauspielers, die gleichermaßen im kleinen Kreis wie auf die Massen nachhaltig wirkte. Keiner ihrer Paladine verfügte über diese Aura. Nicht zuletzt das Bewusstsein, jene Wirkung nicht erzielen zu können, veranlasste die sonst so durchtriebenen Unterführer der beiden Bewegungen, sich freiwillig in die zweite Reihe zu stellen. Mochte der Fanatismus eines Joseph Goebbels oder Roberto Farinacci Teile der Bevölkerung mitreißen, das besonders aus dem Ersten Weltkrieg überlieferte heroische Draufgängertum eines Italo Balbo oder Hermann Göring beeindrucken, die kühle Intelligenz eines Galeazzo Ciano und Albert Speer Anerkennung hervorrufen, für die Rolle eines Volkstribunen, Diktators und Heerführers in einer Person hätte es nicht gereicht. Jene Kombination aus Sendungsbewusstsein, taktischem Geschick, demagogisch-rhetorischem Talent und singulärer Integrationsfunktion war in Faschismus und Nationalsozialismus eben nur jenen beiden „Führern" eigen. Letztlich vermochten sich beide – Hitler am Anfang und Mussolini am Höhepunkt und Ende der gemeinsamen Kontakte – nicht einmal selbst der oft als hypnotisch beschriebenen Anziehungskraft des anderen zu erwehren.

Die deutsche und italienische Nation brachte den beiden Diktatoren zweifellos weit mehr Sympathie entgegen als den politischen Bewegungen, die sie anführten. Für viele galten sie in einem Anflug von Pseudoreligiosität als Retter und Erlöser einer zutiefst verunsicherten, innenpolitisch zerrissenen, außenpolitisch gedemütigten und entehrten Nation, und im Laufe ihrer erstaunlichen Karriere verinnerlichten die beiden „Führer" selbst diesen messianischen Mythos. Dass beide Diktatoren aus dem Volk stammten und stets mit theatralischer Überzeugungskraft vorgaben, sich um die Anliegen des „kleinen Mannes" zu sorgen, brachte ihnen bei den Massen hohe Sympathie ein. Trotz ihrer sozial so abgehobenen Stellung und ihrer nicht selten zur Schau getragenen halbgottähnlichen Aura vermittelten sie den weniger privilegierten Schichten das Gefühl, noch immer zu ihnen zu gehören und stolz auf ihre Herkunft zu sein. Selbst die mächtigsten Vasallen empfanden bei all ihrem innewohnenden Zynismus echte Dankbarkeit und Demut, in der Nähe der beiden „Führer" sein zu dürfen, und zeigten sich bisweilen überwältigt, zum unmittelbaren Gefolge jener Männer zu gehören, die zweifellos Geschichte machten. So erlagen die Paladine gleichfalls dem Führermythos, den sie selbst zu schaffen mithalfen.

Doch die Attraktivität und die Verführungskünste der beiden „Führer" hatten auch ihre Grenzen: Weder Hitler noch Mussolini wurden in freien Wahlen von einer absoluten Mehrheit der Bevölkerung gewählt. Es bedurfte taktischen Geschicks, Bluffs, Einschüchterung und vor allem der fatalen Fehleinschätzung der von den alten Eliten schlecht beratenen Staatsoberhäupter, um Mussolini und über zehn Jahre später Hitler an die Macht zu hieven. Gerade in den privilegierten Kreisen, die weder Faschismus und Nationalsozialismus noch ihren Führern nahe standen, gleichzeitig aber ihren Aufstieg duldeten und ihre Erfolge ermöglichten, ist ein entscheidender Teil an der Schuld am verheerenden Ausgang der Revolutionen Hitlers und Mussolinis zu geben. Die Verantwortlichen im Militär, in der Hochbürokratie, in Teilen der Wirtschaft, in den nationalen und ultrakonservativen Zirkeln, die bislang an der Regierungsmacht beteiligten politischen Eliten sowie das beratende Umfeld des Monarchen und des Reichspräsidenten trugen maßgeblich dazu bei, das durchaus Vermeidbare zu realisieren.

Der Name Hitler steht für den Ausbruch, den Verlauf und den Ausgang des Zweiten Weltkriegs, für unvorstellbare Verbrechen, Terror, Barbarei, Völkermord und Vernichtung. Mussolini besitzt wiederum angesichts seiner langjährigen Vorbildfunktion für Hitler und andere Diktatoren – bis in die Gegenwart – seine besondere Bedeutung. Die Jahre nach dem Ersten Weltkrieg waren geprägt von einer Krise der Demokratie und des liberalen Systems in Europa, von einem wahren Siegeszug von Diktatur und Totalitarismus. Zwischen dem faschistischen „Marsch auf Rom" und der nationalsozialistischen Machtergreifung etablierten sich in Europa bereits zahlreiche autoritäre bzw. faschistische Regimes unterschiedlicher Ausprägung: Im Juni 1923 gelangte in Bulgarien die autoritäre Regierung Zankow durch einen Militärputsch an die Macht. Im September desselben Jahres errichtete General Primo de Rivera in Spanien die Diktatur. In der Türkei ging Mustafa Kemal Atatürk seit Oktober daran, sein Land mittels einer Einparteienherrschaft zu regieren. Achmed Zogu herrschte seit 1925 in Albanien autoritär und nahm drei Jahre später den Königstitel an. Der Weltkriegsheld Marschall Piłsudski gewann durch einen Offiziersputsch im Mai 1926 in Polen die Macht, während in Portugal ebenfalls ein Aufstand der Militärs unter General Gomes da Costa den Beginn des Übergangs von der Republik hin zur Diktatur einleitete. Litauen wurde seit Ende 1926 diktatorisch regiert, in Jugoslawien führte 1929 ein Staatsstreich Alexanders I. zur Königsdiktatur. Im benachbarten Rumänien herrschte König Carol seit 1930 autoritär, und ab Oktober 1932 versuchte in Ungarn Ministerpräsident Gömbös, ein Mann mit rechtsextremen und antisemitischen Wurzeln, die „nationale Revolution" voranzutreiben.

Die Tendenz antidemokratischer Regierungsformen setzte sich in Europa nach Hitlers Machtergreifung weiter fort: Schon im März 1933 begann Bundeskanzler Dollfuß in Österreich nach der so genannten „Selbstausschaltung des Parlaments" sein autoritäres Regime einzurichten, das im christlich-sozialen Ständestaat mündete. 1934 verließen im Baltikum auch Estland und Lettland den demokratischen Weg, und im August 1936 griff in Griechenland General Metaxas nach der Alleinherrschaft, während in Spanien noch bis 1939 ein blutiger Bürgerkrieg tobte, der schlussendlich den Sieg des von Italien und Deutschland unterstützten Generals Franco über die Republikaner bringen sollte.

Keines dieser Regime besaß freilich annähernd die Popularität der Massenbewegungen des italienischen Faschismus und des deutschen Nationalsozialismus;

nicht zuletzt deswegen, weil all diese Diktatoren weder die so oft beschriebene Ausstrahlung Hitlers und Mussolinis besaßen noch versuchten, wirklich alle Menschen ihres Landes zu erreichen und mit modernster Propaganda zu beeinflussen. Es waren dabei durchaus die gleichen Eigenschaften, die beiden unerreichten Demagogen dieses unverwechselbare Charisma verliehen: massenwirksame Überzeugungskraft, grenzenloser Fanatismus, der Hang zum Dramatischen, eine immer wieder zum Vorschein tretende Spielernatur, eine virile, fesselnde Energie, eine bis zur äußersten Brutalität gehende Rücksichtslosigkeit und das nicht zu erschütternde Selbstbewusstsein von Männern, die sich von der Vorsehung auserkoren betrachteten, einen neuen Menschentypus zu schaffen.

Hitler und Mussolini erstrebten die Ordnung der Welt nicht durch das Recht, sondern durch Macht und Gewalt, die sie als das Recht des Stärkeren verstanden. Beide Diktatoren nutzten dafür das fatalistische Ohnmachtsgefühl innerhalb weiter Teile der Bevölkerung zur Durchführung ihrer Ziele. Dieses kam ihnen besonders zustatten, als sie ihre Völker in einen neuerlichen Krieg hineinzogen, der den bereits so blutigen der Jahre 1914 bis 1918 in jeder Hinsicht noch bei weitem übertraf. Wenn Churchill, von Roosevelt gefragt, den Zweiten Weltkrieg schließlich den „unnötigen Krieg" nannte und der Überzeugung war, dass sich ein Waffengang niemals hätte leichter verhindern lassen, so übersah er dabei den unbändigen Willen der beiden ruhelosen Diktatoren zu nationaler Bewährung im Krieg, territorialer Expansion und der grundlegenden Veränderung der bestehenden Weltordnung. Bei aller unzulänglicher Hypothese: Nur die – mithilfe von Gewalt zu erfolgende – Entfernung Hitlers und Mussolinis von der Macht hätte den Ausbruch des zweiten großen Kriegs verhindern können. Alle anderen konventionellen staatsmännischen Strategien zur Eindämmung der Aggression der „Habenichtse" wäre wohl bloß von kurzfristigem Erfolg begleitet gewesen und hätte den Ausbruch eines europäischen Krieges nicht verhindern können.

Das Verhältnis der beiden Diktatoren zueinander war freilich ein höchst ambivalentes. Hitler empfand seit dem Marsch auf Rom für den Duce Bewunderung und betrachtete ihn bis zur nationalsozialistischen Machtergreifung als sein Idol, dem er nachzueifern gedachte. Durch seine außenpolitischen und militärischen Erfolge zu nicht mehr steigerbarem Selbstvertrauen gelangt, dominierte Hitler sodann die Beziehung zu Mussolini, der ihn zunächst als zu ignorierenden Epigonen, dann als gefährlichen Rivalen und schließlich als übermächtigen Verbündeten ansah. Während Mussolini menschlich für den deutschen Diktator nur wenig übrig hatte, bewahrte Hitler bis zum Schluss vom Duce ein erstaunlich sentimentales Bild. Ein Buch über Hitler und Mussolini beschreibt die Geschichte zweier Männer mit Ähnlichkeiten, Gemeinsamkeiten und Unterschieden. Angesichts ihres auf Gewalt ausgerichteten Bündnisses ist es aber vor allem auch ein Buch über Macht, Krieg und Terror.

# Erster Teil

# Die Wurzeln des Hasses I

## Mussolini 1883 bis 1919

Es war die Neigung gleichermaßen zu Gewalt wie unentwegtem Taktieren, die Benito Mussolinis Leben bestimmte. Sie verband sich mit wilder Theatralik, extremem Geltungstrieb, ungezügeltem Stolz, ins Groteske übertriebenem Ehrgefühl und rastlosem Machtstreben. Der stärkste Antrieb für sein Handeln resultierte aus seinem von Minderwertigkeitskomplexen geschürten Hass auf die Gesellschaft und die bestehende Ordnung, deren Ängste er jedoch später zu nutzen verstehen sollte. Wie Hitler fühlte sich auch Mussolini bereits in jungen Jahren zu Höherem geboren, verknüpfte er das Schicksal seiner Nation mit seinem eigenen. Bedeutung für Italien, für Europa und die Welt erlangte er naturgemäß nicht als revolutionär gesinnter Sozialist, sondern als faschistischer Diktator. Aber bereits in seiner Kindheit und Jugend zeigte sich der Habitus des zornigen, unzufriedenen Rebellen, und dieses Verhalten steht mit seiner Herkunft in engem Zusammenhang. Anders als bei Hitler vermag man bei Mussolini tatsächlich schon bei der Beobachtung seiner jungen Jahre die Entwicklung der Persönlichkeitsstruktur nachzuvollziehen.[1]

Ein mexikanischer Revolutionär und zwei radikale Vertreter der italienischen Linken gaben dem späteren Duce seine Vornamen: Benito Juárez, Amilcare Cipriani und Andrea Costa. Benito Amilcare Andrea Mussolini wurde am 29. Juli 1883 in Dovia, einem Ortsteil von Predappio, in der Romagna geboren. Seine Ahnen waren Kleinbauern gewesen, mit durchwegs kämpferischer Biographie, wie es der Atmosphäre dieser eigenwilligen und freiheitsliebenden Region entsprach. Großvater Luigi diente als Leutnant in der Nationalgarde. Politisch engagiert, befand er sich einmal in einem päpstlichen Gefängnis in Haft. Benitos Vater, Alessandro, 1854 in Collina geboren, begeisterte sich zunächst für den Anarchisten Bakunin, gründete eine lokale Organisation der Internationale, verfasste Manifeste und Beiträge für sozialistische Zeitungen und trat auf Versammlungen als Redner auf. Als militanter

Sozialist, der es immerhin zum Gemeinderatsabgeordneten in Predappio brachte, trat er sein Leben lang wütend gegen Monarchie, Kirche und Bürgertum auf, klagte das Elend der Massen an und kam dabei wiederholt mit dem Gesetz in Konflikt. Innerhalb der eigenen Privatsphäre verhielt sich der eigensinnige Mann allerdings in alten gesellschaftlichen Mustern archaisch und autoritär. Alessandro Mussolini verdiente seinen Unterhalt als Schmied und besaß später auch in Forlì eine Gastwirtschaft. Aber er verstand es nicht, mit Geld umzugehen, und zeigte sich weder dem Alkohol noch den weiblichen Reizen abhold. Dies waren bloß weitere Eigenschaften, die er an seinen Sohn offensichtlich weitergeben sollte. Ähnlich wie der junge Adolf Hitler hatte auch Benito Mussolini als Knabe unter den Prügeln seines patriarchalischen Vaters zu leiden. Die verschwörerische und illegale Atmosphäre, in der Alessandro und andere Sozialisten – zuweilen unter Beobachtung der Polizei – die alte Ordnung anprangerten und von einer besseren Zukunft phantasierten, hat den jungen Benito ganz offensichtlich beeindruckt und sein Interesse für Politik geweckt.

Die Mussolinis lebten bescheiden, aber nicht in echter Armut, so wie es der faschistische Diktator später darstellen sollte. Benito Mussolinis Mutter war eine gläubige Katholikin und politisch desinteressiert. Rosa Maltoni, 1858 in Villafranca als Tochter eines Veterinärs geboren, unterrichtete zwei Jahre lang in dem zwischen Florenz und Forlì gelegenen Bocconi, ehe sie nach Dovia versetzt wurde. Gegen den Willen ihrer Eltern heiratete sie dort 1882 „nicht standesgemäß" den Schmied Alessandro Mussolini. Nach Benito schenkte sie 1885 dem zweiten Sohn, Arnaldo,

Benito Mussolini während seiner frühesten Schulzeit.

nach Arnaldo di Brescia, einem Revolutionär aus der Epoche des Kampfes gegen den Heiligen Stuhl, das Leben. Arnaldo sollte seinem Bruder 1922 als Chefredakteur des „Popolo d'Italia" folgen. Die 1888 geborene Tochter Edvige zog es dagegen vor, bürgerlich verheiratet in Premilcuore in der Romagna ein geruhsames Leben in der Provinz zu führen. Die Kinder, deren erste Lehrerin Rosa Mussolini gleichzeitig auch war, sollten Karriere machen, dies war ihr größter Wunsch. Wie sehr Benito diese sanfte, ruhige, zärtliche und zugleich starke Frau wirklich liebte, wird wohl ewig ungeklärt bleiben. Er mag zwar ihre Aufopferung und ihre Geduld bewundert haben. Aber ganz offensichtlich war er ihr weder ein gelehriger noch ein aufmerksamer Sohn. Ganz im Gegensatz zu seinem Vater schien er von seiner Mutter so gut wie keinerlei Prägung für sein Leben als Erwachsener erfahren zu haben.

Der Knabe Benito galt als selbstbewusst, wild und rauflustig.[2] Dies bewies er in seiner Volksschulzeit in Predappio immer wieder. Aus diesen Tagen rührte auch seine bis zum Lebensende beibehaltene Neigung zum Aberglauben her, die eine als Hexe geltende alte Frau bei ihm geweckt haben soll. Neunjährig wurde er auf Betreiben seiner Mutter in das Salesianerkolleg in Faenza gesteckt. Angeekelt von dem bislang ungekannten Zwang, der überaus strengen Erziehung und gesellschaftlicher Klassenhierarchie, blieb er dort ein Außenseiter, der sich einer Einordnung widersetzte und dafür oft und hart bestraft wurde. Benito hasste jene Jahre im Internat, die ihm die Freude an seiner Kindheit stahlen. Verschiedene Übermittlungen erzählen von einem brutalen, gemeinen und überaus aggressiven Knaben. Bei einer seiner zahlreichen Auseinandersetzungen verletzte der ständig Streitsuchende einmal auch einen Mitschüler mit einem Messer.[3]

Seine Situation besserte sich, als er an die Königliche Lehrerbildungsanstalt in Forlimpopoli wechselte. Freilich hatte er auch dort Schwierigkeiten, sich der – wenngleich weniger rigiden und nicht mehr geistlichen – Disziplin zu unterwerfen. Neuerlich ging er bei Streitigkeiten auf seine Mitschüler wiederholt mit dem Messer los. Auf der anderen Seite entwickelte er ein gewisses Maß an Ehrgeiz und Talent, besonders in Geschichte, Geographie, Italienisch, Musik und Pädagogik. Bereits damals neigte der Egozentriker zur Selbstdarstellung. Sein Talent als Redner konnte er bei einer Verdi-Gedenkfeier beweisen, wobei sogar das zentrale sozialistische Organ „Avanti!" in Mailand auf ihn aufmerksam wurde und ihn in einer kurzen Meldung erwähnte. Schwierig, jähzornig und aufsässig blieb der durchaus stark gebaute und handwerklich Begabte aber auch in jener Anstalt, die er schlussendlich kurz vor seinem 18. Geburtstag mit dem Diplom eines Volksschullehrers verließ.[4]

Der junge Mann Benito Mussolini galt als Einzelgänger, unbeliebt und misanthropisch. Allein zum weiblichen Geschlecht fühlte er sich magisch hingezogen. Er besuchte die Bordelle von Forlì und unterhielt bereits damals zahlreiche Liebschaften. „Jedes Mädchen, das ich sehe, ziehe ich mit meinen Blicken aus", sollte er

Nur wenige Monate unterrichtete Mussolini als Volksschullehrer, bevor er sich in die Schweiz absetzte.

Der junge Revolutionär aus der Provinz.

einmal gestehen.[5] Dafür, dass ihm so manche „Verlobte" unter Tränen und voll Reue vorwarf, er hätte sie entehrt, fehlte dem von seinen Trieben Getriebenen dementsprechend jedes Verständnis.[6] Als dürftig besoldeter Volksschullehrer in der Gemeinde Gualtieri Emilia, hielt Mussolini nicht einmal ein Jahr durch. Zudem ließ sein Lebenswandel zu wünschen übrig: Er betrank sich, spielte Karten und machte Schulden. Dem noch nicht genug unterhielt er eine heftige Affäre mit einer verheirateten Frau, die er – bisweilen unter schwerem Alkoholeinfluss – tyrannisierte und ebenfalls mit dem Messer verletzte.[7]

Der junge Wilde setzte sich in die Schweiz ab. Er tat dies wohlweislich, kurz bevor man ihn zum Militärdienst einziehen konnte, und erhielt hiefür in seiner Abwesenheit eine einjährige Gefängnisstrafe. Dass sein ebenfalls so schwieriger Vater gerade verhaftet worden war, änderte nichts an seiner Entscheidung; er ließ sich vielmehr von seiner Mutter die Bahnfahrkarte zahlen; dabei handelte es sich um einen Betrag, für den sie immerhin einen Monat lang arbeiten musste. Doch Abenteuerlust, Schulden, gesellschaftliche Ächtung und Affären trieben ihn dazu, die italienische Provinz zu verlassen.[8]

Als Flüchtling in der Schweiz glitt Mussolini an den Rand der Gesellschaft ab. Nachdem ihm schwere Gelegenheitsarbeit schon bald unerträglich geworden war, trieb er sich zum Landstreicher heruntergekommen in Lausanne herum, wiewohl er nicht wirklich Hunger leiden musste. Sein Hass auf die Besitzenden, auf die etablierte Gesellschaft ließ in ihm immer wieder anarchistische Gedanken aufkommen, sein trauriges Los durch die Anwendung von Gewalt zu ändern. Ruhelos suchte Mussolini nach einer Ideologie. „Der Glaube ist es, der Berge versetzt, weil er die Illusion gibt, dass die Berge sich bewegen. Die Illusion ist vielleicht die einzige Realität im Leben", sollte er demgemäß später einmal bekennen.[9] Der Verzweifelte geriet unter den Einfluss italienischer Revolutionäre und politischer Emigranten vornehmlich aus Russland wie Angelika Balabanow, zu der er eine langjährige Beziehung unterhielt und die ihm half, seinen Lebensunterhalt mit Dolmetscherarbeiten zu verdienen.[10]

Wissensdurst konnte man dem heruntergekommenen Rebellen nicht absprechen. Mussolini bildete sich weiter, doch wenn er etwa Marx, Machiavelli, Nietzsche, Sorel, Kant, Hegel oder Schopenhauer las, tat er dies zumeist nur oberflächlich. Was er freilich aus ihren Werken herausfilterte, war das Bekenntnis zur Tat, zur Dynamik und Veränderung. Nichts verachtete Mussolini zeit seines Lebens mehr als ängstliche Mediokrität und träge Selbstzufriedenheit. Für die Zeitung der italienischen Sozialisten schrieb er seine ersten rüden Artikel und begann darüber hinaus, sich als Redner in der italienischen Kommune einen Namen zu machen. Aber nicht die marxistische Theorie bildete den revolutionären Antrieb des Rastlosen, sondern seine eigenen Erlebnisse, sein Hass, seine Minderwertigkeitsgefühle, seine ihm innewohnende Aggression, sein Geltungsbedürfnis. Als überzeugter Atheist hetzte er mit Wonne gegen den katholischen Klerus. Er lehnte Militär, Krieg und Imperialismus ab, wollte die Monarchie stürzen und verabscheute dabei jede politische Feigheit. Auch der Republik vermochte er als Staatsform nichts abzugewinnen. Sie war für ihn ebenfalls ein Mittel der bürgerlichen Klasse, ihre Position zu zementieren und die Arbeiterschaft auszubeuten. Während in Italien die gemäßigten Sozialisten mit Hilfe des allgemeinen Wahlrechts ihre sozialpolitischen Ziele durchzusetzen planten, predigte er Revolution und Gewalt gegen die alten Autoritäten.[11]

Wiederholt geriet Mussolini mit dem Gesetz in Konflikt. So wurde er von den Behörden aus Lausanne wie etwas später auch aus Zürich ausgewiesen. Sein Leben blieb ruhelos. Einmal arbeitete er für kurze Zeit als Lehrer, dann verdingte er sich wiederum als Maurer im deutschen Kempten. Zwanzigjährig ging er, der sich als Intellektueller und keinesfalls als Proletarier sah, nach Bern und lieferte dort unter anderem auch Beiträge für sozialistische Zeitungen, übersetzte Schrifttum etwa von Karl Kautsky, nahm an Versammlungen teil und hielt auch immer wieder selbst Reden. Seine Radikalität, die unter anderem auch in einem Pistolenduell mündete, führte wieder einmal zur Ausweisung aus einem Kanton.[12]

Zwei Jahre lang zog der Rebell von Unrast getrieben durch die Schweiz, Frankreich und Deutschland. Politisch nach wie vor ein Irrlicht, von seiner Persönlichkeitsstruktur ein ungeschliffener, engstirniger Individualist mit ausgeprägtem Geltungsdrang, wusste er eigentlich nur eines ganz genau: Unter Anwendung von Gewalt wollte er die Gesellschaft verändern, um selbst sozial aufzusteigen. Aus rein pragmatischen, opportunistischen Motiven heraus und keineswegs aus gefestigter Überzeugung schloss er sich den Sozialisten an. Die reformistische Parteilinie war ihm jedoch viel zu moderat und angepasst. Stark vom revolutionären Syndikalismus eines Filippo Corridoni oder Alceste De Ambris beeinflusst, wollte er keine Kompromisse schließen, sondern die herrschenden Klassen in einem Aufstand mit Gewalt davonjagen.[13]

Zeit seines Lebens bewies Mussolini nicht bloß Radikalität, sondern auch beträchtlichen Hang zum Opportunismus. Dementsprechend kehrte er nach der königlichen Amnestie für Deserteure, die nun ihren Militärdienst zu leisten bereit waren, nach Italien zurück. Doch ausgerechnet an dem Tag, als er zum 10. Bersaglieri-Regiment in Verona eingezogen wurde, am 19. Februar 1905, starb seine Mutter 46-jährig an einer Lungenentzündung. Während seines Militärdienstes enthielt sich Mussolini jeglicher Subversion, denn er hatte rasch erkannt, dass er aufgrund seines Vorlebens und seiner bekannten politischen Gesinnung ohnehin bereits unter besonderer Beobachtung stand.[14]

Nach seiner Entlassung nach anderthalb Jahren Militärdienst ging er nach Friaul. In Tolmezzo trat er eine Stelle als Lehrer an. Dies hinderte ihn natürlich nicht, erneut politisch zu agitieren und sich einmal mehr mit den Behörden zu überwerfen. Sein zügelloses Liebesleben führte dazu, dass er an Syphilis erkrankte und im Spital behandelt werden musste. Da sein Verhalten auch sonst zu wünschen übrig ließ – er trank, machte Schulden und trieb zu nächtlicher Stunde am Ortsfriedhof oder auf der Burg makabere Spiele –, verlängerte man seine Anstellung als Lehrer verständlicherweise nicht. 1908 zog es ihn als Französischlehrer an die Riviera nach Oneglia. Wenngleich er diese Zeit selbst als seine ruhigste bezeichnen sollte, hetzte er nichtsdestoweniger unter dem Pseudonym „Vero Eretico", der „wahre Ketzer", in der sozialistischen Lokalzeitung „La Lima" vor allem gegen die katholische Kirche solange, bis er schließlich auch Oneglia verlassen musste.[15]

Seine ständige Agitation und seine Schwierigkeiten mit der Staatsgewalt verhalfen Mussolini auch außerhalb Italiens zum Ruf eines unerschrockenen Marxisten. Erst im Sommer 1908 wurde er zu einer Gefängnisstrafe verurteilt, nachdem er einen aktiven Gegner des Taglöhnerstreiks in Forlì, für den er sich stark machte, bedroht hatte. Anfang 1909 lockten ihn die Sozialdemokraten im österreichischen Trient über die Grenze. Er wurde Chefredakteur des Parteiorgans „L'Avvenire del Lavoratore", das unter seiner Führung elfmal beschlagnahmt wurde. Zudem half er bei der Herausgabe von Cesare Battistis irredentistischem „Popolo". Es entsprach Mussolinis Veranlagung, für diese Tageszeitung auch Artikel zu verfassen, die ausschließlich auf seiner blühenden Phantasie beruhten. Seinen Einfallsreichtum versuchte er auch anderwärtig zu nutzen, indem er sich bezeichnenderweise im Horrorstil eines Edgar Allan Poe in eigenen Novellen, Erzählungen und Romanen versuchte, doch fand sich niemand, der seine literarischen Ergüsse veröffentlichen wollte. Seine auch in Reden und Vorträgen vorgebrachten Ausfälle gegenüber allem Klerikalen und seine Anstiftungen zur Körperverletzung brachten dem von seinen Gegnern verächtlich als „kannibalistischen Religionsfresser" bezeichneten Heißsporn Verurteilungen in Form von Geldbußen und kurzen Haftstrafen ein. Wegen „Aufreizung zu unmoralischen, gesetzeswidrigen Handlungen und zu Hass und Verachtung der Staatsgewalt" im Gefängnis von Rovereto, schob man ihn letztlich Ende September wieder aus Österreich ab, wo der proletarische Don Juan auch zwei uneheliche Kinder zurückließ.[16]

Mussolini kehrte wieder in die Romagna zurück. Zunächst half er einmal mehr in der Taverne seines Vaters aus. Doch auch die Sozialisten von Forlì erinnerten sich seiner und wählten den kompromisslosen Linksradikalen zum Parteisekretär. Mussolini gründete zudem die Wochenzeitung „La Lotta di Classe".[17] Tatsächlich predigte der bisweilen als verrückter Einzelgänger Angesehene unaufhörlich den Klassenkampf und betrachtete auch die Anwendung von Gewalt als legitimes politisches Mittel. Er gab sich nicht bloß antiklerikal bis zur offenen und geschmacklosen Provokation, wetterte gegen die Armee, die er als kriminelle Organisation zum Schutz von Kapitalismus und Bürgertum geißelte, und rief die Soldaten zur Gehorsamsverweigerung auf. Darüber hinaus wollte er damals sowohl von Patriotismus als auch von der Einverleibung der zur Donaumonarchie gehörenden Gebiete des Trentinos und Triests nichts wissen, solange die meisten Italiener Analphabeten waren. Mussolini orientierte sich freilich mehr an Nietzsche als an Marx, wenn er soziale Vorgänge biologisch interpretierte, von einer Auslese, „was lebend und was tot ist", sprach, den Menschen vor allem als „egoistisches Tier" oder bisweilen auch als Pflanze charakterisierte. Die Masse hielt er ohnehin für „chaotisch, amorph und feige", und so träumte er von einem „entschlossenen und kühnen Kern", einer revolutionären Avantgarde, „die nicht rechnet und überlegt, sondern handelt". Nur die Minderheit war für ihn dynamisch. „Der Klassenkampf ist im Grunde der Kampf einer Minderheit. Die Mehrheit folgt, gehorcht."[18]

Auch als Gast in der Donaumonarchie ein Unruhestifter: Mussolini und andere Irredentisten an der österreichisch-italienischen Grenze im Trentino.

1910 starb Vater Alessandro. Sein Sohn schrieb in der „La Lotta di Classe" den Nachruf, in dem er betonte, dass er seine Ideen als besonderen Schatz den Nachkommen hinterlassen habe.[19] In Forlì zog der äußerlich ungepflegte Hitzkopf mit Rachele Guidi zusammen, die er bereits 1908 kennen gelernt und sogar eine Zeit lang in der Schule unterrichtet hatte. Sie war die Tochter der Geliebten seines Vaters, Anna Guidi. Rachele wurde seine Frau, für Jahre freilich ohne Trauschein. Dabei hatte der notorische Frauenheld vor Rachele und ihrer Mutter eine für ihn typische Szene hingelegt, indem er seinen Revolver zog und ankündigte, sich und seine Angebetete zu erschießen, sollte die Verbindung nicht zustande kommen.[20] 17-jährig schenkte Rachele ihm bereits mit Edda das erste Kind. Vittorio, Bruno, Romano und Anna Maria sollten folgen.

Unter den Sozialisten war Mussolini ein Außenseiter und Tabubrecher. Verächtlich hielt er nichts von der rituellen Beschwörung der Parteieinheit, eine engagierte, zum Aufstand bereite Minderheit war ihm lieber als eine träge und konziliante Massenpartei, die demokratischen Prinzipien huldigte. Im Gefolge des nationalen Kongresses der Partito Socialista Italiano, PSI, in Mailand im Oktober 1910, bei dem er von den Führern der noch immer recht kleinen Partei durchwegs belächelt wurde, sprach sich Mussolini so auch für den Austritt der revolutionären Fraktion aus der Partei aus.[21] In seiner Heimat probte er ein halbes Jahr später die Abspaltung. Als die italienische Regierung 1911 dem Osmanischen Reich den Krieg erklärte, um sich Libyen anzueignen, fand Mussolini ausreichend Gelegenheit vor, gegen das Establishment vorzugehen, in der Hoffnung, dass der Feldzug schließlich im Innern zur Revolution führen würde.[22] In Massenkundgebungen rief er zum Generalstreik auf, und tatsächlich kam es Ende September in Forlì zu Unruhen. Zu seiner großen Enttäuschung entwickelte sich daraus allerdings keine landesweite Revolution. Der Agitator selbst wurde zu einem Jahr Gefängnis verurteilt, jedoch schon nach fünf Monaten freigelassen.

Der Prozess verschaffte ihm aber auch Publizität und die Möglichkeit, sich als wahrheitsliebenden bedingungslosen Politiker, als unbeirrbaren sozialrevolutionären Märtyrer darzustellen. „Meine Herren Richter! Wenn Sie mich freisprechen, so machen Sie mir eine Freude, denn Sie geben mich meiner Arbeit und der Gesellschaft wieder. Wenn Sie mich aber verurteilen, so ehren Sie mich damit, denn Sie sehen hier vor sich nicht einen Übeltäter, sondern einen Verteidiger seiner Ideen, einen Aufrüttler des Gewissens, einen Streiter für einen Glauben, dem Sie ihre Achtung nicht versagen können, denn er ist erfüllt von den Vorgefühlen der Zukunft und der großen Kraft der Wahrheit!"[23] Die Hoffnung auf eine revolutionäre Zukunft wollte er nicht aufgeben: „Noch ein paar Jahre guter Propaganda, und diese Menge wird zu großem Heroismus und fruchtbaren Opfern bereit sein."[24] Im Gefängnis lernte der Fanatiker als Mithäftling den Republikaner Pietro Nenni kennen, den er noch kurz vor seinem Tod als seinen einzigen wahren Freund bezeichnen sollte. Bei seiner Entlassung wurde Mussolini von seinen Genossen als Held und „Führer aller revolutionären Sozialisten Italiens" gefeiert.[25]

Es war nicht mehr zu übersehen, dass Mussolinis Einfluss innerhalb der italienischen Arbeiterbewegung gestiegen war. Im Juli 1912 hatte der erst 28-Jährige auf dem Kongress der Sozialistischen Partei in Reggio Emilia seinen großen Auftritt.[26] Mit einer bemerkenswerten, Emotionen schürenden Rede gelang es ihm, die Bewegung weg vom Reformismus und hin zu verstärkter Radikalität zu führen.[27] Mussolini beantragte und erreichte den Ausschluss gemäßigter Parteiführer wie Leonida Bissolati und Ivanoe Bonomi. Im Gegenzug wurde der vor kurzem noch weitgehend unbekannte Demagoge ins Exekutivkomitee gewählt. Im November erhielt Mussolini den Posten des Chefredakteurs beim „Avanti!" und zog mit seiner Familie nach Mailand. Mit seinem rücksichtslosen Stil gelang es ihm, die Auflage des sozialistischen Parteiorgans um das Fünffache zu steigern und auch selbst immer größere Popularität zu erlangen. Daneben leistete er sich die Herausgabe der zweiwöchentlich erscheinenden „Utopia", in Anlehnung an Thomas Morus' Werk, den er für einen der ersten Sozialisten hielt. Diese theoretische Zeitschrift war freilich für eine exklusivere Leserschaft gedacht. Als Chefredakteur des „Avanti!" hoffte er auf eine Zuspitzung der sozialen Unruhe in den unterentwickelten Regionen Italiens und prophezeite eine Befreiung der unterdrückten und minderprivilegierten Massen im Zuge eines großen europäischen Krieges. Beharrlich wetterte er gegen den Kapitalismus, bezeichnete Privateigentum als Diebstahl und verurteilte Imperialismus, Aufrüstung und Krieg.[28]

Mussolini fühlte seinen Geltungsdrang und seine Minderwertigkeitskomplexe derart stark, dass er sich nicht einmal Mühe gab, sie zu verbergen: „Ich muss etwas darstellen, muss jemand sein. Ich möchte nicht der bleiben, der ich jetzt bin. Ich will Karriere machen. In meiner Jugend wollte ich einmal ein berühmter Geiger werden oder ein berühmter Schriftsteller, aber ich sah ein, dass ich auf diesen Gebieten nur mittelmäßig geblieben wäre. Die Umgebung, in die ich hineingeboren wurde, machte mich zum Sklaven [...] Ich werde niemals zufrieden sein." Größer als Napoleon wollte er werden, so gestand er selbst, ein Mann der Vorsehung, zu Ruhm und Reichtum gelangen. „Ich fühle, dass ich ein großer Redner werden könnte, ein moderner Demosthenes, ein Jaurés. Dazu brauche ich Massen von Zuhörern, an deren Emotionen ich appellieren kann. Ich darf die Leute nicht einzeln kennen. In einem großen Stadion spreche ich viel flüssiger als im Foyer eines Clubs."[29]

Im Herbst 1913 waren landesweite Parlamentswahlen zu schlagen. Mit gemischten Gefühlen stellte sich Mussolini dem Volkswillen. In der republikanischen Hochburg Forlì kandidierte er bloß mit geringen Erfolgsaussichten und schaffte es erwartungsgemäß nicht ins Parlament. Doch das äußerst ermutigende Abschneiden der Sozialisten, die in ganz Italien eine Million Stimmen und somit 53 Sitze erhielten, wurde auch ihm zugute gehalten.[30] Weiterhin setzte er alles daran, um den radikalen Flügel seiner Partei zu stärken. Im März 1914 wurde ihm vom Staat der Prozess wegen aufrührerischer Artikel gemacht. Dieser brachte ihm nicht nur neuerliche Publizität, sondern endete auch noch mit einem Freispruch. Bei den Landtagswahlen im Juni 1914 wurde Mussolini dann doch in Mailand gewählt. Im selben Monat sah es für kurze Zeit sogar danach aus, als könnte seine revolutionäre Propaganda in die Tat umgesetzt werden. In der „roten Woche" kam es im ganzen Land zu Unruhen, an denen zumindest eine Million Menschen beteiligt war. Doch die Aufstände, die auch Tote und Verletzte forderten, blieben desorganisiert und ohne klar definiertes Ziel. Mussolini, der sich selbst im Hintergrund gehalten hatte, zog daraus den Schluss, dass die Zeit für eine planmäßige, ganz Italien erfassende Revolution noch nicht reif war.[31]

Es bedurfte der Katastrophe des Ersten Weltkriegs, um die alte Ordnung zu zerstören. In Italien trat bei Ausbruch der Feindseligkeiten jedoch sowohl die überwiegende Mehrheit der Öffentlichkeit als auch die Regierung in Rom für die Neutralität des Landes ein; Mussolini schloss sich diesem Trend an. Nach der Schlacht an der Marne, die dem deutschen Vormarsch auf Paris ein Ende gesetzt hatte, vollzog sich jedoch bei ihm unter kräftigem Einfluss der Syndikalisten ein Stimmungsumschwung; dies umso mehr, als die gewünschte Erhebung der Arbeiterschaft gegen den Imperialismus nicht nur offenkundig ausblieb, sondern die Sozialdemokraten der kriegführenden Nationen – außer den Bolschewiki – sich sogar in bislang ungekannter Loyalität gegenüber der Staatsführung übten. Sozialpatriotismus löste den Internationalismus ab. Auch für die Italiener sei ein „Blutbad" notwendig, um das Proletariat aus seiner Lethargie zu reißen, hatte Mussolini ohnehin schon vor dem Krieg verkündet. Die Massen sollten durch den Krieg gleichsam zur Revolution wachgerüttelt werden. Nach Wochen widerwilliger Parteidisziplin eröffnete er im „Avanti!" endlich doch die Diskussion um eine Intervention Italiens. Offiziell hielt er noch an der Neutralitätslinie der PSI fest, doch drängte es ihn immer mehr zur Aktion, war er doch der Überzeugung, dass nur die Intervention die Umwälzung der Gesellschaft herbeiführen konnte. Nachdem in Friedenszeiten offenkundig eine proletarische Revolution keine Aussicht auf Erfolg zu haben schien und die Sozialistische Partei nicht die Kraft und den Willen besaß, die Macht an sich zu reißen, erhoffte er sich durch den Krieg den gesellschaftspolitischen Umsturz.[32]

Mussolini verließ die Parteilinie. Auch Karl Marx und Friedrich Engels hatten schließlich „revolutionäre Kriege" unterstützt. Für Mussolini bedeutete der nun tobende Waffengang einen Krieg des Fortschritts gegen die Reaktion. Er bot die Gelegenheit zur Aktion: Generalstreik, Bürgerkrieg und Revolution mochten aus ihm entstehen. Ein Sieg der „reaktionären" Mittelmächte Deutschland und Österreich-Ungarn würde eine solche Chance jedoch vereiteln. Am 18. Oktober 1914 beteuerte

Der wütende Interventionist Mussolini wird verhaftet.

er – ohne vorangegangene Rücksprache mit der sozialistischen Führung – im „Avanti!", sich mit seinem Festhalten an der italienischen Neutralität geirrt zu haben.[33] In für seinen Opportunismus ungewohntem Wagemut trat er sodann drei Tage später vom Posten als Chefredakteur zurück, hoffte aber gleichzeitig, auch andere namhafte Sozialisten für sich gewinnen zu können. „Wollen wir, als Menschen und Sozialisten, die untertänigen Zuschauer dieses großartigen Dramas sein? Oder wollen wir nicht auf irgendeine Art und in gewissem Sinne seine Protagonisten sein? Sozialisten, Italiener, merkt auf: manchmal ist es vorgekommen, dass der ‚Buchstabe' den ‚Geist' getötet hat. Retten wir nicht den Buchstaben der Partei, wenn das bedeutet, den ‚Geist' des Sozialismus zu töten!"[34]

Sehr rasch stellte sich Mussolinis Isolation heraus. Die PSI blieb bei ihrer Gegnerschaft zu einem Kriegseintritt. Es kam zum Bruch. In einer Parteivorstandssitzung am 20. Oktober in Bologna wandte sich Mussolini gegen die „absolute Neutralität", doch sein Antrag wurde abgeschmettert. Nach wie vor bekannten sich die italienischen Sozialisten zum Internationalismus, der von Mussolini als „absolut notwendiges Element des Begriffs Sozialismus" bereits in Frage gestellt wurde.[35] Die Sitzung der Mailänder Sektion am 10. November endete schließlich sogar tumultartig, als Mussolini den Genossen gestand, den „Hemmschuh der Neutralität" abgestreift zu haben, „um freier zu sein. [...] Das Nationalgefühl besteht, es lässt sich nicht leugnen." Der Klassenkampf solle dagegen erst nach dem Krieg wieder aufgenommen werden. „Unsere Intervention kann den Krieg abkürzen und eine große Zahl von Opfern ersparen. [...] Der Krieg ist eine furchtbare Sache, ich weiß es, die Revolution aber auch."[36]

Voll Trotz gründete Mussolini seine eigene Zeitung, „Il Popolo d'Italia". Das dafür dringend benötigte Geld erhielt er aus Frankreich, Großbritannien, von italienischen Großunternehmern wie Agnelli von Fiat, Agrariern und sogar auf Umwegen von der Regierung in Rom. Von seinem ersten Erscheinen am 15. November 1914 an machte der „Popolo d'Italia" für den Kriegseintritt Italiens an der Seite der Entente Stimmung. Mussolini berief sich nun auf die Tradition der Französischen Revolution, auf Napoleon und die Jakobiner.[37] Krieg und Revolution bildeten für ihn eine Einheit. Gleich in der ersten Ausgabe verurteilte der Dissident die Antikriegspropaganda als Propaganda der Feigheit. Die Intervention sei viel revolutionärer als der Pazifismus der PSI.[38] Sein Kriegsziel war damals allerdings noch lediglich die Befreiung der Unterdrückten und keineswegs die Annexion benachbarter Gebiete. Trotz der Ächtung innerhalb der Partei fühlte sich Mussolini nach wie vor als Sozialist, der weiter für die Revolution kämpfen wollte. Doch die Partei goutierte seinen Friedensschluss mit dem Kapitalismus und den herrschenden Klassen nicht. Am 24. November schloss sie ihn für seinen nicht nachvollziehbaren Sinneswandel, der einem Sündenfall gleichkam, aus. Diese Demütigung sollte er ihr nie verzeihen und sich später dafür bitter rächen.[39]

Die Sozialistische Internationale war für Mussolini tot. Den entscheidenden Stoß hatte ihr, so erklärte er am 13. Dezember in Parma, der „Verrat" der SPD gegeben. Als Konsequenz waren auch alle anderen Sozialdemokraten gezwungen, sich auf ihre Nation und die Landesverteidigung zu besinnen.[40] Zunehmend verabschiedete sich Mussolini von der marxistischen Diktion und gestand ein, dass die Nation noch nicht verschwunden sei, dass die Klasse sie nicht töten könne und der Mensch ohnehin „vielleicht das kriegerischste Tier in der ganzen Zoologie" sei.[41] Noch wollte Mussolini allerdings keine neue Partei ins Leben rufen, sondern lediglich einen Bund gleichgesinnter junger, mutiger Männer gründen, der bei der Arbeiterschaft und den Mittelschichten die Kriegsbegeisterung heben sollte. Gleichermaßen isoliert wie von allen dogmatischen Lasten befreit, stellte er sich an die Spitze der „Fasci d' Azione Rivoluzionaria", den Bünden der revolutionären Aktion, die für Italiens Kriegseintritt auf die Straßen gingen. Die Formierung von Fasci war bereits seit den siebziger Jahren des 19. Jahrhunderts durchaus Usus radikaler Strömungen etwa unter Gewerkschaftern oder Landarbeitern gewesen. Bei der ersten Versammlung der „Fasci d' Azione Rivoluzionaria" am 24. Januar 1915 in Mailand drängte Mussolini voll Ungeduld zum Eingreifen: „Erklären wir den Krieg, oder hören wir mit dieser Komödie auf, Großmacht zu spielen, organisieren wir Spielhäuser, Hotels, Bordelle und mästen wir uns. Ein Volk kann auch dieses Ideal haben." Immer stärker wetterte Mussolini nun gegen Deutschland und die SPD, so sehr, dass er sich sogar vom Deutschen Karl Marx abwandte. Martialisch drohte der Linksinterventionist der Regierung sogar mit dem Bürgerkrieg, wenn Italien nicht bald an der Seite der von Großbritannien, Frankreich und Russland gebildeten Entente in den Krieg eintrete.[42]

Es entsprach gleichermaßen Mussolinis verantwortungsloser Demagogie wie seiner Verblendung trotz des blutigen Stellungskriegs an allen Fronten ausgerechnet für Italien einen kurzen Waffengang zu prophezeien. Pazifistische Abgeordnete wollte er vor ein Kriegsgericht gestellt sehen. Man sollte gleich ein paar Dutzend von ihnen erschießen oder zumindest ein paar frühere Minister ins Zuchthaus stecken, trug er gewissenlos zur Vergiftung der innenpolitischen Atmosphäre bei.[43] „Es ist das Blut, das das dröhnende Rad der Geschichte bewegt. – Der Krieg ist der Schmelztiegel, in dem sich die neue revolutionäre Aristokratie bildet. An uns liegt es, für eine umstürzlerische, revolutionäre, antikonstitutionelle Intervention anzutreten und nicht für eine Intervention der Gemäßigten. – Nur eine Kugel ins Gehirn vermag mich zum Schweigen zu bringen."[44] Trotz der lautstarken Agitation Mussolinis, des aus dem freiwilligen französischen Exil heimgekehrten exzentrischen Dichters Gabriele D'Annunzio und des Syndikalisten Filippo Corridoni, die sich in den großen Demonstrationen der „strahlenden Maitage" des Jahres 1915 für die Befreiung der „unerlösten Brüder" im Trentino und in Triest stark machten, war es aber schließlich in erster Linie die Entscheidung des Königs und der Regierung Salandra-Sonnino gegen den Willen der deutlichen Mehrheit der kriegsunwilligen italienischen Bevölkerung und unter Missachtung des Parlaments, an der Seite der Ententemächte gegen Deutschland und vor allem Österreich-Ungarn zu Felde zu ziehen.[45]

Italien war freilich mit Japan das einzige Land, das nicht von sich behaupten konnte, aus Gründen der Selbstverteidigung in den Krieg zu ziehen. Der Vertrag von London mit der Entente vom 26. April 1915 stellte dem Königreich beträchtlichen territorialen Erwerb in Aussicht: das Trentino und Südtirol, Triest, Istrien, Görz und Gradiska, den größten Teil Dalmatiens, den albanischen Hafen Valona mit dessen Hinterland, den Dodekanes und bei einer Aufteilung des asiatischen Territoriums der Türkei das Gebiet von Adalia sowie Kompensation in Afrika, sollten Großbritannien und Frankreich ihren Kolonialbesitz auf dem Schwarzen Kontinent auf Kosten des Deutschen Reichs vergrößern.[46]

Am 23. Mai 1915 erklärte Italien der Donaumonarchie den Krieg. Es dauerte noch bis zum 31. August, bis schließlich auch Mussolini seinen Stellungsbefehl erhielt. Als Gefreiter wurde er zum 11. Bersaglieri-Regiment an die Isonzofront eingezogen. Doch auch in dem felsigen Karstgebiet tobte ein erbarmungsloser Stellungskrieg. Die erbittert geführten, verlustreichen Abnützungsschlachten brachten den angreifenden Italienern gegen die österreichisch-ungarischen Truppen kaum Geländegewinne. Es herrschte große Wasserknappheit, Tote, die die Luft verpesteten, lagen oft mit Verwundeten und Kämpfenden auf engstem Raum beisammen. Fälle von Cholera tauchten auf. Schweren Herzens musste Mussolini zur Kenntnis nehmen, dass – entgegen seiner demagogischen Rhetorik – die italienische Armee keineswegs für den Krieg bereit war und dass von einem raschen heroischen Sieg im Stile Garibaldis keine Rede sein konnte. Trotz einwandfreier Führung erhielt er keine Auszeichnungen und stieg auch bloß bis zum Oberfeldwebel auf. Sein politischer Hintergrund mag hier eine Rolle gespielt haben. Wenn er auch später ohne jede Zurückhaltung seinen Heldenmut hervorheben sollte, erhielt er – im Gegensatz zu Hitler – jedenfalls keinerlei Auszeichnung für besondere Tapferkeit.

Italiens Ministerpräsident Antonio Salandra war hauptverantwortlich für die Kriegserklärung gegenüber der Habsburgermonarchie im Mai 1915.

Im September 1915 brachte Rachele ihr zweites Kind zur Welt. Seinem Sohn gab Mussolini nach dem erhofften Sieg und seinem Vater den Namen Vittorio Alessandro. Nach wenigen Wochen an der Front erkrankte Mussolini an Paratyphus. Im Zuge seines Heimaturlaubs ließ er sich mit Rachele am 16. Dezember am Standesamt in Treviglio trauen. Deswegen verlief sein Privatleben aber noch lange nicht reibungslos. Bereits im November war Mussolini ebenfalls Vater geworden. Seine exzentrische österreichische Geliebte Ida Dalser, mit der er seinerzeit im Trentino ein Verhältnis begonnen hatte und die später gleichfalls nach Mailand gekommen war, schenkte ihm am 11. November einen Sohn und gab ihm den Namen Benito Albano. Der unverbesserliche Frauenheld sah sich vor einem Notar gezwungen, das Kind anzuerkennen, und hatte in weiterer Folge gemäß gerichtlichen Bescheides Alimentszahlungen zu leisten.[47]

Ab Februar 1916 befand sich Mussolini an der Tiroler Alpenfront. An den großen verlustreichen Schlachten in Eis und Schnee, die sich in gebirgigen Höhen unter schwierigsten Bedingungen abspielten und selbst fast 4000 Meter hohe Gipfel wie den Ortler, den Monte Cevedale, die Marmolata und die Tofana miteinbezogen, nahm er nicht teil. Vielmehr schrieb er weiterhin Artikel für den „Popolo d'Italia", in denen er die Kriegsbegeisterung zu heben versuchte. Das Soldatenleben veränderte auch Mussolini, und er war sich dessen wohl bewusst: „Wenn man gezwungen ist, mit vielen zusammenzuleben, muss man so viel verwildern als nötig ist, um die unvermeidlichen Unannehmlichkeiten materieller, namentlich aber geistiger Art, welche die Gemeinschaft mit sich bringt, zu ertragen."[48] Am 22. Februar 1917 wurde er bei einer Schießübung verwundet, als ein überhitzter Granatwerfer explodierte. Während andere Soldaten dabei den Tod fanden, bekam der Kriegsbegeisterte nach eigenen Angaben über vierzig Granatsplitter ab, die ihn allerdings nicht lebensgefährlich verletzten.

Im Mailänder Landsturmhospital des Roten Kreuzes erhielt der Verwundete eines Tages nicht nur von seiner ihm angetrauten Frau Besuch. Auch Ida Dalser fand sich im Spital ein. Zum Amüsement der im Saal anwesenden Soldaten warf sich Rachele auf ihre Nebenbuhlerin, schlug, trat und würgte sie. Der einer Mumie gleich eingewickelte Mussolini wusste sich nicht mehr anders zu helfen, als sich aus dem Bett fallen zu lassen, um dem beinahe schon lebensbedrohlichen Raufhandel der beiden Furien ein Ende zu bereiten; doch dies schafften erst die herbeigeeilten Ärzte und Krankenschwestern. Ida Dalsers weiteres Schicksal verlief freilich tragisch. Nachdem sie nicht aufhörte, zu behaupten, Mussolinis einzig legitime Frau zu sein, und auch in der Redaktion des „Popolo d'Italia" Skandale lieferte, ließ sie Mussolini, als er bereits Ministerpräsident war, von der Polizei bewachen. 1926 wurde sie für unzurechnungsfähig erklärt und in eine psychiatrische Anstalt überwiesen, wo sie 1935 verstarb. Der gemeinsame Sohn Benito überlebte sie bloß sieben Jahre, ehe auch sein Leben in einer Nervenklinik endete.[49]

Margherita Sarfatti war eine andere Frau in Mussolinis Leben. Die Venezianerin jüdischer Abstammung war mit einem Rechtsanwalt verheiratet gewesen. Sie folgte Mussolini auch politisch, trat ebenfalls aus der Sozialistischen Partei aus und kam beim „Popolo d'Italia" unter. Die beiden unterhielten ein viele Jahre dauerndes Verhältnis, das sehr zu Racheles Ärger nicht geheim blieb.[50] Bei der Anarchistin Leda Rafanelli hatte Mussolini dagegen mit seinen Avancen keinen Erfolg. Die exotisch wirkende Schriftstellerin, die auch zum Islam konvertierte, schien ihn nicht allzu ernst zu nehmen. Für sie war er ein Angeber, unreif und oberflächlich. Es gelang ihm auch nicht, sie zu betören, indem er ihr gestand, ein Mann der Vorsehung, größer noch als Napoleon sein zu wollen.[51]

Mussolini kehrte nicht mehr an die Front zurück. Eine Wunde am linken Bein, die immer wieder eiterte und ihn auch in späteren Jahren zuweilen plagte, blieb ihm als Andenken. In Mailand widmete er sich wieder seinem Blatt. Die vernichtende italienische Niederlage bei Flitsch-Tolmein und Caporetto im Oktober 1917 schockierte die ganze Nation zutiefst. K. u. k. und deutsche Truppen nahmen 293.000 italienische Gefangene, 10.000 Mann waren gefallen. Im Gegensatz zu Generalstabschef Cadorna, der für angebliche Feigheit vor dem Feind zahlreiche Soldaten füsilieren ließ, gab Mussolini anderen die Schuld an der Katastrophe: der Armeeführung, der Regierung Orlando und den pazifistischen Sozialisten.[52] Zum Jahreswechsel forderte er die erbitterte Fortführung des Krieges: „Der Krieg muss fortgesetzt werden, wenn wir ein für allemal das heilige Gebiet unseres Vaterlandes von den Alpen bis zum Adriatischen Meer wiedergewinnen wollen. Der Krieg muss fortgesetzt werden, wenn wir nicht für alle Generationen und Jahrhunderte als Verräter entehrt sein wollen."[53]

Obwohl ein Ende des Krieges noch nicht abzusehen war, hatte Mussolini bereits für Friedenszeiten die Frontkämpfer für sich zu gewinnen im Visier. Sein politisches Gespür verriet ihm, dass es wohl abzusehen war, dass gerade die Kriegsheimkehrer die Fußtruppen einer Revolution bilden könnten. Er wusste, wie die Erlebnisse an der Front die Soldaten prägten und charakterlich veränderten, und ahnte, dass sie sich wohl nur äußerst schwer wieder in die Zivilgesellschaft eingliedern lassen würden. Nach und nach bildete sich bei ihm die Idee einer Art von nationalem Sozialismus heraus: „Ich habe die Gärung neuer Ideen festgestellt", so schrieb er im „Popolo d'Italia", „Stimmungen, die vor einiger Zeit nicht einmal denkbar waren, ein Bemühen um das Verständnis der nationalen und sozialen Probleme in ihrer Gesamtheit. Es sind Arbeiter, die sich fest auf den nationalen Boden stellen, und auf diesem Boden nehmen sie sich vor, die Klasse zu bewegen, die Klasse höheren Geschicken zuzuführen."[54]

Dem Marxismus kehrte Mussolini endgültig den Rücken. Im Juli 1918 änderte er den Untertitel seines auch von der Waffenindustrie unterstützten Blattes von „sozialistischer Zeitung" in „Zeitung der Kämpfenden und Schaffenden". Die Bezeichnung „sozialistisch" war für ihn zum Anachronismus geworden, der ihm nichts mehr sagte. Außerdem wollte er sich unbedingt vom Sozialismus sowjetrussischer Spielart abheben, den Lenin und Genossen gerade praktizierten.[55] Trotz der Schmach des Parteiausschlusses zeigte sich Mussolini auch erleichtert, sich endlich vom lästigen Korsett aus Disziplin und Ideologie befreit zu haben, und nahm für sich zudem in Anspruch, dass ein intelligenter Mensch ohnehin seine Ansichten von Zeit zu Zeit ändern müsse. „Der Geist ist vor allem ‚Beweglichkeit'. Die Unbeweglichkeit gehört den Toten."[56] Derart flexibel, fiel es dem Agitator offenbar nicht schwer, sich selbst von traditionellen Feindbildern zu trennen: „Der Kapitalismus lässt uns an Übergängen und Veränderungen teilnehmen, die der Marxismus nicht voraussehen konnte. Der Kapitalist verliert seinen hassenswerten Charakter eines Ausbeuters und geht zu anderen Funktionen über, er akkumuliert nicht mehr, er teilt; so wie es keine Rassen gibt, gibt es auch keine Klassen."[57]

Ideen und Ideologien dienten Mussolini bloß als Verbrämung, bisweilen auch als Vehikel. Ausschlaggebend war für ihn lediglich, größtmögliche Popularität und in letzter Konsequenz die Macht zu erringen. Schon aufgrund seines eigenen Naturells fiel es ihm leicht, zur Auffassung zu gelangen, dass die Massen nicht Prinzipientreue oder politische Redlichkeit, sondern vielmehr extreme Positionen wünschten. Noch war er freilich bloß Zeitungsherausgeber, ohne politische Heimat und ohne breite Basis hinter sich. Deshalb wartete er ab, welche Richtung es einzuschlagen galt, um größere Teile der Öffentlichkeit mobilisieren zu können, um durch den Druck der Straße zur Macht zu gelangen.

Anfang November 1918 ging der Krieg zu Ende. Am Jahrestag der Katastrophe von Caporetto waren die italienischen Verbände, von britischen und französischen Einheiten unterstützt, zum letzten Angriff auf die zerfallende k. u. k. Armee übergegangen. Bei den Waffenstillstandsverhandlungen kam es zu einem verhängnisvollen Missverständnis für die österreichische Seite. Die italienische Armee machte so schließlich noch kampflos 360.000 Gefangene und ließ diese Schlamperei des österreichisch-ungarischen Armeeoberkommandos als heldenhaften Triumph von Vittorio Veneto feiern. Italien hatte seinen großen Sieg über die Habsburgermonarchie errungen. Das Territorium des Erbfeindes, mit dem man nichtsdestoweniger bis 1915 in einer Allianz gemeinsam mit Deutschland über Jahrzehnte verbündet gewesen war, wurde zerstückelt; einerseits durch die nationalstaatlichen Bestrebungen seiner Völker, andererseits durch die Pariser Friedenskonferenz. Und auf dieser fand sich Italien mit den Siegern an einem Tisch. Allein von Beginn an musste die Delegation aus Rom zur Kenntnis nehmen, bloß eine Siegermacht zweiten Ranges zu vertreten. Den Ton gaben die USA, Großbritannien und vor allem Frankreich an.

Mit Beendigung des Ersten Weltkriegs schien die alte Geheimdiplomatie einer mittlerweile überwundenen Zeit anzugehören. Moral, Gerechtigkeit und nationale Selbstbestimmung waren nun die Schlagworte vor allem des amerikanischen Präsidenten Woodrow Wilson, unter denen ein Frieden zu schließen war. Zudem war der alte Gegner Österreich-Ungarn, gegen den es galt, seine Grenzen zu sichern, weggefallen. Die italienischen Forderungen, denen sich mittlerweile auch Mussolini mit zunehmender Radikalität anschloss, richteten sich somit in erster Linie gegen den eben erst geschaffenen jugoslawischen Staat, der die Sympathien Wilsons genoss. Dass die Italiener nun auch die adriatische Hafenstadt Fiume forderten, was ihnen seinerzeit in London nicht versprochen worden war, erleichterte David Lloyd George für Großbritannien und Georges Clemenceau für Frankreich, darauf hinzuweisen, dass die Wünsche Roms zu weit gingen. Wilson, der nichts mehr von alten Geheimverträgen wissen wollte, verletzte seinen Grundsatz der nationalen Selbstbestimmung nun gleich zweimal: Während der amerikanische Präsident keinerlei Problem darin zu sehen schien, den Italienern die Brennergrenze und damit auch das deutschsprachige Südtirol zuzugestehen, bezog er in der Frage des unbestritten italienischen Fiume wiederum eindeutig für Jugoslawien Position.

Innerhalb der italienischen Öffentlichkeit überschattete die Fiume-Frage alles. Die territorialen Gewinne in Form der Brennergrenze, Triests und des Großteils von Istrien wurden dagegen als selbstverständlich hingenommen. Die mangelnde Unterstützung vonseiten Großbritanniens und Frankreichs, die Italien 1915 in den Krieg gelockt hatten, und die ostentative Gegnerschaft Wilsons empörte die öffentliche Meinung derart, dass die nationalistische Hysterie die Legende des „verstümmelten Sieges" schuf. In Italien war man der Auffassung, Österreich-Ungarn heroisch allein niedergerungen zu haben, mit großem Blutzoll und unter gewaltigen wirtschaftlichen Anstrengungen. Doch nun gaben die westlichen Alliierten in der Frage der Türkei den Aspirationen Griechenlands den Vorzug, und in Afrika zeigten sich Großbritannien und Frankreich nach der deutschen Niederlage nicht willens, Italien für ihre eigenen kolonialen Gewinne Kompensationen einzuräumen. Mussolini hatte nur auf einen neuen Gegner, den er bekämpfen konnte, gewartet und schrieb nun vom „Hohen Rat der Wölfe, der Füchse, der Schakale in Paris".[58]

Die Adria war nicht zum „mare nostrum", zum italienischen Binnenmeer, geworden. Politiker und Öffentlichkeit hatten aufgrund der Versprechungen der Westalliierten gehofft, sich auch am östlichen Ufer der Adria etablieren zu können und damit einen wichtigen Vorposten in Südosteuropa zu schaffen. Die Italiener sahen auch ihre Hoffnungen auf Afrika und Kleinasien unerfüllt. Sie blieben bei der Verteilung der Mandatsgebiete über Teile des zerfallenen Osmanischen Reichs ausgeschlossen. Frankreich machte sich in Italien zudem äußerst unbeliebt, indem es das Tunisabkommen von 1896 kündigte. Damit waren die italienischen Siedler in Tunesien vom Wohlwollen Frankreichs abhängig.

Die Legende vom „verstümmelten Sieg" nahm für Mussolini eine ähnlich tragende Rolle in seiner Demagogie ein wie der „Diktatfriede" von Versailles für Hitler. War für den Nationalsozialismus die so genannte „Erfüllungspolitik" der Weimarer Republik eines der größten Feindbilder, so brandmarkte der Faschismus die „Verzichtspolitik" der demokratisch-liberalen Regierung als der Stellung Italiens unwürdig. Mussolini packte die italienische Nation bei ihrer Eitelkeit, bei ihrem Geltungsbedürfnis. Er weckte Emotionen und Pathos, indem er von der Größe und Stärke Italiens sprach, von Großmachtstellung und mutiger Expansion, von Gleichberechtigung gegenüber Großbritannien und Frankreich, von der Wiederherstellung des Respekt einflößenden Imperium Romanum.

Im Innern Italiens war die Gesellschaft aufgewühlt, die sozialen Gegensätze waren noch größer geworden. 600.000 Mann waren gefallen, eine Million verwundet, die Hälfte von ihnen blieben Krüppel. Nicht bloß, dass die Westmächte dem Königreich nicht all das geben wollten, nach dem es verlangte, wurde auch den

Frontkämpfern und Offizieren nicht jene Ehre zuteil, die sie erwartet hatten. Die PSI gebärdete sich leninistisch und antimilitaristisch und sprach ohne Unterlass von Revolution. Mussolini, der sich trotz allem immer noch als Linker fühlte, wurde von den Sozialisten als Abtrünniger behandelt. Wieder einmal sah er sich ungerecht behandelt und ausgestoßen, in seinem Stolz zutiefst verletzt. Für den linken Frondeur gab es keinen Weg zurück.

Mussolini war frustriert. Einmal mehr schien das Leben ihm keine Befriedigung verschaffen zu können. Die Sozialistische Partei war für ihn nur mehr ein Ableger des alle Werte zersetzenden Bolschewismus. Die Einzigen, die ihn zu verstehen schienen, waren Elitesoldaten, die meinten, dass man ihnen für ihren Heldenmut zu wenig Respekt entgegenbrachte. Mit ihnen wollte er sich für seine Demütigungen, die er vor allem von den ehemaligen Parteifreunden erfahren hatte, rächen. Die Männer, die an der Front für ihre Vaterlandsliebe ihr Leben riskiert hatten, verstanden seinen Hass, seine Enttäuschung und seinen blinden Zorn. Die italienischen Sozialisten und der internationale Bolschewismus wurden zu den großen Feindbildern. Sie hatten die Kameradschaft der Soldaten, die Tapferkeit der Frontkämpfer mit ihrem Pazifismus in den Schmutz gezogen. Sie mussten bekämpft werden, mit den brutalen Mitteln von kampferprobten, idealistischen und verzweifelten Patrioten, die den Krieg liebten und sich im Frieden nicht mehr zurechtfanden. Es ging um die Größe Italiens und um Mussolinis Drang, sich in Szene zu setzen. Isoliert fühlte er sich als „Verlorener auf der Suche nach einer Straße", wie er Jahre später einmal selbst zugeben sollte. Sein Bestreben war es, „den Puls der Masse" zu finden.[59] Er wollte im öffentlichen Leben eine maßgebliche Rolle spielen und brauchte Anhänger, mittels derer er sich politisch verwirklichen konnte, die ihn verstanden und seinen aufgestauten Hass mit ihm teilten.[60] An der Spitze einer verschworenen Gemeinschaft von Desperados, die zu allem bereit war, suchte Mussolini seine Pläne umzusetzen.

# Die Wurzeln des Hasses II

## Hitler 1889 bis 1919

Im Gegensatz zu Mussolini lassen sich aus Hitlers Herkunft, Kindheit und Jugend keine Ansätze für eine radikale Entwicklung ableiten.[61] Seine beinahe sprichwörtliche Unauffälligkeit steht im krassen Gegensatz zu Mussolinis von Kindesbeinen an offen zur Schau getragenen aggressiven Geltungssucht. Der Faschist Mussolini besaß eine rund zwei Jahrzehnte lange Vorgeschichte als sozialistischer Agitator. Hitlers Leben beginnt und verläuft dagegen dreißig Jahre lang für seine Umwelt derart bedeutungslos, dass sein späterer kometenhafter Aufstieg umso mehr erstaunen muss. Sein jugendliches Rebellentum besaß lediglich groteske Formen und spielte sich bloß in totaler Abschottung gegenüber seinen Mitmenschen ab. Als Hitler sodann nach dem Ersten Weltkrieg auf der politischen Bühne auftaucht, ist er ein kompletter Niemand ohne jeden politischen Hintergrund.

Kaum ein Geburtsdatum einer historischen Gestalt ist derart bekannt wie der 20. April 1889. Auch das oberösterreichische, nahe der Grenze zu Bayern gelegene Braunau gelangte als Geburtsort Adolf Hitlers zu zweifelhafter Berühmtheit. Es war bereits die vierte Niederkunft seiner Mutter Klara, doch ihre ersten drei Sprösslinge waren schon im Kleinkindalter verstorben. Während die Mussolinis ihr Leben unter eher kärglichen Bedingungen fristeten, vermochte Adolfs Vater, Alois Hitler, als k. k. Zollbeamter und Erbe einer nicht unbeträchtlichen Hinterlassenschaft seiner Familie einen durchaus zufrieden stellenden Lebensstandard zu bieten. Alois Hitler, der bis 1876 noch Schickelgruber geheißen hatte und seinen Vater nicht kannte, war praktisch der Erste, der einen anderen Lebensweg wählte als seine Familie und seine Vorfahren, die aus dem niederösterreichischen Waldviertel stammten und kleine Landwirte und Dorfhandwerker gewesen waren. Der Vater des späteren Diktators war alles andere als ein herzlicher Mensch und angesichts seiner herrischen Egozentrik weder ein liebender Ehemann noch ein sorgender Familienvorstand.

Gleichermaßen aus Ruhelosigkeit wie auch karrierebedingt, zog Alois Hitler mit den Seinen mehrmals um. Zum letzten Mal im November 1898 in ein Haus in Leonding bei Linz.

Seine Mutter hat Adolf Hitler zweifellos innig geliebt. Als Klara Pölzl 1860 geboren und um 22 Jahre jünger, war sie bereits die dritte Ehefrau des strengen und respektierten Provinzbeamten. Den katholischen Sonntagspredigten zum Trotz nahm man es mit der Moral nicht so genau. Klara war nicht bloß bereits vor der Hochzeit Alois Hitlers Geliebte, sondern auch von ihm schwanger und noch dazu seine Cousine zweiten Grades. Trotz seiner Beziehungen, seiner drei Ehen und insgesamt neun Nachkommen war die Bienenzucht die wirkliche Passion dieses als autoritär, pedantisch und bisweilen auch jähzornig übermittelten Mannes, der von seiner um so viel jüngeren Frau lange hindurch Onkel genannt wurde.

Höchstwahrscheinlich war Klara Hitler – bis auf eine Ausnahme – der einzige Mensch, zu dem der spätere Diktator wirklich tiefe und warme Gefühle entwickeln konnte. Tatsächlich war sie eine einfache, bescheidene, fügsame und liebenswürdige Frau, die sich aufopfernd um ihre Kinder sorgte und die Launen ihres despotischen Mannes still ertrug. Adolf Hitler sollte später immer ein Bild von ihr bei sich haben, gerade auch während seiner letzten Tage. Nach der Erinnerung der 1896 geborenen

Adolf Hitlers Klassenfoto im Jahr 1899. Er selbst steht – scheinbar bereits damals sich seiner besonderen Rolle bewusst – in der letzten Reihe in der Mitte.

und 1960 verstorbenen Paula soll ihr älterer Bruder Adolf vom gefürchteten Vater so gut wie täglich für sein lebhaftes Temperament mit Prügeln bestraft worden sein, während ihn die Mutter im Gegenzug mit Sanftheit und Nachsicht tröstete.[62]

Im Großen und Ganzen war Adolf Hitler ein fauler und eigensinniger Schüler, der vergleichsweise geringen Respekt vor den Autoritäten zeigte. Während ihm die Volksschulzeit leicht gefallen war, überforderte ihn der Unterricht auf der Realschule in Linz, die er seit 1900 besuchte. Gleich im ersten Jahr musste er aufgrund seines Versagens in Mathematik und Naturgeschichte die erste Klasse wiederholen. Auch in weiterer Folge waren seine Schulleistungen höchst mäßig, und sein Betragen ließ ebenfalls zu wünschen übrig. Im Herbst 1905 verließ der gleichermaßen verträumte wie rechthaberische und jähzornige Adolf schließlich die Anstalt. Alois Hitler wollte ihn zu einer Beamtenlaufbahn überzeugen, doch eine solche interessierte den unangepassten und eigensinnigen Knaben nicht. Der Egozentriker zog es vor, lieber zu zeichnen und ziellos in den Tag hineinzuleben. Ein ernsthafter Konflikt zwischen Vater und Sohn konnte deshalb nicht ausbleiben. Doch als Alois Hitler am 3. Januar 1903 beim Frühschoppen im Gasthaus verstarb, hatten die Streitigkeiten und Sorgen für den dreizehnjährigen Adolf ihr Ende. Aufgrund seiner schwachen Leistungen wechselte er im Jahr darauf in die Realschule nach Steyr. Mit Mühe hatte er dafür die Qualifikation erlangt, doch schon bald verlor er den letzten Rest an Disziplin und Lernwillen. Demgemäß zog er es vor, sich im Herbst 1905 seiner Mutter derart kränklich zu präsentieren, dass sie zur Überzeugung gelangte, ihr vermeintlich bemitleidenswerter Sohn würde einen weiteren Schulbesuch schon aus gesundheitlichen Gründen nicht durchstehen.[63]

Zwei Jahre lang konnte der Jugendliche nun in Linz jenes Leben führen, das ihm am meisten lag: Finanziell genügend versorgt und dementsprechend ohne Zukunftssorgen, lebte er träumend in den Tag hinein, zeichnete und malte, erhielt Klavierunterricht, besuchte Oper und Theater, hing bis spät in die Nacht seinen Phantasien nach und schlief sodann bis lange in den Vormittag hinein. Der Müßiggänger wurde von seiner Mutter, seiner Schwester und einer Tante verwöhnt und aller Sorgen entbunden. In der Linzer Wohnung, die von der Familie im Juni 1905 bezogen worden war, besaß er auch ein eigenes Zimmer. In Linz dürfte der junge Adolf Hitler seine ersten politischen Prägungen erfahren haben, galt doch die Provinzhauptstadt als Hochburg des Deutschnationalismus. Tendenzen wie Habsburgerfeindlichkeit, antikatholische Ressentiments, Antisemitismus, Abscheu gegenüber dem Vielvölkergemisch der Donaumonarchie, Verachtung für Parlament und demokratische Ideale muss er bereits auf der Realschule kennen gelernt haben.[64]

Hitler liebte Linz. Die „glücklichste Zeit" seines Lebens, der „schöne Traum", wie er noch viel später in Erinnerungen schwelgen sollte, fand für ihn jedoch durch zwei traumatische Ereignisse ein gnadenloses Ende: Anfang Oktober 1907 scheiterte der bislang von sich so überzeugte Jugendliche bei der Aufnahmeprüfung an der Akademie für bildende Künste in Wien; ein Rückschlag, der ihn völlig unvorbereitet traf und seinen Plan vereitelte, als akademischer Maler Karriere zu machen. Da ein Unglück bekanntermaßen selten allein kommt, verstarb am 21. Dezember auch noch seine an Brustkrebs erkrankte Mutter. Es besteht kein Zweifel, dass Adolf Hitler entsetzlich unter diesem Verlust zu leiden hatte.[65] Die Welt erschien dem bislang so Verzogenen nun hart und grausam.

Im Februar 1908 ging Hitler endgültig nach Wien. Finanziell musste er sich noch keine Sorgen machen, doch für sein Fernziel – Baumeister oder doch noch bildender Künstler – besaß er keinerlei Plan. Mit seinem Linzer Freund August Kubizek nahm er sich sodann in der Stumpergasse nahe dem Wiener Westbahnhof ein gemeinsames Zimmer in Untermiete.[66] Während der ihm ergebene Zimmergenosse für sein Klavierstudium tatsächlich Aufnahme am Konservatorium fand, meinte Hitler, sich als Autodidakt durchschlagen zu können. Da er sich als verkanntes Genie empfand, wuchs sein Hass gegen das Establishment. Er fühlte sich unverstanden und am Aufstieg gehindert. Sein Freund sah ihn „ganz aus dem Gleichgewicht" geraten.[67]

Hitlers Leben gestaltete sich zielloser denn je. Er malte, zeichnete und versuchte sich sogar als Schriftsteller. Phantasien, Traumprojekte mit Hang zum Bombastischen, realitätsfernes Philosophieren nahmen zu. Besonderes Interesse entwickelte er für die Architektur. Wenn er dabei die klassizistischen Gebäude der Wiener Ringstraße studierte, schwebten ihm noch gewaltigere Bauprojekte vor. Im Oktober 1908 wurde Hitler freilich ein zweites Mal von der Akademie abgelehnt, ja erst gar nicht zu einer Aufnahmeprüfung zugelassen. Für ein Architekturstudium fehlte ihm wiederum die Reifeprüfung. Frustration und Scham dürften so groß gewesen sein, dass er deswegen auch seine Freundschaft mit Kubizek beendete. Über sein Leben und die Welt enttäuscht zog Hitler in die ebenfalls beim Westbahnhof gelegene Felberstraße.[68]

Der junge Hitler führte das Leben eines Bohemiens. Allerdings rauchte er nicht und trank auch keinen Alkohol. Außerdem – und hier könnte der Gegensatz zu Mussolini nicht größer sein – weigerte er sich standhaft, Erfahrungen mit dem weiblichen Geschlecht zu sammeln. Viel ist über die Motive für seine Enthaltsamkeit spekuliert worden. Sein Puritanismus mag aber vielleicht lediglich darin begründet gewesen sein, dass sich für den schüchternen, praktisch mittellosen und zurückgezogen lebenden jungen Mann einfach keine Möglichkeiten für amouröse Erlebnisse auftaten. Wenn er sich dann betont sittenstreng gab, so mochte er damit einfach seine Erfolglosigkeit auch in dieser Beziehung und seine Angst, vielleicht zurückgewiesen zu werden, zu kaschieren versuchen. Im wahrsten Sinne des Wortes machte

Hitler hierbei aus der Not eine Tugend. Es entsprach seinem Naturell, rechthaberisch seine Kontaktarmut und seine bisweilen zur Schau getragene Frauenfeindlichkeit mit allerlei abstrusen biologischen und verklemmt idealistischen Begründungen zu rechtfertigen.[69]

Im Herbst 1909 gingen Hitler schließlich die Ersparnisse aus. Eine miese Unterkunft in der Sechshauser Straße konnte er sich offensichtlich nur mehr einen Monat leisten. Da der 20-Jährige sich nach wie vor außerstande sah, sich seinen Lebensunterhalt mit gewöhnlicher Arbeit zu verdienen, sank auch er – wie Jahre zuvor Mussolini in der Schweiz – zum Stadtstreicher herab. Als zerlumpter und verlauster Unterstandsloser mit wundgelaufenen Füßen, der bisweilen auch im Freien übernachtete, sah er sich für kurze Zeit genötigt, Almosen zu empfangen. Wie Mussolini, so war sich auch Hitler für schwere Gelegenheitsarbeiten zu gut. Das Obdachlosenasyl in Meidling bildete den Tiefpunkt seines miserablen Daseins. Das Männerheim in der Brigittenauer Meldemannstraße, in das er danach zog, bedeutete im Vergleich dazu schon einen Aufstieg. Ebendort lernte er auch den Sudetendeutschen Reinhold Hanisch kennen. Zwischen den beiden verkrachten Existenzen bildete sich eine Art Geschäftsfreundschaft heraus. Hitler malte ansichtskartenähnliche Stadtporträts von Wien, Hanisch verkaufte sie, um den beiden so ein bescheidenes Einkommen zu verschaffen. Hitler trennte sich von Hanisch schlussendlich im Streit und ließ ihn knapp drei Jahrzehnte später nach dem Anschluss Österreichs an Deutschland umbringen.[70]

Gleich wie Mussolini empfand sich auch Hitler keineswegs als Proletarier, sondern als Intellektueller. Der blasse, schüchterne junge Mann, der scheinbar planlos durch die Gassen und Plätze Wiens flanierte, fühlte sich trotz all seiner Demütigungen, die ihm die Wiener Bildungselite bereitet hatte, auf eine schizophrene Weise noch immer zum Bürgertum hingezogen. Verträumt und versponnen, sah er sich als autodidakter Student, als Kunstmaler. Unverdrossen Luftschlösser bauend, gerierte er sich dünkelhaft und zeigte sich gegenüber seinen Leidensgenossen keineswegs solidarisch. Für seine Umgebung blieb er verschlossen und undurchschaubar, ein Spinner und Grübler mit autistischen Zügen. Nur manchmal, bei politischen Diskussionen im Männerheim etwa, gab er sein schweigsames und introvertiertes Gehabe auf und entwickelte einen ungewöhnlichen Redeschwall, um sich danach wieder zurückzuziehen und in Schweigen zu hüllen. Offenbar schaffte es die Politik also schon damals, ihn aufbrausen zu lassen.[71]

Deutschnational gesinnt, war er von Linz nach Wien gekommen. Nun, als seelisch verletzter und sozial abgestiegener Provinzler in der multinationalen Metropole des Vielvölkerreiches, wirkten noch andere radikale Einflüsse auf ihn: das Rednertalent des populären christlichsozialen Bürgermeisters Karl Lueger, der den Antisemitismus vor allem aus propagandistischen und taktischen Motiven verwendete und damit den jungen Hitler, wie dieser selbst zugab, überaus beeindruckte. Prägend wirkten zudem die alldeutsch-antisemitische Ideologie Georg von Schönerers und die Lektüre deutschnationaler Blätter und judenfeindlicher Schundbroschüren, die er kaufte, wohl aber noch mehr in öffentlichen Bibliotheken und Kaffeehäusern las.[72] In seiner Arroganz gegenüber der Arbeiterschaft und den am Rand der Gesellschaft befindlichen Existenzen bildete sich auch Hitlers Gegnerschaft zur aufstrebenden Sozialdemokratie Victor Adlers aus, die er gleichzeitig aber wiederum für deren straffe Massenorganisation bewunderte.

Die Frage, wieweit Hitler bereits damals Antisemit war, lässt sich nicht eindeutig klären. Wenn er auch durch seine Malerei zu Juden sogar gewisse Geschäftsbeziehungen unterhielt, konnten trotzdem bereits gewisse tiefe Hassgefühle in ihm aufgekeimt sein. Die in der Hauptstadt der Donaumonarchie zahlreich anzutreffenden orthodoxen Juden, die ursprünglich aus dem Osten des Reiches stammten und nun besonders in der Leopoldstadt heimisch geworden waren, mochte er aufgrund ihres charakteristischen, „undeutschen" Erscheinungsbildes verachtet haben, wenngleich sie oft ebenfalls ein bescheidenes Leben fristeten. Dass allerdings viele Assimilierte sich in sozial hochangesehenen Berufen als Mediziner, Rechtsanwälte oder in Wissenschaft und Forschung befanden und andere wiederum in der Presselandschaft, in der Industrie, im Handel- und Bankwesen über beträchtlichen Einfluss verfügten, dürfte nicht bloß die Minderwertigkeitskomplexe des sich bisweilen am Rand der Gesellschaft bewegenden jungen Mannes geschürt haben. Es ist durchaus nahe liegend, dass der verzweifelte deutschtümelnde Halbintellektuelle aus der Provinz aus seiner Not und seiner Unfähigkeit, sich in die etablierte Gesellschaft einzugliedern, aus seinen krausen Gedankengängen heraus den fatalen Schluss zog, die privilegierte, von Juden beherrschte Welt hätte sich gegen ihn verschworen.

Besonders stark wurde das hysterische Temperament Hitlers von der germanischen Traumwelt Richard Wagners beeinflusst. Die bombastischen Operninszenierungen, die er in Linz und Wien besuchte, die Heldenstoffe von „Rienzi" bis zum „Ring des Nibelungen", der kolossale Pathos zogen den steifen Sonderling in ihren Bann. Sie erhöhten das für ihn so banale Leben ins Mystische und Heroische. Das Genie Wagner, der Künstler, der sich auch selbst zu inszenieren verstand, der ebenfalls in seinen Anfängen verkannt worden war, danach aber seine Vorstellungen ausleben durfte, wurde zum großen Idol Adolf Hitlers und blieb es bis zum Ende; und dies nicht bloß, weil der weltberühmte Komponist auch Antisemit war. Sowohl in den Opern als auch in der Person Richard Wagners sah Hitler nicht zuletzt sich selbst und seine Bestimmung. Er empfand, eine Mission erfüllen, sich über die Masse emporheben zu müssen, als keuscher und unerbittlicher Hohepriester einer Idee, nicht Tod und Entbehrungen fürchten zu dürfen.[73] Er glaubte sich auserwählt und dazu bestimmt, den menschlichen Freuden des

Lebens zu entsagen. Der Glaube, zu Höherem befähigt zu sein, ersetzte ihm Erfolg, Anerkennung und zwischenmenschliche Kontakte. Held und Genie werde er sein, doch für welche Sache war ihm offenbar noch keineswegs klar.

Im Mai 1913 verließ Hitler das ihm verhasste Wien und fuhr nach München. In der Hoffnung, als „Architektur Maler" Karriere zu machen, blieb er doch aufs Neue ziellos. Gleich Mussolini versuchte auch er sich der Dienstpflicht für ein Vaterland zu entziehen, zu dem er sich nicht zu bekennen vermochte.[74] Dementsprechend meldete er sich in der Isarmetropole als staatenlos. Selbst wenn die Mühlen der österreichischen Behörden langsam mahlten, wurde der Stellungsflüchtige schließlich nach über einem halben Jahr doch in München von der Kriminalpolizei verhaftet und tags darauf auf dem österreichisch-ungarischen Konsulat vorgeführt. Trotz ernster Bedrängnis gelang es seinem schauspielerischen Talent, sich als Opfer seiner bedrückenden Lebensumstände darzustellen und sich damit noch einmal herauszureden. Die Verwaltung des Vielvölkerreiches, das er so ablehnte, reagierte mit Nachsicht, und bei der Musterung in Salzburg wurde er dann sogar für zu schwach und damit für den Militärdienst untauglich befunden.[75]

In München lebte der eigensinnige Egomane mehr denn je in weitgehender Isolation. „In meiner Jugend war ich eher ein für sich gehender Sonderling, als dass ich Gesellschaft gebraucht hätte", sollte sich Hitler viel später einmal erinnern.[76] Lediglich zur Familie des Schneiders Joseph Popp, bei der er in der Schwabinger Schleißheimer Straße wohnte, unterhielt er regelmäßigen Kontakt. Ansonsten blieb er ein völlig unbedeutender, unpersönlicher Einzelgänger und vereinsamter Außenseiter, der umherstreunte und bisweilen, wenn ihm danach war, in Cafés oder Bierkellern hitzig politisierte. Tagsüber malte er, nachts pflegte er in seinem kleinen Zimmer zu lesen. Trotz seines in jeder Hinsicht bescheidenen Lebens und seiner anhaltenden gesellschaftlichen Erfolglosigkeit dürfte der unbekannte Aquarellmaler Münchner Stadtansichten in der bayrischen Hauptstadt eine weitgehend zufriedene Zeit verbracht haben. Das Einkommen aus dem Verkauf seiner Bilder schien dem spartanischen Grübler ausgereicht zu haben.[77] Im Versuch, sich wieder der bürgerlichen Lebensweise anzunähern, trug er vorzugsweise Frack und legte auf ein gepflegtes Äußeres gesteigerten Wert.

Die alpenvorländisch geprägte Metropole an der Isar hatte viel mehr Ähnlichkeit mit seiner Lieblingsstadt Linz als das ihm bisweilen unheimliche „Völkerbabylon" Wien. In dem für ihn so wohltuend süddeutschen München fühlte er sich wieder heimisch; ein Gefühl, das ihm im Zentrum der Donaumonarchie so schmerzlich abgegangen war. Insgeheim war Hitler von seinem Talent überzeugt, doch offenkundig schlummerten seine Fähigkeiten noch im Verborgenen. Seine Trägheit und Kontaktarmut verhinderten bislang, dass sein „Genie" erkannt werden konnte. Selbstgenügsam lebte er anonym in der Großstadt in den Tag hinein, in der vagen Hoffnung gleichsam auf ein Wunder, das ihn aus seiner Bedeutungslosigkeit befreite. Dieses Wunder sollte der Krieg sein.

Die Jahre an der Front prägten Hitler entscheidend. Es war ausgerechnet der Krieg, den der Realitätsflüchtling so positiv und beglückend empfand, der seinen Charakter so beispiellos formen sollte. Die Geschehnisse an der Westfront ließen ihn, der bislang so weltfremd gewesen war, moralisch verrohen. Der Schock der unerwarteten Niederlage sollte ihn noch mehr radikalisieren und in die Politik treiben, wo er schließlich seine mittlerweile grotesk verzerrten Anschauungen in einer beispiellosen Hemmungslosigkeit einem dankbaren Publikum vermitteln konnte.

Der Kriegseintritt des Deutschen Reiches erlöste Hitler aus seinem bislang so sinnleeren und orientierungslosen Dasein. Gleich so vielen packte ihn in den ersten Augusttagen 1914 eine vorbehaltlose Kriegsbegeisterung.[78] Die Nation stellte sich voller martialischer Euphorie plötzlich in einer Einigkeit dar, die viele offensichtlich lange schmerzlich vermisst hatten. Hitler ging in diesem einmaligen Gemeinschaftserlebnis vollends auf. Wie die weitere Entwicklung zeigen sollte, brannte sich die Vorstellung, Deutschland von allen seinen Feinden befreien zu müssen, bei ihm regelrecht ein; denn weder als Soldat des Ersten Weltkriegs noch als Feldherr des von ihm entfachten Zweiten Weltkriegs wollte er von Kapitulation und Kampfesmüdigkeit etwas wissen. Die deutsche Propaganda schien bei kaum einem Zweiten derartig tiefgreifenden Erfolg gezeitigt zu haben wie bei Hitler. Gleich einem Schwamm sog er all die ins bizarre gesteigerten Vorurteile und Unwahrheiten über Deutschlands äußere und innere Feinde auf und sollte sie schlussendlich selbst nur noch entstellter und radikaler weitergeben.

Am 2. August 1914 hatte der 25-jährige Niemand gemeinsam mit Tausenden anderen Begeisterten am Münchner Odeonsplatz vor der Feldherrnhalle Deutschlands Kriegseintritt bejubelt. Die Schlampigkeit der bayrischen Bürokratie ermöglichte es dem fahnenflüchtigen Österreicher, tatsächlich im Dienste Deutschlands einzurücken. Nach der notwendigen Ausbildungszeit zog Hitler mit dem 16. Bayerischen Reserve-Infanterieregiment in der zweiten Oktoberhälfte ins Feld an die Westfront nach Flandern.[79] Das nach dem ersten Kommandanten benannte „Regiment List" bestand vornehmlich aus unerfahrenen bayrischen Rekruten. Die erste Feindberührung sollte die Einheit sogleich um mehr als zwei Drittel dezimieren. Hitler und sein Regiment hatten ihren ersten Einsatz in der berüchtigten Schlacht von Ypern. Bei den Kämpfen wurden dabei nicht wenige seiner Kameraden sogar von Regimentern aus Sachsen und Württemberg unter Beschuss genommen, da man sie in der Dunkelheit irrtümlich für britische Soldaten hielt.[80] Der Krieg hatte sein wahres Antlitz gezeigt, doch leitete Hitler davon bloß die vulgärdarwinistische Ansicht ab, „dass das Leben ein dauernder grausamer Kampf ist, welcher letztlich der Erhaltung der Art gilt: der eine mag vergehen, wenn andere leben bleiben".[81]

Hitler (rechts sitzend) als Gefechts-Ordonanz des 16. Bayerischen Reserve-Infanterieregiments (List) bei Warneton-Messines (Nordfrankreich) im Januar 1915.

Für Hitler war der Krieg – und daran ist nicht zu zweifeln – „die unvergesslichste und größte Zeit meines irdischen Lebens".[82] In der Tat ließ es der Meldegänger zwischen dem Regimentsstab und den Stellungen an der unmittelbaren Front nicht an Mut fehlen. Er besaß die Unerschrockenheit eines Mannes, der nichts zu verlieren hatte. Bereits am 2. Dezember 1914, dem „glücklichsten Tag meines Lebens", wie er in die Heimat schrieb, erhielt er das Eiserne Kreuz II. Klasse. Im Mai 1918 empfing er das Regimentsdiplom für Tapferkeit vor dem Feind und am 4. August sogar das Eiserne Kreuz I. Klasse.[83] Dies waren Auszeichnungen, die dem im Zivilleben bisher so erfolglosen jungen Mann Selbstvertrauen gaben, ihm bei seinen Kameraden Respekt verschafften und ihn in der Auffassung bestärkten, in der Ausnahmesituation des Krieges seine eigentliche Berufung zu sehen. Adolf Hitler wollte ein Held sein. Er liebte den Kampf auf Leben und Tod, die ständige Bewährung und Abhärtung. Es bedeutete für ihn die Erfüllung eines jeden jungen Mannes. Das allgegenwärtige apokalyptische Szenario an der Westfront schreckte ihn nicht ab oder deprimierte ihn gar; es stimulierte ihn vielmehr, es war seine Welt, die er nicht mehr missen wollte, sodass er sogar immer wieder auf den ihm zustehenden Heimaturlaub verzichtete.

Trotz seines Einsatzes brachte es Hitler allerdings lediglich zum Gefreiten.[84] Er selbst wollte nicht zum Unteroffizier befördert werden, aus Angst, zu einem anderen Regiment versetzt zu werden und die Geborgenheit, die er offenkundig bei seinen vertrauten Kameraden empfand, zu verlieren.[85] Dabei blieb der so gewissenhafte Meldegänger die gesamte Kriegszeit hindurch ein Einzelgänger: distanziert, verschlossen, vor sich hinbrütend. Standhaft weigerte er sich, an den banalen Freuden und Zerstreuungen des Soldatenlebens, am derben Alltag seiner Kameraden teilzunehmen. Vielmehr suchte er sich in selbst gewählter keuscher Zurückhaltung und Askese fortzubilden. Scheinbar zeigte der Sonderling keine Momente der Schwäche oder des Zweifels. Schon damals legte er jenes Verhalten an den Tag, das letztlich bis zu seinem Freitod für ihn charakteristisch blieb: Abgehobenheit und Gefühllosigkeit gegenüber den menschlichen Freuden und Leiden, Unnahbarkeit aus dem Gefühl der besonderen Befähigung, Beziehungsunfähigkeit, Zölibat im Dienste der Nation und des eigenen Sendungsbewusstseins. Dementsprechend galt er unter den Kameraden – obgleich nicht unbeliebt – als Außenseiter, „Weiberfeind", Spinner und Streber, der, wenn es um die Verteidigung des Vaterlands ging, keinen Spaß verstand. Es sollte typisch für ihn bleiben, dass er schon damals keine Freundschaften pflegte und er seine wärmsten Gefühle einem Hund, dem weißen Terrier Foxl, schenkte.[86]

Der Krieg hatte Hitler zum Landsknecht gemacht, der sich in der zivilen Welt nicht mehr zurechtfand. Eine leichte Verwundung am linken Oberschenkel, die er Anfang Oktober 1916 in der Sommeschlacht bei Le Barqué erlitten hatte, als eine Granate im Unterstand der Meldegänger explodierte, zwang den fanatischen Krieger zu einem beinahe fünf Monate dauernden Lazarett- und Genesungsaufenthalt in der Heimat. Voller Enttäuschung musste er in Berlin wie in München entdecken, dass es mit der Kriegsbegeisterung und der nationalen Einheit über alle Gesellschaftsschichten und Parteigrenzen hinweg längst vorbei war. Der alte politische und soziale Hader war erneut überall spürbar, hinzu kamen Existenznöte und Kriegsmüdigkeit. Dies war nicht sein Vaterland, für das er sein Leben aufs Spiel setzte. Dies war eine von Sozialdemokraten, Pazifisten, dekadenten, nur auf ihren wirtschaftlichen Vorteil bedachten Egoisten degenerierte bürgerliche Welt, eine Welt von feigen Zivilisten, Demokraten, Verrätern und Defätisten, mit der er nichts zu tun haben wollte. Diese Welt, wo Profit und Überlebensangst mehr als Heldenmut und bedingungslose Aufopferung im Dienste heiligen Patriotismus zählten, verachtete er.[87]

Froh und erleichtert, von diesem Alpdruck erlöst zu werden, kehrte der völlig verunsicherte Gefreite Anfang März 1917 wieder an die Front zurück. Die Tristesse von Schützengräben und Unterständen, das Inferno von Artilleriefeuer und explodierenden Minen, die unter Anspannung und Entbehrung leidenden Männergemeinschaften waren sein Leben geworden. Mehr denn je war er von der Überzeugung besessen, Deutschland müsse unter allen Umständen den Krieg sowohl gegen seine äußeren als auch gegen seine inneren Feinde gewinnen. Eine Niederlage schien ihm unvorstellbar, das Ende allen nationalen Seins und die Zerstörung all seiner Hoffnungen und Mühen. Mit seinem ganzen Fanatismus wirkte Hitler sodann an etlichen der berüchtigten Schlachten an der Westfront mit: an der Abwehr der britischen Offensive in Flandern im Sommer 1917, an den blutigen Kämpfen in der Champagne im April 1918, im Juli an der zweiten Schlacht an der Marne. Dass die Initiative an der französisch-belgischen Front mittlerweile an die Alliierten übergegangen war, mochte der bornierte Gefreite nicht bemerkt haben.[88]

Ende August 1918 wurde Hitler nach Nürnberg zur Ausbildung als Telefonist geschickt. Nach einem Heimaturlaub in Berlin kehrte er schließlich Ende September zu seinem Regiment zurück; zu einem Zeitpunkt, an dem bereits selbst die Oberste Heeresleitung die Weiterführung des Krieges für aussichtslos erachtete und ein sofortiges Waffenstillstandsangebot an die Entente forderte. Aber noch wurde weiter gekämpft, denn Hindenburg und Ludendorff wollten für einen ehrenvollen Frieden das letzte Potential an Widerstandskraft mobilisieren. Natürlich gedachte auch der kleine Meldegänger Hitler nicht, schmachvoll zu kapitulieren. Südlich von Ypern, bei einem gegnerischen Senfgasangriff – in der Nacht vom 13. auf den 14. Oktober 1918 –, erwischte es aber dann auch den so opferbereiten Gefreiten beim Rückzug aus dem Unterstand. Hitler erblindete für kurze Zeit und wurde in das Lazarett Pasewalk in Pommern eingeliefert.[89] Während der Rekonvaleszente dabei war, sich wieder zu erholen, kam es zu derart tiefgreifenden Veränderungen, die der sieggläubige Gefreite wohl niemals für möglich gehalten hatte.

Die alte Welt ging zugrunde. Am Nachmittag des 9. November 1918 rief der Sozialdemokrat Philipp Scheidemann vom Balkon des Berliner Reichstags die Deutsche Republik aus. Den revoltierenden Arbeitern und Soldaten wurde damit geboten, was sie tief in ihrem Innern wünschten: „Das alte Morsche ist zusammengebrochen; der Militarismus ist erledigt!"[90] Die Abreise Wilhelms II. aus dem kaiserlichen Hauptquartier im belgischen Spa nach Holland wurde von vielen als Flucht empfunden, sodass nicht zuletzt deswegen die überwiegende Mehrheit der Bevölkerung der Monarchie keine Träne mehr nachweinte. Die Niederlage des Reichs im Krieg schmerzte weit mehr. Am 11. November 1918 unterzeichnete der Zentrumspolitiker Matthias Erzberger als deutscher Delegationsführer das Waffenstillstandsabkommen, im Salonwagen des alliierten Oberkommandierenden im Wald von Compiègne. Die deutschen Militärs hatten sich vor dieser Schmach gedrückt und damit den Weg bereitet, dass man die Niederlage den Demokraten und Zivilisten in die Schuhe schieben konnte. Einstweilen hoffte man im Reich aber noch auf einen gerechten Frieden. Die neu errichtete Republik und der Durchbruch der Demokratie auch in Deutschland mochten dabei helfen, mit den Siegern einen solchen auszuhandeln.[91]

Die regierenden Sozialdemokraten bewiesen von Anfang an, keine Marxisten zu sein. Im Gegenteil ging es ihnen darum, eine Radikalisierung der Revolution zu verhindern. „Russische Zustände" war das Letzte, was etwa ein Friedrich Ebert anstrebte. Auch die Arbeiter- und Soldatenräte lehnten mehrheitlich eine Diktatur des Proletariats nach dem Muster Lenins ab und folgten der Linie der gemäßigten Sozialdemokraten im neuen Kabinett, dem „Rat der Volksbeauftragten". Und diese provisorische Regierung sah die Zeit für eine Verwirklichung des Sozialismus keineswegs für gekommen. Angesichts der Alltagsnot versuchte sie bloß, Anarchie und Bürgerkrieg zu vermeiden und die Wirtschaft wieder anzukurbeln. Ruhe und Ordnung zu gewährleisten, die Staatsmaschinerie in Gang zu halten, war ihr Anliegen, nicht ein marxistischer Umsturz. Der Sozialdemokratie gelang es zudem, die Soldaten auf ihre Seite zu ziehen und damit unnötiges Blutvergießen zu vermeiden. Bereits am Tag nach der Abreise des Kaisers und der Ausrufung der Republik ging so beispielsweise in Berlin nahezu wieder alles seinen gewohnten Gang.

Die Mehrheitssozialdemokraten setzten auf Kontinuität, um ein Chaos zu verhindern. Natürlich war auch ihr Gestaltungsraum schon deswegen eingeschränkt, weil die Siegermächte im Falle einer Bolschewisierung und eines Bürgerkriegs wohl mit Sicherheit interveniert hätten. Um die Einheit des Reiches nicht aufs Spiel zu setzen, wagte die provisorische Regierung somit keinen Bruch mit der alten Ordnung. Demzufolge kam es im öffentlichen Dienst oder im Heer nicht einmal zu einer begrenzten Demokratisierung. Republiksfeindliche Verwaltungsbeamte, Richter und Staatsanwälte blieben in ihren Ämtern, die Befehlsgewalt im Heer oblag nach wie vor den Offizieren. Die Oberste Heeresleitung unter Hindenburg und Groener stand praktisch gleichberechtigt an der Seite der sozialdemokratischen Regierung. Auch in der Wirtschaft unterblieben weitgreifende Veränderungen der Eigentumsverhältnisse. Um den Wiederaufbau nicht zu gefährden, wagten die Sozialdemokraten nicht, Enteignungen und Verstaatlichungen durchzuführen. Aus Angst um die Lebensmittelversorgung vermochte man sich auch nicht zu radikalen Agrarreformen durchzuringen. Die ostelbischen Rittergutsbesitzer, die Junker, behielten ihre gesellschaftliche Machtposition. Der gemäßigten Sozialdemokratie unter Ebert und Scheidemann war die rasche Abhaltung von landesweiten Wahlen zur Verfassunggebenden Nationalversammlung vordringliches Anliegen. Das Volk sollte erst einmal eine neue, demokratisch gewählte Regierung legitimieren, die dann tatsächlich zu tiefergehenden Reformen schreiten konnte.

Die Anfänge der Weimarer Republik mit einer völligen Auflösung der alten Ordnung gleichzusetzen, war eine Verleumdung der Rechten. Eigentlich wurde lediglich die Dynastie abgesetzt. Die alten Eliten und Entscheidungsträger, das alte gesellschaftliche System blieb weitestgehend unangetastet. Die Regierung und die überwiegende Mehrheit der Sozialdemokraten agierten ausgesprochen moderat, vorsichtig und durchaus im Sinne des verschreckten Bürgertums.[92] So war denn auch der „Spartakus-Aufstand" Mitte Januar 1919 bloß der Putschversuch einer linksradikalen Minderheit mit dem Ziel, die in ihren Augen schon konterrevolutionär agierende sozialdemokratische Regierung zu stürzen. Die Sozialdemokraten reagierten dementsprechend, wie es die alten Eliten wünschten: Sie schlugen die Rebellion unter der rigorosen Führung Gustav Noskes, der im weiteren Verlauf ein um das andere Mal Reichswehr und Freiwilligenverbände gegen die radikalisierte Arbeiterschaft einsetzte, nieder. Noske, an dem ein kaiserlicher General verloren zu gehen schien, ging demgemäß auch mit übergroßer Härte gegen die so kurzlebige Räterepublik in Bremen vor. Mit dem strikten Vorgehen der Regierung gegenüber linksextremen Tendenzen vergrößerte sich allerdings der Graben zwischen den so konservativen Mehrheitssozialdemokraten und den unzufriedenen radikaleren Kräften innerhalb der Arbeiterbewegung, so dass sich die Frage zu stellen schien: „weiße" Gegenrevolution oder linksradikale Verschärfung der Novemberrevolution?[93]

In den ersten Monaten des Jahres 1919 hatte eine Streikbewegung Deutschland erfasst. Der Krieg hatte für den Großteil der Arbeiter eine merkliche Realeinkommenseinbuße mit sich gebracht. Die zwischen Arbeitgebern und Arbeitnehmern ausgehandelten Lohnerhöhungen und Arbeitszeitverkürzungen fielen für die Belegschaften allgemein ungünstig aus, da auch das Preisniveau stark angezogen hatte. Die soziale Unruhe wuchs. Die Forderungen, speziell unter den Bergleuten im Ruhrgebiet und in Mitteldeutschland, lauteten auf Sozialisierung der Unternehmen und die Einführung eines wirtschaftlichen Rätesystems, wo die Produktion durch Betriebsräte kontrolliert werden sollte. Syndikalisten und Kommunisten schürten die Gewaltbereitschaft bei den Streikenden. Die Regierung schlug die linksradikalen Streiks mit Hilfe der Reichswehr und den sie unterstützenden, überwiegend autoritär und nationalistisch gesinnten Freikorps zuweilen unter hohem Blutzoll nieder.[94]

In Berlin entwickelte sich im März 1919 ein besonders von Kommunisten forcierter Generalstreik bereits zu einer Art Bürgerkrieg. Aufgrund der rigorosen Gegenmaßnahmen des Reichswehrministers Noske forderten die Kämpfe an die tausend Opfer. Auch in Magdeburg, Oberschlesien und Württemberg kam es im ersten Jahresdrittel zu Massenstreiks, in Mannheim und Braunschweig wurden sogar Räterepubliken ausgerufen, die sich allerdings bloß einen Tag lang hielten. Das Establishment und der Mittelstand fürchteten den Zerfall von Recht und Ordnung. Die bürgerlichen Werte schienen in höchster Gefahr, denn die revolutionäre Linke wollte sich trotz ihrer geringen Anhängerschaft nicht geschlagen geben. Ober- und Mittelschichten setzten Bolschewismus und Kommunismus mit Terror, Anarchie und Bürgerkrieg gleich. Und diese Ungeheuer galt es mit allen Mitteln zu bekämpfen, selbst, wenn die dabei angewandten Methoden nicht gerade astrein waren.

Niederlage und Revolution haben Hitler offenkundig noch weit mehr geprägt als die Jahre an der Front. Neuerlich stand er vor den Trümmern seiner Existenz. All seine Bemühungen waren scheinbar umsonst gewesen. Der Soldat aus Leidenschaft fühlte sich betrogen und verraten, verloren in einer Welt, die er einfach nicht verstand. Der knapp 30-Jährige empfand tiefste Enttäuschung und Depression. Heimatlos und ohne Orientierung, ohne Arbeit und Zugehörigkeit beobachtete er die Umwälzungen mit Ratlosigkeit. All die Opfer waren unbelohnt geblieben, sein „Lebenswerk", für die Größe Deutschlands zu kämpfen, zerstört. Seelisch schwer angeschlagen, ging es in die Heimat zurück. Was er dort in den nächsten Monaten erlebte, sollte seine ganze weitere Zukunft entscheidend beeinflussen.

Zehn Tage nach Kriegsende, am 21. November 1918, kam Hitler wieder nach München. Er wollte unbedingt Soldat bleiben, denn das Militär empfand er als sein eigentliches Zuhause. Doch in der Kaserne und im Kriegsgefangenenlager Traunstein, in dem er in weiterer Folge Wachdienst verrichtete, bestimmten die Soldatenräte den Alltag.[95] Auch in dem so konservativen Land hatte ein politischer Umsturz stattgefunden. Bayern war keine Monarchie mehr. König Ludwig III. war mit seiner Familie geflohen. Die Revolution war freilich unblutig verlaufen. Ministerpräsident Kurt Eisner, ein weltfremder Linkssozialist, beging allerdings den verhängnisvollen Fehler, Deutschland die Schuld am Kriegsausbruch zuzuweisen und für eine Wiedergutmachung an Frankreich und Belgien einzutreten. Am 21. Februar 1919 wurde Eisner ermordet. In weiterer Folge versank München für einige wenige Monate in Anarchie. Die erste Räterepublik war dabei bloß ein lächerliches Gebilde, ausgerufen von anarchistischen intellektuellen Träumern ohne Bezug zu den Massen und den wahren Machtverhältnissen im Land und im Reich. Der gemäßigte Sozialdemokrat Johannes Hoffmann stand einer Gegenregierung in Bamberg vor. Die konservativ gesinnten Bauern leisteten dem anarchistischen Räteregime Widerstand. München drohte eine Hungersnot.[96]

Es folgte eine zweite Räterepublik. Diese wurde nun von Kommunisten geführt, die mit Lenin in Verbindung standen. Aber aus allen Richtungen marschierten Regierungstruppen auf München, um die bayrische Hauptstadt vom Bolschewismus zu befreien. Anfang Mai 1919 war der Spuk vorbei. Die von Noske nach München geschickten Freikorps ließen sich zu Gewaltexzessen hinreißen und übertrafen den Terror der Kommunisten bei weitem.[97] Die Befreiung von der kommunistischen Herrschaft kostete 606 Tote. Viele Opfer, wie etwa 21 Mitglieder des katholischen Gesellenvereins St. Joseph, hatten mit der Räterepublik überhaupt nichts zu tun gehabt. Trotzdem feierte die Münchner Bevölkerung, vor allem das Bürgertum, von der Diktatur einer radikalen Minderheit geschockt, die Freikorps als Befreier. Vielfach war in der Isarmetropole nun die Stimmung gegen den Bolschewismus in blanken Hass umgeschlagen. München wurde zum Zentrum der extremen Rechten.[98] Dazu gesellte sich ein unversöhnlicher Antisemitismus, der sich durch den Umstand entscheidend verstärkt hatte, dass tatsächlich viele Führer der linksextremen Experimente jüdischer Abstammung gewesen waren: Kurt Eisner, Ernst Toller, Erich Mühsam, Gustav Landauer, Max Levien und Eugen Leviné.[99]

Judenhass und Antimarxismus wurden junktimiert, gerade auch von Hitler selbst. Doch seine Haltung während der Räteherrschaft war höchst zwiespältig. Er gehörte nämlich keineswegs den konterrevolutionären Freikorps an. Der Gefreite war im Gegenteil sogar Vertrauensmann seiner Kompanie und hatte somit speziell auf dem Gebiet der Propaganda mit der Linksregierung zusammenzuarbeiten. Dies bedeutete, dass Hitler in jenen Wochen im Dienst der Revolution stand. Das Streben, so lange wie möglich bei seinem Bataillon bleiben zu können, dürfte wohl das Hauptmotiv für seinen Opportunismus gewesen sein. Trotzdem erscheint die Annahme, Hitler wäre zu diesem Zeitpunkt tatsächlich ein überzeugter Linker gewesen, allein schon angesichts seiner radikal-nationalen Prägungen aus Linz, Wien und der Kriegszeit unwahrscheinlich. Außerdem gehörte er gleich nach der „Befreiung" Münchens einem Ausschuss an, der etwaige Aktivitäten von Angehörigen des Bataillons für das Räteregime zu untersuchen hatte.[100] Der Kriegsveteran war wieder auf der „richtigen" Seite. Rasch sog er all die maßlose Wut und die abgrundtiefe Verachtung auf, die Konservative, Nationale und Völkische der Deutschen Republik entgegenbrachten.

Die Republik von Weimar war die Folge einer Revolution, die den Kaiser zur Abdankung gezwungen hatte. Die Revolution war wiederum die Folge einer Niederlage. Diese kam aber für den Großteil der Nation überraschend. Nach dem Diktatfrieden von Brest-Litowsk mit Russland und der anfänglich erfolgreichen Frühjahrsoffensive an der Westfront 1918 brach die Niederlage als eine völlig unvorhersehbare, letztlich unlogische Katastrophe herein. Bei einer Fortsetzung des Krieges hätte eine große alliierte Offensive im Winter die deutsche Niederlage für jedermann sichtbar gemacht. So dagegen waren die deutschen Truppen tief im Feindesland gestanden. Die Rechte in Deutschland zog daraus den Schluss, dass das kaiserliche Heer keineswegs durch die gegnerischen Streitkräfte, sondern durch die innere Umwälzung besiegt worden war. Demokraten, Sozialisten und Pazifisten hätten dem im Felde unbesiegten Heer einen „Dolchstoß" in den Rücken versetzt und damit erst die ganze Tragödie ausgelöst. Die deutsche Niederlage, so redete man sich ein, sei keine militärische gewesen, sondern lediglich auf die Subversion der Linken zurückzuführen. Die „Novemberverbrecher" hatten für die Nationalisten freilich nicht bloß den völlig unnotwendigen Waffenstillstand, sondern auch dic entwürdigenden Bedingungen des „Schandfriedens" von Versailles zu verantworten.[101]

Die Bevölkerung in Deutschland hatte im Sommer 1914 genauso wie jene in Frankreich, Russland oder Großbritannien geglaubt, aus reiner Notwehr heraus in den Krieg zu ziehen. Hitler hatte hier nicht anders gedacht. Das Interesse von Zeitungen, Wirtschaft, Gelehrten, Vereinen, Politikern und Militärs an Eroberungen war eine Folge des Waffengangs, nicht dessen Ursache. Die Ententemächte empfanden ebenfalls keinerlei Verantwortung für den Ausbruch der Katastrophe. Da sie nun aber die Sieger waren, gaben sie Deutschland die Schuld für den Ausbruch des Ersten Weltkrieges und legten dies auch in einem eigenen Artikel im Friedensvertrag von Versailles fest. Diese für die Sieger berechtigte Feststellung war in den Augen der deutschen Öffentlichkeit jedoch eine unverschämte Verdrehung der Wahrheit. Und so sollten die Besiegten den Friedensvertrag als einen Akt extrem ungerechter Unterdrückung empfinden, während die Sieger ihn für das Resultat ihrer gerechten Bemühungen hielten. Während Deutschland erwartete, gleichberechtigt behandelt zu werden, hatte das Reich für seine Gegner im Krieg gleichsam als verbrecherischer Aggressor gegolten und wurde deshalb von den Siegermächten bei den Friedensverhandlungen in Versailles entsprechend behandelt.[102]

Die Siegermächte waren sich auf der Pariser Friedenskonferenz über die Behandlung Deutschlands durchaus uneinig. Der amerikanische Präsident Woodrow Wilson meinte, seine Moralvorstellungen auf das am Krieg schuldige Deutschland durchaus adäquat angelegt zu haben. Dabei schien er allerdings seine eigene These zu ignorieren, dass jede ungerechte Behandlung eines Staates letztlich zu einem neuerlichen Waffengang führe. Für die Franzosen war nach Kriegsende die Sache völlig klar: Nach all dem Blutvergießen und den schrecklichen Verwüstungen des eigenen Landes musste Deutschland entscheidend geschwächt und entmachtet werden – wirtschaftlich, politisch, militärisch. Das Reich durfte keine Bedrohung mehr für Frankreich bieten. Dabei vertrat Ministerpräsident Georges Clemenceau sogar noch eine gemäßigte Position, wenngleich er keineswegs ernsthaft annahm, dass sich Deutschland jemals auch mit noch so moderaten Bedingungen abfinden würde. Der britische Premier David Lloyd George dagegen versuchte einen Friedensschluss zu finden, den die Deutschen selbst akzeptieren konnten, um sie friedfertig zu machen. Ein ökonomisch wohlhabendes Reich würde nicht Gefahr laufen, in die Arme des Kommunismus zu geraten. Lloyd Georges größtes Anliegen war es, für Deutschland den Friedensvertrag so annehmbar wie möglich zu gestalten, damit es sich freiwillig in die europäische Nachkriegsordnung einfüge.[103] Nicht zuletzt deswegen sollte er daher von Hitler später als fähigster und fairster britischer Staatsmann geschätzt werden. Noch 1940 hoffte der nationalsozialistische Diktator angesichts seines Wunsches, mit dem Empire nicht Krieg führen zu müssen, auf eine Rückkehr des walisischen Vollblutpolitikers an die Macht.

Der Friedensvertrag von Versailles bestimmte die Schuld Deutschlands und seiner Verbündeten am Kriegsausbruch.[104] Horrende, unrealistische Zahlungen sollten Wiedergutmachung leisten. Als Bürgschaft wurde das linksrheinische Gebiet in drei Besatzungszonen unterteilt, die dann nach fünf, zehn und fünfzehn Jahren bei fristgerechter Erfüllung des Vertrages zu räumen waren. Die Reparationsforderungen wurden im Reich sodann auch mit blankem Entsetzen aufgenommen. Besonders große Verbitterung herrschte in Deutschland zudem über die Grenzziehung im Osten, wodurch, abgesehen von den territorialen Einbußen, über eine Million Deutsche unter polnische Herrschaft kamen. Für die deutsche Nation schien dies entehrend und völlig unnatürlich, wiewohl man selbstverständlich in Preußen und im Kaiserreich schon aus einem Gefühl der kulturellen und wirtschaftlichen Überlegenheit nichts dabei gefunden hatte, über eine polnische Minorität zu bestimmen.

Auf der Pariser Friedenskonferenz kam es auch zur Missachtung des nationalen Selbstbestimmungsrechts in zwei Fragen, denen Hitler später ungeheure Bedeutung verleihen sollte: Österreich und die deutschen Gebiete in Böhmen und Mähren. Im Gegensatz zu der Frage der polnischen Grenzziehung mit ihren nationalen Härtefällen maß die Reichsregierung bei der Friedenskonferenz in Versailles den beiden Problemen noch nicht diese große Aufmerksamkeit bei. Schließlich hatten diese Gebiete ja zur mittlerweile zertrümmerten Donaumonarchie und nicht zum Wilhelminischen Reich gehört. Tatsächlich waren aber Parteien und Staatsführung in Österreich nach der Auflösung der Habsburgermonarchie bis zum Anschlussverbot der Friedensverträge von Versailles und Saint Germain ausnahmslos für eine Angliederung des kleinen Landes an Donau und Alpen an Deutschland eingetreten.[105]

Die Deutschen der böhmischen Länder fühlten sich ebenfalls Österreich und damit in weiterer Folge Deutschland zugehörig. Prag setzte daraufhin sogar Militär zur Unterdrückung der Abtrünnigen ein, und in Paris ignorierten die Siegermächte das nationale Selbstbestimmungsrecht, indem sie Österreich zur staatlichen Unabhängigkeit verpflichteten. Nur durch einstimmige Zustimmung des Völkerbundrats sollte es die Möglichkeit des Anschlusses Österreichs an Deutschland geben.[106] Da Frankreich im Völkerbundrat jedoch das Vetorecht besaß, oblag die Vereinigung der beiden deutschsprachigen Staaten der Zustimmung aus Paris, und dieses dachte keinen Augenblick daran, das Reich auf diese Weise zu stärken. Die deutschen Grenzen zu Österreich und zu den böhmischen Ländern der Tschechoslowakei blieben somit praktisch in ihrer Form von 1914 bestehen.

Weit schmachvoller empfanden Nationale und Konservative in Deutschland die schmerzlichen Beschränkungen für die Wehrmacht, die sie für einen europäischen Großstaat als entwürdigend betrachteten. Wilson hingegen sah es als moralisches Recht der Welt an, das Reich zu entwaffnen und den Deutschen eine längere Periode des Nachdenkens aufzuerlegen. Die alte kaiserliche Militärmacht wurde zerschlagen, die Wehrpflicht abgeschafft, der Große Generalstab, den die siegreichen Verbündeten als Symbol des preußisch-deutschen Militarismus betrachteten, aufgelöst. Das neue dezimierte Heer, die Reichswehr, durfte über lediglich 100.000, die Marine über 15.000 Berufssoldaten verfügen. Die Sieger gestatteten außerdem dem Besiegten weder eine Luftwaffe noch U-Boote, Panzer oder Gaswaffen. Die Hochseeflotte, einst der Stolz der Nation, musste bis auf geringfügige Teile ausgeliefert, alle Befestigungsanlagen bis 50 Kilometer östlich des Rheins geschleift werden. Territorial hatte Deutschland Posen und den größten Teil Westpreußens an das wiedererrichtete Polen, das Hultschiner Ländchen an die Tschechoslowakei abzutreten. Das Memelgebiet wurde litauisch. Danzig kam als „Freie Stadt" unter kommissarische Aufsicht des Völkerbundes. Elsass-Lothringen kehrte zu Frankreich zurück, für das von Belgien besetzte Eupen-Malmedy wurden ebenso wie für Nordschleswig und Teile Ostpreußens und Oberschlesiens Volksabstimmungen festgesetzt, das Saarland für 15 Jahre einem Völkerbundregime unterstellt. Darüber hinaus verlor Deutschland auch seine Kolonien.

Die alten Eliten hatten den Krieg geführt, die Demokraten mussten die Konsequenzen der Niederlage tragen. Außenminister Hermann Müller von der SPD und Verkehrsminister Johannes Bell vom Zentrum unterzogen sich am 28. Juni 1919 im Spiegelsaal von Versailles der undankbaren Aufgabe, ihre Unterschrift unter den so harten Friedensvertrag zu setzen. Die Empörung über das „Diktat der Sieger", das vielen einem „Todesurteil" für Deutschland gleichkam, schien die Nation wieder zu einigen. Der Protest gegen die unerwartete Demütigung bildete noch einmal eine Front von den Deutschnationalen bis hin zur Sozialdemokratie. Nach der Kapitulation im Herbst des Vorjahres traf die deutsche Öffentlichkeit aufs Neue völlig unvorbereitet ein schwerer Schock. Allgemein hatte man mit einem Verständigungsfrieden gerechnet, nicht mit einer Erniedrigung.[107] Trotzdem blieb das in seiner Souveränität empfindlich eingeschränkte Deutschland noch immer der wirtschaftlich mächtigste Staat in Europa mit dem größten Potential für die Zukunft. Für Hitler aber bedeutete der Friedensvertrag eine ungeheuere Schande. „Haben wir erst die Macht, dann zerreißen wir diesen Fetzen", sollte er sich schon sehr bald vornehmen.[108]

Die Nationalsozialisten sollten nicht wegen des Versailler Vertrages an die Macht kommen. Dem überwiegenden Teil der deutschen Bevölkerung ging nach der ersten Aufregung über die erlittene Ungerechtigkeit das eigene soziale Wohlergehen über nationale Fragen und staatliches Prestige. Aber die Demütigung Deutschlands nach dem Ersten Weltkrieg bot Hitler eine der vorrangigsten Rechtfertigungen für seine Agitation. Sie speiste seine Wut und seine Komplexe. Da Hitler sich mit Deutschland vollends identifizierte, fühlte er sich persönlich in seiner Ehre beleidigt und wie ein Verbrecher bestraft. Unter dem Unrecht, das dem Reich widerfahren war, litt auch er. Unfähig zu einem auch nur annähernd konventionellen Leben, setzte er das Schicksal Deutschlands mit dem seinen gleich. Er sollte dies fortan bis zum bitteren Ende tun.

Ähnlich wie in Italien bildeten auch in Deutschland nach dem Ersten Weltkrieg die nationalistischen, heimatlosen Frontsoldaten ein ungeheures Potential der Unzufriedenheit. Hasserfüllt lehnten sie die Weimarer Republik und Versailles von Beginn an als Triumph einer antideutschen Weltverschwörung ab. In Süddeutschland wurde München zu ihrem Sammelpunkt. Zu diesen Enttäuschten gehörte auch Hitler, dessen erklärte Absicht es war, am Wiederaufbau Deutschlands zu alter Größe mit all seiner Kraft mitzuwirken. Sein Hass gegenüber jenen, die seine Hoffnungen zerstört zu haben schienen, steigerte sich ins Grenzenlose. Sein Fanatismus, den er im Krieg so sehr ausleben konnte, drängte nach Betätigung. Allein er gehörte zu den Verlierern, und seine Zukunft sah einmal mehr äußerst düster aus. Orientierungslos glich der 30-Jährige „einem müden streunenden Hund, der nach einem Herrn suchte".[109] Es fehlte nicht viel, und er wäre wieder vollends an den Rand der Gesellschaft zurückgedrängt worden, von dem er schließlich herkam.

Hitler war noch immer Soldat. Durch die Reichswehr, der er bis zum 31. März 1920 angehören sollte, erhielt er sodann einen Auftrag, der sein ganzes Leben verändern und letztlich den Beginn seines so fatalen Aufstiegs markieren sollte. Die Truppe galt auch nach der Niederschlagung der bayrischen Revolution noch als politisch unzuverlässig und daher anfällig für kommunistische Einflüsse. Man musste ihr erst wieder die richtige patriotische Gesinnung vermitteln. Der Aufklärungs- und Propagandaabteilung unter Hauptmann Karl Mayr erschien Hitler als der richtige Mann. Anfang Juni 1919 hatte er an antikommunistischen Aufklärungsvorlesungen an der Münchner Universität teilgenommen und sich dabei in Diskussionen als leidenschaftlicher Nationaler und strammer Antibolschewist hervorgetan. Nun sollte er im August gemeinsam mit weiteren 25 anderen als Ausbilder bei einem fünftägigen Kurs im Reichswehrlager Lechfeld bei Augsburg die Truppe ideologisch wieder auf Vordermann bringen, sie neuerlich „nationalisieren", wie er es selbst nannte. Mit Feuereifer ging Hitler an die Aufgabe heran und machte seine Sache tatsächlich sehr gut.

„Ich begann mit aller Lust und Liebe", so erinnerte er sich einmal ausnahmsweise ohne nachträgliche Verfälschung der Tatsachen. „Bot sich mir doch jetzt mit einem Male die Gelegenheit, vor einer größeren Zuhörerschaft zu sprechen; und was ich früher immer, ohne es zu wissen, aus dem reinen Gefühl heraus einfach angenommen hatte, traf nun ein: ich konnte ‚reden'. [...] Ich durfte auch von Erfolg sprechen: Viele Hunderte, ja wohl Tausende von Kameraden habe ich im Verlaufe meiner Vorträge wieder zu ihrem Volk und Vaterland zurückgeführt."[110] Es besteht kein Zweifel, dass Hitler seine Zuhörerschaft bereits damals, bei seinen ersten Gehversuchen als Redner, zu fesseln verstand. Mit all der ihm innewohnenden Energie und Besessenheit diskutierte er über die Kriegsschuldfrage, die Münchner Räterepublik, den Versailler Vertrag und den Wiederaufbau Deutschlands. Dabei verstand er es besonders, die Soldaten mit bereits damals in Bayern populären antisemitischen Tiraden in seinen Bann zu ziehen.[111]

Wieder zurück in München oblag Hitler als „V-Mann" die Beobachtung von etwa 50 Parteien und politischen Gruppen. Dementsprechend sollte er am 12. September 1919 die Versammlung der Deutschen Arbeiterpartei (DAP) im Sterneckerbräu besuchen und darüber Bericht erstatten. Gegen Ende der Veranstaltung ließ sich Hitler zu einer leidenschaftlichen Intervention gegen einen bayrischen Separatismus hinreißen, die wiederum die Aufmerksamkeit des Vorsitzenden der kleinen und unbedeutenden Partei, Anton Drexler, erregte. Sichtlich fasziniert, wollte er den begeisterten Patrioten für seine Partei gewinnen und gab Hitler seine Schrift „Mein politisches Erwachen" mit auf den Weg. Wenige Tage später erhielt der Gefreite sogar die Nachricht, bereits als Mitglied der DAP aufgenommen worden zu sein. Hitler zögerte, trat ihr aber schließlich im September 1919 bei. Seine Laufbahn als Politiker hatte damit ihren Anfang genommen.[112] Noch gehörte er freilich lediglich einer rechten Splittergruppe an, einer Partei ohne gesellschaftliche Relevanz. Aber sie verschaffte ihm die Möglichkeit, als Redner vor die Öffentlichkeit zu treten und seinen Hass nach außen zu tragen: „Es gibt nur Trotz und Hass, Hass und wieder Hass", sollte er später einmal hinausschreien. „Nein, wir verzeihen nichts, wir fordern Rache!"[113] Hitlers Leben nahm eine entscheidende Wende.

# Der kurze Weg zur Macht

## Mussolini 1919 bis 1922

Anfang 1919 beschreibt sich Mussolini einmal selbst als „Zyniker, der kein Gefühl hat außer für das Abenteuer, für wahnwitzige Abenteuer". In der Tat war er ein manischer, erfolgsorientierter Egoist, der von sich und seinem Charisma blind überzeugt war. „Ich habe in Italien wenige Männer kennen gelernt, die mir das Wasser reichen könnten", hatte er bereits vor dem Krieg von sich behauptet.[114] In jenen Tagen liebte er, aus dem Gefühl heraus, sich selbst bestätigen zu müssen, das Risiko und die Gefahr, strebte er – der ewige Außenseiter – nach gesellschaftlicher Umwälzung um jeden Preis. Mussolini wollte aus den Italienern eine Nation schaffen, die sein Spiegelbild darstellen sollte. Für dieses Unternehmen benötigte er keine zögerlichen Schreibtischtheoretiker, die sich mühsam durch die Parteihierarchie hinaufdienten, sondern Abenteurer, unerschrockene Männer, die nichts zu verlieren hatten und die das Kriegserlebnis miteinander verband.

Der von Mussolini begründete italienische Faschismus war in seinen Anfängen eine sozialistische Bewegung mit paramilitärischer nationaler Ausrichtung und bildete zum Bolschewismus ein radikalpatriotisches Pendant, das aber immer noch weitgehend von linkem Gedankengut getragen wurde. Die Ideologie, die Mussolini nun konzipierte, beruhte einerseits auf seiner Verachtung gegenüber Kirche, Monarchie, liberaler Demokratie und Besitzbürgertum sowie andererseits auf seinen positiven Erkenntnissen, die er aus dem Krieg gewonnen hatte. Nach all den Auseinandersetzungen mit den Parteigenossen hatte er genug vom Diskurs. Er suchte nicht politischen Intellekt und innerparteiliche Auseinandersetzung, sondern Treue und Gefolgschaft. Er beabsichtigte zu führen und gemäß seines herrischen Charakters über bedingungslos gehorsame Anhänger zu verfügen. Zudem war es der ausgeprägte Taktiker leid, sich an irgendwelche Dogmen halten zu müssen. Sein Wort sollte Gesetz sein und ohne Widerspruch in die Tat umgesetzt werden, wenn nötig auch mit Gewalt.

Am 23. März 1919, einem regnerischen Sonntagmorgen, setzte Mussolini den entscheidenden Schritt. Gemeinsam mit ein paar Dutzend Männern gründete er im Gebäude der Industrie- und Handelskammer auf der Mailänder Piazza San Sepolcro die „Fasci di combattimento". Unter den „Sansepolcristi", wie die Männer der ersten Stunde später auch mit legendenumwobener Hochachtung genannt wurden, fanden sich Nationalisten genauso wie Anarchisten, Republikaner wie Kommunisten, Liberale wie die in betontem Antiintellektualismus den Krieg, die Gefahr und die Aktion verherrlichenden Futuristen und schließlich die mit ihnen in enger Verbindung stehenden „Arditi", wild entschlossene, oft vorbestrafte Frontkämpfer und Elitesoldaten. Mussolini sah die Mitglieder seines Kampfbundes als Häretiker der beiden vorherrschenden Religionen, der katholischen Kirche und des Kommunismus.[115] „Wir gehen aus von dem Boden der Nation, vom Krieg, vom Sieg, kurz vom Interventionismus. Wir beanspruchen das Recht und verkünden die Pflicht, Italien umzugestalten, wenn nötig mit revolutionären Methoden. [...] Die Revolution, die unter dem Namen Krieg vierzig Monate dauerte, ist noch nicht zu Ende. [...] Wir legen uns weder auf ein republikanisches noch monarchistisches, weder auf ein katholisches noch antikatholisches, weder auf ein sozialistisches noch antisozialistisches Programm fest."[116]

Dem dürftigen Programm der ersten Stunde lag der Wille zugrunde, die Kriegsbeteiligung zu rechtfertigen und für die Verteidigung Italiens zu töten und zu sterben. Diese äußerste Entschlossenheit war genau das, wonach Mussolini suchte.[117] „Wir sagen dem Sozialismus den Kampf an, nicht weil wir etwas gegen ihn haben, sondern einfach deshalb, weil er gegen das Volk gerichtet ist", erklärte der Ausgestoßene in seiner Rede seine Gegnerschaft zur PSI. „Über das Wesen des Sozialismus, über sein Programm und seine Taktik kann man sich unterhalten, die offizielle Italienische Sozialistische Partei jedoch ist reaktionär und völlig konservativ. [...] Wir wollen das Proletariat vom Irrweg abbringen. Aber wenn die Bourgeoisie sich einbildet, dass sie uns vor ihren Karren spannen kann, dann täuscht sie sich. Unser Herz schlägt für den Arbeiter."[118]

Die Mailänder Versammlung fand in der Öffentlichkeit nur geringen Widerhall. Trotzdem gründeten sich in den nächsten Tagen in den meisten größeren Städten Italiens faschistische Kampfbünde. Die Heterogenität der verschiedenen Ortsgruppen hätte kaum größer sein können. Das politische Spektrum reichte von der extremen Linken bis zur extremen Rechten. Die „Arditi" bildeten aber den Kern. Nationalistisch aufgewühlt, lebten sie für eine Fortsetzung des Krieges mitten im zivilen Leben. Dies stellten sie auch am 15. April in Mailand unter Beweis. Unter der Führung Ferruccio Vecchis und des Futuristen Filippo Tommaso Marinetti gingen die ehemaligen Elitesoldaten in der Innenstadt gegen demonstrierende Sozialisten vor und steckten in weiterer Folge auch noch das Redaktionsgebäude des „Avanti!" in Brand. Im Anschluss daran brachten sie Mussolini, der sich eigentlich aus diesem

Terrorakt herausgehalten hatte, begeisterte Ovationen entgegen. „Die erste Episode des Bürgerkriegs hat stattgefunden", gab er diesem Gewaltakt wohl nicht ohne Genugtuung denn doch seine höhere Weihe.[119] Nach Mussolinis Ansicht hatte die Sozialistische Partei einfach nicht verstanden, „dass der Nationalismus nicht notwendigerweise konservativ, nicht notwendigerweise anti-proletarisch" sei. „Die Revolution, die heute der Nation zu schaffen macht, ist nicht bürgerlich und sie ist auch nicht proletarisch. Sie geht über die Nomenklatur hinaus. Es ist die Revolution eines Teils der Nation gegen einen anderen. Diesseits und jenseits der Barrikade stehen untereinander vermischt Bürger und Proletarier. Das, was sie vereint und trennt, ist etwas, was jenseits der Klasseninteressen und der Ideologien der alten Parteien steht. Es ist der Krieg."[120]

Die Zentrale der Bewegung glich einem Hauptquartier von Terroristen. Mussolini hatte sein Büro in der Mailänder Via Paolo da Cannobio 35. In seinem Zimmer befand sich ein Maschinengewehr schussbereit auf die Türe gerichtet, auf dem Schreibtisch lagen eine Pistole, Handgranaten, Patronenhülsen und Jagdmesser, an der Wand hing die schwarze Totenkopfflagge der Stoßtruppen von der Alpen- und Isonzofront. Der Kellerraum des „Popolo d'Italia" ähnelte einem Unterstand aus dem Krieg. Mussolini schrieb freilich nicht bloß zahllose Artikel, in denen er sich für ein großes und starkes Italien einsetzte, sondern hielt auch im ganzen Land Reden, in denen er seine Einstellung zur Revolution klar zu machen versuchte. Angst, so betonte er, habe er lediglich vor einer Revolution, die die industrielle Zivilisation zerstöre und sie ihrer moralischen Grundlage beraube, ohne etwas Neues aufzubauen.[121]

Mussolini gab den Faschisten schließlich „das nationale Programm einer durch und durch italienischen Bewegung". Innenpolitisch war es in vielerlei Hinsicht ein sozialistisches, außenpolitisch freilich gleichermaßen gegen Wilson wie Lenin gerichtet.[122] Er selbst verstand es als „revolutionär, weil es antidogmatisch und antidemagogisch ist; es ist ein Programm der Erneuerung, weil es sich gegen alle Vorurteile wendet. Wir stellen die Vollendung der Ergebnisse des revolutionären Krieges über alles und über alle. [...] Der italienische Faschismus will in seinem neuen nationalen Leben weiterhin den Geist zur Vollendung bringen, der sich in der großen Prüfung des Krieges gebildet hat, er will – in der Form einer Anti-Partei oder einer Über-Partei – die Italiener aller Überzeugungen und produktiven Klassen geeint halten, um sie zu jenen unvermeidlichen Schlachten zu führen, die zur Vollendung des großen revolutionären Krieges geschlagen werden müssen. Die Fasci di combattimento wollen, dass die vollbrachten Opfer den Italienern im internationalen Leben diejenige Stellung geben, die der Sieg ihnen zugewiesen hat." Aber alle Ziele, Thesen und Gedanken hatten sich letztlich der Taktik unterzuordnen: „Ich bin reaktionär und revolutionär je nach den Umständen", sollte Mussolini selbst dementsprechend einmal eingestehen.[123]

Der große alte Mann der italienischen Politik und mehrmalige Ministerpräsident Giovanni Giolitti.

Das konstitutionell monarchische Italien besaß ein einflussreiches Parlament und verfügte über praktisch alle Parteien des politischen Spektrums. Die oftmals regierenden Liberalen, die das mittlere und Großbürgertum vertraten, den Massen aber fern standen, waren schwach organisiert und ohne breite Basis zu sehr auf ihre Führungspersönlichkeiten ausgerichtet. Der zweifellos prominenteste und erfahrenste Politiker des Landes war der betagte Giovanni Giolitti. Der mehrmalige Ministerpräsident und Gegner des italienischen Kriegseintritts von 1915 trat für Reformen und eine Öffnung nach links ein. Die Kurzlebigkeit der italienischen Regierungen diskreditierte jedoch das demokratische System gerade in dieser von gewaltigen Umwälzungen geprägten Zeit. Bis Juni 1919 regierte Vittorio Emanuele Orlando, ihm folgten für jeweils ein Jahr Francesco Saverio Nitti und Giolitti. Ivanoe Bonomi stand seinem Kabinett von Juli 1921 bis Februar 1922 vor. Er wurde schließlich von Luigi Facta abgelöst, der das Land bis zur Machtergreifung der Faschisten regierte.[124]

Mussolini verachtete die bürgerlich-liberale Demokratie. Sendungsbewusst verließ er sich lieber auf die demagogische Beeinflussung der Massen und auf die Anwendung von Gewalt. Seine neu gegründete Bewegung besaß jedoch in ihren Anfängen nur geringe politische und gesellschaftliche Bedeutung. Bei der Gründung der Bewegung in Mailand hatte Mussolini angekündigt, dass in den nächsten zwei Monaten überall in Italien tausend Fasci entstehen würden. Im Juli gab er sich schon viel bescheidener und erklärte: „Der Faschismus wird stets die Bewegung einer Minderheit bleiben. Es ist unmöglich, dass er sich außerhalb der Städte ausbreitet."[125] Wenngleich er auch am ersten Faschistischen Kongress, am 9. und 10. Oktober 1919 in Florenz, die Tat als faschistische Doktrin pries, standen er und seine Bewegung im ersten Jahr des Bestehens deutlich im Schatten anderer.

Der populärste Exponent der radikalen Rechten war vorerst noch der für seine Tapferkeit hoch dekorierte Held des Weltkrieges Gabriele D'Annunzio. Im Zuge der allgemeinen nationalen Erregung über den „verstümmelten Sieg" zog der patriotische Exzentriker mit seinen Legionären, die eigentlich meuternde Armeeangehörige waren, am 11. September 1919 nach Fiume und nahm es handstreichartig für Italien in Besitz. Vieles, was der martialische Poet, der nun nicht bloß die freie Liebe, sondern auch die nationale Ehre über alles hochhielt, in der adriatischen Hafenstadt inszenierte, sollte von Mussolini wenig später übernommen werden: Die theatralischen Massenveranstaltungen, bei denen der Führer vom Balkon aus die ihm Ovationen entgegenbringende Menge begeisterte, oder die Kampfrufe „A noi" und „Eia, Eia, Alalà". Während D'Annunzio sein archaisches Regime in Fiume errichtete, blieb Mussolini in Italien und musste sich von dem hitzigen Nationalistenführer vorwerfen lassen, ein Feigling zu sein; nicht zuletzt deswegen, weil er sich für einen von D'Annunzio vorgeschlagenen „Marsch auf Rom" nicht durchzuringen vermochte. Der zögerliche Rebell hoffte vielmehr auf eine das gesamte politische System Italiens erschütternde Niederlage der Regierung des links-

Für ein Propagandafoto versöhnt: Mussolini mit seinem Lehrmeister und Konkurrenten innerhalb der extremen Rechten Gabriele D'Annunzio.

liberalen Nitti bei den Parlamentswahlen. Die allgemeine Demokratie war in Italien freilich eine neue Errungenschaft. Noch bei den Wahlen von 1909 hatten bloß 8,3 Prozent der gesamten Bevölkerung das Stimmrecht besessen, beim Urnengang von 1913 waren es gerade einmal 23,2 Prozent gewesen. Obwohl Mussolini die Demokratie stürzen wollte, stellte er sich ebenfalls der Wahl, wenngleich er für seine eigene Bewegung keinen allzu aufsehenerregenden Erfolg erwartete.

Die Kampagne verlief für Mussolini überaus enttäuschend. Die Faschisten wurden nicht einmal ins Parlament gewählt. Es waren vielmehr die von ihm so verachteten Sozialisten, die beim ersten Urnengang nach dem Verhältniswahlrecht am 16. November 1919 einen Triumph errangen. Die Wahlen zur Deputiertenkammer beendeten die lange Herrschaft der Liberalen und spiegelten den Siegeszug der Massenparteien wider: Die Sozialisten verdreifachten ihr Ergebnis von 1913. Sie erhielten 1,8 Millionen Stimmen und damit 156 Sitze. Die katholisch gesinnte Volkspartei mit ihrem politischen Sekretär Don Sturzo entsandte 100 Abgeordnete ins Parlament.[126] Mussolini, der mit seinem erklärt linken Programm in Mailand bloß etwas mehr als 4000 Stimmen erhalten hatte, sah den Faschismus, dem nach der Wahlniederlage die meisten seiner Sympathisanten davonliefen, in der Sackgasse. Die Sozialisten höhnten und zogen an der Wohnung des Faschistenführers mit einem Sarg vorbei, der die Aufschrift „Mussolini" trug. Rachele, die das makabere

Schauspiel vom Fenster aus betrachtete, befürchtete eine Zeit lang, ihr Mann, der noch immer nicht nach Hause gekommen war, könnte sich tatsächlich tot im Sarg befinden.[127]

Viele „Fasci" lösten sich wieder auf. Mussolini und einige andere Parteiführer wurden sogar verhaftet, da man bei einer Hausdurchsuchung in den Räumen der „Associazione Arditi" Waffen gefunden hatte. Wenngleich er auch sofort wieder freigelassen wurde, schien Mussolinis politische Karriere am Ende. Seine Zeitung schrieb rote Zahlen, und auch er selbst befand sich in Geldnöten. Privat bereitete ihm das Jahr 1919 ebenfalls Sorgen. Sein erst einjähriger Sohn Bruno erkrankte zuerst so schwer an Diphtherie, dass die Eltern befürchteten, ihn nicht durchzubekommen. Kaum hatte sich Bruno erholt, laborierte er an einer Lungenentzündung, die er aber letztlich ebenfalls überstand.[128] Frustriert trug sich Mussolini mit dem Gedanken, der Politik den Rücken zuzukehren und sich als Schriftsteller oder am Theater zu versuchen. Ja, er spekulierte sogar damit, auszuwandern. Aber die innenpolitische Entwicklung bereitete schließlich doch den Boden für seinen Aufstieg und die Machtergreifung des Faschismus vor.

Italien wollte nach dem ersten großen Krieg nicht zur Ruhe kommen. Es erwies sich als Prozess voller Reibungen, die heimkehrenden Soldaten zu demobilisieren und wieder in die Zivilgesellschaft einzugliedern. In wirtschaftlicher Hinsicht stellten sich die Rohstoffabhängigkeit vom Ausland der im Krieg expandierten Industrie und die völlig unausgeglichene agrarische Struktur mit einem Übergewicht von ländlichem Kleinbesitz und Pächterwesen als zunehmend krisenanfällig heraus. Das ökonomische, soziale und kulturelle Gefälle zwischen Norden und Süden verstärkte die innenpolitischen Spannungen noch zusätzlich. Die Inflation nach Kriegsende und die Überbevölkerung auf dem Land entfachten sodann soziale Unruhen bedrohlichen Ausmaßes.[129] Ab Juli 1919 eigneten sich besitzlose Bauern Boden an, der den Großgrundbesitzern gehörte. In der Emilia und in der Poebene, die zu den reichsten landwirtschaftlichen Gebieten Italiens zählten, organisierten sich die Landarbeiter in Arbeitskammern, die sowohl die Preise als auch die Löhne und die Arbeitsbedingungen festsetzten und die landwirtschaftlichen Produkte durch die von ihnen kontrollierten Genossenschaften verteilten. Hand in Hand damit ging die politische Dominanz der Gemeinden durch die Sozialisten, besonders in der Emilia. Daraufhin sahen sowohl die Großagrarier als auch kleinere Grundbesitzer und Pächter ihr Eigentum bedroht, ihre Gewinne eingeschränkt und ihre gesellschaftliche Stellung gefährdet. Auch in den Städten gärte es. Während des Krieges waren die Lebenshaltungskosten in Italien rascher gestiegen als die Löhne. Der Lebensstandard der Arbeiter sank. 1918 lagen die Reallöhne etwa ein Drittel unter dem Stand von 1913. Eine Streikwelle durchzog das gesamte Land. Immer wieder kam es zu gewalttätigen Auseinandersetzungen, bei der häufig Tote zu beklagen waren. Im September ordneten die Gewerkschaften schließlich landesweite Fabrikbesetzungen an – allein 120 in Mailand. Die Post, die Eisenbahn, die Elektrizitätswerke, sogar die Gefängnisse waren von den Stilllegungen betroffen.

Mussolini fühlte sich offenkundig immer noch als Sozialist und billigte die Aktionen der aufgebrachten Arbeiter. Im Januar 1919 unterstützte er die Streiks bei Post und Eisenbahn. Die erste Fabrikbesetzung nach Kriegsende bei „Franchi & Gregorini" begrüßte er nicht bloß, sondern fuhr sogar zu den Arbeitern nach Dalmine. Gleichzeitig wandte er sich jedoch gegen die ihm verhasste Sozialistische Partei, die ursprünglich mit den klassenkämpferischen Maßnahmen eigentlich gar nichts zu tun hatte, nun aber meinte, sich an die Spitze der Streikbewegung stellen zu müssen, sich revolutionär gab und von der unmittelbar bevorstehenden Diktatur des Proletariats sprach.

Die Streiks waren für die Beteiligten nicht vergebens gewesen. Die Arbeiterschaft erkämpfte angesichts der steigenden Lebenshaltungskosten auch eine Erhöhung ihrer Löhne. Dass der liberale Ministerpräsident Giolitti bei der Lösung des Problems für die Anliegen der unterbezahlten Arbeiter Verständnis zeigte, wurde ihm von einem Teil der Industriellen als Zeichen der Schwäche ausgelegt. Dass es ihm gelang, die Fabrikbesetzungen unblutig zu beenden, fand dagegen nahezu keinerlei Würdigung. Die Konservativen hätten sich ein härteres Durchgreifen gewünscht und lehnten den Versuch einer Versöhnung der verschiedenen sozialen Schichten ab. Während die Arbeiter auf dem Land wie in den Städten gewisse Erfolge zu erzielen vermochten, fühlte sich der Mittelstand als Verlierer. Die durch Streiks erzwungene Neuverteilung des Einkommens bevorzugte die Lohnempfänger. Sie ging aber zu einem Gutteil zu Lasten derer, die von vergleichsweise festen Einnahmen abhängig waren.

Die wilden Land- und Fabrikbesetzungen hatten die Angst des Bürgertums vor Bolschewismus und Anarchie genährt. Die Schwäche des zu passiven liberal-demokratischen Staats verschaffte den frustrierten, nationalistisch gesinnten Kriegsheimkehrern zunehmend die Rolle der selbst ernannten Retter der gesellschaftlichen Ordnung vor dem sozialistischen Chaos. Der Glaube, um den Sieg betrogen worden zu sein, und die Furcht vor einer linksextremen Revolution waren die Wegbereiter für den Aufstieg und die Machtergreifung des Faschismus. Fabrikbesitzer, Bankiers, Kleinhändler, Agrarier, Offiziere und Intellektuelle, darunter viele ehemalige Kriegsbefürworter, fühlten sich zutiefst verunsichert und liefen schlussendlich dem Faschismus zu.

Die ersten Erfolge erlebte der Faschismus an der Peripherie, in Triest und in den neuerworbenen Gebieten mit starkem slawischen Bevölkerungsanteil. Die radikale Rechte setzte Sozialismus mit Slawentum gleich. Am 13. Juli 1920 wurde das Hotel „Balkan" in Brand gesteckt, das Sitz einer politischen Organisation von Slowenen war. Gemeinsam mit der ebenfalls nationalistisch gesinnten Exekutive ging man gegen die Slowenen vor und sicherte sich bereits in der ersten Entwicklungsphase in den ostadriatischen Randgebieten eine dominierende Stellung. Mussolini war selbst nach Triest gereist und konnte sich vor Ort überzeugen, dass mit antislawischem Terror beachtliche Popularität zu gewinnen war. Auch setzte der Taktiker nun zunehmend auf imperialistische Ziele und stellte die italienische Regierung, als sie die seit 1914 stationierten Truppen aus Albanien abzog, als Hochverräter dar.

Der Vertrag von Rapallo entfremdete Mussolini von D'Annunzio. Im November 1920 war die italienische Regierung im ligurischen Badeort mit Jugoslawien zu einer Vereinbarung über die weitere Zukunft Fiumes gekommen, das schlussendlich zum Freistaat erklärt wurde. Die Stadt Fiume erhielt ein Sonderstatut, und Zara kam zu Italien, ebenso wie die Inseln Cherso, Lussin, Lagosta und Pelagosa. Mussolini schien die Zeit noch nicht reif, die Italiener Dalmatiens durch einen Krieg zu befreien. Deswegen vermochte er den Vertrag von Rapallo zu akzeptieren. Istrien blieb italienisch, Dalmatien bei Jugoslawien. Für D'Annunzio, der von politischer Taktik nichts verstand, war Mussolinis Verhalten glatter Verrat an der nationalen Sache.[130]

Trotz aller politischen Umtriebigkeit führte Mussolini auch ein ausgiebiges Privatleben. Dies unterschied ihn deutlich von Hitler. Aus Racheles Sicht hatte sich jedenfalls 1920 viel erfreulicher gestaltet als das Jahr davor. Mussolini kaufte das erste Auto und fuhr damit sonntags seine Familie spazieren. Seit geraumer Zeit kleidete er sich bürgerlicher, trug graue oder schwarze Anzüge und weiße Hemden mit steifen Krägen. Bisweilen ging er mit seiner Ehefrau ins Theater, doch ließen dabei seine Manieren zu wünschen übrig. Wenn er nicht gerade bei einer Oper die ganze Vorstellung über schlief, quittierte er so manches Theaterstück entweder mit schallendem Gelächter oder lauten Unmutsäußerungen. Rachele wurde es schlussendlich zu peinlich, mit diesem Enfant terrible ins Theater oder in die Oper zu gehen. Als er etwa einmal aus Zorn über eine seiner Meinung nach indiskutable Aufführung einen seiner Schuhe auszog und ihn auf die Bühne warf, war sie gar nicht mehr an seiner Seite. Sie zog es vor, mit ihrem Mann lieber Varietés und Komödien zu besuchen, da er dafür eine kindliche Begeisterung aufzubringen vermochte.

Große Sorgen bereitete Mussolini seiner Frau naturgemäß mit seiner Lust, sich mit scharfer Klinge Genugtuung zu verschaffen. Obwohl behördlich streng verboten, wurden die Degen- und Florettduelle für den Streitbaren schon beinahe zu etwas Alltäglichem. Mussolini hatte nicht bloß das Autofahren erlernt, sondern begann sich zudem, der Fliegerei zu widmen. Aus Zeitnot nahm er allerdings nur wenige Stunden. Am Flugplatz von Bresso stürzte er sodann auch mit seiner Maschine einmal ab. Mussolini kam dabei vergleichsweise glimpflich davon, zog sich lediglich einen Bruch des Kniegelenks zu und hatte in weiterer Folge an hohem Fieber zu leiden. Trotzdem unterließ er es auch in Zukunft nicht, nach Möglichkeit seine Reisen mit einem Jagdflugzeug aus dem Krieg zu unternehmen. Trotz aller Gefah-

Benito Mussolini mit seiner Frau Rachele und ihrer gemeinsamen Tochter Edda.

ren und Unannehmlichkeiten behielt Rachele diese Zeit in positiver Erinnerung. „Wir waren eine glückliche Familie", um allerdings gleich im nächsten Satz entlarvend festzustellen: „Ich sah meinen Mann weniger als zuvor."[131]

Der Durchbruch zur Massenbewegung gelang den Faschisten nach den Fabrikbesetzungen im Winter 1920/21 in der Emilia und in der Poebene. Mussolini war dabei neuerlich nur außenstehender Beobachter. Die Ermordung eines nationalistischen Kommunalabgeordneten am 21. November 1920 in Bologna führte zu einem wilden Rachefeldzug der Faschisten. Der Terror brach los. Die „Squadre d'azione" zeigten in der roten Hochburg Bologna, wozu sie fähig waren: In organisierter Wut steckten die Schwarzhemden Gebäude sozialistischer Institutionen in Brand und gingen mit brutalster Gewalt gegen die Politiker der Linken vor – unter Duldung oder sogar Mitwirkung der staatlichen Organe. Jenen Sozialisten, die Glück hatten, wurde dabei nur Rizinusöl eingeflößt; andere hingegen wurden misshandelt und manche von ihnen sogar ermordet. Mussolini dürfte diese Welle der Gewalt zwar durchaus mit einer gewissen Zurückhaltung beobachtet haben. Gleichzeitig sah er aber seine Stunde gekommen, wieder ins Rampenlicht zu treten, verfügte er doch als einziger Faschist über Prominenz und eine eigene Zeitung.[132]

Die faschistischen Kampfverbände pflegten einen besonderen Jugendkult und predigten die Unerschrockenheit. Das Kampflied der Arditi, „Giovinezza", wurde zur Hymne und das „Me ne frego" zum Motto. Die Squadre setzten sich aus Soldaten der ehemaligen Stoßtruppen zusammen, aus verwegenen, verblendeten und verhetzten Jugendlichen, die meinten, wahre Patrioten zu sein, und besonders auch aus brutalen Schlägern, Desperados, Halbstarken und Sadisten. Die Gewalt, die sie verbreiteten, war in der Geschichte moderner Staaten ohne Beispiel. Sie plünderten und prügelten, terrorisierten die Bevölkerung, traten Recht und Ordnung mit Füßen. Die Jahre 1921 und 1922 waren in Nord- und Mittelitalien geprägt durch die skrupellosen Methoden, mit denen die Faschisten die Gesellschaft verändern wollten: Der Terror stand an der Tagesordnung, in Form von Einschüchterung, Schlägereien, Brandstiftung, gewaltsamer Vertreibung lokaler sozialistischer Verwaltungen und auch Mord. Vom 1. Januar bis zum 14. Mai 1921 wurden bei Überfällen der Faschisten 207 Menschen getötet und 819 verletzt. Die extreme Rechte erhielt dabei immer mehr Zulauf. 1920 gab es 88 „Fasci" mit exakt 20.615 Mitgliedern, Ende 1921 bereits 834 mit 249.036 registrierten Anhängern.

Die faschistische Bewegung war ein Produkt des Krieges. Frontkämpfer fanden sich zusammen, um den besonders von der Linken in Frage gestellten Sinn des Krieges zu verteidigen, mit allen Mitteln. Die faschistischen Kampfgruppen gliederten sich dementsprechend streng hierarchisch, mit einem Führer an der Spitze, und sie strebten danach, ihre politischen Vorstellungen nicht demokratisch, sondern militärisch durchzusetzen, mit dem Einsatz von Gewalt. Entscheidend für den Aufstieg des Faschismus und seine Möglichkeit zur Machtergreifung war die Angst weiter Teile der italienischen Gesellschaft vor einer sozialistischen Revolution, vor zügelloser Gewalt und Bürgerkrieg. Dass ausgerechnet die wilden faschistischen Kampforganisationen das Land davor retten sollten, erscheint zu Recht paradox. Dennoch war es eben diese Furcht vor sozialen Umwälzungen, vor der Zerstörung der bürgerlichen Ordnung, vor der Zersetzung von Recht und Gesetz, vor der Aufteilung der alten Besitzverhältnisse, vor einer linken Kulturrevolution und der klassenlosen Gesellschaft, die Mussolini und seiner Bewegung solchen Auftrieb gab. Die privilegierten Schichten konnten bei der Verteidigung ihrer Vorrechte gegen die revoltierende Linke auf keinerlei Massenstreitmacht zurückgreifen. Die Faschisten sollten ihr diese besorgen. Unfähig, sich auf die neuen gesellschaftlichen Gegebenheiten der Nachkriegszeit einzustellen, suchten die konservativen, herrschenden Kreise die Hilfe der antisozialistischen Faschisten. Mussolinis Bewegung wurde zum Sammelbecken von Unzufriedenen und Unterprivilegierten, von Verlierern und bislang verkannten Ehrgeizigen, die vor allem zwei Dinge einte: das Streben nach nationaler Größe und der Kampf gegen die Linke.

Mussolinis Bewegung verstand es, die Gesellschaft einzuschüchtern, insbesondere Politiker und Regierungen. Die Liberalen und Konservativen hielten die Schwarzhemden gegenüber der Linken für das kleinere Übel und verbündeten sich schließlich mit Mussolini im Kampf gegen eine rote Revolution. Da sich der Faschismus mit seinen gewaltsamen Methoden gleichermaßen gegen die Marxisten wie gegen Kriminelle oder Alkoholismus wandte, gewann er auch die Sympathie der staatlichen Ordnungshüter. Armee und Exekutive gingen immer mehr ins rechtsradikale Lager über und stellten den zumeist nur mit dem Manganello, einem etwa einen halben Meter langen Schlagstock, ausgerüsteten Squadristen bereitwillig Lastkraftwagen, Waffen und Munition zur Verfügung. Die Sozialisten hatten zu oft zu verstehen gegeben, dass sie den Militarismus verachteten und den bourgeoisen Staat zerstören wollten. Dies führte dazu, dass weite Teile der Armee wie auch der Exekutive – in ihrer Ehre zutiefst beleidigt – die Ausschreitungen der Faschisten gegen die Linke insgeheim billigten.

Der organisierten Subversion der Faschisten standen die Vertreter des liberaldemokratischen Systems mit erschreckender Passivität gegenüber. Ein Einschreiten der Exekutive, wie etwa am 21. Juli 1921 in Sarzana bei La Spezia, wo 500 Schwarzhemden einige ihrer Spießgesellen aus dem Gefängnis befreien wollten und schließlich von elf Carabinieri in die Flucht geschlagen wurden, gehörte zu den Ausnahmen. Zumeist duldete die staatliche Ordnung nicht bloß die Gewalttätigkeiten der Faschisten, sondern ging vielmehr noch gegen die Gegenangriffe der Sozialisten mit aller Strenge vor. In manchen Fällen nahmen beispielsweise Polizisten sogar selbst an faschistischen Überfällen teil. Armee und Exekutive überließen den Schwarzhemden immer wieder ihre Lastkraftwagen und lieferten ihnen zudem Waffen. Auch viele Beamte der örtlichen Behörden und der Justiz betrachteten die Faschisten als Verbündete gegen den Umsturz von links. Sie dachten national und antikommunistisch, so wie sie. Sozialisten und Gewerkschaften wurden als das weitaus größere Übel angesehen. Die Regierungen in Rom mussten daher schon froh sein, wenn sich Militär und Polizei wenigstens aus den faschistischen Übergriffen heraushielten.

Selbst Ministerpräsident Giolitti unterließ es, den Faschisten mit entschiedenem Widerstand entgegenzutreten. Der an sich so erfahrene liberal-konservative Politiker, der bereits seinem fünften Kabinett vorstand, setzte vielmehr darauf, letztendlich auch die Faschisten zu versöhnen und so in das alte System, das „alles erträgt und alles überlebt", einzugliedern. Deshalb nahm er im Wahlkampf gegen die Sozialisten und die Volkspartei die Faschisten auch in seinen nationalen Block auf. Giolitti hatte nach seinen jüngsten Erfahrungen gegenüber beiden demokratischen Massenparteien Vorbehalte. Die Sozialisten hatten ihm die Mitarbeit überhaupt verweigert und die Volkspartei zumindest harte Bedingungen gestellt. Mussolini wollte mit seinem Beitritt zum nationalen Block die Isolation überwinden, die ihm bei den letzten Wahlen ein Debakel eingebracht hatte. Freilich stellte er sich als Seniorpartner des Wahlbündnisses dar und sparte in seiner Kampagne nicht mit Angriffen auf das gerade von Giolitti repräsentierte traditionelle demokratisch-liberale System.

Der Wahlkampf selbst war überschattet vom beispiellosen Terror der Squadristen. Allein am Wahltag waren 40 Tote und 70 Schwerverwundete zu beklagen. Mussolini nahm dazu am 3. Mai in Mailand Stellung: „Man spricht viel von der faschistischen Gewalttätigkeit. Wohlan, wir verleugnen sie nicht. Wir beanspruchen für uns allein das Recht, sie zu kontrollieren, zu beobachten und, wenn nötig, zu eliminieren. Sobald die hässliche Verleumdungskampagne, die gegen uns geführt wird, ihr Ende gefunden hat, dann und nur dann werden wir abrüsten. Und solange es notwendig sein wird, werden wir weiterhin die Schädel unserer Gegner mehr oder weniger sanft streicheln, das heißt, bis die Wahrheit in ihre Gehirne eingedrungen ist. Wir sind eine Bewegung, nicht eine Partei, nicht ein Museum von Dogmen und unsterblichen Prinzipien [...] Man muss den geschlossenen Zirkel des italienischen Lebens zerschlagen, der sich heute in den Namen Nitti und Giolitti erschöpft, welche doch gerade das alte überwundene und abgelebte Italien repräsentieren, das hartnäckig immer noch nicht sterben will."[133]

In wirtschaftlicher Hinsicht erklärte Mussolini die Faschisten zu ‚Antisozialisten". So hielt er nun den Staat für „überentwickelt, elefantengleich, riesig groß und sehr verwundbar, weil er eine Anzahl von Funktionen ökonomischer Art übernommen hat, die dem freien Spiel der Marktwirtschaft hätten überlassen bleiben müssen". So kämpfe der Faschismus gegen den „ökonomischen, den monopolistischen Staat" und trete für eine Stärkung des „politischen Staates" ein.[134] Die westlichen Kolonialmächte Großbritannien und Frankreich bezeichnete Mussolini nunmehr als Italiens „große Rivalen und Feinde". „Das außenpolitische Programm des Faschismus besteht in einem einzigen Wort: Expansionismus. Wir haben genug von der rachitischen Pantoffelheldenpolitik. Wo immer es um die Interessen der Menschheit geht, da muss Italien anwesend sein. [...] Das Problem Südtirol tritt in den Vordergrund. Aber sagt mir [...], sind wir nicht durch unermessliche Opfer und durch unser gutes Recht bis an den Brenner gelangt? [...] Wohlan, wenn gut hunderttausend Eindringlinge, die dort oben unsere Rasse verderben, noch weiterhin ein Geschrei erheben, dann werden wir sie hinwegfegen. [...] Sind wir [...] bis zum Monte Nevoso angelangt? [...] Und da werden wir bleiben, weil wir im Augenblick eines schrecklichen kollektiven Zusammenbruchs der ganzen Nation dort angelangt sind, durch die Tapferkeit eines einzigen Mannes, der mit einem Häuflein tapferer Männer kühn zu siegen verstand und die Trikolore in Fiume aufpflanzte. [...] Unsere Formel für unser Meer heißt: das Mittelmeer den Mittelmeervölkern. Und wir werden das Recht der Vorherrschaft haben: wegen unserer geographischen Lage und wegen der Seefahrertradition unseres Volkes. Wir wollen unser Evangelium in alle Länder der Welt tragen, wo immer Italiener leben; wir wollen alle unsere entfernten Brüder an unserem Leben, dem Leben einer großen Nation, teilnehmen lassen, wir wollen in ihnen den Stolz wieder entstehen lassen, Italiener zu sein und sich als Italiener zu fühlen."[135]

Die Wahlen zur Deputiertenkammer brachten den Faschisten sodann etwa sieben Prozent der abgegebenen Stimmen. Dies war zweifellos kein berauschender Erfolg, aber doch eine klare Verbesserung gegenüber dem ernüchternden Ergebnis von 1919. Während die Sozialisten über 123 und die Popolari über 108 Sitze erhielten, stellten die Faschisten 35 Abgeordnete unter Mussolinis Führung, die aber praktisch ausnahmslos alle keine Männer der ersten Stunde waren.[136] „Ins Parlament wird eine Patrouille von Faschisten gehen, die von Aggressivität erfüllt ist", kündigte der Parteiführer, der in Mailand immerhin fast 200.000 Stimmen erhalten hatte, an. „Und diese werden den Pussisten (= Sozialisten) des ganzen zoologischen Gartens sagen: wenn ihr versucht, unsere Arbeit und die Arbeit der Nation zu sabotieren, dann werden wir euch hier und anderswo auf faschistische Weise die Knochen zerbrechen. [...] Wir sind die Vorhut der Nation. Und wir werden weiterhin oberhalb des so genannten Bürgertums und des so genannten Proletariats arbeiten [...] Wir marschieren auf dieses Werk des Wiederaufbaus zu. Es handelt sich darum, zu agieren und zu reagieren, mutig bald revolutionär, bald unversöhnlich reaktionär zu sein, und das in einer Zeit, wo das Volk wie zu der Zeit, als es vom russischen Mythos erfüllt war, auf den Abgrund zugeht."[137]

Giolitti war der große Verlierer der Wahl. Er schnitt enttäuschend ab, und so übernahm sein bisheriger Kriegsminister, Ivanoe Bonomi, das Amt des Ministerpräsidenten. Der neue Regierungschef verfügte aber weder über die politischen Fähigkeiten noch über das Prestige Giolittis. Mussolini betrieb hemmungslose Opposition und setzte alles daran, das Regieren unmöglich zu machen. Er diskreditierte das parlamentarische System, schürte die Unordnung im Staat und spielte die Liberalen gegen die Konservativen aus. In seiner ersten Parlamentsrede bezeichnete sich Mussolini als „eindeutig gegen die Demokratie und im Wesentlichen gegen den Sozialismus" eingestellt.[138] Selber fühlte er sich freilich als Abgeordneter keineswegs wohl und nahm an den Parlamentssitzungen auch nur so wenig wie möglich teil. Seine Auftritte im Plenum nützte er lediglich, um seine Bekanntheit zu steigern, wenn er etwa von einer bald bevorstehenden Diktatur in Italien sprach. Den Kapitalismus pries er nun sogar als eine „Selektion von Werten" und maß ihm einen „sehr ausgereiften Sinn für individuelle Verantwortung" bei. Seine Wandlungsfähigkeit bewies er nicht nur in seiner Offenheit für das Prinzip der freien Wirtschaft, mittlerweile bezeichnete er auch den Katholizismus als „einzige universale Idee, die es heute in Rom gibt".[139]

Der Parlamentarier Mussolini genoss als gewählter Volksvertreter Immunität und konnte dementsprechend rechtlich nicht verfolgt werden. Dazu hätte es genug Grund gegeben, denn die Faschisten – bisweilen mit Pistolen bewaffnet – wandten auch in der Deputiertenkammer Gewalt gegen linksgerichtete Abgeordnete an. Selbst untereinander gingen die Faschisten aufeinander los, und Mussolini musste zur Kenntnis nehmen, dass sie dabei auch vor ihm nicht Halt machten. So geriet er mit seinen Fraktionskollegen in Streit, als er den Faschismus als republikanisch orientiert darstellte, während seine Gegner, und sie bildeten die Mehrheit, ihrer monarchistischen Gesinnung Ausdruck verliehen.

Der Faschismus hatte sich jedenfalls sichtbar gewandelt. Entgegen der ursprünglichen Annahme ihres Führers war er nun tatsächlich vor allem eine Bewegung auf dem Land geworden: antisozialistisch, mehr auf die Mittelschicht konzentriert, wirtschaftlich gemäßigt und vor allem auch gewalttätig. Die Gründungsmitglieder von San Sepolcro hatten diesen Schwenk nicht mitgemacht; bis auf Mussolini. Der unkontrollierte Terror der Squadre in der Provinz missfiel jedoch auch ihm zunehmend. Die Aktionen verselbstständigten sich immer mehr, waren selbst für ihn nur mehr Gewalt um der Gewalt willen und stellten seine eigene Autorität in Frage. Bedacht, seinen Ruf in Rom zu verbessern und die Isolation gegenüber den anderen Fraktionen zu durchbrechen, war der Parteiführer am 2. August sogar zu einem Waffenstillstand mit den Sozialisten bereit. „Der Friedenspakt löst die Krise des Faschismus in dem Sinne, dass das politische Element von nun an die klare und eindeutige Hegemonie vor dem, ich würde sagen, ‚militärischen' Element haben wird. Mit anderen Worten: die squadre d'azione müssen Ausfluss des Faschismus sein, nicht ein Übergriff auf ihn, der ihn ersetzen will. Und ich glaube, dass der Faschismus seine Energien auf dem Feld der politischen Kritik, auf dem

Feld aller sportlichen Manifestationen anwenden kann und so alle seine charakteristischen Merkmale als vorurteilslose Bewegung bewahren kann, die ihn bisher ausgezeichnet haben."[140]

Allein die Gewalttätigkeiten hörten auch nach dem Befriedungspakt nicht auf. Die Dominanz der linken „Maximalisten" in der Sozialistischen Partei trug keineswegs zur Entspannung der Lage bei, sondern ermunterte vielmehr die radikalen Faschisten, mit ihren Terroraktionen fortzufahren. Der „Agrarfaschismus" hatte sich ohne Mussolini entwickelt und drohte die Autorität des Parteiführers völlig zu unterminieren. Vor allem drei junge, ungestüme Männer aus der Provinz stellten sich gegen Mussolini: Der gleichermaßen intelligente wie unkonventionelle Jurist Dino Grandi aus Bologna, der von den Agrariern unterstützte ehemalige Student der Gesellschaftswissenschaft, Freimaurer und – wie Grandi – Alpinioffizier des Ersten Weltkriegs und aus Ferrara stammende Italo Balbo und der ehemalige Linkssozialist mit dem Beinamen „der Ohrfeigenausteiler", Roberto Farinacci aus Cremona. Die lokalen Führer in der Emilia und in der Poebene boykottierten Mussolinis Einlenken und setzten ihre „Strafexpeditionen" gegen sozialistische Gemeindeverwaltungen und Kooperativen fort; und sie erhielten dabei von den Großgrundbesitzern noch materielle Unterstützung.

Besonders Grandi gerierte sich als Fundamentalist und wetterte gegen den „parlamentarischen" Faschismus Mussolinis. Dieser antwortete der Kritik der „nationalen" faschistischen Unterführer in der oberitalienischen Provinz am 7. August 1921 im „Popolo d'Italia". Dabei verurteilte er einen Faschismus, der nicht mehr Befreiung, sondern Tyrannei sei und lediglich mehr als Beschützer privater Interessen fungiere. Scheinbar gelassen ging er auch auf sein eigenes weiteres Schicksal ein: „Kann der Faschismus ohne mich auskommen? Sicherlich. Doch bin auch ich ganz und gar nicht auf den Faschismus angewiesen. Ich rede offen, als ein Mann, der viel gegeben hat und der absolut nichts für sich verlangt, außer dem einen: dass er wieder von vorne anfangen wird."[141]

Die Extremisten in der Emilia und der Toskana, in Venetien und Umbrien kündigten Mussolini den Gehorsam auf. Die sich als „nationale" Faschisten deklarierenden Unterführer trafen sich am 17. August in Bologna und brandmarkten Mussolini als Verräter und Feigling, der ein Bündnis mit den Marxisten suche, um seine persönlichen Ambitionen zu befriedigen. Grandi stellte sich neuerlich an die Spitze der Rebellion und erteilte sowohl dem überholten Faschismus aus der Gründungszeit als auch dem parlamentarischen Kompromiss eine Absage. Zum Konflikt mit dem Duce bereit, forderte der erklärte Anhänger D'Annunzios den „Faschismus unserer jungen Generation" und die Vollendung der faschistischen Revolution. Erzürnt und in seiner Eitelkeit gekränkt, legte Mussolini tags darauf seine Funktionen im Exekutivkomitee der Fasci zurück. „Das Spiel ist aus. Wer verloren hat, muss gehen", schrieb er im „Popolo d'Italia".[142] Sein Rücktritt wurde freilich vom Exekutivkomitee abgelehnt. Keinen Monat später, am 10. September, organisierten Grandi und Balbo einen Marsch von 3000 Schwarzhemden auf Ravenna, um damit nicht zuletzt ihre eigene Stärke zu demonstrieren.[143]

Der Faschismus war in eine Krise geraten. In diesen Wochen und Monaten war Mussolini in Wirklichkeit nicht mehr der wahre Führer der Bewegung. Die Granden in Ober- und Mittelitalien stellten ihn vor vollendete Tatsachen und kümmerten sich nicht um seine in Rom ausgefeilte Taktik. Für Mussolini hatten ideologische oder moralische Ungereimtheiten noch nie ein großes Problem dargestellt. Dementsprechend verstand er es, sich sehr rasch selber einzureden, dass schließlich Faschismus nichts anderes als der Weg, sein Weg zur Macht war. In der vergleichsweise kurzen Zeit seines Bestehens machte der Faschismus alle möglichen und unmöglichen ideologischen Wendungen durch. Dies schien ihm nicht sehr viel Kopfzerbrechen zu bereiten. Alles hatte sich den Gegebenheiten unterzuordnen: „Wir gestatten uns den Luxus, Aristokraten und Demokraten, Konservative und Progressive, Reaktionäre und Revolutionäre zu sein, je nach den Umständen der Zeit, des Ortes, der Umgebung, mit einem Wort: der ‚Geschichte', in der wir gezwungen sind zu leben und zu handeln."[144]

Mussolini selbst hatte bloß ein Ziel: so schnell wie möglich die Macht zu ergreifen. Ein überaus wirksames Mittel dafür schien der Terror zu sein. Vor ihm wich die Staatsgewalt offenkundig zurück. Für ihn erhielt er durch die Großgrundbesitzer wichtige Unterstützung. Wieder einmal raffte sich Mussolini nach einem Rückschlag auf. Er entschloss sich, die Führung der Faschisten nicht herzugeben, und entschied, die Bewegung zur Partei umzugestalten; noch im Juli hatte er sich über eine solche Idee amüsiert, nun aber schrieb er selbst: „Wir haben eine Partei zu gründen, die so sicher und diszipliniert gegliedert ist, dass sie im Notfall auch zu einem Heer werden kann, das auf dem Boden der Gewalt manövrierbar ist, sei es zum Angriff oder zur Verteidigung [...] man muss der Partei eine Seele geben, ein Programm. Die theoretischen und praktischen Forderungen müssen revidiert und erweitert, einige auch aufgegeben werden."[145]

Am 7. November tagte in Rom der Faschistische Nationalkongress. Mit seinem rhetorischen Talent verstand es Mussolini, die gegen die „Agrarfaschisten" erlittene Niederlage vergessen zu machen. Reumütig gestand er es als Fehler ein, mit den Sozialisten paktiert zu haben, und hieß den Terror der Squadristen in der Provinz nachträglich gut. In der Hauptstadt kam es einstweilen zu Ausschreitungen zwischen den zahlreich angereisten Schwarzhemden und Sozialisten, die sechs Todesopfer und über 100 Verwundete forderten. Auch völlig unbeteiligte Bürger wurden von den übermütigen Squadristen, die sich nicht entsprechend respektiert gefühlt hatten, einfach verprügelt.[146] Die lokalen Führer hatten jedoch erkannt, dass sie in Rom und Süditalien über nur sehr wenig Einfluss verfügten. Daher brauchten sie den wendigen Mussolini an der Spitze einer Partei, die sich in ihren Handlungen längst von ihm emanzipiert hatte.[147]

Die Bewegung mit ihren 2200 Fasci und 320.000 registrierten Mitgliedern konstituierte sich am Kongress als „Partito Nazionale Fascista", PNF.[148] Der Kongress folgte der Linie Mussolinis, wonach der Faschismus für den Staat zu sein hatte, wenn dieser sich national und autoritär zeigte, er an seine Stelle zu treten habe, sollte der Staat sich als unfähig erweisen, der inneren Zersetzung Herr zu werden, und endlich gegen ihn zu sein, wenn er in die Hände von Vaterlandsverrätern falle. Gleichzeitig machte der Faschismus aber endgültig einen Schwenk nach rechts. Vom linken Radikalismus der Sansepolcristi blieben nur mehr bescheidene Forderungen für Sozialreformen übrig.

Die Liberalen zogen es trotz der schweren Krawalle in Rom noch immer vor, zuzusehen und auf eine Normalisierung des Faschismus zu setzten. Sie beabsichtigten, seine Führer mit bestimmten Ämtern zufrieden zu stellen, unterschätzten dabei aber den unbedingten Machtanspruch Mussolinis und seiner Männer. Giolitti, Nitti oder Orlando dachten nicht daran, mit gemäßigten Sozialdemokraten und Vertretern der Volkspartei eine Allianz gegen den Faschismus einzugehen, sondern glaubten vielmehr, die moderateren Faschisten in ihre Regierungen miteinbeziehen zu können. Tatsächlich wirkte Mussolini trotz all seiner martialischen Agitation vergleichsweise gemäßigt und, was die Gewalt auf der Straße anlangte, zurückhaltend. Auch viele Populari neigten – aus antisozialistischem Reflex und in der Hoffnung, so vom Squadristen-Terror unbehelligt zu bleiben – eher zu einer Zusammenarbeit als zum Widerstand gegen den Faschismus. Der Vatikan missbilligte ohnehin eine antifaschistische Koalition, sondern bevorzugte ebenfalls die Strategie der Befriedung und Kooperation. Die Faschisten zogen ihrerseits wiederum ohnehin den Schluss, mit Einschüchterung und politischen Intrigen und nicht durch Wahlen an die Macht zu gelangen. Während sie auf parlamentarischer Ebene mit den liberalen Regierungskoalitionen diskutierten, verschärften sie noch den Druck auf der Straße. Ministerpräsident Bonomi mag wohl ein Verbot der faschistischen Verbände und nötigenfalls sogar der gesamten Partei erwogen haben, allein die Unterstützung für solche rigorose Maßnahmen wäre viel zu schwach ausgefallen. Unter seinem Amtsnachfolger Facta wurden die Faschisten sodann endgültig vor einer rechtlichen Verfolgung bewahrt.

Die Squadre wurden wiederum in eine landesweite Miliz umgewandelt, mit größerer Disziplin und strafferer, zentraler Organisation und einheitlichem Kommando. Als großes Vorbild dienten die römischen Legionen der Antike, von denen man sich auch deren Gliederungen, Embleme und Rangordnungen lieh. Immer mehr arbeitslose Landarbeiter schlossen sich der Miliz an, genauso wie die nationalistischen Blauhemden und die Legionäre D'Annunzios, die zu Weihnachten 1920 durch das italienische Militär aus Fiume vertrieben worden waren. Die Gewalt der

Squadristen hörte aber keineswegs auf, im Gegenteil. Ihre Aktionen nahmen zunehmend größere Ausmaße an. Die Faschisten eroberten nun schon ganze Regionen, nahmen wieder Fiume ein und proklamierten dessen Annexion an Italien. In Kolonnen zogen sie durchs Land und besetzten Städte wie Ravenna, Ferrara oder Bologna und jagten dort die sozialistische Verwaltung davon. Teilweise gingen sie aber auch gegen die „Popolari" vor, da diese ihnen ebenfalls zu bolschewistisch erschienen.

Facta war nicht die Persönlichkeit, sich wirkungsvoll und vehement gegen den Faschismus zu stellen. Drei Jahrzehnte lang hatte der Rechtsanwalt aus Piemont als Parlamentsabgeordneter und Minister ohne viel persönliche Ambitionen im Schatten Giolittis in der Politik förmlich gedient. Er war königstreu und integer. Als Ministerpräsident sah er sich jedoch lediglich als Platzhalter für Giolitti, sein Kabinett wurde dementsprechend bloß als „kläglicher Notbehelf" betrachtet.[149] Die Herrschenden Italiens, besonders die konservativen Eliten, sahen ihr eigenes System durch die faschistische Gewalt noch immer nicht bedroht. Sie hielten die Squadristen für ein Instrument, die Linke niederzuprügeln, und erwarteten sich nach der endgültigen Niederlage aller Marxisten die Normalisierung der Faschisten und deren Eingliederung in die alte bürgerliche Ordnung.

Im Hochsommer 1922 erlitt die italienische Arbeiterbewegung einen entscheidenden Rückschlag. Als der gleichermaßen unerschrockene wie brutale Balbo seine terroristischen Kampftruppen in der Romagna mobilisierte und sie am 26. Juli nach Ravenna, Rimini, Cesena und in andere Gemeinden führte, um die sozialistischen und gewerkschaftlichen Einrichtungen zu zerstören und in Flammen aufgehen zu lassen, erhielt er dabei von verschiedenen Behörden sogar maßgebliche Unterstützung.[150] Fünf Tage später riefen daraufhin die zur Abwehr gegen den Faschismus zusammengeschlossenen Arbeiterorganisationen zum Generalstreik auf. Dies gab den Faschisten einmal mehr die Gelegenheit, gegen die Linke vorzugehen und mit Unterstützung staatlicher Organe den „Streik für die Gesetzlichkeit" der „Alleanza del Lavoro" brutal niederzuschlagen. Auch in bislang sozialistischen Hochburgen wie Mailand, Genua und Ancona rissen die Faschisten die Macht an sich. Lediglich Turin und Parma hielten dem Ansturm stand. Am 4. August beorderte die Alleanza ihre Mitglieder wieder zur Arbeit zurück. Der Generalstreik endete mit einem Triumph für die Faschisten und einer vernichtenden Niederlage der Linken. Mussolini war über den durchschlagenden Erfolg der 48 Stunden dauernden bürgerkriegsähnlichen Gewaltwelle überaus zufrieden. Er war sich im Klaren darüber, die Beherrschung dieser Städte mit Wahlkampf und Propaganda niemals geschafft zu haben.[151]

Allerdings wurde auch im Sommer 1922 vom Sekretär der Volkspartei, Don Luigi Sturzo, und den gemäßigten Sozialisten unter Filippo Turati ernsthaft eine antifaschistische Koalition erwogen. Innerhalb der Sozialisten kam es dabei zum

Bruch, da die Radikalen nach wie vor eine Zusammenarbeit in einer bürgerlichen Regierung strikt ablehnten. Auch innerhalb der Volkspartei regten sich schwerwiegende Bedenken. Der als Ministerpräsident dieses Kabinetts vorgesehene Bonomi scheiterte schließlich an der Weigerung der liberalen Konstitutionalisten, eine betont gegen die Faschisten gerichtete, kämpferische Regierung mit sozialistischer und volksparteilicher Beteiligung anzunehmen.

Die Mehrheit der Liberalen hoffte immer noch, die Faschisten durch eine Regierungsbeteiligung ruhig zu stellen. Selbst Giolitti wagte es nicht, gegen Mussolini ernstlich aufzutreten. Die Armee, so war die praktisch einhellige Meinung der Bürgerlichen, würde nicht folgen.[152] Während Facta provisorisch die Regierungsgeschäfte weiterführte, wurde mit dem Faschistenführer über ein künftiges Kabinett verhandelt. In einem Interview deutete Mussolini seine Absichten an: „Dass der Faschismus Staat werden will, ist ganz klar. Nicht ebenso klar ist aber, dass er einen Staatsstreich auf sich nimmt, um dieses Ziel zu erreichen. Auf der anderen Seite ist der faschistische Marsch auf Rom schon im Gang, jedenfalls im historischen Sinn, wenn nicht in eigentlich revolutionärer Beziehung."[153] Bei anderer Gelegenheit machte er wiederum die paramilitärische Komponente seiner Bewegung deutlich. Der Faschismus sei eben etwas vollkommen anderes. „Seine Mitglieder sind zuallererst Soldaten. [...] Die militärische Disziplin impliziert die politische Disziplin. Die Rekruten des Faschismus werden selektioniert und wie beim Militär in Kader eingebaut. Diese Rekruten sind jung, sie wollen kämpfen und nicht diskutieren."[154] Bei anderer Gelegenheit machte er auch deutlich: „Die Lebensphilosophie der Demokratie ist wesentlich politisch, die des Faschismus ist vorwiegend kriegerisch."[155] Wieder ein anderes Mal gab er sich visionär: „Das Jahrhundert der Demokratie ist vorbei. [...] Nun wird ein ‚aristokratisches' Jahrhundert – das unsere – auf das vergangene, demokratische folgen. [...] Die jungen Generationen erlauben der Demokratie, diesem riesenhaften Leichnam, nicht, den Weg in die Zukunft zu verrammeln."[156] Immer mehr bildete sich in Italien eine Art faschistische Nebenregierung heraus. „Ganz Oberitalien ist heute sozusagen im Besitze der Faschisten. Die Stellung der Sozialisten hat sich sehr geschwächt", so beobachtete ein ausländischer Diplomat. „Über Mussolinis weitere Pläne herrscht ein Dunkel. [...] Er besitzt eine kraftvolle Persönlichkeit, die ihn zu jeder umstürzlerischen Tat befähigen würde. Der Spätherbst wird zweifelsohne politische Veränderungen bringen, jedenfalls geht Italien wieder einer schweren Krise entgegen."[157]

Die faschistische Durchdringung Italiens ging weiter. Anfang Oktober fielen die Schwarzhemden im Trentino und in Südtirol ein und lehrten der deutschen Bevölkerung das Fürchten. Doch Rom und Süditalien blieben nach wie vor außerhalb des faschistischen Machtbereichs. Mussolini und seine Gefolgschaft hatten bereits seit Ende September erkannt, dass das Tempo zur Machtergreifung erhöht werden musste, wollte man nicht das Schicksal des mittlerweile kraftlosen Sozialismus erleiden und erstarren. Die Maschine des Faschismus sollte in Gang bleiben und durfte nicht durch wirtschaftliche und administrative Probleme, die das Anwachsen der Partei und vor allem der Squadre mit sich brachte, zum Stillstand kommen. Um die Anhängerschaft bei der Stange zu halten, begab sich Mussolini auf Propagandatour nach Norditalien. In seiner Rede in Cremona am 20. September hob er einmal mehr sein Ziel hervor, dem Land international mehr Respekt zu verschaffen: „Wir wollen, dass Italien faschistisch wird, weil wir es satt haben, es ständig zwischen Feigheit und Schlamperei hin und her torkeln zu sehen. Und vor allem haben wir es satt, Italien im Ausland als quantité négligeable betrachtet zu sehen [...] An den Ufern der Piave sind wir zu unserem Marsch aufgebrochen, der nicht mehr innehalten kann, ehe er nicht sein höchstes Ziel erreicht hat: Rom."[158] In seiner programmatischen Rede in Udine betonte Mussolini freilich, nicht an der Monarchie rütteln zu wollen.[159]

Der Öffentlichkeit wurde immer klarer, dass ein faschistischer Marsch auf Rom bevorstand. Facta meinte nun, den Teufel mit dem Beelzebub austreiben zu müssen, und setzte auf seinen Freund D'Annunzio. Dieser sollte Mussolini zuvorkommen und – legal – mit seinen Legionären und Veteranen auf Rom marschieren. Die Aktion sollte am 4. November stattfinden, dem vierten Jahrestag des Siegs im Weltkrieg. Bei der abzuhaltenden Parade und Versammlung käme es dann zum nationalen Schulterschluss zwischen der demokratischen Regierung und den echten Patrioten. D'Annunzio bemerkte jedoch, lediglich ein Spielball der Politik zu sein, und zog seine ursprüngliche Zusage zur Teilnahme an der Massenversammlung in Rom wieder zurück. In Mailand stellte Mussolini einstweilen seine Forderungen an die Regierung: Die Kammer sollte Anfang November einberufen werden, das Wahlgesetz sofort ändern und sich dann auflösen. Im Dezember wären sodann Neuwahlen abzuhalten. Der Faschismus würde nötigenfalls selber für die Durchführung dieser Forderungen sorgen.[160]

Mittlerweile zeigte sich Giolitti bereit, wieder das Amt des Ministerpräsidenten zu übernehmen. Der mit den Mechanismen der Politik so vertraute elder statesman ventilierte über den Mailänder Präfekten Alfredo Lusignoli bei Mussolini den Plan einer Regierung unter seiner Führung mit Ministern aus den Reihen der Faschisten und Popolari, die sogar von den gemäßigten Sozialisten geduldet werden könne. Facta war dieser Plan nur recht, wollte er sich doch ohnehin zurückziehen und für seinen Mentor Platz machen. Mussolini hielt sich aber alle Möglichkeiten offen – obwohl die Mobilmachung der Squadristen für den „Marsch auf Rom" bereits begonnen hatte. So führte er Gespräche – persönlich oder mittels Vertrauten – mit Industriellen, Giolitti, dessen großen Widersacher von der liberalen Rechten, Antonio Salandra, mit Orlando, Nitti und selbst Facta. Alle seine Verhandlungspartner gingen dabei allerdings von der Prämisse aus, die Faschisten zwar in die Regierung mit aufzunehmen, ihnen aber nicht den Posten des Ministerpräsidenten zu überlassen. Die Faschisten beschlossen, über die Straße Druck auszuüben und mit der Drohung eines Bürgerkriegs eine Entscheidung herbeizuführen.

Am 16. Oktober fand in Mailand eine vorentscheidende Unterredung statt. Im Saal des Direktoriums der Partei in der Via San Marco erörterte Mussolini mit seinen Unterführern und zwei sympathisierenden Generälen das weitere Vorgehen und sprach sich dabei für den Putsch aus. Cesare Maria De Vecchi, Emilio De Bono und die beiden Militärs Gustavo Fara und Sante Ceccherini plädierten hingegen dafür, noch zuzuwarten, da die Squadre noch unvorbereitet seien. Mussolini, der vor allem von Balbo und Michele Bianchi unterstützt wurde, ging es jedoch weniger um die tatsächliche Anwendung von Gewalt, sondern vielmehr um den psychologischen Effekt, der nach einer Regierungskrise schließlich ohnehin zu einer friedlichen Lösung führen würde. Vier Männer wurden zu guter Letzt mit der Ausführung des Staatsstreichs beauftragt. Das Quadrumvirat bestand aus Balbo, Bianchi, De Bono und De Vecchi. Der wilde Draufgänger Balbo, der eigentlich aus dem linksrevolutionären Lager gekommen war, repräsentierte die junge Kriegs-

Der Duce und sein Quadrumvirat: Emilio De Bono, Michele Bianchi, Benito Mussolini, Cesare Maria De Vecchi und Italo Balbo.

generation, Bianchi, der aus Kalabrien stammende Generalsekretär der Partei, war Interventionist und Syndikalist gewesen, der nach wie vor klerikal-monarchistische Held aus dem Ersten Weltkrieg, der Turiner De Vecchi, verkörperte dagegen die reaktionäre Mittelschicht, und De Bono gehörte als General der Armee an. Prominentester Gegner eines Marsches auf Rom war Dino Grandi, der einen solchen für unnotwendig hielt und eine legale Machtergreifung befürwortete.

Am 24. Oktober versammelten sich die Faschisten in Neapel, um endlich auch im Süden machtvoll aufzutreten. Im San-Carlo-Opernhaus erklärte Mussolini, dass ihn Facta zum Aufstand gezwungen habe. Seine Partei verlange für die Regierungsbeteiligung mindestens fünf Ministerien; das Außenamt galt dabei als unbedingte Voraussetzung.[161] Den Faschismus stellte er geradezu schwärmerisch dar. Er sei „in der ganzen Welt das interessanteste, originellste und mächtigste Phänomen der Nachkriegszeit [...], zugleich eine politische, syndikalistische, militärische und religiöse Bewegung, die somit allen Bedürfnissen, allen Hoffnungen, allen Leidenschaften Rechnung trage".[162] Noch am selben Abend zeigte er sich vor einer Menge von 60.000 Schwarzhemden und Sympathisanten entschlossen: Entweder man lasse die Faschisten regieren oder diese würden auf Rom marschieren, um die politisch herrschende Klasse bei der Kehle zu packen. Vom Nationalkomitee hatte sich Mussolini die Billigung für den „Marsch auf Rom" geholt. Solchermaßen gestärkt, setzte er die Herrschenden unter Druck: „Entweder wird uns die Regierung übertragen, oder wir nehmen sie uns durch einen Angriff auf Rom: es ist jetzt eine Sache von Tagen und vielleicht Stunden."[163]

In diesen Tagen vor dem „Marsch auf Rom" betrieb Mussolini eine Politik extremer Widersprüche und skrupellosen Lavierens. Seine Ankündigungen differierten, je nach Adressaten. Gleich blieb lediglich, dass er allen Versprechungen machte und für Italien eine rosige Zukunft unter dem Faschismus prophezeite. Er gab sich verhandlungs- und kompromissbereit und auf der anderen Seite zum Staatsstreich wild entschlossen. Er täuschte die Politiker der anderen Parteien, wenn er von einer bescheidenen faschistischen Beteiligung an liberal geführten Koalitionsregierungen sprach, und hetzte gleichzeitig seine Squadristen auf, zum Äußersten bereit zu sein. Der gerissene Taktiker befand sich in seinem Element.[164]

Am Abend des 27. Oktober gab schließlich das Quadrumvirat von seinem Hauptquartier in Perugia aus die Eröffnung des Marsches auf Rom bekannt. In der Nacht vom 27. auf den 28. Oktober befanden sich weite Teile Nord- und Mittelitaliens in der Hand der Faschisten, die sich der Präfekturen, Rathäuser, Bahnhöfe und Postämter bemächtigten. Erst als die squadristische Bedrohung offenkundig war, zeigte sich in Rom die Regierung Facta gewillt, der Gewalt der Faschisten Einhalt zu gebieten. Die Hauptstadt sollte verteidigt werden, und tatsächlich waren die militärischen Voraussetzungen dafür durchaus gegeben. Es hatte sich ohnehin bereits in den letzten Stunden gezeigt, dass die aufständischen Schwarzhemden bei entschiedenem Widerstand sofort wieder zurückgewichen waren. Mailand etwa befand sich wieder in der Hand der Armee. Die Eisenbahn war unter der Kontrolle der Regierungstruppen. 400 Polizisten genügten, um 20.000 Faschisten zu stoppen.

Am 28. Oktober erreichten lediglich zwei Kolonnen mit 5000 Mann die Sammelpunkte Monterotondo und Tivoli. Die dritte Kolonne wurde bei Civitavecchia festgehalten. Die Schwarzhemden waren völlig ungenügend verpflegt, bewaffnet und motorisiert; sie klagten über Versorgungs- und Kommunikationsprobleme. Heftiger Regen setzte den deprimierten Haufen zusätzlich zu und verwandelte die Wege in Schlamm. Die Aussichten waren entmutigend, denn in der Hauptstadt warteten Truppen unter General Pugliese von über 28.000 Mann, professionell ausgerüstet und von größerer Disziplin. Die königstreuen Nationalisten stellten den staatlichen Behörden darüber hinaus 4000 Blauhemden zur Verfügung. Rom befand sich fest in Regierungshand.

Mussolini selbst war in Mailand geblieben. Er hielt es für klüger, seine Absichten zu verhüllen, indem er sich in der Öffentlichkeit rar machte. Einmal kursierten

Vier Tage vor dem Marsch auf Rom besichtigte Mussolini (im Hintergrund links) in Begleitung von Italo Balbo (hinter Mussolini), Emilio De Bono (hinter Mussolini), Cesare Maria De Vecchi und Michele Bianchi (vor Mussolini) die zum Marsch auf Rom bereiten Formationen der Schwarzhemden in Neapel.

Gerüchte, er könnte in eine Regierung Giolitti eintreten, ein anderes Mal, er beabsichtige, mit Salandra ein Kabinett zu bilden. Trotz eindringlicher Appelle seiner Gefolgsleute, sich in Richtung Rom aufzumachen, blieb er in der lombardischen Hauptstadt. Aufgrund eines Haftbefehls gegen ihn hatte er sich in seinem Büro verbarrikadiert. Es tauchten sogar Gerüchte auf, er könnte von königstreuen Faschisten ermordet werden. Aber der Mailänder Präfekt Alfredo Lusignoli unterließ es schließlich aus Sorge um seine weitere Karriere, den Faschistenführer gefangen nehmen zu lassen.

Noch bedeutsamer war freilich am Morgen des 28. Oktober die Weigerung des Monarchen, das Dekret mit der Erklärung des Notstandes zu unterzeichnen. Dabei hatte sich Viktor Emanuel III. noch wenige Stunden zuvor für die Ausrufung des Notstandes und die Anwendung des Kriegsrechts durch die Armee ausgesprochen. Der König wollte jedoch offensichtlich keinen Bürgerkrieg riskieren und befürchtete zudem, dass – sollte er sich wirklich zum Widerstand bereit erklären – sein Cousin, der Herzog von Aosta, sich selbst an die Spitze des faschistischen Staatsstreichs stellen könnte. Die Ratgeber des Monarchen dürften darüber hinaus das verunsicherte Staatsoberhaupt zu einem Kompromiss mit den Faschisten bewogen haben, und Facta – an dessen Sturz auch seine demokratischen Gegner arbeiteten – war eben nicht der Mann von Entschlusskraft, der Viktor Emanuel tatsächlich von der Notwendigkeit, sich nicht den Drohungen der Faschisten zu beugen, überzeugen hätte können. Zu guter Letzt traute der König auch der Armee nicht zu, die Hauptstadt vor den Milizen zu verteidigen. Obwohl das Militär sich ungebrochen loyal gegenüber seinem Monarchen und der Verfassung erklärt hatte, war es nicht zu leugnen, dass speziell junge Offiziere für den Faschismus Sympathien hegten.

Noch gaben die Vertreter des alten liberalen Systems nicht auf. Sie hofften im Gegenteil noch immer, eine Regierung mit einem Bürgerlichen als Ministerpräsidenten zustande bringen zu können. Nach Factas Demission ersuchte der König noch am 28. Oktober deshalb den interventionistischen Ministerpräsidenten im Ersten Weltkrieg, Salandra, ein Kabinett zu bilden. Dieser gelangte auch in Verhandlungen mit den Faschisten De Vecchi, Grandi und dem Seekriegshelden Kapitän Costanzo Ciano zu einer Vereinbarung. Mussolini, dessen Selbstbewusstsein aufgrund der schwächlichen Haltung seiner Gegner weiter gestärkt war, beabsichtigte aber mittlerweile nur mehr nach Rom zu kommen, wenn er vom Monarchen selbst den Auftrag erhielt, eine Regierung unter seiner Führung zu bilden. Deshalb lehnte er die ihm um halb zwei Uhr früh telefonisch übermittelte Einladung Salandras ab, lediglich ein Ministeramt in dessen Kabinett zu bekleiden. Salandra nahm sein Scheitern zur Kenntnis. Dem König freilich riet er – besorgt, Giolitti könnte neuerlich Ministerpräsident werden – sodann, Mussolini mit der Regierungsbildung zu beauftragen. Viktor Emanuel erklärte sich am Tag darauf dazu bereit.

Noch am Abend des 29. Oktober bestieg Mussolini den Zug nach Rom, um am nächsten Morgen in der Ewigen Stadt einzutreffen. Erst als er bereits den Regierungsauftrag sicher in der Tasche hatte, gelangten zwischen 40.000 und 70.000 Schwarzhemden am 30. und 31. Oktober nach Rom – größtenteils in Sonderzügen, nicht marschierend und ohne jeglichen Widerstand vonseiten der zur Untätigkeit verurteilten Armee und Exekutive. Die spätere offizielle Version von 300.000 auf Rom marschierenden Faschisten, angeführt von Mussolini hoch zu Ross, und blutigen Kämpfen, denen 3000 Märtyrer zum Opfer fielen, war eine pure Erfindung der Propaganda.[165]

Am Vormittag des 30. Oktober traf Mussolini in Rom ein. Bereits einen Tag später stand sein Kabinett. Es bestand aus zwei Mitgliedern des rechten Flügels der Volkspartei, vier Liberalen, hohen Militärs, dem Nationalisten Luigi Federzoni und lediglich vier Faschisten, die damit im Kabinett vorerst in der Minderheit blieben. Dem König gegenüber erklärte er pathetisch: „Ich bringe Ew. Majestät das Italien von Vittorio Veneto." Der neue Ministerpräsident nahm sodann Seite an Seite mit seinem König den Einmarsch der Schwarzhemden ab. Nachdem sie einige Tage lang ihren Zorn gegenüber Antifaschisten auslebten, schickte sie Mussolini wieder in die Provinz zurück.

Nur dreieinhalb Jahre standen zwischen der armseligen Gründung der faschistischen Kampfbünde auf der Mailänder Piazza San Sepolcro und Benito Mussolinis Ernennung zum Ministerpräsidenten durch den italienischen König in Rom. Alles in allem war es ein kurzer Weg zur Macht gewesen, der freilich im Zuge der gewalttätigen Auseinandersetzungen insgesamt etwa 2000 Menschen das Leben gekostet hatte.[166] In Deutschland sollte Adolf Hitler weit länger brauchen, bis auch er die Staatsführung an sich riss, denn sein Versuch ein Jahr später, es Mussolini gleichzumachen, scheiterte kläglich.

# Der Ministerpräsident

## Mussolini 1922 bis 1926

Mussolini war 39 Jahre alt, als er das Amt des Ministerpräsidenten antrat, und damit jünger als alle seine Vorgänger. Seine Berufung sollte eine neue Epoche einläuten, schließlich lehnte der Faschismus die alte soziale und politische Ordnung kategorisch ab.[167] Für große Teile der italienischen Öffentlichkeit herrschte jedoch zwei Jahre lang Unklarheit über die weitere Zukunft des Landes. Die Umwandlung des demokratischen Italien in einen faschistisch-totalitären Staat erfolgte noch nicht mit der „Revolution vom Oktober 1922", sondern danach und etappenweise. „Die meisten Revolutionen fangen mit 100 Prozent an", sollte Mussolini zehn Jahre später erklären, „dann zieht sich der neue Geist mehr zurück, vermischt sich mit dem alten, in vielen Punkten wird nachgegeben, und bald ist man auf 50 Prozent oder weniger angelangt. Wir haben es umgekehrt gemacht. Ich habe mit 50 Prozent angefangen. Warum? Weil die Geschichte mir gezeigt hatte, dass der Mut der meisten Revolutionäre nach dem ersten Ansturm verbraust. [...] In anderen Ländern sind die Revolutionäre allmählich nachgiebig geworden, bei uns mit jedem Jahre immer schroffer und entschiedener."[168] Dieser Weg, hinter dem in Wirklichkeit weit mehr Taktik denn Strategie steckte, verschleierte vor der Öffentlichkeit die Transformation vom Rechtsstaat zur Diktatur. Auch hierbei bewies Mussolini sein taktisches Geschick. Dass er es im Gegensatz zu Hitler jedoch nicht verstand, die Revolution zu vollenden und auch die Position des Staatsoberhauptes einzunehmen, sollte ihn schließlich, wenngleich auch viel später, zu Fall bringen.

Der „Marsch auf Rom" war ein Poker gewesen, bei dem Mussolini erfolgreich geblufft hatte. Darüber konnte für die gesamte faschistische Führung kein Zweifel bestehen. Der Staat hatte die besseren Karten in der Hand gehabt, doch war es vor allem der König gewesen, der – trotz stärkerer Position – die Nerven verloren hatte. Danach blieb der Widerstand gegen die Faschisten praktisch aus. Selbst von einem Generalstreik, den Mussolini insgeheim befürchtet hatte, sah man ab. Nicht einmal die extreme Linke setzte sich gegen die faschistische Machtergreifung nachhaltig zur Wehr. In Rom schienen weite Teile der Bevölkerung die politische Wende zu begrüßen. Die Straßen waren voller Blumen, und man feierte die Entscheidung des Königs, vor der Ausrufung des Kriegsrechts zurückgeschreckt zu haben. Zur Demonstration seiner Macht ließ Mussolini seine Schwarzhemden am 31. Oktober vor dem königlichen Palast paradieren. Trotzdem wählte er in weiterer Folge nicht den Weg, über die Präsenz der faschistischen Miliz seine Macht auszubauen. Er behalf sich vielmehr mit der für ihn so charakteristischen Symbiose aus Kompromiss und Drohung; eine Strategie, mit der er schließlich überhaupt erst zur Macht gelangt war. Freilich wusste er, dass er einen Zweifrontenkrieg zu führen hatte: gegen seine Gegner von den anderen Parteien und gegen seine Konkurrenten innerhalb der faschistischen Bewegung. Es bedurfte beträchtlichen eigenen politischen Talents und gehörigen Ungeschicks seiner Gegner, sich dabei durchzusetzen.

Bei der Kabinettsbildung hatte Mussolini die bisherige Praxis ignoriert und sich nicht zuerst an die Parteien gewandt, sondern gleich die von ihm vorgesehenen Persönlichkeiten angesprochen. Dabei musste er dem Umstand Rechnung tragen, dass die Faschisten im Parlament bloß eine Minderheit stellten. Dass somit auch Mussolinis Regierung zunächst eine Koalition auf breiter Basis repräsentierte, empörte etliche Parteigänger aus seinen Reihen, noch dazu, wo keiner der faschistischen Granden ein Ressort zugeteilt bekam. Vielmehr übernahm der 27. Regierungschef Italiens gleich selbst die Schlüsselministerien für Inneres und Äußeres. Wenn auch Mussolini letztendlich legal an die Macht gekommen war und eine Mehrparteienregierung mit nur drei weiteren faschistischen Mitgliedern anführte, stellte dies für ihn keineswegs den Endpunkt seiner Bestrebungen dar. Vielmehr trachtete er danach, die durch die Schwäche des herrschenden Systems errungene Macht bei jeder sich ihm darbietenden Gelegenheit zu festigen und weiter auszubauen, auch gegenüber den Kontrahenten in seiner eigenen Partei. Sie jemals wieder abzugeben, stand nicht in seinem Plan. Seine Regierung sollte nicht bloß ein weiteres Glied in der Kette zumeist kurz aufeinander folgender italienischer Kabinette sein.

Zu Beginn erhielt der neue Ministerpräsident reichlich Vorschusslorbeeren. Weite Teile der italienischen Öffentlichkeit zeigten sich hoffnungsfroh, dass das Land endlich einmal über eine stabile Regierung verfügte. Vor allem Liberale, Demokraten und Popolari erwarteten eine Normalisierung des Faschismus unter einem Ministerpräsidenten Mussolini; deshalb unterstützten sie ihn auch. Die letztlich kläglich gescheiterte Strategie, den Führer der extremen Rechten ins alte System eingliedern und damit zähmen zu können, sollte ein Jahrzehnt später ihre Parallele in Deutschland finden. Dem Präzedenzfall Italien wurde dabei von Männern wie Hindenburg, Papen und Hugenberg offenbar keine Beachtung geschenkt, während Hitler bei der Erstellung seines Kabinetts ähnlich wie sein großes Vorbild vorging und die alten Eliten einband und damit täuschte.

1922 wog in Italien unzweifelhaft die Befriedigung, das bolschewistische Schreckgespenst verjagt zu wissen, schwerer als die Bedenken gegenüber der faschistischen Gewaltbereitschaft. Salandra und Nitti begrüßten die neue Koalition enthusiastisch, und Giolitti vertrat sogar die Auffassung: „Ein Kabinett unter Mussolini ist das einzige, das den Frieden der Gesellschaft wiederherstellen kann."[169] Selbst der gemäßigte Sozialistenführer Filippo Turati hielt die neue Regierung für die einzige Möglichkeit, das Land führen zu können. Die demokratischen Parteien standen sich mittlerweile derart feindselig gegenüber, dass sie – der alten Politik überdrüssig – Mussolinis Machtergreifung nicht bloß erduldeten, sondern sogar willkommen hießen. Zu den wärmsten Befürwortern der neuen Regierung zählte der Vatikan. Durch die faschistische Ministerpräsidentschaft sah der Heilige Stuhl die marxistische Gefahr entscheidend zurückgedrängt. Für die Eindämmung der gottlosen Sozialisten nahm die katholische Kirchenführung auch die so gar nicht christliche Gewalt der Squadre in Kauf, die sich – so gab man sich der trügerischen Hoffnung hin – ohnedies bald aufhören würde.[170]

Für das Ausland war die Entwicklung in Italien nur schwer durchschaubar. Die Tatsache, dass der Monarch in Rom die Machtergreifung Mussolinis gebilligt hatte, nahm dem Faschismus viel von seiner Unrechtmäßigkeit und seiner revolutionären Attitüde. Mussolini bildete seine Koalitionsregierung noch dazu aus Mitgliedern verschiedener Parteien und Parteilosen wie dem „Duca della Vittoria", General Diaz, und dem „Duca del Mare", Admiral Thaon di Revel. Die Faschisten waren in diesem ersten Kabinett bloß in der Minderheit. Viele, in Italien wie im Ausland, hofften auf eine Mäßigung des Faschismus, meinten sie doch in dem vergleichsweise moderaten Auftreten Mussolinis dessen Wunsch zu verspüren, sich in die konventionelle Gesellschaftsordnung einzugliedern. Der neue Ministerpräsident versprach zwar in seiner Antrittsrede vor der Deputiertenkammer, die Verfassung zu achten und Recht und Freiheit zu schützen. Gleichzeitig gab er jedoch zu verstehen, was er von der Volksvertretung wirklich hielt, und kündigte an, dass der Faschismus ohne Rücksicht auf das Parlament regieren werde. Schließlich, so machte er der Deputiertenkammer wie dem Senat klar, habe für ihn auch die Möglichkeit bestanden, das Parlament besetzen zu lassen und die Diktatur auszurufen. Seine Bemerkung, „Ich hätte aus diesem grauen und glanzlosen Saal einen Biwakplatz für die Manipeln machen können", gelangte zu allgemeiner Berühmtheit. Auch wies er die Abgeordneten darauf hin, sich bewusst zu sein, dass ihrer Kammer die Auflösung „innerhalb von zwei Tagen oder zwei Jahren" drohen könne.[171] Kritische Beobachter hielten Mussolinis Programmrede für einen „Faustschlag für das italienische parlamentarische Regime. Sie inauguriert die Ära einer nationalen Diktatur, welche der parlamentarischen Volksvertretung nur eine Scheinexistenz belässt." Nichtsdestoweniger erhielt der neue Regierungschef sowohl von den Abgeordneten – mit 306 zu 116 Stimmen – als auch von den Senatoren – mit gar 196 zu 19 – ein beeindruckendes Vertrauensvotum.[172]

Die Mehrheit der demokratischen Politiker sah in ihrer Ratlosigkeit Mussolini als einen Garanten für die Stabilisierung des Landes. Ihre moralischen Skrupel schienen wie weggeblasen. Die Konservativen und Liberalen erwarteten sich von seiner Regierung die Eindämmung der „roten Gefahr", etliche Sozialisten und Popolari das Ende der überkommenen Herrschaft der alten Eliten rund um die ehemaligen Ministerpräsidenten. Der schroffe Ton seiner Regierungserklärung und die lahme Reaktion der demokratischen Parteien ließen dementsprechend etwa Vertreter aus dem Vatikan zur Meinung kommen, dass es mit dem italienischen Parlamentarismus offenbar zu Ende gehe.[173]

Die großen Züge seiner Politik wollte Mussolini nicht seinem Koalitionskabinett überlassen, sondern lieber mit den Männern aus der eigenen Partei erörtern. So wurde der Faschistische Großrat eingerichtet. Er bestand aus der Führungsspitze der Partei, den faschistischen Regierungsmitgliedern, den Führern der faschistischen Syndikate und Kooperativen, den Generalstabschefs von Armee und Miliz, dem Polizeichef und kooptierten Parteigrößen oder Fachleuten. In diesem Gremium sollte die hohe Politik beschlossen werden, während die Regierung nur mehr die Verwaltungsagenden über hatte. Der Großrat tagte fortan am 12. jeden Monats um 22 Uhr. Seine Tagesordnungspunkte wurden streng geheim gehalten. Gleich in seiner ersten, noch in Mussolinis Wohnung im Grand Hotel am 12. Januar 1923 abgehaltenen Sitzung beschloss der Großrat die Eingliederung der Squadristen in die „Milizia Volontaria per la Sicurezza Nazionale". Mussolini wollte damit die ungezügelte Gewalt der Kampftruppen unterbunden wissen, denn die Unterführer in der Provinz hatten sich nicht an seine Order gehalten, Gewalttätigkeiten zukünftig zu vermeiden. Gleichzeitig gab er immer wieder selber Weisungen für Terrorakte, die er gezielt einsetzte, um seine Position abzusichern. Politische Gegner wurden eingeschüchtert, krankenhausreif geschlagen, inhaftiert und bisweilen auch getötet. Ihm gefährliche Personen, speziell faschistische Dissidenten, die über die neuen Praktiken im Staat zu erzählen wussten, ließ Mussolini bis ins Ausland verfolgen. Er verhinderte nicht bloß die gerichtliche Verfolgung der kriminellen Elemente, er benützte sie sogar für seine Interessen.

Die Gewalt gehörte noch immer zum italienischen Alltag. Dass die Schwarzhemden widerspenstige Oppositionelle mit dem „Manganello" verprügelten oder ihnen Rizinusöl einflößten, war bereits Bestandteil der verrohten innenpolitischen Praxis geworden, doch kam es auch zu besonders brutalen Auswüchsen. So forderte ein squadristischer Anschlag auf Institutionen der Arbeiterbewegung in der bislang antifaschistischen Hochburg Turin am 18. Dezember 1922 gleich 22 Todesopfer. Als einen Monat danach noch einmal 13 Tote in La Spezia zu beklagen waren, entschloss sich der Ministerpräsident zu handeln und die Parteimiliz in einen staatlichen Truppenverband umzuwandeln. Mussolini vereidigte die Truppe freilich nur auf sich selbst und nicht auf den König, aber er disziplinierte die Armee der faschistischen Revolution immerhin bis zu einem gewissen Grad und beschränkte sie auf nur mehr 50.000 Mann. Im eigenen Interesse suchte er die Schwarzhemden freilich auch der Kontrolle durch die Granden in der Provinz zu entziehen. Der Ministerpräsident verfügte nun über ein persönliches Heer, das seine Position in Staat und Partei noch deutlich stärkte. Die von De Bono als Oberkommandierendem geführte Streitmacht wurde nun durch die öffentliche Hand finanziert. Aber Mussolini, dem es zunehmend um die Gleichsetzung von Faschismus und Staat ging, machte der Nation vor, dass es sich bei der Miliz um eine Fortsetzung der Tradition der Legionen Garibaldis handelte.[174]

Mussolini sammelte immer mehr konservative Kräfte um seine Regierung. Von der Fusion seiner Partei mit den monarchistischen, bisweilen klerikalen Nationalisten am 26. Februar 1923 versprach er sich, seinem Regime damit noch mehr Akzeptanz zu verschaffen. Zum anderen sah er in ihnen auch durchaus ein Reservoir an geeigneten und fähigen Persönlichkeiten für den Ausbau seiner Herrschaft. Luigi Federzoni war hierfür das prominenteste Beispiel. Seit 1913 Abgeordneter war der aus Bologna stammende Federzoni einer der Ratgeber des Königs bei Mussolinis Berufung gewesen. Der Duce nahm ihn in die Regierung, wo er zunächst den Posten des Kolonialministers bekleidete und 1924 sodann das Innenressort übernahm.

Der Vatikan half wiederum dem Regierungschef, die antifaschistischen Stimmen in der Volkspartei zu unterdrücken. So musste der kritische Don Sturzo am 10. Juli 1923 auf Geheiß des Heiligen Stuhls als Parteisekretär zurücktreten. Nach einigen antifaschistischen Reden am Parteitag in Turin entließ Mussolini im Herbst die Minister und Staatssekretäre der Popolari. Die neue Regierung hatte der katholischen Kirche freilich bereits beträchtliche Zugeständnisse – etwa im Bereich des Schulwesens – gemacht, die seit Gründung des italienischen Einheitsstaates unter liberalen Kabinetten undenkbar gewesen wären. Auch das in höchsten Schwierigkeiten steckende Geldinstitut des Vatikans, „Banco di Roma“, rettete der faschistische Ministerpräsident vor dem völligen Zusammenbruch. Mussolini verstand sich auch, was seine eigene Person betraf, zu überwinden und gab sich dementsprechend gegenüber Vertretern des Heiligen Stuhls als guter Katholik aus.[175] Kardinal Gasparri befand deshalb auch, dass es in ganz Italien keinen Mann gab, der Mussolini zu ersetzen vermochte, und dass sein Abgang das Land in die Gräuel eines Bürgerkrieges stürzen würde.[176]

Was die Wirtschaft betraf, gerierte sich der Duce mittlerweile als klassischer Manchester-Liberaler. Wiederholt erklärte er, dass der Staat sich aus der Ökonomie zurückziehen müsse. Privatisierung war das Motto der Stunde. „Die Richtlinien der Innenpolitik lassen sich in diesen Worten zusammenfassen: Ökonomie, Arbeit, Disziplin“, so hatte er in seiner Regierungserklärung vor der Kammer betont. „Wesentlich ist das finanzielle Problem. Wir müssen mit größter Dringlichkeit die Staatsbilanzen ausgleichen. Sparsames Regime. Kluges Disponieren der Ausgaben.

Hilfe für alle produktiven Kräfte der Nation. Schluss mit allen übrig gebliebenen Kriegslasten."[177]

Mussolini hatte das Glück, in einer Phase wirtschaftlichen Wachstums an die Macht gekommen zu sein. Seit Anfang 1923 erlebte das Land einen außerordentlichen Produktionsaufschwung. Dieser war zwar nicht in erster Linie auf die Maßnahmen des faschistischen Finanzministers und Ökonomieprofessors Alberto De Stefani zurückzuführen, doch kam er Mussolini und dem Prestige seiner Regierung ohne Zweifel zugute.[178] Vor allem die Arbeiter hatten angesichts der harten Sparpolitik wenig Grund zur Freude. Dementsprechend bezeichnete Mussolini seine Regierung am 8. Juni 1923 vor dem Senat als eine, „die harte Politik macht, grausame Politik, wenn man so will. Sie muss ihre Funktionäre zu Tausenden entlassen: es sind Richter, Offiziere, Eisenbahner, Werftarbeiter. Und jede Entlassung ist Anlass zu Beunruhigung, zu Schmerz und Unbehagen Tausender von Familien. Ich habe Steuern auferlegen müssen, die sicher weite Kreise der italienischen Bevölkerung verwunden werden. Dieses italienische Volk hat noch nicht das gehabt, was man materielle Vorteile nennen könnte; es hat sie nicht gehabt!"[179] Tatsächlich gingen die Arbeitsniederlegungen stark zurück. Während in den zwölf Monaten vor seiner Machtergreifung durch 680 Streiks von exakt 522.354 Arbeitnehmern sieben Millionen Werktage verloren gegangen waren, kam man in den ersten zwölf Monaten seiner Regierung bloß auf 250.000.[180] Der Faschismus erhielt jedenfalls weiteren Zulauf. Im Juli 1923 zählte die Partei bereits knapp 783.000 Mitglieder, während die Linksparteien deutlich Anhänger verloren, Popolari und Liberale hoffnungslos zerstritten waren.

Allgemein herrschte respektvolles Staunen über Mussolinis Tatendrang. Fieberhaftes Reformieren und rastloses Tempo waren äußere Merkmale seines Regierungsstils, doch wurde auch die autoritäre Wende immer spürbarer: „Politisch steht das Land unter der vollen Diktatur Mussolinis und seiner Prätorianer", fand ein Beobachter bereits damals. Antidemokratische Maßnahmen wie die Pressezensur, die „Scheinexistenz" des Parlaments, der Ministerrat als bloßes „gefügiges Werkzeug" des Duce fielen immer mehr auf. „Gesetze und Verordnungen werden jeden Tag förmlich aus dem Boden gestampft. Mussolini ist sehr ungeduldig und will jede seiner Ideen am nächsten Morgen schon in einem Gesetzentwurfe eingefasst sehen." Selbst wenn sich das Land unter der Knute der Miliz zu stabilisieren begann, begann Mussolinis Popularität zu sinken. Die Zahl seiner Kritiker nahm kontinuierlich zu. „Seine politischen Gegner wissen, dass der Faschismus auf eines Mannes Kopf steht."[181]

Einen entscheidenden Schritt zur Festigung der faschistischen Macht stellte die Annahme des neuen Wahlgesetzes dar. Nach der „Legge Acerbo" sollte die stimmenstärkste Liste – mit mindestens 25 Prozent Zuspruch – gleich zwei Drittel der Mandate erhalten. Der Opposition verblieb deshalb – wie groß sie auch sein mochte – nur mehr das restliche Drittel der Abgeordnetensitze. Somit konnte nach dem Urnengang eine klare Minderheit im Parlament eine deutliche Mehrheit stellen. Mussolini rechtfertigte die Wahlrechtsreform mit dem Argument, dass dadurch endlich ein stabiles Regieren auf der Grundlage einer soliden Mehrheit möglich sei. Die faschistische Presse drohte bei einer Zurückweisung des Gesetzentwurfs mit einem Staatsstreich, mit einer zweiten Welle der Revolution. Tatsächlich prägten in den Tagen der Parlamentsdebatte die Schwarzhemden das Stadtbild Roms, und selbst im Parlament demonstrierten die Milizionäre zur Einschüchterung der Abgeordneten ihre unheilvolle Präsenz. Die bürgerlichen Parteien verstrickten sich in der Diskussion über Details und zeigten sich schließlich einmal mehr nachgiebig. Die Gesetzesvorlage wurde mit deutlicher Mehrheit angenommen, das neue Wahlsystem am 18. November 1923 Gesetz. Neuerlich hatte das taktische Geschick Mussolinis und die Unfähigkeit seiner Gegner den Faschisten einen Triumph beschert. Die demokratischen Politiker waren dabei, sich selbst auszuschalten.[182]

Im Gegensatz zu seinen bisherigen Brandreden unterließ es der neue Ministerpräsident vorerst, die italienische Außenpolitik zu revolutionieren.[183] Gestützt auf den alten, größtenteils adligen Beamtenapparat setzte er in den ersten Jahren auf Kontinuität. In seiner ersten Rede vor der italienischen Kammer, die er der Außenpolitik widmete, sprach er viel von Frieden – bei aller Wahrung der legitimen Rechte des italienischen Volkes – und bekannte sich zur Einhaltung der bestehenden internationalen Verträge – solange sie sich in ihrer Anwendung nicht als sinnlos erweisen sollten. Trotzdem, dass faschistische Außenpolitik Italien Ruhm und Macht zu bringen hatte, stand für Mussolini unverrückbar fest. Auch als Außenminister hatte er dabei nicht auf den Wert opulenter Propaganda vergessen. Daher war es ihm überaus wichtig, gleich nach seinem Amtsantritt das Außenamt vom Palazzo della Consulta in den Palazzo Chigi zu verlegen, da sich vor diesem ein größerer Platz für Massenkundgebungen befand.

Mussolinis erstes Auftreten auf internationalem Parkett fiel allerdings peinlich aus. Mitte November 1922 fand in Lausanne eine Friedenskonferenz mit der Türkei statt. Auf der Fahrt des Duce durch Italien brandete ihm noch die Begeisterung der Bevölkerung entgegen. Doch auf dem Gipfeltreffen selbst meinten Staatsmänner wie Journalisten, unter ihnen auch Ernest Hemingway, in ihm eine ephemere Erscheinung ohne Format zu erkennen, einen zweitklassigen Filmschauspieler, egoistisch und voller Theatralik, unsicher im Umgang, ungeschliffen und lediglich darauf bedacht, aufzufallen und Schlagzeilen zu machen. Wenig später nahm Mussolini an einem Kongress in London teil. Der Duce fühlte sich in der Hauptstadt des Empire sichtlich unwohl. Neuerlich fiel er lediglich durch Unbeholfenheit, seine Squadristengarde und diplomatisches Unverständnis auf. Dank seiner rüden und nicht selten absurden Selbstinszenierung und seiner Unzuverlässigkeit hinsichtlich seiner Aussagen erhielt Mussolini von der internationalen Öffentlichkeit wenig schmeichelhafte Attribute, die letztlich darauf abzielten, dass der neue italienische Regierungschef ein nicht ernst zu nehmender prahlerischer Gauner sei.[184]

Imagekorrektur tat not. Die erfahrenen Berufsdiplomaten versuchten mit einigem Erfolg, den wilden Revolutionär auf internationaler Ebene zu einem Staatsmann zurecht zu schleifen. Dies hinderte Mussolini allerdings noch im ersten Jahr seiner Ministerpräsidentschaft nicht, dass mit ihm schließlich doch sein Naturell des Abenteurers durchging: Die Ermordung eines italienischen Generals, der den Vorsitz einer Kommission zur Festlegung der albanischen Grenzen führte, diente als Vorwand, ein bereits geplantes Unternehmen zu starten. Für das unaufgeklärte Attentat wurde von Italien Griechenland verantwortlich gemacht, Ende August 1923 Korfu beschossen und besetzt. Mussolini hatte dabei nicht nur die strategische Position der Adria-Insel im Sinn; er wollte dem empörten Europa damit auch das neue Selbstbewusstsein Italiens demonstrieren und drohte selbst dem mit Griechenland sympathisierenden Großbritannien mit Krieg. Die internationale Diplomatie machte ihm allerdings einen Strich durch die Rechnung. Nach sieben Wochen mussten die Italiener die Insel wieder räumen. Trotz dieses außenpolitischen Misserfolgs erhielt Mussolini im eigenen Land breite Unterstützung. Weite Teile der Öffentlichkeit bis hin zu sozialistischen Blättern begrüßten seine Initiative, Italien mehr Prestige in der Welt zu verschaffen, selbst auf die Gefahr hin, damit einen neuen Krieg vom Zaun zu brechen.[185]

Zur selben Zeit erwog der faschistische Ministerpräsident freilich auch eine kriegerische Auseinandersetzung mit Jugoslawien um Fiume. So sondierte er bei Gustav Stresemann die deutsche Haltung in einem solchen Konflikt. Selber zu sehr mit dem Problem der Ruhrbesetzung durch die Franzosen beschäftigt, konnte ihn der Reichskanzler natürlich zu keiner gewaltsamen Initiative ermuntern. Mussolini sah sich so zu einer Verständigung mit Belgrad gezwungen, die selbst einem Giolitti alle Ehre gemacht hätte. Das italienisch-jugoslawische Freundschaftsabkommen vom Januar 1924 sah demgemäß die Teilung Fiumes vor: Die Stadt ging an Italien, das übrige Gebiet an Jugoslawien. Außerdem wurde der Status quo an der Adria garantiert. Damit war Mussolini zwar seiner eigenen Agitation und dem Vorhaben der Nationalisten scheinbar untreu geworden; in Wirklichkeit aber beabsichtigte er keineswegs eine echte Stabilität an der Adria, sondern strebte die Schwächung Jugoslawiens bis zu dessen Auflösung an. Die neue Verständigung mit Belgrad sollte – so plante es Mussolini ebenfalls – zudem das enge Verhältnis zwischen Jugoslawien und Frankreich aushöhlen. Ein Jahrzehnt später beabsichtigte Hitler auf ähnliche Weise, mit dem deutsch-polnischen Nichtangriffspakt die für ihn so störenden Beziehungen zwischen Warschau und Paris zu unterlaufen. Zu London pflegte Rom seit der Beilegung des Korfu-Konflikts überaus gute Beziehungen. Allerdings litt Mussolini gegenüber Menschen, die ihm an Bildung oder gesellschaftlichen Umgangsformen überlegen waren, an einem beträchtlichen Minderwertigkeitskomplex. Gerade britische Staatsmänner konnten dabei nicht umhin, den jungen Ministerpräsidenten – trotz seiner beachtlichen Fremdsprachenkenntnisse – mit Arroganz zu behandeln. Mussolini, dem geschliffenere Manieren – gerade auch bei offiziellen Diners und Empfängen – erst nach und nach beigebracht werden mussten, vermochte das blasierte Auftreten der Vertreter einer alten Welt freilich nicht zu vergessen. Trotzdem knüpfte unter dem Einfluss der Berufsdiplomaten auch das faschistische Regime an die traditionelle Freundschaft Italiens zu Großbritannien an; und in Whitehall machten dabei Konservative oder Labour in der Behandlung Mussolinis keinen Unterschied. So war es auch eine sozialdemokratische Regierung, die im Juli 1924 mit der Abtretung des Transjubalandes an Italienisch-Somaliland endlich die früheren Versprechungen einlöste.[186] Dies erscheint umso erstaunlicher, als dies zu einem Zeitpunkt geschah, als Mussolinis Innenpolitik seiner schwersten Krise ausgesetzt war.

Dabei sah zu Beginn des Jahres 1924 alles nach einem weiteren Triumph aus. Im Januar löste Mussolini das Parlament auf und ließ Neuwahlen ausschreiben. Die Regierung trat mit einer Einheitsliste, dem „Listone", an, die zu zwei Dritteln aus Faschisten bestand. Darüber hinaus fanden sich auf ihr auch Rechtskatholiken sowie Liberale und Konservative wie die früheren Regierungschefs Salandra und Orlando. Lediglich Giolitti entzog sich Mussolinis Werben und trat in seiner Heimat Piemont und in Ligurien mit einer eigenen Liste an. Der Opposition war er deswegen aber trotzdem nicht zuzurechnen. Der renommierteste italienische Staatsmann fühlte sich vielmehr der liberalen Tradition verbunden und wollte eigenständig in die Wahlkampagne ziehen.[187]

Es handelte sich freilich vielmehr um eine Wahlschlacht. Die Schwarzhemden wüteten neuerlich gegen ihre Gegner, die von Mussolini instruierten Behörden unterbanden immer wieder Veranstaltungen der Opposition, und auch die Presse wurde in ihrer Freiheit erheblich behindert. Von freien Wahlen konnte keine Rede sein. Es regierte der Terror gegen den politischen Gegner. Mussolini verließ sich auf die kriminelle Durchschlagskraft seiner Miliz und hielt sich selber in der Öffentlichkeit weitgehend zurück. Er gab vor, Wichtigeres zu tun zu haben. Für ihn war der Wahlkampf nur mehr ein Überrest aus dem alten System, das er zunehmend zu überwinden trachtete.[188] In seiner einzigen großen Rede vor der faschistischen Parteiversammlung am 28. Januar bezeichnete er den Faschismus als „große internationale Geistesrichtung", die keineswegs danach trachte, die bürgerlichen Freiheiten zu vergewaltigen. Sich selber nannte er lediglich den „obersten Diener" des Parteigedankens und wies auch Tendenzen eines „Mussolinismus" entschieden von sich.[189]

Der Wahltag am 6. April 1924 bescherte Mussolini einen Erfolg, der selbst seine kühnsten Erwartungen übertraf und seine Stellung weiter festigte. Die Regierungsliste erhielt 4,884.000 Stimmen. Dies waren 65 Prozent und bedeutete 374 von 535 Sitze in der Kammer und praktisch eine nachträgliche Legitimierung des faschistischen Staatsstreichs vom Oktober 1922. Für die verschiedenen Oppositionsparteien votierten insgesamt 2,373.000 Italiener.[190] Es war vor allem eine Bestätigung der Ministerpräsidentschaft Mussolinis und seines nationalen Kurses. Der Wahlbetrug, der oft in absurdesten Formen vorkam und ohne Zweifel das Ergebnis verfälschte, stellte für Mussolini nur einen Bestandteil der Kampagne dar. Enttäuscht zeigten sich die Faschisten aber über das Abschneiden der Regierungsliste in Norditalien. In Piemont, in der Lombardei, Ligurien und Venetien befand sie sich nur in der Minderheit. Dafür setzte sich im weniger faschistischen Süden die Tradition, die Regierung zu wählen, fort.[191]

Auf den Triumph sollte für Mussolini jedoch schon sehr bald eine Krise folgen, die seine Herrschaft an den Rand des Abgrunds brachte. Es gehörte mittlerweile zur für ein zivilisiertes Land beschämenden Praxis, politische Gegner mit brutalen Mitteln zum Schweigen zu bringen. Im August 1923 waren es Balbos Schergen, die in der Nähe Ferraras den Priester Don Giovanni Minzoni umbrachten. Am 29. November wurde wiederum das Haus des ehemaligen Ministerpräsidenten Nitti demoliert, am 26. Dezember misshandelten Schwarzhemden den prominentesten nichtsozialistischen Kritiker, den liberalkonservativen Ex-Minister unter Facta, Giovanni Amendola, brutal. Die Gewalt der Squadristen richtete sich dabei – abgesehen von oft rein persönlichen Abrechnungen – gegen Sozialisten, Katholiken, Liberale und faschistische Dissidenten. Am 30. Mai 1924 hielt Giacomo Matteotti, einer der führenden Abgeordneten der Partito Socialista Unitario und rechte Hand Turatis, seine von Tumulten begleitete Rede in der Deputiertenkammer, wo er die Gewalt, den Betrug und die Einschüchterung im Zuge des Wahlkampfs aufs Schärfste verurteilte und eine Annullierung des Urnengangs forderte.[192]

Seine mutige Anklage kostete Matteotti das Leben. Schon öfter war er Opfer faschistischer Überfälle gewesen, wobei er sogar Folterungen zu erleiden gehabt hatte. Nichtsdestoweniger trotzte er der Gewalt und bedrohte das Regime mit einer ansehnlichen Sammlung von Unterlagen über eindeutig bewiesenen faschistischen Terror. Mussolini wollte den lästigen und für ihn gefährlichen Oppositionellen loswerden, auf welche Art auch immer. Seine Sprache gegenüber seinen politischen Gegnern war ohnehin immer brutaler geworden. Ständig drohte er ihnen mit Vergeltung und einem gewaltsamen frühzeitigen Ende. Daran änderte auch seine ungewöhnlich milde Rede vor der Deputiertenkammer am 7. Juni nichts, in der er sich versöhnlich gab und seine Bereitschaft zur Zusammenarbeit erklärte.[193]

Am 10. Juni wurde Matteotti von fünf Männern auf offener Straße vor seinem Haus in ein Auto gezerrt und, als er verzweifelt Widerstand leistete, erstochen.[194] Die Mörder verscharrten seine Leiche in einem Wald außerhalb Roms. Die Drahtzieher stammten aus der unmittelbaren Umgebung des Duce. Amerigo Dumini, der Anführer der Aktion, gehörte der berüchtigten „Tscheka" an, einer kriminellen Bande, die seit einigen Monaten unter der direkten Kontrolle Cesare Rossis, dem Chef des Pressebüros im Innenministerium, und Giovanni Marinellis, dem Schatzmeister der Faschistischen Partei, stand. Das Auto hatte man sich wiederum von Filippo Filipelli ausgeliehen, dem Herausgeber des faschistischen „Corriere d'Italia".

Der sozialistische Abgeordnete Giacomo Matteotti wurde nach seiner Rede über die „Herrschaft der Gewalt" im italienischen Parlament ermordet.

Der Mord flog sehr rasch auf. Ein Augenzeuge konnte die Nummer von Filipellis Wagen nennen, der in den Tagen vor dem Anschlag wiederholt vor Matteottis Domizil gestanden war und in dem sich verdächtige Gestalten befunden hatten. Die fünf Männer, aber auch Marinelli und Rossi wurden verhaftet und verhört.[195] Fast die gesamte Nation zeigte sich über die Ermordung des sozialistischen Abgeordneten empört. Mussolini legte Wert darauf, dass seine politischen Gegner in permanenter Angst leben mussten. Mittels der „Tscheka" hatte er sie terrorisiert. Doch die Ermordung Matteottis, die durch das auffällige Verhalten der Verbrecher so schnell ans Tageslicht gekommen war, gehörte zu jenen Aktionen, die er als „dumme" und „sinnlose" Gewalt kritisierte; nicht zuletzt deswegen, weil er befürchtete, dass ihn unkontrollierte Brutalität in ärgste Bedrängnis bringen konnte. Nun war es tatsächlich so weit.[196]

Ursprünglich wollte Mussolini natürlich alles vertuschen. Doch dies war nun nicht mehr möglich. Wie ein bei einem Streich ertappter Junge gab er sich im Parlament zunächst unwissend und unschuldig: „Nur ein Feind, der nächtelang Diabolisches sann, konnte dieses Verbrechen begehen, das uns heute mit Entsetzen schlägt." Mit all seinem schauspielerischen Talent bezeichnete er den Mord als ein unfaschistisches und antinationales Verbrechen, das der Gerechtigkeit nicht entgehen würde. Die Regierung, so war es ihm wichtig zu betonen, habe freilich ein reines Gewissen und werde sich gegen jede politische Ausbeutung des Verbrechens mit aller Macht wehren.[197]

Aber Mussolini stand unter Schock. Seine Regierung schien plötzlich ernsthaft gefährdet. Der Faschismus war diskreditiert und verlor erheblich an Popularität. Er selbst geriet in Verruf, die Ermordung veranlasst oder zumindest nichts gegen die terroristischen Umtriebe unternommen zu haben. Von verschiedenen Seiten wurde er zum Rücktritt aufgefordert. Der für einige Zeit völlig verunsicherte und isolierte Ministerpräsident soll diesen und die Bestellung Filippo Turatis zum Ministerpräsidenten sogar tatsächlich erwogen haben. Doch nicht bloß der radikale Flügel der Faschisten wollte von einer Resignation des Duce nichts wissen. Der König, die Großindustrie, Agrarier und der Vatikan sorgten sich um eine Revolution der Linken. Der Faschistische Großrat drängte Mussolini zu handeln. Polizeichef General De Bono, Rossi und der Unterstaatssekretär für Inneres, Aldo Finzi, mussten zurücktreten. Federzoni erhielt das Innenministerium, ein Schritt, der die Konservativen etwas zu beruhigen vermochte.

Die Opposition zeigte sich jedoch über die weitere Vorgangsweise uneinig. Die Kommunisten befürworteten einen Generalstreik, der die faschistische Regierung aus den Angeln heben sollte. Doch die Mehrheit der Opposition wählte einen anderen Weg: Am 18. Juni erklärten etwa 150 Abgeordnete – Sozialisten, Demokraten und Angehörige der Volkspartei – ihren Austritt aus der Deputiertenkammer solange bis wieder das Recht hergestellt sei. Angeführt von Turati, Amendola und De Gasperi zogen sie sich in Anlehnung an die römische Tradition der Antike als „Aventin"-Sezession zurück. Giolitti, Salandra und Orlando lehnten diesen Schritt dagegen ab. Die Opposition hoffte auf den König, doch dieser erwies dem Faschismus einen neuerlichen Dienst, indem er sich weigerte, Maßnahmen gegen den rechtsradikalen Terror zu treffen. Er redete sich auf die Unschlüssigkeit der demokratischen Parteien hinaus und interessierte sich nicht einmal für die Denkschriften und Zeugenaussagen der inhaftierten Finzi, Rossi und Filipelli, die Mussolini beschuldigten, verschiedene Gewalttaten nicht nur gutgeheißen, sondern sogar angeordnet zu haben. Viktor Emanuel hielt sie schlichtweg für Unsinn.

Der Sommer 1924 war die Blütezeit des Antifaschismus.[198] Als am 16. August Matteottis Leiche endlich gefunden wurde, erfasste Italien eine weitere Welle der Entrüstung. Der ermordete Oppositionelle wurde zum Märtyrer, die Stelle, wo man ihn gefunden hatte, zur Pilgerstätte Tausender. Da half es nur wenig, dass Mussolini tatsächlich in verstärktem Ausmaß Squadristen verhaften ließ, um sein Bemühen zur Wiederherstellung von Recht und Gesetz zu demonstrieren. Der Ministerpräsident und seine Partei hatten beinahe vollständig den Rückhalt in der Bevölkerung verloren. Die Faschisten wurden als das erkannt, was sie vor allem waren: eine Bande politischer Krimineller. Selbst D'Annunzio meldete sich aus seinem selbst gewählten inneren Exil und beklagte den Ruin Italiens.[199] Der Aventin begann sich zu festigen. Die gemäßigten Sozialisten unter dem öffentlich umjubelten Turati diskutierten mit den Popolari De Gasperis eine engere Zusammenarbeit. Die oppositionellen Zeitungen erlebten einen fulminanten Aufschwung. Der „Corriere della Sera" Luigi Albertinis hielt mittlerweile bei einer Auflage von 800.000 Stück, doppelt soviel wie die gesamte faschistische Presse.

In der Zeit ärgster Bedrängnis erhielt Mussolini von zwei völlig verschiedenen Gruppen Rückendeckung: von den Liberalen, die seine Wirtschaftspolitik begrüßten und die nach seinem Abgang Chaos und Bürgerkrieg befürchteten, und von den faschistischen Extremisten unter der Führung des mächtigsten Provinzführers, dem skrupellosen Roberto Farinacci. Während sich die gemäßigten Faschisten von ihm abwandten, forderten ihn 75 faschistische Deputierte in einem Memorandum auf, hart durchzugreifen und keinerlei Passivität und Milde zu zeigen.[200] Der von allen Seiten bedrängte Ministerpräsident reagierte und machte sich in die Provinz auf, um wieder den Kontakt mit dem einfachen Mann von der Straße herzustellen. In seiner Rede vor den Bergleuten am Monte Amiata gab er sich selbstsicher und kämpferisch: „Die Oppositionsparteien, das versichere ich euch, sind alle miteinander vollkommen machtlos. An dem Tag, da sie von ihrem lästigen Geschwätz zu konkreten Tatsachen übergehen sollten, machen wir aus ihnen Streu für die Zeltlager unserer Schwarzhemden."[201]

Von entscheidender Bedeutung war es, dass es Mussolini gelang, vor allem die alten Eliten bei der Stange zu halten. Industrielle und Investoren gaben ihm weiterhin Rückendeckung. Der Vatikan missbilligte ohnehin die Aventin-Politik der Popolari. Für Pius XI. war der Faschismus das geringere Übel, und er wollte für 1925, das „Heilige Jahr", unbedingt Ruhe in Rom wissen. So übte der Vatikan Druck auf die Katholiken aus, die Popolari zu verlassen, und im Oktober musste sich Don Sturzo sogar ins Exil zurückziehen. Darüber hinaus beruhigte Mussolini das Establishment, indem er am zweiten Jahrestag des „Marsches auf Rom" die Miliz auch auf den König vereidigen ließ und 53 neue Senatorenposten schuf, die er vor allem mit Nichtfaschisten besetzte. Federzoni wies wiederum die Präfekten an, streng für Ruhe und Ordnung zu sorgen und auch gegen die Squadristen vorzugehen.[202]

Im Spätherbst 1924 erfuhr das faschistische Regime weitere Erschütterungen. Die Opposition führte Gespräche, wonach Mussolini vom König durch eine Regierung der drei alten großen Liberalen Giolitti – Salandra – Orlando ersetzt werden sollte. Doch der Plan scheiterte schließlich.[203] Nach De Bono musste auch Balbo als Chef der Miliz zurücktreten, nachdem man ihm vor Gericht nachweisen konnte, dass er für den brutalen Squadrismus in Ferrara verantwortlich war. Auch der Vizepräsident der Deputiertenkammer, Francesco Giunta, war wegen krimineller Verwicklungen gezwungen, zurückzutreten. Dino Grandi wurde ebenfalls von der Presse heftig angegriffen. Gegen De Bono lief eine Untersuchung wegen politischer

Verbrechen, und Amendolas „Il Mondo" veröffentlichte schlussendlich die Niederschrift Rossis, die den Duce beschuldigte, ausdrücklich Befehle zu Gewalttaten gegeben zu haben.

Für viele war Mussolinis Rücktritt nur mehr eine Frage der Zeit. Giolitti kündigte ihm die Zusammenarbeit.[204] In seiner Rede vor dem Senat am 5. Dezember malte der Regierungschef das Schreckgespenst der Ausbreitung des Kommunismus an die Wand und gab zu verstehen, nur dann zurückzutreten, wenn dies ihm Seine Majestät der König, aber nicht „Seine Majestät der ‚Corriere della Sera'" anbefehle.[205] Innerhalb der faschistischen Bewegung gärte es. Während die Gemäßigten eine Normalisierung forderten und die Gewalt der Miliz verurteilten, nannten ihn die Extremisten wiederum einen Verräter an der Revolution und verlangten eine zweite Welle, um das alte System endgültig zum Einsturz zu bringen. Wenn auch Mussolini mit Kompromissen zu leben verstand, beschworen ihn die Extremisten seiner Partei, ein autoritäres Regime zu errichten. Am letzten Tag des für den Duce so krisengeschüttelten Jahres wurden 33 Konsuln der Miliz bei ihm vorstellig und drängten ihn zur Tat, andernfalls drohe ihm die Absetzung.[206] Tausende Squadristen begannen bereits, sich für einen Zweiten Marsch auf Rom vorzubereiten. Bedrängt von allen Seiten, blieb dem Ministerpräsidenten nur noch die Flucht nach vorn.

Mussolini ging zum alles entscheidenden Gegenangriff über. Am 3. Januar 1925 hielt er im wiedereröffneten Parlament eine berühmt gewordene Rede. In ihr stritt er die Existenz einer „Tscheka" und seine Weisungen für die „dummen" Taten der Bande um Dumini glatt ab und gab vor, den Mut Matteottis stets bewundert zu haben. Hunderte Faschisten seien wegen Gewaltakten eingesperrt worden. Trotzdem bot er der Kammer an, ihn des Amtes zu entheben, um jedoch gleichzeitig zu erklären, „dass ich, ich allein, die politische, moralische, historische Verantwortung für das, was geschehen ist, auf mich nehme. Wenn der Faschismus eine Verbrecherbande ist, dann bin eben der Anführer dieser Verbrecherbande. [...] Wenn zwei Elemente in Streit miteinander geraten und beide unbeugsam sind, dann ist die Lösung Gewalt [...] Ihr habt euch Illusionen gemacht! Ihr glaubtet, der Faschismus sei am Ende, weil ich ihn niederhielt, er sei tot, weil ich ihn züchtigte und auch noch die Grausamkeit besaß, es zu sagen. Aber wenn ich nur den hundertsten Teil der Energie einsetzen würde, mit der ich ihn niederhielt, um ihn zu entfesseln, dann könntet ihr etwas erleben. Das ist aber nicht notwendig, denn die Regierung ist stark genug, um endgültig und völlig mit der Rebellion des Aventin zu brechen [...] Seid versichert, dass in den 48 Stunden, die auf meine Rede folgen, die Lage auf der ganzen Ebene geklärt sein wird."[207]

In den folgenden zwei Jahren sollte der Faschismus deutlich machen, was Mussolini damit meinte. Die Zeit der Kompromisse war vorbei. Dass die Opposition in einem Manifest erklärte, der moralische Sieger zu sein, spielte keine Rolle.[208] König, Armee und Bürokratie blieben passiv und hielten weiter zum Regierungschef. Die Liberalen zeigten sich einmal mehr uneinig. Während diesmal sogar Giolitti, Salandra und Orlando gemeinsam gegen Mussolini auftraten, zogen es andere Liberale vor, sich auf die Seite des offenkundigen Siegers zu schlagen.

Die Matteotti-Affäre war die schlimmste Krise, die der Faschismus bis zur Beteiligung Italiens am Zweiten Weltkrieg durchmachen musste.[209] Die extreme Nervenanspannung schlug sich auf Mussolinis Gesundheit. Sein Magen spielte nicht mehr mit, er erbrach Blut, und ein Zwölffingerdarmgeschwür wurde diagnostiziert. Die Ärzte sprachen sich für eine Operation aus, die den Ministerpräsidenten jedoch für zwei bis drei Monate von seinen Amtsgeschäften ferngehalten hätte. Aufgrund einer Anordnung des namhaften Mediziners Aldo Castellani nahm Mussolini schließlich für sechs Wochen, in denen er seine Wohnung nicht verließ, im Wesentlichen bloß Milch zu sich.

Die krankheitsbedingte Absenz des Duce nährte Gerüchte, seine eigene Partei könnte ihn – wohl durch einen Vertreter des extremistischen Flügels – ersetzen. Wieder genesen und offenkundig voller Tatendrang verwandelte Mussolini die für ihn so bedrohliche Situation schlussendlich in einen persönlichen Triumph. Zielstrebiger denn je ging er nun daran, sein Regime zu festigen. Über hundert Oppositionelle wurden verhaftet. Es kam zu zahlreichen Hausdurchsuchungen durch die Polizei, zur Auflösung „subversiver" Gruppen und strengen Kontrollen der Presse durch die Behörden. Im Januar ernannte er den Ex-Nationalisten Alfredo Rocco, einen Verfechter der totalitären Staatsidee, zum Justizminister und im Februar den Exponenten der Radikalen, Farinacci, zum Generalsekretär der Faschistischen Partei, der sie ihm endgültig zu einer disziplinierten Gefolgschaft straffte.

Die Opposition war demoralisiert und verlor zunehmend den Rückhalt in der Bevölkerung. Immer wieder gingen die Squadristen gegen unliebsame politische Gegner mit äußerster Gewalt vor. Giovanni Amendola starb so in weiterer Folge an den schweren Verletzungen, die ihm im Juli 1925 von einer feigen Horde Faschisten unter der Führung des Abgeordneten und späteren Parteisekretärs Carlo Scorza zugefügt worden waren. Ähnlich erging es dem jungen Journalisten Piero Gobetti, der ebenfalls – bereits im Exil – seinen durch Squadristen zugefügten Verwundungen erlag.

Das Parlament benötigte Mussolini praktisch nicht mehr. Er regierte mittels Dekreten. Die Deputiertenkammer war zumeist geschlossen, und selbst wenn sie einmal tagte, kam es zu keinen ernsthaften Debatten mehr. Im weiteren Verlauf wurde die politische und gewerkschaftliche Vereinigungsfreiheit aufgehoben, alle Parteien und nichtfaschistischen Gewerkschaften verboten. Die Abmachung zwischen den faschistischen Gewerkschaften und der faschistischen Unternehmerorganisation sollte die Basis für den „korporativen Staat" bilden, der eine Beseitigung des Streikrechts und eine parteistaatliche Kontrolle über die Industrie vorsah.

Die Presse- und Meinungsfreiheit wurde weitgehend unterdrückt. Die Regierung erhielt die Befugnis, Gesetze zu erlassen.

„Wir haben den Parlamentarismus gezähmt", stellte Mussolini bereits am 21. Juni 1925 vor dem vierten Kongress der Faschistischen Partei in Rom zufrieden fest. „Die Exekutivgewalt ist allgegenwärtige, tätige Gewalt im Leben der Nation, ist Macht, die in jeder Minute Macht ausübt." Voll Selbstbewusstsein drückte er seinen Plan aus, die Nation faschistisch zu machen, so dass in Zukunft Italien und Faschismus ein und dieselbe Sache seien. Mussolini dominierte den Kongress nach Belieben. Endlich hatte er die Partei wirklich in der Hand. Die verschiedenen innerparteilichen Strömungen hielten sich mit ihren Richtungsstreitigkeiten völlig zurück. Der Duce gab den Ton an, und die anderen hatten zu folgen. Triumphierend erinnerte er die Delegierten an die seinerzeitige innere Krise der Bewegung und gab dabei zu verstehen, wer an der Spitze von Staat und Bewegung stehen sollte: „Vor vier Jahren sagte ich euch: Genest von mir! Das war unmöglich, denn offenbar braucht jede große Bewegung einen Repräsentanten, der alle Leidenschaft der Bewegung selbst erleidet und ihre ganze Flamme trägt."[210]

Der Squadrismus in seiner übelsten Form musste nun aber aufhören. Als im Oktober 1925 in Florenz acht Liberale und Freimaurer von brandschatzenden und plündernden Schwarzhemden getötet worden waren, griff der Duce durch.[211] Mussolini intervenierte persönlich, um den Florentiner „Fascio" zu säubern. Nach einem neuen Dekret sollten künftig alle Positionen innerhalb der Partei zentralistisch von der Spitze besetzt werden. Auch ordnete Mussolini die Demobilisierung der Squadre an, und unter dem neuen, im März 1926 ernannten Sekretär, Augusto Turati, wurde die Bewegung von gut 60.000 der kriminellsten Elemente gesäubert.

Auf internationaler Ebene blieb Mussolini nach wie vor ein Außenseiter. Dies sollte sich auch auf der so wichtigen Konferenz im schweizerischen Locarno erweisen. Dabei stellten die dort im Oktober 1925 abgeschlossenen Verträge die wohl wichtigste Weiterentwicklung der europäischen Ordnung seit der Pariser Friedenskonferenz dar. Kernstück des Vertragswerkes war der Rheinpakt, ein zweiseitiger Garantiepakt über den territorialen Status quo einschließlich der demilitarisierten Zone im Rheinland. Diese Verpflichtung galt freilich nicht bloß für Deutschland, sondern auch für Frankreich und Belgien. Großbritannien und Italien traten dabei als Garantiemächte dem Pakt bei. Hatte Deutschland somit die Unverletzlichkeit seiner Westgrenze und damit auch den Verzicht auf Elsass-Lothringen garantiert, so vermied es, einen analogen Schritt im Osten zu setzen, und hielt damit prinzipiell seine revisionistischen Ansprüche gegenüber Polen und der Tschechoslowakei aufrecht. Stresemann wurde dieser Schachzug durch den Widerwillen Londons ermöglicht, sich auch in osteuropäischen Fragen zu engagieren.

Mussolinis politischer Beitrag auf dem Gipfeltreffen war gering. Um sein Image bemüht, kam er über den malerischen Lago Maggiore nach Locarno mit dem Motorboot, neuerlich begleitet von einer Horde deplazierter Schwarzhemden. Auf der Konferenz ging es ihm scheinbar bloß darum, in unpassender Selbstinszenierung vor den Journalisten Eindruck zu schinden. Diese boykottierten wiederum aus Protest gegen die Matteotti-Affäre seine Pressekonferenz. Persönlich bedeutete die Konferenz von Locarno für Mussolini in jeder Hinsicht einen Rückschlag, denn nicht er, sondern Gustav Stresemann, Aristide Briand und Austen Chamberlain, der als Einziger für den italienischen Regierungschef Sympathie empfand und ihm sogar am Höhepunkt der Matteotti-Krise im Dezember 1924 in Rom einen Besuch abgestattet hatte, standen im Mittelpunkt.[212] Der belgische Delegierte hatte sich hingegen sogar geweigert, ihm bei der Begrüßung die Hand zu geben. Um sein Land nicht zu isolieren, unterzeichnete Mussolini widerwillig den Sicherheitspakt am Rhein. Eine Garantie für die Brennergrenze und die Unabhängigkeit Österreichs gelang es ihm aufgrund mangelnden britischen Engagements nicht zu erreichen.[213]

Wieder zurück in Italien fühlte sich Mussolini weit wohler als auf dem glatten Parkett internationaler Diplomatie. „Dieses System kann nur mit Gewalt gestürzt werden", gab er sich am dritten Jahrestag des Marsches auf Rom selbstsicher. „Wer da glaubt, man könne uns durch kleine Hintertreppenverschwörungen oder mit Strömen von mehr oder weniger schmutziger Tinte beiseite schieben, wird seine Illusionen aufgeben müssen." Mussolini platzte förmlich vor Überheblichkeit. „Die Lage im Innern", so erklärte er knapp einen Monat später bei anderer Gelegenheit, „ist eindeutig unter Kontrolle der faschistischen Partei, alles Übrige zählt höchstens als Material für die Archäologie."[214]

Der Regierungschef lebte allerdings auch gefährlich. Gleich viermal war Mussolini das Ziel von Anschlägen, die er allesamt glücklich überstand und sie als Vorwand benutzte, das Land noch rascher in einen Polizeistaat umzuwandeln. Anfang November 1925 war es der ehemalige sozialistische Abgeordnete Tito Zaniboni, der bei der Vorbereitung eines Attentats verhaftet und sodann zu 30 Jahren Haft verurteilt wurde. Dass Zaniboni auch Freimaurer war, gab dem Regime die Gelegenheit, im ganzen Land alle Logen zu schließen und die sozialistische Einheitspartei aufzulösen. Für Mussolini zählte die Freimaurerei, gemeinsam mit der Presse und den Großbanken, zu den „drei unheimlichen Mächten", die den Ruin moderner Staaten bedeuteten.[215] Dementsprechend rigoros ging er auch gegen die oppositionellen Zeitungen vor. Es kam zur permanenten Konfiskation regierungskritischer Blätter wie dem „Corriere della Sera" oder der Turiner „La Stampa", so lange, bis diese schließlich faschistische Herausgeber bekamen. Die Redakteure selbst wurden spätestens mit der Einführung eines Journalistenverbandes auf Parteilinie gebracht.

1926 zeigte sich das Schicksal mit Mussolini besonders gnädig. Am 7. April streifte ein Pistolenschuss der unzurechnungsfähigen Violet Gibson lediglich Mussolinis Nase. Der Duce gab sich milde, und die Geisteskranke durfte Italien schon recht bald wieder verlassen. Am 11. September desselben Jahres warf der Anarchist Gino Lucetti eine primitiv angefertigte Bombe auf Mussolinis Wagen, der sich am Weg zum Palazzo Chigi befand. Während der Duce dabei nicht zu Schaden kam, wurden immerhin vier seiner Begleiter verletzt. Lucetti erhielt 30 Jahre Gefängnis. Am 31. Oktober schließlich wurde in Bologna der erst 15-jährige, wahrscheinlich unschuldige Anteo Zamboni auf offener Straße von wütenden Squadristen gelyncht, nachdem Schüsse auf das Auto, in dem sich Mussolini befand, abgegeben worden waren.

Einmal war dem ohnehin abergläubischen Mussolini prophezeit worden, keines gewaltsamen Todes zu sterben. Der Duce nahm jedoch speziell dieses letzte Attentat zum Anlass, seine Diktatur immer mehr auszubauen. So wurden verschärfte Polizeigesetze erlassen und die Mandate der 123 oppositionellen Abgeordneten am 9. November 1926 für ungültig erklärt. Das „Gesetz zur Verteidigung des Staates" vom 25. November löste alle Parteien auf und verbot alle Oppositionszeitungen. Attentäter auf den Regierungschef, auf Mitglieder der königlichen Familie, Hochverräter und Anstifter zum Bürgerkrieg sollten künftig mit dem Tode bestraft werden. Es wurden aus von Mussolini ausgewählten Militärrichtern zusammengesetzte Sondergerichte installiert, die sich mit antifaschistischen Vergehen zu beschäftigen hatten. Der faschistische Staat errichtete nun auch Konzentrationslager. Regimekritiker wurden zudem, oft ohne Gerichtsurteil, auf isolierte Strafinseln wie Lipari verbannt. Sozialisten, Popolari, Liberale, Demokraten, Kommunisten sahen sich zu wirkungsvollem Widerstand außer Stande und gingen beinahe vollzählig in die Emigration nach Frankreich.[216]

Mussolini hatte seine persönliche Diktatur errichtet. Allerdings blieb der König Staatsoberhaupt, dem er verantwortlich war und in am Montag und Donnerstag jeder Woche gewährten Audienzen im Quirinal Bericht zu erstatten hatte. Ende 1925 gab dem Duce ein Gesetz als „Capo del governo" den Vollbesitz der Exekutivgewalt. Die Rechte des Parlaments wurden weiter beschnitten, so dass es keine Kontrolle mehr auf den Regierungschef ausüben konnte. Darüber hinaus akkumulierte Mussolini Regierungsposten. Im April 1925 übernahm er das Kriegsministerium, ein paar Monate später stellte er sich auch an die Spitze der Ressorts für Marine und Luftwaffe. Gegen Ende 1926 übernahm er dann auch noch die Ministerien für Inneres und Korporationen.

Von einer völligen faschistischen Durchdringung Italiens konnte freilich keine Rede sein. Selbst wenn Mussolini nur mehr mittels Dekreten regierte, wenn es keine Kommunal- und Provinzialwahlen mehr gab, die Bürgermeister mittlerweile ernannt wurden und Beamte, Lehrer und Richter unter besonderer Beobachtung des

Staates standen, blieben der Verwaltungsapparat und die Rechtsprechung weitgehend unverändert. Die Zahl deklarierter Faschisten im Innen- oder Außenministerium und in der Lokalverwaltung nahm zwar zu, doch die Judikatur und die Universitäten blieben davon weitgehend unberührt. Das Militär, die Wirtschaft und die katholische Kirche erfuhren ebenso nur wenig Veränderungen durch die „faschistische Revolution". Ende 1926 zählte die Faschistische Partei 938.000 Mitglieder. Sie war damit – im Verhältnis gesehen – die größte politische Partei der Welt. „Die breiten Massen des italienischen Volkes sind über diese Rückkehr zur Strenge nur froh, denn das italienische Volk liebt, wie alle ästhetisch orientierten Völker klare festumrissene Gestalten, es liebt stilistische Kontinuität."[217] Mussolini beherrschte die Partei und das Land. Seine Stellung bekam allmächtige, halbgottähnliche Züge.

# Der lange Weg zur Macht I

## Hitler 1919 bis 1929

Nach seiner Depression und Ratlosigkeit in jenen von Niederlage, Revolutionen und Friedensvertrag bestimmten Umbruchstagen hatte Hitler mittlerweile seine Bestimmung gefunden. Sein Talent als Volksredner und seine aufgestauten Hassgefühle wiesen ihm den Weg in die Politik. Vorerst war er freilich noch immer einer jener „namenlosen, armen Teufel", wie er sich selbst sah, als er im September 1919 der politisch völlig unbedeutenden Deutschen Arbeiterpartei beitrat. Aber der von grenzenlosem Zorn erfasste 30-jährige Mann war froh, sein Außenseitertum, seine Ideale und Aggressionen exponieren zu können.

Seine erste politische Rede in der Öffentlichkeit hielt Hitler im Münchner Hofbräukeller vor gezählten 110 Versammelten am 16. Oktober 1919. Sie dauerte eine halbe Stunde, und ihr Erfolg legte den Grundstein zu seinem Aufstieg innerhalb der DAP.[218] Von Beginn an wollte Hitler, der nun offensichtlich von seinem Rednertalent überzeugt war, die völkische Splitterpartei von der Stammtischrunde zur Massenbewegung umwandeln. Auf der später zur Legende stilisierten Veranstaltung im Großen Saal des Hofbräuhauses verkündete er am 24. Februar 1920 vor immerhin 2000 Teilnehmern die „unabänderlichen", jedoch kaum praktizierten 25 Programmpunkte der Partei, die vor allem klar machten, wogegen man war.[219]

Eine Woche darauf benannte sich die DAP in Nationalsozialistische Deutsche Arbeiterpartei (NSDAP) um. Bei der Namensgebung lehnte man sich dabei an die verwandten Bewegungen in den deutschen Gebieten der böhmischen Länder und in Österreich an. Gleiches tat man bei der Annahme des bei den Völkischen verbreiteten Hakenkreuzes als Kampfsymbol. Nicht unerheblichen Einfluss, was sowohl den Antisemitismus als auch den Zugang zur bürgerlichen Welt betraf, dürfte der als Dichter und Dramatiker weitgehend erfolglose Dietrich Eckart auf Hitler ausgeübt haben. Immerhin bezeichnete Hitler sich selbst als Schüler des plumpen, gern dem

Wein zusprechenden „väterlichen Freundes" Eckart.[220] Gottfried Feder, ein von den Alldeutschen kommender Fachmann für Wirtschaftsfragen, hatte Hitler wiederum besonders mit seiner These der nötigen „Brechung der Zinsknechtschaft" nachhaltig beeindruckt.[221]

Natürlich fing Hitler als Redner und „Trommler" der neuen Partei bescheiden an. Die Aufnahme, die er in der dumpfen Atmosphäre Münchner Bierkeller fand, war keineswegs immer eine wohlgesonnene und begeisterte. Doch nachdem er sein Talent entdeckt hatte und er an positiven wie negativen Einflüssen seismographisch alles wahrnahm und sich zu eigen machte, was ihm wichtig erschien, ging er allem Anschein nach unbeirrt seinen Weg. Wie Mussolinis war es auch Hitlers Bestreben, nahezu um jeden Preis aufzufallen und von sich reden zu machen. Gleich dem Duce konnte auch er sich dabei auf die demobilisierten Frontkämpfer stützen, denen er in der NSDAP eine neue Heimat bot, in der sie ausreichend Gelegenheit vorfanden, ihre Gesinnung, Kriegserinnerungen und kämpferisch männerbündischen Rituale zu pflegen und ihre Enttäuschungen, Minderwertigkeitskomplexe und Aggressionen auszuleben und dafür die geeigneten Sündenböcke zu finden. Ebenso wie beim italienischen Faschismus gingen auch beim Nationalsozialismus von Beginn an Propaganda und Terror, Heilsmission und brutale Einschüchterung Hand in Hand. In einer weiteren, nicht zu übersehenden Parallele duldete auch in Bayern die konservativ-bürgerliche Staatsmacht in ihrer Furcht vor Marxismus und Anarchie das gewalttätige Vorgehen der radikalen Rechten gegen die Linke.[222]

Mit seiner unbändigen Wut, seiner in nationalistische Rhetorik gefassten Verzweiflung der Kriegsheimkehrer verstand es Hitler, die Gefühle der gedemütigten „Patrioten" auf den Punkt zu treffen. Zielsicher sprach er in endlosen Tiraden Hass, Ängste und niedrige Instinkte an, verbreitete er Vorurteile, attackierte er alles, was ihm widerwärtig erschien. Gleichermaßen geschickt wie aus vollster Überzeugung übernahm er das Gedankengut der Völkischen, beschwor die alte verloren gegangene Größe, beklagte das Verbot der allgemeinen Wehrpflicht und hetzte gegen die „Novemberverbrecher", gegen Republik und Parteiendemokratie, gegen den Diktatfrieden von Versailles, gegen kapitalistische Ausbeuter und verbrecherische Schieber, gegen die Juden und den Bolschewismus. Gegen all diese Gefahren von innen und außen rief er mit äußerster Entschlossenheit zur nationalen Einheit, zur Ausbildung einer wahren „Volksgemeinschaft" auf.

Einem Rattenfänger gleich erhielt Hitler immer größeren Zulauf. In München sprach er auf Veranstaltungen mit bis zu 2500 Menschen, einmal im „Zirkus Krone" sogar vor über 6000 Besuchern. Sein Publikum liebte seine Redekunst, und wie kein Zweiter vermochte Hitler, sein erwartungsfrohes Auditorium mit verbalen Brutalitäten und gleichermaßen kraftvollen wie einfachen Botschaften über eine bessere Zukunft zu begeistern. „Das, ja, das war freilich etwas unvergleichlich anderes als was man sonst in Versammlungen zu hören bekam", erinnerte sich Hans Frank noch in seiner Nürnberger Gefängniszelle kurz vor seiner Hinrichtung. „Seine Methode war eine völlig klare, einfache. [...] Er sprach über zweiundeinhalb Stunden, oft von geradezu frenetischen Beifallsstürmen unterbrochen – und man hätte ihm weiter, immer weiter zuhören können. Er sprach sich alles von der Seele und uns allen aus der Seele. [...] Am Schlusse wollte der Beifall schier kein Ende nehmen."[223]

Trotzdem kam es im Sommer 1921 zum innerparteilichen Streit. Gründungsvater Anton Drexler verhandelte mit anderen völkischen Gruppen über eine Kooperation und warf Hitler, der nicht den Zusammenschluss, sondern nur einen Anschluss der anderen sozialistischen Rechtsparteien gestattete, Allüren eines Tyrannen vor. Erbost trat Hitler am 11. Juli kurzerhand aus der Partei aus, doch war er für die NSDAP mittlerweile bereits unverzichtbar geworden. Die Partei entschied sich für ihn, während Drexler mit dem Ehrenvorsitz abgespeist wurde. Am 29. Juli erhielt der populäre Agitator in einer außerordentlichen Mitgliederversammlung diktatorische Machtbefugnisse. Hitler hatte die Partei erobert.[224] Nach seiner Übernahme des Parteivorsitzes begannen ihm ergebene Männer wie Eckart, der Journalist Hermann Esser und der junge Rudolf Heß am Führermythos zu bauen.

Für eine ihm vorschwebende gewaltsame Machtergreifung benötigte Hitler eine mit der faschistischen Miliz in Italien vergleichbare Truppe. Am 3. August 1921 wurde dementsprechend die Sturmabteilung (SA) gegründet. Die gleich ihrem italienischen Pendant sich primär aus jungen, gewaltbereiten Rebellen, ehemaligen Frontsoldaten und verhetzten, abenteuerlustigen Studenten zusammensetzende SA diente sowohl als Instrument zum Schutz der Bewegung gegen militante linksradikale Formationen als vor allem auch als „Sturmblock" für die nationalsozialistische Revolution gegen die Weimarer Republik. Die Ähnlichkeiten mit den faschistischen Schwarzhemden sind nicht zu übersehen, wenngleich Hitler die SA eigentlich als nationalsozialistische Antwort auf die halbmilitärische Avantgarde der Kommunisten sah. Unaufhörlich ermutigte Hitler die SA zum Terror.[225] Die sympathisierende oder von Nationalsozialisten bereits infiltrierte Münchner Polizei hielt zwar ihre schützende Hand über die Schlägerbanden, doch im Juli 1922 trieb man es zu weit, so dass selbst Hitler für vier Wochen im Gefängnis einsaß, nachdem er mit seinen Rabauken eine Versammlung des Bayernbundes gestört und schließlich in eine Prügelei, an der er sich selbst beteiligte, hatte ausarten lassen.

Die Massen, die Hitler in den Bierkellern und Festzelten zuhörten, fanden sich jedoch nicht in den Mitgliederlisten der Partei wieder. Das zirzensische Spektakel, das der unverwechselbare Demagoge seinen Zuhörern bot, zog die Bayern offensichtlich mehr an als die politischen Inhalte des Nationalsozialismus. Doch die unentwegte Agitation, die Absorbierung anderer völkischer Vereine und Gruppierungen sowie das ständige Werben um neue Anhänger führten zwischen Januar

1922 und November 1923 schließlich doch zu einem Anstieg der Mitgliederzahl von 6000 auf 55.000. Auch die SA zählte kurz vor dem Putsch im November 1923 beinahe 15.000 Mann. Die radikale Rechte machte sich ohnehin seit Jahren mit Gewaltaktionen in der deutschen Innenpolitik zunehmend bemerkbar: Nach Eisner wurden auch der Zentrumspolitiker Erzberger und Außenminister Rathenau Opfer von Attentaten. Der „Kapp-Putsch" scheiterte zwar im März 1920 nach wenigen Tagen am von den Gewerkschaften ausgerufenen Generalstreik. Doch er markierte den ersten gewaltsamen Umsturzversuch der „nationalen Opposition" und war durch die Reichswehr auch nicht unterbunden worden.

Die Entwicklung in Italien diente dem NS-Führer als Vorbild. Bereits die Strafaktionen der Faschisten, die die Sozialisten regelrecht davonprügelten und von sympathisierenden oder ratlosen Behörden geduldet die Macht an sich rissen, hatten Hitler sichtlich beeindruckt. Mussolinis „Marsch auf Rom" war dann für ihn schließlich der Beginn einer neuen Epoche, und er wollte es ihm gleichtun. Schon zu jener Zeit hatte er die für ihn noch so charakteristische, gnadenlose Bedingungslosigkeit verinnerlicht, entweder den totalen Erfolg zu erreichen oder selbstmörderisch unterzugehen. „Entweder die NSDAP ist die kommende Bewegung Deutschlands", so kündigte er seinen Anhängern am von großem Pomp begleiteten Parteitag in München Ende Januar 1923 an, „dann wird kein Teufel sie aufhalten können, oder sie ist es nicht, dann verdient sie, vernichtet zu werden."[226]

Doch noch sah sich Hitler nicht selbst als der Führer, der das Reich aus seiner Misere retten würde. Trotz all seiner Popularität war er eben immer noch ein im Wesentlichen auf die bayrische Hauptstadt beschränkter Aktivist, Stimme und Gesicht der kleinen NSDAP, laut, aber letztlich doch im Vergleich zu den in Berlin agierenden Politikern der etablierten Parteien von geringer Bedeutung. Mit seiner Propagandatätigkeit vermochte er aber jedenfalls sein kreatives Potential auszuleben, was sich auch in Artikeln für den „Völkischen Beobachter" niederschlug. Selber sah er sich wohl als einen Künstler, den es in die Politik verschlagen hatte, berufen, dem nationalen Wiederaufstieg Deutschlands seine Fähigkeiten zur Verfügung zu stellen. Von der nüchternen und wenig aufregenden Arbeit eines Parteivorsitzenden wollte er hingegen nichts wissen.

Auf das Münchner Establishment wirkte Hitler keineswegs wie ein „normaler" Politiker.[227] Im persönlichen Kontakt und auf Gesellschaften wirkte er unbeholfen, krampfhaft nach einem eigenen, unverwechselbaren Stil suchend, oft etwas linkisch, bisweilen auch verrückt. Sein enger Horizont war ihm anzumerken, es fehlte ihm an Gewandtheit und Erziehung. Gleich Mussolini war der zuweilen auch als „König von München" apostrophierte Hitler ein gewaltverherrlichender Desperado mit eigener Leibgarde, der auch in Friedenszeiten auf das Tragen einer Schusswaffe nicht verzichten wollte und nichts unterließ, auf seine Umgebung zu wirken, schlicht aufzufallen, mochte dies auch bloß durch eigenwillige Kleidung oder betonte Unterwürfigkeit gegenüber Vertretern der „feinen Gesellschaft" gelingen.

Bei älteren bürgerlichen Damen weckte der moralisierende, komplexbeladene Junggeselle mit dem leidenden, dann wieder seltsam unerbittlichen Gesichtsausdruck mütterliche Gefühle.[228] Carola Hoffmann, die Witwe eines Oberstudiendirektors, wusch und kochte für den fanatischen Idealisten, ja, sie war selbst bisweilen bei Saalschlachten in den Bierkellern mit dabei. Begeistert vom Enthusiasmus und den vaterländischen Ideen ihres Schützlings, gründete sie selbst eine Ortsgruppe der NSDAP. Dagegen war die vermögende Helene Bechstein eine echte Mäzenatin Hitlers. Die Frau des Klavierfabrikanten kleidete „Wölfchen", wie sie den jungen Demagogen bisweilen nannte, neu ein, brachte ihm bürgerliche Umgangsformen bei und führte ihn bei den exklusiven Festen und Diners, die sie gab, in die bürgerliche Gesellschaft ein. Sie wollte Hitler sogar mit ihrer Tochter verkuppeln, doch diese vermochte für ihn nicht Feuer zu fangen.

Gleichsam eine eifersüchtige Konkurrentin um die Gunst des politischen Lokalmatadors war die Verlegersgattin Elsa Bruckmann. Die gebürtige rumänische Prinzessin kaufte Hitler sogar sein erstes Auto. Helena Hanfstaengel hegte für Hitler ebenfalls Sympathien, während dieser die Frau seines Intimus und Parteigängers, des ehemaligen Harvardstudenten Ernst „Putzi" Hanfstaengel, so gar nicht frei von romantisch chevaleresker Attitüde begehrte. Eine bis zum Schluss anhaltende Freundschaft sollte ihn mit Winifred Wagner, der in England geborenen Schwiegertochter des von Hitler so verehrten Opernkomponisten, verbinden, die sich sowohl von Hitlers großen blauen Augen als auch von seinen Ideen begeistert zeigte und ihn fortan gern als Gast in Wahnfried sah. Ihr Mann Siegfried war freilich über Hitler, der ihr angeblich auch zwei Heiratsanträge machte, weniger begeistert und hielt ihn für einen Betrüger und Emporkömmling. Auf die bessere Gesellschaft, die bei den Hanfstaengels, Bruckmanns oder Bechsteins verkehrte, hinterließ Hitler den Eindruck eines übertreibenden Exzentrikers: mal gehemmt, mal exaltiert, skurril, jedenfalls kurios, teilweise in seiner politischen Besessenheit mühsam, bisweilen, wenn er nach langem Schweigen einen Redeschwall losließ, aber auch nicht ohne Unterhaltungswert.

In jenen Tagen war Hitler nicht frei vom Image einer zwielichtigen Erscheinung.[229] Zu seiner des öfteren vernachlässigt wirkenden Kleidung, seinem abgetragenen blauen Anzug, der schlecht gebundenen Krawatte, dem Schlapphut und der obligaten Hundepeitsche kam seine engste Umgebung hinzu, die er im Café „Heck" an seinem Stammtisch, im „Neumaier", in der „Osteria Bavaria" oder im „Bratwurstglöckl" traf. Seine Wohnung, besser gesagt sein dürftiges Zimmer, in der an der Isar gelegenen Thierschstraße war nicht dazu angetan, dort viele Stunden zu verbringen oder gar Besuche zu empfangen. Bei seinen Tischrunden in den Münchner Lokalen handelte es sich oft um raue, grobe und rauflustige Gesellen, ihm geistig gleichermaßen unterlegen wie treu ergeben, oder um bohemienhafte Lebenskünstler, die ihn mit Geschichten und Anekdoten zu unterhalten verstanden. Zu seinem ehemaligen Feldwebel Max Amann, dem Fotografen Heinrich Hoffmann, seinem Chauffeur Emil Maurice gesellten sich der ihn so bewundernde Rudolf Heß und der deutschbaltische Journalist Alfred Rosenberg.

Heß, als Sohn eines deutschen Kaufmanns in Alexandria geboren, war im Ersten Weltkrieg Luftwaffenpilot gewesen und nun ein Student der Geopolitik. Gehemmt und auffallend devot, wurde er Hitlers Sekretär.[230] Rosenberg, von der russischen Revolution zutiefst geschockt und ebenfalls an Wagner und Architektur interessiert, brachte als fanatischer Theoretiker vor allem die Verbindung zwischen Bolschewismus und Weltjudentum in Hitlers Ideologie ein. Max Erwin von Scheubner-Richter war ebenfalls Deutschbalte und verstand es wiederum nicht bloß, für die junge Partei durch seine erstaunlich weitverzweigten Verbindungen, die auch den Hochadel und die Kirche mit einschlossen, große Geldsummen aufzutreiben, er übte auf Hitler auch beträchtlichen Einfluss aus. Hitler zu jener Zeit demagogisch nicht viel nachstehend, war der aus dem Reichswehrgruppenkommando kommende frühere Presseoffizier, Journalist und „Lärmmacher" Hermann Esser. Als überaus fanatischer Antisemit bewies sich wiederum der Nürnberger Julius Streicher, der nicht müde wurde, die jüdische Gefahr für das Deutschtum psychopathisch in Publikationen auf unappetitlichste Weise zu schildern.[231]

Als Aushängeschild der Bewegung galt naturgemäß Hermann Göring. Aus Bayern stammend, aber durch seinen Militärdienst zum überzeugten Preußen konvertiert, war er im Ersten Weltkrieg der letzte Kommandant des berühmten Jagdgeschwaders Richthofen gewesen. Als Träger des Pour le mérite, des höchsten deutschen Tapferkeitsordens, war der charmante Haudegen und Genussmensch dem nach Helden für seine Partei suchenden Hitler äußerst willkommen, und Göring war ihm, den er zum ersten Mal auf einer Kundgebung am Münchner Königsplatz sah, von Beginn an „mit Haut und Haar" verfallen.[232]

Eine andere Symbolfigur der Nationalsozialisten war Ernst Röhm. Sein Draufgängertum bezahlte er im Ersten Weltkrieg mit zahlreichen Verwundungen, von denen auch sein Gesicht nicht verschont blieb. Gegen Ende des Kriegs diente er im Generalstab. Röhm war ein gewissenloser, derber und geradliniger Soldatentyp aus Berufung, ein militärischer Führer, der aus einschlägigen Motiven die Gesellschaft von Männern bevorzugte. Als Stabshauptmann der Reichswehr trug gerade er in den ersten Jahren der Bewegung maßgeblich zur Förderung der NSDAP bei, der er nicht bloß Anhänger zuleitete, sondern auch Geld und Waffen verschaffte. Im Grunde seines Herzens Monarchist, interessierte sich Röhm vor allem für das

Militärische und Paramilitärische, Parteipolitik schenkte er dagegen weniger Aufmerksamkeit.[233]

Mussolinis Marsch auf Rom stieß bei den Nationalsozialisten in Deutschland naturgemäß auf große Bewunderung. Hitler meinte bloß einen Monat nach dem Staatsstreich: „So wird es auch bei uns sein. Wir müssen nur den Mut zur Tat haben. Ohne Kampf kein Sieg!"[234] Noch vor dem Marsch auf Rom war es Kurt Lüdecke, Hitler-Verehrer und Lebemann mit guten Verbindungen ins Ausland, wo er beachtliche finanzielle Unterstützung für die NSDAP einzuwerben vermochte, gelungen, auch Kontakt zum Duce herzustellen. Diesem war Hitler freilich bislang ein völlig Unbekannter.[235]

Für Hitler war der italienische Faschistenführer das große Vorbild. Freilich galten ihm auch Martin Luther, Friedrich der Große und Richard Wagner als Wegbereiter der nationalen Sache und „Helden ihres Volkes".[236] In Mussolini sah er einen zu allem entschlossenen Mann, der ein im „demokratischen Sumpf" steckendes Land zu retten bereit war, einen Helden, einen Duce, einen Führer. Die NSDAP in München wollte ebenfalls eine solche Persönlichkeit an ihrer Spitze sehen. Hoffnungsfroh erklärte demnach auch Hermann Esser im Festsaal des Hofbräuhauses am 3. November 1922: „Deutschlands Mussolini heißt Adolf Hitler."[237]

Viele Jahre später, im Führerhauptquartier im Rücken der Ostfront, sollte sich der deutsche Diktator erinnern, dass der damals noch junge Nationalsozialismus Anfang der zwanziger Jahre besonders von den Ereignissen in Italien beeinflusst worden war, und so hielt er auch den Marsch auf Rom als einen der Wendepunkte der Geschichte. „Die Tatsache allein, dass man das machen kann, hat uns Auftrieb gegeben. [...] Würde Mussolini damals vom Marxismus überrannt worden sein, ich weiß nicht, ob wir uns hätten halten können. Der Nationalsozialismus war damals noch ein schwaches Pflänzlein."[238]

1923 schienen die Umstände Hitler entgegenzukommen, es Mussolini gleichzutun und die Macht zu erobern. Deutschland drohte zusammenzubrechen. Die Inflation nahm immer bizarrere Ausmaße an, das Massenelend war nicht mehr zu übersehen und die französisch-belgische Besetzung des Ruhrgebiets im Januar, worauf die Reichsregierung zu passivem Widerstand aufrief, forderte nicht nur Tote, sondern machte die Demütigung der jungen Weimarer Republik perfekt. Zum allgemeinen Unverständnis scherte Hitler allerdings aus der nationalen Einheitsfront gegen den brutalen Eindringling, der das Reich mit der Macht seines Militärs unterdrückte, aus. Er wollte zunächst die inneren Feinde, die „Vaterlandsverräter" und „Novemberverbrecher", weggefegt wissen, bevor er sich den äußeren Gegnern widmete. Offenkundig mehr revolutionär als national gesinnt, darüber hinaus ein zynischer Taktiker mit der Erringung der Macht im Visier, blieb Hitler unversöhnlich und war nicht einmal angesichts der französischen Okkupation bereit, mit seinen innenpolitischen Kontrahenten auch nur temporär zusammenzugehen. Dass der von der Reichsregierung ausgerufene Widerstand lediglich ein waffenloser war, bot Hitler eine weitere Rechtfertigung, abseits zu stehen, denn mit solch schwachen, rein zivilen Mitteln wollte er sich nicht zufrieden geben. Schon damals bedeutete für ihn nationaler Widerstand den fanatischen Kampf bis zur letzten Patrone.[239]

Am 1. Mai führte Hitler sein Glaube, die Staatsautorität nach Belieben unter Druck setzen oder ignorieren zu können, direkt in eine veritable Schlappe. Am „Tag der Arbeit" planten die Nationalsozialisten, die Kundgebungen der Linksparteien in München mit allen Mitteln zu verhindern und selber Demonstrationen zu veranstalten. Dass Röhm mit seinen Männern dabei sogar Waffen aus den Kasernen der Reichswehr entwendete, ging schließlich selbst der sonst so wohlwollenden militärischen Führung entschieden zu weit. Der Reichswehrbefehlshaber von Bayern, General Otto von Lossow, verlangte von Röhm die sofortige Herausgabe der Waffen. Hitler hatte sich einstweilen mit Stahlhelm und EK I gemeinsam mit Gregor Strasser, Heß und Streicher auf dem Oberwiesenfeld vor dem Großteil der von Göring geführten SA und anderer Kampfverbände versammelt. Voller Ungeduld wartete man darauf, gegen den Putsch von links loszuschlagen. Doch als Röhm unter Aufsicht von Reichswehr und Polizei auf dem Gelände erschien und Lossows Befehl überbrachte, sah sich Hitler gezwungen, aufzugeben. Die Nationalsozialisten und ihr „Führer" hatten sich blamiert. Hitlers Popularität sank. Deprimiert über seinen Prestigeverlust zog er sich für Wochen zu Eckart in die Berchtesgadener Bergwelt zurück.[240] Ein Schritt, den er auch später immer wieder setzen sollte, wenn er für eine Zeit lang ratlos und verzweifelt war.

Doch Hitler fing sich wieder. Unter Aufbietung seines ganzen rhetorischen und dramatischen Talents gelang es ihm trotz seiner schrumpfenden Anziehungskraft, die Führung im „Deutschen Kampfbund", einem Wehrverband der NSDAP mit der „Reichsflagge" und dem „Bund Oberland" an sich zu reißen. Auch hatte er Glück, dass aufgrund der durch Ruhrkampf, regionale kommunistische Unruhen, zerrüttete Wirtschaft, Massenstreiks, Hungerrevolten und Inflation so unruhigen Zeiten die gerichtlichen Verfahren gegen seine aufrührerischen Tätigkeiten auf Wunsch des ihm wohlgesonnenen Justizministers Franz Gürtner von der Staatsanwaltschaft eingestellt wurden.[241]

In Bayern gewannen die antirepublikanischen, restaurativen und autonomistischen Kräfte die Oberhand. Seit 26. September herrschte der Ausnahmezustand. Wie bereits drei Jahre zuvor regierte Gustav von Kahr als Generalstaatskommissar so gut wie diktatorisch. Der Graben zwischen dem „roten" Berlin und dem konservativen München wurde immer größer: Während der Chef der Heeresleitung, Hans von Seeckt, den gegenüber den rechtsextremen Umtrieben zu einsichtigen Lossow absetzte, ernannte Kahr unter Bruch der Verfassung diesen daraufhin zum Landeskommandanten der bayrischen Reichswehr. Das italienische Vorbild vor Augen forderte Kahr zudem die Umbildung der Reichsregierung und kündigte den Marsch auf Berlin an.[242]

Hitler sah seine Stunde gekommen. Er vereinnahmte den zögerlichen Lossow für die nationalsozialistische Sache und verständigte sich mehr recht als schlecht mit Kahr. Den entscheidenden deutschen Heerführer des Weltkriegs, Erich Ludendorff, die Symbolfigur der Nationalisten schlechthin, schien er ebenfalls gewonnen zu haben. Von ihm erwartete er, die Reichswehr auf die Seite der Putschisten zu ziehen. Vor dem Hintergrund von militärischen Einsatzübungen und konspirativer Zusammenkünfte verglich sich Hitler in freudiger Erwartung, auf Berlin zu marschieren und sich an den „Novemberverbrechern" zu rächen, bereits mit seinem italienischen Idol. „Wenn in Deutschland ein Mussolini erscheine", so wurde er in der „Daily Mail" zitiert, „dann würden die Leute auf die Knie fallen und ihn mehr anbeten als Mussolini je angebetet worden ist."[243] Kahr und Lossow erwiesen sich jedoch schließlich als zu zaudernd, und so entschied Hitler – von den in wirtschaftlicher Not befindlichen Mannschaften des Kampfbundes und den ungeduldigen putschbereiten Reichswehroffizieren bedrängt –, bei nächstbester Gelegenheit, ohne auf die bayrische Staatsautorität zu warten, auf eigene Faust loszuschlagen. Ein weiteres Mal, wie beim 1. Mai, konnte er nicht wieder zurückziehen, wollte er nicht seine ganze Stellung aufs Spiel setzen.[244]

Am Abend des 8. November 1923 stürmten Hitler in langem schwarzen Gehrock, an der Brust das EK I, und seine schwer bewaffneten Mannen den mit etwa 3000 Besuchern randvollen Bürgerbräukeller, wo Kahr mit Lossow, dem Chef des Landespolizeiamtes, Seißer, und anderen Honoratioren eine Versammlung abhielt. Nachdem er auf einen Tisch gesprungen war und mit einer Pistole einen Warnschuss abgegeben hatte, erklärte er schließlich die nationale Revolution für ausgebrochen. Der völlig überraschte Ludendorff wurde herbeigeholt, und unter dem Gejohle des ganzen Saales nötigte Hitler praktisch den legendären Feldherrn, Kahr, Lossow und Seißer zum Schulterschluss. Weder Kahr noch Ludendorff vermochten freilich ihr Gefühl, überrumpelt worden zu sein, zu verbergen. Hitler dagegen fühlte sich vom historischen Augenblick berauscht und gab dem Aufstand sakral-theatralisches Beiwerk: „Ich will jetzt erfüllen, was ich mir heute vor fünf Jahren als blinder Krüppel im Lazarett gelobte: nicht zu ruhen und zu rasten, bis die Novemberverbrecher zu Boden geworfen sind, bis auf den Trümmern des heutigen jammervollen Deutschland wieder auferstanden sein wird ein Deutschland der Macht und der Größe, der Freiheit und der Herrlichkeit. Amen!"[245]

Doch als Kahr und Lossow den Bürgerbräukeller wieder verließen, besannen sie sich darauf, dass sie ihre Zusagen unter dem Eindruck der Gewalt gemacht hatten, und ergriffen Gegenmaßnahmen. Während die SA unter Heß bereits Mitglieder der bayrischen Staatsregierung als Geiseln nahm, plünderte, das Wehrkreiskommando in der Schönfeldstraße besetzte und die Räume der sozialdemokratischen „Münchener Post" verwüstete, erklärte Kahr die NASDAP und den Kampfbund für aufgelöst.

Hitler reagierte auf den offenkundigen Abfall seiner Verbündeten mit seinen später noch berüchtigten Stimmungsschwankungen: Einmal schien er voller Verzweiflung alles aufzugeben und übertrug Streicher die gesamte Organisation, ein anderes Mal kündigte er in der ihm so eigenen Art für den nächsten Tag eine Demonstration an: „Geht's durch, ist's gut; geht's nicht durch, hängen wir uns auf." Auch erinnerte er sich wieder an die Macht der Propaganda, und so setzte er für den Abend gleich 14 Massenversammlungen mit ihm als Hauptredner an. Darüber hinaus sollte auf dem Königsplatz eine große Feier zur nationalen Erhebung stattfinden.[246]

Während Hitler am Vormittag des 9. November verunsichert abwartete und taktierte, gab Ludendorff das Zeichen zum Marsch des Demonstrationszuges. Unter Gesängen und im Bewusstsein, damit einen Schlusspunkt zu setzen, zogen einige tausend zu allem Entschlossene los; an der Spitze der Kolonne ein in Zivil gekleideter Ludendorff und Hitler im Trenchcoat. Auf dem Odeonsplatz, wenige Meter vor der Feldherrnhalle, kam es dann zu einem einminütigen Schusswechsel mit der Polizei. Zu den 14 Toten des Zuges gehörte auch Scheubner-Richter, der Hitler, als er leblos zu Boden fiel, den Arm ausrenkte. Unter den Verwundeten befand sich auch Göring. Ludendorff schritt hingegen aufrecht und ungerührt im Kugelhagel durch die Postenkette der Exekutive und ließ sich vom Dienst habenden Offizier verhaften.

Hitler hingegen entschied sich gegen jedes Heldentum und floh in einem Sanitätswagen an den 60 Kilometer von München entfernt gelegenen Staffelsee, ins Landhaus der Hanfstaengels. Nachdem man dem völlig Deprimierten gut zugeredet hatte, sich doch nicht zu erschießen, wurde er zwei Tage später verhaftet, wobei er, noch immer auf Wirkung bedacht, das EK I trug. Nachdem Hitler einige Tage in der Haft befürchtet hatte, erschossen zu werden, gewann er durch die Nachricht eines am 24. Februar 1924 beginnenden ordentlichen Gerichtsverfahrens neuen Mut. „Ich bekenne mich zwar zur Tat, doch des Hochverrats schuldig bekenne ich mich nicht. Es gibt keinen Hochverrat bei einer Handlung, die sich gegen den Landesverrat von 1918 wendet. [...] Ich fühle mich nicht als Hochverräter, sondern als Deutscher, der das Beste wollte für sein Volk."[247]

Es zählte zu Hitlers größten Triumphen, den Prozess zu einer regelrechten Werbeveranstaltung für sich und seine Anliegen gemacht zu haben.[248] Die angeklagten Putschisten wurden zu Anklägern, die Weimarer Republik unter dem Wohlwollen des Richters und der Begeisterung des Publikums im Saal verunglimpft. Der als Zeuge geladene Lossow schien der Einzige zu sein, der es wagte, Hitler anzugreifen, ihn verschiedener Wortbrüche zu bezichtigen und diesem „taktlosen, beschränkten, langweiligen, bald brutalen, bald sentimentalen und jedenfalls [...] minderwertigen" Demagogen vorzuwerfen, sich für den „deutschen Mussolini" zu halten. Doch die Bühne des Münchener Volksgerichts gehörte eindeutig Hitler, der sich selbst zum Nationalhelden hochstilisierte, zu einem Mann, der den Marxismus „zerbrechen" wollte. Selbstbewusst übernahm er die ganze Verantwortung für das Unternehmen und drängte Ludendorff, den man ohnehin zu schonen gedachte und schließlich zu dessen Entsetzen freisprach, an den Rand.

„Was ich bekämpfe", so gab sich Hitler patriotisch, „ist nicht die Staatsform als solche, sondern der schmähliche Inhalt. Wir wollten in Deutschland die Voraussetzungen dafür schaffen, die allein es möglich machen, dass die eiserne Faust unserer Feinde von uns genommen wird. Wir wollten Ordnung schaffen im Staatshaushalt, die Drohnen ausweisen, den Kampf gegen die internationale Börsenversklavung aufnehmen, gegen die Vertrustung unserer ganzen Wirtschaft, den Kampf gegen die Politisierung der Gewerkschaften, und vor allem sollte wieder eingeführt werden die höchste Ehrenpflicht, die wir als Deutsche kannten, die Pflicht zur Waffe, die Wehrpflicht. Und da frage ich Sie: Ist das, was wir gewollt haben, Hochverrat? Endlich: Wir wollten, dass unser Volk zum Aufbäumen gebracht werde gegen die drohende Versklavung, wollten, dass endlich die Zeit kommt, da wir nicht in ewiger Schafsgeduld Ohrfeigen auf Ohrfeigen hinnahmen."[249]

Das Schlussplädoyer von Hitlers Rede erinnert stark an jenes von Mussolini bei seiner Gerichtsverhandlung im Zuge seiner Agitation gegen den italienischen Libyenkrieg: „Denn nicht Sie, meine Herren, sprechen das Urteil über uns, das Urteil spricht das ewige Gericht der Geschichte, das sich aussprechen wird über die Anklage, die gegen uns erhoben ist. Ihr Urteil, das Sie fällen werden, kenne ich. Aber jenes Gericht wird uns nicht fragen: Habt ihr Hochverrat getrieben oder nicht? [...] Mögen Sie uns tausendmal schuldig sprechen, die Göttin des ewigen Gerichts der Geschichte wird lächelnd den Antrag des Staatsanwaltes und das Urteil des Gerichtes zerreißen; denn sie spricht uns frei."[250]

Hitler, dem man in der Begründung des Urteils „vaterländischen Geist und edelsten Willen" attestierte, erhielt fünf Jahre Festungshaft. Allerdings stellte man ihm nach der Verbüßung von sechs Monaten eine Bewährungsfrist in Aussicht. Dass man von einer gesetzmäßig vorgesehenen Ausweisung lästiger Ausländer im Falle des so deutsch denkenden und fühlenden Verurteilten keinen Gebrauch machen wollte, wurde vom Publikum mit frenetischen Bravo-Rufen quittiert. Seines Triumphes bewusst, zeigte sich Hitler danach am Fenster des Gerichtsgebäudes der jubelnden Menge.

In Landsberg war Hitler unter ausgesprochen entgegenkommenden Bedingungen inhaftiert. Der gescheiterte Putschist saß in einem großen, verhältnismäßig bequem eingerichteten Zimmer ein. Von dem großen Fenster konnte er die Schönheit der Landschaft bewundern. Hitler verfügte über einen Schreibtisch und einen Schaukelstuhl, an der Wand hing ein Lorbeerkranz, als Ausdruck alpenländischer Gemütlichkeit trugen er und seine Mithäftlinge Lederhosen. Von den Wärtern wurde er mit Respekt behandelt, ja sogar teilweise mit „Heil Hitler" gegrüßt. Vor allem von seinen Gönnerinnen erhielt er Geschenke, Briefe, Blumen, Mehlspeisen und Schreibpapier. Hitler genoss alle nur erdenklichen Privilegien. Nicht nur, dass er unter seinen Mitinsassen praktisch Hof hielt, bekam er von Anhängern und Verehrern auch mehr Besuche, als er zu verkraften vermochte. Zu seinem 35. Geburtstag demonstrierten 3000 Nationalsozialisten im „Bürgerbräukeller". Landsberg wurde zu seiner „Hochschule auf Staatskosten", wie er einmal Hans Frank gegenüber bemerkte. In der Tat widmete sich Hitler der Lektüre von Erinnerungen berühmter Staatsmänner und Militärs, er las Ranke, Treitschke, Marx, Nietzsche und Houston Stewart Chamberlain und meinte dabei die Richtigkeit seiner Anschauungen zu erkennen.[251]

Hitler während seiner Haft auf der Festung Landsberg 1924.

Während Hitlers Haft zeigte sich allerdings deutlich, dass die Bedeutung der äußersten Rechten nur mehr marginal war. Er selbst wurde dagegen von seinen Anhängern angehimmelt. Mit ihrer abgöttischen Verehrung trugen sie entscheidend dazu bei, dass der gescheiterte Revolutionär sich tatsächlich immer mehr für einen Propheten, ein Genie, einen Erwecker und Befreier hielt. Während sich die Völkischen hoffnungslos zerstritten, ging er daran, seine Ideenwelt, seine Erfahrungen, seinen Hass und seine Visionen zu Papier zu bringen. „Mein Kampf" sollte schließlich seine Weltanschauung darlegen, detaillierter und endgültiger als bisher zuvor. Er selbst war durch all die Huldigungen, durch sein Märtyrertum bereits von seiner Mission, die deutsche Nation wieder zu Größe, Einheit und Stärke zu führen, überzeugt. Er war der Führer, der Messias Deutschlands, so glaubte er nun felsenfest.

Beim ersten, 1925 erschienenen Band handelte es sich um Hitlers Autobiographie, wenngleich es der Autor an vielen Stellen mit der Wahrheit nicht genau nahm.

Den zweiten Band schrieb Hitler erst nach seiner Entlassung. Er wurde noch vor Weihnachten 1926 veröffentlicht und behandelt mehr die politischen und ideologischen Fragen. Hitler war ein außergewöhnlicher Redner, doch die Schriftstellerei war sein Metier nicht. Das Manuskript erfuhr mannigfache Korrekturen, um in Buchform trotzdem noch immer schwer lesbar zu bleiben. Hitler selbst gab zu, dass diese „Sammlung von Leitartikeln für den ‚Völkischen Beobachter'" schlecht geschrieben war. Als Reichskanzler dürfte er sich dann sogar für den Stil seines Bestsellers geniert haben.[252] In den ersten Jahren nach Erscheinen hielt sich die Nachfrage nach den beiden Bänden in Grenzen. Dies änderte sich mit den Wahlerfolgen der Nationalsozialisten sprungartig. Nach der Machtergreifung 1933 verkaufte sich „Mein Kampf" schließlich weltweit millionenfach und machte den Autor zu einem wohlhabenden Mann.

„Mein Kampf" eröffnet dem Leser die Gedankenwelt Hitlers, die sich bis zu seinem Tod nicht mehr wesentlich verändern sollte. Es zeigt den fanatischen Antisemiten und nach „Lebensraum im Osten" strebenden Chauvinisten. Der Rassenkampf beherrschte seiner Überzeugung nach die Menschheitsgeschichte. An der Spitze der Menschheit stand der Arier, an ihrem Ende der „parasitäre" Jude. „Das jüdische Endziel ist die Entnationalisierung, die Durcheinanderbastardisierung der anderen Völker, die Senkung des Rassenniveaus der Höchsten, sowie die Beherrschung dieses Rassebreies durch Ausrottung der völkischen Intelligenzen und deren Ersatz durch die Angehörigen des eigenen Volkes." In „Mein Kampf" gestand Hitler auch seine „tiefste Bewunderung für den großen Mann südlich der Alpen". Dass der Duce sein Vaterland vor dem Marxismus gerettet habe, machte ihn für Hitler zu einem „Großen dieser Erde".[253]

Am 20. Dezember 1924 wurde Hitler vorzeitig entlassen. Sein nach Ansicht des Gefängnisdirektors mustergültiges Benehmen und das offensichtliche Abebben der Sympathien innerhalb der Bevölkerung für die völkische Rechte hatten die bayrische Staatsautorität zu diesem Schritt bewogen. „Aus Äußerungen, die Hitler getan haben soll", so berichtete ein ausländischer Beobachter, „ergibt sich, dass er sich in der nächsten Zeit jeder politischen Tätigkeit enthalten wolle. [...] Hitler wird derzeit als politisch ungefährlich betrachtet. Die von ihm begründete nationalsozialistische Bewegung ist nunmehr innerlich vollkommen zersplittert. [...] Die Begeisterung für Hitler, die zum Teil der Hoffnungslosigkeit der Zukunft entsprach, ist verrauscht. Zahlreiche Parteigänger, die ohne bestimmte Vorstellungen von den politischen Zielen Hitlers in ihm den Apostel sahen, der ‚es schon machen werde', haben heute, da ihre eigene Position sich wieder konsolidiert hat, an ihm kein Interesse mehr und wollen von jenen Vorstellungen, die sich mit der Person Hitlers verbinden, wie Massenversammlungen, Sturmtruppen und gewaltsamen Putschen, längst nichts mehr wissen. [...] Mit einem Worte, es ist anzunehmen, dass der Boden für eine neuerliche gefährliche Propaganda Hitlers, der wohl auch innerlich skeptisch geworden sein dürfte, derzeit möglichst ungünstig ist. Ihn auszuweisen, mit der Gefahr, dass er, sei es aus Österreich, sei es aus einem anderen deutschen Lande, wieder gewaltsam nach Bayern gebracht wird, hieße ihn zum Märtyrer stempeln und ihm mit dieser Gloriole längst verlorene Sympathien wieder zuwenden. Die bayerische Regierung wird diese Unklugheit nicht begehen. Sie wird vielmehr Hitlers Tun und Lassen scharf beobachten und eine abwartende Haltung einnehmen. Sie wird auch, wenn Hitler sich national im Fahrwasser der Regierung betätigen sollte, ruhig zusehen und gerne aus einem Saulus einen Paulus werden lassen."[254]

Als Hitler ins zivile Leben zurückkehrte, fand er in der Tat eine völlig zersplitterte, in der Sympathie der Bevölkerung rapide schrumpfende extreme Rechte vor. Ludendorff, Rosenberg, Gregor Strasser, Streicher, Amann und andere stritten um die Führerschaft unter den Völkischen. Hitler erkannte, dass die Bewegung ohne einen unumstrittenen Führer bald in totaler Bedeutungslosigkeit versinken würde. In Landsberg war er zum folgenschweren Entschluss gekommen, die Macht nicht mehr durch Revolution, sondern im Rahmen der von der Verfassung gestatteten Mittel zu erlangen. Trotzdem blieb für die nächsten Jahre der „Kampfzeit" neben der Legalität die vor allem von der SA verübte Gewalt für den Nationalsozialismus charakteristisch.

Vom konservativ-katholischen bayrischen Ministerpräsidenten Heinrich Held erreichte Hitler nichtsdestoweniger die Aufhebung des Verbots der NSDAP und des „Völkischen Beobachters". Am 27. Februar 1925 erfolgte im mit 4000 Teilnehmern zum Bersten vollen „Bürgerbräukeller" die Neugründung der Partei. Nachdem er zwei Monate zu keiner Menge gesprochen hatte, verstand es Hitler nun wieder einmal, mit einer zweistündigen Rede eine ursprünglich untereinander zerstrittene Versammlung mitzureißen. Vor einer begeisterten Anhängerschaft erreichte er schließlich die Unterwerfung der gesamten Bewegung und den Schulterschluss der bisher zerstrittenen Gruppen.[255]

Hitler hatte damit endgültig seine Position als unumschränkter „Führer" der NSDAP sichergestellt. Mitte April brach er deswegen auch mit Röhm, der sich auf die veränderten Umstände nicht einzustellen vermochte und immer noch dem rein soldatischen Ideal der SA nachhing. Nach einem Streit legte Röhm seine Funktionen verbittert zurück. Hitler nahm den Rücktritt kommentarlos zur Kenntnis.[256] Weit schwerer traf ihn das überraschend verhängte Redeverbot in Bayern und den meisten anderen Ländern, das ihn in seinen Bemühungen wieder zurückwarf. Der sektiererisch engstirnige und unzugängliche Ludendorff war für ihn als Partner politisch ebenfalls unbrauchbar geworden. Dies bewies sich für Hitler umso mehr in der Wahl zum Reichspräsidenten, die schließlich der allgemein verehrte Feldmarschall und Oberbefehlshaber des Heeres im Ersten Weltkrieg, Paul von Hindenburg, gewann, während dessen ehemaliger Generalquartiermeister Ludendorff mit kaum mehr als einem Prozent der Stimmen eine vernichtende Niederlage erlitt.[257]

Unterdessen war die NSDAP trotz Hitlers Führungsanspruch gespalten. Der Landshuter Apotheker Gregor Strasser, ein gleichermaßen grob wirkender wie sensibler Mann, profilierte sich während Hitlers Redeverbot als beachtlicher Rhetoriker und baute in Norddeutschland die Partei neu auf. Mit dem jungen Geschäftsführer des Gaus Rheinland-Nord, dem erfolgshungrigen, fanatisch revolutionären Intellektuellen Joseph Goebbels, einem „Krüppel an Leib und Seele", versuchte er der Bewegung eine sozialistische Ausrichtung zu geben.[258] Im Gegensatz zu Hitler verabscheute diese norddeutsche Gruppe mit Sitz in Elberfeld nicht bloß jede Zusammenarbeit mit Wirtschaftskreisen oder der Staatsautorität, sondern stand auch dem russischen Bolschewismus durchaus wohlmeinend gegenüber. Hitlers Autorität wurde in Zweifel gezogen, eine Spaltung drohte. Der in Bedrängnis gebachte „Führer" wünschte jedoch keine innerparteiliche Programmdiskussion.[259]

Am 14. Februar 1926 berief Hitler eine Führertagung der Partei nach Bamberg ein. Nicht bloß, dass die Wahl des Ortes für ihn ein Heimspiel bedeutete, beeindruckte er die nord- und westdeutschen Zweifler mit prunkvollem Arrangement und einer zweistündigen Rede. So gelang es Hitler schlussendlich, nicht bloß eine Spaltung in ein rechtes und ein linkes Lager zu verhindern, sondern er schwor seine Gefolgschaft neuerlich und mit Nachdruck auf unbedingte Disziplin und Gehorsam ein.[260] Die NSDAP war endgültig zur reinen Führerpartei geworden, der Unfehlbarkeitsanspruch Hitlers zementiert. Dies zeigte sich am Anfang Juli folgenden Parteitag in Weimar deutlich, wo bereits alle Kritik erstickt war. Mit Genugtuung nahm Hitler in Windjacke und Gamaschenhosen von seinem offenen Wagen aus den Vorbeimarsch von 5000 Mitgliedern ab. Dem Beispiel seines faschistischen Idols folgend, grüßte er die Kolonnen mit dem ausgestreckten Arm.[261] Gleich Mussolini strebte Hitler auch an, das nationalsozialistische Pendant zu den Squadristen, die SA, zu einem zentralistisch gelenkten Werkzeug von Terror und Propaganda umzufunktionieren, das sich der Partei und der Politik unterzuordnen hatte. Doch das an Landsknechte erinnernde Selbstverständnis der Braunhemden setzte dem Vorhaben Hitlers, die SA von lokalen Schlägerbanden zu einem von der Partei geführten Massenheer gegen den Bolschewismus umzuwandeln, seine Schranken. Die seit Herbst 1926 vom Hauptmann des Ersten Weltkriegs und berüchtigten Freikorpsaktivisten, dem preußischen Gauleiter von Westfalen, Franz Pfeffer von Salomon, kommandierte SA vermochte sich keineswegs restlos von ihrem kriminell paramilitärischen Ursprung zu lösen und fühlte sich nach wie vor den Politikern der NSDAP bis zu einem gewissen Grad überlegen und keinesfalls untergeordnet.

Am Mitte August 1927 erstmals in Nürnberg stattfindenden Parteitag trug auch Hitler das braune Hemd. Trotz der geringen gesellschaftlichen Bedeutung des Nationalsozialismus in jenen Tagen veranstaltete die NSDAP ein beträchtliches Spektakel mit Aufmärschen der verschiedenen Formationen, Standartenweihen und sonstigem nationalistischen Pomp und Ritual.[262] Nach der Aufhebung des Redeverbots in Bayern und Sachsen sprach Hitler, der der Staatsautorität gelobte, keine Gesetzwidrigkeiten zu begehen, am 9. März 1927 im Zirkus Krone erstmals wieder vor dem Münchner Publikum. Geschätzte 7000 Zuhörer, unter ihnen auffallend viele Frauen, feierten einen auf die Rednerbühne zurückgekehrten Hitler.[263] Doch auch dieses Comeback konnte nicht verschleiern, dass sich die NSDAP in einer Sackgasse befand. Hitler reagierte darauf, indem er sich in der Öffentlichkeit rar machte, um Abnützungserscheinungen an der Sensation seines Auftretens zu entgehen.

In den ersten Jahren nach seiner Entlassung aus Landsberg besaß die nationalsozialistische Bewegung in Deutschland keine Chance, wirklich die Massen zu erreichen. Die wirtschaftliche Lage hatte sich zu stabilisieren begonnen, der nationalliberale Reichsaußenminister Gustav Stresemann versuchte durch eine Politik der Entspannung mit Frankreich eine Revision des Versailler Friedensvertrages zu erreichen, und auch die alten Eliten sahen sich nach wie vor an den Hebeln der Macht: Sie waren Großgrundbesitzer in Preußen, Industrielle im Ruhrgebiet, hohe Beamte in Berlin und den Ländern und natürlich Offiziere in der Reichswehr. Das Staatsoberhaupt der Weimarer Republik war mit dem ehemaligen Oberbefehlshaber des Heeres, Paul von Hindenburg, ein erklärter Monarchist. Im Wesentlichen wurde die

Seit 1927 wurden die Reichsparteitage in Nürnberg abgehalten. Das Foto zeigt uns Hitler bei der Standartenweihe am 6. August 1929. Neben ihm Franz Xaver Ritter von Epp.

Hitler 1927 – ein zorniger, selbstbewusster Fanatiker, jedoch noch fern der Macht.

neue deutsche Republik freilich von einem Spektrum, das von der Arbeiterschaft ohne ihren radikalen Flügel bis hin zum kleinen und mittleren Bürgertum reichte, getragen. Diese Gruppen fanden parlamentarisch ihre hauptsächliche Vertretung in SPD, Zentrum und Deutscher Demokratischer Partei, den Parteien der republikbejahenden „Weimarer Koalition".[264]

Die NSDAP hingegen war die kleinste Fraktion im Reichstag. Gregor Strasser hatte die Organisation der Partei maßgeblich umgestaltet, die allerdings unter chronischem Geldmangel litt. Hitler widmete sich beinahe ausschließlich der Propaganda und schlug sich ungern und selten mit interner Arbeit herum. Gewohnt zu gehorchen und zu folgen, geführt zu werden und sich in eine Hierarchie einzufügen, verlangten die Anhänger des völkischen Gedankens nach einer unumschränkten Autorität, an die sie bedingungslos glauben konnten. Mit seinen zumeist mitreißenden Reden, seinem unbändigen Willen, seiner Kraft des Hasses und seinen Visionen von einem einigen Deutschland ohne Parteihader, von einer besseren, von allen Feinden geretteten Welt erweckte Hitler bei seiner Zuhörerschaft – wenn auch irrgläubigen – Idealismus, Gefühle einer vermeintlichen Befreiung und Erlösung. Er war für sie der „starke Mann", dem sie die Treue halten wollten, bis in den Tod. Nach wie vor gab es innerhalb der nationalsozialistischen Bewegung verschiedene miteinander zerstrittene Strömungen, doch sie alle fügten sich ihrem „Führer", der sich selbst aus den internen Streitigkeiten weitgehend heraushielt.

Die Bewegung hatte sich vollends auf Hitler fokussiert, und er selbst war von sich als Lichtgestalt mittlerweile restlos überzeugt. Er besaß, wie er selber einmal behauptete, den „blinden Glauben [...], einst zu denen zu gehören, die Geschichte machen".[265] Doch in den Jahren vor der großen Wirtschaftskrise war Hitler letztlich bloß eine Randerscheinung der Innenpolitik. Die Reichstagswahlen des Jahres 1928 schienen mit ihrem für die NSDAP enttäuschenden Ergebnis überhaupt das Ende der „Hitler-Bewegung" einzuläuten. Nichtsdestoweniger wollten mehr als 16.000 Menschen den „Führer" einige Monate nach dem Wahldebakel im Berliner Sportpalast sehen, und der gefeierte Demagoge verstand es, die Menge zum Rasen zu bringen.[266]

Trotz der schweren Rückschläge seiner Bewegung in den letzten Jahren gab sich Hitler unbeeindruckt. Es schien, als ruhte er selbstzufrieden in sich, glücklich, endlich eine abgerundete und eherne Weltanschauung gefunden und konstruiert zu haben. Die ernsthaften Schwierigkeiten der NSDAP hielten ihn auch nicht davon ab, sich in eigenen Entwürfen für klassizistisch bombastische Repräsentationsbauten zu verlieren. Obwohl er das Finanzamt darauf hinwies, in völliger Bescheidenheit zu leben und angesichts seiner Schulden nicht einmal in der Lage zu sein, die Steuern zu zahlen, erwarb er einen sechssitzigen, offenen Mercedes-Kompressor, den er offenbar für sein gewonnenes Selbstbewusstsein für angemessen hielt.[267]

Adolf Hitler schuf die Kunstfigur des „Führers" zum großen Teil selbst. Es entsprach seiner Selbstinszenierung, zu seinen Mitmenschen größtmögliche Distanz aufzubauen. Zu große Nähe, zu intensive Beziehungen mochten die halbgottähnliche Aura, an der er unentwegt arbeitete, stören. Bis auf die engste Umgebung seiner Entourage, die er mit endlosen Schilderungen über Kunst oder seine Kriegserlebnisse behelligte, blieb er unnahbar, freiwillig isoliert, misstrauisch, unpersönlich und abgehoben. Der Erfolg schien Hitlers Stilisierung Recht zu geben, wenn selbst der für seine kalte Intelligenz bekannte Goebbels voller Bewunderung in ihm ein Genie und einen leuchtenden Stern zu erkennen vermeinte.[268]

Mit der ihm eigenen Arroganz weigerte sich Hitler nicht nur standhaft, sich ausgiebiger dem politischen Alltagsgeschäft zu widmen, sondern zeigte auch sonst an seinen Mitmenschen wenig Interesse. Das Leben war für den selbst ernannten Künstler Drama, in dem er die Hauptrolle spielen wollte. Der einzelne Mensch war dem ausgesuchten Misanthropen und Zyniker völlig unbedeutend, sein Schicksal gleichgültig. Selbst seine engsten Vertrauten vermochten Hitler nie vollständig zu durchschauen. Sein Charme konnte ungemein gewinnend sein, seine Wutanfälle brutal und gnadenlos, seine Gedanken einmal überzeugend und für viele genial, ein anderes Mal – seiner autodidaktischen Halbbildung entsprechend – erschreckend banal und abstrus.

Es gehört zu jenen seltsamen Schleiern, die Hitlers gleichermaßen karges wie eigentümliches Privatleben umgeben, dass über die wahre Natur seiner Beziehungen zu Frauen im Wesentlichen bloß Mutmaßungen angestellt werden können. Neben den viel älteren Damen der bürgerlichen Gesellschaft machte Hitler auch mit noch mädchenhaften, überaus jungen Frauen Bekanntschaft. Doch ganz anders als bei Mussolini erscheint Hitler dabei nicht als triebhafter Don Juan, sondern vielmehr als seltsam altmodischer Bewunderer jugendlicher Unbekümmertheit, romantischer Verehrer oder väterlicher Freund. Maria Reiter war erst 16 Jahre alt, als er sie in seinem Sommerrefugium, am Obersalzberg bei Berchtesgaden, kennen lernte. Natürlich bewunderte der Teenager, der gerade erst die Mutter durch Krebs verloren hatte, die Berühmtheit aus München. Doch wie weit Hitler in seiner Beziehung zu seinem „lieben Goldstück" ging, bleibt unklar, selbst wenn „Mizzi" Reiter bekundete, sogar in dessen Münchner Wohnung übernachtet zu haben. Ihre Bezeugung, „ich ließ alles mit mir geschehen", erscheint jedenfalls nicht unbedingt glaubwürdig.[269]

Auf dem Obersalzberg bei Berchtesgaden bezog Hitler 1928 das Haus Wachenfeld in Miete als Sommersitz, der, äußerlich eher bescheiden, über eine sehr schöne Lage verfügte. Die Einnahmen der beiden Bände von „Mein Kampf" erlaubten ihm schließlich den Erwerb des Anwesens. Angela Raubal, seine verwitwete Halbschwester, führte ihm den Haushalt. Zu ihrer 1908 geborenen Tochter Geli entwickelte Hitler eine verhängnisvolle Beziehung, die für das junge, schwärmerische Mädchen tragisch enden sollte.[270] In diesen Tagen, an denen sich Hitler nur wenig um seine Partei sorgte, verbrachte er viel Zeit mit seiner Nichte, von der er tyrannisch Besitz ergriff: Sie wanderten in der alpinen Welt des Obersalzbergs, besuchten in München die Oper und verschiedene Cafés. Doch Onkel „Alf", wie sie Hitler zu nennen pflegte, nahm sie regelrecht in Besitz, wollte aus ihr eine gefeierte Wagner-Interpretin machen und reagierte höchst eifersüchtig auf Flirts oder gar Affären mit dem männlichen Personal Hitlers, die man dem Mädchen nachsagte. Privat übersiedelte er ins noble Bogenhausen in eine Neunzimmerwohnung auf dem Prinzregentenplatz. Geli Raubal, die mittlerweile ihr musisches Talent ent-

Bereits seit den zwanziger Jahren zog sich Hitler nach Berchtesgaden zurück.

deckt hatte und Gesang- und Schauspielunterricht nahm, kam trotz des abfälligen Geredes über ihr Verhältnis mit ihm.[271]

Es half Hitler und seiner ins Stocken geratenen Bewegung beträchtlich, dass sich der neue Führer der Deutschnationalen Volkspartei, Alfred Hugenberg, ebenfalls entschlossen hatte, das System von Weimar mit allen Mitteln zu bekämpfen.[272] Der Reichstagsabgeordnete, Medienzar und Mitbegründer des Alldeutschen Verbandes vertrat den rechten, obstruktiven Flügel der Deutschnationalen Volkspartei (DNVP) und trieb die Radikalisierung seiner Partei stetig voran. Der an sich überzeugte Monarchist, der unter anderem auch die UFA erwarb und sie zum größten Filmkonzern Europas ausbauen sollte, schwor nicht zuletzt mit den Möglichkeiten seines Zeitungsimperiums die Deutschnationalen zunehmend auf eine unversöhnliche, radikale Linie ein. Um einen größeren Teil der Bevölkerung erreichen zu können, wollte er sich des Demagogentalents Hitlers bedienen – und die NSDAP benötigte ohnehin Geld. Im September 1929 trafen sich Hitler und Hugenberg zum gemeinsamen Angriff gegen den Young-Plan über die Reparationszahlungen, dessen Regelungen zwar Deutschland wirtschaftspolitisch wieder seine Souveränität ermöglichten, das Reich aber auch im Falle einer Wirtschaftskrise zu Wiedergutmachungszahlungen verpflichtete. Die Aussicht, 59 Jahre lang Reparationen in der Gesamthöhe von 34,5 Milliarden Goldmark zu leisten, vermochte nicht gerade besonderen Optimismus hervorzurufen.[273]

Die „nationale Opposition" verdammte den Young-Plan und bezeichnete die damit verbundenen wirtschaftlichen Lasten des Reiches als unannehmbar. Nationalsozialisten, DNVP, der nationalistische Bund der Frontsoldaten „Stahlhelm" und der Alldeutsche Verband setzten sich nun für ein Referendum gegen den Young-Plan und die „Kriegsschuldlüge" ein. Der Gesetzesentwurf des „Reichsausschusses für das deutsche Volksbegehren", wie sich das Bündnis der extremen Rechten nun seit dem 9. Juli 1929 nannte, forderte die Regierung auf, dem Ausland in feierlicher Form kundzutun, dass das in Versailles erzwungene Einbekenntnis der Kriegsschuld der historischen Wahrheit widerspreche und dadurch völkerrechtlich unverbindlich sei. Der Kriegsschuldartikel des Friedensvertrages sollte außer Kraft gesetzt, neue Lasten und Verpflichtungen wie der Young-Plan nicht mehr übernommen werden. Der Gesetzesentwurf drohte sogar Kanzler und Regierungsmitgliedern mit Gefängnis nicht unter zwei Jahren, sollten sie dem Gesetz zuwiderlaufende internationale Verträge unterzeichnen.

10,02 Prozent der Stimmberechtigten unterzeichneten schließlich das Referendum, doch die Reichstagsmehrheit lehnte das „Freiheitsgesetz" erwartungsgemäß ab. Im Plebiszit vom 22. Dezember 1929 votierten schlussendlich 13,8 Prozent für das „Gesetz gegen die Versklavung des deutschen Volkes". Das waren 5,8 Millionen Menschen, doch für eine Annahme hätte es über 21 Millionen Jastimmen be-

Hitler in gelöster Stimmung vor dem Haus Wachenfeld.

durft.[274] Hitler war aber trotzdem ein Gewinner der Kampagne, denn Hugenberg, der in ihm noch immer bloß den Trommler sah, dessen man sich zur rechten Zeit entledigen würde, hatte ihm großzügige finanzielle und publizistische Mittel zur Verfügung gestellt und dem Agitator darüber hinaus den Weg in die bürgerliche Gesellschaft geebnet. Nichtsdestoweniger brach Hitler mit der konservativen Rechten und machte ihre Zögerlichkeit allein für das schwache Ergebnis verantwortlich.

Die Volksabstimmung war bereits in den Beginn einer Krise gefallen, die das demokratische Deutschland schließlich nicht überleben sollte. Der Sturz der Kurse an der New Yorker Börse am 24. Oktober 1929 stürzte Europa und besonders Deutschland ins Elend, das ohnehin bereits den Rückgang der Konjunktur, ein Steigen der Arbeitslosigkeit und noch dazu am 3. Oktober den Tod des einzigen Politikers von staatsmännischem Format, Gustav Stresemann, zu beklagen hatte. Die Depression diskreditierte die Demokratie und verhalf dem Nationalsozialismus aus seiner Talsohle. Ihre Auswirkungen auf die Gesellschaft hatten entscheidenden Anteil am Aufstieg Hitlers, der gleichzeitig das Ende der Weimarer Republik einläutete. Doch selbst gegen Ende 1929 war sein Weg zur Macht noch weit. Dass Hitler sie schließlich erreichte, war trotz des Anwachsens des Nationalsozialismus zur unübersehbaren Massenbewegung jedoch keineswegs zwingend.

# Der faschistische Diktator

## Mussolini 1927 bis 1932

Nach dem Umbau des Staates in eine Diktatur herrschte Mussolini unangefochten über Italien. Zufrieden konnte er feststellen, mit seinem taktischen Geschick alle seine Gegner – innerhalb und außerhalb der Partei – in die Schranken gewiesen zu haben. Der Faschismus war allgegenwärtig, ob in der neuen kalendarischen Zeitrechnung oder mit dem Fascio Littorio als Staatsemblem. „Der faschistische Staat ist Wille zur Macht und zur Herrschaft."[275] Italien sollte durch und durch faschistisch werden, so war es Mussolinis Wunsch. Seinem Volk beabsichtigte er mehr Lebensernst, Moral, Härte und andere Tugenden, die er bislang zu wenig vorzufinden meinte, wie Verlässlichkeit, Arbeitseifer, Unbestechlichkeit und Mut zu verordnen. Mit Politik brauchte es sich dagegen nicht zu beschäftigen.

Das demokratische Ausland akzeptierte nicht bloß das faschistische Regime. Viele konservative und christliche Kreise – etwa in Großbritannien – begrüßten die Wiederherstellung „ordentlicher Verhältnisse" in Italien und die Niederwerfung des Kommunismus wärmstens. Prestigeprojekte wie der Bau von Autobahnen, dessen propagandistischen Wert später auch Hitler auszunutzen verstand, die Errichtung von Aquädukten oder die Urbarmachung der Pontinischen Sümpfe erregten internationales Aufsehen und stellten das „neue" Italien als einen dynamischen Staat im Aufbruch dar. In diesem Zusammenhang war der auf nationales Prestige so bedachte Mussolini auch bestrebt, Italien Selbstvertrauen zu geben und es nicht lediglich als ein Land mit historischen Sehenswürdigkeiten für Touristen aus dem Westen zu wissen, sondern als modern, aufstrebend, voll Kraft und zukunftsorientiert. Die Beseitigung der Demokratie wurde von der extremen Rechten in ganz Europa mit Begeisterung aufgenommen. Hitler erkor den Duce zu seinem Idol. Auch die eigene Nation brachte dem Duce in zunehmenden Maße Sympathien entgegen, weil Mussolini – im Gegensatz zu seinen Vorgängern – ein Regierungschef war, der aus dem Volk stammte. Die Menschen mochten ihn, weil er Dynamik und

Aufbruchsstimmung vermittelte und einfache Antworten auf schwierige Fragen gab. Trotzdem verehrten ihn natürlich nicht alle Italiener. Besonders in den traditionellen Hochburgen der Arbeiterbewegung blieben viele gegenüber dem Mussolini-Kult immun. Im französischen Exil hatte sich die Opposition mit Ausnahme der Kommunisten zur „Conzentrazione antifascista" vereinigt, doch blieb ihr Einfluss gering.

Mussolinis Weg zum Diktator war durch Kompromisse gekennzeichnet. Deswegen hatte er auch keine allmächtige Stellung inne. Das Königshaus, Aristokratie, Kirche, Verwaltung und Militär blieben gesellschaftliche und politische Faktoren, die er zu berücksichtigen hatte, aber bisweilen auch zu seinem Vorteil gegeneinander ausspielen konnte. Den als Seekriegsheld gefeierten Costanzo Ciano hatte er 1926 zu seinem Nachfolger im Falle seines plötzlichen Todes bestimmt. Im Laufe der Jahre gelang es dem Duce immer wieder, sich seiner möglichen Konkurrenten wie Farinacci, Balbo, Grandi oder Alfredo Rocco zu entledigen, indem sie in oft nur dem Namen nach bedeutende Positionen abgeschoben wurden. Auch die beiden Parteisekretäre, die Farinacci folgten, Augusto Turati und Giovanni Giuriati, enthob der Duce schließlich ihres Postens, als sie ihm zu unabhängig und populär erschienen. Bei dem bewegten Vorleben seiner Mitstreiter ließen sich stets genügend Gründe für Versetzungen, Entlassungen und sogar – wie im Falle Turatis – Verbannung finden. Und diese zeigen den kriminellen Hintergrund der Faschisten nur zu deutlich: Korruption, Unterschlagung, Drogenmissbrauch, Prostitution, Notzucht, Inzest, Päderastie und verschiedene andere Gewaltdelikte.

Nachdem seine Gegner kaltgestellt waren und er seine Partei unumstritten anführte, gewann der Führerkult um ihn, der „Mussolinismo", im Leben der Italiener immer stärkere Ausmaße. „Mussolini hat immer Recht" wurde zum Leitsatz einer Diktatur, die bisweilen schon byzantinische Züge annahm. Die Propagandamaschinerie der Faschisten meinte, die italienische Gesellschaft mit Porträts des Duce förmlich überschwemmen zu müssen. Mussolini wurde zum Überitaliener hochstilisiert: Held, Genie und von der Vorsehung auserkoren. Der Götzenkult nahm bizarre Ausmaße an.[276] Nach Mussolinis Ansicht wurde ein Mann der Öffentlichkeit bereits mit dem Stigma, mit dem Fluch geboren, den vorgegebenen Weg zu beschreiten. „Ich habe mich mit meinem Schicksal als Mann der Öffentlichkeit durchaus abgefunden. Ja, zuweilen kommt es sogar vor, dass ich davon begeistert bin. [...] der Gedanke und die Erkenntnis, nicht mehr sich selbst zu gehören, Eigentum aller zu sein, von allen geliebt, von allen gehasst – ein notwendiges Element für das Leben anderer zu sein –, das gibt mir eine Art himmlischer Trunkenheit, die an das Nirwana erinnert. Und dann: gehört man allen, so gehört man niemand. Irgendjemand hat einmal gesagt, man könne die herbe und doch ruhespendende Freude der Zurückgezogenheit viel eher im Gedränge der Menge empfinden als in

Der Duce bei der von ihm ausgerufenen „Getreideschlacht“ – in der propagandistischen Pose des zupackenden Mannes aus dem Volk.

der Wüste.“[277] Gerne betonte Mussolini, keine Freunde schon aufgrund seines Temperaments und seines Menschenbilds haben zu können. „Heute bin ich einsamer als früher. Aber auch früher hat niemand Einfluss auf mich gehabt. Im Grunde war ich immer allein. [...] Meinen Geist lasse ich die Menschen nicht berühren [...] Ich bleibe unter ihnen vollkommen einsam.“[278]

Mussolini war in Italien praktisch allgegenwärtig. Das Ministerium für Volkskultur wurde nicht müde, ihn heroisch und mannhaft in allen Lebenslagen zu zeigen, auf Plakatwänden, in Zeitungen oder auf Ansichtskarten: als Flugzeugpilot und Autorennfahrer, mit der Spitzhacke bei der Arbeit, als Grubenarbeiter im Bergwerk, mit nacktem Oberkörper bei der von ihm ausgerufenen „Getreideschlacht“ oder – wie er sich selbst am liebsten sah – als martialischer Heerführer. Seit September 1929 regierte er in dem aus der Renaissance stammenden prächtigen Palazzo Venezia. Sein gewaltiger Arbeitsraum diente der Einschüchterung. Die unmöblierte Sala del Mappamondo, in der Mussolini hinter seinem stets aufgeräumten Schreibtisch saß, maß nicht weniger als 20 mal 12 Meter.

Mussolini versuchte seine geringe Körpergröße von 1,68 Metern durch besonders aufrechte Haltung zu kompensieren. Gesteigerten Wert legte er auch darauf,

Der italienische Diktator beim Schilaufen in Rocca delle Caminate.

männlich und vital zu wirken. Es entsprach seiner Eitelkeit, sich sportlich zu zeigen, beim Schwimmen, Schilaufen, Fechten oder Springreiten, und mit Vorliebe präsentierte er dabei seinen nackten bulligen Oberkörper. Heute muten diese überhöhten Darstellungen mit ihren übertriebenen Posen unglaubwürdig, plump und bisweilen unfreiwillig komisch an. Doch damals meinten die Faschisten, damit dem Volk nicht nur ihren Duce näher zu bringen, sondern auch gerade der männlichen Bevölkerung das Bild des „neuen Menschen" vorzuhalten: ernst, maskulin, gebieterisch, militärisch.

Im engeren Kreis verzichtete Mussolini weitgehend auf Posen. Auf manche wirkte er im direkten Kontakt durchaus bescheiden, höflich und natürlich, verantwortungsbewusst und beherrscht, bemüht, vor ihm liegende Aufgaben mit Energie und Tatendrang zu meistern. Viele ausländische Gäste und Staatsmänner verstand er mit Charme und ruhiger Sprache für sich einzunehmen. Mahatma Gandhi nannte ihn einen „Supermann", und Thomas Edison bezeichnete ihn als das „größte Genie der Neuzeit".[279] Selbst Winston Churchill sprach nach einer Italienreise und zwei privaten Treffen mit dem Duce im Januar 1927 von dem stets spontanen und herzlichen persönlichen Verhältnis, von der freundlichen, schlichten, ruhigen und um das Wohl seines Volkes besorgten Persönlichkeit Mussolinis. In einem Interview in Rom zeigte der damalige britische Finanzminister deshalb auch Verständnis für den Faschismus in Italien: „Wäre ich ein Italiener gewesen, hätte ich mich sicher von ganzem Herzen von Anfang bis zum Ende an Ihrem triumphalen Kampf gegen die bestialischen Bestrebungen und Leidenschaften des Leninismus beteiligt."[280] Nach der italienischen Abessinieninvasion und natürlich besonders während des Zweiten Weltkrieges sollte er seine Meinung ändern und den Duce einmal auch einen „zerlumpten Lakaien" heißen.[281] Außenminister Galeazzo Ciano äußerte sich wiederum entzückt über die private Seite seines Schwiegervaters: „Wenn der Duce plaudert, ist er hinreißend. Niemand kann reicher an Einfällen und frischer in seinen Bildern sein."[282] Hitler empfand es dagegen als „schade, dass der Duce die ganze Kraft, die er bei seinen öffentlichen Reden ausstrahlt, im Zwiegespräch verliert. Dann wird er ein charmanter Mann."[283]

Der nationalsozialistische Führer bewunderte vielmehr den öffentlichen Duce, der gewaltige Paraden abnahm und die Massen bei Kundgebungen in Ekstase zu versetzen vermochte. Bei seinen öffentlichen Reden war Mussolini tatsächlich der große Selbstdarsteller mit zurückgeworfenem Kopf, in die Hüften gestemmten Händen und einer stummfilmartig steifen Körperhaltung. Zu wilden Gesten ließ er sich eher selten hinreißen, sondern verharrte gerne unbeweglich, einem Denkmal ähnlich. Wenn er drohte oder in einer Rede einer Aussage besonderen Nachdruck verleihen wollte, riss er die Augen weit auf, um das Weiße bedrohlich hervortreten zu lassen. Meisterhaft verstand er es, auf die Instinkte seiner Zuhörer einzugehen und ihnen das Schauspiel zu bieten, das sie von ihm erwarteten. So war er darauf bedacht, sich in der Öffentlichkeit stets kühl und überlegen darzustellen, als charismatischer, einsamer Mann an der Spitze des Staates mit eisernem Willen, als Übermensch, der immer Recht hatte, in halben Jahrhunderten dachte und alles voraussah. Er bevorzugte es, ein Mann der Tat zu sein, der handelte und führte und nicht von den Ereignissen getrieben würde. Gleich seinem Pendant in Deutschland lebte auch Mussolini in dem Bewusstsein, von der Vorsehung auserwählt zu sein.

Wie Hitler war auch Mussolini ein menschenverachtender Einzelgänger. Für sein Volk hatte er in Wirklichkeit bloß Geringschätzung über. Willenlos wolle es nicht herrschen, sondern vielmehr beherrscht werden. Nicht Freiheit und Selbstbestimmung, sondern materieller Wohlstand seien den Menschen am wichtigsten. Für Politik zeigten sie seiner Auffassung nach dagegen kaum Interesse. Für den Volksverführer waren die Massen Wachs in seinen Händen, die er wie ein Künstler nach Belieben zu formen gedachte. Mit zynischer Berechnung appellierte er dementsprechend auch an deren Emotionen, um sie für seine Ziele auszunützen. „Die Masse ist nichts für mich als eine Herde Schafe, solange sie nicht organisiert ist. – Führt man sie aber, so muss man sie an zwei Zügeln führen: Enthusiasmus und Interesse. Wer nur eins von beiden verwendet, kommt in Gefahr. Die mystische und die politische Seite bedingen einander. – Jede Rede zur Menge hat den zweifachen Zweck, die Lage zu klären und der Masse etwas zu suggerieren. Deshalb ist die Volksrede zur Erregung eines Krieges unentbehrlich."[284] Vernunft sprach er der breiten Bevölkerung ab, genauso wie den Wunsch, wirklich frei zu sein. Die Menschen seien der Freiheit müde. Für die Jugend gebe es andere Worte, die eine viel größere Faszination ausübten: Ordnung, Hierarchie, Disziplin. Der Faschismus kenne keine Idole und bete keine Fetische an, „er ist über den mehr oder weniger verwesten Leichnam der Göttin Freiheit hinweggestiegen, und er wird, falls es sich als notwendig erweist, in aller Ruhe noch einmal darüber hinwegsteigen".[285]

Mussolinis Charakter war freilich selbst von Unentschlossenheit und Wankelmut geprägt. Er zog es vor, sich auf seinen Instinkt und sein Gefühl zu verlassen, und maß rein persönlichen Urteilen und Vorurteilen große Bedeutung bei. Darüber hinaus glaubte er, den sechsten Sinn zu besitzen, der ihm bei seinen Entscheidungen oft wichtiger zu sein schien als rationale Überlegung. Abergläubisch meinte er, sich zudem vor Menschen mit dem „bösen Blick" hüten zu müssen. Einen solchen sagte er etwa auch König Alfons von Spanien nach. Dementsprechend schwer fiel es ihm dann auch, dem Monarchen überhaupt gegenüberzutreten. Auch hatte der Diktator panische Angst vor der Zahl 13 und versuchte zudem, keine wichtigen Entscheidungen an einem Freitag zu treffen. Wie seine Frau glaubte er an Geister und nahm mit Rachele auch an spiritistischen Sitzungen teil. Aus Angst vor spukenden Geistern getraute er sich sogar nicht einmal allein auf seinem Landsitz in Rocca delle Caminate zu übernachten.[286]

Selten unterwarf sich Mussolini der Notwendigkeit sachlichen und nüchternen Abwägens. Das konventionelle Alltagsgeschäft in Politik oder Verwaltung interessierte ihn nur wenig. Komplizierten Details in Administration, Wirtschaft oder Militärwesen vermochte er nichts abzugewinnen. Dafür hatte er seine Fachleute. Trotzdem weigerte er sich mit fortschreitender Dauer seiner Herrschaft immer öfter, auf seine Minister, Beamten oder Generäle zu hören, naturgemäß besonders dann, wenn sie ihm schlechte Nachrichten überbrachten oder ihn vor zu riskanten Unternehmungen warnten. Mussolinis Eitelkeit und seine Minderwertigkeitskomplexe vertrugen keine Kritik an seiner Person, sondern verlangten die totale Unterwerfung. Hinzu kam sein stetes Misstrauen, und so wundert es nicht, dass sich so in seiner engeren Umgebung beinahe ausschließlich servile Erfüllungsgehilfen und berechnende Schranzen zu behaupten vermochten. Wirklich an sich heran ließ er kaum jemanden, und so konnte es vorkommen, dass er durchaus eine gewisse Einsamkeit beklagte. In Parallele zu Hitler ließ er die anderen Parteigranden, Minister oder Offiziere sich in gegenseitiger Rivalität aufreiben, um dann zu entscheiden, wer ihm näher stehen oder bestimmte Positionen einnehmen durfte. Seine Rolle als Schiedsrichter zwischen den sich befehdenden Vasallen festigte seine eigene Stellung nur noch zusätzlich.

Mussolini war nicht bloß ein Pragmatiker, er war schlicht ein Opportunist. Ideologische Grundsätze schienen ihm dazu da, bei passender Gelegenheit über Bord geworfen zu werden. Er vertraute viel mehr seiner Eingebung, seinem energischen Willen als papierenen Programmen. Theorien waren für ihn stets nebensächlich, im Vordergrund stand die Durchsetzung seiner Vorstellungen. Trotzdem kann man auch in seiner faschistischen Phraseologie noch immer seine marxistischen Wurzeln erkennen. Dies unterschied ihn naturgemäß von Hitler. Wie es seinem oberflächlichen Naturell entsprach, ging es Mussolini lediglich um die großen Zusammenhänge und um die Verwirklichung seiner politischen und gesellschaftlichen Visionen. Ob es sich nun um Akten oder Literatur handelte, alles las er im Eilzugstempo, ohne dabei auf oft wichtige Details einzugehen. Seine Aufmerksamkeit beschränkte sich gleichermaßen auf die Länge von Zeitungsartikeln, und so entnahm er seiner Lektüre immer nur jene Teile, die ihm sofort interessant oder verwertbar erschienen. Zwar bluffte er seine Umgebung gelegentlich mit erstaunlichem Detailwissen, doch steckte dahinter – im Gegensatz zu dem manischen Autodidakten Hitler – keineswegs ein gründliches Studium. Wiederholt benützte er verschiedene Einzelheiten, die er sich durch Zufall rasch und überflugsartig angelesen hatte, um gebildeter zu wirken als er es tatsächlich war.

Auch Mussolinis Familienleben war bloß Fassade. Um sich dem Vatikan anzunähern, heiratete er am 29. Dezember 1925 seine Frau kirchlich, nachdem ihre Kinder bereits ein Jahr zuvor die Kommunion empfangen hatten. Die faschistische Propaganda, die von der Bevölkerung Kinderreichtum verlangte, verpflichtete auch die Mussolinis, nach außen hin die perfekte Familie im neuen Geist zu verkörpern. Der Diktator war schließlich Vater fünf ehelicher Kinder: Edda 1910, Vittorio 1916, Bruno 1918, Romano 1927 und Anna Maria 1929 geboren. Auch wenn er seine Sprösslinge wirklich geliebt haben mochte, bemühte er sich erst gar nicht, ein hingebungsvoller Familienvater zu sein. Natürlich gab es auch Stunden, in denen Mussolini etwa mit seinen Söhnen Fußball spielte und dabei die Fensterscheiben der Villa zerschoss oder in denen er mit Rachele bei schönem Wetter „wie zwei Schüler" auf der Freitreppe in der Sonne saß und ein glückliches Paar abgab.

Zumeist gab er jedoch der Befriedigung seines Trieblebens und seiner männlichen Eitelkeit den Vorrang. Mit einem monogamen Leben konnte sich der Schwe-

Benito Mussolini mit Ehefrau Rachele und den fünf gemeinsamen Kindern.

renöter nicht anfreunden. Nicht erst als Duce schätzte er es, so viele Frauen als möglich zu erobern. Weder seine Ehe noch der vom Faschismus den Italienern verordnete neue Puritanismus konnten daran etwas ändern. Rachele, die ihn bisweilen sogar im engsten Familienkreis mit „Duce" anredete, blieb bei seinen unzähligen Seitensprüngen lediglich die Dulderrolle. Zurückgezogen und eher bescheiden lebend, oblag der strammen Faschistin die Kindererziehung. „Rachele ist die richtige Frau für mich", so soll er bisweilen seinen Amouren gestanden haben. „Sie ist eine gute Mutter, und sie spielt sich nicht als Frau des Präsidenten auf."[287]

Den Italienern wollte Mussolini Vergnügungssucht und Lebenslust nehmen und ihnen stattdessen faschistische Prüderie verordnen. Er selbst – wie auch viele seiner Vasallen – war hingegen keineswegs bereit, auf Promiskuität und eine durchaus dekadente Lebensweise zu verzichten. Ob Damen aus der feinen Gesellschaft, Gattinnen von Parteibonzen oder ausländische Journalistinnen, Mussolini beglückte sie alle; wenn es sich ergab, gleich auf dem Sofa in seinen Amtsräumen, gleichermaßen „zwischen Tür und Angel", wie Rachele befand.[288] Zu den wenigsten seiner Liebschaften dürfte er tiefere Gefühle gehegt haben. Mussolini sah sich als ein Mann, der noch seine ureigenen Instinkte pflegte. Außerdem war er davon überzeugt, dass es Frauen vorzogen, brutal statt rücksichtsvoll behandelt zu werden. Er nützte dabei seine Stellung weidlich aus, denn sie verlieh ihm nicht bloß politische Macht, sondern strahlte naturgemäß auch eine besondere Anziehung auf viele Frauen aus. Gegenüber seinen Geliebten zeigte er sich dann allerdings nicht selten brutal, launenhaft, rücksichtslos und machte aus seinen eindeutigen Absichten keinen Hehl. Er berief sie zu sich, um sie nach Befriedigung seiner Leidenschaft sehr rasch wieder wegzuschicken. Seine Verhältnisse dienten ihm zur Pflege seiner Eitelkeit, zur Bestätigung seiner Virilität. „Ein Mann, der den Frauen nicht mehr gefalle, sei nichts mehr wert", erklärte der deswegen auch auf besondere Körperpflege Bedachte einmal.[289]

Rachele redete sich ein, dass er in Wirklichkeit nur sie liebte. Aber in den ersten Jahren seiner Ministerpräsidentschaft stellte seine Langzeitgeliebte Margherita Sarfatti, die mittlerweile für den „Popolo d'Italia" schrieb und ein Buch über den Duce veröffentlichte, für die Ehe der Mussolinis ein gehöriges Problem dar. Nachdem Rachele dieses Verhältnisses endgültig überdrüssig geworden war, drohte sie ihrem treulosen Ehemann, den „Popolo d'Italia" in die Luft zu sprengen, wenn sie Sarfattis Namen noch einmal in dieser Zeitung lesen sollte.[290] Erst 1934 brach er das Verhältnis endgültig ab. Drei Jahre später emigrierte die Jüdin nach Frankreich, wo sie, maßlos über ihren ehemaligen Geliebten enttäuscht, in Paris unter ärmlichen Bedingungen leben musste.

Am meisten hatte Rachele aber unter Mussolinis Affäre mit Clara „Claretta" Petacci zu leiden. Die Beziehung mit der Tochter eines der Ärzte Papst Pius' XI. begann im April 1932. Claretta hatte sich von ihrem Mann getrennt und wohnte wieder bei ihrer Familie in der Nähe der Villa Torlonia. Seit Jahren hatte sie den Duce abgöttisch verehrt, doch nun erst wurde ihre Liebe erhört. Lange Zeit sollte es Mussolini gelingen, dieses Verhältnis vor seiner Frau geheim zu halten, obwohl seine Kinder und das Personal bereits davon wussten. Selbst als auch die breite Öffentlichkeit von der Affäre erfahren hatte und sie darüber hinaus missbilligte, hielt der Duce an seinem Verhältnis zu der ihm so devoten jungen Frau fest. Es war letztlich bezeichnend für sein bewegtes Privatleben, dass Mussolini nicht etwa gemeinsam mit seiner Ehefrau, sondern an der Seite seiner Geliebten Clara Petacci sein unrühmliches Ende fand.

Sehr zu Mussolinis Unbehagen frönte gerade seine älteste Tochter dem Dolce Vita. Edda rauchte, trank, spielte Poker, schminkte sich die Lippen, trug knappe Badeanzüge und chauffierte als selbstbewusste, moderne junge Frau einen Alfa Romeo. Mussolini stritt oft mit seiner nach Ibsens „Hedda Gabler" getauften, missratenen Tochter. Noch mehr Sorge bereitete ihm, dass sie sich mit Gigolos in Nachtlokalen und Cabarets – für den Duce „Vorzimmer von Bordellen" – herumtrieb. Als sie einmal Anstalten machte, einen Juden, den Sohn eines Obersten, zu heiraten, verbot er eine solche Verbindung kurzerhand. Weit standesgemäßer war schließlich die Eheschließung mit Galeazzo Ciano, dem Sohn Admiral Costanzo Cianos. Die Hochzeit des „Traumpaares" fand am 24. April 1930 in der Kirche San Giuseppe in der Nähe der Villa Torlonia statt und war selbstverständlich das gesellschaftliches Ereignis des Jahres. Die Ehe selbst wurde freilich angesichts der ausgeprägten Lebenslust der beiden in weiterer Folge derart offen und tolerant geführt, dass bald ganz Italien davon sprach.[291]

Bruno Mussolini wurde in der Öffentlichkeit wiederum als passionierter Flieger bekannt. So nahm er am Rundflug Istres – Damaskus – Paris teil und machte auch mit dem „Grüne-Ratten"-Geschwader beim Atlantikflug Rom – Rio de Janeiro Furore. Sein Bruder Vittorio zeigte sich hingegen vor allem musisch begabt, bekundete Interesse am Film und wollte Hollywood besuchen. Als Pianist sollte er schließlich ein bekannter Jazzmusiker werden. Vittorio heiratete die Mailänderin Orsola Buvoli, während Bruno Gina Ruberti, die Tochter eines römischen Beamten, zur Frau nahm.[292] Mussolini wollte die beiden Familien in der Villa Torlonia behalten, doch seine Frau konnte ihm diese Idee ausreden.

Aus verständlichen Gründen wollte Mussolini seine Privatsphäre geschützt wissen. „Wenn ich nach Hause komme und meinen Hut an die Wand hänge, werde ich ganz einfach der Herr Mussolini. Der Duce, der Regierungschef bleibt im Palazzo Venezia", so soll er sich gegenüber Rachele geäußert haben. „Alle Welt glaubt, dass ich vierundzwanzig Stunden am Tag der Duce bin. Wenn ich der gleichen Meinung wäre, würde ich verrückt werden. Ich brauche ein Mindestmaß an Entspannung, an Ruhe, um mich zu erholen und meine Identität zu bewahren." Mussolini war sodann auch darauf bedacht, gerade, was das Privatleben betraf, den Unterschied zu dem deutschen Diktator zu betonen. „Ich bin kein Roboter, ich bin nicht mit Italien verheiratet wie Hitler mit Deutschland. Das sagte Hitler zu mir, als ich ihn fragte, warum er nicht eine der wundervollen Frauen aus seiner Umgebung heirate. Ich bin ein normaler Mann, und ich wünsche, dass man meine Privatsphäre respektiert. Im Grunde haben die Engländer Recht, wenn sie es ablehnen, dass ein Fremder die Nase in ihr Schlafzimmer steckt, weil es das Symbol ihres privaten Lebens ist. Sie haben Recht, und ich denke wie sie."[293]

Zu Beginn seiner Ministerpräsidentschaft wohnte Mussolini noch in einem römischen Hotel. Danach bezog er eine Mietwohnung in der Via Rasella in dem halb verfallenen Palazzo Tittoni. Ohne Küche wohnte er dort mit seiner treuen Haushälterin, die er einst von D'Annunzio übernommen hatte. Seine Frau war mit den Kindern in Mailand geblieben. Die Familie kam erst 1927 nach Rom. Bis dahin pflegte der Duce zu den Seinen nur spärlichen Kontakt und führte in der Hauptstadt lieber das Leben eines Playboys, der elegante Kleidung trug, einen Sportwagen chauffierte und bisweilen sogar einen Puma an der Leine führte. Ab November 1929 residierte er sodann in der neoklassizistischen Villa Torlonia, die gleichermaßen durch ihre ausgesuchte Hässlichkeit wie durch ihren riesigen Park auffiel. Zum Anwesen in der Via Nomentana gehörten ein Tennisplatz und ein Reitplatz, die ihn zur sportlichen Ertüchtigung animierten. Sein Lieblingssport war freilich Boxen, das er – ähnlich wie Hitler – als besonders faschistisch und männlich betrachtete.

Als Feriendomizil der Mussolinis diente das alte, mit öffentlichen Geldern großzügig restaurierte Schloss Rocca delle Caminate, das auf einer Anhöhe über Predappio steht. Durch die Tantiemen seiner vielen Publikationen war Mussolini ein durchaus wohlhabender Mann geworden, der allerdings an Gelddingen prinzipiell kein Interesse zeigte – zwei weitere Parallelen zu Hitler. Wenn er bisweilen auch immer wieder als besonders genügsam, ja spartanisch dargestellt wurde, führte der Diktator nichtsdestoweniger ein Leben, in dem es ihm an nichts mangelte. „In meinen Stallungen habe ich die schönsten Pferde, die ich je gesehen habe", so brüstete er sich in einem Interview mit dem „London Daily Express". „Ich habe den unerschrockensten Chauffeur, den ich kennen lernte. [...] Auch Geschenke kommen in Massen, seltsame Tiere von den Grenzen der Welt, Papageien aus Südamerika, Pferde aus Arabien."[294] Gourmet war Mussolini jedenfalls – gleich Hitler – keiner. Kulinarischem maß er keinerlei Bedeutung bei. Hastig nahm er sein Mittagsmahl ein, das zumeist aus Teigwaren, Eiern, viel rohem Gemüse und Früchten bestand. Von offiziellen Diners hielt er nichts: „Ich kann nicht essen, wenn ständig jemand hinter mir steht und jede meiner Bewegungen beobachtet, das raubt mir den Appetit."[295] Aufgrund des Magengeschwürs, das er sich durch die starke nervliche Belastung während der Matteotti-Krise zugezogen hatte, trank er nur Mineralwasser, Kamillentee und Milch und vermied Alkohol, Saucen und Fleisch weitgehend.

Auch legte er einmal pro Woche einen Fasttag ein. Trotzdem nahm Mussolini im Laufe der Jahre stetig an Gewicht zu.

Gern suchte Mussolini in Hobbys Zerstreuung vom politischen Geschäft. Neben der Fliegerei waren Sportwagen seine große Leidenschaft. So begründete er in Italien auch viele Autorennen und ließ es sich dabei nicht nehmen, immer wieder einmal selbst eine Runde in einem Boliden zu drehen. Wenn es um Mobilität ging, dachte der Diktator fortschrittlich, und dementsprechend bereitete es dem Kind im Manne echte Freude, als er höchstpersönlich als Fahrer eines Triebwagens die Eisenbahnlinie zwischen Rom und Riccione einweihte. Dabei nahm er Rachele mit, betrachtete er doch die Fahrt als verspätete Hochzeitsreise.[296] Als Führer einer großen Kulturnation gab sich Mussolini das Image des viel belesenen Kunstverständigen. „In meinen seltenen Mußestunden lese ich alte und neue Bücher insbesondere historischen oder politischen Charakters, nehme auch solche Romane nicht aus, die zu Diskussionen geführt haben. [...] Ich habe nicht viel Zeit, in die Oper zu gehen, wo ich dann lyrischer und freudiger Musik den Vorzug gebe, dem kriegerischen Lyrismus eines Verdi und Wagner und der Heiterkeit Rossinis." Jazz fand er als Tanzmusik sehr amüsant. Darüber hinaus gab er vor, Literatur förmlich zu verschlingen: „Ich lese im Sommer mehr als im Winter; ich glaube, ich lese an die siebzig Bücher im Jahr. Ich lese Französisch, Deutsch und auch Englisch."[297]

Westliche Populärkultur hielt Mussolini für die nationale Entwicklung der Italiener für schädlich. Nichtsdestoweniger wurden in der Villa Torlonia nach dem Abendessen im großen Salon neben den Wochenschauen sehr wohl internationale Spielfilme vorgeführt, wobei er Laurel-&-Hardy-Komödien, Historiendramen und Streifen mit Greta Garbo den Vorzug gab. Getreu dem übermenschlichen Bildnis, das er verkörperte, gerierte er sich in der Öffentlichkeit dagegen als großer Geisteswissenschaftler und Künstler, der etwa das Violinspiel beherrschte. Gleich Hitler wollte auch Mussolini die Hauptstadt architektonisch neu gestalten und wünschte sich ein geordnetes, weitläufiges Rom, „mächtig wie zur Zeit des ersten Römischen Kaiserreichs des Augustus".[298] Doch ebenso wie die Pläne des deutschen Diktators wurden auch die bombastischen Vorhaben des Duce zum Glück nur zu einem geringen Teil in die Tat umgesetzt.

Naturgemäß legte Mussolini auf sein äußeres Erscheinungsbild höchsten Wert. Nachdem er in den ersten Jahren seiner Ministerpräsidentschaft noch die Zivilkleidung europäischer Staatsmänner dieser Zeit getragen hatte, ging er als Diktator in weiterer Folge dazu über, meistens Uniform zu tragen. Auch ließ er sich den Kopf ganz kahl scheren und verlieh sich damit ein brutaleres Flair. Der Faschismus strebte freilich nach einer Uniformierung der gesamten italienischen Gesellschaft. Dies begann bei den Kindern und Jugendlichen, die in paramilitärischen Formationen und auf Wehrsportlagern auf die Parolen „Glaube, gehorche, kämpfe", auf Disziplin, Liebe zum Staat und Krieg eingeschworen wurden. Der von

1931 bis 1939 amtierende Parteisekretär Achille Starace, ein besonders treuer und unterwürfiger Handlanger Mussolinis und Mann der ersten Stunde, setzte seinen ganzen Eifer daran, alle Alters- und Berufsgruppen der gesamten italienischen Gesellschaft in faschistischen Verbänden zu organisieren. Der Einzelne hatte sich den Interessen des vom Faschismus verherrlichten Staates komplett unterzuordnen. „Die faschistische Vorstellung vom Leben betont die Bedeutung des Staates und lässt das Individuum nur insoweit gelten, als seine Interessen mit denen des Staates übereinstimmen", so erklärte Mussolini im Jahr 1932, „der Faschismus bringt die Rechte des Staates als Ausdruck des wahren Wesens des Individuums wieder zur Geltung."[299] Trotz millionenfacher Mitgliedschaften sollte die Beeinflussung der italienischen Gesellschaft durch den Faschismus letztlich bloß an der Oberfläche greifen. Dies stellte sich schließlich drastisch heraus, als angesichts der italienischen Niederlage im Zweiten Weltkrieg seine Führer und Funktionäre, allen voran Mussolini selbst, mühelos verjagt werden konnten.

Nach dem Parteistatut war die Faschistische Partei „eine bürgerliche Miliz im Dienste des Staates. Ihr Ziel ist: die Größe des italienischen Volkes zu verwirklichen. Von ihren Ursprüngen an, die mit der Wiedergeburt des italienischen Selbstbewusstseins und mit dem Willen zum Siege in eins gehen, hat sich die Partei immer als im Kriegszustande befindlich betrachtet: zuerst, um diejenigen niederzuschlagen, die den Geist der Nation herabwürdigten; heute und in alle Zukunft, um die Macht des italienischen Volkes zu verteidigen und zu entwickeln. Der Faschismus ist nicht nur eine Vereinigung von Italienern um ein bestimmtes Programm, das verwirklicht oder noch zu verwirklichen ist, sondern er ist vor allem ein Glaube, der seine Bekenner gehabt hat und in dessen Reihen die neuen Italiener als Soldaten wirken, welche von der Anstrengung des siegreichen Krieges und dem darauf folgenden Kampf zwischen Nation und Antination hervorgebracht sind."[300]

Das Italien Mussolinis stellte im Vergleich zu seinem linksextremen Pendant in der Sowjetunion zweifellos eine gemäßigte Variante des Totalitarismus dar. Nach dem Tod Lenins hatte Stalin ein System kommunistischer Kontrolle über praktisch alle Lebensbereiche geschaffen. Diese nahezu grenzenlose Durchdringung der Gesellschaft durch den despotisch geführten Staat kannte das faschistische Italien nicht. Das Deutschland Hitlers sollte hier das rechtsextreme Spiegelbild des Stalinismus werden, mit all den Varianten hemmungslos brutaler Gewaltherrschaft. In ihren Unterdrückungs- und Vernichtungsmethoden ganzer Bevölkerungsteile waren sich das Dritte Reich und die UdSSR viel ähnlicher als Hitler-Deutschland mit dem Italien Mussolinis.

Das Besondere an der italienischen Entwicklung war der frühe Sieg des Faschismus gewesen. Mussolini und seine Gefolgsleute gingen dabei im Allgemeinen nur gegen die politischen Gegner mit aller Härte vor. Von einer systematischen

Ausrottungspolitik blieb Italien verschont. Das „Sondergericht zum Schutze des Staates" steckte zwar Regimegegner ins Gefängnis oder ließ sie auf Inseln oder in entlegene Gegenden deportieren, doch lassen sich die Quantität wie die brutale Qualität nicht mit den Regimen Hitlers und Stalins vergleichen. Der faschistische Polizeistaat wandte sich zwar durchaus mit ausgesuchter Härte gegen die politische Opposition, doch ging er im Regelfall in den zwanziger und dreißiger Jahren nicht etwa aus rassistischen Motiven gegen bestimmte Menschen und Gruppen vor. Das neue Wahlgesetz von 1928 sah eine einzige Liste mit 400 Namen vor, die vom Faschistischen Großen Rat aufgestellt wurde. Am 24. März 1929 gab es demnach lediglich die Möglichkeit, mit Ja oder Nein zu votieren. „Das Volk wird vollkommen frei abstimmen. Ich brauche gleichwohl kaum in Erinnerung rufen, dass man eine Revolution durch Plebiszit weihen, nicht aber stürzen kann", machte Mussolini aber noch am Tag vor dem Urnengang aufmerksam.[301] Das Ergebnis von 98,4 Prozent Jastimmen war mit Sicherheit gefälscht, wie überhaupt von einer freien und geheimen Abstimmung nicht die Rede sein konnte.

1929 gelang Mussolini mit einem geschickten Schachzug einer seiner größten Erfolge: In den Lateranverträgen vom 11. Februar einigte sich der italienische Staat mit dem Heiligen Stuhl. Italien garantierte dem Vatikan seine volle staatliche Unabhängigkeit, nachdem diese Frage seit der Gründung des Königreichs 1870 offen geblieben war. Ausgerechnet Mussolini regelte nun dieses Verhältnis, indem er der katholischen Kirche, einer Organisation, die er offenkundig nicht zu zerschlagen können glaubte, beträchtliche Zugeständnisse machte. Das Arrangement mit dem Papst brachte dem Duce innerhalb der religiösen Bevölkerung Sympathien und half, seine Herrschaft weiter zu festigen. „Dass wir beide eine Bauernmentalität haben", wie sich Mussolini auf die Herkunft Papst Pius' XI. bezog, „vereinfacht die Dinge beträchtlich."[302] Der Diktator hielt den Abschluss der Lateranverträge, die er gemeinsam mit Kardinal Gasparri unterzeichnete, für den Beginn des „goldenen Zeitalters des Faschismus". Rechtfertigend stellte er darüber hinaus fest: „Wir haben die weltliche Macht der Päpste nicht wiederaufleben lassen; wir haben sie begraben [...] der faschistische Staat ist katholisch, er ist aber vor allem faschistisch, ja ausschließlich und im Wesentlichen faschistisch [...] es ist pueril, von Siegern oder Besiegten zu sprechen. Man kann von der absoluten Billigkeit des Abkommens reden."[303] Als ersten Botschafter entsandte er mit dem ohnedies erzkatholischen De Vecchi einen überaus prominenten Vertreter seines Regimes an den Heiligen Stuhl.

Mit dem korporativen Staat beabsichtigte Mussolini das Ende des Kampfes zwischen Kapital und Arbeiterschaft, das Ende der Konflikte zwischen den unterschiedlichen Gesellschaftsschichten herbeizuführen. Arbeitgeber und Arbeitnehmer sollten im Interesse der Produktion an einem Strang ziehen und wirkungsvoll zusammenarbeiten. Staat und Partei übernahmen dabei eine Mittlerrolle. Die

Die Unterzeichnung der Lateranverträge am 11. Februar 1929.

Arbeitnehmer wurden allerdings nur mehr von faschistischen Gewerkschaften vertreten. Die Teilnahme an Streiks galt mittlerweile als strafbare Handlung. „Das wirtschaftliche Ziel des faschistischen Regimes ist größere soziale Gerechtigkeit", so hatte Mussolini bereits im Oktober 1924 vollmundig verkündet. „Wenn die moderne Wissenschaft das Problem, den Wohlstand zu vervielfachen, gelöst hat, muss die Wissenschaft, angespornt vom Staat, jetzt als zweites Problem lösen, das der Verteilung des Wohlstandes, so dass sich das unlogische, paradoxe und grausame Phänomen der Not inmitten des Überflusses nicht wiederholt. Auf dieses große Ziel müssen sich nunmehr all unsere Energien und all unsere Anstrengungen richten."[304]

Verschiedene faschistische Sozialgesetze bedeuteten für die Italiener tatsächlich einen unbestreitbaren Fortschritt. Dazu gehörten etwa die Einführung des Kollektivvertrages, die Garantie des Arbeitsplatzes im Krankheitsfall oder das Recht auf bezahlten Urlaub. Aber es steht ebenfalls außer Frage, dass der Faschismus die Agrarier und das Großunternehmertum auf Kosten der Arbeiterschaft unterstützte. „Die niedrigen Klassen", so war der Duce ohnedies der Meinung, „die mit der Erde verwurzelt und noch barbarisch genug sind, um nicht alle Vorteile des so genannten modernen Komforts zu schätzen, haften dem eigenen Vaterland am verzweifeltsten an."[305]

Der Faschismus nahm zudem populäre Projekte in Angriff: den Ausbau des Straßennetzes, die Errichtung von Brücken, die Weiterentwicklung im Schiffswesen, der Luftfahrt und die Ankurbelung der Automobilindustrie, die Bekämpfung der Mafia auf Sizilien. Der Staatshaushalt hatte sich konsolidiert, die Lira stabilisiert. Die Wirtschaft erlebte einen Aufschwung. Dies betraf vor allem die Chemie-, Eisen- und Stahlindustrie sowie die Energiewirtschaft. Die Arbeitslosigkeit ging zurück, und langsam begann man auch wieder, die Löhne anzuheben. Ganz bewusst förderte Mussolini eine „Verländlichung" Italiens zuungunsten des städtischen Proletariats. Er stilisierte die Bedeutung unterentwickelter ländlicher Regionen hoch und äußerte sich kritisch über die Industriezentren in Norditalien. Selber zeigte er seine ländlichen Wurzeln, wenn er propagandawirksam als „Bruder der Erde" bei der „Getreideschlacht" zur Verdoppelung des Weizenertrages mithalf. Das Streben nach Autarkie in der Getreideversorgung war ihm ähnlich wie seine Bevölkerungspolitik ein besonderes politisches Anliegen. Das aufstrebende, faschistische Italien benötigte neue Soldaten. Das Regime betrieb deshalb einen wahren Kult um die Familie, inszenierte Massenhochzeiten, bedachte kinderreiche Mütter mit Auszeichnungen und belegte Junggesellen mit Strafsteuern.

Der Faschismus vermochte jedoch nicht, Italien vor den Folgen der Weltwirtschaftskrise zu bewahren.[306] Soziale Unruhe konnte allerdings weitgehend vermieden werden, so dass es bloß zu vereinzelten Unmutsäußerungen kam. Trotzdem stieg die Arbeitslosenrate von 1929 bis 1934 um mehr als das Dreifache auf über eine Million Menschen. Aktienkurse und Preise fielen, während die Lebenshaltungskosten stiegen und Lohnkürzungen verordnet wurden. Im- und Exporte gingen merklich zurück, Banken und Großunternehmen konnten nur mit großzügigen staatlichen Stützungsmaßnahmen vor dem Zusammenbruch geschützt werden. Wie andere Staaten griff auch Italien zum Mittel der Schutzzollpolitik. Im Senat äußerte sich Mussolini jedenfalls dahingehend, dass die Wirtschaftskrise entweder politisch oder überhaupt nicht gelöst werden könne. „Glücklicherweise ist das italienische Volk noch nicht gewohnt, mehrmals am Tag zu essen, und da es einen bescheidenen Lebensstandard hat, spürt es die Entbehrungen und Leiden weniger. Nur die höheren Klassen sind entsetzlich egoistisch, und wenn sie statt drei nur zwei Automobile haben, schreien sie, die Welt bricht zusammen."[307]

Sehr bald nach seiner Machtergreifung hatte Mussolini von einer Revision der Friedensverträge gesprochen, wenn sich ihre Anwendung als sinnlos erweisen sollte. Als erster Regierungschef eines Siegerstaates hatte er damit – wenn auch nur ansatzweise – die Pariser Nachkriegsordnung in Frage gestellt und ein Zeichen gesetzt, dass der für Frankreich sakrosankte Status quo nicht für alle Zeiten bestehen musste. Allein in den ersten Jahren hütete sich Mussolini davor, Italien in ein Abenteuer hineinzuhetzen, dem es nicht gewachsen war. Außenpolitisch aktiver wurde der Duce erst, als sich im Innern die faschistische Herrschaft gefestigt hatte und der Umbau des Staates im Wesentlichen abgeschlossen war. Mussolinis Pläne, die Stellung Italiens in der Welt auszubauen, bezogen sich dabei auf den Vorderen Orient, Afrika und in Europa auf den Balkan und den Donauraum.

Im Vorderen Orient beabsichtigte Mussolini ein Gegengewicht zu den alten Kolonialmächten Großbritannien und Frankreich zu schaffen. In Syrien, Palästina, Ägypten, im Jemen und am Roten Meer hoffte er politisch, wirtschaftlich und auch kulturell an Einfluss zu gewinnen und die beiden Westmächte dort abzulösen. Italien unterstützte so auch die Emanzipationsbestrebungen der arabischen Völker, wenngleich mit nur geringem Erfolg. Im Mittelmeerraum spielte Libyen eine zentrale Rolle. Im Ersten Weltkrieg war diese italienische Kolonie bereits fast zur Gänze verloren gegangen; in den zwanziger Jahren eroberte der faschistische Staat unter der militärischen Führung Rodolfo Grazianis Tripolitanien und die Cyrenaika wieder zurück und besetzte die inneren Landesteile. Mussolinis Aspirationen in Nordafrika konzentrierten sich auch auf das wegen seiner Lage am Kanal von Sizilien gelegene, strategisch ihm so wichtig erscheinende Tunis. Dieses befand sich freilich in französischer Hand, beherbergte aber zugleich auch eine beachtliche italienische Einwandererkolonie. Abessinien war ein anderes Objekt der kolonialen Begierde Mussolinis. Italien hatte das ostafrikanische Land bereits knapp vor der Jahrhundertwende zu erobern beabsichtigt gehabt, doch blamierte es sich bei seinem misslungenen Feldzug schlussendlich vor der ganzen Welt und musste den Plan eines abessinischen Kolonialreiches für längere Zeit aufgeben. Nunmehr wählte Mussolini vorerst den Weg freundschaftlicher Beziehungen und den Ausbau des Handels mit Addis Abeba, in der Erwartung, damit das Land gleichermaßen friedlich zu gewinnen. Doch auch hierbei befand man sich in harter Konkurrenz zu Frankreich, das in Dschibuti saß und über eine Eisenbahnverbindung nach Addis Abeba verfügte.

Der Balkan- und Donaupolitik Italiens maß Mussolini „lebenswichtige Bedeutung" bei.[308] Seine Aspirationen in Mittel- und Südosteuropa spannten naturgemäß besonders die Beziehungen zu Jugoslawien an. Nach der kurzen Periode eines verträglichen Verhältnisses zu Belgrad schlug sich der Duce bald auf die Seite der revisionistisch gesinnten Ungarn und Bulgaren. Besonders seit dem Freundschaftsabkommen vom April 1927 pflegte Rom ein ausgesprochen inniges Verhältnis zu Budapest. Von allen fremden Völkern Europas schätzte Mussolini die Magyaren am meisten.

Die italienisch-ungarische Freundschaft fand ihren Widerpart in der aus der Tschechoslowakei, Rumänien und Jugoslawien bestehenden und von Frankreich unterstützten Kleinen Entente. Dieses Defensivbündnis sollte ein Bollwerk gegen eine Habsburgerrestauration und den ungarischen Revisionismus darstellen. Somit konkurrenzierten einander Rom und Paris auch in Mittel- und Südosteuropa. Frankreich schloss mit Jugoslawien einen Beistandspakt ab, Italien reagierte darauf mit einem Militärbündnis mit Albanien für die Dauer von 20 Jahren. Mit Ländern wie Ungarn und Albanien war Mussolinis Auffassung nach eine „wirkliche aufrichtige Zusammenarbeit" möglich, dagegen glaubte er, mit sozialistisch regierten Staaten eben keine Politik machen zu können. Besonders schwarz sah er daher für Europa, wenn die „Pazifisten ans Ruder kommen" würden, denn dann „sei die Lage immer gefährlich".[309]

Mussolini dachte freilich selbst an Revision. Anfang Juni 1928 erklärte er im Senat, „kein Vertrag ist ewig, denn die Welt schreitet voran". Demnach sah der Duce bedrohliche Entwicklungen in Europa für die Jahre ab 1935 voraus, falls die Pariser Verträge nicht an die neuen Umstände angepasst werden würden. Dabei bezog er sich nicht bloß auf die Grenzziehungen, sondern trat auch für ein Ende der Reparationszahlungen ein. Seine Politik gegenüber der Weimarer Republik glich einem aufgrund der eigenen Interessen motivierten Zickzackkurs. Konnte er aus taktischen Gründen die deutsche Karte gegen Frankreich einsetzen, dann war er an der Seite Berlins zu finden, war jedoch etwa vom Anschluss Österreichs an das Reich die Rede, bezog er die Position der Anhänger des Status quo in Europa. Eine Vereinigung Österreichs mit Deutschland zu verhindern, zählte zu den Eckpfeilern seiner außenpolitischen Strategie. Die schwache Alpenrepublik diente ihm als Verbindung zu dem befreundeten Ungarn und als Puffer zwischen den profranzösischen Staaten Jugoslawien und Tschechoslowakei. So sehr er bisweilen auch korrekte Beziehungen zur Weimarer Republik unterhielt, eine durch den Anschluss Österreichs gemeinsame Grenze wollte er mit Deutschland auf keinen Fall teilen; zum einen nicht, weil er den Einfluss des Reichs auf die Adria und Südosteuropa fürchtete, zum andern, weil er schon aufgrund der Italianisierungspolitik gegenüber der deutschsprachigen Bevölkerung in Südtirol mit den Österreichern seine Schwierigkeiten hatte.[310]

In den ersten zehn Jahren seiner Regierung hatte Mussolini Italien eine Position in der Welt verschafft wie nie zuvor. Im Großen und Ganzen war er einer traditionellen Außenpolitik treu geblieben, so dass seine in all den Reden und Publikationen geäußerten Eroberungsgelüste durchaus nicht als übermäßig aggressiv und bedrohlich angesehen wurden. Im Inland tat der große Demagoge das, was er am besten konnte: Er prahlte, fantasierte, drohte und versprach. In einer großen Rede vor den Schwarzhemden in Florenz im Mai 1930 gab er sich seiner Zuhörerschaft gemäß martialisch: „Wir können uns niemals zur Ruhe setzen. [...] Das ist absolut unmöglich [...] Worte sind eine sehr schöne Sache, aber Gewehre, Maschinengewehre, Kriegsschiffe, Flugzeuge und Kanonen sind noch viel schönere Sachen [...] denn das Recht [...] ist ein leeres Wort, wenn es nicht von der Macht begleitet ist [...] Nur das faschistische Italien, mächtig bewaffnet, wird seine einfache Alternative vorlegen: entweder die kostbare Freundschaft oder die härteste Feindschaft."[311] Doch auf seine Visionen folgten zunächst eben noch keine Aggressionen, auf seine großen Worte noch keine Taten, die die Ordnung und den allgemeinen Frieden ernsthaft bedroht hätten. Wenn er wortgewaltig den Kommunismus verdammte, teilten viele andere europäische Staatsmänner seine Auffassung, wenn er für sein Land die Gleichberechtigung forderte, so musste dies selbst für Paris ein verständliches Anliegen sein. Sein Streben nach Expansion in der ersten Hälfte seines Regimes hatte für kühl kalkulierende Pragmatiker der Staatsführung ebenfalls nichts außergewöhnlich Beunruhigendes oder Revolutionäres an sich. Immerhin hatte sein bisweilen säbelrasselndes Auftreten Italien auch zu größerem Prestige in Europa verholfen, ohne dass dabei Blut vergossen worden war. Nach anfänglichen Schwierigkeiten hatte es Mussolini somit auf dem glatten Parkett der internationalen Politik zu einem durchaus angesehenen, ja teilweise sogar bewunderten Staatsmann gebracht. Seine harte Hand in inneren Angelegenheiten wurde toleriert oder sogar begrüßt, solange die Politik Italiens nach außen hin nur verhältnismäßig moderat und konventionell blieb. Andererseits ließ Mussolini keinen Zweifel aufkommen, dass er an der Spitze einer auch außenpolitisch aggressiven Bewegung stand, die sich mit pazifistischem Gedankengut nicht anzufreunden vermochte: „Der Faschismus glaubt, allgemein gesagt, nicht an die Möglichkeit oder Nützlichkeit ewigen Friedens. [...] Allein der Krieg steigert sämtliche Energien der Menschen zu ihrer höchsten Anspannung und prägt denjenigen das Siegel des Adels auf, die den Mut haben, ihm ins Auge zu sehen."[312]

Seit Beginn der dreißiger Jahre sprach Mussolini immer häufiger vom Kampf des Faschismus „gegen eine untergehende Welt". Diese sei noch mächtig, „weil sie eine enorme Kristallisation von Interessen vertritt. Die Faschisten sind sich dessen bewusst. Der Antifaschismus ist nicht tot, die Opposition besteht noch. Nur das Kampfgebiet ist weiter geworden. Gestern war es Italien, heute ist es die ganze Welt, denn überall wird für oder gegen den Faschismus gekämpft." Doch gleichzeitig beruhigte er wieder die internationale Öffentlichkeit, indem er sich friedliebend gab: „Unsere Politik der Vertragsrevision selbst stellt darauf ab, den Krieg zu vermeiden und die Kosten, die Riesenkosten eines Krieges, zu sparen."[313] Zunehmend zeigte sich Mussolini jedoch über die Politik des im September 1929 zum Außenminister ernannten ehemaligen Squadristenführers, Widerparts und politisch ambitionierten Dino Grandi unzufrieden, war sie dem Duce doch zu sehr auf den Völkerbund und die beiden westeuropäischen Mächte ausgerichtet. Außerdem war es für Mussolini wieder an der Zeit, einen möglichen Konkurrenten aus dem Feld zu schlagen. Im Juli 1932 übernahm der Diktator daher wieder selbst die Leitung des Außenressorts und entsandte Grandi als Botschafter nach London. Fulvio Suvich bekleidete fortan den Posten eines Unterstaatssekretärs im Palazzo Chigi. Suvich stammte aus Triest und war ursprünglich Irredentist gewesen. Er galt als ein Experte für wirtschaftliche und finanzielle Belange. Unauffällig in seinem Auftreten, verfügte er in der Faschistischen Partei über keinerlei Machtbasis. Der Duce musste bei ihm deshalb – im Gegensatz zu Grandi – keinerlei Aspiration auf die Führerschaft im Staat fürchten. Nach den innenpolitisch für ihn ruhigen letzten Jahren, in denen sich der Faschismus völlig des Staates und der Gesellschaft bemächtigt hatte, wuchs in Mussolini zunehmend die Absicht, aus Italien ein „Imperium" zu machen. Das Regime und vor allem er selbst benötigten wieder eine Herausforderung, wollten sie nicht zu einer Art Operettendiktatur verkommen. Dies bedeutete Expansion und damit wahrscheinlich Krieg. Aber noch schien dem gerissenen Taktiker nicht der richtige Zeitpunkt zum Losschlagen gekommen. Noch musste der Mann der Tat abwarten.

Zehn Jahre regierte Mussolini bereits sein Land. Ohne Zweifel war er nicht zuletzt deswegen das große Vorbild für die völkische Rechte in Europa. Dementsprechend konnte er mit Stolz behaupten, „dass der Faschismus als Idee, Doktrin, Realisierung universal ist; italienisch in seinen einzelnen Einrichtungen, ist er universal im Geist [...] Man kann also ein faschistisches Europa voraussehen, ein Europa, dessen Institutionen von Doktrin und Praxis des Faschismus inspiriert sind."[314] Rechtsautoritäre Regime und rechtsextreme Bewegungen waren praktisch in allen Staaten des Alten Kontinents zu finden, selbst in Großbritannien und Frankreich. Dies gab Mussolini die Bestätigung, dass die liberal-demokratische Gesellschaftsordnung zum Untergang verurteilt war. Endlich war es wieder Italien, dass wie einst Rom in der Antike Europa zu einer neuen Kultur führte. „Heute sage ich, [...] in aller Seelenruhe, dass das 20. Jahrhundert das Jahrhundert des Faschismus sein wird, das Jahrhundert der italienischen Macht, das Jahrhundert, in welchem Italien zum dritten Mal die Führerin der Menschheitszivilisation sein wird, denn außerhalb unserer Prinzipien gibt es weder für die Individuen noch gar für die Völker Rettung. Innerhalb von zehn Jahren – das kann man behaupten, ohne den Propheten zu spielen – wird Europa verändert sein."[315]

# Der lange Weg zur Macht II

## Hitler 1929 bis 1933

Die Weltwirtschaftskrise, von der besonders auch Deutschland seit Ende 1929 betroffen war, brachte ein jähes Ende der „glücklichen" Jahre der Weimarer Republik. Die Arbeitslosigkeit stieg in ungekannte Höhen: Im Januar 1930 auf 3,2 Millionen, ein Jahr später auf 4,9 Millionen, und im Januar 1932 sollte sie schließlich sogar die Sechsmillionengrenze überschreiten. Die Reichsregierungen mussten unpopuläre Maßnahmen setzen: Kürzungen der Löhne, Gehälter und Arbeitslosenunterstützungen, Steuererhöhungen. Die Landwirtschaft stand vor dem Zusammenbruch, eine Vielzahl der Landwirte war hoch verschuldet. Auch der Mittelstand in den Städten hatte erheblich unter der Depression zu leiden: Ladenbesitzer, Handwerker und kleine Geschäftsleute traf die abnehmende Nachfrage hart. Hatte seinerzeit die Inflation ihre Ersparnisse vernichtet, so war es nun die durch die deflationistische Politik bedingte Kreditknappheit, die ihnen äußerst zu schaffen machte. Der den Marxismus gleichermaßen fürchtende wie verachtende Mittelstand sah sich in seiner gesellschaftlichen Stellung bedroht und von den demokratischen Parteien im Stich gelassen. Die Weimarer Republik steckte in der größten Krise seit ihrem Bestehen, größere Teile der Bevölkerung drohten zu verelenden, doch Hitler frohlockte: „Niemals in meinem Leben habe ich mich so wohl und innerlich zufrieden gefühlt wie in diesen Tagen."[316]

Der Nationalsozialismus erhielt noch vor der großen Depression deutlichen Zulauf, gerade aus dem ländlichen Milieu. Die Partei zählte bald dreimal so viele Mitglieder wie unmittelbar vor dem gescheiterten Putsch in München. Der Nürnberger Parteitag Anfang August 1929 gestaltete sich sodann auch zum pompösen Spektakel mit endlosen Aufmärschen, Standartenweihen und Massenkundgebungen einer bereits selbstbewussten Bewegung.[317] In einer Zeit völliger Verunsicherung appellierte Hitler an die Gemeinschaft, die den Unzufriedenen Wärme und Sicherheit zu

Hitler und seine Mitstreiter im Reichstagswahlkampf 1930. 1. Reihe v. l.: Himmler, Frick, Hitler, Epp, Göring. 2. Reihe v. l.: Mutschmann, Goebbels, Schaub. 3. Reihe: Strasser.

geben schien. Im Zeichen der großen Krise rächte sich nun das Versäumnis, dass die Weimarer Republik zu wenig die Gefühle der Bevölkerung erreichte, dass ein größerer Teil ihrer Führungsschicht dem demokratisch-pluralistischen System distanziert gegenüberstand. Das Programm der Nationalsozialisten war flexibel und amorph, elastisch und volkstümlich, den jeweiligen Wünschen und Bedürfnissen angepasst und auf den Endzweck ausgerichtet, möglichst viele Anhänger zu sammeln. Wie kein Zweiter verstand es Hitler, den völlig verunsicherten Menschen Orientierung und Visionen zu bieten. Wie keine andere Partei versuchte die NSDAP – bis auf die Juden –, ob Jung, ob Alt, alle Bevölkerungsschichten zu erreichen, vom Großindustriellen bis zum Fabrikarbeiter, vom Bauern bis zum Kleingewerbetreibenden. Es waren Elemente wie der Protest gegen Weimar und die Siegermächte, verletzter Nationalstolz, die Hinwendung zur ruhmreichen Vergangenheit und ebenso die gesellschaftliche Utopie, die die Massen zunehmend anzogen. Die Parallele zu Mussolinis Strategie vor der Machtergreifung, allen alles zu versprechen, ist nicht zu übersehen.[318]

Die Kampagne für die Reichstagswahlen im September 1930 sah Hitler im unermüdlichen Einsatz. Rastlos hetzte er im Auto, in der Eisenbahn und selbst im Flugzeug auf Stimmenfang. Maßgeblich unterstützt wurde er dabei von seinem neuen Reichspropagandaleiter, der sich schon bei den Auseinandersetzungen mit den Kommunisten als „Oberbandit von Berlin" bewährt hatte: Joseph Goebbels. Der machtbewusste, rhetorisch beeindruckende Zyniker, der sich selbst als „Demagogen schlimmster Sorte" sah, stand jedoch im Schatten des an Breitenwirkung alle überragenden Hitler, der – offen nach allen Seiten – sein Massenpublikum mit ebenso gestaltloser wie beeindruckender Plattheit aufforderte, nicht die kleinen Alltagsprobleme, sondern vielmehr die großen nationalen Perspektiven zu sehen.[319]

Der Berliner Parteilinken unter dem Herausgeber des Kampfverlags, Otto Strasser, dem Bruder Gregor Strassers, ging Hitlers Legalitätskurs zu weit. Sie forderte eine stärkere Betonung des revolutionär sozialistischen Elements der Bewegung, das für den Parteiführer freilich ein zu starkes Naheverhältnis zum Bolschewismus besaß: „Unter der Maske, für den Sozialismus kämpfen zu wollen, wird eine Politik zu vertreten versucht, die vollkommen der Politik unserer jüdisch-liberal-marxistischen Gegner entspricht. Was von diesen Kreisen gefordert wird, ist der Wunsch unserer Feinde [...] Ich halte es nunmehr für notwendig, diese destruktiven Elemente rücksichtslos und ausnahmslos aus der Partei hinauszuwerfen."[320] Otto Strasser kam dem zuvor und verließ am 4. Juli 1930 mit wenigen getreuen „Sozialisten" die NSDAP, um eine neue Partei zu gründen, die allerdings nie aus einem Schattendasein herauskam.[321] Auch innerhalb der ebenfalls in Berlin aufsässigen SA sah sich Hitler gezwungen durchzugreifen. Der zu selbstständige Pfeffer von Salomon wurde abgesetzt. Hitler übernahm Ende August gleich selbst den Posten des obersten SA-Führers und holte außerdem den als Militärinstrukteur in Bolivien tätigen Ernst Röhm zurück.[322]

Wie zur gleichen Zeit Mussolini unterwarf auch Hitler seine Bewegung, die dagegen keinen Widerstand mehr zu leisten schien, weitgehend. Doch anders als dem Duce gelang ihm die bedingungslose Gefolgschaft bereits vor der Machtergreifung und der Etablierung der Diktatur. Als Parteiführer und Gründer des Faschismus hatte Mussolini diese unangefochtene Stellung historischer Unfehlbarkeit noch keineswegs inne gehabt, auf die sich Hitler schon Jahre vor seiner Kanzlerschaft stützen konnte. Der „Führer", wie Hitler nur mehr ehrfurchtsvoll von seinen Anhängern genannt wurde, war bereits als bloßer Parteipolitiker in byzantinische Sphären entrückt, ein Luxus, den sich Mussolini erst als gefestigter Diktator leisten konnte. Was Hitler mit Mussolini aber besonders verband, war die Menschenverachtung. Die Bemerkung Hitlers, „die breite Masse ist blind und dumm und weiß nicht, was sie tut", hätte auch wortwörtlich von seinem italienischen Idol stammen können.[323]

1930 ließ Hitler die Parteizentrale von der Schellingstraße in das Palais Barlow in der Briennerstraße verlegen. Der Architekt Paul Ludwig Troost gestaltete daraus das repräsentative Braune Haus, und Hitler ließ es sich nicht nehmen, Entwürfe und Ideen zur Inneneinrichtung beizusteuern. Der Arbeitsraum des „Führers", in dem der stets vor dem Alltagsgeschäft Fliehende nur äußerst selten anzutreffen war, wirkte schließlich karg und steril, doch hatte Hitler trotz der spärlichen Dekoration nicht auf seine Vorbilder vergessen. So befand sich neben den wenigen Möbeln und dem Schlachtengemälde des Regiments List ein Bild Friedrichs des Großen und eine Monumentalbüste Mussolinis. Auch bat Hitler über die italienische Botschaft in Berlin um ein signiertes Foto des Duce, ein Wunsch, der jedoch unerfüllt blieb.

Die Jahre 1930 bis 1932 waren die Zeit der großen Wahlsiege Hitlers und seiner Bewegung.[324] Obwohl es gerade die Auswirkungen der großen Weltwirtschaftskrise waren, die Hitler so viel neuen Zustrom brachten, sympathisierten die Arbeitslosen in erster Linie mit den Kommunisten und nicht mit der NSDAP. Dagegen erhielten die Nationalsozialisten besonders in jenen Gebieten größeren Zulauf, in denen sich Angehörige von Gewerbe oder Landwirtschaft besonders verschuldet hatten. Es ist erwiesen, dass Hitler vor allem viele Wähler aus dem evangelisch-bürgerlichen Lager um sich sammelte und sehr viele Nichtwähler gewann, während sich Sozialdemokraten und Anhänger des politischen Katholizismus weit mehr gegen die Versuchung immun zeigten, dem in Deutschland beispiellosen Demagogen ihre Stimme zu geben. Und nicht bloß unter der Arbeiterschaft, sondern auch bei den Angestellten vermochte Hitler nicht, die auffallend großen Stimmenzuwächse zu holen. Diese erhielt er in erster Linie, aber keineswegs in ihrer Gesamtheit von – hauptsächlich nichtkatholischen – Handwerkern, selbstständigen Geschäftsleuten und Bauern, aber auch Beamten, Rentnern und Pensionären. Es waren, wie die Wahlforschung zeigt, mehrheitlich Menschen aus dem protestantischen Kleinbürgertum, die Hitler wählten. Auffallend konstant kamen etwa 60 Prozent der NSDAP-Wähler aus der Mittelschicht und ungefähr vier Zehntel aus der Arbeiterschaft bzw. aus Arbeiterhaushalten.[325]

1930 profitierte die NSDAP von der gestiegenen Wahlbeteiligung, darüber hinaus sowohl vom Verlust der liberalen Mittelparteien – DDP und DVP – als auch vom Rückgang der Deutschnationalen. Zudem wechselte jeder zehnte SPD-Wähler des vorigen Urnenganges nunmehr zu den Nationalsozialisten.[326] Beim Urnengang vom Juli 1932, so viel sei vorweggenommen, dürfte dann jeder dritte ehemals liberale bzw. deutschnationale Wähler, jeder fünfte Nichtwähler und jeder siebte vormalige SPD-Wähler für Hitler gestimmt haben; von den Splitterparteien war es offenbar sogar jeder zweite. Doch auch ehemalige Wähler von SPD, Zentrum und BVP, ja sogar von der KPD votierten diesmal für die Nationalsozialisten. Trotzdem, beispielsweise nur jeder siebte katholische Wahlberechtigte gab der NSDAP seine Stimme. Dagegen stimmten beinahe 40 Prozent der Nichtkatholiken für Hitler. Auf der anderen Seite verloren die Nationalsozialisten auch ihrerseits Sympathisanten an die genannten Parteien.[327]

Zwei Gruppen sprach der Nationalsozialismus ganz besonders an: die Neuwähler und die ehemaligen Wähler nichtsozialistischer Parteien. Die Linke behielt ihre Wählerschaft, wenngleich im Zuge der allgemeinen Radikalisierung in der Weimarer Republik etliche ehemalige Anhänger der SPD zu den Kommunisten wechselten. Auch die katholischen Wähler blieben ihren Parteien treu. Kleine und mittlere Bauern, Pächter am Land fühlten sich genauso wie kleine Geschäftsleute, Ladenbesitzer und Handwerker in ihrem Status ernsthaft bedroht. Darüber hinaus lehnten es auch viele arbeitslose Angestellte ab, sich mit dem Proletariat zu identifizieren und setzten vielmehr in Hitler und die NSDAP die Hoffnung, wieder zu Erwerbstätigkeit und sozialem Wohlstand zu gelangen. Trotz ihrer antikapitalistischen, bisweilen sozialistischen Parolen verstanden es die Nationalsozialisten mit ihren Versprechungen, Arbeit für alle zu schaffen, die Sehnsüchte jener anzusprechen, die den Gewerkschaften, Sozialdemokraten und Kommunisten mit Antipathie begegneten und die sich von marxistischen Thesen einer klassenlosen Gesellschaft abgestoßen fühlten. Außerdem gaben Hitler und der Nationalsozialismus bei aller Rückbesinnung auf die „germanischen Traditionen" vor, eine Bewegung neuen Stils zu sein, während die anderen politischen Gegner als überlebte „Altparteien" galten. Deutschland musste erwachen, so forderten es Hitler und sein Gefolge unentwegt, es musste seine Fesseln abstreifen und zu alter Größe wiederauferstehen. Den Reichsregierungen warf er vor, sich dem Diktat von außen, insbesondere von Großbritannien und Frankreich, zu unterwerfen und die Bedingungen der Siegermächte des Ersten Weltkriegs aus Schwäche zu erfüllen.

Doch es waren keineswegs nur die Wahlerfolge, die Hitler an die Macht brachten. Maßgeblichen Anteil daran hatten auch die Ränkespiele um das alte erzkonservative Staatsoberhaupt, die entscheidend die Regierungsbildungen beeinflussten. Ohne Zweifel stand der am 26. April 1925 mit 48,3 Prozent der Stimmen zum Reichspräsidenten gewählte Paul von Hindenburg nicht bloß Republik und Demokratie, sondern der Politik ganz allgemein überaus distanziert gegenüber. Schon als hoch dekorierter und gefeierter Militär war er mehr Symbolfigur als aktiver Gestalter gewesen. Wie er schon während des Ersten Weltkriegs weitgehend dem Urteil seiner Umgebung – besonders Ludendorffs – vertraute, so war der so knochentrockene „unpolitische" Preuße als Staatsoberhaupt der Weimarer Republik mehr denn je auf seine Berater angewiesen. Der Liberale Otto Meißner hatte dabei bereits unter Friedrich Ebert als Staatssekretär der Präsidialkanzlei und Leiter des Büros des Reichspräsidenten fungiert.[328] Oskar von Hindenburg folgte seinem Vater ins Reichspräsidentenpalais als Adjutant nach und war an vielen Entscheidungen des Staatsoberhaupts beteiligt. Die schillerndste und wichtigste Persönlichkeit der Kamarilla um den alten Feldmarschall war aber Kurt von Schleicher, seit April 1929 Chef des Ministeramts im Reichswehrministerium im Range eines Staatssekretärs.

Aus Brandenburg stammend, hatte Schleicher als Leutnant gemeinsam mit Oskar von Hindenburg im Garde-Regiment Nr. 3, der Stammeinheit des Reichspräsidenten, gedient und war zu einem engen Vertrauten des Sohnes geworden. Im Ersten Weltkrieg war er im Truppengeneralstab und in der Obersten Heeresleitung als Mitarbeiter seines Förderers und Nachfolgers Ludendorff als Generalquartiermeister, Wilhelm Groener, tätig gewesen. Das besondere Naheverhältnis zu Oskar von Hindenburg verschaffte dem listigen politischen Chef der Wehrmachtsabteilung im Reichswehrministerium Zugang zum Reichspräsidenten, dessen einflussreichster Berater er bald wurde. So knorrig er selber war, schätzte der betagte Feldmarschall unterhaltsame Vertraute um sich. Schleicher, der Offizier in Zivilkleidung, war trotz seiner massiven politischen Interessen ein Charmeur und Lebemann und strebte sehr zu Hindenburgs Wohlgefallen insgeheim die Wiederherstellung der Monarchie und eine wiedererstarkte Armee an. Gerade in diesem letzten Punkt traf sich der durchtriebene Schleicher mit den Nationalsozialisten, die er auf längere Sicht regierungsfähig machen wollte. Bei seinem Einfluss im Reichspräsidentenpalais musste diese Idee in weiterer Folge auch auf Hindenburg ihre Wirkung ausüben.[329]

Schleicher war es auch, der Hindenburg Heinrich Brüning als Reichskanzler nahe legte. Der aus Münster stammende Führer der Reichstagsfraktion des Zentrums, ein nüchterner, asketischer Junggeselle, war seinerzeit freiwillig und mit Begeisterung in den Krieg gezogen, verwundet, zum Leutnant der Reserve befördert und mit dem EK I ausgezeichnet worden. In den Umbruchtagen nach dem Krieg hatte Brüning im Verband der antirevolutionären „Gruppe Winterfeldt" gedient.

Reichskanzler Heinrich Brüning nach seinem Besuch bei Hindenburg auf dem Weg zur Reichskanzlei.

Seit 1924 gehörte der christlich-nationale Gewerkschafter dem Reichstag als Abgeordneter an. Während er sich als Katholik betont zurückhielt, zeigte sich der in seiner Partei durchaus populäre Brüning öffentlich gerne als glühender Patriot. Wie Hindenburg oder Schleicher war auch er im Grunde seines Herzens Monarchist, wenngleich er sich getreu seines Pragmatismus politisch als deklarierter Republikaner erwies. Nach dem Sturz des sozialdemokratischen Reichskanzlers Müller Ende März 1930 übernahm Brüning mit seinem „Kabinett der Frontsoldaten" die Regierungsgeschäfte. Gestützt auf die Macht des Reichspräsidenten und mit Hilfe des Artikels 48 regierte er gegen die Opposition sowohl von Nationalsozialisten und Deutschnationalen als auch der KPD.[330]

Die „Erbitterungswahlen" vom 14. September 1930 brachten ein politisches Erdbeben. Die Nationalsozialisten vermochten ihren Stimmenanteil auf 6,4 Millionen Wähler zu verachtfachen. Das Ergebnis von 18 Prozent und 107 Reichstagsmandaten übertraf selbst Hitlers Erwartungen bei weitem. Die NSDAP als hinter den Sozialdemokraten zweitstärkste Partei hatte Hugenbergs Deutschnationale eindeutig in den Schatten gestellt und damit auch im Parlament die unumstrittene Führungsrolle übernommen. Der gewaltige Erfolg erzeugte eine weitere Sogwelle, die sich in massenhaften Beitritten zur NSDAP niederschlug. Das bürgerlich-liberal-kapitalistische System begann deutlich zu schwanken. Der Trend ging klar zu den Extremisten, zu den Nationalsozialisten und, wenngleich in weit geringerem Maße, zur KPD.

Die Erfolge fanden bei den Kommunalwahlen in verschiedenen Städten ihre Fortsetzung. Doch durch den steigenden Zuspruch ließ sich Hitler keineswegs zu einer Herausforderung der Staatsgewalt hinreißen, denn er hatte aus dem gescheiterten Putsch vom November 1923 gelernt: Die Machtergreifung kam nur im Einklang mit der Verfassung in Frage. Einen zweiten Revolutionsversuch, der neuerlich in einer Schlappe endete, durfte es nicht geben. Einen Marsch auf Berlin hielt er für aussichtslos. Hitler war sich sicher, dass ein Staatsstreich am Widerstand der Reichswehr scheitern würde. Dementsprechend wollte er sich an die Verfassung halten, doch, so kündigte er offen an, als Inhaber der verfassungsmäßigen Rechte werde er sie abschaffen oder ersetzen.[331]

Der Zustrom zu den Nationalsozialisten machte sich auch besonders im Anwachsen der SA zu einem Massenheer bemerkbar. Anfang 1931 setzte Hitler wieder Röhm als Stabschef ein, Ende 1932 zählte die SA vor allem durch den Zulauf vieler Arbeitsloser über eine halbe Million Mann. Die Erfolge bei Regionalwahlen setzten sich 1931 fort, doch Hitler war sich bewusst, mit Stimmenzuwächsen allein nicht die Macht erlangen zu können. Wichtiger war es, die Gunst des Reichspräsidenten zu gewinnen, denn aufgrund der zunehmenden Arbeitsunfähigkeit des Reichstages regierte das Kabinett Brüning gleichsam halbautoritär lediglich mit Hilfe der Sondervollmachten des Artikels 48 der Weimarer Verfassung. Die wahre Macht lag also bei Hindenburg, der „zur Wiederherstellung der öffentlichen Sicherheit und Ordnung [...] die Grundrechte ganz oder zum Teil außer Kraft [zu] setzen" die Möglichkeit besaß.[332]

Um an die Macht zu gelangen, musste Hitler daher alles daransetzen, das Vertrauen des um das nationale Wohl so bedachten Hindenburg zu erlangen. Zu diesem Zweck kam es zu Unterredungen mit den Vertrauten des Staatsoberhaupts, mit Brüning, Reichswehrminister Groener, dem Chef der Heeresleitung General von Hammerstein und – von allen am wichtigsten – mit Schleicher, der „feldgrauen Eminenz" jener Jahre, auf die Hindenburg am meisten hörte. Auch bemühte sich Hitler in zahlreichen Besprechungen um die Unterstützung der Großindustrie, konferierte mit Hugenberg und mit den beiden Führern des Stahlhelms, Seldte und Duesterberg. Deutschlands alte Rechte anerkannte Hitler mittlerweile als Verhandlungspartner.

Am 10. Oktober 1931 hatte Hitler erstmals Gelegenheit, mit dem Reichspräsidenten zu sprechen. Schleicher und Röhm hatten die Audienz eingefädelt. Brünings Hoffnung, dass diese Begegnung Hindenburg ernüchtern würde, sollte sich bewahrheiten. Für Hitler wurde sie zur Demütigung. An sich hielt der alte Generalfeldmarschall – ähnlich wie Groener und Schleicher – den Führer der NSDAP im Grunde seines Herzens für einen anständigen Mann. In seiner antidemokratischen, antimarxistischen Haltung, in seinem Auftreten gegen den Friedensvertrag und die Reparationen, seinem Bemühen für ein starkes Deutschland stimmte er grundsätzlich mit der alten Generalstabselite überein. Doch was Hindenburg und seinen Vertrauten besonders missfiel, waren der Terror der SA, die laute Propaganda, der offene Antisemitismus und die bisweilen antikapitalistische Position der Nationalsozialisten. Für Hindenburg war Hitler, dessen oberösterreichischen Geburtsort Braunau am Inn er mit jenem Braunau in Nordböhmen verwechselte, das er als junger Leutnant während des preußisch-österreichischen Kriegs von 1866 kennen gelernt hatte, einfach ein nationaler Sozialist und ein hysterischer Patriot aus dem Pöbel.[333]

Nach Hitlers Ansicht wiederum war der Reichspräsident viel zu passiv, unentschlossen, kompromissbereit, ein alter Mann ohne wirkliche Führungsqualitäten. Er sah in ihm eine bloße Symbolfigur der etablierten, privilegierten Rechten, die jegliche Radikalität fürchtete und so die Nation nicht zu retten imstande war. Trotzdem zeigte sich Hitler im ersten Aufeinandertreffen von der imposanten Gestalt und der nicht zu leugnenden Aura der lebenden Legende beeindruckt. Dass er dabei einmal mehr in einen Monolog verfiel, während der Reichstagsabgeordnete Göring schweigend daneben stand, war mehr auf seine Nervosität zurückzuführen. Hindenburg hatte für eine solche Suada freilich nichts übrig. Tiraden hinterließen bei dem knorrigen Altpreußen bloß einen schlechten Eindruck. Deshalb machte er Brüning auch unmissverständlich klar, auf ein nochmaliges Zusammentreffen mit diesem „böhmischen Gefreiten" verzichten zu wollen. Es drang dabei sogar an die Öffentlichkeit, dass er Hitler für einen „eigenartigen Kerl" hielt, den man „vielleicht zum Postminister, nicht aber zum Reichskanzler" machen könne.[334] Gegenüber Schleicher soll er sich noch weniger schmeichelhaft geäußert haben: „Reichskanzler will der werden? Höchstens Postminister. Dann kann er mich auf den Briefmarken von hinten [...]."[335]

In entsprechender Stimmung machte sich Hitler am nächsten Tag nach Bad Harzburg auf, wo eine Großveranstaltung der republikfeindlichen Rechten stattfand. Hugenberg beabsichtigte mit dem Aufmarsch der paramilitärischen Verbände nicht zuletzt eine selbstbewusste Demonstration der geeinten nationalen Opposition. Zahlreiche Honoratioren waren in den Kurort gekommen, unter ihnen auch Seeckt, der frühere Chef der Heeresleitung und mittlerweile Reichstagsabgeordneter der Deutschen Volkspartei, der mit der NSDAP sympathisierende Finanzexperte Hjalmar Schacht und der SA-Führer August Wilhelm Prinz von Preußen. Doch Hitler wollte von einer nationalen Einheitsfront nichts wissen. Für ihn waren die anderen Gruppen, die Deutschnationalen, die Mitglieder der DVP, der Wirtschaft und der Landwirtschaft, die Aristokratie, Vertreter des alten überkommenen Systems, Relikte einer vergangenen Epoche. Für sie war er wiederum ohnehin bloß ein aufgrund seiner Erfolge geduldeter Fremdkörper. Hitler fühlte sich unbehaglich und gab sich, schon aus einem Selbstschutzreflex heraus, betont arrogant und desinteressiert. Nach dem Vorbeimarsch der SA, deren braune Uniform er selber trug, verließ er provokant die Parade noch bevor die ersten Abteilungen des Stahlhelms vorbeidefilierten. Auch an dem gemeinsamen Diner nahm er nicht teil. Hugenberg, der die zumindest versteckte Führung der Rechten beansprucht hatte, sah sich brüskiert.

Mehr denn je weigerte sich Hitler, bloß der Magnet zu sein, der die Massen zur nationalen Opposition anzog. Gleichzeitig wusste er jedoch, und der ehemalige Innen- und Volksbildungsminister von Thüringen, Wilhelm Frick, wies die in Harzburg versammelten Nationalsozialisten auch ausdrücklich darauf hin, dass letztlich auch das große Vorbild Mussolini die Macht durch den taktischen Schachzug einer nationalen Koalition errungen hatte. Bei der großen Heerschau auf dem Franzensfeld in Braunschweig eine Woche später, zu der riesige SA-Kontingente für stundenlange Paraden und Standartenweihen in Sonderzügen transferiert wurden, fühlte er sich wieder ganz in seinem Element. „Wenn wir nicht in letzter Minute die Nerven verlieren, wird keine Macht in Deutschland uns niederzwingen", machte er den Ungeduldigen Hoffnung, knapp vor dem Ziel zu stehen.[336] Auch in der Presse gab Hitler bereits Erklärungen wie der künftige Regierungschef ab und vermittelte damit das Gefühl, der kommende Machthaber zu sein.[337]

Dabei war Hitler in jenen Wochen in denkbar schlechter psychischer Verfassung. Am 19. September hatte sich Geli Raubal in der gemeinsamen Wohnung am

Prinzregentenplatz mit seiner Pistole erschossen und den NS-Führer damit an den Rand des totalen Zusammenbruchs gebracht. Es war die Verzweiflungstat einer an sich lebhaften, koketten jungen Frau, die die Tyrannei, den erdrückenden Einfluss und die seelische Abhängigkeit ihres um vieles älteren Freundes nicht mehr ausgehalten hatte. Die Presse und die politischen Gegner machten aus dem Unglück eine Sensation und schreckten dabei vor keinerlei Art von Rufmord an Hitler zurück. Nervlich am Ende und des Lebens überdrüssig, zog sich dieser tagelang in das Haus seines Verlegers am Tegernsee zurück. Als er sich wieder unter die Menschen traute, durfte ihn niemand an Geli Raubal erinnern. Hitler kehrte sogar kurz wieder nach Wien zurück, wo er Tage nach der Beerdigung seiner Nichte deren Grab am Zentralfriedhof aufsuchte. Ihr Zimmer am Obersalzberg blieb so, wie sie es beim letzten Mal verlassen hatte. In der gemeinsamen Münchner Wohnung stellte er in dem Zimmer, wo man sie aufgefunden hatte, eine Büste von ihr auf und gedachte ihrer dort am Todestag stundenlang. Typisch für sein privates Schattenleben, ist es bis zum heutigen Tag unklar geblieben, ob Hitler mit Geli Raubal tatsächlich eine leidenschaftliche Liebes-

Geli Raubal mit ihrem Bruder Leo, Hitlers Neffen, dessen optische Ähnlichkeit mit dem NS-Führer nicht zu übersehen ist.

beziehung verband oder ob er bloß mit ihr ein ungewöhnlich inniges Verwandtschafts- und Freundschaftsverhältnis pflegte, das freilich vor despotischer Eifersucht nicht Halt machte. Hitler sollte keiner anderen Frau jemals wieder solch tiefe Gefühle entgegenbringen, auch nicht Eva Braun, die er noch zu Gelis Lebzeiten im Fotoatelier Hoffmann kennen gelernt hatte.[338]

Im Frühjahr 1932 ging die Amtsperiode des zweiten Reichspräsidenten der Weimarer Republik zu Ende. Schon aufgrund seines fortgeschrittenen Alters wollte sich Hindenburg endgültig in den Ruhestand begeben. Die demokratischen Kräfte im Land befürchteten, dass der nächste Reichspräsident Hitler heißen würde, und dies wollten auch Brüning und Schleicher mit allen Mitteln verhindern. Das Staatsoberhaupt selbst zeigte sich allerdings höchst unwillig, die für ihn immer mehr zur Tortur werdende Präsidentschaft sogar noch zu verlängern. Aus Sorge um einen rechts- oder linksextremen Nachfolger und einen möglicherweise darauf folgenden Bürgerkrieg gab der alte Feldmarschall schließlich nach und ließ sich, überzeugt von der Verfassungsmäßigkeit bei einer parlamentarischen Zweidrittelmehrheit, dazu bewegen, eine Verlängerung seiner Amtsperiode auf Lebenszeit oder zumindest für zwei Jahre durch Reichstagsbeschluss anzunehmen. Hindenburg behielt sich allerdings das Recht vor, zurückzutreten, wann immer er die Lage in Deutschland für stabil genug hielt, Präsidentschaftswahlen abzuhalten.[339]

Nationalsozialisten und Deutschnationale gaben jedoch vor, sich aus politischen und verfassungsrechtlichen Gründen außerstande zu sehen, den Plan Brünings zur Amtsverlängerung zu unterstützen. Verärgert erklärte sich Hindenburg trotzdem bereit, sich einer zweiten Präsidentschaftswahl zu stellen. Hitler und Hugenberg machten ihre Unterstützung dabei von der Entlassung Brünings abhängig. Im Hotel Kaiserhof, wo der NS-Führer in Berlin zu residieren pflegte, schlug Hitler demgemäss Meißner vor, Hindenburg solle sich von den Nationalsozialisten, Deutschnationalen und dem Stahlhelm aufstellen lassen. Voraussetzung dafür sei freilich die Bildung einer „nationalen" Regierung sowie Neuwahlen im Reich und in Preußen. Hindenburg wollte sich jedoch nicht von der Rechten erpressen lassen. So trat der alte preußische Monarchist zur Wahl an, unter anderem auch unterstützt von SPD, Zentrum und Deutscher Staatspartei, die sich bei seiner ersten Kandidatur 1925 noch im gegnerischen Lager befunden hatten. Zudem konnte der Marschall wieder auf die Stimmen der Sympathisanten von DVP und Bayerischer Volkspartei zählen. Doch die Deutschnationalen Hugenbergs verweigerten ihm diesmal ihre Gefolgschaft.[340]

Angesichts der breiten demokratischen Front gegen einen Kandidaten der Rechten fiel es Hitler keineswegs leicht, gegen Hindenburg anzutreten. Eine Niederlage war vorherzusehen. Doch Röhm und besonders Goebbels drängten den Schwankenden seit Jahresbeginn vehement dazu. Erst am 22. Februar erlöste Hitler seine unruhig gewordene Partei von der bangen Ungewissheit. Ein erleichterter Goebbels verkündete daraufhin noch am selben Tag einem überfüllten Berliner Sportpalast die Entscheidung zur Kandidatur, die mit einem fast zehnminütigen Begeisterungssturm akklamiert wurde.[341] Vier Tage später ermöglichte Hitler der Titel eines braunschweigischen Regierungsrates, der er bloß eine Woche sein sollte, die deutsche Staatsbürgerschaft, die er bis dahin noch nicht besessen hatte und die für die Kandidatur selbstverständlich Voraussetzung war.

Der Wahlkampf der beiden Kontrahenten um die Reichspräsidentschaft hätte unterschiedlicher nicht sein können. Ohne Rast durchquerte Hitler das Land, um vor einem Massenpublikum zu sprechen. NSDAP und SA zogen dabei einen Propagandafeldzug mit modernsten Mitteln auf.[342] Hindenburg hielt sich hingegen im Wahlkampf nobel zurück. Brüning oblag die Aufgabe, für die Wiederwahl des „Alten Herrn", wie der Reichspräsident respektvoll genannt wurde, zu werben, im Rundfunk oder mit Luftschiff-Propagandafahrten. Im Sportpalast charakterisierte der Reichskanzler den betagten Feldmarschall als einen der „wirklichen Führer", als einen der „von Gott gesandten Männer", als „Symbol deutscher Kraft und Einheit in der ganzen Welt". Ungewohnt pathetisch beschwor er demnach auch: „Hindenburg muss siegen, weil Deutschland leben muss."[343]

„Hitler über Deutschland". Der rastlose Wahlkämpfer im Flugzeug.

Der Urnengang zeigte sodann, dass die Strahlkraft des legendären Feldherrn des Ersten Weltkriegs immer noch wirksam war. Er zeigte zudem, dass über zwei Drittel der deutschen Bevölkerung Hitler nicht als Reichspräsidenten sehen wollten. Im ersten Wahlgang am 13. März verfehlte Hindenburg denn auch die absolute Mehrheit denkbar knapp. 18,65 Millionen Wähler votierten für den alten Reichspräsidenten. Das entsprach 49,6 Prozent. Hitler erhielt hingegen bloß enttäuschende 11,34 Millionen (30,1 Prozent), der Kommunistenführer Thälmann knapp 5 Millionen (13,2 Prozent) und Duesterberg vom Stahlhelm 2,56 Millionen Stimmen (6,8 Prozent). Das Ergebnis bedeutete eine schwere Niederlage für den NS-Führer.

Dem zweiten Wahlgang ging nur eine kurze Kampagne voraus. Durch die „Notverordnung zur Sicherung des Osterfriedens" dauerte sie lediglich eine knappe Woche, die der im Flugzeug reisende Hitler intensiv nutzte. Der Sieg Hindenburgs, der sich einmal mehr demonstrativ zurückhielt, galt jedoch als gewiss. Am 10. April erhielt er schließlich 19,4 Millionen oder 53 Prozent der Stimmen. Hitler vermochte jedoch mit seinen 13,4 Millionen Unterstützern (36,8 Prozent) über zwei Millionen mehr als beim ersten Urnengang zu gewinnen. Die Nationalsozialisten verdoppelten somit ihre Stimmen im Vergleich zu 1930. 3,7 Millionen Wähler (10,2 Prozent) stimmten für Thälmann als dritten verbliebenen Kandidaten.

Die Radikalität der Braunhemden zwang die Staatsführung zu energischeren Maßnahmen. Am 13. April wurde unter dem Druck Wilhelm Groeners, dem Reichsminister für Inneres und die Reichswehr, der wie Brüning mit dem Rücktritt drohte, die „Notverordnung zur Sicherung der Staatsautorität" erlassen. Hitler sah sich zwar daraufhin veranlasst, SA und SS aufzulösen, ihre Angehörigen wurden jedoch als geschlossene Kader in die Partei aufgenommen.[344] Die von schweren Zusammenstößen, besonders zwischen Nationalsozialisten und Sozialdemokraten, überschatteten Landtagswahlen vom 24. April in Preußen, Bayern, Württemberg, Hamburg und Anhalt brachten der NSDAP, besonders auf Kosten der Deutschnationalen, große Erfolge. Brüning spürte das seit der Kampagne für die Reichspräsidentschaft schwindende Vertrauen Hindenburgs, der dem Kanzler nachtrug, die Deutschnationalen nicht für seine Wiederwahl zum Reichspräsident gewonnen zu haben. Schleicher, verschlagen und intrigant, konspirierte sogar mit den Nationalsozialisten, um den Kanzler zu stürzen. Mit seinem Plan, die Ländereien bankrotter ostpreußischer Großgrundbesitzer unter bis zu 600.000 Arbeitslosen als zukünftige Siedler aufzuteilen, machte sich Brüning nun auch den erzkonservativen „Reichslandbund" zum erbitterten Gegner. Die alteingesessenen Gutsbesitzer unter der Führung von Hindenburgs langjährigem Vertrauten Oldenburg-Januschau liefen gegen das „agrarbolschewistische" Vorhaben des

Reichskanzlers Sturm. Brünings Tage waren gezählt. Am 30. Mai wurde er von Hindenburg entlassen.[345]

Im Rahmen der Gespräche des Staatsoberhaupts mit den Parteienvertretern fand sich auch Hitler in Görings Begleitung bei Hindenburg ein. Dabei stellte er zwei Bedingungen für eine „ersprießliche" Zusammenarbeit mit der neuen, vom Reichspräsidenten gebildeten Regierung: zum einen die rasche Auflösung des Reichstags und Neuwahlen und zum zweiten die baldige Aufhebung der „die NSDAP diffamierenden Verordnungen".[346] Schleicher aber hatte bereits einen willfährigen Kanzlerkandidaten gefunden: Franz von Papen. Der aus Westfalen stammende eitle Konservative hatte sich als Zentrumsabgeordneter im preußischen Landtag bislang nicht sonderlich profiliert. Gleichzeitig war er aber auch Vorstandsmitglied verschiedener landwirtschaftlicher Interessenverbände, Aufsichtsratsvorsitzender des katholischen Berliner Organs „Germania" und Mitglied des konservativen „Herrenklubs". Der frankophile, snobistische Grundbesitzer galt als eleganter, welt- und sprachengewandter Kavalier der alten Schule, talentierter Sportreiter und war mit den saarländischen Industriellen Villeroy & Boch verschwägert. Dass Papen als politisch weitgehend leichtgewichtig galt, qualifizierte ihn für Schleicher gerade erst recht zum Kanzler von Hindenburgs Gnaden.[347]

Neben dem Reichspräsidenten selbst entschieden Schleicher, Meißner und Oskar von Hindenburg das Aussehen von Papens „Reichsregierung der nationalen Konzentration". Schleicher übernahm dabei nun selbst die Führung der Reichswehr. Constantin von Neurath, bislang Botschafter in London, erhielt das Außenressort. Die aufgrund ihrer sieben adeligen Mitglieder auch „Kabinett der Barone" genannte Regierung repräsentierte zwar keine zehn Prozent der Wähler, aber sie wusste die Reichswehr ebenso wie die mächtigen deutschnationalen, altpreußischen Eliten hinter sich. SPD, KPD, Zentrum, das ihm Verrat vorwarf und aus dem Papen bereits am 31. Mai ausgetreten war, BVP und Staatspartei begaben sich ihr gegenüber in Opposition.

Hitler akzeptierte ursprünglich Papens Berufung zum Reichskanzler. Auch gingen Hindenburg und die neue Regierung auf seine Bedingung ein, indem sie am 16. Juni das Verbot von SA und SS aufhoben. Doch die bürgerkriegsähnlichen Auseinandersetzungen zwischen Nationalsozialisten und Kommunisten gingen gerade im Reichstagswahlkampf weiter und forderten Tote und eine Vielzahl von Verletzten. Hindenburg gab daraufhin in Umgehung der Verfassung der Regierung die Vollmacht für eine Verordnung über die Wiederherstellung der Sicherheit und Ordnung in Preußen sowie einen Präsidialerlass über den Belagerungszustand für Berlin und die Mark Brandenburg. Der „Blutsonntag" in Altona mit Straßenschlachten und allein 18 toten Zivilisten bot für Papen den willkommenen Anlass, am 20. Juli mit dieser Blankovollmacht endgültig in Preußen diktatorisch vorzugehen. In einem Staatsstreich wurde die sozialdemokratische Regierung Braun abgesetzt und Papen zum Reichskommissar für Preußen ernannt, wo wieder die alten Eliten die Verwaltung übernahmen.[348]

Trotzdem gingen die Gewalttätigkeiten weiter. Allein am Wahltag, dem 31. Juli, starben zwölf Menschen. Die NSDAP aber stieg mit 37,4 Prozent der abgegebenen gültigen Stimmen und 230 Mandaten zur stärksten Fraktion im Reichstag auf, während die SPD nur mehr bei 133 Sitzen hielt. Am 6. August konferierte Hitler mit Schleicher geheim in Fürstenberg bei Berlin. Selbstbewusst verlangte der NS-Führer die Kanzlerschaft, den Posten des preußischen Ministerpräsidenten und – in Personalunion – die Ressorts für Inneres, Erziehung und Landwirtschaft im Reich und in Preußen, darüber hinaus noch die Ministerien für Justiz, Luftfahrt und Propaganda. Auch forderte er, mit Hilfe des Ermächtigungsgesetzes uneingeschränkt durch Erlässe zu regieren. Die SA sah sich so gut wie am Ziel und demonstrierte neuerlich sowohl ihre Stärke als auch brutale Gewalt gegen den politischen Gegner.

Hindenburg gedachte jedoch, am Präsidialkabinett unter Papens Führung festzuhalten. Die Hereinnahme „des einen oder anderen zuverlässigen und arbeitsfähigen Nationalsozialisten in die Reichsregierung könne evtl. in Betracht gezogen werden. Er könne aber die Verantwortung nicht dafür übernehmen, Hitler zum Reichskanzler zu ernennen, der dann die Richtlinien der gesamten Politik zu bestimmen hätte. Hitler sei Parteiführer und das von ihm geführte Kabinett wäre dann auch ein Parteikabinett, das nicht überparteilich, sondern einseitig sei." Der Reichspräsident hielt Hitler zudem für Verwaltungs- und Regierungsgeschäfte zu unerfahren, habe er doch nicht einmal seine eigene Partei fest in der Hand.[349]

Am Nachmittag des 13. August kam es trotzdem zu einer gemeinsamen Unterredung der beiden populärsten Männer des politischen Lebens in Deutschland. Dabei war sich Hitler ganz offensichtlich nicht im Klaren darüber, dass Hindenburg keinen Augenblick lang daran dachte, ihn zum Kanzler zu machen. Der NS-Führer, der von Röhm und Frick begleitet wurde, wollte aber von einer bloßen Beteiligung an der bisherigen Regierung, wie sie der greise Feldmarschall vorschlug, nichts wissen. Von Meißner und Papen sekundiert, erklärte der Reichspräsident wiederum mit Bestimmtheit, Hitler die von diesem geforderte Kanzlerschaft nicht zu übertragen. „Er könne es vor Gott, seinem Gewissen und dem Vaterlande nicht verantworten, einer Partei die gesamte Regierungsgewalt zu übertragen, noch dazu einer Partei, die einseitig gegen Andersdenkende eingestellt wäre." Darüber hinaus zeigte er sich über die inneren Unruhen und deren Wirkung auf das Ausland besorgt. Als Hitler daraufhin enttäuscht erklärte, in Opposition bleiben zu wollen, ermahnte ihn Hindenburg dringend, „diese Opposition ritterlich zu führen und sich Ihrer Verantwortung und Ihrer Pflicht vor dem Vaterlande bewusst zu bleiben. Ich habe keine Zweifel an Ihrer Vaterlandsliebe gehabt. Gegen etwaige Terror- und Gewaltakte, wie sie leider auch von Mitgliedern der SA-Abteilungen verübt worden sind, werde ich mit aller Schärfe einschreiten. Wir sind ja beide alte Kameraden und wollen es bleiben, da später uns der Weg doch wieder zusammenführen kann. So will ich Ihnen kameradschaftlich die Hand reichen."[350] Ein öffentliches Kommuniqué machte die Demütigung Hitlers durch Hindenburg schlussendlich perfekt.

Hitler sann nach Rache für die erlittene Schlappe. Einmal mehr hatte ihn die alte aristokratisch-bürgerliche Welt als einen Paria behandelt. Doch die Stunde der Abrechnung würde noch kommen, und so erwog er sogar, Hindenburg mit Hilfe der Linken durch Reichstagsbeschluss und folgender Volksabstimmung absetzen zu lassen. Beinahe hatte es den Anschein, dass er wieder der Gewalt den Vorzug gegenüber seinem Legalitätskurs geben würde. Seine offen bekundete Solidarität zu den SA-Mördern von Potempa, wo diese einen kommunistischen Arbeitslosen regelrecht zu Tode getreten hatten, stellte ihn als Banditenführer bloß. „Wir müssen grausam sein", so äußerte er am Obersalzberg Gedanken, die auch von Mussolini hätten stammen können. „Wir müssen das gute Gewissen zur Grausamkeit wiedergewinnen. Nur so können wir unserem Volk die Weichmütigkeit und sentimentale Philiströsität austreiben, diese ‚Gemütlichkeit' und Dämmerschoppenseligkeit. Wir haben keine Zeit mehr zu schönen Gefühlen. Wir müssen unser Volk zur Größe zwingen, wenn es seine historische Aufgabe erfüllen soll."[351]

Die nahezu vollständige Gegnerschaft des Reichstags gegen Papen bescherte dem Land für den November einen weiteren Urnengang. Die neuerlichen Reichstagswahlen kamen für Hitler allerdings zu einem ungünstigen Zeitpunkt. Die Bewegung, vor allem ihre finanziellen Mittel, war weitgehend erschöpft. Die Wirtschaft unterstützte vornehmlich Papens Regierung. Die NSDAP und ihr Führer schienen den Höhepunkt ihrer Popularität überschritten zu haben. Es taten sich unvermutete Schwächen auf.[352] Selbstverständlich beobachtete auch Mussolini das Geschehen in Deutschland mit gesteigertem Interesse. Bislang hatte er aber hauptsächlich nicht der NSDAP, sondern dem Stahlhelm seine Unterstützung zuteil werden lassen. Mittlerweile hielt er Hitler zwar für „außerordentlich begabt", doch passierte nach Ansicht des Duce der Nationalsozialismus zu jener Zeit einen „delikaten Moment", und so erachtete er es als möglich, dass dessen Streben nach der Übernahme der Macht in einer bloßen Mitwirkung an der Macht enden könnte.[353]

Das unentwegte Hetzen von einer Veranstaltung zur nächsten zehrte zunehmend an Hitlers Kräften. Abseits der aufputschenden Massenkundgebungen wirkte er bereits völlig ausgelaugt.[354] Am Abend des 1. November beging noch dazu die völlig vernachlässigte Eva Braun mit der Pistole ihres Vaters einen mehr oder weniger ernst gemeinten Selbstmordversuch, bei dem sie jedoch mit leichteren Verletzungen glimpflich davonkam.[355] Der diesmal vergleichsweise gemäßigt verlaufende Wahlkampf stand im Zeichen zunehmender Politikverdrossenheit. Das Zusammengehen von Kommunisten und Nationalsozialisten beim Berliner Verkehrsstreik wirkte für viele Bürgerliche abschreckend. Gleichzeitig zeigten sich erste Anzeichen für eine Besserung der wirtschaftlichen Lage. Dies war nicht das Klima für einen weiteren Wahlsieg Hitlers, und so fiel die NSDAP am 6. November auf 196 Mandate zurück, was einen Verlust von über zwei Millionen Wählern bedeutete. Auch SPD und Zentrum verloren Stimmen und Mandate, wogegen Kommunisten und Deutschnationale zulegen konnten. Die beiden einzigen Parteien, die die Regierung Papen stützten, DNVP und Volkspartei, vermochten aber trotz ihrer Zugewinne insgesamt nur wenig mehr als ein Zehntel der Wähler hinter sich zu vereinigen.

Am späten Vormittag des 19. November fand sich Hitler im Reichspräsidentenpalais ein. Draußen auf der Straße hatte Goebbels scharenweise junge Leute versammeln lassen, die sich lautstark mit „Heil"-Rufen bemerkbar machten. Hindenburg sprach mit Hitler zunächst unter vier Augen. Danach wurden auch Meißner und Göring beigezogen. Als Führer der stärksten Volksbewegung in Deutschland reklamierte Hitler den Anspruch zur Regierungsbildung. Hindenburg wollte dagegen am Grundsatz einer überparteilichen Regierung festhalten und bot Hitler an, dass einige Nationalsozialisten in ein von einem Überparteilichen geführtes Kabinett eintreten könnten. Hitler betonte daraufhin, dass seine Bewegung nicht die Macht, sondern lediglich die politische Führung in einer Regierung zu bekommen anstrebe. Diese müsse jedoch eine einheitliche sein, sonst würde sie versagen. Gewiss könne man gestützt auf die Machtmittel des Staats auch noch einige Zeit mit einem überparteilichen Kabinett autoritär regieren. Diese Vorgangsweise würde jedoch nicht lange gut gehen, und bis Februar wäre eine neue Revolution da. Deutschland würde dann aufhören, ein außenpolitischer Machtfaktor zu sein. Hindenburg wandte sich an Hitler mit der Bitte, ihm zu helfen: „Ich erkenne durchaus den großen Gedanken an, der in Ihnen und Ihrer Bewegung lebt, und würde es daher begrüßen, Sie und Ihre Bewegung an der Regierung beteiligt zu sehen. Ich zweifle durchaus nicht an der Ehrlichkeit Ihrer Absichten, aber zu einem Parteikabinett kann ich mich nicht entschließen." Hitler hob hervor, dass er erst, wenn der Reichspräsident ihm den Auftrag zur Regierungsbildung erteile, in Verhandlungen mit anderen Parteien eintreten würde. Auch zeigte er sich zuversichtlich, vom Reichstag ein Ermächtigungsgesetz zu bekommen, um damit die Probleme zu lösen.[356]

Zwei Tage später empfing Hindenburg den NS-Führer erneut. Hitler hatte einen Brief mitgebracht, in dem er versprach, ein Präsidialkabinett mit jenen verfassungsmäßigen Voraussetzungen zu versehen, die für die Wiederaufbauarbeit notwendig seien. Von Hindenburg erbat er aber, eine mit Brüning und Papen vergleichbare Stellung und Autorität zu erhalten. Ein Scheitern einer Regierung mit nationalsozialistischer Beteiligung würde zu einem bolschewistischen Chaos führen. Der Reichspräsident ging auf Hitlers Gedanken schließlich ein und ersuchte ihn als Führer der stärksten Partei festzustellen, ob und unter welchen Bedingungen er für eine von ihm geführte Regierung eine sichere, arbeitsfähige Mehrheit mit festem, einheitlichem Arbeitsprogramm im Reichstag erreichen würde. Hitlers Antwort hatte spätestens bis zum Abend des 24. November zu erfolgen.[357]

Aber noch immer waren für Hitler die Türen zur Reichskanzlei versperrt. In einem Brief, den auch die Presse erhielt, richtete ihm Hindenburg aus, dass er gerade nach den Ausführungen der Führer des Zentrums und der Bayerischen Volkspartei sowie nach der Darstellung Hitlers selbst in der Besprechung vom 19. November annehmen hatte müssen, dass eine Mehrheitsbildung im Reichstag sehr wohl möglich sei. Der Präsident dankte Hitler für die Bereitwilligkeit, die Führung eines Präsidialkabinetts zu übernehmen, glaubte aber, „es vor dem deutschen Volke nicht vertreten zu können, dem Führer einer Partei seine präsidialen Vollmachten zu geben, die immer erneut ihre Ausschließlichkeit betont hat, und die gegen ihn persönlich wie auch gegenüber den von ihm für notwendig erachteten politischen und wirtschaftlichen Maßnahmen überwiegend verneinend eingestellt war". Unter diesen Umständen müsse er befürchten, dass ein von Hitler geführtes Präsidialkabinett sich „zwangsläufig zu einer Parteidiktatur mit allen ihren Folgen für eine außerordentliche Verschärfung der Gegensätze im deutschen Volke entwickeln würde, die herbeigeführt zu haben er vor seinem Eid und seinem Gewissen nicht verantworten könnte".[358]

Die breite Ablehnung Papens drängte Schleicher in die Rolle des künftigen Reichskanzlers. Der General bemühte sich sodann um eine „Querfront" vom „sozialistischen" Flügel der NSDAP unter Gregor Strasser bis hin zu den sich gegenüber der Linie der SPD distanzierenden Freien Gewerkschaften. Schleicher intrigierte zudem nach Kräften gegen Papen, dem man zutraute, sogar einen Bürgerkrieg zu riskieren, gleichzeitig aber nachsagte, nicht das Vertrauen von Polizei und Reichswehr zu besitzen. Mit tiefem Bedauern musste Hindenburg Papens vollständige Isolation erkennen und ihn entlassen. Doch der „Herrenreiter" verblieb, auch räumlich, in der nächsten Umgebung des Präsidenten.[359]

Dies war ein Schritt von entscheidender Bedeutung, denn er mündete, wenn auch auf Umwegen, in die nationalsozialistische Machtergreifung. Hitlers Anteil daran wurde von dem sich nun hemmungsloser denn je entwickelnden Intrigenspiel rund um den Reichspräsidenten bei weitem übertroffen. Von Papens Gier nach Rache an Schleicher sollte nun auch nicht davor Halt machen, Hitler zum Reichskanzler zu küren. Trotz aller gesellschaftlichen und politischen Umwälzungen, die die Weimarer Republik speziell seit der Wirtschaftskrise durchmachen musste, trotz aller Mobilisierung der Massen und aller Gewalt waren es nun vor allem weitgehend persönliche Faktoren der Männer um Hindenburg, die Hitler die Erfüllung seines lang gehegten Traums ermöglichten. Schleicher wurde zu einer größeren Gefahr, zu einem hinterlistigeren Gegner hochstilisiert als der NS-Führer. Der General, der jahrelang ein Klima der Intrige und der Einflüsterung im Reichspräsidentenpalais geschaffen hatte, musste sich nun selber in die Schusslinie begeben, aus der er sich bisher als eifriger Heckenschütze wohlweislich herausgehalten hatte. Erste Leidtragende war dabei die endgültig zugrunde gehende Republik von Weimar.

Kurz nachdem er Papen verabschiedet hatte, erteilte Hindenburg Schleicher den Auftrag zur Regierungsbildung. Dieser zögerte, doch der Reichspräsident versprach, auch ihm jederzeit die Vollmachten zur Reichstagsauflösung zu übertragen. Schleicher, der die Gewerkschaften und die Industrie hinter sich wusste, folgte schließlich dem Auftrag, der einem militärischen Befehl gleichkam, aus verständlichen Gründen nur widerwillig, denn er war sich bewusst, dass ihm die Rolle eines Regierungschefs nicht lag und sein Stern bei Hindenburg – trotz seiner Amtsübernahme – bereits im Sinken war. Die Regierungsmannschaft veränderte er personell nur wenig, und tatsächlich machte sich während der ersten Phase seiner Amtszeit eine gewisse Beruhigung der Innenpolitik bemerkbar.

Die NSDAP durchlief hingegen eine schwere Krise. Nicht bloß die Gefolgschaft, auch die Gläubiger wurden unruhig. Die Parteikasse war leer, der Schuldenberg erdrückend. Austritte häuften sich. Bei der Landtagswahl in der einstigen braunen Hochburg Thüringen verloren die Nationalsozialisten beinahe 40 Prozent gegenüber dem Ergebnis vom 31. Juli. Die Lage mutete katastrophal an. Männer wie Frick, Feder und vor allem Gregor Strasser hielten den günstigsten Moment, an die Macht zu kommen, bereits für verstrichen. Doch Hitlers Gefolgsleute Goebbels und Göring erwiesen sich als zu stark. Als Konsequenz des Flügelkampfes machte Hitler Gregor Strasser in zwei Konferenzen im Hotel Kaiserhof am 5. und 7. Dezember rhetorisch förmlich nieder. Völlig entnervt und im Bewusstsein seiner Isolation legte Strasser alle Funktionen innerhalb der Partei zurück.[360]

Hitler vermochte sich über diesen Sieg keineswegs zu freuen. Deprimiert fürchtete er eine Zerreißprobe der Bewegung. „Wenn die Partei zerfällt, dann mache ich in drei Minuten mit der Pistole Schluss", spielte er wieder einmal mit dem Gedanken, sich im Falle einer Niederlage das Leben zu nehmen.[361] Doch Strasser unterließ es, gegen Hitler zu Felde zu ziehen, und begab sich, ausgebrannt und mürbe, auf Urlaub. Hitler ergriff die sich ihm bietende Gelegenheit sofort und krempelte die Partei um. Typisch für sein Krisenmanagement übernahm er die Reichsorganisationsleitung von Strasser gleich selbst. Im Palais des Reichstagspräsidenten Göring schwor er mit aller Theatralik die Abgeordneten und höheren Funktionäre auf unbedingte Treue und Gefolgschaft ein.[362] Die Niedergeschlagenheit innerhalb der bankrotten NSDAP blieb trotzdem, ebenso die finanzielle Misere. Das Jahr 1932 hatte Hitler und seiner Bewegung die größten Erfolge, gegen Ende jedoch die schwerste Krise beschert. Die Machtergreifung schien wieder in weite Ferne gerückt.

Es war von Papen, der den angeschlagenen Hitler wieder entscheidend zurück ins Spiel brachte. Der Exkanzler intrigierte gegen Schleicher und beabsichtigte, Hin-

Kurt von Schleicher mit Franz von Papen als Zuschauer auf der Rennbahn Berlin-Grunewald.

denburg und Hitler zusammenzuführen, um selber wieder eine Machtposition zu erlangen. Im Glauben, dass Hitler nicht mehr auf die Übertragung der ganzen Regierungsgewalt bestand und zu einer Teilnahme an einer Koalitionsregierung mit der Rechten bereit war, gab Hindenburg Papen seine Zustimmung, mit dem NS-Führer – streng vertraulich – in Fühlung zu bleiben.[363] Am 4. Januar traf man sich in Köln im Haus des Bankiers Kurt von Schröder. Hitler musste sich bei diesem Geheimtreffen zunächst noch seine Verbitterung über seine durch Hindenburg erlittene Demütigung von der Seele reden. Doch Papen lenkte die Aufmerksamkeit schließlich auf die Möglichkeit eines Duumvirats zwischen ihm und dem NS-Führer. Hitler sprach zwar von bedeutenden Änderungen, die eine Regierung mit ihm an der Spitze durchführen würde, doch gestand er Papen zu, seine Vertrauensleute als Minister in das Kabinett aufzunehmen. Die beiden einigten sich grundsätzlich. Die Kölner Zusammenkunft wurde so zur „Geburtsstunde" des Dritten Reiches.

Mit gewaltigem Aufwand setzten Hitler und sein Gefolge sodann alles daran, um am 15. Januar bei den Landtagswahlen im kleinen Lippe wieder einen Erfolg zu landen, um so dem Reichspräsidenten einen neuerlichen Beweis für den Aufstieg der Nationalsozialisten zu liefern. Dabei wurden insgesamt weniger als 100.000 Stimmen abgegeben, wovon die NSDAP 39,5 Prozent erreichte. Die Öffentlichkeit und wohl auch Hindenburg waren jedoch beeindruckt. Zum Reichskanzler wollte der alte Feldmarschall Hitler aber noch immer nicht ernennen. Doch bald darauf sollte er von seinem eigenen Sohn dahingehend beeinflusst werden. Bei einem Treffen Oskar von Hindenburgs und Meißners mit Hitler, Göring, Frick und Papen in der Villa des opportunistischen Parvenüs Joachim von Ribbentrop in Berlin-Dahlem zeigten sich die Nationalsozialisten äußerst konzessionsbereit und verlangten neben der Kanzlerschaft bloß zwei Ministersessel. Entscheidend war freilich Hitlers Schachzug, den ursprünglich skeptischen Präsidentensohn in einem zweistündigen Vieraugengespräch zu bearbeiten und auf seine Seite zu ziehen.[364]

Am Morgen des 23. Januar erstattete Oskar von Hindenburg, sichtlich beeindruckt, gemeinsam mit Meißner und Papen seinem Vater Bericht. Kurz darauf besuchte auch Schleicher, der ebenfalls von dieser Zusammenkunft erfahren hatte, den „Alten Herrn". Der Kanzler schlug ihm vor, den Reichstag aufzulösen, Neuwahlen gleichzeitig aber bis zum Herbst zu verschieben. Noch im Dezember hatte ihn Schleicher von einer Ausrufung des Staatsnotstands aus Angst vor einem Bürgerkrieg abgeraten. Schleichers Forderung drang in die Öffentlichkeit. Parteien und Presse richteten sich gegen ihn und verlangten seinen Rücktritt. Am 31. Januar sollte der Reichstag wieder zusammentreten, wo ein Sturz der Regierung unvermeidlich schien, denn gerade SPD und Zentrum fürchteten eine Diktatur Schleichers mehr als eine verfassungsmäßige Regierungsbeteiligung Hitlers. Die öffentliche Meinung hatte gegen ein deutschnationales „Kampfkabinett" Papen/Hugenberg sogar noch schwerwiegendere Bedenken, fürchtete man doch, Hindenburg könnte dem von ihm so geschätzten „Herrenreiter" einen Staatsstreich ermöglichen.[365]

Göring versprach Meißner gegenüber hingegen die Verfassungstreue eines Reichskanzlers Hitler, der auch keinesfalls die Rechte des Reichspräsidenten antasten wolle. Am 28. Januar entließ der Reichspräsident schließlich den in Ungnade gefallenen Schleicher. Trotz aller Bedenken der Öffentlichkeit erteilte Hindenburg seinem allgemein so verachteten Günstling Papen den Auftrag, in Besprechungen mit den Parteiführern die Möglichkeit einer Regierung unter Hitler in Übereinstimmung mit dem Reichstag zu prüfen. So verhandelte dieser mit Hitler und Hugenberg. Der NS-Führer zeigte sich dabei mittlerweile bereit, Vertrauensleute des Reichspräsidenten in sein Kabinett aufzunehmen, eine Konzession, die auf das Staatsoberhaupt nicht ohne Wirkung blieb.

Hitlers Verhandlungen mit Papen und Hugenberg gelangten schließlich zum Durchbruch. Die vereinbarte Ministerliste sah den NS-Führer als Reichskanzler vor, wofür sich auch Seldte vom Stahlhelm aussprach. Papen hatte sich dieser Meinung nicht zuletzt deswegen angeschlossen, da die NSDAP drohte, eine Diktatur unter dem Ex-Kanzler auf das Schärfste bekämpfen zu wollen. Neben Hitler sollten aber nur weitere zwei Nationalsozialisten in die Regierung eintreten. Hindenburg erhielt von Papen am Nachmittag des 29. Januar die Nachricht, dass man sich einig war. Als ihm sein Protegé mitteilte, dass national-konservative Männer und Fachleute in einem Kabinett Hitler die Mehrheit stellen würden, gab der somit beruhigte

Hitler mit einigen Mitgliedern seines Kabinetts. Sitzend v. l.: Göring, Hitler, von Papen. Stehend v. l.: Seldte, Gereke, Schwerin-Krosigk, Frick, von Blomberg, Hugenberg.

Hindenburg seine Bedenken gegen den „böhmischen Gefreiten" auf. Die Sorge um einen Putschversuch Schleichers und den Ausbruch eines Bürgerkriegs wog schwerer als die Bedenken gegenüber einer Kanzlerschaft Hitlers.[366]

Am späten Vormittag des 30. Januar kam es noch knapp vor der Vereidigung in Meißners Arbeitszimmer zu einer Auseinandersetzung zwischen Hitler und Hugenberg. Es ging um die Frage der Neuwahl des Reichstages, für die der NS-Führer eintrat, um sich dann von einem nationalsozialistisch dominierten Parlament das „Ermächtigungsgesetz" absegnen zu lassen. Die Deutschnationalen mussten aber bei einer Neuwahl mit weiteren Stimmeneinbußen rechnen, und so sträubte sich Hugenberg vehement gegen einen neuerlichen Urnengang. Papen spielte den Streitschlichter und verhinderte das Platzen der Koalition in letzter Minute. Erst kurz nach Mittag konnte der bereits ungeduldige Reichspräsident die neuen Kabinettsmitglieder in seinem Amtszimmer begrüßen und ihnen die Ernennungsurkunden aushändigen.

Als Vizekanzler und preußischer Ministerpräsident war Papen Hindenburgs Mann in der Regierung des „nationalen Zusammenschlusses". Neben Hitler als Reichskanzler waren die Nationalsozialisten durch Frick als Innenminister und Göring als Minister ohne Geschäftsbereich, kommissarischer preußischer Innenminister und Reichskommissar für den Luftverkehr vertreten. Die anderen Ressorts wurden mit Konservativen und Deutschnationalen besetzt. Hugenberg übernahm das Ministerium für Wirtschaft, Seldte jenes für Arbeit. Neurath, Lutz Graf Schwerin von Krosigk sowie Hitlers alter Protektor aus Münchner Tagen, Franz Gürtner, und Paul Freiherr von Eltz-Rübenach leiteten wie bereits unter Papen und Schleicher die Ministerien Auswärtiges, Finanzen, Justiz sowie Reichspost und Verkehr. Hindenburg verließ sich darüber hinaus auf die Reichswehr unter Generalleutnant Werner von Blomberg, einem Intimfeind Schleichers und Sympathisanten der Nationalsozialisten, und auf die Beamtenschaft, von der das Staatsoberhaupt strikte Unparteilichkeit erwartete.[367]

Wie bei Mussolinis Coup im Oktober 1922 waren sich die alten Eliten, borniert und selbstsicher, der Tragweite ihres Schritts nicht bewusst. Neuerlich war es die antidemokratische Grundhaltung der Entscheidungsträger und ihre Furcht vor Marxismus und Bürgerkrieg, die die Machtergreifung eines Mannes und seiner Bewegung ermöglichte, der die Zerstörung des Status quo unaufhörlich angekündigt hatte. Doch Papen und Hugenberg meinten, den fanatischen Volksredner und seine Pöbelhaufen in den braunen Hemden in Zaum halten zu können. Die konservative Rechte im Reich hatte aus dem italienischen Beispiel nichts gelernt. Adolf Hitler war Reichskanzler.

# Vom Reichskanzler zum Diktator

## Hitler 1933 bis 1937

Hitler war 43 Jahre alt, als er das Amt des Reichskanzlers antrat. Zu Beginn seiner Regierung galt er dabei noch keineswegs als alles beherrschende Figur der deutschen Politik. Im Gegenteil wurde der von manchen als bloßer Epigone Mussolinis Unterschätzte als Gefangener der alten Eliten unter Papen und Hugenberg gesehen.[368] Im Auswärtigen Amt etwa betrachtete man ihn „als das geringste Gefahrenmoment im neuen Kurs, als das größte Goebbels". Hitler sei, so wollte man in der Wilhelmstraße wissen, „ein Gläubiger, ein Idealist, ein Primitiver. Goebbels dagegen ein Gewaltmensch". Auch die Berufung Hugenbergs wurde als unerfreulich eingeschätzt.[369] Zum anderen wollten manche einen Gegensatz zwischen den radikalen Flügeln Görings und Röhms zum gemäßigten Hitler-Flügel erkennen. Der neue Reichskanzler erhielt Attribute, die die krasse Fehleinschätzung seiner Person in den ersten Wochen belegen. So wurde tatsächlich „Weichheit" als seine hervorstechendste Charaktereigenschaft bezeichnet; sie ermögliche es seiner Umgebung, ihn leicht zu beeinflussen.[370]

Gleich in seiner ersten Sitzung beschloss das neue Kabinett die Auflösung des Reichstags und die Ausschreibung von Neuwahlen. Nicht bloß Hitler, auch Papen verlieh dabei seiner Erwartung Ausdruck, dass dies der letzte Urnengang sein würde. Am 1. Februar um 22 Uhr sprach der neue Reichskanzler im Rundfunk zur Nation und gab sich dabei als Chef einer Koalitionsregierung würdevoll und verantwortungsbewusst: „Das Erbe, das wir übernehmen, ist ein furchtbares. Die Aufgabe, die wir lösen müssen, ist die schwerste, die seit Menschengedenken deutschen Staatsmännern gestellt wurde. [...] Die Regierung der nationalen Erhebung [...] ist entschlossen, in vier Jahren die Schuld von 14 Jahren wieder gutzumachen." Die

Wiederherstellung der nationalen Einheit zählte Hitler dabei ebenso als vorrangiges Ziel auf, wie die Absicht, das „Christentum als Basis unserer gesamten Moral, die Familie als Keimzelle unseres Volks- und Staatskörpers" zu schützen und die Tradition zu bewahren. Dem nihilistischen Chaos und Kommunismus sagte er den Krieg an und kündigte die Reorganisation der Wirtschaft in zwei Vierjahresplänen, die Rettung der Arbeiter und Bauern, die Arbeitsdienstpflicht, eine besondere Siedlungspolitik, die Überwindung des Klassenkampfes und die internationale Gleichberechtigung Deutschlands als Aufgaben der neuen Regierung an. „Möge der allmächtige Gott unsere Arbeit in seine Gnade nehmen, unseren Willen recht gestalten, unsere Einsicht segnen und uns mit dem Vertrauen unseres Volkes beglücken. Denn wir wollen nicht kämpfen für uns, sondern für Deutschland."[371]

Von Beginn an galt Hitler freilich die materielle wie psychologische Aufrüstung Deutschlands als oberstes Ziel für die nächsten fünf Jahre. Propaganda und Partei sollten die Nation zu einem vorwiegend militärisch denkenden Volk umerziehen. Dabei war dem Kanzler der Generalstab zu zögerlich und zu wenig kriegswillig. Bei seiner Vergrößerung sollten daher vor allem NS-Sympathisanten nachrücken.[372] In seinen ersten Begegnungen mit den Spitzen der Wehrmacht wirkte Hitler freilich noch unsicher, ja beinahe linkisch. Die Militärs wiederum, allen voran der Chef der Heeresleitung, der alte Grandseigneur Hammerstein, behandelten ihn zwar durchaus wohlwollend, jedoch nicht ohne eine gewisse Arroganz. Doch war es dem neuen Reichskanzler ein tiefes Bedürfnis, ihnen seine aggressiven, seit vielen Jahren praktisch unveränderten Zukunftsvisionen zu veranschaulichen, in der Hoffnung, sie damit in seinen Bann zu ziehen. Vor den Befehlshabern des Heeres und der Marine stellte er am 3. Februar 1933 bei Tisch in Hammersteins Wohnung die Wiedergewinnung der Macht als das Ziel seiner Politik dar. Der Aufbau der Wehrmacht sei dafür die wichtigste Voraussetzung; deshalb müsse die allgemeine Wehrpflicht wieder eingeführt werden.

Den Aufbau der Wehrmacht hielt Hitler allerdings für einen durchaus gefährlichen Zeitraum. Dabei würde es sich zeigen, ob Frankreich Staatsmänner von Format besitze: „Wenn ja, wird es uns Zeit nicht lassen, sondern über uns herfallen (vermutlich mit Ost-Trabanten)." Im Innern sollte es Hitlers Vorstellung gemäß zu einer völligen Umkehrung der politischen Zustände kommen. Keine Betätigung irgendeiner Gesinnung, die diesem Ziel entgegenstand, durfte geduldet werden. „Wer sich nicht bekehren lässt, muss gebeugt werden." Der Marxismus war „mit Stumpf und Stiel" auszurotten. Der Jugend sollte die Einstellung vermittelt werden, dass Deutschland nur der Kampf retten könne. Deshalb musste auch auf die Stärkung des Wehrwillens mit allen Mitteln Bedacht genommen werden. Auf Landes- und Volksverrat stehe die Todesstrafe; darüber hinaus machte Hitler den Militärs klar, dass er die straffste autoritäre Staatsführung anstrebte. Der „Krebsschaden der Demokratie", so lief er bei den Militärs offene Türen ein, musste beseitigt werden. Wie eine neu gewonnene außenpolitische Macht zu gebrauchen war, getraute er sich noch nicht zu sagen; vielleicht durch die Erkämpfung neuer Exportmöglichkeiten, so stellte er in den Raum, vielleicht, und dieser Weg schien ihm konsequenterweise der vielversprechendere, durch die Eroberung neuen Lebensraumes im Osten und dessen rücksichtslose Germanisierung.[373]

Angesichts des evidenten Bedürfnisses der Nation nach Ruhe und Ordnung musste Hitler davon absehen, das Land mit Revolution und Bürgerkrieg zu überziehen. Vielmehr wählte er die „legale Revolution", wofür ihm der Notstandsartikel 48 zur Verfügung stand. Für seine politische Umwälzung standen Hitler ebenso wie seinerzeit Mussolini nun die Machtmittel des Staates zur Verfügung. In den ersten Jahren der NS-Herrschaft zeigte sich dabei Hermann Göring besonders aktiv und gewann damit Hitlers nachhaltige Anerkennung, die ihn in späteren Jahren trotz eklatanten Versagens und indiskutabel verschwenderischen Lebensstils vor einer Ablösung bewahren sollte. Der nach außen hin so gemütlich und humorvoll wirkende, gegen seine Gegner jedoch eiskalt agierende Paladin des „Führers" setzte in Preußen die Exekutive zur Verfolgung vor allem der Kommunisten ein. Dabei fungierten SA, SS und Stahlhelm als Hilfspolizei. Als preußischer Innenminister setzte er rigoros das einstige demokratische Musterland Terror und Verfolgung aus.

Der Reichstagsbrand am 27. Februar lieferte den willkommenen Anlass, gegen die bislang so wenig subversiven Kommunisten vorzugehen. Der eigentliche Brandstifter war freilich der linksextreme holländische Einzelgänger Marinus van der Lubbe.[374] Göring sprach jedoch vom Beginn des kommunistischen Aufstands, und Hitler bezeichnete im brennenden Plenarsaal es als „ganz raffinierte, von lange her vorbereitete Sache". Mit hochrotem Kopf schrie er schließlich unbeherrscht: „Es gibt jetzt kein Erbarmen; wer sich uns in den Weg stellt, wird niedergemacht. Das deutsche Volk wird für Milde kein Verständnis haben. Jeder kommunistische Funktionär wird erschossen, wo er angetroffen wird. Die kommunistischen Abgeordneten müssen noch in dieser Nacht aufgehängt werden. Alles ist festzusetzen, was mit den Kommunisten im Bunde steht. Auch gegen Sozialdemokraten und Reichsbanner gibt es jetzt keine Schonung mehr!"[375]

Göring konnte es nicht erwarten, noch in derselben Nacht etwa 4000 vorwiegend kommunistische Funktionäre verhaften zu lassen; mit ihnen auch gleich etliche regimekritische Juristen, Mediziner und Schriftsteller. Die Presse der Linksparteien wurde in Preußen für zwei, respektive vier Wochen verboten. Die Kommunisten wurden für die Brandstiftung des Reichstagsgebäudes, die das Fanal zum Bürgerkrieg sein sollte, verantwortlich gemacht. Mit der Notverordnung „zum Schutz von Volk und Staat" waren ohne jede juristische Kontrolle fortan den Übergriffen der Exekutive Tür und Tor geöffnet. Sie wurde zur entscheidenden Basis für die NS-Herrschaft und wurde nie mehr wieder außer Kraft gesetzt und durch die Verordnung „gegen Verrat am deutschen Volke und hochverräterischer Umtriebe“ noch ergänzt. Der Terror war zur Institution geworden, es herrschten Ausnahmezustand, Willkür und Rechtlosigkeit des Individuums ad infinitum.[376]

Die Reichstagswahl vom 5. März sollte die letzte sein, so hatte Hitler verschiedentlich angekündigt. Würde sie nicht zu seinen Gunsten entscheiden, mussten andere Mittel und Wege gesucht werden, um das NS-Regime zu etablieren. Verschiedentlich befürchtete man deshalb auch den Ausbruch eines Bürgerkriegs, wenn es der NSDAP nicht gelingen sollte, die absolute Mehrheit zu erlangen.[377] Mit den zusätzlich zur Verfügung stehenden Mitteln des Staates erdrückten die Nationalsozialisten die anderen wahlwerbenden Parteien förmlich mit einer Flut von Massenveranstaltungen, Aufmärschen, Rundfunkreden, Beflaggungen und Plakaten. Zu den neuerlichen schweren Auseinandersetzungen der SA mit der Linken, wobei allein 69 Tote zu beklagen waren, gesellte sich diesmal auch eine deutliche Behinderung der anderen Parteien in ihrer Kampagne.

Doch der Wahltag brachte der NSDAP keineswegs den erhofften durchschlagenden Erfolg. Wenngleich es ihr auch gelang, vor allem ehemalige Nichtwähler in hohem Ausmaß zu mobilisieren und sich in Bayern und Württemberg deutlich zu verbessern, erzielte sie doch bloß 43,9 Prozent der abgegebenen Stimmen. Die Deutschen waren in ihrer Mehrheit noch immer keine Sympathisanten des Nationalsozialismus. SPD und Zentrum konnten sich behaupten, und selbst die Kommunisten büßten nicht so viele Mandate ein wie erwartet. Hitler war die „Bande“, wie er seine Regierungspartner abfällig nannte, noch nicht los und musste mit Hugenberg, dessen DNVP ihre Mandate zu halten vermochte, weiterhin eine Koalition bilden. Trotzdem bezeichnete der nationalsozialistische Kanzler in der folgenden Kabinettssitzung das Wahlergebnis als Revolution.[378]

In den ersten Tagen nach der Reichstagswahl eroberte der Nationalsozialismus die Macht in den Ländern. In Analogie zu den oberitalienischen Squadristen zwang die SA über den Druck der Straße Regierungen, Bürgermeister und Polizeipräsidenten zum Rücktritt und hievte so in Bayern, Sachsen, Hessen, Baden, Württemberg, Hamburg, Bremen und Lübeck Männer der NSDAP an die Macht. „Die Gleichschaltung des politischen Willens der Länder mit dem Willen der Nation ist vollzogen“, konnte Hitler daraufhin triumphierend verkünden.[379] Freilich übten die teilweise außer Kontrolle geratenen Horden der SA auch Vergeltung an Privatpersonen, befreiten Häftlinge, mordeten, verprügelten, jagten Menschen und folterten sie, nahmen Geiseln, um Lösegeld zu erpressen, raubten und plünderten. Wenngleich Hitler etwa Papen gegenüber die Disziplin und Zurückhaltung seiner Sturmscharen beteuerte, sah er sich gezwungen, sie letztlich doch zur Ordnung zu rufen, um das Bürgertum nicht vollends zu verschrecken, welches er noch immer umwarb. In Preußen konnte sich die SA auch an der Seite der Exekutive austoben. Etwa 25.000 Verhaftungen allein im März und April 1933 sprechen eine deutliche Sprache des Staatsterrors, der unter dem Einfluss der Propaganda, die von notwendigen Maßnahmen gegen einen „kommunistischen Umsturz" sprach, auf wenig Kritik und viel Beifall stieß.

Der Reichspräsident, längst seinen Verpflichtungen überdrüssig, verließ sich ganz auf Papen als den Mann seines Vertrauens in der Regierung. Anfänglich wünschte es Hindenburg, dass der Vizekanzler bei Hitlers Berichterstattung ebenfalls zugegen war. Später, wohl auch als Ausdruck des Vertrauens in den neuen Regierungschef, benötigte er Papen dafür nicht mehr. Zudem verstand es Hitler immer besser, das greise Staatsoberhaupt zufrieden zu stellen, indem er ihm den nötigen Respekt erwies, früher in der Reichskanzlei zur Arbeit erschien, als es seinen üblichen Gewohnheiten entsprach, und den Präsidenten vertröstete, gegen die Exzesse der SA einzuschreiten; ja, er versicherte ihm sogar, die Monarchie wiederherstellen zu wollen, sobald das Reich wieder seine volle Souveränität besitze. Dem noch nicht genug, setzte Hitler mit Walther Funk einen alten Freund der Familie Hindenburg als neuen Pressesprecher der Präsidentschaftskanzlei ein, der sodann nur Positives über die Regierung zu berichten wusste. Auch pflegten die Nationalsozialisten nun den Mythos des alten Feldmarschalls, nachdem sie ihn zuvor jahrelang als willenloses Werkzeug von Marxisten und Jesuiten diffamiert hatten. Selbst die nationalsozialistischen Staatsstreiche in den Ländern ließen Hindenburg nicht handeln. Hitler verstand es, ihn mit der Begründung, durch die Einsetzung der Reichskommissare Blutvergießen zu verhindern, zufrieden zu stellen. Amtsmüde begrüßte es das Staatsoberhaupt, immer mehr Rechte an die Regierung abzutreten, und unterließ es, die Verfassung zu verteidigen. Damit lieferte er Deutschland endgültig den Nationalsozialisten aus.[380]

Der „Tag von Potsdam" wurde zum „Begräbnis 1. Klasse der deutschen Demokratie".[381] Am 21. März, dem Tag der feierlichen Eröffnung des neuen Reichstags, genau 62 Jahre nachdem Bismarck den ersten Reichstag nach der deutschen Einigung eröffnet hatte, verfolgten Millionen die von Goebbels als neu ernannter Reichsminister für Volksaufklärung und Propaganda inszenierte Versöhnung des alten mit dem neuen Deutschland am Sarg Friedrichs des Großen in der Garnisonskirche von Potsdam. Am „Tag der erwachenden Nation" hatten die alten Eliten ihren letzten großen Auftritt. Noch einmal stand Hindenburg im Mittelpunkt des Interesses. Draußen auf der Treppe begrüßte ihn Hitler, im schwarzen Cut, betont untertänig. Als Hindenburg, von seinem Kanzler gefolgt, das festlich geschmückte Innere der Kirche betrat, erhoben sich alle Teilnehmer und stimmten „Nun danket alle Gott" an, den Choral der siegreichen Armee Friedrichs des Großen nach der Schlacht von Leuthen. In der Uniform eines königlich-preußischen Feldmarschalls schritt er langsam auf seinen Platz im Innern der Kirche zu, salutierte vor dem vakanten Stuhl des im niederländischen Doorn im Exil weilenden Exkaisers und grüßte den anwesenden Kronprinzen, der hinter dem leeren Stuhl seines Vaters stand,

Am „Tag von Potsdam", am 21. März 1933, verbeugte sich Hitler noch tief vor Hindenburg. Dieses Foto durfte Jahre später nicht mehr veröffentlicht werden.

mit dem Marschallstab. Das Staatsoberhaupt nahm auf einem Sessel gegenüber dem Altar Platz, links hinter ihm der zivil gekleidete Göring, Hitler zu seiner Rechten. In seiner Festrede sprach Hindenburg Worte der Mahnung und der Hoffnung.[382]

Danach hatte Hitler seinen Auftritt. Voll gespielter Demut sprach er von der „einzigartigen Erhebung" des deutschen Volkes, in der es „in wenigen Wochen die nationale Ehre wiederhergestellt [hat] zwischen den Symbolen der alten Größe und der jungen Kraft". Nach seiner Ansprache ging er auf Hindenburg zu und reichte ihm mit einer tiefen Verneigung die Hand. Die Versammlung löste sich auf. Danach marschierten zwei Stunden lang unter klingendem Spiel die Waffengattungen des Heeres vorbei, gefolgt von den Einheiten der Schutzpolizei, der SA und SS, vom Stahlhelm, der Hitlerjugend und anderen völkischen Jugendverbänden.[383]

Bereits zwei Tage später brachte Hitler in der zum Reichstag umfunktionierten und von SA und SS praktisch belagerten Krolloper das „Gesetz zur Behebung der Not von Volk und Reich" ein. Dieses „Ermächtigungsgesetz" wurde mit 441 zu 94 Stimmen angenommen. Nur die Sozialdemokraten stimmten dagegen, von denen sich freilich 26 ebenso wie alle 81 kommunistischen Mandatare in Haft befanden.

Das Zentrum unter dem Prälaten Ludwig Kaas ließ sich trotz Brünings Widerstand von Hitler düpieren. Es vertraute auf das Versprechen eines Briefes, „der den Widerruf jener Teile des Reichstagsbrand-Erlasses betraf, die die bürgerlichen und politischen Freiheiten der Staatsbürger verletzten", und außerdem die Erklärung beinhalten sollte, das Gesetz bloß unter bestimmten Voraussetzungen anzuwenden. Die Fraktion sollte den zugesagten Brief Hitlers nie erhalten. Der Parlamentarismus und die demokratischen Parteien kapitulierten vor dem neuen Regime.[384] Das „Ermächtigungsgesetz" schaltete schließlich den Reichstag aus, die legislative Gewalt ging auf die Exekutive über. Die Regierung verfügte nun praktisch über unbegrenzte Machtvollkommenheit. Hitler war somit weder vom Reichstag noch vom Reichspräsidenten abhängig und besaß die Möglichkeit, eigenmächtig die Verfassung zu ändern.[385]

Mit unglaublichem Tempo, das jenes Mussolinis in den zwanziger Jahren nach dem „Marsch auf Rom" bei weitem übertraf, fegte Hitler die alte Ordnung hinweg. Am 31. März 1933 erfolgte das „vorläufige Gesetz zur Gleichschaltung der Länder mit dem Reich", eine Woche später das endgültige Gesetz. Die Länder erhielten Reichsstatthalter, die die Länderregierungen ernannten. Die Landtage wurden mit 30. Januar 1934 beseitigt. Mit dem für das Bürgertum so wichtigen Schein des Rechts riss Hitler mit der als „nationale Erhebung" getarnten „legalen Revolution" die Macht völlig an sich. Deutschland wurde nationalsozialistisch und mutierte zum Dritten Reich. Nicht die so gefürchtete Linke war es, die der längst überkommenen Welt den Todesstoß versetzte, sondern vielmehr der nationalsozialistische Partner der monarchistisch-bürgerlichen Eliten, mit dem sie sich zu einem antimarxistischen Bündnis zusammengeschlossen hatten. Die Deutschnationalen und Konservativen dankten gegenüber dem „Barbaren", für den sie Hitler hielten, ab.

Innerhalb von nur zehn Wochen hatte der Nationalsozialismus alle entscheidenden Machtmittel des Staates unter seine unmittelbare Kontrolle gebracht. Lediglich die Reichswehr bildete hierbei eine Ausnahme. In einer zweiten Phase folgte die Ausschaltung sowohl der demokratischen Parteien und Organisationen als auch der bürgerlich-nationalen Koalitionspartner. Sogar Hitler selbst zeigte sich überrascht, wie schnell und mühelos sich sowohl das monarchistisch gesinnte als auch das republikanische Deutschland beseitigen ließ. Sowohl die Vertreter Weimars als auch dessen bürgerlich-aristokratischen Gegner waren am Ende und fügten sich müde und ohne Alternative dem Schicksal. Ohne jeden Widerstand gaben sie auch die letzten Reste von Macht und Existenzwillen auf. Das national-konservative Lager zerbröckelte vollständig. Nun wurde Hitler „diese Bande" endlich los. Papen gab weitgehend jede Selbstständigkeit auf, diente jedoch für das neue Regime weiter. Seldte trat nicht weniger opportunistisch der NSDAP bei, während der Stahlhelm in der SA aufging. Hugenberg legte aus Protest alle seine vier Ämter im Reich und in

Preußen nieder. Seine DNVP löste sich ebenso wie die Volkspartei, die BVP, die Deutsche Staatspartei und das Zentrum auf. Der Fraktionsführer der Deutschnationalen, Ernst Oberfohren, starb eines mysteriösen Todes, andere führende Persönlichkeiten der alten Rechten wurden inhaftiert. Es war bloß logische Konsequenz, dass es natürlich auch für die Linke kein Überleben gab. SPD und KPD wurden verboten, die Gewerkschaften liquidiert, deren Vermögen beschlagnahmt und die NSDAP als Staatspartei bestätigt. Am 14. Juli trat das „Gesetz gegen die Neubildung von Parteien" in Kraft. Der demokratische Rechts- und Parteienstaat war zertrümmert.

Trotzdem musste Hitler danach trachten, zu vermeiden, dass die Revolution aus den Fugen geriet. Weder wollte er das Beispiel in Russland nachahmen noch verschiedene soziale Schichten, allen voran das Bürgertum, verschrecken und eine zu tiefe Kluft aufreißen. Pure Anarchie war ihm ein Gräuel, widersprach sie doch seinem „deutschen" Ordnungssinn. Nichtsdestotrotz mochte er sich in jenen Tagen nicht immer sicher sein, ob nicht ein paar Wochen blutigen Bürgerkriegs die Nation wirkungsvoll säubern könnten. Gegen Ende seiner Herrschaft, im Führerbunker unter der Reichskanzlei, als die Rote Armee Berlin einnahm, sollte er die „Mäßigung" seiner Machtübernahme bereuen. Doch in der Anfangszeit seines Regimes verweigerte Hitler seiner Partei, im revolutionären Machtrausch gleich den ganzen Staat an sich zu reißen. Opportunisten, die sich mit Hilfe der NSDAP ihre Stellung in der Gesellschaft verbessern wollten, gab es jedenfalls genug. Allein in den ersten drei Monaten gesellten sich zu den bislang 850.000 Parteigängern 1,6 Millionen Neuzugänge, so dass Hitler sogar mit 1. Mai eine Aufnahmesperre verordnete.

Wie Mussolini war sich auch Hitler des propagandistischen und psychologischen Werts von Großprojekten bewusst; noch dazu in einer Zeit verbreiteter Arbeitslosigkeit, deren Beseitigung er vor der Machtergreifung unaufhörlich gepredigt hatte und die nun für das Gelingen der Revolution ausschlaggebend war. Wie der faschistische Staat widmete sich nun auch das junge Dritte Reich international viel beachteten Prestigeprojekten wie dem Reichsautobahnbau, der Urbarmachung von Sumpfgebieten, der Regulierung von Flussläufen oder der Aufforstung. Zunächst war es allerdings mehr die moralische Wirkung, die den während der Depression so ratlosen Massen wieder neuen Optimismus verschaffte. Der Beschäftigungsstand vom Sommer 1929 wurde erst wieder im Sommer 1936 erreicht, wo es dann auch bereits zu Arbeitskräftemangel kam.

Hitler und seinem Regime gelang es, der Nation nach der demoralisierenden Stimmung der Wirtschaftskrise wieder das Gefühl sozialer Sicherheit zu geben. Wie der Faschismus in Italien vermochte auch der Nationalsozialismus, Mut und Hoffnung, Zukunftsglauben, Leistungswillen und das Gefühl nationaler Zusammengehörigkeit, der „Volksgemeinschaft", zu wecken. Hitler trug dazu mit unzähligen Reden, Einweihungen, Spatenstichen und Grundsteinlegungen bei. Die Wahl zum neuen Reichstag am 12. November 1933 zeigte mit 95 Prozent Jastimmen für die einzig verbliebene „Führerliste" die mittlerweile wesentlich breitere Zustimmung zum NS-Regime deutlich.

„Die politischen Parteien sind endgültig beseitigt", so hatte Hitler schon Anfang Juli 1933 seinen Reichsstatthaltern erklärt. „Dies ist ein geschichtlicher Vorgang, dessen Bedeutung und Tragweite man sich vielfach noch gar nicht bewusst geworden ist. Wir müssen jetzt die letzten Überreste der Demokratie beseitigen [...] Der Erringung der äußeren Macht muss die innere Erziehung der Menschen folgen. [...] Die Revolution ist kein permanenter Zustand, sie darf sich nicht zu einem Dauerzustand ausbilden. Man muss den freigewordenen Strom der Revolution in das sichere Bett der Evolution hinüberleiten. Die Erziehung der Menschen ist dabei das Wichtigste. Der heutige Zustand muss verbessert und die Menschen, die ihn verkörpern, müssen zur nationalsozialistischen Staatsauffassung erzogen werden. [...] Die Aufgabe des Nationalsozialismus ist die Sicherstellung der Entwicklung unseres Volkes. Man soll aber nicht herumsuchen, ob noch etwas zu revolutionieren ist, sondern wir haben die Aufgabe, Position um Position zu sichern, um sie zu halten und allmählich mustergültig zu besetzen. Wir müssen dabei unser Handeln auf viele Jahre einstellen und in ganz großen Zeiträumen rechnen. [...] Wir haben heute absolut die Macht, uns überall durchzusetzen. Aber wir müssen die abgesetzten Menschen auch durch bessere ersetzen können. [...] Wenn wir mit Reformen vor die Nation hintreten, müssen wir auch beweisen, dass wir die Dinge verstehen und sie meistern können. Unsere Aufgabe heißt Arbeit, Arbeit und nochmals Arbeit! Aus dem Gelingen der Arbeitsbeschaffung werden wir die stärkste Autorität erhalten. Unser Programm ist nicht geschaffen, um schöne Geste zu machen, sondern um dem deutschen Volk das Leben zu erhalten. Die Ideen des Programms verpflichten uns nicht, wie Narren zu handeln und alles umzustürzen, sondern klug und vorsichtig unsere Gedankengänge zu verwirklichen. Auf die Dauer wird die machtpolitische Sicherheit um so größer sein, je mehr es uns gelingt, sie wirtschaftlich zu untermauern. [...] Die Partei ist jetzt der Staat geworden."[386]

Röhm und sein Gefolge wollten das Ende der Revolution jedoch nicht wahrhaben. Im Gegenteil, für den SA-Führer hatte eine solche eigentlich noch gar nicht stattgefunden. Dass sich Hitler mit den alten Eliten zu arrangieren schien, frustrierte Röhm zutiefst. Seine Kämpfer der „Sturmzeit" und er selbst fühlten sich betrogen und um die wahre gesellschaftliche Umwälzung gebracht. Für den geradlinigen undiplomatischen alten Kämpen bedeutete eine Beruhigung der Lage einen Verrat an der Revolution. Trotzig und unbeirrbar gedachte er einen von bürgerlicher Anpassung unverfälschten Nationalsozialismus durch den Kampf auf der Straße zu erringen. In der Tat war die SA – im Gegensatz zur Reichswehr – ein mittlerweile gewaltiges Massenheer. Viele Braunhemden sahen sich seit der Machtergreifung jedoch zu kurz gekommen und drängten, die „alten Spießbürger" endlich von ihren Positionen zu jagen.

Aber Hitler wollte keine zweite Revolution, die Deutschland in einen SA-Staat verwandeln würde. Für einen solchen fehlte es allerdings Röhm und seinen derben Spießgesellen ohnehin an einem durchdachten Konzept. Sie waren Abenteurer und Haudegen, aber weder politische Visionäre noch Fachmänner in der Verwaltung eines Staates. Röhm schwebte der Gedanke vor, die SA zu einer Miliz umzugestalten und die Landesverteidigung zur Domäne seiner Revolutionsarmee zu machen. Der Reichswehr sollte demnach bloß mehr die militärische Ausbildung obliegen. Dies waren naturgemäß Pläne, die ihm die Gegnerschaft der Militärs eintrugen, die wiederum Hitler bereits zu einem Gutteil auf ihrer Seite sahen. Reichswehrminister Blomberg war mittlerweile zu einem sentimentalen, willigen Bewunderer des Reichskanzler geworden und der Chef des Ministeramts, Oberst Walter von Reichenau, wiederum ohnedies ein kühl berechnender Nationalsozialist, der die skrupellosen Vorhaben Hitlers unbedingt befürwortete, nicht zuletzt deswegen, um selber Karriere zu machen.

Die Reichswehr kam Hitler entgegen. Blomberg verfügte Anfang Februar 1934 die Übernahme des Arierparagraphen für das Offizierskorps. Zudem wurde das Hakenkreuz zum offiziellen Symbol der Wehrmacht und die politische Schulung für die Truppe eingeführt. Die nationalsozialistische Indoktrination erfasste auch das Offizierskorps, besondere Regimetreue wurde zur wichtigsten Voraussetzung für eine militärische Karriere. Im Reichswehrministerium versuchte Hitler wiederum, die obersten SA-Führer mit den Spitzen der Armee zu versöhnen. Dass er den Braunhemden in Zukunft vor allem nur erzieherische Aufgaben zuteil kommen lassen wollte, war für den Stabschef glatter Treuebruch. Erzürnt nannte Röhm sodann Hitler auch einen „ignoranten Gefreiten", der auf Urlaub gehöre. Der SA-Führer selbst gab zudem zu verstehen, nicht daran zu denken, sich an das noch eben vereinbarte Abkommen mit der Reichswehr zu halten. Röhms Versuch, wenigstens einige Tausend SA-Männer in die Armee einzuschleusen, stieß auf die Ablehnung Hindenburgs und der Reichswehrführung.[387]

Unentwegt sah sich Hitler veranlasst, das Ende der Revolution zu verkünden. Auf der Gauleitertagung in Berlin am 2. Februar 1934 betonte er, dass es Narren seien, die die Revolution für noch nicht beendet erklärten, und klagte darüber, dass die Bewegung Menschen habe, „die unter Revolution nichts anderes verständen als einen dauernden Zustand des Chaos. Wir benötigen hingegen einen Verwaltungsapparat auf allen Gebieten, der uns in die Lage versetzt, nationalsozialistisches Gedankengut sofort zu verwirklichen." Die Verschmelzung von Partei und Staat sei demnach von grundlegender Bedeutung; von ihr hänge im Wesentlichen die deutsche Zukunft ab. Als akute Hauptaufgabe bezeichnete Hitler demnach „die Auslese der

Ernst Röhm, Stabschef der SA, wurde in der „Nacht der langen Messer" verhaftet und ermordet.

Menschen", die einerseits fähig seien, andererseits „in blindem Gehorsam" die Maßnahmen der Regierung durchsetzten. Die Partei müsse als „Orden" die notwendige Stabilität für die ganze deutsche Zukunft bringen. „Führer kann immer nur einer sein; wer das ist, ist gar nicht so wesentlich, das Wesentliche ist, dass alle hinter dem zweiten und den weiteren Führern stehen. Eine solche Organisation mit dieser inneren Härte und Stärke wird ewig dauern; nichts kann sie stürzen. Die Gemeinschaft innerhalb der Bewegung muss unerhört verschworen sein. Wir dürfen keinen Kampf untereinander führen; niemals darf sich eine Differenz zeigen gegenüber Außenstehenden! Das Volk kann uns nicht blindgläubig vertrauen, wenn wir selbst dieses Vertrauen zerstören. Zerstören wir nach außen hin das Vertrauen, so zerstören wir das Vertrauen zu uns selbst."[388]

Der Konflikt spitzte sich zu.[389] Lautstark sprach der gleichermaßen unzufriedene wie ruhelose Röhm von einer zweiten Revolution, demonstrierte immer öfter die Präsenz seiner „dreißig Divisionen" und schien auch mit Regimekritikern wie Schleicher und Gregor Strasser zu konspirieren. Hitler wiederum ließ belastendes Beweismaterial gegen einen von Röhm geplanten Putsch und seine „Freundschaften" sammeln, wobei ihm nicht bloß die Gestapo, sondern auch die Reichswehr behilflich war. Auch die NS-Führungselite, die man radikaler einschätzte als den Reichskanzler selbst, Göring, Heß und selbst der an sich so revolutionär gesinnte Goebbels, standen hinter Hitler, missgönnten sie Röhm doch seine gewaltige Hausmacht. Doch auch in ihr befanden sich Verräter in der Gestalt des SA-Obergruppenführers Lutze, der den Regierungschef am Obersalzberg aufsuchte, um ihn über die Umtriebe Röhms zu unterrichten. Eine letzte Aussprache zwischen Hitler und Röhm am 4. Juni brachte trotz ihrer Dauer von fünf Stunden kein greifbares Ergebnis. Der SA-Führer begab sich sodann wegen eines rheumatischen Leidens nach Bad Wiessee auf Kururlaub.

Selbst aus Kreisen, die bereits völlig verstummt schienen, regte sich Unmut gegen die Herrschaft Hitlers. Teile der deutschnationalen und konservativen Eliten, die erst die Machtergreifung Hitlers möglich gemacht hatten, probten nun vorsichtige Versuche des Widerstands gegen ein totalitäres NS-Regime. So hielt von Papen, der immer noch auf die Möglichkeit einer Restauration nach Hindenburgs Tod hoffte, am 17. Juni in der Universität Marburg eine Aufsehen erregende Rede. In unvermuteter Kritikbereitschaft wandte er sich gegen Gewalt und radikale Strömungen, gegen Gleichschaltung und Revolution in Permanenz, Byzantinismus und Totalitätsanspruch.[390]

Erwartungsgemäß reagierte Hitler auf diese Herausforderung wutentbrannt. Hemmungslose Drohungen gegen diese „kleinen Zwerge" waren die Folge, so dass Papen sogar zurücktreten wollte. Doch sollte Hitler befürchtet haben, dass der Vizekanzler, den er selbst nun von der Demission abbrachte, über die Rückendeckung Hindenburgs verfügte, sah er sich zu seinem Glück getäuscht. Als Hitler den Reichspräsidenten in dessen Domizil im preußischen Neudeck am 21. Juni aufsuchte, traf er bereits auf einen schwer kranken Mann, der nur mehr seine Ruhe haben wollte. Der bereits von Krankheit geschwächte und mit großzügigen Donationen korrumpierte Feldmarschall war keine Bedrohung mehr.[391]

Unterdessen ergingen sich Hitler und seine Paladine Goebbels, Göring und Heß in Drohungen sowohl gegen die „Revolutionsspieler" der SA als auch gegen jene Konservative, die eine Wiederherstellung der Monarchie voranzutreiben schienen. Eindeutige Warnungen wurden ausgesprochen, nicht die Treue zu brechen. Göring diente sein Forschungsamt innerhalb des Reichsluftwaffenministeriums als vorzügliche Nachrichtenquelle. Überwachung und Bespitzelung lieferten ihm ausreichend Informationen für seine Intrigen, die er nun auch gegen Röhm nützte. Die Reichswehr unter Blomberg und Reichenau arbeitete mit dem SD und der SS Himmlers zusammen, um gegen die angeblich geplante Revolte Röhms und anderer oppositioneller Gruppen vorzugehen. Die Vorbereitungen für die Bluttat liefen auf Hochtouren. Hitler rief seinen Duzfreund Röhm an und befahl alle SA-Führer für den 30. Juni zu einer Aussprache nach Bad Wiessee. Röhm war völlig ahnungslos, ja, das Telefonat mit seinem „Führer" hatte ihn sogar ausgesprochen zufrieden gestellt.[392]

Es oblag dem an seinem eigenen Aufstieg bauenden Himmler und der ihm unterstehenden SS, einen vorgetäuschten SA-Putsch zu inszenieren und damit den gesuchten Anlass zum Losschlagen zu liefern. Hitler reiste selbst nach München, wo man SA-Verbände als Meuterer in die Irre geführt hatte. August Schneidhuber und Wilhelm Schmidt waren die beiden ersten hochrangigen SA-Offiziere, die Hitler nach seinem zornigen Auftritt nach Stadelheim bringen ließ. Danach begab er sich in den Morgenstunden des 30. Juni mit einer SS-Autokolonne nach Bad Wiessee.

Mit seiner Peitsche in der Hand betrat Hitler selbst Röhms Hotelzimmer und sprach gegenüber dem schlaftrunkenen, „Heil, mein Führer" stammelnden SA-Stabschef seine Verhaftung aus.[393] Etwa 200 höhere SA-Führer wurden nach Stadelheim gebracht. In Berlin wurden auf Anordnung Görings und Himmlers, die sich durch besondere Härte hervortaten, die aufgegriffenen SA-Offiziere kurzerhand in der Kadettenanstalt Lichterfelde von SS-Kommandos erschossen.

Dem blutigen Samstag des 30. Juni fielen wohl Hunderte zum Opfer. Der zu einer Bartholomäusnacht aufgelegte Göring hatte das Morden auf einen weitaus größeren Kreis ausgedehnt. Neben vielen SA-Führern waren auch Gregor Strasser, Exkanzler Schleicher, der im Gegensatz zu Brüning alle Warnungen in den Wind geschlagen und sich nicht ins Ausland gerettet hatte, seine Frau, sein Adjutant, General von Bredow, Edgar Jung, der Verfasser von Papens Marburger Rede, der ehemalige Generalstaatskommissar von Kahr, der Hitler einst im November 1923 im Stich gelassen hatte, betroffen. Röhm wurde dagegen erst am darauf folgenden Tag in seiner Zelle erschossen, nachdem er sich geweigert hatte, sich selbst das Leben zu nehmen. Papen war interniert und Duesterberg nur knapp dem Erschießungskommando entgangen. Im Gegensatz zu Göring, der völlig kalt zu bleiben schien, ging Hitler dieser groß angelegte Fememord gegen seine alten Mitstreiter stark an die Nerven. Es bedurfte wohl nicht zuletzt des Drängens von Heß und Max Amann, Röhm, „das größte Schwein", endlich exekutieren zu lassen. Schon am Nachmittag des 1. Juli floh Hitler in die heile Welt einer Gartenparty, die er für die Granden von Staat und Partei und deren Familien gab.[394]

Im „Völkischen Beobachter" erschien Hitlers Befehl an den neuen SA-Stabschef Viktor Lutze: „Ich verlange, dass jeder SA-Führer wie jeder politische Führer sich dessen bewusst ist, dass sein Benehmen und seine Aufführung vorbildlich zu sein hat für seinen Verband, ja, für unsere gesamte Gefolgschaft. [...] Ich verlange insbesondere vom SA-Führer, dass er ein Vorbild in der Einfachheit und nicht im Aufwand ist. Ich wünsche nicht, dass der SA-Führer kostbare Dinners gibt oder an solchen teilnimmt. [...] Ich wünsche nicht, dass SA-Führer in kostbaren Limousinen oder Cabriolets Dienstreisen unternehmen oder Dienstgelder für die Anschaffung derselben verwenden. [...] SA-Führer, die sich daher vor den Augen der Öffentlichkeit unwürdig benehmen, randalieren oder gar Exzesse veranstalten, sind ohne Rücksicht sofort aus der SA zu entfernen. [...] Ich möchte insbesondere, dass jede Mutter ihren Sohn in SA, Partei oder Hitlerjugend geben kann, ohne Furcht, er könnte dort sittlich oder moralisch verdorben werden. [...] Ich will Männer als SA-Führer sehen und keine widerlichen Affen."[395]

Hitler ließ die Massaker nachträglich als „Niederschlagung hoch- und landesverräterischer Angriffe", als „Staatsnotwehr" sanktionieren.[396] Die an den Bluttaten beteiligten SS-Schergen erhielten als Auszeichnung für ihre „Verdienste" den „Ehrendolch". In einer wenig überzeugenden Rede vor dem Reichstag am 13. Juli rechtfertigte Hitler das Vorgehen gegen diese „Meuterei" und verantwortete, ohne jedes rechtliche Verfahren gehandelt zu haben und damit in jenen Stunden der „oberste Gerichtsherr" gewesen zu sein.[397] Hindenburg war jedoch über die Informationen, die ihm zu Ohren gekommen waren, beunruhigt und verlangte eine gerichtliche Untersuchung der Vorfälle, zumal er an einen Hoch- und Landesverrat Schleichers nicht glauben wollte. Hitler ließ den Reichspräsidenten daraufhin wissen, dass der Exkanzler durch seine eigene Schuld zu Tode gekommen sei. Schleicher habe sich seiner Verhaftung mit der Waffe in der Hand widersetzen wollen. Doch Hindenburg forderte nachdrücklich ein unabhängiges Gerichtsverfahren und die Vorlage der Akten. Hitler sah sich gezwungen, einzuwilligen, wissend, dass das Staatsoberhaupt alt und krank war. Anfang Juli unterzeichnete Hindenburg auf Meißners Anraten dann auch ein Telegramm, das – zur Beruhigung des Auslandes – dem Reichskanzler seinen Dank für die Niederschlagung des hochverräterischen Unternehmens aussprach. Hitler bemühte sich auch selbst nach Neudeck, um den besorgten, jedoch schwer leidenden Reichspräsidenten seine Version der Niederschlagung des „Putsches" zu vermitteln. Hindenburg dürfte Hitler wohl an den Gräueltaten während der „Nacht der langen Messer" für unschuldig gehalten haben. Vielmehr glaubte er, dass dieser die Kontrolle über verschiedene kriminelle Elemente innerhalb der Partei verloren habe.[398]

Das Ausland reagierte auf das Blutbad mit Entsetzen. Selbst ein Zyniker der Macht wie Mussolini fühlte sich bei Hitler nun an Attila erinnert.[399] Die Reichswehr war dagegen erleichtert, die SA als revolutionäre Gegenarmee endlich losgeworden zu sein. Sie hatte der SS Waffen zur Verfügung gestellt und zugewartet, bis die SA-Führung entmachtet oder abgeschlachtet war. Nicht einmal die Ermordung der beiden Generäle Schleicher und Bredow konnte sie dazu veranlassen, ihre Loyalität gegenüber der Staatsführung aufzugeben. Im Namen des Kabinetts beglückwünschte Blomberg Hitler servil zum erfolgreichen Abschluss der „Säuberungsaktion".[400]

Die SA war gezähmt und gedemütigt. Mit ihrem Abstieg begann der Aufstieg der SS. Am 20. Juli erhob Hitler sie „im Hinblick auf die großen Verdienste [...], besonders im Zusammenhang mit den Ereignissen des 30. Juni 1934, [...] zu einer selbstständigen Organisation im Rahmen der NSDAP".[401] Außerdem durfte die SS bewaffnete Streitkräfte, vorerst in der Stärke einer Division, aufstellen. Der Chef der SS, der ehrgeizige Heinrich Himmler, formte seine Organisation zur Prätorianergarde des Nationalsozialismus, die im Unterschied zu Röhms SA Hitler bedingungslos gehorsam war. Nichtsdestoweniger bauten Himmler und der eiskalte Pragmatiker Reinhard Heydrich in nur wenigen Jahren einen Apparat auf, der viele andere Institutionen mehr und mehr an den Rand drängte und immer deutlicher mit diffizilen wie barbarischen Mitteln des Terrors die Herrschaft im Dritten Reich übernahm.[402]

Am 2. August 1934 verstarb Hindenburg 86-jährig auf Neudeck. Hitler hatte ihn am Tag zuvor noch mit dem Flugzeug aus Bayreuth kommend aufgesucht, den

Hitler übt sich propagandawirksam im Kontakt zu seinem Volk.

Sterbenden jedoch in bereits völlig verwirrtem Zustand angetroffen. Noch am Todestag trat das Gesetz über das Staatsoberhaupt des Deutschen Reiches in Kraft: „Das Amt des Reichspräsidenten wird mit dem des Reichskanzlers vereinigt. Infolgedessen gehen die bisherigen Befugnisse des Reichspräsidenten auf den Führer und Reichskanzler Adolf Hitler über." Die Wehrmacht wurde auf Hitler vereidigt. Der Treueschwur sollte in weiterer Folge gerade auch den Karrieristen innerhalb des Militärs die Rechtfertigung geben – selbst wider besseres Wissen –, nichts gegen ihren „Führer" zu unternehmen: „Ich schwöre bei Gott diesen heiligen Eid, dass ich dem Führer des Deutschen Reiches und Volkes Adolf Hitler, dem Oberbefehlshaber der Wehrmacht, unbedingten Gehorsam leisten und als tapferer Soldat bereit sein will, jederzeit für diesen Eid mein Leben einzusetzen."[403] Hitler war damit nicht bloß Führer der NSDAP und Regierungschef, sondern auch Staatsoberhaupt und Oberbefehlshaber der Wehrmacht. Der Tod Hindenburgs hatte ihm diese Usurpation erlaubt. Alle Soldaten und Beamten wurden auf ihn vereidigt, während sie bislang einen Eid auf die Weimarer Verfassung geleistet hatten. In Italien fand Mussolini diese Gelegenheit nicht vor. Der Monarch erfreute sich bester Gesundheit und stand damit – wenigstens formell – an der Spitze von Staat und Armee.

Eine Volksabstimmung sollte die Verfassungsänderungen nachträglich formal legitimieren und Hitler das Plazet der Nation geben. Das Plebiszit vom 19. August brachte jedoch mit bloß 84,6 Prozent Zustimmung ein für das Regime enttäuschendes Ergebnis. In Großstädten wie Hamburg oder Leipzig stimmten etwa ein Drittel mit Nein; ebenso in verschiedenen Bezirken Berlins, in Aachen, Breslau, Bielefeld oder Lübeck. Doch Hitler mochte sich trösten: Alle seine politischen Gegner waren entweder inhaftiert, emigriert oder tot. Er selbst hatte alle Machtmittel des Staates in der Hand. Hitler war Diktator.

Anfang September 1934 gestaltete das Regime den Nürnberger Parteitag so auch zu einem bombastischen Beispiel des Führerkults, der selbst den Mussolinismus mittlerweile übertraf. Der bayrische Gauleiter Adolf Wagner verlas anlässlich der Eröffnung die Proklamation Hitlers: „Die nationalsozialistische Revolution ist als revolutionärer, machtmäßiger Vorgang abgeschlossen! Sie hat als Revolution restlos erfüllt, was von ihr erhofft werden konnte. [...] Es gibt keine Revolution als Dauererscheinung, die nicht zur vollkommenen Anarchie führen müsste. Der Sinn einer Revolution kann nur sein, Widerstände, die von der allgemeinen Trägheit der Zeit, von traditionsgebundenen Interessen oder vom bösen Willen gegen eine zweckmäßige und damit natürliche und notwendige Entwicklung aufgerichtet werden, durch einen Akt volklicher Selbsthilfe und damit Notwehr zu beseitigen. Dort, wo sich solche Vorgänge aber im ewigen Wechsel wiederholen, erscheinen nicht beherrschende Ideen oder zwingende Lebensnotwendigkeiten als Auftraggeber der revolutionären Erhebungen, sondern verbrecherischer Ehrgeiz einzelner, nach Macht stre-

Reichsparteitag in Nürnberg. Die Weihe der Standarten.

bender Usurpatoren. [...] Im deutschen Volk sind Revolutionen stets selten gewesen. Das nervöse Zeitalter des 19. Jahrhunderts hat bei uns endgültig seinen Abschluss gefunden. In den nächsten tausend Jahren findet in Deutschland keine Revolution mehr statt!"[404]

Nach der Niederschlagung des „Röhm-Putsches" zeigte Hitler sowohl an der Innenpolitik als auch an der eigenen Partei zunehmend geringes Interesse. Von regelmäßigen Dienstzeiten konnte man lediglich am Anfang seiner Kanzlerschaft sprechen. Freilich betrat er auch hier erst von der „Führerwohnung" in der von Albert Speer und Paul Ludwig Troost renovierten Reichskanzlei kommend um 10 Uhr sein Arbeitszimmer, um bis in den späteren Mittag hinein zumeist Besprechungen abzuhalten. Während er sich am Vormittag eher Innerem zuwandte, gehörte der Nachmittag seinen militärischen und außenpolitischen Beratern. Hitler verabscheute Bürokratie und mied sie, wo es nur ging. An Bismarcks wuchtigem Schreibtisch zu sitzen, vermochte ihn deshalb nicht allzu lange zu begeistern. Akribisches Aktenstudium schätzte er keineswegs. Lediglich der Ausarbeitung seiner Reden, Briefe an wichtige Staatsmänner sowie Glückwunschtelegramme oder Beileidsschreiben widmete er, unterstützt von drei Sekretärinnen, ausführlich Zeit und arbeitete dabei bisweilen bis tief in die Nacht.[405]

Immer mehr entzog sich Hitler unerwünschten politischen Diskussionen. Gremien verabscheute er, Widerspruch war weniger denn je erlaubt, innenpolitischer „Kleinkram" für ihn zunehmend uninteressant. Nach Hindenburgs Tod, bis zu dem er noch für ihn ungewohnte Arbeitsdisziplin an den Tag gelegt hatte, vernachlässigte er auffallend die alltäglichen Geschäfte eines Regierungschefs und Staatsoberhaupts. Zumeist begann Hitler seinen Arbeitstag dann erst kurz vor Mittag, widmete sich gemeinsam mit Otto Dietrich einer knappen Presseschau, ließ sich vom Chef der Reichskanzlei, Hans Heinrich Lammers, die Termine des Tages berichten und widmete sich sodann verschiedenen Gesprächen, die er in der Wohnhalle, dem so genannten Wintergarten, auf- und abgehend, zu führen pflegte. Zum eher bescheidenen dreigängigen Mittagessen kam es im großen Speisesaal oft erst verspätet. Am Nachmittag wurde im Musiksalon Tee gereicht, wo sich Hitler entweder mit ausländischen Honoratioren oder mit seinen Parteigranden, Ministern und Militärs unterhielt.[406]

Der Diktator ignorierte weitgehend alle konventionellen Formen des Regierens. Deshalb war es für die Minister und andere Parteibonzen von entscheidender Bedeutung, zur engsten Umgebung des Diktators zu gehören, um sich so am besten Gehör zu verschaffen. Lammers kam dabei eine wichtige Rolle als erste Anlaufstelle zu. Naturgemäß öffnete dieses System Intrigenspielen und internen Machtkämpfen der verschiedenen nationalsozialistischen Granden Tür und Tor. Gleich Mussolini wünschte auch Hitler bloß bedingungslose Jasager um sich und gewährte so ein

Günstlingswesen schlimmsten Ausmaßes. Er ließ es zu, dass verschiedene Vasallen wie Göring, Goebbels, Ley oder Ribbentrop mit öffentlichen Geldern ein allen Grundsätzen spottendes Leben in Luxus führten. Dem Diktator schien auch die allgegenwärtige Korruption nichts auszumachen, erkaufte er sich doch mit der Dekadenz seiner prominentesten Vasallen auch deren Loyalität. Von beträchtlichem Reichtum und allen nur erdenklichen Privilegien verwöhnt, stellten sie für seine unumschränkte Alleinherrschaft keinerlei Gefahr mehr dar.[407]

Noch bevor gewissenhafte und wenig aufregende Arbeitsdisziplin zur Routine werden konnte, widersetzte sich Hitler einem festen und geregelten Tagesablauf und kultivierte wieder sein ruheloses Verhalten früherer Jahre. Berlin und die Reichskanzlei waren seiner Sprunghaftigkeit nicht genug. Es zog ihn immer wieder auch nach München ins Braune Haus, ins Wagnerianische Bayreuth und natürlich auf den Obersalzberg, auf den von ihm selber entworfenen repräsentativen Wochenendsitz, den Berghof, bei dessen Errichtung Geld keine Rolle gespielt hatte. Unter Martin Bormanns Leitung wurde um das Haus Wachenfeld in den späten dreißiger Jahren ein mit Stacheldraht umzäunter Komplex errichtet, mit verschiedenen Gebäuden, Privathäusern der NS-Granden, dem Teehaus und Straßen. Der Berghof diente Hitler als Refugium, wo er in der „Einsamkeit" der Bergwelt Probleme reflektierte und Pläne schmiedete oder auch ausländische Staatsmänner empfing.

Immer wieder packte Hitler seine Unrast. Mit einem wahren Tross zog er dann durch die deutschen Lande, wofür ihm ein Sonderzug mit elf Waggons, eine imposante Autokolonne und drei Flugzeuge zur Verfügung standen. Um sich wieder das Rauschgefühl der ihm entgegengebrachten Huldigungen zu holen, sprach er bei diversen Versammlungen, nahm Aufmärsche ab und ließ sich bei Einweihungen und anderen Feierlichkeiten preisen. Seine innerdeutsche Reisetätigkeit schien den zum Diktator aufgestiegenen Möchtegern-Künstler zu inspirieren. Zunehmend kam in ihm aber auch der Privatmensch zum Vorschein, der die Lektüre von beinahe siebzig Bänden Karl May, Besichtigungen, Auto- oder Bootsfahrten lästiger Büro- und Parteiarbeit vorzog. Anspruchsvolle Literatur bedeutete ihm ebenso wenig wie das Theater. Dagegen zog es ihn als glühenden Wagner-Verehrer, der auch die Operette schätzte, unzählige Male in die Opernhäuser, wo er nicht bloß die Musik, sondern auch das gesamte dramatische Spektakel mit seinen Bühneneffekten bewunderte.[408]

Ähnlich wie Mussolini pflegte auch Hitler keineswegs den Kontakt zum gewöhnlichen Volk. In seiner Egozentrik war er ganz allgemein an engeren menschlichen Beziehungen nicht interessiert, auch nicht in seinem innersten Kreis. Selbstzufrieden hatte er weder Lust noch Geduld, anderen zuzuhören. Beinahe autistisch verweigerte er sich wirklichen Zwiegesprächen oder ungezwungener Unterhaltung, indem er entweder manisch monologisierte oder sich teilnahmslos und völlig abwesend verhielt. Anderen gegenüber fühlte er sich schlicht überlegen und wollte sein festgefahrenes Weltbild auch erst gar nicht in Zweifel ziehen lassen. Er brauchte zwar seine Zuhörer, um sich daran zu berauschen, mit welcher Ehrfurcht sie ihn selbst bei den wildesten Tiraden zu später Stunde noch zuhörten, allein irgendwelchen Widerspruch wollte er nicht zu Ohren bekommen. Ähnlich wie Mussolini besaß auch Hitler keine Freunde, denn echte Nähe ließ er nicht zu. Andererseits fühlten sich ohnehin nur die wenigsten in seiner Gegenwart wohl; zu dominant wirkte er, zu verkrampft und gleichzeitig langweilig und leer gestaltete sich die ganze Atmosphäre um ihn herum mit seinem persönlichen Stab von Adjutanten, Chauffeuren, Fliegern, Dienern, Sekretärinnen, Kriminalpolizisten und Leibwachen. Goebbels war einer der wenigen, der mit Witzen und Anekdoten für etwas Schwung sorgte. Hitler, der sich gerne auf Kosten anderer amüsierte, bog sich dann bisweilen vor Lachen und hatte bei den Erzählungen seines Propagandaministers nicht selten auch Tränen in den Augen.

Hitler litt – ganz im Unterschied zu Mussolini – unter schweren Schlafstörungen. Sein aufgewühlter Geist vermochte nur mühsam zur Ruhe zu kommen. Durchwachte Nächte waren keine Seltenheit. Auf dem Obersalzberg kam der Diktator überhaupt erst gegen 14 Uhr aus seinem Zimmer, um anschließend seine vegetarischen Mahlzeiten einzunehmen. Am Nachmittag liebte er es, in der für die Öffentlichkeit abgesperrten Umgebung spazieren zu gehen, freilich lediglich bergab; unten wartete bereits ein Wagen, der ihn und seine Begleiter wieder hinaufbrachte, denn im Gegenteil zum Duce kam Hitler sportliche Betätigung nicht in den Sinn; gleichzeitig wollte er es vermeiden, seine mangelnde Fitness öffentlich zu zeigen. Tatsächlich pilgerten täglich bis zu 2000 Schaulustige auf den Obersalzberg, um einer religiösen Prozession gleich schweigend und voll Bewunderung an Hitler vorbeizuziehen. Wenn sich die Frauen seines Gefolges oder Eva Braun auf dem Obersalzberg einfanden, gab es striktes Verbot, über Politik zu sprechen. Dafür zeigte sich Hitler auf seine Weise charmant: Etwas steif und linkisch, stets jedoch höflich, korrekt und zuvorkommend spielte er die Rolle des Kavaliers alter österreichischer Schule. Besonders gegenüber Magda Goebbels, der er sehr zugetan war und die zu Hitlers Zorn von ihrem Mann so oft betrogen wurde. Auch seine Adjutanten, Bediensteten und Sekretärinnen am Obersalzberg wurden vom „Chef", wie sie Hitler nannten, durchaus liebenswürdig und bisweilen sogar großzügig behandelt. Zugleich verstand er es, alle Anwesenden mit seinen endlosen Monologen zu langweilen. Wahre Gemütlichkeit konnte ohnehin nicht aufkommen. Seine Umgebung verhielt sich befangen und fürchtete seine Stimmungsschwankungen. Das scheinbar ungezwungene Beisammensein hemmte seine Gäste und den engsten Kreis, zum einen, weil bei den meisten zweifellos der Respekt gegenüber dem „Führer" übermächtig war, zum anderen, weil man es ängstlich vermied, bestimmte Lieblingsthemen des Diktators anzuschneiden, da dies in stundenlanges Dozieren über Religion oder Kunst und Erzählungen aus seiner „Kampfzeit" ausartete. Nach dem für gewöhnlich keineswegs opulenten Abendessen ließ sich Hitler nur selten die Filmvorführungen im Musiksalon entgehen, wobei er ähnlich wie Mussolini leichter Unterhaltung den Vorzug gab und sich dabei sogar Walt Disneys Zeichentrickfilme wie Mickymaus ansah. So mancher Parteigrande – etwa Göring – vermied es, wegen des schlichten Essens und der bisweilen beklemmenden Monotonie, Hitler auf dem Berghof zu besuchen. [409]

Als „größter Schauspieler Europas", wie er sich selbst einmal bezeichnete, verstand sich Hitler meisterhaft wie nur noch Mussolini auf die Selbstinszenierung.[410] Im Unterschied zum Duce ließ er jedoch Menschliches von seiner Seite nicht zu. So wäre es ihm auch nie eingefallen, sich wie der faschistische Diktator etwa in der Badehose zu zeigen: „Ein wirklich großer Staatsmann tut das nicht", vermochte er Mussolinis Demonstrationen übertriebener männlicher Eitelkeit nicht zu verstehen. Gleichzeitig legte der Liebhaber von Mehlspeisen jedoch höchsten Wert darauf, keinen Bauch anzusetzen, da er dies bei seiner öffentlichen Stellung ebenfalls für unmöglich hielt. Hochstilisiert wie er seine ganze Person selbst hatte, vermied Hitler es peinlich, in Situationen zu geraten, wo ihm ein Missgeschick geschehen konnte. Sport oder Freizeitgestaltungen, wo er sich möglicherweise blamieren mochte, unterließ er deshalb geflissentlich. Stets schien ihn die Angst zu begleiten, sich vor den Augen anderer lächerlich zu machen. Nur ganz selten war er bereit, Gefühle zu zeigen und sie zuzulassen.

Am liebsten widmete sich Hitler gemeinsam mit Albert Speer diversen Bauprojekten wie der Umgestaltung Berlins und der Errichtung der neuen Reichskanzlei. In jenen Stunden, in denen er sich mit seinem jungen Protegé, begeistert in längst vergangene Tage zurückversetzt, in monumentalen architektonischen Vorhaben verlor, war er offenbar gelöst und frei von Zwängen. Am Obersalzberg nahm sich Hitler auch schon einmal zwei, drei Tage Zeit, sich mit dem ehrgeizigen Speer dem Zeichnen von Plänen und dem Studium von Modellen zu widmen. Hitler fühlte sich dem arbeitswütigen Architekten durchaus seelenverwandt und ließ dabei sogar eine amikale, beinahe brüderliche Beziehung zu.[411]

Das Image, das Hitler selbst gewählt hatte, verbot ihm, ein konventionelles Privatleben zu führen. Eva Braun war davon wohl am härtesten betroffen. Ihre Liebe blieb weitgehend unerwidert. Hitler hielt sie nur für bedingt gesellschaftsfähig. Bei offiziellen Anlässen wurde sie stets versteckt. Selten durfte sie ihn in Berlin besuchen, wo sie in der „Führerwohnung" in der Reichskanzlei erst ab etwa 1939 auch ein kleines Zimmer besaß. Lediglich am Berghof, wo sie sich neben München am meisten aufhielt, gehörte sie zur „Familie", doch selbst hier mit Vorbehalten. So war ihr Name etwa nicht im internen Telefonverzeichnis zu finden. Die emotionale Kälte ihres Angebeteten, der ihr nur wenig Zeit und Zuneigung schenkte, ihr gleichzeitig aber das Rauchen, Tanzen und den Umgang mit anderen Männern verbot, trieb die Vereinsamte zu einem zweiten Selbstmordversuch. Im Mai 1935 versuchte

Hitler mit seiner Schattengeliebten Eva Braun am Berghof.

sie sich mit einer Überdosis Schlaftabletten das Leben zu nehmen. Doch an Hitlers Empfindungen für sie änderte dies nichts. Beinahe bis zum Schluss ihrer Beziehung trachtete er, das Verhältnis der beiden zu verschleiern, während es sich Eva Braun in den Kopf gesetzt hatte, dass sie der Diktator doch noch einmal heiraten werde.[412]

Schon aus Imagegründen gedachte Hitler, unverheiratet zu bleiben. Als Junggeselle meinte er, seine Anziehung auf Frauen besser zu erhalten. Freilich konnte er auch noch andere Gründe ins Treffen führen, sich keiner Frau gegenüber zu binden: „Es ist ein Glück für mich, dass ich nicht geheiratet habe: Das wäre eine Katastrophe geworden! Es gibt einen Punkt, wo die Frau den Mann nie versteht, das ist, wenn in einer Ehe der Mann die Zeit nicht aufbringt, welche die Frau für sich glaubt, beanspruchen zu müssen. [...] Man muss das verstehen: Eine Frau, die ihren Mann liebt, geht doch ganz auf in ihm; erst wenn sie Kinder hat, erfährt sie, dass es noch etwas anderes für sie gibt; [...] Der Mann jedoch ist der Sklave seiner Gedanken, seine Aufgaben und Pflichten beherrschen ihn, und es mag Augenblicke geben, wo er wirklich sagen muss: Was schert mich Weib, was schert mich Kind! [...] Mir würde die Frau immer mit dem Vorwurf begegnet sein: Und ich?! [...] Für mich hätte es stets nur ein vergrämtes, verkümmertes Gesicht gegeben, oder ich hätte meine Pflichten versäumen müssen! Drum ist es besser, nicht zu heiraten. Das ist das Schlimme an der Ehe: Sie schafft Rechtsansprüche! Da ist es schon viel richtiger, eine Geliebte zu haben. Die Last fällt weg, und alles bleibt ein Geschenk. [...] Es gibt doch nichts Schöneres, als sich ein junges Ding zu erziehen, ein Mädel mit 18, 20 Jahren ist biegsam wie Wachs. Einem Mann muss es möglich sein, jedem Mädchen seinen Stempel aufzudrücken. Die Frau will auch nichts anderes!"[413]

Es ist bis zum heutigen Tag nicht geklärt, ob Hitler mit Eva Braun auch tatsächlich eine intime Beziehung verband. Sicher ist jedoch, dass er für sie keineswegs derart tief empfand wie für Geli Raubal. Eva Braun stand immer auf Abruf bereit, doch Liebesgefühle hegte Hitler für sie gewiss nicht. Es steht außer Zweifel, dass Hitlers Privatleben im Vergleich zu dem Familienvater, Ehemann, Don Juan und Sportler Mussolini weit leerer verlief. In einem Anfall von entwaffnender Offenheit gestand er so gegenüber einem britischen Journalisten auch einmal: „In meinem politischen Leben habe ich freilich immer Glück gehabt, aber in meinem Privatleben bin ich unglücklicher gewesen als irgendein Mensch, den ich jemals kennen gelernt habe."[414]

Angesichts des Umstands, dass er an seiner Rolle des „Führers" ständig arbeitete, ging Hitler jegliche Natürlichkeit ab. So ist es auch unklar, ob seine Wutausbrüche, bei denen er bisweilen seinen Speichel nicht mehr im Zaun halten konnte, tatsächlich spontane Eruptionen waren oder ob selbst sie – zumindest teilweise – einem wohlüberlegten Kalkül entsprangen. Ebenso verhält es sich mit seinem immer wieder an den Tag gelegten Charme oder mit Augenblicken, in denen er vor Rührung die Tränen nicht zurückhalten wollte. Die ausländischen Staatsmänner, Politiker und Intellektuellen unterschätzen Hitler jedenfalls zunächst sträflich. In ihrer unangebrachten Überheblichkeit betrachteten sie ihn lediglich als eine Art Zirkusdirektor der nationalsozialistischen Horde, den zu verstehen sie sich zu wenig Mühe gaben. Gerne, ob in Karikaturen oder in vertraulichen Gesprächen auf internationaler politischer Ebene, spöttelte man über den kleinen bornierten Fanatiker, der weder ausreichende Bildung noch ansehnliche Herkunft besitze. Hitler wurde als vulgäres ehemaliges „Frontschwein" betrachtet, der bloß die Sprache des Mobs spreche, aber über keinerlei staatsmännische Fähigkeiten verfüge und der auf dem internationalen Parkett wohl ständig ausrutschen müsse. Umso erstaunter zeigten sich dann sehr viele, die mit ihm in direkten Kontakt kamen, über seine Schlagfertigkeit, seine Selbstsicherheit, die Menschheitsgeschichte aus seiner Sicht zu analysieren, seine Überzeugungskraft, wenn er über die Notwendigkeit seiner Maßnahmen und politischen Visionen sprach, ja sogar über seine Liebenswürdigkeit, die er sehr wohl an den Tag legen konnte, wenn es ihm opportun erschien.

Hitler regierte in Personalunion von Staats-, Regierungs- und Parteichef und war zudem oberster Kriegsherr. In der Regierung befanden sich mittlerweile neben den Nationalsozialisten bloß noch Mitglieder wie Neurath und Blomberg, die gänzlich von der Gunst Hitlers abhingen. Die Sitzungen des Kabinetts wurden immer seltener, bis am 5. Februar 1938 schließlich überhaupt die letzte stattfinden sollte. Zum administrativen Alltag im Dritten Reich gehörten ein unkoordiniertes Nebeneinander der Reichsressorts, die berüchtigte Rivalität zwischen staatlichen Dienststellen und Parteiorganisationen sowie unentwegte Machtkämpfe innerhalb der NSDAP und innerhalb der unmittelbaren Gefolgschaft des „Führers". Parteiorganisationen intervenierten in Reichsministerien. So profilierten sich etwa neben dem Auswärtigen Amt unter dem international geachteten Konservativen Neurath das Außenpolitische Amt der Partei unter Rosenberg, der „außenpolitische Berater und Beauftragte der Reichsregierung in Abrüstungsfragen" und spätere Botschafter in London, Ribbentrop, und die Auslandsorganisationen der NSDAP unter Gauleiter Ernst Wilhelm Bohle. Hinzu kam noch der vor Selbstbewusstsein strotzende Göring, der auch immer wieder für Sondermissionen, wie zum Beispiel für seine Treffen mit Mussolini, eingesetzt wurde.[415] Neben der Spionageabteilung, der „Deutschen Abwehr" unter Admiral Wilhelm Canaris, tat sich der Auslandsdienst des Sicherheitsdienstes (SD) hervor. Die Verantwortung für das so populäre Prestigeprojekt des Nord-Süd-Reichsautobahnbaus übertrug Hitler wiederum seinem engen, ihm tatsächlich ans Herz gewachsenen Vertrauten Fritz Todt.[416] Der Münchner Straßenbauingenieur leitete sodann eine eigene, sogar nach ihm benannte Organisation, die in ihrer Existenz parallel zum Verkehrsministerium direkt dem „Führer" unterstand. Diese war für sämtliche staatliche Großbauvorhaben zuständig, zu denen etwa auch die gewaltigen Grenzbefestigungen des Westwalls zählten. Paladine wie Göring, Goebbels und Himmler buhlten um Hitlers Gunst und bekriegten sich heimlich untereinander. Wenn dieses unkoordinierte Nebeneinander auch die Effizienz der Verwaltung mindern mochte, festigte es doch gleichzeitig Hitlers eigene Stellung.[417]

Im Dezember 1934 ernannte Hitler per Geheimerlass Göring zu seinem Nachfolger. Dessen brennender Ehrgeiz, sein infantiler Pomp und angebliche Aspirationen auf die Reichskanzlerschaft hatten dabei eine Zeit lang für Gerüchte über Spannungen zwischen dem schon damals drogenabhängigen „Renaissancemenschen" Göring und Hitler gesorgt.[418] Doch der Diktator schätzte seinen skrupellosen Paladin ungemein. Während der reservierte und Hitler hörige Heß mit seiner am 21. April 1933 erfolgten Ernennung zum „Stellvertreter des Führers" kaum realen Machtzuwachs erzielen konnte, verstand es Göring, parallel zu Ley, Goebbels und Himmler ein wahres Subimperium aufzubauen. Dies, obwohl er seine Machtpositionen in Preußen praktisch an Reichsinnenminister Frick und die Polizeigewalt an Himmler und Heydrich verlor. Dafür trieb er aber den durch den Friedensvertrag von Versailles eigentlich verbotenen Aufbau der Luftwaffe eilig voran. Maßgeblich unterstützt wurde er dabei durch seinen Unterstaatssekretär und Chef der Lufthansa, den begeisterten Nationalsozialisten Erhard Milch. Göring verstand es, die Luftwaffe aus der Wehrmacht ausgegliedert und sie so dem Einfluss Blombergs, mit dem er zunehmend in Konflikt geriet, entzogen zu halten. Als er dann 1936 von Hitler die Leitung der Behörde für den Vierjahresplan zugesprochen bekam, nahm Göring mit gewohnter Anmaßung und Rücksichtslosigkeit die Stellung eines regelrechten Wirtschaftsimperators ein, der nahezu unumschränkt kontrollierte und eingriff.

Die SS stieg unter dem verblendeten, nach außen so unscheinbar wirkenden Rassenfanatiker Himmler von einer 1925 gegründeten, kleinen Leibwache Hitlers zum mächtigen und wirkungsvollen Terrorinstrument des NS-Regimes auf, um schließlich in den letzten Jahren des Regimes praktisch einen Staat im Staat zu bilden. Die SS verfügte mit dem von Heydrich installierten Sicherheitsdienst über einen Parteinachrichtendienst, der praktisch alles und jeden überwachte. Die politische Polizei der einzelnen Länder wurde vom SD aus in der ursprünglich von Göring ins Leben gerufenen Geheimen Staatspolizei zusammengefasst. Die Gestapo stand außerhalb der gerichtlichen Kontrolle und konnte dementsprechend willkürlich und unbehelligt Verhaftungen vornehmen. Ab 1936 übernahm sie von Göring auch die Verwaltung der Konzentrationslager, die von den SS-„Totenkopf"-Verbänden bewacht und in denen bis zum Kriegsende insgesamt zwei Millionen Menschen unter barbarischen Bedingungen gefangen gehalten wurden.[419] Zudem baute Himmler, der die Schutzstaffel als sendungsbewusste Elite des Nationalsozialismus sah, allmählich eine militärische Verfügungstruppe neben der Wehrmacht auf: die Waffen-SS, die sich als bedingungslos nationalsozialistische Armee mit selbstaufopfernder Kampfbereitschaft, als Prätorianer Hitlers verstand.[420]

Wenn der gesellschaftliche Alltag nach dem Abschluss der Revolution auch für viele seinen gewohnten Gang zu nehmen schien, wurde Deutschland nichtsdestoweniger mit dem Nationalsozialismus gleichgeschaltet. Dies betraf vor allem Kunst und Kultur, Presse, Film und Rundfunk, Erziehung und Wissenschaft und veranlasste so unterschiedliche Künstler und Intellektuelle wie Thomas Mann und Bertold Brecht zur Emigration, während wiederum andere wie Richard Strauss, Martin Heidegger, Gerhart Hauptmann und besonders viele Schauspieler sich mit dem Regime arrangierten. Doch viele Strömungen in Kunst und Kultur wurden nun als „entartet" und „dekadent" verdammt und verboten, Bücher nonkonformistischer oder als kommunistisch und „verjudet" geltender Schriftsteller so auch am 10. Mai 1933 öffentlich verbrannt. Die breite Bevölkerung nahm daran nur wenig Anteil. Sie sah dieselben beliebten Gesichter auf der Kinoleinwand wie noch in der Weimarer Republik und ließ sich zudem immer mehr durch vom NS-Regime verordnete Gemeinschaftserlebnisse, die sich beispielsweise in den „Kraft-durch-Freude"-Reisen ausdrückten, ablenken und beeindrucken. Die nationale Euphorie war zwar wohl nicht derart allumfassend, wie es die nationalsozialistische Propaganda weismachen wollte, doch war sie zweifellos verbreitet spürbar.

Zunächst ermunterten auch die christlichen Kirchen ihre Gläubigen zur Mitarbeit an der „nationalen Erhebung". Die Bekämpfung von Marxismus und liberalen Tendenzen, die Disziplinierung der Gesellschaft schien ihnen – in Analogie zum faschistischen Italien – durchaus akzeptabel zu sein. Hitler selbst empfand das Christentum als „jüdischen Schwindel". Seiner Auffassung nach konnte man nur entweder Deutscher oder Christ sein. Er selber sah sich als gottgläubig, jedoch nicht im christlichen Sinn, suchte er doch vielmehr einen Gott in der Natur, im eigenen Volk, Schicksal und Blut. Mit der „weichen Mitleidsmoral" des Christentums vermochte er hingegen nichts anzufangen. Glaube, so zeigte er sich überzeugt, musste stark und heldenhaft sein.[421]

Es war Hitlers Bestreben, den politischen Katholizismus auszuschalten. Zu diesem Zweck schloss er am 20. Juli 1933 mit dem Vatikan einen entsprechenden Vertrag ab. Das Konkordat sicherte zwar den Fortbestand katholischer Schulen, untersagte jedoch der katholischen Kirche in Deutschland jegliche politische Betätigung.[422] Was den Protestantismus anlangte, wollte Hitler eine einzige evangelische Reichskirche errichten, um die über zwei Dutzend evangelischen Landeskirchen straff und zentral zusammenzufassen. Innerhalb der evangelischen Kirche bildete sich die nationalsozialistische Strömung der „Deutschen Christen", die sich selbst zu Hitlers Unverständnis als „SA Jesu Christi" betrachteten. Die Lehre von der göttlichen Einsetzung der weltlichen, auch nichtchristlichen Obrigkeit hinderte die Kirchen daran, gegen die NS-Herrschaft allgemein Widerstand zu leisten. Ihr Protest richtete sich in weiterer Folge vielmehr gegen einzelne Unrechtshandlungen wie beispielsweise das Euthanasieprogramm. Die „Bekennende Kirche" wandte sich schlussendlich gegen die von den Nationalsozialisten erwünschte evangelische „Reichskirche", und die Enzyklika Papst Pius' XI. „Mit brennender Sorge" drückte schwere katholische Bedenken gegen die NS-Herrschaft und ihre Ideologie aus. Der Protest gegen verschiedene Praktiken der Diktatur Hitlers führte zum Kirchenkampf, der viele regimekritische Geistliche in Konzentrationslager brachte.[423]

Der allgemein in Europa verbreitete Antisemitismus kam Hitler bei seinen ersten Maßnahmen gegen jüdische Staatsbürger entgegen. Schon per Gesetz vom 11. April 1933 wurden alle Juden aus dem öffentlichen Dienst und aus den leitenden Positionen der Wirtschaft verbannt. Die „Nürnberger Gesetze" vom 15. September 1935 stellten dann nicht nur „rassische Mischehen" unter schwere Strafe, sondern zogen auch den Verlust der bürgerlichen Gleichberechtigung für die Juden nach sich, denen auch das Hissen der Reichsflagge und die Beschäftigung nichtjüdischer weiblicher Angestellter unter 45 Jahren untersagt wurde. Während der Folgejahre wurden noch 13 Ergänzungsverordnungen zum „Reichsbürgergesetz" erlassen. Bis zum Ausbruch des Zweiten Weltkriegs wanderten dementsprechend von der halben Million deutscher Juden 225.000 aus, unter ihnen Albert Einstein, Franz Oppenheimer und viele andere Gelehrte und Künstler. Auf jene, die in der Heimat zurückblieben, und auf die, die so sorglos waren, sogar nach einer Weile der Emigration wieder ins vermeintlich ruhiger gewordene Deutschland zurückzukehren, sollte ein fürchterliches Schicksal warten.[424]

Der Reichsorganisationsleiter der NSDAP und Führer der Deutschen Arbeitsfront Robert Ley war einer der berüchtigtsten Bonzen des Hitler-Regimes.

Wie im faschistischen Italien wurde die Gesellschaft im Dritten Reich von der Wiege bis zur Bahre in den verschiedensten NS-Verbänden, Kammern und Organisationen erfasst. Die deutsche „Volksgemeinschaft", wie das Regime die Nation sehen wollte, drückte sich gerne in Massenorganisationen aus. Auf diesem Weg konnte Hitlers Diktatur die Menschen, ob auf dem Arbeitsplatz oder in der Freizeit, beeinflussen, lenken und kontrollieren. Nach faschistischem Vorbild wurden alle „Schaffenden", Arbeitgeber wie Arbeitnehmer, seit dem 20. Januar 1934 per Gesetz in der „Deutschen Arbeitsfront" (DAF) integriert. Die Arbeitnehmer verloren damit das Streikrecht, das sie zumeist sogar schon in der Wilhelminischen Ära besessen hatten. Doch dies war für Hitler ohnehin nur ein Instrument des von ihm verachteten Klassenkampfes. Er formulierte dagegen als Ziel der DAF die „Bildung einer wirklichen Volks- und Leistungsgemeinschaft aller Deutschen".[425] Die Arbeitsfront wurde von Robert Ley, einem gelernten Chemiker und für sein liederliches Privatleben bekannten Bonzen, geführt, der damit über eine beachtliche Hausmacht verfügte.[426] Der 1. Mai, an dem sich bereits im Jahr der Machtergreifung die Massen auf dem Flughafen Tempelhof zu einer Kundgebung versammelt hatten, wurde als „Tag der nationalen Arbeit" zum offiziellen Feiertag. Der erfahrene Agitator auf dem Land, Walter Darré, der nach Hugenbergs Rücktritt das Landwirtschaftsressort besetzte, nahm sich wiederum der Bauernschaft an, die mit dem 1. Oktober ihren

Ehrentag erhielt, an dem jährlich sodann am Bückeberg bei Hameln Massenversammlungen stattfanden.[427]

Von besonderer Wichtigkeit war Hitler naturgemäß die Beeinflussung der Jugenderziehung. Der Nationalsozialismus versuchte dabei den italienischen Faschismus noch zu übertrumpfen. Dem musisch inspirierten, jedoch keineswegs volksnahen Baldur von Schirach oblag dabei die Führung der „Hitlerjugend", die schließlich ab März 1939 sogar die Pflichtmitgliedschaft aller 10- bis 19-Jährigen vorsah.[428] „Das Schwache muss weggehämmert werden", so ließ Hitler keinen Zweifel offen. „Eine gewalttätige, herrische, unerschrockene, grausame Jugend will ich. Jugend muss das alles sein. Schmerzen muss sie ertragen. Es darf nichts Schwaches und Zärtliches an ihr sein. Das freie, herrliche Raubtier muss erst wieder aus ihren Augen blitzen." Dementsprechend wollte er in erster Linie eine athletische Jugend, um „das reine, edle Material der Natur" vor sich zu haben und das Neue schaffen zu können. Intellektuelle Erziehung beabsichtigte er dagegen von der Jugend fernzuhalten, die damit bloß verdorben würde. Vielmehr schwebte ihm als Ideal eine „heroische Jugend" vor, die die Todesfurcht besiegt hatte. „Aus ihr wächst die Stufe des Freien, des Menschen, der Maß und Mitte der Welt ist, des schaffenden Menschen, des Gottmenschen."[429]

Hitlers Vorstellungen über die künftige, nationalsozialistische Kinder- und Jugenderziehung waren gespenstisch: „Diese Jugend, die lernt ja nichts anderes als deutsch denken, deutsch handeln", stellte er einmal fest. „Und wenn nun dieser Knabe und dieses Mädchen mit ihren zehn Jahren in unsere Organisationen hineinkommen und dort nun so oft zum ersten Mal überhaupt eine frische Luft bekommen und fühlen, dann kommen sie vier Jahre später vom Jungvolk in die Hitlerjugend, und dort behalten wir sie wieder vier Jahre, und dann geben wir sie erst recht nicht zurück in die Hände unserer alten Klassen- und Standeserzeuger, sondern dann nehmen wir sie sofort in die Partei oder in die Arbeitsfront, in die SA oder in die SS, in das NSKK und so weiter. Und wenn sie dort zwei Jahre oder anderthalb Jahre sind und noch nicht ganz Nationalsozialisten geworden sein sollten, dann kommen sie in den Arbeitsdienst und werden dort wieder sechs und sieben Monate geschliffen, alle mit einem Symbol, dem deutschen Spaten. Und was dann nach sechs oder sieben Monaten noch an Klassenbewusstsein oder Standesdünkel da oder da noch vorhanden sein sollte, das übernimmt dann die Wehrmacht zur weiteren Behandlung auf zwei Jahre. Und wenn sie dann nach zwei oder drei oder vier Jahren zurückkehren, dann nehmen wir sie, damit sie auf keinen Fall rückfällig werden, sofort wieder in die SA, SS und so weiter. Und sie werden nicht mehr frei, ihr ganzes Leben".[430]

Es kann nicht verwundern, dass Hitler den wirtschaftlichen Aufschwung Deutschlands als den alleinigen Erfolg des NS-Regimes ausgab.[431] Doch viele der Maßnahmen, die seit seiner Machtergreifung in Angriff genommen wurden, gingen auf Pläne seiner beiden Vorgänger, Papen und Schleicher, zurück. Zudem war bereits vor dem 30. Januar 1933 der Tiefpunkt der Depression überschritten und ein Ansteigen der Konjunktur bemerkbar, das freilich durch den Autobahnbau und die Förderung der Automobilindustrie, wie etwa der Volkswagenwerke in dem nach Hitlers germanischen Rufnamen benannten Wolfsburg, noch belebt wurde. Um die Arbeitslosenzahl zu reduzieren, wurde allerdings auch zu ungewöhnlich altertümlichen Mitteln gegriffen, indem man etwa teilweise Maschinen durch menschliche Arbeitskraft ersetzte. Darüber hinaus stellte Hitler die Wirtschaftspolitik in den Dienst der Aufrüstung. Während für Vorhaben zur Arbeitsbeschaffung im zivilen Bereich bis 1939 5,5 Milliarden Reichsmark ausgegeben wurden, verschlang die Rüstung rund 61 Milliarden. Die „MEFO-Wechsel" des um fiskalische Tricks nicht verlegenen Reichsbankpräsidenten und Wirtschaftsministers Schacht finanzierten diese Programme und verschuldeten das Reich kurzfristig auf 42 Milliarden Reichsmark.

Ähnlich wie Mussolini war auch Hitler auf ökonomischem Gebiet ein nicht einmal besonders interessierter Laie. In einer weiteren Parallele zum Duce gedachte auch Hitler, das kapitalistische Wirtschaftssystem vorerst nicht anzutasten. Mit dem Beginn des Vierjahresplans 1936 wurde allerdings die Privatwirtschaft ebenfalls zunehmend einer gewissen Kontrolle durch das Regime unterstellt. Von seinem Wirtschaftsexperten Wilhelm Keppler auf die Idee gebracht, sah Hitler im Vierjahresplan die Möglichkeit, das Reich derart rigoros aufzurüsten, um zur Realisierung seiner Expansionsbestrebungen schlussendlich kriegsbereit zu sein. Während eines Spaziergangs auf dem Obersalzberg ernannte er den für seine persönliche Verbindungen zur Wirtschaft bekannten Göring, den zweiten Mann im Dritten Reich, zum Beauftragten für dieses Projekt. Ökonomisch ein völliger Laie, dafür aber von ungefiltertem Größenwahn, ging es Göring vor allem darum, die Rüstung voranzutreiben und außerdem Rohstoffe und Devisen zu beschaffen. Der Staat regelte – wiederum in einem Kompetenzwirrwarr zwischen Reichswirtschaftsministerium, Vierjahresplan-Behörde und Wehrwirtschaftstab der Wehrmacht – Preise, Löhne, den Import und die Industrieproduktion. Schacht war ein erklärter Gegner des Vierjahresplans, den er für primitiv und undurchführbar hielt. Dass sich dessen Organisation noch dazu in den Händen eines ökonomischen Ignoranten befand, bestärkte ihn nur noch in seiner Kritik. Doch mit Göring hatte Schacht einen übermächtigen Gegenspieler, der noch dazu die Rückendeckung Hitlers besaß.

Doch die angestrebte Autarkie mit rüstungswichtigen Rohstoffen wurde nicht einmal annähernd erreicht; ein Umstand, der Hitler in seinem Wunsch nach rascher Expansion bloß noch mehr bestärkte. Hinzu kam, und diese persönliche Seite ist gegenüber der wirtschaftspolitischen keinesfalls zu unterschätzen, die Befürchtung Hitlers, nicht mehr allzu lange zu leben. Seit 1935 plagte ihn aufgrund nervlicher Überbelastung auch ein Magenleiden, das er mit einer selbstauferlegten strengen

Diät zu kurieren versuchte. Doch die Hungerrationen halfen nichts. Vor Schmerzen musste er selbst Besprechungen unterbrechen oder gar beenden. Zu seiner erschöpften Darmflora und seinen Blähungen gesellten sich noch Herzbeschwerden hinzu. Doch Hitler wollte vor der Öffentlichkeit unter keinen Umständen als krank gelten. So ließ er auch lediglich die Entfernung eines harmlosen Knotens an den Stimmbändern zu. Über seinen Leibfotografen Hoffmann lernte Hitler Theodor Morell kennen. Der eigenwillige Modearzt ging daran, den Diktator mit Injektionen aus Vitaminen und tierischen Drüsenstoffen, Phosphor und Traubenzucker sowie mit Darmbakterienkapseln zu behandeln. Als es Hitler für eine Zeit tatsächlich besser ging, erklärte er den schmierigen Morell zu seinem „Lebensretter" und seinem Leibarzt, dem er nahezu blind vertraute und auch seiner Umgebung weiterempfahl.[432] Die Furcht jedoch, wie seine Mutter an Krebs zu erkranken, blieb.

Der Glaube, nicht alt zu werden, stellte einen bedeutenden Beweggrund für Hitlers Strategie dar, so rasch wie möglich seine Eroberungspläne in die Tat umzusetzen. Doch zuerst musste Deutschland noch mit aller Kraftanstrengung aufrüsten. Nach neuen, für seine Psyche so wichtigen Prestigeerfolgen strebend, sah sich Hitler sodann in jener trügerisch friedlichen Periode gezwungen, als geschickter Außenpolitiker nationale Triumphe zu erlangen. Sein jahrelang verehrtes Idol machte allerdings keine Anstalten, ihm die Hand zur Partnerschaft zu reichen. Eifersüchtig auf seine eigene Stellung in Europa bedacht, sah Mussolini in Hitler nämlich nicht den Verbündeten, sondern den Rivalen.

# Zweiter Teil

# Rivalen

## 1933 bis 1935

Das Verhältnis zwischen dem Dritten Reich und dem faschistischen Italien war in den ersten Jahren mehr von Rivalität denn von ideologischer Freundschaft geprägt. Bloß die ersten Tage nach der Machtergreifung Hitlers verliefen amikal. Mussolini reklamierte den Sieg des nationalsozialistischen Führers auch für sich, und Hitler ließ dem Duce eine Grußbotschaft zukommen, in der er nicht bloß betonte, mit allen ihm „zur Verfügung stehenden Kräften" eine „Politik der Freundschaft" gegenüber Italien betreiben zu wollen. Er pries Mussolini auch als jenen Mann, der die Weltanschauung geschaffen habe, die Faschismus und Nationalsozialismus verbinde. Ohne diese Schöpfung hätte er – Hitler – vielleicht nicht diese Stellung erreichen können: „Mit Sicherheit verdanke ich es dem Faschismus, dass ich bis zu diesem Punkt gekommen bin." Die öffentliche Meinung in Italien reagierte im Gegensatz zu der anderer Staaten auf die Machtergreifung der Nationalsozialisten überwiegend positiv und sah mit Befriedigung Deutschland auf den Spuren des faschistischen Vorbilds wandeln.[433]

Zunächst fühlte sich Mussolini als Hitlers Mentor. In der ersten Zeit nach der nationalsozialistischen Machtergreifung ließ er deshalb dem neuen Reichskanzler Ratschläge zukommen, wie die Macht zu behaupten sei. Hitler wiederum schien es nicht erwarten zu können, nach Rom reisen zu können. Bereits im Juli 1932 hatte er beabsichtigt, Mussolini einen Besuch abzustatten.[434] Nun wollte er nötigenfalls auch als Privatmann kommen, um mit dem Duce seine erste heiß ersehnte Unterredung zu führen. Allein Mussolini zeigte keinerlei Interesse. Schon aus außenpolitischen Rücksichten wollte er von dem zu erwartenden Spektakel, das ein Zusammentreffen der beiden Führer auf jeden Fall bedeutet hätte, nichts wissen.[435] Nichtsdestoweniger gratulierte er Hitler zu dessen Erfolg bei den Märzwahlen. Die Reichsregierung, so äußerte sich der italienische Diktator, sei nun in der Lage, Ordnung zu schaffen. Am 9. März verkündete der Großrat die Resolution, wonach er „in der faschistischen Bewegung, die sich jenseits der Grenzen Italiens entwickelt, die Bekräftigung eines neuen Geistes erkenne, der sich direkt oder indirekt aus jenem Ensemble von Doktrinen und Institutionen herleitet, durch die Italien den modernen Staat, den Volksstaat, geschaffen hat".[436]

Der radikale Antisemitismus zog jedoch eine Trennlinie zwischen die beiden Regime und ihre Führer. Schon aus rein pragmatischen Gründen hielt Mussolini die Boykottaktion am 1. April 1933 gegen jüdische Geschäfte, Gelehrte, Ärzte, Rechtsanwälte, Schüler und Studenten in Deutschland für einen schweren Fehler. Diese, so warnte er Hitler, würde nicht bloß das Weltjudentum gegen Deutschland aufbringen, sondern auch das gesamte Klima gegenüber dem Reich rapide verschlechtern. Man dürfe sich niemals mit den Juden und der Kirche in einen Konflikt einlassen, da man in beiden Fällen gegen einen unsichtbaren Gegner kämpfe. Mussolini verkannte freilich die wahre Antriebsfeder für Hitlers antisemitische Kampagne völlig. So glaubte er, dass die Nationalsozialisten die antijüdischen Maßnahmen bloß zum Vorwand genommen hätten, um den Staatsapparat und die Verwaltung von unzuverlässigen Personen zu säubern.

Hitler nahm den Ratschlag Mussolinis ohnedies nicht an. Bei all seiner Bewunderung für den Duce ließ er ihm im Zuge einer Unterredung mit dem italienischen Botschafter Vittorio Cerruti mitteilen, vom jüdischen Problem nichts zu verstehen. Er, Hitler, habe dagegen die Frage seit Jahren ausführlich studiert. Deshalb erachte er es als notwendig, auf dem eingeschlagenen Weg fortzufahren, und kündigte bei dieser Gelegenheit seine verbrecherischen Absichten unmissverständlich an: „Ich weiß nicht, ob in zwei- oder dreihundert Jahren mein Name in Deutschland noch in hohen Ehren steht, so große Dinge ich auch für mein Volk zu leisten hoffe – aber darüber besitze ich absolute Gewissheit, dass in fünf- oder sechshundert Jahren der Name Hitler überall als der Name dessen verherrlicht wird, der ein für allemal die Weltpest des Judentums ausgerottet hat."[437]

Nirgendwo stießen die gegensätzlichen Interessen Hitlers und Mussolinis so frontal aufeinander wie in der österreichischen Frage. Gleich auf der ersten Seite von „Mein Kampf" hatte Hitler postuliert: „Deutschösterreich muss wieder zurück zum großen deutschen Mutterlande, und zwar nicht aus Gründen irgendwelcher wirtschaftlicher Erwägungen heraus. Nein, nein: Auch wenn diese Vereinigung wirtschaftlich gedacht, gleichgültig, ja selbst wenn sie schädlich wäre, sie müsste dennoch stattfinden. Gleiches Blut gehört in ein gemeinsames Reich." Tatsächlich waren Parteien und Staatsführung in Österreich bis zum Anschlussverbot der Friedensverträge von Versailles und Saint-Germain ausnahmslos für eine Angliederung ihres Landes an Deutschland eingetreten. Am Tag der Ausrufung der Republik, am 12. November 1918, hatte die Provisorische Nationalversammlung in Wien mit dem „Gesetz über die Staats- und Regierungsform" gleich in Artikel 2 verordnet: „Deutschösterreich ist ein Bestandteil der Deutschen Republik."[438] Nach den Bestimmungen der Pariser Friedenskonferenz musste zwar der Anschluss an das demokratische Deutschland als offizielles außenpolitisches Projekt aufgegeben werden, doch blieb der Wunsch bis zur Machtergreifung Hitlers nicht bloß bei den bürgerlichen Großdeutschen, sondern auch bei den führenden österreichischen Sozialdemokraten aus politischen und wirtschaftlichen Motiven als Vision für spätere Zeiten bestehen.

Das Jahr 1933 brachte nicht bloß Hitler in Deutschland an die Macht, sondern sah wenig später auch in Österreich die Ausschaltung des Parlaments. Die autoritär regierenden Christlichsozialen unter dem energischen Bundeskanzler Engelbert Dollfuß fühlten sich als treue Patrioten und wollten von einem Anschluss an das Dritte Reich nichts wissen. In Berlin verfolgte Hitler die Strategie des „evolutionären Wegs", der politischen Gleichschaltung, die dann als logische Konsequenz zum Anschluss führen würde. Die österreichischen Nationalsozialisten unter der Führung des undiplomatischen reichsdeutschen Landesinspekteurs Theo Habicht gaben sich dagegen radikal und strebten die Revolution an.

Im April reiste Göring mit großem Gefolge nach Rom. Der Besuch brachte jedoch keine Klärung des österreichischen Problems. Mussolini empfand die Verhandlungen mit Göring als „lang und schwierig".[439] Der preußische Ministerpräsident versicherte zwar im Auftrag Hitlers dem Duce, die Brennergrenze nicht in Frage stellen zu wollen. Für Österreich verlangte er jedoch Neuwahlen und eine nationalsozialistische Regierungsbeteiligung. Vor der Öffentlichkeit wollte Göring freilich von einer „österreichischen Frage" nichts wissen und beteuerte, dass „die deutsche Reichsregierung mit aller Energie gegen die Anschlusspropaganda auftreten" werde, „da sie den Anschluss für unzeitgemäß und inopportun halte".[440]

Die Auseinandersetzung zwischen der Regierung in Wien und den österreichischen Nationalsozialisten verschärfte sich einstweilen weiter. Im Mai sah sich Dollfuß deshalb gezwungen, eine erste scharfe Maßnahme gegen die nationalsozialistische Gefahr in seinem Land zu treffen, indem er das Tragen der braunen Parteiuniform untersagte. Darüber hinaus ging er auch gegen nationalsozialistische Beamte vor. Reichsminister Hans Frank goss aber noch zusätzlich Öl ins Feuer. Er reiste nach Wien, obwohl die Bundesregierung diesen provokanten Besuch als unerwünscht bezeichnete, da Frank in einer Rundfunkrede Österreich offen mit einer gewaltsamen Intervention gedroht hatte. Nach einer besonders aggressiven Rede in Graz verfügte die Bundesregierung schließlich, Frank des Landes zu verweisen.

Hitler antwortete mit wirtschaftlichen Maßnahmen, indem er den Tourismus der Alpenrepublik nachhaltig schädigen wollte: Jeder Reichsdeutsche hatte demnach bei der Einreise nach Österreich tausend Mark zu bezahlen; ein Betrag, den kaum ein deutscher Staatsbürger erlegen konnte.[441] Im Gegenzug führte Wien den

Visumzwang für den kleinen gemeinsamen Grenzverkehr ein. Gerade die bisher gleichsam zwischen Deutschland und Österreich pendelnden Nationalsozialisten sahen sich so in ihrer Bewegungsfreiheit empfindlich eingeschränkt. Nichtsdestoweniger terrorisierten sie das Land mit Bombenattentaten, Mordanschlägen auf prominente Politiker und Brandstiftungen, so dass die Bundesregierung schließlich am 19. Juni der NSDAP jede Betätigung verbot. Viele Nationalsozialisten flohen daraufhin über die Grenze nach Bayern, wo sie zur „Österreichischen Legion" zusammengefasst und für den Einmarsch in die Alpenrepublik vorbereitet wurden.[442]

Mussolini unterstützte den österreichischen Widerstand gegen den nationalsozialistischen Terror. Als ihn Dollfuß im April in Rom besuchte, versicherte der Duce dem Bundeskanzler, „dass eine autoritäre Regierung in Österreich, die die Erhaltung eines selbstständigen Österreich sich zum Ziele setzt", auf seine Freundschaft und Hilfe „immer wird rechnen können".[443] Während Hitler „Deutschösterreich" wieder dem Mutterland einverleiben wollte, sah der Duce den Klein-

Verlegener Schutzsuchender und eitler Protektor: der österreichische Bundeskanzler Engelbert Dollfuß und Mussolini in Riccione.

staat an Alpen und Donau als notwendigen Puffer gegen die deutschen Aspirationen in Richtung Süden und Südosten. Letztlich beabsichtigten beide, Deutschland wie Italien, hinsichtlich der Einflusssphären das Erbe der untergegangenen Habsburgermonarchie anzutreten, im Donauraum und am Balkan. Mussolini befand sich so an der Seite der westlichen Demokratien, die selbstverständlich ebenfalls die Unabhängigkeit Österreichs bewahrt sehen wollten.

Mussolini stärkte den konservativen und reaktionären Kreisen in Österreich in ihrem Kampf gegen die einheimischen Nationalsozialisten den Rücken. In einem Brief an Dollfuß begrüßte er das „Wiedererwachen des vaterländischen Gefühles" in Österreich. Auch animierte der Duce den Bundeskanzler, der österreichischen Sozialdemokratie „einen Schlag zu versetzen" und Säuberungsaktionen gegen alle Zentren durchzuführen, „die im Gegensatze zum Autoritätsprinzip des Staates zersetzende Tendenzen verfolgen, dann würden auch viele, die heute in den Reihen der Nazi tätig sind, in den Kreis der nationalen Front herübergezogen werden". Darüber hinaus drängte der faschistische Regierungschef zu einer engen Kooperation zwischen Österreich und Ungarn auf politischem und ökonomischem Gebiet „unter der tatkräftigen Hilfe Italiens". Diese Zusammenarbeit könne sodann die Voraussetzung für die Schaffung eines Systems von Verträgen mit den Staaten der Kleinen Entente und Deutschland gleichsam unter der Patronanz Italiens sein.[444] Mussolini stellte Wien in Aussicht, Hitler dezidiert zu erklären, dass die „Unabhängigkeit Österreichs nicht nur ein europäisches, sondern auch vor allem ein italienisches Interesse sei und dass man daraus die Konsequenzen ziehen werde". Tatsächlich erfolgte am 3. August in Berlin durch den italienischen Botschafter ein diplomatischer Schritt, der den Zweck hatte, „die Beziehungen zwischen Österreich und Deutschland auf eine Weise zu klären, durch die verhindert werden könne, dass eine für alle unangenehme Situation sich aus der Spannung entwickeln könnte". Eine von London vorgeschlagene gemeinsame Demarche wurde in Rom aber als inopportun bezeichnet.[445] Der Duce ging seinen eigenen Weg, wenngleich auch ihm bereits klar war, dass der Anschluss letztlich wohl nicht verhindert, sondern bloß verzögert werden konnte.

Das Ausland unterschätzte Hitlers Willen und Fähigkeit zur Realisierung seiner Ankündigungen. Es rechnete nicht mit der Umsetzung der radikalen und expansiven Thesen, die der neue deutsche Regierungschef in unzähligen Reden und nicht zuletzt in „Mein Kampf" einer breiten Öffentlichkeit verkündet hatte. Die augenfälligen Maßnahmen antidemokratischer Politik in Deutschland galten eben als innere Angelegenheiten. Sie mochten für die Betroffenen bedauerlich sein, waren aber kein Grund, mit Nachdruck dagegen einzuschreiten. Zu langsam verheilten die Wunden des Großen Krieges, als dass man die Öffentlichkeit in Großbritannien oder Frankreich für einen neuerlichen Konflikt mit Deutschland hätte mobilisieren können. Frieden unter allen Umständen lautete die Devise allerorts in den westlichen Demokratien, die wohl auch das schlechte Gewissen plagte, dass 1914 die Lawine des großen Waffengangs zu leichtfertig losgetreten worden war. Hitlers lauter Antibolschewismus schreckte Paris und London nur wenig. Im Gegenteil betrachteten auch sie angesichts des brutalen Staatsterrors in der Sowjetunion Stalin als weit größere Bedrohung für die europäische Ordnung als den neuen Reichskanzler.

In der ersten Phase seiner Außenpolitik gab sich Hitler zudem betont friedenswillig und verständigungsbereit. Den Eindruck vieler, dass sich die deutsche Außenpolitik auch mit der nationalsozialistischen Machtergreifung nicht wesentlich ändern würde, verstärkte der neue Kanzler noch, indem er am 5. Mai 1933 den Neutralitätsvertrag mit der Sowjetunion ratifizierte. Stresemann hatte diesen 1926 abgeschlossen und Brüning fünf Jahre später verlängert. Auch Italien schloss 1933 einen Freundschaftsvertrag mit der UdSSR, in dem es versprach, keiner antisowjetischen Allianz beizutreten.[446]

Doch Hitlers Strategie der ersten Jahre seines Regimes zielte vielmehr auf eine Zusammenarbeit mit Polen gegen die Sowjetunion ab. Was den nach dem Ersten Weltkrieg wieder gegründeten Staat mit dem nationalsozialistischen Deutschland verband, war die militante Ablehnung des Kommunismus und die historische Angst der Polen vor dem übermächtigen russischen Nachbarn, der sie immer wieder unterdrückt und ihnen keine Eigenstaatlichkeit gewährt hatte. Ursprünglich wollte Warschau ja eigentlich gemeinsam mit Paris seine Grenzen – gegen das Deutsche Reich – sichern. Angesichts des nicht zur Initiative bereiten Frankreichs kam man aber mit diesem Ansinnen nicht weit. Immerhin hatte Polen im März 1933 die zur Freien Stadt Danzig gehörende Westerplatte militärisch besetzt; dies war kein rechtmäßiger Schritt gewesen. Staatspräsident Józef Piłsudski hatte zudem versucht, Frankreich dafür zu gewinnen, in einer gemeinsamen Aktion, Deutschland gewisse Gebiete zu entreißen, um über sie als territoriale Faustpfänder im Falle einer Aggression Hitlers zu verfügen. Doch Frankreich reagierte ablehnend, und so beschloss Warschau, die Kooperation mit Deutschland zu suchen.

Hitler gestaltete die Beziehungen Deutschlands in Osteuropa neu. Bereits am 2. Mai hatte er dem polnischen Gesandten Wysocki eine engere Zusammenarbeit zwischen Berlin und Warschau gegen die Sowjetunion vorgeschlagen. Die Polen durften von Hitler erwarten, eine entschieden antirussische Politik einzuschlagen und damit Moskau wesentlich feindlicher gegenüberzustehen als seine Vorgänger in der Reichskanzlei. Eine überzeugte, antirevisionistische polenfreundliche Politik war ohnehin von keinem deutschen Regierungschef zu erwarten. In Warschau erachtete man es offensichtlich bisweilen als Vorteil, dass der nationalsozialistische Führer nicht der traditionell borussischen antipolnischen Oberschicht angehörte. „Hitler ist eher ein Österreicher, auf jeden Fall kein Preuße", meinte Außenminister Beck etwa einmal, und Piłsudski wollte Hitler sogar „gern so lange wie möglich an der Macht sehen".[447]

Im Juli 1933 brach Hitler jedenfalls die Kontakte zwischen der Reichswehr und der Roten Armee ab. Ende September legte er dem Staatssekretär im Auswärtigen Amt, Bernhard Wilhelm von Bülow, dar, „dass eine Wiederherstellung des deutsch-russischen Verhältnisses unmöglich sei, da die Neugestaltung in Deutschland jede Hoffnung der Russen auf die Durchführung der Weltrevolution vernichtet habe. Ein scharfer Antagonismus zwischen Deutschland und Russland werde naturgemäß bleiben." Der nationalsozialistische Kanzler sprach sich aber nicht dafür aus, dass Berlin das Verhältnis zur Sowjetunion abbrach oder Moskau Vorwände für den Abbruch gab. Den Sowjets sollten vielmehr beruhigende Zusicherungen gemacht werden, und Hitler erklärte sich auch bereit, „so unsympathisch ihm dies sei", den sowjetischen Botschafter zu empfangen. „Wir dürfen uns aber keinen Illusionen darüber hingeben, dass die Russen uns immer belügen und eines Tages doch im Stich lassen würden."[448]

Vielerorts schrieb man Mussolini zu, der einzige Staatsmann zu sein, der auf Hitler über wirklichen Einfluss verfügte.[449] Der amerikanische Präsident Franklin D. Roosevelt etwa befand, dass Mussolini gegenwärtig die Schlüsselposition in Europa innehatte. Wie es seinem Charakter entsprach, taktierte der Duce auch hier. Naturgemäß nahm er Hitlers Forderung nach Gleichberechtigung hinsichtlich der militärischen Rüstung mit Sympathie auf. Gleichzeitig kam es ihm aber äußerst gelegen, dass sich die Westmächte um seine Unterstützung für ihren – gegen die deutschen Forderungen gerichteten – Standpunkt bemühten. So suchte Mussolini diese Konstellation für sich auszunutzen.

Im März 1933 erhielt der Duce in Rom von Premierminister Ramsay MacDonald und Außenminister John Simon Besuch. Die britischen Gäste wollten den Diktator mit ihren Abrüstungsplänen überzeugen. Mussolini nützte diese Gelegenheit, um ihnen seinerseits den Plan für einen Viermächtepakt zwischen Italien, Deutschland, Großbritannien und Frankreich vorzustellen. Die vier Mächte, so hatte er es schon seit Jahren beabsichtigt, sollten künftig gemeinsam zusammenarbeiten, um den Frieden in Europa zu erhalten. Der Pakt bekräftigte freilich auch den Grundsatz der Revision von Friedensverträgen, sollten besondere Umstände eintreten, die zum Konflikt führen könnten. Ein Direktorium der vier Mächte hätte Streitigkeiten in Europa zu lösen und mögliche Änderungen des Status quo durch Vereinbarungen herbeizuführen. Der Duce wollte mit diesem Pakt die Anerkennung Italiens als europäische Großmacht erreichen, das fortan bei allen europäischen Entscheidungen ein gewichtiges Wort mitzureden hätte. Außerdem keimten immer wieder Gerüchte um einen möglichen Präventivkrieg Frankreichs und seiner Verbündeten sowohl gegen Italien als auch gegen Deutschland auf. Mussolini wusste

Für den amerikanischen Präsidenten Franklin D. Roosevelt hatte Mussolini zunächst die Schlüsselposition in Europa inne. Später sollte er beide Diktatoren vergeblich auffordern, die Welt von der Kriegsangst zu befreien.

aber weder sein Land noch das Dritte Reich für eine solche Auseinandersetzung militärisch bereit und strebte daher an, einen offenen Konflikt zu vermeiden.

Auch in Deutschland benötigte das Regime außenpolitisch Ruhe, um seine Macht zu behaupten und militärisch aufzurüsten. Hitler stimmte dem Plan sofort zu, erblickte er in dem Viermächtepakt doch die Möglichkeit, Deutschland mit der Unterstützung Italiens wieder zu alter Größe zu verhelfen. Die Briten erkannten wiederum in dem Plan die Chance, Italien dafür zu gewinnen, auf Deutschland insbesondere in der Frage der militärischen Rüstung mäßigend einzuwirken. Paris sah sich daraufhin von zwei Seiten gedrängt: von London, das es zur Annahme des Paktes animierte, und von Seiten seiner Verbündeten in Mittel- und Osteuropa. Tatsächlich fühlten sich Polen und die Staaten der Kleinen Entente von einer möglichen Revision der Verträge, die ihren territorialen Besitzstand garantierten, ernsthaft bedroht. Frankreich fand deshalb den Ausweg, dass etwaige Gebietsrevisionen durch den Völkerbund bestätigt werden müssten; und diese Bestätigung dürfe wiederum nicht ohne die Zustimmung der betroffenen Staaten gegeben werden.

Am 7. Juni 1933 paraphierte Mussolini gemeinsam mit den Botschaftern der drei anderen Staaten in Rom den Viermächtepakt. Die faschistische Propaganda feierte den Duce für dieses „Jahrhundertwerk" als Retter der europäischen Kultur. „Es geht nicht darum, eine endgültige, unveränderliche Staatenhierarchie zu protokollieren und einzuweihen", so äußerte sich der Duce am selben Tag gegenüber dem Senat. „Eine solche Hierarchie besteht objektiv und geschichtlich, soweit es die vier Staaten Westeuropas anbetrifft. Aber Hierarchie heißt weder Vorherrschaft noch ein Direktorium, um anderen den eigenen Willen aufzuzwingen."[450] In Deutschland wurde der Abschluss des Pakts dagegen nur äußerst zurückhaltend aufgenommen. Lediglich von Berlin und Rom ratifiziert, wurde er schlussendlich nie wirksam.[451]

Deutschland war im Begriffe, aufzurüsten, während die Westmächte schlicht nicht wussten, was sie tun sollten. Auch waren sie sich über Hitlers Absichten nicht im Klaren. So hielten sie weder die deutsche Aufrüstung auf noch zogen sie mit ihr gleich, wie sich etwa Winston Churchill dafür aussprach. London und Paris gingen von der redlichen Annahme aus, dass Abrüstung und nicht Kriegsbereitschaft den Frieden sichern sollte. Man wollte Sicherheit mit moralischen und nicht mit militärischen Mitteln erreichen. Die nationalsozialistische Machtergreifung hatte Großbritannien in seinem Abrüstungswillen dabei nur noch bestärkt. Während der Diktator in Berlin daranging, sich das schlechte Gewissen der Briten über die Pariser Friedensordnung zunutze zu machen, beschloss London abzuwarten, ob Hitler seine aggressiven Absichten offen zeigen würde. Lange glaubte man, der neue Machthaber in Deutschland beabsichtige, das Unrecht zu beseitigen und lediglich konventionelle, begrenzte Ziele zu verfolgen. Diese Fehleinschätzung ermöglichte Hitler seine größten außenpolitischen Triumphe.

Auch Mussolini unterschätzte Hitler. So wollte er an seinem Pendant in Berlin auch keinerlei kluges taktisches Verhalten feststellen. Gegenüber dem britischen Botschafter Ronald Graham äußerte sich der Duce beispielsweise dahingehend wenig schmeichelhaft, dass die deutsche Politik mit Hitler und Göring momentan in der Hand zweier Männer sei, die sich weder durch Vernunft noch durch Logik auszeichneten. Während der eine – Hitler – ein Träumer sei, wäre der andere – und hier spielte Mussolini auf die Behandlung des morphiumsüchtigen Göring Mitte der zwanziger Jahre an – sogar früher Insasse einer Irrenanstalt gewesen. Beide litten jedenfalls unter einem Minderwertigkeitskomplex und fühlten sich ungerecht behandelt.[452] Dem französischen Botschafter Chambrun gegenüber stellte er Hitler wiederum als bloßen Ideologen dar, der mehr rede als regiere. Die wahre Macht würde – immer wieder zum Schaden – von seinen Paladinen ausgeübt werden.[453]

Dabei war es in Wirklichkeit Hitlers erklärtes Ziel, die europäische Nachkriegsordnung zu zerstören. Von Frieden und kollektiver Sicherheit wollte er nichts wissen. Seit Anfang 1932 fanden in Genf Abrüstungsverhandlungen statt, bei denen Deutschland die Gleichberechtigung forderte. Als sich endlich aber die französische, vom Misstrauen geprägte Position durchsetzte, wonach man dem Reich erst einmal eine vierjährige Bewährungsfrist auferlegen wollte, antwortete Hitler mit einem Paukenschlag. Von Neurath noch zusätzlich animiert, einigte er sich am 4. Oktober mit Blomberg, die Abrüstungsverhandlungen fortan zu blockieren und aus dem Völkerbund auszutreten. Hitler verließ letztlich die Abrüstungskonferenz aus Sorge, dass den deutschen Forderungen nach Parität entsprochen werden könnte. Er aber wollte die uneingeschränkte Wiederaufrüstung. Im Falle von internationalen Sanktionen zeigte sich Hitler sogar zum bewaffneten Widerstand bereit.[454] Am 14. Oktober war es so weit. Deutschland trat aus dem Völkerbund aus. Als der Duce davon Nachricht erhielt, reagierte er über diese Illoyalität Berlins, wie er es empfand, nachhaltig empört. Die Deutschen, so meinte er verärgert, würden, um ein Ei zu kochen, gleich ihr ganzes Haus niederbrennen.[455]

Deutschland war international isoliert. Hitler schien jedoch die Empörung der internationalen Staatenwelt regelrecht zu genießen. Er war sich völlig sicher, dass es deswegen zu keinem Krieg kommen würde. Mit seinem spektakulären Schritt meinte er, dem Reich endlich wieder Handlungsfreiheit verschafft zu haben. Schon im Hinblick auf die öffentliche Meinung in Deutschland musste ein Neuanfang gesetzt und der Demütigung seit 1918 ein Ende gemacht werden.[456] Hitler ließ ein Plebiszit über den Austritt aus dem Völkerbund vorbereiten. Er verband diese Abstimmung mit neuerlichen Wahlen zum Reichstag am 12. November, wo schließlich nach gewaltigem Propagandaaufwand und nachhaltiger Beeinflussung 95 Prozent der Wähler den Austritt aus dem Völkerbund befürworteten.

Taktisch äußerst geschickt gab sich Hitler friedenswillig: „Die Behauptung, dass das deutsche Volk sich mit Begeisterung auf den Krieg vorbereite, ist eine uns einfach unfassbare Verkennung des Sinnes der deutschen Revolution. Wir Führer der nationalsozialistischen Bewegung sind fast ohne Ausnahme Frontsoldaten gewesen. Ich möchte den Frontsoldaten sehen, der mit Begeisterung sich für einen neuen Krieg vorbereitet! [...] Glauben Sie, dass wir unsere Jugend, die unsere ganze Zukunft ist und an der wir alle hängen, nur erziehen, um sie dann auf dem Schlachtfelde zusammenschießen zu lassen?" Auch gegenüber dem östlichen Nachbarn zeigte er sich zum Dialog bereit. „Niemand von uns denkt daran, mit Polen wegen des Korridors einen Krieg zu beginnen. Wir möchten aber alle hoffen, dass die beiden Nationen die sie betreffenden Fragen dereinst leidenschaftslos besprechen und verhandeln werden. Es kann der Zukunft überlassen bleiben, ob sich nicht doch ein für beide Völker gangbarer Weg und eine für beide tragbare Lösung findet."[457]

Insgeheim konnte Mussolini den deutschen Austritt aus dem Völkerbund sehr gut verstehen. Schließlich hatte auch er einen solchen für Italien erwogen, doch nun war ihm Hitler zuvorgekommen. Aus Diktatorenstolz wollte er diesen Schritt nicht nachahmen. Aber sein deutscher Konkurrent hatte sich nun doch als ein Mann der Tat erwiesen, der mit dem einem großen Staatsmann geziemenden Selbstbewusstsein die nationale Ehre verteidigte. Dies rang Mussolini Achtung ab. Er selbst ließ sich in weiterer Folge wiederholt dazu hinreißen, die Genfer Institution abzuqualifizieren und einmal mehr das weitere Verbleiben Italiens in Frage zu stellen. Dies war allerdings bloß ein neuerlicher verbaler Kraftakt des faschistischen Diktators, hielt er doch gleichzeitig das Ansehen Italiens im Völkerbund seit dem deutschen Austritt für gestiegen. Allerdings schwebte dem Duce auch die Vision eines europäischen Völkerbunds vor. Russland gehöre zu Asien und der Balkan zum Orient. „Wenn wir uns nicht verständigen, werden wir von links und rechts erdrückt werden. Täuschen wir uns nicht darüber, wir haben jetzt schon die Führung verloren."[458] Getreu seines ihm so eigenen Opportunismus und seiner Stimmungsschwankungen wechselte er seine Meinung nach Belieben, ob Deutschland nun vor oder nach von Mussolini für nötig erachteten Reformen des Völkerbundes diesem wieder beitreten sollte.[459]

Das erste Jahr seiner Regierung war für Hitler in seinem Verhältnis zum Duce höchst unbefriedigend verlaufen. Speziell die österreichische Frage hatte das Verhältnis zwischen Berlin und Rom belastet. Die kühle Haltung des Faschismus gegenüber dem Nationalsozialismus zeigte sich auch in dem Umstand, dass 1933 weit mehr deutsche Minister nach Italien als deren faschistische Kollegen ins Reich reisten. Als Ausdruck der Versöhnung zwischen den beiden Regimes traf Göring am 6. November mit großem Gefolge per Flugzeug erneut in Rom ein. In der Tasche hatte der preußische Ministerpräsident einen Brief Hitlers an den Duce bei sich. In dem Schreiben drückte der Reichskanzler seine „Bewunderung für das geschichtliche Wirken" des „großen Italieners" Mussolini und seinen Wunsch „einer vom Geiste wahrer Freundschaft erfüllten Zusammenarbeit" der beiden Nationen aus. Vor allem aber gab sich Hitler betont friedenswillig und sprach davon, dass nicht Abrüstung, sondern vielmehr Rüstungsausgleich das Gebot der Stunde sei.[460]

Gegen Mitte Dezember 1933 schickte der Duce dafür Suvich nach Berlin. In der Österreichfrage kam man dabei jedoch keinen Schritt weiter. Für den italienischen Außenstaatssekretär war die Alpenrepublik ein unabhängiger Staat mit eigener Nation. Hitler, der diesen Standpunkt naturgemäß nicht teilen konnte, gab sich zwar am Anschluss des allein nicht lebensfähigen Österreich desinteressiert, verlangte aber zugleich den Rücktritt Dollfuß' und Neuwahlen, während die Italiener keinen Augenblick daran dachten, den christlichsozialen Bundeskanzler fallen zu lassen.[461] Mussolini sah freilich Deutschland nicht bloß außenpolitisch isoliert, sondern darüber hinaus auch wirtschaftlich in größten Schwierigkeiten. Unter diesen Umständen erschien es ihm deshalb möglich, den deutsch-österreichischen Konflikt zu bereinigen.[462]

Mit unerwartetem außenpolitischen Kalkül durchbrach Hitler jedoch die Isolation. Am 26. Januar 1934 schloss Deutschland mit Polen einen Nichtangriffspakt für zehn Jahre ab. Das Abkommen sah die unmittelbare Verständigung vor und verpflichtete die Unterzeichner, „unter keinen Umständen" zur Anwendung von Gewalt zu schreiten. Die Verständigung war eine außenpolitische Sensation. Ausgerechnet Hitler, der viele Jahre lang keinen Zweifel über seinen radikalen Revisionismus aufkommen hatte lassen, gab sich nun gegenüber Polen handzahmer als all seine Vorgänger in der Reichskanzlei. Damit drehte er auch die bisherige außenpolitische Strategie Deutschlands um: Gemeinsam mit der ebenfalls rechtsgerichteten Regierung in Warschau richtete Berlin nun die Speerspitze wieder gegen die Sowjetunion – ohne freilich deswegen die polnische Grenze zu Deutschland tatsächlich anzuerkennen. Polen hatte wiederum seine eigenen Motive für das Abkommen: Während es dem Reich gegenüber naturgemäß eine Politik des Status quo vertrat, besaß es an seiner Ostgrenze hingegen durchaus Aspirationen auf litauisches und in der Sowjetunion liegendes Gebiet. Hitler hatte jedenfalls mit dem Pakt die bisherige Politik des Auswärtigen Amtes völlig über den Haufen geworfen. Noch am 7. April des Vorjahres hatte etwa von Neurath verkündet, dass eine Verständigung mit Polen weder möglich noch erwünscht sei.[463]

Der deutsch-polnische Pakt erschütterte die Pariser Nachkriegsordnung erheblich, indem er Frankreichs Position in Osteuropa nachhaltig beschädigte. Die Sowjetunion wiederum orientierte ihre Außenpolitik daraufhin ebenfalls neu und wandte sich zunehmend den Westmächten zu. Am 18. September 1934 trat sie sogar dem Völkerbund bei und ging im Verlauf des nächsten Jahres auf die Strategie der „Volksfront" über, die nun auch die bislang bekämpften Sozialdemokraten in den Kampf gegen den Faschismus mit einbezog. Trotzdem verstand es Hitler in den ersten Jahren seiner Herrschaft, gerade mit seinem gegen Stalin gerichteten Antikommunismus auch bei den westlichen Demokratien zu punkten, die angesichts der Nachrichten über die barbarischen Säuberungen in der Sowjetunion mit Abscheu reagierten. Stalin galt in ganz Europa als größte Bedrohung, unberechenbar, brutal und zügellos.

Hitler stand hingegen an der Spitze des Deutschen Reichs, das von vielen Regierungen wieder mehr denn je als Bollwerk gegen den Bolschewismus gesehen wurde. Von der Sowjetunion drohte nach Ansicht eines Großteils der öffentlichen Meinung in Europa die Zerstörung der demokratisch-rechtsstaatlichen Ordnung. Das nationalsozialistische Deutschland galt dagegen vielfach als Bastion des Westens gegen die kommunistische Weltrevolution. Hitler hatte mit der Entspannung des deutsch-polnischen Verhältnisses etwas zuwege gebracht, was dem Völkerbund nicht gelungen war und die konservativ-preußisch geführte Weimarer Republik gar nicht beabsichtigt hatte.

In Rom war Mussolini ängstlich darauf bedacht, seine Führungsrolle innerhalb der radikalen Rechten in Europa zu verteidigen. Immer mehr geriet er in Sorge, dass der Nationalsozialismus größere Anziehungskraft als der Faschismus gewinnen könnte. So tat er alles zur Abgrenzung, nannte Hitler auch schon einmal einen „Hanswurst" und versuchte zunehmend, die ideologischen Unterschiede hervorzuheben. Demgemäß bestritt er nun Gemeinsamkeiten zwischen Faschismus und Nationalsozialismus. Vor allem die Rassentheorie hielt Mussolini schlicht für „Unsinn", Rasse sei viel mehr Gefühl als Realität. „Ich werde nie glauben, dass sich die mehr oder weniger reine Rasse biologisch beweisen lässt."[464] Auch äußerte sich der Diktator in Rom sarkastisch über Hitlers Werk „Mein Kampf", das im April 1934 erstmals in Italienisch erschien, und gab dabei vor, diesen „völlig unverdaulichen Wälzer" keine Minute der Lektüre gewürdigt zu haben. Bei anderer Gelegenheit zitierte er jedoch in zwei Artikeln sehr wohl bestimmte Passagen aus dem „Evangelium", dem „Neuen Testament des Nationalsozialismus", wie er Hitlers Machwerk spöttelnd nannte. In seinem Artikel „Teutonica" zog der Duce gegen den nationalsozialistischen Rassismus zu Felde und verurteilte ihn scharf: „Rassenkult zu hundert Prozent. Gegen alles und gegen jeden: gestern gegen die christliche Zivilisation, heute gegen die lateinische Zivilisation, morgen vielleicht gegen die Zivilisation der ganzen Welt!" Eine derartig chauvinistische und imperialistische Politik, so resümierte er, gehöre nicht ins 20. Jahrhundert.[465]

Auf außenpolitischem Gebiet gedachte Mussolini ebenfalls, sich von Hitler unter keinen Umständen den Rang ablaufen zu lassen. Der befreundeten Regierung in Wien gegenüber zeigte er sich entschlossen, „bis zum Ende die Unterstützung Österreichs in seinem Unabhängigkeitskampfe aufrechtzuerhalten".[466] Gestützt auf die von Mussolini geförderten Heimwehren, errichtete Dollfuß nach dem Sieg im kurzen, aber blutigen Bürgerkrieg gegen die Sozialdemokraten im Februar 1934 den autoritären betont antimarxistischen Ständestaat. Doch nicht bloß die unterdrückten Sozialdemokraten fühlten sich diesem reaktionären Österreich nicht zugehörig; es blieb auch die subversive, gewaltbereite Bewegung der österreichischen Nationalsozialisten, die naturgemäß den Anschluss so rasch wie möglich und mit allen Mitteln durchzusetzen gewillt war, als Gefahr für das neue „vaterländische" Österreich.

Dollfuß, der mit Mussolini befreundet war, setzte in seinem Widerstand gegen Hitler voll und ganz auf die Unterstützung Italiens. Gemeinsam mit dem ebenfalls autoritär regierten Ungarn schloss man am 17. März 1934 die „Römischen Protokolle" ab. Dollfuß und Ministerpräsident Gömbös waren zur Unterzeichnung dieser Abmachungen, die sich einerseits gegen Berlin, andererseits aber auch gegen Paris und die Kleine Entente richteten, in die italienische Hauptstadt gereist. Bereits im Februar 1934 war es Mussolini gelungen, auch die Regierungen in London und Paris zu einer gemeinsamen Erklärung hinsichtlich der Notwendigkeit, „die Unabhängigkeit und Unversehrtheit Österreichs in Übereinstimmung mit den diesbezüglichen Verträgen zu erhalten", zu bewegen.[467]

Die „Römischen Protokolle" betonten die gemeinsamen freundschaftlichen Beziehungen der drei Staaten, deren Politik fortan aufeinander abgestimmt werden sollte.[468] Sie gaben dem Duce wieder ein gewisses Gefühl der Stärke, gerade gegenüber Deutschland, zurück und ließen ihn von der Donauraumpolitik wieder in weitere Ferne abschweifen. So träumte Mussolini von italienischer Größe und erhob Anspruch auf die Weltmission und den Zivilisationsauftrag seines Landes. Asien und Afrika seien die historischen Ziele Italiens im 20. Jahrhundert. Es sollte eine geistige, politische und ökonomische Eroberung der beiden Kontinente sein, die von anderen Kolonialmächten auf Dauer nicht gehemmt werden dürfe.[469]

Anderthalb Jahre nach der Machtergreifung in Berlin schien die Zeit reif für eine Begegnung der beiden Führer. Venedig sollte den würdigen Rahmen dafür bieten. Trotz von deutscher Seite gewünschter Geheimhaltung versammelten sich schließlich weit über 200 Journalisten in der Lagunenstadt, um das erste Treffen der beiden „Führer" zu kommentieren. Als Hitler am 14. Juni gegen zehn Uhr auf dem Flugplatz San Nicolò seiner Maschine entstieg, wusste er sofort, die falsche Garderobe gewählt zu haben. Während der braungebrannte Mussolini in prächtiger Uniform erschienen war, trug der nationalsozialistische Reichskanzler auf Anraten Neuraths einen schlappen braunen Veloursh ut, einen Trenchcoat und schwarze Lackschuhe. So sah kein Erfurcht gebietender Führer aus. Dementsprechend unwohl und verunsichert fühlte sich der Gast aus Deutschland auch. Für einen Moment standen die beiden einander regungslos gegenüber. Endlich ging Mussolini auf seinen Gast zu

Das erste Aufeinandertreffen der beiden Diktatoren in Venedig. Rechts von ihnen Reichsaußenminister Neurath.

und erhob die Hand zum faschistischen Gruß. Hitler erwiderte diesen, und danach reichten sich die beiden die Hand. Augenzeugenberichten zufolge hatte Hitler vor Rührung Tränen in den Augen. Dass ihm Mussolini bei der Begrüßung ein „Ave Imitator" zugemurmelt haben soll, war freilich bloß ein politischer Witz. Aber viele Zeitgenossen, Politiker, Diplomaten, Journalisten und andere Intellektuelle, bedachten Hitlers Auftritt mit Spott und Hohn und trugen dazu bei, dass man den nationalsozialistischen Führer in den Folgejahren sträflich unterschätzte, ja ihn immer wieder als lebende Karikatur betrachten sollte.[470]

Ein Motorboot brachte die beiden Regierungschefs zum Grand Hotel, wo Hitler in der Königssuite residierte. Mussolini stieg mit seinem Hofstaat, angeführt von Suvich, Ciano und Starace, in der Villa Pisani in Stra ab. Ebendort, in deren Gärten, fand am Nachmittag die erste politische Unterredung statt; unter vier Augen. Hitler nannte dem Duce dabei seine Bedingungen für die Bereinigung der österreichischen Frage. Unter der Prämisse, dass der Anschluss außer Diskussion stehe, müsse der Bundeskanzler eine parteiunabhängige Persönlichkeit sein. In landesweiten Wahlen sollte die österreichische Bevölkerung frei ihren Willen zum Ausdruck bringen dürfen. Die Nationalsozialisten müssten dann entsprechend des Wahlergebnisses an

Ernste Gesichter: Die Begegnung in Venedig verlief noch keineswegs herzlich und amikal.

der Regierung teilnehmen. Schlussendlich fügte der Reichskanzler hinzu, dass die österreichische Frage im Einvernehmen zwischen Deutschland und Italien zu entscheiden sei. Mussolini erwiderte, dass sich Dollfuß lediglich verteidige und kein Regierungschef eine wie immer geartete Diskussion unter dem Druck terroristischer, aus dem Ausland organisierter Akte annehmen könne. Hitler beteuerte daraufhin, die Politik des Terrorismus zu missbilligen; dieser stamme aber entweder von den Kommunisten oder vielleicht von den österreichischen Nationalsozialisten, auf die die Reichsregierung keinerlei Einfluss habe.[471] Der Abend gehörte der Zerstreuung. Die italienischen Gastgeber erfreuten Hitler mit einem Konzert im Hof des Dogenpalastes, wo Stücke von Verdi und Wagner am Programm standen.

Auch die zweite politische Unterredung war ein Vieraugengespräch. Sie fand tags darauf im Park eines Golfklubs am Lido statt. Mussolini, dessen Deutschkenntnisse bemüht, aber eben keineswegs perfekt waren, meinte neuerlich, keinen Dolmetscher zu benötigen. Bisweilen in heftige Diskussion vertieft, gingen die beiden unter Palmenbäumen auf und ab. Das italienische Volk, so durfte Hitler jedenfalls von seinem Rivalen und Vorbild hören, sei nach elf Jahren Faschismus „ein kompakter Körper wie ein Heer" und zu jeder Entbehrung bereit. So zurückhaltend und höflich der deutsche Gast Mussolini im gemeinsamen Gespräch vorfand, so sehr demonstrierte der faschistische Diktator im Anschluss an die Unterredung all sein demagogisches Können und zeigte dabei ein weiteres seiner vielen Gesichter. 70.000 versammelte Schwarzhemden gerieten in Ekstase, als Mussolini schlussendlich in einer Rede um fünf Uhr nachmittags auf dem Markusplatz über das Treffen der beiden Führer bilanzierte: „Es hat in diesen Tagen hier in Venedig ein Treffen stattgefunden, auf das sich die Aufmerksamkeit der Welt konzentriert hat. Aber ich sage euch Italienern und allen jenseits der Grenzen, dass Hitler und ich uns hier getroffen haben, nicht um die politische Karte Europas und der Welt umzuarbeiten oder gar zu modifizieren oder um sonstige Motive der Unruhe denjenigen hinzuzufügen, die alle Länder schon beunruhigen vom äußersten Orient bis zum äußersten Okzident. Wir haben uns vielmehr vereinigt zu dem Versuch, die Wolken zu verscheuchen, die den Horizont des politischen Lebens Europas verdunkeln."[472] Die schier unbeschreibliche Begeisterung, die Mussolinis Ansprache hervorrief, beeindruckte nicht bloß Hitler, sondern strengte auch den Duce selbst an, der nach Ende seiner Rede bleich vor Erregung war.[473]

Hitler schätzte die Begeisterung für Mussolini als echt ein. „Die Menschen vom Lande ständen gebeugt in Ehrfurcht vor ihm wie vor einem Papst, u[nd] er nähme die in Italien notwendige cäsarenhafte Pose an. Das falle aber alles in einer persönlichen Unterhaltung ab. Da werde M[ussolini] menschlich u[nd] liebenswürdig."[474] Mussolini, der die Gespräche mit dem logomanen, humorlosen Reichskanzler offenbar als mühsam empfand, äußerte sich dagegen im familiären Rahmen über Hitler ernüchtert: „Er hat ein gewalttätiges Wesen und ist unfähig, sich zu beherrschen.

Er ist eher starrköpfig als intelligent, und unsere Unterredung hat zu keinem positiven Ergebnis geführt."[475]

Die Bereitschaft des Nationalsozialismus zum Terror machte Hitler international neuerlich zum Paria. Die blutige Niederschlagung des „Röhm-Putsches" hatte die Isolierung Deutschlands weiter vorangetrieben. Nüchtern bemerkte Mussolini in Anlehnung an Machiavelli, dass die Macht nicht mit derselben Gefolgschaft behauptet werde, mit der sie erobert wurde. Der Duce verlor allerdings seine Gelassenheit sehr rasch, als auch das befreundete Ausland die Gewalt des Nationalsozialismus zu spüren bekam. Am 25. Juli 1934 drangen österreichische SS-Männer in das Bundeskanzleramt am Ballhausplatz ein. Dollfuß wurde dabei angeschossen und erlag schließlich seinen Verwundungen. Der Putsch schlug jedoch fehl. Daran konnten auch nationalsozialistische Erhebungen in Kärnten, Oberösterreich und der Steiermark und die kurzfristige Besetzung des Rundfunkhauses nichts ändern. Der von den Nationalsozialisten zum neuen Bundeskanzler ausgerufene Anton Rintelen, ein ehemaliger Landeshauptmann der Steiermark und zu diesem Zeitpunkt österreichischer Gesandter in Rom, wurde zu lebenslänglichem Kerker verurteilt und insgesamt sieben Putschisten hingerichtet.[476]

Hitler hatte nicht den ausdrücklichen Befehl zum Putsch gegeben. Er hatte aber auch die offensichtlich zur Tat drängenden österreichischen Nationalsozialisten in keiner Weise zurückgehalten. Er rechnete vielmehr mit einem Handstreich des Bundesheeres zum Sturz der Regierung. Zum Zeitpunkt des Putsches weilte er jedenfalls bei den Festspielen in Bayreuth. Am 26. Juli teilte die Reichsregierung offiziell mit, „dass keine deutsche Stelle in irgendeinem Zusammenhang mit den Ereignissen steht".[477] Mussolini wertete die Ermordung des Bundeskanzlers als persönlichen Affront, denn Hitler hatte ihm nicht bloß zugesagt, auf den Anschluss zu verzichten. Dollfuß war ihm beinahe ein Freund gewesen. Die Mussolinis weilten mit der Frau des christlichsozialen Regierungschefs und deren beiden jüngsten Kindern in Riccione, als sie von dem Attentat in Wien erfuhren. Als die Witwe Dollfuß' wieder nach Rom kam, überreichte sie dem Duce einen Brief ihres ermordeten Gatten, in dem er Mussolini bat, sich um seine Familie zu sorgen, falls ihm etwas zustoßen sollte. Tatsächlich ließ er die Frau mit ihren Kindern dann auch nach der Annexion Österreichs sofort in die Vereinigten Staaten reisen.[478]

Mussolini fühlte sich als Protektor Österreichs und reagierte dementsprechend auf den Putsch. Säbelrasselnd beorderte er einige Divisionen an die Brennergrenze und sicherte der Regierung in Wien telegrafisch jede Unterstützung für die Verteidigung der Unabhängigkeit Österreichs zu. In Wirklichkeit handelte es sich freilich um Truppen, die in der Nähe der Grenze zu Österreich Übungen abhielten und sodann in Marsch gesetzt wurden. Auch wenn es wohl nur eine für Mussolini so typische Demonstration war, erregte die Operation doch beträchtliches internationales

Aufsehen.[479] Nach Ansicht des faschistischen Diktators war Hitler mit dem nationalsozialistischen Putsch in Österreich sehr wohl einverstanden gewesen. Gegenüber Vizekanzler Starhemberg soll er ihn sogar als „Mörder von Dollfuß" bezeichnet haben. In einem Telegramm an den Heimwehrführer verurteilte er mit Abscheu und Bedauern die „unmittelbaren und entfernten Verantwortlichen" für das Attentat. Gleichzeitig machte er klar, dass „die Unabhängigkeit Österreichs, für die Dollfuß gefallen ist", ein Grundsatz sei, „der von Italien verteidigt worden ist und noch energischer verteidigt werden wird".[480]

Angesichts der allgemeinen Empörung im Ausland sah sich Hitler in Zugzwang. Er musste ein Zeichen setzen, mit dem er sich von dem Attentat distanzierte. So entließ er Habicht, löste die österreichische Landesleitung der NSDAP auf und berief den durch Verhandlungen mit den Putschisten kompromittierten Gesandten in Wien, Kurt Rieth, ab. Für kurze Zeit erwog er sogar, Göring als Sonderbotschafter nach Rom zu schicken. In einem Schreiben bezeichnete er dem Duce gegenüber den gescheiterten Staatsstreich als „eine Aktion von Verzweifelten", die „in der Nachfolge der Vorbereitungen Röhms" gestanden sei. Doch Mussolini gab der italienischen Presse die Weisung, Deutschland und dessen politische Führung für den Putschversuch auf das Schärfste verantwortlich zu machen. Ein italienisch-deutscher Zeitungskrieg war die Folge, von dem sich Berlin mit Schmutzkübeln übergossen fühlte. Auch Hitler reagierte „betroffen und verletzt". Der Erwärmung des Klimas zwischen dem Reich und Italien nach dem Treffen von Venedig folgte nun wieder eine neue Eiszeit.[481]

Alarmiert durch die völlige außenpolitische Isolierung Deutschlands suchte Hitler nun mehr denn je, die Gleichschaltung Österreichs auf evolutionärem Weg zu erreichen. Aus rein taktischen Motiven anerkannte er die völkerrechtliche Souveränität der Alpenrepublik. Die österreichischen Nationalsozialisten durften sich nicht mehr illegal betätigen, und selbst die wirtschaftlichen Kampfmittel wurden nach und nach zurückgenommen. Als Sondergesandten schickte er den gleichermaßen barocken wie intriganten von Papen nach Wien, der dem Konflikt zwischen dem Reich und Österreich die Schärfe nehmen sollte. Mit der Ernennung Papens zum Sondergesandten in Wien wollte Hitler – nach der Einschätzung der österreichischen Diplomatie in Berlin – zwei Fliegen mit einer Klappe schlagen: Sie sollte eine „großen Geste" nach innen sein, um Papens Anhänger wieder zu versöhnen, und auch eine nach außen, um seine Friedensbereitschaft durch die Entsendung des Vizekanzlers besonders zu unterstreichen.[482]

Mussolini hingegen zeigte sich über die Westmächte enttäuscht. „Wir hätten so vieles vermeiden können, wenn sie sich nicht so apathisch verhalten würden. Es genügte, dass ich die Zähne zeigte, um Hitler so weit zu bringen, dass er Dollfuß' Mörder verurteilte. Aber ich täusche mich nicht. Hitler will Österreich haben, und er wird es bekommen, vor allem dann, wenn immer ich der Einzige bin, der zum

Brenner marschiert."[483] Der Duce verschärfte jedenfalls die Rivalität. Die Beziehungen zwischen den beiden Diktaturen waren so im Spätsommer 1934 durch italienische Pressepolemik gegen das nationalsozialistische Regime, gegen dessen Rassentheorien und Antisemitismus, gekennzeichnet. Rom unterstützte nun nicht bloß die Bemühungen von Paris und Moskau um ein Ost-Locarno, sondern sogar den Eintritt der Sowjetunion in den Völkerbund. In Gegenwart einer Delegation französischer Parlamentarier kanzelte Mussolini in einer Rede am 6. September in Bari den Arierkult ab. 30 Jahrhunderte Menschheitsgeschichte erlaube es den Italienern, „mit erhabener Gleichgültigkeit auf gewisse Doktrinen jenseits der Alpen zu schauen, die von den Nachkommen jener Leute entwickelt wurden, die in den Tagen von Cäsar, Virgil und Augustus noch Analphabeten waren". Aus den Deutschen eine „rassenreine Herde" zu machen, dafür brauche man nach der günstigsten Hypothese ohnehin sechs Jahrhunderte.[484]

In Deutschland versuchte das Regime, nicht weiteres Öl ins Feuer zu gießen. Allerdings waren am Reichsparteitag im September keine italienischen Gäste vertreten. Italien näherte sich einstweilen immer mehr Frankreich an. Diese Entwicklung wurde durch den neuen französischen Außenminister Pierre Laval gefördert, der, früher ebenso wie Mussolini gleichfalls Sozialist, mittlerweile dem Faschismus mit einer gewissen Sympathie gegenüberstand. Außerdem hatte Rom mit gesteigertem Unbehagen beobachtet, dass Deutschland verstärktes Interesse in Südosteuropa zeigte, indem man Belgrad und Bukarest versicherte, keinerlei ungarische Revisionsansprüche auf jugoslawisches oder rumänisches Gebiet zu unterstützen. Mit wachsender Sorge registrierte Mussolini auch die deutsche Wiederaufrüstung. Dementsprechend ließ er sich in einem Gespräch mit Botschafter von Hassell am 6. Dezember 1934 dazu hinreißen, Deutschland kriegerische Absichten gegenüber Italien zu unterstellen. Ihm sei zu Ohren gekommen, dass gegenwärtig in Deutschland kein Krieg so populär sei wie der gegen Italien.[485]

Mussolini hatte erkannt, auf Dauer nicht allein gegen Hitler auftreten zu können. Da er zudem bereits sein Augenmerk auf die Eroberung Abessiniens geworfen hatte, benötigte er das Wohlwollen der Westmächte. So entschloss er sich zur Verständigung mit Frankreich, das seinerseits ebenfalls nach einem Verbündeten gegen das Deutsche Reich suchte. Am 4. Januar 1935 traf Laval in Rom ein. Es war dies der erste Besuch eines französischen Außenministers in der Ewigen Stadt seit Kriegsende. Die Begegnung mit dem Duce verlief herzlich, denn beide zeigten sich willens, die alten Streitigkeiten zu begraben. Mussolini hatte bereits Abessinien im Hinterkopf, als er sogar auf die Ansprüche in Tunesien und die Forderung nach kolonialen Kompensationen aufgrund des Londoner Vertrages von 1915 verzichtete. Lediglich ein paar unbedeutende Gebiete in Afrika wurden an Italien abgetreten und einige Aktien der französischen Eisenbahn von Dschibuti nach Addis Abeba übergeben. Im Falle einer Bedrohung der Unabhängigkeit Österreichs sollten Italien und Frankreich einander über zu ergreifende Maßnahmen konsultieren. Mussolini leitete zudem italienisch-französische Militärgespräche in die Wege, in denen die beiden Generalstäbe übereinkamen, dass Frankreich ein oder zwei Divisionen zur Unterstützung gegen eine deutsche Aggression in Österreich an die Brennergrenze entsenden würde, während Italien zwei Divisionen nach Belfort transferieren sollte. Darüber hinaus versprachen die Italiener, mehrere Flugzeuggeschwader bei einer deutschen Remilitarisierung des Rheinlandes den Franzosen zur Seite zu stellen.[486]

Auch in der Folgezeit war der Duce auf Deutschland nicht gut zu sprechen. Die Situation in Südtirol bezeichnete er aufgrund der anhaltenden NS-Propaganda als gefährlich angespannt. Solange nur Hakenkreuze gestreut und Feuer abgebrannt würden, werde man in Rom die Ruhe bewahren. Wenn es allerdings gegen den Staat gehen sollte, würde „Fürchterliches geschehen", denn die Faschisten ließen nicht an den Grundfesten ihres Staates rütteln, so verschaffte er seinem Zorn Luft. In Venedig habe ihm Hitler gesagt, wie er eben über die Alpen geflogen sei, habe er selbst feststellen können, dass die natürliche Grenze Italiens am Brenner liege, der wie ein „Riegel" sei. Aber was gelte dieses Wort Hitlers in diesem Deutschland, „in dem es sieben Minister des Äußern zu gleicher Zeit gebe"?[487]

Der nationalsozialistische Diktator plante hingegen den nächsten Triumph seiner Herrschaft. Nach den Bestimmungen des Versailler Friedensvertrages sollte nach Ablauf der 15 Jahre Völkerbundkontrolle die Bevölkerung des Saargebiets über die Zugehörigkeit ihres Landes in einem Plebiszit abstimmen. In seiner Rede vor Saarländern auf der Feste Ehrenbreitstein bei Koblenz am 26. August 1934 gab sich Hitler wieder einmal friedenswillig: „Die Saarfrage ist die einzige Territorialfrage, die uns heute noch von Frankreich trennt. Nach ihrer Lösung besteht kein sichtbarer vernünftiger Grund, dass zwei große Nationen sich ewig und in alle Zukunft weiter befehden."[488] Am 13. Januar 1935 votierten beinahe 91 Prozent der rund eine halbe Million stimmberechtigten Saarländer schlussendlich für die Eingliederung ins Deutsche Reich. Dieser Erfolg bedeutete für Hitler und sein Regime einen beträchtlichen Prestigezuwachs, noch dazu, wo sich der Diktator auch nach der Abstimmung Frankreich gegenüber betont friedlich gab.[489]

Der Diktator in Berlin ließ trotzdem nicht locker, der Pariser Nachkriegsordnung einen weiteren, überaus schweren Schlag zu versetzen. Die Erneuerung des französisch-belgischen Militärabkommens und der Beschluss der Nationalversammlung in Paris, die Wehrpflicht von ein auf zwei Jahre zu verlängern, lieferten Hitler den propagandistischen Vorwand. Am 16. März 1935 brach er den Vertrag von Versailles und verkündete die Einführung der allgemeinen Wehrpflicht. Trotz der Bedenken Blombergs und Fritschs propagierte er es als sein Ziel, nicht weniger als 36 Divisionen mit 550.000 Mann aufzustellen, und gab gleichzeitig – nunmehr öffentlich – das Signal zum Aufbau der Luftwaffe, an dem freilich bereits im Geheimen gearbeitet worden war. Nach anfänglicher Überraschung zeigte sich die Nation über Hitlers Mut und Durchsetzungsvermögen begeistert.[490] Deutschland hatte wieder seine Wehrmacht, seit der Reichsgründung Ausdruck nationaler Größe und Stärke. Nicht bloß Paris reagierte empört. Auch Rom tat sich besonders durch antideutsche Hysterie hervor, sodass manche Beobachter sogar einen Krieg zwischen Italien und dem Reich befürchteten. Mussolini schürte jedoch die Aufregung und beabsichtigte, sich einem weiteren Vordringen Deutschlands entgegenzustellen. Großspurig verkündete er, dass die beste Art, die Deutschen zu bremsen, die Einberufung des Jahrgangs 1911 sei.[491] Während sich Italien und Frankreich immer enger gegen Deutschland zusammenzuschließen schienen, ging Großbritannien eigene Wege.

Der Besuch von Außenminister John Simon und des Lordsiegelbewahrers Anthony Eden in Berlin bedeutete für Hitler den nächsten Erfolg. Der hohe Besuch aus Großbritannien weilte am 25. und 26. März 1935 in der Reichshauptstadt. Bei der Besprechung in der Reichskanzlei gab sich der Diktator trotz seines gesteigerten Selbstvertrauens besonders liebenswürdig. Die britischen Gäste folgten seinen Äußerungen zunächst mit Gelassenheit. Dabei handelte es sich um einen Meinungs-

John Simon und Anthony Eden besuchten Hitler im März 1935 in der Reichshauptstadt.

austausch über Fragen, die vor der nationalsozialistischen Machtergreifung für die Siegerstaaten völlig tabu gewesen waren. Geduldig hörten sie sich seine Ausführungen an und schienen nichts dabei zu finden, kaum zu Wort zu kommen. Sie mochten darüber erstaunt gewesen sein, dass Hitler nicht den vulgären ungezügelten Demagogen spielte, sondern sich in seinem Auftreten durchaus maßvoll zeigte, wenngleich die Länge seiner Erklärungen für das diplomatische Parkett ungewöhnlich blieb und sie mit zunehmender Verärgerung erkennen mussten, dass der Diktator letztlich zu keinen Kompromissen bereit war.

„Ich habe die Wehrhoheit des Reiches vor einigen Tagen wiederherstellen lassen", so führte Hitler selbstherrlich aus, „weil das Reich von allen Seiten aufs schwerste bedroht ist. Die Gefahr liegt vor allem im Osten. [...] Ich glaube, der Nationalsozialismus hat Deutschland, und damit vielleicht ganz Europa, vor der schrecklichsten Katastrophe aller Zeiten bewahrt. [...] Nur, wenn wir eine Rüstung besitzen, die den Bolschewisten Respekt einflößt, sind wir vor ihnen sicher." Freilich, seine Gäste aus London vermochten die unmittelbar von der Sowjetunion drohende Gefahr nicht zu erkennen. Eden schlug dem Diktator deshalb einen Ostpakt vor, dem neben Deutschland und der Sowjetunion auch Polen, die Tschechoslowakei, Finnland und die drei baltischen Kleinstaaten beitreten sollten. Hitler wollte jedoch von einem Beitritt Litauens aufgrund des scharfen Vorgehens gegen die Deutschen im Memelland nichts wissen und verlor für ein paar Augenblicke seine Contenance. Außerdem, so betonte er wieder in ruhigerem Ton, sei auch ein Zusammengehen zwischen dem Nationalsozialismus und dem Bolschewismus völlig ausgeschlossen. Hitler machte Simon und Eden auch klar, dass gegen Kollektivabmachungen von deutscher Seite her ein berechtigtes Misstrauen herrsche. Er ziehe zweiseitige Verträge vor. Deutschland sei bereit, mit all seinen Nachbarn Nichtangriffspakte zu schließen, „mit Ausnahme Litauens natürlich [...] solange die Memelangelegenheit nicht geregelt ist".

Simon richtete das Gespräch sodann auf den Donaupakt. Dieser sollte gegen eine Einmischung in die inneren Angelegenheiten der Donaustaaten gerichtet sein. Das Projekt basierte auf einer französischen Idee, die darauf abzielte, den Anschluss Österreichs zu verhindern und einer Einflussnahme Deutschlands auf die Balkanstaaten durch ein Vertragssystem einen Riegel vorzuschieben. Hitler ließ sich dabei nicht aus der Reserve locken, gab sich vor seinen britischen Gästen diplomatisch und meinte, dass er gegen einen solchen Pakt grundsätzlich nichts einzuwenden habe, „man müsste sich nur über die Frage klar werden, wie die so genannte Nichteinmischung in die Verhältnisse der Donauländer genauestens zu definieren wäre". In weiterer Folge gab Simon dem Diktator zu verstehen, wie wichtig eine Rückkehr Deutschlands in den Völkerbund zur Regelung der europäischen Fragen sei. Hitler gab daraufhin vor, eine Rückkehr des Reichs für im Bereich des Möglichen zu erachten, da er das Ideal des Völkerbundes durchaus billige. Deutschland könne aber nur als in jeder Hinsicht gleichberechtigter Partner wieder nach Genf zurückkehren. Das sei aber unmöglich, so lange der Vertrag von Versailles mit der Völkerbundsatzung verknüpft sei.

Im Rahmen der Erörterung der deutschen Rüstung betonte Hitler, nicht an der wiedereingeführten Wehrpflicht rütteln zu lassen; „aber über die Effektivstärke sind wir zu Verhandlungen bereit. Die einzige Bedingung ist jedoch die Parität zu Lande und in der Luft mit dem stärkst bewaffneten Nachbarlande." Im Sinne der von ihm so oft geforderten Gleichberechtigung müsse das Reich selbstverständlich über sämtliche Waffengattungen verfügen, die auch andere Staaten besitzen. Er sei aber bereit, an Abmachungen mitzuwirken, durch welche die in Genf als Offensivwaffen bezeichneten Rüstungen verboten würden. Ebenso könne er seine Zustimmung zu einer Rüstungsüberwachung geben, wenn die Überwachung gleichzeitig bei allen anderen Staaten erfolge.[492] Hitler hatte allen Grund, zufrieden zu sein. Er hatte die Gespräche völlig dominiert und alle ihm unangenehmen Vorschläge seiner ohnehin konzilianten britischen Gäste abgelehnt.

Die europäischen Mächte schienen schlussendlich aber doch auf Hitlers Willen, das Pariser Friedensvertragswerk Stück um Stück zu unterminieren, zu reagieren. Die Bekanntgabe der Einführung der allgemeinen Wehrpflicht und der Schaffung einer Luftwaffe in Deutschland führte zu einer gemeinsamen Front gegen Hitler. Im April trafen sich die politischen Entscheidungsträger Großbritanniens, Frankreichs und Italiens in Stresa. Der Duce zeigte sich überaus besorgt über die „deutsche Gefahr" und beabsichtigte dementsprechend, „für eine begrenzte Zahl von voraussehbaren Eventualitäten [...] eine gemeinsame Handlungslinie herzustellen". So schwebte ihm eine Koalition mit „absoluter Überlegenheit gegen Deutschland" vor. Man musste seiner Ansicht nach Hitler mit der Anwendung von Gewalt drohen, denn dieser habe die Absicht, „alles bis nach Bagdad zu erobern".[493]

Allein die Vertreter Großbritanniens dachten nicht daran, militärische Maßnahmen zu ergreifen. Da es daher bei einem bloßen Gedankenaustausch blieb, merkte Mussolini ernüchtert an, dass Konsultationen die letzte Zuflucht der Unentschiedenheit angesichts der Realität seien.[494] Auf der Konferenz erklärten die drei Mächte schließlich, dass die Erhaltung der Unabhängigkeit Österreichs „weiterhin eine Triebfeder ihrer gemeinsamen Politik sein" werde, und bedauerten „die Methode einseitiger Ablehnung", die Deutschland in der Rüstungsfrage angewandt habe. Einmal mehr versicherten Italien und Großbritannien, ihre Verpflichtungen bezüglich des Locarno-Pakts zu erfüllen. Auch wollten die drei Mächte, wie es in einer Abschlusserklärung hieß, „mit allen geeigneten Mitteln jeder einseitigen Nichtanerkennung von Verträgen, die den Frieden in Europa gefährden kann", entgegentreten.[495]

Der österreichische Bundeskanzler Kurt von Schuschnigg in Florenz. 1. Reihe v. l.: Schuschnigg, Mussolini. 2. Reihe v. l.: Ciano, Starace.

Das Gipfeltreffen von Stresa war für den Duce gerade noch zufrieden stellend verlaufen. Ausgerechnet Mussolini war nun ein Beschützer des Versailler Vertrages vor deutschen Revisionswünschen geworden. Freilich ging es ihm aber nicht zuletzt darum, dass nun auch Großbritannien seine Abessinienpläne hinnehmen würde. „Jetzt sind alle Brücken mit Deutschland abgebrochen. Wenn es am Frieden Europas mitarbeiten will, um so besser. Anderenfalls werden wir es zerschmettern, denn jetzt haben wir uns vollständig auf die Seite der Westmächte gestellt."[496] Die Stresa-Front, diese letzte Allianz der drei europäischen Siegermächte von 1918, schien Hitler tatsächlich in die Enge treiben zu wollen, denn in Genf verurteilte nun auch der Völkerbund einstimmig die einseitige Aufhebung der Vertragsverpflichtungen durch das Dritte Reich. Es wurde sogar ein Ausschuss eingesetzt, der die Möglichkeit wirtschaftlicher Sanktionen zu prüfen hatte. Der deutsche Diktator weilte in diesen Tagen auf dem Obersalzberg und zeigte sich wütend über den Völkerbundbeschluss. Neurath hatte sichtlich Mühe, ihn vor voreiligen Schritten zurückzuhalten. Nichtsdestoweniger protestierte Deutschland schließlich in einer Note heftig gegenüber allen Mitgliedstaaten des Völkerbundes.

Inzwischen gedachte Mussolini noch immer seiner Beschützerrolle für Österreich. Am 11. Mai traf er in Florenz den neuen Bundeskanzler Kurt von Schuschnigg. Der Duce stellte dabei die strikte Frage, ob die Wiener Regierung eine Intervention Italiens für den Fall eines deutschen Angriffs wünsche. Schuschnigg machte daraufhin klar, dass es angesichts der mangelnden Möglichkeit Österreichs, sich gegen eine Invasion seitens des Deutschen Reichs aus eigenen Kräften allein zu wehren, genötigt wäre, Hilfe in Anspruch zu nehmen. Diese sollte sich jedoch nicht bloß auf Italien beschränken. Auch die anderen Mächte sollten sich direkt und unmittelbar für die Aufrechterhaltung des territorialen Status quo in Mitteleuropa einsetzen. Schuschnigg sprach jedoch die Überzeugung aus, dass es derzeit zu einem solchen Versuch Deutschlands gar nicht kommen werde. Der Sinn von internationalen Pakten müsse es aber sein, keinen Zweifel zu lassen, dass die österreichische Frage als eine europäische Angelegenheit aufgefasst werde. Mussolini machte seinem bekannt monarchistischen Gesprächspartner deutlich, dass er die Restauration der Habsburger in Österreich unter Erzherzog Otto als die beste Sicherung der Unabhängigkeit des kleinen Landes an Donau und Alpen betrachte. Italien, so gab er zu, habe in dieser Frage seinen Standpunkt geändert und sei auch bereit, dies gelegentlich vor der Öffentlichkeit zu erklären. Allerdings komme kein Kaiserreich Österreich, sondern bloß ein Königtum in Frage.[497]

Die offensichtlich real keineswegs bestehende Einigkeit der drei Stresa-Mächte ermunterte Hitler, sein Spiel weiter zu treiben. Der Diktator erkannte, dass Mussolini bereits den Griff nach Abessinien im Auge hatte und es sich deswegen sicher nicht mit Deutschland verscherzen wollte. Gleichzeitig war der Unwille der westlichen Demokratien offenkundig, neuerlich einen großen Waffengang zu riskieren. London hatte mit seinem Empire wirtschaftlich und sozial andere Sorgen, Frankreich sehnte sich nach dem blutigen Ringen des Weltkriegs im eigenen Land lediglich nach Frieden. Paris sah sich darüber hinaus ohnehin außerstande, bloß gemeinsam mit der Sowjetunion vorzugehen, mit der man allerdings am 5. Mai einen Pakt unterzeichnet hatte, der Deutschland erneut einkreiste. Frankreich hatte nun ein wahres Netz von Verträgen um Deutschland herum gesponnen: mit der Sowjetunion und der Tschechoslowakei, mit Polen und der Kleinen Entente als Ganzes und nun auch noch mit Stresa. Doch dieses Netz sollte sich in letzter Konsequenz als leicht zerreißbar und dementsprechend wirkungslos erweisen. Allein schon deswegen, weil selbst London das französische System unterminierte. Großbritannien spielte Hitler in die Hände, indem es sich lieber auf eine Übereinkunft mit seinem potentiellen Gegner Deutschland als auf seine Partner von Stresa verließ.

Von Beginn an wollte sich Hitler nicht in ein Korsett der kollektiven internationalen Sicherheit hineinzwängen lassen. Er stellte dem bilaterale Abmachungen gegenüber. Die europäische Staatenwelt musste darauf reagieren; sie tat es damit, indem sie ebenfalls zum Mittel verschiedener Bündnisse griff oder es zumindest mit Absprachen versuchte. So konnte es Hitler jedenfalls als beträchtlichen Erfolg verbuchen, mit den Briten zu einem Abkommen über die Flottenstärke zu kommen und dadurch nicht bloß einen wichtigen Teil des Versailler Vertrages praktisch außer Kraft zu setzen, sondern auch die Gleichberechtigung Deutschlands formell anerkannt zu bekommen. Damit war zudem die Isolierung des Deutschen Reichs, die Stresa noch so deutlich gezeigt hatte, gebannt. Das bilaterale Abkommen vom 18. Juni 1935 setzte die Stärke der deutschen Flotte mit 35 Prozent jener des gesamten britischen Commonwealth fest. Bei den U-Booten durfte sie sogar 100 Prozent betragen, wenngleich man auch erklärte, dass in naher Zukunft lediglich 45 Prozent gebaut würden.[498]

Hitler konnte zufrieden sein. Der von deutschen wie britischen Berufsdiplomaten gleichermaßen als „hergelaufener Sekthändler“ abqualifizierte Joachim Ribbentrop hatte als Leiter der Delegation mit seiner Zähigkeit die Verhandlungen mit den Briten zu einem für Deutschland höchst befriedigenden Ergebnis geführt. Das Reich musste keine Gegenleistungen erbringen, und günstigere Größenverhältnisse, als die in dem Abkommen festgelegten, waren in absehbarer Zeit ohnedies nicht zu erreichen. Erleichtert konnte Hitler konstatieren, dass die Stresa-Front durch das deutsch-britische Abkommen erheblich gelockert war, denn Frankreich reagierte über das – ausgerechnet am Jahrestag der Schlacht von Waterloo abgeschlossene – bilaterale Abkommen verstimmt. Auch in Rom empfand man dieses Separatabkommen als Widerspruch zur von Großbritannien stets strapazierten Idee der kollektiven Sicherheit.

In Berlin feierte Hitler seinen Vasallen Ribbentrop als „größten Außenminister Deutschlands seit Otto von Bismarck". Im emotionalen Überschwang erhoffte sich der Diktator von dem Flottenabkommen den Auftakt zu einem neuen konstruktiven Verhältnis zwischen Großbritannien und Deutschland, das schlussendlich in eine regelrechte Allianz zwischen den beiden Mächten führen mochte. Selbst wenn Hitler den Tag des Abschlusses als „den glücklichsten seines Lebens" bezeichnete, sollte London keineswegs auf seine Wunschvorstellung eines gemeinsamen Bündnisses zwischen der Seemacht Großbritannien und der Kontinentalmacht Deutschland eingehen. Doch selbst wenn der Diktator seine Ziele in dem Flottenabkommen wiederzufinden glaubte, Europa ganz einfach dem Nationalsozialismus zu überlassen, daran dachte London keinesfalls. Das Foreign Office unter Außenminister Hoare und Unterstaatssekretär Vansittart strebte vielmehr die Rückkehr zur kollektiven Sicherheit und damit zur Beibehaltung des Friedens an, während Hitler und Ribbentrop mit einem definitiven deutsch-britischen Bündnis die Hegemonie in Europa und damit den Krieg planten.[499] Es sollte schließlich jedoch Mussolini sein, der aufgrund seiner Eroberungslust die Stresa-Front endgültig zum Einsturz brachte und sich daraufhin in weiterer Folge direkt in die Abhängigkeit von Hitler begab. Seine Initiativen der nächsten Monate trugen wesentlich dazu bei, die Allianz gegen den Nationalsozialismus letal zu schwächen.

# Die Anfänge der Achse

**1935 bis 1937**

Es war Mussolini, der gleichsam den Startschuss für den Beginn eines Jahrzehnts des Krieges und Terrors, der Verwüstung und Vertreibung gab. Hitler blieb dabei vorerst bloß interessierter Beobachter, doch fühlte er sich angesichts der vorsichtigen Haltung der Westmächte ermutigt, in weiterer Folge selbst daranzugehen, die Nachkriegsordnung mit allen Mitteln zu zerstören. Die Jahre 1935 bis 1945 wurden so zum katastrophalsten Dezennium der Menschheitsgeschichte. Es war bezeichnend für die Zielsetzung der beiden Diktatoren, dass die Achse Berlin–Rom gerade in einer Periode des zerbrechenden Friedens geschmiedet und zu Stahl wurde.

Seit der Machtergreifung Hitlers hatte sich Mussolini insgeheim unter Zugzwang gefühlt, seinem Volk und der Welt endlich ruhmreiche Taten auch außerhalb der Grenzen Italiens zu bieten. Der Duce hatte den Italienern die Freiheit genommen und war bislang aber nicht imstande gewesen, gleichsam als Entschädigung ein von der Welt respektiertes Imperium zu schaffen. Aus einer Position der Schwäche heraus musste er sich auf große Worte beschränken, sich jedoch der Politik des Völkerbundes und der beiden europäischen Westmächte fügen. Seit Mitte der zwanziger Jahre hatte es in Italien ernsthafte Überlegungen zur Errichtung eines Kolonialimperiums in Ostafrika gegeben. Tatsächlich waren Fragen des Rohstoffmangels, der schmalen Ernährungsgrundlage, der Arbeitslosigkeit und der Raumnot auf der Apenninenhalbinsel virulent. Die wirtschaftliche Abhängigkeit Italiens vom Ausland machte es im Kriegsfall leicht verwundbar. Die alten Kolonien Eritrea, Somaliland und Libyen waren zur Besiedlung weitgehend ungeeignet und von den Rohstoffen her unergiebig. Als einziges unabhängiges Land auf dem Schwarzen Kontinent lockte das unterentwickelte Abessinien als Absatzmarkt für italienische Produkte und darüber hinaus als Raum für neue Besiedelung und Hoffnungsgebiet zur Ausbeutung von Rohstoffen.[500]

Eine demokratische Regierung in Rom hätte wohl versucht, das Reich des Negus bloß wirtschaftlich zu dominieren. Der Diktator Mussolini aber sah die Möglichkeit, seinem Land ein Imperium zu schenken, und war darüber hinaus von dem Gedanken beseelt, die schmachvolle Niederlage von Adua, welche Negus Menelik dem Königreich 1896 zum Erstaunen der restlichen Welt bereitet hatte, zu tilgen. „Nein, auch wenn mir Abessinien auf einem silbernen Tablett gereicht würde, ich will es durch Krieg", soll der Duce einmal bemerkt haben. Freilich war Mussolini der Ansicht, dass es für einen Feldzug gegen Abessinien einer Situation bedurfte, in der die Westmächte Italien brauchten und sich eine nachhaltige Verstimmung Roms nicht leisten konnten.

Die nationalsozialistische Machtergreifung und die Wiederaufrüstung Deutschlands schienen eine solche Voraussetzung zu bieten. Am 8. Februar 1934 legte der Duce in einer Besprechung mit Suvich, De Bono und Generalstabschef Pietro Badoglio den Herbst des nächsten Jahres als geeigneten Beginn für die Expedition fest. Am 7. Mai wurde in einer anderen Militärkonferenz beschlossen, zumindest ein Armeekorps in der Stärke von drei Divisionen nach Eritrea zu schicken. Zu Jahresende hatte Mussolini für Badoglio einen streng geheimen Aktionsplan ausgearbeitet. „Das Problem der italienisch-abessinischen Beziehungen", so hieß es darin unter anderem, „muss mit Waffengewalt gelöst werden, [...] und zwar so schnell wie möglich, sobald unsere militärischen Vorbereitungen uns die Sicherheit des Sieges geben. [...] Das Ziel kann nur die Vernichtung der bewaffneten Streitkräfte [...] und die totale Eroberung Abessiniens sein. Ein Imperium lässt sich nicht anders schaffen. [...] Der militärische Apparat Deutschlands ist weit von dem Leistungsstandard entfernt, der es erlauben würde, kriegerische Initiativen zu entfalten. Hinzu kommen innerpolitische Gründe, die es Deutschland geraten erscheinen lassen, einige Zeit noch eine Politik des Friedens zu machen. [...] Niemand wird uns in Europa Schwierigkeiten bereiten, wenn durch den Verlauf der militärischen Operationen rasch vollendete Tatsachen geschaffen werden. [...] Hindernisse von Seiten des Völkerbundes stehen nicht zu erwarten, und wenn, (nur) solche, die uns nicht hindern können, das Unternehmen bis zum Ende durchzuführen. [...] Da unsere Vorbereitungen [...] im Herbst 1935 beendet sein werden, muss die Politik alle Zwischenfälle vermeiden, die den Konflikt verfrüht heraufbeschwören würden."[501]

Abessinien war – bis auf Liberia – das einzige Land Afrikas, das nicht unter der Herrschaft einer europäischen Kolonialmacht stand. Es war altes italienisches Interessengebiet, und der faschistische Diktator hoffte, dass die am Schwarzen Kontinent saturierten Großbritannien und Frankreich, die Italien noch dazu in ihrer Front gegen Hitler benötigten, ihm den Griff nach Abessinien nicht verwehren würden. Am 5. Dezember 1934 waren bei Wal Wal Kämpfe zwischen abessinischen und italienischen Truppen um den Besitz einer Oase ausgebrochen. Der an sich unbedeutende Zwischenfall rief jedoch Mussolini auf den Plan, in Abessinien einen Feldzug zu riskieren, den er ohnedies schon seit geraumer Zeit erwogen hatte.

Bei seinem Besuch in Rom soll Laval im Januar 1935, so behauptete jedenfalls Mussolini in weiterer Folge steif und fest, ihm seine Zustimmung gegeben haben, Abessinien zu erobern. Damit von der Öffentlichkeit konfrontiert, wollte Laval aber von einer solchen Konzession nichts wissen und betonte, lediglich von einer wirtschaftlichen Durchdringung des afrikanischen Landes durch Italien gesprochen zu haben. Von Grandi hatte Mussolini zwar aus London erfahren, dass die britische Öffentlichkeit gegen jeden italienischen Eroberungsversuch Stellung beziehe und ein solcher auch die Zusammenarbeit mit dem Empire ernsthaft gefährden würde, doch in Stresa war von Abessinien nicht die Rede gewesen, obwohl die italienischen Vorbereitungen bereits offenkundig waren. Bereits am 7. Januar 1935 war De Bono als designierter Kommandant des Feldzuges nach Ostafrika aufgebrochen. In weiterer Folge transferierte Italien mit Schiffen seine Truppen durch den Suezkanal nach Eritrea und Somaliland. Bis zum Beginn des Krieges sollten acht Divisionen in Ostafrika bereit stehen. Das waren etwa 250.000 Mann, von denen ungefähr ein Fünftel in Afrika ausgehoben worden war.

Das Zeitalter der Eroberungen von Kolonien war allerdings vorbei. Überrascht musste Mussolini konstatieren, dass ausgerechnet Großbritannien, das mit Deutschland das so umstrittene Flottenübereinkommen getroffen hatte, offenkundig nicht bereit war, Italiens Vorgehen gegen Abessinien stillschweigend zu tolerieren. Die Öffentlichkeit in Großbritannien zeigte sich über die italienische Aktion empört. Dabei übersah sie wohl, dass in dem unterentwickelten Reich von Kaiser Haile Selassie noch teilweise Sklaverei herrschte und ein Festsetzen Italiens in Abessinien nicht unbedingt die Interessen des Empires tangieren musste. Aber Großbritannien stand in einem Wahljahr. Die Regierung in London sah sich gezwungen, auf den Urnengang im Herbst Rücksicht zu nehmen und auch seine Politik danach auszurichten. Haile Selassie schaltete angesichts der italienischen Bedrohung den Völkerbund in Genf ein. Der Konflikt dieser von den beiden großen westlichen Demokratien beherrschten Institution für die kollektive Sicherheit mit Italien nahm so seinen Lauf, schließlich war Abessinien Völkerbundmitglied.

Frankreich bemühte sich allerdings, einen ernsten Konflikt zwischen den Stresa-Pakt-Staaten zu vermeiden. Zweifellos brach Italien zwar mit einem Angriff auf Abessinien die Satzung des Völkerbundes. Für die französische Regierung war der Völkerbund hinsichtlich der öffentlichen Meinung ihres Landes von geringerer Wichtigkeit – außer, wenn man ihn gegen Deutschland einsetzen konnte. Laval hoffte, Mussolinis Forderungen könnten auch ohne Krieg entsprochen werden. Aber Paris hatte wiederum auf das enge Verhältnis zu Großbritannien Rücksicht zu nehmen, und dieses wog schwerer als die erst kürzlich erzielte Verständigung mit

Italien, obgleich etwa die französische Rechte unter Charles Maurras Italiens Expansionsbestrebungen dezidiert verteidigte.

Mussolini verschwendete jedoch keinen Gedanken, seinen Feldzug in Ostafrika wieder abzublasen. Im Mai erklärte er dem österreichischen Verbündeten, dass in Abessinien nun „unter allen Umständen Ordnung gemacht werden müsse und Italien nicht zurückweichen werde". Italien benötige die Herstellung eines erträglichen Verhältnisses in Afrika, um freien Rücken für seine Europapolitik zu haben.[502] Die Lage Italiens in Ostafrika sei derart prekär, dass sie so nicht bestehen bleiben könne. Italien werde sich genau merken, so versicherte der Duce wiederum dem deutschen Botschafter in Rom, Ulrich von Hassell, gegenüber, wie sich die einzelnen Staaten in der abessinischen Frage verhielten. Für Mitteleuropa strebe er das Projekt des Donaupakts als Friedensinstrument an und wünsche dabei die Beteiligung Deutschlands auf das Lebhafteste. Mussolini gab an, auf dem Wege des Donaupakts auch wieder ein Vertrauensverhältnis mit dem Reich herzustellen. Österreich sei der einzige wunde Punkt zwischen Rom und Berlin. Gelinge es, ihn durch diesen Nichteinmischungs- und Nichtangriffspakt auszuschalten, so wäre dann die Bahn wieder frei für eine „Zusammenarbeit in altem Sinne".[503]

In Berlin sah der nationalsozialistische Diktator – von seinem Botschafter in Rom nachhaltig ermutigt – die Chance, Italien für sich zu gewinnen. Bereits Anfang 1935 hatte Hitler auf einer Geheimkonferenz in Berlin die Führer der österreichischen Nationalsozialisten instruiert, sich absolut ruhig zu verhalten, da die Anschlussfrage lediglich durch die Außenpolitik gelöst werden könne. In seiner Rede vor dem Reichstag am 21. Mai machte er nun den Italienern den Gefallen und erklärte, die Unabhängigkeit Österreichs respektieren zu wollen: „Deutschland hat weder die Absicht noch den Willen, sich in die inneren österreichischen Verhältnisse einzumengen, Österreich etwa zu annektieren oder anzuschließen [...] Die deutsche Regierung bedauert die durch den Konflikt mit Österreich bedingte Spannung um so mehr, als dadurch eine Störung unseres früher so guten Verhältnisses zu Italien eingetreten ist, einem Staat, mit dem wir sonst keinerlei Interessengegensätze besitzen."[504] Mussolini wertete Hitlers Reichstagsrede als „wesentlichen Fortschritt" auf dem Weg zur deutsch-italienischen Verständigung. Hassell gegenüber gab er sich selbstbewusst und betonte einmal mehr, dass sich Italien von seinem Ziel der Eliminierung Abessiniens als militärische Macht durch nichts in der Welt abbringen lassen werde.[505]

Das Eis zwischen den beiden Diktatoren sollte wieder tauen. Hitler machte aber eine Annäherung zwischen Deutschland und Italien von der Abberufung des ihm nicht genehmen Vittorio Cerruti als italienischem Botschafter in Berlin abhängig. Der Duce reagierte nur teilweise im Sinne Hitlers, indem er den eigenständigen Diplomaten – durchaus in dessen Willen – als Botschafter nach Paris entsandte, wo er seiner Abneigung gegenüber dem nationalsozialistischen Regime endlich freien Lauf lassen konnte. Neuer Botschafter in Berlin wurde Bernardo Attolico. Der bisherige italienische Missionschef in Moskau war ein besonnener, professoral wirkender und stets sehr gut informierter Diplomat. Obwohl er zu Beginn der zwanziger Jahre den Posten des Völkerbundkommissars in Danzig bekleidet hatte, war er nicht der deutschen Sprache mächtig und sollte sie auch in seinen Jahren in der Reichshauptstadt nicht erlernen. Der bekannt gute Beobachter der politischen Szene erhielt von Mussolini den Auftrag, für eine Verbesserung des italienisch-deutschen Verhältnisses zu sorgen und gleichzeitig besonders auf die Reaktionen Berlins zum Abessinienkonflikt zu achten.[506]

Im Juni reiste Anthony Eden nach Rom, um Mussolini hinsichtlich des Feldzuges in Ostafrika doch noch umzustimmen. Allein der Diktator war bereits mit seinen kostspieligen militärischen Vorbereitungen zu weit gegangen, um noch einen wenig befriedigenden Kompromiss einzugehen. Weder wollte er Großbritannien in der Beschützerrolle Abessiniens dulden noch eine Abtretung ostafrikanischen Gebiets durch die Vermittlung Dritter annehmen.[507] Die Beziehungen zwischen Rom und London verschlechterten sich durch Pressekampagnen weiter. Gegenüber dem österreichischen Gesandten sprach der Duce sogar davon, dass es nicht ausgeschlossen wäre, „dass es schon diesmal zur Explosion komme und die Beziehungen zwischen Italien und England eine katastrophale Entwicklung nähmen. [...] England hätte zu lange nicht an den Ernst Italiens glauben wollen, inzwischen seien die Vorbereitungen Italiens so weit gediehen, dass es nicht mehr zurück könne. Ohne Krieg ginge es jetzt auch dann nicht mehr ab, wenn England doch noch zur Vernunft käme, denn der abessinische Kaiser würde sich nicht mehr fügen. Er weiche aber nicht und werde über alle hinwegschreiten, die sich ihm entgegenstellen."[508] Auf den deutschen Botschafter hinterließ Mussolini einen „ungewöhnlich ernsten, fast erbitterten Eindruck", zeigte sich jedoch gleichzeitig fest entschlossen. Die Stunde der Entscheidung, so meinte der Duce, schlage bei der Tagung des Völkerbundrates Anfang September. Nur wenn man dabei Italien alles gebe, was es verlange, sei ein Krieg zu vermeiden. Dies hielt er jedoch für unwahrscheinlich. Für eine Kompromisslösung sei es zu spät. Die Standfestigkeit der deutschen Neutralität – und mehr wünsche er gar nicht – begrüßte der Duce lebhaft und wies einmal mehr darauf hin, dass sich dies sehr günstig auf das gemeinsame Verhältnis auswirken könne.[509]

Der Abessinienfeldzug ließ die Stresa-Front auseinanderbrechen. Mussolini war entschlossen, das Abenteuer zu riskieren. So schlug er alle im Sommer und Herbst 1935 in Paris und Genf ausgearbeiteten Vermittlungsvorschläge aus. Während Italien laufend Truppen nach Ostafrika transferierte, schickte das Empire seit Anfang September seine Home Fleet ins Mittelmeer und verstärkte seine Truppen in Ägypten. Die öffentliche Meinung in Italien reagierte auf diese Maßnahme mit Hysterie und stellte sogar einen Präventivkrieg in Aussicht. Doch dies waren bloß Drohgebärden. London war in Wirklichkeit keineswegs bereit, einen Krieg zu wagen. Mussolini war sich dessen bewusst, befand er sich doch im Besitz verlässlicher Informationen.

Hitler beobachtete die internationale Lage mit Interesse und Distanz. Dank der Eroberungslust des Duce hatte sich die außenpolitische Konstellation für Deutschland eindeutig verbessert. Da er die Annäherung an das faschistische Italien suchte, es sich aber gleichzeitig mit Großbritannien nicht verscherzen wollte, wählte er in dem Konflikt vorerst strikte Neutralität. Das bedeutete auch, dass keine der beiden Kriegsparteien vom Dritten Reich mehr Waffen erhielt. Hitler war selbstverständlich nicht daran gelegen, dass die angedrohten Völkerbundsanktionen gegen Italien Erfolg zeitigten, denn schließlich konnte Deutschland doch schon bald in eine ähnliche Lage geraten. Beim Abschluss der Herbstmanöver erklärte er vor den versammelten Offizieren, sich an den antiitalienischen Maßnahmen nicht zu beteiligen, ja, er wünschte Mussolini vielmehr „vollen Erfolg".[510]

Die Faschisten mobilisierten die Massen. Millionen Italiener versammelten sich überall im ganzen Land, um die Kriegsproklamation des Duce am 2. Oktober 1935 zu vernehmen. Mit allem Pathos klagte Mussolini die Westmächte und den Völkerbund an, sich in einer „Verschwörung von 52 Staaten" gegen die berechtigten Ansprüche Italiens zu stellen und dieses von seinem so sehr ersehnten Platz an der Sonne wieder verdrängen zu wollen. „Den wirtschaftlichen Sanktionen werden wir unsere Disziplin entgegenstellen, unsere Mäßigkeit, unseren Opfergeist. Auf militärische Sanktionen werden wir mit militärischen Maßnahmen antworten. Auf

Im abessinischen Feldzug wollte der Duce auch seine vergleichsweise moderne Armee erprobt sehen.

Kriegshandlungen werden wir mit Kriegshandlungen antworten. Keiner von uns denkt daran, sich zu beugen, ohne zuvor hart gekämpft zu haben. Ein Volk, das für seine Ehre einsteht, kann nicht so reden und anders handeln."[511]

Es waren „ernste Tage" für den faschistischen Diktator. Er könne nicht an einen Krieg mit Großbritannien glauben, so äußerte sich Mussolini gegenüber dem österreichischen Gesandten, „aber die Maßnahmen, die eine um die andere ergriffen würden, könnten so leicht eine Situation schaffen, aus der es keinen Ausweg als den Krieg gebe. Komme es zu einem bewaffneten Konflikt mit dem Empire und greife Deutschland Österreich an, so müsste wiederum auch die Tschechoslowakei im eigenen Interesse intervenieren, „was den allgemeinen Krieg nach sich ziehen würde."[512] In einem Gespräch mit von Hassell gab er sich ebenfalls äußerst besorgt, da er mit britischen Sanktionen rechnete. Aufgebracht legte er dem deutschen Botschafter den „Wahnsinn derjenigen Kräfte" dar, die, selbst altersschwach, sich einer aufstrebenden Nation widersetzten, dem Bolschewismus in die Hände arbeiten und den Untergang des Abendlandes herbeiführen würden.[513]

Italien griff Abessinien ohne formale Kriegserklärung an und setzte dabei seine vergleichsweise moderne Armee gegen einen hoffnungslos unterlegenen Gegner ein. Europa zeigte sich uneinig. Die Schließung des Suezkanals oder ein Erdölembargo hätten nicht bloß das Ende der italienischen Expedition, sondern vor allem auch Mussolinis eigenen Sturz bedeutet. Doch zu solchen Maßnahmen wollten weder die Westmächte noch der Völkerbund greifen. So entschloss man sich am 7. Oktober bloß zu Wirtschaftssanktionen, die Italien zwar beträchtliche ökonomische Schwierigkeiten bereiteten, aber letztlich nicht ausreichten, um es an seinem schlussendlich siegreichen Feldzug zu hindern. Den Briten ging es bei den Sanktionen gegen Italien einerseits darum, Mussolini auf der Seite der Westmächte zu halten und andererseits beim Völkerbund eine Einheitsfront zu schaffen, um Deutschland für die Zukunft vor einer Aggression abzuschrecken. Die Franzosen wiederum versuchten, so drückte es auch Laval aus, „Klugheit und Grundsätze miteinander in Einklang zu bringen". Daher drängte Paris darauf, militärische Maßnahmen wie eine Seeblockade oder die Schließung des Suezkanals auszuschließen. Frankreich wurde nicht müde, Mussolini zu erklären, der Politik von Stresa treu zu bleiben, so dass sich der Duce davon noch ein weiteres Unterminieren der Völkerbundsanktionen erhoffte.

Londons Parole lautete schlicht: „Alle Sanktionen außer Krieg." Damit versuchte es freilich nicht einmal, Italien mit Nachdruck einzuschüchtern. Frankreich wiederum wollte ohnedies nur eine härtere Gangart gegenüber Italien einschlagen, wenn Großbritannien den zu erwartenden Wegfall Italiens aus der antideutschen Front ausgleichen würde. Dazu war London jedoch nicht willens. Mussolini lockte Paris wiederum mit dem Vorschlag einer offenen Allianz und drohte den westlichen Demokratien gleichzeitig mit einer Neuorientierung der italienischen Außenpolitik nach Deutschland.[514] Das Verhältnis zwischen Großbritannien und Frankreich erfuhr zudem durch das Bekanntwerden einer geheimen Absprache zwischen den beiden Außenministern Samuel Hoare und Pierre Laval, wonach Italien immerhin zwei Drittel des abessinischen Territoriums zugestanden werden sollte, eine spürbare Belastung. Der Völkerbund erwies sich einmal mehr als machtloses Instrument der internationalen Staatengemeinschaft.

Die Zeichen für den Diktator in Berlin standen ausgesprochen günstig, die allgemeine Krise in Europa für seine Zwecke auszunützen und die Isolation Deutschlands zu beenden. Hitler musste nun zwischen Italien und Großbritannien wählen, die er ursprünglich beide als befreundete Staaten in seiner außenpolitischen Strategie vorgesehen hatte. Nach anfänglich neutraler Haltung entschied er sich schlussendlich für Mussolini, denn während er mit London bereits wenige Monate zuvor einen Vertrag abgeschlossen hatte, bedurften die Beziehungen zu Rom ohnedies einer Intensivierung. Deutschland lieferte Italien nun Kohle und andere Rohstoffe, obgleich es noch im Sommer desselben Jahres Abessinien Kriegsmaterial zukommen hatte lassen.

Die Generalstäbe der europäischen Großmächte rechneten mit einer längeren Dauer des Abessinienfeldzugs. Tatsächlich geriet der italienische Vormarsch nach anfänglichem kampflosen Gebietsgewinn Ende Oktober ins Stocken. Nachschubprobleme machten dem Angreifer zu schaffen. Zwischen der von Starace geführten „Colonna celere", der faschistischen Miliz, und der regulären Armee kam es zu unübersehbaren Spannungen. Nach schwerwiegenden Meinungsverschiedenheiten über seine Strategie sah sich Mussolini gezwungen, den Oberbefehlshaber der Nordfront, De Bono, am 15. November durch Badoglio zu ersetzen. Dieser Wechsel schien jedoch vorerst keinerlei Erfolg zu bringen. Es hatte sich gezeigt, dass die italienischen Streitkräfte zu wenig vorbereitet in den Krieg geschickt worden waren. Natürlich trug Mussolini dafür die Verantwortung. Innerhalb der faschistischen Führung wuchs die Kritik am gleichermaßen unprofessionellen wie autokratischen Stil des Duce, der zwischen Passivität und unkontrollierter Aktivität schwankte. Es gehörte aber auch zum schauspielerischen Repertoire Mussolinis, sich nach außen hin betont optimistisch und gelassen zu geben, obwohl auch ihn bereits schwere Zweifel beschlichen.[515]

Ein Mann nutzte die Schwierigkeiten Mussolinis aus, um sich mit Nachdruck ins Spiel um die Leitung des Außenministeriums zu bringen: Galeazzo Ciano. Der Schwiegersohn des Duce wetterte dabei nicht bloß gegen Suvich und andere Beamte im Palazzo Chigi, denen er zu geringe Regimetreue vorwarf; gemeinsam mit seinem Stellvertreter Dino Alfieri befürwortete der junge Propagandaminister auch mit Nachdruck einen Kurswechsel der römischen Außenpolitik, weg von Frankreich, das Italien verraten habe, und hin zu Deutschland. Ciano setzte auch alles daran, um sich das Image des faschistischen Kämpfers zu geben. Ein gefälschter Ausweis als Mitglied der „squadra disperata" und ein ebenfalls falsches Abzeichen des

„fascista antemarcia" sollten ihn, den 32-jährigen Salonlöwen vom Makel eines jungen Karrieristen befreien, der nicht zu den Männern der ersten Stunde gehört hatte. Um seine Schneidigkeit unter Beweis zu stellen, nahm er selbst am abessinischen Feldzug teil. Während sich die Verantwortlichen im Außenministerium wie Suvich, Pompeo Aloisi oder Raffaele Guariglia von Beginn an über das Abessinienabenteuer besorgt gezeigt hatten und eine baldige Aussöhnung und neuerliche Zusammenarbeit mit den Westmächten anstrebten, suchte der ehrgeizige Ciano, sich seinem Schwiegervater mit Elan und kämpferischen Tugenden zu empfehlen und ihn für eine Hinwendung zum dynamischen und ideologisch verwandten Dritten Reich zu gewinnen.[516]

Der Abessinienfeldzug durfte für Mussolini unter keinen Umständen mit einem Debakel enden. Eine Wiederholung der Ereignisse von Adua hätte der Duce politisch nicht überlebt. So wurden alle Möglichkeiten eingesetzt, den Sieg zu erringen. Der Diktator drängte unaufhörlich zur Offensive. Die Kriegführung war faschistisch geprägt und wurde damit immer brutaler. Selbst vor der Verwendung von Giftgas schreckte man nicht zurück. Dörfer wurden zerstört und an der einheimischen Bevölkerung Terror ausgeübt. Die beiden Söhne Mussolinis, Vittorio und Bruno, brüsteten sich, von ihren Flugzeugen aus auf die Bewohner wahre Treibjagden zu veranstalten und Tausende durch Brandbomben und MG-Feuer zu töten. Badoglios Armee stand im Norden, die Truppen des libyenerfahrenen Grazianis im Süden, und seit Mitte Januar ging es wieder vorwärts.

Am 5. Mai 1936 eroberten die Italiener Addis Abeba. Der Negus floh ins Ausland. Das siegreiche Ende des Abessinienkriegs stärkte naturgemäß Mussolinis Selbstvertrauen und nährte seine Auffassung, dass die westliche Welt dekadent und verweichlicht, der Faschismus der Demokratie überlegen war. Die Luftwaffe unter Italo Balbo wurde zum Stolz Italiens, und man glaubte, mit ihr auch die britische Seeherrschaft im Mittelmeer brechen zu können. Am Abend des 9. Mai verkündete Mussolini vom Balkon des Palazzo Venezia vor einer gewaltigen, im blinden Siegestaumel befindlichen Menschenmenge: „Endlich hat Italien sein Imperium. Ein faschistisches Imperium, denn es trägt die unzerstörbaren Merkmale des Willens und der Macht des römischen Rutenbündels."[517] Es gab keinerlei Friedensverhandlungen, keine Einsetzung auch einer nur scheinbar selbstständigen einheimischen Regierung, das Land wurde einfach annektiert und dem Völkerbund ein fataler Schlag versetzt, der sodann auch Hitler zu neuen Abenteuern ermutigen sollte. Die letztlich sinnlosen Sanktionen des Völkerbundes wurden schließlich am 15. Juni offiziell aufgehoben.

Schon bevor Italien in Abessinien gesiegt hatte, sah sich Europa mit einem Fait accompli Hitlers konfrontiert. Zu Beginn des Jahres 1936 gab sich der nationalsozialistische Diktator keinerlei Illusionen hin, dass Deutschland nach dem Dollfuß-Mord neuerlich so gut wie völlig isoliert war. Durch einen Zusammenbruch des

Faschismus in Italien drohte diese Isolierung auch noch einen moralischen Charakter anzunehmen, und dies wünschte der deutsche Diktator naturgemäß keinesfalls. Daher sollte alles getan werden, um zu vermeiden, dass sich die „mannigfache Gegnerschaft der Welt gegen das autoritäre Regierungssystem" auf das Dritte Reich allein konzentrierte. Das faschistische Italien musste gestützt werden, und Hitler schien dafür die Beibehaltung der wohlwollenden Neutralität Deutschlands das geeignete Mittel hierfür. Auch wollte er wieder das gemeinsame Vertrauensverhältnis wiederhergestellt sehen. In solchen Fragen sollte keine Gefühlspolitik betrieben werden. Deshalb beabsichtigte er, einen Schlussstrich unter die Ereignisse des Jahres 1934 rund um Österreich zu ziehen.[518]

In Rom sah sich Mussolini vom Völkerbund, den er mittlerweile als Instrument westlicher Demokratie und Freimaurerei betrachtete, herausgefordert. Durch seinen Konflikt mit den Westmächten in der Abessinienfrage verlagerte der Duce das Hauptinteresse Italiens vom Donauraum ins Mittelmeer und nach Afrika. Zur Besserung des deutsch-italienischen Verhältnisses wollte er deshalb auch den einzigen Streitfall aus dem Weg geräumt wissen: Mussolini ließ Österreich fallen. Hassell schlug er vor, „dass Berlin und Wien ihr Verhältnis auf Basis österreichischer Unabhängigkeit selbst in Ordnung bringen, z. B. in Gestalt eines Freundschaftsvertrags mit Nichtangriffspakt, der Österreich praktisch ins Kielwasser Deutschlands bringen würde, so dass es keine andere Außenpolitik als eine parallel zu Deutschland treiben könne." Wenn Österreich demgemäß als formal selbstständiger Staat praktisch zum Satelliten Deutschlands würde, hätte er dagegen nichts einzuwenden. Damit könne zudem verhindert werden, dass sich Österreich, das langsam an Italiens Fähigkeiten, es zu verteidigen, zu zweifeln beginne, an Frankreich und die Tschechoslowakei annähere. Allein Hitler hielt diesen Weg einer Verständigung mit Österreich für ungeeignet und wollte dementsprechend auf diese Anregung auch nicht weiter eingehen.[519]

Für Mussolini war die internationale Isolierung Italiens eine neue, höchst negative Erfahrung. Er zürnte seinen bisherigen Partnern und wechselte auf die andere Seite. Zornig wandte er sich nun von den Westmächten ab und suchte die Zusammenarbeit mit dem Diktator in Berlin. Seine Avancen waren nicht mehr zu übersehen. Gegenüber dem Sonderberichterstatter des „Völkischen Beobachters", SS-Hauptsturmführer Roland Strunk, bezeichnete sich Mussolini als Freund Hitlers und pries den nationalsozialistischen Diktator als „einen großen Mann" und „wirklichen Führer". Auch sprach der Duce von einer Schicksalsgemeinschaft zwischen Italien und Deutschland, die immer stärker werde. „Eines Tages treffen wir uns, ob wir wollen oder nicht! Aber wir wollen! Weil wir müssen."[520]

In Berlin plante Hitler bereits seinen nächsten Coup: den Einmarsch ins entmilitarisierte Rheinland. Die Verträge von Versailles und Locarno hatten vorgesehen, dass Deutschland Militär und dazugehöriges Material bis weitestens einer Linie 50 Kilometer östlich des Rheins stationieren durfte. Seit der Machtergreifung des Nationalsozialismus mussten die Westmächte allerdings mit einer Remilitarisierung des Rheinlandes rechnen. Dem britischen Botschafter gegenüber bedauerte Hitler so etwa in einem Gespräch, die entmilitarisierte Zone nicht schon mit der Einführung der allgemeinen Wehrpflicht abgeschafft zu haben; dies war Mitte Dezember 1935. Zu dieser Zeit besprach er mit seinen Militärs auch bereits die Frage mit all ihren Konsequenzen.[521]

Hitler erwartete sich für die deutsche Anerkennung der Annexion Abessiniens von Italien beim Einmarsch ins Rheinland eine entsprechende Gegenleistung. Mussolini konnte dann nicht mehr zur Stresa-Front zurückkehren. Italiens Schwierigkeiten mit seinen westlichen Partnern, das Bündnis zwischen Paris und Moskau, das – am 27. Februar von der französischen Kammer ratifiziert – in Berlin als mit Locarno unvereinbar dargestellt wurde, all dies half Hitler, der nun hoffte, den isolierten Mussolini zu einer Kündigung des Locarno-Pakts bringen zu können. Im Januar 1936 erklärte der Duce dann auch öffentlich, dass die Äußerungen in London und Paris über eine mögliche militärische Operation der Westmächte im Mittelmeer gegen Italien das Gleichgewicht von Locarno zerstört hätten, und eine solche Aktion nur zum Auseinanderbrechen des dort geschlossenen Pakts führen könnte.[522]

Die internationale Lage gestaltete sich für den geplanten Streich im Rheinland günstig. Nicht nur, dass Italien in offener Frontstellung gegen die Westmächte stand, auch hatte der Abessinienkrieg letztlich Frankreich und Großbritannien auseinandergebracht. Hitler erkannte, dass Frankreich keineswegs die Absicht hatte, wegen des Rheinlandes einen Krieg zu entfachen, ja, dass Paris sich sogar mit der Remilitarisierung bereits abgefunden hatte; offen mochte wohl nur mehr der Zeitpunkt der Aktion sein. Die französische Presse lehnte praktisch einhellig eine militärische Intervention im Rheinland ab. Aus dem Gefühl der eigenen Schwäche heraus wollte man von einem neuerlichen Waffengang nichts wissen und beklagte stattdessen die fehlende britische Unterstützung. Hitler besprach sich mit seinen politischen, diplomatischen und militärischen Experten, von denen sich Ribbentrop und Blomberg für einen baldigen Coup, Neurath, Fritsch und Beck allerdings dagegen aussprachen. Alle rieten Hitler zu einem vorsichtigen Vorgehen, und selbst der Diktator war noch Ende Februar unentschlossen, bis er schließlich am 2. März den von Göring angeführten Spitzen der Wehrmacht mitteilte, sich für die riskante Aktion entschieden zu haben.[523]

Am 7. März 1936 hielt Hitler eine bejubelte Reichstagsrede. In ihr verkündete er die Wiederherstellung der „vollen und uneingeschränkten Souveränität des Reiches in der entmilitarisierten Zone des Rheinlandes" und machte Vorschläge zur „europäischen Friedenssicherung", von denen er wusste, dass sie das Ausland ohnedies nicht akzeptieren würde: ein Nichtangriffspakt mit Belgien und Frankreich, die Entmilitarisierung auf beiden Seiten der gemeinsamen Grenze, ein Luftpakt, ein Nichtangriffsabkommen mit den östlichen Nachbarn und die Rückkehr des Deutschen Reiches in den Völkerbund.[524] Zur gleichen Zeit, als Hitler seine Rede in der Krolloper hielt, erreichten die Truppen der Wehrmacht unter dem frenetischen Beifall der Bevölkerung die Hohenzollernbrücke in Köln. Der Coup, der möglicherweise durch eine einzige französische Division zunichte gemacht werden hätte können, gelang reibungslos.

Der Termin des Einmarsches war für die europäischen Staatskanzleien überraschend gekommen. Lediglich in Rom gelang es dem deutschen Botschafter, Mussolini noch gerade rechtzeitig zu informieren und damit eine neuerliche Krise zwischen den beiden Diktaturen abzuwenden. Der Duce zeigte sich von Hassell gegenüber entsetzt, freilich nicht über das Vabanquespiel Hitlers, sondern über die Konzessionen, die das Reich zu machen bereit war. Deutschland, so äußerte sich der Duce, sei mit seinen Sicherheitsangeboten zu weit gegangen. Die Erklärung Berlins bedeute gar einen Wendepunkt in der europäischen Politik, durch die Großbritannien und Frankreich wieder versuchen könnten, ihr System auszubauen. Den geäußerten Gedanken, eventuell wieder in den Völkerbund einzutreten, empfand der Duce als ein Ihm-in-den-Rücken-Fallen in seiner schwierigen Situation. Italien sei damit die Waffe aus der Hand geschlagen, und sein Hauptargument im politischen Kampf, die Drohung des Austritts aus dem Völkerbund, habe damit jeden Wert verloren. Auch das Angebot eines Nichtangriffspakts an die Tschechoslowakei missfiel ihm grundlegend, da man sich gegenüber einem anderen Staat nicht derart festlegen dürfe.[525]

Hitler aber zeigte sich nach der großen nervlichen Anspannung während der militärischen Operation der ersten beiden Tage überaus erleichtert, dass alles so glatt abgelaufen war. Bei all seinen Überlegungen war er sich darüber völlig im Klaren gewesen, dass die Wehrmacht einem französischen Einmarsch ins Rheinland nicht lange hätte Paroli bieten können und diese Schmach ihm eine gewaltige politische Niederlage eingetragen hätte. Aber Frankreich hatte sich eben völlig dem Defensivgedanken verschrieben. Trotz einer nach wie vor bestehenden deutlichen Überlegenheit fürchtete man Deutschland bereits erneut. Großbritannien dachte wiederum nicht daran, bloß wegen seiner Garantieerklärung von Locarno in den Krieg zu ziehen; noch dazu, wo doch die Deutschen nur ihr eigenes Gebiet besetzten.

So erlebte Hitler einen neuerlichen Triumph, der ihn in Euphorie versetzte und sein Selbstbewusstsein nur noch steigerte. Seine Meinung über die Westmächte traf sich mit der Mussolinis: Großbritannien und Frankreich befanden sich am absteigenden Ast. Sie zehrten bloß mehr vom Ruhm vergangener Tage, besaßen aber mittlerweile keinen Staatsmann von Format mehr. Die Siegermächte des Ersten Weltkriegs – so dachten beide Diktatoren – waren mit dem Pazifismus infiziert und durch die Demokratie verweichlicht. Juden, Farbige aus den Kolonien, Kommunisten, Sozialdemokraten, Intellektuelle hatten seiner Ansicht nach ihre Minen unter das Staatsgefüge der beiden europäischen Großmächte gelegt und sie entscheidend geschwächt. Großbritannien und Frankreich waren nur mehr ein Schatten von einst. Die Zukunft gehörte diktatorisch geführten Staaten, gehörte Männern der Tat, so wie der Duce und er es waren.

Die deutsche Nation jubelte ihrem „Führer" zu. Aufs Neue hatte er es den arroganten Siegern des Ersten Weltkriegs, den Diktatoren des Schmachfriedens von Versailles, gezeigt und dem Reich wieder seine Souveränität gegeben. Die Remilitarisierung des Rheinlands bedeutete auch das Ende einer Diskriminierung. Dem Recht auf nationale Selbstverteidigung und Gleichberechtigung wurde Geltung verschafft, schließlich handelte es sich um deutschen Boden. Das Ergebnis der Neuwahlen am 29. März war dementsprechend eindeutig: 98,9 Prozent votierten für Hitlers Liste. Seine Stellung war enorm gefestigt, das Volk stand offensichtlich hinter ihm. Unterstützung kam auch aus Rom. Vier Tage nach der Wahl ließ ihm der Duce ausrichten, dass Italien bei einer Konferenz der Locarno-Mächte keiner Maßnahme gegen Deutschland zustimmen werde.[526]

Mussolini hatte die Beschützerrolle für Österreich im Wesentlichen aufgegeben. Bei der sich anbahnenden Zusammenarbeit der beiden Diktatoren durfte das kleine Land an Donau und Alpen nicht im Weg stehen. Zudem war er durch den Kampf seiner kleinen Tochter Anna Maria mit der Kinderlähmung, von der sich das stramme Mädchen nur mühsam erholte, abgelenkt. Beim Treffen mit Bundeskanzler Schuschnigg am 5. Juni in Rocca delle Caminate versicherte der Duce dem Regierungschef aus Wien daher auch ausdrücklich, einen Modus Vivendi zwischen Deutschland und Österreich zu begrüßen, wenn dieser die Beziehungen der Alpenrepublik zu Italien nicht verändere. Der Diktator machte Schuschnigg unumwunden klar, dass Rom und Berlin ins Gespräch zu kommen suchten. Beide Staaten würden sich zwar freundlich gegenüberstehen, doch glaube er nicht, dass über diese gegenwärtig bestehende Etappe der beiderseitigen Beziehungen hinausgegangen werden könne. Eine Verbesserung des Verhältnisses Italiens zu Frankreich hielt er schlichtweg für aussichtslos, während zu Großbritannien eine gewisse Entspannung eingetreten sei. Für Österreichs Selbstständigkeit sei die Etablierung einer Monarchie die einzig mögliche und wirkliche Lösung.[527]

Die Zeichen, dass Mussolini in Richtung Deutschland steuerte, waren nicht zu übersehen. Für den neuen Kurs führte er auch Umbesetzungen im Palazzo Chigi durch. Am 9. Juni 1936 machte er Ciano zum neuen Außenminister und Giuseppe Bastianini zu dessen Unterstaatssekretär. Filippo Anfuso wurde Kabinettschef, Dino Alfieri bekleidete fortan das Amt des Propagandaministers. Galeazzo Ciano wurde mit 34 Jahren jüngster Außenminister Europas. Schon mit 17 Jahren hatte er der faschistischen Bewegung angehört. Nach seiner diplomatischen Karriere, die ihn nach Buenos Aires, Rio de Janeiro, an den Heiligen Stuhl, nach Shanghai und Peking führte, leitete er das Presseamt des Regierungschefs und übernahm im Anschluss daran das neu geschaffene Propagandaministerium. Im abessinischen Feldzug kommandierte er ein besonders verwegen kämpfendes Luftgeschwader. Die Politik war für ihn, der den Geist einer neuen Generation verkörperte, zumindest gemäß seinem Kabinettschef Filippo Anfuso nur „schmückendes Beiwerk" seines Lebens. Sie passte ihm gut zu seinem snobistischen Lebensstil in der höheren Gesellschaft, sie schmeichelte seiner Eitelkeit und befriedigte seinen Ehrgeiz. Obgleich selbst überzeugter Faschist, dem Macht und Prestige überaus viel bedeuteten, verabscheute der kluge und geschickte Ciano radikale Spießgesellen wie Farinacci oder Starace. Gleich Mussolini liebte er die Frauen – und sie liebten ihn. Der amerikanische Botschafter in London, Kennedy, selber ein notorischer Schwerenöter, meinte einmal, „dass wir viel mehr erreichen würden, wenn wir statt einer Herde von Diplomaten und einer Flotte von Flugzeugen ein Dutzend hübscher Chormädchen nach Rom schickten".[528]

In Wien bemühte sich einstweilen von Papen nach Kräften, mit Österreich zu einer Verständigung zu kommen. Seine Bemühungen zeitigten den entsprechenden Erfolg. Im bilateralen Abkommen vom 11. Juli anerkannte die Reichsregierung die volle Souveränität der Alpenrepublik und betrachtete die innenpolitische Entwicklung beider Staaten als innere Angelegenheit. Dieser Nichteinmischungspakt wurde allerdings durch eine geheime Absprache ad absurdum geführt. Das angeschlossene so genannte „Gentlemen's Agreement" schnürte nämlich die Bewegungsfreiheit der Alpenrepublik beträchtlich ein und führte Österreich auf den „deutschen Weg". Schuschnigg verpflichtete sich, die „nationale Opposition" zur politischen Mitarbeit heranzuziehen, beinahe 17.000 illegale österreichische Nationalsozialisten wurden amnestiert. Die österreichische Außenpolitik sollte mit der deutschen abgestimmt werden.[529]

Das Juliabkommen sollte dem deutschen Einfluss in Österreich Tür und Tor öffnen: politisch, kulturell und vor allem auch wirtschaftlich. In Berchtesgaden zeigte sich Hitler zufrieden und telegrafierte Schuschnigg, mit diesem Abkommen den Wunsch zu verbinden, „dass durch diese Übereinkunft die alten durch Rassegemeinschaft und jahrhundertelange, gleiche Geschichte erwachsenen traditionellen Bemühungen wiederhergestellt werden, um damit eine weitere gemeinsame Arbeit anzubahnen zum Nutzen der beiden deutschen Staaten und zur Festigung des Friedens in Europa".[530] Mussolini drückte gegenüber Botschafter von Hassell seine lebhafte Befriedigung über die deutsch-österreichische Verständigung aus. Das Abkommen, so behauptete er, die Realität auf den Kopf stellend, mache dem unerfreulichen Zustand Österreichs als Spielball fremder Interessen ein Ende und beseitige vor allem auch die letzte Hypothek auf das Verhältnis zwischen Rom und Berlin.[531]

Einstweilen fühlte sich Hitler saturiert. So gab er sich auch Wien gegenüber vergleichsweise moderat. Als der österreichische Staatssekretär für Äußeres, Guido Schmidt, im November Berlin besuchte, erweckte der deutsche Diktator auf ihn „den entschiedenen Eindruck eines friedfertigen Menschen, der keinesfalls ohne besonderen Anlass mit dem Feuer zu spielen bereit ist". Schmidt zeigte sich auch angenehm überrascht, dass Hitler die Unterredung nicht in der üblichen dozierenden Monologform gestaltete, sondern auch eine „offene und freimütige Rede und Gegenrede" zuließ. Der Diktator kam auch nochmals auf den Dollfuß-Mord zurück. Dabei erhob er sich und erklärte feierlich und gefühlsbetont: „Ich gebe Ihnen mein Ehrenwort, dass ich mit dem 25. Juli nicht das Geringste zu tun habe. [...] Damit Sie mir wirklich glauben, dass ich mit der Sache nichts zu tun hatte, bitte ich Sie noch, mir zu glauben, dass ich eine solche Stümperei niemals gemacht hätte." Was die europäische Politik betraf, gab er sich betont friedenswillig. Man müsse aus der Geschichte seine Lehren ziehen. „Ebenso wie Deutschland die elsässische Frage als endgültig erledigt auffasse [...], so finde sich Deutschland auch mit dem polnischen Korridor ab." Davon abgesehen stellte der Diktator auch jede aggressive Absicht gegenüber der Tschechoslowakei in Abrede.[532] Doch die Uhr österreichischer Selbstständigkeit lief ab. Hitler und Mussolini führten ihre beiden Regime immer näher zueinander.

Im August 1936 wurde Hitler ein neuerliches Erfolgserlebnis zuteil. Die Olympischen Sommerspiele in Berlin brachten dem nationalsozialistischen Regime einen enormen Prestigeerfolg. Bereits im Februar hatten in Garmisch-Partenkirchen die Winterspiele stattgefunden, die zu jener Zeit jedoch noch kein größeres internationales Medienecho hervorriefen. Anders war dies mit den „großen Spielen" im Sommer. Es hatte sich ausgezahlt, keine Kosten und Mühen zu scheuen, das Dritte Reich in seinem besten Licht darzustellen. Immer wieder besuchte auch Hitler die Veranstaltungen, bei denen die deutschen Sportler die meisten Medaillen von allen Athleten gewannen. Göring, Goebbels und Ribbentrop gaben in ihren Villen für die privilegierten ausländischen Gäste rauschende Feste. Die Propagandamaschinerie, die auch Richard Strauss und natürlich Leni Riefenstahl einband, lief auf Hochtouren und beeindruckte das Ausland nachhaltig. Die Welt meinte im Dritten Reich eine im Großen und Ganzen geschlossene Nation zu erkennen, die organisiert und voller Energie eine neue Gesellschaftsordnung vorexerzierte. Der Diktator in Rom verfolgte das gewaltige Spektakel von Berlin mit gesteigertem Interesse, wissend, dass der Erfolg der Spiele auch ein Erfolg Hitlers war.

Nach dem Abessinienkrieg, dem Einmarsch ins Rheinland und Cianos Berufung zum Außenminister trug auch der Spanische Bürgerkrieg zur Bildung der deutsch-italienischen Allianz bei. Am 18. Juli 1936 plante General Franco von Spanisch-Marokko aus den Aufstand der extremen Rechten gegen die Volksfrontregierung in Madrid. Da er dringend Flugzeuge für eine Luftbrücke von Marokko auf die Iberische Halbinsel brauchte, wandte er sich an Hitler und Mussolini. Der Duce benötigte eine Woche für seine Entscheidungsfindung, Hitler bloß wenige Stunden. Der deutsche Diktator weilte am späten Abend des 25. Juli gerade im „Haus Wahnfried", der Wagner-Residenz in Bayreuth, als er von deutschen Emissären aus Spanien aufgesucht wurde, die für eine Intervention des Reichs vorsprachen. Der Diktator befürchtete ohnehin eine Einkreisung Deutschlands durch die Sowjetunion im Osten und den linksregierten Frankreich und Spanien. Gleichzeitig vermochte er auch der Verlockung etwas abzugewinnen, die Wehrmacht erstmals in einem bewaffneten Konflikt einzusetzen. Vom Chef der Abwehr, Admiral Canaris, beeinflusst und von der gerade beendeten Aufführung des „Siegfried" inspiriert, stellte er Franco sogar gleich das Doppelte der erbetenen Transportflugzeuge, nämlich 20 Junkers Ju-52 sowie sechs Heinkel He-51-Jäger, zur Verfügung. Göring und Ribbentrop fanden mit ihren Bedenken hinsichtlich möglicher internationaler Verwicklungen kein Gehör.[533]

Franco war ein borniert konservativer General, der sich nicht auf das spanische Volk, sondern auf marokkanische Einheiten und Fremdenlegionäre stützte. Ideologisch weitgehend desinteressiert, war der Putschistenführer kein Faschist, sondern kämpfte unter dem Banner von „Pflicht, Disziplin und Ordnung" für die Privilegien von Armee, Kirche und Großgrundbesitz. Wenn Hitler und Mussolini dem Rebellen Hilfe zuteil werden ließen, so vor allem deswegen, weil der Volksfront Einhalt geboten werden musste. Neben der Erprobung der eigenen Streitkräfte für den später folgenden großen Krieg hatte man vor allem in Rom auch handfeste strategische Motive, schwebte dem Duce doch in letzter Konsequenz ein faschistisches Spanien als Satellitenstaat Italiens vor. Dies hätte für ihn einen gewaltigen Schritt zur Beherrschung des Mittelmeers bedeutet. Frankreich und Großbritannien, so plante er, wären dann durch die Stationierung italienischen Militärs auf den Balearen in ihren strategischen Positionen in Nordafrika und Gibraltar ernsthaft geschwächt. Hitler wiederum erkannte, dass der Spanische Bürgerkrieg Mussolini immer stärker von den westlichen Demokratien entfremdete, um so mehr, als Italien die Führungsrolle bei der Intervention für Franco übernahm.[534]

Immer dogmatischer glaubte Mussolini, die Nationen in aufstrebende und dekadente unterscheiden zu müssen. Dementsprechend hielt er die Briten für „ein Volk, das mit dem Hintern denkt", und die Vereinigten Staaten für „ein Land von Negern und Juden, ein Element der kulturellen Zersetzung". Die Italiener, Deutschen, Russen und Japaner würden in Zukunft die wichtigen Rassen sein. „Die anderen Völker werden durch die Säure der jüdischen Korruption zerfressen und zerstört sein."[535] Während der Duce aber einen kurzen Waffengang erhoffte, kam im Gegensatz dazu dem deutschen Diktator ein langer Bürgerkrieg in Spanien äußerst gelegen, lenkte doch der Konflikt im Mittelmeerraum von seinen eigenen Vorhaben ab.

Einen entscheidenden Schritt zur deutsch-italienischen Allianz bedeutete Cianos Besuch im Dritten Reich. Am 21. und 22. Oktober 1936 führte der italienische Außenminister in Berlin Gespräche mit seinem Amtskollegen von Neurath. In einem Geheimprotokoll sprach man sich über die Zusammenarbeit in vielen außenpolitischen Fragen wie Österreich oder Spanien ab.[536] Zwei Tage später machte Ciano sodann Hitler am Berghof seine Aufwartung. Der Diktator verstand es dabei, den jungen Außenminister zu blenden. Ausschweifend malte er für Deutschland und Italien ein prachtvolles Zukunftsgemälde und bezeichnete Mussolini als den größten Staatsmann der Epoche. Das Dritte Reich, so sagte er Ciano voraus, werde in drei Jahren kriegsbereit und in vier Jahren unschlagbar sein. Hitler hatte es in der Unterredung vermieden, über Österreich zu sprechen. In weiterer Folge führte er jedoch Ciano und seine Begleiter zum riesigen Fenster des Wohnsalons. Mit Ferngläsern vermochten die Gäste bis nach Salzburg zu blikken. „Von hier aus", so versuchte er die Italiener mit Sentimentalität zu gewinnen, „muss ich mir einen Teil meines deutschen Vaterlandes, Salzburg, mit dem Fernrohr anschauen!"[537]

Die Weichen waren auf eine Zusammenarbeit zwischen dem Dritten Reich und Italien gestellt. Am 1. November hielt Mussolini auf dem Domplatz in Mailand eine Rede, in der die neue Freundschaft zwischen den beiden Diktatoren und ihrer Systeme ihren Namen verliehen bekommen sollte: „Die Begegnungen von Berlin haben als Resultat eine Entente zwischen den beiden Ländern über bestimmte Probleme gezeitigt, von denen einige in diesen Tagen besonders brennend sind. Aber diese Entente, die in besonderen Protokollen bestätigt worden ist, diese Linie Berlin–Rom ist nicht eine Scheidewand, sondern eher eine Achse, um die herum alle Staaten Europas zusammenarbeiten können, die von dem Wunsch nach Frieden und Zusammenarbeit beseelt sind."[538]

Es gehörte zu Hitlers so erfolgreicher Taktik jener Jahre, der Öffentlichkeit immer wieder Sand in die Augen zu streuen. So wiegte er in seiner Rede vor dem Reichstag zum vierten Jahrestag der Machtergreifung Deutschland und die Welt in Sicherheit, wenn er davon sprach, dass die Zeit der Überraschungen nunmehr vorbei sei. Doch in Wirklichkeit beabsichtigte er gemeinsam mit dem faschistischen Italien den Kreuzzug gegen Judentum und Kommunismus. Politik war für ihn, wie der deutsche Diktator in der Denkschrift zum Vierjahresplan ausführte, „die Führung und der Ablauf des geschichtlichen Lebenskampfes der Völker. Das Ziel dieser Kämpfe ist die Behauptung des Daseins. Auch die idealistischen Weltanschauungskämpfe besitzen ihre letzten Ursachen und erhalten ihre tiefsten Antriebe aus volklich gegebenen Lebenszwecken und Zielen. Religionen und Weltanschauungen vermögen aber solchen Kämpfen stets eine besondere Härte zu geben und verleihen ihnen daher auch eine große geschichtliche Eindringlichkeit. [...] Seit dem Ausbruch der Französischen Revolution treibt die Welt in immer schärferem Tempo in eine neue Auseinandersetzung, deren extremste Lösung Bolschewismus heißt, deren Inhalt und Ziel aber nur die Beseitigung und Ersetzung der bislang führenden Gesellschaftsschichten der Menschheit durch das international verbreitete Judentum ist. Kein Staat wird sich dieser geschichtlichen Auseinandersetzung entziehen oder auch nur fernhalten können. Seit sich der Marxismus durch seinen Sieg in Russland eines der größten Reiche der Welt als Ausgangsbasis für seine weiteren Operationen geschaffen hat, ist diese Frage zu einer bedrohlichen geworden. Einer in sich selbst weltanschaulich zerrissenen demokratischen Welt tritt ein geschlossener autoritärer, weltanschaulich fundierter Angriffswille gegenüber. Die militärischen Machtmittel dieses Angriffswillens steigern sich dabei in rapider Schnelligkeit von Jahr zu Jahr. [...] Europa hat zur Zeit nur zwei dem Bolschewismus gegenüber als standfest anzusehende Staaten: Deutschland und Italien. Die anderen Länder sind entweder durch ihre demokratische Lebensform zersetzt, marxistisch infiziert und damit in absehbarer Zeit selbst dem Zusammenbruch verfallen oder von autoritären Regierungen beherrscht, deren einzige Stärke die militärischen Machtmittel sind, d. h. aber: sie sind infolge der Notwendigkeit, die Existenz ihrer Führung den eigenen Völkern gegenüber durch die Brachialmittel der Exekutive zu sichern, unfähig, diese Brachialgewalt zur Erhaltung der Staaten nach außen anzusetzen. Alle diese Länder wären unfähig, jemals einen aussichtsvollen Krieg gegen Sowjetrussland zu führen."

Dass der Krieg kommen würde, davon zeigte sich Hitler überzeugt. Er war der festen Meinung, „dass diese Krise nicht ausbleiben kann und nicht ausbleiben wird und dass Deutschland die Pflicht besitzt, seine eigene Existenz dieser Katastrophe gegenüber mit allen Mitteln zu sichern [...] Denn ein Sieg des Bolschewismus über Deutschland würde nicht zu einem Versailler Vertrag führen, sondern zu einer endgültigen Vernichtung, ja Ausrottung des deutschen Volkes. [...] Das deutsche Volk, politisch einwandfrei geführt, weltanschaulich gefestigt und militärisch durchorganisiert, stellt sicherlich den hochwertigsten Widerstandsfaktor dar, den die Welt heute überhaupt besitzt. [...] Wenn es uns nicht gelingt, in kürzester Frist die deutsche Wehrmacht in der Ausbildung, in der Aufstellung der Formationen, in der Ausrüstung und vor allem auch in der geistigen Erziehung zur ersten Armee der Welt zu entwickeln, wird Deutschland verloren sein!" Deshalb stellte es Hitler zur Aufgabe, dass in vier Jahren die Wehrmacht einsatzfähig und die deutsche Wirtschaft kriegsfähig sein mussten.[539]

Mussolinis Bedürfnis nach kriegerischen Auseinandersetzungen war weder durch den Abessinienfeldzug noch durch die beginnende italienische Intervention in Spanien gestillt. So meinte er, dass Großbritannien darauf ausging, Deutschland und Italien als Unruheelemente an die Kette zu legen, am Rhein und am Mittelmeer. Das Mittel hierfür seien harmlos aussehende Pakte, die allerdings voller Fallen wären.[540] Daher spekulierte er bereits mit einem nächsten gewaltigen Schlag, einem Krieg gegen Großbritannien. Dieser Waffengang sollte nach seinen hochtrabenden Plänen in Nordafrika stattfinden.

Im März 1937 teilte der Duce seine Absichten den verantwortlichen Militärs bei einer Besprechung mit. Die Generäle reagierten ratlos, waren sie doch in ihren bisherigen Planungen von einem Alpenfeldzug gegen Frankreich ausgegangen. Seine notorische Phantasie ließ Mussolini dabei über alle Realitäten hinweggehen. Immer wieder sollte er von acht Millionen Bajonetten, bald sogar von zwölf Millionen zur Verfügung und gut ausgerüstet stehenden Soldaten sprechen. Auch war er der Erste, der – wenn auch italienische – „Blitzkriege" ankündigte. Natürlich erlag der Diktator nicht selbst der Lüge einer praktisch unbesiegbaren und bis zu den Zähnen bewaffneten Militärgroßmacht Italien. Aber er meinte, damit sowohl seinen Partner in Deutschland als auch seine potentiellen Gegner Großbritannien und Frankreich beeindrucken zu können. Der Bluff ging jedoch nicht auf, denn zumindest im Ausland glaubte niemand an diese Zahlen infantiler Übertreibung.[541]

Der Krieg in Spanien zog sich länger hin, als es Mussolini lieb sein konnte. Sein freiwilliges Expeditionskorps, das vornehmlich aus arbeitslosen Milizsoldaten gebildet wurde, war höchst mangelhaft vorbereitet. Bei Guadalajara erlitt es im März 1937 gegen die bunt zusammengewürfelten republikanischen Truppen eine empfindliche Niederlage. Dabei schmerzte es den Duce besonders, dass viele von den Gegnern italienische Antifaschisten waren, die noch dazu kaum militärisches Training hinter sich hatten. Mussolini erhielt davon in Tripolis Kenntnis, wo er das „Schwert des Islam" überreicht erhielt und bei dieser Gelegenheit seine Sympathien für den Islam und die Muslime der ganzen Welt zum Ausdruck brachte. In einer ersten Reaktion gab er sogleich Franco die Schuld an dieser Schmach. Während der Duce größere Kontingente nach Spanien schickte und damit sein Land nachhaltig belastete, setzte Hitler die nur 6000 Mann starke „Legion Condor" ein, die mit ihren gezielten, straff organisierten Einsätzen der neuen deutschen Wehrmacht zu Ruhm und Anerkennung verhalf und gleichzeitig Kriegserfahrungen sammelte. Mussolini transferierte dagegen bis zum Ende des Jahres 1937 Truppen in der Stärke von 70.000 Mann, Flugzeuge, Schiffe und Ausrüstung nach Spanien.

Mussolini war von der Idee fixiert, die Italiener zu einem Volk von Soldaten zu machen. Angesichts der mangelnden Popularität der italienischen Teilnahme am Spanischen Bürgerkrieg beschuldigte er die Bürgerlichen und Intellektuellen der Feigheit, Faulheit und Vorliebe zum bequemen Leben. Solange er lebe, werde er sie mit „Fußtritten vor das Schienbein" wach halten. „Wenn es in Spanien zu Ende ist, werde ich etwas anderes erfinden; der Charakter der Italiener muss eben durch den Krieg geformt werden."[542] Auch zeigte er, was er unter „faschistischer Kriegführung" verstand. Wie bereits in Abessinien befahl er – ohne etwa Franco darüber zu unterrichten – die Bombardierung auch ziviler Ziele, um die Moral des Gegners zu brechen. Vor der Öffentlichkeit hatte er ein solch terroristisches Vorgehen freilich stets verurteilt. Dabei war er aber insgeheim sogar bereit, wenn nötig bakterielle Waffen einzusetzen. Außerdem befahl er die Exekution in Spanien gefangen genommener italienischer Antifaschisten.[543]

Österreich wurde der deutsch-italienischen Freundschaft geopfert. Mussolini brachte seinen Unwillen, weiter den Schutzpatron für die Alpenrepublik zu spielen, immer unverhohlener zum Ausdruck. So vermeinte er auch, eine antiitalienische Stimmung in Österreich wahrzunehmen. Italien werde immer noch als „Erbfeind" betrachtet, und die Mehrheit der österreichischen Bevölkerung sei nationalsozialistisch und wünsche den Anschluss an Deutschland.[544] Dem österreichischen Gesandten gegenüber betonte Ciano wiederum, dass die Achse zum „Rückgrat" der italienischen Außenpolitik geworden sei. „Gesten wie die vom Juli 1934 wiederholt man nicht in der Geschichte!" Auch könne Italien nicht die Rolle eines „Willensvollstreckers Frankreichs am Brenner" spielen. „Italien muss daher gewissermaßen mit Deutschlands zusammen und dadurch, dass es Deutschland an sich bindet, Österreichs Unabhängigkeit politisch verteidigen, so wie es dies vordem mit den Bajonetten tat. Dieses ‚Arm-in-Arm-Gehen' mit Deutschland, wozu Italien außenpolitisch entschlossen ist, geschieht also geradezu im Interesse Österreichs."[545]

Im April reisten Schuschnigg und Schmidt nach Venedig. Dabei teilte ihnen Mussolini gleich seine Auffassung mit, wonach er die Österreicher als Deutsche betrachte. Die restlose Anerkennung der Unabhängigkeit Österreichs seitens Deutschlands sei nach wie vor eine unumstößliche Voraussetzung der italienisch-deutschen Beziehungen. Je stärker sich die Gegensätze zwischen dem Reich und den Westmächten gestalteten, desto enger würden Deutschland und Italien zusammenarbeiten. Ein wichtiges Element der Beziehungen zwischen Rom und Berlin bilde – trotz gewisser Gegensätze – die Solidarität der Regime. Außerdem hätten beide Länder die gleichen Feinde: „Marxismus und Freimaurerei strebten nach nichts anderem, als das Regime in Italien wie in Deutschland zu vernichten."[546] Österreich müsse jedenfalls fest auf dem Grund des Juliabkommens stehen, da es niemals gegen Deutschland Politik machen könne. Eine Restauration, so betonte der Duce gegenüber dem Legitimisten Schuschnigg, sei freilich nicht aktuell. Es stehe außer Zweifel, „dass wir alle Monarchisten seien", so äußerte sich Mussolini tatsächlich. „Aber ein Vorwegnehmen einer solchen Lösung hätte unabsehbare Komplikationen zur Folge, an denen Österreich zugrunde gehen könnte." Berlin wollte allerdings eine Restauration keinesfalls dulden. Der Sonderfall „Otto" sah deshalb auch eine bewaffnete deutsche Intervention für den Fall der Wiederherstellung der Monarchie in Österreich vor. Ziel dieser Operation sollte es sein, Österreich mit Waffengewalt zum Verzicht auf die Restauration zu zwingen.[547]

Die deutsch-italienische Freundschaft nahm im Laufe des Jahres 1937 immer konkretere Formen an. In gesteigerter Frequenz fuhren faschistische Minister nach

Deutschland, besuchten nationalsozialistische Würdenträger Italien. Jedes Mal versuchten dabei die Gastgeber den Gästen zu beweisen, wo die totalitäre Rechte noch mehr den Staat im Griff hatte. Anlässlich der großen Manöver im Kanal von Sizilien am 20. August ließ Mussolini sodann auch die Welt wissen: „Man gelangt nicht nach Rom ohne oder gegen Berlin, und nicht nach Berlin ohne oder gegen Rom."[548] Er selbst machte sich nun Ende September mit großem Gefolge, angeführt von Ciano, Starace und Alfieri, nach Deutschland auf, um mit seinem Besuch das innige Verhältnis der beiden verwandten Regime zu demonstrieren. Es wurde ein völlig anderes Treffen als jenes eher misslungene von Venedig. Der nationalsozialistische Diktator hatte seit damals viel dazugelernt und verstand es, den Duce mit Pomp und Propagandaregie zu beeindrucken. Überall kam dem Gast Jubel zu, ob in der „Hauptstadt der Bewegung" München oder in der „Waffenschmiede des Reiches" Essen. Hitler wurde nicht müde, das kräftige und leistungswillige Deutschland zu zeigen, in den Kruppwerken oder mittels großer Manöver der Wehrmacht in Mecklenburg. Bei der Parade auf der Charlottenburger Chaussee zeigte sich Mussolini besonders über den Stechschritt derart begeistert, dass er ihn schließlich auch für die italienische Armee als „Passo Romano" einführte.

Fünf Tage lang wich der deutsche Diktator dem Duce nicht von seiner Seite und sorgte sich persönlich um alle nur erdenklichen Kleinigkeiten. Die Choreographie war beinahe perfekt. Die besuchten Städte waren mit allen möglichen Symbolen deutsch-italienischer Freundschaft herausgeputzt. Die Sonderzüge Hitlers und Mussolinis rollten kilometerlang auf parallelen Gleisen auf gleicher Höhe in die Reichshauptstadt, bis der Zug Hitlers kurz vor dem Eintreffen im Bahnhof beschleunigte, so dass der deutsche Diktator den Duce am Bahnsteig in Empfang nehmen konnte.[549] Angesichts des ausgedehnten Besuchsprogramms fanden die Diktatoren naturgemäß nicht viel Zeit, eingehende politische Besprechungen zu führen. Der Duce ließ den Deutschen gegenüber aber durchblicken, bei einer Stärkung der Achse sogar den Anschluss Österreichs zu akzeptieren. Darüber hinaus kündigte er an, dem deutschen Beispiel antisemitischer Innenpolitik folgen zu wollen. Die beiden Diktatoren waren sich zudem darüber einig, dass ein Krieg der faschistischen Mächte gegen die überlebten westlichen Demokratien kommen musste.

Den Höhepunkt des faschistischen Staatsbesuchs bildete in Berlin die gigantische abendliche Kundgebung des 28. September. Bei Gewitter und Regengüssen versammelten sich auf dem Maifeld und im Olympiastadion etwa eine Million Menschen, um den beiden „Titanen" andächtig zu lauschen. Hitler stimmte dabei ein Loblied auf den Duce an: „Was uns alle in diesem Augenblick zuerst bewegt, ist die große Freude, in unserer Mitte als Gast einen jener einsamen Männer der Zeiten zu wissen, an denen sich nicht die Geschichte erprobt, sondern die selbst Geschichte machen! [...] Das faschistische Italien ist durch die geniale schöpferische Tätigkeit eines gestaltenden Mannes zu einem neuen Imperium geworden. Sie, Benito

Mussolini, werden in diesen Tagen mit eigenen Augen aber die Tatsache am nationalsozialistischen Staat festgestellt haben: Auch Deutschland ist in seiner volklichen Haltung und seiner militärischen Stärke wieder eine Weltmacht. [...] Denn Sie alle, die Sie in dieser Stunde hier versammelt sind oder in der Welt mithören, müssen es bekennen, dass hier zwei selbstherrliche nationale Regime den Weg zueinander gefunden haben und zueinander stehen, in derselben Zeit, in der die Ideen unserer demokratisch-marxistischen Internationale überall nur Demonstrationen des Hasses und damit der Entzweiung aufzuweisen haben. Jeder Versuch aber, eine solche Völkergemeinschaft [...] auseinander zu bringen oder auflösen zu wollen, wird ebenso scheitern an dem Wunsche der 115 Millionen, die in dieser Stunde diese Kundgebung der Gemeinschaft bilden, wie aber besonders am Willen der beiden Männer, die hier vor Ihnen stehen und zu Ihnen sprechen!"

Danach antwortete Mussolini in deutscher Sprache. Seine bemühte Rede wurde allerdings durch Regengüsse empfindlich gestört. „Die Kundgebungen, mit denen ich empfangen worden bin, haben mich tief bewegt. Man darf meinen Besuch nicht nach demselben Maßstab messen wie die üblichen diplomatisch-politischen Besuche. [...] Nicht nur in meiner Eigenschaft als Chef der italienischen Regierung bin ich zu euch gekommen, sondern vor allem in meiner Eigenschaft als Chef einer nationalen Revolution, der damit den Beweis für die offene feste Verbundenheit zu eurer Revolution geben will. [...] Faschismus und Nationalsozialismus sind beides Ausdrücke jener Gleichartigkeit des geschichtlichen Geschehens im Leben unserer Nationen, die im gleichen Jahrhundert und durch das gleiche Ereignis zur Einheit gelangten. [...] Der ganzen Welt, die sich gespannt fragt, was das Ergebnis der Begegnung von Berlin sein wird: Krieg oder Friede, können wir beide, der Führer und ich, mit lauter Stimme antworten: Friede. [...] Wir haben viele Elemente unserer Weltanschauung gemeinsam. Nicht nur haben Nationalsozialismus und Faschismus überall dieselben Feinde, die demselben Herrn dienen: der Dritten Internationale, sondern ihnen sind auch viele Begriffe der Lebens- und Geschichtsauffassung gemeinsam. Beide glauben an den Willen als die bestimmende Kraft im Leben der Völker [...] Beide verherrlichen wir die Arbeit [...] als das Zeichen menschlichen Adels. Beide stützen wir uns auf die Jugend, die wir erziehen zur Disziplin, zum Mut, zur Zähigkeit, zur Vaterlandsliebe und zur Verachtung eines bequemen Lebens. [...] Deutschland und Italien verfolgen das gleiche Ziel auch auf dem Gebiet der Wirtschaftsautarkie: ohne wirtschaftliche Unabhängigkeit ist die politische Unabhängigkeit einer Nation selbst in Frage gestellt, und ein Volk von großer militärischer Kraft kann zum Opfer einer wirtschaftlichen Blockade werden. [...] Der Faschismus hat eine Ethik, der er treu zu bleiben beabsichtigt, und diese Ethik deckt sich mit meiner persönlichen Moral: klar und offen reden und, wenn man einen Freund hat, mit ihm zusammen bis ans Ende marschieren. Alle Argumente, die unsere Gegner ins Treffen führen, sind hinfällig:

Die Abschlusskundgebung am 28. September 1937 im Berliner Olympiastadion und auf dem Maifeld geriet zum Massenspektakel.

weder in Deutschland noch in Italien besteht eine Diktatur, sondern es bestehen Kräfte und Organisationen, die dem Volke dienen. Keine Regierung, in keinem Teile der Welt, hat die Zustimmung des Volkes in solchem Maße wie die Regierungen Deutschlands und Italiens. Die größten und echtesten Demokratien, die die Welt heute kennt, sind die deutsche und die italienische. [...] Das Europa von morgen wird faschistisch sein, durch den logischen Zwang der Ereignisse, nicht aber durch unsere Propaganda."[550]

Alles in allem hatte es Hitler verstanden, Mussolini nachhaltig zu beeindrucken. „Es ist unvorstellbar, was ich hier gesehen habe", schwärmte der faschistische Diktator seiner Frau am Telefon aus Berlin vor. „Die Organisation ist fantastisch, und das deutsche Volk ist von ungewöhnlichem Schlag. Mit diesen Trümpfen kann Hitler alles wagen."[551] Auch sein Schwiegersohn, der zu jener Zeit die deutsch-italienische Freundschaft nach Kräften vorantrieb, zeigte sich aufgewühlt: „Die Achse ist in Berlin zu Stahl geschmiedet worden", gab Ciano etwa den Österreichern mehr als deutlich zu verstehen.[552]

Von nun an übte Hitler auf Mussolini eine fast magische Wirkung aus, der sich der Duce bei einer Zusammenkunft der beiden nie mehr zu entziehen vermochte. Mussolini, der sich in den Gesprächen im Unterschied zu seinem Gegenüber klar, realistisch und knapp gab, bewunderte die Durchsetzungskraft, die unbändige Entschlossenheit des deutschen Diktators. Hitlers Erfolge weckten beim faschistischen Führer gleichermaßen Bewunderung wie Neid. Weit weg von dessen persönlicher Anziehungskraft mochte sich der Duce über Hitler wenig vorteilhaft äußern, doch begegnete er ihm persönlich, war Mussolini nach einem solchen Treffen wie ausgewechselt. Hatte der italienische Diktator fern des unmittelbaren Einflusses Hitlers sich über den deutschen Gewaltherrscher auch noch so beklagt, im direkten Aufeinandertreffen wagte Mussolini ihm nicht zu widersprechen oder gar seinen eigenen Willen durchzusetzen. Gleichzeitig gelang es Hitler bei jeder Zusammenkunft gerade in den Kriegsjahren, seinem angeschlagenen Partner wieder Zuversicht zu geben.

In Berlin fühlte sich Hitler einstweilen in Zeitnot. Der Diktator rechnete nicht damit, besonders alt zu werden. Sollte nun ein Krieg noch unter seiner Ägide geführt werden, musste bald zugeschlagen werden. Die Zeit, so bildete er sich ein, zerrann ihm bereits zwischen den Fingern. Vieles war ihm in den letzten Jahren gelungen, aber seine weiteren, unersättlichen Forderungen konnten wohl lediglich durch eine bewaffnete Auseinandersetzung rasch erfüllt werden. Für eine großzügige und langfristige Strategie fehlte ihm deshalb die Geduld. Er konnte und wollte nicht länger warten, seine maßlosen Ziele in die Realität umzusetzen. Am 5. November führte er gegenüber Göring, Neurath, Blomberg, Fritsch, Raeder und dem die Besprechung aufzeichnenden Oberst Hoßbach seine Gedanken aus, die er selbst als sein außenpolitisches Testament betrachtete: Wieder einmal eröffnete er dabei sein

Credo, dass die deutsche Zukunft „ausschließlich durch die Lösung der Raumnot bedingt" sei. Der Diktator sprach von den beiden „Hassgegnern" Großbritannien und Frankreich, „denen ein starker deutscher Koloss inmitten Europas ein Dorn im Auge sei, wobei beide Staaten eine weitere deutsche Erstarkung sowohl in Europa als auch in Übersee ablehnten und sich in dieser Ablehnung auf die Zustimmung aller Parteien stützen könnten". Zur Lösung der deutschen Frage könne es nur den Weg der Gewalt geben, und dieser würde niemals ohne Risiko sein. Die Schlesischen Kriege Friedrichs des Großen und die Feldzüge Bismarcks gegen Österreich und Frankreich dienten ihm dabei als Beispiel. Die Jahre 1943/45 schienen dem Diktator der späteste Zeitraum für eine kriegerische Auseinandersetzung. Länger könne man nicht warten: „Auf der einen Seite die große Wehrmacht mit der Notwendigkeit der Sicherstellung ihrer Unterhaltung, das Älterwerden der Bewegung und ihrer Führer, auf der anderen Seite die Aussicht auf Senkung des Lebensstandards und auf Geburteneinschränkung ließen keine andere Wahl, als zu handeln." Sollte er noch am Leben sein, so eröffnete Hitler, „sei es sein unabänderlicher Entschluss, spätestens 1943/45 die deutsche Raumfrage zu lösen".

Aber Hitler sah zwei andere Szenarien, die ihn zum Handeln noch vor 1943 veranlassen konnten: Eine schwere innenpolitische Krise in Frankreich, die dessen Armee absorbiere und für einen Einsatz gegen Deutschland praktisch ausschalte. Dann sei der Zeitpunkt zum Handeln gegen die Tschechoslowakei gekommen. Eine weitere Alternative tat sich seiner Einschätzung nach auf, wenn Frankreich durch einen Krieg mit einem anderen Staat so gefesselt sei, dass es gegen das Reich nicht vorzugehen vermöge. Die Spannungen im Mittelmeer konnten nach Hitlers Auffassung zu einem Krieg Italiens gegen die Westmächte führen, und eine solche Möglichkeit beabsichtigte er dann auch für sich selbst, gegebenenfalls bereits im kommenden Jahr, auszunutzen. Jedenfalls müsse es zur Verbesserung der militärpolitischen Lage Deutschlands bei einer kriegerischen Verwicklung das erste Ziel sein, die Tschechoslowakei und gleichzeitig Österreich niederzuwerfen, um die Flankenbedrohung bei einem möglichen Vorgehen gegen Westen auszuschalten. „Sei die Tschechei niedergeworfen, eine gemeinsame Grenze Deutschland–Ungarn gewonnen, so könne eher mit einem neutralen Verhalten Polens in einem deutsch-französischen Konflikt gerechnet werden. Unsere Abmachungen mit Polen behielten nur solange Geltung, als Deutschlands Stärke unerschüttert sei, bei deutschen Rückschlägen müsse ein Vorgehen Polens gegen Ostpreußen, vielleicht auch gegen Pommern und Schlesien in Rechnung gestellt werden." An sich glaubte Hitler, dass mit hoher Wahrscheinlichkeit sowohl London als auch Paris die Tschechoslowakei im Stillen bereits abgeschrieben und sich damit abgefunden hätten, dass Deutschland diese Frage bereinigen würde.

Der Diktator vertrat die Ansicht, dass das Empire eine langdauernde Verwicklung in einem europäischen Krieg vermeiden wolle. Frankreich würde wiederum ohne Unterstützung Großbritanniens wahrscheinlich ebenfalls nicht zur Tat schreiten. „Wenn auch die Besiedlung insbesondere der Tschechei keine dünne sei, so könne die Einverleibung der Tschechei und Österreichs den Gewinn von Nahrungsmitteln für fünf bis sechs Millionen Menschen bedeuten, unter Zugrundelegung, dass eine zwangsweise Emigration aus der Tschechei von zwei, aus Österreich von einer Million Menschen zur Durchführung gelange. Die Angliederung der beiden Staaten an Deutschland bedeute militärpolitisch eine wesentliche Entlastung infolge kürzerer, besserer Grenzziehung, Freiwerdens von Streitkräften für andere Zwekke und der Möglichkeit der Neuaufstellung von Truppen bis in Höhe von etwa zwölf Divisionen, wobei auf eine Million Einwohner eine neue Division entfalle."

Blomberg und Fritsch vermochten die optimistische Einschätzung ihres „Führers" nicht zu teilen. Sie mahnten zur Vorsicht und wiesen auf die Notwendigkeit hin, dass Deutschland die Westmächte nicht zum Gegner bekommen dürfe. Auch sei das französische Heer durch einen Krieg gegen Italien nicht in dem Umfang gebunden, dass es nicht doch mit Überlegenheit an der deutschen Westgrenze auf den Plan treten könne. Selbst der Angriff auf die Tschechoslowakei bereitete ihnen Kopfzerbrechen. Ausdrücklich machten sie daher auf die Stärke der tschechischen Befestigungen aufmerksam, deren Ausbau den Charakter einer Maginotlinie angenommen hätte und einen deutschen Angriff aufs äußerste erschwere. Doch Hitler ließ sich durch diese Einwände keineswegs beunruhigen, da er fest damit rechnete, dass die beiden Westmächte eine militärische Intervention nicht wagten.[553] Die beiden Militärs hatten sich mit ihrer Vorsicht jedoch gegenüber dem Diktator disqualifiziert. An ihrer Stelle brauchte Hitler willfährige Karrieristen und keine saturierten Zauderer. Die Tage von Fritsch und Blomberg waren gezählt.

Hitlers Bemühungen um Großbritannien steckten allerdings in der Sackgasse. Im Juli 1936 hatte er Ribbentrop als deutschen Botschafter nach London geschickt, damit ihm dieser seinen „größten Wunsch" erfülle: ein gegen die Sowjetunion gerichtetes Bündnis mit Großbritannien. Doch Ribbentrop, der sich lieber in Berlin bei „seinem Führer" als in der Themsemetropole aufhielt, machte Hitlers an sich schon plumpe Versuche, Großbritannien für seine antikommunistische Strategie zu gewinnen, vollends zunichte. Schließlich musste Ribbentrop, der in London schlichtweg abgelehnt wurde und bloß noch mehr Porzellan zerschlug, dem Diktator eingestehen, mit dem Versuch einer britischen Allianz gescheitert zu sein. Im Gegensatz zu Hitler war für den dilettierenden Diplomaten Großbritannien nun zum Hauptfeind Deutschlands aufgestiegen. Als Kompensation riet er dem deutschen Diktator, das Empire durch eine weltweite Bündniskonstellation einzukreisen. Vorerst stieß er mit diesem Plan auf wenig Gegenliebe. Hitler musste von der ursprünglichen Idee, seine machtpolitischen Pläne in Mitteleuropa gemeinsam mit Großbritannien zu verfolgen, allerdings abgehen. Deren Realisierung wollte er aber deswegen auch nicht ausdrücklich gegen das Inselreich in Angriff nehmen. Ein dritter Weg, eine Lösung ohne, aber nicht explizit gegen London, musste eingeschlagen werden.

Der nationalsozialistische Diktator hatte sein Bündnis mit Großbritannien nicht bekommen. Daher verlieh er nun als eine Art Aushilfe den Beziehungen zu Rom und Tokio größere Bedeutung. Bereits am 25. November 1936 war es zwischen Deutschland und Japan zum Abschluss des „Antikominternpakts" gekommen. Sein geheimer Teil untersagte den Partnern, Verträge mit der Sowjetunion zu schließen, die dem Geist des Abkommens widersprachen. Auch sah der Pakt eine gemeinsame Propagandatätigkeit gegen die Kommunistische Internationale vor. Ein knappes Jahr später, am 6. November 1937, trat ihm nun auch Italien sogar als „ursprünglicher Unterzeichner" bei. Nach außen hin wirkte das Bündnis tatsächlich als eine furchteinflößende globale Mächtekonstellation. Es war eine drohende Allianz der „Habenichtse", nicht bloß gegen den Bolschewismus, sondern auch gegen die freie Welt und ihre alte Ordnung gerichtet, bereit, diese aus den Angeln zu heben. Für Hitler war es naturgemäß ein Bündnis gegen die Sowjetunion, doch sein späterer Außenminister Ribbentrop betrachtete es vielmehr als eine Waffe in seiner antibritischen Politik.

Der Duce zeigte sich über die Unterzeichnung des „Antikominternpakts" in Rom höchst zufrieden. „Wenige Male habe ich ihn so glücklich gesehen", kam es Ciano vor. „Nun sind wir nicht mehr in der Lage von 1935. Italien hat die Isolierung durchbrochen: es steht im Mittelpunkt der gewaltigsten politisch-militärischen Kombination, die jemals bestanden hat."[554] Mussolini fühlte sich durch den Pakt mit Deutschland und Japan derart sicher, dass er am 11. Dezember 1937 der begeisterten Menschenmenge vom Balkon des Palazzo Venezia auch den Austritt Italiens aus dem Völkerbund verkündete. Hitler setzte nach, denn einen Tag später erklärte Berlin die Rückkehr des Deutschen Reiches in den Völkerbund für alle Zukunft für ausgeschlossen. Schon zur Jahresfeier der Parteigründung hatte Hitler seiner Gefolgschaft voll Stolz verkündet: „Wir sind heute wieder eine Weltmacht geworden!" Im Verein mit Deutschland wollte auch Mussolini dorthin.

# Die Zerschlagung der europäischen Ordnung I

## Januar bis Mai 1938

Einer der vordringlichsten Wünsche Hitlers war es seit Beginn seiner politischen Karriere gewesen, das System der Pariser Friedenskonferenzen zu zerstören. Zu diesem Vorhaben gehörte nicht bloß die Wiederherstellung der vollen Souveränität des Reiches, sondern auch die deutsche Expansion in Mittel- und Osteuropa. Für diese ehrgeizigen und skrupellosen Pläne benötigte er jedoch volle Rückendeckung im Innern. Daher musste die Opposition innerhalb des Regimes aus dem Weg geräumt, jene Verantwortlichen und Entscheidungsträger nachhaltig entmachtet werden, die seiner Aggression kritisch oder zögerlich gegenüberstanden.

Bereits am 26. November 1937 hatte Hitler den als zu selbstständig geltenden Hjalmar Schacht als Wirtschaftsminister entlassen und durch den ihm genehmen Walther Funk ersetzt. Es war Schacht nicht zuletzt zum Verhängnis geworden, den Vierjahresplan zu kritisieren und vor dem Staatsbankrott zu warnen. Der intrigante Göring wusste daraufhin Mittel und Wege, Schacht bei Hitler in Ungnade fallen zu lassen.[555] Dem Leiter der auswärtigen Politik, Neurath, hatte der Diktator zwar noch am 2. Februar zugesagt, ihn im Amt zu belassen; doch nur zwei Tage später wurde der alte Reichsaußenminister beurlaubt und in weiterer Folge zum Präsidenten des Geheimen Kabinettsrates weggelobt.[556] Das neu geschaffene Gremium sollte sodann auch nie zusammentreten. Es kostete Hitler nicht viel Mühe, weitere Umbesetzungen in dem von ihm verachteten, elitär konservativen diplomatischen Dienst durchzuführen, um auch das Auswärtige Amt gleichzuschalten. So wurde etwa von Papen aus Wien abberufen. Hitler brauchte für seine Außenpolitik Männer der Bewegung, gestandene Nationalsozialisten, die ihm treu ergeben waren, und so folgte der allgemein gering geschätzte Ribbentrop, der diese Richtlinien perfekt erfüllte, Neurath als Außenminister nach.[557]

An der Spitze der Wehrmacht schienen dem Diktator ebenfalls Änderungen nötig, denn weniger denn je war er gewillt, eigenständige Meinungen oder gar Widerspruch zuzulassen. Demgemäß sah sich Kriegsminister Blomberg am 26. Januar gezwungen, seinen Abschied zu nehmen. Göring hatte ihm eröffnet, dass er untragbar geworden sei. Grund hiefür war die Wiederverheiratung des Generalfeldmarschalls mit einer ehemaligen Prostituierten, von der auch Nacktbilder existierten. Dass Hitler und Göring noch 14 Tage vorher bei der Eheschließung die Trauzeugen abgegeben hatten, wirft einmal mehr ein bezeichnendes Licht auf die Verschlagenheit der nationalsozialistischen Führung. Auch der Oberbefehlshaber des Heeres musste seinen Abschied nehmen. Göring und Himmler hatten dafür gesorgt, dass man Generaloberst Fritsch, der sich übrigens ebenfalls für die Entlassung Blombergs eingesetzt hatte, durch einen gedungenen Zeugen der Homosexualität beschuldigte. Obwohl sich schon bald die Haltlosigkeit dieser Verdächtigung herausstellte, war Hitler mit Fritsch den Protagonisten des ihm so verhassten konservativen Offizierskorps los.

Hitler hatte nicht bloß einmal mehr seinen Willen durchgesetzt. Er sah sich nun auch in der Lage, die militärische Führungsspitze kräftig zu durchforsten. Der Diktator übernahm persönlich den Oberbefehl über die Wehrmacht, löste das Kriegsministerium auf, an dessen Stelle das Oberkommando der Wehrmacht unter dem fachlich unbedeutenden, dafür aber bedingungslos ergebenen Wilhelm Keitel trat. Der gleichfalls servile Walther von Brauchitsch löste als Chef des Oberkommandos des Heeres den rehabilitierten Fritsch ab, 16 ältere Generäle wurden pensioniert, 44 weitere versetzt. Görings Gier, möglichst viele Ämter anzusammeln, wurde durch die Ernennung zum Generalfeldmarschall gestillt. Freilich hatte dieser ursprünglich selbst Blomberg beerben wollen. Mit Genugtuung konnte Hitler registrieren, dass sich das Offizierskorps bei den Entlassungen Blombergs und Fritschs feige, unsolidarisch und opportunistisch verhalten hatte. Die Standesehre war bloß anachronistischer Dünkel und Mythos. Mit dem Wechsel an der militärischen Spitze und der Berufung Ribbentrops zum Reichsaußenminister setzte der Diktator maßgebliche Schritte für die Verfolgung einer künftig aggressiveren Politik gegenüber der europäischen Nachkriegsordnung. Grenzbalken sollten ihn nun nicht mehr hindern, seine Ziele durchzusetzen. Jene, die dies verhindern hätten können, allen voran die Militärs, leisteten ihm dabei treue Dienste.

Österreich wurde zu Hitlers erster Beute. Aber es war sein Paladin, der ihn zu skrupellosem Handeln bewog. Als Beauftragter für den Vierjahresplan strebte Göring früher als sein „Führer" den direkten Anschluss Österreichs an das Reich an, war er doch zur Meinung gelangt, dass die deutsche Rüstungswirtschaft unter allen Umständen Unterstützung benötigte. Hitler betrachtete die österreichische Frage hingegen vor allem vom außenpolitischen und strategischen Standpunkt. In einer Besprechung mit Göring und Neurath am 1. Oktober 1937 missbilligte er die scharfe Gangart seines Vasallen und erklärte, „dass von deutscher Seite aus das österreichische Problem keineswegs in absehbarer Zeit zum Platzen gebracht werden solle", und sprach sich demgemäss für die weitere Verfolgung einer evolutionären Lösung aus. „Es müsse nur eine Sicherung dafür erreicht werden, dass bei Aufplatzen der österreichischen Frage von anderer Seite her ein Eingreifen Deutschlands möglich werde."[558]

Dem weitgehend im Stich gelassenen Österreich wurde keine Ruhepause gegönnt. So zeigte sich Hitler zunehmend darüber erbost, dass Bundeskanzler Schuschnigg sich nach wie vor weigerte, die Zusage des Juliabkommens zu erfüllen und Mitglieder der „nationalen Opposition" in seine Regierung aufzunehmen. Selbst Mussolini trat mittlerweile für eine „Nazifizierung" der Alpenrepublik ein. Der deutsche Sonderbotschafter in Wien, von Papen, der auf eine evolutionäre Eingliederung Österreichs ins Reich setzte, bemühte sich um ein Treffen der beiden Regierungschefs. Aber Hitler vermochte sich nur schwer zu einer Begegnung mit Schuschnigg durchzuringen, befürchtete er doch, dass eine solche ergebnislos enden könnte. Für Neurath wäre dies jedoch dann bloß ein Beweis mehr gewesen, „dass wir alles versucht haben, eine Explosion zu verhindern".[559]

Am 12. Februar 1938 machte sich Schuschnigg in Begleitung von Guido Schmidt nach Berchtesgaden auf. Er hatte wohl keine Ahnung, was ihn am Obersalzberg erwarten würde. Dabei war der Bundeskanzler ohnehin bereit, den Nationalsozialisten beträchtliche Zugeständnisse zu machen. Doch der mit Berlin konspirierende Rechtsanwalt Arthur Seyß-Inquart hatte Hitler bereits von den Plänen des österreichischen Regierungschefs informiert und ihm damit alle Trümpfe zugespielt. An der Grenze wartete von Papen auf Schuschnigg. Der Sonderbotschafter befand sich in ausgezeichneter Stimmung. Gemeinsam fuhren sie zum Berghof, wo Hitler den Gast aus Wien zunächst immerhin noch mit korrekter Freundlichkeit begrüßte.

Die Unterredung verlief dann jedoch nicht bloß größtenteils einseitig. Der Diktator verfolgte von Beginn an eine Einschüchterungstaktik, der Schuschnigg nicht gewachsen war. Hitler bezeichnete die gesamte Geschichte Österreichs als einen ununterbrochenen Volksverrat und wurde sodann deutlich: „Ich kann Ihnen nur nochmals sagen, dass es so nicht weitergeht. Ich habe einen geschichtlichen Auftrag, und den werde ich erfüllen, weil mich die Vorsehung dazu bestimmt hat. Ich bin felsenfest davon durchdrungen und glaube daran. Ich bin gottgläubig und religiös, wenn auch nicht in einem kirchlich gebundenen Sinne." In weiterer Folge betonte Hitler, wie sehr ihn das deutsche Volk liebe und vertraue, und mokierte sich über militärische Sicherungsmaßnahmen an der österreichischen Grenze. „Ich brauche nur einen Befehl geben, und über Nacht ist der ganze lächerliche Spuk an der Grenze zerstoben. Sie werden doch nicht glauben, dass Sie mich auch nur eine halbe Stunde aufhalten können? Wer weiß – vielleicht bin ich über Nacht auf einmal in Wien; wie der Frühlingssturm! Dann sollen Sie etwas erleben!"

Schuschnigg wies Hitler darauf hin, dass ein deutscher Einmarsch in Österreich einen allgemeinen Krieg in Europa nach sich ziehen könne. Der Diktator zeigte sich davon jedoch unbeeindruckt: „Glauben Sie nur nicht, dass mich irgendjemand in der Welt in meinen Entschlüssen hindern wird! Italien? – Mit Mussolini bin ich im Reinen; ich bin mit Italien aufs engste befreundet. England? – England wird keinen Finger für Österreich rühren. Dort, wo Sie sitzen, ist vor kurzem erst ein englischer Diplomat gesessen. Und draußen vor dem Fenster sind Hunderte von Österreichern vorübergezogen, Männer, Frauen und Kinder, verhungert und abgerissen; das Elend hat man ihnen angesehen. Und sie sind alle nur gekommen, um mich zu sehen, um mich als den Erlöser anzuflehen, dass ich sie endlich rette. – Diese Menschen habe ich dem Engländer gezeigt. Der ist verstummt und sehr nachdenklich geworden; er hat mir nicht widersprochen. Von England haben Sie nichts zu erwarten! Und Frankreich? – Ja, vor zwei Jahren noch, als wir mit einer Handvoll Bataillone ins Rheinland einmarschierten – damals habe ich viel riskiert. Wenn Frankreich damals marschiert wäre, hätten wir uns zurückziehen müssen; vielleicht um 60 Kilometer; dann hätten wir sie auch damals gehalten: Aber jetzt ist es für Frankreich zu spät! Alle Welt muss wissen, dass es für eine Großmacht einfach unerträglich ist, wenn an ihren Grenzen jeder kleine Staat glaubt, sie provozieren zu können. Ich habe lange genug untätig zugesehen. [...] Die Verfolgung der Nationalsozialisten muss ein Ende haben, sonst werde ich ein Ende machen."

Schuschnigg bestritt freilich, dass es in Österreich überhaupt eine Verfolgung der Nationalsozialisten gab. Er erinnerte daran, dass immerhin Dollfuß von Otto Planetta, einem Parteigänger Hitlers, erschossen worden war. Daraufhin beteuerte der Diktator neuerlich, von dem Attentatsplan seinerzeit nichts gewusst zu haben, und kritisierte die Bundesregierung in Wien, aus dem Attentäter mit dessen Hinrichtung einen Märtyrer geschaffen zu haben. Da er für seine bevorstehende Reichstagsrede Bescheid wissen wollte, setzte er den Bundeskanzler weiter unter Druck: „Überlegen Sie es sich gut, Herr Schuschnigg; – ich habe nur mehr Zeit bis heute Nachmittag. Wenn ich Ihnen das sage, dann tun Sie gut daran, mich wörtlich zu nehmen. Ich bluffe nicht. Meine ganze Vergangenheit beweist dies zur Genüge. Ich habe noch alles erreicht, was ich wollte, und ich bin vielleicht dadurch zum größten Deutschen der Geschichte geworden. Ich pflege nicht viel zu reden oder anzukündigen; anders wie z. B. Mussolini. Der hat einen ganz anderen Stil." Schuschnigg wurde daraufhin mit Schmidt in ein anderes Zimmer gebeten, in dem sich Ribbentrop und Papen befanden. Der Reichsaußenminister präsentierte dem Bundeskanzler ein Papier, das er als das Äußerste bezeichnete, was Hitler den Österreichern konzedieren wolle. Als der bestürzte Schuschnigg seine Einwände vorbrachte, wiederholte ihm Ribbentrop, dass der Entwurf als Ganzes angenommen werden müsse. Von Papen gab sich hingegen völlig überrascht. Schlussendlich wurden lediglich zwei unwesentliche Veränderungen am Entwurf vereinbart.

Der Bundeskanzler musste lange warten, ehe ihn Hitler wieder empfing. Mit langen Schritten ging der Diktator in seinem Arbeitsraum auf und ab. Zunächst wollte er über den Entwurf überhaupt nicht verhandeln und erregte sich sichtlich. Ungeduldig rief er Keitel zu sich. Schuschnigg verließ das Zimmer wieder. Die österreichischen Gäste hätten sich nicht gewundert, zu guter Letzt auch noch verhaftet zu werden. Von Papen spielte den Vermittler. Als der österreichische Regierungschef wieder zu Hitler gehen durfte, erklärte ihm dieser, dass es sich nun um den allerletzten Versuch handle und er binnen drei Tagen die Durchführung der Vereinbarung erwarte. „Wenn wir uns somit geeinigt haben, ist die Frage Österreich für uns alle bereinigt. Glauben Sie mir, Herr Bundeskanzler, es ist gut so. Dabei kann es bleiben für die nächsten fünf Jahre. Bis dort ist es lange hin. Dann sieht die Welt ohnehin anders aus."

Auf Schuschniggs Frage über seine Vorstellungen von der zukünftigen Entwicklung in Europa äußerte sich Hitler zwiespältig: „Wenn man mir folgen würde, wäre Frieden möglich; aber man folgt mir ja nicht. Ich hätte der Welt gerne einen neuen Weltkrieg erspart; ich weiß nicht, wenn mir nicht geglaubt wird, ob er vermieden werden kann [...] Wir sind daran, die beste Wehrmacht zu schaffen, über die das deutsche Volk jemals verfügt hat. Es wäre unverantwortlich vor der Geschichte, dieses Instrument nicht zu gebrauchen". Als Schuschnigg niedergeschlagen am Abend den Berghof in Richtung Salzburg verließ, meinte von Papen ihm gegenüber verlegen: „Ja, so kann der Führer sein, nun haben Sie es selber erlebt. – Aber wenn Sie das nächste Mal kommen, werden Sie sicher sehr viel leichter sprechen. Der Führer kann ausgesprochen charmant sein."[560]

Das Abkommen von Berchtesgaden engte den Spielraum Österreichs noch mehr ein. Es sah nicht nur die Absprache und die Verpflichtung zur Koordination der Außenpolitik beider Staaten vor, sondern auch die Übernahme des österreichischen Sicherheitswesens durch Seyß-Inquart, die freie Betätigung der NSDAP innerhalb der „Vaterländischen Front" und eine Amnestie für Nationalsozialisten. Gemaßregelte Beamte und Offiziere waren wieder einzusetzen, während der österreichische Generalstabschef Jansa von seinem Posten entfernt werden musste. Außerdem bestimmte die Übereinkunft den Austausch von Offizieren bis jeweils 50 Mann und die Intensivierung der wirtschaftlichen Zusammenarbeit.[561] In einem geheimen Protokoll erklärte Hitler die Absicht, Anweisungen ergehen zu lassen, die die genaue Einhaltung des Juliabkommens von 1936 gewährleisteten und jede Einmischung reichsdeutscher Parteistellen in österreichische Angelegenheiten ausschlossen, insbesondere „jede unmittelbare oder mittelbare Ermunterung sowie jede moralische und materielle Unterstützung von Individuen und Gruppen in Österreich, die sich dem Befriedungswerk des österreichischen Bundeskanzlers entgegenstellen; auch die reichsdeutsche Presse und Öffentlichkeit sollen in dem Sinne beeinflusst werden, das Befriedungswerk in Österreich nicht zu stören und im Gegenteil moralische Unterstützung angedeihen zu lassen".[562]

Die unter schwerem Druck stehende Bundesregierung hoffte auf einen Wendepunkt im Verhältnis zu Deutschland. Eine vollkommene Beruhigung der Nervosität im In- und Ausland betrachtete sie als „absolutes Gebot der Stunde", um eine Normalisierung der Beziehungen zu Deutschland zu erreichen.[563] In Berlin wog man die Österreicher in Sicherheit. Ribbentrop bat Wien um „solenne Zusammenarbeit" mit ihm „an dieser historischen Tat", Göring sprach mit herzlichem Ton vom Beginn einer „neuen Epoche der deutschen Geschichte", und ein lachender Goebbels äußerte sich ebenfalls entgegenkommend: „Es gibt kein gegenseitiges Schießen mehr, alles muss im Keim erstickt werden." Hitler, der zu diesem Zeitpunkt immer noch den evolutionären Weg befürwortete, meinte gegenüber dem österreichischen Gesandten: „Wir können uns gegenseitig beglückwünschen!" Die Zeit der Missverständnisse sei vorbei, und niemand könne mehr auf deutsche Zwietracht bauen. „Ich bin glücklich darüber."[564] In seiner Reichstagsrede wies der Diktator freilich darauf hin, die durch die Pariser Friedensverträge verordnete Trennung des Reichs von seinen südlichen deutschen Volksgenossen auf die Dauer als unerträglich zu betrachten.[565]

Italien oblag nur mehr die Zuschauerrolle. Mussolini und Ciano gaben sich gleichgültig und ließen der Bundesregierung dementsprechend ausrichten, die Haltung Wiens für „absolut richtig" zu halten. Der Entschluss zu weitgehenden Konzessionen war nach der Ansicht Roms „im passenden Moment" gefasst worden. „Österreichs Politik sei mit der Achsenpolitik innig verwoben und habe die richtigen Folgerungen gezogen. Eine Politik gegen Deutschland sei für Österreich unmöglich." Nicht frei von Zynismus riet Ciano dem kleinen Land, nun einen „Akt politischer Selbstständigkeit" vorzunehmen, und gab dabei zu verstehen, einen Beitritt zum Antikominternpakt für besonders geeignet anzusehen. Der italienische Außenminister glaubte allerdings nicht, dass Deutschland an diesem Beitritt großes Interesse habe, da es möglicherweise allein „den Kampf der Deutschen gegen den Bolschewismus führen will". Schon darum wollte Ciano ein solch starkes Lebenszeichen eines selbstständigen Österreich günstig dünken.[566]

Hitler hatte Mussolini in keiner Weise über seine Vorgangsweise gegenüber Österreich informiert. Genau dieser Umstand verärgerte den Duce. Außerdem, so kam er zur Auffassung, würde bei einer Eingliederung der Alpenrepublik eine Lage entstehen, „die vollkommen von derjenigen verschieden wäre, in der die Achse gegründet wurde und die eine neue Überprüfung der Situation erfordern würde".[567] Angesichts des sich abzeichnenden Anschlusses drängte mittlerweile auch Ciano auf eine italienisch-britische Verständigung. Italien wollte sich in der Österreichfrage aber nicht mehr von Großbritannien in die Position des alleinigen Beschützers drängen lassen. In London zeigte sich Eden hingegen über die italienische Passivität verwundert, und auch der französische Außenminister bekundete sein Unverständnis an Mussolinis auffallendem Desinteresse gegenüber Österreich.[568]

Schuschnigg wollte sich jedoch noch nicht geschlagen geben. Im Scheinparlament des Bundestages sprach er vom „wahren deutschen Frieden", den der „harte Tag" und das Abkommen des 12. Februar gebracht habe, und betonte unter stürmischen Ovationen und „Heil-Schuschnigg"-Rufen des Hauses, „dass unser Österreich Österreich bleiben muss". Dementsprechend patriotisch schloss er auch seine Ansprache in dieser denkwürdigen Sitzung vom 24. Februar mit den Worten: „Bis in den Tod Rot-Weiß-Rot! Österreich!"[569] Hitler zeigte sich über die Rede empört, und in der Alpenrepublik wuchs der Druck der Straße, vor allem durch die Nationalsozialisten in der Provinz. Berlin und auch Seyß-Inquart erhoben neue Forderungen. Mit dem Rücken zur Wand griff Schuschnigg zum Plan einer Volksbefragung, bei der die Bevölkerung des kleinen Landes über ein „freies und deutsches, unabhängiges und soziales, für ein christliches und einiges Österreich" abstimmen sollte.[570] Am 7. März wurde die italienische Regierung von Schuschnigg über dessen Plan unterrichtet. Mussolini riet dem Bundeskanzler dringend davon ab. Auch fand er die Rede Schuschniggs in Innsbruck, bei der er die Abhaltung der Volksbefragung angekündigt hatte, gegenüber Deutschland und seinem Führer für taktlos. „Er hat das Maul aufgerissen, ohne dazu die Möglichkeiten oder die Mittel zu haben."[571]

In Berlin fühlte sich Hitler tatsächlich durch die Ankündigung eines Plebiszits herausgefordert; noch dazu, da die Bundesregierung in Wien das Wahlalter auf 24 Jahre hinaufgesetzt hatte, um damit die anschlussfreudige und nationalsozialistische Jugend von den Urnen fernzuhalten. Die österreichischen Nationalsozialisten erhielten wieder Handlungsfreiheit und sollten mit allen Mitteln gegen die Durchführung der Volksbefragung vorgehen. Hitler zeigte Nerven: Er wirkte unentschlossen, konfus und war sich über die weitere Vorgangsweise im Unklaren. Göring hingegen demonstrierte Gelassenheit und drängte seinen unsicheren „Führer", Stärke zu demonstrieren und zur Tat zu schreiten. Am 10. März befahl dann der nationalsozialistische Diktator auch, die militärischen Maßnahmen für den Einmarsch in Österreich zu treffen. Bislang hatten sich die führenden Militärs keineswegs detailliert mit dem Problem eines Eingreifens in Österreich beschäftigt, und so war der Generalstab nun zur Improvisation gezwungen.

Die „nationalen" Minister im Kabinett Schuschnigg, Seyß-Inquart und Glaise-Horstenau, sprachen beim Bundeskanzler vor und versuchten aufgrund ihrer Instruktionen aus Berlin, einen Aufschub der Volksbefragung zu erreichen; andernfalls müssten sie demissionieren. Der Bundeskanzler lehnte deren Ansinnen ab. Er räumte lediglich eine später abzuhaltende zweite geheime Abstimmung über seinen politischen Kurs ein. Schuschnigg fragte schließlich bei den Italienern um Rat. Mussolini beriet sich daraufhin mehrmals mit Ciano. Die beiden kamen jedoch bloß zum lapidaren Schluss: „Wir können von hier aus nicht die Verantwortung übernehmen, ihm im einen oder anderen Sinn zu raten. Möge er daher nach seinem Gewissen handeln."[572] Auch London riet Schuschnigg von aktiven Maßnahmen ab und erklärte sich außerstande, etwas für die Selbstständigkeit Österreichs tun zu können. Paris forderte Wien wiederum auf, Zeit zu gewinnen, und versuchte vergeblich, Mussolini noch einmal für die Unabhängigkeit Österreichs zu motivieren.

Von den Westmächten entmutigt, verzichtete Schuschnigg am Nachmittag des 11. März auf die Volksbefragung und trat sodann auch wenige Stunden später zurück. Der Druck aus Berlin, wo vor allem Göring unentwegt alle Maßnahmen für den Einmarsch vorantrieb, war zu groß geworden. Bundespräsident Miklas weigerte sich zwar zunächst noch, Seyß-Inquart zum Bundeskanzler zu ernennen, um gegen Mitternacht unter dem Druck der Straße und aus Angst vor einem NS-Putsch endlich doch einzuwilligen. Seyß-Inquart erachtete zwar eine militärische Intervention für keineswegs als nötig, noch dazu, wo in den Bundesländern bereits die österreichischen Nationalsozialisten nach und nach die Macht übernahmen. Der nach Wien als Hitlers Bevollmächtigter entsandte SS-Obergruppenführer Keppler schickte schlussendlich aber eine Depesche mit der Bitte um militärische Unterstützung zur Schaffung von Ruhe und Ordnung nach Berlin. Dieser Hilferuf war allerdings ohnedies bloß ein Alibi, denn Hitler hatte bereits bevor er diese Nachricht erhalten hatte, den Befehl zum deutschen Einmarsch in Österreich erteilt.

In der Nacht vom 11. auf den 12. März überquerten die ersten Einheiten der Wehrmacht die Grenze. Seyß-Inquart, der sich nur mehr als „historisches Telefonfräulein" ohne Einfluss fühlte, und selbst Keppler wiesen freilich mittlerweile darauf hin, dass die reichsdeutsche Intervention aufgrund der bereits vollzogenen Machtübernahme der Nationalsozialisten in Österreich nicht mehr notwendig, ja ein unnötiger Kraftakt sei. Vergeblich, denn Hitler entschied um halb drei Uhr morgens, den angelaufenen Einmarsch nicht mehr zu stoppen. Die deutsche Wehrmacht und Einheiten der SS besetzten daraufhin Österreich im großen Stil und stießen dabei auf keinerlei Widerstand. Noch am Abend des 11. März hatten der britische und französische Botschafter in Berlin der Reichsregierung die Protestnoten ihrer Regierungen überreicht.[573] Hitler ließ von Neurath in seiner Funktion als Präsident des Geheimen Kabinettsrats antworten. Dieser wies dabei die beiden Botschafter Neville Henderson und André François-Poncet darauf hin, dass weder der britischen noch der französischen Regierung das Recht zustehe, „die Rolle eines Beschützers der Unabhängigkeit Österreichs für sich in Anspruch zu nehmen". Die Gestaltung der Beziehungen zwischen dem Reich und Österreich – so habe man London und Paris nie in Zweifel gelassen – sei „eine dritte Mächte nicht berührende innere Angelegenheit des deutschen Volkes".[574]

Am Vormittag des 12. März empfing Mussolini den Prinzen von Hessen. Der Schwiegersohn des italienischen Königs und SA-Führer hatte ihm einen Brief des deutschen Diktators zu überbringen. In diesem verständigte Hitler den Duce über seine Entscheidung, „die durch die Umstände notwendig erscheint und bereits unabänderlich geworden ist". In den letzten Monaten hätten demnach Österreich und die Tschechoslowakei eine Beziehung entwickelt, „die schon im Frieden für uns schwer erträglich ist, im Falle eines Deutschland aufgezwungenen Krieges aber die Ursache einer äußerst ernsten Bedrohung der Sicherheit des Reiches werden würde." Im weiteren Verlauf habe Österreich begonnen, allmählich alle Grenzen mit Sperren und Befestigungen zu versehen. Diese konnten nur den Zweck haben, die Restauration zur gegebenen Zeit durchzuführen und „das Gewicht einer Masse von jedenfalls 20 Millionen Menschen auch gegen Deutschland falls nötig in die Waagschale zu werfen."

Gerade die enge Beziehung zu Italien, so fuhr Hitler in seinem Schreiben fort, habe das Reich Angriffen ausgesetzt. „Auf mir ruht die Verantwortung, in Mitteleuropa nicht eine Situation entstehen zu lassen, die gerade wegen unserer Freundschaft mit Italien eines Tages zu ernsten Komplikationen führen könnte." Die österreichische Regierung bezichtigte Hitler, Teile der Bevölkerung zu verfolgen. Deutschland habe daher schon 40.000 Flüchtlinge aus Österreich aufnehmen müssen. Seine Forderungen an Schuschnigg in Berchtesgaden wären „mehr als gemäßigt" gewesen, doch der Bundeskanzler habe die Vereinbarung vom ersten Augenblick an nicht eingehalten. Die von ihm geplante Volksbefragung sei ein Hohn auf jede Volksabstimmung. Die Folgen wären nur neue Vergewaltigungen der Volksmehrheit. Nun erhebe sich aber das österreichische Volk endgültig gegen die andauernde Unterdrückung. Seit zwei Tagen nähere sich Österreich daher in steigendem Maß der Anarchie. „In meiner Verantwortung als Führer und Kanzler des Deutschen Reiches und auch als Sohn dieser Scholle kann ich nicht länger dieser Entwicklung der Ereignisse untätig zusehen. Ich bin entschlossen, nunmehr in meiner Heimat Ordnung und Ruhe wiederherzustellen und dem Willen des Volkes die Möglichkeit zu geben, über sein eigenes Schicksal in unmissverständlicher, klarer und offener Weise nach seinem Urteil zu entscheiden." Mussolini, so bat er den Duce, solle in diesem Vorgehen „nichts anderes als einen Akt nationaler Notwehr" sehen, und so erinnerte er den Diktator in Rom, dass auch er ihm in einer für Italien kritischen Stunde die Festigkeit seiner Gefühle bewiesen hätte. „Zweifeln Sie nicht daran, dass auch in Zukunft in dieser Hinsicht nichts geändert wird." Was auch immer in der Zukunft geschehen werde, die Grenze zu Italien sei ohne jeden Zweifel der Brenner.[575]

Der Brief verfehlte seinen Eindruck auf Mussolini nicht. So ließ er Hitler ausrichten, „dass Italien die Ereignisse mit vollkommener Ruhe verfolge". Der Diktator in Berlin reagierte über diese Botschaft mit unübersehbarer Erleichterung und Dankbarkeit. In einem Telefonat mit dem Prinzen von Hessen wiederholte er sich in seinen Solidaritätsbekundungen gegenüber dem Duce gleich mehrmals: „Ich werde ihm das nie vergessen, es kann sein, was will. Wenn er jemals in irgendeiner Not oder irgendeiner Gefahr sein sollte, dann kann er überzeugt sein, dass ich auf Biegen vor ihm stehe, da kann sein, was da will, wenn sich auch die Welt gegen ihn erheben würde."[576]

Hitler fährt nach dem Anschluss Österreichs unter dem Jubel der Menschen durch die Straßen Wiens zum Rathaus.

Ursprünglich hatte Hitler allerdings gar nicht an eine Annexion, sondern vielmehr an eine Gleichschaltung Österreichs und an eine Personalunion gedacht. Nach dem Rücktritt von Bundespräsident Miklas beabsichtigte der deutsche Diktator, selbst den Posten des Staatsoberhaupts des kleinen Landes an Donau und Alpen anzunehmen. Aber die ruhige Haltung Mussolinis und die halbherzige Reaktionen der Westmächte ließen ihm seine Meinung ändern. Dafür hatte vor allem auch Göring gesorgt, der unaufhörlich auf eine Maximallösung drängte. Darüber hinaus tat der begeisterte Empfang seine Wirkung, der Hitler bei seiner Reise von Braunau, wo er die Grenze überschritten hatte, nach Linz zuteil wurde und selbst die kühnsten Erwartungen übertraf. Der Einmarsch in Österreich gestaltete sich zum „Blumenfeldzug". Auf dem Balkon des Linzer Rathauses hielt der heimgekehrte Diktator eine Rede, und am nächsten Morgen legte er am Grab seiner Eltern in Leonding einen Kranz nieder. Am Abend des 13. März unterzeichnete er schließlich sichtlich gerührt in einem Linzer Hotel das Gesetz über die Wiedervereinigung Österreichs mit dem Deutschen Reich.

Am 14. März kam Hitler nach Wien. Es schien, als erwartete die ganze Stadt ihren Messias. Der Diktator stieg im besten Hotel am Platz, im „Imperial", ab, wo er sich wiederholt einer draußen auf der Ringstraße ausharrenden hysterischen Menschenmenge zeigen musste. Tags darauf hielt er auf dem Wiener Heldenplatz eine seiner berühmtesten Ansprachen. Vom Balkon der neuen Hofburg vor einer – wohlorganisierten – verzückten, etwa 250.000 Menschen zählenden Menge verkündete er: „In wenigen Tagen hat sich innerhalb der deutschen Volksgemeinschaft eine Umwälzung vollzogen, die wir heute wohl in ihrem Umfang sehen, deren Bedeutung aber erst spätere Geschlechter ganz ermessen werden. [...] Ich proklamiere nunmehr für dieses Land seine neue Mission. Sie entspricht dem Gebot, das einst deutsche Siedler aus allen Gauen des Altreiches hierher berufen hat. Die älteste Ostmark des deutschen Volkes soll von jetzt an damit das jüngste Bollwerk der deutschen Nation und damit des Deutschen Reiches sein. [...] Das Land ist deutsch, es hat seine Mission begriffen, es wird diese erfüllen, und es soll an Treue zur großen deutschen Volksgemeinschaft von niemand jemals übertroffen werden. [...] Ich kann somit in dieser Stunde dem deutschen Volk die größte Vollzugsmeldung meines Lebens abstatten. Als der Führer und Kanzler der deutschen Nation und des Reiches melde ich vor der Geschichte nunmehr den Eintritt meiner Heimat in das Deutsche Reich."[577]

Die Rückkehr Hitlers nach Wien hätte beeindruckender nicht verlaufen können. Dass es ihm besondere Genugtuung verschafft haben musste, im Triumphzug in die Stadt zurückzukehren, in der er als – wie er es auffasste – verkannter junger Mann am äußersten Rand der Gesellschaft zu leben gezwungen war, liegt auf der Hand. Aber der Diktator blieb lediglich 24 Stunden in Wien, dann verließ er die Stadt, die er wohl noch immer abgrundtief verachtete. Abseits seiner Emotionen war ihm der Anschluss des Landes vor allem aus strategischen Motiven wichtig, um damit die von ihm so gehasste Tschechoslowakei in die Zange zu nehmen. Der schließlich durch eine Volksabstimmung sanktionierte Anschluss brachte Hitler im Reich eine weitere Steigerung seiner Popularität, und die Westmächte vermeinten, sich mit dem Gedanken trösten zu können, dass die österreichische Bevölkerung doch ohnehin mit einer überwältigenden Mehrheit von beinahe 100 Prozent Jastimmen für die Angliederung an Deutschland votiert hatte.[578] Auf die feierliche „Heimkehr" Österreichs folgte die Verfolgung auf dem Fuße. Unterstützt und angetrieben von den ehemals illegalen heimischen Nationalsozialisten, bewies sich die SS einmal mehr in Repressalien und Terror, denen sich Tausende Regimegegner, Juden und Angehörige anderer „rassisch minderwertiger" Minoritäten ausgesetzt sahen. Für sie bedeutete der Anschluss die Vernichtung ihrer Existenz.

In Rom sah sich Mussolini im Faschistischen Großrat gezwungen, Hitlers Politik zu verteidigen. Italo Balbo, mittlerweile Marschall und Generalgouverneur von Libyen, hatte das deutsche Vorgehen kritisiert. Der Duce jedoch konterte: „Wenn wir acht Millionen Italiener an der Grenze hätten, würden wir es genauso machen. Wenigstens ich würde so handeln. Und ich habe es auch schon getan." Mussolini erinnerte dabei an die Annexion von Fiume. Für ihn war nun eine „Zweideutigkeit aus der Landkarte Europas gestrichen". Drei andere warteten seiner Auffassung nach aber ebenfalls darauf, in Ordnung gebracht zu werden: die Tschechoslowakei, Schweiz und Belgien.[579] Am 16. März hielt er vor der Kammer eine großangelegte Rede, die sich ausschließlich mit dem Anschluss beschäftigte. Vor den begeisterten Abgeordneten bewies er sich einmal mehr als Meister der Anpassung. Weite politische Kreise in der italienischen Öffentlichkeit vermochten seiner Richtungsänderung jedoch noch nicht zu folgen und reagierten mit Verständnislosigkeit und versteckter Kritik an der Aufgabe Österreichs.[580]

Hitler kannte die Schwierigkeiten, mit denen sich der faschistische Diktator konfrontiert sah. Deshalb zeigte er sich gegenüber dem Duce besonders dankbar und war dafür auch bereit, auf das deutschsprachige Südtirol zu verzichten: „Wir wissen, was die Haltung Mussolinis in diesen Tagen für Deutschland bedeutet hat. Wenn es eine Festigung der Beziehungen zwischen Italien und Deutschland hat geben können, dann ist sie jetzt eingetreten. Aus einer weltanschaulich und interessenmäßig bedingten Gemeinschaft ist für uns Deutsche eine unlösbare Freundschaft geworden. Das Land und die Grenzen dieses Freundes aber sind für uns unantastbar. Ich wiederhole es: dass ich Mussolini diese Haltung nie vergessen werde!"

Der reibungslose Ablauf der Annexion Österreichs, der triumphale Einzug in Wien und das Stillhalten der Westmächte hatten Hitlers Selbstvertrauen konsequenterweise weiter anwachsen lassen. Weder London noch Paris hatten es gewagt, sich ihm entgegenzustellen, mit Krieg gedroht oder militärische Maßnahmen getroffen. Man hatte es ohne viel Entrüstung hingenommen, dass der Diktator veranlassen konnte, einen unabhängigen Staat in der Mitte Europas einfach einzuverleiben und ein Problem in seinem Sinn zu lösen. Für Mussolini bedeutete der Anschluss einen innen- und außenpolitischen Prestigeverlust. Die italienische Bevölkerung reagierte überwiegend negativ. Während Hitler nun den ersten großen Erfolg der Achse für sich verbuchen konnte, bedeutete der Anschluss einen Imageschaden für den Duce, der sich jahrelang schützend vor die Alpenrepublik gestellt hatte. Der Mann der Tat, als der er immer erscheinen wollte, hatte bloß zugesehen, wie ein befreundeter Staat von seinem eigenen Partner annektiert wurde. Italien war über Deutschlands Fait accompli verstimmt. Das Wecken von positiven Emotionen tat not.

Der Nationalsozialismus stattete dem Faschismus seinen Besuch ab. Vier Sonderzüge brachten Hitler und sein Gefolge – unter ihnen auch so gut wie versteckt Eva Braun – am Abend des 3. Mai nach Rom. Naturgemäß stand der Aufwand der Faschisten dem nationalsozialistischen Pomp des Vorjahres um nichts nach, ja, übertraf ihn sogar noch. Mussolini hatte im Vorfeld selbst minutiös für die Vorberei-

Hitler und Mussolini bei der gemeinsamen Fahrt durch Rom.

Die beiden Diktatoren vor dem Grabmal des Unbekannten Soldaten. Hinter ihnen die Vasallen der beiden Regime.

tungen Sorge getragen. Ebenso wie seinem Gastgeber im Vorjahr war das reibungslose Gelingen auch für den italienischen Diktator eine Frage persönlichen Prestiges. Manches freilich, was die deutschen Gäste zu sehen bekommen sollten, war in Wirklichkeit bloß Fassade. Potemkinsche Dörfer wurden errichtet, und selbst die Waffen, die in den Paraden zur Schau gestellt wurden, waren nicht alle echt. Dem Besucher aus Deutschland imponierte jedenfalls besonders die gelungene U-Boot-Vorführung anlässlich der Flottenparade vor Neapel, bei der sich Italien als Seestreitmacht ersten Ranges präsentierte. Außerdem registrierte Hitler eine Begeisterung der Bevölkerung für den Duce, die selbst ihn noch zu verblüffen schien. „Die Leute haben, wenn ich mit dem Duce fuhr, Duce! gerufen, wenn ich mit dem König fuhr, Führer! In Florenz habe ich glühende Verehrung und Liebe in den Augen der Bevölkerung gesehen. Da war nur der Duce dabei, nicht auch der König. Die sahen den Duce an, wie wenn sie ihn verzehren wollten."[581]

Die Anwesenheit des Monarchen, der so gar nicht ins Bild der faschistischen Inszenierung passte, störte den deutschen Gast beträchtlich. Aufgrund des Protokolls konnte Mussolini, seit kurzem auch „Marschall des Imperiums", jedoch nicht an der Seite Hitlers durch die von ihm selbst erdachten und verwirklichten römischen Prachtstraßen im Triumphzug fahren. Der König war schließlich das italienische Staatsoberhaupt, und so war Hitler gezwungen, mit ihm in einer sechsspännigen Kutsche Einzug in der Ewigen Stadt zu halten. Auch war der deutsche Diktator im Quirinal zu Gast. Doch der Monarch und sein Gefolge, die Aristokratie im Allgemeinen, widerten Hitler mehr denn je an. Für Heß und Goebbels Grund genug, um sich bei einer Abendveranstaltung in der Villa Borghese lauthals über den König und seinen Hofstaat lustig zu machen.[582]

Die Antipathie beruhte freilich auf Gegenseitigkeit. Viktor Emanuel blieb Hitler gegenüber weiterhin voll Ressentiments und stellte ihn als einen psychisch und physisch degenerierten Mann dar, wie er überhaupt allerlei seltsame und befremdende Anekdoten über den deutschen Diktator in Umlauf brachte. Immerhin glaubte auch Mussolini, dass Hitler Rouge auftragen würde, um seine Blässe zu verbergen. In den gemeinsamen Gesprächen mit dem Duce zeigte sich der deutsche Diktator jedenfalls maßvoll und bezeichnete die Alpengrenze erneut als „unantastbar". Auch gelang es Hitler während seines Staatsbesuchs durchaus, Sympathien zu gewinnen.[583]

Pompöse Spektakel und warm gehaltene Harmoniebekundungen lösten einander ab. „Ihr Besuch vollendet und besiegelt das Einvernehmen zwischen unseren beiden Ländern", so verkündete Mussolini gegenüber Hitler in seiner Ansprache bei der Abendtafel im Palazzo Venezia, vor dem sich draußen die Massen versammelt hatten. Der deutsche Diktator zeigte sich tief bewegt: „Die nationalsozialistische Bewegung und die faschistische Revolution haben zwei neue machtvolle Staaten geschaffen, die heute in einer Welt der Unruhe und Zersetzung als Gebilde der Ordnung und des gesunden Fortschritts dastehen. So haben Deutschland und Italien gleiche Interessen und sind durch ihre weltanschauliche Gemeinschaft miteinander eng verbunden. Damit ist in Europa ein Block von 120 Millionen entstanden, die entschlossen sind, ihre ewigen Lebensrechte zu wahren und sich gegenüber allen Kräften zu behaupten, die es unternehmen sollten, sich ihrer natürlichen Entwicklung entgegenzustellen. Aus diesem Kampf gegen eine Welt des Unverständnisses und der Ablehnung, den Deutschland und Italien Schulter an Schulter führen mussten, ist allmählich eine herzliche Freundschaft zwischen den beiden Völkern erwachsen. Diese Freundschaft hat ihre Festigkeit während der Ereignisse der letzten Jahre erwiesen. Sie haben zugleich der Welt gezeigt, dass den berechtigten lebenswichtigen Interessen großer Nationen so oder so Rechnung getragen werden muss. Es ist daher nur zu natürlich, dass unsere beiden Völker diese in den letzten Jahren sich immer mehr bewährende Freundschaft in ständiger Zusammenarbeit auch für die Zukunft weiter ausbauen und vertiefen."[584]

Trotz verschiedener atmosphärischer Störungen gefiel Italien dem nationalsozialistischen Diktator. Der Künstler und Architekt in Hitler zeigte sich auf seinen Besichtigungstouren über die Schönheit der italienischen Städte und die kulturelle Tradition des Landes begeistert. Noch Jahre später sollte er sich an die für ihn wohl unvergessliche Reise erinnern: „Jeder Palast in Florenz oder Rom ist mehr wert als das ganze Windsor Castle. [...] Wie wir den Duce bei uns empfingen, dachten wir, es war schön; aber unsere Fahrt durch Italien, der Empfang dort, – bei allem Zeremoniell – die Fahrt zum Quirinal, das war doch etwas anderes noch. [...] Ich wünschte mir nur, wie ein unbekannter Maler in Italien herumstreichen zu können!"[585]

In Neapel hatte Hitler allerdings Grund zum Ärger. Wieder einmal hatte er bei einem Aufeinandertreffen mit dem Duce die falsche Kleiderwahl getroffen. So erschien er zum Festessen im königlichen Palast und zur anschließenden Festaufführung der „Aida" im Teatro San Carlo im Frack, während seine italienischen Gastgeber Uniform trugen. Zu allem Übel musste er bei der Abfahrt auf dem Bahnhof die Front der italienischen Ehrenkompanie und der Ortsgruppe der NSDAP abschreiten – im Frack. Ribbentrop hatte daraufhin wütende Vorwürfe seines „Führers" über sich ergehen zu lassen.[586]

Die Reise klang jedoch höchst versöhnlich aus. Florenz – „die schönste Stadt der Welt" – brachte den deutschen Diktator, der den widerwilligen Mussolini auch in die Uffizien mitschleppte, ins Schwärmen. Der König war in Rom geblieben, und so gestaltete sich am 9. Mai der Abschied der beiden Diktatoren am Bahnhof der toskanischen Hauptstadt denn auch in ausgesuchter Herzlichkeit. Die beiden unbarmherzigen Männer waren tatsächlich bewegt. „Nun kann uns keine Macht mehr trennen", versicherte der Duce dem deutschen Diktator, dessen Augen sich währenddessen mit Tränen füllten.[587] Der nationalsozialistische Führer wollte sich für die so gelungene Reise auf seine Weise revanchieren. So beabsichtigte er, den Berliner „Adolf-Hitler-Platz" im Zuge der Neugestaltung der Reichshauptstadt nach Mussolini umzubenennen. Dann sei er selber ihn los und darüber hinaus „sieht es besonders ehrenvoll aus, wenn ich gerade meinen Platz dem Duce abtrete". Tatsächlich hatte Hitler selbst dafür schon ein Mussolini-Denkmal entworfen. Dabei blieb es freilich, denn der Umbau des Platzes konnte nicht mehr realisiert werden.[588]

Mussolini segelte nun ganz auf deutschem Kurs. Am 14. Mai sah er sich in einer Rede in Genua bemüßigt, noch einmal die italienische Haltung zum Anschluss zu verteidigen und die Solidarität der Achse zu bekräftigen; auch kritisierte er die Politik der Westmächte gegenüber seinem Land: Italien habe sich den Luxus nicht leisten können, zu versuchen, den Ablauf einer „nationalen Revolution" zu verhindern und so die „verhasste Aufgabe" des habsburgischen Österreich auf unbegrenzte Zeit zu übernehmen. Auch wenn Stresa tot und begraben und die deutsch-italienische Freundschaft dauerhaft sei, habe man sich einer ehrlichen Verständigung mit anderen Staaten nicht versperrt. So werde auch das jüngste Abkommen mit Großbritannien zweifellos von Dauer sein. Die Beziehungen zu Frankreich positiv zu gestalten, sei dagegen durch die Gegnerschaft im Spanischen Bürgerkrieg schwieriger.[589]

Der deutsche Kurs änderte vorerst nichts daran, dass Mussolini versuchte, das Verhältnis zum Empire zu verbessern. Prinzipiell reagierte man freilich sowohl in Berlin als auch in Rom auf die geringsten Anzeichen einer Anbahnung freundschaftlicher Beziehungen des Achsenpartners mit Großbritannien empfindlich. Das angesprochene Abkommen zwischen London und Rom stammte vom 16. April und war eine vertragliche Festlegung der durch die italienischen Eroberungen in Nordostafrika geschaffenen Lage. Es schien das Ende der Spannungen der beiden Staaten seit dem Abessinienkrieg einzuläuten. Ciano hielt es für ein Abkommen von großer Tragweite, es beginne eine neue Epoche in den gemeinsamen Beziehungen: „Freundschaft auf der Ebene der Gleichberechtigung: die einzige Art von Freundschaft, die wir annehmen können. Mit London und mit jedem anderen."[590]

Das Osterabkommen war dabei aber für die italienischen Aspirationen eigentlich eher ungünstig ausgefallen. Gerade im Mittelmeer wurde Italien in Schranken gehalten. Trotzdem ließ Mussolini die Abmachung von der Öffentlichkeit feiern. Eine Massendemonstration auf der Piazza Venezia sollte dabei die italienisch-briti-

Massenkundgebung vor dem Palazzo Venezia anlässlich der Abendtafel für Hitler und seine Begleitung.

sche Freundschaft vor aller Welt bekunden. An das In-Kraft-Treten des Accords waren freilich zwei wichtige politische Voraussetzungen geknüpft: Die Verpflichtung Italiens, Spanien mit Beendigung des Bürgerkriegs zu räumen, ohne sich dort irgendwelche Vorrechte zu sichern, und die Zusage Großbritanniens, die Anerkennung der Oberhoheit Italiens über Abessinien durch die Mitglieder des Völkerbundes zu ermöglichen.[591] Doch die weitere Verständigung zwischen den beiden Mächten langte im Frühsommer an einem toten Punkt an, sodass Mussolini das Abkommen am besten Wege „verdampfen" sah.[592]

Während die westliche Welt mit aller Macht den Krieg vermeiden wollte, bereiteten ihn Hitler und Mussolini vor. Entgegenkommen wurde ausnahmslos als Schwäche gesehen. Die atlantischen Demokratien schienen den beiden Diktatoren in einem unaufhörlichen Zerfallsprozess, den man nach Möglichkeit fördern und ausnutzen sollte. Dass man 20 Jahre nach Beendigung des Weltkriegs nicht schon wieder wütend auf ein Blutvergießen hinzusteuern gewillt war, vermochten Hitler und Mussolini bloß als Zeichen von Dekadenz und Selbstaufgabe zu deuten. Die Einstellung des Duce gegenüber Frankreich verschlechterte sich in der Tat zunehmend. So hielt er die Franzosen für „ein vom Alkohol, der Syphilis und dem Journalismus ruiniertes Volk".[593] Der Partei gab Mussolini Anfang Juni den Auftrag, „eine Welle des Franzosenhasses" zu erzeugen, „um die Italiener von der letzten Sklaverei zu befreien: der von Paris".[594] Die Briten schätzte Mussolini wiederum als ein Volk ein, „das ein bequemes Leben führe und das Essen und das Spielen zur Religion erhoben habe. Auch die Deutschen besäßen im Grunde diese Tendenz zur Genusssucht, würden aber durch die Philosophie des Heroismus und durch den Mangel an Lebensraum und Reichtum gebremst."[595]

Unbestreitbar herrschte in Großbritannien allgemeine Friedenssehnsucht vor. In pazifistischer Grundstimmung begeisterte man sich für den Völkerbund, die Rüstung sollte sich hingegen im Rahmen kollektiver Sicherheit bewegen. Die Politik des „appeasement" war aber keineswegs bloß ein charakterloses, schwächliches Nachgeben gegenüber den immer aggressiveren Forderungen Hitlers; vielmehr suchte London mit einem gewissen Maß an Ausgewogenheit die Spannungen auf dem Kontinent zu lösen und die Ursachen methodisch zu beseitigen. Freilich musste Großbritannien schon aus militärischen Gründen eine Politik der Beschwichtigung betreiben, denn mittlerweile sah man sich von Deutschland, Italien und Japan bedroht und wollte es dementsprechend vermeiden, gleich gegen alle drei allein kämpfen zu müssen. Darüber hinaus war man sich allgemein im Klaren, dass sich selbst ein Sieg in einem neuen verheerenden Krieg letztlich als Pyrrhussieg herausstellen würde. Schlussendlich hatte aber auch der neue konservative Premierminister Neville Chamberlain nicht nur die Notwendigkeit zur Aufrüstung erkannt. Er kehrte auch nach der Abessinieninvasion von der auf dem Völkerbund basierenden Sicherheitspolitik ab und wandte sich direkten Verhandlungen zwischen den Mächten zu. Beharrlich verfolgte Chamberlain sowohl seine Strategie des Ausgleichs und der Versöhnung als auch die Wiederaufrüstung des Empires. Trotzdem wuchs nicht bloß die Kritik von Labour und den Liberalen gegen das „appeasement". Selbst innerhalb der konservativen Partei befürworteten Männer wie Churchill, Eden und Cooper immer mehr eine Abkehr von dieser Politik.

Aber Paris zeigte sich ebenfalls bereit, Hitler immer mehr Zugeständnisse zu machen, um einen Krieg abzuwenden und Zeit zu gewinnen. Ende der dreißiger Jahre war Frankreich zutiefst verunsichert, politisch in zwei extreme Lager gespalten, wirtschaftlich geschwächt, sozial unzufrieden und sich selbst seiner militärischen Schwäche wohl bewusst. Noch immer litt das Land unter dem Trauma des Ersten Weltkriegs, der schließlich entscheidend auf seinem Boden ausgetragen worden war und so viele Opfer gekostet hatte. Auch machte sich ein dramatischer Einbruch der Geburtenrate bemerkbar. Trotzdem verfügte die Dritte Republik in der Zwischenkriegszeit über ein im Verhältnis zu seinen Nachbarn durchaus starkes Heer, das sich allerdings in Waffentechnik und Strategie an den Erfahrungen von 1914/18 orientierte. Das Dogma der Defensive, das sich im Befestigungswall der bis zu den Ardennen reichenden Maginotlinie niederschlug, stand dabei durchaus im Einklang mit der öffentlichen Meinung. Die französische Allianzpolitik mit den mittel- und osteuropäischen Staaten besaß keinerlei Wert mehr; zum einen, weil die jeweiligen Partner Frankreichs untereinander teilweise sogar verfeindet waren, zum anderen, weil sich Paris selber außerstande sah, im Krisenfall tatsächlich militärisch zu intervenieren. Daher bemühte man sich angestrengt, allen möglichen Konflikten mit Deutschland aus dem Weg zu gehen und seine eigenen Grenzen von Berlin garantiert zu erhalten. Hitler hatte das Pariser Nachkriegssystem bereits mit großem Erfolg unterminiert. Doch sein Hunger nach Expansion war ebenso wie der Mussolinis noch lange nicht gestillt. Nach dem Anschluss Österreichs an das Dritte Reich wurde Europa noch im selben Jahr aufs Neue herausgefordert.

# Die Zerschlagung der europäischen Ordnung II

## Mai bis Dezember 1938

Hitlers unheilvolle Unrast hielt weiter an. Allgemein wurde in Europa erwartet, dass er nach dem Anschluss nun darangehen würde, für die in den böhmischen Ländern lebenden Deutschen eine Lösung in seinem Sinne anzustreben. Der von Masaryk und Beneš aus den Trümmern der Donaumonarchie errichtete tschechoslowakische Staat stellte für den Diktator seit jeher ein künstliches Gebilde dar, das ihm als Produkt der Pariser Friedenskonferenz, Trabant Frankreichs und mittlerweile auch Verbündeter der Sowjetunion zutiefst zuwider war. Doch gab es auch handfeste Argumente: Die ČSR, die letzte Demokratie westlichen Zuschnitts in Ostmitteleuropa, besaß eine ansehnliche Armee, verfügte über starke Grenzfestungen und die berühmte Škoda-Waffenfabrikation. Seit geraumer Zeit gedachte Hitler, den Nachbarn an der Südostgrenze des Reiches zu zerschlagen. Der Umstand, dass der im Herbst 1918 geschaffene Staat immerhin drei Millionen Deutschsprachige, etwas weniger als eine Million Ungarn und nicht ganz eine halbe Million Polen beherbergte diente ihm als willkommener Vorwand, sich als Beschützer der nationalen Minderheiten aufzuspielen.[596]

Nach dem berauschenden Erfolgserlebnis, das er in Österreich erfahren hatte, war Hitler zur Aktion entschlossen. Noch in den Tagen des Anschlusses hatte Göring dem tschechoslowakischen Gesandten in Berlin versichert, dass Prag vom Reich nichts zu befürchten hätte. Der Feldmarschall gab dem Diplomaten dabei zweimal sein Ehrenwort. Bereits zwei Wochen danach hatte Hitler jedoch den Führer der Sudetendeutschen Partei, Konrad Henlein, angewiesen – als Vorwand für die reichsdeutsche Intervention in der ČSR –, gegenüber Prag unannehmbar hohe Forderungen zu stellen.[597] Keitel wiederum erklärte er, dass es nach einer Zeit sich allmählich zuspitzender diplomatischer Auseinandersetzungen zum Krieg kommen solle. Als Alternative hierfür sah er blitzartiges Handeln nach einem Zwischenfall wie etwa der Ermordung des deutschen Gesandten in Prag im Anschluss an eine deutschfeindliche Demonstration. Die Tschechoslowakei sollte zu Land und von der Luft aus angegriffen werden. Politisch wären die ersten vier Tage militärischen Handelns die entscheidenden. „Bleiben durchschlagende, militärische Erfolge aus, so tritt mit Sicherheit eine europäische Krise ein." Vollendete Tatsachen sollten von der Ausweglosigkeit fremden militärischen Eingreifens überzeugen, zur Teilung der Beute Deutschlands Verbündete auf den Plan rufen und Prag schließlich demoralisieren.[598]

Ribbentrop unterstützte Hitlers Kriegspläne so nachhaltig wie kein zweiter Machthaber des NS-Regimes. Vom Achsenpartner war wohlwollende Neutralität zu erwarten. Nach dem Besuch in Italien telegrafierte der Reichsaußenminister an die deutschen Botschaften im Ausland: „Was sudetendeutsche Frage anlangt, so ergaben Unterhaltungen ohne weiteres, dass Italiener für unsere Anteilnahme an sudetendeutschem Schicksal Verständnis haben. [...] Wachsamkeit italienischer und deutscher Regierung wird unverändert gespannt bleiben und sich in unverminder-

Der deutsche Diktator bei einer Ansprache in der Hanseatenhalle in Hamburg.

ter Rüstung dokumentieren."[599] Der Staatssekretär im Auswärtigen Amt, Ernst Freiherr von Weizsäcker, fügte dem noch hinzu: „Aus Äußerungen Mussolinis und Cianos ergab sich unzweideutig, dass Italien im Falle eines Konflikts Deutschland – Tschechoslowakei Gewehr bei Fuß stehen bleiben will und nicht die Absicht hat, das deutsche Vorgehen zu hemmen, aber auch nicht für die deutschen Absichten gegenüber Prag sich aktiv einzusetzen. Diese italienische Haltung wird aufgrund der Gespräche des Führers mit Mussolini und des Reichsaußenministers mit Ciano und Mussolini bei uns so verstanden, dass die Italiener die Gefahren eines deutsch-tschechischen Zusammenstoßes nicht für übermäßig hoch einschätzen; Italien traue uns zu, dass wir die tschechoslowakische Angelegenheit ohne europäischen Konflikt behandelten und dass auch Frankreich und England wohl nicht bereit wären, für die Tschechoslowakei mit der Waffe einzutreten. Die Gespräche erwiesen ferner, dass die italienische Politik vorläufig auf Konsolidierung, auf Ruhe und zugleich auf weitere Sicherung und Aufrüstung gerichtet ist. Dass Italien im Mittelmeer auch für späthin als saturiert anzusehen wäre, darf aus Vorstehendem nicht geschlossen werden, jedoch scheinen die italienischen ferneren Ziele im Mittelmeer noch nicht festzuliegen. Man wird sie jedoch wohl in einer Richtung suchen müssen, welche vorwiegend gegen Frankreich gerichtet wäre, während England möglichst geschont werden dürfte."[600]

Im Mai spitzte sich die Lage erstmals zu. Nach Berichten über deutsche Truppenbewegungen zum Überfall auf die Tschechoslowakei machte Prag am 20. Mai seinerseits teilmobil. Darüber hinaus wurde Hitler vom britischen und französischen Botschafter in Berlin gewarnt, dass ein Überfall auf die Tschechoslowakei zu einem allgemeinen Krieg führen würde. Diese Nachricht kam für ihn überraschend, da gerade auf der Insel die Meinung vorzuherrschen schien, dass die Tschechen Großbritannien nichts angingen, wie etwa Harold Rothermere in der „Daily Mail" verkündete, und selbst Premierminister Chamberlain von einem fernen, unbekannten Land sprach, dem Grenzrevisionen durchaus zur Gesundung verhelfen könnten.[601] Mussolini wiederum hatte sich bislang zwar an der tschechoslowakischen Frage desinteressiert gezeigt und sie auch nicht für besonders besorgniserregend gehalten. Nun wollte er aber einen Konflikt voraussehen und erklärte, dann sofort an der Seite der Deutschen in den Kampf einzugreifen.[602]

Wohl wissend, dass die deutschen Kriegsvorbereitungen noch ungenügend waren, sah sich Hitler jedoch gezwungen, zurückzuziehen. Am 22. Mai ordnete er in einer Konferenz am Berghof schweren Herzens an, die militärischen Vorbereitungen gegen die Tschechoslowakei einzustellen. Trotzdem war es gerade diese in der „Wochenendkrise" erlittene Schmach, die Hitler dazu bewegte, nun in weiterer Folge die Tschechoslowakei nicht mehr zur Ruhe kommen zu lassen. Ribbentrop stachelte dabei den Diktator noch zusätzlich auf, den verhassten Nachbarn bis Jahresende zu zerschlagen. Der erfolglose und sogar verlachte ehemalige Botschafter in

London nährte in seiner Verachtung für Großbritannien nur noch Hitlers Annahme, dass das Empire nicht intervenieren würde. Während des Anschlusses von Göring noch geschickt ins Abseits gedrängt, ließ er nun nicht mehr locker, seinem „Führer" zu einem aggressiven Vorgehen gegen die Tschechoslowakei zu raten.

Die Wut des deutschen Diktators über den eben erlittenen Imageverlust spiegelte sich in seiner Weisung für den Plan „Grün" vom 30. Mai wider: „Es ist mein unabänderlicher Entschluss, die Tschechoslowakei in absehbarer Zeit durch eine militärische Aktion zu zerschlagen. [...] Als Voraussetzung für den beabsichtigten Überfall sind notwendig a) ein geeigneter äußerer Anlass und damit b) eine genügende politische Rechtfertigung, c) ein für den Gegner unerwartetes Handeln, das ihn in einem möglichst geringen Bereitschaftsgrad trifft. Militärisch und politisch am günstigsten ist blitzschnelles Handeln aufgrund eines Zwischenfalls, durch den Deutschland in unerträglicher Weise provoziert wurde und der wenigstens einem Teil der Weltöffentlichkeit gegenüber die moralische Berechtigung zu militärischen Maßnahmen gibt. Aber auch eine etwa dem Krieg vorausgehende Zeit diplomatischer Spannungen muss durch plötzliches, dem Zeitpunkt und dem Umfang nach überraschendes Handeln unsererseits ihren Abschluss finden, bevor der Gegner sich einen nicht mehr einzuholenden Vorsprung in der militärischen Bereitschaft sichert."

Für die Vorbereitung zog Hitler die Folgerungen: „Für den Waffenkrieg kommt es darauf an, das Moment der Überraschung als wichtigsten Faktor des Sieges durch entsprechende Bereitschaftsmaßnahmen schon im Frieden und durch einen unerwartet schnellen Ablauf der Aktion in höchstem Maße auszunutzen. Dadurch muss schon in den ersten zwei bis drei Tagen eine Lage geschaffen werden, die interventionslüsternen gegnerischen Staaten die Aussichtslosigkeit der tschechischen militärischen Lage vor Augen führt sowie den Staaten, die territoriale Ansprüche an die Tschechoslowakei haben, einen Anreiz zum sofortigen Eingreifen gegen die Tschechoslowakei gibt. In diesem Fall ist mit dem Eingreifen Ungarns und Polens gegen die Tschechoslowakei zu rechnen, insbesondere dann, wenn durch die eindeutige Haltung Italiens an unserer Seite Frankreich sich scheut, zum mindesten aber zögert, durch sein Eingreifen gegen Deutschland einen europäischen Krieg zu entfesseln. [...] Werden in den ersten Tagen greifbare Erfolge durch die Erdoperationen nicht erzielt, so tritt mit Sicherheit eine europäische Krise ein. [...] Der Propagandakrieg muss einerseits die Tschechei durch Drohungen einschüchtern und ihre Widerstandskraft zermürben, andererseits den nationalen Volksgruppen Anweisungen zur Unterstützung des Waffenkrieges geben und die Neutralen in unserem Sinne beeinflussen."

Die Wehrmacht sollte die Masse ihrer Kräfte gegen die Tschechoslowakei einsetzen. Die übrigen Grenzen waren bloß zu sichern und zu beobachten. „Die beschleunigt verwendbaren Teile des Heeres müssen schnell und entschlossen die

Grenzbefestigungen bezwingen und in der Gewissheit, dass die Masse des mobilen Heeres so rasch wie möglich nachgeführt wird, in die Tschechoslowakei mit größter Kühnheit einbrechen. Die Vorbereitungen hierfür sind so zu treffen und zeitmäßig abzustimmen, dass die beschleunigt verwendbaren Teile des Heeres gleichzeitig mit dem Einflug der Luftwaffe die Grenze zu festgesetzter Stunde überschreiten, noch bevor die Mobilmachung vom Gegner erkannt sein kann."[603]

Den Westmächten war nicht nach Krieg. London setzte vielmehr auf einen friedlichen Ausgleich. Chamberlain zeigte sich fest entschlossen, alle diplomatischen Mittel für die Erhaltung des Friedens auszuschöpfen und sich dafür auch in Ostmitteleuropa zu engagieren. Man hat dem konservativen Politiker in weiterer Folge zu große Nachgiebigkeit gegenüber Hitler nachgesagt, doch tatsächlich sprach sich auch Chamberlain für ein außenpolitisch und militärisch starkes Empire aus. 1938 wäre die deutsche Luftwaffe für die Insel eine letale Bedrohung gewesen, und die Dominions hätten sich wegen der Sudetenfrage wohl an einem Krieg nicht beteiligt. Obwohl an seiner Abneigung gegenüber Nationalsozialismus und Faschismus kein Zweifel bestehen kann, suchte der Premier den Ausgleich mit den beiden Diktatoren. So zeigte er sich bereit, die nationalen Forderungen Deutschlands zu billigen, wenn diese bloß auf friedlichem Weg erreicht werden würden.

Mit seiner durchaus klaren Strategie übte Chamberlain auch Einfluss auf die Politik Frankreichs aus. Dementsprechend trieb er Paris an, sich ebenfalls aktiv für eine versöhnliche Regelung der sudetendeutschen Frage einzusetzen und die Tschechen zu Konzessionen zu bewegen. Hitler und Staatspräsident Beneš sollten zu einer friedlichen Lösung ermuntert, ein Krieg unbedingt vermieden werden. Eine deutsche Vorherrschaft über Europa wollte der britische Premier Hitler deswegen keineswegs zugestehen. Vielmehr vertrat er die Ansicht, dass man die Forderungen des Diktators in Berlin befriedigen könne, ohne Europa deswegen dem Nationalsozialismus völlig zu überlassen.

Im Unterschied zu Großbritannien gab Frankreich seine tatsächlich verfolgte Politik öffentlich nicht zu. Moralisch fühlte man sich an das Bündnis mit der Tschechoslowakei gebunden, gleichzeitig wusste man aber, für einen Krieg nicht vorbereitet zu sein. Ministerpräsident Edouard Daladier wollte jedoch keinesfalls eingestehen, dass Frankreich praktisch keine Großmacht mehr war. Er befürchtete dabei nicht bloß einen Prestigeverlust seines Landes, sondern letztlich auch den Sturz seiner eigenen Regierung. Aus Angst vor der militärischen Stärke Deutschlands und im Bewusstsein der Friedenssehnsucht seines Landes setzte Daladier alles daran, die Allianzverpflichtung gegenüber der Tschechoslowakei zu umgehen, und drängte Prag ebenfalls, sich um eine Regelung mit Berlin zu bemühen.

Der deutsche Diktator verbrachte den Sommer 1938 vornehmlich auf dem Berghof. In den Sudetengebieten war es weitgehend ruhig geblieben. Die Briten schickten im Juli Walter Runciman zur Untersuchung und Vermittlung in die Tschechoslowakei. Die Regierung in Prag zeigte sich sodann tatsächlich bereit, auf alle sudetendeutschen Forderungen einzugehen, eine politische Lösung schien von beiden Teilen gewünscht. Doch Hitler wollte keine gütliche Einigung, sondern die Zerschlagung der Tschechoslowakei. Deshalb wies er auch die Sudetendeutsche Partei an, Zwischenfälle zu inszenieren, damit das Reich daraufhin die Veranlassung habe, einzugreifen.

Hitler schien zu allem entschlossen. Als er etwa Henlein am Berghof verabschiedete, unterstrich er seine Bereitschaft zur Eskalation: „Es lebe der Krieg – und wenn er acht Jahre dauert!"[604] Drei Tage später, am 5. September, versprach Beneš den Sudetendeutschen allerdings, tatsächlich alle ihre Autonomieforderungen, die ihm schriftlich unterbreitet werden sollten, zu erfüllen. Das Henlein-Programm schien akzeptiert zu werden. Diese weitgehenden Konzessionen passten nicht in den Plan Hitlers, und so organisierte die Sudetendeutsche Partei in Mährisch-Ostrau neue Zwischenfälle, um damit die Bemühungen Prags zu untergraben.

Mussolini war ein zu gewiefter Taktiker, um Hitlers Plan nicht zu erkennen. Berlin, so schätzte er die Situation richtig ein, schicke die Sudetendeutschen vor. „Es wird ein Aufstand im Innern losbrechen. Wenn Beneš mit Gewalt darauf reagiert, wird Hitler die Möglichkeit zu einer Intervention haben, die in den Augen der Welt gerechtfertigt dasteht. Frankreich wird sich schwerlich rühren. Es ist ganz allgemein für einen Krieg nicht bereit und noch weniger für einen Angriffskrieg. Die Engländer werden alles tun, was in ihrer Macht steht, um einen Konflikt zu vermeiden, den sie mehr fürchten als jedes andere Land der Welt."[605]

Mit seiner Rede am Nürnberger Reichsparteitag am 12. September leitete Hitler die neuerliche Krise zwischen Deutschland und der Tschechoslowakei ein. Vor einem aufgewühlten Publikum drohte und schmähte er die Prager Regierung. Von seinem eigenen Vorhaben ablenkend, warf er den Tschechen „infamen Schwindel" und „terroristische Erpressung" vor.[606] Der Diktator hatte eine neue Lawine losgetreten. In den deutschsprachigen Gebieten in Böhmen und Mähren kam es zu Aufständen, die auch Todesopfer forderten. Die tschechische Staatsgewalt rief das Standrecht aus und schlug die Rebellion nieder. Henlein musste mit Tausenden seiner Getreuen nach Deutschland fliehen.

Über die Strategie des zu führenden Kriegs gab es beträchtliche Auffassungsunterschiede. Der Generalstab unter Brauchitsch und Halder bevorzugte die konventionell geführte Operation. Böhmen und Mähren sollten gleichzeitig angegriffen und von der Slowakei getrennt werden. Dem deutschen Diktator erschien dieses Vorhaben jedoch zu leicht durchschaubar und zu langsam. Daher strebte er den massiven und schnellen Überraschungsvorstoß auf Prag an. Ungeduldig zitierte er die beiden Generalstäbler gemeinsam mit Keitel nach Nürnberg und stritt mit ihnen bis in die frühen Morgenstunden, um sich schlussendlich nur mit einem strikten Befehl durchzusetzen. Der Diktator schlug auch die besonders von General Wilhelm Adam von der Armeegruppe West geäußerten Bedenken in den Wind, Großbritannien und Frankreich könnten bei einem deutschen Angriff auf die Tschechoslowakei den Westwall überrennen. Unbeirrbar hielt Hitler an seiner Auffassung fest, dass bereits genügend große Fortschritte an der Befestigungsanlage an Deutschlands Westgrenze erzielt worden seien.

Angesichts des drohenden Unheils entschlossen sich Männer zum Widerstand gegen Hitler, von denen man es ursprünglich nicht vermuten mochte; Männer, die selbst durchaus eine Großmachtpolitik eines militärisch imposanten Deutschland vertraten und bislang von Hitlers Politik der Aufrüstung profitiert und sie auch begrüßt hatten. Den Krieg lehnten sie deshalb auch nicht aus pazifistischen Motiven ab; allein die wilde Entschlossenheit des Diktators, wegen mitteleuropäischer Fragen einen großen Waffengang zu riskieren, ließ sie aus Angst vor einem neuerlichen Mehrfrontenkrieg und dem Ende nationaler Größe zurückschrecken. Ein zweites Mal gegen die Westmächte anzutreten und wieder besiegt zu werden, musste die Zertrümmerung des Reiches zur Folge haben.

Die durchwegs Eliten angehörenden Gegner des nationalsozialistischen Diktators wünschten ein zutiefst konservatives, die Welt beeindruckendes, nationales und selbstbewusstes Deutschland. Ein solches durfte nicht durch die blinde Aggression Hitlers aufs Spiel gesetzt werden. Wiederholt hatte sich so bereits Generalstabschef Ludwig Beck gegen Hitlers riskante Kriegspläne ausgesprochen, die seiner Meinung nach nur in der totalen Katastrophe für Deutschland enden konnten. Beck versuchte die Spitzen der Wehrmacht zu überzeugen, dass den verantwortungslosen Absichten des Diktators entschieden entgegengetreten werden musste. Während er deswegen am 17. August als Generalstabschef zurücktrat, blieb der von ihm nachhaltig gewarnte Brauchitsch auf seinem Posten. Zu sehr fühlte sich der Chef des Oberkommandos des Heeres (OKH) seinem Soldatengehorsam verpflichtet.

Franz Halder folgte Beck als Generalstabschef nach. Auch er war sich des fatalen Kurses, den Hitler steuerte, durchaus bewusst. So stand er mit jener Gruppe von Verschwörern in Verbindung, deren Ziel es war, Hitler abzusetzen, vor Gericht zu stellen oder ihn gar für wahnsinnig zu erklären. Dem Zirkel gehörten vor allem Oberst Hans Oster von der deutschen Abwehr, der Kommandeur des Wehrkreises Berlin, General von Witzleben, der Kommandant der Potsdamer Garnison, Graf von Brockdorff-Ahlefeld, der Berliner Polizeipräsident Graf von Helldorf und General Hoepner, der Kommandeur einer Panzerdivision, an. Sie alle planten bei einem Angriffsbefehl auf die Tschechoslowakei den Staatsstreich. Zum weiteren Kreis der Verschwörer zählten außerdem der ehemalige Oberbürgermeister von Leipzig, Carl Goerdeler, Hjalmar Schacht und Staatssekretär von Weizsäcker. Sie alle setzten – zu sehr – auf die Rückendeckung durch Großbritannien und machten ihr Handeln davon abhängig. Der konservative Regimegegner Ewald von Kleist-Schmenzin war im August deshalb sogar nach London gereist, um von den Westmächten ein festes

Auftreten gegenüber Hitler zu erreichen. Der deutsche Botschaftsrat in London, Theodor Kordt, sprach wiederum seinerseits am 7. September bei Lord Halifax in dieser Angelegenheit vor. Doch die britische Staatsführung vermochte zu den preußisch-konservativen Verschwörern keine Vertrauensbasis herzustellen. Chamberlain fürchtete, dass ein Deutschland nach Hitler sich wieder zu einer engen Zusammenarbeit mit Russland entschließen könnte; und nichts fürchtete Chamberlain mehr als einen Kommunismus, der sich auf dem europäischen Kontinent auszubreiten drohte. Von Hitler, der sich noch dazu mit Polen verbündet hatte, erwartete er sich dagegen den Bau eines starken Damms gegen die bolschewistische Flut.

Gleich wie Hitler war auch Mussolini davon überzeugt, dass die Westmächte bei einem Konflikt zwischen dem Reich und der Tschechoslowakei nicht marschieren würden. Italien, so teilte er dem ungarischen Ministerpräsidenten Imrédy bei dessen Besuch in Rom in der zweiten Julihälfte mit, werde die deutsche Politik in vollem Umfang unterstützen und, solange der Konflikt lokalisiert bleibe, „Gewehr bei Fuß" stehen. Falls Frankreich mobilisiere, werde auch er dies anordnen, um Paris zu einem Rückzieher zu bewegen. Sollte Frankreich jedoch tatsächlich militärisch gegen Deutschland vorgehen, werde Italien seinen westlichen Nachbarn angreifen. Die Beziehungen zu Deutschland bezeichnete der Duce Imredy gegenüber als so eng, dass dies schon einem Bündnis gleichkomme. Demgemäss kündigte er auch an, schriftliche Abmachungen schon bald nachholen zu wollen, „in einer Form, die dartun werde, dass die beiden Völker immer enger zusammenkämen". In einer Rede in Genua hatte Mussolini ohnehin bereits davon gesprochen, mit Deutschland eine Verpflichtung zum Beistand bei einem unprovozierten Angriff eingehen zu wollen.[607] Es stellte sich schon bald heraus, dass der Duce bereit sein sollte, noch weiter zu gehen.

Die Westmächte strebten dagegen nach wie vor mit allen Mitteln danach, den Frieden in Europa aufrechtzuerhalten. So entschied sich der britische Premier, nach Deutschland zu reisen. Ohne Paris vorher zu konsultieren, teilte er dies dem völlig überraschten Hitler mit. Aber nicht bloß der deutsche Diktator hatte mit einem solchen Schritt nicht gerechnet. Als Mussolini davon erfuhr, zeigte er sich ebenfalls nicht wenig erstaunt. „Es wird keinen Krieg geben. Aber das ist die Liquidierung des englischen Prestiges", äußerte er sich sodann Ciano gegenüber und teilte seinem Schwiegersohn und Außenminister auch seine Entschlüsse für den Ernstfall mit: „Wenn der Konflikt in Deutschland, Prag, Paris und Moskau ausbricht, bleibe ich neutral. Wenn Großbritannien interveniert und dadurch den Krieg verallgemeinert und ihm einen ideologischen Charakter verleiht, dann stürzen auch wir uns hinein. Italien und der Faschismus könnten dann nicht neutral bleiben."[608]

Hitler aber ging es darum, die Eskalation zu forcieren. Göring hielt dagegen den Zeitpunkt für einen Krieg für noch nicht gekommen und wollte das Reich noch weiter aufrüsten. Immer noch sein Ideal einer deutsch-britischen Herrschaft über

Viktor Emanuel mit dem Duce und (im Hintergrund) der italienische Kronprinz mit Starace bei den großen Manövern des römischen Armeekorps in den Abruzzen im Sommer 1938.

Europa vor Augen, drängte er seinen „Führer" zu einem Treffen mit Chamberlain. Im Gegensatz dazu hielt Mussolini die Reise des Premiers nach Deutschland für zwecklos. „Sobald der Führer nur einen Blick auf diesen alten Mann wirft, wird er spüren, dass er gewonnenes Spiel hat. Chamberlain kann natürlich nicht ahnen, dass er Hitler nur noch machthungriger werden lässt, wenn er sich in diesem Aufputz eines bourgeoisen Pazifisten und britischen Regenschirmparlamentariers zum Führer begibt." In klarer Voraussicht erkannte der Duce, dass die Tschechoslowakei bloß den Anfang bedeutete. Nach und nach, so prophezeite er, werde sich Hitler schließlich alle Siegerstaaten von Versailles vornehmen. Mussolini wollte dann auf der richtigen Seite stehen: „Besser, das geschieht dann mit unserer Hilfe, als gegen unseren Widerstand!"[609]

Es kostete Hitler beträchtliche Mühe, sich überhaupt noch verhandlungsbereit zu geben. So gedachte er auch nicht, dem Premier wenigstens geographisch auf halbem Weg entgegenzukommen. Chamberlain sah sich daher gezwungen, den deutschen Diktator am 15. September auf dem Obersalzberg zu besuchen. Der beinahe 70-jährige Staatsmann unternahm dafür eigens zum ersten Mal eine Reise mit dem Flugzeug. Als er dann mit Hitlers Sonderzug von München nach Berchtesgaden fuhr, konnte er von seinem Fenster immer wieder Truppentransporte der Wehrmacht beobachten. Tiefe Gewitterwolken hingen über der imposanten Bergwelt, als Chamberlain den Berghof erreichte.

Die bedrohliche, unheilvolle Szenerie entsprach der internationalen Lage. Hitler verzichtete seinem weitgereisten Gast gegenüber auf alle sonst üblichen Floskeln und betonte, angesichts der so ernsten Situation in den Sudetengebieten keine Aussprache „nach Art früherer diplomatischer Besprechungen" führen zu wollen. Da er sich dem deutschen Volk und der Partei gegenüber verpflichtet fühle, sei sein Weg deshalb vorgezeichnet. Wenn er nicht das täte, was man von ihm erwarte, würde er damit keineswegs das bestehende Problem aus der Welt schaffen, sondern höchstens seine eigene Bedeutung beseitigen. Er habe dem deutschen Volk die Versprechung gemacht, es von der durch den Versailler Vertrag hervorgerufenen Not zu erlösen, „so oder so", und dafür habe er mit dem Ermächtigungsgesetz gleichsam eine Generalvollmacht erhalten. Er sei weder ein Diktator noch ein Imperialist und habe sich bemüht, sowohl mit Großbritannien als auch mit den Nachbarn ein friedliches Verhältnis aufzubauen. Eine Generalforderung habe das Reich jedoch mit aller Klarheit erhoben: den zehn Millionen Deutschen in Österreich und in der Tschechoslowakei die Rückkehr ins Reich zu ermöglichen. Nachdem für die sieben Millionen Deutschen aus der Ostmark diese Forderung erfüllt worden wäre, werde er dies auch den drei Millionen Deutschen in der Tschechoslowakei „unter allen Umständen" ermöglichen. „Er würde jeden Krieg und sogar das Risiko eines Weltkrieges dafür in Kauf nehmen. Es sei hier die Grenze erreicht, wo die übrige Welt tun könne, was sie wolle, er würde keinen Schritt zurückweichen."

Hitler zeigte sich zu einer raschen Lösung der sudetendeutschen Frage fest entschlossen. Diese Frage sei jedoch das letzte größere Problem, das es in Europa zu klären gelte. Selbstverständlich würde Deutschland aber auch die Forderung nach Kolonien aufrechterhalten, allerdings sei dies keine kriegerische Forderung. Chamberlain fragte Hitler, ob er auch Aspirationen habe, die restliche Tschechoslowakei zerschlagen zu wollen. Der Diktator erwiderte darauf, dass die Tschechoslowakei ohnehin nach einiger Zeit nicht mehr bestehen würde, da Ungarn, Polen und Slowaken mit aller Energie von diesem Land loszukommen versuchten. Der Premierminister wies darauf hin, dass Großbritannien an und für sich an der sudetendeutschen Frage selbst nicht interessiert sei. Sie sei vielmehr eine Angelegenheit zwischen den Deutschen und den Tschechen. Großbritannien habe nur ein Interesse an der Aufrechterhaltung des Friedens.

Mit dem Vorschlag Chamberlains, das ganze Problem noch mit Appellen an die Parteien zur Vernunft und ruhigen gemeinsamen Gesprächen zu klären, vermochte Hitler nichts anzufangen. Dafür hätten die Sudetendeutschen bereits zu viel an Verfolgung und Gewalt zu erdulden gehabt. Der Diktator gab dem Premier auch zu bedenken, sich einmal vorzustellen, „dass England von einem minderwertigen Volk geknechtet würde, so würde ihm sicherlich genauso das Blut in den Kopf steigen wie den Deutschen im Falle der Tschechoslowakei". Nachdem Chamberlain, bereits verärgert, die Frage stellte, zu welchem Zweck er überhaupt die weite Reise gemacht habe, wenn Berlin ohnehin einen Waffenstillstand ablehne, wollte Hitler erfahren, wie eigentlich London zur Abtretung der Sudetengebiete an Deutschland stehe. Der Premier zeigte sich erleichtert, dass Hitler damit endlich zum Kernpunkt gekommen war, und erklärte, die Abtretung – für sich persönlich – akzeptieren zu können, allerdings Schwierigkeiten in der praktischen Durchführung zu sehen.[610]

Der Eindruck, den Chamberlain von Hitler gewann, war offenbar zwiespältig. Zum einen bezeichnete er ihn als „den ordinärsten kleinen Hund", den er je gesehen hätte, zum anderen meinte er trotz dessen Härte und Rücksichtslosigkeit, sich auf das Wort des deutschen Diktators verlassen zu können.[611] Wieder zurück in London, beriet sich der Premier am 18. September mit seinen französischen Verbündeten Ministerpräsident Daladier und Außenminister Bonnet. In der Nacht übermittelte man Prag die Vorschläge zur Lösung der Frage: Gebiete mit mehr als der Hälfte an deutscher Bevölkerung sollten an das Reich fallen. Großbritannien zeigte sich willens, einer internationalen Garantie der neuen Grenzen gegen eine nichtprovozierte Aggression beizutreten. Zunächst lehnte Prag die Vorschläge ab, um sie schließlich keine zwölf Stunden später doch anzunehmen. Die tschechische Staatsführung war sich klar darüber geworden, dass von den Westmächten keine Hilfe erwartet werden konnte. Bonnet schützte das französische Prestige und den Fortbestand der Regierung Daladier mit der falschen Behauptung, die Tschechoslowakei wollte – mit oder ohne Verbündete – überhaupt jeden bewaffneten Konflikt vermeiden. Wenn auch Ministerpräsident Hodža weniger zum Widerstand bereit schien als Staatspräsident Beneš, entspricht es wohl eher den Tatsachen, dass die Tschechoslowakei nur angesichts ihrer Isolation vor einem Krieg gegen Deutschland zurückschreckte.

Der Duce war kein Freund der Tschechoslowakei. Sie war ein Produkt der Pariser Friedensordnung, die er revidiert sehen wollte, sie war demokratisch mit starkem sozialistischen Einfluss, verbündet mit Frankreich und der Sowjetunion und als ein Mitglied der Kleinen Entente ein Konkurrent im Donauraum. Sie nachhaltig zu schwächen, kam ihm durchaus gelegen. Am 15. September veröffentlichte Mussolini im „Popolo d'Italia" einen Artikel mit dem Titel „Brief an Runciman": „So wie es keine tschecho-slowakische Nation gibt, so besteht auch kein tschecho-slowakischer Staat." Nur der Zwang halte die verschiedenen Nationalitäten in diesem Gebilde zusammen. „Wenn dieser Zwang aufhören würde, wäre das Phänomen des Auseinanderfallens der Tschecho-Slowakei unvermeidlich und unaufhaltsam." Beneš müsse ganz einfach die Volksabstimmung für alle Nationalitäten, die eine solche forderten, vorgeschlagen werden. Würde er ein Plebiszit ablehnen, könne

London ihn wissen lassen, „dass es sich England siebenfach überlegen wird, ehe es ohne weiteres in einen Krieg hineingeht, um einen auch in seiner geographischen Form fiktiven und monströsen Staat aufrechtzuerhalten, der so oft als Krokodilstaat oder als Staat in Form eines Darmes bezeichnet wurde. [...] Das Spiel ist wirklich den Einsatz nicht wert. Wenn Hitler verlangen würde, drei Millionen Tschechen zu annektieren, dann hätte Europa Recht, sich zu erregen und sich in Bewegung zu setzen. Aber Hitler denkt nicht daran."[612]

Hitler ließ auch nach seiner Begegnung mit Chamberlain in Berchtesgaden die Sudetengebiete nicht mehr zur Ruhe kommen. Die nationalsozialistische Presse schrieb von „Tschechengräuel", Henlein stellte ein sudetendeutsches Freikorps auf, das in weiterer Folge Eger und Asch besetzte. Die Polen drängte er dazu, Gebietsforderungen an die Tschechen zu stellen. Die Slowaken ermutigte er wiederum in ihren separatistischen Bestrebungen. Den am 21. September in Berlin weilenden Ministerpräsidenten Imrédy und Außenminister Kánya machte Hitler Vorwürfe über die unentschlossene Haltung Ungarns und erklärte sich entschlossen, die tschechische Frage selbst auf die Gefahr eines Weltkriegs hin zu lösen. Gleichzeitig gab er sich allerdings überzeugt, dass die Westmächte nicht marschieren würden. Es sei mittlerweile der letzte Moment für Ungarn gekommen, sich einzuschalten, da er sonst nicht in der Lage sein werde, für die magyarischen Interessen einzutreten. Seiner Auffassung nach sei es das Beste, die Tschechoslowakei zu zerschlagen. Demgemäß forderte er die ungarischen Gäste auf, ihrerseits sofort eine Abstimmung für die gewünschten Territorien zu verlangen und keinerlei Grenzgarantien für etwaige neue Grenzen der Tschechoslowakei zu geben. Hitler überraschte Imrédy und Kánya, als er von einer Lösung der tschechoslowakischen Frage innerhalb der nächsten drei Wochen sprach, während sie mit einer Lösung in ein bis zwei Jahren gerechnet hatten. Auch machte der Diktator klar, dass er die deutschen Forderungen gegenüber Chamberlain brutal vertreten werde. Seiner Auffassung nach sei die einzig befriedigende Lösung ohnehin nur ein militärisches Vorgehen. Es bestehe aber die Gefahr, dass die Tschechen alles annähmen. Imrédy und Kánya erklärten daraufhin, dass sich Budapest die Forderung der magyarischen Minderheit nach einer Abstimmung zu eigen machen und sofort militärische Maßnahmen treffen werde. Auch wollten sie eine neue tschechoslowakische Grenze nur dann garantieren, wenn alle magyarischen Forderungen befriedigt seien.[613]

London gab noch immer nicht auf, den Frieden doch noch zu bewahren. So reiste Chamberlain für weitere Besprechungen mit dem deutschen Diktator an den Rhein, nach Bad Godesberg. In der Tasche hatte er den britisch-französischen Plan, in der Hoffnung, Hitler damit zufrieden zu stellen. Aber der deutsche Diktator wollte nur mehr die Tschechoslowakei zerschlagen und Böhmen und Mähren dem Reich angliedern. Daher stellte er Forderungen, die Prag einfach nicht annehmen konnte.

In der Unterredung am 22. September im Hotel Dreesen sprach sich der britische Premier aus Sorge um Unruhen und Zwischenfälle gegen eine Volksabstimmung und für eine gütliche Einigung über eine Gebietsabtretung der Tschechoslowakei an das Reich aus. Allerdings vermutete er Probleme bei der Bevölkerungsumsiedlung und brachte das tschechische Sicherheitsbedürfnis zur Sprache. Anstelle der bestehenden vertraglichen Bindungen der Tschechoslowakei mit ihren militärischen Verpflichtungen könne man eine internationale Sicherheitsgarantie gegen einen nichtprovozierten Angriff setzen. Prag würde so seine eigenen Streitkräfte nur noch für die Selbstverteidigung benutzen können. Eine Garantie gegen einen nichtprovozierten Angriff auf die Tschechoslowakei bedeute natürlich nicht, dass die Grenzen der Tschechoslowakei, wie sie jetzt festgelegt würden, auf immer und ewig unverrückbar seien. Es würde auch bei Bestehen einer solchen Garantie durchaus möglich sein, umstrittene Grenzen ohne Gewaltanwendung aufgrund eines Übereinkommens abzuändern.

Hitler drängte jedoch mehr denn je zum schnellen Handeln. Das Problem müsse bis zum 1. Oktober restlos gelöst sein. Panikmachend sprach er von unhaltbaren Zuständen in den Grenzgebieten und von einer drohenden Staatskrise der ČSR. Deswegen hielt er auch eine allgemeine Volksabstimmung im gesamten Sudetenland für nachträgliche Korrekturen für nötig, „weil die Tschechen wahrscheinlich alles bestreiten würden und weil Klarheit über die tatsächliche Lage der Dinge von großer Wichtigkeit wäre. Es müssten bestimmte Gebiete zusammengefasst werden. Ein Querschnitt durch den öffentlichen Willen größerer Gebiete sei erforderlich. Man könne nicht jedes kleine Dorf im Einzelnen berücksichtigen." Auch an einem Nichtangriffspakt mit Prag zeigte Hitler kein Interesse und gab vor, mit einem solchen den anderen Nachbarn, die ebenfalls in der ČSR Minderheiten hätten, in den Rücken zu fallen.

Chamberlain war über Hitlers Haltung enttäuscht. Zornig hob er hervor, seine ganze politische Karriere aufs Spiel gesetzt zu haben, um schließlich den deutschen Wunsch nach einer Abtretung der Sudetengebiete durchzusetzen. Dafür sei ihm schon der Vorwurf gemacht worden, die Tschechoslowakei zu verkaufen. Doch nun nehme Hitler seine Vorschläge nicht an, sei nicht bereit, über die Anwendungsmethode zu diskutieren, wolle die sudetendeutschen Gebiete von der Wehrmacht besetzen lassen und verlange eine Volksabstimmung. Der deutsche Diktator machte dem Premier jedoch klar, nur zwei Alternativen zu sehen: entweder die friedliche Lösung, wobei die neue Grenze im Wesentlichen nach der Nationalitätengrenze festgesetzt würde; oder die militärische Lösung, wobei die neue Grenze von den Militärs nach strategischen Gründen festzusetzen wäre. Die „Rest-Tschechei" sei dann für Deutschland uninteressant.[614]

Missmutig zog sich Chamberlain ins Hotel Petersberg auf der anderen Rheinseite zurück. Am 23. September verkehrten die beiden Verhandlungspartner zunächst bloß schriftlich miteinander. Hitler schrieb dem Premier einen Brief, in dem er das Verhalten der Prager Regierung gegenüber der deutschen Minderheit als „wahnsinnig" bezeichnete und von über 120.000 Vertriebenen in den letzten Wochen sprach. „Dieser Zustand ist [...] unerträglich und wird von mir jetzt beseitigt." Der Diktator wollte sich auch nicht mit der ihm von Chamberlain bekundeten Anerkennung der Abtretung der sudetendeutschen Gebiete begnügen, sondern zeigte sich nur mehr ausschließlich an deren Realisierung in kürzester Frist interessiert. „Ich bin aber nicht bereit, ein aufgrund des Willens der Bevölkerung und der von den Tschechen selbst erfolgten Anerkennung zu Deutschland zu rechnendes Gebiet ohne den Schutz des Reiches zu lassen. [...] Der Gedanke, den Sudetendeutschen allein die Aufrechterhaltung der Ordnung anvertrauen zu können, ist infolge der seit Jahrzehnten erfolgten und in der letzten Zeit besonders beschleunigten Verhinderung jeder politischen Selbstorganisation praktisch unmöglich. Sowohl im Interesse der gequälten, weil wehrlosen Bevölkerung als auch mit Rücksicht auf die Pflichten und das Ansehen des Reiches ist es uns unmöglich, von der Gewährung des sofortigen Schutzes für dieses Gebiet absehen zu können. [...] Deutschland ist jedenfalls, wenn es – wie es jetzt den Anschein hat – für seine unterdrückten Volksgenossen in der Tschechoslowakei auf dem Verhandlungswege dem klaren Rechte nicht zum Durchbruch verhelfen kann, entschlossen, die dann allein übrig bleibenden Möglichkeiten auszuschöpfen."[615]

Erst um 23 Uhr trafen einander Hitler und Chamberlain im Hotel Dreesen doch noch einmal. Der Diktator betonte dabei eingangs, dass es sich für Großbritannien bei dem vorliegenden Problem um eines der allgemeinen Politik und der generellen Grundsätze, für Deutschland dagegen um eine Frage der nationalen Ehre handle. Chamberlain beklagte sich darüber, dass man auf deutscher Seite die britischen Anregungen gar nicht erst eingehend überprüft hätte und nunmehr in Hast und Überstürzung auf eine gewaltsame Lösung zusteuere. In die Konferenz platzte die Nachricht über die von Beneš angeordnete Generalmobilmachung der ČSR. Hitler erklärte daraufhin, dass damit ja nun wohl die ganze Angelegenheit erledigt sei. Die Tschechen würden nicht mehr im Traum daran denken, irgendwelche Gebiete an Deutschland abzutreten. Doch der Premier wertete dies als verständliche Defensivmaßnahmen und berief sich darauf, dass Prag den Abtretungen bereits zugestimmt hätte. Er bestritt auch Hitlers Behauptung, dass damit die Tschechen als erste mobilisiert hätten; angesichts ihres Misstrauens gegenüber Berlin wären dies lediglich Vorsichtsmaßnahmen. Allein der Diktator wollte von einer deutschen Mobilmachung, die Chamberlain als Bedrohung für die ČSR bezeichnete, nichts wissen und sprach vielmehr von deutschen Gegenmaßnahmen. Als ihm der Premier zu bedenken gab, dass ein kriegerischer Konflikt doch mehr Opfer fordern würde als die derzeitige Situation, fiel Hitler lediglich die Platitüde ein: „Lieber ein Ende mit Schrecken als ein Schrecken ohne Ende."

Entnervt wollte Chamberlain schon die Besprechung abbrechen. Das ihm zu Beginn von den Deutschen überreichte Memorandum hielt er schlicht für ein Ultimatum, das auf die Öffentlichkeit einen überaus schlechten Eindruck hinterlassen würde. Es sei in der Sprache eines Eroberers abgefasst, der seinen Willen einem Besiegten diktiere und keine Zeit für eine geordnete Durchführung übrig ließe. Ribbentrop gelang es jedoch, den britischen Regierungschef noch zu einer näheren Erörterung des deutschen Memorandums, das im Wesentlichen die Gedanken der letzten Aussprachen beinhaltete, zu veranlassen. Es spitzte sich dabei alles auf die Frage zu, ob das Reich tatsächlich alle Gebiete noch vor einer Volksabstimmung besetzen müsse; ein Vorhaben, auf welches Hitler freilich schon aus militärisch-organisatorischen Gründen glaubte, bestehen zu müssen. Bis zum Ende der Konferenz, gegen zwei Uhr nachts, gelang es der deutschen Seite schlussendlich, Chamberlain wieder etwas optimistischer zu stimmen. Bei der Verabschiedung in der Hotelhalle versicherte Hitler dem britischen Gast nochmals, dass dies die letzte territoriale Forderung sei, die er noch in Europa zu stellen habe.[616]

Mussolini gab Hitler Rückendeckung. In seinen Reden in Triest und Padua drängte er ebenfalls auf eine rasche und „totale" Lösung des Problems und gab bekannt, dass hinter seinen Worten Kanonen stünden; und zwar auf der Seite Deutschlands.[617] London und Paris zeigten sich jedoch wiederum ihrerseits nicht gewillt, die Tschechoslowakei Hitler zu überlassen, und kündigten an, ihr im Falle eines deutschen Überfalls beizustehen. Großbritannien, Frankreich und die Tschechoslowakei gaben sich kriegsbereit und trafen erste militärische Vorkehrungen, zu Land und zur See. Selbst Jugoslawien und Rumänien erklärten sich gegen das Reich, und auch die Vereinigten Staaten machten klar, auf welcher Seite sie standen.

Hitler gab sich unbeeindruckt. In seiner ekstatischen Rede im Berliner Sportpalast holte er sich die Huldigungen seiner Getreuen, die „Führer befiehl, wir folgen!" skandierten. Die Ernüchterung folgte bereits am nächsten Tag. Während sich Hitler zunächst noch wütender, unnachgiebiger und kriegsbereiter denn je gab, musste er schließlich zur Kenntnis nehmen, dass sich die Berliner Bevölkerung an einer – als Stimmungstest gedachten – militärischen Parade auffallend desinteressiert zeigte. Die Nation war offensichtlich kriegsunwillig. Und hatten nicht auch die Militärs ständig darauf aufmerksam gemacht, dass die Wehrmacht noch gar nicht bereit wäre? Hitler zog zurück.

Nun kam die Zeit Mussolinis. In den letzten Tagen hatte er wie kein Zweiter Ruhe bewahrt. Erst am 27. September wurde in Italien die Mobilmachung proklamiert. Tags darauf, um 10 Uhr, appellierte Chamberlain an den Duce für eine freundschaftliche Intervention zur Rettung des Friedens. Mussolini riet daraufhin Hitler – unter der Beteuerung, auf jeden Fall auf seiner Seite zu stehen –, den Beginn der Feindseligkeiten noch um 24 Stunden zu verschieben. In der Zwischenzeit wollte er die Möglichkeiten zur Lösung des Problems studieren. In der Reichskanzlei, die an diesem Tag in ihrer hektischen Betriebsamkeit einem Bienenstock glich, erhielt Hitler, der gerade den französischen Botschafter bei sich hatte, um 11.30 Uhr von Attolico Mussolinis Nachricht übermittelt. Nach kurzer Überlegung nahm der Diktator den italienischen Vorschlag an.

Stunden später unterbreitete Chamberlain den beiden Diktatoren den Vorschlag zu einer Konferenz mit der bindenden Verpflichtung, innerhalb von sieben Tagen zu einer Lösung des Sudetenproblems zu gelangen. Mussolini beschloss, die britische Bitte zu unterstützen. Allerdings sollten an der Konferenz nur die vier europäischen Großmächte teilnehmen. Die betroffene Tschechoslowakei blieb ausgeschlossen. An die Teilnahme der Sowjetunion hatte ohnehin niemand einen Gedanken verschwendet. Hitler erhielt die Nachricht des Duce durch Attolico zur Mittagszeit, als er sich gerade mit Botschafter Henderson über den britischen Vorschlag unterhielt. Durch den Plan des Duce musste er nun nicht mehr einen Gesichtsverlust fürchten. Gegenüber dem britischen Botschafter betonte er auch, auf Wunsch seines „großen Freundes und Verbündeten, Signor Mussolini", die Mobilmachung der deutschen Truppen um 24 Stunden verschoben zu haben. Der deutsche Diktator machte jedoch die Teilnahme Mussolinis an der Konferenz zur Bedingung. Am Nachmittag, um 15 Uhr, stimmte Hitler zu. Mussolini hatte schließlich München als Verhandlungsort gewählt. Um 18 Uhr reiste der faschistische Führer in die bayerische Hauptstadt ab. Zu Ciano, der ihn begleitete, meinte er zurückhaltend: „Wie du siehst, bin ich in gemäßigter Form glücklich, weil wir, wenn auch um einen teuren Preis, Frankreich und Großbritannien für immer haben erledigen können."[618]

Auf der Bahnreise befand sich der Duce aber dann in bester Stimmung. Er sprach über verschiedene Themen und ließ sich über die Dekadenz der Briten aus. Im tirolerischen Kufstein trafen die beiden Führer aufeinander. Gemeinsam fuhren sie nach München. Im Salonwagen Hitlers legte der deutsche Diktator im Rahmen ausgiebigen Kartenstudiums des Sudetengebiets seinen Plan dar: Er gedenke, die Tschechoslowakei in ihrer gegenwärtigen Form zu liquidieren, weil sie ihm 40 Divisionen binde, die er für Frankreich benötige. Wenn die Tschechoslowakei genügend „deflationiert" sei, würden lediglich zwölf Divisionen genügen, um sie in Schach zu halten. „Im Übrigen wird der Tag kommen", so fügte Hitler hinzu, „an dem wir uns vereint gegen England und Frankreich werden schlagen müssen: es ist von großem Wert, dass das stattfindet, solange an der Spitze unserer Länder der Duce und ich stehen, und zwar noch jung und in voller Kraft."[619]

Die Konferenz von München fand am 29. September statt. Im „Führerbau" der NSDAP behandelten sich Deutsche und Italiener betont herzlich, während Briten und Franzosen kühl empfangen wurden. Mussolini war der souveränste aller Teil-

Mussolini und Hitler mit Ciano und Göring beim Verlassen des Münchner Hauptbahnhofes vor Beginn der Viermächte-Konferenz.

nehmer. Vom deutschen Diktator sichtlich bevorzugt behandelt und ohne auf Dolmetscher angewiesen zu sein, ging er einem Moderator gleich, locker an die Sache heran. Hitler sprach vor den Regierungschefs und Außenministern ruhig, doch von Zeit zu Zeit geriet er in Erregung, erhob seine Stimme und schlug mit der Faust in seine offene Hand. Insgesamt verlief die Diskussion jedoch nicht allzu lebhaft. Hitler betonte gleich eingangs, dass die Existenz der Tschechoslowakei in ihrer gegenwärtigen Gestalt den europäischen Frieden bedrohe. Die Minderheiten, „die gegen ihren Willen in diesen Staat hineingepresst worden seien, revoltierten gegen das Fortbestehen dieses Staates". Der Diktator trat als Sprecher für die deutsche Minorität auf und drängte im Interesse des europäischen Friedens auf eine rasche Lösung des Problems. „Deutschland könne dem Jammer und Elend der sudetendeutschen Bevölkerung nicht länger zusehen", werde sie doch einer „barbarischen Verfolgung ausgesetzt". Die Zahl der Flüchtlinge sei bereits auf 240.000 angewachsen, und der Strom nehme kein Ende. Auf Wunsch Mussolinis habe er die Mobilmachung in Deutschland um 24 Stunden verschoben. „Ein weiteres Zögern würde ein Verbrechen sein." Es sei eine Volksabstimmung notwendig, zumal in der Tschechoslowakei seit 20 Jahren keine freie Wahl mehr stattgefunden hätte. Er habe nun erklärt, am 1. Oktober auf alle Fälle einzumarschieren. Nun liege die Aufgabe vor, dieser Aktion den Charakter eines Gewaltaktes zu nehmen.

Gruppenfoto der Teilnehmer an der Viermächte-Konferenz in München am 29. September 1939. In der ersten Reihe: Chamberlain, Daladier, Hitler, Mussolini und Ciano.

Chamberlain begrüßte, dass Hitler nach seinen Worten nicht Gewalt anwenden, sondern Ordnung schaffen wollte. In diesem Geist, so zeigte er sich hoffnungsfroh, werde man auch zu Resultaten kommen. Während der britische Premier von einer neuen Atempause für Europa sprach, bestand Mussolini auf ein beschleunigtes Verfahren. Eine Vertagung auch bloß um 24 Stunden könne neue Beunruhigung erzeugen. Deswegen unterbreitete der Duce sogleich einen Vorschlag zur praktischen Lösung. Es handelte sich dabei um die deutschen, von Göring vorangetriebenen Forderungen, die er ganz einfach nun zu seinen eigenen machte: Übergabe des gesamten sudetendeutschen Gebiets an das Reich, Beginn der Räumung am 1. Oktober; Großbritannien, Frankreich und Italien garantieren Deutschland, dass die Räumung des Gebiets ohne Zerstörung bestehender Einrichtungen bis 10. Oktober durchgeführt ist. Die Modalitäten der Räumung würden durch eine internationale Kommission präzisiert, in der neben den Garantiestaaten auch Deutschland und die Tschechoslowakei vertreten seien. Strittige Gebiete würden bis zur durchgeführten Abstimmung durch internationale Kräfte besetzt. Basis für die Abstimmung sollte der Modus der Saarabstimmung sein. Die endgültige Grenzziehung hätte dann durch eine internationale Kommission, der Beginn der etappenweisen Besetzung vorwiegend deutschen Gebiets durch die Wehrmacht am 1. Oktober zu erfolgen.

Daladier sprach daraufhin dem Duce für diesen Vorschlag seine Bewunderung aus und wollte ihn als Diskussionsbasis annehmen. Chamberlain begrüßte den Plan gleichfalls und bekundete, sich eine ähnliche Lösung vorgestellt zu haben. Die tschechische Frage sei ein europäisches Problem, und die Großmächte hätten nicht nur das Recht, sondern sogar die Pflicht, es zu lösen. Sie hätten auch dafür zu sorgen, dass die Prager Regierung nicht aus Unvernunft und Hartnäckigkeit die Räumung ablehne. Hitler erwiderte darauf, dass, wenn ein Dokument mit den Unterschriften der vier Staatsmänner trotzdem von der tschechischen Regierung abgelehnt werde, Prag dann letztlich nur die Gewalt respektiere.[620] Daraufhin zogen sich die vier Staatsmänner zurück, um den italienisch-deutschen Vorschlag einer eingehenden Prüfung zu unterziehen.

Die Besprechungen am Nachmittag verliefen in kleinen Gruppen und größerer Vertraulichkeit, die das Eis brach. Daladier ließ sich über Beneš' Uneinsichtigkeit aus und kritisierte die französischen Kriegshetzer heftig. Mussolini schien bereits gelangweilt und ging mit den Händen in den Hosentaschen ein wenig zerstreut im Zimmer auf und ab. Mittlerweile sprach sich auch Daladier dagegen aus, noch eine tschechische Zustimmung einzuholen, wie dies Chamberlain in der ersten Unterredung angeregt hatte. Auch lehnte er den Einwand Prags, dass die Räumung erst nach der Errichtung neuer Befestigungen auf tschechischem Gebiet erfolgen könne, unter Hinweis auf die britisch-französische Garantie ab. Mit der Anregung des französischen Ministerpräsidenten, Bezirke mit Sprachinseln nicht von der Wehrmacht, sondern zunächst von internationalen Truppen besetzen zu lassen, erklärte sich Hitler einverstanden. Außerdem zeigte er sich bereit, bei der Grenzziehung „territorial weitherzig" zu verfahren. Gegenüber der These Daladiers, dass für die Grenzziehung auch wirtschaftliche, geographische und politische Momente in Rechnung gestellt werden sollten, erhob der Diktator allerdings den Einwand, dass der tschechoslowakische Staat eben aufgrund dieser These sein Entstehen 1918 zu verdanken habe. Man habe damals ein zwar wirtschaftlich, nicht aber national lebensfähiges Gebilde geschaffen. Ökonomische Probleme ließen sich leichter beseitigen als nationale, „umso mehr, als die Tschechoslowakei, die keine alte Kulturnation sei, deutsche Bevölkerungsteile nicht assimilieren könnte". Der französische Ministerpräsident schlug dann noch den Austausch einer größeren Zone vorwiegend deutschen Gebiets mit tschechischen Befestigungen an der schlesischen Grenze gegen einen entsprechenden tschechischen Gebietsstreifen am Böhmerwald vor, nicht zuletzt auch aus verkehrspolitischen und psychologischen Gründen, wie er hinzufügte. Hitler lehnte diesen Vorschlag ab, erklärte sich nach längeren Verhandlungen jedoch zur Annahme einer im Vertragstext erscheinenden Formel über Grenzberichtigungen bereit. Daladier zeigte sich für dieses Entgegenkommen überaus dankbar und erklärte, dass ihm die Annahme dieser Formel die Stellung vor der französischen Öffentlichkeit wesentlich erleichtere. Er würde bei seiner Rückkehr berichten, dass Hitler ihm gegenüber diese persönliche Geste gemacht habe. Der endgültige Vertragstext lag schließlich um 23 Uhr vor und wurde bis Mitternacht in vier Sprachen übersetzt und zu guter Letzt noch später unterzeichnet.[621]

Chamberlain zeigte sich nach Wochen der Anspannung sichtlich erleichtert. In Einzelgesprächen mit dem Duce und Hitler versuchte er auch eine Regelung anderer Fragen zu erreichen. So kam er auf den Spanischen Bürgerkrieg zu sprechen. Dem britischen Premier schwebte vor, dass die vier Mächte auch in dieser Frage initiativ werden könnten, um die Atmosphäre in Europa zu beruhigen. Mussolini beteuerte ihm jedenfalls, von Spanien genug zu haben und eine große Anzahl seiner Freiwilligen zurückzuziehen. Auch wolle er sich Chamberlains Anregung überlegen. Hitler wiederum gab sich im Gegensatz zum britischen Regierungschef nicht so überzeugt, dass die Gefahr einer kommunistischen Herrschaft in Spanien bereits gebannt wäre. Die Verhinderung eines kommunistischen Regimes sei schließlich das Motiv für die Intervention Deutschlands gewesen. Territorial habe es natürlich keinerlei Interesse. Chamberlain sprach Hitler gegenüber auch von seinem Wunsch der allgemeinen Abrüstung. Gerade die neuen Bomberflugzeuge sollten durch ein internationales Abkommen abgeschafft werden. Doch Hitler wollte von einem Bomberverbot nur dann etwas wissen, wenn die gesamte Staatengemeinschaft – d. h. unter Einschluss der Sowjetunion – sich dazu bereit erkläre. Er habe freilich schon seit Jahren Vorschläge dazu unterbreitet. „Wenn der Krieg und insbesondere der Luftkrieg heute die Tendenz habe, das ganze Volk ohne Rücksicht darauf, ob es Waffenträger sei oder nicht, in Mitleidenschaft zu ziehen, so erscheine ihm dies als eine ausgesprochene Barbarei."[622]

Europa atmete auf, der Krieg war noch einmal abgewandt worden. Als Chamberlain umjubelt nach London zurückkehrte, glaubte er, den Frieden gesichert zu haben. In Paris wurde Daladier als Friedensbringer gefeiert, Mussolini in Italien ein überschwänglicher Empfang bereitet. Eine derartige Begeisterung, so fand er selbst, habe lediglich am Abend der Verkündung des „Impero" geherrscht. Die Zerschlagung der Tschechoslowakei bedeutete für Mussolini auch das Ende der Kleinen Entente. Der Duce kehrte aus München als Retter des Friedens zurück. Sein Prestige war zu keiner Zeit höher. Seine Freude darüber war jedoch keineswegs ungetrübt, denn es missfiel ihm, zu beobachten, wie wenig das italienische Volk einen Krieg wünschte.[623]

In Deutschland erging es Hitler ebenso. Wie in Italien bekundete auch die deutsche Bevölkerung ihre Sehnsucht nach Frieden, und ähnlich wie dem Duce bereitete dies auch dem nationalsozialistischen Diktator beträchtliches Unbehagen. Das Ergebnis der Münchner Konferenz aber entmutigte die Verschwörer gegen Hitler vollends. Auf friedlichem Wege gewann das Reich nicht bloß über drei Millionen Sudetendeutsche – unter Einschluss von 800.000 Tschechen –, sondern auch ein Gebiet mit 17.500 Quadratkilometern und bedeutenden Festungsanlagen. Freilich, eine Volksabstimmung sollte nie stattfinden. Eine Folge von München war zudem die beginnende Entfremdung mit Göring, der Hitler gemeinsam mit Mussolini zu sehr für die Deeskalation plädiert hatte. Die deutsche Nation wollte nahezu ausnahmslos den Frieden. Von einer Bereitschaft zum großen Kampf wie seinerzeit im Sommer 1914 war nichts zu bemerken. Hitler war um seinen Krieg gekommen.

Der deutsche Diktator fand keine Ruhe. Einen Monat nach der Münchner Konferenz schickte Hitler seinen Außenminister zu Mussolini, um den Abschluss eines „rein defensiven Bündnisses" zwischen der Achse und Japan zu besprechen. Das Projekt einer Defensivallianz war auf seine Ansicht begründet, „dass in vier bis fünf Jahren ein bewaffneter Konflikt mit den westlichen Demokratien als im Bereich der Möglichkeiten liegend angesehen werden müsse. Es handele sich für Italien und Deutschland darum, sich auf diese Auseinandersetzung bereits jetzt vorzubereiten." Bisher hatte Hitler noch auf die Haltung der Westmächte Rücksicht genommen, doch seit der Sudetenkrise hielt er sowohl Frankreich und Großbritannien als auch die von der Münchner Konferenz ausgeschlossene Sowjetunion für außerordentlich schwach. Auch von den Vereinigten Staaten fürchtete er kein Eingreifen mehr, da er die Vertreter einer amerikanischen Isolation gerade in letzter Zeit für gestärkt einschätzte.[624]

In Rom besprach Ribbentrop mit Mussolini und Ciano die Anregungen seines „Führers". Schließlich war der Reichsaußenminister die treibende Kraft hinter einem Pakt zwischen der Achse und Japan gegen Großbritannien. Mussolini und Ciano hatten nie etwas für den ständig kriegstreibenden Ribbentrop übrig gehabt. „Es genüge, seinen Kopf anzuschauen, um zu begreifen, dass er ein kleines Gehirn hat", äußerte sich der Duce verächtlich über den Reichsaußenminister.[625] In den Gesprächen stimmte der faschistische Regierungschef aber zu, dass ein Krieg zwischen der Achse und den Westmächten innerhalb weniger Jahre ausbrechen würde. Dies läge im Zuge des „historischen Dynamismus". Ein unüberbrückbarer Graben habe sich zwischen den beiden Welten aufgetan.

Der Duce hatte allerdings noch Vorbehalte über den Zeitpunkt, wann der Antikominternpakt in einen militärischen Beistandspakt umgewandelt werden sollte. Nichtsdestoweniger, so beteuerte er Ribbentrop gegenüber, halte er das Bündnis für eine „heilige Verpflichtung". Während die Achse nunmehr volkstümlich geworden sei, bestünden hinsichtlich des Militärbündnisses in gewissen Kreisen, gerade an der Armeespitze und im anglophilen Bürgertum, noch Vorbehalte. Außerdem würde eine Entspannung zwischen Nationalsozialismus und katholi-

Unter dem Jubel der „befreiten" sudetendeutschen Bevölkerung fährt Hitler durch Asch.

scher Kirche in Deutschland das Bündnis populärer machen. Mit Frankreich hielt Mussolini einen Krieg für unausweichlich, da dieses ohnehin nur Völker achte, die es geschlagen hätten. Die italienisch-deutschen Streitkräfte seien zusammen unbesiegbar, nicht bloß aufgrund ihrer militärischen Schulung, sondern weil es sich um politische Armeen handle. „Sobald einmal das Bündnis zwischen uns und Deutschland reif wäre, dann müsste man die Ziele festlegen. Wir können nicht eine reine Defensiv-Allianz abschließen. Diese sei nicht notwendig, weil niemand daran denke, die totalitären Staaten anzugreifen. Wir wollen im Gegenteil ein Bündnis abschließen, das die geographische Karte der Welt ändern soll."[626]

Deutschland war bereits seit Jahren einem schmerzlichen Wandel unterworfen. Die „Reichskristallnacht" zeigte sodann einmal mehr die wahre Fratze des nationalsozialistischen Regimes. Als Reaktion auf die Ermordung des deutschen Legationssekretärs Ernst vom Rath durch den 17-jährigen jüdisch-polnischen Emigranten Herschel Grynspan in Paris ließ Hitler die in den letzten Jahren zurückgehaltene SA noch einmal wüten. In der Nacht vom 9. auf den 10. November 1938 brannten im ganzen Reich die Synagogen. Jüdische Geschäfte, Büros, Schulen und Wohnungen wurden verwüstet und geplündert, Tausende Juden von SA-Männern in „Räuberzivil" verprügelt und misshandelt, 91 sogar ermordet. Die SS verhaftete 26.000 wohlhabendere Juden und deportierte sie schließlich in Konzentrationslager. Aber Hitler, der sich aus Staatsräson bei der ganzen Aktion herausgehalten und Goebbels die Führung überlassen hatte, musste erkennen, dass der Großteil der deutschen Bevölkerung – schon aufgrund der Gewalttätigkeit des Mobs – das Pogrom ablehnte. Selbst für etliche der Parteigranden gehörte solche disziplinlose Brutalität, die ein schlechtes Licht auf das Regime warf, der vergangenen „Kampfzeit" an. Göring, Himmler und auch das oberste Parteigericht kritisierten Goebbels schlussendlich dafür, dass diese Chaosnacht für das Regime mehr Schaden als Nutzen gebracht hätte und die Taktik allzu durchsichtig gewesen wäre. Doch das Regime setzte noch einen weiteren Schritt: In seltener Perfidie hatten die Juden in der Folge sogar für den von der SA angerichteten Schaden noch horrende „Sühneleistungen" zu erbringen, die viele wirtschaftlich ruinierten und ihnen die Existenzgrundlage entzogen.

Die zivilisierte Welt zeigte sich empört und sah trotzdem bloß tatenlos zu. Mussolini hingegen billigte die Aktion der Nationalsozialisten; bedingungslos, wie er hervorhob, denn Italien würde in der gleichen Lage wie Deutschland sogar noch mehr tun.[627] Mussolinis erste antisemitischen Anwandlungen gehen bereits auf den Sommer 1935 zurück.[628] So anerkannte er im „Popolo d'Italia" nun plötzlich doch die „Existenz von Rassen, ihre Unterschiede und ihre Rangordnung". Juden könnten keine Faschisten sein, verkündete er wiederum andernorts. Deswegen habe er sie, wie er stolz erklärte, auch aus den wichtigsten Ämtern und der Akademie entfernt. Gerne beschuldigte er auch die internationale Freimaurerei, das internationale Kapital und namentlich das Haus Rothschild am Sturz von Faschismus und Nationalsozialismus zu arbeiten.[629]

Offensichtlich aus Solidarität mit dem Dritten Reich und aus der Erkenntnis, die Juden als Sündenböcke verwenden zu können, schlug auch Mussolini ab der zweiten Jahreshälfte 1938 einen antisemitischen Kurs ein. Starace und Farinacci unterstützten ihn nach Kräften, das unvermutet auftauchende „Problem" zu propagieren. Dieses hatte es freilich früher für den Duce gar nicht gegeben. Zu den Gründungsmitgliedern des Faschismus hatten auch Juden gezählt. Aber plötzlich konnte nicht oft genug hervorgehoben werden, dass die Italiener eine überlegene Rasse waren, die rein gehalten werden musste, wie etwa die Hetzzeitschrift „Die Verteidigung der Rasse" unterstrich. Im Juli 1938 sprach Mussolini davon, Konzentrationslager zu schaffen. Außerdem wollte er mit der Verbrennung von jüdischer, freimaurerischer und frankophiler Literatur die Zügel stärker anziehen. Jüdische Schriftsteller und Journalisten würden von jeder Tätigkeit ausgeschlossen werden. Die faschistische Revolution, so propagierte der Diktator, müsse sich nunmehr auch im Lebensstil der Italiener durchsetzen. „Es ist Zeit, dass sie lernen, weniger ‚sympathisch' zu sein, um hart, unnachsichtig und hassenswert zu werden. Mit anderen Worten: Herren."[630]

Die antisemitischen Maßnahmen in Italien waren im Wesentlichen taktisch begründet. Die Zeit und die äußeren Umstände schienen dem faschistischen Führer opportun, sein Volk wieder aufzuwühlen. Schon seit längerem wollte Mussolini den Italienern „ein höheres Rassebewusstsein einschärfen, das auch für das Werk der Kolonisierung im ‚Impero' unerlässlich sei".[631] Antijüdische Gesetze, so etwa das Verbot von Mischehen, würden den Hass des Auslandes gegen Italien vermehren. „Recht so", wie er sich selber Mut machte, „ich tue, was ich kann, um Frankreich und England immer mehr den Rücken zu kehren".[632] Anfang August befahl er, die Juden aus den Diplomatenlisten zu streichen. Am 1. September beschloss der Ministerrat Maßnahmen gegen in Italien lebende ausländische Juden. Auch wurden jüdische Staatsbürger aus dem Dienst an staatlichen Schulen und verschiedenen kulturellen und wissenschaftlichen Einrichtungen entfernt. Am 6. Oktober meinte der Duce nach einer Sitzung des Großrats: „Nunmehr ist der Antisemitismus dem Blut der Italiener eingeimpft. Er wird von allein kreisen und sich entwickeln."[633] Unmittelbar nach der „Reichskristallnacht", am 10. November, beschloss der italienische Ministerrat das „Gesetz zum Schutz der Rasse". Dabei widersetzte sich Mussolini allerdings der Forderung Staraces, alle Juden aus der Partei auszuschließen. Dem besorgten amerikanischen Botschafter erklärte er, dass in Europa die völlige Trennung zwischen arischer und nichtarischer Welt im Gange sei. Es wäre der Augenblick gekommen, wo ganz Europa sich den Juden verschließe. Der Schaffung eines eigenen Judenstaates stehe er aber durchaus nicht ohne Sympathie gegenüber.

Zynisch schlug er in diesem Zusammenhang die Auswanderung der Juden in die Vereinigten Staaten vor, wo für sie ja ohnehin so viel Sympathie herrsche.[634]

Während des Anschlusses und der folgenden Sudetenkrise war der Bürgerkrieg in Spanien in den Hintergrund getreten. Mittlerweile schien dort der Sieg der extremen Rechten nur mehr eine Frage der Zeit zu sein; dies, obwohl Franco von den Achsenmächten als Führerpersönlichkeit nicht sehr hoch eingeschätzt wurde. Ende August 1938 zeigte sich Mussolini über Francos „laue" Kriegführung verstimmt, und so sagte er Ciano die Niederlage des Generalissimus voraus: „Dieser Mann kann oder will nicht Krieg führen. Die Roten sind Kämpfer, Franco nicht."[635] Rom entschloss sich jedenfalls, Truppen in der Stärke von 10.000 Mann wieder heimzuschicken; somit blieben noch etwa 30.000 italienische Soldaten im Bürgerkrieg involviert. Mit dem Abtransport des italienischen Kontingents schwand in London auch die Befürchtung, Mussolini könnte ein territoriales Festsetzen in Spanien planen. Dies ebnete doch noch den Weg für das In-Kraft-Treten des britisch-italienischen Osterabkommens am 16. November. London erkannte damit auch die italienische Souveränität über Äthiopien an. Die psychologisch günstige Wirkung des Accords war aber durch die monatelange Uneinigkeit der beiden Mächte, die bis zu einer merklichen Abkühlung der bilateralen Beziehungen geführt hatte, letztlich verfehlt worden. „In Europa bleibt die Achse grundlegend", so stellte Mussolini resümierend im Stakkato fest. „Im Mittelmeer Zusammenarbeit mit den Engländern, solange das möglich sein wird. Frankreich bleibt draußen: gegen dieses Land sind unsere Forderungen jetzt festgelegt."[636]

Angespornt durch die beeindruckenden außenpolitischen Erfolge Hitlers, sehnte sich auch Mussolini nach Taten, die die Welt aufhorchen ließen. Der Diktator fühlte sich getrieben, Italiens Macht und Einfluss zu mehren. „Ich bin dazu geboren, die Italiener nie in Ruhe zu lassen", hatte er dementsprechend am 7. Oktober im Großrat verkündet. „Zuerst Afrika, jetzt Spanien, morgen wieder eine andere Sache."[637] Einen Monat später zeichnete er seinem Außenminister die Linien der zukünftigen römischen Außenpolitik vor: „Ziele: Dschibuti, etwa auf dem Weg über ein Kondominium oder eine Neutralisierung. Tunis, mit einem mehr oder weniger gleichen Regime; Korsika, das italienisch, niemals französisch gewordene, muss daher unter unmittelbare Herrschaft gebracht werden. Die Grenze am Var(o). Dagegen interessiert mich Savoyen nicht, das weder geschichtlich noch geographisch italienisch ist. Das sind in großen Linien unsere Forderungen. Ich setze dafür weder ein Jahr noch fünf oder zehn Jahre fest. Die Zeit wird durch die Ereignisse bestimmt werden."[638] Mit einem expansiven Schritt wollte Mussolini der Welt die Schlagkraft des faschistischen Italien, dessen Ebenbürtigkeit mit dem nationalsozialistischen Deutschland beweisen. Doch sehr zu seinem Unbehagen sollte ihm Hitler neuerlich zuvorkommen.

# Der Bogen wird überspannt

## Januar bis Mai 1939

Zur Jahreswende hielt Mussolini einen Zusammenstoß mit den westlichen Demokratien für unvermeidlich. Obwohl er eigentlich nichts auf die öffentliche Meinung geben wollte, hatte er doch vor, sie auf einen Krieg vorzubereiten. Am Neujahrstag erklärte er sich gegenüber Ciano bereit, auf den Vorschlag Ribbentrops einzugehen und den Antikominternpakt in ein festes Bündnis umzuwandeln, das Ende Januar unterzeichnet werden könnte. Das „antikommunistische Dreieck" sollte „System" werden, wie dies der italienische Außenminister seinem deutschen Ressortkollegen auch umgehend wissen ließ. Seiner Vision von nationaler Größe folgend, entwickelte der Duce darüber hinaus gemeinsam mit seinem ehrgeizigen Schwiegersohn großzügige Konzepte für die weitere außenpolitische Zukunft Italiens, die die Verständigung mit Jugoslawien, Ungarn, Rumänien und Polen zur Sicherung von Rohstoffen, nach der Beendigung des Spanischen Bürgerkrieges ein Bündnis mit Franco und verschiedene Forderungen an Frankreich vorsahen. Ciano notierte diese Pläne nochmals im Telegrammstil: „Nichts von Nizza und Savoyen, da sie jenseits der Alpen liegen. Korsika: Autonomie, Unabhängigkeit, Annexion. Tunesien: Minderheitenrechte für die Italiener, Autonomie des Beys, italienisches Protektorat. Djibouti: Freihafen und Eisenbahn, gemeinsame Verwaltung der Kolonie, Abtretung. Suezkanal: starke Anteilnahme an der Verwaltung. Im Einverständnis mit Belgrad Albanien erledigen, allenfalls mit gleichzeitiger Begünstigung eines serbischen Vorstoßes nach Saloniki."[639]

Von einer konstruktiven Politik mit London hatte sich Mussolini bereits weit entfernt. Trotzdem besuchten Chamberlain und Halifax am 11. Januar 1939 Rom, wo ihnen – besonders im bürgerlichen Stadtzentrum – ein durchaus freundlicher Empfang zuteil wurde. Ohne Beeinflussung der faschistischen Propaganda hieß die Öffentlichkeit die Gäste aus Großbritannien spontan wärmer willkommen, als es seinerzeit trotz großen Aufwandes bei Hitler der Fall war. Der Duce war aber keineswegs von der Nützlichkeit dieses Besuches überzeugt, und Ciano hatte bereits einen Monat zuvor dem deutschen Botschafter zu verstehen gegeben, dass es „italienisches Programm sei, kein Programm zu machen".[640] Mussolini erhoffte sich von dem Besuch letzten Endes lediglich, die Briten dazuzubringen, Frankreich gegenüber seinen Wünschen gefügiger zu machen.

Chamberlain hegte andere Erwartungen: Mussolini sollte Hitler davon abhalten, sich wie ein „tollwütiger Hund" aufzuführen. Allein der faschistische Führer hielt den britischen Premier für verweichlicht und zaghaft, für einen ängstlichen pazifistischen Zivilisten. Männer wie Chamberlain, so dachte er in einem seiner typischen Anflüge von Geringschätzung alles Bürgerlichen, besaßen nicht das Charisma, ein Reich zu gründen, hatten kein Verständnis für den tiefen moralischen Sinn des Krieges und konnten daher nicht Weltgeschichte machen. Für den Diktator waren die Besucher aus London nicht aus dem gleichen Holz geschnitzt wie einst ein Francis Drake und all die anderen Abenteurer und Seefahrer, die seinerzeit das englische Weltreich geschaffen hatten. Nach Mussolinis Ansicht waren die britischen Staatsmänner seiner Zeit bloß müde Abkömmlinge einer langen Reihe reicher Männer, die dekadent und ohne Perspektiven schließlich auch das Empire verlieren würden.[641]

Der Besuch aus London hatte so für Mussolini letztlich keinerlei Bedeutung. Gemeinsam mit Ciano gab sich der Diktator zwar staatsmännisch und erschien dementsprechend mit seinen Gästen in der Oper sogar ausnahmsweise wieder einmal im Frack. Bei den politischen Besprechungen wogen die Briten mit ihrer betont friedenswilligen Haltung den Duce allerdings nur noch mehr in Sicherheit. Gemeinsam mit Ciano wich Mussolini jeder tiefer gehenden Erörterung der politischen Lage in Europa aus. Gönnerhaft lehnte er den Vorschlag einer britischen Vermittlung als „völlig überflüssig" ab und meinte, dass die Auseinandersetzung mit Frankreich nach Beendigung des Spanischen Bürgerkrieges ohnedies einer befriedigenden Lösung zugeführt werden würde. Darüber hinaus erklärte er sein Vertrauen in die friedlichen Absichten Hitlers, der dem Reich lediglich deutsche Gebiete angliedern wolle. Sein „Freund" denke überhaupt nicht an Krieg. Dieses Plädoyer verfehlte nicht seine Wirkung. Chamberlain zeigte sich angesichts dessen, wie loyal Mussolini den „Führer" verteidigt habe, über den Charakter des Duce beeindruckt.[642]

So unwichtig der Staatsbesuch genommen worden war, so sehr freute sich die faschistische Führung naturgemäß über die Entwicklung in Spanien. Angesichts des Vormarsches der extremen Rechten, deren Truppen am 26. Januar Barcelona nahmen, kursierten allerdings Gerüchte, Frankreich könnte eine größere Operation gegen die Franco-Truppen planen. An sich glaubten Mussolini und Ciano nicht ernsthaft daran, dass sich Frankreich mit verstärkter Präsenz einmischen könnte, um den Sieg des Caudillo noch einmal ins Wanken zu bringen. Sollte es sich aber doch zu einer Intervention entschließen, würde dies Italien ebenfalls tun. „Wenn Paris Truppen sendet", so sah sich der Duce wieder einmal zu hemmungsloser Großspurigkeit veranlasst, „schiffen wir 30 Bataillone in Valencia aus, auch wenn das den Weltkrieg zum Ausbruch bringen sollte."[643]

Tatsächlich war Mussolinis Aggression gegenüber Frankreich in den letzten Monaten angewachsen. Die Italiener, so schloss er von sich auf andere, hassten das „niederträchtige Volk" der Franzosen. Dementsprechend zeigte er sich zur Eskalation bereit und nahm sich vor, die Spannungen in wenigen Monaten an die Spitze zu treiben, um sein Land gegen Frankreich in den Krieg zu führen und es zu besiegen. Dann werde er es seinem Volk zeigen, „wie man in Europa einen Frieden macht". Er würde zwar, so nahm er sich vor, keine Kriegsentschädigungen verlangen, aber alles zerstören und viele Städte dem Erdboden gleichmachen.[644] So spitzte sich die Lage in Nordafrika zu: Italien entsandte Verbände nach Libyen, und Frankreich beantwortete diese Maßnahme mit demonstrativen Truppenkonzentrationen in Tunis. Mussolini schlug somit die Türen nach London und Paris zu und trieb Italien immer mehr in die Arme des nationalsozialistischen Deutschland, mit dem er nun auch ein echtes militärisches Bündnis eingehen wollte.

In Berlin wuchs einstweilen die Unruhe Hitlers. Vom Glauben angetrieben, nicht alt zu werden, suchte der Diktator wieder nach einem Erfolgserlebnis, das ihm neue Kraft und Zuversicht gab und mit dem er der Welt zu beweisen vermochte, dass er eine geschichtliche Erscheinung und dass Deutschland, dass sein Reich in Zukunft zu fürchten war. Sein Augenmerk richtete sich auf Prag, und so entschied er Anfang Februar, der Pariser Nachkriegsordnung einen weiteren schweren Schlag zu versetzen und das nachzuholen, was ihm München verwehrt hatte: die Zertrümmerung der „Rest-Tschechei". Freilich wollte er das ganze Unternehmen als „Befriedungsaktion", als Folge einer schweren innenpolitischen Krise des westslawischen Nachbarn tarnen, die nicht nach einer kriegerischen Operation aussehen sollte.

Die traditionelle Verachtung des Altösterreichers Hitler gegenüber den Tschechen war ein Motiv für sein Ansinnen. Allein es gab auch durchaus ökonomische Gründe: Die Finanzlage des Dritten Reiches war katastrophal. Durch die massive Wiederaufrüstungspolitik hatte sich die Staatsschuld seit Hitlers Kanzlerschaft verdreifacht, in Industrie und Landwirtschaft herrschte eklatanter Arbeitskräftemangel, und zu allem Übel drohte das Schreckgespenst der Inflation. In den tschechischen Teilen Böhmens und Mährens lockten hingegen eine hoch entwickelte Industrie, Gold und Devisen und darüber hinaus ein Waffenarsenal für 20 Divisionen. Durch die Einverleibung Böhmens und Mährens mochte sich auch die militärstrategische Situation für Deutschland bessern und ihm zudem eine stärkere

Verhandlungsposition gegenüber Polen, mit dem schließlich auch noch territoriale Fragen zu klären waren, verschaffen.

Der Schlag gegen Prag musste politisch vorbereitet werden. Bereits am 21. Januar hatte Hitler dem tschechoslowakischen Außenminister gegenüber Vorhaltungen über eine völlig verfehlte Politik Prags gemacht: Jene, die „den gesunden Menschenverstand repräsentieren", seien plötzlich verschwunden. In dem Gespräch in der Neuen Reichskanzlei wollte der Diktator keinen Zweifel offen lassen, dass es für die Tschecho-Slowakei, wie der Staat mittlerweile hieß, nur den Weg mit Deutschland als einzige Lösung gab. Alles andere sei „Wahnsinn", denn keine Macht der Welt, so schätzte er die Situation völlig richtig ein, würde zur Rettung der Tschecho-Slowakei auch nur einen Soldaten schicken. Hitler riet František Chvalkovský auch, die tschechoslowakische Armee auf ein „vernünftiges Maß" zu bringen, „da sie doch keine Rolle spiele". Als der eingeschüchterte Außenminister für die antideutsche Propaganda in seinem Land unter anderem einen Halbjuden verantwortlich machte, ließ sich Hitler dazu hinreißen, aus seinen künftigen Absichten keinen Hehl zu machen: „Die Juden würden bei uns vernichtet. Den 9. November 1918 hätten die Juden nicht umsonst gemacht, dieser Tag würde gerächt werden." Auch Chvalkovský hielt mit seinem Antisemitismus nicht hinter dem Berg und kündigte an, die Juden „hinauswerfen" zu wollen. Nachdem man das Problem der Kommunisten gelöst habe, würde die Tschecho-Slowakei ebenfalls darangehen, „die Judenfrage zu lösen".[645]

Hitler hatte Chvalkovský ermutigt, die Tschecho-Slowakei möge sich in Richtung Neutralität hin entwickeln, und auch in seiner Reichstagsrede am 30. Januar ließ er seinen dahingehenden Wunsch anklingen. Prag legte dies derart aus, dass sich der Diktator entschlossen habe, der Tschecho-Slowakei noch einmal eine Chance zu geben. Doch Hitler dachte nicht daran. Der Separatismus in der Slowakei und in der Karpato-Ukraine boten ihm ein Jahr nach dem Anschluss Österreichs den willkommenen Vorwand, neuerlich aktiv vorzugehen. Als am 10. März schließlich der nationalistische Ministerpräsident der Slowakei, Monsignore Tiso, von der Prager Zentralregierung entlassen und unter Hausarrest gestellt worden war, sah Hitler den Zeitpunkt zum Losschlagen gekommen: Die Tschecho-Slowakei stehe vor der Auflösung, so wollte er sein Handeln nun vor der Weltöffentlichkeit verantworten.

Am 13. März zitierte der deutsche Diktator Tiso nach Berlin. In der nach den Plänen Speers erst kürzlich fertiggestellten Neuen Reichskanzlei machte er dem Nationalistenführer lange Vorhaltungen über die negative, die Ruhe Mitteleuropas gefährdende Entwicklung in der Tschecho-Slowakei. Schließlich verlangte er eine definitive Antwort auf seine Frage, ob die Slowaken die Unabhängigkeit wollten oder nicht. „Es handele sich nicht um Tage, sondern um Stunden." Tiso versicherte Hitler daraufhin, dass sich dieser auf die Slowakei verlassen könne, doch erbat er sich Zeit zur Beratung.[646] Nach Hitlers Wunsch sollte der katholische Geistliche die

Unabhängigkeit seines kleinen Landes proklamieren und ein von den Deutschen entworfenes Telegramm unterschreiben, das den „Führer" ersuchte, die Slowakei vor den tschechischen Übergriffen zu schützen; andernfalls würde sie wohl von Ungarn annektiert werden. Die Nationalversammlung in Preßburg erklärte schließlich selbstständig ihre Unabhängigkeit. Hitler ignorierte jedoch ganz einfach, dass ihn die Slowakei keineswegs als Protektor gerufen hatte, und kündigte die Entsendung deutschen Militärs zur Wahrung der Unabhängigkeit des Landes an. Der Diktator hatte noch dazu Budapest aufgefordert, „blitzartig" in die bislang zur Tschecho-Slowakei gehörende Karpato-Ukraine einzufallen, gleichzeitig aber die Slowakei in Ruhe zu lassen. Am Tag der slowakischen Unabhängigkeitserklärung, am 14. März, tat Ungarn, wie ihm geheißen.

Der Druck auf Prag wuchs weiter. Die deutsche Presse überschlug sich in ihren Berichten über tschechischen Terror gegen Slowaken und Deutsche in Brünn und Iglau. Staatspräsident Emil Hácha, eine fatale politische Fehlbesetzung, entschloss sich daraufhin, nach Berlin zu fahren. Während bereits die ersten deutschen Truppen Richtung Böhmen und Mähren marschierten, setzte sich der alte und kranke Mann mit Außenminister Chvalkovský am 14. März in den Zug, um fünf Stunden später bei heftigem Schneetreiben in der Reichshauptstadt einzutreffen. Gemäß seiner Zermürbungstaktik ließ ihn Hitler im Hotel Adlon weitere vier Stunden warten, bis er ihn in der Neuen Reichskanzlei empfing, um 1.15 Uhr nachts. Der deutsche Diktator hatte sich, während der tschechische Gast im Hotel immer unruhiger geworden war, einen Spielfilm angesehen.

Ein Lehrstück skrupelloser Einschüchterung folgte. Endlich in der Reichskanzlei angelangt, erzählte Hácha in Anwesenheit Keitels, Görings und Ribbentrops mit aller nur möglicher Servilität Hitler zu Beginn, dass er eigentlich bloß ein unpolitischer altösterreichischer Justizbeamter sei, dem das ganze Regime eines Masaryk und Beneš fremd gewesen sei. Schon im Herbst 1918 habe er sich die Frage gestellt, ob es für die Tschechoslowakei eigentlich ein Glück sei, ein selbstständiger Staat zu sein. Er jedenfalls sei lediglich ein alter Mann und glaube, dass das Schicksal seines Landes „in den Händen des Führers gut aufgehoben sei". Untertänig bat Hácha Hitler sodann, den Tschechen ihre eigene nationale Existenz zu ermöglichen. Der Diktator beteuerte, das deutsche Volk würde gegenüber den Tschechen keinerlei Hass empfinden. Die Tschecho-Slowakei habe dagegen vice versa eine andere Einstellung und diese oft genug bewiesen. Seit Herbst des letzten Jahres habe sich nichts zum Besseren verändert. Hitler nannte in diesem Zusammenhang die Proteste der Volksgruppen, die „zwangsläufige Entwicklung der wirtschaftlichen Notwendigkeiten", den alten „Beneš-Geist" und die zu große tschechoslowakische Armee, wo doch Prag gar „keine außenpolitische Mission mehr habe". So seien vor drei Tagen „die Würfel gefallen", fuhr Hitler fort: „Ich habe mir den ungarischen Gesandten kommen lassen und habe ihm mitgeteilt, dass ich die Hände von diesem Land zurückziehe." Seine Geduld sei nun erschöpft. Um sechs Uhr würde von allen Seiten her die deutsche Armee in die „Tschechei" einrücken und die deutsche Luftwaffe die Flughäfen besetzen. Das Verhalten Deutschlands werde sich in den nächsten zwei Tagen entscheiden und sei abhängig von der Haltung des tschechischen Volkes und des tschechischen Militärs gegenüber den einmarschierenden deutschen Truppen.

Drohend machte Hitler dem Staatspräsidenten die beiden Alternativen deutlich. Entweder würde sich der deutsche Einmarsch zu einem Kampf entwickeln. „Dann wird dieser Widerstand mit allen Mitteln mit Brachialgewalt gebrochen." Die andere Möglichkeit sei die, dass sich der Einmarsch in erträglicher Form abspiele, dann würde es ihm, Hitler, leicht, „bei der Neugestaltung des tschechischen Lebens der Tschecho-Slowakei ein großzügiges Eigenleben, eine Autonomie und gewisse nationale Freiheiten zu geben". Deswegen habe er Hácha nach Berlin gebeten, doch diese Einladung sei der letzte gute Dienst, den er dem tschechischen Volk erweisen könne. Hitler machte Hácha zudem darauf aufmerksam, dass auf jedes tschechische Bataillon eine deutsche Division käme. Die militärische Aktion sei eben keine kleine, sondern vielmehr „in aller Großzügigkeit angesetzt". Háchas Bedenken, wie er in den verbleibenden Stunden die gesamte tschechische Bevölkerung von einem Widerstand gegen die deutschen Truppen zurückhalten solle, ließen ihn kalt. Die nun rollende Militärmaschine, so drohte er, lasse sich nicht mehr aufhalten, denn es sei sein „großer Entschluss". Er sehe nur mehr die Alternative zwischen „einer langen Friedensperiode zwischen den beiden Völkern" oder der „Vernichtung der Tschecho-Slowakei". Scheinbar moderat, beteuerte der Diktator, die Tschechen nicht quälen und „entnationalisieren" zu wollen. Er ergreife all diese Maßnahmen nicht aus Hass, sondern lediglich, um Deutschland zu schützen. Wenn die Prager Regierung vorigen Herbst nicht nachgegeben hätte, vergaß Hitler nun wieder all seine Mäßigung, „so wäre das tschechische Volk ausgerottet worden. Keiner hätte ihn daran gehindert." Nun habe er aber Hácha nach Berlin gebeten, um das Schlimmste zu verhindern.

Gebrochen verließ Hácha kurz nach zwei Uhr den Arbeitssaal Hitlers und versuchte gemeinsam mit Chvalkovský, telefonisch Verbindung mit Prag aufzunehmen. Göring, dem dies alles zu langsam ging, sah sich veranlasst, den Tschechen zu veranschaulichen, wie man Prag bombardieren und zerstören würde. Dies war zu viel für den kranken Präsidenten. Hácha erlitt einen Herzanfall und fiel in Ohnmacht. Es gelang Hitlers Leibarzt Theodor Morell jedoch, den Staatspräsidenten durch eine Injektion wieder zu Bewusstsein zu bringen. Als dieser sich einigermaßen erholt hatte, wies er Prag an, keinen Widerstand zu leisten. Den Erfolg zum Greifen nahe, betonte Hitler gegenüber Hácha dann noch einmal die wirtschaftlichen Vorteile durch den Anschluss für die Tschechen und malte die Möglichkeit eines gedeihlichen Zusammenlebens der beiden Nationen in den schönsten Farben: „Die einen sollen als Tschechen und wir wollen als Deutsche glücklich leben. Das

Deutsche Reich könne auf diesem Gebiet ungeheuer großzügig sein." Diese Aussage war für den Präsidenten „von überragender Wichtigkeit".[647] Kurz vor vier Uhr unterzeichnete Hácha schlussendlich ein bereits vorbereitetes Kommuniqué, das davon sprach, dass er „das Schicksal des tschechischen Volkes und Landes vertrauensvoll in die Hände des Führers des Deutschen Reiches" lege.[648] Der Diktator war außer sich vor Freude. Euphorisch eilte er ins Zimmer seiner Sekretärinnen und ermunterte sie, ihn zu küssen: „Kinder", rief er verzückt, „das ist der größte Tag meines Lebens. Ich werde als der größte Deutsche in die Geschichte eingehen!"[649]

Der größte Deutsche der Geschichte – das war schlicht genau das, was Hitler sein wollte. Auf dieses Ziel richtete er all sein Streben und seine Energie. Um es zu erreichen, war ihm jedes Mittel recht und keine Maßnahme zu brutal. Hitler hatte seine eigene Moral. Im Gefühl des Triumphes verließ er Berlin, um sich nach Prag aufzumachen. Bereits am Abend des 14. März hatten Teile der 8. Armee und der SS-Leibstandarte „Adolf Hitler" die Grenze überschritten und Mährisch-Ostrau in Besitz genommen. Die ersten deutschen Einheiten erreichten dann bereits um neun Uhr des nächsten Tages die tschechische Hauptstadt. Stunden später zog der Diktator in den Hradschin, die alte böhmische Königsburg, ein und ließ sich dort am Fenster feiern, freilich von einer weit kleineren Menschenmenge als ein Jahr zuvor

Hitler bei seiner Fahrt durch Brünn.

auf dem Heldenplatz in Wien. „Die Tschecho-Slowakei hat damit aufgehört zu existieren", stellte er mit Genugtuung fest. Für das Land begann die Fremdherrschaft. Als autonomes „Protektorat Böhmen und Mähren" sollte es mit dem ehemaligen Außenminister Neurath als „Wahrer der Reichsinteressen" an der Spitze deutsch verwaltet werden.

Am 16. März erließ Hitler eine Proklamation. Voll Selbstvertrauen und Selbstherrlichkeit erklärte und bestätigte er die Maßnahmen zur Zerschlagung der Tschecho-Slowakei, die, wie er die Weltöffentlichkeit wissen ließ, nicht machtpolitischer Expansion, sondern dem Frieden im mitteleuropäischen Raum dienten. „Ein Jahrtausend lang gehörten zum Lebensraum des deutschen Volkes die böhmisch-mährischen Länder. Gewalt und Unverstand haben sie aus ihrer alten historischen Umgebung willkürlich gerissen und schließlich durch ihre Einfügung in das künstliche Gebilde der Tschecho-Slowakei den Herd einer ständigen Unruhe geschaffen. Von Jahr zu Jahr vergrößerte sich die Gefahr, dass aus diesem Raum heraus, wie schon einmal in der Vergangenheit, eine neue ungeheuerliche Bedrohung des europäischen Friedens kommen würde. Denn dem tschecho-slowakischen Staate und seinen Machthabern war es nicht gelungen, das Zusammenleben der in ihm willkürlich vereinten Völkergruppen vernünftig zu organisieren und damit das Interesse aller Beteiligten an der Aufrechterhaltung ihres gemeinsamen Staates zu erwecken und zu erhalten. Er hat dadurch aber seine innere Lebensunfähigkeit erwiesen und ist deshalb nunmehr auch der tatsächlichen Auflösung verfallen. Das Deutsche Reich aber kann in diesen für seine eigene Ruhe und Sicherheit sowohl als für das allgemeine Wohlergehen und den allgemeinen Frieden so entscheidend wichtigen Gebieten keine andauernden Störungen dulden. Früher oder später musste es als die durch die Geschichte und geographische Lage am stärksten interessierte und in Mitleidenschaft gezogene Macht die schwersten Folgen zu tragen haben. Es entspricht daher dem Gebot der Selbsterhaltung, wenn das Deutsche Reich entschlossen ist, zur Wiederherstellung der Grundlagen einer vernünftigen mitteleuropäischen Ordnung entscheidend einzugreifen und die sich daraus ergebenden Anordnungen zu treffen. Denn es hat in seiner tausendjährigen geschichtlichen Vergangenheit bereits bewiesen, dass es dank sowohl der Größe als auch der Eigenschaften des deutschen Volkes allein berufen ist, diese Aufgabe zu lösen."[650]

In Berlin wurde dem Eroberer ein triumphaler Empfang zuteil. Die Proteste aus London und Paris bereiteten Hitler kein Kopfzerbrechen, konnte er doch darauf verweisen, dass er bloß der Bitte des tschechischen Staatspräsidenten nachgekommen sei und sich somit neuerlich keinerlei Aggression zu Schulden habe kommen lassen. Am 16. März marschierte deutsches Militär auch in der Slowakei ein. Sieben Tage später folgte ein Schutzvertrag zwischen Preßburg und Berlin. Dieser gestattete den Deutschen die Errichtung militärischer Anlagen und sah des Weiteren die Abstimmung der slowakischen Außenpolitik mit Berlin vor. Ein Geheimprotokoll gestattete Deutschland auch noch die wirtschaftliche Ausbeutung des kleinen Landes.

Vor den Augen der Weltöffentlichkeit hatte sich Hitler nun endgültig entlarvt. Seine Täuschungen hatten ein Ende gefunden. Erstmals war es auch den treuesten Verfechtern der Appeasement-Politik klar geworden, dass es dem Diktator in Berlin keineswegs nur um die Realisierung des nationalen Selbstbestimmungsrechts, sondern vielmehr um hemmungslose Expansion ging. Die Toleranz der Westmächte war erschöpft. Der deutsche Einmarsch in Prag wurde von Chamberlain als unerhörte Herausforderung empfunden. Dem Premier wurde schmerzlich bewusst, dass Hitler kein konventioneller Staatsmann war, der sich an einmal eingegangene internationale Abmachungen auch hielt. Nicht zuletzt unter dem Druck der Gegner eines Ausgleichs schlug Chamberlain nun eine härtere Gangart gegenüber Berlin ein, ohne sich jedoch mit dem Gedanken der Unausweichlichkeit eines Krieges abzufinden. Die britische Regierung schwenkte nun auf den Kurs um, dem Dritten Reich künftig bei seinen Eroberungsgelüsten entschiedenen Widerstand zu leisten. In Birmingham sprach Chamberlain in einer Rede am 17. März von einer „schwereren Erschütterung denn je", vom Bruch des Münchner Abkommens und beklagte die ständigen Wortbrüche des deutschen Diktators. Allein Hitler schien, wie auch Goebbels bemerkte, die Proteste aus London und Paris, diesen „Theaterdonner", gar nicht ernst zu nehmen.[651] Die Westmächte aber rüsteten nun verstärkt auf.

Mussolini hatte den früheren Beteuerungen Hitlers vertraut, nach München keine weiteren Teile der Tschecho-Slowakei dem Reich einzuverleiben. Deshalb hatte er sich ursprünglich auch durch die Gerüchte aus Berlin nicht beunruhigen lassen und beabsichtigte, der tschecho-slowakischen Krise keine besondere Bedeutung beizumessen. „Das deutsche ist ein militärisches, kein kriegerisches Volk", so meinte er Ciano gegenüber gelassen. „Gib den Deutschen viele Würste, Butter, Bier und einen Volkswagen, dann hat er keine Lust mehr, sich den Bauch durchlöchern zu lassen."[652] Allein Hitler ließ Mussolini über sein Vorhaben uninformiert und stellte seinen Partner schlussendlich vor vollendete Tatsachen. Rom feierte gerade den neuen Papst, Pius XII., als Mussolini – wie bereits beim Anschluss Österreichs – vom Prinzen von Hessen über die Okkupation Böhmens und Mährens unterrichtet wurde. Dessen Erklärungen, wonach Deutschland aufgrund der fortdauernden tschechischen Mobilmachung, der Konspiration Prags mit Moskau und der Misshandlung der deutschen Volksgenossen einfach handeln habe müssen, konnte die faschistische Führung natürlich nicht befriedigen. Ciano tat diese Vorwände als bloßes „Geschwätz" ab.[653]

Der Duce fühlte sich von Hitler gedemütigt. Die Nachricht glich einem Schlag ins Gesicht. Auf seine Umgebung wirkte er deprimiert, in Gedanken versunken, gar um Jahre gealtert. Besorgt schien er tatsächlich Böses zu ahnen. Hitler hatte „sein" – Mussolinis – Werk von München zerschlagen und sein Vertrauen missbraucht. Die italienische Bevölkerung reagierte empört über den deutschen Überfall. Die Stimmung glich jener zur Zeit des Dollfuß-Mordes und des Anschlusses Österreichs, doch die Presse durfte von der Message Hitlers an Mussolini nichts erfahren. „Die Italiener würden mich ja auslachen", so fürchtete der Duce. „Jedes Mal, wenn Hitler ein Land besetzt, sendet er mir eine Botschaft." Trotz allem wollte er loyal an der Seite Deutschlands bleiben. „Wir können unsere Politik nicht ändern, weil wir keine Huren sind", drückte er sich drastisch aus.[654] Der ursprünglich so deutschfreundliche Ciano wollte dagegen von den engen Beziehungen mit Berlin abrücken und arbeitete von nun an daran, Mussolini zu einer Verständigung mit den Westmächten zu bewegen. Der Außenminister drängte ihn aber auch, sich an Albanien schadlos zu halten, doch der Duce zögerte. Ihm schien das kleine, arme und unterentwickelte Land keine ausreichende Kompensation zur deutschen Annexion des reichen und hoch industrialisierten Böhmen zu sein.

Auch sah Mussolini seine eigenen Hegemoniepläne für Südosteuropa in Gefahr. In der Tat hatte Deutschland seine wirtschaftliche Stellung am Balkan bereits derart ausgebaut, dass dort eine Politik gegen Berlin praktisch nicht mehr möglich war. Der Duce befürchtete in diesem Zusammenhang, die Kroaten könnten sich die Zerschlagung der Tschecho-Slowakei zum Vorbild nehmen, sich von Jugoslawien loslösen und sich gleichzeitig unter den Schutz Deutschlands stellen. „In diesem Fall gibt es nur zwei Möglichkeiten", so fasste er pointiert zusammen, „entweder schießen wir den ersten Schuss auf Deutschland ab, oder wir werden von einer Revolution weggefegt, welche die Faschisten selbst machen werden; denn niemand könnte es dulden, dass sich das Hakenkreuz an der Adria festsetzt."[655] Deshalb ordnete er am 19. März die Konzentration von Truppen in Venetien an. Sollte in Kroatien die Revolution ausbrechen, würde Italien intervenieren; „und wenn die Deutschen glauben, uns aufhalten zu können, schießen wir auf sie", notierte Ciano in sein Tagebuch.[656] Dass Berlin schließlich versicherte, nicht in die inneren Angelegenheiten Kroatiens einzugreifen und keinerlei Ziele im – als italienische See betrachteten – Mittelmeer zu verfolgen, vermochte Mussolini keineswegs vollauf zu beruhigen, denn auf Hitlers Wort war eben offensichtlich kein Verlass. Vielleicht, so überlegte er, sollte er sich doch durch britische Vermittlung wieder mit Frankreich aussöhnen. Nach Tagen der unverborgenen Enttäuschung fügte sich der Duce den Gegebenheiten. Mitteleuropa, so musste er resignierend feststellen, stand nun unter „preußischer Vorherrschaft". Da half es nur wenig, wenn Hitler dem italienischen Botschafter in Berlin gegenüber beschwichtigend die Besetzung Böhmens und Mährens als Stärkung der Achse darstellte.[657]

Trotz dieses schweren moralischen Rückschlags blieb Mussolini an der Seite Hitlers. Am 21. März rechtfertigte er vor dem Faschistischen Großrat sogar die Politik des Deutschen Reiches.[658] Die Tschecho-Slowakei hätte nach dem Münchner Frieden zu neuem Leben erstehen können. Doch Prag – von jüdischen, freimaurerischen, demokratischen und bolschewistischen Kräften beeinflusst – habe sich der Aufgabe, die Minderheitenrechte zu wahren und sich loyal zu Deutschland zu verhalten, nicht gewachsen gezeigt. Stattdessen habe es sich sogar der Hoffnung hingegeben, sich wieder an Deutschland schadlos zu halten, wenn erst die großen Demokratien ihr gewaltiges Rüstungsprogramm durchgeführt haben würden. Unter diesem Gesichtspunkt vermochte das Deutsche Reich daher aus geographischen, historischen und politischen Gründen gar nicht anders zu reagieren. Italien hätte unter solchen Umständen genauso gehandelt, und daher bleibe es auch vollkommen solidarisch mit dem Reich, besonders jetzt, da die Westmächte es mit einer neuen Einkreisungspolitik bedrohten. Was Italiens natürliche Aspirationen betreffe, so habe es zwar keinen Tiso zur Verfügung, der ihm seine Ansprüche als Geschenk präsentiere. „Aber auch unsere Stunde wird kommen." Mussolini schloss seine Rede, indem er die Diktion Hitlers übernahm und den gewaltigen Machtzuwachs, den nicht bloß Deutschland, sondern eben auch die Achse durch die Beset-

Hitler in Berlin bei seiner Abreise nach Swinemünde, um an Bord des Panzerschiffes „Deutschland" nach Memel zu fahren.

zung Böhmens und Mährens erlangt habe, betonte. Nicht alle faschistischen Granden nahmen diese Erklärungen kommentarlos hin. De Bono zeigte sich über den Inhalt der Rede unzufrieden, und vom temperamentvollen Balbo mussten sich Mussolini und Ciano gar anhören, Hitlers Stiefelputzer zu sein. Für den Duce war aber Balbo nur das „demokratische Schwein" geblieben, das er bereits als Redner in der Loge Girolano Savonarola in Ferrara gewesen war.[659]

Solch interne Kritik bekam Hitler schon lange nicht mehr zu hören. Die Erfolge hatten seine Position nur noch mehr gefestigt, und der Diktator selbst befand sich im Machtrausch. Am 20. März beorderte er gleichsam den litauischen Außenminister Juozas Urbsys nach Berlin und drohte mit einem Luftangriff auf Kowno, sollte Litauen das einst zum Kaiserreich gehörende Memelland nicht wieder abtreten. Eingeschüchtert willigte die litauische Regierung schließlich am 23. März um 1.30 Uhr ein, das Ländchen an der Nordgrenze Ostpreußens, das der junge baltische Staat 1923 selbst in einem Handstreich annektiert hatte, wieder an das Reich abzutreten. Dies gab Hitler die Gelegenheit, bereits zu Mittag des 23. März in einem Triumphzug in die kleine Hafenstadt einzuziehen. Der Diktator war am Tag zuvor an Bord des Panzerkreuzers „Deutschland" von Swinemünde, begleitet von einer kleinen Flotte, nach Memel aufgebrochen. Hitler konnte diese Demonstration deutscher Stärke jedoch nicht genießen, denn die stürmische Seefahrt hatte ihn seekrank gemacht. Wieder festen Boden unter den Füßen und bei besserer Laune, rief er am 23. März kurz nach 14 Uhr vom Balkon des Stadttheaters der versammelten Menge zu, dass sie in ein „gewaltiges, neues Deutschland" zurückgekehrt sei, das „bereit und entschlossen ist, sein Schicksal selbst zu meistern und zu gestalten, auch wenn dies einer anderen Welt nicht gefällt".[660] Der nationalsozialistische Diktator ließ Europa nicht mehr in Ruhe.

Der nicht zu stillende Expansionsdrang, das permanente Bedürfnis, sich mit anderen Nationen im Krieg messen zu müssen, verbanden die beiden Diktatoren. „Die Menschheit ist im ewigen Kampf zur Größe gelangt", so hatte Hitler in „Mein Kampf" geschrieben, „in ewigem Frieden geht sie zugrunde." Dieses Bekenntnis zur ständigen kriegerischen Selbstbehauptung machte eine Seelenverwandtschaft der beiden Führer aus, denn „ewiger Frieden" erschien auch Mussolini als eine Katastrophe für die Menschheit. Trotzdem, so verkündete er in einer Ansprache zum 20. Jahrestag der Gründung der faschistischen Kampfbünde auf dem nach ihm benannten Forum in Rom, sei jedoch eine längere Friedensperiode zur Förderung der Entwicklung der europäischen Kultur nötig. Die Achse, so stellte er an jenem 26. März weiter fest, sei eine Begegnung zweier Revolutionen, die im krassen Gegensatz zu allen Weltanschauungen der Gegenwart ständen. Was sich in Mitteleuropa zugetragen habe, habe mit „Naturnotwendigkeit" eintreten müssen. Sollte die geplante Koalition von Großbritannien und Frankreich gegen die autoritären Regierungen zustande kommen, so würden letztere in allen Teilen der Welt zum Gegenangriff übergehen. Demgemäß warnte der Duce Paris, die Kluft zwischen Frankreich und Italien zu groß werden zu lassen, sodass diese dann nicht mehr geschlossen werden könne. Beziehungen zwischen Staaten beruhten nur auf Macht. Einmal mehr bezeichnete er das Mittelmeer als Italiens Lebensraum und betonte dessen Interessen in der Adria, ohne aber die Slawen ausschließen zu wollen. Martialisch forderte Mussolini von seinem Land, aufzurüsten, und zwar um jeden Preis, auch wenn dies für seine Bevölkerung den Verzicht auf all das bedeute, was man unter bürgerlichem Leben verstehe.[661]

Neuerlich zeigten sich Balbo und De Bono über eine Rede Mussolinis unzufrieden. Erneut warfen sie ihm vor, der Politik Hitlers hörig zu sein. Der Duce gab sich jedoch unbeeindruckt und bezeichnete Ciano gegenüber De Bono als „alten Idioten. Nicht infolge der Jahre, die auch den Geist unversehrt lassen können, wenn er überhaupt vorhanden ist, sondern, weil er stets ein Idiot gewesen und jetzt noch alt dazu ist."[662] Hitler dagegen wusste, wie er Mussolini gewogen stimmen konnte, und schickte ihm zum 20. Jahrestag ein persönliches Schreiben, in dem er die gemeinsame Freundschaft und Loyalität hervorhob.[663]

Tatsächlich blieb der Duce der Achsenpolitik treu und lehnte es ab, sich mit Frankreich zu verständigen. Der Fall Madrids im März und das damit verbundene Ende des Spanischen Bürgerkrieges hob seine Stimmung wieder beträchtlich. Der Sieg des Caudillos war für Rom ein Triumph des Faschismus, hatte Italien doch verhältnismäßig große Kraftanstrengungen getätigt; Kapazitäten, die dem Land für einen größeren, europäischen Krieg, einen Feldzug gegen Frankreich etwa, nun fehlen würden. Die italienische Armee hatte sich auch nicht unbedingt als Furcht einflößende Streitmacht erwiesen. Mussolini hatte sich durch die Intervention in Spanien zudem so eindeutig auf die Gegnerseite der westlichen Demokratien gestellt, dass sich sein außenpolitischer Handlungsspielraum praktisch auf die Politik der Achse mit dem Dritten Reich einengte. Deshalb wurde der vermeintliche faschistische Triumph in Spanien für Italien zum Pyrrhussieg: Weit mehr war verspielt worden als gewonnen. Der Duce mochte sich von der spanischen Rechten ostentative Dankbarkeit erwartet haben, etwa mit dem Beitritt zu einem antiwestlichen Militärbündnis, doch Franco lehnte eine Beteiligung seines ausgebluteten Landes an einem europäischen Krieg für die nächsten Jahre glattweg ab.[664] So weit ging seine Loyalität nun doch nicht. Mussolinis Abenteuerlust, die ihn maßgeblich zu dem italienischen Eingreifen in Spanien gedrängt hatte, blieb so nicht bloß unbelohnt, sie sollte sich später sogar noch bitter rächen.

Vorerst motivierten Ciano und der Erfolg in Spanien Mussolini aber dazu, seine Aufmerksamkeit auf Albanien zu lenken. Die Annexion des seit 1927 praktisch unter italienischem Protektorat stehenden Landes sollte „sein Prag" werden. Ursprünglich hatte der Duce beabsichtigt, noch auf den Abschluss einer regelrechten Allianz mit dem Dritten Reich zu warten, doch mittlerweile hielt ihn nichts mehr, es Hitler unbedingt gleichzutun. Eine militärische Aktion sollte das Prestige Italiens und damit auch sein Prestige wieder heben. Mussolini fühlte sich zur Expansion förmlich gezwungen. Die Aussicht auf eine Militärintervention stimmte ihn euphorisch. Doch es entsprach seiner verantwortungslosen Oberflächlichkeit, es zu verabsäumen, die Expedition auch wirklich effektiv zu planen.

Am 23. März ordnete Mussolini den Überfall auf Albanien an. Er hatte dabei keine Skrupel, ausgerechnet am Karfreitag loszuschlagen, und so landeten am 7. April italienische Einheiten in Durazzo. Der albanische König Zogu hatte sich zuvor geweigert, der Annexion seines Landes zuzustimmen. Obwohl Zogu sich nicht an die Spitze seiner Truppen stellte, um dem Aggressor Widerstand zu leisten, sondern im Gegenteil nach Griechenland flüchtete, gestaltete sich die Expedition für die unzureichend vorbereiteten Italiener heikel, da in Tirana durch den Terror des einheimischen Mobs kurzfristig die totale Anarchie ausgebrochen war. Schlussendlich vermochten die italienischen Invasionstruppen aber doch das gesamte Land weitestgehend ungehindert zu besetzen. Ciano wollte sich unbedingt vor Ort vom Erfolg überzeugen und flog – selbst als Pilot – nach Albanien. Gerne hätte er sich seiner Eitelkeit entsprechend höchstpersönlich als dessen König gesehen, doch kam er mit dem Duce schließlich überein, der Welt die Einverleibung als eine Personalunion und Staatenbund zu verkaufen. Viktor Emanuel wurde demgemäß am 16. April von einer albanischen Delegation in Rom offiziell die Krone des besetzten Landes angeboten, das praktisch seine Eigenständigkeit völlig verlor und zu einer italienischen Kolonie herabsank.

Mussolini schien seiner Idee des „mare nostro" ein Stück näher gekommen zu sein. Italien verfügte nun an einer strategisch besonders wichtigen Stelle – zwischen Otranto und Durazzo – über beide Adriaufer. Es fasste darüber hinaus am Balkan Fuß, von wo aus es nun separatistische Bewegungen in Jugoslawien und Griechenland besser fördern konnte. Rom war zwar bestrebt, Albanien mit ansehnlichen Investitionen wirtschaftlich aufzurichten, gleichzeitig diente das kleine Land der Armee aber auch als militärisches Aufmarschgebiet gegen Jugoslawien und Griechenland. Saloniki und das östliche Mittelmeer waren nur mehr 200 Kilometer entfernt.

Die Eroberungslust des Duce war fürs Erste gestillt. Dass sich Italien damit immer mehr von den atlantischen Demokratien entfernte, war ihm nur recht. Sein Land, so lautete sein sehnlichster Wunsch, sollte von der Welt gefürchtet werden. Hitler hatte ihn beglückwünscht, und die Westmächte, die an eine innerhalb der Achse abgesprochene Aktion glaubten, zeigten sich am Schicksal des kleinen Balkanstaates letzten Endes desinteressiert, wenngleich London gegen den Bruch des erst ein Jahr alten Abkommens über den Status quo am Mittelmeer Protest einlegte. London und Paris garantierten am 13. April zudem als weitere Reaktion Griechenland und Rumänien ihre Unabhängigkeit. Im Mai folgte ein Beistandspakt mit der Türkei für den Fall eines Konflikts im Mittelmeer. Die Regierung in Bukarest hatte allerdings am 23. März bereits einen Wirtschaftsvertrag mit Deutschland unterzeichnet, der Rumänien in zumindest ökonomische Abhängigkeit vom Dritten Reich brachte.

Die Beziehungen zwischen Deutschland und Italien waren durch Hitlers eigenmächtiges Handeln des letzten Jahres noch immer unterkühlt. Daher fuhr Göring zur feierlichen Überreichung der albanischen Krone an den italienischen König nach Rom. Während seines zweitägigen Besuches sollte er sondieren, ob die faschistische Führung noch immer an einem Ausbau der Achse zu einem Militärpakt interessiert war. Obwohl sich der deutsche Gast „im Namen des Führers" bemühte, die italienischen Sorgen zu zerstreuen, und versicherte, dass Deutschland Südosteuropa nicht für sich allein beanspruche, missfiel Ciano der martialische Ton, als Göring über Polen und Großbritannien sprach. Auch Mussolini hegte Bedenken, doch er überspielte seine Beunruhigung, indem er sich selber entschlossen und unerschrocken gab.[665] Der Duce, der einen allgemeinen Krieg für unausbleiblich betrachtete, erklärte Göring, zwar mit Frankreich abrechnen zu wollen, fügte gleichzeitig jedoch hinzu, dass Italien noch keineswegs kriegsbereit sei und eben noch weiter aufrüsten müsse. „Vom Frieden sprechen und den Krieg, d. h. den Sieg vorbereiten", sollte demnach das Motto der beiden Partner lauten. Es entsprach Mussolinis Hang zum Bluff, dass er in Rom eine Luftschutzübung abhalten ließ, bei der auch Feldartillerie zur besseren Geräuschkulisse verwendet wurde, da die italienische Hauptstadt noch über zu wenig Fliegerabwehrkanonen verfügte.[666]

Angesichts des deutsch-polnischen Konflikts um Danzig wuchs die Spannung in Europa derart bedrohlich, dass selbst der amerikanische Präsident aktiv wurde. Am 14. April sandte Franklin D. Roosevelt ein Schreiben an Hitler und Mussolini, in dem er die beiden Diktatoren aufforderte, die Welt von der Angst vor einem neuen Krieg zu befreien, eine Abrüstungskonferenz zu ermöglichen und für insgesamt 31 Staaten auf zehn Jahre eine Nichtangriffsgarantie abzugeben.[667] Mussolini ignorierte diese Botschaft zunächst. Göring gegenüber bekundete er bei dessen Rombesuch, dass dies ein Dokument sei, dessen Beantwortung nicht eile. Hitler jedoch reagierte auf den Vorstoß des amerikanischen Staatsoberhauptes offensiv und berief am 28. April den Reichstag ein, um dort eine seiner bemerkenswertesten Reden zu halten.

Acht Tage zuvor gab es zudem für den Diktator noch ausreichend Grund zu feiern: Der 50. Geburtstag des „Führers" gestaltete sich zur Huldigung eines Halbgottes. Gleichzeitig gab dieser Feiertag dem nationalsozialistischen Regime die Gelegenheit, der Welt das militärisch wiedererstarkte Deutschland zu demonstrieren. Nicht weniger als sechs Divisionen, 40.000 Mann und 600 Panzer, paradierten im Zentrum der Reichshauptstadt stundenlang an dem Diktator vorbei. Hitler genoss dieses Schauspiel sichtlich, meinte er doch damit seine Gegner in Europa beeindrucken zu können. Am 28. April schließlich hielt er seine Rede vor dem Reichstag. Doch um zwölf Uhr mittags, als er vor einer erwartungsfrohen Zuhörerschaft mit seinen Ausführungen begann, überreichten auch die deutschen Geschäftsträger in den Außenministerien in London und Warschau jeweils eine Note der Reichsregierung. In der einen kündigte Deutschland sein Flottenabkommen mit Großbritannien, in der anderen den Nichtangriffspakt mit Polen; vor allem der zweite Schritt rief bei Mussolini beträchtliche Beunruhigung hervor.[668]

In seiner zwei Stunden und zwanzig Minuten dauernden Reichstagsrede referierte Hitler über die Noten an London und Warschau. Er klagte die britische Einkreisungspolitik an und gab Warschau die Schuld am Scheitern eines deutsch-polnischen Ausgleichs. Sarkastisch und verschlagen demonstrierte der geniale Demagoge seine Rednerkunst vor seinem dankbaren Auditorium eindrucksvoll; ein kurzsichtiger Triumph freilich, denn mit seiner Verhöhnung entfremdete er das Reich den Vereinigten Staaten bloß noch mehr. Er glaubte, sowohl die Westmächte als auch die USA der Doppelzüngigkeit zu überführen, indem er etwa darauf hinwies, dass Deutschland an keinem der 14 Kriege seit 1919 beteiligt gewesen sei. Während das Reich auch bei den 26 gewaltsamen und blutigen Interventionen seit der Pariser Friedenskonferenz eine weiße Weste vorzuweisen habe, konnte er allein den Vereinigten Staaten ein sechsmaliges Eingreifen nachsagen.

Einmal mehr verstand es Hitler, die entwürdigende Behandlung des wehrlosen Deutschland nach dem Weltkrieg durch die Siegermächte in Erinnerung zu rufen. Darüber hinaus verglich er die Interessen des Reiches in Europa mit der Monroedoktrin und den Interessen Washingtons in Lateinamerika. Die Reichsregierung, so fuhr Hitler fort, habe trotzdem alle 31 von Roosevelt genannten Staaten einzeln gefragt, ob sie sich vom Dritten Reich bedroht fühlten. Die Antwort sei durchgehend negativ und sogar schroff ablehnend gewesen. Tatsächlich war die untaugliche Note des amerikanischen Präsidenten teilweise von einer derart durchsichtigen und naiven Propaganda, dass es Hitler verhältnismäßig leicht fiel, das Schreiben aus Washington zu entzaubern. So machte sich der Diktator darüber lustig, dass Roosevelt auch etliche Länder erwähnte, die fernab der Grenzen oder der Interessensphäre Deutschlands und Italiens lagen. Einigen Staaten und Nationen, so führte Hitler demgemäß voll Spott aus, konnte die Rückfrage Berlins allerdings gar nicht zugeleitet werden, „weil sie sich – wie zum Beispiel Syrien – zur Zeit nicht im Besitz ihrer Freiheit befinden, sondern von den militärischen Kräften demokratischer Staaten besetzt gehalten und damit rechtlos gemacht sind".

Mit gewohntem Pathos erklärte er dem amerikanischen Präsidenten seine heroische Biographie: wie er, der einst „unbekannte Arbeiter und Soldat" seines Volkes, das Chaos in Deutschland überwunden, die Ordnung wiederhergestellt, die Wirtschaft wiederbelebt, die Arbeitslosigkeit beseitigt, die deutsche Nation wiedervereinigt und militärisch aufgerüstet habe; „und ich habe weiter versucht, jenen Vertrag Blatt um Blatt zu beseitigen, der in seinen 448 Artikeln die gemeinste Vergewaltigung enthält, die jemals Völkern und Menschen zugemutet worden ist. [...] und ich habe, Herr Präsident, mich bemüht, dies alles zu tun, ohne Blut zu vergießen und ohne meinem Volk oder anderen daher das Leid des Krieges zuzufügen." Während Roosevelt als Staatsoberhaupt eines der größten und reichsten Länder der Welt Muße finde, sich mit universalen Problemen zu beschäftigen, sei „meine Welt [...] räumlich viel enger. Sie umfasst nur mein Volk. Allein ich glaube, dadurch noch am ehesten dem zu nützen, was uns allen am Herzen liegt: der Gerechtigkeit, der Wohlfahrt, dem Fortschritt und dem Frieden der ganzen menschlichen Gemeinschaft!"[669]

Das Echo, das die Rede hervorrief, kam dem Diktator gelegen. Die Spannung in Europa stieg zur Kriegspsychose, ohne dass sich jedoch tatsächlich ein zum bewaffneten Konflikt entschlossener Gegner wirklich auftat. Darüber hinaus durfte sich Hitler des Rückhaltes in der deutschen Bevölkerung sicher sein. So sehr man einen Krieg zu vermeiden wünschte, so sehr betrachtete man die Ansprüche – speziell auf Danzig – als gerecht. Bevor man den Feldzug gegen Polen begann, setzte Hitler auf eine Zermürbungstaktik gegenüber den Westmächten. Die antideutsche Stimmung in London und Paris sollte wieder in eine friedenswillige gedreht werden. Zwar schürte man von Berlin aus die Verschärfung der Lage in Danzig und unter der deutschen Minderheit in Polen. Indem man sich international jedoch auf offizieller außenpolitischer Ebene in der polnischen Frage nun völlig zurückhielt, sollten die Westmächte jede Lust an einer Intervention verlieren.

Der zwischen Berlin und Rom geschmiedete „Stahlpakt" bedeutete ein weiteres, überaus kräftiges Zeichen, dass die beiden Diktatoren gewillt waren, in Zukunft gemeinsam zu marschieren. Während Japan sich nach langem Lavieren an einem engeren Militärbündnis mit dem Dritten Reich desinteressiert zeigte und sich auch von der Drohung eines Pakts zwischen Berlin und Moskau nicht beeindrucken ließ, schlossen sich Deutschland und Italien noch enger zusammen. Während sich Großbritannien und Japan einer Allianz mit Hitler entzogen, glaubte Mussolini, alles auf die deutsche Karte setzen zu müssen, da ihm ein Konflikt mit den Westmächten auf Dauer unvermeidlich schien. Sehenden Auges war der Duce bereit, sich dem dominierenden Einfluss Hitlers zu unterwerfen, um ebenfalls bei der Neugestaltung und Aufteilung Europas teilhaben zu können. So ignorierte er die unheilvollen Berichte aus Berlin, wonach Hitler einen Krieg gegen Polen plane, und erwartete, dass der deutsche Diktator seine Ziele erneut auf friedlichem Wege erreiche.

Am 5. und 6. Mai trafen einander die beiden Außenminister der Achse in Mailand. Mussolini hatte seinem Schwiegersohn dabei eine Denkschrift mitgegeben, in der er zwar die Unvermeidbarkeit eines Krieges zwischen den „reichen Völkern" und den „Habenichtsen" hervorhob, gleichzeitig aber betonte, dass Italien nach Abessinien und Spanien noch eine Friedensperiode bis 1943 brauche, um dann für einen Waffengang gerüstet zu sein. Ribbentrop gab sich bei der Zusammenkunft ungewohnt entspannt und erklärte, dass Hitler gegenüber Polen den Kompromiss suche, wenngleich das Reich für einen kriegerischen Konflikt gerüstet sei. Jedenfalls wollte der Reichsaußenminister in London und Paris Zeichen der Ermüdung in der polnischen Frage erkennen, und so würde in einigen Monaten, wenn die Frage schließlich reif geworden sei, kein Engländer oder Franzose für Polen marschieren. Ribbentrop führte den Partner in die Irre und sprach davon, dass selbst Berlin noch eine friedliche Entwicklung der nächsten vier oder fünf Jahre wünsche und man künftig unter strengster Geheimhaltung auch die Sowjetunion in den Block totalitärer Mächte aufnehmen sollte.[670]

Ciano unterrichtete Mussolini über den Verlauf der Mailänder Besprechung telefonisch. Dabei zeigte sich der Duce derart euphorisch, dass er eine Meldung über einen bevorstehenden Abschluss eines bilateralen politischen und militärischen Bündnisvertrags an die Weltöffentlichkeit hinausgehen lassen wollte. Der Reichsaußenminister erhielt dazu von Hitler ebenfalls dessen Einverständnis, und so wurde tatsächlich am 7. Mai ein gemeinsames Kommuniqué bekannt gegeben. Es war schließlich die deutsche Seite, die den Vertrag entwarf, in dem viel von Frieden und Sicherheit die Rede war: „Durch die innere Verwandtschaft ihrer Weltanschauung und die umfassende Solidarität ihrer Interessen fest miteinander verbunden, sind das deutsche und das italienische Volk entschlossen, auch in Zukunft Seite an Seite und mit vereinten Kräften für die Sicherung ihres Lebensraums und für die Aufrechterhaltung des Friedens einzutreten. Auf diesem ihnen von der Geschichte vorgezeichneten Wege wollen Deutschland und Italien inmitten einer Welt der Unruhe und Zersetzung der Aufgabe dienen, die Grundlage der europäischen Welt zu sichern."[671]

Dies war natürlich bloß zur Täuschung vorgesehene Verzierung. Der von Mussolini etwas später so bezeichnete „Stahlpakt" sah demgemäß die gegenseitige militärische Unterstützung bei einem bewaffneten Konflikt – gleichgültig, ob gegen einen oder mehrere Gegner – vor, selbst wenn der eine Partner dabei der Aggressor und Angreifer war: „Wenn es entgegen den Wünschen und Hoffnungen der Vertrag schließenden Teile dazu kommen sollte, dass einer von ihnen in kriegerische Verwicklungen mit einer anderen Macht oder mit anderen Mächten gerät, wird ihm der andere Vertrag schließende Teil sofort als Bundesgenosse zur Seite treten und ihn mit allen seinen militärischen Kräften zu Lande, zur See und in der Luft unterstützen." Der Duce setzte noch zwei Änderungen in diesem militärischen Offensiv- und Defensivbündnis durch, die Hitler allerdings keinerlei Kopfzerbrechen bereiteten: Die bestehende gemeinsame Grenze wurde als endgültig anerkannt und die Laufzeit des Vertrages auf zehn Jahre limitiert. Aus formalen Gründen blieb Mussolini selbst im Text unerwähnt, denn es war streng juristisch ein Abkommen zwischen Hitler als Führer und Kanzler des Deutschen Reiches und Viktor Emanuel III., König von Italien und Albanien, Kaiser von Äthiopien.

Noch vor einem Jahr hatte Rom eine solch enge Bindung, die Italien dem Deutschen Reich auf Gedeih und Verderb auslieferte, abgelehnt. Aber nun war der Wunsch, den egoistischen Expansionszielen Rückendeckung zu verschaffen, zu groß geworden. Die faschistische Führung wertete den Stahlpakt als Druckmittel vor allem gegen Frankreich und meinte, mit der gleich im ersten Artikel vereinbarten ständigen gegenseitigen Fühlungnahme über die gemeinsamen Interessen und die europäische Gesamtlage auch die Berliner Politik besser kontrollieren zu können. Für Mussolini hatte das Bündnis zudem den Zweck, seinem Land durch das Dritte Reich den Rücken zu decken, um so die imperialen Ziele im Mittelmeer und in Afrika, den Zugang zu den Ozeanen, das Ausbrechen aus dem „Gefängnis", in dem er Italien zwischen Suez und Gibraltar gefangen sah, verfolgen zu können.

Dem Duce ging es bei dem Bündnis aber auch um ein Signal nach außen. Er beabsichtigte, die westlichen Demokratien zu schockieren. Demgemäß kündigte er das Bestehen dieses Militärbundes bereits öffentlich an, als der genaue Inhalt noch gar nicht festgelegt war.[672] Ciano fuhr schließlich zur Unterzeichnung des „Blutspaktes", wie Mussolini die unheilvolle Allianz ursprünglich bezeichnet hatte, in die Reichshauptstadt, wo er mit allem Pomp empfangen wurde. Die Nationalsozialisten wussten, wie sie den italienischen Außenminister beeindrucken konnten, und entwickelten eine ähnliche Dramaturgie wie beim seinerzeitigen Besuch Mussolinis. Darüber hinaus umgarnten sie den als Schwerenöter bekannten italienischen Außenminister mit schönen Frauen. So erhielt Ciano Gelegenheit, sich in dem von Heydrich eigens für Spionagezwecke in einem Berliner Nobelbezirk eingerichteten „Salon Kitty" von den Strapazen des diplomatischen Protokolls zu erholen.[673]

Der international Aufsehen erregende Stahlpakt wurde schließlich am 22. Mai in der Reichskanzlei unterzeichnet.[674] Ciano, an dem das theatralische Zeremoniell keineswegs spurlos vorüberging, freute sich, Hitler „gut, sehr heiter, weniger angriffig", wenngleich „ein wenig gealtert" vorzufinden. Seine Augen kamen ihm dunkler umrändert vor, und er führte dies auf das eklatante Schlafdefizit des deutschen Diktators zurück. Bei der Vertragsunterzeichnung wirkte Hitler jedenfalls gerührt. In seiner Euphorie fiel es dem italienischen Außenminister nicht einmal unangenehm auf, dass sein deutscher Ressortkollege, der von Ciano auch das – spe-

Empfang in der italienischen Botschaft nach der Unterzeichnung des Stahlpaktes am 22. Mai 1939. V. r. n. l.: Ribbentrop, Ciano, Dolmetscher Schmidt, Hitler, Göring.

ziell von Göring – so begehrte Halsband der Annunziata erhalten hatte, von einem Interesse des Reichs an der Erhaltung des Friedens von nur mehr mindestens drei Jahren sprach.[675]

Mussolini schien diesen Gesinnungswandel jedoch sehr wohl zu bemerken. Deshalb sandte er Hitler bereits eine Woche später ein Memorandum, das den italienischen Wunsch nach einer mehrjährigen Friedensperiode nochmals hervorhob.[676] Nichtsdestoweniger könne man aber in diesem Zeitraum den inneren Zusammenhalt der „Feinde" durch die Unterstützung verschiedener Bewegungen auflockern. Der Duce dachte dabei an die Förderung sowohl des Antisemitismus als auch pazifistischer Strömungen, an die Unterstützung der Autonomisten in Irland, auf Korsika, im Elsass und in der Bretagne. Außerdem könnten doch „die Zersetzung der Sitten beschleunigt und die kolonialen Völkerschaften zum Aufstand gehetzt werden". Der kommende Krieg, den die großen Demokratien vorbereiteten, würde jedenfalls ein Erschöpfungskrieg werden. „Die Achse wird von der übrigen Welt nichts mehr bekommen." Nach Mussolinis Ansicht verringerten die von Deutschland und Italien erreichten strategischen Stellungen jedoch bedeutend die Schwere und Gefahr eines Erschöpfungskrieges. „Zu diesem Zwecke muss man sich, gleich nach den ersten Stunden des Krieges, des ganzen Donau- und Balkan-Beckens bemächtigen. [...] Durch diese blitzartig und mit der schärfsten Entscheidung zu führende Operation würden nicht nur die ‚Garantierten', wie Griechenland, Rumänien und Türkei, außer Gefecht gestellt werden, sondern würde man sich auch den Rükken sichern. In diesem Spiel können wir auf zwei günstige ‚Bauern' rechnen: Ungarn und Bulgarien."

Mussolinis Vorschläge interessierten Hitler wenig. Der nationalsozialistische Diktator strebte nur mehr danach, seinem Größenwahn in einem Krieg in Osteuropa freie Bahn zu lassen. Dabei wollte er sich von niemandem mehr abbringen lassen. Weniger denn je war er daher Ratschlägen, so qualifiziert oder bloß gut gemeint sie auch sein mochten, zugänglich. Während Mussolini mit dem Gedanken eines europäischen Krieges lediglich spielte, war es Hitler bitter ernst. Deutschlands wirtschaftliche Lage zeigte sich alles andere als rosig. Zu allem Übel rüsteten mittlerweile auch die Westmächte massiv nach. Nach dem Bruch des Münchner Abkommens durch die Zerschlagung der Tschecho-Slowakei zeigten London und Paris keinerlei Bereitschaft mehr für weitere Zugeständnisse. Hitler hätte den Krieg nur mehr vermeiden können, wenn er sich fortan endlich ruhig verhalten hätte. Doch dies entsprach nicht seinem Naturell. Zur Lösung dieser Zwangslage kannte der Diktator in Berlin lediglich einen Ausweg: Der Waffengang musste noch 1939 beginnen.

# Der Weg in den Krieg

## Januar bis September 1939

Sein großes Ziel, die Eroberung von „Lebensraum im Osten", hatte Hitler zu keiner Zeit aus den Augen verloren.[677] Allerdings versuchte er diesen Plan zunächst mit einer Annäherung an Polen zu erreichen. Das vertraglich geregelte Freundschaftsverhältnis bewährte sich in der Sudetenkrise, und es war vor allem Göring, der die polnische Seite mehrmals lockte, sich mit dem Dritten Reich gegen die Sowjetunion zu verbünden und dafür sogar die Ukraine zu erhalten.[678] Nach dem Münchner Abkommen hatte Ribbentrop dem polnischen Botschafter Jozef Lipski in Berchtesgaden vorgeschlagen, die offenen bilateralen Fragen endlich zu bereinigen. Nach den Vorstellungen des Reichsaußenministers sollte der östliche Nachbar nicht bloß dem Antikominternpakt beitreten, sondern auch Danzig zurückgeben und Deutschland eine exterritoriale Verbindung in Form einer Autobahn und einer Bahnlinie von Pommern nach Ostpreußen durch den Polnischen Korridor ermöglichen. Als Gegengeschäft sei Berlin bereit, die bestehende gemeinsame Grenze anzuerkennen, Polen gleichfalls eine exterritoriale Verbindung im Danziger Gebiet zu gewähren und den bilateralen Nichtangriffspakt auf zehn bis 25 Jahre zu verlängern.[679]

Warschau zeigte sich jedoch seit Jahren bemüht, eine Politik des Ausgleichs zwischen dem Reich und der Sowjetunion zu führen. Ein Beitritt zum Antikominternpakt hätte Polen nicht nur die Feindschaft Moskaus eingebracht, sondern der gesamten Welt demonstriert, zum Erfüllungsgehilfen der Politik Hitlers degradiert zu sein. Polen wäre durch die vom Dritten Reich gewünschten geographischen Veränderungen militärisch in eine noch prekärere Situation gekommen. Außenpolitisch hätte es damit seine Verbindungen zu den Westmächten gekappt und nur mehr über die deutsche Option verfügt. Außenminister Jozef Beck reagierte deshalb auf die deutschen Vorschläge mit zurückhaltender Gelassenheit. Deutschland war seiner Auffassung gemäß nach München und dem offenkundigen

Verfall der Pariser Nachkriegsordnung eben übermütig geworden. Und der Leiter der polnischen Außenpolitik mochte sich zudem daran erinnern, dass Hitler in den letzten zwölf Monaten mehrmals – auf diplomatischer Ebene wie im Reichstag – versprochen hatte, das Danziger Statut nicht anzutasten. Demgemäß rechnete die Regierung in Warschau nicht damit, dass Deutschland es wagen würde, die Polen ähnlich wie die Tschechen zu behandeln, noch dazu, wo ihr Staat doch als ein Bollwerk gegen die Sowjetunion galt.

Am 5. Januar 1939 reiste der polnische Außenminister nach Berchtesgaden. Hitler gab sich gegenüber seinem ausländischen Gast zwar betont freundlich, allein von den deutschen Forderungen – gerade was Danzig und den Beitritt der ebenfalls antibolschewistischen, antisemitischen und autoritären Regierung in Warschau zum Antikominternpakt betraf – wich er keinen Meter ab. Hitler war es damit gelungen, Beck nachhaltig zu beunruhigen. Ribbentrop wiederholte am 21. März gegenüber Lipski seine Forderungen und Angebote aus der Unterredung in Berchtesgaden im letzten Herbst und lockte bei einer engen Kooperation mit dem Dritten Reich gegen die Sowjetunion mit der Chance auf die Einverleibung der Ukraine und einer zufriedenstellenden Lösung der slowakischen Frage. Der Reichsaußenminister strich außerdem die Beschützerrolle Deutschlands heraus, das während des Weltkriegs an der Entstehung des polnischen Staates nicht unbeteiligt gewesen sei. Ribbentrop machte Lipski darauf aufmerksam, dass der „Führer" immer noch einen Ausgleich mit Polen anstrebe. Bislang sei Hitler über „die merkwürdige Haltung Polens in einer Reihe von Fragen nur verwundert; es käme darauf an, dass er nicht den Eindruck erhalte, dass Polen einfach nicht wolle". Ribbentrop lud jedenfalls Beck nach Berlin ein, um das bilaterale Verhältnis zu klären.[680]

Durch die „Erledigung der Rest-Tschechei" war Polen jedoch gewarnt. Daher wollte Warschau weder zum Vasallen Deutschlands absinken noch sich angesichts seiner heiklen geographischen Lage zwischen den beiden übermächtigen Reichen auf eine prononciert antisowjetische Bündnispolitik einlassen. Deshalb lehnte Außenminister Beck auch zwei Tage später den britischen Vorschlag eines Konsultativabkommens mit den Westmächten und der Sowjetunion ab, denn Polen sollte seiner Auffassung nach auch keiner antideutschen Allianz, noch dazu mit Moskau, angehören. Gegenüber dem Dritten Reich zeigte man sich schließlich unnachgiebig und hielt die angebotene Grenzgarantie für wertlos. Man wollte „den Deutschen jetzt die Zähne zeigen" und war deshalb keinesfalls bereit, auf das Symbol Danzig zu verzichten. Sollte ein Konflikt mit dem Dritten Reich unausweichlich sein, wusste Beck, was zu tun war: „Ganz einfach! Wir werden kämpfen!"[681] Demgemäß beabsichtigte der polnische Außenminister, der nicht das Schicksal Háchas erleiden wollte, auch erst dann nach Berlin zu reisen, wenn die offenen Fragen bereits genügend diplomatisch vorbereitet wären. In einem Memorandum lehnte Beck sodann auch die deutschen Forderungen ab und schlug im

Gegenzug eine deutsch-polnische Garantieerklärung für die Freie Stadt Danzig vor.

Becks Denkschrift stellte für Ribbentrop erwartungsgemäß keine Grundlage zur Klärung der Differenzen dar. Er befand vielmehr, dass sich das Verhältnis der beiden Nachbarstaaten „stark abschüssig" entwickelte; nicht zuletzt aufgrund der Verstärkung einiger im Korridor und in der Region um Danzig stationierten polnischen Regimenter, die er als „eine merkwürdige Antwort auf mein kürzliches Angebot einer endgültigen Befriedigung des deutsch-polnischen Verhältnisses" bewertete.[682] Berlin hoffte, mit derartigen Drohungen doch noch zum Erfolg zu kommen. Deswegen beabsichtigte Hitler auch, den Druck weiter zu verstärken. Auf eine gewaltsame Lösung der Danziger Frage wollte er noch verzichten, um Polen „nicht den Briten in die Arme" zu treiben, wie er gegenüber von Brauchitsch am 25. März feststellte. Trotzdem erteilte er dem Oberbefehlshaber des Heeres den Auftrag, mit der Vorbereitung einer militärischen Entscheidung der polnischen Frage zu beginnen. „Eine in naher Zukunft erfolgende Lösung müsste besonders günstige politische Voraussetzungen haben. Polen soll dann so niedergeschlagen werden, dass es in den nächsten Jahrzehnten als politischer Faktor nicht mehr in Rechnung gestellt werden brauchte."[683]

Doch nun wurden auch die Westmächte aktiv: London und Paris garantierten die polnische Unabhängigkeit. Großbritannien und Frankreich würden Polen zu Hilfe eilen, so erklärte Chamberlain in seiner von allen Parteien bejubelten Rede am 31. März im Unterhaus, falls dessen Unabhängigkeit durch eine Aktion bedroht sei und es sich zum Widerstand entschließe. Deutschland sollte dadurch vor weiterer Aggression gegenüber seinen Nachbarn abgeschreckt werden und im Falle einer militärischen Auseinandersetzung zu einem Zweifrontenkrieg gezwungen sein. Das Empire zeigte sich damit gewillt, der Eroberungslust des Dritten Reiches die Stirn zu bieten, obgleich man es eigentlich bedauerte, dass man diesen Schutz Polen, das sich eben erst beim Einmarsch der deutschen Truppen in Böhmen und Mähren so schändlich verhalten hatte, und nicht schon dem tapferen und demokratischen Volk der Tschechen angedeihen ließ.[684] Eine vernunftbezogene Politik des Ausgleichs auf der Basis der Verständigung zwischen den vier Mächten war offenkundig unmöglich. Demgemäß sagte London seiner bündnisfreien Außenpolitik ab und erkannte seine Verantwortung für den Fortbestand eines freien Europa. Mit den Garantieerklärungen hatte sich London nun sogar bindend verpflichtet. Damit wurde auch der Politik Frankreichs, die der britischen wie bereits im Jahr zuvor folgte, mehr Gewicht verliehen. Die britische Garantie für die Unabhängigkeit Polens widersprach der bisherigen Haltung Londons, sich eben nicht in Ostmitteleuropa zu binden. Die neue Politik Chamberlains erhöhte nicht nur das Kriegsrisiko, sondern besaß durch ihren späten Zeitpunkt letztlich zu geringe abschreckende Wirkung. Hitler, so hoffte man in Whitehall, sollte wissen, dass er bei einer weiteren Verfolgung seiner aggressiven Pläne Deutschland in den Krieg trieb.

Das deutsche Drohen und Werben hatte in Warschau nicht gefruchtet. Polen war keinesfalls bereit, sich freiwillig zum bloßen Handlanger des Dritten Reiches zu erniedrigen. Hitler verfiel aufgrund dieser Zurückweisung – wie Attolico bemerkte – „in jenen sphinxhaften Zustand [...], der jedem seiner Überfälle vorangeht".[685] Jedenfalls sah er sich veranlasst, seine Strategie zu ändern. Großbritannien hatte nun deutlich bekundet, sich seinen Plänen zur Eroberung von „Lebensraum im Osten" zur Wehr zu setzen. Polen war wiederum von London ermuntert worden, Deutschland gegenüber auch künftig selbstbewusst aufzutreten. Tatsächlich hatte Beck Berlin unmissverständlich zu verstehen gegeben, dass ein deutscher Gewaltakt gegen Danzig für Polen den Kriegsfall bedeutete.[686] Eigentlich hatte Großbritannien für die Bewahrung der Unabhängigkeit Polens, nicht aber für dessen Staatsgrenzen seine Politik geändert. Als das britische Garantieangebot dann noch am 6. April zu einem Beistandspakt zwischen London und Warschau ausgebaut wurde, konnte Hitler wieder seinem Verfolgungswahn frönen. Das Empire versuchte, so kam er zum Schluss, das Dritte Reich einzukreisen, und setzte dafür Trabantenstaaten wie Polen ein. „Denen werde ich einen Teufelstrank brauen", meinte er sodann wütend gegenüber dem Chef der Abwehr, Canaris, als er von der britischen Garantie für Polen hörte.[687]

Konventionelle Diplomatie zwischen Berlin und Warschau hatte ausgedient. Das Angebot Hitlers an Polen war ein einmaliges gewesen. Nun sollten andere Saiten aufgezogen werden. Während Hitler und Ribbentrop alle Bemühungen Becks, die Verhandlungen wieder in Gang zu bringen, im Sand verlaufen ließen, schürte man gleichzeitig den Gegensatz zwischen der polnischen Bevölkerung und den etwa 800.000 Volksdeutschen. Die nationalsozialistische Propagandamaschinerie sollte mit Berichten über die Verfolgung der deutschen Minderheit in Polen die Stimmung weiter anheizen. Der Nervenkrieg begann. Der deutsche Diktator hatte sich entschieden, seine Ostpolitik künftig nicht mehr gemeinsam mit Polen zu gestalten, sondern sie vielmehr aggressiv gegen den östlichen Nachbarn auszurichten.[688] Hitler brach die Verhandlungen mit Warschau ab und erließ am 3. April eine Weisung an die Wehrmacht mit dem Decknamen „Fall Weiß". Danach erforderte es die polnische Haltung, „die militärischen Vorbereitungen zu treffen, um nötigenfalls jede Bedrohung von dieser Seite für alle Zukunft auszuschließen". Im Konfliktfall sei es das Ziel, „die polnische Wehrkraft zu zerschlagen und eine den Bedürfnissen der Landesverteidigung entsprechende Lage im Osten zu schaffen".[689] Hitler hatte die Weichen auf Krieg gestellt.

Der deutsche Diktator dachte freilich keinen Moment daran, Mussolini in seine Pläne einzuweihen. Vielmehr machte Hitler bereits einen Tag nach der Unterzeichnung des Stahlpakts in der Reichskanzlei den Oberbefehlshabern und Stabschefs von Heer, Marine und Luftwaffe unmissverständlich klar, dass Rom über den Entschluss zum Angriff auf Polen gar nicht unterrichtet werden durfte. Die deutsche Nation, so eröffnete ihnen ihr „Führer", habe die ideellen Probleme gelöst, nun seien aber die wirtschaftlichen an der Reihe. „Zur Lösung der Probleme gehört Mut. Es darf nicht der Grundsatz gelten, sich durch Anpassung an die Umstände einer Lösung der Probleme zu entziehen. Es heißt vielmehr, die Umstände den Forderungen anzupassen. Ohne Einbruch in fremde Staaten oder Angreifen fremden Eigentums ist dies nicht möglich. [...] Es bleibt die Wahl zwischen Aufstieg oder Abstieg. In 15 oder 20 Jahren wird für uns die Lösung zwangsweise notwendig. Länger kann sich kein deutscher Staatsmann um die Frage herumdrücken." Zudem klärte Hitler seine militärischen Handlanger über die politische Notwendigkeit eines Feldzugs gegen Warschau auf:

„Der Pole ist kein zusätzlicher Feind. Polen wird immer auf der Seite unserer Gegner stehen. Trotz Freundschaftsabkommens hat in Polen immer die innere Absicht bestanden, jede Gelegenheit gegen uns auszunutzen. Danzig ist nicht das Objekt, um das es geht. Es handelt sich für uns um die Erweiterung des Lebensraums im Osten und Sicherstellung der Ernährung, sowie die Lösung des Baltikum-Problems. Lebensmittelversorgung ist nur von dort möglich, wo geringe Besiedelung herrscht. Neben der Fruchtbarkeit wird die deutsche, gründliche Bewirtschaftung die Überschüsse gewaltig steigern. [...] Zwingt uns das Schicksal zur Auseinandersetzung mit dem Westen, ist es gut, einen größeren Ostraum zu besitzen. [...] Das Problem ‚Polen' ist von der Auseinandersetzung mit dem Westen nicht zu trennen. [...] Polen sieht in einem Siege Deutschlands über den Westen eine Gefahr und wird uns den Sieg zu nehmen versuchen. Es entfällt also die Frage, Polen zu schonen, und bleibt der Entschluss, bei erster passender Gelegenheit Polen anzugreifen. An eine Wiederholung der Tschechei ist nicht zu glauben. Es wird zum Kampf kommen. Aufgabe ist es, Polen zu isolieren." Hitler stellte sodann den Grundsatz auf, dass eine Auseinandersetzung mit Polen nur dann von Erfolg gekrönt sein werde, wenn der Westen aus dem Spiel blieb. „Ist das nicht möglich, dann ist es besser, den Westen anzufallen und dabei Polen zugleich zu erledigen."

In diesen Tagen bezweifelte Hitler die Möglichkeit eines friedlichen Arrangements mit Großbritannien. Daher erschien es ihm nötig, sich auf die Auseinandersetzung mit dem Empire vorzubereiten. „England sieht in unserer Entwicklung die Fundierung einer Hegemonie, die England entkräften würde. England ist daher unser Feind, und die Auseinandersetzung geht auf Leben und Tod." Großbritannien sei der Motor, der gegen Deutschland treibe, und Hitler erklärte seinen Militärs die Stärken des Empires. „Der Brite selbst ist stolz, tapfer, zäh, widerstandsfähig und organisatorisch begabt. Weiß jedes neue Ereignis auszuwerten. Er hat das Abenteurertum und den Mut der nordischen Rasse. Mit der Verbreiterung sinkt die

Qualität. Der deutsche Durchschnitt ist besser." Zum Zweiten bezeichnete Hitler das Empire eben auch als eine „Weltmacht an sich", dies sei es nun schon seit 300 Jahren, vergrößert noch durch Verbündete. Der Diktator machte zudem auf den „unermessbaren Reichtum" und die damit verbundene Kreditwürdigkeit Großbritanniens aufmerksam. Das Königreich sei darüber hinaus durch eine starke Seemacht und eine tapfere Luftwaffe geopolitisch gesichert. Doch wenn man Großbritannien von seiner Zufuhr abschneide, sei es zur Kapitulation gezwungen. Ein Angriff der deutschen Luftwaffe zwinge das Königreich nicht an einem Tag zur Kapitulation. Werde jedoch seine Flotte vernichtet, so sei die unmittelbare Kapitulation die Folge.

„Es besteht kein Zweifel, dass der überraschende Überfall zu einer schnellen Lösung führen kann. Es ist jedoch verbrecherisch, wenn die Staatsführung sich auf die Überraschung verlassen sollte. [...] Anzustreben bleibt, dem Gegner zu Beginn einen oder den vernichtenden Schlag beizubringen. Hierbei spielen Recht oder Unrecht oder Verträge keine Rolle. Dies ist nur möglich, wenn man nicht durch Polen in einen Krieg mit England ‚hineinschlittert'." Bei einem Krieg gegen das Empire habe das deutsche Heer die für die Flotte und Luftwaffe wichtigen Positionen in Besitz zu nehmen. Sollte es gelingen, Holland und Belgien zu besetzen und Frankreich zu schlagen, dann sei die Grundlage für einen erfolgreichen Krieg gegen Großbritannien geschaffen. Die Luftwaffe könne dann von Westfrankreich aus die engere Blockade Großbritanniens sowie die Flotte mit den U-Booten die weitere Absperrung übernehmen. Die Zeit würde so für Deutschland entscheiden. Für Großbritannien war es nach Hitlers Auffassung von größter Bedeutung, zum Ruhrgebiet vorzudringen, denn dort würde sich die Dauer des deutschen Widerstandes entscheiden. Das Reich müsse wiederum die niederländischen und belgischen Luftstützpunkte militärisch besetzen. Auf etwaige Neutralitätserklärungen könne nichts gegeben werden, da die Westmächte die beiden Kleinstaaten letztlich ohnehin zum Mitgehen zwingen würden. Daher müsse Deutschland, sollte Großbritannien angesichts des Polenfeldzugs angreifen wollen, Holland überfallen. Hitler setzte seinen hochrangigen Offizieren auseinander, dass jede Staatsführung naturgemäß einen kurzen Krieg anzustreben habe. Gleichzeitig müsse sie sich jedoch auch auf einen Krieg von zehn- bis 15-jähriger Dauer einrichten.[690]

In Italien bemühte sich der Duce einstweilen, das Bündnis mit dem Dritten Reich populär zu machen. Dementsprechend verkündete er in Turin am 14. Mai: „Wir werden mit Deutschland marschieren, um Europa den gerechten Frieden zu geben, der von allen Völkern tief gewünscht wird. [...] Wir rüsten auf, damit wir imstande sind, unsern Frieden zu schützen und in jedem Augenblick jeden Angriff abzuwehren, mit dem man uns bedrohen könnte."[691] Die von Mussolini selbst angeordneten deutschfreundlichen Manifestationen vermochten jedoch keineswegs darüber hinwegzutäuschen: Nicht bloß die italienische Bevölkerung, sondern erwartungsgemäß auch Viktor Emanuel vermochten sich für die Allianz nicht zu begeistern. Für den König blieben die Nationalsozialisten Verbrecher, die ihr wahres Gesicht, wenn es ihnen opportun erschien, schon noch zeigen würden. Der Duce träumte dagegen von einem Krieg gegen seinen Erzfeind Frankreich. Jeder Italiener, so gab er sich der chauvinistischen Illusion hin, entspreche dem Wert von drei Franzosen. Und sollte Hitler sich an Polen bereichern, so musste doch auch etwas für Italien abfallen, am Balkan oder in Afrika. Erzürnt über die Garantien für Griechenland und Rumänien sowie über den britisch-türkischen Vertrag und die Verhandlungen zwischen dem Empire und der Sowjetunion, warf er dem neuen britischen Botschafter in Rom, Percy Loraine, gleich bei dessen Antrittsbesuch im Palazzo Venezia die „Einkreisungspolitik" Londons vor, die Europa in einen Krieg stürzen wolle. Ohne die britische Einmischung, so ließ er den fassungslosen Diplomaten wissen, wäre auch eine Verständigung zwischen Deutschland und Polen zustande gekommen.[692]

Die Vorstellungen des Duce über die weitere Politik in Europa hatten mit denen Hitlers wenig gemein. Im engsten Kreis entwarfen Mussolini und sein Schwiegersohn ihre eigenen hochtrabenden Pläne, mit der Vision, den Ruhm Italiens zu vergrößern und dessen Position in Europa zu sichern: In Kroatien sollte ein Aufstand angefacht werden, damit dieses sich in weiterer Folge als ein – bloß formal – unabhängiges Land mit Italien in einem Staatenbund vereinigen würde. Darüber hinaus sollten Japan, Spanien und Ungarn dem Stahlpakt beitreten sowie Bulgarien zu einer gegenüber der Achse freundlichen Politik veranlasst werden. Tatsächlich rückte aber der Traum einer „faschistischen Internationale" in weite Ferne, als bereits der Versuch, Madrid an die Achse zu binden, kläglich scheiterte. Franco wollte zum einen das Verhältnis zu Frankreich wieder langsam verbessern und zum anderen dem ausgebluteten Land einen weiteren Krieg ersparen. Die katholischen Spanier äußerten außerdem wegen der kirchenfeindlichen Politik der Nationalsozialisten gegenüber einer Allianz mit Deutschland Bedenken.

Der italienische Finanzminister hatte für die großzügigen Pläne Mussolinis ebenfalls kein Verständnis. Dazu gestaltete sich Italiens Währungslage einfach zu prekär. Felice Guarneri sprach Ciano gegenüber vielmehr offen von einem drohenden Zusammenbruch Italiens, sollte die imperialistische Politik weiterbetrieben werden. Der Duce zeigte sich jedoch keineswegs irritiert. Unbeeindruckt kanzelte er die Warnungen seines Finanzministers als übliche „Dampfmacherei" ab, die bloß „die Wünsche und die Gesinnung gewisser plutokratischer Kreise wiedergebe". Seit nunmehr sechs Jahren sei er, Mussolini, gewöhnt, „die falschen Voraussagen Guarneris anzuhören, dessen düstere Prophezeiungen sich mit vollkommener Pünktlichkeit niemals verwirklichen".[693]

Ähnlich wie ein Jahr zuvor deutete auch im Sommer 1939 vieles auf Krieg hin. Während Warschau hart zu bleiben gedachte, strebte Hitler wiederum die Vernichtung Polens an. Der deutsche Diktator und seine unmittelbare Umgebung hofften allerdings, dass sich die Westmächte nicht zuletzt durch die Vermittlertätigkeit Mussolinis aus dem Krieg heraushalten würden und London es mit seinen Garantieerklärungen nicht ernst meinte. In den letzten Friedenstagen versuchte Hitler, Großbritannien von Polen zu trennen.

Trotz der in steigendem Maße alarmierenden Meldungen des italienischen Botschafters in Berlin wollten weder Mussolini noch Ciano an eine echte Kriegsgefahr zwischen dem Dritten Reich und Polen glauben, wenngleich es die beiden beunruhigen musste, dass Deutschland davon auszugehen schien, dass die Westmächte ohnehin nicht intervenieren würden. Der Duce wollte den Krieg nicht, aber er drohte mit ihm. Percy Loraine gegenüber gab er sich dementsprechend wild entschlossen: „Sagen Sie Chamberlain, wenn England bereit ist, zur Verteidigung Polens zu kämpfen, so ist Italien entschlossen, für das verbündete Deutschland zu den Waffen zu greifen."[694] Nachdem Attolico nicht aufhörte, Rom über eine bevorstehende Auseinandersetzung zwischen dem Reich und Polen zu warnen, wünschten

Zeit für Kultur in jenen turbulenten Wochen und Monaten: Hitler bei einer Aufführung der Nestroy Posse „Einen Jux will er sich machen" im Wiener Burgtheater. In der Ehrenloge links neben Hitler Gauleiter Bürckel, rechts vom Diktator Goebbels und Seyß-Inquart.

schließlich auch der Duce und Ciano ein Treffen zwischen den beiden Diktatoren. Daher wurde eine Zusammenkunft zwischen Mussolini und Hitler für den 4. August am Brenner geplant. Am 22. Juli besprach sich der Duce im Palazzo Venezia mit seinem Außenminister und Graf Massimo Magistrati, einem Berater der italienischen Botschaft in Berlin und Schwager Cianos.[695] Magistrati gab sich allerdings sorgloser als Attolico. Die Italiener wollten den Krieg noch einmal abwenden, und zu diesem Zweck schwebte ihnen eine neuerliche internationale Konferenz ähnlich der in München vor.[696]

Attolico und Magistrati übermittelten Ribbentrop diese Botschaft einen Tag später im Salzburger Schloss Fuschl. Die beiden Diplomaten fügten dabei hinzu, dass Mussolini keine eigenen Schritte ohne vorherige Absprache mit Hitler in Angriff nehmen würde. Der Reichsaußenminister wollte jedoch nicht nur von einer internationalen Konferenz nichts wissen, da er dies angesichts der Uneinigkeit der Westmächte und der Neutralität der Vereinigten Staaten als einen unnötigen Eindruck von Schwäche oder Kompromissbereitschaft bewertete. Er versicherte seinen Besuchern auch, dass Hitler den Ausbruch eines allgemeinen Krieges dezidiert nicht wünsche. Ribbentrop wollte zudem „den sensationellen Charakter eines Treffens an der Grenze" vermeiden und sprach sich daher für eine Zusammenkunft andernorts aus: in Florenz – um etwa den privaten Charakter der Reise Hitlers zu betonen – oder in Oberitalien – wo immerhin Manöver stattfanden.[697]

Ribbentrop hatte die Italiener vorerst beruhigt. Mussolini und Ciano hielten daraufhin Attolicos Kriegsangst erneut für völlig übertrieben und werteten sein Verhalten als Panikreaktion. Beide Seiten, die deutsche wie die italienische, zeigten sich schließlich froh darüber, dass die von vornherein sinnlose Begegnung am Brenner verschoben wurde. Attolico ließ jedoch nicht locker, und angesichts der sich häufenden Meldungen über deutsche Truppenbewegungen an der polnischen Grenze dämmerte es langsam auch der faschistischen Führung, dass Berlin auf einen Krieg zusteuerte. Bei einem solchen müsste Italien dann mitmarschieren, so bekam es der Duce plötzlich mit der Angst zu tun, obwohl es wirtschaftlich und militärisch nicht vorbereitet war und sowohl die Goldreserven als auch die Vorräte an Stahl und Eisen so gut wie erschöpft waren. Es sprachen auch noch andere Gründe gegen den Krieg: So legte der Duce großen Wert auf die Durchführung der Weltausstellung im Jahr 1942, für die sein Land große Vorbereitungen traf und von der er sich wirtschaftlich einiges erwartete. Darüber hinaus dachte Mussolini auch an Spanien und Japan, die zur Zeit – aufgrund des gerade erst beendeten Bürgerkriegs bzw. des Chinafeldzuges – ebenfalls nicht zur Verfügung standen. Deshalb sollte eine Besprechung Berlin davon überzeugen, dass der Zeitpunkt für einen Krieg noch denkbar ungünstig für die Achsenmächte wäre. Ein Feldzug gegen Polen bedeute den Ausbruch eines europäischen Krieges, und dieser, so fürchtete der Duce, wäre für alle verhängnisvoll.[698] Während Mussolini seine Idee einer internationalen Konferenz zur Beilegung der Spannungen nicht aufgeben wollte, kam eine solche für Hitler kein zweites Mal in Frage. Der Duce brachte es allerdings nicht übers Herz, dem deutschen Diktator von Angesicht zu Angesicht die italienische und damit seine eigene Ohnmacht einzugestehen. Damit das projektierte Treffen der beiden Diktatoren nicht zu einem handfesten Misserfolg ausartete, entschied man sich in Berlin und Rom vorerst einmal für ein nach außen hin privat wirkendes Treffen der beiden Außenminister.

Die Zusammenkunft mit Ribbentrop am 11. August in dessen prachtvoller Residenz in Fuschl verlief in frostiger, misstrauischer Atmosphäre. Sie zeigte Ciano deutlich, dass die deutsche Seite nicht gewillt war, sich noch von Rom zur Erhaltung des Friedens bewegen zu lassen. Ribbentrop ließ Ciano, der die Deutschen „vom Dämon der Zerstörung besessen" fand, spüren, wie wenig das Reich eigentlich von Italien hielt. Der Reichsaußenminister wies jede friedliche Alternative, die Deutschland ebenfalls Genugtuung verschafft hätte, zurück. Der „Führer" habe sich entschieden: Man wollte nicht bloß Danzig, man wollte den Krieg und war nicht bereit, sich von seinem Partner in die Karten blicken zu lassen. Ribbentrop ließ keinerlei Diskussion über die Gewissheit eines deutschen Sieges zu. Außerdem schloss er – aufgrund seiner Informationen und seiner „psychologischen Kenntnis von England" – jede Intervention des Empire aus. Selbst bei einem allgemeinen Krieg, so fügte Ribbentrop noch hinzu, sei der deutsche Sieg sicher. Die beiden Außenminister konferierten zehn Stunden lang, doch vermochte Ciano dabei an der bornierten Auffassung seines Amtskollegen nichts zu ändern. Die Stimmung hatte sich derart abgekühlt, dass die beiden Außenminister während des Dinners kein einziges Wort miteinander wechselten.[699]

Tags darauf empfing Hitler den faschistischen Außenminister auf dem Obersalzberg. Der deutsche Diktator, der sich bereits ausgiebig dem Studium der auf seinem Tisch liegenden Generalstabskarten gewidmet hatte, gab sich in der Form zwar „sehr herzlich", wie Ciano befand. In der Sache wurde er aber noch deutlicher. Hitler machte seinem italienischen Gast unmissverständlich klar, dass es für ihn keine Alternative zum Feldzug gegen Polen gab. Schier endlos monologisierte er von der Schwäche seiner Gegner und der militärischen Überlegenheit Deutschlands, das im Westen so gut wie unangreifbar sei. Selbstsicher bekundete er seine Überzeugung, den Krieg gegen das schnell zu liquidierende Polen lokalisieren zu können, um in weiterer Folge Ciano sein großes Vorhaben für die Zukunft zu eröffnen: Den unvermeidlichen Krieg der Achsenpartner gegen die Westmächte, ein Krieg, den die beiden Diktatoren führen müssten, solange sie noch jung seien. Hitler wusste in diesem Zusammenhang um die Ängste und Wünsche Mussolinis und riet mit bebender Stimme dem Außenminister dabei, Italien solle die nächste Gelegenheit nutzen und Jugoslawien „zerstückeln, indem es Kroatien und Dalmatien besetzt".

Ciano war klar geworden, dass nichts mehr zu machen war. „Er hat beschlossen, zuzuschlagen, und er wird zuschlagen. Unsere Einwände vermögen ihn nicht im Geringsten davon abzuhalten. [...] Er spricht mit größter Hochschätzung vom Duce, hört aber nur mit wenig Anteilnahme und unberührt an, was ich ihm über das Unheil sage, das ein Krieg über das italienische Volk bringen wird. Im Grunde spüre ich, dass das Bündnis mit uns den Deutschen nur so viel wert ist, als wir Kräfte von ihren Grenzen abziehen können. Nichts mehr. Um unser Schicksal kümmern sie sich nicht. Sie wissen, dass der Krieg von ihnen beschlossen wird und nicht von uns. Sie versprechen uns zum Schluss ein Almosen."[700] Auf Cianos Hinweis, dass Italien zu einem Waffengang gar nicht gerüstet sei, entgegnete Hitler gelassen, dass der deutsch-polnische Konflikt keinesfalls zum Ausbruch eines allgemeinen Krieges führen werde. Deshalb sei er auch gar nicht gezwungen, Italien um Waffenhilfe zu ersuchen. Spätestens Ende August werde er die nächste polnische Provokation ausnutzen und angreifen. Eine für den 15. Oktober drohende polnische Besetzung Danzigs und besonders die Notwendigkeit guter Straßenverhältnisse für die motorisierten Operationen der Wehrmacht noch vor dem Herbsteinbruch mit dem zu erwartenden Schlechtwetter machten diesen Termin erforderlich.[701]

Erschüttert kehrte der italienische Außenminister am Abend nach Salzburg zurück. Er besprach sich mit Attolico, doch was half es? Am nächsten Tag fuhr er neuerlich auf den Berghof. Allein er hatte es aufgegeben, Hitler vom Nutzen einer internationalen Konferenz, wie sie Mussolini anstrebte, zu überzeugen. Völlig entnervt fügte er sich dem Schicksal und dem Willen des übermächtigen deutschen Partners. Hitler bekräftigte ohnedies nochmals, dass er bloß noch auf einen Vorwand für den Angriff wartete. Die Wehrmacht sei jeden Augenblick zum Losschlagen bereit. Im Übrigen – so versuchte Hitler die Italiener zu beruhigen – bedeute jede gelungene Einzelaktion eines Achsenpartners nicht nur eine strategische, sondern besonders auch eine psychologische Stärkung des anderen Partners sowie der gesamten Achse. Außerdem könnten Italien und Deutschland so wie bisher in der Welt einfach nicht mehr weiterexistieren: „Nun sei nicht etwa kein Platz mehr da, sondern der vorhandene Raum würde nur durch die jetzigen Besitzer völlig blockiert. Wie Geizhälse säßen sie auf ihren Goldhaufen und berauschten sich daran, in ihren Reichtümern herumzuwühlen, ohne sie nutzbringend verwenden zu können. Die westlichen Demokratien seien von dem Willen geleitet, die Welt zu beherrschen, und sähen Deutschland und Italien als nicht ebenbürtig an. Dieses psychologische Element der Missachtung sei vielleicht das Schlimmste an der ganzen Lage. Es könne nur beseitigt werden durch einen Kampf auf Leben und Tod, den die beiden Achsenpartner um so besser bestehen könnten, als ihre Interessen sich an keinem Punkte überkreuzten."

Zum Schluss seines Monologs bekam Hitler sentimentale Anwandlungen. Er gestand dem angeschlagenen Ciano, dass er seit seiner Jugend für die deutsch-italienische Zusammenarbeit eingetreten sei. „Persönlich sei er glücklich, in einer Zeit zu leben, wo außer ihm selbst noch ein anderer Staatsmann lebe, der groß und einmalig in der Geschichte dastehe. Dass er der Freund dieses Mannes sein könne, bedeute für ihn großes persönliches Glück. Wenn die Stunde des gemeinsamen Kampfes schlage, so würde er immer an der Seite des Duce zu finden sein, und zwar auf Gedeih und Verderb."[702]

Trotz seiner Dominanz konnte Hitler mit dem Resultat der Besprechungen eigentlich nicht zufrieden sein. Die Stahlpaktpartner zeigten sich hoffnungslos uneinig, und dies war genau das Gegenteil, was er der Weltöffentlichkeit hatte demonstrieren wollen. Die Auffassungsunterschiede der beiden Seiten waren so groß, dass es nicht einmal möglich war, ein gemeinsames Kommuniqué über die Zusammenkunft herauszugeben. Die offenkundige Divergenz der beiden Achsenpartner musste London und Paris wieder zuversichtlicher stimmen.

Angeekelt trat Ciano die Heimreise an, voller Abscheu über die Führung des Dritten Reiches. Sie habe ihn und Mussolini, so befand er, belogen und betrogen, Italien in ein Abenteuer hineingezerrt, das Rom gar nicht gewollt habe und welches das Regime und das Land gefährde. „Das italienische Volk", so vermerkte Ciano in seinem Tagebuch, „wird schaudern vor Schrecken, wenn es von dem Angriff auf Polen erfährt, und unter Umständen wird es sogar die Waffen gegen die Deutschen ergreifen wollen. Ich weiß nicht, ob ich Italien einen Sieg oder eine Niederlage Deutschlands wünschen soll, in Anbetracht des deutschen Verhaltens bin ich der Ansicht, dass wir die Hände frei haben, und ich schlage vor, entsprechend zu handeln und zu erklären, dass wir nicht die Absicht haben, uns an einem Krieg zu beteiligen, den wir weder gewollt noch heraufbeschworen haben."[703] Für den faschistischen Außenminister waren Hitler und seine Umgebung schlicht Verräter, und es entsprach seinem neu gewonnenen Eindruck von der nationalsozialistischen Führung, als Berlin einmal mehr die gemeinsamen Absprachen ignorierte: So gab das Deutsche Nachrichtenbüro am 13. August nun doch eine amtliche Verlautbarung heraus, wonach bei den bilateralen Besprechungen völlige Übereinstimmung in der Beurteilung der gegenwärtigen Lage und der zu verfolgenden Politik erzielt worden wäre.

Während die italienische Diplomatie über den deutschen Partner erbost war, zeigte sich der Duce unentschlossen. Seine Gefühle wechselten zwischen Euphorie und Depression, und dementsprechend schwankte er auch, ob Italien sich am Krieg beteiligen sollte oder nicht. Trotz der Bemühungen Cianos, aus dem Stahlpakt wieder auszusteigen, schien es ihm seine „Ehre" abzuverlangen, mit Deutschland zu marschieren, wollte er doch schließlich loyal bleiben und nicht als Verräter gelten. Außerdem bedeutete für ihn die Aussicht auf einen Krieg auch die Aussicht auf Ruhm, und danach gierte er nach fast 17-jähriger Herrschaft noch immer. Deswegen plante er, im Zuge des deutsch-polnischen Konflikts seinen Anteil an der Beute in Kroatien und Dalmatien zu erhalten. Danach beabsichtigte er aber, behutsam die Trennung von Deutschland vorzubereiten und den Stahlpakt zu kündigen. Dies rieten ihm jedenfalls auch Grandi, Balbo und andere innerhalb der Partei. Das Deutsche Reich hatte doch entgegen den Bestimmungen des Abkommens Italien nicht konsultiert und sehe die Auseinandersetzung mit Polen ohnedies als ausschließlich eigene Angelegenheit an, so konnte man sich rechtfertigen. Für Italien würde daher der Bündnisfall nicht gegeben sein.[704]

Hitler jedenfalls dachte keinen Augenblick lang daran, sich durch den Duce von seinem Krieg abbringen zu lassen. Attolico hatte Ribbentrop am 18. August in Fuschl eine Note Mussolinis überreicht, die polnische Frage wegen der Unvermeidbarkeit eines europäischen Krieges auf dem Konferenztisch zu klären. Doch diese Anregung vermochte den deutschen Diktator keineswegs zu beeinflussen. Ebenso wischte er den bereits wiederholt geäußerten Hinweis auf die mangelnde Bereitschaft Italiens für einen Kriegseintritt vom Tisch. Hitler ließ den Duce dabei unter anderem wissen, dass, sollten die Westmächte tatsächlich einen Waffengang riskieren, dies für die Achse ein sehr günstiger Zeitpunkt für eine Auseinandersetzung darstelle. Ein allgemeiner Krieg würde nämlich angesichts der militärischen Überlegenheit der Achse von lediglich kurzer Dauer sein.[705]

In jenen Augusttagen schwankte Mussolini in seiner Haltung gegenüber Hitler immer wieder. Er wusste einfach nicht, was nun zu tun war, und rätselte über das Vorgehen Großbritanniens und Frankreichs. Einmal hielt er es für absolut denkbar, dass die Westmächte und bald auch die Vereinigten Staaten in einen deutsch-polnischen Krieg eingreifen würden. Das Reich wäre dann an seiner Westfront zur Defensive genötigt, und Italien, das Deutschland für seinen Polenfeldzug den Rücken decken müsste, hätte sogar die Hauptlast des britisch-französischen Angriffs zu tragen.[706] Ein anderes Mal schien er es wiederum für möglich zu halten, dass die westlichen Demokratien nicht in den Krieg eintreten würden und so „Deutschland billig zu einem glänzenden Geschäft kommen“ könnte; von einem solchen wollte er sich aber nicht ausgeschlossen wissen. Zudem fürchtete er nach Cianos Beobachtung Hitlers Zorn. Eine Aufkündigung des Paktes vermochte den deutschen Diktator vielleicht sogar dazuzubringen, seine Pläne gegen Polen zurückzustellen, „um die Rechnung mit Italien zu bereinigen“.[707]

Ciano riet dem Duce, den Vertrag des Stahlpakts zu zerreißen und ihn Hitler vor die Füße zu werfen. Ganz Europa würde Mussolini dann als berufenen Sprecher eines Kreuzzuges gegen Hitler zujubeln. Der in seinem Stolz tief gekränkte Außenminister bat auch um die Vollmacht des Duce, erneut nach Salzburg fahren zu dürfen und mit den Deutschen in der Sprache zu sprechen, die ihm nunmehr angemessen schien. Mussolini erklärte sich zwar zu einer neuerlichen Unterredung der beiden Außenminister bereit, wünschte jedoch keinen Bruch mit Berlin; ein solcher, so fürchtete er, könnte auch die internationale Position Italiens erschüttern. Sein Schwiegersohn solle Ribbentrop am Brenner treffen, um in einer klaren und offenen Aussprache die Rechte als Bundesgenosse einzufordern. Doch schon kam die nächste Überraschung, denn der Reichsaußenminister teilte Ciano am späten Abend des 21. August mit, sich lieber in Innsbruck treffen zu wollen, da er anschließend nach Moskau reisen müsse, um dort einen Staatsvertrag mit der Sowjetunion zu unterzeichnen.

Die Italiener waren verblüfft. Das NS-Regime schloss tatsächlich zu seiner Rückendeckung mit dem Bolschewismus ein Abkommen. Selbst Ciano sprach von einem Meisterstück, von einer Umstürzung der europäischen Lage. Die Begegnung mit Ribbentrop sollte daher bis zu dessen Rückkehr aus Moskau verschoben werden. Insgeheim bewunderte Mussolini den Pakt Hitlers mit Stalin und glaubte, dass sich die Gewichtung in Europa nun tatsächlich zugunsten der totalitären Mächte verschoben hätte. Rom hatte es ohnehin schon seit einiger Zeit begrüßt, einen Keil zwischen die Sowjetunion und die Westmächte zu treiben. Zwar legten Mussolini und Ciano Wert darauf, dass dies, schon im Hinblick auf die Reaktion im eigenen Land, möglichst behutsam geschehen möge; schließlich hatte man Italien über viele Jahre auf den Antibolschewismus eingeschworen. Später einmal aber sollte sich der Duce sogar als der Erfinder der deutsch-sowjetischen Zusammenarbeit rühmen.[708]

In der Tat führte der Coup die ganze antikommunistische Politik der letzten Jahre ad absurdum. Hitler war – von Ribbentrop maßgeblich beeinflusst – zum Entschluss gekommen, durch ein politisches Übereinkommen mit Stalin die Unterstützung der Westmächte für Polen auszuhöhlen. Zudem sollte ein derartiger Pakt auch die bereits drohende Formierung der alten Entente zwischen Großbritannien, Frankreich und Russland verhindern. Eine neutrale, Berlin gewogene Sowjetunion würde naturgemäß den deutschen Feldzug gegen das praktisch isolierte Polen erheblich erleichtern. Nach dessen Niederschlagung wäre dann Deutschland auch nicht einem Zweifrontenkrieg ausgesetzt und könnte dementsprechend seine ganzen Kräfte nach Westen werfen. Insgeheim hoffte der deutsche Diktator allerdings, durch den Pakt mit der Sowjetunion die Westmächte vor einem Kriegseintritt abzuschrecken. Der Feldzug gegen die Sowjetunion zur Eroberung von „Lebensraum im Osten" musste dafür warten.

Es gab auch ein höchst subjektives Motiv, das Hitler den Pakt zumindest für eine Zeit lang erträglich machte: Der deutsche Diktator ließ als großen Staatsmann von internationalem Format neben Mussolini auch Stalin gelten. Den Duce, als den schwächsten der drei, sah er allerdings „durch den Schwachkopf von König und den verräterischen Schurken von Kronprinzen" bedroht. Der Faschistenführer habe es bedauerlicherweise verabsäumt, die Macht von Krone und Kirche zu brechen. Während Chamberlain und Daladier für Hitler bloß „armselige Würmer" waren, hielt er Stalin für ebenbürtig, für einen Visionär, mit dem er die Neuverteilung der Welt vor-

Stalin und Ribbentrop bei der Unterzeichnung des deutsch-sowjetischen Pakts in Moskau.

nehmen wollte. Freilich war Stalin für Hitler bereits ein schwer kranker Mann, und so würde nach dessen Tod auch die Sowjetunion zu zertrümmern sein. „Dann“, so phantasierte er, „dämmert die deutsche Erdherrschaft herauf.“[709]

Allerdings versuchten auch die Westmächte, zu einem politischen Abkommen mit der Sowjetunion zu gelangen. Die gemeinsamen Gespräche zogen sich jedoch hin und bestärkten die kommunistische Führung nur in ihren antidemokratischen Ressentiments sowie in ihrer Vermutung, Briten und Franzosen könnten die Sowjetunion in einen Krieg gegen das Reich hetzen. Der Westen konnte freilich nicht Osteuropa vor Hitler retten wollen und es gleichzeitig Stalin in die Hände spielen. Deswegen war man in London und Paris nicht bereit, den 1919/20 gegen den Bolschewismus errichteten „Cordon sanitaire“ osteuropäischer Kleinstaaten aufzugeben. Stalin wiederum wollte eine weitere Isolierung, wie er sie in München erfahren musste, nicht mehr erleben. Außerdem fürchtete er einen Zweifrontenkrieg gegen Deutschland und Japan. Immerhin lag die sowjetische Fernostarmee seit Mai im mandschurisch-mongolischen Grenzgebiet in schweren Kämpfen mit der japanischen Kwantung-Armee.

Die Anfänge der deutsch-sowjetischen Annäherung gehen auf das Frühjahr 1939 zurück. Ribbentrop wertete die Ablöse des vergleichsweise westlich orientierten Außenministers Litwinow durch Molotow als günstiges Zeichen. Daher erhielt die deutsche Diplomatie am 20. Mai die Instruktion, vorerst einmal wieder Wirtschaftsgespräche mit der Sowjetunion aufzunehmen. Als Moskau allerdings zunächst eine politischen Basis hiefür geschaffen sehen wollte, zögerte Hitler noch, denn er wusste um die Verhandlungen zwischen Moskau und London Bescheid und fürchtete, am Ende vielleicht eine Abfuhr erteilt zu bekommen. Solch eine Schlappe wollte er auf jeden Fall vermieden wissen. Erst durch ein sowjetisches Entgegenkommen wurden schließlich am 21. Juli die Handelsgespräche wieder aufgenommen. In Berlin begann man jedoch nervös zu werden. Japan, die zu dieser Zeit dominierende Macht in Ostasien, zeigte sich an einem Bündnis, das es in einen Krieg gegen die westlichen Mächte verwickeln konnte, nicht interessiert. Angesichts des bevorstehenden Polenfeldzuges und der britisch-sowjetischen Verhandlungen drängte Hitler nun ungeduldig auf ein Abkommen mit Stalin.

Im Gegensatz zu den Deutschen hatte es die Führung im Kreml jedoch nicht eilig. Ribbentrop war deshalb bereit, selbst nach Moskau zum Abschluss eines Nichtangriffspakts und der Unterzeichnung eines „speziellen Protokolls“ nach Moskau zu reisen. Der Reichsaußenminister bot dabei nichts Geringeres als eine Abgrenzung der Interessensphären zwischen Ostsee und Schwarzem Meer an. Die Reise dürfe freilich nicht verzögert werden: „Die durch die englische Politik hervorgerufene Zuspitzung der deutsch-polnischen Beziehungen sowie die englische Kriegstreiberei und die damit verbundenen Bündnisbestrebungen machen eine baldige Klärung des deutsch-russischen Verhältnisses erforderlich. Die Dinge könnten sonst ohne deutsches Zutun einen Verlauf nehmen, der beiden Regierungen die Möglichkeit abschneidet, die deutsch-russische Freundschaft wieder herzustellen und gegebenenfalls auch territoriale Fragen Osteuropas zu klären."[710] Molotow, der selbst eine Teilung Polens und die Annexion der baltischen Staaten im Auge hatte, zeigte sich ob dieses Entgegenkommens zwar angetan, doch wollte er ein mit einem solchen Besuch verbundenes Aufsehen vermieden wissen und zunächst das Handelsabkommen unter Dach und Fach gebracht sehen.

Die Italiener wurden am 16. und 17. August von den Deutschen über den positiven Verlauf der Gespräche mit Moskau unterrichtet. Ciano gab sich betont gelassen und quittierte dies gegenüber dem deutschen Botschafter mit einem kurzen „très bien".[711] Mussolini musste sich zwar erneut hintergangen vorkommen, doch er tröstete sich mit dem Gedanken, dass eine Allianz zwischen den autoritären Staaten diese, in seinen Augen, praktisch unbesiegbar mache. Dass er für den Sieg des Faschismus über den Kommunismus Tausende Italiener in Spanien in den Tod geschickt hatte, schien ihn weniger zu belasten.

Voller Ungeduld wartete Hitler gemeinsam mit Ribbentrop am Obersalzberg auf den sowjetischen Vertragsentwurf. Am 19. August erhielt er ihn durch den deutschen Botschafter in Moskau übermittelt. Verzückt warf er seine Arme hoch und fing an zu lachen. Doch diese Exaltiertheit wurde schon rasch durch neuerliche Unruhe abgelöst. Rastlos wanderte er am Berghof umher und wartete auf den vollständigen Bericht Botschafter Schulenburgs aus der sowjetischen Hauptstadt. Dieser besagte schließlich, dass Ribbentrop frühestens am 27. August nach Moskau kommen könne. Dies war freilich ein zu später Termin, denn bereits einen Tag später sollte den Planungen gemäß die deutsche Wehrmacht Polen angreifen. Um 7 Uhr morgens ging Hitler endlich erschöpft zu Bett. Nach ein paar Stunden Schlaf und wieder voll frischem Tatendrang schrieb er am Nachmittag des 20. August „an Herrn Stalin, Moskau" einen persönlichen Brief: „Das von der Regierung der Sowjetunion gewünschte Zusatz-Protokoll kann nach meiner Überzeugung in kürzester Zeit substantiell geklärt werden [...] Ich schlage Ihnen daher noch einmal vor, meinen Außenminister am Dienstag, den 22. August, spätestens aber am Mittwoch, den 23. August, zu empfangen. Der Reichsaußenminister hat umfassendste Generalvollmacht zur Abfassung und Unterzeichnung des Nichtangriffspakts sowie des Protokolls."[712]

Stalin konnte sich damit erneut davon überzeugen, dass das Dritte Reich in den Verhandlungen mit der Sowjetunion ganz anders vorging, als es parallel dazu die Westmächte taten. Frankreich und Großbritannien war es nicht gelungen, Außenminister Beck für ein sowjetisches Durchmarschrecht durch Polen zu gewinnen. Während sich London und Paris zunächst lange Zeit ließen und lediglich eine nicht unbedingt hochrangige Militärmission nach Moskau entsandten, setzte sich Hitler gemeinsam mit Ribbentrop höchstpersönlich und energisch für das Zustandekommen eines – für die Sowjetunion ohnehin verlockenderen – Pakts ein. Der deutsche Diktator hatte mit seinem Schreiben schließlich seine eigene Reputation aufs Spiel gesetzt.

Neuerlich fand Hitler vor Aufregung keinen Schlaf und rief deshalb Göring mitten in der Nacht an, um sich über die enervierende Gemütsruhe der Russen zu beschweren. Endlich, am 21. August, exakt um 21.35 Uhr, erhielt er das Einverständnis Stalins. Ribbentrop sollte zwei Tage später in Moskau eintreffen.[713] Der deutsche Diktator hatte es offensichtlich geschafft: Die Sowjetunion würde sich im Kriegsfall Deutschland gegenüber neutral verhalten, ein Abkommen Moskaus mit den Westmächten wurde vereitelt, und Polen war isoliert. Es war Hitlers Trumpf, im Gegensatz zu den vorsichtig agierenden Westmächten Stalin etwas bieten zu können, was dem Herrscher im Kreml überaus erstrebenswert erscheinen musste: Die Aufteilung des in Paris nach dem Ersten Weltkrieg geschaffenen Osteuropa; und dies nur für den Preis der sowjetischen Neutralität.

Genau diese Neutralität wollte Hitler praktisch um jeden Preis. So erklärte er sich einverstanden, dass die deutsche Delegation in Moskau auf Stalins territoriale Wünsche einging. Das ebenfalls in der Nacht des 23. August unterzeichnete geheime Zusatzprotokoll gewährte sodann auch der Sowjetunion freie Hand gegenüber Finnland, Estland, Lettland und dem rumänischen Bessarabien, während Litauen zum deutschen Einflussgebiet gezählt wurde. Im Falle „einer territorial-politischen Umgestaltung der zum polnischen Staate gehörenden Gebiete" wurden „die Interessensphären Deutschlands und der UdSSR ungefähr durch die Linie der Flüsse Pissa, Narew, Weichsel und San abgegrenzt".[714] Aber für Hitler besaß dieser „Pakt mit [dem] Satan, um [den] Teufel auszutreiben", wie er es selbst sah, seine Wirksamkeit ohnehin nur für kurze Dauer.[715] Denn nach Polen und den Westmächten würde unaufhaltsam der Krieg gegen die Sowjetunion kommen. Dann waren die einzelnen Abmachungen nicht mehr das Papier wert, auf dem sie geschrieben standen.[716]

Ribbentrop stand am Zenit seiner Karriere. Nach dem mittlerweile hinfälligen Flottenabkommen mit Großbritannien hatte er sich neuerlich bei dem von ihm angehimmelten „Führer" lieb Kind gemacht. Bei seiner Rückkehr zeigte sich der deutsche Diktator über das Moskauer Ergebnis euphorisch und bezeichnete seinen Außenminister gar als zweiten Bismarck. Der so Gelobte berichtete seinem „Führer" über den warmen Empfang in der sowjetischen Hauptstadt und über Stalins Aufforderung, doch auf Hitlers Gesundheit zu trinken. Stalin und Molotow seien jedenfalls „sehr nett" gewesen, sodass sich Ribbentrop „in ihrer Mitte [...] wie unter alten Parteigenossen" gefühlt habe.[717] Erleichtert vermochte Hitler nach der Rückkehr der deutschen Delegation außerdem zu konstatieren, dass Stalin keine angewachsenen Ohrläppchen besaß und damit kein Jude sei. Der deutsche Diktator hatte es immerhin für wichtig empfunden, seinen ebenfalls nach Moskau mitgereisten Leibfotografen Heinrich Hoffmann den Auftrag zu erteilen, Stalin ganz aus der Nähe abzulichten, um so feststellen zu können, ob der sowjetische Diktator jüdischer Herkunft war.[718]

Zu Mittag des 22. August versammelte sich die militärische Führung auf dem Obersalzberg. Wichtiges war zu besprechen. In freiem Vortrag erklärte der Diktator seinen Militärs, dass der ursprüngliche, ihm sympathische Plan, sich in ein paar Jahren gegen die Westmächte zu wenden und erst danach im Osten Krieg zu führen, wegen der Haltung Warschaus geändert werden musste. Außerdem brachte er seine eigene Persönlichkeit und die Mussolinis ins Spiel: „Wesentlich hängt es von mir ab, von meinem Dasein, wegen meiner politischen Fähigkeiten. Dann die Tatsache, dass wohl niemand wieder so wie ich das Vertrauen des ganzen deutschen Volkes hat. In der Zukunft wird es wohl niemals wieder einen Mann geben, der mehr Autorität hat als ich. Mein Dasein ist also ein großer Wert-Faktor. Der zweite persönliche Faktor ist der Duce. Auch sein Dasein ist entscheidend. Wenn ihm etwas zustößt, wird die Bündnistreue Italiens nicht mehr sicher sein. Die Grundeinstellung des italienischen Hofes ist gegen den Duce. Vor allem der Hof sieht in der Erweiterung des Imperiums eine Belastung. Der Duce ist der nervenstärkste Mann in Italien. Bei uns ist das Fassen von Entschlüssen leicht. Wir haben nichts zu verlieren, nur zu gewinnen. Unsere wirtschaftliche Lage ist infolge unserer Einschränkungen so, dass wir nur noch wenige Jahre durchhalten können. Göring kann das bestätigen. Uns bleibt nichts anderes übrig, wir müssen handeln."

Deutschlands Gegner konnten in einem Krieg nur wenig gewinnen, so war Hitler der Ansicht. Ihre Führer standen „unter dem Durchschnitt" und waren für ihn „keine Persönlichkeiten. Keine Herren, keine Tatmenschen." Zudem hielt er die internationale Lage angesichts der Probleme der Westmächte für Deutschland und sein Vorhaben günstig. „Die Gründung Großdeutschlands war politisch eine große Leistung, militärisch war sie bedenklich, da sie erreicht wurde durch einen Bluff der politischen Leitung. Es ist notwendig, das Militär zu erproben. Wenn irgend möglich, nicht in einer Generalabrechnung, sondern bei der Lösung einzelner Aufgaben." Seine bisherige Polenpolitik sei im Gegensatz zu der Auffassung der deutschen Bevölkerung gestanden. Doch nun hätte Großbritannien interveniert, Warschau seinen Ton gegenüber Deutschland geändert, überhaupt hätte man wieder in der Sprache von Versailles zum Reich gesprochen. Somit bestand für Hitler die Gefahr eines deutschen Prestigeverlustes. Da die Wahrscheinlichkeit noch groß sei, dass der Westen nicht eingreife, müsse man „mit rücksichtsloser Entschlossenheit" das Wagnis auf sich nehmen. „Wir stehen vor der harten Alternative, zu schlagen oder früher oder später mit Sicherheit geschlagen zu werden."

Selbstbewusst bekundete Hitler, sich keineswegs vor einer Blockade der Westmächte zu fürchten. Aufgrund der deutschen Autarkie und der Hilfsquellen in Osteuropa wäre eine solche Maßnahme unwirksam. Der Osten würde dem Reich Getreide, Vieh, Kohle, Blei und Zink liefern. An eine Offensive der Westmächte glaubte er ohnehin nicht: Einen Angriff aus der Maginotlinie heraus hielt er für unmöglich, eine Verletzung der Neutralität der kleinen Staaten durch eine Operation weiter im Norden für unwahrscheinlich. Somit könne Polen nicht geholfen werden. Triumphierend stellte er noch fest, dass die Nachricht von der bevorstehenden Unterzeichnung des deutsch-sowjetischen Abkommens „wie eine Granate" eingeschlagen habe. „Ich habe nur Angst, dass mir noch im letzten Moment irgendein Schweinehund einen Vermittlungsplan vorlegt."[719]

„Eine lange Friedenszeit würde uns nicht gut tun", versicherte Hitler in seiner zweiten Ansprache nach der Essenspause. Unverhohlen kündigte er seinen Militärs an, „propagandistischen Anlass zur Auslösung des Krieges" zu geben, „gleichgültig, ob glaubhaft. Der Sieger wird später nicht danach gefragt, ob er die Wahrheit gesagt hat oder nicht. Bei Beginn und Führung des Krieges kommt es nicht auf das Recht an, sondern auf den Sieg." Daher müsse man das Herz gegen jeden Anfall von Mitleid verschließen. Ein brutales Vorgehen sei notwendig. „80 Millionen Menschen müssen ihr Recht bekommen. Ihre Existenz muss gesichert werden." Der Diktator schwor seine militärische Führung auf größte Härte und Nervenstärke, auf die restlose Zertrümmerung Polens, auf den Blitzkrieg ein: „Verfolgung bis zur völligen Vernichtung."[720]

Die Ansprache wurde von den meisten mit Begeisterung aufgenommen. Den Militärs winkte – wie ihnen ihr Führer versprochen hatte – Ruhm und Ehre wie seit Jahrhunderten nicht mehr. Man freute sich, mit den Polen „rasch fertig zu werden".[721] In Warschau würde man Wiedersehen feiern. Ausgelassen stieg Göring auf den Tisch und begann wie ein Wilder zu tanzen.[722] Nachdem der deutsche Diktator von der endgültigen Unterzeichnung des Abkommens mit der Sowjetunion erfahren hatte, beeilte er sich anzuordnen, dass die „Operation Weiß" am 26. August um 4.30 Uhr starten sollte.

Die Welt zeigte sich vom deutschen Nichtangriffspakt mit der Sowjetunion irritiert. Hitler erhoffte sich damit, das Empire und Frankreich von einer Intervention im Polenfeldzug abhalten zu können. Zudem erwartete er, dass sich innerhalb der westlichen Demokratien letztlich doch die Auffassung durchsetzen würde, dass es sich nicht lohne, für Danzig in den Krieg zu ziehen. Allein London bestätigte am 22. August seine polnische Bündnisverpflichtung gegenüber Deutschland unmissverständlich. Mit dieser Haltung hatte Hitler nicht gerechnet, und so geriet er zunächst in Rage. Schlussendlich ließ er am 25. August um 13.30 Uhr Botschafter Henderson zu sich kommen. Dabei stellte er London ein Bündnis in Aussicht, freilich bloß für den Fall, dass Großbritannien einer deutschen Abrechnung mit Polen tatenlos zusehen würde. Im Gegenzug zeigte er sich bereit, mit dem Empire Abmachungen zu treffen, die „nicht nur die Existenz des britischen Weltreichs unter allen Umständen deutscherseits garantieren würden, sondern auch, wenn es nötig wäre, dem britischen Reich die deutsche Hilfe sicherte, ganz gleich, wo immer eine derartige Hilfe erforderlich sein sollte".[723] Noch um 15 Uhr erteilte Hitler Keitel den Befehl, wonach die fünf an der Grenze zu Polen stationierten deutschen Armeen am nächsten Morgen angreifen sollten. Doch zwei Entwicklungen stürzten ihn schließlich in große Verwirrung: Die Nachricht aus London über den Abschluss eines britisch-polnischen Militärbündnisses und die italienische Haltung zu einem bevorstehenden Krieg.

Zwischen dem 25. und 27. August kam es zwischen Hitler und Mussolini zu einer deutlichen Intensivierung ihres Briefkontakts: Am Vormittag des 25. August rechtfertigte Hitler sich dem Duce gegenüber für das Abkommen von Moskau. Er habe Italien zunächst deswegen nicht über den deutsch-sowjetischen Pakt unterrichtet, da der Ausgang der bilateralen Verhandlungen ungewiss gewesen wäre. Hitler versuchte Mussolini, der vor einer zu engen Annäherung an den bolschewistischen Todfeind gewarnt hatte, den Pakt schmackhaft zu machen, indem er betonte, dass der Erfolg von Moskau für beide Achsenpartner ansehnliche Vorteile bedeuten würde. So sei Rumänien nun nicht mehr in der Lage, sich an irgendeinem Konflikt gegen die Achse zu beteiligen. Durch die Verhandlungen mit der Sowjetunion sei eine vollkommen neue weltpolitische Situation entstanden, „die als stärkster Gewinn für die Achse ausgelegt werden muss." Der Angriff auf Polen, von dessen positivem Ausgang er sich überzeugt gab, könne jedenfalls jeden Moment beginnen. Den Termin hiefür wollte er dem Duce gegenüber aber nicht erwähnen. Angesichts der ständigen polnischen Provokationen könne niemand voraussagen, was die nächste Stunde bringe. „Ich kann Ihnen aber nur versichern, dass es irgendwie eine Grenze gibt, über die ich unter keinen Umständen zurückweichen kann." Abschließend sagte der deutsche Diktator dem Duce zu, in einer ähnlichen Situation das volle Verständnis für Italien aufzubringen. Mussolini könne deshalb von vornherein in jedem solchen Fall sich seiner Unterstützung sicher sein.[724] Botschafter Mackensen erhielt den Brieftext über Telefon in Rom und eilte am Nachmittag daraufhin unverzüglich zu Mussolini, der ihm auch umgehend Antwort geben sollte. Der Duce las das Schreiben, das er um 15.20 Uhr erhalten hatte, zweimal in Anwesenheit Cianos durch, um dem Botschafter sodann den bedingungslosen italienischen Beistand mit allen zur Verfügung stehenden Kräften zuzusagen. Sofort nachdem der deutsche Botschafter wieder gegangen war, wurde Mussolini aber von seinem Schwiegersohn maßgeblich beeinflusst, eine andere Linie einzuschlagen.

Italien sollte nun doch unter allen Umständen aus dem Krieg herausgehalten werden. Die Botschaft, die Mussolini schließlich nach Berlin per Telefon übermitteln ließ, sprach zwar neuerlich von dem „völligen Einverständnis" mit dem Hitler-Stalin-Pakt und dem größten Verständnis für die deutsche Haltung gegenüber Polen. Im Gegensatz zu seiner Unterredung mit Mackensen nützte er mittlerweile jedoch den Passus im Schreiben Hitlers, in dem der deutsche Diktator bloß um Verständnis für seine Situation bat und ein direktes Ersuchen um Hilfeleistung seitens Italiens unterließ. Demgemäß wollte Mussolini seinem deutschen Partner bei einem rein bilateralen Konflikt zwischen dem Reich und Polen jede politische und wirtschaftliche Unterstützung leisten. Sollten die Verbündeten Polens dem angegriffenen Land jedoch zu Hilfe eilen, sah sich der Duce angesichts der unvollkommenen italienischen Kriegsvorbereitungen allerdings außerstande, militärisch einzugreifen. Mussolini konnte sich darauf berufen, dass gemäß der gemeinsamen Besprechungen der Krieg ja erst für einen Zeitpunkt nach dem Jahr 1942 vorgesehen war, und Heer, Luftwaffe und Marine daher zum Kampf nicht gerüstet waren. Sollte Deutschland seinem Partner freilich unverzüglich Waffen und Rohstoffe liefern, welche für den zu erwartenden, vornehmlich gegen Italien gerichteten Angriff der Westmächte erforderlich wären, vermöge sein Land sofort in den Krieg einzutreten. „Als treuer Freund halte ich es für meine Pflicht und Schuldigkeit, Ihnen offen die Wahrheit zu sagen und Sie von vornherein über nichts im Unklaren zu lassen, da sich sonst für uns alle höchst unangenehme Folgen ergeben könnten."[725]

In Berlin wartete Hitler voller Ungeduld auf die Nachricht aus Rom. In zwölf Stunden sollte schließlich der Angriff auf Polen beginnen. Knapp vor 18 Uhr überbrachte ihm Attolico in der Reichskanzlei die Antwort des Duce. Diese traf Hitler schwer, und dementsprechend verabschiedete er den italienischen Botschafter mit „eisigem Gesicht".[726] Obwohl die deutsche Seite die Italiener in letzter Zeit völlig unzureichend von ihren Schritten informiert und sich damit zweifelsohne nicht als loyaler Partner erwiesen hatte, äußerte man sich nun verächtlich über den treulosen Verbündeten. Für Hitler machten es die Italiener „genau wie 1914". Die negative Nachricht aus Rom vom 25. August ging ihm ebenso wie die Information der britischen Beistandsverpflichtung für Polen stark an die Nerven, und so zog er nur wenige Minuten nach seinem Treffen mit dem italienischen Botschafter seinen Vormarschbefehl zurück. Der Überfall auf Polen war verschoben.

Die übermäßige Anspannung raubte dem deutschen Diktator den Schlaf. Dies führte zu starken Stimmungsschwankungen: Stundenlanges Schweigen und Grübeln wechselten sich ab mit hysterischen Anfällen und manischen Monologen voll der Anklagen und Drohungen. Generalstabschef Halder sah sodann auch den „Führer ziemlich zusammengebrochen". Trotz der offenkundigen Ablehnung Italiens, in einen Krieg einzutreten, wollte Hitler von seinem Partner erfahren, welche Maßnahmen und Hilfeleistungen Italien denn benötige, um kriegsbereit zu sein.[727] Mackensen überbrachte Mussolini im Palazzo Venezia die Anfrage aus Berlin noch am selben Tag gegen 21.30 Uhr. In seinem Schreiben gab sich Hitler betont höflich, verschonte den Duce mit Vorwürfen und äußerte sich sogar zufrieden über die bisherigen militärischen Initiativen Italiens.

Die Italiener suchten nach einem eleganten Ausweg. Mussolini hielt am nächsten Tag gegen zehn Uhr eine Besprechung mit den Generalstabschefs des Heeres, der

Marine und der Luftwaffe sowie Ciano und Informationsminister Benini ab. Der Duce bekam dabei die Rechnung für die unzureichende Vorbereitung seiner Armee präsentiert. Naturgemäß fiel es ihm äußerst schwer, die italienische Ohnmacht einzugestehen, und beinahe schien es, als vermochte er sich zu diesem Eingeständnis gegenüber Hitler nicht durchzuringen. Man beriet, wie man Italien durch horrende Forderungen aus einem Krieg an der Seite Deutschlands heraushalten konnte. Resultat dieser Unterredung war eine aus phantastischen Zahlen bestehende „Wunschliste" für den Rohstoffbedarf Italiens angesichts einer Kriegsdauer von zwölf Monaten, die für den deutschen Partner niemals zu erfüllen war: Sieben Millionen Tonnen Erdöl, sechs Millionen Tonnen Kohle, zwei Millionen Tonnen Stahl, eine Million Tonnen Holz sowie etwa eine halbe Million Tonnen an insgesamt 14 weiteren Produkten wie Kupfer, Zinn, Blei, Nickel, Wolfram, Natriumnitrat, Titan oder Molybdän, darüber hinaus 150 Flakbatterien einschließlich Munition für die Industrie in Oberitalien und das Heer wurden gefordert.[728] „Ich halte es für meine Pflicht", so fügte der Duce in seinem Begleitschreiben hinzu, „Sie darauf hinzuweisen, dass die Opfer, die ich vom italienischen Volk fordern muss und werde – wobei ich nicht gewiss bin, dass es mir diese Opfer auch bringen wird –, umsonst bleiben müssen und Ihre Sache ebenso wie die meine gefährden können, wenn ich diese Lieferungen nicht erhalte."[729]

In Berlin trachtete der italienische Botschafter nach Kräften, sein Land aus dem Krieg herauszuhalten. Als demnach Attolico diese Nachricht per Telefon von Ciano knapp nach Mittag erhalten hatte, übermittelte er Hitler den Beschluss aus Rom und fügte eigenmächtig hinzu, dass Italien die gewünschten Lieferungen jedenfalls noch vor Ausbruch der Feindseligkeiten erhalten müsse. Der Diplomat hatte damit endgültig erreicht, dass sich Deutschland außerstande sah, auf diese Forderungen einzugehen, obwohl Hitler noch immer höflich blieb und Mussolini sogar die Erfüllung etlicher Punkte der „Wunschliste" zusicherte. Allein die geforderten Quantitäten an Erdöl, Kupfer und Nickel schon vor Kriegsbeginn zu liefern, ließ sich schon aus logistischen Gründen nicht realisieren. Daher bat er den Duce, möglichst viele britische und französische Kräfte sowohl durch aktive Propaganda als auch durch bereits von italienischer Seite angekündigte Truppenbewegungen und Scheinmanöver zu binden. An seinem Entschluss zum Angriff auf Polen werde aber weder die Haltung Italiens noch die der Westmächte etwas ändern.[730]

Mussolini erhielt diese Nachricht durch den deutschen Botschafter kurz nach 17 Uhr. In Anwesenheit Cianos bezeichnete er Mackensen gegenüber freilich die Forderung Attolicos, den erforderlichen Gesamtbedarf restlos vor Kriegsausbruch zu erhalten, als ihm völlig unverständlich, „da selbst der liebe Gott nicht in der Lage wäre, in wenigen Tagen derartige Quantitäten" nach Italien zu transportieren. Ihm sei es nie eingefallen, eine derart absurde Forderung zu stellen. Lediglich die Flak-Artillerie müsste sofort geliefert werden. Mussolini vergaß bei dieser Gelegenheit nicht, sein Bedauern über den ausbleibenden Kriegseintritt Italiens zu bekunden. Aber sein Land habe soeben fünf Kriegsjahre durchgemacht und sei durch den Spanischen Bürgerkrieg geradezu ausgeblutet. Aufgrund des Nachschubmangels sei Italien in der Lage, bloß einen Krieg von drei bis vier Monaten Dauer zu führen. Deutschland riet er jedenfalls, „sich ausschließlich auf Polen zu stürzen, im Westen dagegen sich auch aus dem Grunde auf reine Abwehr einzustellen, um dem französischen und englischen Volk vor Augen zu führen [...], dass wir uns zwar mit der Waffe in der Hand ihre Einmischung verbitten, im Übrigen es sich für uns aber nur darum handle, unser gutes deutsches Recht gegenüber einem Volk durchzusetzen, das Engländer und Franzosen eigentlich durch nichts innerlich verbunden sei und Tausende von Kilometern entfernt von ihnen wohne."[731] Keine zwei Stunden später übermittelte er wiederum Berlin seinen Vorschlag, es doch noch einmal mit einer friedlichen, politischen Lösung zu versuchen, die Deutschlands Ansprüche in voller Form ideell wie materiell befriedigen würde. Nicht aus pazifistischen Motiven, die ihm – wie er Hitler gegenüber betonen ließ – fremd seien, sondern im Interesse der beiden Achsenpartner.[732]

Dies war nicht die Nachricht, die der deutsche Diktator von Mussolini hören wollte. Hitler gab es daraufhin auf, den Duce für eine militärische Intervention zu gewinnen. Doch er blieb in einem weiteren Schreiben nach Rom kurz nach Mitternacht scheinbar gelassen und verständnisvoll, bat Italien um Diskretion, Neutralität und propagandistische und militärische Schritte zur Ablenkung der Westmächte. Gleichzeitig ersuchte er Mussolini auch um die Bereitstellung italienischer Arbeitskräfte. Mussolini sagte Hitler all dies zu, bat ihn aber, zur besseren Abstimmung der gemeinsamen Politik mit ihm in enger Verbindung zu bleiben.[733]

Hitlers aggressiver Tatendrang stürzte Mussolini in eine persönliche Krise. Nervös und übel gelaunt, zerbrach er sich den Kopf, wieder an Prestige vor dem deutschen Diktator und der Weltöffentlichkeit zu gewinnen. Deshalb schmerzte es ihn beträchtlich, dass Hitler alle Vermittlungsversuche in den Wind schlug. Der Duce sehnte ein zweites München herbei, wo er wieder in Erscheinung treten und glänzen konnte. Nach Cianos Zeugnis entwickelte er in seiner Verunsicherung eine wahre Kriegspsychose, indem er alle möglichen Vorbereitungen traf, die ihm im Falle einer friedlichen Lösung erlauben würden zu behaupten, er wäre im Begriff gewesen, in den Krieg einzutreten.[734] Doch auch sein deutscher Partner war nervlich angeschlagen. Müde nach schlaflosen Nächten und mit brüchiger Stimme bemühte sich Hitler, vor hohen Partei- und Militärführern, Mussolinis Position zu rechtfertigen. Der Krieg, dessen Ausbruch er nun mit dem 1. September festlegte, so gestand er ein, werde „sehr schwer, vielleicht aussichtslos" sein.[735]

Noch schien es aber möglich, dass Hitler an seinem Krieg gehindert wurde. Göring versuchte noch einmal über den schwedischen Geschäftsmann Birger Dahlerus, eine deutsch-britische Verständigung zu erreichen. London wollte zwar weiterhin loyal zu Warschau stehen, zeigte sich aber gleichzeitig bereit, mit Berlin zu einer Vereinbarung zu kommen. Deutschland sollte demnach direkt mit Polen über Grenzen und Minderheiten verhandeln. Dass sich schlussendlich die Polen einverstanden zeigten, in Gespräche mit der deutschen Seite einzutreten, irritierte Hitler aber keineswegs. Im Gegenteil wollte er sich „etwas Teuflisches für die Polen ausdenken, etwas, woran sie kauen werden". Den britischen Vorschlag, dass die europäischen Mächte die Ergebnisse der bilateralen Besprechungen zu garantieren hätten, griff Hitler ebenfalls mit diabolischer Freude auf: „Das mache ich; ich handle nur noch auf internationaler Basis. Internationale Truppen herein, darunter auch Russen. Die Polen werden dem niemals zustimmen. Wir müssen jetzt ein Dokument für die Briten oder Polen erdenken, das nichts weniger als ein Meisterstück der Diplomatie sein muss. Ich werde in der Nacht darüber nachdenken, denn die besten Ideen kommen mir immer zwischen 5.00 Uhr und 6.00 Uhr morgens." Als Göring seinen „Führer" von einem Vabanquespiel abriet, reagierte Hitler voll Trotz: „Ich habe in meinem Leben immer va banque gespielt."[736]

Henderson gegenüber gab sich Hitler am 29. August sodann verhandlungsbereit. Gleichzeitig stellte er jedoch die Forderung auf, dass ein polnischer Abgesandter zu bilateralen Gesprächen bereits am nächsten Tag in Berlin zu erscheinen hätte. Dies wertete der britische Botschafter denn doch als eine zu große Zumutung für die Polen. Obgleich Hitler noch eingangs seines Gesprächs mit Henderson die deutsche Absicht bekundet hatte, eine dauerhafte Freundschaft zwischen dem Empire und dem Dritten Reich herzustellen, endete die Unterredung schlussendlich mit einem heftigen Wortgefecht der beiden. Der Diktator wusste allerdings, dass er besonders vor der eigenen Nation ein Alibi benötigte, um demonstrieren zu können, alles getan zu haben, um den Frieden zu erhalten. Und tatsächlich ließ er das Auswärtige Amt 16 maßvolle, vermeintlich konstruktive Vorschläge zur Regelung der Danziger und der Korridorfrage ausarbeiten. Hitler überließ es sodann seinem Außenminister, Henderson mitten in der Nacht vom 30. auf den 31. August mit dem raschen Verlesen dieser 16 Punkte abzufertigen und sich mit dem britischen Botschafter ein wildes Schreiduell zu liefern. Eine schriftliche Fassung der deutschen Punkte hatte Henderson nicht erhalten, denn da naturgemäß kein polnischer Unterhändler erschienen war, betrachtete Ribbentrop die deutschen Vorschläge ohnedies als hinfällig.[737]

Auch Mussolini versuchte noch einmal, Hitler für eine Lösung auf dem Verhandlungstisch zu gewinnen. Die britischen Vorschläge – so ließ er den deutschen Diktator wissen – böten durchaus eine Grundlage für eine günstige Lösung der deutschen Probleme.[738] Noch am 29. August versicherte er Hitler in einem Schreiben, dass durch einen gewaltfreien Ausgang der Krise „der Rhythmus Ihrer großartigen Schöpfungen nicht unterbrochen werden" würde.[739] Mussolini bot sich an, jede Friedensaktion mit großer Bereitschaft auszuführen. Zu Großbritannien unterhalte Italien sehr herzliche und gute Beziehungen. Wenn Deutschland einen italienischen Schritt in London wünsche, so stehe der Duce „vollständig zur Verfügung" des „Führers".[740] Freilich meinte Mussolini, dass sich die NS-Führung mit Danzig zufrieden geben würde. Ribbentrop teilte jedoch dem italienischen Botschafter in Berlin mit, „dass die Dinge für derartige Anregungen schon zu weit fortgeschritten seien".[741]

Auf britisches Drängen hin zeigte sich Warschau gegen Mittag des letzten Friedenstages, des 31. August, doch noch bereit, mit Berlin zu verhandeln. Der Duce äußerte deshalb durch seinen Botschafter Hitler gegenüber noch gegen 17 Uhr den dringenden Wunsch, dass Hitler den polnischen Botschafter empfangen möge, um damit „wenigstens den Mindest-Kontakt herzustellen, der zur Vermeidung eines endgültigen Bruches notwendig wäre."[742] Am Vormittag hatte der Duce London wissen lassen, dass er für den Frieden nur bei Schaffung einer „neuen Tatsache" etwas tun könne; der sofortigen Abtretung Danzigs etwa, wonach dann auch ruhigere Verhandlungen zwischen Berlin und Warschau möglich wären.[743] Aus Angst vor einer Kriegserklärung der Westmächte an sein eigenes Land brach Mussolini gegenüber Hitler sein Versprechen und wies die italienische Presse an, Großbritannien keine Schuld am Kriegsausbruch zu geben. Damit nicht genug, versicherte Ciano am Abend des 31. August in einer rührseligen Szene dem britischen Botschafter in Rom, dass Italien im Kriegsfall nicht eingreifen würde.[744]

Doch weder die Haltung Italiens noch alle verzweifelten diplomatischen Versuche vermochten den deutschen Diktator von seiner Kriegslust abzuhalten: Hitler hatte sich zur gewaltsamen Lösung entschlossen. Er wollte den Krieg beginnen, solange die Westmächte in ihrer Rüstung noch weit hinter ihren Möglichkeiten lagen. Außerdem würde er selbst nicht mehr allzu lange die Kraft haben, diesen Krieg zu führen, und seinen Nachfolgern traute er eine solch gewaltige Aufgabe nicht zu. Am 1. September um 4.45 Uhr trat der „Fall Weiß" in Kraft. Im Westen sollte sich die deutsche Wehrmacht streng defensiv verhalten und etwaigen geringfügigen Grenzverletzungen „rein örtlich" entgegentreten. Die Holland, Belgien, Luxemburg und der Schweiz zugesicherte Neutralität sollte peinlich beachtet werden. Die deutsche Westgrenze war an keiner Stelle zu überschreiten. Im Osten begann der Angriff auf Polen.[745]

# Dritter Teil

# Blitzkrieg und Neutralität

## September 1939 bis März 1940

Der deutsche Angriff auf Polen begann mit einem diabolischen Plan, der bereits andeutete, mit welcher Skrupellosigkeit das Dritte Reich weiterhin mit seinen Gegnern zu verfahren beabsichtigte. Am 31. August um 21 Uhr übertrug der deutsche Rundfunk die Liste der Vorschläge der Reichsregierung. Nahezu gleichzeitig täuschten SS-Einheiten einen polnischen Überfall auf den Sender Gleiwitz vor, der den deutschen Angriff auf seinen östlichen Nachbarn tags darauf exakt um 4.45 Uhr rechtfertigen sollte. Zur Vorspiegelung falscher Tatsachen wurden einige Strafgefangene in polnische Uniformen gesteckt und erschossen zurückgelassen, damit die Presse darüber berichten konnte.

Die Feindseligkeiten waren eröffnet – ohne Kriegserklärung.[746] Um 10 Uhr hielt der Reichstag eine Sondersitzung ab, in der Hitler in einer seiner wohl bekanntesten, aber keineswegs gelungensten Reden den deutschen Einmarsch in Polen bekannt gab. Dann brandmarkte er die polnische Politik, betonte jedoch mit Nachdruck: „Deutschland hat keine Interessen im Westen". In angespannter Atmosphäre verkündete er Deutschlands Pakt mit der Sowjetunion, „der zwischen uns beiden für alle Zukunft jede Gewaltanwendung ausschließt". Gegen Schluss seiner hastig vorgetragenen Ansprache schlüpfte er endlich in die Rolle des unerschütterlichen alten Kriegers: „Wenn ich diese Wehrmacht aufrief, und wenn ich nun vom deutschen Volk Opfer, und wenn notwendig, alle Opfer fordere, dann habe ich ein Recht dazu, denn auch ich selbst bin heute genauso bereit, wie ich es früher war, jedes persönliche Opfer zu bringen! Ich verlange von keinem deutschen Mann etwas anderes, als was ich selber über vier Jahre lang bereit war, jederzeit zu tun! Es soll keine Entbehrungen für Deutsche geben, die ich nicht selber sofort übernehme! Mein ganzes Leben gehört von jetzt ab erst recht meinem Volke. Ich will jetzt nichts anderes sein, als der erste Soldat des Deutschen Reiches! Ich habe damit wieder jenen Rock angezogen, der mir selbst der heiligste und teuerste war. Ich werde ihn nur ausziehen nach dem Sieg – oder – ich werde dieses Ende nicht erleben!" Göring ernannte er für den Fall seines Ablebens zum Nachfolger.[747] Doch Hitler vermochte eine Kriegsbegeisterung, wie sie ihn selber 1914 mitgerissen hatte, nicht zu entfachen. Die deutsche Bevölkerung zeigte sich skeptisch und abwartend. Für die nationalsozialistische Propagandamaschinerie hieß es, noch viel „Aufklärungsarbeit" zu leisten.

Für Hitler selbst war das Führen von Kriegen „das Natürlichste, Alltäglichste. Krieg ist immer. Krieg ist überall." Krieg war für ihn „Leben" und „Urzustand".[748] „Was für das Mädchen die Begegnung mit dem Mann, das ist für ihn der Krieg. [...] Im reinsten Idealismus bin ich ins Feld gezogen, dann aber hat man Tausende verletzt und sterben gesehen, und da kommt einem das Bewusstsein dessen, dass das Leben ein dauernder grausamer Kampf ist, welcher letztlich der Erhaltung der Art gilt: der eine mag vergehen, wenn andere leben bleiben. [...] Ich möchte niemand leiden sehen und keinem weh tun; aber wenn ich erkenne, dass die Art in Gefahr ist, dann tritt an die Stelle des Gefühls eiskalte Vernunft: Ich sehe nur noch die Opfer, welche die Zukunft fordert, wenn heute ein Opfer nicht gebracht wird."[749]

Hitler war überzeugt von dem letztlich unentwegten Kampf zwischen den Menschen und Völkern. Wie Mussolini war auch er durchdrungen von der Überzeugung, dass ein langwährender Friede für eine Nation schädlich sei, dass das, was die Menschheit geworden war, sie nur durch den Kampf geworden sei. In Hitlers Gedankenwelt hatte die Vision eines saturierten Volkes keinen Platz. Er legte seine eigene Unrast auf die Notwendigkeit der Nation um, egal, wie viel bereits durch Kriege erreicht worden war, immer wieder neue Grenzen für neue Eroberungen gewaltsam überschreiten zu müssen. Ein gesättigtes Volk musste faulen und dekadent werden, und genau davon wollte er die Deutschen abhalten. Uneigennützige Freundschaft mit anderen Völkern gab es keine, und so hielt er es für durchaus denkbar, selbst gegen Italien einmal Krieg führen zu müssen.

Getreu seiner pathologisch egozentrischen Veranlagung sah er sich als einzigen, der über die Frage Krieg oder Frieden zu bestimmen hatte: „Den Krieg führe ich. Den geeigneten Zeitpunkt zum Angriff bestimme ich. Es gibt nur einen günstigsten. Ich werde auf ihn warten. Mit eiserner Entschlossenheit. Und ich werde ihn nicht verpassen. Ich werde meine ganze Energie darauf verwenden, ihn herbeizuzwingen. Das ist meine Aufgabe. Erzwinge ich das, dann habe ich das Recht, die Jugend in den Tod zu schicken."[750] Der Diktator streifte das ihm lästige Korsett des Politikers ab und tauschte es ein gegen den Waffenrock des Soldaten, den er bis zum endgültigen Sieg nicht mehr ausziehen wollte. Ungezügelt, mit aller der Weltgeschichte unbekannten Radikalität konnte Hitler nun seiner Gier nach „Lebensraum" und seinem alles überragenden Ziel einer späteren Weltherrschaft der germanischen Rasse nachgehen. Nun fielen alle Schranken, die ihn bislang noch an der Verwirklichung seiner maßlosen Vorstellungen gehindert hatten.

Schnelligkeit und Brutalität betrachtete Hitler als die deutsche Stärke. „Dschingis-Khan hat Millionen Frauen und Kinder in den Tod gejagt, bewusst und fröhlichen Herzens. Die Geschichte sieht in ihm nur den großen Staatengründer." Was die schwache westeuropäische Zivilisation über ihn, den Führer des Deutschen Reiches, behauptete, war ihm gleichgültig. „Ich habe den Befehl gegeben – und ich lasse jeden füsilieren, der auch nur ein Wort der Kritik äußert –, dass das Kriegsziel nicht im Erreichen von bestimmten Linien, sondern in der physischen Vernichtung des Gegners besteht. So habe ich, einstweilen nur im Osten, meine Totenkopfverbände bereitgestellt mit dem Befehl, unbarmherzig und mitleidlos Mann, Weib und Kind polnischer Abstammung und Sprache in den Tod zu schicken. Nur so gewinnen wir den Lebensraum, den wir brauchen."[751]

In Rom fühlte sich Mussolini höchst unwohl, stand er doch vor dem deutschen Diktator als unrealistischer Angeber da. Tatsächlich war der Duce – gerade in militärischen Angelegenheiten – immer schon ein theatralischer Blender gewesen. Hatte er nicht einmal prahlerisch von über 150 zum Teil modernst ausgerüsteten italienischen Divisionen und riesigem Reservepotential gesprochen? Die italienische Öffentlichkeit vermochte er mit solchen operettenhaften Übertreibungen teilweise zu beeindrucken, informierte und kompetente Beobachter aus dem Ausland keinesfalls, denn die Wirklichkeit sah völlig anders aus. So verfügte Italien über nur wenige kampfbereite und adäquat ausgerüstete Divisionen. Als zuständiger Minister musste Mussolini sich eingestehen, dass die italienische Luftwaffe ebenfalls hoffnungslos überholt war. Dabei hatte er, der verblendete Dilettant, in militärischen Belangen, sich oft und gerne damit geschmückt, dass er die Verantwortung für den Aufbau der italienischen Armee bis zum letzten Detail selbst trug. Dass er in den Stäben bloß karrieristische Jasager und Liebediener um sich duldete, kann nicht weiter überraschen. Seine Realitätsflucht hatte ihn zu aberwitzigen Aussagen hinreißen lassen: etwa, dass er an nur einem Tag zehn Millionen Mann mobilisieren könne oder eine farbige Zweimillionenarmee zu organisieren vermöge, um mit dieser Afrika zu beherrschen, oder gar, dass er stark genug wäre, gegen Großbritannien oder Frankreich mit einer Hand zu kämpfen.[752] Dies war alles bloß phantastisches Gerede. Am Nachmittag des 1. September verkündete der Ministerrat in Rom hingegen, „dass Italien keine Initiative zwecks militärischer Operation ergreifen wird".[753]

Um sein Image ernstlich besorgt, wollte Mussolini nicht als Verräter erscheinen, und so rief er am Morgen des 1. September seinen Botschafter in Berlin an. Dieser sollte Hitler bitten, ihn durch ein Telegramm offiziell von den Verpflichtungen des gemeinsamen Bündnisses zu entbinden. Hitler wiederum dankte dem Duce für seine bisherige diplomatische und politische Unterstützung und zeigte sich vollauf optimistisch, dass Deutschland wohl keine italienische Waffenhilfe benötigen werde. Nur drei Stunden später erhielt der Duce allerdings eine weitere Nachricht des deutschen Diktators, in der er Mussolini zu verstehen gab, dass ihm weitere Versuche, die polnische Frage politisch zu lösen, nicht erwünscht waren. Mussolini ignorierte diese Botschaft und wies am 2. September seinen deutschen Partner auf die Gunst der Stunde hin, um ihn doch noch zu einer Lösung im Rahmen einer internationalen Konferenz innerhalb der nächsten zwei, drei Tage, die bereits auch von Frankreich nachhaltig befürwortet würde, zu bewegen. Italien, so machte er Hitler darauf aufmerksam, sei nach wie vor in der Lage, bei einem sofortigen Waffenstillstand die Westmächte und Polen an den Verhandlungstisch zu bringen. Die Beilegung des Konflikts mit Polen würde angesichts der derzeitigen Situation sicher zugunsten des Deutschen Reiches ausfallen. „Danzig ist bereits deutsch, und Deutschland hat schon Pfänder in seiner Hand, die den größten Teil seiner Forderungen sichern. Außerdem hat Deutschland schon seine ‚moralische Genugtuung' gehabt." Wenn es den Vorschlag einer Konferenz annehme, „würde es alle seine Ziele erreichen und gleichzeitig einen Krieg vermeiden, der schon heute als allgemein und nach außerordentlich langer Dauer aussieht".[754]

All diese Beschwörungen vermochten Hitler nicht dazu zu veranlassen, von seinem Vorhaben abzugehen, Polen völlig zu zerschlagen. Bange hoffte er allerdings noch immer, dass sich die Westmächte aus dem Krieg heraushalten würden. Das Zögern Großbritanniens und insbesondere Frankreichs ermutigte ihn in dieser Annahme. Noch waren sie Polen nicht zu Hilfe geeilt, wie es eigentlich ihrer Bündnisverpflichtung entsprochen hätte. Aber am Vormittag des 3. September erhielt Hitler das Ultimatum aus London. Er reagierte darauf zunächst wie versteinert, still und regungslos. Erst nach einer Weile fragte er seinen Außenminister mit einem gleichermaßen zornig wie ratlos anmutenden: „Was nun?" Ribbentrop, der seinen „Führer" stets in der Ansicht bestärkt hatte, dass Großbritannien nicht intervenieren würde, nahm nun an, dass ein französisches Ultimatum wenig später folgen würde – womit er diesmal Recht behielt. Göring gab sich dagegen fatalistisch: „Wenn wir diesen Krieg verlieren, dann möge uns der Himmel gnädig sein!"[755]

Die Westmächte machten somit auch Mussolinis Plan einer Friedenskonferenz zunichte. Die Bemühungen des Duce hatten ihr Ende erreicht.[756] Die Eskalation des Konflikts war nicht mehr aufzuhalten, doch Italien musste neutral bleiben. Die italienische Bevölkerung zeigte sich über diese Entscheidung erleichtert, doch Mussolini, den es zur Tat drängte, fühlte sich unglücklich. Am Tag der Kriegserklärung der Westmächte an Deutschland, am 3. September, dankte Hitler dem Duce in einer Botschaft für seine Friedensbemühungen, die freilich an Großbritannien gescheitert wären. Die deutschen Truppen seien seit zwei Tagen in einem teilweise außerordentlich schnellen Vormarsch in Polen begriffen. „Es wäre unmöglich gewesen, die dabei gebrachten Blutopfer sich durch diplomatische Ränke wieder entwerten zu lassen. [...] Ich bin mir bewusst, Duce, dass der Kampf, in den ich gehe, ein Kampf auf Leben und Tod ist. Mein eigenes Schicksal spielt dabei überhaupt keine Rolle. Ich bin mir aber weiter bewusst, dass man einem solchen Kampf auf die Dauer nicht ausweichen kann und dass man mit eisiger Überlegung den Augenblick des Widerstandes so wählen muss, dass die Wahrscheinlichkeit des Erfolges gewährleistet ist. Und an diesen Erfolg, Duce, glaube ich felsenfest." Würde das Dritte Reich allerdings von den westlichen Plutokratien zerstört werden, stünde auch dem faschistischen Italien eine schwere Zukunft bevor. Eines Tages würde beide, Deutschland und Italien, ohnehin ein gemeinsames Schicksal binden.[757]

Am Abend bestieg Hitler in Berlin den aus zwei Lokomotiven und 15 Waggons zusammengesetzten Sonderzug „Amerika", sein neues mobiles Hauptquartier, und reiste nach Pommern ab. Es zog ihn, den „ersten Soldaten des Deutschen Reiches", an die Front, um die Erfolge seiner Wehrmacht beobachten zu können, um wieder dort zu sein, wo er – wie er nie aufhörte zu betonen – die großartigsten Erfahrungen seines Lebens gemacht hatte. Er hatte sein Volk, das er angeblich so sehr liebte, in

Hitler bei einer Besprechung mit General von Reichenau (rechts) und Heinrich Himmler (links) im September 1939.

einen Krieg gehetzt, für den es nicht einmal eine ausreichende Vorbereitung gab. Der Generalstab des Heeres hatte bislang lediglich einen Feldzugsplan für die beschränkte Operation gegen Polen erarbeitet. Über eine durchdachte Strategie für einen gesamteuropäischen Krieg verfügte die Wehrmacht nicht. Großbritannien und Frankreich besaßen dagegen aufgrund von gemeinsamen Generalstabsbesprechungen immerhin vage Vorstellungen für die Kriegführung gegen die Achse. Speziell die Franzosen dachten dabei gegenüber Deutschland aber vorerst ausschließlich an Defensive.

Als in Rom der Duce die letzte Botschaft Hitlers erhielt, zeigte er sich gleichermaßen zuversichtlich wie gelassen. Mackensen gegenüber gab er Großbritannien die Schuld am Kriegsausbruch und distanzierte sich empört von der Forderung der Westmächte, Deutschland hätte seine Truppen wieder aus Polen zurückziehen sollen, um Verhandlungen zu ermöglichen. Mussolini fühlte sich zudem bemüßigt, dem deutschen Diktator auszurichten, dass er und Hitler nun keineswegs „getrennte Wege marschierten". Es herrsche vielmehr vollkommene Übereinstimmung. Deshalb habe er auch insbesondere militärisch alles getan, was Hitler von ihm wünschte; selbstverständlich betreibe er seine Vorbereitungen auf das Intensivste weiter. Mit seinen Maßnahmen binde er an der Alpengrenze und in Afrika bereits mehr als 400.000 Mann der Gegenseite. Und die Stimmung bei der italienischen Mobilmachung sei ausgezeichnet.[758]

Einmal mehr drückte Mussolini damit geradezu das Gegenteil der Wirklichkeit aus: Die Teilmobilmachung hatte den erschreckenden Mangel an Uniformen, Ausrüstung und Unterkunftsbaracken gezeigt. Dies fiel auch immer mehr der italienischen Bevölkerung auf, und seine Glaubwürdigkeit stand bereits zur Diskussion. Mussolini reagierte daraufhin mit einem Ablenkungsmanöver und entließ langgediente Stabsoffiziere. Marschall Rodolfo Graziani vernahm seine Ernennung zum Generalstabschef des Heeres über das Radio, um bald darauf erkennen zu müssen, dass die Bewaffnung des italienischen Heeres eklatant veraltet war. Doch auch er machte wie Badoglio, der Chef des Großen Generalstabs, bei dem gewaltigen Schwindel mit und erklärte ebenfalls wider besseres Wissen Italiens Bereitschaft zum Kampf.[759]

Der Beginn des Krieges läutete zugleich den beginnenden Zerfall der faschistischen Herrschaft ein. Die Rassengesetze waren unpopulär, und die Menschen beklagten zunehmend die Knappheit an Konsumgütern. Das faschistische System schien nur mehr von einer Minderheit innerhalb der italienischen Nation getragen zu werden. Wiederum suchte der Duce, von seinen eigenen Unzulänglichkeiten abzulenken, und reagierte mit der Entlassung verschiedener Minister, wie dem Ressortleiter für die Propaganda, Alfieri, sowie dem unpopulären Starace als Generalsekretär der Faschistischen Partei, dem Ettore Muti, ein Günstling Cianos, nachfolgte.

Polen sah sich gegenüber dem deutschen Aggressor auf sich allein gestellt. Die ganz auf Frieden und Verteidigung eingestellten Westmächte konnten sich zu der Polen zugesagten Offensive gegen das Dritte Reich nicht entschließen. Die Wehrmacht dürfte ihr Glück kaum gefasst haben, dass sich die zahlenmäßig weit überlegenen britischen und französischen Truppen gegenüber den viel schwächeren deutschen Verbänden an der Westgrenze des Reiches so gut wie untätig verhielten. Das französische Dogma der reinen Defensive versetzte Deutschland in die Lage, seine ganze Überlegenheit gegenüber Polen auszuspielen, von dem seine westlichen „Verbündeten" eine Widerstandskraft für wenigstens ein halbes Jahr erhofften. Das total veraltete System der polnischen Armee, die noch auf selbstmörderische Kavallerieattacken setzte, sah sich mit dem Einsatz hochmoderner militärischer Mittel seitens der deutschen Wehrmacht konfrontiert: der von Hitler so vorangetriebenen massiven Verwendung von Panzern, der motorisierten Infanterie, den demoralisierenden Angriffen der „Stukas", der präzise arbeitenden Organisation. Bereits nach wenigen Tagen war die polnische Armee praktisch geschlagen: Am 6. September fiel Krakau, zwei Tage später wurde von den ersten deutschen Einheiten schon Warschau erreicht, am 9. September begann die Einkesselung der verbliebenen Überreste der polnischen Armee.[760]

An eben diesem Tag erging sich in Rom Mussolini in Zahlenspielen und sprach bereits davon, an die 600.000 Franzosen von Somalia über Tunis, von Korsika bis zu den Alpen zu binden. Sollte aber Italien nun intervenieren, so schränkte er gleich ein, würden die Türkei, Griechenland, Rumänien, Jugoslawien und Ägypten dem Empire zu Hilfe kommen. Den polnischen Widerstand erklärte er freilich für erledigt und drückte seine Freude über den deutschen Vormarsch aus. Mit einer neuen Regierung in Warschau könne man – nach einem großzügigen deutschen Angebot – sodann auch in Friedensverhandlungen eintreten, die vor allem auch auf die friedenswillige französische Öffentlichkeit Eindruck machen würden. Großbritannien sei dagegen zu einem zehnjährigen Krieg entschlossen, doch sei seine Lage keineswegs günstig.[761]

Am 18. September begegneten einander in der alten Festungsstadt Brest-Litowsk deutsche und sowjetische Verbände, nachdem Einheiten der Roten Armee von Osten her tags zuvor in das bereits besiegte Land eingefallen waren. Der Feldzug gegen Polen hatte nach drei Wochen sein für das Dritte Reich triumphales Ende gefunden, für den verhältnismäßig geringen Verlust von 11.000 Toten und 30.000 Verwundeten innerhalb der deutschen Wehrmacht. Der deutsche Sieg in diesem Blitzkrieg ließ Hitler, der am 19. September unter unvorstellbaren Jubel in Danzig einzog, sich nun in der Vorstellung wiegen, nicht nur ein überragender Redner und Politiker, sondern auch ein genialer Feldherr, ein charismatischer Schlachtenlenker zu sein. Politik und Diplomatie hatten ihre Schuldigkeit getan. Nun zeigte sich der Diktator bloß mehr von dem unbändigen Wunsch angetrieben, als martialischer

Eroberer sein künstlerisches Talent zu beweisen. Mit Genugtuung nahm er am 30. September die Parade seiner siegreichen Truppen in dem nach tagelanger Beschießung und Bombardements erheblich zerstörten Warschau ab.

Insgeheim musste sich der Diktator allerdings eingestehen, dass Deutschland für einen allgemeinen, einen großen europäischen Krieg keineswegs vorbereitet war. Den Krieg sogleich nach dem Polenfeldzug aktiv fortzusetzen, wäre für das Dritte Reich keine drei Wochen möglich gewesen: Die Munitionsvorräte waren bis zur Hälfte verbraucht, die Ausrüstung ebenfalls zu knapp für eine längere Konfrontation mit dem Westen; von den 102 Divisionen des Heeres war lediglich die Hälfte aktiv und zur Gänze einsatzbereit, die Marine sowohl der britischen als auch der französischen unterlegen. Außerdem musste Hitler nicht ohne Enttäuschung zur Kenntnis nehmen, dass sich selbst nach dem Triumph über Polen die deutsche Bevölkerung – im eklatanten Gegensatz zum Sommer 1914 – für den Krieg nicht begeistern wollte. Immer noch fürchtete sie einen Stellungskrieg im Westen, in dem neuerlich wie bereits 1914/18 Millionen verbluten könnten. Außenpolitisch sah die Lage trotz des militärischen Erfolges bedenklich aus: Italien verharrte in seiner „Nichtkriegführung", Großbritannien und Frankreich hatten – wenngleich

Hitler bei den Soldaten in Polen. Dieses Foto wurde zu seinem 51. Geburtstag für die Veröffentlichung freigegeben.

sie vorerst auch nahezu untätig blieben – dem Deutschen Reich den Krieg erklärt, die Vereinigten Staaten neigten naturgemäß zu den Westmächten, und Japan hatte sich nach dem deutsch-sowjetischen Pakt von Berlin abgewandt.

Demgemäß gab sich die nationalsozialistische Führung friedenswillig. In seiner Rede in Danzig am 19. September vor verschiedenen Spitzen der Partei und der Wehrmacht unterstrich Hitler, „weder gegen England noch gegen Frankreich irgendein Kriegsziel" zu haben, und sprach von seinem großen Wunsch eines „aufrichtigen Freundschaftsverhältnisses" mit Großbritannien. Es hätte jedenfalls keinen Sinn, wenn das Empire wegen Polen zur Waffe greife, denn: „Polen wird in der Gestalt des Versailler Vertrages niemals mehr auferstehen!" Hitler meinte aber auch gleichzeitig, London entlarvt zu haben. Demnach gehe es der britischen Regierung viel weniger um Polen als um den Kampf zur Beseitigung des nationalsozialistischen Regimes. Der Diktator empörte sich darüber, dass eine Regierung seine Bevölkerung in den Krieg hetze, weil es die Regierung eines anderen Staates stürzen wolle. „Welch eine bodenlose Gewissenlosigkeit! Dafür also werden Menschen in den Tod hineingepeitscht!" Hitler stritt zudem die britische Behauptung, Deutschland habe die Absicht, Europa bis zum Ural zu beherrschen, kategorisch ab. Darüber hinaus betonte er den Siegeswillen des deutschen Volkes. „Heute haben sie wieder ein friederizianisches Deutschland vor sich! [...] Und immer wird am Ende eines feststehen: dieses Deutschland kapituliert niemals."[762]

Nach der endgültigen Teilung Polens gaben Ribbentrop und Molotow ein gemeinsames Kommuniqué heraus, in dem man „übereinstimmend der Auffassung Ausdruck" gab, „dass es den wahren Interessen aller Völker entsprechen würde, dem gegenwärtig zwischen Deutschland einerseits und England und Frankreich andererseits bestehenden Kriegszustand ein Ende zu machen. Die beiden Regierungen werden deshalb ihre gemeinsamen Bemühungen, gegebenenfalls im Einvernehmen mit anderen befreundeten Mächten, darauf richten, dieses Ziel sobald als möglich zu erreichen. Sollten jedoch die Bemühungen der beiden Regierungen erfolglos bleiben, so würde damit die Tatsache festgestellt sein, dass England und Frankreich für die Fortsetzung des Krieges verantwortlich sind."[763]

Einen Tag nach dem Einmarsch der Wehrmacht in Warschau, am 1. Oktober, kam es zu einer zweieinhalbstündigen Unterredung zwischen Hitler und Ciano in Anwesenheit Ribbentrops in der Reichskanzlei. Mussolini hatte es vorgezogen, in Rom zu bleiben, denn von einem Treffen mit Hitler war für ihn nichts Angenehmes zu erwarten. Deshalb reiste sein Schwiegersohn allein in die Reichshauptstadt. „Ich glaube nicht", so notierte Ciano in sein Tagebuch, „dass ich aus Berlin einen Beitrag zur Wiederherstellung des Friedens in Europa mit heimbringen werde, sicher aber ist, dass ich wie ein Löwe kämpfen werde, um dem italienischen Volk den Frieden zu erhalten." Der deutsche Diktator präsentierte sich sodann heiter und entspannt.

Selbstbewusst verbreiterte er sich dem italienischen Außenminister gegenüber zwei Stunden lang in detaillierten militärischen Analysen und Zahlen zum erfolgreichen Feldzug, ohne sich dabei auf Unterlagen zu stützen. Der Sieg hätte bei größeren deutschen Blutopfern sogar noch schneller besiegelt werden können. Aber man wollte im Osten eben keinen einzigen Mann unnötig opfern, „da jeder im Westen eine bessere Verwendung finden könne".

Nach einer verdienten Ruhepause würden die deutschen Truppen sodann zur weiteren Verwendung an die Westfront transferiert werden. Das Reich sei jedenfalls jederzeit fähig, im Westen aktiv aufzutreten. Ciano glaubte seinen Ohren nicht zu trauen und zeigte sich beeindruckt. An sich habe Deutschland kein Interesse, den Krieg im Westen mit Gewalt herbeizuführen. „Wenn sich aber der Friede nicht erreichen ließe, dann würde Deutschland dem Krieg im Westen einen anderen Charakter geben." Die Abmachungen mit der Sowjetunion bezeichnete der Diktator als absolut klar. Sie schlössen, so behauptete er tatsächlich, jeden Irrtum oder Konflikt für die Zukunft aus. Die Teilung Osteuropas in die beiden Interessensphären sollte verhindern, „dass aus dieser Lösung jemals in Zukunft wieder ein Intrigenfaktor entstehe, der zwischen Deutschland und Russland Zwistigkeiten säe".

Über das weitere Schicksal Polens wollte der Diktator allerdings Ciano gegenüber nicht so recht mit der Sprache heraus. Militärisch durfte es allerdings keine Bedrohung mehr für Deutschland darstellen, politisch nicht mehr zwischen Berlin und Moskau intrigieren, und wirtschaftlich sollten die deutschen Interessen gewahrt werden. „Grundsätzlich wolle er Deutschland nur möglichst wenig mit dem polnischen Reststaat belasten. Er habe bei seinen Frontbesuchen Polen als derartig verlottert vorgefunden, dass er möglichst wenig damit zu tun haben wolle. Er glaube, dass die westlichen Völker für dieses völlig heruntergekommene Land, wenn sie es mit eigenen Augen sehen könnten, auch nicht einen Tag länger kämpfen würden." Für den Duce sah Hitler eine „große Mission" vor, indem Mussolini doch die Führung der neutralen Staaten übernehmen könnte. Gleichzeitig hob der Diktator jedoch hervor, dass er nicht einen Moment zweifle, „dass jetzt der Augenblick für die Auseinandersetzung mit den Westmächten der günstigste sei: denn er sei der Überzeugung, dass, wenn Deutschland und Italien gemeinsam den Kampf führten, England und Frankreich derartig zusammengeschlagen würden, dass viele der jetzt noch offenen Probleme ein für alle Mal gelöst wären."

Das Wort „neutral" missfiel dem italienischen Außenminister, galt es doch für einen Faschisten als unwürdig. Ciano beeilte sich daher zu unterstreichen, dass Italien nie eine Neutralitätserklärung abgegeben habe. Die Haltung, im deutsch-polnischen Krieg nicht zu intervenieren, sei für das Reich wohl mehr von Nutzen gewesen als ein italienisches Eingreifen, das sofort einen allgemeinen Krieg und den Angriff der Westmächte nach sich gezogen hätte. In diesem Punkt stimmte Hitler mit Ciano nicht überein. Nach seiner Ansicht hatte nämlich gerade das Wissen um die italienische Haltung Großbritannien ermuntert, den endgültigen Vertrag mit Polen abzuschließen. Der italienische Außenminister betonte, dass sein Land bei weiterer Fortdauer des Konflikts ebenfalls in den Krieg eingreifen werde, und sprach bereits von 800.000 Mann französischer Truppen, die Italien durch seine Vorkehrungen binden würde.[764]

Der Aufenthalt in Berlin verlief für den italienischen Außenminister alles andere denn angenehm. Besonders Ribbentrop hatte ihn von oben herab behandelt und mit Anekdoten über seine Moskaureise kaum eine Peinlichkeit ausgelassen. So erzählte er etwa bei der Abendtafel in seiner Villa in Dahlem, dass ihm die Russen im Kreml zum Teil an die Ehrengarde des Duce im Palazzo Venezia erinnerten, „mit dem Erfolg, dass Cianos Kopf noch tiefer in den Teller sank" und er für den Rest des Abends für Ribbentrop praktisch nicht mehr zu sprechen war.[765] Hitler dagegen hatte es mit seinen Tiraden sehr wohl verstanden, den italienischen Gast zu faszinieren. Beeindruckt von der Siegeszuversicht des deutschen Diktators kehrte Ciano nach Rom zurück: „Er ist entweder ein Verblendeter – oder ein Genie."[766]

Gemeinsam mit Stalin teilte Hitler Polen schließlich restlos auf und zerschlug damit – wie es auch dem Wunsch des sowjetischen Tyrannen entsprach – die Nachkriegsordnung der Westmächte ein weiteres Mal. Für den deutschen Diktator hatte das von der Wehrmacht okkupierte Polen den Zweck eines „vorgeschobenen Glacis", das für den Aufmarsch in einem Feldzug gegen Russland genutzt werden konnte. Deswegen, so meinte er Keitel gegenüber am 17. Oktober, mussten die Bahnen, Straßen und Nachrichtenverbindungen auch in Ordnung gehalten und ausgenutzt werden. Alle Ansätze für eine Konsolidierung der Verhältnisse in Polen sollten hingegen beseitigt werden. Das bedeutete auch, dass eine polnische Intelligenz nicht zugelassen werden durfte. „In dem Lande soll ein niederer Lebensstandard bleiben; wir wollen dort nur Arbeitskräfte schöpfen."[767]

Danzig, Posen, Westpreußen und der restliche Teil Oberschlesiens fielen an Deutschland zurück. Darüber hinaus annektierte es aber noch weitere rein polnische Gebiete, die keineswegs zum alten Kaiserreich gehört hatten. Während die Sowjetunion im Osten rund 200.000 Quadratkilometer Land dazugewann und zudem Litauen durch ein geheimes Zusatzprotokoll in die Interessensphäre der UdSSR fiel, okkupierte das Reich auch noch zentralpolnisches Territorium mit den Distrikten Warschau, Lublin, Radom und Krakau. Hans Frank stand dem nicht zum Reich gehörigen „Generalgouvernement für die besetzten polnischen Gebiete" vor und residierte in der alten Königsburg, dem Wawel. Für seinen Plan, Osteuropa zu germanisieren, setzte der Diktator wiederum Himmler ein. Am 7. Oktober ordnete Hitler an, dass diesem sendungsbewussten Rassenfanatiker auch „die Ausschaltung des schädigenden Einflusses von solchen volksfremden Bevölkerungsteilen, die eine Gefahr für das Reich und die deutsche Volksgemeinschaft bedeuten", oblag.[768]

Hitlers Polenhass hatte sich in den Wochen des Feldzugs noch gesteigert. Männer wie Himmler, Goebbels und Heydrich bestärkten ihn in seinen pathologischen Anschauungen nur noch, andere wie etwa von Brauchitsch waren charakterlich zu schwach, sich dem beginnenden Wahnsinn entgegenzustellen. Zum Teil tatsächlich verübte brutale Ausschreitungen der Polen gegen die Volksdeutschen im September forderten die Rachelust des Diktators maßlos heraus. Nun sollten die Polen die harte Hand des deutschen Herrenvolkes in aller Unbarmherzigkeit zu spüren bekommen. Sie sollten zu Zwangsarbeit verrichtenden Sklaven degradiert, ihre Führungsschicht ausgerottet, das Land „ethnisch gesäubert" und weitgehend germanisiert werden. Als Werkzeug hiefür dienten die Einsatzgruppen des Sicherheitsdienstes, die der Wehrmacht nachfolgten und „gemäß Sonderbefehl des Führers" nach Österreich, Böhmen und Mähren nun in noch weit gesteigertem Ausmaß in Polen ihre barbarische Arbeit verrichteten.

Bei aller Härte, nationalsozialistischer Indoktrination und nationalem Überlegenheitsgefühl gegenüber dem östlichen Nachbarn hatte die Wehrmacht für die – systematischen – Gräuel der SS und der Sicherheitspolizei kein Verständnis, überstiegen diese doch die sich aus dem Kriegsgeschehen gleichermaßen „zwangsläufig" ergebenden Brutalitäten bei weitem. Die Kritik der militärischen Führung, wie durch den Befehlshaber in Polen, Generaloberst Johannes Blaskowitz, und General Wilhelm Ulex, dem Befehlshaber des südlichen Frontabschnitts, am Terror gegen den besiegten Gegner führte nur dazu, dass Hitler das Heer als zu weich und nachgiebig erachtete. „Mit Heilsarmee-Methoden führe man keinen Krieg", so zeigte sich der Diktator gegen die „kindliche Einstellung" der Generalität aufgebracht.[769]

Die Polen wurden schließlich aus den „eingegliederten" neuen deutschen Ostgebieten beinahe vollständig vertrieben und ins Generalgouvernement abgeschoben, die deutschen Umsiedler aus dem Baltikum, Bessarabien und Wolhynien zwangsweise in den „Warthegau", der erweiterten ehemaligen Provinz Posen, transferiert. Die Juden konzentrierte man wiederum in großen Ghettos wie Warschau oder Lodz und in Arbeitslagern. Dies sollte freilich bloß die erste Stufe ihres Leidensweges sein, der schlussendlich in den Konzentrations- und Vernichtungslagern sein unvorstellbares Ende fand. Die Radikalität des von Hitler geführten Regimes kannte in der Bekämpfung seiner „Feinde" keine Schranken. Jegliches Völker- und Menschenrecht wurde missachtet, der Terror zur Methode.

In Rom fiel es Mussolini nicht leicht, gute Miene zum Hitler-Stalin-Pakt zu machen. So musste er sich selbst verleugnen, wenn er sich gegenüber Mackensen über die Festlegung der Grenze zwischen deutscher und sowjetischer Interessensphäre erfreut zeigte. Er befand es freilich für richtig, die Russen hinter dem Bug festzuhalten und nicht bis an die Weichsel dringen zu lassen. Bolschewist bleibe immer Bolschewist, so sei er mit Hitler im Klaren. Deshalb riet er von einem zu weitgehenden Vertrauen gegenüber Stalin, der immerhin seine Karriere als Bankräuber begonnen habe, ab. Dies schließe natürlich nicht aus, dass man auch mit der Sowjetunion Politik machen könne. Hinsichtlich der italienischen Bemühungen, das Land kriegsbereit zu machen, gab er sich optimistisch. So liefen etwa die Waffenfabriken auf Hochtouren. In Libyen sei in militärischer Hinsicht der kritische Punkt überwunden. Während mit Kriegsausbruch noch schlecht bewaffnete Truppen in einer Stärke von 100.000 Mann zur Verfügung gestanden seien, habe sich deren Anzahl auf beinahe das Doppelte erhöht; und diese Soldaten seien nun auch durch bedeutende Transporte mit allem ausgerüstet.[770]

Die italienische Politik der Nichtkriegführung, die „nonbelligeranza", verletzte Mussolinis Eitelkeit zutiefst. Wie stand er nur gegenüber Hitler, der entschlossen und brutal zur Tat schritt, da? Italien musste ebenfalls Krieg führen, dies war für ihn eine Frage des Stolzes. Sollte sein Land gar bis Kriegsende seine bisherige Haltung beibehalten, würde es sich zu einer europäischen Macht zweiter Klasse degradieren. Dabei entwickelte sich die Wirtschaft des Landes günstig, die Kurse an der Börse stiegen. Doch der Duce musste erkennen, dass der überwiegende Teil der Bevölkerung von einer Intervention nichts wissen wollte.

Mit Spannung erwartete die Welt die Rede Hitlers vor dem Reichstag. Mussolini hatte den Wortlaut bereits Stunden vorher von Mackensen erhalten, um ihn, noch bevor er die Rede im Radio hörte, unter Geheimhaltung zu studieren. Er hielt sie für geschickt und geeignet, tatsächlich den Frieden zu bringen. Nach seiner Meinung sollte der Krieg nun bald zu Ende sein.[771] In der mit Lügen und Zynismus, falschen Versprechungen und Scheinheiligkeit gespickten Rede am 6. Oktober, die phasenweise stark an seine Ansprache in Danzig erinnerte, kam der deutsche Diktator auf den Konflikt mit Frankreich und Großbritannien zu sprechen: „Die Aufrechterhaltung des jetzigen Zustandes im Westen ist undenkbar. Jeder Tag wird bald steigende Opfer fordern." Er wolle seinem Volk dieses Leid ersparen. „Sollte aber die Auffassung der Herren Churchill und ihres Anhangs erfolgreich bleiben, dann wird eben diese Erklärung meine letzte gewesen sein. Wir werden dann kämpfen! Weder Waffengewalt noch die Zeit werden Deutschland bezwingen. Ein November 1918 wird sich in der deutschen Geschichte nicht mehr wiederholen."[772]

London und Paris zeigten sich von Hitlers Rede unbeeindruckt. So bemerkte der deutsche Diktator, dass er bereits mit dem Rücken zur Wand stand und eine Lawine der Gewalt und Vernichtung losgetreten hatte. Einen Ausweg erkannte er aber nicht im Frieden, sondern ausschließlich im Krieg. Mit Polen hatte Deutschland seiner Auffassung nach den einen Festlanddegen Großbritanniens unschädlich gemacht. Das Gleiche musste nun mit dem anderen, mit Frankreich, geschehen. In seiner

Weisung Nr. 6 für die Kriegführung vom 9. Oktober zeigte sich Hitler entschlossen – sollten die Westmächte nicht gewillt sein, den Krieg zu beenden –, „ohne lange Zeit verstreichen zu lassen, aktiv und offensiv zu handeln". Ein längeres Abwarten würde außerdem auch nicht dazu beitragen, Italien als militärischen Bundesgenossen auf Deutschlands Seite zu bringen. Die Wehrmacht, so ordnete er an, sollte am Nordflügel der Westfront durch den Benelux-Raum eine Angriffsoperation vorbereiten. Dieser Angriff hatte so stark und so frühzeitig wie möglich zu erfolgen. Als Zweck dieser Operation bezeichnete er es, große Teile des französischen Heeres und seiner Verbündeten zu schlagen und möglichst viel Raum wie Basis für eine aussichtsreiche Luft- und Seekriegführung gegen Großbritannien zu gewinnen. Den Zeitpunkt des Angriffs sah er abhängig von der Wetterlage und von der Verwendungsbereitschaft der motorisierten Einheiten und der Panzerverbände, die „unter Anspannung aller Kräfte" zu beschleunigen war.[773]

Am selben Tag erhielten Göring, Brauchitsch, Raeder und Keitel zudem eine Denkschrift, die sich mit der Fortführung des Krieges beschäftigte.[774] Da Frankreich und Großbritannien vorhätten, Deutschland zu vernichten, rief Hitler demgemäß als Kriegsziel die Vernichtung der Westmächte aus. In diesem Zusammenhang maß er Großbritannien weit größere Möglichkeiten, den Krieg lange weiterzuführen, bei als Frankreich. Niemand wusste besser als Hitler selbst um den beschränkten Wert von schriftlichen Abmachungen. Demgemäß rechnete er auch nicht mit einer dauerhaften sowjetischen Neutralität. Italien würde angesichts seiner Vision von der Wiederherstellung des Imperium Romanum im Allgemeinen zu Deutschland hin tendieren. Praktisch alles hänge aber von der Person Mussolinis ab. Der Duce strebe ebenfalls die Auseinandersetzung mit den westlichen Demokratien an und werde sie unter geeigneten Voraussetzungen auch führen; nicht so jedoch der königliche Hof. „Für eine geringe Bezahlung oder Entlohnung aber werden diese Kräfte auch bereit sein, das Recht der italienischen Erstgeburt im Mittelmeer in der ihnen eigenen blöden Kurzsichtigkeit zu verkaufen und dann mit den Feinden Deutschlands gehen. Die Hoffnung auf eine Unterstützung Deutschlands in seinem Schicksalskampf durch Italien ist daher abhängig von der Festigkeit des faschistischen Einflusses in diesem Staate und damit im Wesentlichen vom Leben des Duce."

Hitler sah Deutschlands wundesten Punkt, seine Achillesferse, im Ruhrgebiet. Je weniger Frankreich und Großbritannien auf einen Sieg über das deutsche Feldheer hoffen durften, desto mehr würden sie danach trachten, die Produktion des Ruhrgebiets so weit wie möglich lahm zu legen, die vom Reich sodann anderwärts nicht ersetzt werden könnte. Große Vorteile erblickte der Diktator freilich in der Moral und dem technischen Stand des deutschen Militärs. Während er jede Überschätzung der französischen Armee ablehnte, warnte er davor, die britische zu unterschätzen. Unter allen Umständen zog Hitler den Angriff als „kriegsentscheidendes Verfahren" der Verteidigung vor. Sein Beginn könne gar nicht früh genug erfolgen, denn die folgenden Monate würden zu keiner wesentlichen Vergrößerung der deutschen Angriffskraft, wohl aber zu einer wesentlichen Verstärkung der Abwehrleistung des Gegners führen.

Der Handwerker Georg Elser hätte es beinahe geschafft, den weiteren geschichtlichen Lauf wohl aufs Positivste zu beeinflussen: Unbemerkt installierte der pazifistische Einzelgänger im Münchner Hofbräukeller eine Sprengvorrichtung – im Wissen, dass Hitler dort an der Jubiläumsfeier zum Novemberputsch teilnehmen würde. Elser hatte in eine der gemauerten Säulen einen Hohlraum gemeißelt, den er schließlich mit einer Sprengladung ausfüllte. Den Zünder schloss er an ein Uhrwerk an, und die Bombe explodierte auch wie vorgesehen um 21.30 Uhr. Unter der gewaltigen Detonation stürzte ein Teil des Saales ein. Acht Menschen starben, 60 wurden verletzt. Allein Hitler hatte sich aufgrund des starken Nebels schon früher nach Berlin aufgemacht und den Saal unerwartet bereits zwanzig Minuten vor der Explosion verlassen. Er erfuhr von dem misslungenen Attentat, als sein Zug in Nürnberg hielt, und betrachtete es noch als Bestätigung, dass ihn die Vorsehung sein Ziel erreichen lassen wollte. Elser wurde noch am selben Abend festgenommen und nach zahllosen Verhören letztlich in einem Konzentrationslager inhaftiert, wo er erst gegen Ende des Krieges erschossen wurde. Mussolini fiel es gar nicht leicht, Hitler mit einem Telegramm zu beglückwünschen, dem Attentat entkommen zu sein. „Er wünschte", so vermerkte Ciano, dem Schreiben „eine gewisse Wärme zu geben, aber nicht zu viel, da nach seiner Meinung kein Italiener eine allzu große Freude über Hitlers Errettung empfunden hat, am wenigsten von allen der Duce selbst."[775]

Hitler hatte sich zur Fortsetzung des Krieges entschlossen, und dies bedeutete nichts anderes als ein offensives Vorgehen gegen die Westmächte. Die Zeit, so fürchtete er, arbeitete gegen Deutschland, und gegen ihn: Attentate mochten sich wiederholen und Erfolg haben; doch er fühlte sich für das Reich – wie er selbst seinen obersten militärischen Befehlshabern eingestand – für unersetzbar. Die Oberbefehlshaber und Generäle mit ihren Stäben dienten nur mehr der Erfüllungshilfe. Sie hatten seine Vorstellungen aufgrund ihres technischen Wissens in die Tat umzusetzen, mehr nicht. Doch viele Offiziere der Wehrmacht hatten noch den zermürbenden Stellungskrieg an der Westfront zwischen 1914 und 1918 in Erinnerung und schätzten die französische Defensivstärke neuerlich sehr hoch ein. Zumindest ein Teil der Generäle versuchte, Hitler von seinen Plänen einer mit 75 Divisionen geführten Westoffensive abzubringen. Man wies den Diktator auf den Mangel an Munition und Rohstoffen hin, warnte vor einem Winterfeldzug und hob die nicht zu unterschätzende Stärke des Gegners hervor. Hitler zeigte sich daraufhin enttäuscht, dass ihm seine Militärs nicht folgten. Voller Ungeduld setzte er aber dessen ungeachtet den Angriffstag bereits für den 12. November fest.

Seit Oktober waren die deutschen Truppen von Polen nach Westen transferiert worden. Am 5. November sollten sie ihre Ausgangsstellungen zum Vorstoß auf die Niederlande, Belgien und Luxemburg einnehmen. Genau an diesem Tag kehrte der Oberbefehlshaber des Heeres, General von Brauchitsch, von einer Inspektionsreise an der Westfront nach Berlin zurück. Brauchitsch und Halder waren von einem Kreis gegen Hitler opponierender Offiziere gedrängt worden, den „Wahnsinnsangriff" im Westen zu vereiteln. Neuerlich, wie bereits ein Jahr zuvor, wollten sich verschiedene Militärs und Nationalkonservative der Kriegslust ihres „Führers" entgegenstemmen. Männer wie der bereits zurückgetretene Generaloberst Ludwig Beck, Carl Goerdeler, Admiral Wilhelm Canaris, seine rechte Hand in der Abwehr, Oberst Hans Oster, sowie Hans von Dohnanyi und der ehemalige Botschafter in Rom, Ulrich von Hassell, träumten sogar von einem Putsch der Wehrmacht gegen den Diktator. Bereits vor der Münchner Konferenz hatte dieser Kreis die Erstürmung der Reichskanzlei und die Verhaftung der nationalsozialistischen Führung geplant.

Gemeinsam mit dem Generalstabschef des Heeres, Generaloberst Franz Halder, begab sich die größte Hoffnung des prominenten deutschen Widerstandes, der Oberbefehlshaber des Heeres, General von Brauchitsch, in die Reichskanzlei zu Hitler, um ihn doch noch einmal vom Angriff auf Frankreich zurückzuhalten. Brauchitsch war den Tiraden Hitlers jedoch nicht gewachsen und brach innerlich völlig zusammen. 18 Tage später sollte er sein Rücktrittsgesuch an Hitler richten, der dieses jedoch ablehnte. Halder wiederum war derart eingeschüchtert, dass er aus Angst, die Verschwörung gegen Hitler sei bereits aufgeflogen, rasch alles Beweismaterial vernichten ließ. So blieb es beim Angriffsbefehl für den 12. November; vorerst, denn aufgrund der sich drastisch verschlechternden Wetterlage wurde der Termin nur fünf Tage vorher doch noch auf einen späteren Zeitpunkt verlegt. 28 weitere Verschiebungen sollten folgen.

„Das Schicksal des Reiches hängt nur von mir ab", machte Hitler in der Reichskanzlei nochmals allen Oberbefehlshabern deutlich.[776] Diese Konferenz am 23. November diente dazu, die hohen Militärs neuerlich auf eine baldige Westoffensive einzuschwören. Dabei gab Hitler zu, dass ihm „das immer stärkere Inerscheinungtreten der Engländer" bedrückte, zollte er diesen als zähem Gegner, besonders als Verteidiger, doch Anerkennung. Es bestand für ihn deshalb auch kein Zweifel, dass Großbritannien spätestens in sechs bis acht Monaten mit einem Mehrfachen in Frankreich stehen würde. Ohne Angriff war für ihn deshalb der Krieg nicht siegreich zu beenden. Für Mussolinis Haltung zeigte er Verständnis. Es sei von Italien zu viel verlangt, einzugreifen, noch bevor das Deutsche Reich die Offensive im Westen ergriffen habe. Unter solchen Umständen würde man befürchten, dass sich Frankreich nur auf Italien werfe, während Deutschland hinter seinem Westwall sitze. Von seiner militärischen Führung forderte er, ein Beispiel an „fanatischer Entschlossenheit" zu geben, und drohte: „Ich werde vor nichts zurückschrecken und jeden vernichten, der gegen mich ist. Ich bin entschlossen, mein Leben so zu führen, dass ich anständig bestehen kann, wenn ich sterben muss. Ich will den Feind vernichten. [...] Ich werde in diesem Kampf stehen oder fallen. Ich werde die Niederlage meines Volkes nicht überleben. Nach außen keine Kapitulation, nach innen keine Revolution."

In Rom grassierten bereits Gerüchte um den sich stetig verschlechternden psychischen Zustand des Duce, der sich auch in körperlichen Leiden auszudrücken schien. Den Deutschen gegenüber wollte der Diktator dies selbstverständlich nicht zeigen. Im Gegenteil, er gab sich stark und betonte die imposanten Kraftanstrengungen seines Landes. In einem Gespräch mit Mackensen wies er so etwa auf die bisher geleisteten italienischen Lebensmittellieferungen in Gestalt von 17.000 Eisenbahnwaggons nach Deutschland hin. Im gegenwärtigen Stadium sei der Krieg ein reiner Wirtschaftskrieg, und dabei wolle er dem Reich, wo immer möglich, helfen. Mussolini warnte die deutsche Seite aber vor einem zu engen Zusammengehen mit der Sowjetunion. Die Habgier dieser „Schieber", so alterierte er sich und verwendete sogar den deutschen Ausdruck, sei unersättlich. Sie hätten von den gewaltigen militärischen Erfolgen des Reiches profitiert, „um kampf- und mühelos ihre Gewinne einzustreichen".[777]

Mussolini war sich allerdings nicht darüber im Klaren, ob er nicht sogar einen Sieg der Westmächte über das Dritte Reich herbeisehnen sollte; und für diesen Fall überlegte er, die Seiten zu wechseln und sich gegen Hitler zu wenden. Seinen Schwiegersohn wusste er dabei ohnehin als eifrigen Unterstützer einer Frontstellung gegen das Deutsche Reich. Aber der Duce fürchtete – nicht zuletzt nach all dem, was er über die Gräueltaten in Polen zu Ohren bekam –, Hitler zum Feind zu haben. Trotzdem ließ er auch einen möglichen Krieg gegen Deutschland von seinen Stäben vorbereiten. Demgemäß wurde auch die Grenze zum – befreundeten – Deutschen Reich militärisch weiter abgesichert. Die Verteidigungsanstrengungen stellten ein gewaltiges Projekt dar und sollten sich am Ende als nutzlos erweisen.[778] Dass die deutschsprachigen Bewohner Südtirols in einer Volksabstimmung mehrheitlich für eine Auswanderung ins Reich optierten, verunsicherte den Duce, der vor den Trümmern seiner Italianisierungspolitik stand, nur noch mehr. Immer mehr geriet Mussolini in eine persönliche Krise, die seinem engsten Umfeld keineswegs verborgen blieb. Zunehmend pflegte er vor allen Entscheidungen regelrecht zu flüchten und duldete Widerspruch weniger denn je.

Im Oktober 1939 wird in Italien – trotz einer persönlichen Krise Mussolinis – der 17. Jahrestag des Marsches auf Rom mit demonstrativer Geschlossenheit gefeiert. Justizminister Grandi überreicht dem Duce die erste Handschrift des Faschistischen Bürgerlichen Gesetzbuches.

Die Vorstellung, dass Hitler Krieg führte und ihn noch zu gewinnen schien, gestaltete sich für den Duce immer unerträglicher. Seine Haltung wurde zunehmend deutschfeindlicher: Nachrichten über Schwierigkeiten der deutschen Verwaltung in Böhmen erfreuten ihn, und er ließ über den italienischen Konsul in Prag sogar die Tschechen ermuntern, sich auf die Seite der Kommunisten zu schlagen. Darüber hinaus zeigte er sich über den deutschen Terror gegenüber der polnischen Zivilbevölkerung erzürnt und wies Ciano an, diese Informationen der westlichen Presse zukommen zu lassen, um die Weltöffentlichkeit darüber zu benachrichtigen. Die italienische Botschaft in Berlin instruierte er, bei der Visaausstellung an polnische Staatsbürger, auch jüdischer Abstammung, besonders großzügig vorzugehen.[779] Beinahe bewusstseinsgespalten fürchtete er gleichermaßen eine Niederlage wie einen leichten Sieg Hitler-Deutschlands. Schwankend wie seine Gefühle dieser Monate waren, zeigte er sich einmal über die deutschen Siege erfreut, weil er sich von ihnen auch einen Prestigezuwachs der Achse und somit Italiens erhoffte. Doch dann konnte er wiederum seinen Ärger nicht verbergen, dass all diese Triumphe ohne eine italienischen Intervention vor sich gingen.[780]

Den Überfall der Roten Armee auf Finnland vom 30. November quittierte die italienische Öffentlichkeit mit Empörung. Es kam zu Protestkundgebungen im ganzen Land nicht bloß gegen Stalin, sondern auch gegen Hitler. Dies war nur Wasser auf die Mühlen Mussolinis, den das sowjetische Vordringen in Osteuropa zutiefst beunruhigte, und so schien er eine Abspaltung von Deutschland immer mehr zu erwägen. Demgemäß billigte er eine mit antideutschen Spitzen gespickte Rede seines Außenministers vor der Kammer am 16. Dezember. In dieser verurteilte Ciano den Vertrauensbruch Deutschlands gegenüber Italien und resümierte die Vorgeschichte für die Unterzeichnung des Stahlpaktes. Er betonte dabei, wie sehr sich Italien für die Erhaltung des Friedens eingesetzt hätte, und verteidigte die Neutralitätspolitik Roms. Ciano hoffte damit der Achse einen letalen Schlag versetzt zu haben.[781] Zehn Tage später bat Mussolini seinen Außenminister, die diplomatischen Vertreter Belgiens und der Niederlande davon zu unterrichten, dass er aus guter Quelle Nachrichten über eine bevorstehende Invasion beider Staaten durch Deutschland besitze. Ciano wollte unter allen Umständen eine italienische Intervention verhindern. „Wenn aber Krieg geführt werden soll", so lautete der Standpunkt des Außenministers, „dann auf jeden Fall gegen Deutschland, niemals mit ihm." Doch Mussolini dachte genau das Gegenteil. Wenn Italien kriegsbereit sei, sollten an der Seite des Dritten Reiches die westlichen Demokratien zu Boden geschlagen werden.[782]

Die so rasche Vernichtung des polnischen Gegners konnte jedoch nicht über die angespannte Situation Deutschlands hinwegtäuschen. Man befand sich mit Großbritannien und Frankreich im Krieg, während Italien nur neutral und Japan ohnehin desinteressiert geblieben war. Chamberlain und Daladier wollten Hitler endgültig loswerden. Er sollte besiegt und entmachtet werden, Frieden wollte man mit ihm keinen mehr schließen. Deshalb gingen die beiden Demokratien auch nicht auf seinen „Friedensappell" ein. Wenn sich auch der Krieg im Westen bislang nur in vereinzelten Artilleriegefechten, Spähtruppoperationen, riskanten Einzelaktionen deutscher U-Boote und Blockadebrecher sowie propagandistischen Coups verhältnismäßig harmlos entwickelt hatte, war es klar, dass er in absehbarer Zeit weit gewaltigere Ausmaße annehmen würde.

Hitler sah deshalb nur einen Ausweg aus der selbst verschuldeten Misere: Das System der Blitzkriege, nach dem einzeln ein Gegner nach dem anderen ausgeschaltet werden sollte, ohne dass Deutschland neuerlich einen Zweifrontenkrieg zu führen hatte. Der deutsche Diktator, der mit der Beherrschung des polnischen Territoriums die Voraussetzung für die Eroberung von „Lebensraum im Osten" geschaffen hatte, stand trotz dieses Sieges bereits unter erheblichem Zugzwang. Gefangen von seiner eigenen fatalen Logik, verstrickte er Deutschland und Europa immer unentwirrbarer in das Netz eines neuen gewaltigen Krieges, aus dem es kein Entkommen mehr geben sollte.

Vier Monate waren seit dem letzten ausführlichen Briefwechsel zwischen den beiden Diktatoren vergangen. Am 3. Januar 1940 entschloss sich der Duce schließlich, seinem deutschen Verbündeten ausführlich „die gegenwärtigen Probleme mit jener rückhaltlosen Offenheit und Ehrlichkeit zu erörtern, die nach wie vor die Voraussetzung unserer persönlichen und politischen Beziehungen sind". Mussolinis Schreiben an Hitler, das eine Besprechung der beiden gleichsam ersetzen sollte, belegt die keineswegs freundschaftlichen Gefühle, die der Duce für seinen stärkeren Partner in jenen Tagen empfand.[783] Das Verhältnis Italiens zu Frankreich bezeichnete er dabei eingangs als „korrekt, aber kühl", es würde sich in erster Linie auf die Handelsbeziehungen beschränken. Aufgrund der britischen Blockade habe es mit dem Empire eine Zeit starker Spannung gegeben. Die italienische Stimmung sei demnach auch sehr englandfeindlich. Die Beziehungen zwischen Rom und Moskau schätzte Mussolini gar als schlecht ein. „Wir werden nichts tun, um sie zu verschlimmern; aber die russische Haltung lässt uns nicht gleichgültig."

Beunruhigt über den deutschen Terror in Polen, riet er zur Mäßigung und Weitsicht: „Ein Volk, das von der kläglichen führenden militärpolitischen Klasse schmählich verraten wurde, das sich aber, wie Sie es selbst in Ihrer Danziger Rede ritterlich anerkannt haben, tapfer geschlagen hat, verdient eine Behandlung, die keinen Anlass zu Spekulationen der Feinde bietet. Es ist meine Überzeugung, dass die Schaffung eines bescheidenen, entwaffneten und ausschließlich polnischen Polens (das von den Juden befreit ist, für die ich Ihren Plan, sie sämtlich in einem großen Ghetto in Lublin zusammenzufassen, durchaus billige) niemals mehr eine Gefahr für das Großdeutsche Reich bedeuten kann. Aber diese Tatsache wäre ein sehr bedeutungsvolles Element, das den großen Demokratien jede Rechtfertigung zur Fortsetzung des Krieges nehmen und die von den Franzosen und Engländern in Angers ins Leben gerufene lächerliche polnische Republik beseitigen würde. Es sei denn, dass Sie unwiderruflich entschlossen sind, den Krieg bis zum Äußersten zu führen, glaube ich, dass die Schaffung eines polnischen Staates unter deutscher Ägide ein Element der Beendigung des Krieges und eine genügende Voraussetzung für den Frieden wäre."

Nochmals warnte Mussolini seinen Partner vor einem Westfeldzug, den er zu jenem Zeitpunkt für unnotwendig und verfrüht hielt. „Sie könnten, wie es übrigens Ihre für Frankreich bestimmten Rundfunksendungen täglich tun, nochmals bestätigen, dass Sie im Westen keine Kriegsziele verfolgen, und damit vor der Welt die Verantwortung für die Fortsetzung des Krieges den Franzosen und Engländern zuschieben und dürften keinesfalls, wie Sie es bisher ja auch unterlassen haben, die

Initiative an der Westfront ergreifen. Ich bin tief überzeugt, dass es England und Frankreich niemals gelingen wird, Ihr von Italien unterstütztes Deutschland zur Kapitulation zu bringen; aber es ist nicht sicher, ob es gelingen wird, die Franzosen und Engländer auf die Knie zu zwingen oder zu trennen. Dies anzunehmen, würde eine Täuschung bedeuten. Die Vereinigten Staaten würden eine vollständige Niederlage der Demokratien nicht zulassen. Die Reiche brechen mangels innerer Statik zusammen, während ein Anstoß von außen sie konsolidieren kann. Es ist ein Ausgang des Krieges vorauszusehen, der nach Ihren Worten nur zwei oder mehr Besiegte sehen wird. Verlohnt es jetzt, wo Sie die Sicherheit Ihrer Ostgrenzen verwirklicht und Großdeutschland mit 90 Millionen Einwohnern geschaffen haben, alles, einschließlich des Regimes, aufs Spiel zu setzen und die Blüte des deutschen Volkes zu opfern, um den Fall einer Frucht vorwegzunehmen, die schicksalsnotwendig fallen muss und die wir, die Vertreter der neuen Kräfte Europas, sowieso ernten werden? Die großen Demokratien tragen die Gründe ihres Verfalls in sich."

Mussolini unterließ es in seinem Schreiben nicht, seine Skepsis über Hitlers Pakt mit Stalin auszudrücken, wiewohl er zugeben musste, dass die Politik ihre taktischen Forderungen stellte. Schließlich habe auch er seinerzeit im Jahr 1924 die Sowjetunion anerkannt und mit ihr zehn Jahre später einen Handels- und Freundschaftsvertrag geschlossen. Für eine geschickte Außenpolitik dürfe man jedoch keinesfalls seine Ideologie aufgeben. So versuchte der Duce an Hitlers nationalsozialistisches „Gewissen" zu appellieren: „Aber ich, der ich Revolutionär von Geburt bin und meine Anschauung nicht geändert habe, sage Ihnen, dass Sie nicht ständig die Grundsätze Ihrer Revolution zu Gunsten der taktischen Erfordernisse eines bestimmten politischen Augenblicks opfern können. Ich fühle, dass Sie nicht das antisemitische und antibolschewistische Banner aufgeben dürfen, das sie zwanzig Jahre hindurch hochgehalten haben und für das so viele Ihrer Kameraden gefallen sind; Sie können nicht Ihr Evangelium verleugnen, an das das deutsche Volk blindlings geglaubt hat. Ich habe die unbedingte Pflicht, hinzuzufügen, dass ein weiterer Schritt vorwärts in Ihren Beziehungen mit Moskau katastrophische Rückwirkungen in Italien auslösen würde, wo die allgemeine antibolschewistische Gesinnung, besonders unter den faschistischen Massen, absolut, ehern und unerschütterlich ist. [...] Die Lösung der Frage Ihres Lebensraumes liegt in Russland und nicht anderswo [...] Es gehört nicht zu Europa. Trotz seiner Ausdehnung und seiner Bevölkerung hat es keine Kraft, sondern eine Schwäche. Die Masse seiner Bevölkerung ist slawisch und asiatisch. In früheren Zeiten waren die Balten das bindende Element, heute sind es die Juden; aber dies erklärt alles. Es ist die Aufgabe Deutschlands, Europa gegen Asien zu verteidigen. [...] Noch vor vier Monaten war Russland der Weltfeind Nummer eins, es kann nicht der Freund Nummer eins geworden sein und ist es auch nicht. Dies hat die Faschisten in Italien und vielleicht auch viele Nationalsozialisten in Deutschland tief erregt. An dem Tag, an dem wir den Bolschewismus vernichtet haben, werden wir unseren beiden Revolutionen die Treue gehalten haben. Dann kommen die großen Demokratien an die Reihe, die den Krebs nicht überleben können, der an ihnen frisst und der auf dem Gebiet der Bevölkerungsbewegung, der Politik und der Moral zu Tage tritt."

Gebetsmühlenartig betonte Mussolini wieder einmal das Bestreben, Italien kriegsbereit zu machen, doch sein Land könne und wolle sich nicht auf einen langen Krieg einlassen. Seine Intervention müsse im aussichtsreichsten und entscheidenden Zeitpunkt erfolgen. „Das faschistische Italien will in diesem Zeitabschnitt Ihre Reserve sein, und zwar vom politischen und diplomatischen Gesichtspunkt, falls Sie eine politisch-diplomatische Lösung anstreben, vom wirtschaftlichen Gesichtspunkt, indem es Sie soweit als möglich in allem unterstützt, was Ihren Widerstand gegen die Blockade erhöhen kann, und vom militärischen Gesichtspunkt, wenn Ihnen die Hilfe nicht lästig ist, sondern Erleichterung bringt."

Der Brief des Duce wurde von Hitlers Kritikern in Deutschland wie Weizsäcker, Canaris oder Hassel ausdrücklich gutgeheißen.[784] Hitler selbst ließ sich mit seiner Antwort an Mussolini aber Zeit. Magistrati gegenüber redete er sich auf das Wetter aus; dieses erlaube ihm nicht, Voraussagen über künftige Entscheidungen zu treffen. Eine Möglichkeit zu einem Ausgleich mit Großbritannien und Frankreich wollte er jedenfalls nicht sehen. Aufgrund verschiedener Berichte über einen bevorstehenden Angriff des Reichs auf Frankreich und seiner Besorgnis über die britische Seeblockade, von der auch die Kohlenlieferungen nach Italien betroffen waren, wandte sich Mussolini nun immer stärker – vorerst propagandistisch und verbal – gegen die Westmächte. Dass noch immer die Royal Navy im Mittelmeer herrschte und nicht seine eigene Flotte, nährte ebenso seinen Minderwertigkeitskomplex wie der wirtschaftliche Druck Londons auf den faschistischen Staat, dem es an Devisen eklatant mangelte und dessen Industrie dringend Kohle aus dem Ausland benötigte. In seinem wachsenden Zorn auf das Empire gab sich Mussolini dementsprechend martialisch und gnadenlos: „Wenn ich in den Krieg eintrete, bedeutet das die englische Niederlage. [...] England wird geschlagen werden. Unerbittlich geschlagen."[785]

Die militärische Spitze Italiens war sich darüber jedoch keineswegs einig. Während Graziani den Duce zur Intervention an der Seite Hitlers drängte, hielt Badoglio die Armee keineswegs für kriegsbereit. An eine Offensive konnte den Berechnungen des Generalstabes nach nicht einmal 1942 gedacht werden.[786] Mussolini reagierte auf diese unangenehmen Informationen niedergeschlagen, und verspürte daraufhin neue Symptome eines Magengeschwürs. Seinem Kabinett erklärte er am 23. Januar trotzdem, dass Italien nicht ewig bei seiner neutralen Politik bleiben könne, da es sonst bald in Europa nur mehr zu einer Macht zweiter Klasse degradiert würde. Großbritannien und Frankreich, so konstatierte er, hätten ohnedies den Krieg bereits verloren. Deshalb spekulierte Mussolini mit einem Kriegseintritt entweder in der zweiten Jahreshälfte 1940 oder – wie es ihm selbst günstiger erschien – in der ersten Jahreshälfte 1941.[787] Zudem wies er die Zeitungen an, nicht mehr neutral über den Krieg zu berichten, sondern vor allem gegen Frankreich zu hetzen. Mit Deutschland hingegen schloss Italien am 22. Februar einen Handelsvertrag ab.

Einer neuerlichen Vermittlerrolle war der Duce überdrüssig. Dementsprechend verhielt er sich auch den Friedensbemühungen des amerikanischen Unterhändlers Sumner Welles gegenüber kühl und distanziert. Für den Diktator stellte sich nur mehr die Frage, in welcher Form und an welcher Front Italien intervenieren sollte. Mussolinis Maxime war dabei, dass sich Italien mit dem denkbar geringsten Einsatz den größtmöglichen Anteil an der Beute verschaffen sollte; ob nun bei einem Feldzug gegen Frankreich oder einem Überfall am Balkan, wo er Jugoslawien und Griechenland gleichermaßen im Visier hatte. Es entsprach ganz seiner Realitätsflucht, dass er, einmal auf einen Kriegseintritt eingestellt, der Überzeugung war, dass es lediglich auf den starken Willen ankam, Unzulänglichkeiten auszubessern oder gar zu ignorieren. Demgemäß wollte der Duce all die Mängel und Rückstände in Italiens Rüstungswirtschaft, in der Ausrüstung und Bewaffnung der Armee sowie die Knappheit sowohl an Devisen und Gold als auch an Kohle und im Ernährungswesen als entscheidende Gründe, von einer Intervention Abstand zu nehmen, nicht wahrhaben.[788] Dass sein eigener Außenminister von einem Kriegseintritt nichts wissen wollte, ärgerte ihn zunehmend. Durch Filippo Anfuso ließ er seinem Schwiegersohn ausrichten: „In Italien gibt es noch immer Idioten und Verbrecher, welche glauben, dass Deutschland den Krieg verlieren wird. Ich behaupte, dass Deutschland siegen wird."[789] Zu Jahresbeginn hatte der Duce noch die deutsche Haltung kritisiert: „Sie sollten sich von mir führen lassen, wenn sie es vermeiden wollen, unverzeihliche Böcke zu schießen. In der Politik bin ich ohne Zweifel intelligenter als Hitler."[790] Aber nun lobte Mussolini die Visionen des deutschen Diktators, der – wie er meinte – „einen wirklichen Ordnungsplan für das Leben Europas" im Kopf habe, einen Plan, der durch Bevölkerungsaustausch die politischen mit den ethnischen Grenzen in Übereinstimmung bringe.[791]

Lange hatte sich Hitler Zeit gelassen, dem Duce auf seinen Brief zu antworten. Doch nun musste Flagge gezeigt und Italiens Position ausgelotet werden. Einerseits sollte dem vom britischen Boykott betroffenen Italien wirtschaftlich beigestanden werden, andererseits wollte man den amerikanischen Vermittlungsbemühungen eines Sumner Welles entgegenwirken. Natürlich beabsichtigten die Deutschen nicht bloß, die Solidarität der Achse zu bekunden, sondern Mussolini darüber hinaus zu überzeugen, dass Berlin alles getan habe, um den Krieg gegen die Westmächte zu vermeiden, doch schließlich keine andere Wahl besessen zu haben als gegen Polen loszuschlagen.

Ribbentrop sollte in die Ewige Stadt fahren, um dort den Duce und Ciano zu treffen. Wieder einmal fand der Reichsaußenminister dabei Gelegenheit, sein mangelndes Taktgefühl unter Beweis zu stellen, denn erst am Tag vor dessen Abreise erhielt der Palazzo Chigi auch offizielle Mitteilung vom deutschen Vorhaben. Am 10. März traf Ribbentrop in Rom ein. In seinem Gefolge befanden sich nicht weniger als 35 Personen, darunter auch ein Arzt, ein Gymnastiklehrer, ein Masseur und zwei Friseure. Ribbentrop wurde von seinen italienischen Gastgebern – wie er selbst befand – „besonders herzlich", nach Cianos Dafürhalten dagegen „eher kühl" empfangen. Bei der amikal, aber ohne Schwung verlaufenden politischen Unterredung im Palazzo Venezia übergab der Reichsaußenminister Mussolini die ausführliche Antwort des deutschen Diktators.

In dem Schreiben betonte Hitler die Überlegenheit des deutschen Heeres: „Es ist wirklich, Duce, keine Übertreibung, wenn ich Ihnen hier versichere, dass die derzeitige deutsche Armee überhaupt in keinen Vergleich mit der des Jahres 1914 gezogen werden kann. Es ist die bestausgebildete und bestausgerüstete Wehrmacht, über die Deutschland jemals verfügt hat! Sie ist dazu von einem Geist erfüllt, der ebenfalls nur infolge der nationalsozialistischen Erziehung gewonnen werden konnte. Aber selbst dort, wo es uns nicht gelungen sein würde, diese Erziehung auszuüben, hat die idiotische Propaganda und Kriegszielsetzung der Engländer und Franzosen hier auch noch das Letzte erreicht. [...] Das Gefühl der Überlegenheit gegenüber unseren westlichen Gegnern ist in der Führung und bei der Truppe ein unbedingtes! [...] Trotzdem, Duce, bin ich mir darüber im Klaren, dass der bevorstehende Kampf kein leichter Spaziergang werden kann, sondern dass er den schwersten Kampf in der deutschen Geschichte darstellen wird."

Hitler versicherte Mussolini sein vollstes Verständnis für seine Haltung bei Kriegsausbruch. Wahrscheinlich, so räumte der deutsche Diktator ein, sei es sogar wirklich das Beste gewesen, dass Italien nicht an der Seite des Dritten Reiches in den Krieg eingetreten war. „Trotzdem aber glaube ich, Duce, kann über eines doch wohl kein Zweifel sein: Der Ausgang dieses Krieges entscheidet auch die Zukunft Italiens." Hitler traf damit Mussolinis wunde Punkte: seine Eitelkeit und seine Geltungssucht, seinen Minderwertigkeitskomplex hinsichtlich der Stellung Italiens in der Welt, seine Befürchtung, Italien könnte bei weiterer „nonbelligeranza" sehr bald nur mehr die zweite Geige im Konzert der Mächte spielen, seine Eifersucht auf die deutschen Erfolge. So fachte Hitler Mussolinis Ehrgeiz nur weiter an.

„Wenn diese Zukunft in Ihrem Lande nur gesehen wird als die des Fortlebens eines bescheidenen europäischen Staates, habe ich hierin Unrecht. Wenn diese Zukunft aber gesehen wird als die Sicherung des Daseins des italienischen Volkes von historischen, geopolitischen und allgemein moralischen Gesichtspunkten, d. h. nach den Maßstäben der Lebensberechtigung Ihres Volkes an sich, Duce, dann werden Ihnen einmal die gleichen Gegner gegenübertreten, die Deutschland heute bekämpfen. Ich weiß, Duce, dass Sie selbst darüber nicht anders denken. [...] Auch ich sehe das Schicksal unserer beiden Länder, unserer Völker, unserer Revolutionen und unserer Regime als unlösbar miteinander verbunden an."

Der deutsche Diktator verteidigte auch seinen – von Mussolini kritisierten – Pakt mit Stalin. So betonte er, dass die Sowjetunion „eine Wandlung des bolschewistischen Prinzips auf eine nationale russische Lebensform" vollziehe. Gute, vor allem wirtschaftliche Beziehungen zur Sowjetunion könnten der Achse in ihrem Kampf gegen die plutokratischen Mächte nur nützlich sein. Hinsichtlich Polens wies Hitler auf die Notwendigkeit einer – nur für den Krieg dauernden – deutschen Verwaltung hin, ohne die das Land ins völlige Chaos stürzen würde. Der Diktator hob in diesem Zusammenhang die Gräueltaten versprengter polnischer Einheiten sowohl an Deutschen als auch an Ukrainern hervor. „Die Polen hatten hier wirklich das Glück, dass sie mit dem gutmütigen deutschen Volke in Berührung kamen und vor allem mit der mehr als zurückhaltenden deutschen Wehrmacht."

Hitler ging sodann auf die europäische Gesamtsituation ein und schob dabei die Kriegsschuld naturgemäß den Westmächten zu. „Grundsätzlich hat Deutschland kein anderes Kriegsziel als den Frieden! Grundsätzlich haben England und Frankreich kein anderes Kriegsziel als die Vernichtung der totalitären Volksstaaten und damit auch Deutschlands. Deutschland wird daher solange kämpfen, bis diese kriegsverbrecherische plutokratische Clique gezwungen ist, endgültig diese ihre Ziele aufzugeben. Dieser Entschluss ist ein unerschütterlicher! Er ist umso verständlicher, als wir darüber hinaus ohnehin noch ein Kapitel Weltgeschichte bereinigen müssen, das durch den Betrug einerseits und Schwäche andererseits das deutsche Volk in die demütigendste und furchtbarste Zeit seiner ganzen Entwicklung brachte."

Abschließend versicherte Hitler dem italienischen Diktator seinen Dank und sein vollstes Verständnis für dessen bisherige Haltung. Trotzdem wollte er es aber nicht unterlassen, nochmals seinem Glauben Ausdruck zu verleihen, „dass das Schicksal uns früher oder später doch zwingen wird, gemeinsam zu kämpfen, d. h., dass Sie der Auseinandersetzung ebenfalls nicht entgehen werden, ganz gleich, wie im Einzelnen die Situation sich heute entwickelt; dass Ihr Platz dann erst recht an unserer Seite sein muss, genau wie der meine an Ihrer Seite sein wird."[792]

Vor Optimismus strotzend gab Ribbentrop dem Duce noch ausführlich verschiedene Erläuterungen zu Hitlers Schreiben. Mussolini verhielt sich abwartend und meinte lediglich, dass die Ereignisse Hitler in jedem Fall Recht gegeben hätten und schlug „Kamerad Ribbentrop" sodann eine weitere Besprechung vor. Mussolini kündigte zwar an, sich die einzelnen Fragen überlegen zu wollen, deutete allerdings gleichzeitig auf den Brief des deutschen Diktators und nahm dabei seine Meinung praktisch vorweg: „Ich glaube, der Führer hat Recht."[793] Unter vier Augen äußerte sich der Duce allerdings gegenüber Ciano anders. In einem Anflug von Skepsis wollte er nämlich weder an die Deutschen noch an deren vollständigen Erfolg glauben.[794] Ribbentrop hatte dem faschistischen Diktator jedoch großzügige Kohlenlieferungen und die Erfüllung anderer wirtschaftlicher Wünsche Italiens zugesagt. Diese Ankündigungen hinterließen beim Duce offensichtlich einen durchaus günstigen Eindruck und beeinflussten seine künftige Haltung Deutschland gegenüber nachhaltig.[795]

Am darauf folgenden Tag erklärte Mussolini dem Reichsaußenminister, dass er das Schreiben Hitlers dreimal gelesen habe. Der Duce unterstrich dabei in aller Deutlichkeit, dass das faschistische Italien nicht mit dem Italien des Ersten Weltkriegs zu vergleichen sei. Die Hypothese, dass sein Land an der Seite der Westmächte in den Krieg eintreten könnte, sei unmöglich und beleidigend. Unmöglich sei es für Italien aber auch, sich aus dem Konflikt herauszuhalten. Zu gegebener Zeit würde es in den Krieg eintreten und diesen „mit Deutschland und parallel mit ihm führen, denn Italien habe auch seinerseits Probleme zu lösen". Die Frage der Landesgrenzen sei zwar erledigt; nunmehr müsse es sich aber dem Problem der Seegrenze zuwenden: Italien brauche, um völlig frei zu sein, seinen Zugang zu den Ozeanen.

Mussolini verglich sein Land mit einem geduldig auf seine Chance wartenden Boxer im Ring, der zu bestimmten Augenblicken auch viel einstecken müsse. Die Zeit der Geduldprobe würde allerdings immer kürzer, denn Italien habe mit seinen Rüstungen sehr aufgeholt. So kündigte der Diktator an, dass die italienische Flotte binnen kurzem hinsichtlich der schweren Schlachtschiffe die stärkste sein werde. Was die U-Boote betreffe, sei Italien ohnehin „Herrscher des Mittelmeers". Die Briten würden im Konfliktfall sofort aus dem Mittelmeer verschwinden. Auch für die Luftwaffe, die direkt unter seiner Kontrolle stand, sei viel geleistet worden. Die Stärke der Landstreitkräfte würde sich im Mai auf zwei Millionen Mann belaufen, „wovon eine Million als hochqualifiziert, gut ausgebildet und im faschistischen Geiste in bester Kampfesstimmung befindlich [...] angesehen werden könnte".

Der Duce beeilte sich zudem festzustellen, dass genauso wie Hitler mit dem Schritt zum bewaffneten Konflikt auch er mit dem Fernbleiben Italiens vom Krieg Recht behalten habe. Hätte er sein Land ebenfalls zu den Waffen gerufen, hätte Deutschland Italien ohnedies beistehen müssen. Gerade was die Lebensmittellieferungen Italiens an das Reich betreffe, habe sich sein Land als wirklicher Alliierter erwiesen. Mussolini überreichte Ribbentrop auch eine Reihe von Karten, die beweisen sollten, wie sehr die militärischen Anstrengungen Italiens Truppen der Westmächte in Europa wie in Afrika bereits gebunden hätten. Die Frage des italienischen Kriegseintritts bezeichnete Mussolini als eine äußerst delikate und ließ dabei keinen Zweifel offen, dass sich sein Land schon aus finanziellen Gründen keinen langen bewaffneten Konflikt leisten könne. Der Duce stellte Italien jedenfalls als Reserve dar, „die im gegebenen Augenblick ihre Pflicht tun würde, und wünsche, auch als solche angesehen zu werden". Mussolini beteuerte nicht bloß, mit aller Energie an der Rüstung weiterzuarbeiten, sondern nannte auch die Behauptung eine Lüge, wonach die italienische Bevölkerung für die Westmächte eingestellt sei. Vielmehr zeigte sich der faschistische Diktator überzeugt, dass es zu einer entscheidenden Verschärfung des Verhältnisses zwischen Italien und den Westmächten kommen werde. Italien sah er auf deutscher Seite, ob die Entwicklung nun für oder gegen das Reich liefe.[796]

Vieles deutet darauf hin, dass sich Mussolini gerade während des Ribbentrop-Besuches für den Kriegseintritt Italiens entschlossen hatte. Daher war er auch bereit, sich noch enger an Hitler zu binden. Plötzlich schien er wie von einer schweren Last befreit, der psychische Druck, unter dem er monatelang gelitten hatte, war weggefallen.[797] Hitler beabsichtigte die Gunst der Stunde zu nützen. Er war sich offenkundig seines Einflusses auf Mussolini bewusst und wollte diesem erst gar keine Gelegenheit zu anderen, für ihn vielleicht weniger günstigen Überlegungen geben. Deshalb ließ er den eben erst nach Berlin zurückgekehrten Ribbentrop gleich wieder am 13. März telefonisch beim Duce um ein vorverlegtes Treffen der beiden Diktatoren am Brenner anfragen. Mussolini selbst suchte wiederum, Einfluss auf Hitler zu üben, ja er wollte diesen doch noch von einer Offensive gegen Frankreich abhalten. Daher war er in einer ersten Reaktion über eine solche Eile keineswegs erbaut. „Diese Deutschen sind unerträglich, sie lassen einem keine Zeit zum Atemholen und zum Nachdenken."[798] Es war ihm klar, dass ihn Hitler zur Intervention drängen würde. Aber er hatte seine Überlegungen über den für Italien günstigsten Zeitpunkt noch immer nicht abgeschlossen, und es bereitete ihm größtes Unbehagen, möglichenfalls bei der historischen Entscheidung im Westen abseits stehen zu müssen.

# Trügerische Triumphe

## März bis Juni 1940

Mussolini stand in zunehmendem Maße im Banne Hitlers. Nichts konnte schließlich den Duce tiefer beeindrucken als militärische Erfolge. „Mit einer Art von ängstlicher Freude" sah – wie Ciano beobachtete – Mussolini dem Treffen mit dem deutschen Diktator, dem ersten seit München vor anderthalb Jahren, entgegen. Bei Schneefall erwartete der Duce am 18. März auf dem in 1400 Meter Höhe gelegenen Grenzbahnhof den Sonderzug, mit dem Hitler auf dem Brenner eintraf. Kryptisch deutete Mussolini noch vor der Ankunft der deutschen Partner Ciano seinen nächtlichen Traum an, „der ihm den Schleier von der Zukunft weggerissen" habe. Die Begegnung verlief sodann sehr herzlich. Hitler erzählte allerdings über das Treffen ein Jahr später, dass ihm Mussolini „sichtlich verlegen entgegengetreten" sei, „wie ein Schuljunge, der seine Arbeiten nicht ordentlich gemacht habe". Die beiden Diktatoren hielten jedenfalls ihre Besprechung in Mussolinis Salonwagen ab, wobei der prächtig disponierte Hitler dem Duce in der zweieinhalbstündigen Unterredung nur wenig Gelegenheit bot, ebenfalls zu Wort zu kommen.[799]

In einem seiner berüchtigten, schier endlosen Monologe schilderte Hitler – ruhiger und weniger gestenreich als gewöhnlich – dem ergeben lauschenden Mussolini die Gründe für die Entscheidung Deutschlands zum Krieg und verdeutlichte ihm nahezu bis ins kleinste Detail die Stärke der deutschen Streitmacht. Der deutsche Diktator verstand es, den Duce mit seinem in freiem Vortrag gebrachten Zahlenmaterial derart zu beeindrucken, dass diesem „dessen große braune Augen vor Staunen fast aus dem Gesicht zu fallen schienen, wie bei einem kleinen Kinde, dem man zum erstenmal ein neues Spielzeug hinhält".[800] Als Hitler endlich einmal Atem holte, fiel dem Duce nichts anderes ein, als die Schicksalsgemeinschaft mit Deutschland hervorzuheben: Würde das Reich verlieren, dann habe auch Italien verloren. Naturgemäß war Hitler erfreut, dies zu hören, und riss gleich wieder das

Wort an sich. Er bemühte sich, die Bedenken seines Partners zu zerstreuen, und rechtfertigte sein Zusammengehen mit dem „zarenhaften“ Autokraten Stalin damit, dass ihm die Aggression Großbritanniens keine andere Wahl gelassen habe. Eigentlich, so vergaß er nicht hinzuzufügen, komme für Deutschland nur ein Partner in Frage: Italien. Die Sowjetunion stelle lediglich die Rückendeckung dar.

Natürlich versicherte Hitler Mussolini auch, Italien nicht zu etwas drängen zu wollen, was es gar nicht wolle. Er sei „kein Engländer, der von anderen verlange, dass sie für ihn die Kastanien aus dem Feuer holten“. Der Duce erklärte daraufhin, nicht mit Deutschland marschieren zu wollen, weil es Hilfe brauche. Eine solche habe das Reich gar nicht nötig. „Aber die Ehre und die Interessen Italiens erforderten seinen Eintritt in den Krieg.“ Eine Zusammenarbeit seines Landes mit den Westmächten – so sah er sich nochmals bemüßigt, bestimmte Gerüchte in das Reich der Phantasie zu verweisen – sei ausgeschlossen: „Wir hassen sie.“ Die militärischen Vorbereitungen Italiens, so gab sich Mussolini wieder einmal großspurig, seien jedenfalls in drei bis vier Monaten beendet. Dann würde er sich nicht mehr in der Verlegenheit befinden, „den Kameraden kämpfen zu sehen und selbst nur Demonstrationen machen zu können“.

Daraufhin räumte Hitler ein, dass ein italienischer Angriff gegen Frankreich aus geographischen Gründen strategisch sehr schwierig sei. Der Diktator sah die Gefahr, dass eine solche Operation viel Blut kosten und nur wenig Gewinn bringen könnte. Deshalb schien es ihm besser, wenn eine „entscheidende“ italienische Armee von zwanzig Divisionen nicht zwischen der Schweiz und dem Mittelmeer die französische Grenze angreife, sondern mit der deutschen Armee zusammen parallel der Schweizer Grenze auf das Rhônetal vorstoße, um die französische Alpenfront von rückwärts aufzurollen. Hitler selbst empfahl dem Duce, dass, wenn Frankreich „zusammengeschlagen wäre, der Moment für Italiens aktives Eingreifen gekommen“ sei.

Viel blieb nicht mehr zu sagen. Mussolini fügte noch hinzu, dass Italien, sobald erst einmal die deutsche Wehrmacht siegreich vorgestoßen sei, sofort eingreifen, wenn das Reich dagegen nur langsame Fortschritte mache, es zuwarten werde. Allein Hitler gab sich siegesgewiss. Man habe den Angriff auf die Westmächte aufs Sorgsamste vorbereitet: Es rückten dreimal soviel Soldaten gegen den Westen wie 1914, und es sei mehr als zweimal soviel Artillerie bereitgestellt. Der deutsche Diktator gab zwar zu, dass auf lange Sicht sich die Lage für die Gegner günstiger darstelle, doch in der Energie und Tatkraft der Staatsführung ebenso wie im Opferwillen der Bevölkerung sei Deutschland nicht zu übertreffen. Darauf fuße sein Glaube, die Westmächte zu schlagen.

Hitler wusste, dass er den Duce nun völlig für seine Pläne gewonnen hatte. „Mein Entschluss ist gefasst“, machte der faschistische Diktator am Ende der Gespräche tatsächlich auch Ciano klar, um sich dann zu Hitler zu wenden: „Führer, haben Sie gehört?"[801] In Berlin schwante Attolico Schlimmes. Er ahnte, dass man Mussolini nun nicht mehr umstimmen konnte. „Der Duce gleicht einer von einer Schlange hypnotisierten Maus. Und diese ‚Schlange' ist ein Komplex äußerst schwierig zu umschreibender Motive." Deren Wesentlichstes war für den italienischen Botschafter die panische Angst des Duce, noch einmal – wie 1914 – vor den Deutschen als Verräter zu erscheinen.[802]

Trotzdem war Mussolini eigentlich über das Treffen enttäuscht. Es verletzte ihn in seiner Eitelkeit, dass trotz seines Entgegenkommens, selber nur deutsch zu sprechen, beinahe ausschließlich Hitler das Wort führte. So viele Dinge hatte er dem nationalsozialistischen Diktator mitteilen wollen, doch er, der erfahrenste der faschistischen Diktatoren Europas, hatte gegen den Redeschwall Hitlers keine Chance gehabt, sich ebenfalls in Szene zu setzen. Obwohl er nicht so recht daran glauben wollte, dass Hitler tatsächlich eine Offensive gegen den Westen vorbereitete, war der Duce nun völlig auf eine italienische Teilnahme am Krieg eingeschwenkt. Vom deutschen Sieg überzeugt, träumte er von einem Mittelmeerimperium unter seiner Führung. Andere ließ er jedoch nicht an seinen Träumen teilhaben. Selbst vor den zuständigen höchsten Militärs verheimlichte er seine Ziele, sodass von einer ausreichenden Planung keine Rede sein konnte. Erst am 2. April erklärte er seinen Ministern in einer Kabinettsitzung, dass der Krieg jeden Moment ausbrechen könne. Gleichzeitig schloss er aus, „sich mit den Demokratien zu prostituieren, was uns im Übrigen mit den Deutschen in Konflikt bringen würde". Der Duce wollte aber auch nichts mehr davon wissen, noch länger neutral zu bleiben, würde dies doch „Italien für ein Jahrhundert als Großmacht und als faschistisches Regime für alle Ewigkeit deklassieren".[803] Dementsprechend erfolglos gestalteten sich auch die Versuche der Westmächte, den Kriegseintritt Italiens an der Seite Deutschlands zu verhindern.

Am 31. März erhielt der königliche Generalstab von Mussolini eine Denkschrift über die italienische Strategie. Danach sollten die italienischen Armeen offensiv an der Front von Cassala und Dschibuti vorgehen. In Albanien würde man abwarten und Jugoslawien gegenüber eine misstrauische Haltung einnehmen. Für die französischen Alpen, die Ägäis, Libyen und Kenia lautete die Strategie hingegen auf Defensive. Die italienische Marine wiederum sollte „auf allen Meeren" angreifen und die Luftwaffe ihr Vorgehen Heer und Flotte anpassen.[804] Mussolini schwebte vor, mit möglichst geringem Einsatz ein Maximum der aufzuteilenden Beute herauszuholen. Einerseits wollte er auf Nebenschauplätzen gegen vermeintlich schwache Gegner einen eigenen Krieg führen, um auf diesem Weg nicht zuletzt neue, für das Land wichtige Rohstoffquellen zu erschließen. Andererseits sollten militärische Alibiaktionen gegen Deutschlands Hauptkontrahenten Italien das moralische Recht einräumen, sich auch an Frankreich oder Großbritannien schadlos zu halten.[805]

Der faschistische Diktator unterließ es aber sträflich, „seinen Krieg" durch die verantwortlichen Militärs ausreichend vorbereiten zu lassen. So verabsäumte er es beispielsweise, die italienischen Truppen in Libyen mit genügend Kraftfahrzeugen auszustatten, um sie auch im Einsatzfall beweglicher machen zu können, geschweige denn, dass er sich um die Wasserversorgung der Streitkräfte den Kopf zerbrach. Er sorgte sich auch keineswegs, ob sich die italienischen Panzer tatsächlich für einen Wüstenkrieg eigneten, und unterließ es, die Häfen von Tripolis und Bengasi zu modernisieren. Als Hitler sich großzügig zeigen wollte und ihm 250 schwere Panzer für einen Feldzug in Nordafrika anbot, lehnte er dankend ab. Er hielt es seiner unwürdig, eine solche Unterstützung anzunehmen, die Italien tatsächlich noch stärker an Deutschland gebunden und Mussolinis eigene Kriegspläne durchkreuzt hätte.[806] Gleichfalls verfolgte der Duce Hitlers Idee einer gemeinsamen deutsch-italienischen Offensive gegen Frankreich nicht weiter. Demzufolge löste sich auch der Plan, 20 italienische Divisionen ins Reich zu verlegen, in Luft auf. Mussolini hatte es zwar vermieden, dem deutschen Diktator unmissverständlich negativ zu antworten. Er zog es vielmehr vor, die Wehrmacht sechs Wochen lang auf die italienischen Kontingente warten zu lassen, ohne irgendein Lebenszeichen zu geben, bis die Deutschen endgültig zur Kenntnis nehmen mussten, dass mit den Truppen des Achsenpartners nicht zu rechnen war.[807]

Aber Hitler überraschte Mussolini und die gesamte Welt mit einem neuen Coup. Da der richtige Zeitpunkt für die Westoffensive noch immer nicht gekommen war, entschloss er sich kurzerhand, Norwegen zu besetzen, um dem Dritten Reich die Transportroute für das schwedische Eisenerz zu sichern. Da Deutschland über Narvik 4,5 der 11 Millionen Tonnen schwedischen Eisenerzes bezog, versuchten die Alliierten, diese Rohstoffquelle zu versperren, und planten ihrerseits eine Besetzung der wichtigsten Häfen des Landes. Allein Hitler kam ihrem Vorhaben zuvor. Mit der Okkupation Norwegens sollte – wie es in Hitlers Weisung für den „Fall Weserübung" vom 1. März hieß – „englischen Übergriffen nach Skandinavien und der Ostsee vorgebeugt, unsere Erzbasis in Schweden gesichert und für Kriegsmarine und Luftwaffe die Ausgangsstellung gegen England erweitert werden". Die einzusetzenden Kräfte waren allerdings so schwach wie möglich zu halten. „Ihre zahlenmäßige Schwäche muss durch kühnes Handeln und überraschende Durchführung ausgeglichen werden. Grundsätzlich ist anzustreben, der Unternehmung den Charakter einer friedlichen Besetzung zu geben, die den bewaffneten Schutz der Neutralität der nordischen Staaten zum Ziel hat. [...] Trotzdem auftretender Widerstand ist unter Einsatz aller militärischen Mittel zu brechen. [...] Von größter Bedeutung ist, dass unsere Maßnahmen die nordischen Staaten wie die Westgegner überraschend treffen."[808]

Der Diktator verließ sich weitgehend auf seine Eingebung und schaltete das OKH von der Planung der Operation aus. Keitel und Alfred Jodl, der Chef des

Wehrmachtführungsstabes, sollten mit ihrem von der Größe bescheidenen Stab im Oberkommando der Wehrmacht (OKW) seine Ideen fachgerecht ausarbeiten. Brauchitsch und Halder wurden dagegen einfach übergangen und hatten daher auch keinen Einfluss darauf, dass mit General von Falkenhorst ein Offizier das Oberkommando erhielt, der bislang bloß ein Armeekorps befehligt hatte. Falkenhorst präsentierte Hitler jedoch binnen acht Tagen einen Plan für die Invasion Norwegens und Dänemarks, der durch seine unorthodoxe Kühnheit den Gefallen des Diktators fand. Demnach ging man deutscherseits nicht zu Land, sondern trotz der Überlegenheit der Royal Navy zur See vor und besetzte die norwegischen Häfen vom Meer her. Trotz Schneestürmen nahmen zudem deutsche Luftlandetruppen die norwegischen Flugplätze. Auch diese Vorgehensweise galt als militärische Sensation und überraschte London völlig.

Die deutsche Flotte, die sich schlussendlich in der Nacht vom 6. auf den 7. April aufmachte, blieb von den Norwegern und Briten unentdeckt. Narvik, Trondheim und Bergen wurden im Morgengrauen des 9. April okkupiert. Der norwegischen Königsfamilie, der Regierung und dem Storting gelang allerdings die Flucht aus Oslo, und auch der Goldvorrat konnte in Sicherheit gebracht werden. Am Abend des 9. April erhielt Hitler zwar die Meldung, wonach die beiden Nordstaaten „auftragsgemäß" in deutscher Hand waren, doch Norwegen führte weiterhin Krieg gegen seine Besatzer.[809]

Der deutsche Angriff gegen Dänemark und Norwegen demütigte Mussolini aufs Neue. Am Brenner hatte der Duce von Hitler nichts über seine Absichten erfahren. Einmal mehr hatte er ihn nicht in seine Pläne eingeweiht, sondern lediglich eine persönliche Botschaft an den faschistischen Diktator verfasst. Der Sekretär der deutschen Botschaft in Rom überbrachte Ciano am 9. April um zwei Uhr nachts die Bitte Mackensens, ihn bereits fünf Stunden später zu empfangen. Dieser habe ihm eine dringende Mitteilung zu machen. Blass und müde erschien der deutsche Botschafter dann gar schon um 6.30 Uhr und informierte Ciano über den deutschen Überfall auf seine nördlichen Nachbarn. Danach machten sich der Außenminister und Mackensen zum Palazzo Venezia auf. Um 9 Uhr überreichte der Botschafter Mussolini das Handschreiben Hitlers über dessen Motive zur Invasion in den Nordstaaten.[810] Nach dessen Lektüre zeigte sich der Duce beeindruckt und erklärte, den Entschluss Hitlers „bis ins Letzte" zu billigen, „uneingeschränkt hundertprozentig". Und er drückte seine Bewunderung für den deutschen Überfall aus: „Das ist die Art, wie man Kriege gewinnt. Wer zuerst kommt, hat Recht. Schnelligkeit ist alles."[811] Der Presse und der italienischen Öffentlichkeit verordnete er sodann, „der deutschen Aktion rückhaltlosen Beifall zu spenden".[812]

Mussolini zog sich in diesen Tagen eine fiebrige Erkältung zu. Allein er freute sich, als er am 11. April um 23 Uhr von Ciano und Mackensen in der Villa Torlonia Besuch erhielt und in einer neuerlichen Botschaft Hitlers über den weiteren Verlauf der Operation informiert wurde. Der deutsche Diktator dankte für die Haltung der italienischen Presse. „Wer so viel wagt, wie wir, wird immer einsam sein. Umso stärker ist aber gerade in solchen Stunden das Gefühl des Dankes für jedes Zeichen der Freundschaft."[813] Der Duce übersetzte den Text für Ciano ins Italienische und zeigte sich immer wieder höchst angetan. So bezeichnete er den deutschen Überfall schließlich auch als „Meisterschlag, von dem er enthusiasmiert sei".[814] In seinem Antwortschreiben drückte der Duce dann auch Hitler die einmütige Bewunderung seitens der italienischen Bevölkerung für das deutsche Unternehmen aus und bestätigte, dass die königliche Flotte bereits ab dem 12. April kriegsbereit sei. „Das italienische Volk wünscht zwar einen Aufschub, um sich besser vorzubereiten, hat nunmehr jedoch das Bewusstsein, dass es sich dem Kriege nicht entziehen kann."[815]

Mussolini sah in dem Schritt Hitlers freilich auch neue Möglichkeiten für sich selbst. Bei einem deutschen Sieg in Skandinavien würde sich die Lage der Achse tatsächlich verbessern, bei einem Fehlschlag dagegen müsste Hitler den Westfeldzug zumindest verschieben, und dies würde Italien wertvolle Zeit bringen. Nun wollte auch er – wie er gegenüber Anfuso meinte – nicht „den Sprung in die Geschichte" verpassen, um mit Hilfe Deutschlands aus der „Gefangenschaft" im Mittelmeer herauszukommen. Den teilweise deutschfeindlichen Militärs gegenüber bekundete er, den Krieg nicht für oder mit dem Reich, sondern vielmehr an dessen Seite führen zu wollen. Auch dem in letzter Zeit zu selbstständig agierenden Ciano gab er zu verstehen, künftig vorsichtiger zu sein und ihn nicht zu hintergehen. Er zeigte seinem Schwiegersohn einen Artikel aus einer französischen Illustrierten mit dem beziehungsvollen Titel „Röhm, der Mann, der Hitlers Nachfolge anstrebte". Ciano verstand den Wink und hielt sich in weiterer Zukunft mit seiner antideutschen Haltung geflissentlich zurück.[816]

Dass die italienische Öffentlichkeit nach wie vor keine Anstalten machte, auch nur die geringste Kriegsbegeisterung zu zeigen, erzürnte ihn. Hatte er das Volk ganz allgemein nicht einmal als „Hure" bezeichnet, die „mit dem siegreichen Männchen" gehe? Auch der König war – noch viel eindeutiger als Mussolini selbst – nur in dem Fall zur Intervention bereit, wenn bereits alles entschieden sei und Italien nur mehr die Lorbeeren abholen müsse. Aber der Duce befand, dass es gar nicht darauf ankomme, wer siege. „Um ein Volk groß zu machen, muss man es in den Kampf schicken, unter Umständen sogar mit Fußtritten in den Hintern. So werde ich es halten. Ich vergesse keineswegs, dass es im Jahr 1918 rund 540.000 Deserteure in Italien gab. Und wenn wir diese Gelegenheit nicht benutzen, unsere Flotte mit der französisch-britischen Flotte zu messen, wofür haben wir dann eine Kriegsflotte von 600.000 Tonnen? Um kleine Mädchen spazieren zu fahren, würden Küstenschiffe und Jachten auch genügen."[817]

Im Laufe der nächsten Wochen informierte Hitler den Duce immer eingehender über die deutschen Fortschritte in Norwegen. Er unterstrich dabei, mit der Invasion bloß den Alliierten zuvorgekommen zu sein. Die norwegische Regierung, so fügte er hinzu, hätte auch einer britisch-französischen Besetzung keinen Widerstand entgegengebracht. Als einen weiteren Effekt begrüßte es der deutsche Diktator auch, „wenn sich die Engländer verleiten lassen, ihre militärische Ehre in Norwegen zu engagieren. Die deutschen Divisionen bringen sie niemals mehr aus diesem Lande heraus."[818]

Seit Beginn des Coups „Weserübung" litt Hitler jedoch unter starker nervlicher Belastung, denn Großbritannien zeigte sich nicht so schnell bereit, Norwegen einfach aufzugeben. In einer Seeschlacht im Narvik-Fjord wurden neun deutsche Zerstörer und mehrere Kreuzer versenkt. Alliierte Truppen landeten in Norwegen: in Namsos, Andalsnes und Harstad; Narvik drohte für die Deutschen wieder verloren zu gehen. Hitler schwankte zwischen Zorn und Depression. Seine Stimmung besserte sich erst radikal, als ihn Jodl am 30. April melden konnte, dass die Verbindung zwischen Oslo und Trondheim wiederhergestellt war. Der deutsche Diktator zeigte sich darüber „außer sich vor Freude".[819] Die 30.000 Mann starken norwegischen Truppen, deren König und Regierung von Tromsø aus nach London ins Exil flüchteten, stellten die Kampfhandlungen freilich erst am 10. Juli endgültig ein.

Mussolini kamen die Verwirrung und das Unheil, das Hitler über Europa brachte, gerade recht, um daraus selbst Nutzen zu ziehen. So meinte er auch in einem seiner für ihn so typischen ausufernden Gedankensprünge, dass die Westmächte sich bloß auf Deutschland konzentrierten und daher nicht eingreifen würden, sollte sich Italien an Kroatien schadlos halten. Die deutschen Erfolge in Norwegen stachelten jedenfalls den Duce in seiner Kriegsbegeisterung weiter auf. Voll Euphorie rechnete er fest mit dem deutschen Sieg. Noch immer wollte er jedoch den richtigen Moment für den Kriegseintritt abwarten. Erst wenn der deutsche Sieg über die Westmächte so gut wie feststand, sollte Italien intervenieren. Gleichzeitig zeigte sich Mussolini Berlin gefällig und besetzte auf Hitlers Wunsch hin seine Botschaft in der Reichshauptstadt neu: Der prodeutsche faschistische Karrierist Dino Alfieri löste den kritischen Berufsdiplomaten und Gesinnungsgenossen Cianos, Attolico, ab.

Die westlichen Demokratien zeigten sich zunehmend beunruhigt über die Haltung Mussolinis, dessen Kriegserklärung scheinbar nicht mehr lange auf sich warten ließ. Die Botschafter der Vereinigten Staaten, Großbritanniens und Frankreichs sprachen bei Ciano vor, und Ministerpräsident Paul Reynaud versuchte mit einer persönlichen, sentimentalen Botschaft am 24. April an Mussolini den italienischen Diktator noch umzustimmen.[820] Der Duce reagierte auf das Schreiben befriedigt: Man warb um seine Gunst, und dies tat seiner Eitelkeit gut. Allein Mussolini wollte vom Frieden nichts mehr wissen. Anmaßend ließ er seinen antifranzösischen Ressentiments freien Lauf und antwortete zwei Tage später in aller Knappheit mit Verachtung, Kälte und Arroganz. In seiner Note betonte er die italienische Loyalität zum deutschen Bündnis und lehnte eine Begegnung mit Reynaud ab. Mussolini und Ciano machten sich über den „melodramatischen" Ton des französischen Schreibens lustig und ließen den Inhalt auch Hitler zukommen.[821] Dieser nannte es dann auch eine Unverschämtheit, dass der „kleine Finanzmann" Reynaud sich als gleich zu gleich an den „Schöpfer des Faschismus und Imperiums" gewandt habe, und stellte den Vergleich eines Pygmäen mit einem Giganten auf.[822]

Der „Gigant" Mussolini hatte wieder sein Selbstvertrauen zurückgewonnen. Er strotzte förmlich vor Kriegslust und fürchtete auch einen Angriff der Westmächte auf Italien nicht mehr. Die Botschaft Papst Pius' XII. vom 24. April, Italien doch das Unheil eines Krieges zu ersparen, nahm er mit Spott auf.[823] Dem amerikanischen Präsidenten schickte er eine feindselige, sarkastische Antwortnote, nachdem Roosevelt den Duce in einem Appell vom 1. Mai davor gewarnt hatte, in den Krieg einzugreifen. Ähnlich wie Hitler bei seiner Reichstagsrede vor einem Jahr wies auch Mussolini in nüchternem und distanziertem Ton das amerikanische Staatsoberhaupt auf die Monroedoktrin hin, die doch auch von Europäern auf ihrem Kontinent angewandt werden könnte.[824] Auch wollte der Duce gerade Hitler gegenüber seine Bereitschaft zu einem Kriegseintritt seines Landes demonstrieren. Voll Euphorie über die deutschen Siege in Norwegen ließ er am 1. Mai Berlin wissen, dass in Italien mittlerweile eine ausgesprochen feindselige Stimmung gegenüber Großbritannien und Frankreich herrsche. Außerdem habe er für den 15. Mai den Jahrgang 1916 einziehen lassen. Weitere Reservisten würden noch später folgen, sodass er bis zum Sommer über zwei Millionen Mann unter Waffen verfügen würde.[825]

Die Antwort Mussolinis an Reynaud freute den deutschen Diktator diebisch: „Ich weiß nicht, wie oft ich sie durchgelesen habe", so schrieb er dem Duce am 3. Mai. „Allein, es ist ein so wunderbarer Kontrast zu der weinerlichen Anklage dieses französischen Herrn. Ich finde auch Ihre Antwort an [...] Roosevelt fabelhaft. Ich glaube aber, dass gerade der immer wieder anklingende drohende Unterton der Telegramme, Noten und Anfragen des Herrn Roosevelt Grund genug ist, um vorsorglicherweise so schnell als möglich das Ende des Krieges herbeizuführen. – Ich verfolge mit großer Freude, wie sehr das italienische Volk und besonders die italienischen Zeitungen unseren Kampf innerlich mitmachen. Ich bin mir dessen bewusst, dass dies ein wichtiges Moment ist zum Verstehen mancher Maßnahmen der Alliierten. Sie tun, Duce, damit schon jetzt viel zu meiner Entlastung. Auch die Einberufung des Jahrganges 1916 wird sich in diesem Sinne auswirken."[826]

Hitler fühlte sich durch die gelungene Invasion in Norwegen und Dänemark bestätigt: Der Krieg musste mit blitzartigen, überraschenden Schlägen geführt werden. Kühnheit und fanatische Entschlossenheit sollten die durch Skrupel und Sicherheitsdenken behinderte Technokratie des OKH ersetzen. Demgemäß hatte er auch das ursprüngliche Feldzugskonzept des Generalstabes für die Offensive im

Westen verworfen. Dieser ging auf den alten Schlieffen-Plan zurück und war ihm schlicht zu konventionell und berechenbar. Die von Brauchitsch und Halder ausgearbeitete Strategie ließ das Element der Überrumpelung des Gegners vermissen, dem er stets so vertraute: Um die massiven französischen Befestigungen der Maginotlinie zu umgehen, sollte der deutsche Hauptstoß über den rechten Flügel – die Heeresgruppe B – im Nordwesten über Belgien laufen. Es war allerdings zu befürchten, dass die Franzosen genau diese Vorgangsweise erwarteten und daher eine dementsprechend wirkungsvolle Verteidigungsstrategie besaßen. Ein Blitzkrieg schien so unmöglich zu sein. Zudem hielt Hitler, der selbst im Ersten Weltkrieg in Flandern eingesetzt worden war, das dortige Terrain für einen raschen Panzervormarsch für ungeeignet. Er fürchtete, dass es so erneut zu einem fruchtlosen, verlustreichen Stellungskrieg im Westen kommen könnte.

So griff der Gefreite aus dem Ersten Weltkrieg auf einen vom OKH ursprünglich verworfenen Plan General Erich von Mansteins, dem Stabschef der Heeresgruppe A, zurück. In einer Unterredung am 17. Februar 1940 überzeugte Manstein den Diktator, dass die Hügel und Wälder der Ardennen für die deutschen Panzerverbände der von General von Rundstedt befehligten Heeresgruppe A durchaus passierbar waren. Der Panzerkriegspezialist General Heinz Guderian hatte ihm dies bestätigt. Nicht bloß das OKH, sondern auch der französische Generalstab hielt einen deutschen Durchbruch an diesem Frontabschnitt für undenkbar. Das hatte zur Folge, dass eben gerade dort die Abwehr nur schwach ausgebaut war.

Hitler erkannte nun für die Panzerverbände der Heeresgruppe A die Gelegenheit, vom Fuße der Ardennen aus rasch ins Flachland Nordfrankreichs vorzustoßen. Die Verbindungslinien des Gegners würden durchtrennt und die sich nach Belgien gegen die Entlastungsoffensive der Heeresgruppe B in Holland und Flandern aufmachenden alliierten Truppen schließlich an die Kanalküste gedrängt werden. Dass Hitler sich bereits selbst mit dem Gedanken getragen hatte, den Hauptstoß nicht in dem von zahlreichen Kanälen durchzogenen Flandern, sondern weiter südlich anzuordnen, nahm ihn für dieses Konzept verständlicherweise zusätzlich ein. Bereits am 18. Februar ließ er Brauchitsch und Halder zu sich kommen. Er stieß sie vor den Kopf, indem er ihnen befahl, den Plan Mansteins fertig auszuarbeiten. Sechs Tage später gab der Diktator die neue Weisung für den Westfeldzug aus.

Am 10. Mai 1940 setzte die deutsche Wehrmacht zum Angriff auf den Westen an.[827] Getreu seiner Maxime des alle überraschenden Überfalls verzichtete Hitler darauf, den kleinen benachbarten Staaten den Krieg zu erklären. Trotzdem durfte von Anfang an kein Zweifel bestehen, dass der Westfeldzug die Invasion Hollands, Belgiens und Luxemburgs nach sich ziehen würde. Schließlich konnte nur auf diese Weise ein wohl erfolgloser Frontalangriff auf die französischen Grenzbefestigungen vermieden und darüber hinaus Stützpunkte zur Bedrohung Großbritanniens gewonnen werden.

Mussolini erhielt die Nachricht des deutschen Diktators über den Einmarsch der Wehrmacht in Holland und Belgien um fünf Uhr morgens des 10. Mai. Mackensen war gemeinsam mit Ciano beim Duce in der Villa Torlonia vorstellig geworden und überreichte ihm den versiegelten Brief des deutschen Diktators.[828] Nach ungefähr zweistündiger Durchsicht der Dokumente erklärte Mussolini schließlich dem Botschafter, dass er Hitlers Ansicht der Notwendigkeit der Invasion teile. Noch am selben Tag schrieb er dem deutschen Diktator in diesem Sinne, um dabei auch die zunehmende Bereitschaft Italiens für die Intervention anzukündigen: „Ich fühle, dass die Zeiten auch für Italien drängen [...] Was die italienischen militärischen Kräfte betrifft, so ist die Marine bereit, und bis Ende Mai werden zwei Gruppen von Armeen im Osten und Westen sowie die Luftwaffe und die Luftabwehrformationen bereit sein."[829]

Cianos Rat, mit dem Kriegseintritt noch zuzuwarten, fiel Mussolini nur lästig. Dagegen sprach auch seine Tochter Edda von Ehre und der Notwendigkeit einer italienischen Intervention. Von Hitler bekam er aus dem Führerhauptquartier ein Schreiben, das die raschen Erfolge der Wehrmacht in den ersten drei Tagen pries. Mussolini, der die Botschaft am Morgen des 14. Mai im Palazzo Chigi erhielt, studierte die militärischen Bewegungen auf der Karte und zeigte sich tief beeindruckt. Als wichtigste Mitteilung empfand er, dass die deutsche Luftherrschaft bereits zu diesem Zeitpunkt gesichert war. Allerdings erwartete er noch eine große Feldschlacht westlich der Maginotlinie. Bereits vier Tage später erhielt Mussolini von Hitler ein neuerliches Bild über die Situation an der Westfront.[830]

Der deutsche Diktator mochte die blitzartigen Erfolge seiner Armeen selbst kaum glauben: Die Heeresgruppe B unter General von Bock brachte nach bloß fünf Tagen die „Festung Holland" zur Kapitulation. Der deutsche Hauptstoß der Heeresgruppe A über die Ardennen überraschte die Alliierten, deren Truppen nach Belgien marschierten, um auf die deutsche Heeresgruppe B zu treffen, tatsächlich. Bereits nach nur einer Woche waren die Panzerverbände – wirkungsvoll durch die Luftwaffe unterstützt – 300 Kilometer weit vorgedrungen. In der Nacht des 20. Mai erreichten die ersten Einheiten bereits die Kanalküste.

Hitler zeigte sich über die Schnelligkeit des Vormarsches beunruhigt. Er vermochte seine Nerven kaum in Zaum zu halten. Der Diktator konnte es nicht glauben, dass die Alliierten nicht mehr in der Lage waren, einen Gegenangriff aufzubauen, und fürchtete um die Südflanke des deutschen Heeres. Außer sich vor Wut, brüllte er seine Offiziere an, „man sei auf dem Wege, die ganze Operation zu verderben und sich der Gefahr einer Niederlage auszusetzen".[831] Brauchitsch und Halder wirkten zwar auf ihn ein, die Panzerverbände ohne Pause weiter vordringen zu lassen und die alliierten Truppen im Norden einzukesseln. Aber Göring pries die

Durchschlagskraft seiner Luftwaffe, die Dünkirchen in ein Flammenmeer verwandeln und jedes Schiff versenken werde. Rundstedt wollte wiederum den Panzerverbänden Guderians für die bevorstehende Schlacht um Frankreich eine kleine Regenerationsphase gönnen, und so ordnete er schon aufgrund des schwierigen Geländes einen vorübergehenden Halt am La-Bassée-Kanal an, der sodann auch von Hitler am 23. Mai genehmigt wurde.

Der Stopp gab den Briten die Möglichkeit, ihre Truppen in Dünkirchen zu evakuieren. Als Hitler diese Absicht erkannte, gab er sofort Befehl, weiterzumarschieren. Die alliierten Truppen verstanden es jedoch, sich an den Stränden und im Hafen zu behaupten. So gelang schlussendlich bis zum 4. Juni nicht weniger als 340.000 Mann die Flucht nach Großbritannien – zum Teil in Fischerbooten und Privatjachten. Die deutsche Seite hielt die Briten zu diesem Zeitpunkt jedoch ohnedies für geschlagen. Praktisch so gut wie geschlagen war auch die französische Armee. Schlechte Führung und Organisation hatten sie völlig demoralisiert. So war es für die deutsche Wehrmacht nach der Kapitulation Belgiens am 28. Mai endlich ein Leichtes, auch noch die Schlacht um Frankreich erfolgreich hinter sich zu bringen. Schon am 14. Juni marschierten die Deutschen in das bereits geräumte Paris ein. Zu einer militärisch geordneten Verteidigung oder gar Gegenoffensive kam es nicht. Der französische Widerstand löste sich im Chaos auf, der deutsche Vormarsch durch ganz Frankreich ging in atemberaubenden Tempo vor sich. Die vielgepriesene Maginotlinie hatte ihren Zweck völlig verfehlt und wurde von den Panzereinheiten Guderians mit Leichtigkeit genommen.

Hitler, der über die Leichtigkeit und Schnelligkeit des deutschen Feldzuges gegen den Erzfeind selbst überrascht war, sah sich als genialer Stratege bestätigt: Die Idee des Blitzkrieges, der neue Operationsplan Mansteins, der Glaube an die Überlegenheit des deutschen Soldaten, alles hatte sich zu einem einzigen Triumph entwickelt. Er selbst hatte den zündenden Einfall für die Einnahme der belgischen Festung Eben-Emael, indem ein verhältnismäßig kleiner Pioniertrupp von Lastenseglern aus auf dem Dach des Forts landete und einen neu entwickelten, besonders effizienten Sprengstoff einsetzte. Hitler war es auch, der die Bestückung der Panzer mit langen Kanonenrohren verlangte und – sich der psychologischen Wirkung bewusst – die Idee hatte, die Sturzkampfbomber mit den infernalisch klingenden Sirenen auszurüsten. Mit Genugtuung konnte der Diktator feststellen, dass ein von den nüchternen Zahlen her annähernd gleich starker Gegner vernichtend und in bloß sechs Wochen geschlagen wurde, dass der Einsatz der überlegenen Luftwaffe und die Effektivität der modernen Panzerdivisionen der einst so ruhmreichen, doch mittlerweile miserabel geführten und auf den Krieg zu wenig vorbereiteten französischen Armee die bitterste Niederlage ihrer langen Geschichte bereitet hatte.

In Rom sah endlich noch ein anderer seine Stunde gekommen: Mussolini war festen Willens, in den Krieg zu ziehen; seine Abenteuerlust vermochte er kaum noch zu zügeln. Hinter den deutschen Siegen erkannte er nicht die Überlegenheit des deutschen Heeres, sondern in erster Linie den Genius und die Intuition Hitlers. Und er wollte es dem deutschen Diktator unbedingt gleichtun. Auch er fühlte sich zum siegreichen, charismatischen Feldherrn berufen und sah sich bereits ganz in pathetischer Heldenpose auf seinem Pferd mit gezücktem Schwert das Kommando übernehmen.[832] Der König zeigte sich von einem Oberbefehl Mussolinis allerdings keineswegs begeistert und machte ihm noch eine Zeit lang Schwierigkeiten. Am 14. Mai richtete wiederum Roosevelt einen zweiten Friedensappell an den Duce. Die moralische und humanitäre Argumentation des amerikanischen Präsidenten machte jedoch auf den Duce keinerlei Eindruck. Der Diktator antwortete dem Staatsoberhaupt in Washington zwei Tage später daher auch nur knapp.[833]

Am 16. Mai ersuchte der neue britische Premierminister Winston Churchill in einem sehr ernsten, aber würdevollen Schreiben den Duce noch einmal, sich die Konsequenzen eines italienischen Kriegseintritts gegen Großbritannien vor Augen

Auf dem Vittoriano in Rom wurde der „Tag des Heeres" begangen. Am 4. Jahrestag der Imperiumsgründung waren (v. l.) Grandi, Ciano, Marschall Badoglio, der Duce, Parteisekretär Muti, Soddu und der König anwesend.

zu halten. Der Premier wies nicht nur auf die zu erwartende amerikanische Unterstützung für das um seine Existenz ringende Empire hin, sondern legte auch auf die Feststellung Wert, dass er niemals ein Feind von Italiens Größe noch von seiner Staatsform gewesen sei. Mussolini anerkannte zwar den vornehmen Ton des Schreibens, antwortete dem britischen Regierungschef erwartungsgemäß aber ablehnend. Er wies Churchill auf die antiitalienische Politik Londons im Abessinienkrieg und den für Rom untragbaren Zustand im Mittelmeer hin, wo die italienische Marine nicht einmal Herr ihrer eigenen Seegebiete sei. Darüber hinaus betonte er, dass genauso wie Großbritannien seine Bündnispflichten gerade erfülle, auch Italien Begriffe wie Ehre und Vertragstreue wahrzunehmen gedenke.[834]

Niemand konnte ihn mehr davon abhalten; kein weiteres Angebot Roosevelts vom 26. Mai, wonach Italien auch als nicht kriegführender Staat an einer Friedenskonferenz gleichberechtigt teilnehmen könnte; auch nicht, dass Lord Halifax am selben Tag gegenüber dem italienischen Botschafter ganz ähnliche Vorschläge äußerte; auch keine verlockenden Angebote des bereits vor der Niederlage stehenden Frankreich, das sich – wenn auch nur vage – bereit zeigte, Italien im Mittelmeer und in Afrika Konzessionen zu machen.[835] Auch der Duce hielt die Zeit für gekommen, auf lästige Politik und einem faschistischen Revolutionär unwürdige diplomatische Verhandlungen zu verzichten und die Waffen sprechen zu lassen. Die Italiener sollten mit Blut an ihren Händen erobern, nicht durch Konferenzen und Absprachen Vorteile lukrieren. „Wir Italiener sind schon genügend entehrt", so meinte er gegenüber Ciano. „Jede weitere Verspätung wäre unbegreiflich. Wir haben keine Zeit mehr zu verlieren. In einem Monat erkläre ich den Krieg. Ich greife Frankreich und England in der Luft und zur See an. Ich denke nicht mehr an ein Vorgehen gegen Jugoslawien; das wäre ein demütigendes Ausweichen."[836]

Die Kapitulation Belgiens, der Fall von Calais und die Evakuierung Dünkirchens schlossen Mussolinis Entscheidungsfindungsprozess endgültig ab: Er unterrichtete seine militärischen Spitzen, dass Italien in den Krieg eintreten werde. Mit simpler Verschlagenheit versuchte der Diktator ein leicht zu durchschauendes Spiel: Nach außen hin sollte für die Öffentlichkeit der Eindruck erweckt werden, dass Frankreich noch keineswegs geschlagen war und Italien schlussendlich für den Kriegsverlauf entscheidend eingreifen würde. Insgeheim frohlockte der Duce jedoch, die Intervention derart gut abgestimmt zu haben, dass zum Zeitpunkt der Kriegserklärung der Feldzug bereits entschieden war. Dementsprechend vermeinte er, mit minimalsten Einsatz und Opfern möglichst viel für sich und sein Land herauszuschlagen und Italien damit einen Platz an der Sonne zu sichern.

So fand Mussolini nach außen hin wieder zur Ruhe. Am 29. Mai verwirklichte er im Palazzo Venezia seinen Traum des Condottiere, indem er den militärischen Oberbefehl übernahm. Der Chef des Großen Generalstabs, Pietro Badoglio, der Generalstabschef des Heeres, Rodolfo Graziani, der Generalstabschef der Luftwaffe, Francesco Pricolo, und der Unterstaatssekretär im Flottenministerium und Chef des Marineadmiralstabes, Domenico Cavagnari, standen ihm zur Seite. Die Militärs äußerten sich allerdings skeptisch, als sie von ihm den Angriffstermin 5. Juni vernahmen. Badoglio befürchtete einen französischen Angriff auf Libyen und hielt bestenfalls einen sehr kurzen Krieg von wenigen Monaten für denkbar. Auch den Deutschen machte er unumwunden klar, dass sie nicht viel von der italienischen Armee erwarten durften. Der Unterstaatssekretär für Rüstung im Kriegsministerium, General Umberto Favagrossa, gab wiederum zu bedenken, wie erschreckend gering die italienischen Vorräte waren.[837] Trotz seiner massiven Vorbehalte gegenüber dem deutschen Partner drängte mittlerweile aber auch Ciano auf einen beschleunigten Kriegseintritt Italiens. Wenngleich er in seinem Tagebuch die Intervention als Abenteuer bezeichnete und er sich darüber sehr traurig gab, so zeigte er sich gegenüber Botschafter Mackensen mit forscher Entschlossenheit und kündigte an, als Pilot selber aktiv am Feldzug teilzunehmen.[838]

Am 30. Mai unterrichtete der Duce Hitler von seinem Entschluss. Mussolini pries dabei die hervorragenden Anstrengungen von Seiten Italiens. 70 Divisionen seien im Zustande guter Schlagkraft, wovon sich zwölf in Libyen und Albanien befänden. Marine und Luftwaffe seien bereit. „Hätte ich die Mittel dazu, könnte ich weitere siebzig Divisionen bilden, denn es sind nicht die Leute, die fehlen." Der Duce zeigte sich freilich bereit, den Kriegseintritt auch noch ein paar Tage zu verschieben, sollte dies Hitler wünschen. „Das italienische Volk ist jedoch ungeduldig, sich im Kampfe gegen die gemeinsamen Feinde an die Seite des deutschen Volkes zu stellen."[839]

Einmal mehr hatte sich Mussolini dabei über die unangenehme Realität hinweggesetzt. Die nüchternen Fakten des italienischen Kriegsministeriums sahen von den exakt 73 bewaffneten Divisionen nur 49 in Italien. Lediglich 19 von ihnen waren voll ausgestattet. Die Geschütze stammten vielfach aus dem Ersten Weltkrieg, die besten davon aus der besiegten österreichisch-ungarischen Armee. Die drei Panzerdivisionen besaßen bloß Dreitonnenpanzer mit zwei Maschinengewehren. Die Kriegsflotte war praktisch nicht einsatzfähig, ebenso wie die rein zahlenmäßig stärksten U-Boot-Streitkräfte der Welt. Am besten zeigte sich noch die Luftwaffe vorbereitet, aber auch sie litt wie die Kriegsmarine unter Treibstoffmangel.[840]

Diesmal ließ die Antwort des deutschen Diktators natürlich nicht lange auf sich warten. In seinem Schreiben vom 31. Mai gab sich Hitler tief bewegt über die Entscheidung des Duce und meinte visionär: „Unsere beiden Regime werden nicht nur das Antlitz des neuen Europa formen, sondern sie werden vor allem gemeinsam auch stark genug sein, die Ergebnisse ihres Kampfes auf lange Zeit hin sicherzustellen und zu bewahren." Tatsächlich ersuchte Hitler den Duce, die italienische Intervention „um höchstens bis zu drei Tagen" zu verschieben. Als Grund hiefür gab der deutsche Diktator an, dass die Franzosen andernfalls ihre Luftstreitkräfte verlegen könnten. „Sind sie aber erst einmal wieder geflüchtet, bedarf es tagelangen Suchens, um ihre neuen Schlupfwinkel herauszubekommen."[841]

Der deutsche Botschafter überreichte am nächsten Tag Mussolini die Botschaft Hitlers. Der Duce hielt sie für äußerst wichtig. Die Bemerkungen des deutschen Diktators zur Terminfrage des italienischen Kriegseintritts quittierte Mussolini mit der Feststellung, „dass diese wieder einmal mehr das umfassende strategische Genie des Führers bewiesen". Die Gründe für ein kurzes Zuwarten schienen ihm zweckmäßig, obwohl er nicht zu betonen vergaß, dass er, der Duce, an sich ein Mann sei, der an seinen einmal gefassten Plänen eisern festhalte.[842] Dementsprechend ging Mussolini dann auch vom neuen Termin nicht mehr ab, wonach die Kriegserklärung am 10. verkündet werden und die Feindseligkeiten italienischerseits am 11. Juni beginnen sollten, obwohl sich Hitler nachträglich doch wieder für den 5. Juni ausgesprochen hatte.[843]

Der italienische Diktator hatte die Weichen auf Krieg gestellt und wollte sich von niemandem mehr abhalten lassen. Angesichts eines neuerlichen Schreibens Roosevelts, bereits sein viertes an den Duce, ließ er dem US-Präsidenten schnoddrig ausrichten, die Vereinigten Staaten hätten im Mittelmeer die gleichen Interessen wie Italien in der Karibik.[844] Mussolini hielt sich mit seinen Entscheidungen sowohl vor dem Kabinett als auch vor dem Faschistischen Großrat bedeckt. Die Frage des Beginns der Feindseligkeiten war nur eine zwischen ihm und dem deutschen Diktator. Es dürfte dem Duce bereits große Überwindung gekostet haben, den König vom endgültig festgelegten Kriegseintritt Italiens zu unterrichten. Der Monarch machte sich keine Illusionen über die Stimmung in der italienischen Bevölkerung, doch er fügte sich, wohl auch aufgrund der Informationen über den für die Westmächte verheerenden Kriegsverlauf. Trotzdem glaubte er – ebenso wie der deutschfeindliche Balbo – nicht an einen kurzen und leichten Krieg. Mussolini zeigte sich wiederum gegenüber Badoglio überzeugt, dass bereits im September wieder alles vorbei wäre. „Ich brauche nur einige tausend Tote, um mich als Kriegführender an den Verhandlungstisch setzen zu können."[845]

Mussolini hatte die Entscheidung für die Intervention gänzlich allein gefällt und somit würde auch er die alleinige Verantwortung für dessen Folgen und Ausgang zu tragen haben. Blind in seiner Sucht nach Ruhm und Eroberungen, wollte er es dem deutschen Diktator gleichtun und ebenfalls mit großen Siegen unsterblich werden. Außerdem hegte er die Absicht, sich nach einem siegreichen Krieg der ihm lästigen Monarchie zu entledigen. Am Abend des 10. Juni 1940 trat der Duce auf den Balkon des Palazzo Venezia und proklamierte den auch von der Öffentlichkeit erwarteten Kriegseintritt Italiens: „Die Stunde ist gekommen, die Würfel sind gefallen: Wir greifen in den Kampf gegen die plutokratisch-reaktionären westlichen Demokratien ein, die sich der Verwirklichung unserer Ziele stets in den Weg gestellt und sich oft genug sogar gegen die primitivsten Lebensrechte unseres Volkes verschworen haben [...] Wir wollen die territorialen und militärischen Ketten sprengen, mit denen man uns in unserem Meer ersticken will, denn ein Volk von 45 Millionen ist nicht wahrhaft frei, wenn es nicht den freien Zugang zu den Weltmeeren hat. Dieser Kampf ist nur die logische Entwicklung unserer Revolution. [...] In Berlin habe ich einmal bei einer denkwürdigen Begegnung erklärt, es entspräche den Gesetzen der faschistischen Ethik, dass man seinen Freunden die Treue hält, auf Gedeih und Verderb, bis zum letzten Tage. Wir haben das in der Praxis bisher immer so gehalten und werden auch im Falle Großdeutschlands nicht anders handeln: Treu und loyal stehen wir zu diesem Land, zu seinem Volk und seiner siegreichen Wehrmacht. [...] Die Losung ist: Siegen! Volk Italiens, ans Gewehr!"[846] In Berlin frohlockte Joseph Goebbels: „Großartig. Eine monumentale Rede. [...] Der Stil der Rede verrät den ganz großen Sprecher. Es ist ein Genuss, ihm zuzuhören." Schon Tage vorher hatte sich der Propagandaminister enthusiastisch gezeigt: „Wir stehen vor großen Entwicklungen. Mussolini wird sein Wort einlösen. Das nationalsozialistische Europa marschiert. Die liberale Welt steht vor dem Zusammenbruch. Gott segne unser Werk!"[847]

Voller Ungeduld konnte Mussolini die Feuertaufe der italienischen Armee nicht mehr erwarten. Deshalb ignorierte er auch die Bedenken Badoglios und forderte nach all den Weisungen für eine Defensive plötzlich die Offensive an der Alpengrenze bereits für den 18. Juni. Der Marschall wusste freilich um den ungenügenden Nachschub Bescheid, und auch der Aufmarsch konnte in dieser Eile nicht effizient genug durchgeführt werden. Es fehlte an der nötigen Artillerie, doch der Duce wollte auf keinen Fall versäumen, sich ebenfalls an der Niederlage seines persönlichen Erzfeindes zu bereichern.[848] So geriet der Frankreichfeldzug gegen einen geschlagenen Gegner, der das Dritte Reich bereits am 17. Juni um Waffenstillstand gebeten hatte, zur Farce. Die Italiener verstanden es nicht, ihre zahlenmäßige Überlegenheit zu nutzen: Während die Heeresgruppe des Kronprinzen gerade noch die Grenzstädte Briançon und Modane okkupieren konnte, kam der Vorstoß an der Riviera bereits in Mentone zum Stehen. Vergleichsweise geringer französischer Widerstand genügte, um die königliche Armee zu stoppen. Mussolini konnte diese Schlappe kaum fassen; er fühlte sich gedemütigt, suchte aber den Grund für diese unglaubliche Blamage keineswegs bei sich selber und seiner sträflich unausgegorenen Planung, sondern machte vielmehr die historischen Gegebenheiten dafür verantwortlich: „Mir fehlt das Material. Auch Michelangelo brauchte Marmor, um seine Statuen zu schaffen. Wenn er nur Lehm gehabt hätte, wäre er nur ein Töpfer geworden. Ein Volk, das für 16 Jahrhunderte Amboss gewesen ist, kann nicht in wenigen Jahren ein Hammer werden."[849]

Während sich Mussolini auf sein vermeintliches militärisches Genie, auf die Vorsehung, die faschistische Willenskraft, die ruhmreiche altrömische Geschichte und andere irrelevante Größen verließ, vertraute Hitler nicht bloß auf seine zweifellos vorhandenen Talente als Stratege und Taktiker. Tatsächlich schmökerte er nächtelang militärische Fachliteratur und vermochte so, selbst seine Generäle mit Detailwissen zu verblüffen. Allein wenn Hitler zu unorthodoxen Mitteln griff, tat er dies – jedenfalls in der Zeit seiner militärischen Triumphe – mit erstaunlich profunder Sachkenntnis. Als „künstlerisch" inspirierter Feldherr verfügte er über jene ihm von Manstein attestierte „schöpferische Phantasie", die den Technokraten in den Generalstäben während des gesamten Ersten Weltkriegs abgegangen war. Andererseits stand seinem kühnen Planungstalent bisweilen seine Nervosität beim Verlauf der militärischen Operationen im Weg. Auch während des Westfeldzuges litt er, dem man seinerzeit im Ersten Weltkrieg die Befähigung zur Führung einer Truppe abgesprochen hatte, unter beinahe unerträglicher Nervenanspannung. Doch all die Erfolge schienen ihm ausnahmslos Recht zu geben, und es war daher auch nur logisch, dass er dem Urteilsvermögen seiner eigenen Generäle misstraute, die ihn unentwegt vor der respekteinflößenden französischen Abwehrkraft gewarnt hatten. Er, der kleine Gefreite aus dem Ersten Weltkrieg, musste ihnen einbläuen, dass die Armee des zutiefst kriegsunwilligen Erzfeindes nur mehr ein Schatten von einst war, schlecht geführt und ohne Kampfmoral. Und nun sah er sich eindrucksvoll bestätigt.

Im ersten Jahr des von ihm mit aller Gewalt vom Zaun gebrochenen Krieges wurde Hitlers mangelnde Erfahrung von seinem unbestreitbaren Talent, die Schwächen des Gegners zu erfassen und auszunutzen, bei weitem aufgewogen. Ohne Zweifel kam ihm dabei die geistige Unbeweglichkeit der alten Militärstrukturen zugute. Dass sich die Planungsstellen beider Seiten noch immer nicht von starren Konzepten verabschieden konnten und Hitler so mit seinen originellen Ideen zu überraschen verstand, half entscheidend mit, den Mythos vom „Größten Feldherrn aller Zeiten", wie Keitel seinen Führer nach dem französischen Waffenstillstandsgesuch sogleich gepriesen hatte, zu schaffen. „Ein Feldherr braucht Phantasie", so sah er seine Stärke selbst, „und es ist kein Wunder, dass unser Volk Soldatenvolk und zugleich Kunstvolk ist. Meine Stärke liegt darin, dass ich mich in die Situationen hineinzusetzen vermag, denen die Truppe sich ausgesetzt sieht. Die Vorstellungskraft ist allerdings davon abhängig, dass man ähnliche Lagen selbst erlebt hat; daraus kommt dann sehr rasch die Erkenntnis, was geschehen muss, um der Gefahr zu begegnen."[850]

Hitler erfuhr vom französischen Waffenstillstandsgesuch im belgischen Bruly-le-Pêche. Der Diktator ließ sich daraufhin zu einem bizarr anmutenden Freudentanz hinreißen. Was die einst viel bewunderten Experten Moltke, Falkenhayn, ja nicht einmal die Dritte Oberste Heeresleitung unter den martialischen Ikonen Hindenburg und Ludendorff von 1914 bis 1918 unter unvorstellbar hohem Blutzoll und Anstrengungen nicht zu erreichen vermocht hatten, schaffte der einstige Gefreite mit vergleichsweise lediglich 27.000 gefallenen deutschen Soldaten in wenigen

Wochen: den Sieg über den Erzfeind Frankreich und die Vertreibung der britischen Expeditionsstreitkräfte vom europäischen Festland. Bevor man mit den Franzosen zusammentraf, tat es aber Not, dass sich die Achsenpartner gemeinsam besprachen.

Am 18. Juni trafen die beiden Diktatoren einander in München. Trotz der jämmerlichen Vorstellung der italienischen Armee kannte die Raffgier des Duce keine Grenzen: Er verlangte Nizza, Korsika, Tunesien, Syrien, Stützpunkte in Algerien, Dschibuti, die italienische Okkupation Frankreichs bis zur Rhône, die gesamte französische Kriegsmarine und sprach selbst von dem noch britischen Malta, Ägypten und dem Sudan. Im Gegensatz zu dieser infantilen Beutelust gab sich Hitler auffallend gemäßigt. „Hitler ist jetzt wie ein Spieler, der die Bank gesprengt hat", so beobachtete Ciano. „Er will vom Spieltisch aufstehen und nichts mehr riskieren. Er spricht heute mit einer Mäßigung und Klarsicht, die nach einem Sieg, wie dem seinen, wirklich überraschen. Ich stehe nicht in Verdacht besonders zarter Gefühle für ihn, aber in diesem Augenblick bewundere ich ihn wirklich."[851]

Dem siegreichen Feldherrn ging es vor allem darum, zu vermeiden, dass sich eine französische Regierung ins Exil absetzte und von dort aus den Krieg weiterführte. Daher wollte sich Hitler eine im eigenen Land amtierende französische Regierung als Verhandlungspartner sichern. In diesem Zusammenhang trachtete er auch zu verhindern, dass die französische Flotte in britische Hände fiel. Mussolini benahm sich auf der Konferenz betreten. Es entging ihm nicht, bloß noch Juniorpartner zu sein.[852] So sah er sich gezwungen, der Idee einer Neutralisierung der französischen Flotte zuzustimmen, da sie sonst wohl von den Briten gegen Italien eingesetzt werden würde. Hitler machte den italienischen Gästen zudem klar, keineswegs die Absicht zu haben, mit Frankreich derart zu verfahren, wie dieses es nach dem Ersten Weltkrieg mit Deutschland getan hatte. Er zeigte sich vielmehr bereit, in weniger wichtigen Punkten, an denen den Franzosen vielleicht viel liegen mochte, Zugeständnisse zu machen.[853] Nach seiner Abfahrt aus München wurde Mussolinis Zug durch einen Fliegeralarm festgehalten. Als Hitler dies zu Gehör bekam, wurde ihm einmal mehr bewusst, an welch seidenem Faden auch das Leben eines Diktators hängen konnte. Als „Zeichen der Besorgtheit eines Freundes" drängte er daraufhin dem Duce zwei Eisenbahn-Flakwagen als persönliches Geschenk auf.[854]

Diese Aufmerksamkeit vermochte Mussolini natürlich nicht über den Umstand hinwegzutrösten, sowohl in Europa als auch innerhalb der Achse nur mehr die zweite Geige zu spielen. Angesichts der moderaten Grundhaltung Hitlers und Ribbentrops fürchtete der Duce um die Erfüllung seines großen Traums, Ruhm auf dem Schlachtfeld zu erwerben. Doch selbst Starace, der sich bislang für die Intervention Italiens eingesetzt hatte, berichtete von der Front, dass die ganze Operation gegen Frankreich die totale Unzulänglichkeit des italienischen Heeres, den Mangel an Offensivmitteln, das ineffiziente Kommando, gezeigt hatte: „Die Mannschaft ist zwei Tage vor dem Waffenstillstand in einen völlig unnötigen Tod geschickt worden", resümierte Ciano. Dementsprechend schwante dem Außenminister auch für die Feldzüge in Libyen und Äthiopien nichts Gutes.[855]

Hitler wollte es sich nicht nehmen lassen, den Franzosen die Waffenstillstandsbedingungen eben dort zu überreichen, wo sich am 11. November 1918 nach seiner Ansicht die größte Demütigung für die deutsche Nation vollzogen hatte: im Wald von Compiègne. Am 21. Juni 1940 wurde die Weltpresse Zeuge, wie der deutsche Diktator alles im damaligen Stil arrangieren hatte lassen, freilich mit umgekehrten Vorzeichen. Der alte hölzerne Salonwagen wurde eigens aus dem Museum geholt. Hitler nahm auf dem Stuhl Platz, von dem aus einst Marschall Foch der Delegation des Deutschen Reiches härteste Waffenstillstandsbedingungen diktierte.

Allein trotz seiner unverhohlenen Genugtuung über die Revanche für die „tiefste Schande aller Zeiten" unterließ es der Diktator tatsächlich, den besiegten Erbfeind völlig zu erniedrigen. Hitler besaß zu dieser Zeit noch genügend Kalkül, den Franzosen moderate Bedingungen anzubieten. Einerseits, um sie nicht durch entwürdigende Zumutungen zur Fortsetzung des Kampfes zu bewegen, und andererseits, um auch gegenüber Großbritannien ein Zeichen des guten Willens zu setzen. Goebbels schwärmte: „Die Schmach ist nun ausgelöscht. Man fühlt sich wie

Hitler verlässt in Begleitung von Göring, Ribbentrop und Hess den im Wald von Compiégne stehenden Salonwagen.

neugeboren. [...] Der Führer ist sehr menschlich, ganz rührend und lieb. Er ist das größte geschichtliche Genie, das wir je besessen haben."[856]

Frankreich wurde in zwei Zonen unterteilt: Zwei Drittel des Landes – von der Kanal- und Atlantikküste bis zur Loire und der spanischen Grenze – kamen unter die Besatzung der Wehrmacht. Die neue, mittlerweile autoritäre Regierung des unbesetzten Restfrankreich unter dem greisen „Sieger von Verdun", Marschall Pétain, verlegte ihren Sitz von Paris, wo nun General von Stülpnagel residieren sollte, in den mittelfranzösischen Kurort Vichy.

Mussolini wollte dem deutschen Diktator keine Schwierigkeiten bereiten und gab schließlich klein bei. In einem Brief an Hitler vom 22. Juni zeigte er sich bereit, auf die Besetzung der linken Rhôneseite sowie auf Korsika, Tunis und Dschibuti zu verzichten. Seine Minimalforderung beschränkte sich somit auf eine entmilitarisierte Zone von 50 Kilometern.[857] Die französische Waffenstillstandskommission unter General Huntziger traf mit deutschen Flugzeugen am 23. Juni in Rom ein. Der sichtlich bewegte Badoglio führte die Italiener an. Er legte Wert darauf, die Franzosen mit größter Höflichkeit zu behandeln. Abseits dieses Prozedere in der Villa

Marschall Badoglio (rechts) verkündet die italienischen Waffenstillstandsbedingungen. Im Hintergrund in der Mitte ist General Huntzinger, der Leiter der französischen Delegation, zu sehen.

Hitler besichtigt mit den Architekten Giesler, Speer (links neben Hitler) und Breker in drei Stunden Paris.

Incisa war der Duce über den Umstand verbittert, dass es – schließlich am Tag darauf – zur Unterzeichnung kam, ohne dass die Italiener einen Sieg mit den Waffen davongetragen hatten. Deswegen wünschte er bei dieser so gut wie geheimgehaltenen Zeremonie auch nicht den geringsten Aufwand.[858]

Um 1.35 Uhr nachts des 25. Juni trat die Waffenruhe in Kraft. In Bruly-le-Pêche saß Hitler in jenem Augenblick mit seiner Begleitung in der einfachen Stube eines Bauernhauses an einem Holztisch. Er hatte befohlen, das Licht auszumachen und die Fenster zu öffnen. Draußen blies sodann ein Trompeter das Signal. In der Ferne gewitterte es, als Hitler kaum vernehmbar bemerkte: „Diese Verantwortung [...]"[859]

Was ihm als kleiner Gefreiter verwehrt geblieben war, holte Hitler nun als gleichermaßen bewunderter wie gefürchteter Feldherr nach: In Begleitung der Architekten Speer, Giesler und Breker besuchte er in den frühen Morgenstunden Paris. Der Traum seines Lebens, wie er selbst meinte, hatte sich erfüllt. Doch der Diktator hatte keine Lust zu einer Siegesparade, denn der Krieg war noch keineswegs zu Ende. Gönnerhaft und interessiert, neidvoll und mit teilweise erstaunlichem Detailwissen musterte er die weltberühmten Baudenkmäler der Seinemetropole, die „ihn von früh auf so gefesselt habe, dass er glaube, sich allein durch das Studium der Pläne in ihren Straßen und wichtigsten Bauten auszukennen, als ob er dort gelebt habe". Als er andächtig schweigend vor dem Grabmal Napoleon Bonapartes im Invalidendom stand, mochte der deutsche Diktator daran gedacht haben, dass der Kaiser der Franzosen dort gescheitert war, wo er noch hin wollte: Russland.

Selbst wenn sich Hitler auf seiner „Kunstreise" bloß drei Stunden in der französischen Hauptstadt aufgehalten hatte, bezeichnete er es doch als den Traum seines Lebens, Paris gesehen zu haben. „Ich kann nicht sagen, wie glücklich ich bin, dass er sich heute erfüllt hat." Berlin sollte jedoch noch viel schöner als die französische Hauptstadt werden. „Ich habe mir früher oft überlegt, ob man Paris nicht zerstören müsse", so trat wieder scheinbar schizophren der rücksichtslose Vernichter in ihm hervor, „aber wenn wir in Berlin fertig sind, wird Paris nur noch ein Schatten sein." Speer erteilte er den Auftrag, dass Berlin „in kürzester Zeit durch seine bauliche Neugestaltung den ihm durch die Größe unseres Sieges zukommenden Ausdruck als Hauptstadt eines starken neuen Reiches erhalten" müsse. „In der Verwirklichung dieser nunmehr wichtigsten Bauaufgabe des Reiches sehe ich den bedeutendsten Beitrag zur endgültigen Sicherstellung unseres Sieges. Ihre Vollendung erwarte ich bis zum Jahre 1950. Das Gleiche gilt auch für die Neugestaltung der Städte München, Linz, Hamburg und den Parteitagbauten in Nürnberg."[860]

Mit zwei ehemaligen Kriegskameraden besuchte Hitler noch die Schlachtfelder von 1914/18, verschiedene Anlagen entlang der Maginotlinie und das Elsass. Der Diktator gab sich leutselig und plauderte dabei gleichermaßen vergnügt wie propagandawirksam mit den einfachen Soldaten. Auch Goebbels notierte darüber in sein Tagebuch: „Der Führer war selbst auf den Schlachtfeldern, in seinen alten Schützengräben. Er gibt mir eine ergreifende Schilderung davon. All das Elend der Flüchtlinge hat ihn tief gerührt. Er gibt [...] den Auftrag, hier sofort helfend einzugreifen. [...] Der Führer steht turmhoch über uns allen. Er ist ein geschichtliches Genie. Welch eine große Zeit! Welches Glück, an ihr mitarbeiten zu dürfen. Und nach ihr soll dann die große Ruhe kommen, nach der wir uns alle sehnen. Auch der Führer, vielleicht mehr als wir alle. Dann bauen wir Europa auf."[861]

Hitlers Rückkehr nach Berlin wurde naturgemäß zum von den Nationalsozialisten mit allem Pomp versehenen Triumphzug. „Der Führer ist sehr gerührt", bemerkte Goebbels. „Die Tränen kommen ihm in die Augen."[862] Doch es scheint unwahrscheinlich, dass Hitler die Begeisterung in der Reichshauptstadt wirklich in vollen Zügen zu genießen vermochte, denn Schlachten waren gewonnen worden, der Krieg aber dauerte fort.

# Parallele Kriegführung

## Juni bis Oktober 1940

Im Sommer 1940 befand sich Hitler auf dem Höhepunkt seiner Macht. Auch seine Popularität war wohl zu keinem Zeitpunkt größer und derart viele Schichten der Gesellschaft erfassend als nach dem Triumph des Westfeldzuges. War bei größeren Teilen der Bevölkerung selbst nach dem Sieg gegen Polen ein gewisses Maß an Skepsis geblieben, so erfüllte die Revanche für die Schmach von Versailles die Deutschen mit echtem Glücksgefühl. Die „Grande Nation" derart beeindruckend als militärischen und politischen Faktor in Europa ausgeschaltet zu haben, ließ den deutschen Widerstand verstummen und verlieh Hitler nun vielerorts den Mythos, tatsächlich von der Vorsehung gesandt worden zu sein.[863]

Das strategische Dreieck der alten Pariser Nachkriegsordnung Frankreich – Polen – Tschechoslowakei war nun restlos beseitigt. Hitler hatte aber Frankreich die totale Demütigung erspart, um es näher an die Achse heranzuführen und sogar gegen Großbritannien zu gewinnen.[864] Gleichzeitig wollte er mit seinen vergleichsweise gemäßigten Waffenstillstandsbedingungen London den Willen zum Ausgleich signalisieren. Immer wieder hatte er beteuert, dass es nicht seinem Wunsch entsprach, das Empire zu zerschlagen. Nach seiner Ansicht konnte es – zumindest bis auf weiteres – See- und Kolonialmacht bleiben, wenn es Deutschland nur am europäischen Festland seine Vorstellungen ungestört umsetzen ließ und das Reich seine ehemals kaiserlichen Kolonien zurückerhielt. „Wir suchen Fühlung mit England auf der Basis der Teilung der Welt", hatte sich Hitler noch während des Westfeldzuges vor seinen Militärs geäußert.[865] Zu diesem Zweck mussten freilich auch jene Strömungen in den Vereinigten Staaten gestärkt werden, die von einem Engagement in der Alten Welt auf Seiten Großbritanniens nichts wissen wollten. Aber der deutsche Diktator hielt auch an der Überzeugung fest, dass es für das Empire ohnehin verlockender sei, mit Deutschland die Welt aufzuteilen, das an den britischen Kolonien keinerlei Interesse bekundete, als mit den Vereinigten Staaten, die sich – seiner Ansicht nach – als Erbe der Weltpolitik des Königreichs sahen.

Unter diesen Voraussetzungen hätte Hitler den Rücken frei gehabt, um sein vorrangiges Ziel zu verfolgen, das er trotz der Abmachungen nie aus dem Auge verloren hatte: den ideologisch und rassisch motivierten Krieg um neuen deutschen „Lebensraum" im Osten, den Feldzug gegen die Sowjetunion. Allein seine Rechnung sollte nicht aufgehen. Der neue, eine Allparteienregierung leitende Premierminister Winston Churchill zeigte sich unbeugsam, kompromisslos und zum Entscheidungskampf entschlossen. Dementsprechend hatte er auch bereits am 1. Oktober 1939 – damals noch als Marineminister – erklärt: „Hitler konnte bestimmen, wann der Krieg beginnen sollte; aber es wird nicht ihm oder seinen Nachfolgern vorbehalten sein, zu bestimmen, wann er enden wird. Der Krieg begann, als er ihn wollte, und er wird erst dann enden, wenn wir davon überzeugt sind, dass Hitler seinen Teil erhalten hat!" Roosevelt wiederum machte keinen Hehl aus seiner Unterstützung der letzten demokratischen Bastion in Europa. Eine britisch-amerikanische Allianz begann sich abzuzeichnen.

Hitler widerstrebte es, Krieg gegen Großbritannien zu führen, zumindest zu diesem Zeitpunkt, der ihm höchst ungelegen schien. „Zu England hat der Führer trotz allem immer noch ein sehr positives Verhältnis. Er ist noch nicht zum endgültigen Schlag bereit", beobachtete Goebbels.[866] Zum einen war sich der Diktator der Ressourcen eines so großen Kolonialreiches durchaus bewusst, zum andern musste er befürchten, dass es London gelingen würde, die USA für seine Sache zu gewinnen. Außerdem hatte Hitler selbst stets Achtung vor den britischen Verteidigungsqualitäten, und von dem für ihn so wichtigen rassischen Standpunkt gab es ebenfalls keinen Grund, sich mit den Angelsachsen in einem blutigen und langen Krieg zu messen. Selbst der antibritische Ribbentrop hatte Ciano anlässlich der Besprechungen für den Waffenstillstand mit Frankreich in München ungewohnt gemessen und gleichzeitig unmissverständlich zu verstehen gegeben, dass Deutschland den Frieden wollte.

Aber Churchill blieb unnachgiebig, Krieg zu führen, „bis der Fluch Hitlers von der Menschheit genommen" war. Im Gegensatz zu anderen Politikern und Staatslenkern seiner Zeit war es Churchill klar, dass man dem deutschen Diktator nicht trauen konnte, der Abmachungen mit feindlichen Regierungs- und Gesellschaftssystemen ohnehin nur so lange zu halten gewillt war, wie es ihm opportun erschien. Dass Churchill gleich zweimal, am 4. wie am 18. Juni, im Unterhaus erklärt hatte, dass Großbritannien auch allein weiterkämpfen würde, traf Hitler naturgemäß hart, da er keine konkreten Vorstellungen hatte, wie der ihm höchst unliebsame Krieg gegen das Empire fortgesetzt werden sollte.

Für Mussolini war der Krieg der Achse gegen die Westmächte ein Krieg der Revolutionen gegen das alte überkommene Establishment, und so wollte er unter allen Umständen am Kampf gegen das Empire teilnehmen. Dementsprechend regte er an, mit Land- und Luftstreitkräften dazu beizutragen, Großbritannien zu besiegen. „Sie wissen", so schrieb er Hitler am 26. Juni, „wie sehr ich es wünsche."[867] Natürlich ging es dem Duce dabei bloß um einen symbolischen Akt, der die deutsch-italienische „Waffenkameradschaft" in sichtbarer Weise zum Ausdruck bringen sollte. Der deutsche Diktator zog es jedoch vor, auf eine italienische Unterstützung in Form von einigen Divisionen lieber zu verzichten. Das Angebot des Duce, Schiffe und Flugzeuge zur Verfügung zu stellen, wollte er hingegen nicht sofort dankend ablehnen. Außerdem, so teilte er Mussolini in seinem Antwortschreiben schließlich mit, fasste er es als „ungeheueren Gewinn" auf, dass Italien einen Angriff auf Ägypten und den Suezkanal plante.[868]

Zur gleichen Zeit, als Hitler Paris besuchte, inspizierte Mussolini die Westfront. Es entsprach seinem militärischen Unverständnis, dass er sich über das, was er zu sehen bekam, durchaus enthusiastisch zeigte. Er fand die Bewaffnung seiner Truppen ausgezeichnet und sprach vom „Durchbruch durch die Maginotlinie in den Alpen", obwohl ein solcher gar nicht stattgefunden hatte. Ganz in euphorischer Stimmung hielt er nun auch den Vormarsch auf Alexandria für eine „gemachte Sache" und fühlte sich darin auch von Badoglio bestätigt. Einen Gegner des italienischen Kriegseintritts und Befürworter einer anglophilen Neutralität hatte Mussolini dieser Tage verloren: Italo Balbo, mittlerweile Marschall und zuletzt Generalgouverneur von Libyen, war am 28. Juni bei Tobruk von der eigenen Luftabwehr, die sein Flugzeug für eines der Royal Airforce gehalten hatte, abgeschossen worden und dabei zu Tode gekommen.[869]

Hitler beabsichtigte, die für ihn so positive Stimmung innerhalb der deutschen Bevölkerung auszunutzen, und führte deshalb bereits den Feldzug gegen die Sowjetunion im Schilde. Die Zeit war zwar für diese Operation keineswegs reif, bedeutete dies doch für das Reich nach 1914 erneut einen Zweifrontenkrieg, den Hitler stets zu vermeiden vorgab. Der Diktator klammerte sich jedoch an seine Wunschvorstellung eines baldigen Endes der Auseinandersetzung mit Großbritannien und ließ daher seinen Generalstab einen Feldzug gegen Osten schon für den kommenden Herbst planen. Es gab allerdings unter den Vasallen Hitlers auch Männer, die zuerst das Empire in die Schranken gewiesen sehen wollten: Trotz all ihrer gegenseitigen Animositäten bevorzugten sowohl Ribbentrop als auch Goebbels einen Ausgleich mit der Sowjetunion und den Entscheidungskampf gegen Großbritannien. Der Oberbefehlshaber der Kriegsmarine, Großadmiral Raeder, schlug wiederum vor, das Schwergewicht der deutschen Kriegführung ins Mittelmeer, in den Nahen Osten und nach Nordwestafrika zu verlegen, um damit sowohl in strategischer Hinsicht als auch, was die Rohstoffversorgung betraf, über eine breite Basis für einen Krieg im Atlantik zu verfügen. Admiral Dönitz vertrat wiederum den totalen Einsatz einer noch verstärkten U-Boot-Flotte, um die Verbindung der beiden angelsächsischen

Staaten über den Atlantik zu kappen und damit sowohl Großbritannien von der so wichtigen Zufuhr aus Amerika abzutrennen als auch die USA von Europa fernzuhalten.[870]

Vor den Italienern wollte Hitler keine Schwäche zeigen und tarnte seine Friedensbemühungen gegenüber Großbritannien als taktische Finte. In einer Unterredung mit Botschafter Alfieri in Anwesenheit Ribbentrops und Keitels am 1. Juli betonte Hitler das politisch-psychologische Moment. Es sei demnach stets eine gute Taktik, dem Gegner vor der öffentlichen Meinung die Schuld für die weitere Entwicklung der Dinge zuzuschieben. Die von Deutschland nun geplante Unternehmung würde sehr blutig verlaufen, da der „absolute" Luftkrieg auch die Zivilbevölkerung in Mitleidenschaft ziehen werde. Deshalb müsse man in der öffentlichen Meinung die Überzeugung erwecken, dass vorher alles geschehen sei, um diese Schrecken abzuwenden. Schon in seiner Reichstagsrede vom 6. Oktober letzten Jahres habe er sich von dem Gedanken leiten lassen, die Verantwortung der Gegenseite für alles Kommende festzulegen. Dadurch habe er damals gewissermaßen den Krieg bereits gewonnen gehabt, ehe er noch richtig begonnen hätte. Auch nun beabsichtige er, eben aus psychologischen Gründen, die kommenden Schritte gleichsam moralisch zu untermauern.[871] Die italienische Seite war jedenfalls ganz allgemein über Hitlers Zurückhaltung erstaunt. Ciano, der am 7. Juli nach Berlin gereist war, fand ihn liebenswürdig, beinahe zuvorkommend vor. „Gesundheitlich geht es ihm gut. Er ist ruhig und gemessen. Sehr gemäßigt für einen Deutschen, der gesiegt hat."[872]

Zunehmend wurde es für Hitler jedoch zur Gewissheit: Churchill war nicht bereit, sich mit ihm zu verständigen, sondern fest entschlossen, den Krieg bis zu Ende zu führen. Daher bedurfte Großbritannien – wie es der Diktator einmal festgestellt hatte – eben „noch einer Demonstration unserer militärischen Gewalt [...], ehe es nachgibt und uns den Rücken frei lässt für den Osten".[873] Am 13. Juli hielt Hitler eine Konferenz am Berghof ab. Erneut beschäftigte ihn dabei am stärksten die Frage, warum sich Großbritannien noch immer nicht friedenswillig zeigte. Er kam zum Schluss, dass das Empire wohl noch Hoffnungen auf die Sowjetunion hegte. Großbritannien mit Gewalt zum Frieden zu zwingen, tat er nicht gern, wie er nicht zu beteuern vergaß, denn bei einem deutschen Sieg würde das britische Weltreich zerfallen, woraus nicht Deutschland, sondern vielmehr die Vereinigten Staaten, Japan und andere einen Nutzen zögen.[874]

Die deutsche Kriegsmarine forderte angesichts der Überlegenheit der Royal Navy, dass für eine Invasion der Britischen Inseln als unbedingte Voraussetzung die Luftherrschaft durch die deutsche Luftwaffe hergestellt werden musste. Hitler schloss sich diesem Urteil an. In seiner Weisung über die Vorbereitung einer Landungsoperation gegen England vom 16. Juli bezeichnete er es als deren Zweck, „das englische Mutterland als Basis für die Fortführung des Krieges gegen Deutschland auszuschalten und, wenn es erforderlich werden sollte, in vollem Umfange zu besetzen". Als erste Voraussetzung für die als Operation „Seelöwe" bezeichnete Landung auf den Britischen Inseln galt Hitler: „Die englische Luftwaffe muss moralisch und tatsächlich so weit niedergekämpft sein, dass sie keine nennenswerte Angriffskraft dem deutschen Übergang gegenüber mehr zeigt."[875]

Ein letzter Versuch, auf dieses Invasionsunternehmen zu verzichten, stellte nun die Reichstagsrede des Diktators am Abend des 19. Juli dar. Ohnehin bereits verschoben, hatten sich jedoch die Vorzeichen keineswegs verbessert. Das nationalsozialistische Regime gab sich jedoch nach außen hin selbstbewusst und wollte sowohl dem eigenen Volk als auch der Welt beweisen, wie sicher man sich des Sieges war. Am Tag vor der Ansprache inszenierte das Regime eine imposante Truppenparade auf Berlins geschichtsträchtiger Feststraße Unter den Linden. Mit seiner Rede vor dem Reichstag ging Hitler endlich wie angekündigt daran, alle seine weiteren Schritte moralisch zu untermauern.[876] Zurückgezogen am Obersalzberg, hatte er seine Rede von dem ursprünglich beabsichtigten Friedensappell in eine Demonstration deutscher Macht umgewandelt. So sprach Hitler davon, dass die Revision des Versailler Diktats „naturnotwendig" gewesen sei, dass er diese „– soweit aber irgend möglich – auf friedlichem Wege herbeiführen" wolle. Dementsprechend wies er den Westmächten die ganze Schuld am Kriegsausbruch zu und betonte, wie sehr er sich schon bislang für den Frieden eingesetzt hätte.

In weiterer Folge schilderte Hitler die triumphalen Erfolge der Wehrmacht und pries die Qualitäten des deutschen Soldaten. Er ernannte Göring zum Reichsmarschall und sprach zahlreiche andere höchste militärische Beförderungen aus. Hitler erinnerte dann an – als die beiden vornehmsten Ziele nationalsozialistischer Außenpolitik – die „Herbeiführung einer wahren Verständigung und Freundschaft" sowohl mit Italien als auch mit Großbritannien. In diesem Zusammenhang bedankte er sich bei Mussolini für dessen Haltung seit Ausbruch der Feindseligkeiten. In Richtung London verwies der Diktator auf die Gründe für die militärischen Erfolge Deutschlands im Krieg und erinnerte an seinen Friedensvorschlag in der Reichstagsrede vom 6. Oktober des Vorjahres. Demnach hätte es gar nicht zum Westfeldzug kommen müssen:

„Aber die Herren Rüstungsinteressenten wollten die Fortsetzung dieses Krieges um jeden Preis, und sie haben diesen Krieg nun bekommen. Ich bin selber zu sehr Soldat, als dass ich nicht für das Unglück einer solchen Entwicklung Verständnis hätte. Ich höre nun aus London nur ein Geschrei – es ist nicht das Geschrei der Massen, sondern der Politiker –, dass der Kampf erst recht fortgesetzt werden müsse. Ich weiß nicht, ob diese Politiker schon die richtige Vorstellung von der kommenden Fortsetzung dieses Kampfes besitzen. [...] Glauben Sie mir, meine Abgeordneten, ich empfinde inneren Ekel vor dieser Sorte gewissenloser parlamentarischer Volks- und Staatenvernichter. Es tut mir fast weh, wenn mich das Schicksal dazu ausersehen hat, das zu stoßen, was durch diese Menschen zum Fallen gebracht wird;

denn meine Absicht war es nicht, Kriege zu führen, sondern einen neuen Sozialstaat von höchster Kultur aufzubauen. Jedes Jahr dieses Krieges beraubt mich dieser Arbeit. Und die Ursache dieses Raubes sind lächerliche Nullen, die man höchstens als politische Fabriksware der Natur bezeichnen kann, sofern sie nicht ihre käufliche Schlechtigkeit zu etwas Besonderem stempelt." Churchill, der bekunde, den Krieg zu wollen, zwinge ihn so, ein großes Weltreich zu zerstören:

„Ein Weltreich, das zu vernichten oder auch nur zu schädigen niemals meine Absicht war. [...] In dieser Stunde fühle ich mich verpflichtet, vor meinem Gewissen noch einmal einen Appell an die Vernunft auch in England zu richten. Ich glaube, dies tun zu können, weil ich ja nicht als Besiegter um etwas bitte, sondern als Sieger nur für die Vernunft spreche. Ich sehe keinen Grund, der zur Fortführung dieses Kampfes zwingen könnte. [...] Herr Churchill mag nun diese meine Erklärung wieder abtun mit dem Geschrei, dass dies nur die Ausgeburt meiner Angst sei und meines Zweifels am Endsieg. Ich habe dann eben jedenfalls mein Gewissen erleichtert gegenüber den kommenden Dingen."

Bereits eine Stunde nachdem Hitler seine Rede beendet hatte, sendete die BBC die britische Ablehnung des Friedensangebots. Ciano, der selber in der festlich geschmückten Krolloper Hitlers Rede gehört hatte, hielt den Friedenswunsch des deutschen Diktators für ehrlich. Enttäuscht erklärte ihm dieser sodann auch, eine Verständigung vorgezogen zu haben. Der Duce, der ursprünglich gegen eine Reichstagsrede Hitlers gewesen war, bezeichnete sie als „allzu geschickt". Er selber fürchtete allerdings, dass die Briten aufgrund dieser Erklärungen tatsächlich in Friedensverhandlungen eintreten könnten. Dies hätte jedoch die Pläne des faschistischen Diktators durchkreuzt, denn, so konstatierte sein Schwiegersohn, „er will den Krieg, heute mehr als jemals".[877]

Mussolinis Bestreben war es, noch bevor die deutsche Wehrmacht Großbritannien niederwerfen und besetzen würde, ebenfalls mit Siegen aufwarten zu können. Der Duce war von einer erfolgreichen deutschen Invasion der Britischen Inseln überzeugt, während ihm eine Verständigung zwischen Berlin und London höchst ungelegen gekommen wäre. Kampfeslustig hoffte er vielmehr auf eine Fortdauer des Krieges, um am Balkan, im Mittelmeer und in Nordafrika noch Siege heimzubringen und sowohl sein Prestige als auch die internationale Reputation des faschistischen Italien zu vergrößern. Seine Armee, so sein sehnlichster Wunsch, sollte ebenfalls triumphal aus dem Krieg heimkehren, und er sollte es Hitler gleichtun und als großer Feldherr in die Geschichte eingehen.

So beabsichtigte Mussolini, einen parallelen Krieg zu führen und ihn ohne deutsche Hilfe zu gewinnen, selbst wenn Hitler gerade in Hinblick auf den Wüstenfeldzug in Nordafrika diese wiederholt anbot. Dass die italienische Armee bei ihrer Offensive gegen Ägypten gerade die so wertvollen deutschen Panzer benötigen konnte, schien ihm gleichgültig zu sein. Er vertraute vielmehr darauf, dass die italienischen Soldaten angesichts der Saharahitze allen anderen – Freund wie Feind – überlegen sein müssten. Ja, er glaubte sogar noch, besonders großzügig sein zu müssen, und stellte den Deutschen ein Viertel seiner Luftwaffe für die Luftschlacht um England zur Verfügung. Es sollte sich sehr rasch herausstellen, dass die italienischen Flugzeuge für die Bombardements Londons ungeeignet waren, während sie im Mittelmeer und Nordafrika schmerzlich vermisst wurden.

Am 22. Juli bereitete Lord Halifax in einer Rundfunkrede endgültig allen deutschen Hoffnungen auf eine Friedensbereitschaft Londons ein Ende. Trotzig bekräftigte er Großbritanniens Entschlossenheit zur Weiterführung des Kampfes, „auch wenn er uns alles kosten mag. Es hat niemand irgendwelche Zweifel darüber, dass, wenn Hitler Erfolg haben würde, dies das Ende von allem bedeuten würde, was das Leben lebenswert macht."[878] Trotzdem kündigte der deutsche Diktator am selben Tag vor seinen Militärs neuerlich an, sich gegen Osten wenden zu wollen: „Stalin kokettiert mit England, um England im Kampf zu erhalten und uns zu binden, um Zeit zu haben, das zu nehmen, was er nehmen will und was nicht mehr genommen werden kann, wenn Frieden ausbricht. Er wird Interesse haben, dass Deutschland nicht zu stark wird." Der unruhige Diktator musste zwar zugeben, dass es „keine Anzeichen für russische Aktivitäten uns gegenüber" gab, doch hinderte ihn diese Beobachtung keineswegs in seinen Überlegungen, die Sowjetunion noch im Herbst anzugreifen.[879] Sein altes ideologisches Ziel wurde so mit der ihm mittlerweile auch strategisch motivierten Notwendigkeit, die – möglicherweise Großbritannien zu Hilfe kommende – Sowjetunion niederzuwerfen, verbunden.

Hitler konnte einen Angriff auf die UdSSR zudem damit rechtfertigen, dass die Sowjetunion den Krieg in Europa ohne große Hemmungen für ihren Vorteil ausnützte und ihre Grenzen immer mehr nach Westen vorgeschoben hatte. Stalin hatte sich tatsächlich bemüht, dem deutschen Diktator an eroberungslüsterner Raffgier so wenig wie möglich schuldig zu bleiben: Im Sog der deutschen Feldzüge hatte die Sowjetunion von Rumänien Bessarabien und die nördliche Bukowina und darüber hinaus die baltischen Staaten annektiert und Finnland nach dem verlustreichen Winterkrieg im Frieden von Paris schließlich zur Abtretung karelischen Gebiets genötigt. Der Despot in Moskau verletzte allerdings mit der Einverleibung des litauischen Grenzstreifens ebenso die Abmachungen mit dem Dritten Reich wie bei der Inbesitznahme des nördlichen Teils der zu Rumänien gehörenden Bukowina. Außenminister Molotow machte den Deutschen darüber hinaus klar, dass das Reich seine Erfolge auch der Neutralität der Sowjetunion zu verdanken habe, dass aber die UdSSR nicht gedenke, sich mit dem bislang Erreichten zufrieden zu geben.[880]

Bereits ganz auf den Ostfeldzug eingestimmt, ließ Hitler seine Generäle auf den Obersalzberg kommen. Am späten Vormittag des 31. Juli hielt er ihnen dort einen

Vortrag über die Lage. Großbritannien sei schon ganz „down" gewesen, doch die Hoffnung auf Russland habe es wieder aufgerichtet. Nun setze einmal der Luftkrieg gegen die Britischen Inseln ein, sollte dessen Ergebnis aber nicht befriedigen, müssten die Vorbereitungen für die Invasion angehalten werden. Generalstabschef Halder hat Hitlers Worte in knappem Stil aufgezeichnet: „Englands Hoffnung ist Russland und Amerika. Wenn Hoffnung auf Russland wegfällt, fällt auch Amerika weg, weil Wegfall Russlands eine Aufwertung Japans in Ostasien in ungeheuerem Maß" nach sich ziehe. „Russland braucht England nie mehr sagen, als dass es Deutschland nicht groß haben will, dann hofft Engländer wie ein Ertrinkender, dass in sechs bis acht Monaten die Sache ganz anders sein wird. Ist aber Russland zerschlagen, dann ist Englands letzte Hoffnung getilgt. Der Herr Europas und des Balkans ist dann Deutschland." Deshalb zog Hitler den fatalen Schluss: „Im Zuge dieser Auseinandersetzung muss Russland erledigt werden. Frühjahr 41." Der Diktator erwartete sich dabei erneut einen Blitzkrieg. „Je schneller wir Russland zerschlagen, um so besser. Operation hat nur Sinn, wenn wir Staat in einem Zug schwer zerschlagen. Gewisser Raumgewinn allein genügt nicht. Stillstehen im Winter bedenklich. Daher besser warten, aber bestimmter Entschluss, Russland zu erledigen." Und noch einmal formulierte Hitler das Ziel des Feldzuges: „Vernichtung der Lebenskraft Russlands."[881] Unterstützung in seiner so optimistischen Annahme fand er in Generalmajor Marcks, der in seiner Studie vom 5. August von neun bis 17 Wochen sprach, bis die Rote Armee zerschlagen und Russland bis zum unteren Don, der mittleren Wolga und der nördlichen Dwina okkupiert sein würde.[882] Noch im Sommer begann die Wehrmacht mit Truppenverlegungen in den Osten, gleichzeitig wandte sich die Luftwaffe gegen Großbritannien.

Die Luftschlacht gegen die Royal Airforce begann am „Adlertag", dem 13. August. 1500 Flugzeuge flogen ihre Einsätze gegen Flugplätze und kriegswichtige Industrieanlagen in Südengland. Schon bald sollte sich jedoch herausstellen, dass es der bislang so erfolgreichen Luftwaffe Görings nicht gelang, die Luftoberhoheit zu gewinnen. Immer deutlicher wurde auch, dass die deutschen Verluste die der Briten überstiegen, dass die Royal Airforce über die besseren Jagdflieger verfügte und dass sich das eben erst von den Briten entwickelte Radar als Frühwarnsystem bestens bewährte. Schließlich wollte auch das Wetter für die deutschen Angreifer nicht mitspielen. Churchill, der sich ganz der Kriegführung und der Allianzpolitik widmete, hatte auch das Amt des Verteidigungsministers inne. Derart mit starker Autorität ausgestattet, rief er das britische Volk zum unbedingten Widerstand gegen die nationalsozialistische Aggression auf und verlangte von ihm schließlich größere Opfer als sie Hitler seiner Nation zuzumuten wagte.

In Rom gedachte Mussolini nicht, bloß ein stiller Beobachter von Hitlers Krieg zu bleiben. Vielmehr schwebte ihm ein Angriff auf Griechenland vor. Er meinte, mit den Griechen ohnedies noch eine „Rechnung offen" zu haben. Ende September sollte überraschend zugeschlagen werden. Der Duce besprach sich über diese Frage am 12. August im Beisein Cianos mit dem Kommandanten der italienischen Streitkräfte in Albanien, General Francisco Jacomoni, und General Visconti-Prasca, die er eigens in die Ewige Stadt hatte kommen lassen. Als die deutsche Seite jedoch die Operation gegen Großbritannien zur Frage von Leben und Tod hochstilisierte und einen italienischen Angriff auf Griechenland keinesfalls begrüßte, zog Mussolini vorerst seinen Plan zurück. Da er mit dem Frieden bereits Ende September rechnete, wollte er das italienische Unternehmen in Ägypten beschleunigen. Am 19. August erteilte er an Graziani die telegrafische Order, „gegen Ägypten zu marschieren, so wie eine deutsche Patrouille in England landet". Die Generalität war von dieser Operation alles andere als überzeugt. Der Marschall übermittelte dem Diktator im Gegenzug ein Protokoll, nach dem sich alle verantwortlichen Militärs gegen eine Offensive ausgesprochen hatten.[883]

Verteidiger der letzten demokratischen Bastion in Europa und des überlebten Empire: der britische Premierminister Winston Churchill.

Die ungarisch-rumänischen Spannungen, die sich immer wieder auch in Grenzzwischenfällen entluden, beunruhigten Hitler ebenfalls. Daher ordnete er an, dass alle Vorkehrungen getroffen werden sollten, um im Falle eines Misslingens neuerlicher Vermittlungsbemühungen das rumänische Erdölgebiet sofort besetzen zu können. Am 28. August empfing er zur Besprechung der prekären Lage sodann auch den italienischen Außenminister auf dem Obersalzberg. Ribbentrop, Mackensen und Alfieri fanden sich ebenfalls ein. Der Diktator machte den Anwesenden klar, dass kriegerische Verwicklungen am Balkan für beide Achsenpartner schädlich sein könnten. Er bezweifelte die Erfolgsaussichten eines ungarischen Blitzkrieges gegen Rumänien und hielt bei einem ausufernden Konflikt in Südosteuropa eine sowjetische Intervention für durchaus möglich. Auch die Italiener fürchteten um das rumänische Petroleum. Ciano besaß daher vom Duce die Vollmacht, alles für eine friedliche Lösung des ungarisch-rumänischen Streits zu unternehmen. Hitler sprach sich für einen Kompromiss aus: Einerseits habe Rumänien territoriale Konzessionen zu machen, um sein gefährdetes Staatswesen überhaupt zu retten, während sich andererseits Ungarn dann aber auch mit diesem – nicht aus eigener Kraft geschaffenen – Revisionserfolg einverstanden erklären müsste.[884]

Die Details zu den rumänisch-ungarischen Grenzstreitigkeiten interessierten Hitler und Mussolini lediglich am Rande. Der deutsche Diktator wollte in erster Linie die Ruhe am Balkan schon wegen der rumänischen Petroleumquellen gewahrt sehen, und Mussolini war mit seinem Projekt eines Angriffs auf Ägypten präokkupiert. Außerdem plagten ihn auch private Sorgen. Clara Petacci hatte von ihm ein Kind erwartet und musste schließlich aufgrund einer Bauchhöhlenschwangerschaft in höchster Lebensgefahr operiert werden. In ernster Sorge suchte Mussolini seine Geliebte, die nun keine Kinder mehr bekommen konnte, sogar nächtens im Haus ihrer Eltern auf. Aber die Politik ging natürlich weiter. Ciano und Ribbentrop bemühten sich einstweilen, zwischen den beiden Streitparteien einen Kompromiss zu finden. Man traf sich schließlich in Wien zu einem neuerlichen Schiedsspruch, der allerdings nur die Ungarn jubeln ließ.

Es stimmte Mussolini enthusiastisch, dass sich der Krieg offensichtlich noch über den Winter auszudehnen schien. Dies gab Italien seiner Auffassung nach die Möglichkeit, „größere Opfer zu bringen und seine Rechte besser zu vertreten". Dementsprechend erklärte er im Ministerrat am 7. September auch seinen Entschluss zur Operation gegen Ägypten. Die Militärs hatten freilich einen Aufschub von einem Monat gewünscht, doch der Diktator drohte Graziani mit dessen Entlassung, sollte er nicht am 9. September angreifen. Mussolini gab zudem der italienischen Flotte den Befehl, gegen die Royal Navy den Kampf zu suchen.

Die Operation in Nordafrika begann sodann doch mit einigen Tagen Verspätung. Mussolini zeigte sich stolz über die trügerischen Anfangserfolge in der Zeit vom 14. bis 18. September, wo die italienischen Truppen von Libyen aus bis Sidi-el-Barrani vordrangen. Die Briten zogen sich allerdings planmäßig und keineswegs infolge von Kampfhandlungen zurück. Vorschnell jubelte der Duce, dass Italien in Ägypten „einen derartigen Erfolg gehabt hat, dass es den Ruhm erreicht hat, den es umsonst drei Jahrhunderte lang gesucht hat".[885]

In Berlin war hingegen die Stimmung gedämpft. Das Kriegsglück hatte Hitler erstmals verlassen. Eine blitzartige Niederwerfung des Empires stellte sich als unmöglich heraus. Als Konsequenz ließ der Diktator in weiterer Folge auf Görings Betreiben hin englische Großstädte in der Nacht bombardieren und verschärfte – mit weit größerem Erfolg – den Einsatz der U-Boote, um die britische Wirtschaft entscheidend zu treffen. Die Landung auf der Insel war für Hitler keine Prestigefrage. Vielmehr wollte er das Risiko einer gescheiterten Invasion Großbritanniens nicht eingehen. Deshalb bedeutete es für ihn keine sonderliche Schlappe, die Operation „Seelöwe" am 17. September endgültig auf unbestimmte Zeit zu verschieben.

Unterstützt von Göring und Raeder hoffte er auf die zermürbende Wirkung von Serienangriffen der deutschen Luftwaffe auf London, um Großbritannien friedenswillig zu „bomben". Der Luftkrieg über England stagnierte aber bereits seit Mitte September, während deutsche Städte selbst immer heftigeren Bombardements ausgesetzt werden sollten.

Seinem italienischen Partner wollte Hitler natürlich seine Rückschläge im Krieg gegen Großbritannien nicht eingestehen. Vielmehr schickte er am 19. September seinen Außenminister mit der Überraschung eines japanischen Militärbündnisses nach Rom. Im Palazzo Venezia überbrachte der euphorisch gestimmte Reichsaußenminister Mussolini ein Schreiben Hitlers. Voller Zuversicht sprach der nationalsozialistische Diktator darin von einem sich steigernden Angriffskrieg gegen die Britischen Inseln. Den Charakter dieser Angriffe bezeichnete er als einen „von mehr oder weniger starken Vergeltungsschlägen". „Zum wirklichen Großangriff", so bedauerte er, „hat uns das dazu notwendige Wetter leider gefehlt."

Da Hitler, wie er dem Duce schrieb, nicht mit einem baldigen Kriegsende rechnete, sah er sich gezwungen, die nötigen Vorkehrungen für die erfolgreiche Fortsetzung des Waffenganges auch über den Winter zu treffen. Deshalb legte er nun Wert darauf, Spaniens Eintritt in den Krieg voranzutreiben. Sollte sich nämlich Französisch-Nordafrika den Briten anschließen, konnte dies der Sache Londons neuen Auftrieb verschaffen. Bestünde jedoch eine sichere Brücke über Spanien nach Nordafrika, sei diese Gefahr nicht mehr so groß. Um die Vereinigten Staaten entweder ganz aus dem Krieg herauszuhalten oder eine Intervention zumindest unwirksam zu gestalten, plädierte Hitler wiederum für ein enges Zusammengehen mit Japan – „trotz aller sonstigen Bedenken".[886]

In der Unterredung pflichtete Mussolini Ribbentrop bei, dass der Kampf gegen Großbritannien schon so gut wie gewonnen und die Stimmung auf der Insel dementsprechend niedergeschlagen sei. Wegen eines möglichen Kriegseintritts der Vereinigten Staaten sorgte sich der Duce zwar nicht, begrüßte einen Vertrag mit Japan aber dennoch. Er las den Entwurf mit seiner Verpflichtung zur gegenseitigen Hilfeleistung zweimal durch und zeigte sich restlos einverstanden. Es mutet wie ein schlechter Witz an, wenn ausgerechnet der italienische Diktator in diesem Zusammenhang sowohl die amerikanische als auch die britische Flotte als wenig schlagkräftig einschätzte, „da beide auf rein dilettantischer Grundlage aufgebaut wären, und die Engländer und Amerikaner glaubten, es handle sich nur um Sport".

Allerdings hatte Mussolini Bedenken, wie sich die Sowjetunion gegenüber einer Allianz mit Japan verhalten würde. Als ihn Ribbentrop über das durchaus „liebenswürdige" Auftreten Molotows berichtete, wähnte sich der Duce jedoch wieder in Sicherheit und betonte, dass die Sowjetunion doch nichts unternehmen würde. Ein Bündnis mit Japan baue gewissermaßen „auf den alten Antikominterntendenzen", die inzwischen geschlafen hätten, wieder auf. Der Pakt, so gab sich Mussolini selbstbewusst, würde jedenfalls „wie eine Bombe" wirken. Gegenüber Jugoslawien und Griechenland wolle sich Italien, so fügte er hinzu, einstweilen ruhig verhalten. Zuerst sollte Ägypten erobert werden. Sichtlich befriedigt zeigte sich der Duce, als Ribbentrop Hitlers Absicht erwähnte, Frankreich keine Rolle mehr in der europäischen Politik spielen zu lassen. Auch Mussolini sprach sich für eine Intervention Spaniens aus, sollte mit einer Fortdauer des Krieges über den Winter zu rechnen sein; ja, er regte sogar eine richtige Allianz mit Madrid an.[887]

In den Folgetagen kam es im Palazzo Venezia zu weiteren Unterredungen über den Stand der Verhandlungen mit Japan und über die Bestrebungen, auch Spanien in ein Militärbündnis einzugliedern. Darüber hinaus stimmten der Duce und Ribbentrop in der Ansicht überein, dass Roosevelt der eigentlich Verantwortliche für den Krieg in Europa sei. Er habe dessen Entstehung zur Vertuschung seiner innenpolitischen Schwierigkeiten mit allen Mitteln gefördert. Deswegen stimmte Mussolini auch einem von Ribbentrop vage geäußerten Plan zu, dem amerikanischen Präsidenten mit einer Reihe ihn schwer belastender Dokumente nachhaltig zu schaden und sodann die diplomatischen Beziehungen zur Regierung in Washington abzubrechen.[888]

Der Dreimächtepakt wurde schließlich in Berlin unterzeichnet. Ciano entging es nicht, dass der Krieg auch Deutschland heimsuchte. Die Angriffe der RAF auf die Bahnlinie machten für den italienischen Außenminister so eine Übernachtung in München notwendig. Der Rahmen bei der Unterzeichnung des Vertrags mit Japan am 28. September glich der Zeremonie beim Stahlpakt. Die Atmosphäre erschien Ciano jedoch kühler. Tags darauf empfing Hitler den italienischen Gast im Beisein eines nervösen und gesundheitlich angeschlagenen Ribbentrop. Der Diktator selbst wirkte auf Ciano weniger schwungvoll, aber mit der üblichen Ruhe und Entschlusskraft.[889] Jedenfalls machte er klar, dass man sich angesichts der Forderungen Francos ein Bündnis mit Spanien sehr gut überlegen musste. Allein schon die Übergabe Marokkos sei bereits äußerst heikel, da dies nur die Franzosen dazu treiben könne, sich mit den Briten zu verständigen und doch weiterzukämpfen. Auch stellten ihm die geforderten deutschen Lieferungen für Spanien einfach ein zu schweres Opfer dar. Ein Gegenwert sei von Madrid jedenfalls noch gar nicht in Aussicht gestellt worden. Hitler war nicht davon überzeugt, „dass Spanien dieselbe Intensität des Wollens im Geben wie im Nehmen hätte". Eine endgültige Lösung der Frage wollte der deutsche Diktator schließlich mit dem Duce selbst besprechen, und so wurde eine Zusammenkunft für den 4. Oktober am Brenner vereinbart.[890]

Diese Begegnung sah einen blendend disponierten Mussolini. Hitler gab sich ohnehin siegessicher und betonte, dass mit der Niederwerfung Frankreichs der Krieg gewonnen und „der Rest" nur noch eine Frage der Zeit wäre. Ausführlich schilderte der deutsche Diktator die mittlerweile abgeschlossenen Vorbereitungen für den „Endkampf gegen England". Seit vier Wochen warte man nunmehr auf günstiges Wetter. Für die Gewinnung der Lufthoheit seien bloß fünf schöne Tage nötig. Anschließend daran benötige man noch acht bis zehn Tage ruhiges Wetter für die Überquerung des Kanals und den entsprechenden Schutz von Seiten der Luftwaffe. Durch die widrigen Wetterverhältnisse seien die Erfolge der deutschen Luftwaffe nicht so groß wie erhofft, doch Hitler setzte auf die nervliche Zermürbung durch die ständigen Angriffe, gerade auch auf London. Den Umstand, dass die britische Regierung nicht aufzugeben bereit war, führte Hitler auf ihr Hoffen auf die Vereinigten Staaten und die Sowjetunion zurück. Eine amerikanische Unterstützung fürchtete er jedoch – schon wegen des Dreimächtepakts mit Japan – nicht. Auch die UdSSR bereitete ihm keine Sorge, Deutschland habe in dieser Hinsicht alles für seine Abwehr unternommen. Davon abgesehen hielt Hitler ohnedies ein sowjetisches Unternehmen gegen das Reich für ausgeschlossen. Von seinem eigenen Offensivplan erzählte er dem Duce nichts.

Hitler verstand es hingegen, den beutegierigen Mussolini zu vertrösten, indem er ihm versprach, mit Frankreich niemals Frieden zu schließen, bevor nicht die italienischen Ansprüche erfüllt wären. Der Duce warf dabei ein, dass es sich mit Nizza, Korsika und Tunis sowie Französisch-Somaliland ohnehin nur um vergleichsweise geringe territoriale Forderungen handelte. Hitler beabsichtigte wiederum, von Frankreich Elsass-Lothringen „mit neuen strategischen Grenzen", die Erzbecken von Longwy und Briey, eine Grenzkorrektur südlich von Belfort sowie koloniale Stützpunkte an der marokkanischen Atlantikküste in Agadir oder Casablanca zu gewinnen. In Schwarzafrika strebte er hingegen bloß die Rückgabe der alten Kolonien und eine Abrundung des mittelafrikanischen Kolonialbesitzes an.

In dem Zweifel über die Opportunität, Spanien angesichts seiner hohen Forderungen mit in die Kriegsallianz einzubinden, waren sich die beiden Diktatoren einig. Hitler hoffte dagegen auf einen Ausgleich zwischen Spanien und Frankreich, wodurch eine europäische Koalition gegen Großbritannien ins Leben gerufen werden könne. Die Errichtung eines Kontinentalblocks gegen das britische Empire und die USA – wenn möglich unter Einschluss der Sowjetunion und Japans – war freilich eine Lieblingsidee Ribbentrops, für die sich auch sein Intimfeind Goebbels vehement zu begeistern vermochte. Der Duce fand die Idee ebenfalls ausgezeichnet. Hitler selbst war sie allerdings bloßes taktisches Manöver, um alle Varianten zu testen, die London endlich friedenswillig machen könnten.

Mussolini jedenfalls zeigte sich mit Hitler ganz einer Meinung und gab sich hinsichtlich des Gelingens der deutschen Invasion zuversichtlich; trotzdem rechnete er mit einem weiteren Kriegswinter. Italien sei für einen solchen allerdings gewappnet. Der Duce hob in diesem Zusammenhang die gute Stimmung, die gesicherte Versorgungslage und die Stärke der Faschistischen Partei hervor. Aufgrund dieser Voraussetzungen werde auch das Volk der Führung willig folgen. Betont gelassen, wollte er auch weder von Seiten der Vereinigten Staaten noch von der

Sowjetunion eine drohende Gefahr erkennen. Der Duce hielt einen baldigen Friedensvertrag mit Frankreich für notwendig, um das Verhältnis zu dem besiegten Nachbarn zu klären. Freilich, so zeigte er sich überzeugt, würde Frankreich immer ein Feind der Achsenmächte bleiben.

Erwartungsgemäß konnte auch Mussolini nicht umhin, sich als kühner und entschlossener Feldherr darzustellen. So berichtete er Hitler, gegen den Willen seiner zögerlichen Generäle, die den Entschluss als „unvorsichtig" bezeichneten, beabsichtige, den strikten Befehl zur Durchführung der zweiten Phase des Ägyptenfeldzuges zu geben, der Offensive gegen Marsa Matruk. Bei dieser Operation erwartete Mussolini, noch ohne deutsche Hilfe auszukommen. Erst für die dritte Phase des Feldzugs, den Angriff auf Alexandrien, werde er vielleicht gezwungen sein, um deutsche Unterstützung besonders in Form von Panzerwagen und Stukas zu bitten.[891]

Der herzliche Umgang miteinander durfte darüber nicht hinwegtäuschen, dass sich die beiden Diktatoren misstrauten und von einer gemeinsamen Kriegführung keine Rede sein konnte. Hitler weihte den Duce nicht in seine Pläne gegen die Sowjetunion ein, und Mussolini tat das Gleiche mit seinem Vorhaben, Griechenland anzugreifen. Der Feldzug gegen Griechenland entsprach zwar durchaus traditionellen italienischen Ambitionen, mit dem Krieg der Achse gegen Großbritannien

Der Duce fährt die Front der in Paradeaufstellung angetretenen Truppen in Udine ab.

hatte er jedoch nichts zu tun. Es handelte sich dabei eben um keinen „Parallelkrieg" im Mittelmeer gegen das Empire, sondern vielmehr um einen „Separatkrieg" des Duce, der den Plänen Hitlers zuwiderlaufen musste. Es mutet in diesem Zusammenhang völlig paradox an, dass Mussolini noch am 2. Oktober die Verkleinerung des Heeres von 1,1 Millionen auf 500.000 Mann befahl. Der faschistische Diktator schätzte jedoch den griechischen Gegner derart gering, dass er die elementarsten Kriegsregeln missachtete. Am 15. Oktober hielt er im Palazzo Venezia Kriegsrat. Vor allem der oberste Militär, Badoglio, sprach sich dabei gegen eine Operation gegen Griechenland aus, doch Mussolini wollte nicht hören.[892]

Vier Tage später teilte Mussolini dem deutschen Diktator seine neuen Gedankengänge nach der Zusammenkunft am Brenner in einem Schreiben mit, in dem er aber seine Absichten gegenüber Griechenland erst gegen Schluss andeutete.[893] Mehr Raum widmete er seinem tiefen Misstrauen gegenüber den Franzosen, die – wie er annahm – sich keineswegs besiegt fühlten und die Achse mehr denn je hassten. Vichy stehe mit London via Lissabon in Verbindung und hoffe auf den Kriegseintritt der USA. Deswegen sei an eine kontinentale Allianz gegen Großbritannien nicht zu denken. Mussolini hielt daher den Zeitpunkt für gekommen, das besiegte Frankreich und seine Kolonien neu zu gestalten. Ausgangspunkt der Betrachtungen hatte demnach die von beiden Diktatoren vertretene Auffassung zu sein, Frankreich derart zu verkleinern, dass es nie mehr wieder von Expansion und Vorherrschaft auch bloß träumen könnte. Dies bedeutete für den Duce, dass man durch die territorialen Abtretungen Frankreich gleich mehrere Millionen Einwohner „wegnehmen" würde.

Der italienische Diktator hielt es des Weiteren auch für unerlässlich, bei einer Fortdauer des Krieges die übrig bleibenden Positionen Großbritanniens am europäischen Kontinent zu „vernichten". Dies sei eine weitere Bedingung des Sieges. Mussolini verstand unter diesen britischen Positionen Portugal, Jugoslawien, Griechenland, die Türkei, Ägypten und die Schweiz. Portugal sei durch Spanien neutralisiert, Jugoslawien freilich aber ein „schlechter Nachbar". „Jugoslawien kann, so wie es ist, nicht existieren." Allerdings habe er zur Zeit nicht die Absicht, sein Verhalten „einer peinlichen Wachsamkeit" gegenüber diesem Land zu ändern. Die Türkei – ein anderer „Bauer" im britischen Spiel – würde sich wohl nicht rühren. In Ägypten nehme Italien ohnehin seine militärischen Operationen in Angriff. Die Schweiz stelle durch ihre feindselige Haltung ihre weitere Existenz selbst in Frage. Ein weiteres Mal kam Mussolini auch noch auf Spanien zurück, das er schon aufgrund dessen innenpolitischer und wirtschaftlicher Schwierigkeiten lediglich als letzte Reserve wissen wollte. „Was Griechenland anbetrifft", so ließ er endlich die Katze aus dem Sack, „bin ich entschlossen, jedes Zögern zu vermeiden, und zwar sehr schnell zu handeln. [...] Griechenland ist im Mittelmeer das, was Norwegen in der Nordsee war, und darf daher einem gleichen Schicksal nicht entgehen."

Wenig später handelte Hitler einmal mehr, ohne seinen Partner in Rom vorher zu verständigen. Kurzerhand entsandte er eine deutsche Militärmission nach Rumänien, Jagdverbände sollten darüber hinaus die so wichtigen Erdölfelder schützen. „Die deutschen Wehrmachtsformationen", so hieß es am 12. Oktober in der öffentlichen Bekanntgabe, „werden bei dem von dem Chef der rumänischen Regierung, General Antonescu, in Angriff genommenen Neuaufbau der rumänischen Wehrmacht als Lehr- und Instruktionstruppen dienen und nach Durchführung ihrer Aufgabe wieder nach Deutschland zurückkehren."[894]

Der Duce reagierte auf die deutsche Besetzung Rumäniens empört. „Hitler stellt mich immer vor vollendete Tatsachen. Diesmal werde ich ihm in der gleichen Münze heimzahlen: er wird aus den Zeitungen erfahren, dass ich in Griechenland einmarschiert bin. So wird das Gleichgewicht wiederhergestellt sein." Badoglio und General Roatta versuchten, ihn von diesem Plan abzubringen, doch sein Konkurrenzverhältnis zu Hitler und seine Eroberungslust verlangten nach einem militärischen Erfolgserlebnis. „Ich gebe meine Demission als Italiener, wenn jemand Schwierigkeiten darin findet, sich mit den Griechen zu schlagen."[895]

Der Kriegsplan Mussolinis traf den deutschen Diktator in einer Phase politischer Misserfolge. So gelang es ihm nicht, Spanien an die Seite der Achsenmächte in den Krieg hineinzuziehen. Hitler hatte sich am 23. Oktober eigens nach Hendaye an der französisch-spanischen Grenze begeben, um Franco für seine Pläne zu gewinnen. Doch diesem war bereits von seinem Bewunderer Canaris dringend abgeraten worden, in den Krieg einzutreten. Selbst in einer neun Stunden dauernden Besprechung vermochte es Hitler deshalb nicht, den Caudillo zu einer Intervention zu bewegen. Allein die Kolonialforderungen in Afrika, die der Generalissimus erhob, hätten Vichy-Frankreich wieder in den Krieg gegen die Achse gedrängt und waren somit für Deutschland unerfüllbar. Am Tag darauf hatte Hitler in seiner Besprechung mit Pétain in Montoire keineswegs mehr Erfolg, denn der alte Oberkommandeur des Ersten Weltkriegs ließ sich ebenfalls nicht in eine Auseinandersetzung gegen den alten Verbündeten Großbritannien hetzen.[896]

Als Hitler in seinem Sonderzug auf der Rückfahrt dann noch die Nachricht erhielt, dass Mussolini im Begriff war, Griechenland zu überfallen, ließ er durch Ribbentrop sofort ein improvisiertes Treffen mit dem Duce arrangieren. „Das ist die Rache für Norwegen und Frankreich", tobte er. Seinerzeit habe er jedoch nicht anders handeln können, da jeder zweite Italiener ein Verräter oder Spion sei. Mussolini, so vermutete er zu Recht, habe wohl vor einem übermächtigen wirtschaftlichen Einfluss Deutschlands am Balkan Angst. Hitler hielt den Zeitpunkt für die Operation für denkbar ungünstig und bezweifelte, dass Italien in der Lage war, Griechenland niederzuringen. Als er jedoch am 28. Oktober am Bahnhof in Florenz eintraf, teilte ihm ein strahlender Duce mit, dass seine Truppen bereits die albanische Grenze überschritten hatten.[897]

In den Unterredungen in einem der Wahrzeichen der toskanischen Metropole, im Palazzo Vecchio, bot der deutsche Diktator dann die Entsendung deutscher Fallschirmjäger für die Besetzung Kretas an. Neuerlich kam Hitler auf Frankreich zu sprechen, das von den Achsenmächten ungemein pfleglich behandelt würde. Den vom Dritten Reich und Italien in Aussicht gestellten Frieden hätte es – angesichts seiner ursprünglichen Pläne, im Falle eines Sieges Deutschland aufzuteilen – eigentlich gar nicht verdient. Daher müsse Frankreich sich „durch besondere Leistungen erst seiner würdig erweisen, und zwar dadurch, dass es sich zum Kampf gegen England zur Verfügung stelle". Gegenüber seinen italienischen Gastgebern beteuerte er aber, von Frankreich keine direkte Hilfe zu verlangen, sondern lediglich Stützpunkte für die Luftwaffe zur Verfügung zu stellen und Teile seiner Flotte insbesondere von westafrikanischen Häfen aus gegen die Briten einzusetzen. Die hauptsächliche Wirkung einer französischen Intervention versprach sich der nationalsozialistische Diktator auf psychologischem Gebiet. Denn so stünde praktisch ganz Europa gegen Großbritannien.

Hitler skizzierte den Italienern sein Wunschszenario: „Wenn Frankreich in die anti-englische Front eingereiht würde, so sei Französisch-West- und Nordafrika gesichert, neue Stützpunkte gegen England gewonnen, und Gibraltar könne mit ganz wenigen Kräften genommen und mit seiner Hilfe der eine Ausgang des Mittelmeers verriegelt werden, während der andere Ausgang, der Suezkanal, durch die [...] neuen deutschen [Minen], die sich in der Praxis als sehr wirkungsvoll und bisher unräumbar erwiesen hätten, ebenso wirksam geschlossen werden könnte. Dieses Vorgehen im Westen würde, zusammen mit der Aktion auf dem Balkan, besonders in Rumänien, einen günstigen Einfluss auf Russland ausüben." Hitler ging dann auch auf die Luftangriffe auf die Britischen Inseln über und gab sich betont siegessicher: „Wenn England 100 Tage lang so vernichtend aus der Luft bombardiert würde, wie Deutschland dies jetzt plane und zum Teil schon Tag und Nacht durchführe, würde die moralische Wirkung auf die Engländer außerordentlich stark sein, und ihre letzten Hoffnungen würden zerstört werden."

Mussolini billigte den Plan Hitlers einer europäischen Koalition gegen Großbritannien voll und ganz, hielt er sie doch für notwendig, um den Endsieg zu erreichen. Auch sprach er sich für eine „passive Kooperation" Frankreichs unter Pétain aus. Es müsse freilich die Mittel erhalten, um seinen Kolonialbesitz gegen Großbritannien zu verteidigen. Als der Duce die Frage stellte, ob eine endgültige Regelung mit Frankreich sofort getroffen oder erst der Zukunft vorbehalten bleiben sollte, erwiderte Hitler sofort, dass eine Regelung des Verhältnisses erst nach dem Ende des Krieges erfolgen könne. Solange noch gegen Großbritannien gekämpft werde, müsse die deutsche Wehrmacht in Frankreich bleiben. Solange der Krieg andauere, müsse Frankreich das Gefühl haben, an einer schnellen Beendigung interessiert zu sein. Außerdem brauche Deutschland die französischen Kriegsgefangenen unbedingt als

Arbeitskräfte. Darüber hinaus benötige man für gewisse Eventualitäten auch Faustpfänder in der Hand, da man Frankreich gegenüber nicht vorsichtig genug sein könne.[898]

Verbittert und enttäuscht verließ Hitler Florenz. Nach Hendaye und Montoire hatte er die dritte politische Niederlage erlitten. Trotz der gewaltigen militärischen Erfolge verlief der Krieg keineswegs nach seinen Vorstellungen. Dabei hatte er es selbst nicht verstanden, die deutsche Vorherrschaft über einen Großteil von Europa auch politisch zu nutzen. Seine Führungsrolle auf dem Kontinent wurde lediglich durch militärische Machtmittel erhalten. Darin ähnelte er Napoleon, und in weiterer Analogie zum Kaiser der Franzosen sah auch er sich zwischen Großbritannien und Russland eingeschlossen. Der einzige Staat, den Hitler als wirklichen Verbündeten anerkannte, Italien, scherte eigenmächtig aus seiner strategischen Planung aus. Mussolinis Drang, gegen Griechenland einen Separatkrieg zu führen, sollte aber schließlich in einem totalen Desaster und Prestigeverlust des faschistischen Italien enden.

# Getriebene Sieger

## November 1940 bis Juni 1941

Deutschland und Italien führten Krieg. Trotz ihrer Allianz fochten sie ihn jedoch keineswegs gemeinsam, sondern vielmehr getrennt voneinander. Mussolini bestand auf seinem selbstständigen Parallelkrieg, um dem deutschen Partner und der Welt zu zeigen, welch respektable Macht das faschistische Italien unter seiner Führung geworden war. Hitler führte wiederum den Krieg ganz nach seinem Gutdünken. Es glich demnach schon einem ungeschriebenen Gesetz, dass er auch diesmal seinen italienischen Partner nicht in seine neuen kriegerischen Absichten einweihte. Vom Angriff auf die Sowjetunion konnte ihn freilich ohnedies niemand mehr abbringen. In einer Besprechung in der Reichskanzlei mit den Vertretern der Oberkommanden der Wehrmacht und des Heeres am 4. November betonte er neuerlich, dass Russland „das ganze Problem Europas" bleibe und alles getan werden müsse, „um bereit zu sein zur großen Abrechnung".[899]

Die letzten Bedenken dürfte der Besuch Molotows in Berlin beseitigt haben. Der sowjetische Außenminister suchte die Reichshauptstadt am 12. und 13. November auf. Der Gast aus Moskau hegte dabei die Absicht, zu ventilieren, ob Deutschland zu einem noch weitreichenderen Abkommen mit der UdSSR sich einzulassen bereit war. Allein Hitler wollte lediglich Klarheit über die künftigen Pläne Stalins gewinnen. Die Gespräche mit Molotow konnten an den Planungen für den Ostfeldzug nichts mehr ändern. Sie waren für Hitler lediglich ein „Test", ob Deutschland und die Sowjetunion „Rücken an Rücken oder Brust an Brust" stünden.[900] Tatsächlich gestalteten sich schon die Gespräche der beiden Außenminister mühsam. Während Ribbentrop von der „gigantischen Weltkonkursmasse" des britischen Imperiums sprach und Indien und Persien als sowjetische Einflusssphäre gelten lassen wollte, stellte sein sowjetischer Amtskollege wiederum für die Neutralität der UdSSR in den deutschen Feldzügen massive Ansprüche sowohl in Südost- als auch in Nordeuropa in Rechnung.

Selbst der deutsche Diktator vermochte Molotow nicht zu beeindrucken. Nüchtern und ungerührt ließ der sowjetische Außenminister Hitlers Wortschwall über sich ergehen und blieb beharrlich bei seiner Linie, wonach die Sowjetunion als Großmacht in den wichtigen europäischen und asiatischen Streitfragen nicht abseits stehen könne. Hitler vermochte seinen Ärger über den kompromisslosen und selbstsicheren Gast, der ihn mit seinen präzisen Fragen wiederholt in die Enge trieb, nicht zu verbergen. Zornig blieb er schlussendlich einem von Molotow in der sowjetischen Botschaft gegebenen Empfang fern. Für ihn waren die Würfel endgültig gefallen, da mochte Ribbentrop – während eines britischen Bombardements – in seinem privaten Luftschutzkeller dem sowjetischen Außenminister auch einen deutschen Entwurf zum Beitritt der UdSSR zum Dreimächtepakt unterbreiten. Eine sowjetische Note, die Finnland, Bulgarien und die Türkei zur Interessensphäre Moskaus zählte, beantwortete Hitler dann erst gar nicht mehr. Das sollte Berlin aber nicht daran hindern, zu Beginn des neuen Jahres mit den Sowjets noch einen gemeinsamen Wirtschaftsvertrag abzuschließen.

Für Hitler war der Angriff auf den ideologischen Erzfeind beschlossene Sache. Noch am Tag der Abreise Molotows befahl er, aus den vorläufigen Stabsplänen ein Operationskonzept für den Überfall auf die Sowjetunion zu erstellen. Am 15. November ließ er sich im vertrauten Kreis über die Unterredungen mit dem sowjetischen Außenminister aus: Er habe sich ohnehin nichts von ihnen versprochen. Die Besprechungen hätten gezeigt, wohin die Pläne der Sowjets gingen. Das Bündnis könne nicht einmal eine Vernunftehe bleiben. Die Russen nach Europa hineinzulassen, wäre das Ende für Mitteleuropa. So gab Hitler den Auftrag, die Gefechtsstände für das Führerhauptquartier im Osten zu erkunden. Sie seien in höchster Eile zu bauen. Er selbst wolle, so ließ er wissen, in Ostpreußen „ständiges Quartier" nehmen.[901]

Mussolinis Vorhaben, seinen „eigenen" Krieg zu führen, hatte inzwischen das Prestige der Achse beschädigt. Der italienische Feldzug gegen Griechenland war am 26. Oktober 1940 übereilt eröffnet worden und läutete das Ende der Wunschvorstellung des Duce ein, tatsächlich ein großer Heerführer zu sein. Es waren besonders Ciano und der Oberbefehlshaber in Albanien, Visconti-Prasca, sowie De Vecchi, der Gouverneur der Ägäis, gewesen, die ihn zu diesem Angriff animiert hatten. Doch nun blamierte sich die italienische Armee vor den Augen der ganzen Welt, blamierte sie Mussolini vor Hitler. Aus dem geplanten schnellen Sieg, mit dem Mussolini wieder sein Ansehen gegenüber seinem Partner heben wollte, wurde nichts, im Gegenteil. Der Angriff der ungenügend ausgerüsteten italienischen Truppen geriet unter winterlichen Bedingungen und großen Versorgungsschwierigkeiten bereits nach kurzem ins Stocken. Die Griechen gingen sogar ihrerseits zur Offensive über und besetzten Teile Albaniens. Die Briten nahmen wiederum Kreta und verschiedene andere griechische Inseln zur Errichtung von Stützpunkten und fügten der italienischen Kriegsmarine am 12. November vor Tarent eine empfindliche Niederlage zu. Praktisch die Hälfte der faschistischen Schlachtflotte war damit ausgeschaltet. Von ihren Stützpunkten Gibraltar, Malta und Alexandria aus beherrschten die Briten das Mittelmeer. Italien sah sich völlig in die Defensive gedrängt und seine afrikanischen Kolonien in Gefahr.

Ciano fiel die unangenehme Aufgabe zu, nach Deutschland zu fahren und sich von den Deutschen belehren zu lassen. In lastender Atmosphäre setzte ein pessimistischer Hitler im Beisein Ribbentrops am 18. November dem italienischen Außenminister am Obersalzberg die militärische und politische Lage auseinander. Verärgert teilte der Diktator Ciano mit, dass die Briten Kreta und andere Inseln besetzt und dort Luftstützpunkte errichtet hätten und zudem dabei wären, in Thrazien und Saloniki Flugplätze anzulegen. Angesichts des italienischen Überfalls auf Griechenland könnten dies die Briten nun vor aller Öffentlichkeit und dadurch wirksamer tun. Jedenfalls seien nun sowohl Süditalien und Albanien als auch die rumänischen Petroleumfelder im Bereich der britischen Bomber.

Pessimistisch äußerte sich Hitler nicht bloß über die Möglichkeiten eines deutschen Feldzuges gegen Griechenland, sondern auch über die psychologischen Rückwirkungen des italienischen Vorgehens. Verschiedene Länder würden sich nun wieder in Zurückhaltung üben, den deutschen Koalitionsvorhaben beizutreten, und die Sowjetunion habe mittlerweile gar ein erhöhtes Interesse für den Balkan gezeigt. Um negativen psychologischen Auswirkungen entgegenzutreten, müsse deshalb ein großer Schlag gegen Großbritannien und seine Flotte im Mittelmeer geführt werden. Zu diesem Zweck sollte das Mittelmeer sowohl in Gibraltar – mit Hilfe Spaniens – als auch am Suezkanal abgeriegelt und die Aspirationen der Sowjetunion am Balkan mit verstärkten Mitteln nach Osten hin abgelenkt werden. Auch mit Ankara müsse man zu einer Verständigung kommen, um Bulgarien vom türkischen Druck zu entlasten. Von Ungarn erhoffte er sich, dass dieses in den sofort anlaufenden Transport größerer deutscher Verbände zum Schutz Rumäniens einwilligen werde. Sollten sich die Briten tatsächlich in Griechenland festsetzen, würde Deutschland von Rumänien aus durch Bulgarien mit entscheidenden Kräften gegen sie vorgehen. Die Italiener müssten, so drängte Hitler, in Nordafrika Marsa Matruk zu erreichen versuchen, um dort einen Stützpunkt für Stukas und Fernbomber gegen die britischen Kräfte im östlichen Mittelmeer zu schaffen. Gemeinsam wäre dann die britische Flotte „auszuräuchern". Deshalb sollten auch die nach Westen abgestellten italienischen Streitkräfte bis auf die U-Boote wieder ins Mittelmeer zurückgerufen werden.

Ciano hatte nur wenig Gelegenheit, zu den Ausführungen Hitlers etwas zu bemerken. Er versuchte lediglich, die italienische Schlappe auf einen taktischen Fehler der Angriffsleitung zurückzuführen. Um die Operation gegen Griechenland zu erleichtern, wünschte Hitler allerdings, Jugoslawien neutralisiert zu sehen. Dazu, so vermutete er in wiedergewonnenem Optimismus, musste man dem Königreich wohl seinen Besitzstand garantieren und Saloniki in Aussicht stellen. Im Gegenzug, so Hitler, der nun wieder wärmer und herzlicher wurde, hätte es in die Entmilitarisierung der dalmatinischen Küste einzuwilligen. Der italienische Außenminister erklärte sich mit dieser Idee sofort einverstanden. Gleichzeitig ließ er jedoch durchblicken, dass Mussolini ein Nachgeben gegenüber Jugoslawien, das er „nicht leiden könne", schwer fallen würde. Der deutsche Diktator ignorierte diese Bedenken mit dem Hinweis, dass auch er mit Ländern Verbindungen pflegen müsse, die ihm „im Grunde seines Herzens durchaus nicht sympathisch" wären. Ciano ordnete sich schließlich unter und verlieh seiner Überzeugung Ausdruck, dass auch Mussolini mit den Vorschlägen des deutschen Diktators einverstanden sein werde.[902]

Vom Berghof fuhr man zur Unterzeichnung des Beitritts Ungarns zum Dreimächtepakt nach Wien. Ciano hielt mit dem Duce telefonisch Rücksprache und konnte Hitler bei einem Empfang im Hotel Imperial das völlige Einverständnis Mussolinis zu den Vorschlägen hinsichtlich Jugoslawiens berichten. Zudem beeilte sich der Außenminister zu versichern, dass laut eines Telefonats mit dem Duce sich die Lage der italienischen Armee in Griechenland gebessert habe und somit bis auf Lastkraftwagen keinerlei militärische Hilfe von Seiten Deutschlands benötige.[903] Hitler übergab dem italienischen Außenminister einen verschlossenen Brief an den Duce. Zu Tränen gerührt, bemerkte er dem verwunderten Ciano gegenüber: „Vom selben Wien hier habe ich einmal an Mussolini ein Telegramm geschickt, um ihm zu versichern, dass ich seine Hilfe am Tag des Anschlusses nie vergessen würde. Ich bestätige das heute und bin mit meiner ganzen Kraft an seiner Seite."[904]

Das Schreiben war jedoch in anderem Ton gehalten. Hitler versicherte dem Duce zwar zu Beginn, „dass seit den letzten 14 Tagen mein Herz und meine Gedanken mehr denn je bei Ihnen weilen". Er ließ es jedoch nicht unerwähnt, dass er Mussolini in Florenz eigentlich noch bitten wollte, die Operation gegen Griechenland hinauszuschieben – bis zu einer günstigeren Jahreszeit, jedenfalls aber bis nach der amerikanischen Präsidentenwahl vom 5. November. Noch wichtiger wäre ihm gewesen, Mussolini zu ersuchen, diese Aktion nicht ohne eine vorhergehende „blitzartige" Besetzung Kretas – mit Hilfe deutscher Fallschirm- und Luftlandetruppen – zu unternehmen. Wie bereits in seinem Gespräch mit Ciano legte Hitler auch dem Duce seine Sorgen dar, um besonders zu betonen: „Die Mittelmeerfrage muss noch in diesem Winter bereinigt werden [...] Ich möchte aber im Frühjahr, spätestens bis Anfang Mai, meine deutschen Kräfte wieder zurückerhalten [...] Wenn wir unsere Luftwaffe richtig ansetzen, wird das Mittelländische Meer in drei bis vier Monaten zum Grab der englischen Flotte werden, und dies ist die entscheidende Voraussetzung für die militärischen Operationen, die meines Erachtens vor Anfang März nicht einsetzen können, insoweit es sich um Griechenland handelt. Ich halte diesen Zeitraum aber auch schon deshalb für notwendig, weil es mir nicht möglich sein würde, vorher jene Kräfte in Rumänien zu konzentrieren, die unter allen Umständen einen eindeutigen Erfolg sicherstellen. Auch die Versammlung genügender italienischer Kräfte in Albanien erfordert mindestens drei Monate. Erst dann kann ein Erfolg in kürzester Frist erwartet werden." Die Offensive gegen das Nildelta sollte dagegen wenigstens bis zum Herbst nächsten Jahres zurückgestellt werden. Lediglich die Eroberung von Marsa Matruk war ihm von Bedeutung. Der deutsche Diktator schloss seinen Brief amikal: „Dies, Duce, sind die Gedanken, die ich Ihnen mit dem heißen Herzen eines Freundes übermittle, der bereit ist, mit allem Fanatismus mitzuhelfen, in kürzester Frist die Krise zu überwinden und aus dem scheinbaren Misserfolg erst recht eine endgültige Niederlage des Gegners zu erzwingen."[905]

„Er hat mir mit dem Lineal auf die Finger geschlagen", befand Mussolini nach der wiederholten Lektüre des Hitler-Briefes.[906] Mit einem vergleichsweise kurz gehaltenen Schreiben antwortete er dem deutschen Diktator jedoch nach außen hin gelassen und begründete den gescheiterten Vormarsch der italienischen Truppen an der albanischen Front. Großspurig kündigte er an, 30 Divisionen vorzubereiten, „um Griechenland zu vernichten". Der Bedrohung Süditaliens durch britische Bomber maß er keinerlei Bedeutung bei, da es dort keine wichtigen Industrieanlagen gebe. Auch äußerte der italienische Diktator die Absicht, nun die „spanische Karte" auszuspielen, und zeigte sich deshalb bereit, Franco persönlich zu treffen, um auf den Caudillo den nötigen Druck auszuüben, damit Spanien an der Seite der Achse doch noch in den Krieg eintrete. Mussolini stellte drei Bedingungen, die jugoslawischen Grenzen zu garantieren und den Besitz von Saloniki anzuerkennen: Jugoslawien müsse dem Dreierpakt beitreten und die Adria entmilitarisieren. Außerdem sollte ein militärisches Eingreifen Jugoslawiens vereinbart werden. Dieses durfte nur dann stattfinden, „wenn Griechenland einen ersten Schlag von Italien erhalten haben wird". Eine Intensivierung der Zusammenarbeit zwischen der deutschen und der italienischen Luftwaffe hielt nun auch Mussolini für unerlässlich und schloss sein Schreiben zuversichtlich: „Auch ich habe meine schwarze Woche gehabt, aber mein Geist ist ruhig. Das italienische Volk ist bereit, die schwersten Opfer zu bringen, und wird, vom Misserfolg angestachelt, alles geben, was von ihm verlangt werden wird."[907]

Im italienischen Oberkommando war nach einem halben Jahr blamabler Kriegführung eine veritable Krise ausgebrochen. Als Mussolini die Kritik Badoglios an seinem Kommando zu Ohren bekam, reagierte er dementsprechend: Er bezeichnete den Generalstabschef, den er nach dem siegreichen Abessinienfeldzug noch mit Ehren und Reichtümern überhäuft hatte, als einen „Feind des Regimes" und einen „Verräter". Farinacci lancierte eine Pressekampagne gegen den Generalstabschef, der den innerhalb des Offizierskorps angesehenen, von den Faschisten aber abgelehnten Badoglio demissionieren ließ. Im Ministerrat sprach Mussolini zur Lage, die er als ernst charakterisierte, „sie kann sogar dramatisch werden". Während der Duce die volle politische Verantwortung übernahm, teilte er harte Schläge gegen Badoglio aus.[908]

Gönnerhaft und freundschaftlich zugleich erteilte Hitler dem am Balkan in so arge Bedrängnis geratenen Achsenpartner Ratschläge, die Situation zu retten. Freilich ließ er keinen Zweifel darüber aufkommen, dass er den Zeitpunkt für die italienische Offensive für unverständlich hielt. In einer Besprechung mit Ribbentrop und dem italienischen Botschafter riet er Alfieri, angesichts der verheerenden Lage der italienischen Armee an der griechischen Front „selbst unter Anwendung barbarischer Mittel wie [der] Erschießung von Generälen und Obersten, die ihre Stellung aufgäben, und [der] Dezimierung von Truppen sofort Ordnung zu schaffen". Hitler wandte sich Ribbentrop zu und äußerte daraufhin den Wunsch, dass es wohl am besten sei, wenn er so rasch wie möglich den Duce träfe. Alfieri befürchtete schließlich, mit seinen dramatischen Schilderungen zu weit gegangen zu sein, und betonte gegen Ende des Gesprächs wiederholt, dass sich die militärische Lage Italiens an der griechisch-albanischen Front mittlerweile gar nicht mehr so dramatisch darstellen würde.[909] Besorgt um die Moral des Achsenpartners bemühte sich Hitler, ihm Mut zuzusprechen. Alfieri gegenüber erinnerte er daran, dass die Italiener die Rückschläge nicht allzu tragisch nehmen sollten. Schließlich gäbe es bei jedem Volk gewisse Pechsträhnen, und Deutschlands größter Feldherr, Friedrich der Große, hätte in manchen Jahren seiner Kriegführung nichts als Niederlagen erlitten.[910]

Die anhaltenden militärischen Rückschläge ließen den Duce verzweifeln. In den albanischen Bergen befanden sich die beiden unterversorgten italienischen Armeen bei Regen und Schnee durch die griechische Offensive in höchster Bedrängnis. Ciano fand den Duce „niedergeschlagen wie noch nie" vor. „Hier ist nichts mehr zu machen", so gab sich der Diktator desillusioniert. „Es ist absurd und grotesk, aber es ist so. Wir müssen durch Vermittlung Hitlers um Waffenstillstand nachsuchen." Ciano wollte sich aber „lieber eine Kugel durch den Kopf" jagen, als Ribbentrop in diesem Sinn anzurufen. Der Außenminister versuchte seinen Schwiegervater wieder aufzurichten und wollte das Unternehmen nicht aufgeben, doch Mussolini fiel wieder in seine Mutlosigkeit zurück: „Jeder Mensch begeht in seinem Leben einen entscheidenden Fehler. Auch ich habe ihn begangen, als ich dem General Visconti-Prasca traute. Aber wie sollte ich es nicht tun, wo dieser Mann doch seiner selbst so sicher erschien und wo alle Elemente Grund zum Vertrauen boten. Das Menschenmaterial, mit dem ich arbeite, taugt nichts und ist nichts wert."[911]

Visconti-Prasca war bereits durch den bisherigen Unterstaatssekretär im Kriegsministerium, General Soddu, ersetzt worden. Doch auch der neue Oberbefehlshaber in Albanien drängte auf eine politische Intervention. Angesichts der weiteren Verschlechterung der Lage sah sich Mussolini daher gezwungen, die deutsche Seite am 19. Dezember um Übersendung einer großen Panzereinheit nach Libyen und um

Material an Artillerie, Lkw, Flak und Pak für zehn Divisionen zu ersuchen.[912] In Berlin konstatierte Goebbels einen „kolossalen Machtverlust für Mussolini" und meinte, dass nun wohl auch kein Zweifel mehr darüber bestehe, „wer Europa führen soll, Hitler oder Mussolini".[913] Die entgegenkommende Haltung der Deutschen, die die Lage nicht so dramatisch zu beurteilen schienen, erleichterte Mussolini sichtlich. Er fasste sich wieder und gab sich auf seiner Suche nach Sündenböcken für das Dilemma brutal: „Wenn ich damals, als ich Sozialist war, vom italienischen Bürgertum nicht nur rein theoretische Kenntnisse gehabt hätte, [...] sondern eine wirkliche Kenntnis, wie ich sie heute habe, dann hätte ich eine derart unerbittliche Revolution gemacht, dass die Revolution des Genossen Lenin als unschuldiger Scherz erschienen wäre."[914] Am Ende seiner Geduld, trennte sich Mussolini von dem Quadrumvir der Faschistischen Revolution, De Vecchi, der ihn ebenfalls überschwänglich zur Operation gegen Griechenland geraten hatte, und ernannte außerdem den äußerst umstrittenen Graf Ugo Cavallero zum neuen Generalstabschef, den er sogleich an die kritische Front nach Albanien sandte. Der aus Piemont stammende Politiker und Militär Cavallero, Generalstabschef des Herzogs von Aosta in Äthiopien, war hinsichtlich der militärischen Lage ein Optimist, eine Eigenschaft, die Mussolini so dringend für sein angeschlagenes Selbstvertrauen als Feldherr brauchte. Allerdings war der eher unsoldatisch wirkende Cavallero davon überzeugt, nur in enger Zusammenarbeit mit dem deutschen Bundesgenossen den Krieg erfolgreich führen zu können.

Während sich die militärische Lage in Albanien endlich zu beruhigen schien, erlitt die italienische Armee in Libyen ein Desaster. Die Briten gingen bei Sidi-el-Barrani zur Gegenoffensive über und drängten die italienischen Streitkräfte Tag für Tag weiter ins westliche Libyen zurück. Nachdem sich Mussolini eben erst vom griechischen Fiasko erholt hatte, warf ihn das neuerliche Debakel in Nordafrika wieder zurück: „In Libyen haben wir eine Niederlage nach allen Regeln der Kunst erlitten. Diesmal wird man nicht sagen können, dass es Schuld der Politik gewesen ist. Ich habe den Militärs die größte Handlungsfreiheit gelassen." Graziani machte dem Duce jedoch völlig entnervt in einem Telegramm Vorwürfe, sich von seinen militärischen Beratern in Rom betrügen haben zu lassen, ihn selbst nie angehört und Italien nun in ein Abenteuer hineingestürzt zu haben, das alle menschlichen Kräfte übersteige.[915]

Die italienischen Militärs schoben sich untereinander die Schuld an der misslichen Lage zu. „Die Eifersucht zwischen Generälen ist schlimmer als die Eifersucht zwischen Frauen", stellte Ciano sarkastisch fest. Mussolini hatte allerdings sehr bald auch sein Vertrauen in Cavallero verloren, der ihm eine Entlastungsoffensive um Valona versprochen hatte, die schlussendlich in einen Rückzug der italienischen Truppen ausartete. Die Stimmung des Duce verdüsterte sich dementsprechend immer mehr. Er gestand sich ein, dass die Italiener im Ersten Weltkrieg besser gekämpft hatten als nun. Das faschistische Regime, seine „Erziehungsarbeit“ schien rein gar nicht gefruchtet zu haben. Als es am Weihnachtstag schneite, blickte er zum Fenster des Palazzo Venezia hinaus und ließ wieder einmal seinem Hass auf sein eigenes Volk freien Lauf: „Dieser Schnee und diese Kälte sind gut, so sterben die Halben und diese mittelmäßige italienische Rasse wird verbessert werden.“[916]

Im engsten Kreis gab sich Hitler über die Schlappen der Italiener erbost. „Der Führer hat dafür die schärfsten Ausdrücke“, wollte Goebbels wissen. „Die Italiener haben das ganze militärische Prestige der Achse ruiniert.“[917] Allem Anschein nach hatte der deutsche Diktator für Mussolini selbst allerdings Mitleid empfunden. So schrieb er am letzten Tag des Jahres dem Duce einen Brief, in dem er gleich eingangs seinem durch die Misserfolge angeschlagenen Partner seine aufrichtige Kameradschaft versicherte und beteuerte, sich dem Faschistenführer „in guten und bösen Tagen auf Gedeih und Verderb verbunden“ zu fühlen. Um dessen weiteres Schicksal besorgt, versuchte er, Mussolini zu trösten, indem er sich auf die Geschichte berief: „In der Mehrzahl aller Fälle haben Großmächte den Angriff gegen kleinere Staaten anfangs machtmäßig fast immer zu gering dotiert und dann zunächst im ersten Stadium dieser Kämpfe sehr oft Rückschläge erlitten.“ Hitler stellte dem Duce in Aussicht, die militärischen Wünsche Italiens so weit wiee möglich zu erfüllen. Tatsächlich hatte er der Luftwaffe am 10. Dezember befohlen, von Süditalien aus Angriffe auf Alexandria, den Suezkanal und über das Mittelmeer zwischen Sizilien und Nordafrika zu fliegen; außerdem ordnete er an, Vorkehrungen für die Unterstützung der Italiener in Libyen in Gestalt einer Panzerdivision zu treffen. Bereits seit Anfang Dezember stellte die deutsche Wehrmacht den Italienern eine Lufttransportgruppe zur Verfügung, die von Foggia aus ihre Einsätze flog. In seinem Schreiben sprach er von Francos „größtem Fehler seines Lebens“, nicht enger mit den Achsenmächten zusammenzuarbeiten, und regte ein Treffen mit dem Duce an. Das Verhältnis zur Sowjetunion bezeichnete er noch immer als „ein sehr gutes“.[918]

In Wirklichkeit plante Hitler bereits für das kommende Jahr den Ostfeldzug. Ein kampfloses Abwarten in dem bloß durch militärische Gewalt beherrschten Kontinentaleuropa würde sich, so befürchtete er, für Deutschland auf Dauer nur nachteilig auswirken. Die Zeit arbeitete für die Wiedererstarkung sowohl der Westmächte als auch der UdSSR. In einer Besprechung mit OKW und OKH am 5. Dezember gab der deutsche Diktator zu, dass Großbritannien durch die Luftkriegführung nicht zur Aufgabe zu zwingen sei. Daher spreche alles für einen Feldzug gegen die Sowjetunion Ende Mai 1941, und deswegen wären die Vorbereitungen für einen Angriff zu beschleunigen.[919] Geblendet durch seine bisherigen Erfolge, vermengte Hitler seine rassischen Dogmen mit militärischer Strategie. Er überschätzte das Potential der eigenen Wehrmacht, von der er einen neuerlichen Blitzkrieg erwartete, und unterschätzte das Potential des Gegners sträflich. Den russischen Menschen hielt er für „minderwertig" und die Rote Armee für „führerlos". „Wir haben im Frühjahr einen sichtlichen Höchststand in Führung, Material, Truppe, die Russen einen unverkennbaren Tiefstand. [...] Wenn diese russische Armee einmal geschlagen ist, dann ist das Desaster unaufhaltsam. Bei einem Angriff gegen die russische Armee muss die Gefahr vermieden werden, die Russen vor sich herzuschieben. Durch die Art unseres Ansatzes muss die russische Armee zerlegt und in Paketen abgewürgt werden."[920]

So gut wie ohne jede Einwände billigte Hitler den Operationsplan des Generalstabs des Heeres. Als Brauchitsch am 18. Dezember schließlich die Weisung Nr. 21, der Fall „Barbarossa" genannt, erhielt, war er allerdings noch keineswegs überzeugt, dass Hitler die Sowjetunion tatsächlich angreifen wollte, mochte es sich doch auch bloß um einen Bluff handeln. Außerdem betonte Hitler immer wieder, sich alle Entschlüsse vorzubehalten. So mancher der hochrangigen Offiziere war sich über den Sinn eines Russlandfeldzuges allerdings ohnehin nicht im Klaren. Trotzdem wurde Hitlers Plan, die Sowjetunion zu überfallen, ohne Widerspruch hingenommen. Die Führerweisung für den Fall „Barbarossa" bezeichnete als allgemeine Absicht: „Die im westlichen Russland stehende Masse des russischen Heeres soll in kühnen Operationen unter weitem Vortreiben von Panzerkeilen vernichtet, der Abzug kampfkräftiger Teile in die Weite des russischen Raumes verhindert werden. In rascher Verfolgung ist dann eine Linie zu erreichen, aus der die russische Luftwaffe reichsdeutsches Gebiet nicht mehr angreifen kann. Das Endziel der Operation ist die Abschirmung gegen das asiatische Russland aus der allgemeinen Linie Wolga – Archangelsk. So kann erforderlichenfalls das letzte Russland verbleibende Industriegebiet am Ural durch die Luftwaffe ausgeschaltet werden."[921]

Die Monate vom Waffenstillstand mit Frankreich bis zur Jahreswende werden allgemein als wichtigster Zeitraum für den weiteren Verlauf des Krieges angesehen. Es gelang zwar, die politische Stellung der Achse weiter auszubauen: Am 27. September 1940 war der – primär gegen die USA gerichtete – Dreimächtepakt mit Japan abgeschlossen worden, dem gegen Ende November Ungarn, Rumänien und die Slowakei beitraten, während Bulgarien und Jugoslawien schließlich im März 1941 folgen sollten. Die Balkan- und Donaustaaten dienten der deutschen Wehrmacht somit auch als Aufmarschgebiet gegen die Sowjetunion. Die deutschen Versuche aber, Vichy-Frankreich und Spanien zum Kriegseintritt zu bewegen, scheiterten und damit auch der bereits ausgearbeitete Plan einer Besetzung Gibraltars. Das Vorhaben einer Invasion Ägyptens musste durch die Niederlagenserie der italienischen Armee ebenfalls verschoben werden. An ein Verdrängen Großbritanniens aus dem Mittelmeer, das sowohl Mussolini wie auch Raeder ursprünglich im Schilde führten, war somit nicht mehr zu denken. Auch die andere Alternative, mit einem Angriff auf die Britischen Inseln das Empire zum Frieden zu zwingen, zeitigte keinen Erfolg. Die deutsche Luftwaffe erwies sich als zu schwach, die Oberhoheit über die Royal Airforce zu erringen. Daher konnte eine Invasion, die Operation „Seelöwe", nicht durchgeführt werden. Gleichzeitig war es allerdings der deutschen Marine im Atlantik gelungen, in ihrem Krieg gegen die britischen Versorgungslinien beachtliche Erfolge zu erzielen. Bis März 1941 sollten insgesamt über drei Millionen Bruttoregistertonnen gegnerischen Schiffraums vernichtet werden. Es misslang jedoch, Großbritannien mit einer Blockade abzusperren. Die Einbußen durch die britische Blockade gegen Deutschland konnten wiederum durch Importe aus der Sowjetunion kompensiert werden, gerade was Öl, kriegswichtige Metalle und Nahrungsmittel betraf. Zu Engpässen kam es hingegen bei Kupfer, Blei, Bauxit und Nickel.

Hitler fühlte sich unter Zugzwang, seine Kriegführung besaß keine politische Alternative. Die Feinde mussten vernichtet werden, im militärischen wie im zivilen Bereich. So stand nur mehr das Unternehmen „Barbarossa" im Zentrum seiner Konzeption. Der Feldzug gegen die Sowjetunion stellte aber gerade zu diesem Zeitpunkt einen durch die Kriegslage erzwungenen Verzweiflungsakt dar. Der Diktator hatte die Hoffnung auf eine Invasion auf britischem Boden aufgegeben und sah die Zeit gegen seine Interessen arbeiten. Der Krieg mit dem Empire würde zäh und aufreibend weitergehen, die Vereinigten Staaten schließlich doch an der Seite Londons intervenieren. Ein langer Krieg war angesichts der größeren Möglichkeiten und Ressourcen der Gegner nicht zu gewinnen. Die Sowjetunion stellte für ihn nicht nur Churchills Hoffnung dar. Dessen bloße Existenz schien ihm an sich schon eine ungeheuere Bedrohung für das Reich. Früher oder später würde die Rote Armee angreifen, und daher musste die Wehrmacht zum Präventivschlag ausholen. Hitler war angesichts der vermeintlich schwachen Roten Armee nicht bloß von einem neuerlichen Blitzkrieg überzeugt, er zeigte sich auch zuversichtlich, dass mit der militärischen Niederlage die Sowjets auch politisch klein beigeben würden.

Die Lage im Mittelmeerraum erforderte deutsche Hilfe. Tripolis musste behauptet, die Gefahr eines Zusammenbruchs der albanischen Front beseitigt werden. Die italienischen Truppen sowohl in Albanien als auch in Libyen waren zu wenig vorbereitet in die Feldzüge geschickt worden. Organisation wie Moral lagen gleichermaßen im Argen. Trotz aller Enttäuschungen gab sich Mussolini am Neujahrstag 1941 dem deutschen Botschafter gegenüber wieder ruhig und selbstsicher. Er stimmte dem Inhalt des Führerbriefes zu und sprach davon, dass in Albanien „sich in kurzer Zeit der Wind drehen" und auch die Probleme in Nordafrika geklärt würden. Geschlagen könne die Achse jedenfalls ohnedies nicht mehr werden, so stellte er mit dem Brustton der Überzeugung fest, „denn das hieße Besetzung des Reichs und Italiens durch englische Armeen und Okkupation von Berlin und Rom. Es bestehe nur die Alternative zwischen einem Verhandlungsfrieden, wozu aber London die Hand bieten müsse, oder dem vollen Sieg der Achse bis zur Vernichtung Englands."[922]

Hitler wusste um seine nahezu hypnotische Wirkung auf den Duce Bescheid. Deshalb lud er Mussolini zu einem Treffen mit den beiden Außenministern und den Militärs Keitel, Jodl, Guzzoni und Gandin für den 19. und 20. Januar nach Berchtesgaden. Hitler und seine Begleiter erwarteten die italienischen Gäste auf dem kleinen Bahnhof in Puch bei Hallein auf einer Bank im Schnee sitzend. Die Gastgeber unterließen es wohlweislich, Mussolini auf die heikle Lage der italienischen Truppen anzusprechen. Der Duce hatte dies bei der Abreise angesichts der neuerlich deprimierenden Nachrichten aus Albanien befürchtet, doch diesmal bewiesen die Partner Takt. Am Berghof kam es zu mehreren Unterredungen. Hitler ersuchte Mussolini dabei, es doch noch einmal zu versuchen und Franco, über dessen undankbare Haltung er sich bitter beklagte, für eine Allianz mit der Achse zu gewinnen. Gibraltar, den Westeingang des Empires zum Mittelmeer, in Besitz zu nehmen, würde nämlich, so zeigte sich Hitler zuversichtlich, alle Probleme in Nordafrika und Frankreich „auf einmal" lösen. Nach einigem Zögern stimmte der Duce zwar zu, gab sich jedoch über die Aussichten, den eigenwilligen Caudillo zu überzeugen, pessimistisch. Mussolini, der mit dem deutschen Diktator bisweilen auch Vieraugengespräche führte, bemerkte, dass von einer deutschen Landung in England nicht mehr die Rede war. Hitler betonte nämlich die Notwendigkeit einer „hochprozentigen Wahrscheinlichkeit für den Erfolg" der Operation, da „bei einem Fehlschlagen das Unternehmen angesichts der riesigen dafür erforderlichen Maschinerie nicht ein zweites Mal durchgeführt werden könne".

Vom geplanten Ostfeldzug erwähnte Hitler nicht ein Wort. Trotzdem konnte er seine antisowjetische Haltung vor Mussolini nicht völlig verbergen. Die Sicherheit des Deutschen Reiches gegenüber der Sowjetunion – so gab er sich kryptisch – beruhe nicht auf den Verträgen, sondern vielmehr auf der Wehrmacht. „Solange Stalin, der klug und vorsichtig sei, lebe, würde Russland sicherlich nichts gegen Deutschland unternehmen; aber man wisse noch nicht, wer sein Nachfolger werden würde. Deshalb müsse Deutschland stark sein." Der nationalsozialistische Diktator beklagte in diesem Zusammenhang das immer hemmungslosere Vordringen der Sowjetunion in Osteuropa. Stalins Reich sei ein „Riesenstaat, den man nicht aus dem Auge lassen dürfe und der in allen Kombinationen einen wichtigen Posten darstelle. Keine Operation militärischer Art könne ohne Berücksichtigung Russlands angesetzt werden." Hitler nahm auch seinen Achsenpartner in die Pflicht und unterstrich, wie „unendlich wichtig" ein Halten der italienischen Position in Nordafrika wäre. Aufs Neue wusste er seine italienischen Gäste zu beeindrucken und moralisch aufzurichten, als er ihnen in einem zweistündigen Vortrag die deutsche Intervention in Griechenland mit ihren politischen und militärischen Konsequenzen auseinander setzte. So gelang es Hitler einmal mehr, Mussolini in seinen Bann zu ziehen, der denn auch „berauscht", wie Ciano empfand, die Heimreise antrat.[923]

Die militärischen Katastrophen rissen für den Duce jedoch nicht ab. Seit Beginn der britischen Offensive in Nordafrika hatte seine Armee 130.000 Mann an Gefangenen verloren. Tobruk fiel in die Hände der Briten. Deutsche Waffenhilfe tat Not. Eigentlich wollte sich Hitler gar nicht in Nordafrika engagieren. Libyen war ihm an sich gleichgültig, doch fürchtete er um seinen italienischen Bundesgenossen. Deshalb entschloss er sich zur Intervention deutscher Truppen in Nordafrika. In seinem Schreiben vom 5. Februar an den Duce sprach er sich für ein kombiniertes Vorgehen von See- und Luftstreitkräften gegen die britischen Transport- und Versorgungsschiffe und die sie begleitende Kriegsmarine aus. Außerdem kündigte er die Bildung eines starken Panzerverbandes an. Dieser sollte von Erwin Rommel geführt werden, dem „verwegensten Panzerwaffen-General, den wir in der deutschen Armee besitzen". Bis die Deutschen die italienischen Truppen an der griechischen Front entlasten könnten, würden allerdings – schon aufgrund der Wetterlage – noch viele Wochen vergehen.[924] Der deutsche Diktator beabsichtigte, mit der Operation „Sonnenblume" Italien eben nur so viel Unterstützung zu gewähren, dass dieses nicht völlig zusammenbrach und Tripolis gehalten wurde, um die Vereinigung von Briten und Franzosen in Nordafrika zu verhindern. Obwohl ihn Raeder zu einer großen Offensive der Achse in den Nahen Osten hinein zu bewegen versuchte, entschied sich Hitler in diesem Raum vorerst lediglich für die Defensive.

Mussolini antwortete Hitler zwar erst nach zweieinhalb Wochen, übte sich aber einmal mehr in Zuversicht: „Ungeachtet der unerfreulichen Ereignisse seit dem 11. November bis zum heutigen Tage ist mein Vertrauen in unseren Sieg festgewurzelt, stark und unerschütterlich, und genau so empfindet auch das italienische Volk."[925] Noch am 6. Februar hatten die Briten zwar Benghasi und danach die gesamte Cyrenaika genommen, doch das unter Rommel aufgestellte deutsche Afrikakorps – taktisch dem italienischen Oberbefehlshaber in Nordafrika unterstellt, jedoch in geschlossenen Divisionen eingesetzt – eroberte bis auf Tobruk schlussendlich von März bis April die Gebiete wieder zurück. Die deutschen und italienischen Truppen standen an der ägyptischen Grenze.

Um seine Minister vor bürokratischer Verweichlichung und der Versuchung, gegen ihn zu intrigieren, zu bewahren, schickte sie Mussolini kurzerhand für drei Monate an die Front. Er selbst kam am 2. März in Albanien an und verblieb dort für drei Wochen. In der ihm eigenen Selbstüberschätzung spielte er dort den Oberkommandierenden und hoffte mit einem Durchbruch im Zentrum der Front vergebens auf Erfolge. Deutsche und italienische Militärs hegten schwere Bedenken dagegen, doch Hitler befahl, sich nicht einzumischen. Der dilettantische Versuch forderte hohen Blutzoll. Durch diese neuerliche Blamage frustriert, kehrte Mussolini nach Rom zurück.

Generalfeldmarschall Erwin Rommel, Oberbefehlshaber des deutschen Afrikakorps und Hitlers populärster Heerführer.

Stalins Schritte beim Ausbau des sowjetischen Einflussbereichs in Südosteuropa dienten Hitler zur Rechtfertigung für sein Unternehmen „Barbarossa". Freilich hielt er die Rote Armee für eine Großoffensive für viel zu schwach. Daher konnte von der Notwendigkeit eines Präventivschlages gegen die Sowjetunion keine Rede sein. Hitler rechnete aber für den weiteren Verlauf des Krieges gegen die Westmächte mit einer Erpressertaktik Moskaus, und tatsächlich entsprach es Stalins langfristigem Konzept, den Krieg der imperialistischen Mächte abzuwarten, um schlussendlich zu intervenieren, wie er dies 1945 endlich auch gegenüber dem bereits geschlagenen Japan tat. Für Hitler jedenfalls sollte der Sieg über Russland den Vorstoß in den Nahen und Mittleren Osten, das Vordringen über Spanien nach Nordwestafrika und schließlich die Schlacht im Atlantik ermöglichen. Dann, so erging sich der Diktator in seinen Visionen, wäre Deutschland endlich eine Weltmacht, die allen zukünftigen Situationen gewachsen sein müsste.

Am 30. März sprach Hitler in der Reichskanzlei vor einem Auditorium von etwa 250 Offizieren von einem Kampf zweier Weltanschauungen. In seinem Vortrag stellte er den Bolschewismus als asoziales Verbrechertum dar. Daher dürfe es an der Front auch kein Kameraderie gegenüber dem Feind mehr geben. Es handle sich, so nahm er in seiner fast zweistündigen Rede die kommenden Schrecken vorweg, um einen Vernichtungskampf, der sich auch wesentlich von dem im Westen unterscheiden werde. Die versammelten Generäle akzeptierten Hitlers Aufforderung zur barbarischen Brutalität, zur „Vernichtung der bolschewistischen Kommissare und kommunistischen Intelligenz", widerspruchslos.[926]

Die Verbündeten ließ Hitler über seine Absichten gegen die Sowjetunion nach wie vor weitgehend im Unklaren. Bei einem Treffen anlässlich des feierlichen Beitritts Jugoslawiens zum Dreimächtepakt im Schloss Belvedere am 25. März sprach er danach im Wiener Hotel Imperial dem italienischen Außenminister gegenüber lediglich davon, dass die Sowjetunion in letzter Zeit „sehr unfreundlich" geworden sei. Daher verlasse er sich mehr auf seine Divisionen als auf die Verträge mit Moskau. „Von Oktober bis März wäre Deutschland gewissermaßen wehrlos jeder russischen Erpressung ausgesetzt. Das wüsste Stalin ganz genau. Daher sei auch der Sommer die Saison russischer Höflichkeit, während im Winter sich die russische Haltung ins Gegenteil verwandele."[927] Auch dem japanischen Außenminister Yosuke Matsuoka, der Anfang April Berlin besuchte, enthielt er seine Pläne vor, wenngleich er nicht unterlassen hatte, den asiatischen Staatsmann mit nationalsozialistischem Pomp und organisierter deutscher Gastfreundschaft beeindrucken zu wollen. Es durfte ihn daher nicht stören, dass Japan im Osten keine Anstalten machte, gegen die Sowjetunion aggressiv vorzugehen. Hitler versuchte lieber, das Interesse Tokios auf das britische Südostasien mit Singapur als Zentrum zu lenken. Darüber hinaus versicherte der Diktator seinem weitgereisten Gast, im Falle eines japanisch-amerikanischen Konflikts „seinerseits sofort die Konsequenzen zu ziehen". Selbstverständlich sprach er auch davon, Japan in einem Krieg gegen Stalin zu unterstützen. Doch nicht bloß der deutsche Diktator legte den Dreimächtepakt streng egoistisch aus: Ohne irgendwelche Zusagen gemacht zu haben, reiste Matsuoka im Anschluss sogar nach Moskau und schloss dort einen Neutralitätsvertrag mit der Sowjetunion ab. Später besuchte er auch Mussolini in Rom.[928]

Das Abkommen mit Moskau lenkte die Aufmerksamkeit der japanischen Führung nur noch stärker auf die Expansion in Südostasien. Allerdings wollte Tokio zunächst mit den Vereinigten Staaten über die Durchsetzung seiner Ziele verhandeln. Man tat dies schließlich geheim, ohne Berlin davon zu verständigen. Würden sich die USA aber einer friedlichen Ausdehnung der japanischen Interessen etwa mit einem Erdölembargo widersetzen, war man zum Krieg bereit; und zwar zum Krieg gegen die Vereinigten Staaten und das britische Empire. Hitler wünschte sich dagegen ursprünglich bloß ein japanisches Vorgehen gegen die britischen Besitzungen in Ostasien, doch Tokio hielt die beiden angelsächsischen Weltmächte politisch und militärisch für untrennbar.

Bereits seit dem Frühsommer 1940 bestand eine allianzähnliche Zusammenarbeit zwischen Großbritannien und den Vereinigten Staaten. Diese war sodann nach der Wiederwahl Roosevelts am 5. November noch enger geworden. Churchill legte dem amerikanischen Präsidenten die prekäre Situation seines im Krieg befindlichen Landes dar, worauf schlussendlich Roosevelt dem Empire großzügige materielle Hilfe in Aussicht stellte. Nach langen Diskussionen im Kongress und in der Öffentlichkeit erachteten es die USA auf Betreiben ihres Präsidenten schließlich für notwendig, Staaten wie Großbritannien und China in ihrem Kampf gegen die Aggressoren Deutschland und Japan massiv zu unterstützen. Zur selben Zeit, im März 1941, arbeiteten die Vereinigten Staaten und Großbritannien auch eine gemeinsame Strategie für die Kriegführung aus. Dabei erhielt der europäisch-atlantische Kriegsschauplatz Vorrang gegenüber dem ostasiatisch-pazifischen Raum. Washington entsprach damit dem Wunsch Londons, zunächst das nationalsozialistische Deutschland niederzuwerfen und sich erst danach gegen Japan zu wenden. Die Sowjetunion kam in der gemeinsamen Strategie als Partner der angelsächsischen Mächte keineswegs vor. Hitlers Überzeugung des „Festlanddegens" Russland war deshalb glatter Irrglaube.

Mit Beginn des Frühjahrs sah Hitler nun die Zeit gekommen, auch am Balkan militärisch vorzugehen. Diese Intervention sollte das Prestige Mussolinis national wie international nur noch weiter beschädigen. Bereits am 13. Dezember 1940 hatte Hitler die Weisung für die Operation „Marita" gegeben, wonach in Rumänien deutsche Truppen für die Invasion in Griechenland aufgestellt werden sollten, für die ursprünglich auch bulgarische und jugoslawische Einheiten vorgesehen waren. Nach dem Staatsstreich serbischer Militärs in Belgrad am 27. März weigerte sich die neue jugoslawische Staatsführung jedoch nicht bloß, mit der Achse zusammenzuarbeiten, sondern schloss sogar mit der Sowjetunion am 5. April einen Freundschaftsvertrag ab. Hitler befürchtete daraufhin die Bildung einer alliierten Balkanfront und sah die rumänischen Erdölfelder bedroht. Deshalb beschloss er spontan, den geplanten Feldzug gegen Griechenland auf das abtrünnige Jugoslawien auszudehnen.

Hitler bespricht mit Generalfeldmarschall Walther von Brauchitsch und Generalfeldmarschall Wilhelm Keitel im Sonderzug „Amerika" die Operationen auf dem südöstlichen Kriegsschauplatz.

Noch am 27. März schrieb Hitler dem Duce in aller Eile von seinen Absichten: „Ich habe deshalb schon alle Anordnungen getroffen, um einer krisenhaften Entwicklung nunmehr mit den notwendigen militärischen Mitteln entgegentreten zu können. [...] Ich bitte Sie nunmehr, Duce, herzlichst, für die nächsten Tage keine weiteren Operationen mehr in Albanien vornehmen zu wollen. Ich halte es für notwendig, dass Sie mit allen irgendwie verfügbaren Kräften die wichtigsten Übergänge von Jugoslawien nach Albanien decken und abzuschirmen versuchen. [...] Ich halte es weiter für erforderlich, Duce, dass Sie Ihre Kräfte an der italienisch-jugoslawischen Front mit allen Mitteln und in höchster Eile verstärken."[929] Der deutsche Botschafter erhielt gegen Mitternacht den Auftrag, diese Nachricht Mussolini sofort zu überbringen. Zwei Stunden später fand sich Mackensen beim Duce ein. Mussolini gab sich gelassen und siegessicher, las den Führerbrief durch, um sodann dem Botschafter gleich seine Antwort zu diktieren, in der er seine Ansicht bekundete, „dass, wenn der Krieg unvermeidlich wird, er in Italien sehr populär sein wird".[930]

Tatsächlich befürchtete Mussolini allerdings eine Katastrophe für seine Truppen in Albanien, sollten dort jugoslawische und griechische Einheiten gleichzeitig angreifen. Am 5. April schrieb ihm Hitler einen Brief, in dem dieser von den „das Deutsche Reich tief verletzenden und daher für uns als Großmacht unerträglichen Form der letzten jugoslawischen Aktionen" sprach. So habe er sich schweren Herzens entschlossen, „eine allgemeine Bereinigung der militärischen Lage in diesem Gebiet herbeizuführen. Ich wurde weiter in diesem Sinne bestärkt durch die unterdes in großem Ausmaß stattfindenden Landungen englischer Truppen in Griechenland." In Griechenland war im Februar auf Einladung Athens eine 50.000 Mann starke britische Streitmacht gelandet. Die deutsche Wehrmacht stand allerdings mit 680.000 Mann in den osteuropäischen Satellitenstaaten und bereitete sich auf den Feldzug am Balkan vor. Da der deutsche Diktator auch über Nachrichten über den Freundschaftspakt zwischen Belgrad und Moskau verfügte, sah er keine Möglichkeit mehr, „noch länger zu zögern".[931]

Neuerlich machte sich Hitler auf, im Rücken der Front das Kampfgeschehen zu leiten. Der Sonderzug „Amerika" hielt schließlich im Wechselgebiet auf der Südbahnstrecke zwischen Wien und Graz, wo man vor einem Tunneleingang bei Mönichkirchen Quartier bezog. Hier, etwa 100 Kilometer von der jugoslawischen Grenze entfernt, fühlte sich der Diktator vor möglichen Angriffen aus der Luft sicher. Schließlich hatte er am Tag seiner Abreise das bislang schwerste Bombardement Berlins erleben müssen, bei dem auch historische Gebäude zerstört worden waren. Zwei Wochen lang hielt sich Hitler in seinem provisorischen Hauptquartier in dem gebirgigen Waldgebiet auf, wo er auch seinen 52. Geburtstag beging. Neben Admiral Horthy und König Boris von Bulgarien erhielt er auch von Ciano Besuch, um mit ihm über die Aufteilung Jugoslawiens zu konferieren.

Die Kampfhandlungen begannen am 6. April mit dem massiven deutschen Luftangriff auf Belgrad. Die jugoslawische Armee sah sich schließlich sehr bald eingekreist und kapitulierte am 17. April. Italienische, ungarische und bulgarische Truppen marschierten ebenfalls in das besiegte Land ein. Gleichzeitig mit dem Angriff auf Jugoslawien brach die deutsche Wehrmacht auch in die Metaxaslinie ein, eroberte Saloniki, besetzte Athen, dessen Bombardierung Hitler untersagte, den Peloponnes und die Ägäischen Inseln. Die Kapitulation Griechenlands vom 21. April musste allerdings auf Drängen Mussolinis hin zwei Tage später unter Einbeziehung der Italiener wiederholt werden. Der Duce hatte es zu einer Frage der nationalen und militärischen Ehre gemacht, dass auch den Italienern nach den langen verlustreichen Kämpfen die Kapitulation angeboten werden musste. Zudem hatte er zunächst noch darauf beharrt, dass die entwaffneten griechischen Soldaten nicht in ihre Heimat zurück und die Offiziere nicht ihre blanke Waffe behalten durften. Doch die deutsche Seite machte ihm klar, dass so viele Gefangene – 218.000 Mann – nicht zu verpflegen waren und die Griechen doch tapfer gekämpft hätten. Zwischen 20. Mai und 1. Juni landeten schließlich noch im Rahmen der Operation „Merkur" deutsche Fallschirmjäger auf Kreta und besetzten nach schweren Kämpfen die Insel. Göring hatte es dabei zum Ärger Mussolinis durchgesetzt, dass auf italienische Heeres- und Luftwaffenverbände verzichtet wurde und man bloß italienische Marineeinheiten zur Sicherung der Schiffstransporte verwendete. Allerdings war angesichts der hohen Verluste mittlerweile Hitler zur Auffassung gelangt, dass der massierte Einsatz von Fallschirmspringern nicht mehr zeitgemäß war.[932]

All die Erfolge der deutschen Wehrmacht und ihres Führers in derart kurzer Zeit hatten der Welt einmal mehr die Inferiorität der militärischen und imperialistischen Bemühungen Italiens, eine Ernst zu nehmende europäische Macht zu werden, verdeutlicht. Der Duce und der gesamte Faschismus waren blamiert, und die Serie von Erniedrigungen wollte nicht abreißen. Noch im April ging auch Äthiopien, die „Perle" des faschistischen Imperiums, verloren. Armee und Offizierskorps hatten sich dabei nicht gerade durch besonderen Einsatz ausgezeichnet, sodass Mussolini bereits derart aufgebracht war, dass er einmal „die Offiziere, die zum Kriegsministerium gingen", am liebsten hätte auspeitschen lassen, „so unwürdig waren sie, die Uniform zu tragen".[933]

Auf einer Konferenz in Wien teilte die Achse die besiegten Balkanländer am 21. April untereinander auf. Serbien erhielt eine deutsche Militärverwaltung, die Untersteiermark und Teile Krains gingen an das Reich, Laibach, Dalmatien und Montenegro an Italien, der Drauwinkel und die Hälfte der Batschka an Ungarn, das westliche Mazedonien an Bulgarien. Kroatien sollte den italienischen Herzog Aimone von Spoleto zum König erhalten, der jedoch nie in Agram erschien und daher auch nicht gekrönt wurde. Jedenfalls erhielt Kroatien eine autoritäre und faschistische Regierung unter dem bisher im italienischen Exil lebenden Extremisten

Der deutsche Diktator auf der Draubrücke im untersteirischen Marburg.

Ante Pavelič, Griechenland eine deutsche, ab Mitte 1941, da Hitler seine Soldaten für den Russlandfeldzug benötigte, für den größten Teil des Landes eine italienische Militärverwaltung. Die Deutschen blieben lediglich in Athen, Saloniki und Umgebung, im Grenzgebiet am Ebros, im westlichen Teil Kretas und in der Ägäis. Die Besatzungspolitik führte schon nach wenigen Monaten nicht nur zu Hungersnöten mit zehntausenden Opfern, sondern auch zu einem erbittert geführten Partisanenkrieg, auf den die Deutschen mit Geiselerschießungen und Massenexekutionen reagierten.

Der „unabhängige Staat Kroatien" kam von Beginn an nie zur Ruhe. Dies hatte mehrere Gründe. Kroatien besaß mit zwei Millionen orthodoxen Serben und 800.000 Moslems bei einer Gesamtbevölkerung von 6,3 Millionen Einwohnern beachtliche nationale Minderheiten. Während die Muslime einfach zum „reinsten Teil des kroatischen Volkes" erklärt wurden, bekamen die Serben nun in aller Brutalität die Folgen des seinerzeitigen Belgrader Zentralismus zu spüren. Das Regime Pavelič wurde bloß von einer kleinen radikalen und politisch unerfahrenen Gruppierung getragen. Von einem unabhängigen Kroatien konnte ohnedies nie die Rede sein, da seine Führungsschicht deutlich unter dem Einfluss und der Kontrolle Roms stand. Italien hatte sich durch den Grenzvertrag vom 18. Mai 1941 auch zahlreiche Inseln, das Küstenland mit Split und das Hinterland der Bucht von Cattaro angeeignet; Gebiete mit einem kroatischen Bevölkerungsanteil von 74 Prozent. Gleichzeitig versuchte Agram jedoch, ein Gegengewicht zu dem dominierenden italienischen Einfluss zu bilden. Tatsächlich sollte die deutsche Position in Kroatien stetig an Bedeutung gewinnen, obwohl Hitler ursprünglich sein Desinteresse an den politischen Fragen dieses Landes bekundet hatte. Pavelič versuchte noch zusätzlich, Hitler und Mussolini gegeneinander auszuspielen. Die Schreckensherrschaft der Ustascha, die zügellos und mit brutalster Gewalt gegen die serbische Minderheit vorging, zwang Pavelič schon bald zum Kampf gegen verschiedene Partisanengruppen.

In Moskau zeigte sich Stalin über das deutsche Vordringen am Balkan durchaus beeindruckt und unterließ es fortan, das Dritte Reich mit Aspirationen in Osteuropa weiter zu provozieren. Die Sowjetunion verhielt sich sodann bis zum deutschen Überfall gegenüber dem Dritten Reich betont loyal. Dies führte sogar so weit, dass London – besorgt um eine weitere Annäherung der Sowjetunion an Deutschland – erwog, mit einer Bombardierung des Ölzentrums von Baku gegen Stalin militärisch vorzugehen und sowohl die kommunistische Herrschaft als auch dessen vermeintlichen Partner Deutschland nachhaltig zu schwächen. Der Plan wurde zwar verworfen, doch allein dessen Diskussion zeigt die Abwegigkeit von Hitlers Annahme, dass Großbritannien bereits mit der Sowjetunion als Partner in einer Allianz gegen Deutschland fest rechnete. Andererseits fing man im Mai zwei Telegramme Moskaus an die sowjetischen Missionen im Fernen Osten ab; diese drückten den Wunsch Stalins aus, mit dem Dritten Reich neue Interessensphären abzustecken, verrieten aber auch den Plan, Deutschland gleichsam als ein Werkzeug im Kampf gegen die angelsächsischen Mächte zu benutzen.[934]

In Berlin ließ es sich Hitler nicht nehmen, vor dem Reichstag die mit so geringen Verlusten erzielten Erfolge der Wehrmacht gebührend zu würdigen. Seine Rede vom 4. Mai bot ihm gleichzeitig die Gelegenheit, seiner Wut gegenüber Churchill freien Lauf zu lassen. So bezeichnete er den britischen Premier als Narren und erklärte, dass dessen antideutsche Propaganda entweder auf „eine paralytische Erkrankung" oder auf den „Wahn eines Säufers" zurückgeführt werden müsse. „Aus dieser anomalen geistigen Verfassung heraus stammt auch der Entschluss, den Balkan in einen Kriegsschauplatz zu verwandeln. Wie ein Wahnsinniger läuft dieser Mann seit bald fünf Jahren durch Europa und sucht irgendetwas, was brennen könnte."[935] Starke Worte gegen seine Feinde fand naturgemäß auch der Duce. So nannte Mussolini – wenngleich auch lediglich im engsten Kreis – wiederum Roosevelt einen Paralytiker. „Man hat kahle Könige gehabt, dicke Könige, schöne Könige und auch dumme Könige, aber noch niemals hat es einen König gegeben, der von anderen gestützt werden muss, wenn er auf die Toilette geht, ins Bad oder zu Tisch." Angesichts des Auftretens der Wehrmacht am Balkan überkamen Mussolini aber auch antideutsche Emotionen: „Sie sollen uns doch in Ruhe lassen. Und sie sollen sich daran erinnern, dass wir ihretwegen ein ganzes Kolonialreich verloren haben. Ich habe einen Dorn im Herzen, weil das Kolonialreich des geschlagenen Frankreich intakt ist, während wir das unsere [Äthiopien] verloren haben."[936]

Die Landung von Rudolf Heß in Schottland am 10. Mai war eine internationale Sensation. Der „Stellvertreter des Führers" hatte freilich auf eigene Faust gehandelt. Von den Messerschmittwerken in Augsburg war Heß allein mit einer Me-110 unter dem Pseudonym Alfred Horn auf die Insel geflogen und schließlich – erstmals in seinem Leben – mit einem Fallschirm in der Nähe von Glasgow abgesprungen. Längst kein enger Vertrauter des „Führers" mehr, war er Hitler noch immer servil ergeben und hoffte, nach dieser spektakulären Aktion mit dem Friedensvertrag in Händen wieder die Gunst des Diktators zu gewinnen.

Hitler erfuhr von der Mission Heß' am Obersalzberg und fiel über diese Nachricht aus allen Wolken. „Der Führer ist ganz zerschmettert", stellte Goebbels fest. „Welch ein Anblick für die Welt: ein geistig Zerrütteter zweiter Mann nach dem Führer. Grauenhaft und unausdenkbar. [...] Wir werden an dieser Sache schwer zu beißen haben."[937] Hitler enthob Heß aller Ämter. Sollte dieser jemals wieder nach Deutschland zurückkehren, wollte er ihn erschießen lassen. Heß' bisheriger Stellvertreter, Martin Bormann, übernahm nun die Führung der Parteiangelegenheiten. Die nationalsozialistische Führung stellte Heß nicht etwa als Verräter, sondern – wie es dieser selber in einem Brief an Hitler vorgeschlagen hatte – als geisteskrank dar, der als ein Opfer seiner, von Astrologen geschürten, pazifistischen Halluzinationen und nach Großbritannien geflogen sei, um den Beginn von Friedensverhandlungen einzuleiten.

Auch Ribbentrop benützte diese Sprachregelung, als er am 13. Mai im Palazzo Venezia den Duce besuchte. Der Achsenpartner sollte beschwichtigt werden. Der Reichsaußenminister, der auf die italienischen Gastgeber einen deprimierten und nervösen Eindruck hinterließ, sprach darüber hinaus bei der Zusammenkunft noch immer von korrekten Beziehungen zur Sowjetunion. Mussolini und Ciano verfügten allerdings bereits über Informationen, dass mit 15. Juni der deutsche Feldzug gegen Russland beginnen sollte. Der Duce wollte deshalb von Ribbentrop Konkreteres wissen. „Er persönlich glaube nicht", so wich ihm der Reichsaußenminister aus, „dass Stalin etwas gegen Deutschland unternehmen würde. Täte er es doch oder führe er eine Politik, die für Deutschland nicht tragbar sei, so wäre er innerhalb von drei Monaten vernichtet. [...] Der Führer würde bestimmt keinen Streit suchen, habe jedoch für alle Eventualitäten Vorsorge getroffen. Er habe in keiner Weise irgendwelche Entschlüsse gefasst, sei jedoch infolge gewisser Vorkommnisse und Unklarheiten auf russischer Seite misstrauisch geworden." So hätten sowjetische Truppenverstärkungen an der Grenze zum Reich zur dementsprechenden deutschen Reaktion geführt. „Russland würde jedoch nie ein Problem sein, das den Endsieg gegen England beeinflussen könne."[938] Ribbentrop übermittelte Hitlers

Bitte nach einer so rasch wie irgend möglich stattfindenden Konferenz. Über den Grund für das Treffen verriet er freilich nichts. Mussolini gefiel weder die Einladung noch ihre Form. „Ich habe es satt, mit einem Pfiff gerufen zu werden", so klagte er, setzte die Begegnung aber endlich doch für den 2. Juni am Brenner an.

Die Stimmung am Grenzberg war gut. Hitler zeigte sich über das Gelingen des jugoslawischen Feldzuges erleichtert. Dabei gab er zu, dass dieser mit einem erheblichen Risiko verbunden gewesen wäre und ihn und vor allem seine Fachleute, die sich aber glücklicherweise wieder einmal geirrt hätten, beträchtliche Sorgen bereitet hätte. Im weiteren Verlauf des Gesprächs bekundete man die Hoffnung, dass „Japan weiter fest bei der Stange bleibe", um so einen Kriegseintritt der USA zu verhindern. Alle Anwesenden sprachen von der schlechten Stimmung in Großbritannien, und Hitler hegte große Hoffnungen auf den Blockadekrieg gegen die Britischen Inseln. Die Engländer würden „bestimmt nicht bis zum letzten Gramm ihrer Vorräte kämpfen". Die Erfolge des U-Boot-Krieges ließen den deutschen Diktator die Einschätzung aussprechen, dass Großbritannien noch 1941 zusammenbrechen könnte. Tatsächlich habe es schon den Krieg verloren, „nur habe es dies infolge seines langsamen Denkens noch nicht begriffen". Die beiden Diktatoren äußerten sich zufrieden über die deutsche Eroberung Kretas, und Hitler sah die Möglichkeit, die britischen Schiffe leichter aus der Luft zu versenken und Alexandrien unaufhörlich bombardieren zu können. So würden die Briten schließlich gezwungen sein, das Mittelmeer genauso wie im Jahr zuvor die Nordsee zu räumen. Ganz allgemein liege das Schwerste des Krieges bereits hinter der Achse. Die einzige Gefahr, die jetzt noch bestünde, sei der Abfall Französisch-Nordafrikas. Aber Hitler bezeichnete es als unvorstellbar, und Mussolini stimmte ihm darin zu, dass die Achse noch den Krieg verlieren könne. Der deutsche Diktator kam auch auf die Juden zu sprechen und bemerkte wie bereits bei der Begegnung im Juni des Vorjahres in München, dass diese „nach dem Kriege ganz aus Europa hinaus müssten. Auch in Osteuropa (Lublin) könnten sie aus hygienischen Gründen nicht bleiben, da sie infolge ihrer Unsauberkeit dort einen Krankheitsherd bildeten. Vielleicht könne man sie in Madagaskar ansiedeln. Diese Insel würde bei der entsprechenden Bodenbearbeitung für 15 Millionen Menschen Platz haben."[939] In Wirklichkeit hatte der von der SS und seinen Gauleitern bedrängte Hitler, die das deutsche Herrschaftsgebiet durch Massendeportationen „judenfrei" machen wollten, aber das Madagaskarprojekt bereits seit einem halben Jahr aufgegeben. Schon die britische Überlegenheit zur See hätte die Realisierung dieses Vorhabens unmöglich gemacht.

Am Brenner besprachen die beiden Diktatoren zudem das weitere Verhalten der Sowjetunion gegenüber. Auch Mussolini hielt eine Klärung für notwendig und stellte die Alternativen Militärbündnis oder Krieg zur Auswahl. Hitler schloss die erste Option kategorisch aus und bekundete, dass er sich nur mehr über die Frage des richtigen Zeitpunktes für den Krieg den Kopf zerbreche. Unter vier Augen sprach er mit Mussolini auch über den Fall Heß und soll dabei geweint haben. Noch am Bahnsteig vor der Abfahrt ließ Hitler alle schier endlos warten, als er Mussolini noch einmal einen Monolog hielt.[940] Wieder mit Ciano allein, vertrat der Duce die Auffassung, dass die Deutschen einen Kompromissfrieden mit Begeisterung aufnehmen würden. „Jetzt sind sie satt von ihren vielen Siegen, sie wollen den Sieg, der ihnen den Frieden gibt."[941]

Noch immer hatte Hitler den Duce über seine Absichten gegenüber der Sowjetunion im Unklaren gelassen. Gegenüber dem fernöstlichen Bundesgenossen entschied er dagegen, sich doch zumindest einigermaßen zu deklarieren. Dafür hatte er seine Gründe: Die japanisch-amerikanischen Geheimverhandlungen über die Interessensphären in Ostasien und im westlichen Pazifik waren Berlin keineswegs verborgen geblieben. Mit Unbehagen musste der deutsche Diktator erkennen, dass Tokio eine betont egoistische Politik verfolgte und bereit war, sich mit den Vereinigten Staaten zu verständigen. Die USA hätten dann alle Kräfte für den Krieg in Europa aufwenden können. Bei einem Krieg der beiden Pazifikmächte hätte Deutschland dann jedoch dem Dreimächtepakt gemäß den USA den Krieg zu erklären. Daher versuchte Hitler entgegen seinem ursprünglichen Plänen nun, Japan doch für eine zweite Front gegen die Sowjetunion zu überreden. Botschafter Oshima teilte er am Tag nach seinem Treffen mit Mussolini seinen Entschluss zum Angriff auf die UdSSR mit, allerdings ohne ein Datum für den Beginn des Überfalls zu nennen. Er stellte es Japan frei, sich daran zu beteiligen. Allein Tokio lehnte es ab, sich zu binden und an einer Aufteilung der Sowjetunion zu beteiligen, hoffte es doch, seine Ziele in Südostasien durch Verhandlungen mit den Vereinigten Staaten sogar kampflos zu erreichen. Das fernöstliche Kaiserreich zog es somit fürs Erste einmal vor, die Entwicklung in Osteuropa abzuwarten. Den rumänischen Diktator, General Antonescu, informierte Hitler vergleichsweise am genauesten über den Angriff auf die UdSSR. Bei dem Treffen am 12. Juni in München sicherte Antonescu dem Deutschen Reich aber auch bereitwillig die militärische Unterstützung Rumäniens zu. Schließlich beabsichtigte Bukarest, Bessarabien wieder zurückzugewinnen und ukrainisches Territorium zu annektieren. Aber auch gegenüber dem rumänischen Bundesgenossen, den die Wehrmacht an ihrer Südflanke durchaus benötigte, unterließ es Hitler, nähere Details oder gar das Angriffsdatum zu nennen.[942]

Neben seinem alten Ziel, den Bolschewismus auszurotten, hatte Hitler auch klare strategische Motive, gegen Russland zu ziehen: Stalin würde in aller Ruhe den Krieg zwischen Deutschland und Großbritannien abwarten, um dann über Europa und den geschwächten Sieger herzufallen. Der ganze Kontinent wäre dann der Sowjetisierung ausgesetzt. Auf der anderen Seite würde Großbritannien nach wie vor auf die UdSSR hoffen. Falle diese als Machtfaktor aus, müsse London ganz einfach aufgeben. Außerdem fürchtete Hitler die Intervention der USA, die seiner Ansicht nach in absehbarer Zeit erfolgen musste. Der Zeitdruck, so war er sich gewiss, erforderte den Angriff auf die Sowjetunion. Es gab keinen Ausweg.[943]

Während die deutsche Öffentlichkeit bis zuletzt nichts von irgendwelchen Spannungen mit der UdSSR erfuhr, legte sich Hitler voll Infamie die These zurecht, dass Deutschland nur einem sicheren Angriff der Sowjetunion zuvorkommen würde. Aber Moskau unternahm weder Vorkehrungen zum Angriff noch ausreichende zur Verteidigung. Das Unternehmen „Barbarossa" traf die Rote Armee unvorbereitet, da Stalin sich beharrlich weigerte, an eine Aggression Hitlers zu glauben. Der kommunistische Diktator wollte viel lieber den Krieg im Westen abwarten, wo er mit einer Niederlage Deutschlands spekulierte. Dann erst beabsichtigte er, seine Machtsphäre weiter nach Europa gegen die Vereinigten Staaten und Großbritannien auszudehnen. Doch die Zeit dafür schien ihm noch keineswegs gekommen zu sein, und in der Tat lieferte die Sowjetunion seit dem Balkanfeldzug unmittelbar bis zum Kriegsausbruch in beeindruckenden Transportquoten strategisch wichtige Rohstoffe ins Dritte Reich, die sie schlussendlich selber hätte gut gebrauchen können. Deutschland hatte seine Gegenlieferungen dagegen seit Herbst 1940 systematisch eingeschränkt.

Den Duce befielen Anfang Juni wieder antideutsche Anwandlungen. Für Italien unbefriedigende Wirtschaftsverhandlungen mit Berlin waren dafür bloß der Auslöser. „Es würde mir gar nicht missfallen, wenn Deutschland beim Zusammenstoß mit Russland viele Federn verlieren würde." Verärgert überlegte er sogar, die Rede zum Jahrestag des italienischen Kriegseintritts zu verschieben. „Ich müsste die Zusammenarbeit verherrlichen, und das widerstrebt mir jetzt." Als der Führer der „freien Franzosen", General Charles de Gaulle, mit seinen Truppen in Syrien eindrang, meinte Mussolini über die Deutschen wiederum: „Sie sind nicht intelligent, das ist alles. Sie hätten beim Waffenstillstand ganz Frankreich besetzen sollen." Die deutsche Einmischung in Kroatien brachte den Duce sodann völlig in Rage, die er gegenüber Ciano auch nicht zu verbergen bereit war: „Es ist völlig belanglos, wenn die Deutschen unsere Rechte in Kroatien auf dem Papier anerkennen, wenn sie uns praktisch alles nehmen und uns nur ein Häufchen Knochen lassen. Sie sind verlogene Kanaillen, und ich sage dir, dass es so nicht lange weitergehen kann. [...] Ich persönlich habe übergenug von Hitler und seiner Handlungsweise. Diese Unterredungen, die durch einen Pfiff eingeleitet werden, gefallen mir nicht; mit Pfeifen ruft man höchstens Kellner. Und was sind das dann noch für Unterredungen? Fünf Stunden muss ich mir einen reichlich langweiligen und nutzlosen Monolog anhören. Stunden und Stunden hat er über Heß gesprochen, über die ‚Bismarck', über Dinge, die mehr oder weniger mit dem Krieg zu tun haben, aber ohne Tagesordnung, ohne auch nur ein Problem zu vertiefen, ohne einen Entschluss zu ergreifen. Ich meinerseits baue jedenfalls die Befestigungswerke in den Alpentälern aus. Eines Tages werden sie uns nützlich sein. Vorläufig ist noch nichts zu machen. Man muss mit den

Wölfen heulen. Und darum werde ich heute in der Kammer den Deutschen meine Elogen singen. Aber mein Herz ist voll Bitterkeit." Die Rede Mussolinis fand allerdings dann ohnehin keine besonders positive Aufnahme. Die deutsche Botschaft in Rom äußerte sich überhaupt negativ, und auch viele Faschisten wie Bottai, Farinacci, Cini und Volpi zerpflückten ihren Inhalt kritisch. Mussolini jedenfalls wollte sich in seinem Zorn gegenüber Berlin nicht beruhigen. In düsterer Stimmung hoffte er wenigstens, dass die anderen Nationen Europas erkannten, was die nationalsozialistische Herrschaft bedeutete: „Wir werden den Leuten vielleicht das Hemd lassen, die Deutschen tragen aber auch die Haut davon."[944]

Am 22. Juni, um drei Uhr morgens, suchte Geschäftsträger Bismarck Ciano in dessen Privatwohnung auf, um ihm ein ausführliches Schreiben Hitlers für den Duce zu überbringen. Die deutsche Wehrmacht war im Begriff, in Russland einzufallen. Der deutsche Diktator bezeichnete darin den Angriffsbefehl auf die Sowjetunion als den härtesten Entschluss seines Lebens. Großbritannien habe zwar diesen Krieg verloren, hoffe aber trotzdem noch auf die Unterstützung durch die Sowjetunion. „Beide Staaten, Sowjet-Russland und England, sind gleichmäßig interessiert an einem in sich zerfallenen, durch einen langen Krieg ohnmächtig werdenden Europa. Hinter diesen beiden Staaten steht aufputschend und lauernd die nordamerikanische Union. Seit der Liquidierung Polens zeigt sich in Sowjet-Russland eine konsequente Richtung, die – wenn auch klug und vorsichtig – jedoch unentwegt zur alten bolschewistischen Tendenz der Ausbreitung des Sowjet-Staates zurückkehrt. Die zu dem Zweck notwendige Verlängerung des Krieges soll durch eine Fesselung deutscher Kräfte im Osten erreicht werden, so dass besonders luftmäßig die Verantwortung für einen Angriff großen Stils im Westen von der deutschen Führung nicht mehr übernommen werden kann." Hitler erklärte, sich von zwei Seiten bedroht zu sehen und praktisch alle verfügbaren Kräfte der Roten Armee an der gemeinsamen Grenze zum Dritten Reich zu orten. Angesichts der massiven Anhäufung militärischer Verbände könnten ohnehin die Gewehre sogar einmal von selbst losgehen.

„Ich bin daher nach einem ewigen Grübeln doch zu dem Entschluss gekommen, diese Schlinge lieber vorzeitig zu durchhauen, ehe sie zugezogen werden kann. Ich glaube, Duce, dass ich damit unserer gemeinsamen Kriegführung in diesem Jahr den wahrscheinlich größten Dienst erweise, den es gibt." Der Wille Londons, weiterzukämpfen, basiere auf der Hoffnung auf die Sowjetunion und die USA. „Amerika zu beseitigen besitzen wir keine Möglichkeit. Russland auszuschalten liegt aber in unserer Macht. Die Ausschaltung Russlands bedeutet gleichzeitig eine ungeheuere Entlastung Japans in Ostasien und damit die Möglichkeit einer viel stärkeren Bedrohung des amerikanischen Vorgehens durch eine japanische Intervention." Diplomatisch versuchte Hitler dem Duce beizubringen, dass er auf eine Bereitstellung italienischer Truppen für den Russlandfeldzug gern verzichten konnte. Wichtiger waren ihm die Verstärkung der Bemühungen des Achsenpartners in Nordafrika sowie der

Einsatz der befreundeten Luftwaffe und der U-Boot-Flotte im Mittelmeer. Abschließend gestand er Mussolini: „Ich fühle mich, seit ich mich zu diesem Entschluss durchgerungen habe, innerlich wieder frei. Das Zusammengehen mit der Sowjetunion hat mich bei aller Aufrichtigkeit des Bestrebens, eine endgültige Entspannung herbeizuführen, doch oft schwer belastet, denn irgendwie schien es mir doch ein Bruch mit meiner ganzen Herkunft, meinen Auffassungen und meinen früheren Verpflichtungen zu sein. Ich bin glücklich, dass ich diese Seelenqualen nun los bin."[945]

Ciano benachrichtigte sogleich Mussolini, der auf seinem Sommersitz in Riccione weilte, telefonisch, und wieder einmal reagierte der Duce gespalten. Gegenüber seinem Schwiegersohn beklagte er die Art und Weise, wie die Deutschen ihn in der Frage des Russlandfeldzuges behandelt hätten. „Ich störe des Nachts nicht einmal meine Diener, aber die Deutschen lassen mich rücksichtslos aus dem Bett springen."[946] Als erste offizielle Reaktion ließ er den nationalsozialistischen Diktator jedoch übermitteln, dessen Auffassung völlig zu teilen, „dass das russische Problem eine sofortige Lösung verlange, die, falls sie nicht auf dem Verhandlungswege erreicht werden könne, durch Anwendung von Gewalt herbeigeführt werden müsste". Außerdem ließ er Hitler wissen, „dass er bereit sei, ihm jede benötigte Hilfe für das Unternehmen zur Verfügung zu stellen".[947]

Mussolini war sehr wohl klar, dass der deutsche Diktator von einer italienischen Teilnahme am Russlandfeldzug gar nichts wissen wollte. Aus Prestigegründen bestand der Duce trotzdem auf die Entsendung eines Expeditionskorps, das er tatsächlich in jeder Hinsicht den Truppen der Wehrmacht gegenüber für überlegen hielt. Außerdem beschlossen mittlerweile auch Ungarn, die Slowakei und Spanien, an dem Feldzug teilzunehmen. Hitler war bis auf die Entsendung der spanischen Freiwilligen darüber keineswegs erfreut. Während er von der spanischen „Blauen Division" wenigstens eine engere Bindung Francos an die Achse erhoffte, hielt er die Mithilfe der anderen Kontingente mehr für störend als nützlich. Dies traf auch auf die italienischen Truppen zu, doch Mussolini ließ sich von der mangelnden Begeisterung des deutschen Diktators nicht beirren, dachte er doch erneut an die Außenwirkung und an eine spätere Friedenskonferenz. „Wir dürfen nicht weniger gelten als die Slowakei und die anderen kleinen Staaten", so rechtfertigte er seinen Ministern gegenüber seinen Willen zur Teilnahme. „Ich muß in Russland an der Seite Hitlers sein, wie er an meiner Seite im Kriege gegen Griechenland war und jetzt in Afrika ist. Das Schicksal Italiens ist eng mit dem Deutschlands verknüpft."[948] In seinem persönlichen Schreiben an Hitler unterwarf sich Mussolini förmlich, tönte siegessicher und drängte seine Hilfe auf: „In einem Kriege, der einen derartigen Charakter aufweist, kann Italien nicht abseits bleiben. Ich danke Ihnen daher, Führer, die Beteiligung von Landtruppen und Luftstreitkräften Italiens in einer vom Generalstab noch zu bestimmenden Stärke und Gegend angenommen zu haben." Darüber hinaus wollte Mussolini alles tun, um – wie von Hitler gewünscht – die Stellung der Achse in Nordafrika zu festigen.[949]

Für Hitler begann „sein Krieg" nun erst richtig. Er betrachtete ihn als den einzigen Weg, als „recht, moralisch und notwendig", wie er sich Goebbels gegenüber in einer geheimen Unterredung in der Reichskanzlei unter höchster nervlicher Anspannung ausdrückte. „Ob recht oder unrecht, wir müssen siegen. Das ist der einzige Weg. Und haben wir gesiegt, wer fragt uns nach der Methode. Wir haben soviel auf dem Kerbholz, dass wir siegen müssen, weil sonst unser ganzes Volk, wir an der Spitze mit allem, was uns lieb ist, ausradiert würde. Also ans Werk."[950]

# Der Beginn des Vernichtungskrieges

## Juni bis Dezember 1941

Mit dem deutschen Überfall auf die Sowjetunion ging der Krieg in eine neue Phase. Bislang konventionell geführt, nahm der Waffengang nun Ausmaße an, die alles bislang Geschehene in den Schatten stellten. Am 22. Juni 1941, gegen 3.15 Uhr, exakt 129 Jahre nach Napoleons Einmarsch, schickte Hitler die größte jemals für einen Feldzug zusammengezogene Streitmacht nach Russland. Das deutsche Ostheer umfasste 153 Angriffsdivisionen, 15 davon motorisiert und 19 Panzerdivisionen; dies waren drei Viertel des gesamten deutschen Feldheeres. Die über drei Millionen Mann mit 600.000 Kraftfahrzeugen, 3600 Panzern, 7000 Artilleriegeschützen und über 2500 Flugzeugen wurden noch durch rund 40 finnische und rumänische Divisionen unterstützt.[951]

Von Anfang an wollte Hitler als Feldherr „seinen" Feldzug persönlich führen. Ab 23. Juni bezog er Quartier in der nach ihm benannten „Wolfsschanze" bei Rastenburg in Ostpreußen. Mitten in einem düsteren Wald gelegen, bestand sie aus einem Dutzend Baracken und war durch mehrere Sperrkreise von der Außenwelt abgeschlossen. Selbst wenn die Sonne schien, brannte in Hitlers Räumen unter dem Schatten der Bäume oft den ganzen Tag über das elektrische Licht. Es war ein „unheimlich künstliches Dasein" in diesen engen kleinen Räumen. „Das Ganze wirkte wie der Schlupfwinkel eines sagenhaften, bösen Geistes", wie sich Hitlers Dolmetscher Schmidt erinnerte.[952]

Nördlich der unpassierbaren Pripjetsümpfe sollte die Heeresgruppe Nord den Zugang zur Ostsee abschneiden, die baltischen Länder und Leningrad erobern, während die Heeresgruppe Mitte mit dem Hauptschlag des gesamten Unternehmens direkt bis Moskau vorzustoßen hatte. Südlich der Pripjetsümpfe hatte die Heeresgruppe Süd den Befehl, nicht bloß die Ukraine, sondern auch die Industriegebiete an Dnjepr und Don zu besetzen, Rostow und die Krim zu erobern und endlich bis zu

Hitler mit Generalfeldmarschall von Rundstedt (rechts) und Oberst Schmundt (dahinter) bei einem Besuch der Heeresgruppe Süd. Links Generaloberst Löhr und General der Flieger Bodenschatz.

den Erdölquellen im Kaukasus vorzudringen. In seiner eklatanten Unterschätzung des Gegners glaubte Hitler, den Feldzug neuerlich in Form eines Blitzkrieges noch im Sommer beenden zu können. Mit dieser Meinung stand er keineswegs allein da, denn auch Brauchitsch beispielsweise zeigte sich davon überzeugt, dass der Feldzug nach etwa vier Wochen „voraussichtlich heftiger Grenzschlachten" im wesentlichen beendet sein würde. In weiterer Folge wären lediglich noch „Säuberungsaktionen" bei der Inbesitznahme des gewaltigen Raums durchzuführen. Nicht bloß Hitler und seine Generäle waren von einem nur kurz dauernden Russlandfeldzug überzeugt. Auch in London und Washington glaubte man nicht, dass die Rote Armee der deutschen Wehrmacht lange und erfolgreich Widerstand leisten könnte.

Im Juli 1940 hatte sich Hitler dem Urteil des Generalstabes gefügt, dass ein Feldzug gegen die Sowjetunion nicht mehr noch im Herbst desselben Jahres möglich sein würde. Seit Dezember 1940 war dann festgestanden, dass der Ostfeldzug nicht vor Mai 1941 eröffnet werden konnte. Die Vorbereitungen für das Unternehmen „Barbarossa" sollten zwar bis zum 15. Mai abgeschlossen sein, doch die endgültige Durchführung war zeitlich noch keineswegs festgelegt. In der Regel konnten große Operationen schon im Mai allenfalls auf der Krim und in der Südukraine unternommen werden. In Russland selbst hatte das Tauwetter diesmal ohnedies sehr spät eingesetzt. Durch die am 29. Mai getroffene Festsetzung des Angriffstermins für den 22. Juni war man jedenfalls endgültig dem schlammigen Terrain, das einen raschen Vormarsch behindern mochte, entgangen. Außerdem hatte Hitler dem Generalstab sogar zugestanden, den Angriffstermin wenn nötig noch über den 22. Juni hinauszuschieben. Gegen die von Hitler selbst im Februar 1945 gesponnene Legende, dass die Verschiebung des Unternehmens „Barbarossa" bloß auf Deutschlands Hilfeleistung gegenüber dem an der griechischen Front in Not geratenen Italien zurückzuführen war und dies den Sieg gegen die Sowjetunion gekostet hatte, spricht zudem die Tatsache, dass auch die anderen groß angelegten Offensiven im Osten erst später über die Bühne gingen: Die deutsche Sommeroffensive 1942 begann am 28. Juni, das Unternehmen „Zitadelle" am 5. Juli 1943 und die sowjetische Sommeroffensive von 1944 drei Jahre nach Hitlers Überfall, neuerlich am 22. Juni.[953]

In den Nächten vor dem Angriff war Hitler unter schwerem nervlichen Druck gestanden. Freilich quälte ihn bloß die Angst, es könnte noch eine ihm unliebsame Überraschung dazwischenkommen. Die deutsche Wehrmacht traf sodann auf einen weitgehend unvorbereiteten Gegner, denn Stalin hatte bislang alle – auch britische – Informationen über einen bevorstehenden Angriff ebenso wie die massiven deut-

Eine Besprechung mit Generalfeldmarschall Brauchitsch, Generaloberst Halder und Hitler über die Lage im Hauptquartier des Oberkommandos.

schen Truppenkonzentrationen an der gemeinsamen Grenze ignoriert und sich auch nicht von seinen führenden Militärs zur Mobilmachung bewegen lassen. In verhängnisvoller Unterschätzung hielt Hitler wiederum die Rote Armee für desolat und fürchtete bloß Überraschungsangriffe der sowjetischen Luftwaffe gegen Deutschland.

Ursprünglich wollte Hitler bloß Finnland und Rumänien als Verbündete im Russlandfeldzug an Deutschlands Seite wissen. Die beiden Nachbarn der Sowjetunion hatten gleichsam „natürliche" Interessen, mit besonderem Engagement gegen den kommunistischen Gegner zu kämpfen. Anderen Bundesgenossen beabsichtigte Hitler jedoch erst gar keine Ansprüche bei der bevorstehenden Aufteilung der Sowjetunion zuzubilligen. Mussolini wollte aber nicht abseits stehen und ließ nicht locker, Hitler seine Hilfe aufzudrängen, bis der deutsche Diktator schließlich sein „großherziges Angebot", ein italienisches Korps und italienische Jagdflieger an die Ostfront zu entsenden, „mit Dank" annahm. „Dass unsere verbündeten Armeen gerade gegen den bolschewistischen Weltfeind Seite an Seite marschieren", so schrieb Hitler aus dem Führerhauptquartier dem faschistischen Diktator, „scheint mir ein Sinnbild des von Ihnen, Duce, und mir durchgeführten Befreiungskampfes. [...] Ich glaube, dass die abgelaufene Woche – politisch gesehen – in schlagender Weise unsere Ansichten bestätigt. [...] Viele Länder sehen sich veranlasst, in diesem unseren Kampf gegen den Bolschewismus nunmehr eine Haltung einzunehmen, die der Anfang sein wird eines größeren Verstehens unserer gemeinsamen, im letzten Grunde doch wirklich europäischen Politik. [...] wenn dieser Kampf jetzt nicht gekommen wäre, sondern auch nur wenige Monate oder gar ein Jahr später, dann würden wir – so entsetzlich der Gedanke auch sein mag – den Krieg verloren haben! Die russische Armee stand vor der Vollendung eines Aufmarsches mit Machtmitteln, die weit über das hinausgingen, was wir wussten oder auch nur für möglich gehalten hatten."

Tatsächlich hatte aber Stalin alle Vorschläge seiner Militärs für einen Präventivkrieg zurückgewiesen. Bis zuletzt war er der Auffassung, Hitler würde es nicht wagen, die Sowjetunion anzugreifen, bevor er mit Großbritannien „fertig" war. Aufgrund der militärischen Inkompetenz Stalins, dem sich die eingeschüchterten Generäle nicht zu widersetzen trauten, kam der deutsche Vormarsch überaus zügig voran. Hitler sah sich bestätigt und berichtete Mussolini in weiterer Folge über den „stupiden Fanatismus" des russischen Soldaten, über die sowjetischen Gegenangriffe, vorgetragen „mit der primitiven Brutalität eines Tieres, das sich eingeschlossen sieht und nun in wilder Wut gegen die Mauern seines Käfigs rennt". Siegessicher bewertete er die Führung der Roten Armee „im Großen gesehen" als schlecht und „ohne jedes militärische Niveau". Schon aus psychologischen Gründen schlug Hitler dem Duce ein Treffen der beiden Diktatoren an der Front, am besten gleich im Führerhauptquartier, vor.[954]

Mussolini nahm diesen Vorschlag „mit Freude" an. In seinem Antwortschreiben unterrichtete er den deutschen Diktator, dass das italienische Armeekorps in der Stärke von drei Divisionen bereit stand. Der Duce hielt den – vermeintlichen – Präventivschlag gegen die Sowjetunion für richtig. Es müsse, so machte er sich Hitlers Auffassung ganz zu eigen, die Militärmacht der Roten Armee ausgeschaltet werden, um dem Empire jede Hoffnung auf Hilfe von dieser Seite her zu nehmen. „Der Aufmarsch der europäischen Nationen [...] gegen Sowjet-Russland ist in Wirklichkeit ein Aufmarsch gegen Großbritannien, das sich [mit] dem Kreml verbündet hat. Dies ist sehr wichtig für die künftige Entwicklung des Krieges und für die amerikanische Intervention [...] Nach [der] Liquidierung Russlands wird das Schicksal Großbritanniens ohne viel Verzögerung entschieden werden." Obgleich es sich für Mussolini dabei keineswegs um einen Kampf gegen den Bolschewismus handelte, der für ihn in der Sowjetunion ohnehin gar nicht mehr existierte, sah sich der Duce in seinem Resümee genötigt, das alte faschistische Ziel wieder hochzuhalten: „Das Vorhaben, Russland zu schlagen, um den Bolschewismus auszumerzen, ist wahrhaft heroisch, und dies gewagt zu haben, wird zum unvergänglichen Ruhm unserer Armeen und der Revolution der Achse werden."[955]

Wieder einmal überhastet wurde ein italienisches Expeditionskorps unter General Messe aufgestellt. Der Duce pilotierte selbst das Flugzeug, das ihn zur Truppenschau nach Verona brachte. Die Regimenter standen Spalier in den Straßen der Stadt. In seinem Wagen fuhr der Diktator die Fronten ab, nach dem Vorbeimarsch der Division umringte ihn eine jubelnde Menschenmenge. Dass die Soldaten nur ungenügend bewaffnet und ausgerüstet waren, hatte Mussolini in seiner Begeisterung jedoch nicht bemerkt.[956] In militärischen Angelegenheiten war er eben bloß ein Laie, der bluffte, aber auch selbst leicht zu beeindrucken war.

Nach wie vor wurde Mussolini von starken Stimmungsschwankungen heimgesucht, die ihn immer wieder zu widersprüchlichen Aussagen hinreißen ließen. Der fast vollständige Verlust des italienischen Kolonialreiches traf ihn jedenfalls bis ins Mark. Verbittert schwor „er den Engländern einen Hass bis ans Ende der Tage [...], den er auch den Italienern als Erbe hinterlassen wird". Als er allerdings das Wiederaufflammen deutschen Nationalismus in Südtirol zu hören bekam, reagierte er empört und hielt sogar eine Krise der beiden Achsenpartner für unvermeidlich, da er befürchtete, dass Berlin Aspirationen auf die ehemals österreichischen, deutschsprachigen Gebiete in Italien früher oder später erheben würde. So fragte er sich plötzlich ernsthaft, „ob für unsere Zukunft nicht ein englischer Sieg einem deutschen vorzuziehen ist. Jetzt fliegen die Engländer auch bei Tag über Deutschland [...] und das macht mir viel Freude. Denn wenn wir uns mit den Deutschen schlagen müssen, darf man keinen Mythos ihrer Unbesiegbarkeit aufkommen lassen. Trotzdem habe ich nur wenig Vertrauen in unsere Rasse. Beim ersten Bombardement, das irgendeinen berühmten Campanile oder ein Bild von Giotto zerstört, wird die Italiener eine Krise ihrer künstlerischen Sentimentalität packen und sie werden die Arme heben. Wir können uns bei Graziani bedanken: ihm verdanken wir es, wenn unser Prestige zum Teufel geht, es ist sogar schon beinahe so weit."[957]

Der Krieg gegen die Sowjetunion bedeutete die logische Konsequenz des Ziels, das Hitler seit den zwanziger Jahren verfolgt hatte: den Kampf gegen den „jüdisch-bolschewistischen" Todfeind. Der Russlandfeldzug hatte demnach ein völlig anderes Gesicht als der vergleichsweise konventionell geführte Krieg im Westen im Jahr davor. Der Feldzug gegen die Sowjetunion wurde von Beginn an als Eroberungs- und Vernichtungskrieg geführt. „Im großrussischen Bereich ist Anwendung brutalster Gewalt notwendig", hatte der Diktator noch am 17. März den Spitzen von OKW und OKH eingeschärft.[958] Im Gegensatz zum Polenfeldzug wurden im Rahmen des Unternehmens „Barbarossa" die barbarischen Gräuel der Einsatzgruppen im Hinterland der Front von Teilen der Wehrmacht gedeckt und bisweilen nicht bloß gutgeheißen, sondern sogar tatkräftig unterstützt. Für hohe Militärs wie Keitel, Reichenau und Manstein galten die Juden ohne Unterschied als Partisanen, Träger bolschewistischen Terrors, Bestien und schlicht „Untermenschen", an denen rücksichtslose Vergeltung geübt werden musste.[959] Die von den Einsatzgruppen durchgeführten Massenexekutionen und Pogrome, an denen sich teilweise auch die einheimische Bevölkerung beteiligte, nahmen seit Beginn des Feldzugs von Monat zu Monat rapide zu.

Gewalt und ihre rücksichtslose Anwendung schienen Hitler das Natürlichste überhaupt. „Wenn man dem deutschen Volke etwas Gutes wünschen will, dann wäre es, alle fünfzehn bis zwanzig Jahre einen Krieg zu haben. [...] Wenn man mir vorhält, hundert- oder zweihunderttausend Menschen sind durch deine Kriegführung ums Leben gekommen, so kann ich dem entgegenhalten: Durch meine bisherige Tätigkeit hat die deutsche Nation schon über zweieinhalb Millionen Menschen mehr bekommen; verlange ich zehn Prozent davon als Opfer, habe ich neunzig Prozent gegeben; [...] Das Leben ist grausam. Werden, Sein und Vergehen, es ist immer ein Töten; alles, was geboren wird, muss wieder sterben, ob durch Krankheit, Unfall oder Krieg, es bleibt das Gleiche. Nur können die, denen der Krieg Wunden geschlagen hat, einen Trost finden darin, dass ihr Opfer um der Zukunft des Volkes willen gebracht ist. [...] Die Kriege führen zum Geburten-Reichtum, sie sind die Lehre, nicht in den Fehler zu verfallen, mit einem Kind sich zufrieden zu geben. Es darf nicht von England abhängen, ob die Völker des Kontinents zu leben haben. Die Ukraine und dann das Wolga-Becken werden einmal die Kornkammern Europas sein. Wir werden ein Vielfaches dessen ernten, was jetzt auf diesem Boden wächst."[960]

Für Hitler war der Krieg durch den Ostfeldzug „zur Urform seines Daseins" zurückgekehrt. „An die Stelle von Völkerkriegen tritt aufs Neue der Raumkrieg.

Ursprünglich war der Krieg nichts als ein Kampf um den Futterplatz. Heute geht es wieder um Naturschätze. Nach dem Willen der Schöpfung gehören sie dem, der sie sich erkämpft."[961] In zahlreichen langatmigen Monologen predigte der Diktator im Hauptquartier seinen Vertrauten angewandten Sozialdarwinismus, wie er ihn verstand. „Wenn einer fragt, woher wir das Recht nehmen, den germanisch-deutschen Raum nach Osten auszuweiten: Die Erkenntnis an sich trägt in sich bereits das Recht dazu. Wenn hier einer etwas wagt und es gelingt ihm, so gesteht alle Welt ihm zu, er habe Recht gehabt. Es ist das eine Frage, die einzig in der Wirklichkeit entschieden wird. Widersinnig ist es, dass ein hochstehendes Volk auf knappem Raum sich kaum ernähren kann, während die niedrigstehende russische Masse, die der Kultur nichts nützt, in unendlichen Räumen einen Boden innehat, der zum besten der Erde gehört. [...] Wir müssen Verhältnisse schaffen, die unserem Volk gestatten, sich zu vermehren, die Vermehrung der Russen aber einzudämmen. [...] Die Erde läuft weiter, ob nun der Tiger stirbt, der sich an den Menschen heranmacht, oder ob der Mensch dem Tiger unterliegt. Der Stärkere setzt sich durch. Das ist das Naturgesetz, und die Welt ändert sich nicht, diese Gesetze bleiben."[962] Der Nationalsozialismus sollte wissenschaftlich eine Lehre aufbauen, „die nichts weiter ist als ein Kultus der Vernunft. Die Aufgabe ist, den Menschen so zu erziehen, dass er das Schöne und wirklich Herrliche des Lebens sieht [...] Wir wollen das Schöne mit vollen Zügen genießen, uns daran klammern und alles vermeiden, was nach menschlichem Ermessen unseren Mitmenschen schadet. Wenn ich den Russen jetzt schade, dann deshalb, weil sie sonst mir schaden würden. Das macht auch wieder der liebe Gott: Er schmeißt plötzlich die Menschenmassen auf die Erde, und jeder muss sich selber darum kümmern, wie er durchkommt; einer nimmt's dem anderen weg; und als Abschluss kann man nur sagen, dass der Stärkere siegt. Das ist doch die vernünftigste Ordnung."[963]

Nach den erfolgreichen Grenzschlachten hielten Hitler und seine Generäle in verfrühter Euphorie Anfang Juli den Feldzug bereits für gewonnen; das angestrebte Übergewicht zu Land und in der Luft schien erreicht zu sein. Neuerlich bewährte sich der forcierte Einsatz der Luft- und Panzerwaffe. Charakteristisch für die erste Phase des Feldzuges gegen die Sowjetunion waren, nachdem die deutsche Luftwaffe mit Überraschungsangriffen in lediglich einer Woche etwa die Hälfte der sowjetischen Flugzeuge ausgeschaltet hatte, vor allem die Kesselschlachten, so bei Minsk und Smolensk Anfang und Mitte Juli und bei Orscha-Witebsk und Uman Anfang August, die der deutschen Wehrmacht beachtliche Siege und Millionen von Kriegsgefangenen brachten. Der Großteil von ihnen sollte die barbarische Behandlung nicht überleben.

Hitler zeigte sich überzeugt, den Feldzug bereits Mitte September beendet zu haben, und war sich derart siegessicher, dass er bereits hinsichtlich der Rüstungsanstrengungen an den bevorstehenden Endkampf gegen die angelsächsischen Mächte dachte. Dementsprechend gab er dem Bau von Flugzeugen, Panzern und U-Booten den Vorrang gegenüber der Produktion von Waffen und Munition für das Heer. Würde sich der Vormarsch im Osten wider Erwarten in die Länge ziehen und Mängel auftreten, sollte die Wehrmacht ihren Kriegsbedarf aus den besetzten Gebieten decken – Getreide aus der Ukraine oder Erdöl aus dem Kaukasus. Hitler und den zuständigen Verantwortlichen war es dabei klar, dass die Notwendigkeit, die Wehrmacht von den Ressourcen der Sowjetunion zu versorgen, für Millionen Einheimische den Hungertod bedeuten musste.

Charakteristisch für den Ostfeldzug war eben auch sein Wesen als rassenideologischer Krieg brutalsten Ausmaßes. Bisher waren die Wehrmacht und die SS völlig getrennt voneinander vorgegangen, selbst in Polen. Doch für das Unternehmen „Barbarossa" dachte Hitler nicht mehr daran – wie etwa im Westen –, sich an die Haager Landkriegsordnung zu halten. Der Diktator gab vielmehr Himmler den Auftrag, mit vier Einsatzgruppen der Sicherheitspolizei und des SD in den eroberten sowjetischen Gebieten hinter der Front bestimmte „Sonderaufgaben" zu übernehmen. Diese Einheiten in einer Gesamtstärke von etwa 3000 Mann unternahmen zwar ihre barbarischen Aufgaben „in eigener Verantwortlichkeit", waren aber, was Marsch, Verpflegung und Unterbringung betraf, dem Heer unterstellt.[964] Im Mai hatten die Einsatzgruppenführer vom Chef des Reichssicherheitshauptamtes, Reinhard Heydrich, den Befehl zur Erschießung aller Juden, kommunistischer Funktionäre, „Asiatisch-Minderwertiger" und Zigeuner auf dem von der Wehrmacht eroberten Territorium erhalten. Doch auch die Wehrmacht erhielt ihre einschlägigen Befehle. Der „Führererlass" vom 13. Mai über die Ausübung der Gerichtsbarkeit im Gebiet „Barbarossa" hob den gerichtlichen Verfolgungszwang bei Verbrechen oder Vergehen von Angehörigen der Wehrmacht gegen sowjetische Zivilpersonen auf. Die „Richtlinien" des OKW „für die Behandlung politischer Kommissare" der Roten Armee vom 6. Juni legte fest, dass diese, „im Kampf oder Widerstand ergriffen, grundsätzlich sofort mit der Waffe zu erledigen" waren.[965]

Der einsetzende Vernichtungsfeldzug verstärkte bereits ab Ende Juli den sowjetischen Widerstand. Die Parole des „Vaterländischen Krieges" gegen die Versklavung durch fremde Eroberer hob die Kampfmoral der Roten Armee beträchtlich. Während in den ersten drei Wochen noch über 70.000 Sowjetsoldaten übergelaufen waren, hatte sich durch den systematischen Massenmord der Aggressoren die Bereitschaft zum entschlossenen Kampf schlagartig verstärkt. Denn es war nicht unbedingt ratsam, in deutsche Kriegsgefangenschaft zu geraten: Bis Dezember 1941 ereilte dieses Schicksal mehr als drei Millionen Mann der Roten Armee, bis 1945 stieg die Zahl auf insgesamt 5,8 Millionen, von denen ungefähr 3,3 Millionen ums Leben kamen. Die Rote Armee machte erst seit Anfang 1943 deutsche Kriegsgefangene in größerem Ausmaß. Von den 3,2 Millionen deutschen Gefangenen in sowjetischen Lagern starben ebenfalls nicht weniger als 1,2 Millionen.

Der Chef des Reichssicherheitshauptamtes Reinhard Heydrich.

Der Österreicher Ernst Kaltenbrunner folgte Reinhard Heydrich nach dessen Ermordung als Chef des Reichssicherheitshauptamtes nach.

Mit seiner jede Vorstellung übersteigenden brutalen Besatzerpolitik hatte es Hitler zuwege gebracht, die in den ersten Kriegswochen erheblich erschütterte Herrschaft Stalins zu festigen. Unter Zufuhr immer neuer Reserven aus einem Potential von mehr als zehn Millionen Mann wurde dem Eindringling schließlich mit äußerster Verbissenheit Widerstand geleistet. Im Rücken der deutschen Front stellten die Sowjets Partisaneneinheiten auf. Die Wehrmacht hatte zudem bereits unter Nachschubschwierigkeiten und Materialverschleiß zu leiden. Deshalb war auch im Hochsommer bis zur ersten Ruhepause keines der angestrebten Ziele, Leningrad, Moskau und das Donezbecken, erreicht worden.

Der deutsche Überfall hatte auch das Verhältnis zwischen der Sowjetunion und Großbritannien völlig verändert. Trotz oder gerade wegen des großen gegenseitigen Misstrauens schloss man am 12. Juli ein bloß aus zwei Artikeln bestehendes Übereinkommen ab mit der Verpflichtung, „während dieses Krieges, außer im gegenseitigen Einverständnis, über keinen Waffenstillstand oder Friedensvertrag [zu] verhandeln noch einen solchen ab[zu]schließen". Das Misstrauen der plötzlich zu Alliierten gewordenen ehemaligen Kontrahenten nach dem Ersten Weltkrieg blieb freilich bestehen, als Stalin die Briten zu großer Passivität beschuldigte. Zum einen sollten sie erst am 18. November eine Gegenoffensive gegen die Achsenkorps in Nordafrika beginnen; zum anderen war Churchill nicht bereit, eine von den bedrängten Sowjets heftig geforderte zweite Front zur Entlastung in Nordfrankreich oder zumindest Nordnorwegen zu eröffnen. Stalin konnte sich so des Verdachts nicht erwehren, dass die Westmächte die Sowjetunion abgeschrieben hatten. Dieser Verdacht erhärtete sich noch, als sich auch Roosevelt außerstande sah, den sowjetischen Kriegsmaterialforderungen rasch nachzukommen. Stalin reagierte kurzfristig auf diese Enttäuschung damit, seinerseits in Ostasien keine zweite Front gegen Japan aufzubauen.[966]

Der Krieg im Osten und die so genannte „Endlösung der Judenfrage" gehörten zeitlich und sachlich eng zusammen. Allein bis Jahresende 1941 fielen den Vernichtungsaktionen der Einsatzgruppen in der Sowjetunion über eine halbe Million Menschen zum Opfer. Die Euphorie über die Siege in Russland ließ das nationalsozialistische Regime darangehen, alle Juden im gesamten deutschen Machtbereich vernichten zu wollen. Am 31. Juli beauftragte Göring „im Namen des Führers" sodann auch Heydrich, „alle erforderlichen Vorbereitungen für eine Gesamtlösung der Judenfrage in Europa zu treffen".[967] In seinem Hauptquartier erhielt Hitler auch immer öfter von Himmler Besuch, dessen Einfluss stetig im Wachsen war. Dass es in den Gesprächen dabei vornehmlich um die Judenfrage ging, kann nicht verwundern. Gegenüber dem Reichsführer SS und Heydrich meinte der Diktator daher auch gelegentlich einmal: „Vor dem Reichstag habe ich dem Judentum prophezeit, der Jude werde aus Europa verschwinden, wenn der Krieg nicht vermieden bleibt. Diese Verbrecherrasse hat die zwei Millionen Toten des Weltkrieges auf dem Gewissen, jetzt wieder Hunderttausende. Sage mir keiner: Wir können sie doch nicht in den Morast schicken! Wer kümmert sich denn um unsere Menschen? Es ist gut, wenn uns der Schrecken vorangeht, dass wir das Judentum ausrotten."[968]

Nach siegreicher Beendigung des Krieges im Osten wollte Hitler Russland und die Ukraine als Kolonien behandeln. Nach der militärischen Niederwerfung des Feindes sowie der Ausrottung der Juden und der kommunistischen Führungsschicht schwebte ihm ein von Deutschen beherrschtes Imperium im Osten vor, eingeteilt in die Reichskommissariate Moskowien, Kaukasien, Ostland und Ukraine. Die eroberten Ostgebiete sollten ein unerschöpfliches Reservoir an Rohstoffen und Lebensmitteln bilden. Die Schaffung eines unter deutscher Dominanz stehenden autarken, blockadefesten Großraums in Europa bedeutete für ihn die Voraussetzung für die Auseinandersetzung mit den angelsächsischen Seemächten, für den eigentlichen Weltkrieg. Den Slawen kam dabei die Rolle von Heloten zu.[969] „Der

Kampf um die Hegemonie in der Welt wird für Europa durch den Besitz des russischen Raumes entschieden; er macht Europa zum blockadefestesten Ort der Welt. [...] Der Slawe ist eine geborene Sklaven-Masse, die nach dem Herrn schreit." Die slawischen Völker seien, so war sich Hitler sicher, „zu einem eigenen Leben nicht bestimmt. Das wissen sie, und wir dürfen ihnen nicht einreden, sie könnten das auch. [...] Die Eingeborenen werden künftig aber weit besser leben als jetzt. [...] Den Ukrainern liefern wir Kopftücher, Glasketten als Schmuck und was sonst Kolonialvölkern gefällt. Unsere Deutschen – das ist die Hauptsache – müssen eine festungsartig in sich geschlossene Gemeinschaft bilden – der letzte Pferdebursche muss höher stehen als einer der Eingeborenen."[970]

Diese „Eingeborenen" sollten „gesiebt" werden. „Den destruktiven Juden setzen wir ganz hinaus. [...] In die russischen Städte gehen wir nicht hinein, sie müssen vollständig ersterben. [...] Es gibt nur eine Aufgabe: eine Germanisierung durch Hereinnahme der Deutschen vorzunehmen und die Ureinwohner als Indianer zu betrachten. Wenn diese Menschen über uns gesiegt hätten, gnade Gott! Hass? Nein, den kennen wir nicht; wir handeln nur aus Überlegung. [...] Ich gehe an diese Sache eiskalt heran. Ich fühle mich nur als der Vollstrecker eines geschichtlichen Willens. Was die Leute momentan über mich denken, ist mir vollkommen gleichgültig."[971] Dementsprechend konnte er auch über sich behaupten: „Ich empfinde nichts, wenn ich Kiew, Moskau und Petersburg [Leningrad] dem Erdboden gleichmache."[972]

Am 16. Juli hielt Hitler in seinem Hauptquartier eine Konferenz über Personal- und Verwaltungsfragen in den besetzten Gebieten der Sowjetunion ab.[973] Seine Gesprächspartner waren Rosenberg, den er tags darauf zum Chef des neu geschaffenen Ministeriums für die besetzten Ostgebiete ernannte, Lammers, Keitel, Göring und Bormann. Vor der Öffentlichkeit sollte betont werden, dass Deutschland erneut gezwungen gewesen sei, ein Gebiet zu besetzen, zu ordnen und zu sichern. Es durfte aber nicht erkennbar sein, dass sich damit eine endgültige Regelung anbahne. Bei der fünf Stunden dauernden Besprechung zeigte sich Hitler zynisch und brutal: „Alle notwendigen Maßnahmen – Erschießen, Aussiedeln etc. – tun wir trotzdem und können wir trotzdem tun. Wir wollen uns aber nicht irgendwelche Leute vorzeitig und unnötig zu Feinden machen. Wir tun also lediglich so, als ob wir ein Mandat ausüben wollten. Uns muss aber dabei klar sein, dass wir aus diesen Gebieten nie wieder herauskommen. Demgemäß handelt es sich darum: 1. Nichts für die endgültige Regelung zu verbauen, sondern diese unter der Hand vorzubereiten; 2. wir betonen, dass wir die Bringer der Freiheit wären. [...] Grundsätzlich kommt es darauf an, den riesenhaften Kuchen handgerecht zu zerlegen, damit wir ihn erstens beherrschen, zweitens verwalten und drittens ausbeuten können. Die Russen haben einen Befehl zum Partisanenkrieg hinter unserer Front gegeben. Dieser Partisanenkrieg hat auch wieder seinen Vorteil: er gibt uns die Möglichkeit, auszurotten, was sich gegen uns stellt. [...] Die Bildung einer militärischen Macht westlich des Ural darf nie wieder in Frage kommen, und wenn wir hundert Jahre darüber Krieg führen müssten. [...] Eiserner Grundsatz muss sein und bleiben: Nie darf erlaubt werden, dass ein anderer Waffen trägt als der Deutsche! [...] Aus den neugewonnenen Ostgebieten müssen wir einen Garten Eden machen; sie sind für uns lebenswichtig; Kolonien spielen dagegen eine ganz untergeordnete Rolle. [...] Der Riesenraum müsse natürlich so rasch wie möglich befriedet werden; dies geschehe am besten dadurch, dass man jeden, der nur schief schaue, totschieße." Die Krim müsse von allen Fremden geräumt und deutsch besiedelt werden, ebenso würde das altösterreichische Galizien und das gesamte Baltikum, aber auch die Wolgakolonie und das Gebiet um Baku Reichsgebiet werden. Leningrad sollte auf Hitlers Wunsch dem Erdboden gleichgemacht werden, um es dann den Finnen zu übergeben, doch schließlich sei auch das Land der tausend Seen in vorsichtiger Vorbereitung als Bundesstaat anzugliedern.

Die durchaus pragmatische Alternative eines Befreiers der osteuropäischen Bevölkerung vom stalinistischen Joch gab es für Hitler schon aus rassenideologischen Motiven nicht; dies, obwohl das Unternehmen „Barbarossa" mancherorts als ein solcher „Kreuzzug", als eine Aufforderung zum „nationalen Aufbruch" der Staaten zwischen Ostsee und Schwarzem Meer an der Grenze zur Sowjetunion unter deutscher Führung gesehen wurde. Aber Hitler ging es nur um die Verwirklichung seiner fixen Idee, dem Deutschen Reich mit der Eroberung und Unterwerfung Russlands und der Ukraine den Lebensraum zu erweitern. „Was für England Indien war, wird für uns der Ostraum sein. Wenn ich dem deutschen Volk nur eingeben könnte, was dieser Raum für die Zukunft bedeutet! Kolonien sind ein fraglicher Besitz; diese Erde ist uns sicher."[974]

In Rom befielen Mussolini Zweifel über den Wert und die Zukunft der Allianz mit Hitler. So fragte er sich, ob nicht bereits auch Italien zu den Vasallen Deutschlands gehörte. „Und selbst wenn wir es heute noch nicht sind, werden wir es am Tage des totalen deutschen Sieges sein. Sie sind treulos und ohne Maß [...] Ich erwarte eine unvermeidliche Krise zwischen den beiden Ländern. Wir müssen Tausende von Kanonen an den Ufern der Flüsse im Veneto aufstellen, denn von dort her, und nicht durch die engen Täler des Alto Adige, wo wir sie leicht zusammenschlagen könnten, wird die deutsche Invasion Italiens beginnen. Vorläufig ist nichts zu machen. Wir laufen auf diesem Geleise und müssen auf ihm bleiben, aber wir müssen auf zwei Dinge hoffen, dass der Krieg lang sein und Deutschland erschöpfen wird, und dass er mit einem Kompromiss endet, der unsere Unabhängigkeit rettet."[975]

Hitler glaubte dagegen, den angeschlagenen Duce mit Optimismus und Erfolgsmeldungen weiter bei der Stange halten zu können. In seinem Brief an Mussolini am Höhepunkt der Euphorie über den Ostfeldzug gab er sich siegessicher und entschlossen, „die russische Armee so lange zu verfolgen, bis sie restlos aufgerieben und vernichtet sein wird. [...] Es ist ein Entschluss, der in dieser Härte erst unter dem Eindruck des Grauens entstand, das uns der Bolschewismus selbst erst jetzt vermittelt hat; denn die Macht, gegen die wir hier kämpfen, besteht nicht aus Menschen, sondern aus Teufeln. Mit jedem Tag verstärkt sich bei Offizier und Mann die Überzeugung, dass es gerade noch in letzter Minute war, in der wir einer Gefahr entgegentraten, die Europa in einem Ausmaß bedrohte, wie dies seit den Hunnen- oder Mongoleneinfällen nicht mehr der Fall war. Die Gräuel, die von diesen Bestien verübt werden, sind unvorstellbar. [...] Die Folge dieser Eindrücke ist ein steigender Fanatismus auch bei unseren eigenen Soldaten, die am liebsten Gefangene überhaupt nicht mehr machen wollen. Was uns übrigens hier entgegentritt an Gefangenen, ist [...] so vertiert und unsagbar tiefstehend, dass sich daraus wieder die scharfe Grenze ergibt, die eben noch zwischen Europa und dem Inneren Asiens liegt [...] Mehr noch als früher erfüllt mich dieses Mal die Überzeugung, dass der Krieg gewonnen ist; denn nach der Vernichtung Russlands wird es keine Macht der Welt geben, Duce, die unsere europäische oder Ihre nordafrikanische Position erschüttern könnte. Abgesehen davon aber wird es uns gelingen, aus der unermesslichen Weite des östlichen Raumes diejenigen wirtschaftlichen Grundbedingungen sicher-

Der bei Pisa mit seinem Flugzeug tödlich verunglückte Bruno Mussolini wird zu Grabe getragen.

zustellen, die auch für eine längste Kriegsdauer geeignet sind, auch das übrige Europa von der jetzigen ewigen Not und damit Sorge zu befreien."[976]

Mussolini teilte Hitlers Einschätzung über die Rote Armee. Deshalb ließ er es sich in seinem Antwortschreiben an den deutschen Diktator nicht nehmen, in dieselbe Kerbe zu schlagen: „Gerade wegen seiner heterogenen Zusammensetzung, wegen der Desorganisation der Befehlsverhältnisse und wegen der viehischen Dummheit der Menschen habe ich die mathematische Überzeugung, dass Ihre Heere rasch die russischen vernichten werden." Auch ließ der Duce Hitler wissen, dass er noch ein zweites Armeekorps vorbereite und nötigenfalls sogar noch ein drittes stellen könnte. „An Menschen fehlt es nicht. Was ihre Stimmung anbelangt, so ist sie sehr gut, und ihre Bravour ist unbestreitbar, sofern sie nur gut bewaffnet und gut geführt sind."[977] Allein beides war nicht der Fall. Dementsprechend vermochten die italienischen Soldaten die hochgesteckten Erwartungen des Faschistenführers auch nicht zu erfüllen.

Nach der endlosen Serie von militärischen Debakeln erlebte Mussolini schließlich auch eine menschliche Tragödie, die ihn nachhaltig erschütterte. Am 7. August verunglückte sein Lieblingssohn Bruno, der leidenschaftliche Flieger und Haupt-

Mussolini, Jodl, Hitler, Keitel und Cavallero bei einer Lagebesprechung im Führerhauptquartier.

mann der Luftwaffe bei der 274. Staffel, bei einem Testflug mit einer Bombermaschine auf dem Flugplatz San Giusto in Pisa tödlich. Sofort nachdem er die Schreckensnachricht erhalten hatte, fuhr der Duce an den Ort des Geschehens, wo er über die Einzelheiten informiert wurde. Der P-108-Bomber war nach einem Motoraussetzer beim Versuch einer Bauchlandung auf die Seite gekippt und zerschellt. Egal, was nun kommen mochte, Mussolini würde nie mehr derselbe sein wie vorher. Das Leid, das er so vielen Familien zumutete, hatte schließlich auch vor ihm nicht Halt gemacht.

Der deutsche Diktator hatte andere Probleme. Zum einen spielte seine Physis nicht mehr ganz mit. Er litt an starkem Durchfall, der ihn Anfang August gehörig schwächte und seine Stimmung nicht gerade besserte. Auch die Verkalkung seiner Herzkranzgefäße nahm zu. Zum anderen scheute er sich davor, bei der Fortsetzung der Offensive nun zügig gegen Moskau vormarschieren zu lassen. Offensichtlich fürchtete er ein Schicksal, wie es seinerzeit Napoleon erlitten hatte. Außerdem musste er damit rechnen, dass Stalin Moskau als Zentrum des Bolschewismus mit allen nur erdenklichen Mitteln zu verteidigen beabsichtigte. Daher wich er aus und strebte die Eroberung Leningrads und der aufgrund ihrer Ressourcen so wichtigen Ukraine an. Der Diktator geriet so mit seinen Militärs, allen voran Halder und Jodl, in Streit, die weiterhin dem Angriff auf Moskau den Vorzug gaben. Doch seiner Auffassung nach waren sich seine Generäle der kriegswirtschaftlichen Notwendigkeiten nicht bewusst.

In einer Studie legte Hitler schlussendlich dar, dass ihm die Inbesitznahme lebenswichtiger Rohstoffquellen in der Ukraine und im Kaukasus wichtiger war als das Erreichen strategisch bedeutsamer Räume. Auch die Vernichtung der sowjetischen Ostseeposition bei Leningrad hatte für ihn demgemäß gegenüber dem Vormarsch auf Moskau Vorrang.[978] Das Hauptgewicht der neuen Offensive hatte im Norden und Süden zu liegen. Die sowjetische Hauptstadt blieb lediglich zweitrangiges Ziel. Selbst der von ihm so geschätzte Panzergeneral Heinz Guderian, den Halder nach seinem Besuch bei der Heeresgruppe Mitte eigens ins Hauptquartier mitgenommen hatte, vermochte Hitler nicht für einen Vorstoß auf Moskau umzustimmen.[979] Die hohen Militärs waren charakterlich zu schwach und von Hitlers Geniestreich gegen Frankreich noch zu beeindruckt, um den „Größten Feldherrn aller Zeiten" wirklich Paroli zu bieten.

Am 23. August wurde der deutsche Angriff wieder fortgesetzt und dabei der erste Schwerpunkt auf die Eroberung der Ukraine gelegt. Erst danach sollte man auf Moskau vorstoßen. Tatsächlich wurden – wie von Hitler als oberstes Ziel gefordert – von Mitte bis Ende September Kiew erobert, das Donez-Becken und die ihm so wichtige Krim – bis auf das erbittert verteidigte Sewastopol – besetzt. Der deutsche Diktator befand sich in bester Stimmung. Schließlich verbuchte er den Sieg bei

Kiew, bei dem nicht weniger als 665.000 sowjetische Gefangene gemacht worden waren, auf sein Konto. Die Rote Armee hatte derart hohe Verluste zu beklagen, dass – so war er sich nun wieder sicher – auch ein Angriff auf Moskau noch in diesem Herbst Erfolg haben müsse.[980] Im Norden wurde Leningrad zwar erreicht, aber Hitler ging davon ab, die Stadt anzugreifen; er wollte sie aushungern. Die Belagerung sollte schließlich 900 Tage dauern.

Im Spätsommer wurde es jedoch immer augenfälliger, dass die Sowjetunion nicht so schnell niederzuringen war wie gedacht. Deshalb musste auch das weitere Kriegsprogramm verschoben werden: Weder ein Vorstoß von Libyen nach Ägypten noch ein Vordringen von Bulgarien und der Türkei aus gegen die britischen Positionen im Nahen Osten lag nunmehr für 1941 noch im Bereich des Möglichen. An den Einsatz von deutschen Verbänden des Ostheeres an anderen Fronten war nicht mehr zu denken. Gerade die Erringung einer starken Stellung in Nordafrika wäre für die Achse von strategisch äußerst hoher Bedeutung gewesen. Die Aufgabe dieses Ziels sollte bereits im Jahr darauf besonders für Italien schwere Konsequenzen haben. Vorerst lud Hitler jedoch seinen Bundesgenossen in die Wolfsschanze ein.

Immer noch freute sich Hitler, den Duce zu treffen, hielt er ihn doch für eine große Persönlichkeit: „Wie ich mit ihm durch die Villa Borghese ging und seinen Kopf und die römischen Büsten vor mir hatte: Er ist einer der römischen Cäsaren! Irgendwie hat er die Erbmasse eines großen Mannes aus jener Zeit in sich", schwärmte Hitler von seinem Partner.[981] Nach wie vor zeigte sich der deutsche Diktator dankbar, dass Mussolini seinerzeit, 1922, die bolschewistische Gefahr von Italien und letztlich ganz Europa abgewendet habe: „Mussolini ist ein Mann von säkularem Ausmaß, eine geschichtliche Erscheinung." Was habe der Duce nicht alles für Italien geschaffen![982] Und so zeigte Hitler Verständnis für die internen Probleme des italienischen Diktators. „Der Duce hat Schwierigkeiten deshalb, weil seine Wehrmacht royalistisch denkt, weil in Rom die vatikanische Internationale ihren Sitz hat und weil der Staat im Gegensatz zum Volk nur zur Hälfte faschistisch eingestellt ist."[983]

Mit dem Sonderzug begab sich Mussolini nach Ostpreußen. Nun lernte auch er die Wolfsschanze kennen. Dem Duce konnte dabei die abschreckende, desillusionierende karge Technokratie der in den klimatisch ungünstigen Masurischen Wäldern gelegenen Anlage nicht entgangen sein. Bunker, Baracken und Stacheldraht gaben dem Planungszentrum der deutschen Invasoren eine beklemmende Atmosphäre voller Langeweile, Isolation, Monotonie und Freudlosigkeit. Dieser sonderbare Mikrokosmos voll entmenschlichter Nüchternheit spiegelte gleichzeitig auch die private Leere des deutschen Diktators wider. Hitler hatte sich selbst eingekerkert.

Mittlerweile ungleiche Partner: Die beiden Diktatoren bei ihrem Treffen in Ostpreußen.

Am 25. August hielt Hitler dem faschistischen Diktator einen Vortrag zur Lage. Dabei zeigte er sich über die Ausrüstung und den Fanatismus der Roten Armee überrascht. Trotzdem hoffte er, dass diese bis spätestens Ende Oktober zusammenbrechen würde. Den italienischen Gästen wurde auch das Hauptquartier von Brauchitsch und Halder sowie jenes der Luftwaffe, das in Sonderzügen untergebracht war, gezeigt. Auf Anordnung Hitlers hatten dabei die Soldaten nicht die üblichen militärischen Ehrenbezeugungen zu machen, sondern Mussolini jubelnd zu begrüßen. Die Szenen wirkten grotesk.[984]

Das Programm der beiden Diktatoren war äußerst gedrängt und der Ablauf minutiös festgelegt. Tags darauf flogen die beiden Diktatoren nach Brest-Litowsk ins Hauptquartier von Generalfeldmarschall Kluge. Hitler wurde dabei auch zwischen den Trümmern der alten Festungsstadt nicht müde, sich in seinen Welteroberungsplänen zu ergehen. Mussolini kommentierte diese nur kurz, indem er nicht ohne Ironie bemerkte, dass dann wohl „nichts mehr als der Mond" übrig bliebe.[985] Am Abend ging es wieder zurück nach Ostpreußen, doch schon in der Nacht machte man sich mit getrennten Sonderzügen in die Nähe von Krakau auf, um von dort am nächsten Tag mit Jägerschutz zu Rundstedt ins ukrainische Uman zu fliegen. Von der Befehlsstelle der Heeresgruppe Süd fuhr man den ganzen Tag über aufgeweichte Straßen im hin und her schaukelnden Geländewagen zu den im Vormarsch an die

Front befindlichen italienischen Divisionen. Danach ging es in aller Eile wieder mit dem Flugzeug nach Krakau, wo die Sonderzüge wegen der Fliegerangriffe in einer Betonröhre untergebracht waren.

Ohne Zweifel hatte auch diese Begegnung lediglich zur Demonstration der Achsenpartnerschaft gedient. Zu tiefgehenden Besprechungen war angesichts des dichten Terminkalenders kaum Zeit. Außerdem reisten die beiden Diktatoren nicht einmal im selben Zug. Es regierte das Protokoll, keine Vorbereitung schien zu viel, kein Aufwand zu mühevoll oder umständlich. So musste etwa beispielsweise der Sonderzug Mussolinis für die Rasierpausen des Duce eigens angehalten werden.[986] Wie immer war es Hitlers einziges Ziel gewesen, seinen Bundesgenossen zu beeindrucken. Doch bereits auf der Heimfahrt nach Italien befand sich Mussolini in gedrückter Stimmung, denn ihm war klar geworden: Der Ostfeldzug würde wohl kein Blitzkrieg werden.

Wenn sich der Duce auch der Ausstrahlung Hitlers nicht zu entziehen vermochte und ihm im Gegensatz etwa zu Franco nicht die Stirn bieten konnte, klagte er in Rom ohne Unterlass über den mächtigen Partner. „Die Deutschen verlangen Loyalität von den andern, aber sie sind außerstande, selber loyal zu sein."[987] So wurde auch die Überweisung italienischer Arbeiter nach Deutschland eingestellt, da sich das gemeinsame Zusammenleben immer schwieriger gestaltete und sich Zwischenfälle häuften. Als Mussolini von der menschenunwürdigen Behandlung italienischer Arbeiter in Deutschland erfuhr, zeigte er sich einmal mehr gegenüber dem Achsenpartner aufgebracht: „Diese Sachen werden in meinem Geist einen Hass von langer Dauer zeugen. Ich kann viele Jahre abwarten, aber diese Rechnung werde ich begleichen. Ich kann nicht zulassen, dass die Söhne einer Rasse, die der Menschheit einen Caesar, einen Michelangelo, einen Dante geschenkt hat, durch die Bluthunde der Hunnen zerrissen werden."[988]

Unentwegt wetterte Mussolini auch gegen die seiner Auffassung nach miserable Einstellung der Italiener zum Krieg. Es schien ihm daher regelrecht Freude zu bereiten, dass die eigene Bevölkerung immer mehr unter den Folgen des Waffengangs zu leiden hatte. Angesichts eines schweren britischen Luftangriffs auf Neapel meinte er: „Ich bin froh, dass Neapel so schwere Nächte durchmachen muss, die Rasse wird härter werden. Der Krieg wird aus den Neapolitanern ein nordisches Volk machen."[989] Immer, wenn Neapel angegriffen wurde, ließ er auch in Rom Fliegeralarm geben und die Luftabwehrgeschütze bei der erstbesten Gelegenheit feuern, um der Bevölkerung das Gefühl des Krieges zu geben. Im Ministerrat, am 27. September, sprach Mussolini drei Stunden lang und griff dabei das Bürgertum und die Besitzenden an, „die die schlechtesten Italiener sind. [...] Niemand soll glauben, dass die Lebensmittelkarte am Ende des Krieges wieder abgeschafft wird, sie wird so lange bleiben, wie ich lebe. So werden die verschiedenen Agnellis und Doneganis genau wie ihr letzter Arbeiter essen. Und wenn 200 Gramm Brot wenig sind, so kann ich euch sagen, dass die Ration im Frühling noch weiter heruntergesetzt werden wird, und ich bin froh darüber, weil wir auf diesem Wege endlich das Zeichen des Leidens auf dem Gesicht des italienischen Volkes sehen werden, was für uns im Moment des Friedensschlusses günstig sein wird."[990] So rasch wie möglich wollte der Duce – unterstützt von Cavallero – weitere 15 bis 20 italienische Divisionen an die Ostfront entsenden, um im Augenblick des Sieges verhindern zu können, dass Deutschland dem Achsenpartner seinen Willen diktierte. Irgendwann würde ohnedies die große Wende kommen, auch innerhalb der Allianz: „Man kann jetzt nichts gegen Deutschland unternehmen, man muss abwarten. Deutschland ist ein Land, das niemand wird militärisch schlagen können, aber es wird aus Mangel an innerem Halt zusammenbrechen. Unser Problem ist nur ‚durchzuhalten', bis das geschieht."[991]

Die Vereinigten Staaten wiederum hatten mit einem Zusammenbruch der Sowjetunion nach nur wenigen Wochen gerechnet und gingen ihrerseits daran, für die Befreiung der von Deutschland und Japan beherrschten Hemisphäre aufzurüsten. Man dehnte die panamerikanische Sicherheitszone im Atlantik auf die Azoren und Island aus, das man am 7. Juli besetzte, um damit auch Hitler zu provozieren. Doch dieser wollte den Kriegseintritt der USA noch ein bis zwei Monate hinausschieben und ignorierte das amerikanische Vordringen geflissentlich. Er erteilte seiner Kriegsmarine vielmehr den strikten Befehl, Zwischenfälle im Atlantik mit den Vereinigten Staaten zu vermeiden. Dagegen erließ Roosevelt am 11. September den Schießbefehl gegen Schiffe der Achsenmächte, die sich in Seegebiete wagten, deren Schutz für die amerikanische Verteidigung notwendig seien.

Am 2. Oktober startete die Operation „Taifun". Die so von den Deutschen bezeichnete Schlacht um Moskau begann mit zweimonatiger Verzögerung und schwächeren Kräften als ursprünglich geplant. Goebbels überzeugte Hitler, am 3. Oktober nach Berlin zu kommen und nach einem halben Jahr endlich wieder zum Volk zu sprechen. Der Diktator war aufgrund positiver Berichte über den Beginn der Offensive gegen Moskau guter Stimmung und verstand es, die fanatischen Zuhörer im Sportpalast derart mitzureißen, dass er sogar selbst über den Jubel überrascht war. Doch sonst schien ihn nichts in Berlin zu halten. Noch am Abend machte er sich wieder nach Masuren auf.

Der Beginn des Vormarsches auf Moskau verlief viel versprechend. So gelang es der Heeresgruppe Mitte in zwei Kesselschlachten bei Wjasma und Brjansk, 670.000 Gefangene zu machen. Im militärischen Führungsstab herrschte Zuversicht, die Rote Armee endgültig niederwerfen zu können. Bereits wenige Tage nach Beginn von „Taifun" hielt nicht bloß Hitler die Sowjets für so gut wie besiegt. Schließlich flüchtete die kommunistische Regierung ins 1000 Kilometer östlich gelegene Kujbyschew. Stalin dagegen blieb in Moskau.

Mitte Oktober wendete sich jedoch das Feldherrnglück. Die einsetzenden Regenfälle bescherten den deutschen Armeen Schlamm und Morast ohne Ende. Die Luftwaffe war durch die ständige dichte Bewölkung in ihrem Aktionsradius stark behindert, die Nachschubschwierigkeiten waren nicht mehr zu übersehen. Die Offensive blieb im wahrsten Sinn des Wortes stecken. Der Blitzkrieg war bloß noch Illusion.

Außenpolitisch strapazierte der deutsche Diktator im Rahmen des Russlandfeldzuges wiederholt den Europagedanken. Dabei betonte er die europäische Solidarität und sprach von der Notwendigkeit der Entwicklung einer europäischen Gemeinsamkeit, aber auch vom bevorstehenden Antagonismus der Alten Welt mit Amerika; so beispielsweise gegenüber Ciano, der den deutschen Diktator im Führerhauptquartier am 25. Oktober besuchte. Die Zukunft, so äußerte sich Hitler dem italienischen Außenminister gegenüber, gehöre nicht „dem lächerlichen halbkultivierten Amerika, sondern dem neuerstandenen Europa".[992] Aber der nationalsozialistische Diktator gab in Wirklichkeit nicht einmal den ideologisch befreundeten Regimes die Chance zu einer echten Zusammenarbeit.

Natürlich verfolgte Hitler nie eine echte Europapolitik, schon gar nicht in der Zeit seiner militärischen Erfolge. Im Hauptquartier machte er seinem engsten Getreuen deutlich, was er tatsächlich unter Europa verstand: „Europa ist kein geographischer, sondern ein blutsmäßig bedingter Begriff. Wir dürfen von Europa keine Germanen mehr nach Amerika gehen lassen. Die Norweger, Schweden, Dänen, Niederländer müssen wir alle in die Ostgebiete hereinleiten; das werden Glieder des Deutschen Reiches. Wir stehen vor der großen Zukunftsaufgabe, planmäßig Rassenpolitik zu treiben. Wir müssen das schon deshalb tun, um der Inzucht zu begegnen, die bei uns Platz greift."[993] Bei anderer Gelegenheit führte er einmal aus: „Europa reicht so weit als der nordisch-germanische Geist geht. [...] Den Ureinwohnern geben wir, was sie brauchen: reichlich zu essen und Fusel zu trinken. Wenn sie nicht arbeiten, kommen sie in ein Feldlager, wo sie das nicht haben."[994]

Bei seinem Besuch in Ostpreußen gewann Ciano von Hitler jedenfalls oberflächlich einen guten Eindruck: „Man hatte mir gesagt, dass er müde und gealtert sei. Das ist nicht wahr. Ich finde ihn in ausgezeichneter körperlicher und geistiger Verfassung. Er ist außerordentlich liebenswürdig, besser gesagt: kameradschaftlich." Mit Ribbentrop, der sich plötzlich verdächtig um das persönliche Wohlergehen des italienischen Gastes sorgte, ging Ciano auf die Jagd. „Das Wild wurde von 400 Soldaten getrieben, die von ihren Offizieren befohlen wurden, und alle nahmen sie ihre Aufgabe derartig ernst, als handle es sich darum, die Russen aus den Wäldern von Wjasma und Brjansk herauszujagen. Wenn in Italien ein Würdenträger der Partei es wagen würde, Soldaten zu einer solchen Aufgabe zu verwenden, würde es einen beispiellosen Skandal geben." Beim Schlussessen ergriff Ribbentrop das Wort und kündigte an, dass 1943 die erste Friedensjagd sein werde. Ciano kommentierte trocken: „Für einen Menschen, der seit 1939 immerfort den Sieg für die nächsten 14 Tage vorausgesagt hat, war das immerhin ein großer Sprung."[995]

Hitler versprühte gegenüber Mussolini ebenfalls Siegeszuversicht. In einem Brief an den Duce wenige Tage nach Cianos Besuch in Rastenburg bezeichnete er den Russlandfeldzug für „im Wesentlichen endgültig entschieden" und das „bolschewistische Weltreich" als geschlagen. „Ich weiß nicht, was die Engländer zu tun beabsichtigen, aber traditionsgemäß wird es ohnehin etwas Verrücktes sein. Was sie aber auch versuchen wollen, die eine Tatsache ist entschieden: Sie haben in Europa keine kontinentale Weltmacht mehr, auf die sie sich in der Zukunft stützen können! Die Verteidigung Europas und Nordafrikas aber ist nach dem Zusammenbruch ihrer letzten kontinentalen Hilfe, Russland, schon jetzt durch unsere gemeinsame Kraft unter allen Umständen sichergestellt. Und sollten Sie, Duce, dabei je in Schwierigkeiten kommen, werde ich helfen, soweit dies irgendwie menschenmöglich ist. Ich kenne nur den gemeinsamen Sieg. Ganz gleich, was England oder auch Amerika tun mögen, besonders wirtschaftlich kann unsere Lage überhaupt nicht schlechter, sondern von einem gewissen Augenblick an nur noch besser werden. Militärisch aber bricht uns niemand."[996]

Mussolini antwortete eine Woche später und versuchte dabei dem deutschen Diktator gegenüber verschiedene Gerüchte der „feindlichen Propaganda" über die instabile innere Lage Italiens zu zerstreuen. Der Duce sah sich zwar gezwungen, Rohstoffmangel und Transportprobleme nach Nordafrika zuzugeben, doch die Versorgungslage schilderte er als nicht weiter besorgniserregend. „Auf politischem Gebiet ist die Partei unbedingt Herr der Lage. [...] Die denkende Mehrheit des italienischen Volkes verfolgt die Leistungen Ihrer Wehrmacht voller Bewunderung, ist gewillt, während des Krieges und nachher mit Deutschland zu marschieren, und wünscht vor allem, [...] einen größeren Beitrag zum gemeinsamen Endsieg zu leisten." Allerdings erwartete der Duce den Kriegseintritt der Vereinigten Staaten und rechnete mit der Entsendung eines amerikanischen Expeditionskorps nach Ägypten, wie sich überhaupt der Krieg nach der Niederschlagung der Sowjetunion im östlichen Mittelmeer fortsetzen würde.[997]

Nach einer dringend nötigen Erholungsphase begann am 15. November der Endkampf um Moskau. Doch der einbrechende Winter mit Temperaturen bis zu 35 Grad unter null fror die deutschen Angriffe buchstäblich ein. Die Truppen der Wehrmacht sahen sich für diese tief winterlichen Verhältnisse unzureichend ausgerüstet und darüber hinaus Schnee, beißendem Wind und gefrierendem Nebel ausgesetzt. Die erbärmlich frierenden Landser waren zu erschöpft, um weiter vordringen zu können, obwohl deutsche Spähtrupps bis 20 Kilometer vor Moskau vordrangen. An eine erfolgreiche Schlussoffensive war jedoch nicht zu denken. Am 4. Dezember fiel die Temperatur auf minus 50 Grad Celsius. Die Rote Armee setzte tags darauf mit frischen Truppen vor allem aus Ostasien auf einer 300 Kilometer langen Front zum Gegenangriff an. Der deutsche Diktator musste zur Kenntnis nehmen, dass seine Blitzkriegsstrategie endgültig gescheitert war. Mochte ihm die Perspektive für das kommende Jahr auch noch so düster erscheinen, gedachte er von seiner in „Mein Kampf" festgelegten Prophezeiung nicht mehr abzugehen: „Deutschland wird entweder Weltmacht oder überhaupt nicht sein."

Der massive Angriff von 100 sowjetischen Divisionen führte auf deutscher Seite zu einer schweren Krise. Die Militärs bedrängten Hitler, einen taktischen Rückzug zur Verkürzung der Front einzuleiten. Immerhin war das deutsche Ostheer bereits um ein Drittel dezimiert worden. Mit seinem Haltebefehl vom 16. Dezember weigerte sich der Diktator jedoch nicht bloß, einen Rückzug zu gestatten, sondern ließ sogleich seine Wut über den Rückschlag an seinen Generälen aus: Die Oberbefehlshaber der drei Heeresgruppen wurden abgelöst, Guderian, der stillschweigend Teilrückzüge zuließ, seines Kommandos enthoben, Helmuth Förster und Adolf Strauß abgesetzt, Erich Hoepner unehrenhaft aus der Armee entlassen und Hans Graf von Sponeck für seinen Rückzug von der Halbinsel Kertsch gar zum Tod verurteilt. Brauchitsch, der für ein Zurückweichen und die Errichtung von Verteidigungsstellungen eingetreten war und von Hitler ohnehin nur mehr für einen eitlen Feigling gehalten wurde, resignierte. Der Diktator bezog am 19. Dezember gleich selbst den Posten als Oberkommandeur des Heeres, da er es als dessen wichtigste Aufgabe empfand, das Heer nationalsozialistisch zu erziehen. Tatsächlich glaubte Hitler, keinen General zu kennen, der diese Aufgabe in seinem Sinn erfüllen konnte. Außerdem war er ohnedies überzeugt, dass dies „bisschen Operationsführung" jeder machen könne.[998] Zumindest gegenüber dem deutschen General im Hauptquartier der italienischen Wehrmacht, Enno von Rintelen, begrüßte Mussolini die Übernahme des Oberbefehls über das Heer durch den deutschen Diktator. Immer, wenn Hitler seiner inneren Stimme folge, treffe er die richtigen Entscheidungen. Der Duce drückte auch sein Vertrauen aus, dass der Feldzug gegen die Sowjetunion schließlich im Frühjahr zur völligen Niederwerfung von Stalins Reich führen würde.[999]

Mit dem 7. Dezember bekam der große Krieg globale Dimensionen: Die Japaner bombardierten die amerikanische Pazifikflotte in Pearl Harbor. In der Zeit der größten Euphorie über die deutschen Erfolge an der Ostfront, am 14. Juli, hatte Hitler dem japanischen Botschafter Oshima ein umfassendes Offensivbündnis gegen die Vereinigten Staaten vorgeschlagen. Die USA und die Sowjetunion seien nicht nur Deutschlands, sondern auch Japans Gegner, die seiner Meinung nach deshalb gemeinsam „vernichtet" werden mussten. Tokio entschied sich freilich nicht für den gemeinsamen Krieg mit Deutschland, sondern für eine rein an seine eigenen Interessen orientierte Politik „ohne Rücksicht auf Veränderungen in der internationalen Situation": der Errichtung eines unter japanischer Führung stehenden autarken Wirtschaftsraums in Ostasien. Zu dieser neuen „großostasiatischen Wohlstandssphäre" sollten Französisch-Indochina, Britisch-Malaya und Niederländisch-Indien sowie die Mandschurei und die wichtigsten Teile Chinas gehören.

Für Tokio schienen die Voraussetzungen für die Erreichung seiner imperialistischen Ziele gegeben: Frankreich und Holland waren besiegt und besetzt, Großbritannien sowohl in Europa als auch in Afrika im Krieg gegen die Achse verwickelt, die Sowjetunion in seinem gnadenlosen Existenzkampf völlig vom asiatischen Schauplatz abgelenkt. Demgemäß besetzten japanische Truppen im Juli 1941 Süd-Indochina. Die Regierung Konoye dachte jedenfalls nicht daran, im Rahmen einer gemeinsamen Kriegführung mit Hitler der Sowjetunion in den Rücken zu fallen. Washington, das Tokio bereits zu einem Rückzug aus China aufgefordert hatte, reagierte auf die neuerliche japanische Expansion zunächst einmal mit wirtschaftlichen Sanktionen. Durch das Öl, Zinn und Kautschuk betreffende Embargo seitens der USA, Niederländisch-Indiens und der britischen Dominions sah sich Japan sodann von einer ernsten Versorgungskrise bedroht, die seine Expansionsziele gefährden musste. Ohne Erdöl konnte der Krieg in China nicht siegreich beendet werden. Tokio war außerdem klar geworden, dass auch das Unternehmen „Barbarossa" 1941 nicht mehr abgeschlossen werden konnte. Dementsprechend beschloss das kaiserliche Hauptquartier am 9. August, nicht mehr in diesem Jahr gegen die UdSSR vorzugehen. Da sich die Erdölkrise zuzuspitzen begann, geriet man jedoch unter Zugzwang. Sollten die Geheimverhandlungen mit den USA nicht bald zu einem befriedigenden Abschluss gelangen, wollte man, so entschied der Kronrat, nun die Vereinigten Staaten und das Empire im Pazifik angreifen.

Die Regierung in Washington übermittelte Tokio schlussendlich am 26. November eine Note, die für die Japaner unannehmbar war, forderte sie unter anderem doch, ganz China aufzugeben. Die Führung in Tokio griff daher unter dem Druck der Armee ebenfalls zum Mittel der militärischen Aggression, um damit ihre Gewaltherrschaft im ostasiatischen Raum aufrechterzuhalten und sogar noch auszudehnen und der wirtschaftlichen Einkreisung zu entgehen. Am 1. Dezember fällte der Kronrat die Entscheidung für den Krieg. Man wollte vor den USA nicht kapitulieren, sondern sie sogar angreifen und zur Anerkennung des von Japan beherrschten Raums in Ostasien bewegen.

Bereits am 28. November hatte Hitler Tokio versprochen, Japan in einem Konflikt mit den Vereinigten Staaten zu unterstützen. Am 4. Dezember war sich Hitler seiner Sache sicher, an der Seite Japans in den Krieg gegen die USA einzutreten. Mit dem Überfall auf Pearl Harbor fiel ihm – wie er seinen Getreuen versicherte – ein

„Mühlstein" vom Herzen. „Ich wusste, dass eine Wende von unvorstellbarem Ausmaß eingetreten ist: der Verlust eines ganzen Kontinents. Es ist zu bedauern, weil die weiße Rasse das verliert!"[1000] Selbst wenn Hitler nun frohlockte, mit dem seit 3000 Jahren unbesiegten Bundesgenossen Japan den Krieg gar nicht mehr verlieren zu können, war er sich trotzdem bewusst, dass die neue Konstellation für ihn eine verkehrte Welt darstellte: „Seltsam, dass wir mit Hilfe Japans die Positionen der weißen Rasse in Ostasien vernichten und dass England mit den bolschewistischen Schweinen gegen Europa kämpft."[1001]

Auch Mussolini zeigte sich über den Angriff Japans auf Pearl Harbor glücklich. Für ihn waren die Vereinigten Staaten „in Wirklichkeit eine vom Judentum beherrschte politische Oligarchie".[1002] Schon seit langer Zeit war er für eine Klärung der Beziehungen zwischen den USA und der Achse. Diese trat nun ein. Deutschland und Italien erklärten ihnen am 11. Dezember den Krieg. Vom rein formellen Standpunkt her gesehen, wären sie dazu nicht verpflichtet gewesen, da Japan eindeutig der Aggressor war. Doch Hitler wollte als Führer einer Großmacht die Initiative behalten und den Vereinigten Staaten selbst den Krieg erklären, bevor dies umgekehrt geschehen würde. Als treuer Verbündeter zog Mussolini mit. Dies ersparte Roosevelt die Mühe, den Kongress zu bewegen, selbst initiativ werden zu müssen. Natürlich war es längst offensichtlich, dass Washington auf der Seite Londons stand und dessen Niederlage nicht zulassen wollte. Schon seit längerem lieferten die Vereinigten Staaten Kriegsmaterial nach Großbritannien und mittlerweile auch in die Sowjetunion. Seit September sicherten amerikanische Kriegsschiffe und Flugzeuge die für die Versorgung des Empire bestimmten Geleitzüge im Atlantik.

Hitler rechnete zwar mit einem Sieg über die Sowjetunion für 1942 und hoffte, dann auch den westlichen Alliierten niederringen zu können. Für ihn war der Krieg gegen die Vereinigten Staaten allerdings ohnehin unvermeidlich, da diese sich immer gegen die neue „Weltmacht" Deutschland stellen würden. So bewertete er den Krieg in Ostasien als „Geschenk", das Deutschland in den Schoß gefallen sei. Schließlich wäre es ohne den japanisch-amerikanischen Konflikt der deutschen Nation schwer gefallen, eine Kriegserklärung an Washington zu akzeptieren.[1003] Die Intervention der USA bedeutete jedoch, dass der Krieg nun vor allem auch durch die Größe der Wirtschaftspotentiale entschieden werden würde. Eine solche Auseinandersetzung musste die Achse aber zwangsläufig verlieren. Im Ministerrat in Rom sprach der Duce am 27. Dezember zwar von einem noch sehr langen Krieg über mindestens vier oder fünf Jahre. Den amerikanischen Kriegseintritt spielte er jedoch als bedeutungslos herunter. Bereits knapp drei Wochen vorher hatte der von Hitler überaus geschätzte Reichsminister für Bewaffnung und Munition, Fritz Todt, seinen „Führer" gebeten, den Krieg politisch zu beenden, da er rüstungswirtschaftlich verloren sei. Doch dafür sah Hitler keinen Weg mehr. Deshalb musste weitergekämpft werden – bis zum bitteren Ende.[1004]

# Die schleichende Niederlage

## 1942

Es gehörte mittlerweile zum Ritual, dem Bundesgenossen die eigene Lage so optimistisch wie möglich darzustellen und sich in pathetisch-ideologischen Phrasen ohne allzu viel Wahrheitsgehalt zu ergehen. In seinem Brief zum Jahreswechsel versuchte Hitler dem Duce einzureden, dass mit dem deutschen Ostfeldzug „wirklich in letzter Minute" die „drohende Vernichtung unseres Kontinents" noch abgewehrt werden konnte. Die „bolschewistische Riesenarmee", so gab er sich siegessicher, könne sich nun aber von den ungeheueren Vernichtungsschlägen niemals mehr erholen. Der Übergang in den Stellungskrieg sei gelungen, und im Frühjahr würde dann die Rote Armee endgültig vernichtet werden.

Einmal mehr zeigte sich Hitler vom Kriegseintritt Japans begeistert: „Ich halte dieses Ereignis für eines der entscheidendsten der Geschichte der neueren Zeit. Seine epochale Bedeutung kann gar nicht überschätzt werden. Was immer nunmehr England und Amerika tun mögen, der vereinigten Kraft der Angelsachsen und der verbliebenen Sowjetrussen steht gegenüber die vereinte Kraft von Deutschland, Italien und Japan plus des größten Teils des übrigen Europa. Mein unbeirrbarer Glaube an einen restlosen Sieg in diesem Kriege ist dadurch nur bestärkt worden. [...] Der Mann, der ohne jeden Grund, getrieben von seinen jüdischen kapitalistischen und freimaurerischen Anstiftern diesen Krieg begann, wird dem britischen Imperium den tödlichsten Schlag seiner Geschichte zufügen. [...] Was zum Fallen reif ist, soll man stoßen." Allerdings drückte Hitler auch Friedenssehnsucht aus, sprach in diesem Zusammenhang von einer Periode des Aufbaus der beiden vergrößerten Reiche und nannte Mussolini den „Schöpfer des neuen Römischen Staates". Er schloss sein Schreiben, indem er dem Duce seine Verbundenheit gestand: „Dass uns beiden das Schicksal in diesem Kampf eine so hervorragende Stelle zugewiesen hat, bindet mich von Jahr zu Jahr enger an Sie."[1005]

Ebenfalls gegen Jahresanfang sprach Hitler Botschafter Oshima gegenüber davon, die strategische Position der Dreierpaktmächte ausnützen zu wollen. So sah er die Möglichkeit, „bei genauer Abstimmung der militärischen Operationen eine Hebelwirkung in der Kriegführung zu erzeugen, die gewaltige Rückwirkungen auf den Feind haben müsse, da dieser gezwungen würde, seine Schwerpunkte immer wieder zu verlagern und auf diese Weise seine Kraft hoffnungslos zu verzetteln. [...] Wenn durch eine deutsch-japanische Zusammenarbeit Großbritannien Indien verliere, stürzt eine Welt ein. Indien ist der Kern des englischen Empire." Der Diktator betrachtete es als notwendig, dass sich die Bundesgenossen über die weiteren gemeinsamen Pläne berieten. Tatsächlich unterzeichneten die Dreierpaktmächte am 18. Januar in Berlin eine „militärische Vereinbarung", die jedoch weit mehr die Trennung der Operationszonen für die See- und Luftkriegführung behandelte, als die Zusammenarbeit näher definierte. Dies lag ganz einfach daran, dass es nur wenige Verantwortliche gab, die sich wirklich und detailliert mit den Möglichkeiten einer gemeinsamen Strategie in diesem Weltkrieg auseinander setzten. Einer davon war Großadmiral Raeder, der Hitler neuerlich von seiner Fixierung auf die Ostfront abbringen und die Konzentration der Achse auf die westlichen Seemächte lenken wollte. Demgemäß hielt er eine deutsch-italienische Offensive von Libyen

Großadmiral Erich Raeder bei seinem Besuch in einem Seefliegerhorst.

aus gegen die britische Schlüsselposition in Suez strategisch von allergrößter Bedeutung und sprach sich für einen Vorstoß in den Nahen Osten aus. Dort meinte er eine „geschichtliche Gelegenheit" zu erkennen, mit verhältnismäßig geringen Kräften in absehbarer Zeit gemeinsam mit Japan die britische Schlüsselstellung im Vorderen Orient zu erobern. Aber Hitler sah nur die Option, über Südrussland in die britische Nahostposition vorzudringen und sich dort mit den Japanern zu vereinigen.

Mussolini hielt die Besetzung Ägyptens, als Angelpunkt dreier Kontinente, für kriegsentscheidend. Der Suezkanal müsse von den Achsenmächten in einem Angriff von Westen und Osten her den Briten entrissen werden. Nach dessen Okkupation sah er die Möglichkeit, bis zum Indischen Ozean vorzustoßen, sich mit den Japanern zu verbinden und dem britischen Empire das „Rückgrat zu brechen". Im Januar starteten die Achsenmächte in Nordafrika eine neue Offensive. Binnen weniger Tage nahmen sie Benghasi, El Gazala und schließlich Tobruk. Mussolini zeigte sich über die Entwicklung in Libyen zufrieden, wenn er sich auch darüber im Klaren war, dass die Erfolge vor allem auf Rommel zurückzuführen waren.

In einer seltsamen Mischung aus Genugtuung und Besorgnis registrierte die Führung in Rom die deutschen Rückschläge an der Ostfront. Dagegen zeigte sich der Duce über die japanischen Siege im Pazifik enthusiastisch und bezeichnete sich selbst als den „ersten Freund Japans in der Welt". Auch die japanischen Operationen basierten auf dem Überraschungsmoment, und ihre Erfolge wirkten beeindruckend: Bis zum August 1942 wurden die Philippinen, Niederländisch-Indien mit Celebes, Borneo, Sumatra, Java, den Molukken, Amboina und Timor sowie von den Briten Singapur, Malaya, Hongkong und Burma, darüber hinaus durch strahlenförmige Vorstöße nach Ozeanien Guam und Wake, der Bismarck-Archipel, Teile Neuguineas und im Norden auch Inseln der Aleuten erobert. In nur einem halben Jahr war ein gewaltiger Raum der japanischen Machtsphäre einverleibt worden. Tokio beherrschte somit Gebiete mit insgesamt etwa 450 Millionen Menschen und verfügte nun auch über genügend Rohstoffe. Hitler schien insgeheim über die Erfolge seines asiatischen Bundesgenossen gar nicht so glücklich; im Grunde seines Herzens misstraute er Japan zutiefst und gönnte ihm eine Bereicherung auf Kosten Großbritanniens keineswegs. Die Tokioter Führung traf jedoch im April eine strategische Fehlentscheidung, die sich letztendlich katastrophal auswirken sollte. Man verabsäumte es, die Krise der britischen Herrschaft in Indien auszunützen und dort im Alleingang vorzumarschieren. Statt dessen wartete man auf die deutschen Vorstöße nach Suez und über den Kaukasus und wandte sich in Überschätzung der eigenen Kriegsmarine zunächst nach Australien und gegen die Midway-Inseln.

Mussolini musste hingegen in zunehmendem Maße zur Kenntnis nehmen, dass er seiner eigenen Nation zu viel zumutete. „Dieser Krieg ist nichts für das italienische Volk. Das italienische Volk ist nicht reif und nicht hart genug für so eine schwere und entscheidende Prüfung. Dieser Krieg ist für die Deutschen und die Japaner, nicht für uns!"[1006] Der anhaltenden Kriegsmüdigkeit versuchte Mussolini mit einem schärferen faschistischen Kurs zu begegnen, für den besonders der neue Parteisekretär und ehemalige Führer der Universitätsmiliz, der junge Aldo Vidussoni, verantwortlich zeichnete. Doch die Lebensmittelversorgung gestaltete sich diesen Winter bereits recht kritisch, so dass es in Venedig und Süditalien zu Hungerrevolten kam.[1007]

Ende Januar kam wieder einmal Göring nach Rom. Als der Reichsmarschall aus dem Zug stieg, erwähnte er zwar kurz die „harten Zeiten", benahm sich aber sonst den Italienern gegenüber arrogant. Er drängte Mussolini und Cavallero, der Panzerarmee Afrika den sofortigen Angriff auf Tobruk zu befehlen. Der Duce, so äußerte sich Göring gegenüber Rintelen, werde nach der Rückeroberung der Festung um zehn Jahre verjüngt sein. Tatsächlich gab Mussolini der Insistenz des deutschen Gastes nach und löste damit eine Vertrauenskrise mit Cavallero aus, der sich gegen diesen Plan sträubte.[1008] Göring gegenüber bezeichnete der Duce im Palazzo Venezia die Schlacht in Afrika mittlerweile als gewonnen, weil mit Rommel nun ein Heerführer die Operationen leite, der gleichzeitig kühn und vorsichtig sei. Die Position Großbritanniens sei bereits schwach und würde durch den Angriff der Japaner in Ostasien weiter leiden. Deswegen brauche die Achse auch keine Unterstützung durch Vichy-Frankreich, das so gut wie nichts leiste aber viel verlange. Mussolini teilte dem Reichsmarschall zudem mit, dass neben den drei bereits an der Ostfront kämpfenden italienischen Divisionen weitere sechs vorbereitet seien und nur mehr auf ihren Abtransport warten würden.[1009]

Die sowjetische Winteroffensive hatte zur ersten großen Krise in Hitlers Ostfeldzug geführt: Im Norden mussten sich die deutschen Truppen hinter den Wolchow und die Heeresgruppe Mitte auf die Linie Orel – Ržev zurückziehen. Im Januar brach die Rote Armee in den Raum Wjasma – Smolensk – Witebsk ein und kesselte bis April deutsche Verbände bei Demjansk ein. Im Süden war für die Deutschen bereits im Dezember 1941 die Halbinsel Kertsch verloren gegangen, bald darauf brachen sowjetische Truppen nach Isjum vor. Doch es gelang Hitler endlich, nicht zuletzt durch seine rücksichtslose Uneinsichtigkeit, die Front bis April zu stabilisieren.

Die äußerste Nervenanspannung ließ Hitler um Jahre altern. Als ihn Goebbels in der Wolfsschanze besuchte, erzählte ihm der Diktator, dass er „drei Wochen barbarischster Arbeit hinter sich" habe. „An den meisten Tagen", so notierte der Propagandaminister in sein Tagebuch über Hitler, „hat er von morgens früh bis in die tiefe Nacht hinein im Kartenzimmer gestanden, sodass ihm direkt die Füße angeschwollen sind. Seine Hauptarbeit bestand darin, das Nachschub- und Transportproblem zu lösen und die sinkende Moral vor allem der führenden Männer wieder aufzurichten. Er sagt mir, er wäre sich manchmal vorgekommen wie einer, dessen hauptsächliche Arbeit darin besteht, Gummimänner, denen die Luft ausgegangen ist, wieder neu aufzublasen."[1010] Während er seine Soldaten unter unmenschlichen Bedingungen dem russischen Winter überließ, machte auch Hitler der Rückschlag an der Ostfront schwer zu schaffen. Nervlich am Ende, erschöpft und missmutig, unterschätzte er den Gegner jedoch noch immer.

Für die Leiden seines eigenen Volkes, an der Front und in der Heimat, hatte Hitler keinerlei Mitleid. In der abgeschotteten künstlichen Welt der Wolfsschanze hatte sich der Diktator völlig von allem Menschlichen entrückt. Nur mehr selten ging er in die Öffentlichkeit und holte sich von den ihn bewundernden Zuhörern jene Energie, die er brauchte, um seine Maschine in Gang zu halten. Immer sporadischer kehrte er kurz nach Berlin zurück, um vor dem Reichstag, im Sportpalast oder vor den Gauleitern zu sprechen. Doch es entsprach viel mehr seiner Persönlichkeitsstruktur, von den Alltagssorgen der zivilen Welt entschwunden, als großer Heerführer in seinem Hauptquartier in Rastenburg die Distanz zu seinen Mitmenschen auszuleben. Einem Autisten gleich beschäftigte er sich lediglich mit den militärischen Belangen. Standhaft weigerte er sich über die meiste Zeit, für irgendwelche humane oder natürliche Regungen empfänglich zu sein. In einzigartiger Borniertheit wollte er nur das Ganze sehen, das individuelle Schicksal blieb ihm gleichgültig. In seiner Misanthropie und seinem Zynismus sah er die Menschen bloß als gesichtslose Masse, die zu führen er als seine Sendung betrachtete.

Überaus selten zeigte Hitler Anwandlungen von Trauer oder Betroffenheit. Nach dem „Verrat" von Rudolf Heß war es der Unfall Fritz Todts, der den Diktator tatsächlich zu schaffen machte. Trotzdem erklärte er nach dem Flugzeugabsturz mit tödlichem Ausgang des für die Kriegswirtschaft und Rüstung verantwortlichen Reichsministers am 8. Februar erstaunlich schnell seinen Protegé Albert Speer zu Todts Nachfolger. Zu dem ehrgeizigen jungen Architekten war Hitler vielleicht am ehesten imstande, zumindest zeitweilig ein freundschaftliches Naheverhältnis zu unterhalten. Als Superminister sollte Speer seinen „Führer" nicht enttäuschen, schaffte er es doch trotz immer schwererer alliierter Luftangriffe auf deutsche Städte und Industrien, die Rüstungsproduktion während der nächsten zwei Jahre zu verdoppeln.

Am Beginn von „Barbarossa" war es Hitlers Absicht gewesen, die europäischen Juden nach Sibirien zu deportieren, wo sie schließlich aufgrund der unerträglichen Bedingungen von Zwangsarbeit und Hunger im Laufe der Zeit letztlich alle zugrunde gehen würden. Voraussetzung für dieses Unternehmen eines Völkermordes gleichsam auf Raten war freilich ein Sieg über die Sowjetunion. Doch Stalins Reich ließ sich nicht wie erhofft nach ein paar Monaten niederwerfen. Die Möglichkeit,

Sein Tod war für Hitler auch ein menschlicher Verlust: Fritz Todt, Reichsminister für Bewaffnung und Munition.

alle europäischen Juden nach Russland zu verschicken, war versperrt. Gleichzeitig wurde Hitler von Männern seines Vertrauens wie Himmler, Goebbels, Heydrich und verschiedenen Gauleitern, allen voran jenem des Warthelandes, bedrängt, die Juden nach Osten abzuschieben. Dort sollten sie – auf welche Weise auch immer – zu Tode kommen.

Der Diktator war von seiner Aufgabe als Feldherr völlig eingenommen und ließ seine Unterführer „nach eigenem Ermessen verfahren". Mit den schmutzigen Details der Vernichtungsaktionen wollte er offenkundig nicht belästigt werden, und so ließ er seine Vasallen gewähren. Er wusste, dass speziell im Reichssicherheitshauptamt Männer ohne Skrupel saßen, die „mit deutscher Gründlichkeit" an die „Endlösung der Judenfrage" ganz im nationalsozialistischen Sinn heranzugehen bereit waren. Ob karrieristische Technokraten, glühende Antisemiten oder gemeine Sadisten, strebten sie alle danach, ihre Aufgabe „mit Fleiß und Tüchtigkeit" zu erledigen. Ihr Gewissen schien nicht allzu belastet, denn wie ihnen von Goebbels, Himmler und natürlich Hitler selbst seit Jahren eingeschärft worden war, handelte es sich bei Juden gleichsam um „Parasiten" am gesunden Volkskörper, die man zum eigenen Überleben ausrotten musste. Schließlich hatten eben diese Männer auch nichts Verwerfliches daran gefunden, dass auf Hitlers schriftlichen Befehl seit Oktober 1939 „unheilbar Kranken der Gnadentod gewährt" wurde. Bis August 1941 fielen 70.000 Menschen, die als „lebensunwert" betrachtet wurden, dem „Euthanasieprogramm" unter anderem durch letale Injektionen und den Einsatz von Gaswagen zum Opfer. Im Herbst 1941 begann man systematisch, Juden aus dem Reich und dem Protektorat Böhmen nach Polen und ins Baltikum zu verschleppen.

Immer pathologischer gab Hitler den Juden die Schuld an dem Krieg, den er selbst begonnen hatte und der sich offenkundig immer länger hinzog. In seiner Rede im Berliner Sportpalast am 30. Januar verkündete er unheilvoll: „Wir sind uns dabei im Klaren darüber, dass der Krieg nur damit enden kann, dass entweder die arischen Völker ausgerottet werden oder dass das Judentum aus Europa verschwindet." Das Ergebnis dieses Krieges, so setzte er nach, werde die „Vernichtung des Judentums" sein.[1011]

Der immer härter geführte Krieg ließ das NS-Regime in der „Judenfrage" schließlich zur radikalsten Methode greifen: zur „Endlösung", der physischen Ausrottung aller Juden in Europa. Am 20. Januar hatte die „Wannsee-Konferenz" unter dem von Göring für die „Endlösung" beauftragten Heydrich, bürokratisch-pflichtbewusst das Programm zur systematischen Vernichtung der Juden festgelegt. Am 15. Februar betonte der Diktator einem erfreuten Goebbels gegenüber seine Entschlossenheit, „rücksichtslos mit den Juden in Europa aufzuräumen. Hier darf man keine sentimentalen Anwandlungen haben. Die Juden haben die Katastrophe, die sie heute erleben, verdient. Sie werden mit der Vernichtung unserer Feinde auch ihre eigene Vernichtung erleben. Wir müssen diesen Prozess mit einer kalten Rücksichtslosigkeit beschleunigen, und wir tun damit der leidenden und seit Jahrtausenden vom Judentum gequälten Menschheit einen unschätzbaren Dienst."[1012] Die bereits bisher vor allem in der Sowjetunion und Polen verübten Verbrechen fanden im industrialisierten Massenmord in den Gaskammern von Auschwitz, Belzec, Chelmno, Maidanek, Sobibor und Treblinka noch eine an Perversion nicht mehr zu übertreffende Steigerung. Für Hitler war die alle menschliche Vorstellungskraft übersteigende Vernichtung von Millionen Juden Ziel und Begleiterscheinung des nationalsozialistischen Krieges zugleich.[1013]

Mussolini und sein Regime lehnten hingegen eine Beteiligung an diesem Völkermord ab. So sollten auch die italienischen Besatzungsbehörden in Jugoslawien, Griechenland und später in Südostfrankreich Juden vor dem Zugriff von SS und SD schützen und sogar Flüchtlinge aufnehmen. Auch Ungarn, Finnland, Dänemark und Bulgarien widersetzten sich der deutschen Aufforderung, an der „Endlösung" mitzuwirken, während es in Rumänien, der Slowakei und Kroatien sehr wohl zu Pogromen und Deportationen kam, die nicht einmal auf direkte deutsche Initiative zurückgingen. In Vichy-Frankreich meinte Ministerpräsident Pierre Laval wiederum durch die Auslieferung jüdischer Emigranten aus Deutschland die eigenen jüdischen Staatsbürger vor dem Abtransport in die Vernichtungslager in Osteuropa schützen zu können, doch sollte diese Taktik letztlich nicht aufgehen.

Nachdem sich die Ostfront stabilisiert hatte, verfügte Hitler wieder über genügend Kraft und Zuversicht, den Duce zu treffen. Der deutsche Diktator hatte sich endlich wieder einmal aus der Wolfsschanze getraut und im Reichstag eine für seine Maßstäbe höchst schwache Rede gehalten, die schließlich seine letzte vor diesem Forum sein sollte. Danach hatte er sich auf den Berghof begeben, um auszuspannen und sich in der baulichen Neugestaltung von Linz zu ergehen. Die deutsch-italienische Begegnung fand auf Wunsch Hitlers statt. Mussolini nahm Ciano und Cavallero für das Treffen am 29. April mit. Der italienische Außenminister schildert in seinem Tagebuch wie gewohnt mit spitzer Feder das Szenario: „Ankunft in Salzburg. [...] Die übliche Aufmachung: Hitler, Ribbentrop, die Leute von immer, das gewöhnliche Zeremoniell. Wir werden im Schloss Klessheim einquartiert. Es ist ein großartiges Gebäude, das einst dem Fürstbischof von Salzburg gehörte, und jetzt das Gästehaus des Führers geworden ist. Es ist sehr gut und luxuriös eingerichtet. Möbel, Wandbehänge, Teppiche, alles kommt aus Frankreich. Sie werden nicht sehr viel dafür bezahlt haben. Man ist sehr herzlich zu uns, darum spitze ich die Ohren. Die deutsche Freundlichkeit steht immer im ungekehrten Verhältnis zu ihrem Glück. Hitler sieht müde aus. Er ist stark, entschlossen und gesprächig. Aber müde. Die Monate des russischen Winters haben schwer auf ihm gelastet. Zum ersten Mal sehe ich, dass er viele weiße Haare hat. Hitler spricht mit dem Duce, ich mit Ribbentrop. Aber es wird in beiden Zimmern dieselbe Platte gespielt."[1014]

Für Ciano änderte sich auch am nächsten Tag das Bild nicht: „Hitler spricht und spricht und spricht. Mussolini, der gewöhnt ist, selber zu sprechen, und nun eigentlich die ganze Zeit über schweigen muss, leidet. Am zweiten Tage, nach dem Frühstück, als wir uns eigentlich schon alles gesagt hatten, hat Hitler ununterbrochen eine Stunde und 40 Minuten gesprochen. Er hat auch nichts ausgelassen: Krieg und Frieden, Religion und Philosophie, Kunst und Geschichte. Mussolini schaute mechanisch auf seine Armbanduhr, und ich dachte an meine persönlichen Angelegenheiten; einzig Cavallero, dies Musterstück von Servilität, tat so, als höre er hingerissen zu, und nickte immer nur zustimmend mit dem Kopf. Wer aber den Schlag weniger gut als wir ertragen hat, das waren die Deutschen. Die Armen! Sie müssen das jeden Tag schlucken, und ich bin sicher, dass es kein Wort, keine Geste und keine Pause gibt, die sie nicht schon auswendig kennen. Nach einem heroischen Kampf mit dem Schlaf ist General Jodl auf dem Diwan eingeschlafen. Keitel war auch am Einschlafen, aber es gelang ihm, den Kopf oben zu behalten; er saß zu dicht bei Hitler, um sich gehen zu lassen, wie er es gern gewollt hätte."[1015]

In einem dieser Monologe strapazierte Hitler wieder einmal die These, mit der er sich selbst beruhigte. Demnach erschien es ihm noch als eine glückliche Fügung, dass die Wehrmacht nicht noch weiter nach Russland vorgedrungen sei, denn bei noch längeren Verbindungslinien hätten sich die Nachschubschwierigkeiten angesichts dieses Jahrhundertwinters zu einer Katastrophe entwickelt. Mussolini pries

Anerkannter Stratege und militärischer Technokrat der alten preußischen Schule: Generalfeldmarschall Erich von Manstein.

wiederum die befreundete Wehrmacht, betrachtete die sowjetische Winteroffensive für gescheitert und frohlockte, dass die „deutsche Armee [...] in diesem Winter die schönsten Seiten ihrer Geschichte geschrieben" habe. Nur der deutsche Soldat konnte bei diesen Verhältnissen durchhalten. „Ohne die direkte Führung durch den Führer und seinen Einfluss wäre jedoch die Lage schlecht gewesen." Der Duce wies die Deutschen auch auf den Hungerwinter der italienischen Bevölkerung hin und vergaß nicht zu betonen, dass Italien bei ausreichenden Rohstoffen sich noch in viel größerem Ausmaß am Ostfeldzug beteiligen könnte. Der nationalsozialistische Diktator hob sodann hervor, dass nicht nur er, sondern besonders auch die deutsche Bevölkerung von einem Kompromissfrieden nichts wissen wolle. „Wer heute etwa von einer Verständigung reden wolle, geriete in Lebensgefahr. Ein absoluter und klarer Sieg sei die Parole des gesamten Volkes."[1016]

Mussolini zeigte sich mit dem Treffen letzten Endes zufrieden: „Die deutsche Maschine", so zog er sein Resümee, „ist noch immer ungeheuer potent, aber sie hat schon starke Abnutzung erfahren; jetzt wird sie noch einmal eine große Anstrengung unternehmen, das Ziel muss erreicht werden." Mackensen gegenüber fasste er seine Eindrücke dahin gehend zusammen, dass dies „die interessanteste und nutzbringendste seiner Deutschlandreisen gewesen sei."[1017] Doch der Duce hatte bei den Verhandlungen den wichtigsten Punkt für die Italiener nicht durchgebracht: Angesichts der Tatsache, dass die Briten durch ihre Stützpunkte Malta, Gibraltar und Alexandria den Luftraum im Mittelmeer beherrschten und dadurch der Nachschub für die deutsch-italienischen Streitkräfte in Nordafrika erheblich erschwert war, hatten Mussolini und Cavallero mit dem Unternehmen „Herkules" beabsichtigt, Malta zu erobern. Allein Hitler gab dem Angriff in Libyen den Vorrang. Seine Militärs unterstützten ihn dabei. Feldmarschall Albert Kesselring, der Oberbefehlshaber der deutschen Luftflotte in Sizilien, der sich auf Rommel berief, vertrat die Auffassung, dass vor „Herkules" erst die britische Armee in Libyen geschlagen werden sollte. Keitel und Jodl stimmten dem zu. Die Italiener mussten klein beigeben: Erst nach dem Angriff der Panzerarmee Afrika, der an der Grenze zu Ägypten Halt machen sollte, wäre „Herkules" durchzuführen. Hitler stimmte dem Luftlandeunternehmen ohnedies nur widerwillig zu, da er aufgrund der Erfahrungen auf Kreta diesbezüglich höchst skeptisch war.[1018]

Am 8. Mai begann die 11. Armee unter Erich von Manstein ihre Offensive gegen die Halbinsel Kertsch und die Krimfestung Sewastopol. Noch im selben Monat wurden insgesamt 350.000 sowjetische Gefangene gemacht. Bei der Kesselschlacht von Charkow waren allein drei sowjetische Armeen vernichtet worden. Am 27. Mai erhielt Hitlers Terrorregime allerdings einen Schlag, als der Chef der Sicherheitspolizei und stellvertretende Reichsprotektor von Böhmen und Mähren, Obergruppenführer Reinhard Heydrich, in Prag einem Anschlag tschechischer Widerstandskämpfer zum Opfer fiel. Einer der größten und unbarmherzigsten Verbrecher des Regimes war tot. Aufgebracht bezeichnete es Hitler als reine Dummheit, dass „ein so unersetzbarer Mann wie Heydrich" sich der Gefahr ausgesetzt hatte, ohne genügende Sicherung im offenen Wagen gefahren zu sein.[1019] Der gebürtige Österreicher Ernst Kaltenbrunner sollte ihm folgen und Heydrich an eiskaltem Vollstreckungswillen um nichts nachstehen.[1020] Als blutige Vergeltung für die Ermordung Heydrichs ließ Hitler Gestapo und SD in dem bei Kladno gelegenen Dorf Lidice barbarisch wüten.

Wieder von einer Grippe, die ihn sogar vom Palazzo Venezia ferngehalten hatte, erholt, erwartete Mussolini mit Spannung und Optimismus die Offensive in Libyen. Rommel, so erwartete er, werde wohl bis zum Nildelta kommen, „wenn er nicht vorher von unseren Generälen aufgehalten wird, nicht etwa von den Engländern".[1021] Die Offensive begann am 26. Mai. Einen knappen Monat später, am 21. Juni, fiel Tobruk. Mussolini wollte den Sieg als italienischen Erfolg verkaufen und tat dies mit einer Sondermeldung kund. Hitler antwortete, indem er Rommel zum Generalfeldmarschall beförderte und damit den deutschen Anteil am Triumph herausstrich. Der Duce wusste, was dieser Schritt zu bedeuten hatte, und ließ daraufhin im Gegenzug durch den König Cavallero und Ettore Bastico in den Marschallsrang erheben.[1022]

Nach dem Erfolg bei Tobruk drängte Rommel auf die weitere Verfolgung des Gegners und wollte bis zum Persischen Golf vordringen. So half es Mussolini nichts, sich für eine Invasion in Malta auszusprechen. Hitler war zu jener Zeit vom „Wüstenfuchs" derart begeistert, dass er ihn ebenfalls bis ins „Herz Ägyptens" vorstoßen lassen wollte. So richtete sich der deutsche Diktator mit einem Schreiben an Mussolini, in dem er ihm riet, die Invasion Maltas vorläufig aufzugeben und den Vorstoß zum Suezkanal sofort zu wagen. Hitler sah eine Chance, die nie mehr wiederkehren würde. Der geschlagene Feind sollte weiter schonungslos verfolgt werden, um ihn endgültig zu „erledigen". Diesmal könne Ägypten den Briten entrissen werden, und dies hätte Konsequenzen von Weltbedeutung.[1023]

Der Brief zeitigte Erfolg. Mussolini hatte seinerzeit ohnehin nur widerwillig den Befehl des Comando Supremo zum Halt an der ägyptischen Grenze unterzeichnet. Doch nun lockte die Einnahme von Kairo und Alexandria. Der Duce vertraute Hitler und ignorierte die Bedenken Cavalleros über den unzureichenden Nachschub, der nur durch die Eroberung Maltas behoben hätte werden können. Nur wenn die Briten von der Mittelmeerinsel vertrieben worden wären, hätte man die Verluste bei den Seetransporten von Italien nach Nordafrika auf ein erträgliches Maß reduzieren können.[1024]

Cavallero und Kesselring warnten vergebens. Ohne Rücksicht auf den Nachschub preschte Rommel vor. Die Korps der Achsenmächte überschritten am

Der Chef des italienischen Generalstabes, General Cavallero, bei einer Besichtigungsfahrt durch das Operationsgebiet der Cyrenaika.

28. Juni noch bei Marsa Matruk die Grenze zu Ägypten. Die Freude Mussolinis über die Erfolge der deutsch-italienischen Truppen in Libyen wurde zwar durch den Umstand getrübt, dass allgemein Rommel und nicht ihm selbst das Verdienst für den Vorstoß zugeschrieben wurde. Nichtsdestoweniger sah er die vereinten Streitkräfte schon sehr bald in Alexandria und reiste daher gleich selbst nach Libyen. Mussolini pilotierte das Flugzeug selbst und musste am 29. Juni schließlich in Derna bereits bei Dunkelheit eine schwierige Landung durchführen. Die ihn begleitende Maschine setzte dagegen auf ein anderes Flugzeug auf und machte Bruch, wobei der Koch und der Friseur des Duce ums Leben kamen. Der faschistische Diktator bezog ein Siedlerhäuschen westlich von Derna. Er begab sich zur wiedereroberten Festung Tobruk, besuchte Feldlazarette und besichtigte sogar ein Gefangenenlager mit Neuseeländern und Südafrikanern.[1025] Im Geiste sah er sich freilich schon auf seinem Schimmel mit dem Schwert des Islam als Triumphator in Kairo einreiten. Selbst ein Zivilgouverneur, Graf Mazzolini, war bereits nominiert. Doch am 30. Juni blieb der deutsch-italienische Vormarsch bei El Alamein Hunderte Kilometer von der Versorgungsbasis entfernt, wegen Nachschubmangels unter heftigen Bombardements der Royal Airforce stecken.

So kehrte Mussolini schwer enttäuscht aus Nordafrika zurück. Trotzdem rechnete er mit der Wiederaufnahme des Vormarsches in Ägypten in den nächsten Wochen. Er war davon so überzeugt, dass er sogar sein persönliches Gepäck in Libyen zurückließ. Aber er wurde das Gefühl nicht los, dass ihn seine Generalität – nach seiner Albanienreise – aufs Neue lächerlich gemacht hatte, indem sie ihn zu einem wenig glücklichen Augenblick an die Front hatte kommen lassen; dies, obwohl er Cavallero den Befehl gegeben hatte, ihn mit dem Codewort „Tevere“ darüber zu informieren, wenn er den Vormarsch zum Suezkanal für sicher hielt. Am 27. Juni hatte der Duce endlich die Parole erhalten. Da sich Mussolinis Abreise wegen eines Unwetters um zwei Tage verschoben hatte, hätte ihn Cavallero darüber verständigen können, dass der Vormarsch bereits ins Stocken geraten war. Auch über

Rommel zeigte sich der Duce nachhaltig verstimmt, der es während drei Wochen nicht für wert befunden hatte, ihn aufzusuchen. Ganz allgemein war der faschistische Diktator über das unkameradschaftliche und arrogante Verhalten der deutschen gegenüber den italienischen Truppen erbost. Seine Stimmung schlug so wieder gegen den Achsenpartner um: „Das Volk fragt sich jetzt, welchen der beiden Herren man vorziehen müsse, den englischen oder den deutschen."[1026]

Generalfeldmarschall Albert Kesselring, Oberbefehlshaber der in Italien stationierten Truppen.

Außenpolitisch verstand es Hitler im Frühjahr und Sommer 1942 tatsächlich nicht, für ihn günstige Gelegenheiten zu nützen. Die Japaner regten in Berlin an, das nach Unabhängigkeit strebende Indien gegen das Empire zu unterstützen. Ribbentrop war dazu auch bereit, allein Hitler wollte sich nicht durch eine einseitige Erklärung für den asiatischen Subkontinent der letzten Möglichkeiten eines Arrangements mit London berauben. Diese Hoffnung auf eine Einigung mit den Briten dürfte auch eine Rolle gespielt haben, warum er sich nicht stärker für die arabische Sache einsetzte, sondern in seiner Auffassung verharrte, dass die Araber gegen die alten westeuropäischen Kolonialmächte den Aufstand erst dann beginnen sollten, wenn die Wehrmacht bereits im Begriff war, in diesen Raum einzumarschieren.[1027]

Hitlers ganze Konzentration galt mehr denn je seinem Krieg gegen die Sowjetunion. Durch die erbarmungslose Winterschlacht befand sich das deutsche Ostheer in einem derart erschöpften Zustand, dass die Wiederaufnahme einer großen Offensive im südlichen Abschnitt der Front erst am 28. Juni möglich war. Doch bereits zu diesem Zeitpunkt war der deutschen Heeresleitung klar, dass die von Hitler beabsichtigte entscheidende, letale Schwächung der Roten Armee unrealistisch war. Vielmehr musste angenommen werden, dass die Wehrmacht nach dieser Angriffsoperation derartige Verluste haben würde, dass von deutscher Seite an eine weitere, dritte große Offensive im Jahr 1943 nicht mehr zu denken war. Andererseits wäre es zu diesem Zeitpunkt den japanischen Verbänden bereits nicht mehr möglich gewesen, sich mit über Persien vordringenden deutschen Truppen in Indien zu treffen. Die Seeschlacht bei den Midway-Inseln Anfang Juni, die zu einer erheblichen Schwächung der japanischen Marine führte, hatte die Wende am pazifischen Schauplatz eingeleitet. Von nun an ging die Initiative auf die Amerikaner über, die am 7. August sodann auch auf der japanisch besetzten Salomonen-Insel Guadalcanal landeten, wo sich eine monatelange Abnützungsschlacht entwickeln sollte.

Die Streitmacht, die der deutsche Diktator nun für seine neue große Sommeroffensive gegen die Rote Armee warf, war nicht einmal mehr halb so stark wie jene ein Jahr zuvor. Zum Ausgleich sollten die Verbündeten mehr Divisionen beisteuern. Hatte Hitler bei seinem Unternehmen „Barbarossa" etwa italienische und ungarische Unterstützung lediglich widerwillig angenommen, so übte er diesmal bisweilen sogar Druck auf seine Verbündeten aus, sich an der neuen Offensive zu beteiligen. Die Italiener und Ungarn taten dies sodann auch mit jeweils einer, die Rumänen mit zwei Armeen; dies entsprach einer Streitmacht von immerhin über 800.000 Mann.

Die am 28. Juni beginnende Operation „Blau" konzentrierte sich diesmal auf den Süden, wo Hitler Stalingrad und die Erdölfelder im Kaukasus ins Visier genommen hatte. Die Heeresgruppe Süd wurde noch in die Heeresgruppen A und B unterteilt. Am 1. Juli eroberte die Wehrmacht endgültig Sewastopol, eine Leistung, die Manstein die Ernennung zum Generalfeldmarschall einbrachte. Hitler verlegte nun sein Hauptquartier in die Ukraine. Nach dreistündigem Flug kam der Diktator mit seinem Gefolge am 16. Juli in Winniza an. „Werwolf", das neue Führerhauptquartier, übertraf an Trostlosigkeit noch die Wolfsschanze in Ostpreußen. Die südlich agierende Heeresgruppe A stieß am 21. August bis zum Elbrus vor, ohne jedoch die Südgrenze Russlands zu erreichen und so die amerikanischen Hilfeleistungen an die Sowjetunion unterbrechen zu können.

Hitler war sich seines Sieges zu sicher und beging einen fatalen Fehler. So meinte er, mehrere Vorhaben gleichzeitig durchführen zu können, anstatt konzentriert und mit voller Wucht ein Ziel nach dem anderen zu erreichen. Es mochte schon sein, dass das unerträglich schwüle Klima und die Stechmückenplage in Winniza ihn bei seinen Überlegungen behinderten, doch schlussendlich war der Diktator auch stolz darauf, alle operativen und strategischen Grundsätze zu missachten und sich allein auf sein Feldherrngenie zu verlassen. Während die 6. Armee und die 4. Panzerarmee der weiter nördlich operierenden Heeresgruppe B bereits Stalingrad erreichten, ließ er entgegen den Planungen die Heeresgruppe A nach Süden schwenken, um Rostow als Ausgangspunkt in den Kaukasus zu nehmen. Nachdem dieses am 23. Juli erobert war, gab er den Befehl, die Heeresgruppe A solle nordöstlich des Schwarzen Meeres auf Batum vorstoßen. Die 1. und 4. Panzerarmee wurden von der Heeresgruppe B abkommandiert und in Richtung der Ölfelder bei Maikop, Grosny und Baku beordert. Hitler glaubte die Rote Armee schon so gut wie besiegt und hatte deswegen keinerlei Bedenken, seine Kräfte derart zu verstreuen. Als er die 4. Panzerarmee schließlich doch wieder nach Stalingrad in Marsch setzen ließ, kam diese zu spät an dem für Russland so wichtigen Industrie- und Verkehrsknotenpunkt an, denn die sowjetische Gegenwehr gegen die seit 23. August vor Stalingrad liegende 6. Armee unter General Paulus hatte sich bereits verstärkt.

Zur gleichen Zeit machte Mussolini sein altes Magenleiden wieder schwer zu schaffen. Er magerte stark ab und erhielt Injektionen, die ihm jedoch Übelkeit und ein Anschwellen der Venen bescherten. Unter diesen Begleitumständen war der Diktator praktisch nicht mehr imstande, seine zahlreichen Ämter auszuüben. Ende Juli verließ er Rom und weilte von da an bis Mitte Oktober entweder im adriatischen Riccione oder auf seinem Sommersitz in Rocca delle Caminate in der Romagna, zumindest zum Teil in Gesellschaft seiner Geliebten Clara Petacci. Die nun schon seit etlichen Jahren andauernde Affäre mit dieser ihm so ergebenen jungen Frau erzeugte in der Öffentlichkeit zunehmend böses Blut, zumal die Petaccis trotz ihrer Verwicklung in mehrere Finanzskandale unter dem Schutz des Duce standen. Solch eine Korruption und Privilegierung schadete dem Ruf des Duce jedoch mehr als seine notorische Untreue.

Im September 1942 sprach Hitler im Berliner Sportpalast vor 12.000 Offizieren und Offiziersanwärtern. Neben ihm Generalfeldmarschall Keitel und Generalfeldmarschall Milch.

Bei seiner Rückreise aus Nordafrika hatte Mussolini kurz in Athen Zwischenstation gemacht. Er wollte sich dort vom drohenden wirtschaftlichen und politischen Zusammenbruch ein Bild machen. Was er zu sehen bekam, alarmierte ihn, und so fürchtete er das Schlimmste. Die deutschen Forderungen an das darniederliegende Griechenland erbosten ihn: „Die einzige Möglichkeit, um eine solche viehische Haltung zu verstehen, ist, dass sich die Deutschen jetzt davon überzeugt haben, dass nichts mehr zu machen ist und dass sie jetzt, wo sie zugrunde gehen sollen, eine allgemeine Verwirrung schaffen müssen."[1028] Einen Tag nach seiner Rückkehr nach Italien ersuchte er Hitler in einem Schreiben, die Besatzungskosten für Griechenland auf ein Minimum herabzusetzen.[1029]

Hitler antwortete ausweichend. Einmal mehr erging er sich in optimistischer Lageeinschätzung, zeigte sich überzeugt, Stalingrad schon bald erobert zu haben, bat nun um die von Mussolini in Aussicht gestellten drei Alpinidivisionen für den Kaukasus und hielt eine zweite Front der Alliierten „für etwas total Verrücktes. Nachdem aber in den Demokratien die Mehrheit entscheidet und mithin der menschliche Unverstand, muss man immerhin mit der Möglichkeit rechnen, dass dort die Verrückten die Überhand gewinnen und eine zweite Front aufzumachen versuchen."[1030]

Mit einer Invasion der Westalliierten rechnete Hitler nicht vor 1943. Bis dahin würde er bereits den Ostfeldzug siegreich abgeschlossen haben. Immerhin entschloss er sich aber im Sommer 1942 dazu, das Truppenkontingent in Frankreich zu erhöhen, und ordnete darüber hinaus die Errichtung des „Atlantikwalls" an, eine Befestigungsanlage mit insgesamt 15.000 Betonbunkern für eine halbe Million Soldaten. Der Krieg gegen die Sowjetunion und Stalin war sein Krieg, in dem er völlig aufging und der seine ganze Konzentration in Anspruch nahm. Alle anderen Kampfschauplätze, Nordafrika, das Mittelmeer und der Atlantik, beschäftigten ihn vergleichsweise gering. Dabei gefährdeten die Schläge der deutschen U-Boot-Flotte im Atlantik das britische Nachschubsystem derart, dass für das Empire hierin tatsächlich eine ernste Bedrohung vorlag; noch dazu, wo Großbritannien in Südostasien gegen die Japaner mit dem Verlust von Malaya, Singapur und Burma herbe Niederlagen verkraften musste. Das Vordringen der Japaner im Pazifik lenkte auch die Kraftanstrengung der Amerikaner vom Atlantik ab, doch Hitler unterschätzte die Möglichkeit, Großbritannien durch die Blockade seiner Häfen und die Lahmlegung seiner Handelsverbindungen zur Aufgabe zu zwingen.

Die halbherzigen deutschen Maßnahmen in Nordafrika dienten im Wesentlichen überhaupt nur dem Zweck, einen italienischen Zusammenbruch zu verhindern. Die Briten flogen von Malta und Alexandria aus schwere Angriffe gegen die Seetransporte der Achsenpartner, die starke Verluste zu beklagen hatten. Es rächte sich, dass „Herkules", die Invasion Maltas, praktisch endgültig abgeblasen war. Aufgrund der miserablen Versorgungslage der Panzerarmee an der El-Alamein-Front stellte sich die Frage, ob die Truppen nicht an die ägyptisch-libysche Grenze zurückgenommen werden sollten, wo sie wieder ihren Nachschubbasen nähergebracht worden und von den britischen Flugplätzen im Nildelta genügend entfernt gewesen wären. Aber Hitler war prinzipiell gegen jede freiwillige Aufgabe einer erreichten Linie. Mussolini als oberster Befehlshaber im Mittelmeerraum zeigte sich unentschlossen und konnte sich für einen Rückzug gegen Hitlers Willen nicht entscheiden.[1031]

Der Schlacht um Stalingrad wurde sowohl von Hitler als auch von Stalin kriegsentscheidende Bedeutung beigemessen. Was der deutsche Diktator mit der Bevölkerung der Stadt an der Wolga vorhatte, zeugt einmal mehr von seiner Brutalität: Die Männer sollten vernichtet, die Frauen deportiert werden.[1032] Dem italienischen Botschafter gegenüber kündigte er an, dass sobald Stalingrad erobert sei, die Wehrmacht auf Astrachan losmarschieren werde. Dann hätte er seine Absicht realisiert, „Europa vor den bolschewistischen Horden durch einen Schutzwall zu sichern. Es sei anzunehmen, dass der Krieg dann in eine interkontinentale Phase eintreten werde."[1033]

Tage später geriet der Diktator jedoch mit Halder in Streit, der die Befürchtung aussprach, dass die Kräfte für eine Operation gegen Stalingrad und den Kaukasus nicht ausreichten. Hitler weigerte sich jedoch, die Grenzen des Möglichen anzuerkennen, und machte seine Wunschträume zum Gesetz des Handelns. Unangenehmen Nachrichten war er weniger denn je zugänglich: Als man ihm verlässliche Unterlagen und Informationen unterbreitete, wonach die Rote Armee noch im Verlauf des Jahres 1942 im Bereich nördlich von Stalingrad und westlich der Wolga über Neuaufstellungen von bis zu anderthalb Millionen und im Kaukasus von zumindest 500.000 Mann verfügen könnte und die sowjetische Produktion von Panzern monatlich sichere 1200 Stück betrage, wurde Hitler tobsüchtig. Mit Schaum in den Mundwinkeln und geballten Fäusten ging er auf den Vortragenden los und verbat sich „solches idiotisches Geschwätz".[1034]

Allein Hitlers Jähzorn änderte nichts an den Tatsachen. Anfang September musste auch er erkennen, dass die Offensive im Kaukasus Baku nicht erreichen würde. Gereizt geriet er selbst mit seinem so treu ergebenen ersten operativen Berater Jodl in Streit. Der Diktator wollte einfach nicht wahrhaben, dass sich die Rote Armee seit September im Kaukasus immer stärker verteidigte. Als Jodl nach einer Inspektionsreise von der Front den Oberbefehlshaber der Heeresgruppe A, List, in Schutz nahm und seinem „Führer" versicherte, dass dieser nur die Befehle Hitlers ausführte, tobte der „Größte Feldherr aller Zeiten" neuerlich, zwang List zum Rücktritt und ernannte sich gleich selbst zum Oberbefehlshaber der Heeresgruppe A. Jodl kündigte er an, ihn durch Paulus zu ersetzen, nachdem dieser Stalingrad erobert habe. Monatelang weigerte sich Hitler, Jodl auch nur die Hand zu geben.

Übel gelaunt mied er den Lageraum und führte seine Besprechungen lediglich im kleinsten Kreis in einem engen Blockhaus durch. Nur noch bei Dunkelheit verließ er seine Unterkunft. Die abendliche Tischrunde entfiel, seine Mahlzeiten nahm er zumeist lediglich in der Gesellschaft seines Schäferhundes ein.

Als Halder zum Abbruch der Schlacht um Stalingrad riet, wurde auch er von Hitler abgesetzt. Der Diktator ernannte den Stabschef beim Oberbefehlshaber West, Kurt Zeitzler, der ihm durch Optimismus und taktischen Einfallsreichtum aufgefallen war, zu Halders Nachfolger. Der neue Generalstabschef war allerdings hinsichtlich Stalingrad durchaus Halders Meinung und wurde dabei von Maximilian von Weichs, dem Befehlshaber der Heeresgruppe B, und Paulus unterstützt. Doch Hitler wollte diese niederschmetternden Ratschläge einfach nicht hören und zog die servilen Keitel und Jodl heran, um sich seine Auffassung bestätigen zu lassen.

In Stalingrad standen sich die deutsche 6. Armee unter Paulus, die bereits neun Zehntel der Stadt erobert hatte, und die sowjetische 62. Armee unter Tschuikow, die nur mehr an einem schmalen Streifen am Wolgaufer lag, gegenüber. Mit unvorstellbarer Härte und Verbissenheit lieferten sie sich den wohl erbittertsten Kampf des ganzen Krieges. Hitler hatte es verabsäumt, die 6. Armee ausreichend abzusichern. Den Sowjets gelang es aber nicht bloß mit außergewöhnlicher Zähigkeit, dem Ansturm standzuhalten, sondern nach vier Tagen ihrer großen Gegenoffensive schließlich am 23. November mit Hilfe einer Verstärkung durch fünf weitere Armeen die deutschen Truppen und benachbarten Verbände in der Stärke von über 250.000 Mann zwischen Wolga und Don einzuschließen. Zeitzler wollte Hitler dazu bringen, der 6. Armee den Ausbruch aus dem Kessel zu gestatten, doch der Diktator beharrte auf seiner Überzeugung, die Truppen von General Paulus entsetzen zu können, und vertraute Göring, der eine Versorgung der eingeschlossenen Armee durch eine Luftbrücke versprach.

Mussolini gab sich hinsichtlich der militärischen Entwicklung des Krieges ruhig. „Es wird weder Überraschungen noch zweite Fronten geben. Aber wenn wir den Krieg verlieren, so wird das von der politischen Dummheit der Deutschen abhängen, die weder gesunden Menschenverstand noch Mäßigung bewiesen und ganz Europa brennend und verräterisch wie einen Vulkan gemacht haben."[1035] Trotzdem gaben sich die Granden des NS-Regimes im Oktober in Rom beim Duce die Türklinke in die Hand. Sehr zum Widerwillen Ribbentrops machte am 11. Oktober Himmler dem Diktator seine Aufwartung. Der gnadenlose Massenmörder Hitlers kam sichtlich gezeichnet von der Front und freute sich, für einige Tage in der Ewigen Stadt wieder zivilisiertes Leben genießen zu können. Himmler wollte bei seinem Besuch zudem herausfinden, wie es um den Duce stand, und war daher erleichtert, als sich dieser in alter Frische zeigte. Mussolini bezeichnete gegenüber dem Reichsführer SS die Stimmung in Italien als zwar nicht gerade enthusiastisch, aber

20. Jahrestag des Marsches auf Rom. Ein sichtlich abgemagerter Mussolini auf dem Weg zum neuen Sitz der italienischen Frauenorganisation.

fest. Das Volk wisse genau, warum es in diesen Krieg gehe. Die Partei und er hätten die Nation sicher in der Hand. Für Bedenken bestehe kein Anlass, ernst sei bloß die Ernährungslage.

Himmler gab Mussolini auch über die Behandlung der „Judenfrage" in einer Art „offizieller Version" Auskunft: „Die Juden würden aus ganz Deutschland, dem Generalgouvernement und allen von uns besetzten Ländern herausgenommen, da sie überall die Träger der Sabotage, Spionage und des Widerstandes sowie der Bandenbildung seien. In Russland hätten wir eine nicht unerhebliche Anzahl von Juden, und zwar Mann und Weib, erschießen müssen, da dort selbst die Frauen und halbwüchsigen Kinder Nachrichtenträger für die Partisanen gewesen wären." Mussolini meinte daraufhin, dass dies die einzig mögliche Lösung wäre. Juden, die politisch belastet wären, so fuhr Himmler fort, würden in Konzentrationslager verbracht, andere Juden zum Straßenbau im Osten verwendet werden, „wobei allerdings die Sterblichkeit eine sehr hohe sei, da die Juden ja im Leben noch niemals gearbeitet hätten. Die ältesten Juden würden in Altersheimen in Berlin, München und Wien untergebracht. Die sonstigen alten Juden wären in dem Städtchen Theresienstadt, als Altersghetto der deutschen Juden, untergebracht worden, bekämen dort ihre Pension und ihre Bezüge weiter und könnten sich dort ihr Leben völlig nach eigenem Geschmack einrichten, allerdings stritten sie dort in lebhaftester Form miteinander. Einen anderen Teil der Juden hätten wir versucht im Osten durch Lücken in der Front zu den Russen hinüberzutreiben, wobei allerdings die Russen des öfteren auf solche Judenhaufen geschossen hätten und sie offenkundig ebenfalls nicht gemocht hätten."[1036]

Acht Tage nach Himmler traf Göring in der Tibermetropole ein. Der Reichsmarschall musste sich jedoch noch über eine halbe Woche gedulden, bis er mit dem Duce die Kriegslage besprechen konnte. Nicht bloß, dass Mussolini bereits seit Tagen an einem akuten Anfall von Amöbenruhr und seinem neuerlich geöffneten Magengeschwür litt, kämpfte auch der deutsche Gast eine Nacht lang mit schwerem Durchfall, der es ihm nach einer Äußerung Mackensens „nicht einmal für zehn Minuten erlaubte, seinen Thron zu verlassen".[1037] Wieder einigermaßen erholt, gab sich Mussolini gegenüber Göring zuversichtlich und vertrat dabei die Ansicht, dass das nächste Jahr entscheidend wäre, man sich aber trotzdem auf eine lange Kriegsdauer und ein längeres Durchhalten einrichten müsse. Göring blieb dem Duce in seinem Optimismus nichts schuldig und stimmte dem mit den Worten zu, „dass man sich theoretisch auf dreißig Jahre einrichten soll, um den Kampf in kürzester Zeit zu gewinnen". Die Schlacht von Stalingrad prophezeite der Reichsmarschall freilich für in acht Tagen beendet.[1038]

Am 22. Oktober feierte der Faschismus das zwanzigjährige Jubiläum der Machtergreifung. Bombardements von Mailand, Genua und Savona störten allerdings die Kundgebungen gehörig. Auch in Rom wurde nur sehr lau gefeiert und lediglich das Revolutionsmuseum eingeweiht. Mussolini erschien zum ersten Mal nach seiner Krankheit wieder in der Öffentlichkeit, doch seine Teilnahme an einer Versammlung vor Parteiführern sagte er wieder ab. Hitler sah sich nicht in der Lage, nach Italien zu kommen, und schickte als seine Vertretung Robert Ley, den Führer der Deutschen Arbeitsfront, nach Rom. Der deutsche Diktator schrieb zudem Mussolini einen Brief, in dem er die historische Bedeutung des Marsches auf Rom und den gemeinsamen Kampf der beiden Bewegungen und ihrer Führer herausstrich. „Ich bin der Überzeugung, dass in Italien und Deutschland die späteren Generationen, solange sie jedenfalls nationalsozialistisch und faschistisch erzogen und geführt sind, in ihrer gegenseitigen Einstellung beeinflusst werden durch das heutige gemeinsame gewaltige Ringen und vor allem aber auch, Duce, durch die Freundschaft der beiden Männer, die dereinst eine historische sein wird."[1039]

Zur gleichen Zeit ergriffen die Alliierten in Nordafrika die Offensive. Am 23. Oktober begannen die Briten ihren Angriff gegen die unzureichend versorgten Truppen Rommels, deren Panzern es an Treibstoff und Munition mangelte. Vom 2. auf den 3. November gelang der überaus motivierten britischen 8. Armee mit ihren überlegenen Sherman-Panzern unter Montgomery bei El Alamein der Durch-

Dieses Bild wurde als Propagandafoto zum 20. Jahrestag des Marsches auf Rom veröffentlicht. Es zeigt Mussolini beim Pflanzen eines Baumes in der Stadt Pomezia, die im Zuge der Urbarmachung der Pontinischen Sümpfe gegründet worden war.

bruch. Rommel ordnete trotz des Durchhaltebefehls Hitlers den Rückzug an, um seine Armee der vollständigen Vernichtung zu entziehen. Durch ein Versehen erhielt Hitler die Meldung, dass Rommel das Schlachtfeld räumte, erst verspätet. Zornig gab er sofort eine Gegenorder heraus, in der er von Sieg oder Tod für die Afrikatruppen sprach. Mussolini befleißigte sich in seiner Weisung einer ähnlichen Sprache. Allein der Rückzug war nicht mehr rückgängig zu machen. Dabei wurden vor allem die nichtmotorisierten italienischen Einheiten gefangen genommen, während die motorisierten deutschen Divisionen sich größtenteils rechtzeitig in Sicherheit bringen konnten. In Italien war die Verbitterung über diese Diskrepanz entsprechend groß. In Deutschland sprach man wiederum von italienischer Sabotage.

Anfang November verdichteten sich die Meldungen über eine alliierte Invasion in Nordafrika. Während Mussolini mit einer Landung im französischen Teil der afrikanischen Küste rechnete, glaubte Hitler an eine Operation in Tripolis oder Benghasi, um Rommel den Rückzug abzuschneiden. Diesmal behielt der Duce recht.[1040] Die Operation „Torch" sollte die Kriegslage für die Achse im Mittelmeerraum entscheidend verschlechtern. Am 5. November setzte sich ein alliierter Geleitzug von Gibraltar aus in Bewegung. Britisch-amerikanische Streitkräfte unter General Eisenhower landeten schließlich entgegen aller deutschen Vermutungen drei Tage später in Marokko und Algerien, wo die französischen Kolonialtruppen nach kurzem Widerstand ins Lager der Alliierten überliefen. Die italienische Öffentlichkeit reagierte über diese schlechten Nachrichten niedergeschlagen. Mussolini wollte unter allen Umständen eine Besetzung Korsikas durch die Alliierten verhindert wissen und beabsichtigte darüber hinaus, Libyen bis zum letzten Mann zu verteidigen. Gleichzeitig sprach er auch den Deutschen gegenüber bereits von der Notwendigkeit eines Sonderfriedens mit der Sowjetunion und einer Bereinigung der französischen Frage.[1041] Das unbesetzte Frankreich habe sich zu entscheiden: entweder Zusammenarbeit mit der Achse gegen die Alliierten oder Okkupation durch Deutschland und Italien.

Hitler gab sich keinen großen Illusionen über den französischen Kampfwillen hin. Vichy-Frankreich musste wohl besetzt werden. In der Nacht des 9. November telefonierte Ribbentrop nach Rom und kündigte ein gemeinsames Treffen der Achsenpartner mit Ministerpräsident Laval in München an. Der deutsche Diktator befand sich bereits seit Tagen in der Isarmetropole, wo er im Löwenbräukeller die traditionelle Rede zum Jahrestag des missglückten Putsches von 1923 hielt. Mussolini fühlte sich noch immer rekonvaleszent, und so fuhr Ciano allein in die bayrische Hauptstadt. Hitler, Göring, Ribbentrop und der italienische Außenminister kamen schließlich im Führerbau sehr rasch überein, in die noch unbesetzten Teile Frankreichs einzumarschieren. Ciano schildert das Szenario bei der Konferenz: „Laval, mit seiner weißen Krawatte und dem bäuerlichen Anzug eines mittleren Franzosen, fühlt sich in dem großen Salon unter den vielen Uniformen ziemlich desorientiert. Er versucht, in familiärem Ton über seine Reise und seinen langen Schlaf im Auto zu sprechen, aber seine Worte fallen ins Leere. Hitler behandelt ihn mit eisiger Liebenswürdigkeit. Die Unterredung ist kurz."[1042]

Laval hätte sich die Reise nach München sparen können, denn er wurde schließlich vor vollendete Tatsachen gestellt. Während er in einem Nebenzimmer eine Zigarette rauchte und mit anderen sprach, wurden die entsprechenden Befehle erteilt: Am 11. und 12. November okkupierten die Achsentruppen den bislang unbesetzten Teil Frankreichs, dessen Südküste damit vor einer alliierten Invasion geschützt werden sollte. In Toulon versenkte sich die französische Mittelmeerflotte schließlich selbst. Die beiden Bündnispartner hatten nun auch die Bürde der militärischen Besetzung ganz Frankreichs zu tragen und versuchten in Tunesien einen Brückenkopf aufzubauen.

Hitler sah sich Ciano gegenüber veranlasst, die Lage der Achse durchaus positiv darzustellen. Die Situation in Russland sei besser als ein Jahr zuvor und die Landung der Amerikaner in Nordafrika weniger gefährlich als die der Briten 1940 in Norwegen. „Deutschland habe in seiner militärischen Geschichte unzählige Rückschläge erlebt und doch immer alles wieder in Ordnung bringen können. Bei allerkühlster Abwägung sämtlicher Faktoren ergäbe sich, dass die augenblickliche Lage nicht so bedrohlich sei, wie es die Lage im Jahre 1939 gewesen war, als man militärisch noch vor völligem Neuland gestanden habe, und wie im Jahre 1940/41."[1043]

Die Italiener forderten die Verteidigung wenigstens des westlichen Teiles von Libyen durch die Panzerarmee Afrika. Rommel, dessen Streitkräfte nur mehr ein Drittel der alten Gefechtsstärke besaßen, ging jedoch weiter schnell zurück. Der Feldmarschall war davon überzeugt, dass weder Libyen noch Tunis lange gegen die Westalliierten zu halten waren. Die Differenzen zwischen ihm und dem Comando Supremo, dem er eigentlich unterstand, veranlassten ihn, zur „Wolfsschanze" zu fliegen. Dort schlug er vor, den afrikanischen Kriegsschauplatz zu räumen, um seine bewährten Truppen anderswo in Europa einzusetzen. Hitler lehnte dieses Ansuchen jedoch entschieden ab. Rommel solle gemeinsam mit Göring nach Rom reisen, um den Duce zu beruhigen. Göring war freilich ebenfalls ein Verfechter, in Nordafrika durchzuhalten, und so stritten die beiden auf der Eisenbahnfahrt nach Italien unentwegt. Die deutsche Delegation kam unangemeldet in die Ewige Stadt. Der Reichsmarschall versprach dem Duce drei Panzerdivisionen für Tunis und die Rückeroberung Nordafrikas. In seiner Anmaßung begab sich Göring in weiterer Folge nach Neapel, um die Organisation der Transporte selbst zu leiten und dabei die Italiener maßlos zu enervieren. Die geforderten Flugzeuge freilich vermochte er dem Bundesgenossen nicht zu geben.[1044] Die Rückschläge in Nordafrika hatten dem Duce viel von seinem Prestige auch im Innern gekostet.

Die militärische und politische Krise Italiens ließ verschiedene Kreise gegen Mussolini konspirieren. Unter den Faschisten waren es die vergleichsweise Gemäßigten Grandi, Federzoni und Bottai, die letztlich schon seit etlichen Jahren die Entwicklung der Bewegung zur persönlichen Herrschaft des Duce mit steigendem Unbehagen beobachtet hatten. Sie verband mit Ciano die Überzeugung, Italien aus der Umklammerung durch das Dritte Reich losreißen zu müssen. Dies unterschied sie von dem am anderen Rand des faschistischen Spektrums positionierten Farinacci. Der wütende Parteiführer aus Cremona setzte sich nicht bloß für eine noch engere Waffenbrüderschaft mit Deutschland ein. In seiner Bewunderung für den Nationalsozialismus erschien ihm das Regime Mussolinis als zu milde und zu wenig revolutionär. Von den ehemaligen demokratischen Politikern waren es besonders Bonomi und Orlando, die auf ein Schwanken der Diktatur Mussolinis warteten. Die Armee stand der Allianz mit dem übermächtigen Deutschland und der laienhaften Kriegführung des Duce ohnedies mit gehöriger Reserve gegenüber. Unter den Generälen war es vor allem Badoglio, der gefeierte Heerführer des Abessinienfeldzuges und Gegner des italienischen Kriegseintritts von 1940, der Mussolini aus den Angeln heben wollte.

Alle, die gemäßigten Faschisten, die alten Demokraten und die Militärs, warteten auf ein Zeichen des Monarchen. Wie seinerzeit im Oktober 1922 hing wieder alles vom König ab. Typisch für sein zauderndes und misstrauisches Naturell wartete dieser jedoch noch ab. Auf seinem Sitz in San Rossore bei Pisa zog er es vor, die weitere Entwicklung genau und vorsichtig zu beobachten. Der Hof unter der Führerschaft Graf Acquarones, dem Minister des königlichen Hauses, und der Prinzessin von Piemont drängten ihn freilich mit zunehmender Vehemenz, Italien aus den Klauen Mussolinis und damit auch Hitlers zu befreien. Die Sorge um einen Bürgerkrieg bremste ihn aber genauso wie Furcht, durch eine blutige Reaktion der Faschisten die Krone zu verlieren.

Trotz der im Geheimen wachsenden Opposition und seiner angeschlagenen Physis war der Duce noch immer von seiner Aura überzeugt und nicht gewillt, aufzugeben. „Ein Klingelzeichen, und sie werden alle da unten zur Stelle sein, um mir zuzuklatschen“, meinte er etwa Farinacci gegenüber. Für den 21. November hatte er den Ministerrat einberufen, der schließlich mit Spannung auf sein erstes Auftreten wartete. Für den Minister für Öffentliche Arbeiten, Gorla, wirkte Mussolini, als er den Raum betrat, „wie ein sterbender Mann [...], der jeden Augenblick umsinken konnte“. Nichtsdestoweniger griff der Duce die Feiglinge in der Armee an und gestand selbst ein, dass er an der „Schwäche der Rasse“ auch in zwanzig Jahren nichts zu ändern vermocht hatte. Dagegen bezeichnete er Rommels Rückzug als „Meisterstück“ und sprach die Hoffnung aus, Tunesien zu halten. Die Ernährungslage sei besser als im Vorjahr, doch die Stimmung der Bevölkerung habe in den letzten Wochen durch die massiven Luftangriffe auf die Städte im Norden stark gelitten. Wohl wissend, dass bereits an seinen Sturz gedacht wurde, warnte er die Minister: „Ich glaube an das italienische Volk und halte es für zu klug, um nicht zu begreifen, dass es töricht wäre, in diesem Augenblick an einen Regierungswechsel zu denken [...], weil dieser, wie er auch aussähe, an unserer Lage gegenüber den Briten und Amerikanern nichts ändern könnte." Nachdem er seine Rede beendet hatte, verließ Mussolini sofort den Raum. Überzeugend war seine Vorstellung keineswegs gewesen.[1045]

Neuerlich erlitt Mussolini einen gesundheitlichen Rückfall und lag erkältet zu Bett. Es bedurfte der Rundfunkrede Churchills, wonach die Achse bald aus ganz Afrika vertrieben sein würde, die ihn wieder auf die Beine brachte. Gewillt, es allen zu zeigen, die ihn schon tot glaubten, hielt er am 2. Dezember in der Plenarsitzung der Kammer seit seiner Erklärung des italienischen Kriegseintritts wieder seine erste öffentliche Rede. „Nach 18 Monaten Schweigen [...] habe ich den unbestimmten Eindruck, dass ein großer Teil des italienischen Volkes gern wieder einmal meine Stimme hören möchte." Voll des gewohnten Pathos sprach Mussolini von einem „Riesenkampf, der das neue Europa schaffen und die Grenze zwischen Europa und Asien festlegen soll". Japans Kriegseintritt sei die „unbedingte Bürgschaft für den Sieg, denn Japan ist nicht zu treffen und nicht zu schlagen". Es war eine hasserfüllte Brandrede gegen Roosevelt und Churchill, die den Krieg gewollt hätten. Italien aber müsse in diesem „Heiligen Krieg" durchhalten: „Das fordert von uns die Pflicht, die Ehre und die Würde."[1046]

Noch am selben Tag versuchte Mussolini das Nationaldirektorium der Faschistischen Partei zu mobilisieren. „Dies ist die Stunde der Partei, weil es die Stunde der Revolution ist." In hohlen Phrasen sprach er von der Verschmelzung der Klassen, der Regionen und Provinzen, vom Abbau der Bürokratie. Die Ansprache verlangte Mussolini alles ab. Am Ende war er total erschöpft.[1047] Eine nachhaltige Besserung der Stimmung innerhalb der italienischen Öffentlichkeit gelang dem Diktator jedoch nicht. Zu schwer lasteten die angespannte Versorgungslage, die Niederlage in Nordafrika und die alliierten Luftangriffe auf der Bevölkerung. Mussolini bildete schließlich das faschistische Parteidirektorium um. Es war weniger die jüngere Generation, die dabei zum Zug kam, als die alten Kämpfer aus der Zeit des Marsches auf Rom.

Offenkundig wendete sich das Blatt zuungunsten der Achse. Nach dem Durchbruch der Briten bei El Alamein, der alliierten Invasion in Französisch-Nordwestafrika war der Beginn der großen Sowjetoffensive gegen Stalingrad bereits der dritte schwere Schlag innerhalb weniger Tage. Hitler gedachte freilich nicht, „von der Wolga fortzugehen". Er redete sich vielmehr ein, dass die Russen einen Fehler gemacht hätten: „Sie haben sich auf Stalingrad geworfen! Man kann einen Krieg immer nur gewinnen, wenn der andere mehr Fehler als man selber macht!"[1048] Stalingrad war für ihn nicht bloß das „Heiligtum" des Bolschewismus und die Schlacht auch ein Prestigekampf gegen den sowjetischen Tyrannen. Immer stärker verrannte er sich in die Vorstellung, dass Deutschland mit äußerster Entschlossenheit weiterzukämpfen hatte oder untergehen musste.

Beharrlich ignorierte der Diktator alle Warnungen, die 6. Armee könnte sich in einer Falle befinden und eingekesselt werden. Unbeirrbar vertraute Hitler der Luftwaffe, die die eingeschlossenen Truppen versorgen sollte, und beorderte Manstein von Leningrad, wohin er ihn selber dirigiert hatte, in den Süden zurück. Mit einer neu aufgestellten Heeresgruppe sollte er Paulus zu Hilfe kommen und den sowjetischen Verbänden in den Rücken fallen. Manstein zeigte sich im Gegensatz zu anderen Militärs vorerst optimistisch, die 6. Armee entsetzen zu können, und Göring wollte für die Luftwaffe ebenfalls kein größeres Problem sehen. Doch beide irrten. Der Panzervorstoß vom Norden her blieb schließlich keine 50 Kilometer vor Stalingrad stecken, und die Luftwaffe war schon aufgrund des einsetzenden Winters nicht in der Lage, die 6. Armee ausreichend mit Lebensmitteln, Treibstoff und Munition zu versorgen.

Nun bedrängte selbst Manstein den Diktator, die 6. Armee aus Stalingrad ausbrechen zu lassen. Freilich war es mittlerweile dafür zu spät, konnte sie doch nicht mehr auf Unterstützung von außerhalb des Kessels rechnen, auch besaß sie zu wenig Treibstoff, um beim Ausbruch genügend weit zu kommen. Hitler erinnerte sich an die Krise im Vorjahr, wo er allein die Nerven behielt, und verbot, Stalingrad zu räumen. Die Heeresgruppe A entging dem Schicksal der Armee von General Paulus. Zeitzler gelang es, Hitler von einem Rückzug aus dem Kaukasus zu überzeugen. Der Diktator wechselte zwar bald darauf seine Meinung, doch der Generalstabschef gab vor, dass dies schon zu spät sei, da der Befehl bereits hinausgegangen wäre. Während sich Heer und Luftwaffe gegenseitig Vorwürfe über die ungenügenden Versorgungsflüge machten, blieb Hitler stur. Die 6. Armee durfte nicht kapitulieren, denn er fürchtete – zu Recht – ein Fanal für die weitere Entwicklung des Krieges.

Die sich abzeichnende Katastrophe von Stalingrad rüttelte die Italiener endgültig auf. Von nun an strebte Mussolini einen Separatfrieden mit Moskau an. Angesichts der Rückschläge in Russland und Nordafrika sowie der sich abzeichnenden ernsten Bedrohung Italiens durch die Alliierten beabsichtigte er, Hitler von einer Defensivstrategie zu überzeugen, erwartete er doch für das Jahr 1943 die große angelsächsische Offensive. Zuerst wurde ein Treffen in Salzburg vorgeschlagen, doch der deutsche Diktator hielt sich im Hauptquartier für unabkömmlich. Der Duce war wiederum körperlich noch keineswegs in der Lage, Hitler nachzureisen. Deshalb begaben sich Ciano und – auf deutsches Drängen – Cavallero ins Führerhauptquartier. Der italienische Außenminister machte auf der Fahrt in dem prächtigen Salonwagen aus seiner Deutschlandfeindlichkeit keinen Hehl. Auch vor dem mitreisenden Mackensen hörte er nicht auf, gegen den Verbündeten seine Giftpfeile abzuschießen. So sprach er von dem „Verbrecher Hitler", dem „Strolch Ribbentrop" und von Cavallero, den er für den besten Mann Deutschlands in den Reihen der Italiener hielt als „den Bullen mit den kurzen Beinen".[1049]

Weit weg von seinem Golfklub, wo er englisch oder französisch sprechend mit Aristokratinnen flirtete, empfand Ciano die Atmosphäre in Hitlers Planungszentrum als belastend. „Vielleicht tragen zu den schlechten Nachrichten noch der Eindruck dieses feuchten Waldes bei und auch die Unannehmlichkeiten des kollektiven Lebens in den Baracken des Hauptquartiers. Man sieht nicht einen einzigen farbigen Fleck, nicht einen einzigen lebhaften Ton. Die Vorzimmer sind voll von rauchenden, essenden und plaudernden Leuten. Geruch von Küchen, Uniformen, schweren Stiefeln. Alles ist zum größten Teil überflüssig, mindestens für eine große Menge von Leuten, die gar nicht hier zu sein brauchten."[1050]

Hitler zeigte sich um den Gesundheitszustand des Duce besorgt. Schließlich wusste er, dass das Fortbestehen der Allianz vom Weiterverbleib Mussolinis an der Macht abhing. Ciano versuchte Hitler in einer Unterredung am 18. Dezember die Pläne Mussolinis schmackhaft zu machen. Doch der deutsche Diktator lehnte eine politische Regelung, gleichsam einen zweiten Frieden von Brest-Litowsk, ab. Die Rote Armee würde sich regenerieren und Deutschland schon bald wieder vor dem Problem einer massiven sowjetischen Bedrohung stehen. Auch eine Landung der Westalliierten fürchtete er nicht; im Gegenteil, er würde eine solche sogar begrüßen, „denn sie würde sich für die Angelsachsen zu einer Katastrophe auswirken. Diese hätten keine ausgebildeten Divisionen, während Deutschland im Westen seine besten Einheiten einsetzen könne. Außerdem habe Deutschland eine Festungsfront errichtet, gegen die jeder Versuch eines Angriffs zwecklos sei."[1051] Die Besprechungen wurden durch die negativen Nachrichten von der Ostfront überschattet: An der Don-Linie brach gerade die italienische 8. Armee nach einem massiven Angriff sowjetischer Verbände zusammen. Hitler drängte darauf, Mussolini möge seine Soldaten auffordern, nicht zurückzuweichen. Auch Laval erschien im Hauptquartier. Zwei Tage lang war er in der Eisenbahn gesessen, doch nun ließ man ihm praktisch keine Gelegenheit, sich zu äußern. Ciano machte eine gewohnte Beobachtung: „Sowie er versuchte, irgendein Thema aufzugreifen, unterbrach ihn der Führer und gab ihm eine Lektion. Im Grunde glaube ich, dass Hitler sehr glücklich ist, Hitler zu sein, weil ihm das erlaubt, immerfort zu sprechen."[1052]

Weit weg vom Führerhauptquartier näherte sich einstweilen die Tragödie an der Wolga ihrem Höhepunkt.[1053] Mit Stalingrad änderte sich das gesamte Kriegsbild endgültig. Die Achse geriet in die Defensive, aus der sie nicht mehr herauskommen sollte.

# Der Verlust der Initiative

## Januar bis Juli 1943

„Wir treten jetzt in das Jahr 1943 ein, das in der italienischen Geschichte ein Jahr von grundlegender Bedeutung sein wird." Am 3. Januar, dem Jahrestag seiner berühmten Rede von 1925, mit der er seine Diktatur einläutete, schwor Mussolini das neue Parteidirektorium auf den Endsieg ein: „Wer wird diesen Krieg gewinnen? [...] Diesen Krieg werden die Streitkräfte mit dem tiefsten politischen Verständnis gewinnen. [...] Wir brauchen faschistische Soldaten, die für den Faschismus kämpfen; denn dies ist ein Religionskrieg, ein Krieg der Ideen. Heute sind alle territorialen Ziele zweitrangig. Das bedeutet nicht, dass wir nicht ständig an diese Ziele dächten; aber sie sind zweitrangig geworden. Sie sind uns stets gegenwärtig, weil sie zu der allgemeinen europäischen Neuordnung gehören, die unser Recht auf Lebensraum anerkennen muss."

Einmal mehr äußerte der Duce seine Meinung, die zu Hitlers Obsession im Widerspruch stand: Der Krieg würde schlussendlich im Westen, im Mittelmeer entschieden werden. Der feindliche Angriff werde sich dabei besonders gegen Italien richten. „Warum? Weil man meint, Italien sei der schwächere der beiden Bundesgenossen; vor allem aber, weil der Feind mit einem Versagen unserer Moral rechnet. Deshalb glaubte man, unter dem feindlichen Bombenhagel werde das Volk in einem bestimmten Augenblick den Wunsch nach Frieden zeigen, nach Frieden um jeden Preis, nach einem Separatfrieden. Es ist notwendig, dass jeder überzeugt ist, dass jeder Faschist überzeugt ist, dass dies die katastrophalste Lösung wäre und uns auf Jahrhunderte entehren würde [...] Ich glaube nicht, dass sie versuchen werden, eine Landfront gegen uns zu eröffnen. Dazu ist es zu spät; wir haben schon unsere Maßnahmen getroffen. Deshalb muss sich der Feind eine Stelle suchen, wo die Bedingungen günstiger sind. Ich halte es für wahrscheinlich, dass der angelsächsische Angriff auf dem Balkan erfolgen wird." In seiner Rede versuchte Mussolini außerdem, die Gerüchte über eine schlechte Stimmung in

Am 31. Januar 1943 übernahm Vittorio Ambrosio das Amt des Generalstabschefs.

Deutschland zu zerstreuen. Die Bevölkerung im Reich wisse sehr wohl, worum es gehe: um den Sieg oder ein zweites Versailles. Auch das italienische Volk müsse sich nun bewähren, und es werde sich herausstellen, ob der Faschismus die italienische Gesellschaft mehr als bloß oberflächlich verändert habe. „Dieses Jahr wird darüber entscheiden, ob sich Italien damit abfinden muss, ein Touristenland, eine größere Schweiz zu sein."[1054]

Der Diktator, der sich hier so entschlossen gab, war freilich ein kranker Mann. Sein Magengeschwür machte Mussolini schwer zu schaffen und peinigte ihn immer öfter. Mit angezogenen Knien sah man ihn wiederholt auf dem Rand seines Sessels sitzen, die Arme um die Beine geschlungen. So meinte er, sich eine gewisse Erleichterung seiner Schmerzen zu verschaffen. Die deprimierende Lage in Nordafrika trug naturgemäß nicht gerade zu seiner Besserung bei, befürchtete er doch die psychologischen Rückwirkungen bei einem Verlust von Tripolis. Darum wollte er, dass man es – wie Stalingrad – bis zum Äußersten verteidigte. Wie bei Hitler lag es in seiner Natur, bei Debakeln nach Sündenböcken zu suchen. So wetterte er nun gegen Cavallero und fand bittere Worte gegen „diesen verrückten Rommel, der einzig daran denkt, sich nach Tunesien zurückzuziehen". Ähnlich wie Hitler fiel er über die Militärs her, die den Krieg „nicht mit der Leidenschaft des Fanatikers, sondern mit der Gleichgültigkeit des Berufsmenschen führen".[1055]

Aufs Neue absentierte sich Mussolini aus Rom. Sein Leiden hatte sich keineswegs gebessert, im Gegenteil. Zu Weihnachten hatte er teilweise wieder das Bett hüten müssen, und Anfang Januar stand es schlimm um ihn: „Ich habe Benito noch nie so leidend gesehen wie in diesen Tagen", befand seine Frau Rachele, die sich auch getreu ihres resoluten und misstrauischen Naturells mit den behandelnden Ärzten überwarf. Professor Cesare Frugoni hatte kurzzeitig Magenkrebs diagnostiziert, um aber wenig später, als ihn Mussolini zu einer eingehenden Untersuchung konsultierte, dieses fatale Urteil doch zu widerrufen.[1056] Nun zog sich der Duce neuerlich nach Rocca delle Caminate zurück. Von seiner Familie begleitete ihn bloß seine Schwiegertochter Gina, die Witwe Brunos. Auf der Bahnfahrt im Sonderzug mussten seine Mitreisenden mit ansehen, wie sich der Diktator unter Magenkrämpfen wand.[1057]

Die neuerliche Abwesenheit des Duce ließ in der Hauptstadt die Gerüchteküche brodeln. Schließlich waren die wöchentliche Audienz beim König und der Ministerrat verschoben worden. Schon oft waren Abstinenzen des faschistischen Diktators das Vorspiel zu Veränderungen gewesen. Allgemein vermutete man nun größere Personalrochaden, die Mussolini in Rocca aushecke und nach seiner Rückkehr durchführen würde. Am 21. Januar kehrte er nach Rom zurück, erholt, gut gelaunt und entschlossen. In den folgenden Tagen widmete er sich wieder mit Energie den Staatsgeschäften, machte dem König seine Aufwartung und sprach vor dem Ministerrat.

Die Nachrichten von den Fronten waren freilich nicht dazu angetan, Mussolinis Stimmung zu heben: Tripolis ging tatsächlich verloren, und Rommel musste sich auf die Marethlinie zurückziehen. In Russland wurde die italienische 8. Armee praktisch aufgerieben. Mussolini nahm diese Horrormeldungen zum Anlass, sich seines Generalstabschefs zu entledigen. Am 31. Januar löste Vittorio Ambrosio den in Ungnade gefallenen, gegenüber den Deutschen zu nachgiebigen Cavallero ab. Ambrosio, der bisherige Stabschef des italienischen Heeres, wollte die Ernennung ablehnen, doch Mussolini machte ihm unmissverständlich klar, dass es sich dabei um einen Befehl handle und er ohnedies mit ihm die schwere Verantwortung teilen werde.[1058] Die Absetzung des gegenüber dem Achsenpartner stets kooperativen, gefälligen und unkomplizierten Cavallero durch den nüchternen, von den eigenen Militärs geschätzten Ambrosio verstimmte die Deutschen, da sie dahinter eine politische Wende befürchteten. Die Freude Cianos über Cavalleros Entlassung, die er bereits seit geraumer Zeit vorangetrieben hatte, währte nur kurz, denn Mussolini bildete auch die Regierung radikal um, wovon auch sein Schwiegersohn betroffen war.

Nach all den Rückschlägen und Niederlagen demonstrierte Mussolini wieder seine Macht. In einem Befreiungsschlag gegen alle antideutschen und kriegsmüden Tendenzen baute der Duce seine Regierung fast vollständig um. Er tat dies völlig in Eigenregie und überraschte damit alle. Lediglich zwei Minister blieben im Amt. Ciano, Grandi und Bottai wurden für ihre Konspiration bestraft. Sie verloren ihre Ministerien für Äußeres, Justiz und Erziehung. Am 5. Februar übernahm Mussolini das Außenressort selbst und ernannte den bisherigen Statthalter von Dalmatien und ehemaligen Nachfolger Grandis als Botschafter in London, Bastianini, zum Unterstaatssekretär. Der Diktator behielt auch das Innenministerium und ersetzte dort als Unterstaatssekretär Buffarini durch den bisherigen Präfekten von Neapel, Albini, einen Beamten.

Der Paukenschlag kam den Wünschen der öffentlichen Meinung nach personellen Veränderungen nach und schürte die Lust auf Spekulationen. Die Umgestaltung seiner Regierungsmannschaft, die nun verstärkt mit Fachleuten besetzt wurde, sollte den Italienern wieder neuen Mut und Optimismus verschaffen und schließlich für ihn selber verloren gegangenes Prestige zurückgewinnen. Zudem war Cianos Entlassung tatsächlich eine unumgängliche Notwendigkeit geworden, galt der Schwiegersohn des Duce doch wegen seiner luxuriösen Lebensführung und seiner undurchsichtigen Finanzgeschäfte allgemein als unbeliebteste Persönlichkeit in ganz Italien. Nach außen hin stellte Ciano die gravierendste Belastung für Mussolinis Herrschaft dar. Seine antideutsche Einstellung war nicht mehr zu verbergen und seine Suche nach anderen Lösungen für den Diktator nicht weiter tolerierbar.[1059] Ciano, mit dem Posten des Botschafters beim Heiligen Stuhl betraut, wurde von Mussolini schließlich im Palazzo Venezia mit Worten verabschiedet, die sich nicht bewahrheiten sollten: „Du musst bedenken, dass eine Ruhezeit vor dir liegt, dann wirst du wieder an die Reihe kommen. Deine Zukunft liegt in meinen Händen, und darum kannst du ruhig sein."[1060] Der inneren Opposition in der Partei um Grandi, Bottai und Ciano war mit der Regierungsumbildung der Boden entzogen worden. Hitler gegenüber wollte Mussolini mit der Kabinettsumbildung deutlich demonstrieren, dass er am Bündnis mit dem Dritten Reich nach wie vor eisern festhielt. Dies machte er sogleich auch seinem neuen Assistenten im Außenressort, Bastianini, unmissverständlich klar: „Wenn man Krieg führt, bleibt man bis zum Schluss mit dem Verbündeten zusammen."[1061]

Dem Comando Supremo bot sich ein verzweifeltes Bild über die militärische Schwäche Italiens. Der grundlegende Auffassungsunterschied zwischen dem neuen und dem alten Generalstabschef bestand darin, dass nach Ansicht Ambrosios der unheilvollen Verstreuung der italienischen Streitkräfte an so vielen Fronten ein Ende gemacht werden musste. Ambrosio glaubte, dass Tunis gegen die Alliierten nicht lange gehalten werden konnte. In Bezug auf das übrige Nordafrika hoffte er, dass dies wenigstens für einige wenige Monate gelang, bis die Verteidigungsmaßnahmen in Italien gegen eine amerikanisch-britische Invasion abgeschlossen wären. Zur Sicherung der Heimat schwebte dem neuen Generalstabschef die Abberufung eines großen Teils der am Balkan und in der Ägäis stationierten Einheiten vor. Auch versuchte er den Duce davon zu überzeugen, die verbliebenen Reste des italienischen Expeditionskorps in Russland wieder abzuziehen. Die Kriegführung der Achse könne nur die der Defensive sein, um Kräfte zu sammeln und den Gegner zu schwächen. Erst dann sei an Gegenschläge zu denken. Der Schutz Italiens habe oberste Priorität. Deshalb musste seiner Auffassung nach auch der Bundesgenosse seine operativen Ziele ändern und aufhören, lediglich seinen eigenen Krieg zu führen. Deutschland solle endlich erkennen, dass die erfolgreiche Verteidigung Italiens für seine eigene Rettung genauso wichtig war wie Erfolge an der Ostfront.

Ambrosio sah keine entscheidenden strategischen Angriffsziele für die deutsche Wehrmacht in der Sowjetunion. Eine Vernichtung der Roten Armee durch das deutsche Ostheer hielt der Generalstabschef für extrem unwahrscheinlich. Das Dritte Reich solle vielmehr mit seinen Kräften sparsam umgehen, werde es diese doch zur Abwehr sowohl der Offensive von Seiten der Roten Armee als auch einer westalliierten Invasion benötigen. Eroberten die amerikanischen und britischen Truppen Tunis, wäre dies für Italien im höchsten Maße bedrohlich, ja fatal. Deshalb brauchte Italien von seinem Bundesgenossen dringend Verstärkung und Nachschub für den Schauplatz im Mittelmeer in Form von U-Booten, leichten Kriegsschiffen, Artillerie, Flugzeugen, technischer Ausrüstung und Erdöl. Auf einen Nenner gebracht, lautete demnach der italienische Standpunkt: Defensive an der Ostfront und Vorrang für den Mittelmeerraum.[1062]

Das sinnlose Sterben in diesem Krieg kannte viele Namen. Einer davon war Stalingrad. Mit aller Gewalt stemmte sich Hitler gegen die sich deutlich abzeichnende Niederlage, die den Mythos der Unbesiegbarkeit der deutschen Wehrmacht endgültig zerstören würde. So forderte er von seinen unter unmenschlichen Bedingungen eingekesselten Soldaten, auszuharren. Trotz Eiseskälte, Seuchen und Hungers verbot er die Kapitulation. Die seit dem 20. Januar in zwei Teile getrennte 6. Armee sollte nach Hitlers Anweisung vier Tage später „bis zum letzten Soldaten und zur letzten Patrone" ihre Position halten. Durch ihr heldenhaftes Ausharren leiste sie „einen unvergesslichen Beitrag zum Aufbau der Abwehrfront und der Rettung des Abendlandes". Wiederholt erhielt die hoffnungslos eingekesselte Armee ihrem unbeschreiblichen Elend zum Hohn den Tagesbefehl aus dem Führerhauptquartier: „Wenn der deutsche Soldat weiteres Durchhalten für sinnlos hält, dann soll er daran denken, dass der Führer am besten Bescheid weiß. [...] Der Führer kennt die Lage seiner Soldaten. Der wird es schon schaffen. Wir müssen nur gehorchen. Wir haben nichts zu fragen, sondern blind zu gehorchen."[1063]

Endlich entschloss sich Paulus am 31. Januar 1943 zur Kapitulation. Die Lage war freilich schon längst aussichtslos gewesen. 91.000 Soldaten gingen in sowjetische Kriegsgefangenschaft, nur 5000 sollten Jahre nach Beendigung des Krieges heimkehren. Als Hitler die Nachricht von der Kapitulation zu Gehör bekam, war er außer sich, ärgerte sich, diesen „Feigling" Paulus noch kurz vorher zum Generalfeldmarschall befördert zu haben. „So viele Menschen müssen sterben, und dann geht ein solcher Mann her und besudelt in letzter Minute noch den Heroismus von so vielen anderen", meinte er in einer Lagebesprechung aufgebracht;[1064] dabei dachte er vor allem an die psychologische Wirkung dieser Niederlage.

Manstein beabsichtigte, dem Diktator nahe zu legen, den Oberbefehl über das Heer abzugeben. Als der Feldmarschall aber Hitler am 6. Februar im Führerhauptquartier aufsuchte, nahm ihn dieser den Wind aus den Segeln: „Für Stalingrad trage ich allein die Verantwortung! Ich könnte vielleicht sagen, dass Göring mir ein unzutreffendes Bild über die Möglichkeiten der Versorgung durch die Luftwaffe gegeben hat, und damit zum mindesten einen Teil der Verantwortung auf ihn abwälzen. Aber er ist mein von mir selbst bestimmter Nachfolger, und deshalb kann ich ihn nicht mit der Verantwortung für Stalingrad belasten."[1065]

Doch Göring war aufgrund seiner Drogenabhängigkeit und vor allem wegen des Versagens der deutschen Luftwaffe bereits seit geraumer Zeit nicht mehr Hitlers engster Vertrauter. Neben Himmler und Bormann gewann vor allem Albert Speer seit seiner Ernennung zum Reichsminister für Bewaffnung und Munition immer mehr die Gunst des Diktators. Seit 1942 beabsichtigten Hitler und Speer, im Rüstungswettlauf mit den Alliierten so lange wie möglich mitzuhalten. Die Eroberung weiter Teile Europas hatte die Voraussetzung für den Beginn des „totalen Krieges", was die Produktionskräfte betraf, geschaffen. Da nicht weniger als 9,5 Millionen Mann in der Wehrmacht dienten, wurden für die deutsche Industrie nun verstärkt Fremdarbeiter herangezogen. Der Generalbevollmächtigte für den Arbeitseinsatz, Sauckel, rekrutierte dabei insgesamt 7,5 Millionen Menschen aus den okkupierten und im deutschen Machtbereich befindlichen Ländern. Ein Großteil dieser Fremdarbeiter, besonders jene aus den besetzten sowjetischen Gebieten, wurde dabei wie Sklaven behandelt. Teile der SS-Führung, wie etwa der Chef des SS-Wirtschaftsverwaltungshauptamtes, Oswald Pohl, wollten die Konzentrationslager zu industriellen Produktionsstätten umwandeln. Freilich gerieten sie dabei mit den Exekutoren der „Endlösung" wie Ernst Kaltenbrunner und Adolf Eichmann in Konflikt, denen an der sofortigen Vernichtung der Juden gelegen war.

Nicht bloß die Italiener wünschten einen Sonderfrieden Hitlers mit Stalin. Auch die japanische Regierung befürwortete mittlerweile ein deutsch-sowjetisches Arrangement. Nach wie vor unterhielt sie mit Moskau diplomatische Kontakte, und so erklärte sie sich bereit, die Vermittlerrolle zu spielen. Aber Hitler wollte von einem Sonderfrieden mit der Sowjetunion nichts wissen. Er vertraute vielmehr auf einen Konflikt zwischen den beiden angelsächsischen Mächten. Die Hoffnung auf eine Verständigung mit Großbritannien oder gar mit beiden westlichen Großmächten machte die Konferenz in Casablanca vom 14. bis 26. Januar zunichte. Auf der abschließenden Pressekonferenz forderten Roosevelt und Churchill die „bedingungslose Kapitulation" der Dreipaktmächte. Dieses Kriegsziel, das den völligen Bruch mit den gegnerischen Staaten nur noch weiter bestätigte, entzog jeglicher Spekulation nach einer Auflösung des Bündnisses zwischen Großbritannien und den Vereinigten Staaten den Boden.

In Casablanca waren Churchill und Roosevelt zur Auffassung gekommen, dass die unvermutet starke UdSSR auch weiterhin die Hauptlast des Krieges gegen Deutschland zu tragen hätte. Deshalb verwarfen die Westalliierten die These, dass nur sie beide die Welt von den Aggressoren des Dreimächtepakts zu befreien hätten.

Im Gegenteil, die USA verringerten wieder ihre Anstrengungen zur Aufstellung des Feldheeres deutlich und verlegten das Schwergewicht ihrer Rüstung auf Luftwaffe und Marine. Churchill und Roosevelt entschieden sich in Casablanca schließlich, die britischen Luftangriffe auf deutsche Städte durch amerikanische gegen industrielle und strategisch wichtige Ziele gerichtete Einsätze zu ergänzen, ins zentrale Mittelmeer vorzudringen und Italien, den „weichen Unterleib" der Achse, niederzuwerfen. Die Invasion in Frankreich wurde auf 1944 verschoben. Churchills Bemühungen einer alliierten Landung in Südosteuropa erfuhren Roosevelts Ablehnung.

Obwohl die Initiative immer stärker auf die Anti-Hitler-Koalition überging, war innerhalb dieses so heterogenen Bündnisses längst nicht alles eitel Wonne. Stalin beklagte, dass es die westlichen Alliierten unterließen, eine zweite Front aufzubauen. Das mehr als halbherzige Landeunternehmen von britischen und kanadischen Truppen bei Dieppe in der Normandie vom 19. August 1943 musste der im Existenzkampf liegenden Sowjetunion als Hohn erscheinen. Stalin konnte sich deshalb nicht des Eindrucks erwehren, dass Briten und Amerikaner sich nach wie vor einen wirklich massiven Einsatz ihrer Streitkräfte vorbehielten. Er fürchtete daher, dass am Ende des Krieges die total erschöpfte Sowjetunion sich einem Diktatfrieden der gleichsam erholten imperialistischen Weltmacht USA fügen müsste. Daher erwog er sogar, trotz des blutigen Ringens und des nationalsozialistischen Terrors zu einem Sonderfrieden mit Hitler zu gelangen. Nach der Wiederherstellung des alten Pakts mit dem Reich, würde sich Deutschland dann mit aller Energie dem Krieg gegen die westlichen Alliierten zuwenden. Allein Hitler gedachte nicht, den Vernichtungskrieg gegen die Sowjetunion abzubrechen.

Der Winter 1942/43 kostete Hitler nicht bloß seine 6. Armee, sondern brachte auch den Ausfall der vier verbündeten Armeen im Osten. Erneut konnte aber ein völliger Zusammenbruch verhindert werden. Eine begrenzte Offensive unter Manstein Mitte März brachte die Front doch noch einmal zum Stehen – im für die deutsche Kriegsproduktion so wichtigen Donezbecken und im Raum Charkow. Trotzdem war der Krieg für Deutschland bereits verloren. Ob dies zu jener Zeit auch Hitler erkannt hatte, ist schwer einzuschätzen. Nach außen hin gab er sich jedenfalls erleichtert, endlich wieder einen militärischen Erfolg erzielt zu haben.[1066] Als ihn Goebbels in Winniza besuchte, fand er ihn „gesundheitlich ausgezeichnet", gleichzeitig jedoch „etwas müde, aber doch sonst sehr aktiv" vor. In Anwesenheit von Speer und seinem getreuen Propagandaminister ließ er sich angesichts der letzten Luftangriffe auf Berlin über Göring aus und zog über seine Generäle her, die ihn nur beschwindeln würden, ungebildet seien und nicht einmal ihr eigenes Kriegshandwerk verstünden. Ihre Erziehung sei seit Generationen falsch gewesen. In erster Linie schob Hitler allerdings den Bundesgenossen die Schuld für das Debakel im Winter zu. Sie hätten völlig versagt. Die Front sei nun zwar wieder in Ordnung, doch die Verbündeten wolle er im Osten nicht mehr sehen. Gerade über die Italiener zeigte er sich besonders erbost. Sie eigneten sich weder für die Ostfront noch für Nordafrika oder den U-Boot-Krieg, und so fragte er sich, warum sie denn überhaupt Krieg führten.[1067]

Ende Februar schickte Hitler Ribbentrop nach Rom. Dabei gab er seinem Außenminister ein langes Schreiben an den Duce mit, in dem er sich entschlossen zeigte, den Krieg gegen die Sowjetunion fortzusetzen: „Ich werde daher im Osten so lange kämpfen, bis dieser Koloss endlich zusammenbricht, und zwar ob mit oder ohne Verbündete. [...] Duce, ich weiß, wie schwer geschichtliche Entschlüsse zu treffen sind. Ob sich nach meinem Tode jemand finden wird, der die Kraft dazu besitzt, vermag ich nicht zu sagen. Ich bin jedenfalls entschlossen, den mir vom Schicksal auferlegten Auftrag zu erfüllen, und ich bin dabei überzeugt, dass der Kampf, den ich führe, nicht annähernd so hart und krisenreich ist, wie der Kampf, den einst Friedrich der Große mit seinen 3,7 Millionen Einwohnern gegen ganz Europa führen musste. [...] Die Nationalsozialistische Partei wird den letzten Mann und die letzte Frau mobilisieren in dem einen unverrückbaren Entschluss, unter keinen Umständen vor unseren Gegnern zu kapitulieren. Ich werde so lange kämpfen, bis diese sich selbst als geschlagen bekennen. Und ich glaube, Duce, dass Italien ebenfalls keine anderen Möglichkeiten gegeben sind. [...] Ganz gleich, ob die westliche Plutokratie oder der östliche Bolschewismus siegt, am Ende würde das internationale Judentum triumphieren und nichts unversucht lassen, unsere Rassen, insonderheit ihre führenden Schichten, auszurotten. Die europäische Kultur wäre der Zerstörung und damit der Vernichtung anheim gegeben. Ich fasse es daher als eine Gnade der Vorsehung auf, dass sie mich bestimmt hat, in einem solchen Kampf der Führer meines Volkes sein zu dürfen. [...] Denn was ich für Deutschland bin, das sind Sie, Duce, für Italien, was wir beide aber für Europa sein werden, wird die Nachwelt einst würdigen und entscheiden können."[1068]

Selbst Ribbentrop musste allerdings Mussolini gegenüber eingestehen, dass die Wehrmacht im Osten „zweifellos eine Schlappe erlitten" habe. Trotzdem meinte er bei seiner Unterredung mit dem Duce im Palazzo Venezia am 25. Februar, dass der Befehl Hitlers, Stalingrad bis zum letzten Mann zu halten, „in der Kriegsgeschichte einmal eine absolut positive Beurteilung finden" würde. Nach dem Angriff, den Deutschland im Sommer unternehmen werde, könne man mit einem Erlahmen der sowjetischen Offensivkraft und einem Übergang zum Stellungskrieg rechnen. Die westlichen Alliierten würden hingegen durch den deutschen U-Boot-Krieg schon allein am Transportproblem scheitern. Auch Mussolini wollte den U-Boot-Krieg als die schwerste Gefahr für die Angelsachsen sehen. Er sei die größten Anstrengungen wert, stelle er doch die Garantie des Sieges dar.

Der Reichsaußenminister rechtfertigte die Judendeportationen „in Reservate im Osten" als notwendige Maßnahme für eine erfolgreiche Kriegführung. „Die

Erfahrung habe gelehrt, dass überall, wo Juden säßen, keine Befriedung einträte. Die Juden seien die Verbreiter englisch-amerikanischer Nachrichten und eines derartigen Defätismus, dass man zwangsläufig nicht nur aus weltanschaulichen, sondern schon aus rein praktischen Erwägungen heraus zu besonderen Maßnahmen ihnen gegenüber gezwungen sei." Ribbentrop betonte, „dass der Jude der größte Feind Deutschlands und Italiens sei. Der Engländer sei vielleicht manchmal doch irgendwie ein anständiger Mensch. Der Jude aber hasse das nationalsozialistische Deutschland und das faschistische Italien abgrundtief. Wenn man 100.000 Juden in Deutschland oder in Italien oder einem von ihnen besetzten Gebiet beließe, so hätte dies bei der Geschicklichkeit der Juden ungefähr die gleiche Wirkung, als wenn man 100.000 Agenten des Secret Service in sein Land hineinließe, ihnen zur Tarnung die deutsche Staatsangehörigkeit gäbe und sie dazu noch mit unerschöpflichen Geldern ausstatte."

Ribbentrop kritisierte in diesem Zusammenhang das mangelnde Verständnis Italiens hinsichtlich der Judenfrage. Mussolini sah sich daraufhin veranlasst, sogleich zu entgegnen, dass auch er die Gefahr erkenne, die von den Juden ausgehe. „Sie seien die schlimmsten Feinde und arbeiteten für die Angelsachsen." Sie drückten die Stimmung im Land herab, seien aber mittlerweile keine Gefahr mehr. „Sie würden überwacht, besäßen kein Radio und müssten wohl zum ersten Mal in ihrer Geschichte arbeiten." Auch in Italien würden sie in verschiedenen Lagern konzentriert. In Triest etwa seien die alten Faschisten bereits gegen Synagogen und jüdische Geschäfte vorgegangen, „da die Juden aufgrund der schlechten Nachrichten aus Russland letzthin wieder den Kopf etwas zu hoch getragen haben".

Die Situation an der Ostfront versuchte der Duce ruhig und nüchtern zu beurteilen. Er sprach davon, dass die deutsche Wehrmacht nun – vielleicht am Dnjepr – „eine Mauer bauen" müsse, „an der sich die Anstrengungen der Russen erschöpfen würden". Im Übrigen vertrat er überhaupt die Ansicht, dass die Rote Armee ohnedies am Ende ihrer Möglichkeiten stünde. Mussolini machte sich allerdings keine Illusionen darüber, dass die Initiative mittlerweile schon aufgrund der Nachschubschwierigkeiten, die sich so deutlich in Nordafrika gezeigt hätten, in der Hand der Gegner sei. Tunis nannte er das „Bollwerk Südeuropas", bei dessen Verlust eine Änderung der gesamten strategischen Lage eintreten würde. Ein Angriff auf Sizilien, Sardinien und am Balkan sei dann zumindest in Kommandounternehmen möglich. Tunis konnte seiner Ansicht nach aber unter drei Bedingungen gehalten werden: durch eine Konzentration aller nur irgendwie verfügbaren U-Boote im Mittelmeer, durch entsprechende Artillerieunterstützung und schließlich durch eine Gleichwertigkeit der Achse mit dem Gegner in der Luft. Den Kriegseintritt Spaniens hielt Mussolini für unvermeidlich und begrüßte es daher auch, dass Deutschland an Spanien Waffen lieferte, da unter diesem Gesichtspunkt sich Franco niemals gegen die Achse wenden könne.[1069]

Tags darauf besprachen Mussolini und Ribbentrop die Situation in Kroatien. Das zertrümmerte Jugoslawien war nach dessen Niederlage keineswegs zur Ruhe gekommen. Im deutsch besetzten Serbien sowie in Bosnien und Montenegro erhoben sich unabhängig voneinander und sogar unversöhnlich gegeneinander kämpfend nationale Tschetniks unter Draža Mihajlović und von Josip Broz Tito angeführte kommunistische Partisanen gegen die Fremdherrschaft und verwickelten die Besatzer in einen erbittert ausgetragenen Guerillakrieg. Die Tschetniks, die sich als Erste zum Widerstand gleich nach der Niederlage Jugoslawiens entschlossen hatten, fanden ab 1942 lokale Unterstützung durch die italienische Besatzungsmacht gegen die kommunistischen Partisanen, die sich erst nach dem Beginn des deutschen Ostfeldzugs erhoben hatten.

Tito verstand es, aus den kommunistischen Banden eine straff geführte, an Stärke stetig zunehmende Armee zu formen, die der deutschen Wehrmacht erhebliche Schwierigkeiten bereitete. Allein von 1941 bis 1943 versuchte die deutsche Wehrmacht viermal, die kommunistischen Partisanen zu vernichten, doch trotz härtester Vergeltungsmaßnahmen auch gegen die Zivilbevölkerung ohne durchschlagenden Erfolg. In der gebirgigen Landschaft fanden die Widerstandskämpfer genügend Unterschlupf, sich vor den deutschen Einheiten wieder in Sicherheit zu bringen. Andererseits erwog Tito sogar, mit den Deutschen einen Waffenstillstand für die Möglichkeit einer britischen Invasion auf dem Balkan zu erreichen.

Auf der italienisch-deutschen Konferenz in Rom, zu der auch die Militärs Ambrosio und Walter Warlimont beigezogen waren, kam es zu heftigen Meinungsverschiedenheiten. Der Duce erklärte das Entstehen der Tschetniks als Reaktion auf das Wüten der Ustascha. Mit dem Feldzug gegen die Sowjetunion seien dann auch noch die kommunistischen Partisanen hinzugekommen. Mussolini wollte die beiden Guerillagruppen gegeneinander ausspielen, wobei man zunächst auf der Seite der Tschetniks stehen sollte, bis diese obsiegt hätten, um sie dann zu entwaffnen. Sehr zum Ärger des deutschen Diktators hatten tatsächlich italienische Befehlsstellen bereits Waffen an einige Tausend Tschetniks ausgeteilt. Der Reichsaußenminister gab dagegen die Meinung Hitlers kund, dass man in Kroatien dasselbe Verfahren anwenden müsse wie im Osten: „Möglichst viele Partisanen und Angehörige anderer feindlicher Gruppen zu vernichten."

Der Duce und Ambrosio wiesen freilich darauf hin, dass die regulären deutschen und italienischen Truppen diesem Guerillakrieg nicht gewachsen waren. Ribbentrop wollte jedoch von einer wie immer gearteten Resignation nichts wissen und hielt die im jugoslawischen Raum stehenden Truppen der Achse für ausreichend. Warlimont, der stellvertretende Chef des Wehrmachtsführungsstabes, setzte den Italienern den deutschen Plan auseinander, der die Schaffung eines engen Einschließungsringes im Osten des Gebietes und einen weiteren im Südwesten vorsah. Ambrosio zeigte sich skeptisch über die Erfolgsaussichten. Die italienische Seite hielt die Frage der Tschetniks in Kroatien mehr für ein politisches als für ein militärisches Problem. Eine vollständige Ruhe in diesem Raum erachtete Mussolini ohnehin angesichts „der unruhigen Rasse, die ihn bewohne", für unmöglich. Ribbentrop trat dieser Meinung energisch entgegen und hielt die gesamte Partisanenfrage für eine ausschließlich militärische. Wieder einmal gab der Duce schlussendlich klein bei und billigte den vorgelegten militärischen Vorschlag der Deutschen.[1070]

Reumütig versprach Mussolini in seinem Brief an Hitler sodann auch, keine weiteren Waffenlieferungen an die Tschetniks zu gestatten und diese zu entwaffnen, sobald die Tito-Partisanen keine Bedrohung mehr darstellten. Vor allem betonte Mussolini aber zum wiederholten Male seine Forderung, Tunis unbedingt halten zu müssen, und ersuchte deshalb um deutsche Hilfe an Kriegsmaterial und die Herstellung des Gleichgewichts in der Luft im Raum Sardinien – Sizilien – Tunesien. Sehr zum Missfallen des Königs versprach der Duce aus reinen Prestigegründen, dass das italienische II. Armeekorps – neu formiert und besser ausgerüstet – in Russland an vorderster Front bleiben sollte. Zu guter Letzt regte er aber auch Hitler gegenüber die Idee an, angesichts der „angelsächsischen Gefahr im Westen" die Front gegen die Sowjetunion zu neutralisieren.[1071]

Nach dem Desaster am Don hatte Hitler freilich überhaupt keine Lust mehr, die italienischen Truppen an der Ostfront mit deutschen Waffen auszurüsten. Sein Vertrauen in deren Nutzen war am Nullpunkt angelangt.[1072] Mussolinis Russlandabenteuer war zum Bumerang geworden. Die Italiener wussten nicht, warum sie am Don kämpfen sollten, und für die Deutschen waren die Soldaten des südlichen Bundesgenossen Feiglinge, die bloß davonlaufen konnten. Die Meinung des einen Partners über den anderen war denkbar schlecht. Die Italiener warfen angesichts der amerikanischen Unterstützung für Großbritannien und die Sowjetunion dem Verbündeten mangelnde Hilfsbereitschaft vor. Auch befand man, dass sich die deutsche Wehrmacht sowohl in Nordafrika als auch an der Ostfront nicht gerade kameradschaftlich verhielt. Der stärkere Bundesgenosse verachtete wiederum die geringe Kampfkraft der Italiener und glaubte bisweilen auch an Verrat. Ribbentrop etwa beleidigte den Achsenpartner, als er Botschafter Alfieri gegenüber von der Führungs- und Gesinnungsschwäche im höheren Offizierskorps der italienischen Armee sprach.[1073] Doch Deutschland musste unter allen Umständen einen Abfall Italiens vermeiden. Hitler, der praktisch nur mehr auf Mussolini zählte, befand sich in einer Zwickmühle: Einerseits konnte er nicht zu viele deutsche Kräfte in Italien binden, da er sie vor allem an der Ostfront benötigte. Andererseits sah er sich gezwungen, dem schwachen Bundesgenossen doch immer wieder eine gewisse militärische Hilfe zukommen zu lassen, um die Position des Duce zu festigen und Italien als Partner nicht zu verlieren.

Am 8. März kam wieder einmal Göring nach Rom. Ähnlich wie Ribbentrop wollte auch er erkunden, wie es um den Achsenpartner nach der großen Regierungsumbildung stand. Der Reichsmarschall wurde kühl empfangen und führte mit dem Duce ein langes Gespräch, das jedoch nichts an den jeweiligen Standpunkten änderte. Beim Frühstück im Palazzo Venezia reagierte Göring jedenfalls reserviert, als Mussolini – ganz auf den Mittelmeerraum konzentriert – neuerlich das Ende der Kampfhandlungen an der Ostfront als notwendig betonte.[1074] Tags darauf besprach sich Mussolini auch mit Rommel, der den Zweckoptimismus des italienischen Diktators nicht teilen konnte. Der Feldmarschall flog am nächsten Tag ins Führerhauptquartier, wo er einen völlig präokkupierten Hitler vorfand. Uneinsichtig hinsichtlich der von Rommel vorgetragenen Sachlage, beurlaubte er den populären Heerführer „zur Wiederherstellung seiner Gesundheit", wie er es Mussolini in einem Schreiben darstellte.[1075]

Mussolini stand mittlerweile jedoch an der Spitze eines Regimes, das sich zunehmend kraftlos präsentierte. Die Partei selbst hatte nur mehr wenig Kontakt zur Bevölkerung. Sie wirkte erstarrt, ohne Energie und starken Willen. Der junge und unerfahrene Parteisekretär Vidussoni wurde von den Faschisten überhaupt nicht angenommen, und gerade die Jugend vermochte mit dem System nichts anzufangen. Durch die Lebensmittelknappheit und die demoralisierenden Bombardements großer Städte herrschte eine überaus defätistische Stimmung. Der Krieg war extrem unpopulär und diskreditierte auch den Faschismus und seinen Führer. Der stets kritische Farinacci machte Mussolini darauf aufmerksam, dass die Partei in der Öffentlichkeit gar nicht mehr präsent sei und dass sich die Menschen nicht bloß über das Regime, sondern selbst über den Duce beklagen würden. Im März kam es in den großen Fabriken Turins und Mailands wie Fiat und Pirelli zu Streiks. Zunächst wirtschaftlich motiviert, bekamen sie auch eine politische, antifaschistische Note. Sie zeigten vor allem, wie wenig Rückhalt das Regime auch bei den Arbeitern besaß, das zwar mit Verhaftungen aber in letzter Konsequenz verhältnismäßig mild reagierte.[1076]

Hitler registrierte die Arbeitsniederlegungen in Oberitalien mit Besorgnis. Obwohl für ihn der Duce immer noch der einzige Mann in Italien war, auf den er zählen konnte, verstand er nicht, warum der Faschismus nicht härter gegen Streiks und kommunistische Umtriebe durchgriff. Ein solches Zeichen der Schwäche durfte man seiner Ansicht nach nicht bieten.[1077] Mussolini verschloss aber vor dem Gärungsprozess innerhalb der Bevölkerung die Augen und glaubte, allein mit seinen demagogischen Fähigkeiten die Lage meistern zu können. Von der Bevölkerung Begeisterung für den Krieg zu verlangen, sei idiotisch. Die Partei habe aber für gesteigerten Fanatismus zu sorgen: „Ihr müsst das italienische Volk dazu erziehen, den Feind zu hassen, weil ohne Hass kein Krieg geführt werden kann", forderte er das Direktorium seiner Partei am 11. März auf.[1078] Mit solchen leeren Worthülsen vermochte Mussolini jedoch nicht einmal mehr seine eigenen Parteigänger zu begeistern.

Nach den Erfolgen an der Ostfront schwebte Hitler ein Schlag gegen die Rote Armee vor, nach dem wieder die deutsche Wehrmacht die Initiative übernehmen würde. Ein Sieg mit der Wirkung eines Fanals sollte die ganze Welt darüber aufklären, dass es keinen Zweifel gab, wer den Krieg gewinnen werde. Der Diktator griff dabei auf einen von Zeitzler ausgearbeiteten Operationsplan zurück: Unternehmen „Zitadelle" sah einen entscheidenden Stoß gegen den sowjetischen Frontvorsprung bei Kursk, etwa auf halber Strecke zwischen Moskau und dem Schwarzen Meer, vor. Ein Zangenangriff von Norden und Süden her sollte die um diesen Eisenbahnknotenpunkt stehenden fünf Sowjetarmeen einschließen.

Die Zeiten hatten sich geändert. Während man bei „Barbarossa" auf 2000 Kilometer Frontlänge zum Angriff geschritten war, ging es nun um eine Offensive gegen einen 120 Kilometer nach Westen reichenden, 200 Kilometer breiten Bogen. Das ursprünglich für Mitte Mai vorgesehene Unternehmen wurde schließlich bis in den Frühsommer verschoben. Die Generäle Manstein, Kluge, Model und Guderian waren sich über den richtigen Zeitpunkt der Offensive uneinig. Außerdem standen noch zu wenige Panzer vom Typ Tiger und Panther zur Verfügung, in die Hitler große Hoffnungen setzte.

Mitte März überbrachte Kesselring dem Duce einen Brief Hitlers. Darin sprach sich der deutsche Diktator für das Halten des Brückenkopfes in Tunesien unter allen Umständen aus. Die Marethstellung sei so lange wie möglich zu verteidigen, die Chottstellung unbedingt zu halten. „Gelingt es dann, den Nachschub in Ordnung zu bringen, so zweifle ich nicht daran, dass sich früher oder später das nordafrikanische Abenteuer den Engländern und Amerikanern als ihr folgenschwerster Fehler erweisen wird." Hitler schickte Dönitz, den „hervorragendsten Marineoffizier, den vielleicht die deutsche Flotte je besessen hat", nach Rom, wo der Großadmiral dem Duce verschiedene Vorschläge, die auch das Transportproblem klären würden, unterbreitete.[1079]

Der Großangriff der Alliierten machte das geplante Treffen der beiden Diktatoren vorerst zunichte. Trotzdem ließ der Duce nicht locker. In einem weiteren Schreiben legte Mussolini dem deutschen Diktator neuerlich nahe, das „Kapitel Russland" abzuschließen, mit einem Frieden oder mit einem Ostwall zur Verteidigung. Russland könne einfach schon aufgrund seines gewaltigen Raumes nicht erobert und vernichtet werden; auch nicht mit Hilfe Japans. Nach dem Abschluss des Kapitels Russland könnte die Achse mit allen ihren Mitteln eine Front im Westen bilden und strategisch wieder die Initiative ergreifen. Durch die alliierte Landung in Nordafrika würden nun sogar Pläne zur Invasion des europäischen Kontinents erwogen werden. Der Duce sprach sich dafür aus, in Tunesien mit einer verstärkten Luftwaffe Widerstand bis zum Äußersten zu leisten. Außerdem – so hegte er den, wie er selbst zugab, kühnen Plan – sollte den westlichen Verbündeten über Spanien und Marokko in den Rücken gefallen und zu gleicher Zeit die Balearen besetzt werden, um der Achse die absolute Kontrolle über das westliche Mittelmeer zu verschaffen. Mit dem Abschneiden des Nachschubs für die Westalliierten wäre das Schicksal der britischen und amerikanischen Truppen besiegelt. Spanien würde sich dem Ganzen nicht widersetzen, sondern die Achse gewähren lassen.[1080] Endlich wollte Mussolini eine Änderung der Kriegführung der Achse erzwingen. Gegenüber Mackensen bemerkte er, „dass der Sieg mit mathematischer Sicherheit unser sei, wenn es gelänge, die russische Front zu liquidieren".[1081] Gerüchten, wonach Italien militärisch bereits am Ende sei, begegnete er mit aufreizender Lockerheit. In ruhigem und sicherem Ton teilte er dem deutschen Botschafter etwa mit, dass sich die Lage Italiens in den letzten Monaten des Ersten Weltkriegs hinsichtlich der Verlustzahlen und der Ernährung ungleich schlimmer dargestellt habe.[1082]

Nach einem Jahr Pause kam es wieder zu einem Gipfeltreffen zwischen Hitler und Mussolini. Die Lage hatte sich seit der letzten Zusammenkunft erheblich verschlechtert. Viele Verantwortliche im Reich, in Italien und bei den anderen kleinen

Hitler und Mussolini trafen sich im April 1943 im Schloss Klessheim bei Salzburg.
V. l. n. r.: Großadmiral Dönitz, General Zeitzler, Mussolini, Generalfeldmarschall Keitel, Hitler und Reichsmarschall Göring.

Bundesgenossen hofften, dass es dem Duce gelingen würde, den deutschen Diktator doch noch von einer radikalen Kursänderung zu überzeugen: zu einem Sonderfrieden mit der Sowjetunion. Die Konferenz fand zwischen 7. und 10. April erneut im Barockschloss in Klessheim statt.[1083] Doch die Vorzeichen für eine erfolgreiche Mission des Duce standen schlecht. Mussolini war wieder einmal körperlich angeschlagen. Während der gesamten Reise in seinem Sonderzug plagten ihn schwere Magenkrämpfe. Als er aus dem Waggon stieg, brauchte er fremde Hilfe. Der einst so vitale faschistische Diktator wirkte greisenhaft, gebrochen und kränklich. Doch auch Hitler, der ihn unter militärischem Zeremoniell vor zahlreichen Journalisten und Fotografen empfing, sah blass und müde aus.[1084]

Die italienische Delegation hatte sich ein großes Programm für die Konferenz vorgenommen: eine europäische Charta als Antwort auf die Casablanca-Deklaration der Alliierten mit dem Ziel eines Zusammenschlusses der Achsenstaaten mit einigen Neutralen zu einer politischen Gemeinschaft, eine Defensivstrategie für die Ostfront, den Kriegseintritt Spaniens auf Seite der Achse, um das Gleichgewicht im Mittelmeerraum wiederherzustellen und deutsche militärische Hilfe für die Verteidigung Italiens. Doch Hitler und Ribbentrop sprachen wie die deutschen Militärs nur vom Durchhalten und davon, dass die Sowjetunion nun bald am Ende ihrer Kräfte sei. Das Mittelmeer blieb ein Nebenkriegsschauplatz, wenngleich Hitler dem Duce versprach, mit seinen Truppen Tunis für die alliierten Angreifer „zum Verdun des Mittelmeers" zu machen.

Mussolini präsentierte sich auf der Konferenz, auf der er aufgrund seiner Beschwerden immer wieder aussetzen musste, als körperliches Wrack. Bei all seinen rhetorischen Künsten schaffte es Hitler nicht, seinen leidenden Gast dazu zu bewegen, sich von deutschen Ärzten untersuchen zu lassen. So gingen die Besprechungen an dem Kranken wohl immer wieder vorbei. Hitler meinte freilich, dass es ihm gelungen war, Mussolini in diesen vier Tagen „wieder richtig in Form gebracht" und aus ihm einen „gehobenen, tatenfreudigen Menschen" gemacht zu haben.[1085] Am Ende der enttäuschend verlaufenen Konferenz glichen allerdings offenbar beide Diktatoren „zwei Invaliden" oder sogar – wie Mussolinis Leibarzt feststellte – „zwei Leichen".[1086]

In seiner Einschätzung, den Duce aufgerichtet und optimistischer gestimmt zu haben, hatte sich Hitler keineswegs getäuscht. Wieder zurück in Rom war der faschistische Diktator davon überzeugt, dass alle – auch die Deutschen – über die Wichtigkeit, Tunesien zu halten, einig waren. Dem König berichtete der Duce, dass er bei Hitler viel Verständnis gefunden und demgemäß auch deutsche Panzer und Flugzeuge für Sizilien zugesagt bekommen habe. Ambrosio bewertete die Klessheimer Konferenz entschieden negativer. Sie habe keinerlei Nutzen gebracht, bis auf die vage Abmachung, das italienische II. Armeekorps aus Russland heimzuschicken. Immer mehr Verantwortliche Italiens kamen zur Überzeugung, dass Deutschland nicht in der Lage war, einen Zweifrontenkrieg zu führen. Nur der Duce verschloss sich dieser bitteren Erkenntnis. Hitler konnte aber Mussolini, der dringend um Luftunterstützung für die Transporte nach Nordafrika bat, lediglich hinhalten. Ganz offensichtlich sah er in Wirklichkeit die tunesische Front als bereits verloren an.[1087]

„Wieder richtig in Form gebracht", ging Mussolini in Rom tatsächlich daran, der Partei wieder das nötige Gewicht in der italienischen Gesellschaft verleihen zu wollen. Er ersetzte den Chef der Polizei, Carmine Senise, einen monarchistisch gesinnten Verwaltungsspezialisten, der die Märzstreiks in Piemont und der Lombardei offenkundig nicht im Griff gehabt hatte, durch Renzo Chierici, einen Berufsoffizier und früheren Mitkämpfer Italo Balbos in Ferrara. „Wir brauchen eine faschistische Polizei", rechtfertigte der Duce am 17. April im Palazzo Venezia gegenüber dem Parteidirektorium seinen Schritt, „nicht Polizisten, die Faschisten sind, sondern Faschisten, die Polizisten sind. Das wird viele Leute wieder zum Nachdenken bringen."[1088]

Wenig später musste der so viel kritisierte Vidussoni seinen Hut nehmen. Mussolini hatte erkannt, dass dem jungen Aufsteiger der Kontakt zur Öffentlichkeit völlig fehlte und die Partei durch ihr uneinheitliches Auftreten bei den Märzstreiks nicht Herr der Lage war. Er wurde durch den „alten Kämpfer" Carlo Scorza ersetzt. Der Vertraute Farinaccis war ein Faschist der ersten Stunde aus Lucca und ehemaliger Squadrist, dessen Bande auch für den Tod Amendolas verantwortlich gewesen war. Sein Intimfeind Starace hatte es lange verstanden, Scorza von den Schalthebeln der Macht in Rom fernzuhalten und ihn auch in der Toskana weitgehend zu entmachten. Aber über die Armee und die Miliz kehrte Scorza wieder auf die politische Bühne zurück. Der Wechsel an der Spitze des Parteisekretariats war ein klarer Schlag gegen die zweite Generation von Faschisten, die Mussolinis Vertrauen zunehmend verlor.

Zur Bekämpfung des „inneren Feindes" ließ der Duce zudem eine Division „M" aufbauen. Himmler hatte ihm in Klessheim seine Unterstützung bei der Aufstellung einer SS-ähnlichen Formation zugesagt. Die von der russischen Front zurückbeorderten Milizionäre sollten den Kern dieser mobilen Eingreiftruppe zum Schutz des faschistischen Regimes bilden. Ende Mai trafen 36 Tiger-Panzer, deutsche Waffen und 33 Ausbilder aus dem Dritten Reich ein. Mussolini hoffte, dass ihm dieses neue Instrument zur Machterhaltung schon Ende Juni zur Verfügung stand.[1089]

Es ist eine der auffallendsten Analogien zwischen den beiden Diktatoren, dass beide mit Fortdauer des Krieges zunehmend den Bezug zur Realität verloren. In Rom gerieten Mussolinis Versuche, den italienischen Kriegseintritt zu verteidigen, immer unbeholfener. Dem Parteidirektorium gegenüber erklärte er am 17. April, welche Italiener seiner Beobachtung nach gegen den Krieg eingestellt seien: „körperlich und geistig unter dem Durchschnitt" Stehende, „Blinde, Lahme, Zahnlose, Schwachsinnige, Drückeberger, Leute mit irgendwelchen Defekten". Auch bemühte er die Geschichte, indem er darauf hinwies, dass es in Italien nie einen populären Krieg gegeben hätte und bezeichnete er die Heranbildung einer politischen Armee – nach dem Vorbild der SS – für kriegsentscheidend.[1090] Seit Juni 1940 hatte Mussolini nicht mehr vom Palazzo Venezia zu einer Menschenmenge gesprochen. Im Zeichen der moralischen Aufrüstung der italienischen Bevölkerung tat er es endlich am 5. Mai, dem Jahrestag des Einmarsches der faschistischen Truppen in Addis Abeba, wieder. Es sollte die letzte öffentliche Rede als Diktator über ganz Italien sein, und sie demonstrierte entlarvend, wie sehr er den Bezug zur Wirklichkeit und den Kontakt zur eigenen Bevölkerung verloren hatte.

Hitler empfing im April in Salzburg noch andere Bundesgenossen. Klar definiertes Ziel war es, Deutschlands nach Stalingrad ramponiertes Prestige wiederherzustellen und die kleineren Partner bei der Stange zu halten. Es war offenkundig, dass die militärischen Niederlagen zu inneren Krisen bei den Verbündeten führen würden, allen voran in Italien selbst, das als zunehmend unsicher galt und dem sich vielleicht die anderen Satelliten Deutschlands anschließen mochten. Marschall Antonescu wurde so von Hitler deutlich gemacht, dass das Reich keineswegs an einen Separatfrieden denke oder ein Friedensangebot zu machen bereit sei. Aber für die Verbündeten Deutschlands glich Hitlers Prophezeiung, die Sowjetunion schließlich doch noch niederzuringen, immer mehr einer Fata Morgana; so wohl auch für Horthy, der als nächster Achsenpartner auf Schloss Klessheim erschien. Der Reichsverweser bekam von seinem Gastgeber allerdings nur wenig Freundliches zu hören. Speziell, was die antisemitischen Maßnahmen betraf, forderte Hitler den Kontreadmiral zu mehr Härte auf und hob das Beispiel Polen hervor, wo im Rahmen der Aktion „Reinhardt" Hunderttausende Juden in die Vernichtungslager deportiert und dort vergast wurden: „Wenn die Juden dort nicht arbeiten wollen, würden sie erschossen. Wenn sie nicht arbeiten könnten, müssten sie verkommen. Sie wären wie Tuberkelbazillen zu behandeln, an denen sich ein gesunder Körper anstecken könne. Das wäre nicht grausam, wenn man bedenke, dass sogar unschuldige Naturgeschöpfe, wie Hasen und Rehe, getötet werden müssten, damit kein Schaden entstehe. Weshalb sollte man die Bestien, die uns den Bolschewismus bringen wollten, mehr schonen?"[1091] Trotz seiner Tiraden gelang es Hitler nicht, Horthy zur Notwendigkeit harter Maßnahmen gegen die jüdische Bevölkerung in Ungarn zu überzeugen. Im Warschauer Ghetto sah sich unterdessen sei 19. April die verzweifelte jüdische Bevölkerung zu einem Aufstand gezwungen, der von den 3.000 Mann starken deutschen Kräften erst am 16. Mai niedergeschlagen werden konnte und 56.000 Widerstandskämpfern und Zivilisten das Leben kostete.

Der Mai 1943 entwickelte sich für die Bundesgenossen zum Katastrophenmonat. Am 13. Mai kapitulierten die Achsentruppen in Tunesien. Insgesamt beinahe eine viertel Million deutsche und italienische Soldaten ging in alliierte Kriegsgefangenschaft. Nordafrika war damit endgültig verloren. Die Briten und Amerikaner standen vor dem Sprung nach Sizilien. Italien war im höchsten Maße bedroht und die italienische Armee ohne Zweifel keinesfalls in der Lage, das Mutterland zu verteidigen. Ihr Kern war in Nordafrika, am Balkan und an der Ostfront vernichtet worden. Von den verbliebenen Einheiten konnte nicht erwartet werden, dass sie dem Ansturm der Alliierten auch nur moralisch gewachsen sein würden.

Mussolini stand vor den Trümmern seiner Politik. Von Beginn an war die italienische Armee völlig unzureichend bewaffnet und ausgerüstet gewesen, das Offizierskorps hatte Defizite in der Ausbildung aufzuweisen. Die mangelnde Kampfkraft hatte auch den Kampfwillen entscheidend unterminiert. Den Italienern war allerdings auch der Grund für die Kriegsbeteiligung von Anfang an unklar gewesen. Allgemein hatten sie Mussolinis Großmachtstreben keineswegs geteilt. Demoralisiert ob ihres Versagens, kriegsmüde und Freund und Feind technologisch unterlegen, noch dazu ohne entsprechende Versorgung, sollte sie nun die Invasion der Alliierten abwehren. Trotzdem reagierte Mussolini auf Hitlers Angebot, fünf deutsche Divisionen zur Verteidigung Italiens zur Verfügung zu stellen, entschieden ablehnend. Er bezeichnete den Einsatz der drei bisher in Italien stationierten deutschen Divisionen als ausreichend und verlangte dafür Panzer und Flugzeuge. Italien sollte, so war es sein Wunsch, vor allem von Italienern verteidigt werden.[1092]

Die beiden Diktatoren waren sich darüber uneinig, wo die Westalliierten ihre Invasion im Mittelmeer durchführen würden. Während Mussolini die Invasion auf Sizilien erwartete, rechnete Hitler mit Angriffen vor allem gegen Sardinien und den Peloponnes. Von dort aus würden die amerikanischen und britischen Truppen in weiterer Folge einerseits über Genua und Livorno gegen Norditalien und die Südgrenze des Reichs und andererseits von Griechenland aus am Balkan vorgehen. Deshalb konnten die Achsenmächte keine Aufstandsgebiete in ihrem Rücken gebrauchen. In einem Brief an Mussolini machte sich Hitler Luft über die seiner Auffassung nach an Sabotage grenzende Kriegführung des italienischen Oberkommandos. Sollten die Italiener nicht endlich mit dem Partisanenwesen in Montenegro aufräumen, sah er für die bevorstehenden Kämpfe gegen die Alliierten am Balkan eine neuerliche Katastrophe voraus. Mussolini antwortete dem deutschen Diktator nüchtern und gelassen und versuchte, gewisse Angriffe Hitlers auf die italienische Armeeführung abzuschmettern.[1093]

Am 24. Mai sah sich Hitler gezwungen, den U-Boot-Krieg im Atlantik abzubrechen. Aufgrund der Entschlüsselung des deutschen Funkverkehrs und des Einsatzes von mit Radar ausgerüsteten Langstreckenflugzeugen waren die Verluste untragbar geworden. Auch in der Luft wurde die Lage immer problematischer, denn die Angriffe der Alliierten gegen deutsche Städte nahmen ein Besorgnis erregendes Ausmaß an. So sehr ihn Goebbels auch dazu drängte, scheute Hitler aber davor zurück, den zerbombten Städten im Ruhrgebiet einen Besuch abzustatten. Stattdessen zog er es vor, auf den Berghof zu flüchten.[1094] Wieder einmal weigerte er sich, der Realität ins Auge zu blicken. In dieser Hinsicht war er mit Mussolini seelenverwandt, der es ebenfalls nicht wagte, sich in den zerstörten Wohnvierteln italienischer Großstädte zu zeigen. Beide Diktatoren wollten nur vor ihr Volk treten, um sich feiern und huldigen zu lassen. Sich negativen Ereignissen zu stellen, dazu fehlte ihnen der Mut. So sehr sie Siege und Triumphe auf ihre Willenskraft und Genialität zurückführten, so sehr suchten sie bei Niederlagen stets die Schuld anderswo. So schoss sich Hitler in seinen Tiraden immer mehr auch auf Italien ein, dem er mittlerweile sogar die Schuld am ganzen Krieg gab: „Denn wenn Italien damals [1939] die Erklärung abgegeben hätte, dass es sich mit Deutschland solidarisch erklärte, wozu es verpflichtet war aufgrund der Verträge, dann wäre der Krieg nicht ausgebrochen; dann hätten die Engländer nicht angefangen, und die Franzosen hätten nicht angefangen."[1095]

Die Serie von schlechten Nachrichten wirkte sich auf Mussolinis Physis nachhaltig negativ aus. Sein Magenleiden wurde neuerlich derart akut, dass sein Pförtner in Rocca, als er Mussolini sich in seinem Arbeitszimmer vor Krämpfen winden sah, sogar glaubte, der Duce würde sterben. Die Röntgenuntersuchung in Rom ergab eine schwere Gastritis und Magengeschwüre. Dem Diktator wurden 20 Tage Bettruhe und Injektionen verordnet.[1096] Doch kaum war er wieder auf den Beinen, gab er Durchhalteparolen aus: „Italien hat nur eine Alternative: an der Seite Deutschlands zu siegen oder zu fallen", machte er am 19. Juni im Ministerrat unmissverständlich klar.[1097]

Mussolini war fest entschlossen, durchzuhalten, unter allen Umständen. Demgemäß versuchte er die Italiener für den Endkampf einzustimmen: „Entweder wir gewinnen diesen Krieg [...] oder Italien erhält einen Frieden der Schande." Eine Kapitulation würde für das Land Zusammenbruch, Entwaffnung und Vernichtung bedeuten. „Zweiflern muss man sagen, dass dieser Krieg Entwicklungsmöglichkeiten hat, die noch nicht vorausgesehen werden können: Entwicklungsmöglichkeiten auf politischem, und nicht nur auf politischem Gebiet, die der Reife entgegengehen", so führte er in einer Rede am 5. Juli aus. Angesichts der drohenden alliierten Invasion rief er die Partei und die Bevölkerung auf: „Wir müssen durchhalten! So ist es das Gebot der Ehre! [...] Der Feind darf nicht recht behalten mit seiner niederträchtigen Behauptung, die Italiener seien nicht fähig, bis 12 Uhr Widerstand zu leisten, sondern würden um 12 Uhr nachgeben." Wie sehr sich der Duce in seiner Ansprache bereits Phantastereien und leeren pathetischen Phrasen hingab, beweist seine Prophezeiung: „Heute, da der Feind an den geheiligten Grenzen des Vaterlandes steht, sind aus den 46 Millionen Italienern 46 Millionen tatbereite und kräftige Kämpfer geworden, die an den Sieg glauben, weil sie an die unvergängliche Kraft des Vaterlandes glauben."[1098]

Dies waren bloß leere Worte. Angesichts der drohenden Invasion konspirierten in Italien immer mehr Kreise gegen das Regime des Duce: der König und sein Hof, Militärs, opponierende Faschisten und demokratische Politiker der Zeit vor dem Marsch auf Rom. Der ehemalige Polizeichef Carmine Senise hatte bereits vor seiner Entlassung Pläne für einen Staatsstreich ausgeheckt und wurde zwischen April und Juli mehrmals vom König empfangen. Mit ihm stand auch Ambrosio in Verbindung. Der Generalstabschef wurde selbst am 5. Juli beim Monarchen vorstellig und erzählte Viktor Emanuel von seinen Plänen, Mussolini absetzen und eine Militärdiktatur unter den alten Generälen Badoglio oder Enrico Caviglia errichten zu wollen. Getreu seinem Naturell zögerte der König noch. Er glaubte nicht, den Faschismus mit einem Schlag stürzen zu können.[1099] Inzwischen wurde der deutsche Bundesgenosse in der Hoffnung auf eine Wende wieder an der Ostfront aktiv.

Am 5. Juli 1943 eröffnete Hitler das Unternehmen „Zitadelle".[1100] Es sollte die letzte deutsche Offensive im Osten sein. Für Jodl und Guderian kam die Operation zu einem ungünstigen Zeitpunkt, noch dazu, wo der italienische Bundesgenosse durch eine Invasion der Alliierten bedroht war. Aber Hitler wollte unbedingt einer sowjetischen Offensive zuvorkommen. Der Diktator hatte mit diesem Angriff so lange zugewartet, bis seine heißersehnten modernen Panzer fertiggestellt waren. In seiner Proklamation schraubte er die Erwartungen überaus hoch: „Der Schlag, den die deutschen Streitkräfte austeilen werden, muss von entscheidender Bedeutung sein und eine Wendung des Krieges mit sich bringen. Der Schlag muss die letzte Schlacht für den Sieg der deutschen Waffen sein."[1101]

Tatsächlich war Kursk Schauplatz der größten Panzerschlacht des ganzen Weltkriegs. Doch sie wurde nicht zu dem von Hitler erhofften Erfolg. Die Sowjets hatten in diesem Raum eine deutsche Initiative bereits erwartet, und so blieb der Überraschungseffekt gänzlich aus. Darüber hinaus konnten die neuen deutschen Panzer die Erwartungen nicht erfüllen. Nach einer Besprechung mit den Befehlshabern der beiden Heeresgruppen, Manstein und Kluge, sah sich Hitler am 13. Juli gezwungen, die Schlacht, in der insgesamt über 5000 Panzer im Einsatz standen, abzubrechen. Trotz ihrer hohen Verluste sollte die Rote Armee nun die Initiative nicht mehr aus der Hand geben.

# Die Achse zerbricht

## Juli bis Dezember 1943

In der Nacht vom 9. auf den 10. Juli 1943 landeten britische und amerikanische Truppen auf Sizilien. Mussolini hatte sich zu diesem Zeitpunkt zur Inspektion seiner „M"-Division am Braccianosee nördlich von Rom aufgehalten. Alarmiert richtete er an Hitler die dringliche Bitte um eine „bedeutende Verstärkung der deutschen Luftwaffe zur Verteidigung Siziliens", wodurch der Angriff „in kürzester Zeit abgeschlagen werden" könne.[1102] Die Deutschen, allen voran Hitler, empörten sich über das völlige Versagen des italienischen Küstenschutzes, der an verschiedenen Stellen den Kampf gegen die alliierten Invasoren nicht einmal aufgenommen hatte. Ambrosio teilte dem Duce in einem Memorandum mit, dass es ohne maßgebliche deutsche Unterstützung unmöglich sei, „den Kampf in Ehren fortzusetzen". In einem Gespräch mit Kesselring bezeichnete Mussolini die Lage als „ernst und bedenklich [...] aber nicht als verzweifelt". Ein Verlust Siziliens, so war er sich freilich im Klaren, musste schwerwiegende Auswirkungen auf die Moral der italienischen und deutschen Öffentlichkeit zeitigen.[1103]

Hitler weigerte sich, deutsche Truppen nach Sizilien zu transferieren, so lange der Nachschub nicht gesichert war. Außerdem nahm er an, dass die Alliierten demnächst auch im Raum Genua – Livorno zu landen versuchen würden. Deshalb ließ er eine deutsche Division dort stationiert. Von Mussolini erhielt er ein Telegramm, in dem dieser die bisherigen, von den Deutschen so gescholtenen, italienischen Bemühungen verteidigte und die Erfolge der Invasoren mit deren eklatanten Überlegenheit begründete. „Angesichts der Größe und der ständigen Verschärfung des Kampfes im Mittelmeer war Ihre Hilfe bei aller Großzügigkeit nicht ausreichend", konnte der Duce seinem deutschen Partner den Vorwurf nicht ersparen und stellte darüber hinaus klar: „Das Opfer meines Landes kann nicht in erster Linie den Sinn haben, einen direkten Angriff auf Deutschland hinauszuzögern."[1104]

Bereits seit geraumer Zeit dachte Hitler für den Fall des Zusammenbruchs des Bundesgenossen an eine deutsche Besetzung Italiens. Die Halbinsel sollte als Bollwerk zur Verteidigung des Reiches im Süden dienen. Bevor es dazu kam, strebte er allerdings an, mit den deutschfreundlichen Kräften in Italien zusammenzuarbeiten. Die italienische Armee sollte von antifaschistischen und antideutschen Offizieren gesäubert werden, um wieder Moral zu gewinnen. Aber Hitler war sich darüber klar, dass es innerhalb der faschistischen Führungselite bis auf Mussolini praktisch bloß Farinacci gab, der bedingungslos zum deutschen Bündnis stand. Darum musste der Duce umso mehr gestärkt werden. Die Frage weiterer deutscher Verstärkungen für Italien erübrigte sich schließlich durch die Nachricht, dass im Osten die Sowjets an der ganzen Front angriffen. Nun bestand endgültig keine Aussicht mehr, für die neue Front im Mittelmeer ein paar Divisionen abzuziehen.[1105]

Schon seit längerem war ein neuerliches Treffen zwischen den beiden Diktatoren geplant. Die Italiener forderten, dass diese Konferenz auch wieder einmal in ihrem Land stattfinden solle. Aus Sicherheitsgründen und wegen der Grenznähe einigte man sich schließlich auf Feltre bei Belluno in Venetien. Eigentlich sollte auch diese Konferenz wie die vorangegangene in Salzburg vier Tage dauern. Aufgrund der Ereignisse in Sizilien wurde schließlich der 19. Juli gewählt. Länger als für diesen Tag hatte Hitler jedoch keine Zeit. Noch dazu lag Feltre verkehrstechnisch ungünstig. Beide Delegationen landeten mit dem Flugzeug in Treviso, um dann bei glühender Hitze in zweistündiger Fahrt mit Bahn und Auto zur zweifellos herrlich gelegenen Villa Gaggià gebracht zu werden. Doch wer hatte angesichts der ernsten Lage schon dafür Augen, und das Labyrinth von Sälen sollte in Mussolinis Erinnerung einen Alpdruck hinterlassen.

Der Duce hatte sich vorgenommen, diesmal endlich offen zu reden: Italiens Wehrkraft sei erschöpft, das Land könne nicht mehr länger Krieg führen. Doch während der Konferenz im Roten Salon hockte Mussolini auf der Kante eines für ihn zu breiten und zu tiefen Lehnstuhls und ließ unbeweglich und geduldig wieder einmal den Monolog des deutschen Diktators, der auf seinem Schoß ein dickes Aktenbündel hatte, ohne Widerrede zu.[1106]

Mehr als je zuvor geriet das Treffen in Feltre zur Farce. Zwei Stunden lang redete Hitler auf Mussolini ein und versuchte, sich und den anderen Mut zu machen. In seinem Redeschwall berief er sich auf die geschichtliche Erfahrung, die zeige, dass es in derartigen Kriegen stets Schwankungen gegeben habe. Es komme lediglich auf das Endergebnis an. Wenn alle kriegswichtigen Rohstoffgebiete, die sich derzeit in der Hand der Achse befänden, gesichert seien, könnte der Krieg unbegrenzt fortgeführt werden. Seine Fortsetzung sei dann nur eine Frage der Mobilisierung der notwendigen Arbeitskraft. In diesem Zusammenhang betonte Hitler die Wichtigkeit des eisernen Siegeswillens und vertrat den Standpunkt, dass in Deutschland nach ihm keiner komme, der die Dinge besser meistern könne. Daher opfere er seine gesamte Zeit und seine persönliche Bequemlichkeit, um noch während seiner Lebzeit die Entscheidung herbeizuführen. Im Osten wollte er die Rote Armee vor

Roberto Farinacci – hier ein Foto aus früheren Jahren – war neben Mussolini praktisch der einzige faschistische Parteigrande, der bedingungslos zum Bündnis mit Hitler-Deutschland stand.

Winterbeginn in größtmöglichem Ausmaß schwächen. Deutschland, so übte er sich in Optimismus, stelle rund 46 Divisionen neu auf, und diese würden mit hochwertigster Ausrüstung versehen werden.

Deutlicher als gewohnt kritisierte Hitler den Achsenpartner und ging dabei besonders auf die miserable italienische Bodenorganisation der Luftwaffe ein. Viel zu viele italienische Flugzeuge seien bereits am Boden zerstört worden. Um Sizilien gegen eine alliierte Invasion zu halten, müsse das Hinterland gesichert sein. Deutschland werde dann sehr gute Verbände hinunterschicken. Ein solcher Entschluss würde allerdings führungsmäßig große Eingriffe erfordern. Sardinien und Korsika könnten nur gehalten werden, wenn die Verteidigung sofort bei der Landung mit aller Energie einsetzte. Das Reich könne aber keine 2000 Flugzeuge nach Italien abstellen. Gleichzeitig riet er seinem Achsenpartner, sowohl beim Panzerbau als auch bei Motoren, Flugzeugen und Pak auf eigene Technologie zu verzichten und einfach das nachzubauen, was Deutschland mit ungeheurer Mühe entwickelt habe. Am Balkan habe sich wiederum die Zeit der Toleranz endgültig aufgehört. Nur Deutsche und Italiener dürften dort Waffen tragen, sonst würden die Briten landen und in Jugoslawien bei den dortigen Kommunisten sofort eine Armee zur Verfügung haben, die sie nur noch mit modernen Waffen auszurüsten brauchten. Die Aktionen gegen die Partisanen müssten energisch fortgesetzt werden, und der Diktator kündigte des Weiteren an, viel mehr deutsche Divisionen in den Balkanraum zu verlegen, da für die Küstenverteidigung bisher so gut wie nichts geschehen sei.[1107]

Mussolini musste Hitlers Schulmeistern vor den italienischen Generälen über sich ergehen lassen. Während der Besprechung eintreffende – übertriebene – Nachrichten über den ersten Luftangriff auf Rom regten ihn zusätzlich auf, und so vermochte er den Ausführungen Hitlers auf Dauer nicht zu folgen. Den Mitgliedern seiner Abordnung erging es ebenso, denn Hitlers Vortrag wurde gar nicht ins Italienische übersetzt. Gleich nach der Konferenz, die ein bloßer Monolog Hitlers war, stellten Ambrosio, Bastianini und Alfieri den Duce zur Rede, warum er denn den Deutschen nicht die verzweifelte Lage Italiens geschildert und einen Weg aus der unheilvollen Umklammerung gesucht habe. Ambrosio schien jeglichen Respekt vor dem Duce verloren zu haben und stellte ihm in härtester Sprache ein Ultimatum, den Krieg binnen 15 Tagen zu beenden.[1108] Mussolini, dem es höchst unangenehm war, dass die Konferenz für die römische Bevölkerung wie eine Flucht vor dem Bombardement der Hauptstadt aussehen könnte, sah sich gezwungen, seine Begleiter damit zu vertrösten, dass er dies noch auf der Rückfahrt nach Trevisio nachholen würde. Doch dazu sah er sich dann erneut nicht in der Lage.

Mussolini vermochte dem deutschen Diktator einfach nicht einzugestehen, dass sein Land am Ende war. Auch wusste er nicht, wie er sich aus der Umklammerung ehrenvoll befreien sollte. Eine Kapitulation vor den Alliierten würde das Ende

Hitler bei seiner Ankunft in Treviso. Am 19. Juli 1943 trafen sich die beiden Diktatoren zu einer Konferenz in Feltre bei Belluno.

des faschistischen Regimes und damit seiner eigenen Herrschaft bedeuten. Und welche Reaktion war von Hitler zu erwarten, sollte Italien aus dem Bündnis ausscheren und die Waffen strecken?[1109] Niedergeschlagen forderte er von Hitler bloß Lieferungen an Waffen und Munition, doch der deutsche Diktator wollte lediglich Wehrmachtseinheiten entsenden.[1110] Über einen Absprung Italiens von der Achse weigerte sich Hitler auch nur einen Moment lang zu diskutieren. Dass die alliierte Invasion auf der Halbinsel nicht vollständig aufgehalten werden konnte, war ihm klar. Aber sie sollte doch verzögert werden, um einstweilen in Mittelitalien eine standhafte Verteidigung aufzubauen. Immer noch galt ihm der Duce als Garant für die Allianz. Deshalb musste er unbedingt gestützt werden. Ein Italien ohne Mussolini würde den Kampf sofort aufgeben.

Wie eine Statue stand Mussolini mit ausgestrecktem Arm zum Römischen Gruß am Flugplatz von Treviso, als sich die deutsche Maschine mit Hitler an Bord in die Lüfte erhob. Als er seiner Abordnung erklärte, dass der deutsche Diktator fest versprochen hätte, alle von Italien benötigten Verstärkungen zu schicken, meinte Ambrosio, seinen Ohren nicht zu trauen. Der Duce ließ sich offenkundig von Hitler hinhalten, log sich selbst an und ignorierte alle Warnungen seiner hohen Militärs. Der völlig entnervte Generalstabschef hielt Mussolini schlicht für verrückt. Wieder in Rom, bat Ambrosio den Diktator im Palazzo Venezia deshalb um seine Entlassung, doch wurde ihm sein Ansuchen nicht gewährt.[1111] Der hohe Militär hatte sich allerdings seit geraumer Zeit entschieden, am Sturz Mussolinis mitzuhelfen und zu diesem Zweck mit dem König und Badoglio die nötigen Schritte auszuarbeiten.

Die prekäre Lage Italiens rief auch die oppositionellen Faschisten endgültig auf den Plan, aktiv zu werden. Es war vor allem Grandi, der Bologna verließ und nach Rom aufbrach, um für tatkräftige Reformen am Regime zu wirken. Sein Konzept für eine Gesundung der faschistischen Herrschaft und einen Ausweg aus der Misere des Landes bestand in der Trennung von politischer und militärischer Führung und in einer Wiederbelebung der Kammer, des Ministerrats, der einzelnen Ministerien und des Großrats. All dies zielte naturgemäß auf ein Ende der Diktatur Mussolinis ab. Am späten Nachmittag des 21. Juli sprach er bei Mussolini im Palazzo Venezia vor. Der Duce war nicht gewillt, seine Macht einfach abzugeben, und sprach Grandi gegenüber von seiner Hoffnung auf eine von den Deutschen bald fertiggestellte Geheimwaffe, welche die ganze Lage grundlegend verändern werde. Tags darauf erschien wiederum Mussolini zur Audienz beim König. Aber auch bei dieser Gelegenheit wollte er die Andeutungen des Monarchen, wonach sein Weiterverbleib an der Staatsspitze zunehmend eine Belastung sei, nicht verstehen.

Die Stimmung in Italien sollte propagandistisch gehoben werden. Am 2. Juli bat Mussolini die Parteiführer in den Palazzo Venezia und verlangte von ihnen, in den großen Städten zur Bevölkerung zu sprechen und Durchhalteparolen auszugeben.

Farinacci schlug bei dieser Gelegenheit vor, endlich wieder den Faschistischen Großrat einzuberufen, worauf der Duce schlussendlich einwilligte. Der Großrat sollte am 24. Juli tagen. Zum letzten Mal war dieses Gremium im Dezember 1939 zusammengetreten und hatte dabei die „Nichtkriegführung" Italiens verkündet. Mussolini schätzte den Großrat gering. Er sollte lediglich seine Anordnungen entgegennehmen, aber nicht darüber abstimmen. Ähnliches erwartete er sich auch diesmal, doch er sollte eines Besseren belehrt werden.

Im Hauptquartier der Partei, dem Palazzo Wedekind an der Piazza Colonna, herrschte ein lebhaftes Kommen und Gehen. Im Vorfeld zur so schicksalhaften Sitzung des Großrats suchten Grandi, Federzoni und Bottai noch andere Teilnehmer für ihren Reformvorschlag zu gewinnen. Zahlreiche einflussreiche Faschisten trafen einander auch privat. Ciano, der aus Livorno zurückkehrte, war ohnedies ihr Mann. Auch Alfieri konnte für die Resolution Grandis gewonnen werden. Hinzu kamen von der alten Garde De Bono, De Vecchi und De Stefani. Enrico Caviglia sollte nach Grandis Vorstellung das Amt des Generalstabschefs übernehmen. Farinacci hatte seinen eigenen Entschließungsantrag: Auch er wollte, dass der König wieder das Oberkommando über die Streitkräfte übernahm, das Mussolini 1940 an sich gerissen hatte, doch strebte er zudem an, die Partei und die Korporationen zu erneuern und vor allem fest und unerschüttert zum Bündnis mit dem Dritten Reich zu stehen. Mit ihm konspirierte der deutschfreundliche Cavallero, den der Parteigrande aus Cremona als Generalstabschef zurückgeholt wissen wollte. Parteisekretär Scorza dagegen hielt weiter zu Mussolini und verfasste eine eigene dritte Resolution, die zwar von notwendigen Reformen, nicht aber von der Übertragung des Oberkommandos auf den König sprach.

Ausgerechnet Viktor Emanuel wurde zur Schlüsselfigur für die reformwilligen Faschisten. Kurz vor dem Zusammentreten des Großrats erhielt er eine Abschrift von Grandis Entschließung und einen Brief, in dem es hieß: „Wir haben es für richtig gehalten, das Äußerste zu versuchen, um die verfassungsmäßigen Bedingungen für eine Wiederherstellung der gesetzlichen Garantien und der Prärogative des Souveräns zu schaffen." Viktor Emanuel hatte sich mittlerweile aber entschieden, nicht bloß Mussolini zu entlassen und festzunehmen, sondern das gesamte faschistische Regime zu liquidieren. Er setzte dabei auf Badoglio, der über den stärksten Rückhalt in der Armee verfügte.[1112]

Schon die äußeren Zeichen der Großratssitzung waren anders als gewöhnlich: Das Gremium wurde bereits für 17 Uhr statt wie sonst üblich um 22 Uhr einberufen. Auch hatte man diesmal auf das sonst so pompöse Zeremoniell verzichtet. An jenem 24. Juli, an dem die Hitze lastend über Rom brütete, befanden sich im Palazzo Venezia nur etwa 200 Mann Polizei. Auf seine Leibgardisten hatte Mussolini verzichtet. Nahezu klammheimlich trafen die einzelnen Mitglieder im Palazzo ein und parkten ihre Wagen im Innenhof. Der Platz vor dem Palast, dessen Balkon auch nicht wie üblich mit dem Parteibanner dekoriert war, wirkte bis auf ein paar herumschleichende Detektive wie ausgestorben. Die Bevölkerung nahm von der Sitzung keine Notiz, doch die Mitglieder des Großrats ahnten, dass dies ein besonderes Treffen werden würde. Einige von ihnen gingen vorher zur Kirche, um sich die Beichte abnehmen zu lassen; so auch Grandi, den dies freilich nicht daran hinderte, zur Sitzung mit zwei versteckten Handgranaten zu erscheinen, wovon er später eine unter dem Tisch De Vecchi zukommen ließ. Auch andere kamen bewaffnet. Umtriebig bemühte sich Grandi noch kurz vor Sitzungsbeginn, weitere Unterschriften für seine Resolution zu sammeln.

Um fünf Minuten nach fünf Uhr betrat der Duce den Saal. Nach der rituellen Begrüßung des Diktators nahmen alle Platz. Mussolini schlug ein dickes Aktenbündel auf und begann seinen Vortrag: Ohne jede Überzeugungskraft versuchte er die italienische Niederlagenserie allein auf den Generalstab abzuwälzen. Im Gegensatz zu früher geriet seine Rede unzusammenhängend und wirr. Sein plumper, ja einfältiger Verteidigungsversuch brachte das Gremium bloß noch mehr gegen ihn auf. In seiner müden und farblosen Darstellung zählte er mühsam alle deutschen Hilfeleistungen auf, ohne jedoch die italienischen Gegenleistungen zu erwähnen. Immerhin gestand er zwar ein, derzeit der unpopulärste Mann in Italien zu sein, wies den Rat gleichzeitig jedoch darauf hin, erst vor zwei Tagen das Vertrauen des Königs ausgesprochen bekommen zu haben. Doch in den zwei Stunden seines Vortrags, hatte es Mussolini unterlassen, über Feltre zu berichten, Informationen über die allgemeine Lage oder gar ein Zukunftsprogramm zu geben. Die Rede wurde mit eisigem Schweigen quittiert.

Die ehemaligen Anführer des Marsches auf Rom, De Bono und De Vecchi, eröffneten sodann die Diskussion, indem sie die Armee in Schutz nahmen. Besonders der alte Marschall erklärte die militärische Niederlage in erster Linie mit einer politischen. Ihnen folgte Grandi, der klar und überzeugend seine Resolution vortrug: Die unmittelbare Wiederherstellung aller staatlichen Funktionen sei notwendig. Krone, Großrat, Regierung, Parlament und Korporationen sollten demnach die ihnen durch die Grundgesetze zugesprochenen Pflichten wiedergegeben werden, der König wieder den Oberbefehl über die Streitkräfte übernehmen. Nach der Verlesung seines Entschließungsantrages klagte Grandi die Diktatur Mussolinis an, die der wirkliche Feind des Faschismus sei. Die persönliche Herrschaft des Duce habe den Faschismus getötet und sei ausschließlich für den Krieg verantwortlich, den sie verloren habe. Nun solle der Monarch seine geschichtliche Verantwortung übernehmen. Grandis Rede, die immerhin auch eine Stunde gedauert hatte, rief tiefen Eindruck hervor. Mussolini hatte sich währenddessen in seinem Sessel zurückgelehnt und, seine Augen mit der Hand bedeckend, so gut wie keine Reaktion gezeigt.

Bottai setzte nach. Er erklärte, dass Mussolinis militärischer Bericht ein schwerer Schlag gegen die letzten Illusionen und Hoffnungen gewesen sei, und schloss, dass Italien offenkundig auch eine unfähige Kriegsleitung besitze. Ciano gestaltete seinen Beitrag kurz und lebhaft, immer noch mit einer gewissen Rücksichtnahme auf seinen Schwiegervater, der ihn während seiner gesamten Rede eindringlich ansah. Ohne besondere Polemik stellte er die Allianzverletzungen Deutschlands dar und unterstellte diesem, sich Italiens immer mehr als einen Sklaven zu bedienen. Hitler habe immer schon den Krieg gewollt, trotz seines Versprechens, bis 1942 den Frieden zu bewahren. „Jedenfalls sind wir nicht die Verräter, sondern die Verratenen." In diesem kritischen Zeitpunkt solle nun der König seinen Anteil an der Verantwortung übernehmen.

Es folgte Farinaccis Auftritt. Mit der ihm innewohnenden Leidenschaft trug er seine Resolution vor. Lebhaft und wild gestikulierend bezichtigte er den Duce der völligen Unkenntnis der Menschen. Ähnlich wie Grandi zog auch er über Staraces frühere Tätigkeit im Parteisekretariat her. Aber Farinacci vergaß auch nicht, die Wehrmacht des großen Bundesgenossen zu preisen, den eigenen Generalstab der Sabotage am Krieg anzuklagen, den Rücktritt Ambrosios zu fordern und ein einziges, deutsches Oberkommando vorzuschlagen, dem die italienischen Streitkräfte unterstellt werden sollten. Farinacci wandte sich auch gegen Grandis Angriffe auf die Partei und den Duce. Der Radikale aus Cremona verlangte im Gegenteil, dass Mussolini und die Partei bis sechs Monate nach Beendigung des Krieges absolute Macht erhielten.

Als nächstes meldete sich Alfredo De Marsico zu Wort. Der Justizminister verteidigte die Resolution Grandis, an der er tatkräftig mitgearbeitet hatte, und legte – die Lage nüchtern betrachtend, wie er hervorhob – Mussolini nahe, den Oberbefehl niederzulegen. Er habe die Leitung des Krieges einfach nicht mehr in der Hand. Mussolini und sein Parteisekretär Scorza wollten sodann die Sitzung bis zum nächsten Tag vertagen, doch verstand es der Duce nach dem wütenden Protest Grandis nicht, sich mit diesem Antrag durchzusetzen. Die Debatte ging weiter. Dabei bestritt Federzoni Mussolinis These, dass in Italien prinzipiell jeder Krieg unpopulär sei. Das Volk, so betonte er, lehne vielmehr den „faschistischen Krieg" ab.

Die Diskussion fand in drückender und gespannter Atmosphäre statt. Mussolini wirkte zerstreut und apathisch. Lapidar gestand er ein, dass ihn das Glück verlassen habe und sein Gesundheitszustand ungünstig sei. Kurz vor Mitternacht unterbrach der Diktator die Sitzung und zog sich für etwa eine Viertelstunde in sein Arbeitszimmer zurück. Den Kommandeur der Miliz, Enzo Galbiati, wies er an, gegen die Resolution Grandis zu sprechen. Alfieri, der aus Berlin gekommen war, riet ihm, Hitler davon zu überzeugen, dass Italien die Grenzen seiner Loyalität erreicht habe. Er wurde vom Duce, der zuvor schweigsam ein Glas Milch zur Stärkung getrunken hatte, kalt entlassen. Als er draußen Grandi in die Hände lief, unterzeichnete schließlich auch er den Entschließungsantrag. Im Arbeitszimmer des

Duce drängte Guido Buffarini-Guidi wiederum, die Verschwörer verhaften zu lassen, die opponierenden Faschisten im Rat und auch Badoglio. Ungehalten wollte der Diktator jedoch davon nichts wissen.

Nach der Pause gingen Galbiati, Mussolini und Scorza zum Gegenangriff über. Alle drei leugneten schlicht einen Riss zwischen dem Faschismus und der Nation. Ein solcher bestehe vielmehr zwischen den Parteiführern selbst, denen der Duce auch ihren luxuriösen Lebensstil vorwarf. Scorza legte seine eigene Resolution vor. Doch Alfieri machte wiederum klar, dass von Hitler keine maßgebliche militärische Unterstützung zu erwarten sei und dass Deutschland Italien nur zu seinem Bollwerk gegen den alliierten Vormarsch im Süden zu machen beabsichtige. Der Duce solle Hitler direkt und persönlich Italiens Austritt aus dem Pakt erklären. Nachdem Bottai noch einmal zusammenfasste, worum es in den Resolutionen im Kern eigentlich ging, überreichte Grandi dem Duce seine Entschließung, die von 19 Ratsmitgliedern unterzeichnet war. Alle, nicht bloß der Diktator, waren sichtlich müde. Resignierend, aber mit gespielter Gleichgültigkeit ließ Mussolini über Grandis Antrag abstimmen. In gespannter Atmosphäre stimmten 19 dafür und sieben dagegen. Farinacci blieb bei seinem Antrag, über den jedoch nicht abgestimmt wurde, Senatspräsident Suardo enthielt sich der Stimme. Mussolini packte seine Unterlagen ein, erhob sich und erklärte die Sitzung für geschlossen. Den rituellen Gruß der Ratsmitglieder an ihn erließ er den Versammelten. Nach fast zehn Stunden war die Sitzung des Großrats beendet. Es war mittlerweile 2.40 Uhr morgens des 25. Juli.[1113]

Abgespannt zog sich Mussolini mit seinen wenigen Getreuen in sein Arbeitszimmer im Palast zurück. Scorza und Buffarini hegten dabei Zweifel an der Legalität der Abstimmung. Der Großrat habe nur beratende Funktion. Grandi, so bedrängten die Anwesenden den Duce, sollte sofort verhaftet werden. Mussolini schien diese Möglichkeit jedoch nicht einmal zu erwägen und entließ seine Berater schließlich gegen drei Uhr morgens, um mit Scorza in die Villa Torlonia zu fahren. Fünf Stunden später befand er sich schon wieder im Palazzo Venezia und ging Routineagenden nach. Offenkundig unterschätzte er den Ernst der Situation sträflich. Gleichzeitig kam ihm aber auch zu Ohren, dass bereits einige Ratsmitglieder ihr Votum bereuten und ihre Stimme zurückziehen wollten. Für den Duce war dies aber zu spät.

Sorglos und zuversichtlich glaubte Mussolini die Lage zu meistern. Gegen Grandi und sein Gefolge rigoros vorzugehen, erschien ihm allerdings nicht so leicht. Schließlich handelte es sich bei ihnen um Regierungsmitglieder und Träger des Annunziatenordens, der höchsten Auszeichnung in Italien überhaupt. Das Gespräch mit dem König würde die Lage klären. Der Monarch sollte das Oberkommando wieder übernehmen, die Regierung unter der Führung Mussolinis umbilden und Ambrosio durch Graziani ersetzen. So hätte dann wohl auch Viktor Emanuel den Bruch des Bündnisses mit Deutschland und den Waffenstillstand mit den Alliierten zu verantworten. Er selbst, so erwog der Duce, stehe dabei bloß noch in der zweiten Reihe.

Die Deutschen beschwichtigte Mussolini. So rief er Mackensen an, um ihm zu versichern, dass kein Anlass zur Sorge bestehe. Gegenüber dem neuen japanischen Botschafter in Rom, Hidaka, der ihn zu Mittag aufsuchte, sprach er wiederum von energischen Schritten, die er bereits im Laufe der nächsten Woche unternehmen wolle, um Hitler von der Notwendigkeit einer Verständigung mit der Sowjetunion zu bewegen. Dieser Plan erschien ihm offensichtlich als ein weiteres Ass im Ärmel, selber an der Macht zu verbleiben. Mussolini zählte auf den König. Doch seine notorisch misstrauische Frau Rachele, mit der er am Nachmittag im kleinen Musiksalon der Villa Torlonia den gewohnten Imbiss einnahm, vermochte seine Gelassenheit nicht zu verstehen.

Viktor Emanuel hatte freilich bereits die Entscheidung gefällt, Mussolini abzusetzen und verhaften zu lassen. Ambrosio und der Minister des königlichen Hauses, Herzog Pietro von Acquarone, hatten ihn dazu in den letzten Wochen unaufhörlich gedrängt und einen Plan zum Sturz des faschistischen Regimes ausgearbeitet. Grandi hatte im Großrat die nötige Krise ausgelöst, die dem Monarchen nun den Vorwand zu handeln bot. Die Carabinieri unter ihrem neuen Kommandeur, General Cerica, sollten den Duce festnehmen, damit dieser nach seiner Entlassung keinen Umsturz organisieren könne. Die Armee hätte einen möglichen Aufstand der Miliz niederzuhalten. Kurz vor 17 Uhr erschien Mussolini beim König in der Villa Savoia zur Audienz. Er hatte bislang nicht einmal Zeit gefunden, sich zu rasieren. Neben seinem persönlichen Sekretär De Cesare hatte er auch seine Leibwache und Detektive mitgebracht, die draußen vor dem Tor warteten. Gegenüber seiner Frau erinnerte sich Mussolini später:

„Der König war ganz aufgeregt, als er mich empfing, er sprach in abgerissenen Sätzen. Sobald wir in sein Büro getreten waren, rief er aus: ‚Mein lieber Duce, alles bricht zusammen. Italien liegt auf den Knien, die Armee ist geschlagen, und die Soldaten wollen nicht mehr für Sie kämpfen. Die Alpenjäger singen davon sogar in einem Lied.' Und der König fing tatsächlich dieses Soldatenlied zu singen an. Dann erinnerte er mich an die Sitzung des Großen Rates, wobei er nervös an seinen Nägeln kaute: ‚Sie sind in diesem Augenblick der bestgehasste Mann Italiens. Sie haben nur noch einen Freund, Duce. Ein einziger Mann ist Ihr Freund geblieben: ich. Sie brauchen sich überhaupt nicht um ihre Sicherheit zu sorgen. Ich habe beschlossen, die Leitung der Regierung dem Marschall Badoglio zu übertragen. Er wird ein Beamtenkabinett bilden und den Krieg weiterführen.'"

Mussolini erzählte seiner Frau, darauf nicht viel erwidert zu haben. „Ich versuchte vor allem, ruhig und würdig zu bleiben, aber der Schlag traf mich hart. Ich gab zu, dass man nicht zwanzig Jahre regieren und Krieg führen kann, ohne die Folgen zu tragen. Meinem Nachfolger wünschte ich viel Glück, aber ich fügte noch hinzu: ‚Majestät, Sie sind dabei, eine sehr ernste und folgenschwere Entscheidung zu treffen. Die Krise, die dadurch ausgelöst wird, kann sogar zu einer Tragödie führen. Denn wenn Sie den Mann absetzen, der den Krieg geführt hat, so bedeutet das in den Augen des Volkes, dass der Frieden in Sicht ist. Sollten Sie das Volk täuschen, wird die Reaktion furchtbar sein. Mag sein, dass die Soldaten nicht mehr für Mussolini kämpfen wollen. Aber sind sie bereit, für Sie in den Kampf zu ziehen? Majestät, die Krise, die Sie heraufbeschwören, wird Churchill und Stalin zum Sieg verhelfen.'"[1114]

Nach dem Gespräch wollte Mussolini nach Rocca delle Caminate fahren. Bewaffnete Männer nötigten ihn jedoch, in einen Krankenwagen zu steigen – zu seinem eigenen Schutz, wie es hieß. Erste Station war eine Carabinierikaserne, wo man Mussolini im Zimmer des Kommandeurs in Gewahrsam nahm. Der gestürzte Diktator verhielt sich auffallend ruhig und gelassen. Bei seiner Untersuchung durch einen Arzt lehnte er Medikamente ab: „Meine physische Person interessiert mich nicht mehr, nur noch meine moralische Persönlichkeit."[1115] Badoglios Emissär diktierte Mussolini ein wunderliches Schreiben, in dem er dem neuen Regierungschef nicht bloß für seine Aufmerksamkeit seiner Person gegenüber dankte. Er versicherte Badoglio zudem, keinerlei Schwierigkeiten zu bereiten und sogar „zu jeglichen möglichen Mitarbeiten bereit" zu sein. Er zeigte sich mit der Entscheidung, den Krieg fortzuführen, einverstanden und wünschte Badoglio, dass seine Aufgabe dabei „mit Erfolg gekrönt sei". Der entmachtete Diktator schloss seinen Brief, in dem er sich als „loyaler Diener" des Königs bezeichnete, mit den Worten: „Es lebe Italien!"[1116]

Zunächst wurde Mussolini nach Gaeta verlegt, wohin auch schon seinerzeit der Kämpfer für die italienische Einheit, Giuseppe Mazzini, verbannt worden war. Danach ging es weiter auf dem Kriegsschiff „Persefone", das ihn nach Ponza brachte. Die Insel vor Neapel war eine alte faschistische Strafkolonie, in der unter anderen der Sozialist Pietro Nenni und Mussolinis einstiger Attentäter Tito Zaniboni noch immer festsaßen. Der einst so verehrte und gefürchtete Staatschef wurde wie ein gewöhnlicher Internierter behandelt und von zwei Carabinieri bewacht. Völlig isoliert war er in einer kleinen Wohnung untergebracht. Er besaß kein Geld und erhielt keine warme Mahlzeit. Der Tag unmittelbar nach seiner Einlieferung auf Ponza war sein 60. Geburtstag. Er verlebte ihn in seinem kahlen, weiß gehaltenen Zimmer. Am Tiefpunkt seines Lebens angelangt, begann er aus seiner Erinnerung Oden des Dichters Carducci ins Deutsche zu übersetzen und bekam sogar religiöse Anwandlungen. So las er ein Buch über das „Leben Jesu" und schrieb dem Ortspfarrer. Mit seinem politischen Leben hatte er abgeschlossen, diesbezüglich hielt er sich für „tot", sein System für zusammengebrochen, seinen Sturz für endgültig.[1117]

Der Staatsstreich war reibungslos und unblutig verlaufen. Kein Widerstand erhob sich, keines der fast 4,8 Millionen Parteimitglieder wollte für Mussolini sein Leben riskieren, nicht einmal die Elitetruppe der Division „M". Trotz seiner fast 21-jährigen Herrschaft verschwand der Faschismus wie ein Spuk und mit ihm Mussolini, dessen Bilder aus den Fenstern auf die Straße geworfen wurden. Der Plan Ambrosios und Acquarones ging auf. Badoglio trat an die Spitze der neuen Regierung. Dieses Kabinett war streng königstreu und setzte sich aus hohen Offizieren und Beamten zusammen. Es verkündete sogleich den Belagerungszustand mit Ausgehverbot und Standrecht. Grandi und seine Mitstreiter hatten König, Hof und Armee den Weg geebnet, sich nicht bloß des Duce zu entledigen, sondern den Faschismus in toto zu entmachten. Farinacci floh in die deutsche Botschaft, die meisten der führenden Parteimänner, allen voran Grandi, beeilten sich, ihre Loyalitätsbezeugungen gegenüber der neuen Regierung abzugeben.

Doch auch das neue Regime erklärte, den Krieg an der Seite Deutschlands weiterzuführen. Die italienische Generalität sah ihre Armee nicht in der Lage, sich gegen die in ihrem Land befindliche deutsche Truppenmacht zu behaupten. Das Dritte Reich hatte drei Divisionen auf der Halbinsel stationiert, vier weitere kämpften auf Sizilien und eine stand auf Sardinien. Zudem hatte Hitler für den Ernstfall Vorbereitungen getroffen: Gemäß Unternehmen „Alarich" sollte Rommel von Frankreich und Tirol aus für den Fall eines militärischen Zusammenbruchs des Achsenpartners Oberitalien besetzen. Als Kesselring und Rintelen im Palazzo Viminale erschienen, bekamen sie von Badoglio und Ambrosio versichert, dass der Regimewechsel bloß innenpolitische Konsequenzen nach sich ziehe. Auch der König äußerte sich ganz in diesem Sinne: Die Achsenpolitik werde fortgesetzt.[1118]

Hitler hatte stets den italienischen Hof- und Hochadel verachtet und zudem befunden, dass das italienische Offizierskorps der Alten Welt angehörte und zu volksfern war. In seinen Monologen im Hauptquartier hatte er beklagt, dass der italienische Staat nicht klar geordnet war, und meinte zu Mussolinis Problemen mit dem königlichen Hof und dem alten System: „Der arme Duce tut mir oft leid, was der hinunterwürgen muss. Ich glaube, ich würde das gar nicht ertragen." Mussolini dürfe „nicht einmal längere Zeit von Rom weggehen, sonst beginnt bereits dieses Intrigennest zu arbeiten". Für den deutschen Diktator war die italienische Oberschicht, der „Hofklüngel", eine „Mafia der Oberwelt": „Es wird in Italien nicht besser werden, solange sie nicht einen sauberen Führerstaat kriegen! [...] Der Duce ist vielleicht mit seiner Revolution ein Jahr zu früh gekommen: Die Roten würden den Hof totgeschlagen haben, er wäre Staatsoberhaupt geworden. Die Blase wäre verschwunden."[1119]

Die ersten Nachrichten, die die Deutschen vom Umsturz erhielten, waren größtenteils unklar. Am Abend des 25. Juli äußerte Hitler in einer Lagebesprechung, dass mit Badoglio Deutschlands „grimmigster Feind" die Regierung übernommen habe. „Die erklären, sie kämpfen, aber das ist Verrat! Da müssen wir uns klar sein: das ist nackter Verrat!" Sodann hegte er den Plan, die nördlich von Rom stationierte deutsche 3. Panzergrenadierdivision in die Hauptstadt einrücken und „die ganze Regierung, den König, die ganze Blase [...], vor allem den Kronprinzen sofort zu verhaften und sich dieses ganzen Gesindels zu bemächtigen, vor allem des Badoglios und der ganzen Bagage." Jodl sollte das Vorhaben ausarbeiten. Hitler glaubte keinen Moment daran, dass Badoglio wirklich weiter an der Seite Deutschlands Krieg führen wollte. Die neue italienische Regierung war für den deutschen Diktator ein „typisches Putschregime, wie seinerzeit in Belgrad". Deshalb beabsichtigte er ähnlich wie vor zwei Jahren in Jugoslawien, „blitzartig zuzuschlagen". Den Widerstand Italiens schätzte er dabei „als null" ein. Die Faschisten würden ins Lager der Deutschen übergehen. Es bestand sofortiger Handlungsbedarf. Daher ließ er die politisch besonders zuverlässige SS-Division „Leibstandarte Adolf Hitler" von der Ostfront nach Italien verlegen.[1120]

Im Führerhauptquartier wurde fieberhaft beraten. Die militärischen und politischen Verantwortlichen gingen bei Hitler in diesen Stunden ein und aus. Mit dem Unternehmen „Student" beabsichtigte er, Rom zu besetzen und den Faschismus wiederaufzurichten. Dönitz und Jodl äußerten Bedenken hinsichtlich der Möglichkeit, den Faschismus wiederzubeleben, doch dies kümmerte den Diktator nicht: „Das sind Dinge, die ein Soldat nicht beurteilen kann, dazu bedarf es politischer Erfahrung."[1121] Doch der Faschismus war tatsächlich sang- und klanglos untergegangen, wie auch Mackensen beobachtete. Mochte Hitler gewisse Hoffnungen in den bedingungslos deutschfreundlichen Farinacci gesetzt haben, wurden diese rasch enttäuscht. In einer deutschen Fliegeruniform hatte man ihn zunächst nach München und danach gleich ins deutsche Hauptquartier gebracht. Doch Hitler und Ribbentrop gegenüber erwies er sich als „Mann, der für uns in großem Stil kaum zu gebrauchen ist", wie Goebbels festhielt. Es war dabei wohl auch vor allem Farinaccis vorgebrachte Kritik am Duce, die dem deutschen Diktator besonders missfallen haben musste. Mit seinem ungestümen und ungeschickten Verhalten, so kam die deutsche Seite zur Ansicht, habe der Radikale aus der Provinz – wenn auch unabsichtlich – erst den royalistischen Putsch ermöglicht.[1122]

Für die Wiederbelebung des Faschismus brauchte Hitler den Duce. Doch dessen Aufenthaltsort war den Deutschen nach wie vor unbekannt. Weder Badoglio noch der König wollten ihn preisgeben. „Alarich" begann jedenfalls am 30. Juli. Auf allen Verkehrswegen, ob entlang der Riviera, über den Reschenpass, den Brenner oder Tarvis marschierten Truppen der Wehrmacht und der Waffen-SS in Oberitalien ein, besetzten die Bahnlinien, bezogen ohne Voranmeldung Unterkunft. Eine Fallschirmjägerdivision wurde auf dem Flugplatz Pratica di Mare südlich von Rom stationiert. Nördlich der Hauptstadt stand ohnedies die Panzergrenadierdivision.

Beide Truppenkörper sollten gegebenenfalls die königliche Familie und die Regierung verhaften, die von fünf italienischen Divisionen beschützt wurden. Bereits Anfang August befanden sich deutsche Streitkräfte im Ausmaß von etwa sieben Divisionen in Italien. Dies erklärt die Haltung des neuen Regimes, das die Deutschen nicht zusätzlich reizen wollte und sogar ein Treffen zwischen Hitler und dem König ventilierte. Doch für den deutschen Diktator hatte der Monarch den Duce verraten, und deshalb wollte er von einer Begegnung mit dem ihm immer schon verhassten Viktor Emanuel nichts wissen.[1123]

Die deutsch-italienische Allianz bestand noch weiter fort. Verunsichert warb Badoglio bei den Deutschen um Vertrauen. Er ersuchte den Bundesgenossen, „den Krieg bald gemeinsam ehrenvoll zu beenden", um so ein Chaos in Europa zu verhindern. Rintelen flog mit der Botschaft des neuen Regierungschefs ins Führerhauptquartier, wo ihn Hitler in Anwesenheit Keitels und Jodls empfing. Was der Diktator dabei zu Ohren bekam, erzürnte ihn bloß noch mehr: „Das ist die größte Unverschämtheit der Weltgeschichte! Bildet der Mann sich denn ein, dass ich ihm das glauben soll? [...] Es ist doch wohl so, dass er mit seinem Sonderfriedensangebot bei den Angloamerikanern abgeblitzt ist und nun wieder Anlehnung bei uns sucht!"[1124]

Hitlers offen feindselige Haltung gegenüber der politischen und militärischen Führung Italiens machte jeden Ansatz der Weiterführung konstruktiver bilateraler Beziehungen praktisch unmöglich. Von einer gemeinsamen Kriegführung, so sehr sich auch Kesselring darum bemühte, konnte keine Rede sein. Exponenten einer zu proitalienischen Gesinnung hatten ihren Posten zu verlassen: Rintelen, der deutsche General im Hauptquartier der italienischen Wehrmacht, wurde durch Rudolf Toussaint, Mackensen durch Rudolf Rahn ersetzt. Obwohl Hitler eine Evakuierung Siziliens abgelehnt hatte, zogen sich auf Kesselrings Befehl in der Nacht von 11. auf 12. August deutsche und italienische Truppen in der Stärke von etwa 100.000 Mann kämpfend und wohlgeordnet auf das Festland zurück.

Hitler setzte alles daran, Mussolini zu befreien. Dies war auch Badoglio klar. Aus Angst vor deutschen Nachforschungen wechselte man daher nach zehn Tagen neuerlich den Standort und brachte Mussolini nach La Maddalena. Auf der kleinen Flottenbasis zwischen Korsika und Sardinien wurde der prominente Verbannte in einem Landhaus untergebracht. Von Hitler traf endlich dessen Geschenk zum 60. Geburtstag ein: Nietzsches gesammelte Werke. Im ersten Band der in blauem Leder gebundenen, mit Goldornamenten verzierten Prachtausgabe stand die handschriftliche Widmung: „Adolf Hitler seinem lieben Benito Mussolini."[1125] Nach dem Sturz und dem Verschwinden des Duce sprach Hitler „von dem Alpdruck, der Tag und Nacht auf ihn liege." Aufgrund der energischen deutschen Erkundungen konnte der Gefangene auch auf La Maddalena nicht lange bleiben.

Nach 20 Tagen brachte ein Sanitätsflugzeug des Roten Kreuzes Mussolini zum Braccianosee. Von dort fuhr ihn ein Krankenwagen am 31. August in ein Wintersport- und Kurhotel am Gran Sasso in den Abruzzen. „Badoglio fand keinen anderen Ort, um mich einzusperren, als das höchstgelegene Gefängnis der Welt, in dreitausend Meter Höhe", meinte Mussolini einmal später gegenüber seiner Frau.[1126]

In den Tagen und Wochen nach Mussolinis Verhaftung fürchtete das neue Regime in Rom einen Gegenschlag der Faschisten. Mochte diese Panik auch noch so sehr übertrieben sein, wurden doch viele maßgebliche Exponenten der gestürzten Diktatur wie Bottai, Starace, Cavallero oder Galbiati inhaftiert, der ehemalige Parteisekretär Muti sogar, als er sich der Festnahme entziehen wollte, erschossen. Grandi weilte in Portugal und versuchte sich, auf seine freundschaftlichen Beziehungen mit Churchill bauend, als Verbindungsmann zu den Alliierten. Ciano und seine Familie wurden auf Himmlers Weisung aus Rom herausgelotst und nach Deutschland geflogen. Hitler hatte dem Vorschlag zugestimmt, was Edda, die er übrigens für die Tochter Angelika Balabanows hielt, und die Kinder betraf. Ciano selbst könne mitkommen, „wenn seine Gattin Wert darauf lege".[1127] Aber mit der Flucht ins Dritte Reich tappte der ehemalige Außenminister in eine Falle, die sein Schicksal schließlich auf tragische Weise besiegeln sollte.

Nach Geheimverhandlungen mit den Alliierten in Lissabon erfolgte schließlich auf Sizilien am 3. September die Unterzeichnung des Waffenstillstands. Zur selben Zeit versicherte Badoglio den Deutschen seine Loyalität. Beide Seiten, Deutschland und das königliche Italien, versuchten in den Folgetagen, den ungeliebten Partner zu täuschen. In Wirklichkeit bereiteten die Italiener den Waffenstillstand vor, während die Deutschen die Befreiung Mussolinis planten. Am 8. September drang die Bekanntgabe der italienischen Kapitulation durch den Äther. Noch am selben Tag hatte der König Geschäftsträger Rahn in einer Audienz die Entschlossenheit Italiens, den Kampf an der Seite des Reiches bis zum Ende weiterzuführen, bekundet. Der Generalstabschef des Heeres, Roatta, bezeichnete die Rundfunkmeldung als „schamlose Lüge der britischen Propaganda". Doch um sieben Uhr abends gestand Außenminister Guariglia dem deutschen Geschäftsträger schlussendlich die Wahrheit ein. Der Bundesgenosse legte die Waffen nieder. Wenige Stunden nach der italienischen Kapitulation landeten die Alliierten in der Bucht von Salerno. Die Achse war endgültig zerbrochen.

Für Hitler war der seit längerem erwartete Verrat nun endgültig vollzogen. Die Gegenmaßnahmen folgten auf dem Fuße. Der Fall „Achse" trat in Kraft: Italien wurde durch die Wehrmacht besetzt, die im bislang von Italien behaupteten Raum von der Ägäis bis zur Rhônemündung stehenden, ehemals verbündeten Truppen entwaffnet, entlassen oder – 650.000 von ihnen – gefangen genommen. Italien wurde zum Kriegsgebiet unter deutscher Militärverwaltung erklärt. Im nördlichen Teil stand Rommel mit seiner Heeresgruppe B, die zur Verteidigung des Dritten Reiches auf der Halbinsel vorgesehen war. In Süditalien kommandierte wiederum Kesselring als Oberbefehlshaber. Speer erhielt vom deutschen Diktator die Vollmacht für die Sicherung der italienischen Kriegswirtschaft. Die königliche Familie und die Regierung Badoglio flohen zu den Alliierten.

Der ganze Sommer war für Hitler katastrophal verlaufen. In der letzten Juliwoche wurde Hamburg von einem infernalischen Bombardement durch die Royal Airforce heimgesucht. Brandbomben verwandelten die Stadt an der Alster in ein Flammenmeer. Die Zivilbevölkerung hatte an die 30.000 Tote zu beklagen, die auf schreckliche Weise ums Leben kamen. Die Hansestadt lag in Trümmern. Eine halbe Million Menschen verlor ihr Zuhause. An der Ostfront hatte die Rote Armee weitgehend die Initiative übernommen. Die noch im Sommer von Orel bis zum Asowschen Meer breit angelegte Gegenoffensive brachte große deutsche Verluste an Menschen und Material. Hitler befand sich an jenem 8. September in Saporoshje. Dort, im Hauptquartier der Heeresgruppe Süd am unteren Dnjepr, besprach er sich mit Manstein. Die Lage war kritisch: Nach Durchbrüchen der Roten Armee hatte er bereits vor wenigen Tagen den Rückzug aus dem Donezbecken und vom Kuban-Brückenkopf schweren Herzens genehmigen müssen. Die Sowjets drangen nun zwischen der sich auftuenden Lücke zwischen den beiden deutschen Heeresgruppen durch.[1128] Als er nach Ostpreußen zurückkehrte, musste er sogleich eine weitere Krisenkonferenz einberufen: Italien hatte kapituliert.

In Norditalien musste eine faschistische Gegenregierung eingesetzt werden. Hitler ließ alle zur Verfügung stehenden Männer dafür in sein Hauptquartier kommen. Darunter befanden sich neben Farinacci auch Vittorio Mussolini, der Sohn des Duce, Alessandro Pavolini, der frühere Minister für Volkskultur aus Florenz und Leiter des „Il Messaggero", und Renato Ricci, der ehemalige, auch in verschiedene Finanzskandale verwickelte Korporationsminister aus Carrara.

Auf Goebbels Drängen hin versuchte Hitler seinem Volk in einer Radioansprache vom 10. September die Vorgänge zu erklären. Mussolini bezeichnete er dabei als „einen der bedeutendsten Männer [...], die die neue Zeit hervorgebracht hat", als den „größten Sohn des italienischen Bodens seit dem Zusammenbruch der antiken Welt. Seine bedingungslose Treue gab dem gemeinsamen Bund die Voraussetzung zum erfolgreichen Bestand. Sein Sturz, die ihm zugefügten ehrlosen Kränkungen werden dereinst von Generationen des italienischen Volkes als tiefste Schmach empfunden werden. [...] Der Schmerz, der mich persönlich erfasste angesichts des historisch einmaligen Unrechtes, das man diesem Mann angetan hat, seiner entwürdigenden Behandlung, die ihn, der über zwanzig Jahre lang nur der einen Sorge für sein Volk lebte, nun in die Ebene eines gemeinen Verbrechens hinabstieß, ist verständlich. Ich war und bin glücklich, diesen großen und treuen Mann als meinen Freund bezeichnen zu dürfen."

Hitler kündigte an, dass Deutschland selbstverständlich nicht dem Beispiel des italienischen Verrats folgen werde. Im Reich und an dessen Spitze herrsche „eine fanatische geschlossene Gemeinschaft". In diesem Zusammenhang wollte der Diktator seine eigenen Opfer nicht unerwähnt lassen: „Das persönliche Leben hat dabei für mich ohnehin schon längst aufgehört, mir selbst zu gehören. Ich arbeite in der Erkenntnis und im Pflichtbewusstsein, durch meinen Beitrag das Leben meines Volkes für Generationen in der Zukunft sichern zu können. Dass ich ein Recht besitze, an diesen Erfolg bedingungslos zu glauben, liegt nicht nur in meinem eigenen Lebensweg begründet, sondern im Emporstieg unseres Volkes. [...] Das Schicksal Italiens selbst aber mag für alle auch eine Lehre sein, um in Stunden der härtesten Bedrängnis und der bittersten Not niemals dem Gebot der nationalen Ehre zu entsagen, treu zu unseren Bundesgenossen zu stehen und gläubigen Herzens das zu erfüllen, was die Pflicht zu tun uns auferlegt."[1129]

Der Duce, begleitet von seinen Befreiern, verlässt das Hotel am Gran Sasso.

Auch Mussolini hörte Hitler im Radio sprechen. Durch den Rundfunk erfuhr der gestürzte Diktator aber auch, dass er den Alliierten ausgeliefert werden sollte. Seelisch zusammengebrochen, beabsichtigte er, sich das Leben zu nehmen. „Wenn Skorzeny nicht am 12. September gekommen wäre, hätte ich mich getötet."[1130] Doch die Befreiung durch die Deutschen nahte. Mittels Segelflugzeugen gelangte das Kommandounternehmen von Fallschirmspringern auf den Gran Sasso. Ein dazu genötigter italienischer Carabinierigeneral befahl den Bewachern, nicht zu schießen, sodass es tatsächlich zu keinerlei Anwendung von Waffengewalt kam.

Die halsbrecherische Flucht mit dem überladenen Fieseler Storch bescherte Mussolini dann noch weitere Momente, wo sein Leben nur mehr an einem seidenen Faden zu hängen schien. Man landete schließlich in Pratica di Mare, von wo aus Mussolini mit einer Heinkel sogleich nach Wien geflogen wurde. Kurz vor Mitternacht traf man in der Stadt an der Donau ein. Der erschöpfte Befreite wurde ins Imperial gebracht, jedoch von Hitler in seiner Nachtruhe durch einen Telefonanruf gestört. Aber noch konnte ihm Mussolini nicht mitteilen, ob er zu einer politischen Rückkehr in der Lage war. Er brauchte dringend Erholung von den Strapazen. In München wollte er seine Familie wiedersehen. Rachele und die jüngeren Kinder waren von Rocca aus von einer SS-Einheit in die bayrische Hauptstadt gebracht worden.

Das Dritte Reich feierte die Befreiung Mussolinis als großen politischen und militärischen Erfolg. Zu seinem Diener Heinz Linge äußerte sich Hitler euphorisch: „Wenn diese Befreiung herauskommt, wird es die Welt wie eine Bombe treffen – am meisten die Engländer. Das wird den Engländern zeigen, dass ich niemals einen Freund fallen lasse, dass ich ein Ehrenmann bin. Dann habe ich mein Wort gehalten. England wird sagen: ‚Er ist ein wahrer Freund.'"[1131] SS-Sturmbannführer Otto Skorzeny, ein gebürtiger Österreicher, heftete den Erfolg der Operation mit der Genehmigung Hitlers ganz auf seine Fahnen und teilte der Öffentlichkeit über das Radio mit: „Ich habe Mussolini befreit."[1132]

Bei schlechtem Wetter gelangte Mussolini mit dem Flugzeug nach München. Am Flughafen wartete seine Frau, die über sein äußeres Erscheinungsbild entsetzt war. Der 60-jährige Ex-Diktator war abgemagert, seine Kleidung hing schlotternd an ihm. Er umarmte Rachele mit den Worten: „Ich glaubte nicht, dich noch einmal wiederzusehen." Die beiden verbrachten die Nacht in einem Nobelhotel, sogar im selben Zimmer. „Ich schlafe bei dir", erklärte er seiner überraschten Frau. „Mein Zimmer ist zu groß, und ich habe genug vom Alleinsein."[1133] In München befanden sich auch Ciano mit seiner Familie und andere befreite faschistische Funktionäre. Mussolini traf sie allerdings nicht, sondern flog gleich am 13. September ins Führerhauptquartier. Noch immer mit einem dunklen Zivilmantel bekleidet, traf er in Rastenburg ein. Hitler hatte ihn auf dem Flugplatz erwartet und umarmte ihn herzlich und gerührt.[1134] Auch Vittorio war da, um seinen Vater zu begrüßen. Der Duce war freilich bloß noch ein Schatten seiner selbst.

Zwei Stunden dauerte schließlich die erste Besprechung zwischen Hitler und Mussolini. Gegen sieben Uhr abends empfing Mussolini die faschistische Delegation unter Farinacci, Pavolini und Ricci im Konferenzraum von Hitlers Bunker. Noch immer zeigte er sich unsicher, ob er tatsächlich wieder als Duce an die Spitze der revitalisierten faschistischen Bewegung treten sollte. Bis in die tiefe Nacht hinein diskutierten sie vor allem auch das bisher Geschehene. Am nächsten Vormittag folgte die zweite Unterredung mit Hitler. Für den deutschen Diktator war es zunächst einmal wichtig, Mussolini wieder moralisch aufzurichten. Der italienische Gast betonte, eine neue Armee aufbauen zu wollen, doch Hitler vermochte sich eine solche erst aus einem gründlich erneuerten Faschismus vorzustellen, und er ließ keinen Zweifel darüber offen, dass nicht bloß mit der Monarchie gebrochen, sondern auch ein Strafgericht über die faschistischen Verräter abgehalten werden musste. Mussolini konnte jedoch nur schwer davon überzeugt werden, dass Männer wie Grandi oder sein eigener Schwiegersohn wirklich vorsätzliche Verräter waren.[1135]

Eine neue faschistische Regierung wurde installiert. Mussolini stand an ihrer Spitze, Graziani wurde Kriegsminister, Pavolini zum Parteisekretär ernannt. Buffarini erhielt das Innenressort, Ricci übernahm den Posten des Milizkommandeurs. Der Umstand, dass es überhaupt zur Installierung dieses Kabinetts kam, war auf Hitlers freundschaftliche Gefühle zum Duce zurückzuführen. Die restlichen politischen und militärischen Entscheidungsträger des Dritten Reiches zeigten sich über das neofaschistische Projekt und über die angeschlagene Person Mussolinis durchwegs skeptisch. Es war allein Hitler, der Mussolini seine politische Rückkehr ermöglichte. Der Duce blieb vorerst in Deutschland. Mit seiner Familie bezog er das Chateau des Bismarck-Bankiers Bleichröder in Waldbichel bei Weilheim. Hier auf Schloss Hirschberg, umgeben von den Wäldern Oberbayerns, war Mussolini von der Umwelt abgeschottet. Hitler hatte ihm eine SS-„Ehrenwache" zum Schutz mitgegeben. Doch bis auf einen Verbindungsoffizier stellte das Telefon die einzige Kontaktmöglichkeit mit der Außenwelt dar. Der

Der Kriegsminister der neuen faschistischen Regierung: Marschall Graziani.

ehemalige italienische Gesandte in Budapest, Anfuso, spielte den Diener, Sekretär und Telefonisten in einer Person. Doch nach und nach tauchten Ciano, Buffarini, Farinacci und der berüchtigte Antisemit Giovanni Preziosi auf, um eifersüchtig gegen den jeweils anderen zu intrigieren. Es schien, als verwirrten diese Ratgeber den faschistischen Führer nur noch mehr. Einmal überlegte er, Ciano sogar wieder zum Außenminister zu ernennen, ein anderes Mal räumte er gegenüber dem Vertrauten Racheles und Informanten der Deutschen, Buffarini, ein, dass es seinerzeit nach der Großratssitzung besser gewesen wäre, sich der oppositionellen Faschisten zu entledigen.[1136]

Wieder in München, hielt Mussolini am 18. September eine Rundfunkansprache an das italienische Volk. Er tat dies aus dem Prinz-Carl-Palais, wo er bei seinen Besuchen in den letzten Jahren vor dem Krieg residiert hatte, doch der Geist früherer Triumphe war inzwischen lang verflogen. Es war die unglaubwürdige Rede eines müden und schwachen Mannes: „Nach einem langen Stillschweigen vernehmt ihr wiederum meine Stimme. Ich bin sicher, dass ihr sie erkennen werdet, die Stimme, die euch so oft in schweren Zeiten zusammengerufen und mit euch die schönsten Tage des Vaterlandes gefeiert hat." Nach der Schilderung seiner Odyssee als Verbannter und seiner legendären Befreiung kündigte er die Abrechnung an: „Der König, der sich entlarvt fühlt, aber nicht abgedankt hat, wie der größte Teil der Italiener erwartet hatte, muss unmittelbar zur Verantwortung gezogen werden. Es war seine Dynastie, die während aller Zeitabschnitte des Krieges das Zentrum des Defätismus und der antideutschen Propaganda dargestellt hat. [...] Ich bin überzeugt, dass das Haus Savoyen den Staatsstreich bis in jede Einzelheit ausgearbeitet, vorbereitet und durchgeführt hat, zusammen mit dem Komplizen Badoglio und seinen sämtlichen feigen Generälen und in Verbindung mit manchen verräterischen Angehörigen der faschistischen Partei." Der König habe „in erbärmlichster Weise Deutschland verraten" und bloß „aus Sorge um seine Krone [...] Italien in Schande, Chaos und Elend gestürzt. [...] Es ist nicht der Faschismus gewesen, der die Monarchie verraten hat, sondern die Monarchie hat den Faschismus verraten!" Der Verrat habe der Krone die Existenzberechtigung entzogen. Deshalb sprach Mussolini von einem neu zu errichtenden Staat, der national und sozial sein solle, „im weitesten Sinne des Wortes ein faschistischer Staat im Sinne seiner Anfangszeit". Der Duce forderte demgemäß die Wiederaufnahme des Kampfes an der Seite der alten Verbündeten, die Beseitigung der Verräter und der Plutokratie, die Errichtung einer sozialen Basis, „auf der sich der Staat aufrichten kann, gestützt durch die Arbeit der Bürger"![1137]

Während der Duce auf Hirschberg blieb, machte sich Parteisekretär Pavolini nach Rom auf, um mit Rahns Unterstützung die neue faschistische Regierung zu bilden. Dieses Unterfangen geriet zu einem beinahe schon grotesken Schauspiel. Es wurde um die Ämter gefeilscht und intrigiert, der Posten des Außenministers galt als derart unattraktiv und heikel, dass Mussolini schließlich selbst das so ungeliebte Ressort übernahm.[1138] Am 23. September kehrte Mussolini nach Italien zurück. Von München aus flog er nach Forlì und begab sich schließlich in seine Villa nach Rocca. Seine neue Regierung besaß weder eine eigene Hauptstadt noch eine Verwaltung. Nicht bloß, dass das neofaschistische Norditalien über keine Armee verfügte, befand es sich auch in völliger Abhängigkeit von der deutschen Schutzmacht, die besonders auch durch die SS repräsentiert wurde. Obergruppenführer Karl Wolff, ein Italienkenner und bislang Himmlers Verbindungsoffizier im Führerhauptquartier, befehligte die Einheiten der mit Sicherheitsaufgaben betrauten Schutzstaffel in Oberitalien.

Die Deutschen waren die wahren Herren im Land. Sie setzten die Reichsmark in Umlauf, beschlagnahmten Unternehmen und erteilten den verschiedenen noch bestehenden Institutionen mit Selbstverständlichkeit Befehle. Wenngleich Mussolini auch seinen Mitarbeitern eine optimistische Haltung zur Schau zu tragen versuchte, so gestand er dem deutschen Bevollmächtigten Rahn ein, dass sich Italien nach seinen ersten Eindrücken in einem chaotischen Zustand befand. Er könne sich auch nicht denken, dass die Vielfalt der deutschen Einwirkung in allen Gebieten des öffentlichen Lebens den Interessen des Reiches wirklich diene. „Selbstverständlich sei er Realist genug, um den wahren Verhältnissen Rechnung zu tragen, aber es sei im deutschen wie im italienischen Interesse sinnlos, eine Regierung zu schaffen, die nicht regiere [...] Es sei tragisch für das italienische Volk, dass Deutschland allein das Schwert in der Hand behalten habe. Nachdem es aber einmal so sei, müsse Deutschland in allen Fragen der Kriegführung in Italien die absolute Führung haben. Er werde dies mit eiserner Konsequenz seinerseits unterstützen".[1139]

Mussolini wusste in diesen Tagen nicht einmal, wo der neue Regierungssitz sein würde. Der Ministerrat der neofaschistischen Regierung tagte vorerst noch in Rocca. In seiner ersten Sitzung kündigte Mussolini als Ziele an, den Verbündeten die Treue zu halten, die militärischen Kräfte wieder aufzubauen, die deutsche Wehrmacht zu unterstützen sowie die territoriale Integrität Italiens, seine politische Unabhängigkeit und Stellung in der Welt zu sichern und eine verfassunggebende Versammlung vorzubereiten, „die das Programm der Partei mit der Schaffung des faschistisch-republikanischen Staates krönen muss".[1140] Tatsächlich sah Mussolini die Einheit Italiens in Gefahr. Die Deutschen ließen nicht zu, dass er mit seiner neuen Regierung nach Rom, das zur „offenen Stadt" erklärt worden war, zurückkehren konnte. Dabei befürchtete er aber, dass der Heilige Stuhl von St. Peter aus wieder einen neuen, vergrößerten Kirchenstaat mit Rom als Zentrum gründen könnte. Die Deutschen verweigerten Mussolini aber auch den Wunsch, den neuen Regierungssitz nach Bozen oder Meran zu verlegen, um damit seinen Anspruch auf das mittlerweile von den Deutschen praktisch einverleibte Südtirol weiterhin zu bestätigen. Hitler wollte die neue faschistische Regierung in der Nähe von Rommels Hauptquartier in Belluno und dem Sitz der SS unter Wolff in Verona sehen.

Die neue faschistische Regierung war machtlos. Die Deutschen beherrschten das öffentliche Leben Italiens, in das sie ohne Bedenken eingriffen. Sie requirierten und bedienten sich der Rüstungsbetriebe und der italienischen Arbeitskräfte. Die Deutsche Arbeitsfront, die Wehrmacht und die SS stritten um den Einsatz der gefangen genommenen Angehörigen der italienischen Armee. Die allgemeine Unordnung und die beleidigende Behandlung des von den Deutschen besetzten republikanischen Italien veranlasste Mussolini, dem deutschen Diktator noch am Tag der Ministerratssitzung einen Brief zu schreiben, in dem er darauf hinwies, dass die deutschen Militärbehörden ihre Tätigkeit auf rein militärische Angelegenheiten beschränken und in allem Übrigen die italienischen Zivilbehörden ihres Amtes walten lassen sollten. „Geschieht das nicht, so wird die italienische und die Weltöffentlichkeit diese Regierung für nicht arbeitsfähig halten, und die Regierung selbst wird der Zerrüttung, ja der Lächerlichkeit anheimfallen."[1141]

Die deutschen Militärs hatten sich über die Wiedereinsetzung Mussolinis keineswegs gefreut. Sie betrachteten ihn und sein neues Regime als Hemmnis für ihre Handlungsfreiheit. Ohne Mussolini hätten sie in Italien noch mehr wie in einem besetzten Land vorgehen können. Aber Hitler gedachte ohnehin nicht, dem amorphen faschistisch-republikanischen Staatsgebilde allzu viele Freiheiten zu lassen. Am 13. Oktober ernannte er General Rudolf Toussaint zum „Militärbefehlshaber in Italien". „Sein Befehlsbereich umfasst das gesamte italienische Gebiet, soweit es nicht Operationsgebiet [...] ist. Damit deckt sich sein Befehlsbereich mit dem Hoheitsgebiet der italienischen faschistischen Regierung. [...] Der Militärbefehlshaber Italien ist oberster territorialer Befehlshaber der Wehrmacht in seinem Befehlsbereich. [...] Der Militärbefehlshaber Italien fasst alle deutschen militärischen und zivilen Dienststellen in seinem Befehlsbereich zusammen und vertritt ihre Forderungen gegenüber der italienischen faschistischen Regierung. Er hilft der italienischen Regierung bei der Wiedererlangung ihrer Autorität und setzt ihre Anordnungen durch."[1142]

Ursprünglich hatte Mussolini zwar die Notwendigkeit der engen Angleichung aller italienischen Maßnahmen an die Erfordernisse der deutschen Kriegführung auf der Apenninhalbinsel anerkannt. Gleichzeitig hatte er jedoch Hitler dringend gebeten, von der Einsetzung eines „Militärbefehlshabers in Italien" abzusehen. Dies würde, so befürchtete er, seine Regierung ungewollt kompromittieren und ihren Charakter als Schattenregierung klar zum Ausdruck bringen. Dem Duce ging es dabei in erster Linie nicht um das tatsächliche Aufgabengebiet eines Militärbefehlshabers, sondern vor allem um den Titel, den er sich beispielsweise mit der Bezeichnung Chef der deutschen Militärmission vorstellen konnte.[1143] Hitler nahm auf Mussolinis Bedenken jedoch keinerlei Rücksicht und handelte, wie es ihm militärisch und politisch richtig erschien.

Das Verhältnis der neuen Regierung Mussolinis zum Dritten Reich war durch einen Umstand ganz besonders belastet: Die Deutschen hatten nach dem „Verrat" die Provinzen Bozen, Belluno und Triest faktisch annektiert und sich auch des adriatischen Küstenlandes bemächtigt. Das Dritte Reich ging ganz offensichtlich daran, diese alten habsburgischen Gebiete zu inkorporieren. Gerade für sie war Italien jedoch seinerzeit in den Ersten Weltkrieg eingetreten. Für Mussolini stellte der Verlust dieser Gebiete, allen voran Südtirols, eine unerträgliche Perspektive dar. Nicht bloß, dass er selbst als Soldat für die „Befreiung dieser Gebiete aus dem österreichischen Joch" gekämpft hatte, gehörten sie auch zu den Prestigeobjekten der faschistischen Herrschaft. Sie wieder zu verlieren, hätte endgültig die Bankrotterklärung seines Regimes bedeutet. Die neue faschistische Republik wäre damit in seinen Augen völlig diskreditiert gewesen.

Noch bis kurz vor seiner Abreise wusste Mussolini nicht, welchen Ort die Deutschen als seinen neuen Regierungssitz ausgesucht hatten. Rommel und Wolff hatten schließlich als Zentrum des neofaschistischen Regimes das oberitalienische Seengebiet am geeignetsten empfunden. Am 10. Oktober brach der Duce in Richtung Norden auf. Die Mussolinis – auch die Kinder und Enkel waren dabei – zogen in die großzügige, neugotische Villa Feltrinelli in Gargnano am Westufer des Gardasees. Nachdem die Privatresidenz für einige Wochen auch als Regierungssitz gedient hatte, zog es Mussolini schließlich vor, seinen Amtsgeschäften in der nur wenige hundert Meter entfernten Villa delle Orsoline nachzugehen. Wolff hatte für besondere Sicherheitsvorkehrungen gesorgt. 30 Mann der SS-„Leibstandarte Adolf Hitler" und auf Mussolinis Wunsch bald auch ein italienisches Kommando beschützten die Residenz, auf deren Dach sogar ein Flakgeschütz montiert war. Straßensperren riegelten den ganzen Bezirk hermetisch ab. Die Ministerien der neuen faschistischen Republik waren über verschiedene Städte Norditaliens verstreut: Verona, Padua, Brescia, Cremona, Venedig, Treviso und in den Orten am Gardasee Desenzano, Maderno und Salò, wo sich das Außenamt befand und nach dem man auch die faschistische Republik benannte. Die deutschen Stellen befanden sich vor allem im Seengebiet. Kesselring als Oberbefehlshaber Süd blieb in seinem Hauptquartier in Frascati bei Rom. Die neue Regierung besaß nur wenig Kontakt zu den Provinzen und zur Bevölkerung. Presse und Rundfunk standen unter deutscher Zensur.

Nach außen hin machte der Duce einen zunehmend besseren Eindruck. Er wirkte wieder recht frisch und arbeitseifrig. Deutsche und italienische Ärzte behandelten ihn, freilich nicht ohne Eifersucht und Reibereien. Nicht einmal, was seine eigene Gesundheit betraf, konnte sich Mussolini entschließen, unter den in Konkurrenz stehenden Gruppen endlich einer die Alleinverantwortung zu geben. Ganz allgemein ließ er den Intrigen und Cliquenbildungen in seinem Umfeld freien Lauf.

Sein typisch italienischer Familiensinn gestattete es, dass ihn ein wahrer Clan von teilweise auch bloß entfernten Verwandten umgab. Sein Sohn Vittorio leitete gar ein eigenes „politisches Büro", das mit einigen Verwandten besetzt war.

Auf die deutschen Verbindungsoffiziere wirkte Mussolini gutmütig, ja weich. Rachele dagegen führte ein strenges Regiment und spielte auch politisch eine Rolle. Nicht bloß, dass sie sich besonders deutschfreundlich zeigte und versuchte, den vielzitierten italienischen Schlendrian zu beseitigen, besprach sie sich auch regelmäßig mit Innenminister Buffarini. Selbstverständlich war ihr die Anwesenheit Clara Petaccis in Gardone ein Dorn im Auge. Von der Regierung Badoglio in Novara festgesetzt, war sie von den Deutschen befreit und mit ihrer Familie in einer von der SS bewachten Villa am Westufer des Gardasees einquartiert worden. Obwohl Hitler an sich das Verhältnis des Familienvaters Mussolini zu Clara Petacci missbilligte, hatte er Wolff die Genehmigung erteilt, dem Duce seine Geliebte wieder zuzuführen. Es traf sich günstig, dass sich in Gardone auch der „Vittoriale" D'Annunzios befand, so dass Mussolini unter dem Vorwand, das Museum und den letzten Wohnsitz des nationalistischen Dichters zu besuchen, sich immer wieder zu Claretta begeben konnte. In Begleitung von Buffarini stattete aber Rachele, nachdem sie bereits eine Hausdurchsuchung veranlasst hatte, schließlich ihrer Nebenbuhlerin einen Besuch ab, bei dem es, wie zu erwarten, zu einem heftigen Streit kam. Während Clara in Ohnmacht fiel, nahm Rachele in einem Anfall von Lebensüberdruss wenig später Gift, das sie freilich nicht umbrachte. Mussolini war der ganze Zwischenfall derart peinlich, dass er – ganz typisch für ihn – gleich zwei Tage lang sein Büro in der Villa delle Orsoline nicht zu verlassen wagte.[1144]

Der Duce hatte wieder seinen alten Arbeitsstil aufgenommen. Der gewohnten Regelmäßigkeit gesellte sich nun die Angewohnheit hinzu, sich auch spät in der Nacht für eine wache Stunde mit dem politischen Geschäft auseinander zu setzen. So mochte er zwischen vier und fünf Uhr darüber sinnieren, wie es zu einem derartigen Verfall seines Regimes kommen konnte. Die Wiedergeburt des Faschismus musste, so zog Mussolini den Schluss, mit einer Rückbesinnung der sozialistisch-republikanischen Wurzeln der Bewegung einhergehen. So konnte man vielleicht die Massen der Arbeiter und Landbevölkerung gewinnen, doch würde man mit der Rückkehr zum revolutionären Ursprung wohl die Deutschen zur Intervention ermutigen, die Großunternehmer abschrecken und die bürgerlichen Anhänger verlieren.

Mit einem neuen, wenn auch nur kleinen republikanischen Heer wollte Mussolini den italienischen Verrat mit Blut sühnen. Die Wiederaufstellung einer regulären Armee erschien ihm als seine letzte große Aufgabe. Das Schicksal der neuen faschistischen Republik sollte an der Front entschieden werden. Die Frage des konkreten Wiederaufbaus der italienischen Streitkräfte warf jedoch ein bezeichnendes Licht auf seine Führungsschwäche. Im Ministerrat am 28. Oktober war es zum Streit gekommen. Mussolini hatte bereits den Plan seines Kriegsministers und

Chefs des Generalstabes, Graziani, gebilligt, ausschließlich eine unpolitische Nationalarmee aufzustellen. Die Deutschen sollten dabei helfen, diese – im Reich – aufzubauen und sie modernst ausrüsten. Aber Pavolini und Ricci weigerten sich beharrlich, die faschistische Miliz aufzulösen, mit der sie die Partei schützen wollten. Buffarini benötigte wiederum Männer für die Exekutive. Zudem bestanden Graziani und seine rechte Hand, General Canevari, auf eine Rekrutierung aus den von der deutschen Wehrmacht in Lagern internierten italienischen Soldaten des alten königlichen Heeres. Mussolini hatte sich dieser Meinung angeschlossen. Es musste seiner Auffassung nach doch möglich sein, dass sich etwa 50.000 Freiwillige meldeten, die bereit waren, zu kämpfen.

Für die Deutschen galten die italienischen Kriegsgefangenen jedoch als höchst unzuverlässig und daher für den Fronteinsatz ungeeignet. Deshalb bestanden Hitler und Keitel darauf, dass die Rekruten für die vier neu aufzustellenden Divisionen in Italien auszuheben, aber dann nach Deutschland zu verlegen seien. Nur so glaubte man gegen einen neuerlichen Verrat der italienischen Armee gewappnet zu sein. Mussolini schwankte in seiner Beurteilung und fällte schließlich eine ausgleichende Entscheidung: Miliz und Carabinieri sollten die Republikanische Garde bilden, als politische Armee, neben den unpolitischen, nationalen Streitkräften unter Graziani.

Das immer offener zutage tretende Durcheinander von verschiedenen Waffenträgern im republikanischen Italien schürte zunehmend die Skepsis der Deutschen. Die Aufnahme des als antifaschistisch geltenden Graziani ins Kabinett war im Führerhauptquartier ohnehin von Beginn an mit schweren Zweifeln beobachtet worden. Innerhalb der deutschen Führung ging das Schreckgespenst eines zweiten Verrats, eines zweiten 25. Juli, um. Für die Deutschen musste das neue Italien endgültig und vollständig faschistisch sein. Mussolini gab schließlich den Deutschen nach und versprach trotz seiner Bedenken, italienische Rekruten zur Aufstellung der Divisionen ins Reich zu schicken. Allerdings betrachtete er es als demütigend, dass die Deutschen es offenbar nicht für möglich hielten, aus der Masse von 600.000 italienischen Kriegsgefangenen auch nur 50.000 zuverlässige Männer für den Kampf gegen die Alliierten zu finden. Hitler blieb über den Wert des Aufbaus einer neuen italienischen Wehrmacht mehr als skeptisch. Angesichts der unsicheren Zustände in der faschistischen Republik zeigte er in Wirklichkeit keinerlei Interesse an der Aufstellung kampffähiger italienischer Divisionen.[1145]

Der deutsche Diktator hatte andere Sorgen. Das Ostheer befand sich auf dem Rückzug. Um den Vormarsch der Sowjettruppen einigermaßen zu verlangsamen, wandte die Wehrmacht die Taktik der „verbrannten Erde" an. Von Narwa über Pleskau, Witebsk und dem Dnjepr bis zum Asowschen Meer errichtete man hastig den „Ostwall". Doch der Vormarsch der Roten Armee ließ sich auf Dauer nicht mehr aufhalten. Im Herbst gingen die Ukraine und der Ostkaukasus verloren. Es war misslungen, am Dnjepr eine widerstandsfähige Verteidigungslinie aufzubauen. Die Sowjets überquerten Ende September den Fluss und bauten am Westufer Brückenköpfe aus. Im Süden wurden die deutschen Truppen immer mehr zurückgedrängt. Anfang November eroberte die Rote Armee Kiew zurück. Die Krim, wo deutsche und rumänische Verbände bereits abgeschnitten waren, wollte Hitler aber auf keinen Fall räumen lassen. Kämen die Sowjets wieder in den Besitz der Schwarzmeerhalbinsel, wären auch die rumänischen Erdölfelder durch Luftangriffe bedroht.[1146]

Auch am Balkan sah es für die deutsche Wehrmacht zunehmend düster aus. Nach dem Zusammenbruch des faschistischen Italien vermochten sich die Tito-Partisanen ein ansehnliches Waffenarsenal anzueignen. Unterstützt von Briten und Amerikanern schafften es die mittlerweile etwa 200.000 Mann starken Widerstandskämpfer, nach und nach größere Teile Kroatiens und Dalmatiens unter ihre Kontrolle zu bringen. Seit Herbst 1943 versuchte die deutsche Besatzungsmacht sodann, alle antikommunistischen Kräfte in Südosteuropa zu sammeln, selbst diejenigen, die bislang gegen sie gekämpft hatten. So wurde auch Mihajlović gegen seinen Willen für den Kampf der deutschen Wehrmacht gegen die Tito-Partisanen vereinnahmt. Natürlich war dies alles für Hitler nur bloße Taktik. Sollte Deutschland doch wieder auf die Siegerstraße kommen, würde auch der Kampf gegen die antikommunistischen Gruppen wiederaufgenommen werden.

Gegen Ende 1943 richtete sich das deutsche Augenmerk auf die zu erwartende alliierte Invasion im Westen. Dass eine solche in der ersten Hälfte 1944 kommen musste, stand außer Zweifel. Hitler beabsichtigte, der veränderten Gesamtlage Rechnung zu tragen. In seiner Weisung Nr. 51 vom 3. November hieß es demnach: „Die Gefahr im Osten ist geblieben, aber eine größere im Westen zeichnet sich ab: die angelsächsische Landung! Im Osten lässt die Größe des Raumes äußerstenfalls einen Bodenverlust auch größeren Ausmaßes zu, ohne den deutschen Lebensnerv tödlich zu treffen. Anders im Westen! Gelingt dem Feind hier ein Einbruch in unsere Verteidigung in breiter Front, so sind die Folgen in kurzer Zeit unabsehbar. Alle Zeichen sprechen dafür, dass der Feind spätestens im Frühjahr [...] zum Angriff gegen die Westfront Europas antreten wird. Ich kann es daher nicht mehr verantworten, dass der Westen zugunsten anderer Kriegsschauplätze weiter geschwächt wird. Ich habe mich daher entschlossen, seine Abwehrkraft zu verstärken, insbesondere dort, von wo aus der Fernkampf gegen England beginnen wird [...] Denn dort muss und wird der Feind angreifen, dort wird – wenn nicht alles täuscht – die entscheidende Landungsschlacht geschlagen werden."[1147]

Hitler hatte sich somit entschieden, das Schwergewicht der ihm verbliebenen Kräfte in den Westen zu verlegen, um Deutschland dort von seiner Zweifrontenbedrohung zu erlösen und danach wieder alles an die Ostfront zu werfen. Die realen

Aussichten dafür gingen freilich gegen null. „Wenn dieser Angriff abgeschlagen wird, ist die Geschichte vorbei", war sich Hitler dagegen in einer Lagebesprechung am 20. Dezember gewiss. Allerdings war sich der Diktator keineswegs im Klaren darüber, wo die Invasion stattfinden würde, die er auch in Norwegen oder im Golf von Biskaya ebenso wie einen Ablenkungsangriff am Balkan für möglich hielt. Gleichzeitig zeigte er sich aber überzeugt: „In dem Moment, wo es losgeht, wird es eine Erlösung sein."[1148]

# Die Schlinge wird zugezogen

## Januar bis Juli 1944

Nach den andauernden Rückschlägen des Jahres 1943 war Hitler nicht mehr der Heros der Massen, denen er sich wie Mussolini völlig entzogen hatte. Wie der Duce war auch der deutsche Diktator ein physisches Wrack. Frühzeitig gealtert und ergraut, mit blutunterlaufenen Augen, zitterndem linken Arm und nachschleppendem linken Bein zeigte sich sein körperlicher Verfall in erschreckender Deutlichkeit. Nicht bloß, dass er sich häufig auf einen Gehstock stützen musste und über Gleichgewichtsstörungen klagte, bekam sein Antlitz zunehmend greisenhafte Züge. Sowohl der Raubbau an seiner Gesundheit als auch seine Hypochondrie verlangten es, dass ihn sein Leibarzt Morell ständig medikamentös betreute: mit Unmengen von Schlaftabletten, Mitteln gegen seine Magen- und Darmbeschwerden, Vitaminpräparaten und nicht zuletzt mit Injektionen, die ihn je nachdem aufzuputschen oder zu beruhigen hatten. Sein chronisches Schlafdefizit, seine Nervenanspannung und das letztlich langfristig gesehen unheilvolle Fitspritzen forderten ihren Tribut. Nur mehr mit äußerster Strenge und ärztlichen Eingriffen vermochte sich Hitler aufrecht zu halten.

Vollends von seiner Aufgabe als Kriegsherr absorbiert, entsagte er allen Vergnügungen früherer Tage wie Opern- oder Theaterbesuchen. Er sah sich auch keine Filme mehr an und wollte nicht einmal mehr Musik auf Schallplatte hören. Bei seinen spärlichen Ausflügen ins Freie beklagte er, kein helles Licht mehr zu vertragen. Es hatte den Anschein, als konnte und wollte er sich nicht mehr entspannen. Am ehesten glaubte er sich ablenken zu können, indem er seiner engsten Umgebung bis in die späte Nacht hinein endlose, häufig nostalgische Monologe über alles und jedes hielt. Der nun tobende Krieg, so lautete eine seiner Kernaussagen dabei, war nur eine Fortsetzung der seinerzeitigen Kampfzeit der nationalsozialistischen Bewegung. Doch auch wenn der selbst ernannte Feldherr noch so viele Untergebene um sich herum scharte, schien ihm seine Schäferhündin näher als jeder Mensch zu stehen.

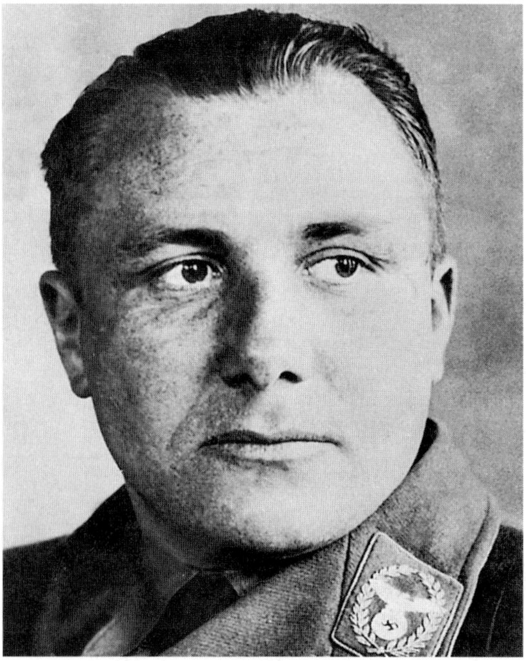

Der Schatten des Diktators: Martin Bormann zählte besonders in den letzten Jahren des NS-Regimes zu den engsten Vertrauten Hitlers.

Mehr und mehr verfiel Hitler in Schwermut und Selbstmitleid. Anfälle von Jähzorn wurden häufiger, wenngleich er sich nach wie vor bemühte, seine Nerven nach außen hin im Zaum zu halten. Beharrlichkeit und Zähigkeit stilisierte er zu Tugenden hoch, über die ein wirkliches, Weltgeschichte machendes Genie verfügen musste. Zu seinem engsten Vertrauten hatte er mittlerweile einen von allen lange unterschätzten Mann auserkoren, der sich wie kein Zweiter den Stimmungen des Diktators unterordnete und sich mittlerweile für ihn auch unentbehrlich gemacht hatte: Martin Bormann.[1149]

Hitler selbst fand diesen unrepräsentativen, derben und untersetzten Sekretär brutal. Doch er schätzte an ihm den unkomplizierten Praktiker, der von früh bis spät für ihn zur Verfügung stand und sich ihm mehr als jeder andere bedingungslos untergeben zeigte. Bormann ordnete sich nicht bloß seinem „Führer" unter wie kein Zweiter, er erfüllte, am liebsten unaufgefordert, auch all seine Wünsche. So hatte er auch die gesamten finanziellen Belange Hitlers an sich gezogen, so dass sich der Diktator um Geldangelegenheiten nicht zu sorgen brauchte. Im Laufe der Zeit hatte sich Bormann eine derart unersetzliche Position erschlichen, dass Hitler Kritik am „Bullen" als Kritik an seiner eigenen Person auffasste. Ideologisch hielt sich Bormann stets im Hintergrund, doch dies änderte nichts daran, dass der in Verwaltungsdingen so geschickte Vasall von einer ausgeprägten Machtgier getrieben wurde und sich deshalb auch mit den anderen Granden des Regimes in starkem Konkurrenzverhältnis befand. Himmler fühlte sich ihm allerdings verpflichtet, denn er brauchte Geld für seine Geliebte und das gemeinsame uneheliche Kind. In solchen Dingen war Bormann – übrigens selber ein notorischer Schürzenjäger – ein Meister seines Faches.

Loyal bis zum Äußersten, listig, berechnend und intrigant hatte er sich für seinen „Führer" unentbehrlich gemacht. Zu allem entschlossen, war er die graue Eminenz der NS-Herrschaft. Akribisch zeichnete Bormann auch alle Bemerkungen Hitlers auf, um ihm noch besser dienen zu können und um gegen missliebige Gegner Kompromittierendes in der Hand zu haben. Als sein Sekretär wurde er endgültig zu Hitlers rechter Hand und stach dabei alle anderen Rivalen aus. Mit der Zeit kontrollierte Bormann alle Zugänge zu Hitler. Selbst für die Granden des Regimes führte der Weg zum Diktator nur mehr über Bormann. Hitler schätzte den servilen Bürokraten bereits so sehr, dass er jeden erschießen lassen wollte, der sich gegen Bormann auflehnte.

So sehr sich die Lage an allen Fronten auch verschlechtert haben mochte, glaubte Hitler mit aller Uneinsichtigkeit und Verzweiflung an den Endsieg. Um diesen zu erringen, war es nötig, wieder in die Offensive überzugehen. Ein Unterfangen, das angesichts der Überlegenheit des Gegners an Mannschaften und Material völlig aussichtslos war. Doch vor dem Hintergrund nicht mehr abreißender Katastrophen berief er sich immer mehr auf die Vorsehung und das Vertrauen in überlieferte deutsche Tugenden. Seinen Soldaten gegenüber erklärte er es als Aufgabe des bevorstehenden, sehr harten Jahres 1944, „in ihm die Periode der reinen Verteidigung wieder zu überwinden und dem Gegner mit schweren Schlägen so lange zuzusetzen, bis endlich die Stunde kommt, da die Vorsehung dem Volke den Sieg geben kann, das ihn am meisten verdient".[1150]

Rückzugsmaßnahmen, mochten sie militärisch auch noch so geboten erscheinen, widersetzte sich Hitler mit äußerster Vehemenz. Als ihm Manstein Anfang Januar in der Wolfsschanze die Räumung des Dnjeprbogens nahe legte, lehnte Hitler kategorisch ab. Daraus, so zog er seine Schlussfolgerung, käme es zum unvermeidlichen Verlust der Krim, und dies würde wiederum den Abfall der Türkei, Bulgariens und Rumäniens zur Folge haben. Vom Westen könne er erst dann Kräfte für die Ostfront freigeben, wenn eine feindliche Landung abgeschlagen sei oder die Briten, was er sich durchaus vorstellen konnte, sich in Portugal festsetzen würden. Außerdem ortete er bei den Alliierten derart viele Gegensätze, dass er eine Möglichkeit für das Zusammenbrechen ihrer Koalition für möglich erachtete. Zeitgewinn sei in der gegenwärtigen Situation alles. In Anwesenheit Zeitzlers regte Manstein auch eine Änderung des militärischen Oberbefehls für die Ostfront an. Der angesehene Feldmarschall wollte dabei selbst den Oberbefehl übernehmen, wie ihn Rundstedt im Westen und Kesselring im Süden innehatten, doch vergebens. Hitler macht ihm in aller Schärfe klar, dass nur er selbst den Krieg führen und die wichtigen Entscheidungen treffen könne, schon deswegen, da er schließlich alle Mittel des Reiches in der Hand habe. Von der Einsetzung eines eigenen Oberbefehlshabers für die Ostfront wollte er nichts wissen. „Selbst mir gehorchen die Feldmarschälle nicht! Glauben Sie, dass sie zum Beispiel etwa Ihnen besser gehorchen würden? Ich kann sie notfalls absetzen, kein anderer würde diese Autorität haben!"[1151]

Manstein erregte drei Wochen später gleich noch einmal Hitlers Zorn. Als der Diktator in einer Ansprache vor rund 100 hochrangigen Militärs von seinem Offizierskorps unbedingten Fanatismus und Gehorsam bis zum bitteren Ende einforderte, fühlte sich der Feldmarschall in seiner Ehre angegriffen und wagte es, Hitler zu unterbrechen. Wenn er ihm auch mit seinem Zwischenruf die absolute Loyalität der Offiziere versichert hatte, machte der Diktator in einem anschließenden Gespräch im Beisein Keitels dem zu selbstbewussten Heerführer deutlich, in Zukunft von ihm nicht mehr unterbrochen werden zu wollen. Dass Manstein sich in seiner Rechtfertigung selbst als „Gentleman" bezeichnete, machte ihn bei Hitler bloß noch unbeliebter.[1152] Solche aristokratischen Allüren mochte er nicht ausstehen und bestärkten ihn nur in seinen Vorurteilen gegenüber dem Offizierskorps.

Immer noch zu sehr von der Notwendigkeit der Offensive überzeugt, vernachlässigte Hitler entsprechende Abwehrmaßnahmen. Als Guderian den Bau einer starken Verteidigungsanlage im Osten vorschlug, gab er nicht ohne Arroganz wieder einmal zu erkennen, dass er seinem eigenen Urteil mehr vertraute als dem seiner Generäle: „Glauben Sie mir. Ich bin der größte Festungsbauer aller Zeiten. Ich habe den Westwall errichtet; ich habe den Atlantikwall errichtet. Ich habe so und so viele Tonnen Beton eingebaut. Ich weiß, was Festungsbauen bedeutet. Für den Osten fehlt es an Arbeitskräften, an Material, an Transportmitteln. Die Eisenbahn reicht schon jetzt nicht aus, um die Front zu versorgen. Da kann ich nicht auch noch die Züge mit Baustoffen an die Front transportieren." Außerdem würden die Generäle nur noch an Rückzug denken, wenn er hinter der Front feste Stellungen bauen ließe.[1153]

Ging Hitlers Herrschaft über Europa langsam, aber unaufhörlich zu Ende, so war jedermann klar, dass Mussolini bloß noch eine Marionette des deutschen Diktators war. Doch gleichermaßen verzweifelt wie vergeblich versuchte der Duce, wieder Respekt zu gewinnen. Um dem neuen Regime Glaubhaftigkeit zu verleihen, musste auch mit den faschistischen Verrätern der letzten Großratsitzung abgerechnet werden. Die meisten von ihnen, allen voran Grandi, waren freilich nicht greifbar. Der allgemein verhasste Ciano war hingegen so unvorsichtig, selbst aus seinem Exil in Bayern nach Italien zurückkehren zu wollen. SS-Männer brachten ihn mit dem Flugzeug von München nach Verona, wo er noch auf dem Flugplatz verhaftet und ins Gefängnis der Festung Scalzi gebracht wurde. Mussolini hatte längere Zeit gezögert, seinem Schwiegersohn den Prozess zu machen, doch nachdem ihm bewusst geworden war, dass das Prestige seines neuen Regimes auf dem Spiel stand, übertrug er Pavolini die Oberaufsicht und zeigte sich in weiterer Folge desinteressiert. Abgesehen von Rachele versuchte die Familie auf ihn einzuwirken, Ciano nicht dem Tribunal auszusetzen, das nur mit der Todesstrafe enden konnte. Doch für Mussolini war die Angelegenheit erledigt. Die Sache musste zu Ende geführt werden. Hitler wünschte zwar Cianos Hinrichtung, betrachtete aber den Prozess ausschließlich als Sache des Duce.[1154]

Aus seiner Haft in Verona schrieb Ciano an Churchill einen verzweifelten Brief. In diesem stritt er kategorisch ab, „Mussolinis Mitschuldiger an jenem Verbrechen gegen unser Land und die Menschheit, Seite an Seite mit den Deutschen zu kämpfen", zu sein. Seinerzeit sei er „angewiderter Zeuge der kalten, grausamen und zynischen Vorbereitung dieses Krieges durch Hitler und die Deutschen gewesen". Zu dieser „abscheulichen Clique von Banditen" habe sich später auch „die tragische, nichtswürdige Marionette Mussolini, getrieben von seiner Eitelkeit und seiner Missachtung moralischer Werte, gesellt". Das Missgeschick Italiens sei nicht die Schuld seines Volkes, sondern müsse „dem schmachvollen Verhalten eines einzelnen Mannes zugeschrieben werden".[1155]

Die Hauptverhandlung gegen die faschistischen Verschwörer begann am 8. Januar. Im großen Saal des Castelvecchio wurden die Angeklagten vorgeführt: Neben Ciano auch De Bono, Gottardi, Pareschi, Marinelli und Cianetti. Die anderen Mitglieder des Großrats waren untergetaucht. Im Publikum saßen ausnahmslos junge treue Faschisten aus Verona. Praktisch einhellig sagten die Angeklagten aus, dass es für sie in der Großratssitzung bloß um die Übernahme des militärischen Oberbefehls durch den Monarchen, nicht aber um die Absetzung des Duce gegangen sei. Danach wurden die Zeugenaussagen unter anderem von Scorza, Suardo, Galbiatti, Farinacci und Buffarini eingeholt. Nachdem sich keine Beweise einer Verschwörung konstruieren ließen, kam es schließlich zur Verlesung eines „Memorials" des ehemaligen Generalstabschefs Cavallero, der freilich bereits am 13. September in Rom Selbstmord verübt hatte. In seiner Denkschrift stellte sich der Marschall selbst als Kopf eines Staatsstreichs gegen Mussolini dar. Nun diente sie dazu, die Angeklagten als Mitbeteiligte einer allgemeinen Verschwörung gegen den Duce anzuprangern.

Die Beschuldigten hatten für ihren Verrat teuer zu bezahlen. Bis auf Cianetti, der 30 Jahre Freiheitsentzug erhielt, wurden alle Angeklagten zum Tod verurteilt. Nicht alle Betroffenen hatten den Urteilsspruch akustisch richtig wahrgenommen. Als der greise De Bono Ciano danach fragte, gab ihm dieser deprimiert zur Antwort: „Für uns ist es aus", und bekreuzigte sich. Auch dem schwerhörigen Giovanni Marinelli musste er sein Urteil mitteilen, worauf dieser in Ohnmacht fiel. Die Gnadengesuche an den Duce, denen sich Ciano widerwillig und nur aus Solidarität zu den anderen angeschlossen hatte, vermochten sie nicht zu retten. Pavolini und Ricci verhinderten deren Weiterleitung an Mussolini. Der SS schwebte freilich ein Tauschgeschäft vor. Für die Auslieferung seiner kompromittierenden Tagebücher, die von den Deutschen schon seit einer Weile gleichermaßen fieberhaft wie vergeblich gesucht wurden, sollte Ciano am Leben bleiben und in die Schweiz flüchten dürfen. Während sich Kaltenbrunner mit diesem Handel einverstanden erklärte, verbot Hitler – praktisch in letzter Sekunde – die Rettung von Mussolinis Schwiegersohn.

Am 11. Januar wurde das Urteil vollstreckt. Von den Verurteilten vermochte sich der völlig zusammengebrochene Marinelli kaum auf den Beinen zu halten und wimmerte schrecklich. Die anderen zeigten sich gefasst. Als die Unglücklichen aus dem Gefängnis zur Hinrichtungsstätte gebracht wurden, fluchte Ciano laut, ließ sich jedoch von De Bono schließlich beruhigen. Zu dem Geistlichen, von dem er in seiner Zelle noch die Kommunion empfangen hatte, sagte er: „Wir haben alle Fehler gemacht und werden alle von demselben Sturm verweht. Sagen Sie meiner Familie, dass ich ohne Groll gegen jemanden sterbe." Ciano und die anderen zum Tod Verurteilten starben qualvoll, denn das italienische Hinrichtungskommando schoss schlecht, so dass am Ende Fangschüsse notwendig waren, um die vor Schmerzen stöhnenden Verwundeten endgültig zu töten. Bis zuletzt hatte sich Edda für ihren Mann eingesetzt. Dabei hatte sie sich auch an Hitler und ihren Vater gewandt und die beiden mit der Ankündigung, die Tagebücher Cianos dem Feind in die Hände zu spielen, zu erpressen versucht. Nun war sie zu Fuß über die Grenze in die Schweiz gelangt, wohin auch ihre Kinder nachfolgen konnten.[1156]

Mussolini zeigte sich niedergeschlagen. Wenn er früher von dem Gnadengesuch erfahren hätte, so versicherte er dem deutschen Bevollmächtigten, würde er ihm stattgegeben haben.[1157] Trotzdem berichtete Rahn nach Deutschland, dass sich Mussolini am Tag der Hinrichtung „völlig ruhig, sicher und gelassen" gegeben und seine Absicht betont habe, auch die schuldigen Industriellen, Generäle und Parteimitglieder der Bestrafung zuzuführen. „Sie müssten für ihr Vergehen bezahlen, wie die verantwortlichen Politiker bereits bezahlt hätten." Darüber hinaus plante er, auch Mitglieder der Regierung wie Innenminister Buffarini, Parteisekretär Pavolini und Polizeichef Tamburini zu beseitigen und vor Gericht zu stellen, sollte sich herausstellen, dass diese beträchtliche Vermögenswerte gesichert und in die Schweiz verschoben hätten.[1158] Von der „Garde" des alten Regimes wurden jedenfalls noch Starace und Scorza inhaftiert, vier Generäle zu langen Gefängnisstrafen verurteilt und einige Admiräle für ihren Gehorsam gegenüber dem König, zu dem sie ihr Eid verpflichtete, erschossen. Gemäß den mit Vorsicht zu genießenden Memoiren seiner – erwiesenermaßen Ciano hassenden – Frau soll ihr Mussolini nach der Hinrichtung der Verurteilten anvertraut haben: „Rachele, seit diesem Morgen beginne ich zu sterben."[1159]

Die italienische Misere diente dem deutschen Diktator immerhin zur Entschuldigung für die eigenen Misserfolge. Dem japanischen Botschafter Hiroshi Oshima gegenüber bezeichnete Hitler den „italienischen Verrat" als das entscheidende Ereignis des Jahres 1943. Dieser zwinge Deutschland, zur Zeit 25 Divisionen in Italien und 20 Divisionen am Balkan zu halten, die im weiteren Verlauf sogar noch auf 60 erhöht werden sollten. Diese Kräfte gingen der Wehrmacht natürlich an der Ostfront ab. „Wenn diese Verlagerungen nicht notwendig gewesen wären, hätte der Russe seine Erfolge im Osten niemals erzielen können." Außerdem hätte es aber auch die durch die drohende Invasion unsicher werdende Lage in Frankreich ebenso wie die Unsicherheit der Verbündeten notwendig gemacht, etliches von dem „gewaltigen rückwärtigen Gebiet" im Osten aufzugeben. Im Augenblick könne man im Osten nicht mehr vorgehen, da Deutschland eine ungeheure militärische Macht über den Kontinent verteilen müsse. Für das Frühjahr erwarte er die Landung der Westalliierten, wobei er sich unsicher gab, ob diese die Invasion in Portugal oder in der Gegend von Bordeaux unternehmen wollten. Trotzdem gab er sich zuversichtlich, die Alliierten wieder zurückzuschlagen und damit 30 bis 35 Divisionen wieder für die Ostfront zu gewinnen. Zudem sprach er die Hoffnung aus, im Laufe des Sommers wieder den U-Boot-Krieg „in Gang zu bekommen". Des Weiteren sprach Hitler vom Aufbau einer Bomberreserve für England und einer operativen Luftflotte für den Osten. Die Luftverteidigung für die deutschen Städte würde immer besser werden. Der Diktator versuchte darüber hinaus, den japanischen Botschafter mit der Ankündigung eines „gewaltigen Panzerprogramms und von anderen neuen Waffen" zu beeindrucken. Die Vergeltungsschläge gegen englische Städte würden mit Raketen durchgeführt werden, die jedoch erst später zum Einsatz kommen sollten.[1160]

Hitlers Optimismus war unbegründet. Die Produktion der „Wunderwaffen", von denen er sich mittlerweile sogar die Entscheidung über den Ausgang des Kriegs erwartete, ging lang nicht so rasch voran wie projektiert. So zog sich der Einsatz der von Wernher von Braun bereits seit 1942 in Peenemünde entwickelten Langstreckenrakete V2 schlussendlich bis September 1944 hin. Neben der zum Heer gehörigen V2 zählte auch die von der Luftwaffe konstruierte V1 zu den großen Hoffnungen des Diktators. 1500 Stück dieser Flugbomben sollten London binnen zehn Tagen dem Erdboden gleichmachen. Drei Wochen intensiven Bombardements der Insel, so prophezeite der Rüstungschef der Luftwaffe, Generalluftzeugmeister Erhard Milch, seinem „Führer", würden Großbritannien endlich zum Einlenken zwingen.

Der Beginn des Unternehmens wurde mit Hitlers Geburtstag festgelegt. Die Fertigstellung der 800 km/h schnellen Düsenjäger vom Typ Messerschmitt 262 war wiederum seit September 1943 wegen des zu hohen Treibstoffverbrauchs gedrosselt worden. Erst als Hitler zu Jahresbeginn 1944 zu Ohren kam, dass die Briten bereits mit dem Bau ihrer Düsenflugzeuge so gut wie fertig waren, beschleunigte er wieder die Produktion der Me 262. Freilich glaubte er irrtümlich, dass dieses Flugzeug als Bomber und nicht als Jäger zum Einsatz kommen sollte. Als er bei einem Treffen am Berghof am 23. Mai Gegenteiliges erfuhr, tobte er über Görings neuerliches Versagen, übertrug Speer die Flugzeugproduktion und beharrte darauf, die Me 262 tatsächlich als Bomber fertig zu stellen.[1161]

Ende Februar verließ Hitler sein Hauptquartier in Ostpreußen, um sich bis Mitte Juli auf den Obersalzberg zurückzuziehen. Die Wolfsschanze musste gegen mögliche feindliche Angriffe befestigt werden. Selbst das alpine Refugium des Diktators war vom Krieg betroffen. Zum besseren Schutz vor Bombardierungen war der Berghof mit Tarnnetzen abgedeckt. Der mächtige Saal durfte bloß schwach beleuchtet werden.[1162] Hitler selbst hatte noch in Rastenburg Mitte Februar an Darmbeschwerden und einer schweren Erkältung gelitten. Als Folge von leichten Blutungen in den Glaskörpern kämpfte der Diktator zudem mit Sehstörungen im rechten Auge. Sein linkes Bein zitterte. Ähnlich wie Mussolini plagten auch Hitler nun ständig kleinere und größere Beschwerden. Die andauernde, außerordentliche nervliche Belastung, das ungesunde Leben forderten ihren Tribut. Sein Körper wollte nicht mehr so recht. Hitlers angeschlagene Physis hörte nicht mehr auf, Probleme zu bereiten. Der Alterungsprozess schritt rapide voran.[1163]

Der schnelle körperliche Verfall änderte jedoch scheinbar nichts an Hitlers Zuversicht über den Ausgang des Krieges. Voreilige Versprechungen seiner Vertrauten und das ihm eigene Naturell nährten seine Hoffnungen, schon bald wieder in den Angriff übergehen zu können. Kapitulation kam nicht in Frage. Der November 1918 durfte sich keinesfalls wiederholen. Durchhalten, auf die eigene Stärke vertrauen und auf ein Auseinanderbrechen der gegnerischen Koalition warten, lautete seine Strategie. So war er sich sicher, die Invasion der Westalliierten zurückzuschlagen, Großbritannien mit den Vergeltungsschlägen der „Wunderwaffen" mürbe zu machen, die verkürzte Front gegen die Rote Armee zu halten und sogar im Sommer zur Gegenoffensive im Osten überzugehen.[1164]

Am 4. März trat allerdings die Rote Armee ihrerseits zu einem groß angelegten Angriff im Südabschnitt ihrer Front an. Hitler musste das deutsche Ostheer auffächern, um Galizien und Rumänien zu halten. Über die Haltung seiner Satelliten hatte der deutsche Diktator freilich allen Grund zur Sorge. In Finnland und Rumänien waren Abfallstendenzen nicht zu übersehen. Am stärksten waren diese allerdings in Ungarn. Dem Diktator war es ohnehin ein Dorn im Auge, dass dort noch beinahe eine Million Juden „unbehelligt" leben durfte. Als Hitler von Verhandlungen der Magyaren mit den Alliierten erfuhr und darüber hinaus die Rote Armee auf die Karpaten vordrang, gab er am 11. März Weisung, die Operation „Margarethe", die Okkupation Ungarns, zu starten. Exakt eine Woche später erhielt er von Horthy und seinem Gefolge Besuch auf Schloss Klessheim. Die Besprechung verlief turbulent, denn Hitler verlangte von dem alten Reichsverweser die Zustimmung zur deutschen Besetzung Ungarns. Empört verweigerte der Kontreadmiral die Unterschrift. Hitler versuchte Horthy unter Druck zu setzen, indem er ihm den Einmarsch von deutschen, aber auch kroatischen, slowakischen und rumänischen Truppen androhte. Als das ungarische Staatsoberhaupt seinen Rücktritt ankündigte, erwiderte der deutsche Diktator, dann auch nicht mehr für die Sicherheit der Familie des Reichsverwesers bürgen zu können.

Horthy wollte zu seinem Sonderzug gebracht werden, als Sirenengeheul einen – fingierten – Luftalarm ankündigte. Das Schloss wurde in Rauch eingenebelt. So wie es der Bluff des Diktators vorsah, konnte der ungarische Gast Klessheim nun nicht verlassen und sah sich gezwungen, neuerlich mit Hitler zu sprechen. Horthy gab schließlich klein bei und sagte zu, eine den Deutschen willfährige Regierung in Budapest einzusetzen.[1165] Am 19. März besetzte die Wehrmacht Ungarn, nachdem sie von der Regierung Sztojay dazu „eingeladen" worden war. Damit begann auch der Leidensweg der jüdischen Bevölkerung Ungarns, von der Hunderttausende unter der Planung Adolf Eichmanns wie Vieh in Güterzügen nach Auschwitz deportiert und dort in den sicheren Tod geschickt wurden.[1166]

Hitler war über die Schnelligkeit des sowjetischen Vordringens gleichermaßen erstaunt wie empört. Die beiden Feldmarschälle Manstein und Kleist wurden durch Walter Model und Ferdinand Schörner ersetzt, von denen sich der Diktator noch bedingungsloseren Einsatz und Gehorsam erwartete. Unter allen Umständen sollte die Krim gehalten werden. Doch trotz verlustreicher Kämpfe ging die Halbinsel am Schwarzen Meer schlussendlich im Mai verloren. Obwohl die Rote Armee am Ende ihrer Frühjahrsoffensive bis zu 1000 Kilometer vorangekommen war, träumte Hitler von einem deutschen Gegenangriff nach erfolgreicher Abwehr der Invasion im Westen. All die Rückschläge der letzten Jahre vermochten seinen Glauben an den Endsieg nicht zu erschüttern. Hitler hatte sich selber überlistet, ließ er doch lediglich noch positive Nachrichten und ihm völlig ergebene Männer an sich heran. Umgeben von liebedienernden Vasallen, hörte der Diktator nur mehr, was er hören wollte. Seine ausgesuchten Vertrauten sorgten dafür, dass er sich durch allzu zuversichtliche Prognosen immer wieder aufzurichten vermochte.[1167]

Auch in Italien spitzte sich die Situation zu. Am 22. Januar landeten amerikanische Einheiten im Rücken der deutschen Front 50 Kilometer südlich von Rom bei Nettuno. In den harten Kämpfen von Monte Cassino leistete die deutsche Wehrmacht zähen Widerstand. In Norditalien fasste die Wehrmachtsführung die Republik von Salò praktisch als besetztes Gebiet auf, während Mussolini nicht müde wurde, deren Souveränität zu betonen. Doch ebenso wie Hitler hatte auch der Duce jeglichen Kontakt mit der Bevölkerung verloren. Als man Mussolini erzählte, dass speziell die Bevölkerung in Rom bereits an seiner Existenz zweifle, erwiderte er mit Selbstironie: „Vielleicht haben sie gar nicht so Unrecht." Selbst die Behauptung, dass im Vatikan die Ansicht kursierte, er sei nicht ganz bei Verstand, quittierte er bloß mit einem trockenen „sie übertreiben".[1168]

Die deutsche Dominanz und Bevormundung wurde für das neofaschistische Regime zu einer echten Belastung. Die Wehrmacht sollte sich Mussolinis Auffassung gemäß lediglich der Kriegführung, nicht aber der Verwaltung und der Wirtschaft annehmen. Darüber hinaus fühlte er sich durch die deutsche Besetzung der „Operationszonen adriatisches Küstenland und Alpenvorland" gedemütigt und hoffte auf ein Ende des für Italien unwürdigen Zustandes. Außerdem strebte er an, die Armee zu vergrößern und die industrielle Produktion selbst zu steuern. Die Lösung so vieler Probleme verlangte eine Konferenz: Mussolini wünschte eine Unterredung mit Hitler. Nachdem ihm Rahn deutlich zu verstehen gegeben hatte, den

Duce nicht mehr lange hinhalten zu können, willigte der deutsche Diktator schließlich ein. Das Treffen sollte wieder in Klessheim stattfinden, doch Mussolini bat, der Begegnung reinen Arbeitscharakter zu verleihen. Außerdem legte er Wert darauf, die Mahlzeiten nach Möglichkeit allein einzunehmen.

Am Morgen des 22. April eröffnete Mussolini die Konferenz. Er sprach deutsch, während Hitler die gesamte Zeit über an kleinen Pillen, die er von Morell bekommen hatte, kaute. Es war bei all den Zusammenkünften das erste Mal gewesen, dass er Mussolini die Gelegenheit geboten hatte, zuerst zu sprechen. Die Unterredung wurde dann auch erst um fünf Uhr abends fortgesetzt, da der deutsche Diktator vorher eine wichtige militärische Besprechung zu führen hatte. Gegenüber seinen italienischen Gästen sprach er nun von der „kaleidoskopartigen" Wandlung der Lage innerhalb der letzten sieben, acht Monate. Deutschland stehe nun bis auf die Finnen allein an der Ostfront. Außerdem sei im Westen eine Invasion zu erwarten. Er wisse zwar nicht, wann diese stattfinden werde, sei sich jedoch sicher, dass sich dabei der Krieg entscheide. Aber die gegnerische Koalition sei eine unnatürliche mit großen Interessengegensätzen, die eines Tages zur Spaltung führen würden.

Die Konferenz fand am nächsten Tag ihre Fortsetzung. In seinen Ausführungen gab Mussolini zu, dass bloß eine Minderheit der italienischen Bevölkerung dem republikanisch-faschistischen Regime positiv gegenüberstehe. Die breite Masse des Volkes ortete er hingegen zwischen Skeptizismus und Pessimismus. Die Feinde des Regimes seien hauptsächlich Monarchisten, Kommunisten und Liberale. Die Haltung der Kirche sei schwankend. Auf jeden Fall sah er die Monarchie als erledigt und die Republik als bereits sehr verbreiteten Begriff an. Es sei wichtig, dass „durch wahrhaft sozialistische Maßnahmen" das gesamte Volk für die Republik gewonnen werde. Es müssten noch große Maßnahmen auf gesellschaftlichem Gebiet vorgenommen werden, und zwar möglichst sofort, denn die Struktur Italiens habe sich noch nicht verändert. Rom wollte er jedenfalls verteidigt wissen, denn durch den Verlust der Ewigen Stadt als geistiges Zentrum Italiens würden sich nicht nur militärische, sondern vor allem politische Folgen zeigen. Erneut forderte der Duce mehr Selbstständigkeit für die Republik von Salò, denn schließlich würden den Italienern große Leistungen und Opfer zugemutet. „Italien sei bereit, alles zu verlieren, nur eines nicht, die Ehre. Die Deutschen müssten volles Vertrauen haben, das neue Italien habe die Schiffe hinter sich verbrannt und sei entschlossen, mit den Deutschen bis zum Schluss zu marschieren. Das sei die Pflicht des neuen Italien." Er jedenfalls glaube, dass die USA und Großbritannien den Krieg schon verloren hätten. Die Opfer der Sowjetunion seien bereits so groß, dass Stalin mit der Verteidigung seiner eigenen Grenzen vielleicht schon befriedigt sei. Das italienische Volk sehe in Großbritannien den Hauptfeind. „Wenn England geschlagen sei, sei der Krieg gewonnen, und England sei auch die Beute." Der Duce glaubte zudem, „eine volle Gesundung des italienischen Volkes herbeiführen zu können".[1169]

Hitler betonte in seiner Rede einmal mehr die Einmaligkeit der Persönlichkeit. Weder Mussolini noch er wären zu ersetzen. Naturgemäß rechtfertigte er all die harten Maßnahmen in Oberitalien wie etwa die Internierung der italienischen Soldaten nach dem Sturz des Duce und versprach diesem, „die Grundlage zu einer Armee ohne Kompromiss" zu schaffen, „die nur einem Gott allein" diene. Junge, „unverdorbene" Männer sollten für Mussolini und die gemeinsame Sache in neuen Verbänden ausgebildet und dabei auch weltanschaulich erzogen werden.[1170] Aber Hitler zerstörte Mussolinis Hoffnung hinsichtlich der beiden Operationszonen. Hier könne aus militärischen Gründen keinerlei Änderung vorgenommen werden. Die in Italien kämpfende deutsche Wehrmacht müsse sich einfach sicher sein können, den Rücken frei zu haben. Dazu müsse man die Alpenpässe beherrschen und gewährleisten, dass dort nicht Partisanen die Nachschubwege unsicher machten. Erst wenn sich das Regime des Duce gefestigt hätte, könne man mit dem Abbau beginnen.

In der nachmittäglichen Abschlusssitzung befanden sich alle Beteiligten wieder in entspannterer Stimmung. Mussolini zeigte sich mit der Aufstellung italienischer Divisionen im Reich zufrieden und kündigte eine Propagandatour an. Dabei wolle er selber sprechen, damit das Volk nicht glaube, er sei gestorben. In einer Hinsicht stimme dies freilich auch. Der Mussolini von gestern sei tatsächlich gestorben, und es werde der Mussolini von morgen leben. Hitler versprach sodann dem moralisch Wiedergeborenen, nach Möglichkeit alle Wünsche zu erfüllen. Nach wie vor sei Italien Deutschlands einziger ideologisch eng verwandter Verbündeter. Auch sei es nicht gut, ganz allein der Welt gegenüberzustehen. Schließlich müsse man an das eigene Ende denken. Mussolini und er seien ja die bestgehassten Menschen der Welt. Könnten die Feinde des Duce habhaft werden, würden sie ihn mit Triumphgeschrei nach Washington schleifen. Deutschland und Italien müssten siegen, sonst würden beide Staaten und Völker gemeinsam zugrunde gehen.[1171]

Mitte Mai eröffneten Amerikaner und Briten in Italien ihren Großangriff. Am 4. Juni gewannen sie Rom. Hitler nahm am Obersalzberg die Nachricht erstaunlich gelassen auf. Für Mussolini hatte dieses Ereignis freilich andere Bedeutung.[1172] Der Verlust der Ewigen Stadt übte auf die Republik von Salò eine deprimierende Wirkung aus. Dies traf besonders auf die Toskana zu: Carabinieri desertierten, die Republikanische Garde löste sich auf. Im Juni und Juli wurde die Verwaltung in den verschiedenen Städten und Gemeinden der einstigen Hochburg der Faschisten nach und nach aufgegeben. Die Partei fiel auseinander, die letzten getreuen Faschisten flohen in Richtung Norden. Die alten Parteien erlebten eine Wiederauferstehung und übernahmen bereits teilweise die Macht, während die Alliierten weiter nach Norden vordrangen. In Piemont traten die Partisanen immer stärker in Erscheinung und beherrschten bald den Großteil der Provinz. Turin glich einer belagerten Stadt, bei Fiat und Lancia streikten die Arbeiter. Doch auch in Ligurien, in Mailand und Umgebung, in Verona, Vicenza, Treviso, am Monte Grappa und im Hochland von Asiago herrschte bereits offener Bürgerkrieg. Die Widerstandskämpfer erhielten dabei von größeren Teilen der Bevölkerung Unterstützung. Die Republik hatte nur mehr die Poebene unter Kontrolle. Während Mussolini energischer gegen die Rebellen vorgehen wollte, gab ihm die deutsche Wehrmacht zu verstehen, dass Kesselring jegliches Vertrauen in die italienischen Truppen verloren habe und auf sie tunlichst verzichten wolle. Beinahe jedem Italiener war klar, dass das Regime Mussolinis nichts zu sagen hatte und die Deutschen die wahren Herren im Land waren. Die Verschickung von italienischen Arbeitskräften ins Reich galt als überaus unpopulär, der Wiederaufbau der Streitkräfte erwies sich als gescheitert.[1173]

Die Operation „Overlord" brachte die endgültige Entscheidung des Zweiten Weltkriegs. Eine Armada von 4000 Schiffen, unterstützt von 11.000 Flugzeugen, überquerte im Rahmen der Invasion den Kanal von England nach Frankreich. In den ersten Stunden des 6. Juni wurden 13.000 amerikanische Fallschirmspringer hinter den deutschen Verteidigungslinien abgesetzt, um Brückenköpfe zu errichten. Ab 6.30 Uhr früh landeten alliierte Truppen unter General Eisenhower an den Küsten der Normandie zwischen Cherbourg und Caen: amerikanische Einheiten an den Abschnitten „Utah" und „Omaha", Briten und Kanadier auf „Juno", „Sword" und „Gold". Auf „Omaha Beach" leisteten die Deutschen den härtesten Widerstand. Doch auch dieser vermochte das Vordringen schließlich nicht aufzuhalten. Als „D-Day" zu Ende ging, waren bereits 156.000 alliierte Soldaten gelandet. Die Befreiung Westeuropas hatte begonnen.

Hitler war in den Tagen vor der Invasion ausgesprochen zuversichtlich gewesen, den Angriff zurückzuschlagen. Der Mann, auf den er bei der Verteidigung der französischen Westküste setzte, Rommel, hatte sich noch am 4. Juni für ein paar Tage mit seiner Familie auf Urlaub in die Nähe von Ulm begeben. Als die ersten alliierten Fallschirmspringer in der Normandie landeten, war Hitler am Berghof zu Bett gegangen. Und diesmal schlief er lange. Seine Adjutanten getrauten sich noch in den späteren Vormittagsstunden nicht, ihn zu wecken. Sie fürchteten, es könnte sich bei den eintreffenden Meldungen letztlich bloß um Täuschungsangriffe der Alliierten handeln. Immerhin glaubte auch Rundstedt geraume Zeit daran. Schlussendlich bat der Oberbefehlshaber West um zwei Panzerdivisionen, die um Paris als Reserve warteten, doch Jodl lehnte ab. Als die beiden Divisionen endlich zu einem alliierten Brückenkopf losgeschickt wurden, war es zu spät. Doch die Alliierten waren den Deutschen freilich nicht zuletzt an Material deutlich überlegen. Dies machte sich am eklatantesten in der Luft bemerkbar, wo die Angreifer auf nur wenige deutsche Jäger stießen.

Hitler saß auf dem Berghof gerade beim Frühstück, als ihm Keitel und Jodl die neuesten Informationen überbrachten. Der Diktator war tatsächlich erleichtert. Das Warten hatte ein Ende, nun ging es um die Entscheidung, die er so herbeigesehnt hatte: Vor der Karte, die die französische Atlantikküste zeigte, gab er sich euphorisch. „Die Nachrichten könnten gar nicht besser sein! Solange sie in England waren, konnten wir sie nicht fassen. Jetzt haben wir sie endlich dort, wo wir sie schlagen können." Und auch gegenüber dem gerade eintreffenden Göring gab sich der Diktator siegessicher und rief beim Kartentisch aus: „Hier landen sie – dort landen sie: genau, wo wir sie erwartet haben."[1174]

Am Abend des 16. Juni unternahm Hitler seine letzte Reise außerhalb der Reichsgrenzen. Von Berchtesgaden flog er mit Keitel und Jodl nach Metz und fuhr in weiterer Folge mit einem gepanzerten Wagen nach Margival nördlich von Soissons zu einer Besprechung der Lage an der Westfront. Bei der Besprechung am nächsten Morgen in einem Eisenbahntunnel zeigte sich Rommel pessimistisch und wies seinen „Führer" darauf hin, dass man den Alliierten auf Dauer wohl keinen Widerstand werde leisten können. Rundstedt hielt es ebenfalls für unmöglich, die Alliierten wieder aus Frankreich zu vertreiben. Allein Hitler, der zuvor noch müde und nervös gewirkt hatte, raffte sich wieder auf und schwärmte seinen Generälen von der kriegsentscheidenden Wirkung der neuen V1-Waffe vor, die London schließlich friedenswillig machen werde. Auch versprach er auf ihre Klagen über die mangelnde Unterstützung durch die Luftwaffe hin „Massen von Turbojägern", die die alliierten Flieger vom Himmel vertreiben würden.[1175]

Verärgert über den pessimistischen Rommel, der ihn sogar gebeten hatte, eine politische Lösung zu suchen, kehrte Hitler noch am selben Tag auf den Obersalzberg zurück. Die Nachrichten, die er in den folgenden Tagen erhielt, waren nicht dazu angetan, seine Stimmung zu bessern. Bereits am 14. Juni hatten die Alliierten die Halbinsel Cotentin gewonnen, am 30. Juni nahmen sie schließlich die so wichtige Hafenstadt Cherbourg. Immer neue Truppenkontingente strömten nach Frankreich. Die alliierte Überlegenheit wurde immer erdrückender. Obwohl ihn Goebbels dazu drängte, wollte Hitler den Deutschen noch nicht den „totalen Krieg", der bislang bloß ein Schlagwort geblieben war, zumuten. Noch hielt er die Krise für nicht so groß wie sein Propagandaminister, und so sehr der Diktator seine Generäle für durchschnittlich und zu wenig linientreu hielt, sah er doch keine Möglichkeit, die Wehrmacht revolutionär zu reformieren.[1176]

Am 22. Juni ereilte Hitler mit dem Zusammenbruch der deutschen Heeresgruppe Mitte eine neuerliche schwere Katastrophe. Exakt drei Jahre nach dem Beginn von „Barbarossa" griffen die Sowjets mit 2,5 Millionen Mann, 5000 Panzern und 5300 Flugzeugen an. Die 38 Divisionen der deutschen Heeresgruppe Mitte umfassten lediglich halb so viele Soldaten und bloß 20 Prozent an Panzern. Noch dazu hatte man die Offensive im südlichen Abschnitt der Front erwartet. Hitler ordnete an, die befestigten Witebsk, Orscha, Mogilew und Bobruisk unter allen Umständen zu halten, mit dem Resultat, dass die dort verteidigenden deutschen Divisionen eingekreist und vernichtet wurden. Durch einen 160 Kilometer breiten Abschnitt stießen die sowjetischen Armeen über 300 Kilometer weiter nach Westen vor.

Die Rote Armee drang bis an die ostpreußische Grenze, in die Bucht von Riga und an die mittlere Weichsel vor. Die Heeresgruppe Mitte hatte innerhalb von zwei Wochen nicht weniger als 25 Divisionen mit 350.000 Mann verloren. Hitler reagierte auf die gewaltige Doppelkrise an den Fronten im Westen und Osten mit Entlassungen und Umbesetzungen innerhalb der militärischen Führung. Es gehörte zu seinem Schutzmechanismus, die Schuld für Niederlagen innerhalb der Generalität zu suchen. Hitler vertraute dabei dem schlichten Patentrezept, dass neue Führer der Truppe wieder Schwung und Siegeszuversicht zu vermitteln vermochten. Je zäher, fanatischer und regimetreuer die Heerführer dabei waren, desto besser. So folgte Kluge ein knappes Monat nach der Invasion Rundstedt als Oberbefehlshaber West nach, Model löste den Befehlshaber der Heeresgruppe Mitte von Busch ab. Auch der Befehlshaber der Panzergruppe West, General Geyr von Schweppenburg, und der für die Luftverteidigung in Nordfrankreich verantwortliche Feldmarschall Hugo Sperrle wurden entlassen. Mit seinem bisherigen Generalstabschef, in den Hitler ursprünglich so große Hoffnungen gesetzt hatte, überwarf er sich im Verlauf des Jahres 1944 völlig. Drei Wochen sollten nach einem heftigen Streit mit dem nervlich zerrütteten Zeitzler vergehen, bis er Guderian am 21. Juli zum neuen Generalstabschef ernannte. Am 14. Juli verließ Hitler den Obersalzberg – für immer, wie sich herausstellen sollte. Mit dem Flugzeug kehrte der Diktator in die Wolfsschanze zurück, die sich mittlerweile stark befestigt und völlig verändert präsentierte.

So sehr sich die obersten militärischen Führer auch über Hitler mokieren mochten, wagten sie es doch nicht, seiner verbrecherischen Herrschaft ein Ende zu machen. Im Gegenteil ließen sie sich von ihm befördern und auszeichnen. Auch fanden sie es offenbar nur ihrer Position entsprechend, von ihm nach Ablösungen oder Pensionierungen großzügige Geschenke entgegenzunehmen. So erhielt etwa Manstein ein großes Landgut oder Kluge ein Donation in der Höhe von 250.000 Reichsmark.[1177] Von den privilegierten, karrierebewussten Generälen war kein ernsthafter Widerstand gegen das nationalsozialistische Regime zu erwarten. Soldateneid und preußische Militärtradition mussten als Rechtfertigung für ihre mangelnde Courage herhalten.

Der deutsche Widerstand kam nicht aus Hitlers engster Umgebung. Unzusammenhängend, sich auf kleine, oft uneinige heterogene Zirkel beschränkend, besaß er auch keinerlei breite Basis in der Bevölkerung.[1178] Seit 1938 war in verschiedenen

Generaloberst Heinz Guderian galt als einer der fähigsten deutschen Heerführer. Obwohl mit Hitler nicht immer einer Meinung, konnte er nicht für den deutschen Widerstand gewonnen werden.

elitären und christlichen Kreisen die Idee entstanden, Deutschland von dem Diktator zu befreien. Konservative, überwiegend aristokratische Offiziere, die bis 1938 durchwegs begeistert mit dem Nationalsozialismus sympathisierten und die nach wie vor für Deutschlands Größe und Weltstellung eintraten, kamen im Verlauf des Krieges zunehmend zur Auffassung, dass Hitler mit Gewalt gestürzt werden musste. Aber viele von denen, die sich mit Umsturzgedanken trugen, vermochten sich nur schwerfällig und keineswegs restlos überzeugt von den traditionellen militärischen Ehrbegriffen zu trennen.

Ein Zentrum der Verschwörung bildete die deutsche Abwehr mit General Hans Oster, der rechten Hand des der SS seit Jahren im Wege stehenden, aber gleichzeitig mit Heydrich befreundeten Canaris. Oster hatte bereits 1940 erfolglos die Angriffstermine für die deutschen Operationen in Norwegen und im Westen der gegnerischen Seite verraten.[1179] Immer wieder waren vor allem junge Offiziere bereit, unter Opferung ihres eigenen Lebens, Hitler zu töten, doch ergab sich keine passende Gelegenheit. Allein 1943 planten Verschwörer mehrmals, den Diktator zu ermorden. Am 13. März versteckten General Henning von Tresckow und sein Adjutant, Fabian von Schlabrendorff, anlässlich Hitlers Besuch im Hauptquartier Kluges in Smolensk eine Zeitbombe in dem Flugzeug, das den Diktator wieder zur Wolfsschanze bringen sollte. Doch die Höllenmaschine explodierte nicht. Nur acht Tage später wollte sich Oberst von Gersdorff bei der Heldengedenkfeier im Berliner Zeughaus mit Hitler in die Luft sprengen. Doch der Aufenthalt des Diktators wurde plötzlich um entscheidende zehn Minuten verkürzt, und der Zeitzünder konnte deshalb nicht ausgelöst werden. Dies sind bloß zwei Beispiele, die Hitlers unverschämtes Glück belegen, einem Mordanschlag zu entrinnen.

Alarmiert trafen die Hüter des Regimes Gegenmaßnahmen. Der Sicherheitsdienst kämmte vor allem die deutsche Abwehr nach möglichen Verschwörern durch. Es kam zu Festnahmen, und Oster sah sich im Dezember 1943 gezwungen, zurückzutreten. Der Nachrichtendienst der Wehrmacht verlor maßgebliche Kompetenzen und wurde im Februar 1944 Himmler als Chef des SD und der Abwehr übertragen. Der als regimekritisch eingeschätzte und angesichts des Krieges ohnehin deprimierte Canaris verlor seinen Posten als Abwehrchef.[1180] Neuerlich bildete der ehemalige Generalstabschef Ludwig Beck den Mittelpunkt der Opposition gegen Hitler. Nach der gewaltsamen Entfernung Hitlers und seines Regimes sollte er die Führung des Staates übernehmen. General Friedrich Olbricht, der Chef des Allgemeinen Heeresamtes des OKH in Berlin, stand ihm als Organisator des Staatsstreichs zur Seite. Die sich um Deutschland mit den Offensiven in Ost und West immer enger zusammenziehende Schlinge raubte den Verschwörern zwar die Illusion auf einen für das Reich gemäßigten Friedensschluss. Aber, so forcierte besonders Tresckow das Argument, der Widerstand musste mit einem Attentat auf Hitler zumindest symbolisch die Ehre Deutschlands retten.

# Der Fluch der Vorsehung

## Juli bis Dezember 1944

Ein schwer verwundeter junger Offizier sollte alle hemmenden Skrupel der konservativen Verschwörer überwinden und Hitler ermorden wollen: Claus Graf Schenk von Stauffenberg. Aus altem süddeutsch-katholischen Geschlecht stammend, hatte er sich bei den Feldzügen in Polen, Frankreich und Russland mit herausragenden Leistungen hervorgetan. In Tunesien verlor er schließlich ein Auge, die rechte und zwei Finger der linken Hand. Ende Juni 1944 wurde er zum Oberst befördert und zum Stabschef beim Befehlshaber des Ersatzheeres, Generaloberst Fromm, ernannt. Eine Stellung, die ihm auch Kontakt zu Hitler verschaffte. Doch Fromm sollte sich an der Verschwörung, in die auch zivile Regimegegner wie der national-konservative Goerdeler oder der Sozialdemokrat Julius Leber eingeweiht wurden, nicht beteiligen.[1181]

Zweimal, am 11. und 15. Juli, hatte Stauffenberg bereits einen Anschlag auf den Diktator vorbereitet. Beide Male waren gemäß Operation „Walküre" Truppen für die Besetzung Berlins bereits in Alarmzustand versetzt worden. Als die Verschwörer davon Wind bekamen, dass eine Verhaftung Goerdelers, einem erklärten Attentatsgegner, bevorstand und man ihm nicht zutraute, den Gestapoverhören standzuhalten, war schließlich äußerste Eile geboten. Nun, beim dritten Versuch, musste es klappen. Um 12.30 Uhr traf Stauffenberg mit einem Aktenkoffer im Führerhauptquartier zur Lagebesprechung ein. In ihm befand sich der Sprengsatz, der mit einer Verzögerung von zehn Minuten detonieren sollte. Es war der 20. Juli 1944.

Als Stauffenberg die Baracke betrat, war die Besprechung bereits im Gang. Die Offiziere saßen um einen großen Eichentisch. Hitler dagegen stand zum Kartenstudium über den Tisch gebeugt, das Kinn in die Hand gestützt. Stauffenberg stellte den Aktenkoffer unter den Tisch und verließ unter dem Vorwand eines wichtigen Telefonats wieder den Raum. Kurz darauf detonierte die Bombe. Stauffenberg nutzte die Konfusion und ließ sich nach Berlin zurückfliegen, in der festen Überzeugung, dass niemand den Anschlag überlebt haben konnte.

Aber Hitler war nicht tot. Selbst seine Verletzungen waren vergleichsweise harmlos. Während vier der 24 Sitzungsteilnehmer ihren schweren Verletzungen schließlich erliegen sollten, war bloß sein Haar versengt, hatte er Holzsplitter und Brandwunden an einem Bein und Prellungen am Rücken von einem eingestürzten Balken. Sein rechter Arm hing steif und regungslos herunter. Lediglich seine Trommelfelle waren ernsthaft beschädigt, sodass sie auch noch in den nächsten Wochen nicht zu bluten aufhörten und sein Gleichgewichtssinn merklich beeinträchtigt war. Staubbedeckt, in zerrissener Uniform stand er da, wohl durch den Schock eigentümlich ruhig und gelassen. Am Nachmittag sollte der Duce in der Wolfsschanze eintreffen.[1182]

Mussolini befand sich bereits seit Tagen in Deutschland. Mit einem Sonderzug hatte er sich am 15. Juli aus Gargagno aufgemacht, um gemeinsam mit Graziani, Anfuso, Rahn und seinem Sohn Vittorio den Ausbildungslagern der vier italienischen Divisionen einen Besuch abzustatten. Wiederholt gab es Fliegeralarm, und die Reisenden mussten rasch aus dem Zug aussteigen – Hitler hatte angeordnet, Mussolini keinen Luftangriffen auszusetzen. München war jedoch von schwarzen Rauchwolken eingehüllt, die von Flakbatterien ausgestoßen waren, um die Stadt für die angreifenden Flugzeuge unkenntlich zu machen. Als man Mussolini die in der Ferne zu hörenden schweren Detonationen mit militärischen Übungen zu erklären versuchte, geriet er in Rage.[1183]

Viel erfreulicher gestalteten sich für Mussolini hingegen seine Visiten in den Ausbildungslagern.[1184] Die Rekruten bereiteten dem Duce einen wahrhaft euphorischen Empfang, und es schien, als hätte der Faschistenführer nichts von seiner Wirkung auf die Massen verloren. Für ihn selbst mochten der frenetische Jubel und die kindliche Begeisterung der Angehörigen der Divisionen „Monte Rosa", „Italia", „San Marco" und „Littorio" aufputschend gewirkt haben. Nach all den Niederlagen und Demütigungen war – während in der Heimat seine Republik auf tönernen Beinen stand – solch ein ermutigendes Erlebnis hoch an der Zeit.[1185]

Mussolinis Eintreffen in Rastenburg verlief hingegen gespenstisch. Zunächst wurde der Zug unvermutet auf einem Abstellgleis des Bahnhofs „Görlitz" für eine Stunde angehalten. Alle Fenster wurden hermetisch verschlossen und verdunkelt. Mit verlangsamter Geschwindigkeit erreichte der Sonderzug schließlich seinen Bestimmungsort. Der gesamte Bahnhof des Führerhauptquartiers war von der SS besetzt. Am Bahnsteig wartete Hitler, in seinen weiten schwarzen Mantel gehüllt, mit seinem Gefolge: Ribbentrop, Himmler, Bormann, Keitel, Göring, Dönitz und anderen. Der deutsche Diktator wirkte ruhig und gefasst. Sein Puls ging völlig normal. Rein äußerlich war ihm bis auf eine Schramme am rechten Handrücken nichts anzumerken. Mit langsamen Schritten ging Hitler auf Mussolini zu und reichte ihm die linke Hand: „Duce, man hat eben eine Höllenmaschine auf mich losgelassen!" Eine Wagenkolonne brachte die Verbündeten schließlich zur wenige 100 Meter entfernten Wolfsschanze. Überall standen Wachposten, die die Papiere der italienischen Besucher aufs Genaueste prüften.[1186]

Claus Graf Schenk von Stauffenberg. Das Foto zeigt den noch unversehrten jungen Offizier.

Auf dem Weg zu den Baracken erzählte Hitler dem Duce mit beinahe monotoner Stimme das Geschehene aus seiner Sicht. Mussolini reagierte entsetzt und starrte den deutschen Diktator mit weit aufgerissenen Augen an. Man kam zum Ort des Anschlags. Die Tür zum Kartenzimmer lehnte geborsten an der Barackenwand. Tische und Stühle lagen zersplittert am Boden. Stumm und bestürzt sah Mussolini die herabgestürzten Deckenbalken und bemerkte, dass die Fenster mitsamt den Rahmen nach außen geflogen waren. Der große Kartentisch war zerschmettert. Während Hitler auffallend teilnahmslos, beinahe wie geistesabwesend dem Duce die Detonation schilderte, war Mussolini leichenblass geworden und schüttelte bloß den Kopf. Der deutsche Diktator zeigte sodann seinem Gast die zerrissene Hose, die noch über einem demolierten Stuhl hing. „Glücklicherweise", scherzte Hitler, „waren keine Frauen anwesend. Sie hätten sonst ein recht seltenes Schauspiel zu sehen bekommen." [1187] Danach drehte er dem staunenden Duce seinen Hinterkopf zu, um ihm sein angesengtes Haar zu zeigen.

Für eine Weile fiel kein Wort. Dann setzte sich Hitler auf eine umgestürzte Kiste. Dolmetscher Schmidt holte für Mussolini einen der wenigen noch brauchbaren Stühle. „Wenn ich mir alles noch einmal vergegenwärtige", fuhr Hitler endlich mit auffallend leiser Stimme fort, „so ergibt sich für mich aus meiner wunderbaren Errettung, während andere im Raum Anwesende schwere Verletzungen davongetragen haben und einer sogar durch den Luftdruck zum Fenster hinausgeschleudert wurde, dass mir eben nichts passieren soll, besonders da es ja nicht das erste Mal ist, dass ich auf wunderbare Weise dem Tode entronnen bin." Mit seinem Hang zum Aberglauben zeigte sich Mussolini von diesen Worten sichtlich beeindruckt, und Hitler teilte ihm auch gleich mit, welche Konsequenz er aus dem Attentat zog: „Nach meiner heutigen Errettung aus der Todesgefahr bin ich mehr denn je davon überzeugt, dass es mir bestimmt ist, nun auch unsere gemeinsame große Sache zu einem glücklichen Abschluss zu bringen!" Mussolini nickte lebhaft mit dem Kopf. „Nachdem ich das hier gesehen habe", so äußerte er sich erstmalig und zeigte auf die Trümmer im Raum, „bin ich absolut Ihrer Meinung. Das war ein Zeichen des Himmels!"[1188]

Die italienischen Gäste spürten, zur denkbar ungünstigsten Zeit ins Hauptquartier gekommen zu sein. Die Deutschen hatten andere Sorgen, als sich die Wünsche und Beschwerden ihres unzuverlässigen und schwächlichen Bundesgenossen anzuhören. Bei der gemeinsamen Teestunde beschuldigten sich die nationalsozialistischen Granden gegenseitig. Von allen schien dabei Göring am wenigsten bewegt zu sein. Hitler telefonierte unentwegt und instruierte vor allem Himmler. In der gemeinsamen Besprechung bezeichnete Mussolini die Rettung des deutschen Diktators als einen „deutlichen Fingerzeig des Allmächtigen": „Jemand, der auf so wunderbare Weise den Anschlägen seiner Feinde entging, böte die Sicherheit, dass er auch den gegenwärtigen Konflikt zu einem siegreichen Ende führen werde." Nur wer Glück habe, komme als Führer einer großen Nation in Frage.

Hitler erzählte dem Duce, schon bei seiner Fahrt ins Hauptquartier böse Ahnungen gehabt zu haben. Dem Attentat wollte er auch eine positive Wirkung

Hitler und Mussolini besichtigen den Ort des Geschehens.

entnehmen, „als das deutsche Volk sicherlich darin einen deutlichen Fingerzeig der Vorsehung erblicken werde“. Bei den Kreisen, die hinter dem Attentat stünden, handle es sich um eine „kleine verbohrte reaktionäre Clique [...], die mit der Nation nichts zu tun habe, sondern lediglich mit internationalem Gesindel zusammenhänge“. Er sei nun entschlossen, „mit diesen Leuten rücksichtslos aufzuräumen“. Die militärische Krise führte er zum einen auf technische Gründe wie Fehlentwicklungen bei der Luftwaffe, zum anderen auf ein Versagen der Führung an der Ostfront zurück. Hitler dachte jedenfalls keineswegs daran, zu kapitulieren: „Gerade ein Vorgang wie das fehlgeschlagene Attentat sei ihm ein erneuter Beweis für seine seit langem gehegte feste Überzeugung, dass die Vorsehung die Menschen prüfe und den Lorbeer an diejenigen gäbe, die unverzagt und ohne vor Schwierigkeiten auszuweichen ihren Weg verfolgten.“[1189]

Während Hitlers Vortrag hatte sich Mussolini offensichtlich gefasst. Dass auch die Deutschen mit Verrat und Verschwörung zu kämpfen hatten, bereitete ihm nach all den Demütigungen und Bevormundungen wohl eine gewisse Genugtuung.[1190] So gelang es ihm auch, einem durch den Putsch weitestgehend abgelenkten Hitler für die italienischen Militärinternierten den Status von Zivilarbeitern oder gar ihre militärische Verwendung abzuringen. Weder der Duce noch der „Führer“ mochten

Der Duce besucht am 19. Juli 1944 die in Ausbildung befindlichen neofaschistischen Truppen in Deutschland.

freilich vorherzusehen, dass es ihr letztes Treffen sein würde. Am Bahnhof begleitete Hitler Mussolini zum Zug und verabschiedete ihn mit den Worten: „Ich weiß, dass ich auf Sie zählen kann. Ich bitte Sie, mir zu glauben, dass ich Sie als meinen besten und einzigen Freund ansehe, den ich in der Welt habe." Mit geschlossenen Fenstern fuhr der Sonderzug gegen sieben Uhr abends ab.[1191]

Die Tatsache, dass Hitler das Attentat überlebt hatte, entzog dem Putsch in Berlin jegliche Kraft. Den von schweren Gewissenskonflikten über die Rechtmäßigkeit ihres Tuns geplagten Verschwörern in der Bendlerstraße, dem Sitz des Oberkommandos des Ersatzheeres und des Allgemeinen Heeresamts, raubten die Informationen, dass Hitler am Leben war, jede Hoffnung. Es wurde immer offenkundiger, dass es sich bloß um einen Putsch von Generalstabsoffizieren handelte, die sich aus ihrem engen Korsett von Gehorsam und Befehlsempfängertum letztlich nicht genügend radikal befreien konnten. Mit entscheidend großer Verzögerung wurde die von den Verschwörern geplante Operation „Walküre" ausgelöst, mittels derer die Macht den Nationalsozialisten entrissen werden sollte. Doch der Staatsstreich misslang. Die Unsicherheit und moralischen Hemmungen der Umstürzler, die gescheiterte Nachrichtenblockade des Führerhauptquartiers, von wo aus Hitler nach Berlin telefonierte und damit sein entscheidendes Lebenszeichen gab, ließen das ungenügend vorbereitete Unternehmen scheitern. Der Kommandierende des Ersatzheeres, Generaloberst Fromm, von den Putschisten verhaftet, wurde von regimetreuen Offizieren wieder befreit. Aus Angst, in den Geruch eines Mitverschwörers zu kommen, ließ er kurzerhand Stauffenberg, General Olbricht und zwei weitere Offiziere vor einem Sandhaufen im Hof des Generalstabsgebäudes im Scheinwerferlicht eines Panzerwagens erschießen. Beck erhielt den Gnadenschuss, nachdem er sich, als Folge von zwei missglückten Versuchen, sich selbst das Leben zu nehmen, schwer verletzt hatte. Der bald darauf eintreffende Chef des SS-Reichssicherheitshauptamtes Kaltenbrunner verhinderte, dass Fromm gleich alle Aufständischen ohne Verhör exekutieren ließ.

„Sie haben nichts von Revolutionären, diese Verschwörer", äußerte sich Hitler gegenüber seinem Diener Heinz Linge. „Sie sind nicht einmal Rebellen. Wenn Stauffenberg eine Pistole gezogen und mich niedergeschossen hätte, dann wäre er noch ein Mann gewesen. Was er getan hat, war feige."[1192] Ausrotten wollte Hitler die Verschwörer, ihre Frauen und Kinder in Konzentrationslager stecken. Keiner sollte verschont werden. Der Diktator glaubte, dass die Hohenzollern Drahtzieher des Putschplans waren, und machte überhaupt schlechthin die Aristokratie für das Attentat verantwortlich. Schon Mussolini war über die alten privilegierten Schichten des Hofadels und des Militärs gestürzt. Nun war auch sein Regime von einem Staatsstreich bedroht gewesen. Doch er wollte der Welt beweisen, dass er es verstand, ohne auch bloß einen Augenblick zu zögern, mit aller Härte durchzugreifen, ohne Gnade und ohne Milde. Das Dritte Reich war nicht Italien und Hitler nicht Mussolini.

Eine halbe Stunde nach Mitternacht drang Hitlers Stimme durch den Äther, um der Bevölkerung zu bekunden, dass er am Leben und unverletzt war. Er wollte der Nation Näheres über ein Verbrechen mitteilen, das seiner Einschätzung nach seinesgleichen in der deutschen Geschichte suchte. „Eine ganz kleine Clique ehrgeiziger, gewissenloser und zugleich verbrecherischer, dummer Offiziere hat ein Komplott geschmiedet, um mich zu beseitigen und zugleich mit mir den Stab praktisch der deutschen Wehrmachtsführung auszurotten. [...] Ich fasse es als eine Bestätigung des Auftrages der Vorsehung auf, mein Lebensziel weiter zu verfolgen, so wie ich es bisher getan habe. [...] Es hat sich in einer Stunde, in der die deutschen Armeen in schwerstem Ringen stehen, ähnlich wie in Italien, nun auch in Deutschland eine ganz kleine Gruppe gefunden, die nun glaubte, wie im Jahre 1918 den Dolchstoß in den Rücken führen zu können. Sie hat sich diesmal aber schwer getäuscht. [...] Der Kreis, den diese Usurpatoren darstellen, ist ein denkbar kleiner. Er hat mit der deutschen Wehrmacht und vor allem auch mit dem deutschen Heer nichts zu tun. Es ist ein ganz kleiner Klüngel verbrecherischer Elemente, die jetzt unbarmherzig ausgerottet werden. [...] Welches Schicksal Deutschland getroffen hätte, wenn der Anschlag heute gelungen sein würde, das vermögen die wenigsten sich vielleicht auszudenken. Ich selber danke der Vorsehung und meinem Schöpfer nicht deshalb, dass er mich erhalten hat – mein Leben ist nur Sorge und ist nur Arbeit für mein Volk –, sondern, wenn ich danke, nur deshalb, dass er mir die Möglichkeit gab, diese Sorgen weiter tragen zu dürfen und in meiner Arbeit weiter fortzufahren, so gut ich das mit meinem Gewissen und vor meinem Gewissen verantworten kann."[1193]

Im Morgengrauen des 21. Juli war auch der Umsturzversuch in Paris zusammengebrochen. Für einige Stunden hatte die Wehrmacht unter General Heinrich von Stülpnagel in der französischen Hauptstadt erfolgreich das Kommando übernommen und die SS-Führung verhaftet gehabt. Stülpnagel hatte dabei das Pech, dass der mit dem Staatsstreich sympathisierende Rommel schwer verletzt in einem Lazarett lag. Sein Auto war wenige Tage zuvor auf der Heimfahrt von einem Frontbesuch von Fliegern der Royal Airforce beschossen worden. Während der Feldmarschall bewusstlos darniederlag, wurde er von Kluge vertreten, der – besonders nach dem Scheitern in Berlin – es nicht wagte, trotz zeitweiliger Sympathien mit dem Widerstand gemeinsame Sache zu machen.

Hitler zog aus dem gescheiterten Putsch die zweckoptimistische Schlussfolgerung, dass sich mit dem Versuch zum Staatsstreich nun endgültig der allgegenwärtige Verrat im Generalstab und in Teilen des Offizierskorps dekuvriert hatte. Verschwörerische Militärs trugen für ihn nun die Schuld, dass Deutschland nicht schon längst den Krieg gewonnen hatte. Wieder war Deutschland durch einen Dolchstoß in den Rücken in Gefahr. Diesmal waren es jedoch nicht Bolschewisten und Demokraten, sondern vor allem konservative, aristokratische Militärs. Eine zweite schändliche Kapitulation wie im November 1918 wollte Hitler, so lang er lebte, unter keinen Umständen zulassen. Die Defätisten waren mit Stumpf und Stiel auszurotten. Nun schien die Zeit gekommen, um das zu tun, womit Stalin bereits in den dreißiger Jahren die Welt schockiert hatte: die Säuberung des Offizierskorps.

Bereits via Radio hatte Hitler aus Rastenburg angekündigt, mit den Verrätern und Verschwörern abzurechnen, „wie wir das als Nationalsozialisten gewohnt sind". Auf seine Worte folgten Taten. Der Diktator delektierte sich an der blutigen Vergeltung, ja, er schien nicht genug bekommen zu können. Seine Rachsucht kannte keine Grenzen. Bis Kriegsende ließ die Gestapo nicht locker, Regimegegner und sogar deren Verwandtschaft zu jagen, mit brutalsten Foltermethoden zu verhören, in Konzentrationslager einzuweisen und – auch nur mögliche – Verschwörer zu exekutieren. Auch Rommel wurde die Sippenhaft und ein entwürdigender Prozess angedroht, so dass er es vorzog, sich selbst mit Gift das Leben zu nehmen und dafür bei Schonung seiner Angehörigen ein verlogenes Staatsbegräbnis zu erhalten.

In Schauprozessen unter der Leitung des fanatischen Präsidenten des Volksgerichtshofes, Roland Freisler, wurden die Verschwörer erniedrigt und abgeurteilt; allen voran Feldmarschall von Witzleben, die Generäle Hoepner, Hase und Stieff, die schließlich an Schlingen aus Klavierdraht an einem Fleischerhaken aufgehängt und dabei auch noch gefilmt wurden. So war es Hitlers Wunsch, der dementsprechend auch die Anweisung gab: „Ich will, dass sie gehängt werden, aufgehängt wie Schlachtvieh."[1194] Tresckow, der sich während der Ereignisse des 20. Juli an der Front befand, wählte den Freitod. Bereits am frühen Morgen des 21. Juli begab er sich zwischen die Fronten und zündete eine Granate, die ihm den Kopf abriss. Generalquartiermeister Eduard Wagner erschoss sich. Kluge, der für kurze Zeit Rundstedt als Oberbefehlshaber West beerbte, aber schlussendlich ebenfalls jeden Optimismus für eine Weiterführung des Krieges in Frankreich verlor, von Model abgelöst wurde und im Geruch stand, nicht nur mit den Verschwörern sympathisiert, sondern in den verlustreichen Augustkämpfen in der Normandie sogar mit den Alliierten über eine Kapitulation verhandelt zu haben, nahm in der Nähe von Metz Zyankali. Andere wie Canaris, Oster, Halder, Schacht oder Erich Fellgiebel, der Chef des Fernmeldewesens im OKW, ließen sich hingegen verhaften.

Das Scheitern des Staatsstreichs hatte endgültig den „totalen Krieg" zur Folge. Goebbels, der seit geraumer Zeit unentwegt darauf gedrängt hatte, wurde Reichsbevollmächtigter für den totalen Kriegseinsatz – sehr zum Ärger Görings, der sich zurückgesetzt fühlte und für Wochen grollend auf seinem ostpreußischen Gut in Rominten verschwand. Goebbels dagegen fühlte sich nun – zu Unrecht – als zweiter Mann im Reich und triumphierte, die Kontrolle über die Heimatfront mit größten Vollmachten erhalten zu haben.[1195] Hitler hatte mit der Ernennung erreicht, dass sich Goebbels mit Feuereifer auf die neuen Aufgaben stürzte, doch verweigerte er allzu unpopulären Maßnahmen seine Genehmigung. Bormann und Himmler sollten ohnedies eifersüchtig dafür sorgen, dass für Goebbels die Bäume nicht in den Himmel wuchsen. Darum bemühten sich auch Speer und Lammers, deren Einfluss auf den Diktator und damit ihre Position im Regime deutlich im Schwinden war. Es lag freilich in der Natur des hitlerschen Vasallensystems, dass sich diese untereinander befehdeten und unterschiedliche Koalitionen schlossen, um zu stark werdende Unterführer zu bremsen.

Eine der markantesten Aktionen der totalen Mobilmachung sollte die Einberufung aller wehrfähigen Männer zwischen 16 und 60 Jahren zum „Deutschen Volkssturm" sein. Gegründet wurde dieses letzte, dürftig ausgerüstete und höchst unpopuläre Aufgebot des Regimes von Himmler, dem neuen Befehlshaber des Ersatzheeres. In dieser Funktion hatte der Reichsführer SS Fromm abgelöst, der im März 1945 schließlich wegen Feigheit vor den Verschwörern erschossen werden sollte. Fanatismus im Geiste des Nationalsozialismus und die Furcht vor der Vernichtung Deutschlands durch die Gegner sollten ausreichende Bewaffnung und professionelle Ausbildung ersetzen. Trotz aller Bombardements gelang es Speer noch einmal, die Rüstungsproduktion zu steigern. Doch die alliierten Angriffe auf die Raffinerien führten zu einem dramatischen Rückgang der Treibstoffreserven.

Die militärische Unterlegenheit Deutschlands war selbstverständlich auch Hitler bewusst. Doch bereits seit Jahren hatte er es als Selbstschutz immer wieder verstanden, sich neue Hoffnungsgebilde aufzubauen. In einer Lagebesprechung in der Wolfsschanze machte Hitler seinen Generälen klar, dass er es als seine vorrangige Aufgabe betrachtete, nicht die Nerven zu verlieren. „Dass ich auch in der Lage bin, politische Erfolge zu erzielen, habe ich, glaube ich, in meinem Leben genügend bewiesen. Dass ich eine solche Gelegenheit nicht vorübergehen lassen werde, brauche ich niemand zu erklären. Aber im Moment schwerer militärischer Niederlagen auf einen günstigen politischen Moment zu hoffen, um irgendetwas zu machen, ist natürlich kindlich und naiv. Solche Momente können sich ergeben, wenn man Erfolge hat. [...] Aber es werden Momente kommen, in denen die Spannungen der Verbündeten so groß werden, dass dann trotzdem der Bruch eintritt. Nur muss man den Augenblick abwarten, und wenn es noch so schwer geht. [...] Wir werden uns schlagen, wenn nötig sogar am Rhein. Das ist völlig gleichgültig. Wir werden unter allen Umständen diesen Kampf so lange führen, bis, wie Friedrich der Große gesagt hat, einer unserer verfluchten Gegner es müde wird, (noch) weiter zu kämpfen, und wir dann einen Frieden (be)kommen, der der deutschen Nation für die nächsten 50 oder (100) Jahre das Leben sichert und der vor allem unsere Ehre (nicht ein) zweites Mal so schändet, wie es im Jahre 1918 (geschehen ist)."[1196]

Nun – und er sollte dies bis zu seinem Ende tun – spekulierte Hitler mit dem Auseinanderbrechen der heterogenen gegnerischen Koalition. Natürlich gab es fundamentale politische Gegensätze zwischen den drei Alliierten. Allein ihre Konzepte für die Zeit nach dem Krieg waren höchst unterschiedlich: Churchill beabsichtigte nach traditionellem britischen Denken, in Europa das Gleichgewicht der Kräfte wiederherzustellen. Großbritannien, Frankreich und sogar ein neues demokratisches Deutschland sollten zur mächtigen Sowjetunion ein Gegengewicht bilden.

Roosevelt war wiederum in den Krieg eingetreten, um das System kollektiver Sicherheit zur Bewahrung des Weltfriedens wiederherzustellen. Er wollte nach dem Krieg auch keine US-Soldaten in Europa stationiert wissen, sondern schob Großbritannien die Rolle des Verteidigers von Freiheit und Demokratie in der Alten Welt zu. Dass er dem Empire sogar auch noch den wirtschaftlichen Wiederaufbau Europas zumutete, zeigt, wie sehr der amerikanische Präsident die Möglichkeiten Großbritanniens überschätzte. Nach Roosevelts Plan sollten die nach dem Krieg verbliebenen Großmächte Vereinigte Staaten, Großbritannien, Sowjetunion und China gleichsam als „Weltpolizisten" den Frieden bewahren.

Stalin ging es hingegen darum, die Einflusssphäre Moskaus in Europa so weit wie möglich nach Westen vorzuschieben. Die von der Roten Armee „befreiten" und eroberten Länder sollten als Satellitenstaaten ein Bollwerk gegen jeden weiteren deutschen Aggressionsversuch bilden. Gleichzeitig streckte Stalin wiederholt Fühler für einen Separatfrieden mit dem Dritten Reich aus, fürchtete der Despot im Kreml doch sein Land gegen Deutschland auszubluten und dann am Ende seiner Kräfte den imperialistischen Westmächten ausgeliefert zu sein. Während sich aber Ribbentrop einen zweiten Hitler-Stalin-Pakt vorstellen konnte, war für den deutschen Diktator ein Friedensschluss nur aus einer Position der Stärke denkbar. Von einer solchen entfernte er sich jedoch immer mehr, denn auf militärischem Gebiet sah die Lage für das Reich zunehmend trostlos aus. Bei all seiner Fixierung erkannte er allerdings, dass Großbritannien von seinen beiden Alliierten in seiner Sicherheit und seinen ureigensten Interessen gefährdet wurde, denn Stalins wie Roosevelts Pläne bedeuteten eine ernsthafte Bedrohung der weiteren Existenz des Empire. Gerade was die britischen Kolonien betraf, zeigten sich Roosevelt und seine Administration im höchsten Maße unwillig, diese alte, überkommene Herrschaftsform zu unterstützen und zu prolongieren. Für Washington war das Zeitalter von Imperialismus und Kolonialismus vorbei; dies betraf eben in erster Linie Großbritannien und das von Roosevelt ohnehin verachtete Frankreich. Und so hoffte Hitler darauf, dass London nicht zuletzt aufgrund des Einsatzes der deutschen Vergeltungswaffen zur „Vernunft kommen" und mit dem Reich Frieden schließen würde. Dies war jedoch Illusion.

Im Juli drangen die Westalliierten in Frankreich immer weiter vor. In der Normandie gewannen sie Caen und St. Lô. Schließlich durchbrachen sie am 25. des Monats nach einem flächendeckenden Bombardement auch bei Avranches die deutschen Stellungen und konnten daraufhin mit dem Bewegungskrieg beginnen.

Bei Falaise wurden die deutschen Panzerverbände eingekesselt und vernichtet. Damit war für die Alliierten der Weg nach Paris frei. Guderian riet als neuer Generalstabschef zu einer beweglicheren Verteidigung, doch Hitler wollte von Defensive nichts wissen. Starrköpfig setzte er nach wie vor auf aussichtslose Offensivpläne. Nordfrankreich ging jedoch verloren und mit ihm deutsche Truppen und Material. Am 15. August landeten die Alliierten auch an der französischen Mittelmeerküste im Rahmen des Unternehmens „Dragoon" bei Nizza und nahmen keine zwei Wochen später Marseille und Toulon ein. Über Avignon stießen die Befreier weiter nach Norden vor, sodass sich die Wehrmacht aus Südfrankreich zurückziehen musste. Am 24. August befreite eine französische Division die Hauptstadt. Hitlers Befehl, Paris dem Erdboden gleichzumachen, sollte die Seinemetropole nicht gehalten werden können, war vom deutschen Stadtkommandanten, General Dietrich von Choltitz, ignoriert worden. So konnte in weiterer Folge General de Gaulle begrüßt und umjubelt von Hunderttausenden über die Champs-Élysées einziehen.

Im Osten drang die Rote Armee ebenfalls immer weiter vor. Binnen kurzer Zeit ging für das Dritte Reich seine Position in Südosteuropa völlig verloren. Rumänien machte den Anfang, wo im Osten seit dem 20. August auch die Heeresgruppe Süd-Ukraine zusammenbrach. Für die Sowjettruppen stand nun der Weg zu den Erdölquellen, nach Bulgarien und nach Ungarn offen. Viele rumänische Soldaten desertierten und kämpften an der Seite der Sowjets gegen die deutschen Verbündeten. Die Offensive der sowjetischen Truppen und der Frontwechsel der Rumänen hatte für das Reich verheerende Folgen: Die deutsche Wehrmacht verlor innerhalb von nur zwei Wochen nicht weniger als 380.000 Soldaten. In Analogie zu den Vorfällen in Italien 1943 wurde Antonescu bei einer Audienz beim König seines Amtes enthoben und verhaftet. Die neue rumänische Regierung stellte den Kampf gegen die Rote Armee ein und gewährte der deutschen Wehrmacht freien Abzug. Die Beziehungen zum Reich wurden abgebrochen. Hitler antwortete mit einer Bombardierung Bukarests, um den Putsch niederzuschlagen. Daraufhin erklärte Rumänien Deutschland den Krieg. Sowjetische Einheiten besetzten am 30. August das Erdölgebiet von Ploesti und einen Tag später die Hauptstadt. Der Waffenstillstand mit der Sowjetunion forderte unter anderem auch den aktiven Kampf von mindestens zwölf rumänischen Divisionen gegen die Deutschen.

Bereits am 25. August gab Hitler den Befehl, Griechenland zu räumen. Die Lage war für die auch gegen Partisanen und Bulgaren kämpfende Heeresgruppe E angesichts des Vorrückens der Roten Armee auf Rumänien und Bulgarien unhaltbar geworden. Es folgte Bulgarien. Nachdem sowjetische Einheiten die Grenze überquert hatten, erklärte Sofia am 8. September dem Dritten Reich den Krieg. Tags darauf übernahm eine sowjetfreundliche Gruppe die Macht und ließ das Land ohne Widerstand von der Roten Armee besetzen. Auch in Nordosteuropa kam es zur Wende.

Nach dem sowjetischen Durchdringen durch die karelische Landenge schloss Finnland unter dem alten Kriegshelden Marschall Carl Gustaf von Mannerheim mit Moskau am 19. September den Waffenstillstand und wandte sich nun ebenfalls gegen Deutschland.

Die Rote Armee rückte immer näher, doch Hitler verwarf jede Idee, mit Stalin Frieden zu schließen. Anregungen des japanischen Botschafters Oshima und Goebbels' unterzog er scheinbar nicht einmal eingehenderen Überlegungen. Der Diktator setzte vielmehr auf den Faktor Zeit, der die Allianz der Gegner sprengen würde. Dabei sprach die Zeit gerade gegen das Dritte Reich. Die Treibstoffressourcen gingen rapide zu Ende, und dies sollte die militärischen Aktionen der Deutschen entscheidend beeinflussen. So standen endlich die von Hitler geforderten Jagdflugzeuge zur Verfügung, doch konnten sie aufgrund des Spritmangels nicht eingesetzt werden. Eine andere Hoffnung sollte ebenfalls nicht in Erfüllung gehen. Die seit 8. September abgeschossenen V2 terrorisierten zwar die Zivilbevölkerung in London, Brüssel und Antwerpen, militärische Wirkung erzielten sie jedoch keine.

Mit der dramatischen Zuspitzung an den Fronten ging auch eine weitere Verschlechterung von Hitlers Gesamtbefinden einher. Freiwillig eingekerkert hinter sieben Meter dicken Betonmauern verfiel der sozial völlig isolierte Diktator zunehmend in Schwermut und Verfolgungswahn. Er fürchtete Infektionen gleichermaßen wie neue Attentatsversuche. Alles, was er zu sich nahm, wurde auf Gift kontrolliert, seine Bewachung verstärkt. Eine enge Gefühlsbeziehung schien Hitler überhaupt nur mehr zu seiner Schäferhündin Blondi zu pflegen. Gegenüber Menschen wurde er immer unpersönlicher und distanzierter. Sein Gesicht war mittlerweile aufgedunsen und blass, sein Blick müde und entrückt, sein linker Arm zuckte heftig, seine Körperhaltung war stets gebückt. Ihn plagten chronische Kopfschmerzen und Darmbeschwerden, im September erkrankte er an Gelbsucht. Zahnschmerzen und Magenkrämpfe kamen noch hinzu, der Blutdruck war zu hoch, seine Arteriosklerose schritt weiter fort, und schließlich erlitt er am 1. Oktober einen Herzanfall. Hitler brach zusammen, lag sodann teilnahmslos auf seinem Feldbett und wurde von Schweißausbrüchen, Magenkrämpfen und Schwindelanfällen heimgesucht.

Ähnlich wie sein Regime schien auch sein Körper am Ende jeder Belastbarkeit angelangt zu sein. Sein Gesundheitszustand war bereits derart angeschlagen, dass er während einer Behandlung sogar für kurze Zeit das Bewusstsein verlor. Hitler wirkte totkrank. Allen Anfeindungen zum Trotz vertraute er weiter auf Morell und dessen zweifelhafte Behandlungsmethoden und Medikamente wie Kamilleneinläufen oder zehnprozentigen Kokainlösungen für die Nase. Andere Ärzte, die Morell Quacksalberei vorwarfen, wurden entlassen. Doch der Diktator, der im Frühherbst bereits völlig am Ende wirkte, raffte sich noch einmal auf, und genau dies verlangte er auch von seiner in Agonie liegenden Nation.

Obwohl die NS-Gewaltherrschaft über Europa zerbröckelte, suchte man mit Terror, noch für kurze Zeit zu halten, was auf Dauer nicht zu halten war. Am 1. August war es in Warschau durch die polnische nationale Untergrundarmee zum Aufstand gekommen. Die Sowjets standen zwar vor den Toren der Stadt, doch griffen sie in den Kampf nicht ein. Stalin wollte kein nichtkommunistisches, selbstständiges Polen und überließ so die Widerstandskämpfer ihrem sicheren Schicksal. Hitler sah die völlige Ausradierung der polnischen Intelligenz gekommen und übertrug die Niederschlagung des Aufstandes Himmler. Die aus ehemaligen russischen Kriegsgefangenen und Kriminellen rekrutierten SS-Einheiten wüteten bestialisch. Nach zwei Monaten waren der Aufstand niedergeschlagen, 200.000 polnische Opfer und 26.000 Mann Verluste waren auf deutscher Seite zu beklagen. Warschau wurde in Schutt und Asche gelegt. Ebenfalls im Laufe des Oktober musste die Wehrmacht in der Mittelslowakei einen diesmal von den Sowjets aus der Luft unterstützten Aufstand niederschlagen. Die Slowakei verlor in weiterer Folge die letzten Reste staatlicher Eigenständigkeit. Am Balkan war das Ende der deutschen Herrschaft so gut wie perfekt. Mitte Oktober eroberten britische Luftlandetruppen Athen, und in Jugoslawien stand Tito mit seinen Partisaneneinheiten vor Belgrad. Die Schlinge zog sich immer mehr zusammen.

Lediglich in Ungarn vermochte Hitler noch einmal das Schlimmste abzuwehren. Der Diktator hatte Vorsorge getroffen, dass angesichts der vorrückenden Roten Armee nicht auch sein letzter Verbündeter im Osten absprang. Horthy wollte aber tatsächlich die Seiten wechseln. Ein dementsprechendes Abkommen hatte eine nach Moskau entsandte ungarische Delegation bereits unterzeichnet, und so trat Ungarn am 15. Oktober aus dem Bündnis mit Deutschland aus. Im Radio wurde der Waffenstillstand bekannt gegeben. Am Morgen desselben Tages entführten SS-Männer, unter ihnen Mussolini-Befreier Otto Skorzeny, Horthys Sohn Nicklas aus Budapest. Ihm, den man bei dem Kidnapping in einen Teppich eingewickelt hatte, drohten nun das KZ Mauthausen und das Erschießen. Einheiten der Waffen-SS überrannten das Königsschloss und nahmen den Reichsverweser und sein Gefolge gefangen. Unter größtem Druck sah sich Horthy gezwungen, abzudanken. Die Regierung übernahmen nun die faschistischen „Pfeilkreuzler" unter Ferenc Szálasi, der den Titel eines „Führers der Nation" annahm. Die Bewegungsfreiheit der ungarischen Rechtsradikalen war freilich gering, denn zum einen herrschten die Deutschen im Land und zum anderen war die zweitgrößte Stadt, Szeged, bereits von der Roten Armee besetzt. Dies hinderte die „Pfeilkreuzler" jedoch nicht, mit aller Brutalität gegen die Juden vorzugehen. Die SS wiederum schickte Zehntausende von ihnen von Ende Oktober bis Mitte November auf die Todesmärsche ins Reich. Unter

Zwang sollten sie in unterirdischen Fabriken an der Fertigstellung der V2 arbeiten. Die in Budapest verbliebenen Juden hatten ständig unter der Willkür und dem Terror der ungarischen Faschisten zu leiden.

Während Hitler in der bedrückenden Atmosphäre der Wolfsschanze Europa noch immer keine Ruhe ließ, residierte der Duce am von Bergen und mediteraner Vegetation umgebenen Gardasee. Doch es ist unwahrscheinlich, dass er Augen für die Schönheit der Landschaft hatte. Mussolini war ein weitgehend machtloser Mann geworden. Die Republik von Salò vermochte keinen nennenswerten Beitrag für Deutschlands Krieg zu leisten. Im Reich misstraute man den Italienern in zunehmendem Maße, und so dachte Hitler nicht daran, die neuausgebildeten italienischen Divisionen an der Front gegen die Alliierten einzusetzen. Völlig ungenügend bewaffnet, wurden sie lediglich in Ligurien aufgesplittert, um dort eine etwaige britische Landung zurückzuschlagen. Zur Untätigkeit verdammt und demoralisiert, desertierten viele von ihnen oder liefen sogar zu den Partisanen über. Einen schweren Schlag für die Autorität der faschistischen Regierung bedeutete auch der so unpopuläre Einsatz italienischer Arbeitskräfte in Deutschland und die Lieferungen kriegswichtigen Materials über die Grenze ins Reich. Es gelang Mussolini freilich nicht einmal, im eigenen Territorium Ruhe und Ordnung herzustellen. Weder die Deutschen noch die neu gegründeten gefürchteten Schwarzen Brigaden unter Pavolini konnten namhafte Erfolge im Kampf gegen die Partisanen vermelden. Von Süden her drangen die Alliierten unaufhörlich weiter vor. Die Wirtschaft der Republik lag völlig darnieder. Die Industrie war zerschlagen oder durch alliierte Bombenangriffe zerstört, die Landwirtschaft litt unter dem eklatanten Mangel an Maschinen, Transportmitteln, Treibstoff, Dünger und Vieh.[1197]

Die Italienische Soziale Republik befand sich in fortschreitender Auflösung. Gerüchte über Verrat und Komplotte kursierten ohne Unterlass. Die Deutschen zeigten sich in steigendem Maß beunruhigt. Mussolinis Position war weitgehend kompromittiert, und so entschloss er sich, endlich wieder öffentlich zur Bevölkerung zu sprechen. Am 16. Dezember, an dem auch die deutsche Ardennenoffensive begann, hielt er im Lyrischen Theater von Mailand eine Rede. Es war die erste seit seiner Verhaftung in Rom, und es sollte auch seine letzte bleiben. Mussolini machte den König, den Hof, die plutokratischen Kreise des Bürgertums und die Freimaurer des Generalstabs im Bund mit klerikalen Kräften für den Verrat des Sommers 1943 verantwortlich. Der Verrat Finnlands, Bulgariens und Rumäniens sei allerdings noch viel infamer gewesen, hätten deren Truppen im Sommer dieses Jahres doch binnen 24 Stunden die Front gewechselt und die deutsche Wehrmacht sofort angegriffen. Gleichzeitig strich der Duce die Leistungen des republikanischen Italien für die Kriegführung des Dreierpakts heraus und erwartete, dass diese auch von Deutschland und Japan entsprechend gewürdigt würden.

Für das kommende Jahr kündigte er sodann gleich eine verstärkte Teilnahme Italiens am Krieg an.

Es hatte bloß noch sentimentalen Wert, wenn sich Mussolini in seiner Rede der republikanischen Wurzeln des Faschismus bis zum Marsch auf Rom besann. Seinerzeit hatte er sie der Taktik geopfert, nun sprach er davon, dass das Programm des republikanischen Faschismus vom sozialen Standpunkt nichts weiter als die logische Fortsetzung des Programms aus der Gründungszeit von 1919 sei. Was den Krieg betraf, zeigte sich Mussolini felsenfest vom Sieg des Dritten Reiches überzeugt. Der Einsatz von Geheimwaffen würde die Deutschen in die Lage versetzen, wieder nach und nach die Initiative zu ergreifen. Die politische Lage der Alliierten sei hingegen nicht günstig. Die Formel von Casablanca bedeute bloß die unendliche Verlängerung des Krieges. Am Schluss seiner Ansprache rief Mussolini die Italiener auf, die Poebene erbittert zu verteidigen.[1198] Noch ein letztes Mal erhielt Mussolini für eine Rede Ovationen. Dabei war sie bloß vom Blatt gelesen.

An der Westfront konnte die endgültige Niederlage der Wehrmacht noch einmal abgewendet werden. Aufgrund von Nachschubschwierigkeiten hielt Eisenhower die alliierten Truppen an der belgisch-niederländischen Grenze zum Reich an. Die Deutschen sahen sich dadurch in die Lage versetzt, sich nach den schweren Rückschlägen zu erholen und eine neue Front im Westen aufzubauen. War die Wehrmacht zunächst noch demoralisiert und der „Westwall" praktisch nicht mehr verteidigungsfähig gewesen, konnte so durch eine für Hitler durchaus glückliche Fügung der totale Zusammenbruch verhindert werden.

Nach Jahren schwerer Bombardierungen von Städten und Industrieanlagen überschritten die Alliierten schließlich noch im Spätsommer die deutsche Grenze. Mitte September standen Einheiten der 1. US-Armee vor Aachen, das erst nach erbitterten Kämpfen am 21. Oktober fiel. Fünf Tage vorher war im Osten die dritte Weißrussische Front nach Ostpreußen durchgebrochen. Die Rote Armee befand sich keine 100 Kilometer von der Wolfsschanze entfernt, doch Hitler blieb vorerst in Rastenburg. Die nach den deutschen Gräuel in der Sowjetunion in Ostpreußen gegen die Zivilbevölkerung wütende Rote Armee konnte noch einmal von der Wehrmacht zurückgedrängt werden.

Hitler vermochte aus der fatalen Situation, in die er Deutschland hineinmanövriert hatte, nur einen Ausweg zu erkennen: die neuerliche Offensive. Sie sollte nicht etwa an der Ostfront gegen die bolschewistischen „Hunnen", die nach seiner Diktion Europa unterjochen und seine Kultur auslöschen wollten, in Szene gehen, sondern im Westen die Alliierten in ihren Bemühungen, das Reich zu erobern, schwer zurückwerfen. Die Entscheidung, im Westen und nicht im Osten eine Offensive zu wagen, mochte auch mit dem Umstand zusammenhängen, dass Hitler die Macht des amerikanischen Judentums mehr als den Bolschewismus zu fürchten schien.[1199] In Belgien und Nordfrankreich hatte man es außerdem im Gegensatz zu den Weiten der Sowjetunion mit überschaubaren Räumen und, wie Hitler dachte, auch mit einem schwächeren Gegner und einer weniger entschlossenen politischen Führung zu tun. So glaubte er, dass eine große Durchbruchsoffensive genügen würde, um die Amerikaner in die Knie zu zwingen. Wenigstens im Westen beabsichtigte er, wieder die Initiative an sich zu reißen.

Am 20. November verließ Hitler die Wolfsschanze und kehrte in die Hauptstadt zurück, in die Reichskanzlei. In Berlin unterzog er sich nach 1935 neuerlich einem Eingriff an den Stimmbändern. Im November hatte sein Hals zu schmerzen begonnen, bis der Diktator seine Stimme fast verlor und nur mehr flüstern konnte. Ein kleiner Polyp wurde entfernt. Anfang Dezember war Hitler dann weitgehend genesen. Seine Magenprobleme hatten aufgehört, und er konnte wieder normale Nahrung zu sich nehmen. Selbst während seiner Krankheit hatte er sich mit nichts anderem beschäftigt als mit der großen Offensive gegen die Alliierten. Die Hoffnung auf einen durchschlagenden Erfolg richtete ihn wieder auf und schien seine letzten Lebenskräfte zu wecken.

Gut viereinhalb Jahre nach dem triumphalen Westfeldzug erhoffte Hitler noch einmal das Schlachtenglück durch einen Überraschungsangriff aus den Ardennen erzwingen zu können. Die Operation „Herbstnebel" sah den deutschen Angriff durch die belgische bewaldete Hügelkette auf Antwerpen vor. Wäre einmal der wichtigste alliierte Nachschubhafen eingenommen, sollten nördlich davon alle Streitkräfte des Gegners vernichtet werden. Im Hauptquartier „Adlerhorst" bei Ziegenberg, in der Nähe von Bad Nauheim, zeigte sich die Generalität über Hitlers Offensivpläne keineswegs erbaut. Der Kriegsherr sprach von der Eroberung Antwerpens innerhalb von acht bis zehn Tagen. Die deutsche Offensive, so plante es Hitler, sollte die britischen von den amerikanischen Streitkräften trennen. Der Vorstoß bis Antwerpen hätte sodann die Briten einzuschließen, während ein zweiter großer Westfeldzug die Amerikaner aus Frankreich vertreiben würde. Danach stand ein noch nie dagewesener Raketenangriff auf London am Programm. Voller Hoffnungen erwartete er sich von der ganzen Operation eine entscheidende Stärkung der deutschen Moral und einen Einbruch bei den westlichen Alliierten, die zu deren Verhandlungsbereitschaft über einen Frieden führen sollte. Die Gegner, so lautete Hitlers Credo, mussten zur Auffassung gelangen, dass ein Ende des Krieges nicht in Sicht war. Mit der sodann gewonnenen Rückenfreiheit könnte sich die Wehrmacht wieder der Gegenoffensive an der Ostfront widmen.

Die zur Verfügung stehenden Kräfte waren für eine solch weitreichende Operation aber keinesfalls ausreichend. Die erdrückende alliierte Luftüberlegenheit und der eklatante deutsche Treibstoffmangel waren nur zwei objektive Kriterien, die auf die evidente Realitätsverweigerung dieses Konzepts hinwiesen. Trotz der sowjetischen Vorbereitungen für eine Großoffensive beließ Hitler das Schwergewicht der

Wehrmacht nun im Westen. Als Guderian den Diktator auf die bedrängte Ostfront hinwies, reagierte dieser heftig: „Sie brauchen mich nicht zu belehren! Ich führe seit fünf Jahren die deutschen Heere im Felde und habe in dieser Zeit so viel praktische Erfahrung gesammelt, wie die Herren im Generalstab sie nie sammeln können. Ich habe Clausewitz und Moltke studiert und alle Aufmarschpläne Schlieffens gelesen. Ich bin besser im Bilde als Sie!"[1200] Nicht bloß diese Äußerung zeigt, was Hitler zu diesem Zeitpunkt von seinen Militärs hielt. Am 11. und 12. Dezember waren die Generäle der Westfront in zwei getrennten Gruppen in Rundstedts Hauptquartier kommandiert worden, wo man ihnen die Waffen und Aktentaschen abnahm. Danach brachte man sie zur Bunkeranlage des Adlerhorsts, das von der SS streng bewacht wurde. Während der Konferenz war für jeden der Teilnehmer ein Leibwächter vorgesehen. Die Generäle waren bereits derart eingeschüchtert, dass keiner von ihnen gewagt hätte, auch bloß sein Taschentuch zu ziehen.[1201]

Am 16. Dezember begann die deutsche Ardennenoffensive. Der Anfang verlief für Hitler viel versprechend. Das trübe Wetter kam dem Angreifer zu Hilfe, da es die Alliierten hinderte, ihre Einsätze zu fliegen. Die Operation hatte eine Breite von 120 Kilometern und war geschickt mit Verwirrungen und Täuschungen des Gegners vorbereitet worden. Die Überraschung in den Ardennen schien zu gelingen. Die deutschen Panzerverbände, die zum Teil der Ostfront entzogen worden waren, drangen durch die Stellungen der Alliierten. Doch es bedurfte nicht einmal der starken Gegenwehr, um die Offensive zum Erlahmen zu bringen. Der Mangel an Treibstoff führte dazu, dass der Vormarsch der Panzereinheiten schließlich nach wenigen Tagen hängen blieb. Als dann aufgrund der Wetterbesserung die Alliierten wieder mit 5000 Flugzeugen ihre gewaltigen Einsätze starten konnten, war das Ende der deutschen Offensive besiegelt.[1202]

Doch Hitler wollte noch immer nicht aufgeben und machte seinen Kommandeuren klar, dass eine Kapitulation nicht in Frage kam. Von Zeit zu Zeit sollte durch rücksichtslose Schläge dem Gegner wieder verdeutlicht werden, „dass er trotzdem nichts gewonnen hat, sondern dass der Krieg unentwegt weitergeführt wird". Hitler hoffte auf eine ähnliche Wende, wie sie Friedrich der Große im Siebenjährigen Krieg erlebt hatte, und nahm sich den Preußenkönig zum Vorbild: „Die Standhaftigkeit eines Mannes hat es ermöglicht, dass dieser Kampf durchgeführt worden war und doch am Ende das Wunder einer Wende eintrat."[1203] Am Weihnachtsabend machte Guderian den Diktator auf eine bevorstehende neue Offensive der Roten Armee in Polen aufmerksam. Hitler gab sich jedoch über die Zahlen hinsichtlich der sowjetischen Stärke von aufreizender Gelassenheit: „Das ist der größte Bluff seit Dschingis Khan! Wer hat diesen Blödsinn ausgegraben? [...] ich glaube nicht, dass die Russen überhaupt angreifen. [...] Sie machen sich viel zu viel Gedanken. Ich bin fest überzeugt, dass im Osten nichts passiert."[1204]

Quelle dieser seltsamen Ruhe mochte sein amorpher Gottesglaube sein. „Ich bin vielleicht kein sogenanntes Kirchenlicht", so stellte er einmal fest, „ein Frömmling, das bin ich nicht. Aber im tiefsten Innern bin ich doch ein frommer Mensch, d. h. ich glaube, dass, wer den Naturgesetzen, die ein Gott geschaffen hat, entsprechend auf dieser Welt tapfer kämpft und nie kapituliert – dass der dann auch von dem Gesetzgeber nicht im Stich gelassen wird, sondern dass endlich er doch den Segen der Vorsehung bekommt."[1205] Darauf sollte Hitler bis zuletzt hoffen. Diese Vision hielt ihn aufrecht und prolongierte Töten und Zerstörung.

# Der Untergang der Tyrannis

## Januar bis Mai 1945

Die Vision, in einem Inferno kämpfend unterzugehen, wurde Wirklichkeit. Eine zivilisierte Form des Eingestehens der Niederlage durfte es nicht geben. Das in Agonie liegende Gebilde des Dritten Reiches hatte mit seinem „Führer" aus allen Wunden blutend mit ohrenbetäubendem Getöse einzustürzen, und es sollte alles mitreißen, damit die Sieger lediglich eine Wüstenei in Besitz nehmen konnten. Die letzten Monate der beiden „Führer" sind gekennzeichnet vom Wechsel von Depressionen, im Bewusstsein der bevorstehenden Niederlage, und realitätsfernem Hoffen auf ein Wunder. Militärisch war der Krieg längst verloren, doch Hitler und Mussolini waren sich darin einig, dass er politisch eventuell noch zu gewinnen sein mochte.

Der Glaube an das Unmögliche blieb den beiden bis in die letzten Tage erhalten, wenngleich er im Laufe des Jahres 1945 naturgemäß immer heftiger erschüttert wurde. Doch die fatale Überzeugung, von der Vorsehung auserwählt und vom Schöpfer mit Genialität großzügig ausgestattet worden und deswegen dem ruchlosen Gegner letztlich doch überlegen zu sein, ließ beide in wellenartig aufbrausendem Optimismus von der Idee des Endsiegs nicht loskommen. Doch sollte der Krieg verloren gehen, sollte auch die Nation verloren sein. Dass das deutsche Volk sich dem Sieger ergab und bloß danach trachtete, für sein Überleben zu sorgen, kam für Hitler nicht in Frage. Diese Option hatte keinen Platz in dem Wagnerianischen Heldenszenario des deutschen Diktators. Nach 1918 nochmals eine Niederlage vermochte Hitler nicht zu ertragen. Eine solche Schmach wollte er nicht überleben, und dies gestand er auch seinem Volk nicht zu. Mussolini mochte zwar nicht derart heldenmythisch denken, doch die Ehre ging ihm über alles, und schon sein Zynismus und seine ausgeprägte Misanthropie ließen es nicht zu, den Italienern nach Niederlage und Kapitulation ein banales Leben fern jeglicher nationaler Größe zu gestatten.

In seinem letzten Neujahrsaufruf gab Hitler einmal mehr die gleichermaßen verzweifelte wie unheilvolle Parole aus, dass Deutschland niemals kapitulieren werde. Die Prophezeiungen der „jüdisch-internationalen Weltverschwörung" über die deutsche Niederlage seien allesamt nicht eingetroffen. „Wir kennen aus der Vergangenheit und Gegenwart die Ziele unserer Feinde. Was die britisch-amerikanischen Staatsmänner mit dem Deutschen Reich vorhaben, was die bolschewistischen Machthaber und letzten Endes die hinter allem stehenden internationalen Juden als Maßnahmen gegen das deutsche Volk beabsichtigen, ist uns bekannt. Ihre erfolgreiche Durchführung würde nicht nur die völlige Zerreißung des Deutschen Reiches, den Transport von 15 oder 20 Millionen Deutscher in das Ausland, die Versklavung des Restteiles unseres Volkes, die Verderbung unserer deutschen Jugend, sondern vor allem das Verhungern unserer Millionen-Massen mit sich bringen. Davon abgesehen kann man aber entweder nur in der Freiheit leben oder in der Knechtschaft sterben."

Das Ziel der Feinde, so Hitler weiter, sei die Ausrottung des deutschen Volkes, und deswegen würden Methoden angewandt, „wie sie die zivilisierte Menschheit noch nicht gekannt hat". Angesichts der in Trümmern liegenden deutschen Städte versprach er der Nation nach dem Sieg den raschen Wiederaufbau durch den Nationalsozialismus. Deutscher Wille und Geist würden schlussendlich den Sieg erzwingen. „Das, meine Volksgenossen, wird einmal in die Geschichte eingehen als Wunder des 20. Jahrhunderts! [...] Die Macht aber, der wir dies allein verdanken, der jüdisch-internationale Weltfeind – er wird bei diesem Versuch, Europa zu vernichten und seine Völker auszurotten, nicht nur scheitern, sondern sich die eigene Vernichtung holen." Nicht ohne Selbstmitleid bezeichnete es Hitler als seine einzige Sorge, sich abzumühen, „um das deutsche Volk durch diese Zeit der Not hindurchzuführen und ihm damit das Tor in jene Zukunft zu öffnen, an die wir alle glauben, für die wir kämpfen und arbeiten". Zum Schluss seiner Ansprache dankte er dem Herrgott für seine eigene Rettung, allerdings nur, „weil ich glücklich bin, mein Leben damit weiter in den Dienst meines Volkes stellen zu können".[1206] Seinen Soldaten versprach er, dass das Jahr 1945 „das Jahr einer geschichtlichen Wende sein" werde. „Der Allmächtige, der unser Volk in seinem bisherigen Lebenskampf geleitet und nach Verdienst gewogen, belohnt oder verurteilt hat, soll dieses Mal eine Generation vorfinden, die seines Segens würdig ist."[1207]

Am selben Tag, am 1. Januar 1945, begann die letzte Offensive der deutschen Wehrmacht. Die Operation „Nordwind" sollte zur Unterstützung des steckengebliebenen Angriffs in den Ardennen die amerikanischen Verbände im nördlichen Elsass vernichten und damit der Panzerarmee Manteuffels wieder die Fortsetzung der Offensive in Belgien ermöglichen. Doch der Angriff fiel bis auf kleinere Erfolge zu schwach aus. Die Amerikaner konnten sie stoppen, ohne Truppen aus den Ardennen abziehen zu müssen. Von schwerwiegender Konsequenz waren die von der deutschen Luftwaffe erlittenen Verluste. Bei dem Tiefflugangriff von 800 deutschen Bombern und Jägern gelang es zwar, eine beträchtliche Anzahl alliierter Flugzeuge auf Plätzen in Nordfrankreich, Belgien und den Niederlanden zu zerstören. Doch nicht zuletzt aus fatalem Versehen durch die nicht informierte und deswegen überraschte eigene Flak wurde die deutsche Luftwaffe derart arg dezimiert, dass sie damit endgültig am Ende und ihr Wiederaufbau nicht mehr möglich war.

Selbst Hitler musste sich nun eingestehen, dass seine Offensive im Westen gescheitert war. Deprimiert gab er am 8. und 9. Januar seinen beiden Panzerarmeen nach Gesamtverlusten von etwa 80.000 Mann den Befehl zum Rückzug. „Ich weiß, der Krieg ist verloren. Die Übermacht ist zu groß. Ich bin verraten worden. Nach dem 20. Juli ist alles herausgekommen, was ich nicht für möglich gehalten habe. Es waren die Kreise gegen mich, die am meisten vom Nationalsozialismus profitiert haben. Ich habe sie alle verwöhnt und ausgezeichnet. Das ist der Dank. Am liebsten schieße ich mir jetzt eine Kugel durch den Kopf." Doch noch ging er von diesem Unternehmen ab, aus sturem Trotz: „Wir kapitulieren nicht, niemals. Wir können untergehen. Aber wir werden eine Welt mitnehmen."[1208]

Im „Adlerhorst" in Ziegenberg unterrichtete Guderian einmal mehr den Diktator von der bevorstehenden sowjetischen Großoffensive und forderte neue Kräfte. Hitler, der mit seinem Generalstabschef immer häufiger in Streit geriet, bezeichnete die Angaben über die Truppenstärke des Gegners als „völlig idiotisch" und meinte zudem, dass sich die Ostfront selber helfen müsse und mit dem zur Verfügung Stehenden auszukommen hätte.[1209] Drei Tage später, am 12. Januar, begann der gewaltige Angriff der Roten Armee, die gegenüber dem deutschen Ostheer insgesamt über mehr als das Fünffache an Soldaten verfügte. An den entscheidenden Frontabschnitten betrug die erdrückende Überlegenheit sogar das Elffache. Ziel der von der Weichsel aus losmarschierenden sowjetischen Truppen war Südpolen und in weiterer Folge Schlesien und die Oder.

In dieser Schlussphase des Krieges beging Hitler immer mehr Fehler. Sie waren angesichts der erdrückemden Übermacht der Gegner zweifellos nicht kriegsentscheidend, doch bezeichnend für den Verlust seiner Qualitäten als Heerführer. So transferierte er Einheiten von der Ardennenfront nicht nach Polen, sondern nach Ungarn, um dort Ölquellen und Raffinerieanlagen für das Reich zurückzugewinnen. Zudem beließ er 200.000 Mann in Kurland, das er für eine überaus wichtige Basis für die schon bald gegen die Westalliierten einzusetzenden U-Boote hielt. Die Sowjets aber erzielten große Raumgewinne und zerrissen die deutsche Heeresgruppe Mitte. Die deutsche Ostfront stand angesichts der erdrückenden Übermacht des Gegners im Begriffe völlig zusammenzubrechen.

Am 16. Januar kehrte Hitler von der Westfront in das von Bomben schwer zerstörte Berlin zurück. Auch die Reichskanzlei war erheblich getroffen worden. Ort früherer politischer Triumphe, bot sie nun, vom Krieg gezeichnet, ein trostloses Bild. Die ständigen Luftangriffe veranlassten den Diktator schlussendlich, mit seinem engsten Gefolge in den unterirdischen Bunker im Garten der Anlage zu flüchten. Dort, acht Meter unter der Erde so gut wie lebendig begraben, verfügte Hitler schließlich noch über ein Schlafzimmer, einen Wohn- sowie einen Arbeitsraum, an den Eva Brauns Wohn- und Schlafzimmer grenzten. Von seinen Vasallen waren ihm nur mehr Goebbels und Bormann in die deprimierende Sterilität des Führerbunkers gefolgt.

Gleich dem von ihm proklamierten Dritten Reich war auch Hitler mittlerweile dem völligen Verfall preisgegeben. Bereits sichtlich vergreist ging er nicht mehr, sondern schleppte sich gebückt durch die trostlosen Gänge der Bunkeranlage und hatte dabei erhebliche Mühe, das Gleichgewicht zu halten. Allen Anwesenden war es offenkundig geworden, dass er sich physisch manchmal nicht mehr in der Gewalt hatte. Es misslang ihm bisweilen, seinen Speichel im Mund zu halten und wiederholt wies seine Kleidung überall Spuren seiner letzten Mahlzeiten auf, bei denen er oft wie besessen Mehlspeisen in sich hineinstopfte. Seine blutunterlaufenen Augen vermochten selbst die für ihn eigens dreimal vergrößerte Schrift lediglich mehr mit einer äußerst starken Brille zu lesen. Hände und Beine zitterten, sein Oberkörper war stets vorgebeugt. Wenn er sich setzen wollte, musste ihm ein Stuhl untergeschoben werden. Völlig erschöpft und des Weiterlebens müde, bot der kranke Despot nur mehr ein armseliges Bild.[1210]

Mehr denn je machte Hitler nun buchstäblich die Nacht zum Tage. So ging er erst gegen fünf oder sechs Uhr morgens zu Bett, um dann bis über den Mittag hinein zu schlafen. Seine Konzentration und sein Gedächtnis ließen immer mehr nach, seine Stimme war nun zumeist flüsternd leise. Bei aller zunehmend öfter auftretenden Apathie war er jedoch noch immer zu gewaltigen Zornesausbrüchen fähig, bei denen er am ganzen Leib zitterte, Augen und Adern im Gesicht hervorquollen und er Tiraden losließ, die seine Untergebenen nach wie vor einschüchterten.[1211] Trotz nachlassender Kräfte und dem Zusammenbruch des nationalsozialistischen Regimes gelang es Hitler noch immer, alle, die mit ihm in Kontakt kamen, in seinen Bann zu ziehen. Sein an sich schon übersteigertes Misstrauen wuchs allerdings ins Pathologische. Überall witterte er Verrat und Verschwörung. Die bedrückende Atmosphäre des Bunkers war aber auch das Refugium, in dem er in seine Scheinwelt flüchten konnte. Seine Stimmungsschwankungen waren unberechenbarer denn je, die Hoffnungen, die er sich machte, reinste Illusionen. So wirkte er gleichsam dem blutigen Ringen entrückt, wenn er gedankenversunken im Keller der Reichskanzlei vor dem von seinem Architekten Hermann Giesler entworfenen Modell des neu zu erbauenden Linz saß. Jeder Bezug zur Wirklichkeit war verloren gegangen. Hitler wusste, dass es zu Ende ging. Doch so lange er lebte, wollte er den Kampf fortsetzen, gleich wie viele Opfer er noch verlangen würde. Nur sein Tod konnte dem Blutvergießen Einhalt gebieten.

Mit strengsten Maßnahmen glaubte Hitler, die Wehrmacht zu noch fanatischerem Widerstand gegen den überall vordringenden Gegner veranlassen zu können. Generäle, die einen Rückzug zu verantworten hatten, wurden entlassen und teilweise sogar von Ernst Kaltenbrunner höchstpersönlich verhört. Selbst Guderian war davon betroffen. In seinem Fernschreiben an sämtliche militärischen Befehlshaber befahl Hitler diesen bis hinunter zum Divisionskommandeur, ihm jeden Entschluss zu einer Operation oder einer Rückzugsbewegung so frühzeitig zu melden, „dass mir ein Eingreifen in diese Entschlussfassung möglich ist und ein etwaiger Gegenbefehl die vorderste Truppe noch rechtzeitig erreicht". Darüber hinaus wollte er bloß „die ungeschminkte Wahrheit" von der Front gemeldet bekommen und demgemäß „künftig jeden Versuch einer Verschleierung, sei sie absichtlich oder fahrlässig oder durch Unachtsamkeit entstanden, drakonisch bestrafen".[1212]

Naturgemäß vermochte auch der ständige Austausch von militärischen Führern die verzweifelte Lage aufgrund der eklatanten Unterlegenheit an Mann und Material nicht wettzumachen. Völlig ineffizient verlief dabei erwartungsgemäß die Ernennung des militärischen Dilettanten Himmler zum Befehlshaber der neugebildeten Heeresgruppe Weichsel. Binnen weniger Wochen hatten die Sowjets Warschau und Budapest genommen, das schlesische Industrierevier ebenso wie Pommern und große Teile Ostpreußens und des Warthegaus erobert. In Panik vor den Racheakten der Rotarmisten floh die deutsche Bevölkerung aus diesen Gebieten in endlosen Kolonnen ins Innere des Reiches. Nur Enklaven wie Königsberg, Thorn, Graudenz, Posen und Breslau hielten in ebenso fanatischen wie letztlich völlig sinnlosen Kämpfen noch durch. Schlussendlich aber stand die Rote Armee im März bei Küstrin und Frankfurt an der Oder 70 Kilometer vor Berlin. Das Elend dieses an Brutalität wohl nicht mehr zu überbietenden Krieges hatte nun auch die Deutschen im Reich eingeholt. Doch für die vom Regime Verfolgten hatte es noch immer kein Ende gefunden.

Im Rahmen des deutschen Rückzugs schloss die SS auch die Konzentrations- und Vernichtungslager in Polen. Hektisch versuchten die Exekutoren der „Endlösung" alle Beweise für den unvorstellbaren Massenmord zu beseitigen. Krematorien wurden gesprengt, die Insassen aus Auschwitz schickte man auf wahren Todesmärschen in Richtung Westen, wo sie in anderen Lagern wie Mauthausen, Bergen-Belsen, Dachau oder Buchenwald interniert werden sollten. Die gnadenlosen, von äußerster Brutalität begleiteten Märsche kosteten neuerlich vielen ausgehungerten und entkräfteten Gefangenen das Leben. Die SS kannte nicht einmal Erbarmen, als das Ende ihrer Schreckensherrschaft absehbar war.

Die oberitalienische Republik, der klägliche Überrest des einstigen „Imperiums", war ein Marionettenstaat der Deutschen geblieben. Mussolinis oberstes Ziel einer Wiederaussöhnung zwischen den Italienern war nicht einmal in Ansätzen erreicht worden. Die Faschistische Partei fand keinen sonderlichen Rückhalt in der Bevölkerung, der Aufbau eines neuen republikanischen Heeres scheiterte sowohl an eigenen Unzulänglichkeiten als auch an der Verzögerungstaktik der Deutschen, die die Italiener lieber als Arbeiter denn als unzuverlässigen militärischen Bundesgenossen nützen wollten. Das ohnehin nicht eindeutig definierte Territorium der Republik von Salò schrumpfte immer mehr: durch den Vormarsch der Alliierten, durch das Vordringen der Partisanen und durch die Abtrennung Südtirols und eines Teils der Adriaküste durch die Deutschen. Die Regierung hatte keinerlei Kontakt zum Volk, die Ministerien lagen über Oberitalien verstreut und besaßen weder finanzielle Mittel noch politische Autorität, eine echte Verwaltung darzustellen.

Trotz seines persönlichen Verfalls und der bevorstehenden totalen Niederlage lauschten die Offiziere noch immer ergeben Hitlers Durchhalteparolen.

Mussolinis republikanisches Experiment war gescheitert. Dies lag auch daran, dass er, der so gern zu den radikalen Wurzeln des Faschismus vor der Machtergreifung von 1922 zurückkehren wollte, es neuerlich zugelassen hatte, dass selbst die nun viel kleinere Neofaschistische Partei in verschiedene Lager zerfiel: in die fortschrittlich-„liberale" Gruppe, der der Duce intellektuell zweifellos näher stand und die selbstkritisch einen Dialog mit den Antifaschisten befürwortete, und in die dem Squadrismus nachhängende, reaktionäre, unversöhnliche und uneinsichtige Fraktion um Pavolini und Farinacci, auf die er im Bedarfsfall zurückzugreifen jedoch auch nicht zögerte. Die Sozialisierung der Betriebe, wonach der Staat die Leitung der Unternehmen in den wichtigsten wirtschaftlichen Sektoren übernehmen sollte, diente im Wesentlichen bloß der Propaganda. Die Realisierung blieb auf einzelne Teile der Wirtschaft beschränkt und wurde von den Arbeitnehmern mit Gleichgültigkeit aufgenommen, während die Deutschen danach trachteten, diese gefährlichen „linken" Pläne nach Möglichkeit zu behindern. Zudem nahmen die Streiks in Oberitalien von Monat zu Monat zu. Mussolini, dessen Ruf eines gleichermaßen brutalen wie genialen Staatslenkers so gut wie vollständig dahin war, zeigte immer mehr Züge eines abgehalfterten gewöhnlichen Opportunisten, der das Lavieren, um seine eigene Existenz zu retten, bis zum bitteren Ende nicht lassen konnte.

Mussolini hatte es nicht geschafft, sich von der Rolle eines „Gauleiters" in Italien von Hitlers Gnaden zu emanzipieren. Seine jahrzehntelang so eigentümlich geschickt zugedeckten politischen Schwächen hinderten ihn nun, noch einmal einen entscheidenden Part zu übernehmen. Schwächlich ließ er gewähren und vermochte nicht einmal gegen das Intrigenspiel seines Familienclans oder gegen die Spitzeltätigkeit Clara Petaccis, die sich als Informantin für die Deutschen hergab, einzuschreiten. Der einst so unantastbar wirkende Duce stellte nur mehr eine Galionsfigur für das Regime in Norditalien dar. Staatsmännisch in die Bedeutungslosigkeit herabgesunken, übte er keine Macht mehr aus. Kraftlos und in seinem politischen Intellekt bisweilen nicht mehr völlig ernst zu nehmen, ließ er seine Unterführer wie Pavolini oder den für die Judenverfolgung verantwortlichen Giovanni Preziosi gewähren. Die Milizen der radikalen Rechten, allen voran die „Decima Mas" des Fürsten Borghese, lieferten sich mit den größtenteils kommunistischen Partisanen einen erbitterten Bürgerkrieg, während sich Mussolini selbst am Gardasee zunehmend weltfremd gerierte und sich nach wie vor für eine große historische Persönlichkeit hielt.

Von seinen physischen Beschwerden war Mussolini mittlerweile weitestgehend befreit. Seine Diät war erfolgreich umgestellt worden, indem man endlich erkannt hatte, dass der erhebliche Milchkonsum wohl eher eine kontraproduktive Wirkung nach sich gezogen hatte. Die – nicht zuletzt auch psychologische – Betreuung durch seinen neuen, deutschen Arzt Georg Zachariae führte zu einer merklichen Besserung des Befindens, sodass er wieder Sport wie Radfahren und Tennis betreiben konnte. Auch zur intensiveren Beschäftigung mit der deutschen Sprache fand er wieder Zeit und Muße. Dementsprechend fing er an, Wagners „Ring des Nibelungen" ins Italienische zu übersetzen.

Weit davon entfernt, jemals wieder die überragende Stellung einzunehmen, die er über so viele Jahre innegehabt hatte, öffnete sich Mussolini nun sichtlich und wurde in seinem Wesen zugänglicher. Zunehmend sprach er von Gott und Gewissen und gab sich katholisch. Nicola Bombacci wurde zu seinem engen Vertrauten. Der ehemalige Kommunist, der früher an der Seite Lenins stand, beeinflusste den politisch offenkundig unentschlossenen Faschistenführer ideologisch nicht unerheblich. Gleichzeitig ließ Mussolini mittlerweile die antisemitische Politik Preziosis zu, die in der Deportation Tausender Juden nach Deutschland und der Errichtung italienischer Konzentrationslager wie jenes von San Sabba bei Triest gipfelte.

Trotz völlig aussichtsloser Lage führte Hitler den Krieg weiter. In seiner letzten Rundfunkansprache an die Nation aus der Reichskanzlei am 30. Januar beschwor er in hohlen Phrasen die Tugenden des Deutschen Reiches durch die Machtergreifung der Nationalsozialisten vor zwölf Jahren. Er selbst kenne nur mehr eine Pflicht: für sein Volk zu arbeiten und zu kämpfen. „Von dieser Pflicht kann mich nur der entbinden, der mich dazu berufen hat."[1213] Speer machte ihn am Tag seiner Rundfunkrede in einem Memorandum darauf aufmerksam, dass nach dem Verlust von Schlesien die Rüstungsproduktion ans Ende gelangte. Doch der Diktator reagierte auf diese Denkschrift lediglich wütend und verbot deren Weiterleitung. Niemand hatte ihm zu sagen, dass der Krieg verloren und daher zu beenden war. Während Göring, Ribbentrop und selbst Goebbels Sondierungsgespräche mit den westlichen Alliierten für einen Separatfrieden ernstlich in Erwägung zogen, verweigerte der Diktator noch immer standhaft einem solchen Schritt. Die militärische Lage schien ihm zu ungünstig, um damit Erfolg zu haben. Vielmehr hoffte er darauf, dass die Westmächte, über das Vordringen der Roten Armee verängstigt, es dem Reich ermöglichen könnten, mit freiem Rücken gegen die „bolschewistische Sturmflut" zur Rettung Europas anzukämpfen. So sehr vor allem Churchill über die Absichten Stalins besorgt war, dachten die westlichen Alliierten doch keinesfalls daran, mit dem nationalsozialistischen Deutschland gemeinsame Sache zu machen.

Der Mehrfrontenkrieg ging weiter. Die erschöpfte und demoralisierte Wehrmacht stand eklatant überlegenen Streitmächten gegenüber: Im Osten nicht weniger als 2,2 Millionen Rotarmisten, im Westen immerhin auch etwa zwei Millionen Amerikanern, Briten, Kanadiern und Franzosen. Was die Luftwaffe, Panzer und Artillerie betraf, fiel die Überlegenheit teilweise noch viel deutlicher aus. Das durch die nun jahrelange Niederlagenserie demoralisierte und noch dazu unterlegen ausgerüstete deutsche Heer war längst am Ende, doch Hitler und seine gleichermaßen fanatischen wie noch immer bedingungslos gehorsamen Generäle und SS-Führer

Es geht dem Ende zu. Hitler auf einem Divisionsgefechtsstand an der Oder-Front.

ließen es weiterkämpfen, bis das Reich in einem apokalyptischen Szenario endgültig in Schutt und Asche versank.

Das Ergebnis von Jalta bestätigte Hitler bloß in seiner Ansicht, dass eine Kapitulation nicht in Frage kam. Stalin, Churchill und der todkranke Roosevelt waren nach achttägiger Konferenz am 12. Februar auf der Krim übereingekommen, Deutschland in Besatzungszonen aufzuteilen und zu entmilitarisieren, seine Industrie unter Kontrolle zu stellen, Gebiete abzutrennen, Reparationen zu verlangen, die NSDAP zu verbieten und Kriegsverbrecher vor Gericht zu stellen. Mit diesen klaren Ankündigungen sah Hitler seine bisherige Politik nur gerechtfertigt. Den Feinden des Reiches ging es um nichts anderes, als Europa nach ihren Vorstellungen zu beherrschen und Deutschland völlig zu entmachten.

Im Februar begannen die Westalliierten ihre Offensive gegen das Reichsgebiet. Auch hier war die Überlegenheit einfach erdrückend. Trotzdem kamen die Heeresgruppen unter Bradley und Montgomery aufgrund des zähen deutschen Widerstandes vergleichsweise nur recht langsam voran. Der Verlust linksrheinischen Gebiets konnte jedoch auf längere Sicht genauso wenig aufgehalten werden wie die Errichtung des so wichtigen amerikanischen Brückenkopfs bei Remagen Anfang März. Bis Ende des Monats waren unter anderem Köln, Mönchengladbach, Koblenz, Mainz und Kaiserslautern erobert. „An der Ostfront schlagen sich die Männer viel besser", äußerte sich Hitler erbost gegenüber Guderian. „Dass sie im Westen so schnell kapitulieren, liegt nur an der blöden Genfer Konvention, die ihnen milde Behandlung nach der Gefangennahme zusichert [...] Wir müssen diese blöde Konvention kündigen."[1214]

Die Bombardierungen deutscher und österreichischer Städte erreichten gerade in den letzten Kriegsmonaten ungekannte infernalische Ausmaße. Frankfurt, Nürnberg, München, Salzburg, Linz und Innsbruck wurden ebenso wie das Ruhrgebiet von den bislang schwersten Luftangriffen heimgesucht. Weiter im Osten ging es Berlin, Magdeburg, Leipzig, Halle, Chemnitz oder Wien nicht besser. Im Süden waren Graz und Klagenfurt betroffen. Die Bombardements der meisten dieser Städte waren bloße Terrorangriffe gegen die Zivilbevölkerung und machten auch vor reinen Kulturstädten wie Würzburg oder Potsdam nicht halt. Vor allem die Einäscherung des mit Flüchtlingen aus Schlesien überfüllten Dresden durch einen Teppich von Brand- und Sprengbomben gelangte dabei zu trauriger Berühmtheit und beschädigte das Image der „Befreier" nachhaltig.[1215]

Durchhalteparolen waren mittlerweile die einzige Botschaft, die Hitler den Deutschen zu vermitteln vermochte. Erfolgsmeldungen hatte er schon lange nicht mehr zu bieten. Zum Parteigründungstag am 24. Februar pries er in einer Proklamation seine selbstlose Aufopferung für seine Nation und betonte, dass das Einzige, was er dabei nicht ertragen könnte, ein Zeichen der Schwäche seines Volkes wäre. „Wie schwer dieser Kampf nun ist, das wissen wir alle. Was immer wir aber auch dabei verlieren, es steht in keinem Verhältnis zu dem, was wir verlieren würden, wenn er nicht erfolgreich seinem Ende entgegenginge. Was der Bolschewismus ist, das erleben nun einzelne Gebiete im Osten unseres Reiches am eigenen Leibe. Was dort unseren Frauen, Kindern und Männern von dieser jüdischen Pest zugefügt wird, ist das grauenhafteste Schicksal, das ein Menschengehirn sich auszudenken vermag. Dieser jüdisch-bolschewistischen Völkervernichtung und ihren westeuropäischen und amerikanischen Zuhältern gegenüber gibt es deshalb nur ein Gebot: Mit äußerstem Fanatismus und verbissener Standhaftigkeit auch die letzte Kraft einzusetzen, die ein gnädiger Gott den Menschen in schweren Zeiten zur Verteidigung seines Lebens finden lässt. Was dabei schwach wird, fällt, muss und wird vergehen."[1216] In seiner Proklamation an die Wehrmacht am 11. März – zehn Jahre nach der Wiedereinführung der allgemeinen Wehrpflicht – verglich Hitler die Lage des Dritten Reiches mit der Roms im Zweiten Punischen Krieg und der Preußens im Siebenjährigen Krieg. „Was wir daher zu tun haben, ist jedem klar: Solange Widerstand zu leisten und auf die Feinde zu schlagen, bis sie am Ende müde werden und doch zerbrechen!"[1217]

Aber insgeheim wusste Hitler, dass das Ringen verloren war. Das deutsche Volk habe sich in diesem Krieg als zu schwach erwiesen, so erklärte er Speer deprimiert nur eine Woche später. Dem „stärkeren Ostvolk" gehöre ausschließlich die Zukunft. Nach dem Kampf blieben bei den Deutschen nur die „Minderwertigen" übrig, die „Guten" seien gefallen.[1218] In seiner Vernichtungswut erließ Hitler tags darauf den so genannten „Nero-Befehl", demgemäß alle „militärischen, Verkehrs-, Nachrichten-, Industrie- und Versorgungsanlagen, die sich der Feind für die Fortsetzung seines Kampfes irgendwie sofort oder in absehbarer Zeit nutzbar machen kann", zu zerstören waren.[1219] Doch allmählich begann Hitlers Autorität zu zerbröckeln. Speer untergrub den „Nero-Befehl" wirkungsvoll, indem er vom Diktator die Gesamtverantwortung für die Durchführung der Zerstörungsmaßnahmen einzuholen vermochte. Wie schon bei der französischen Industrie, so gelang es dem Rüstungsminister neuerlich, einen Zerstörungsbefehl Hitlers unter Mithilfe von Gauleitern und führenden Militärs wie Model zu missachten.

Generalfeldmarschall Walter Model, Hitlers Mann für besonders schwierige Situationen, konnte die totale militärische Niederlage nicht verkraften und nahm sich schließlich das Leben.

In den letzten Monaten sinnierte Hitler immer öfter, wie es aus seiner Sicht zu all dem gekommen war. Menschlich wieder zugänglich, „liebenswürdiger und privater", wie es Speer trotz allem vorkam, trauerte er vergebenen Chancen nach: Der Krieg hätte aus militärischen Gesichtspunkten bereits ein Jahr früher beginnen müssen, doch war 1938 eben nichts zu machen, da Briten und Franzosen in München auf all seine Forderungen eingegangen waren. Ein Jahr später sei ihm und den moralisch dafür gar nicht bereiten Deutschen dagegen der Krieg aufgezwungen worden. 20 Jahre hätte er eigentlich noch gebraucht, um tatsächlich eine neue, nationalsozialistische Elite zu formen. Doch da es den Deutschen an Raum fehle, seien sie auch immer durch die Umstände gedrängt. Die Zeit arbeite gegen Deutschland und gegen ihn, der alles während seines Lebens vollenden wollte, wozu andere über eine Ewigkeit verfügten. Und er betrachtete es als Verhängnis, einem – wie er es nun sah – unbeständigen, sprunghaften Volk mit einer tragischen Vergangenheit zu dienen.

Noch immer schien Hitler nicht begreifen zu wollen, dass sich Großbritannien gegen ihn gestellt hatte, anstatt das gute Verhältnis mit Deutschland zu suchen und sich ausschließlich dem Wohl seines Empire zu widmen. Den „übermächtigen

Einfluss der Juden auf die Engländer unter Churchill" unterschätzt zu haben, bezeichnete er deshalb als seinen folgenschwersten Irrtum.[1220] Dabei wäre der Krieg zwischen Deutschland und Großbritannien so sinnlos und verfehlt; man hätte ihn doch noch Anfang 1941 beenden können, als sich die britische Widerstandskraft bewiesen gehabt hätte. Der Krieg gegen die Sowjetunion und die „Ausrottung des Bolschewismus" dagegen seien stets sein Lebensziel und der Grund für die Entstehung des Nationalsozialismus gewesen. Ihn nicht zu führen, hätte schlicht Verrat bedeutet. Frustriert gab Hitler seinem eigenen Mangel an Radikalität die Schuld, gescheitert zu sein. Lediglich gegen die Juden habe er „mit offenem Visier" gekämpft. Aber er habe keinen Revolutionskrieg geführt, sich durch konservative und bürgerliche Elemente in Politik, Diplomatie und Militär bremsen lassen und es verabsäumt, etwa die Kolonialvölker in Afrika und Asien zum Aufstand gegen die alten Beherrscher zu ermuntern, ja sich an dessen Spitze im Kampf gegen die überlebten Imperien zu stellen. Hitler meinte, den Krieg zu wenig radikal geführt zu haben.

Sein Verhältnis zu Mussolini und dem faschistischen Italien unterzog der deutsche Diktator nun ebenfalls harter Kritik: „Wenn ich die Ereignisse nüchtern und frei von jeder Sentimentalität betrachte, muss ich zugeben, dass meine unwandelbare Freundschaft zu Italien und zum Duce auf das Konto meiner Irrtümer gesetzt werden kann. Tatsächlich kann man sagen, dass die italienische Allianz unseren Feinden mehr als uns selber genutzt hat [...] und sie wird am Ende dazu beitragen, dass wir – sollte der Sieg nicht doch noch uns gehören – den Krieg verlieren [...] Der italienische Verbündete hat uns fast überall gehemmt. [...] Italiens Eintritt in den Krieg hat fast sofort unseren Gegnern die ersten Siege verschafft und Churchill in die Lage versetzt, seinen Landsleuten neuen Mut und den Anglophilen in aller Welt neue Hoffnung einzuflößen. Obwohl die Italiener sich schon unfähig gezeigt hatten, Abessinien und die Cyrenaika zu halten, haben sie die Dreistigkeit gehabt, sich, ohne uns zu fragen, ohne uns auch nur zu unterrichten, in den vollkommen sinnlosen Feldzug gegen Griechenland zu stürzen [...] Aus Dankbarkeit, weil ich die Haltung des Duce während des ‚Anschlusses' nicht vergessen konnte, habe ich immer davon abgesehen, Italien zu kritisieren und zu verurteilen. Ich habe mich im Gegenteil immer bemüht, es als ebenbürtig zu behandeln. Die Gesetze des Lebens zeigen leider, dass es ein Irrtum ist, diejenigen als Ebenbürtige zu behandeln, die nicht wirklich ebenbürtig sind [...] Ich bedaure, dass ich nicht der Vernunft gefolgt bin, die mir eine brutale Freundschaft im Hinblick auf Italien vorschrieb."[1221]

Der nach Hitlers Ansicht mitterweile unglückselige Griechenlandfeldzug Italiens musste als Begründung dafür herhalten, warum „Barbarossa" schließlich scheiterte. Aus dem notwendigen deutschen Eingreifen auf dem Balkan habe sich die unheilvolle Verspätung des Aufmarsches gegen Russland zwangsläufig ergeben. Hätte, so setzte Hitler wehleidig die viel tradierte Legende ins Leben, die Wehrmacht die Sowjetunion schon vom 15. Mai an angegriffen, wäre alles anders gekommen.

Immer noch glaubte Hitler, mit Personalrochaden das Kriegsglück wenden zu können. Die nicht mehr abreißende Niederlagenserie und der ständige Zwist mit dem selbstbewussten Generalstabschef führten am 28. März zur Ablösung Guderians durch den servileren General Hans Krebs. Aufgrund des weiteren Vordringens der Roten Armee, speziell in Pommern, fiel auch Himmler in Ungnade. Am 20. März entzog ihm Hitler das Kommando über die Heeresgruppe Weichsel. Göring hingegen war trotz des Versagens der Luftwaffe schon seit Jahren nur mehr des Scheins wegen gehalten worden. Darüber, dass der Reichsmarschall in jeder Hinsicht maßlos enttäuscht hatte, ließ sich der Diktator in wütenden Tiraden aus. Trotz Goebbels' Einflüsterungen, sich von „Versagern" wie Göring und Ribbentrop zu trennen, hielt Hitler aber aus Furcht, wonach deren Ablösungen auf die Öffentlichkeit wie ein Eingeständnis einer Führungskrise wirken könnte, an seinen alten Paladinen fest.

Der Tod seines Erzfeindes Roosevelt schien Hitlers Lebensgeister noch einmal zu wecken. Diese Nachricht – ausgerechnet am Freitag, dem 13. April – war für ihn das große Wunder, dass die Wende einleiten würde, wie seinerzeit der Tod der Zarin Elisabeth den so bedrängten Preußenkönig Friedrich letztendlich noch zum unerwarteten Sieg verholfen hatte. Auch Goebbels, der mittlerweile Horoskopen mehr als der vermeintlichen eigenen Stärke zu vertrauen schien, reagierte euphorisch. Doch nach einer glücklichen Kriegswende sah es keineswegs aus, nachdem auch Wien von der Roten Armee erobert wurde, Ungarn und Preßburg schon Tage vorher in die Hände der Sowjets gefallen waren und am 17. April 325.000 Soldaten der das Ruhrgebiet verteidigenden Heeresgruppe B in amerikanische Gefangenschaft gingen. Ihr Oberbefehlshaber zog daraus die Konsequenzen: Model, bisher immer Hitlers „Feuerwehr" bei besonders kritischen Situationen, nahm sich in einem Wald bei Duisburg das Leben.

Am 16. April hatte auch die sowjetische Großoffensive mit der erdrückenden Übermacht von über einer Million Mann von Oder und Neiße aus begonnen. Pünktlich zu Hitlers Geburtstag eröffnete die Artillerie das Feuer auf Berlin. Doch noch stand Hitler unter dem Eindruck von Roosevelts Tod, und so prophezeite er seinen Soldaten angesichts des sowjetischen Großangriffs auf die Reichshauptstadt: „Der Bolschewist wird dieses Mal das alte Schicksal Asiens erleben, d. h. er muss und wird vor der Hauptstadt des Deutschen Reiches verbluten. [...] Berlin bleibt deutsch. Wien wird wieder deutsch, und Europa wird niemals russisch. [...] Im Augenblick, in dem das Schicksal den größten Kriegsverbrecher aller Zeiten von der Erde genommen hat, wird sich die Wende dieses Krieges entscheiden."[1222]

Auch Mussolini schöpfte aus Roosevelts Tod einen Funken Hoffnung auf eine Sprengung der gegnerischen Koalition. Stets hatte er vor allem den amerikanischen Präsidenten als den stärksten Befürworter der Allianz der Westmächte mit der

Sowjetunion gehalten. In diesen letzten Wochen und Monaten war der Kontakt zwischen Mussolini und Hitler praktisch abgerissen. Doch noch immer standen 20 deutsche Divisionen in Italien. An der Apenninfront war der alliierte Vormarsch im Winter 1944/45 zum Stehen gekommen. Der Abzug angloamerikanischer Truppen für die Invasion in Südfrankreich hatte zu einer Atempause an der „Gotenlinie" geführt. Das neofaschistische Regime von Salò beklagte beinahe schon rituell, dass der deutsche Verbündete die Italiener bloß als Arbeiter rekrutiere und den Ausbau und Einsatz einer eigenen italienischen Wehrmacht gar nicht wünschte. Der Duce selbst war dazu übergegangen, mit Sozialisierungsmaßnahmen sich der Arbeiterschaft in den großen Industriestädten nähern zu wollen. Hitler zeigte sich über die sozialen Formen des Faschismus, „die man geradezu als links bezeichnen könne", besorgt. Doch Mussolini wollte keine deutsche Intervention mehr tolerieren. „Sie sollen sehen, wie sie mit dem Krieg vorankommen, und mich in Italien regieren lassen."[1223]

Im Bewusstsein, dass das Ende für sein und Hitlers Regime nahte, zeigte sich der Duce nun bestrebt, gleichsam posthum einen sozial-republikanischen Mythos des Faschismus zu schaffen. Zudem bekundete er seine Absicht, nach einem Abzug der deutschen Truppen auch seine Herrschaft bis zum letzten Schuss verteidigen zu wollen; gegen Antifaschisten und Alliierte gleichermaßen. Der finale Widerstand, der Endkampf des Faschismus, sollte in der malerischen Bergwelt des Veltlin nahe der Schweizer Grenze geleistet werden. „Schließlich", so bemerkte Mussolini zu Graziani, „soll der Faschismus an einem Ort wie diesem heroisch fallen."[1224] Gleichzeitig versuchte Mussolini, sich endlich von den Deutschen frei zu machen und eine politische Lösung zur Beendigung des Krieges zu finden. Über die katholische Kirche wollte er mit den Partisanen und den Alliierten verhandeln. Zu diesem Zweck beschloss er, mit seiner Regierung nach Mailand zu übersiedeln. Die Deutschen waren gegen dieses Vorhaben. So riet ihm Rahn, entweder am Gardasee zu bleiben oder mit der deutschen Botschaft nach Meran zu übersiedeln, Mailand sei eine Falle. Doch diesmal widersetzte sich Mussolini den deutschen Wünschen. Wenn der Krieg schon verloren sei, dann wolle er auf italienischem Boden sterben.[1225] In seiner letzten Konferenz mit führenden Repräsentanten des Reiches wie Wolff und Rahn am 14. April in Gargagno sprach Mussolini auch davon, Mailand in ein zweites Stalingrad zu verwandeln. Die Führer der deutschen bewaffneten Macht in Italien hatten freilich ihre eigenen streng geheimen Pläne: die Kapitulation der deutschen, in Italien stehenden Streitkräfte. Gegen diese hatte am 9. April die alliierte Offensive begonnen, die nach zehn Tagen zum Durchbruch der Amerikaner bei Bologna führte.

Einen Tag zuvor, am 18. April, traf Mussolini mit einem kleinen, von der SS begleiteten Konvoi in Mailand ein. Um neun Uhr abends bezog er in der Präfektur in der Via Monforte sein Quartier. „Hier fühle ich mich zu Hause, hier muss ich bleiben und hier muss ich regieren", teilte er Rahn, der Mussolini neuerlich zu einer Flucht nach Tirol zu überreden suchte, in deren letzten Begegnung mit.[1226] Tatsächlich war inmitten des tobenden Bürgerkriegs, der Auflösung der Front gegen die Alliierten und dem Bestreben der Deutschen, die Waffen zu strecken und ihre eigene Haut zu retten, Mussolinis Einflussbereich auf das Gebäude der Mailänder Präfektur geschrumpft. Der Bankrott seiner Politik war total. Noch ein letztes Mal wandte er sich an Hitler. Am 20. April schickte Mussolini dem deutschen Diktator ein Glückwunschtelegramm zu dessen 56. Geburtstag.

An diesem Tag hatte sich im Führerbunker praktisch die gesamte NS-Prominenz eingefunden. Grund zum Feiern gab es wahrlich keinen. Dementsprechend gedrückt und voller Angst vor der Zukunft war die Stimmung unter den Anwesenden. Es konnte sich niemand von ihnen darin täuschen, dass dies das letzte gemeinsame Treffen vor dem Zusammenbruch sein musste. Das Ende von Glanz und Gloria des Regimes war längst gekommen. Doch dies bedeutete für die Granden angesichts ihres Überlebenstriebs und ihrer Verblendung nicht das Ende aller Illusionen. Ein letztes Mal antwortete Hitler auch Mussolini. Selbst jetzt noch strotzte sein Danktelegramm – uneinsichtig über die evidente Niederlage – vor pathetischen Phrasen: „Meinen Dank Ihnen, Duce, für Ihre Glückwünsche zu meinem Geburtstag. Der Kampf, den wir um unsere nackte Existenz führen, hat seinen Höhepunkt erreicht. Mit unbeschränktem Materialeinsatz setzen der Bolschewismus und die Truppen des Judentums alles daran, ihre zerstörerischen Kräfte in Deutschland zu vereinen und so unseren Kontinent in ein Chaos zu stürzen. Im Geiste zäher Todesverachtung werden das deutsche Volk und alle, die gleichen Geistes sind, diesen Ansturm zum Halten bringen, wie schwer der Kampf auch sein mag, und durch ihren einzigartigen Heldenmut den Verlauf des Krieges ändern. In diesem historischen Augenblick, in dem das Schicksal Europas auf Jahrhunderte hinaus entschieden wird, sende ich Ihnen meine herzlichsten Grüße."[1227] Das gleichermaßen uninspirierte wie nichtssagende Telegramm markierte den Schlussstrich unter die gemeinsame Korrespondenz der beiden Diktatoren.

Hitlers Unterführer hatten es bis auf Bormann und Goebbels eilig, nach der trostlosen Geburtstagsfeier aus der unter Beschuss liegenden Reichshauptstadt zu entkommen. Zwei von ihnen schwebte dabei ein Ausweg vor, der ihnen noch in den letzten Tagen den Bannstrahl des Diktators bescheren sollte. Doch noch wusste dieser nicht Bescheid. Der Führerbunker leerte sich. Auf Hitlers Anordnung übersiedelten die meisten Mitarbeiter seines persönlichen Stabs nach Berchtesgaden. Hitlers Verhalten wurde immer unkontrollierter. Auf Depressionen folgten kurzlebige Euphorien oder wilde Zornausbrüche. Seinen Verfolgungswahn bekam nun auch Morell zu spüren, der plötzlich von Hitler bezichtigt wurde, ihn mit Morphium vergiften zu wollen.[1228] Vom zusammengewürfelten Panzerkorps unter SS-

Obergruppenführer Felix Steiner erwartete sich der Diktator die erfolgreiche Verteidigung Berlins. Rückzug war nach wie vor streng verboten. Kommandeure, die ihre Streitkräfte zurückhielten, sollten erschossen werden. „Ich werde so lange kämpfen, so lange ich noch einen Soldaten habe. Wenn mich der letzte Soldat verlässt, werde ich mich erschießen", kündigte er unnachgiebig an.[1229]

Als Hitler am Nachmittag des 22. April schließlich erfuhr, dass Steiner die in Berlin einbrechenden Sowjets gar nicht angegriffen hatte, geriet er außer sich vor Zorn. Nach dem jahrelangen Verrat des Heeres belüge ihn nun auch die SS. Schluchzend ließ sich der Diktator in seinen Stuhl fallen und gestand – immerhin vor seinen obersten Militärs – ein, dass der Krieg verloren war. Mit dieser Erkenntnis beschloss er, endgültig in Berlin zu bleiben. Auf dem Berghof wollte er nicht Zuflucht suchen. Nachdem er sich wieder einigermaßen gefasst hatte, ordnete er an, praktisch alle deutschen Verbände nach Berlin zu verlegen, zum großen Endkampf um die Reichshauptstadt. Schließlich wisse der Gegner, dass er sich noch in Berlin aufhalte, und werde daher alle Kraftanstrengungen unternehmen, Berlin rasch zu erobern. Nun war es die vor Potsdam stehende, schlecht ausgerüstete 12. Armee unter General Walther Wenck, an der er all seine letzten Hoffnungen festmachte. Die 9. Armee unter General Theodor Busse sollte sich ihr anschließen, doch fand sich diese bereits umzingelt.[1230]

Erst jetzt, als alles völlig zusammenbrach, begannen Hitlers Vasallen vorsichtig und zögernd, noch immer den Diktator gleichermaßen verehrend wie fürchtend, ihre eigenen Wege aus der Katastrophe zu suchen. Göring waren in Bayern Informationen zugekommen, wonach Hitler in einem Anfall von Verzweiflung sich von jeder Leitung des Reiches und der Wehrmacht zurückziehen wollte. Ein Telegramm an Hitler sollte klarstellen, ob der Reichsmarschall nun tatsächlich die Nachfolge antreten solle. Bormann sorgte freilich dafür, Görings Anfrage als Verrat darzustellen. Hitler reagierte in einem unkontrollierten Ausbruch dementsprechend: „Ein Ultimatum! Ein krasses Ultimatum! Jetzt bleibt nichts übrig. Nichts bleibt mir erspart! Keine Treue wird gehalten, keine Ehre! Es gibt keine Bitterkeit, keinen Verrat, der nicht auf mich gehäuft worden wäre; und jetzt auch das! Das ist das Ende. Keine Beschimpfung ist mir erlassen worden."[1231] Göring musste von all seinen Ämtern zurücktreten und wurde in Berchtesgaden unter Hausarrest gestellt. Erst in den letzten Tagen des zusammenstürzenden Dritten Reiches hatte Bormann erreicht, was er seit langem wollte: die Entmachtung Görings.[1232]

Himmler war noch weiter gegangen und hatte den westlichen Alliierten die Kapitulation angeboten. Sein Vermittler war Folke Graf Bernadotte, Vizepräsident des Roten Kreuzes seines Landes und ein naher Verwandter des schwedischen Königs, gewesen. Schon seit geraumer Zeit hatte Himmler Maßnahmen getroffen, um seine eigene Reputation zu verbessern. So hatte er im März Konzentrationslager dem Gegner übergeben, während Hitler sie zu zerstören befohlen hatte. Außerdem hatte der Reichsführer SS eine Anzahl von Juden und anderen Gefangenen aus Konzentrationslagern freigelassen, um sich damit den Westmächten gegenüber als human zu beweisen. Diese nahmen Himmlers Kapitulationsangebot jedoch nicht an. Hitler war über „den schamlosesten Verrat der deutschen Geschichte" völlig außer sich. Da Himmler nicht greifbar war, richtete sich seine Rachsucht gegen Hermann Fegelein. Der hohe SS-Offizier war der Schwager Eva Brauns und hatte sich aus dem Bunker gestohlen, um sein eigenes Leben zu retten und nicht an dem zu erwartenden kollektiven Selbstmord teilnehmen zu müssen. Er wurde gefasst, degradiert und zunächst eingekerkert. Nach Bekanntwerden von Himmlers Verrat erfolgten seine Verurteilung zum Tode und sofortige Erschießung.[1233]

Selbst vor dem Hintergrund des rettungslos eingeschlossenen Berlin redete sich der auf eine weitere glückliche Fügung des Schicksals wartende Hitler immer noch ein, dass es eine Chance für Differenzen unter den Alliierten gab, die zum Auseinanderbrechen des gegnerischen Bündnisses führen könnten. Dann, so gab er sich noch in der Lagebesprechung am 25. April sicher, „kann eine Wende nur eintreten, wenn ich dem bolschewistischen Koloss an einer Stelle einen Schlag versetze. Dann kommen die anderen vielleicht doch zu der Überzeugung, dass es nur einer sein kann, der dem bolschewistischen Koloss Einhalt zu gebieten in der Lage ist, und das bin ich und die Partei und der heutige deutsche Staat. Wenn das Schicksal anders entscheidet, dann würde ich als ruhmloser Flüchtling vom Parkett der Weltgeschichte verschwinden. Ich würde es aber für tausendmal feiger halten, am Obersalzberg einen Selbstmord zu begehen als hier zu stehen und zu fallen."[1234]

Angesichts der vorrückenden Alliierten und den Erfolgen der Partisanen in den oberitalienischen Städten stellte sich nun auch für Mussolini die Frage, wie dem sich unaufhaltsam abzeichnenden Ende seines Regimes zu begegnen war. Offensichtlich meinte er, einmal mehr durch Bluff und Abwarten bis zum letzten Augenblick überleben zu können. Am Nachmittag des 25. April begab sich Mussolini zu Verhandlungen mit dem Befreiungskomitee der Partisanen ins Mailänder erzbischöfliche Palais. Kardinal Ildefonso Schuster hatte dem Duce dafür eigens eine alte Limousine in die Präfektur geschickt. Im Palast sprachen die beiden zunächst unter vier Augen eine lange Stunde. Gleich Napoleon, so bemerkte der Duce in einem hinkenden historischen Vergleich niedergeschlagen, gehe auch seine Herrschaft der hundert Tage zu Ende, und auch ihm bleibe nun nichts mehr anderes übrig, als sich ergeben dem Schicksal zu fügen. Zunächst sollten am kommenden Tag Armee und Miliz aufgelöst werden. Danach kündigte er an, sich mit seinen letzten Getreuen ins Veltlin zurückzuziehen, wo er den Krieg aber nur eine Weile fortsetzen und sich dann stellen wolle.

In der anschließenden Konferenz mit der faschistischen Delegation unter Mussolini unterbreitete die dreiköpfige Abordnung des Befreiungskomitees ihre Forderungen: bedingungslose Kapitulation binnen zwei Stunden, da der Befehl zu einer allgemeinen Erhebung der Partisanen bereits ergangen sei. Graziani sorgte sodann jedoch für einen Paukenschlag, indem er berichtete, dass die Deutschen bereits seit geraumer Zeit in der Schweiz mit den Alliierten über die Kapitulation ihrer Truppen in Italien verhandelten. Mussolini zeigte sich völlig überrascht, brach die Unterredung ab und äußerte sich wütend über die deutsche Treulosigkeit. Wolff, so schloss er zornig, habe ihn verraten. Kardinal Schuster versuchte, den Duce zu beruhigen, und Mussolini versprach schließlich, binnen einer Stunde zu den Forderungen des Komitees Stellung zu nehmen. Das Ende seines Regimes stand knapp bevor.

Mussolinis und Hitlers Tod lagen nur zwei Tage auseinander. Beide waren sie von ihren Gegnern bereits umzingelt, beide starben durch die Kugel, und trotzdem fand ihr Leben auf unterschiedliche Weise ihr Ende. 13 Jahre zuvor, als Mussolini der mit Stalin berühmteste und gefürchtetste Diktator war, zu einem Zeitpunkt, an dem er Italien zunehmend ungeduldiger zur Expansion zu treiben begann, hatte er selbst gemeint: „Übrigens stirbt jeder den Tod, der seinem Charakter entspricht.“[1235] Die Umstände, unter denen der ehemals abgöttisch verehrte Duce ums Leben kam, markierten tatsächlich das unrühmliche Ende des seit Jahren augenfälligen Abstiegs Mussolinis. Die Würdelosigkeit seines Todes und die beiläufig wirkenden Begleitumstände bewiesen ein letztes Mal, wie sehr sein jahrzehntelang gepflegtes Pathos mit all den faschistisch-kämpferischen Ehrbegriffen bloß leeres Schauspiel war.

Am 25. April, nach der Konferenz im erzbischöflichen Palais, war auch Mussolini klar geworden, dass Mailand für ihn eine Falle war. Nach Stunden, in denen er sich in seinem Arbeitszimmer in der Präfektur eingeschlossen hatte, entschied er den sofortigen Aufbruch nach Como. Um acht Uhr abends verließ eine italienisch-deutsche Kolonne von zehn Autos in aller Eile die lombardische Hauptstadt. Mussolini war geflüchtet, ohne dem Befreiungskomitee Antwort auf seine Forderungen gegeben zu haben. Die Mitglieder der Partei und der Streitkräfte in Mailand entband er von ihrem Treueeid. Einige faschistische Minister schlossen sich dem Aufbruch an. Nach einstündiger Fahrt erreichte der Tross Como. In der Präfektur gab es ein letztes Wiedersehen mit Rachele, die mittlerweile mit den jüngeren Kindern in eine nahe gelegene Villa gezogen war. Sie traf auf einen Mann, der vollkommen desillusioniert alle Autorität abgelegt hatte und auch nicht mehr an den sinnlosen Widerstand im Veltlin dachte.

Im Morgengrauen des 27. April machten sich Mussolini und seine verbliebenen Getreuen mit Geld und Dokumenten nochmals auf den Weg. Am von Villen und Hotels gesäumten Westufer des so pittoresken Comer Sees entlang ging es nach Menaggio, wo eine deutsche Flakeinheit im Begriff war, sich wie andere Einheiten

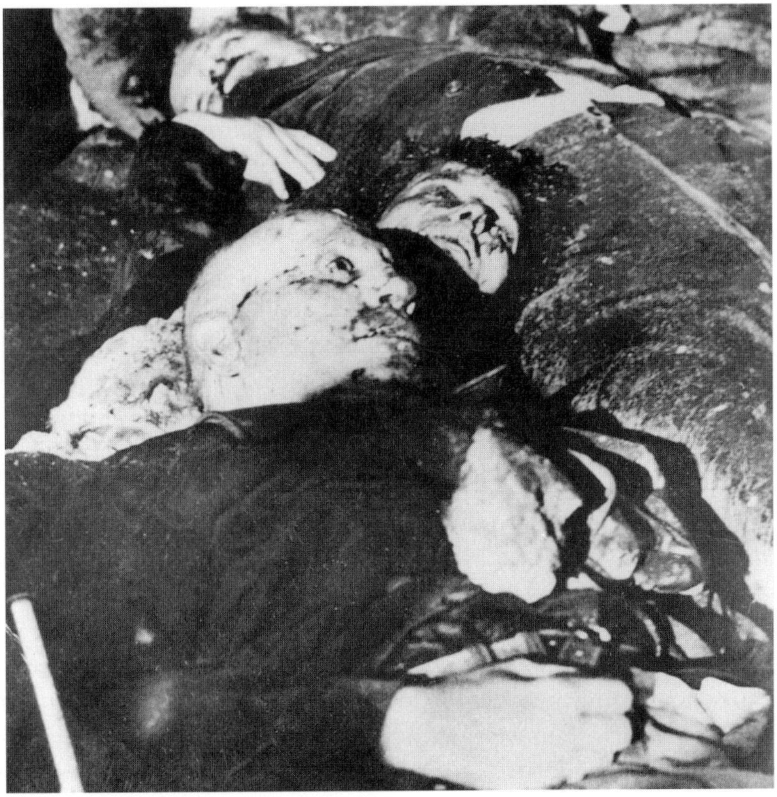

Das unrühmliche Ende eines Diktators: Der vom Pöbel geschändete Leichnam Mussolinis am Piazzale Loreto.

der Wehrmacht nach Meran zurückzuziehen. Da ein Grenzübertritt in die Schweiz unmöglich schien, schloss sich der Zug Mussolinis dem Aufbruch nach Südtirol an. Clara Petacci befand sich mittlerweile ebenfalls an seiner Seite. In jenen Tagen des Zusammenbruchs zog Mussolini die Nähe seiner jungen Geliebten dem Beisammensein mit seiner Frau vor. Doch auch Elena Curti Cucciati, die uneheliche Tochter aus einer früheren Affäre Mussolinis, war dabei. Gegen sieben Uhr morgens wurde die Kolonne bei Musso von einer Straßensperre der Partisanen angehalten. Nach kurzem Schusswechsel verhandelten die deutschen Wehrmachtsangehörigen mit den Führern der 52. Garibaldi-Brigade viele Stunden lang. Mussolinis deutscher Leibwächter überredete in weiterer Folge den teilnahmslosen Duce, einen Stahlhelm und einen Mantel der Wehrmacht anzuziehen, da der Konvoi noch durchsucht wurde. Doch die Partisanen erkannten jenen im hinteren Teil eines Lastwagens zusammengekauert sitzenden Mann. An einer aufgebrachten Menschenmenge vorbei wurde der gleichgültig und abwesend wirkende Mussolini ins Rathaus von Dongo gebracht.

Die Nacht verbrachte er dann in einer Kaserne in Germasino, einem kleinen Ort in den Bergen unweit von Dongo. Der gefallene Diktator hatte ein Schriftstück zu unterzeichnen, wonach ihm korrekte Behandlung zuteil geworden sei. In der Nacht wurde Mussolini aufgeweckt, denn er sollte neuerlich transferiert werden. Dabei verband man ihm den Kopf bis zur Unkenntlichkeit, um ihn damit als verwundeten Partisanen zu tarnen. Auf dem Marktplatz in Dongo traf er wieder auf Clara Petacci. Sie war gemeinsam mit ihrem Clan und anderen Faschisten ebenfalls gefasst worden, hatte aber sodann die Partisanen flehentlich beschworen, zu ihrem Geliebten gelassen zu werden.

In zwei Lastautos sollte es entlang des Sees eigentlich nach Brunate bei Como gehen. Doch als man erfuhr, dass in Como noch Alliierte mit den letzten versprengten Faschisten kämpften, drehte man wieder um. Bei Azzano war die Fahrt zu Ende. Im strömenden Regen ging es für Mussolini im Wehrmachtsmantel, den Kopf bandagiert, und Claretta in Nerz und Stöckelschuhen auf einem steinigen und steilen Weg zu Fuß in die Berge, wo sie schließlich in einem Bauernhaus in Bonzanigo übernachteten. Claretta hatte ihren Willen und schlief an der Seite ihres Geliebten. Es sollte die letzte gemeinsame Nacht sein.

Um 16.20 Uhr des 28. April wurde Mussolini gemeinsam mit Clara Petacci ohne Ankündigung vor der Steinmauer der Villa Belmonte von dem mit Befehlen aus Mailand kommenden kommunistischen Partisanenführer Walter Audisio, der sich Oberst Valerio nannte, mit einer Maschinenpistole erschossen.[1236] Die amerikanischen Truppen befanden sich vom Ort des Geschehens nur wenige Stunden entfernt. Am frühen Morgen des 29. April hing Mussolini gemeinsam mit seiner Geliebten und anderen liquidierten Faschisten mit dem Kopf nach unten an einem Querbalken einer Tankstelle am Mailänder Piazzale Loreto. Nach einer Zeit neugierigen Staunens tobte sich schließlich der Zorn des auf dem Platz versammelten Mobs an den insgesamt 22 Leichen prominenter Faschisten in geschmacklosester Weise aus.[1237]

Mussolinis Ende hätte jämmerlicher kaum sein können. Es glich dem eines kleinen Betrügers auf der Flucht, der unter Aufgabe all seiner Würde bis zuletzt geglaubt hatte, seinem Schicksal noch entrinnen zu können. Wie so oft in seinem Leben hatte er sich von den Ereignissen treiben lassen, in der Hoffnung, noch in allerletzter Sekunde einen Ausweg zu finden. Doch Mussolini war mittlerweile viel zu schwach und leer, um – wenn auch nur für sich – dem Ganzen eine glückliche Wende geben zu können. Zum Schluss wirkte er bloß noch wie eine Marionette, der man die Fäden abgeschnitten hatte und die leblos in sich zusammengefallen war.

Hitlers letzte Tage verliefen vor dem Hintergrund eines wahrhaft apokalyptischen Szenarios. Das Eingeständnis der Niederlage bedeutete gleichzeitig auch den Entschluss zum Selbstmord. Gleich Mussolini stahl sich auch Hitler dabei aus der Verantwortung, und gleich dem Duce meinte auch er, sein egozentrisches und verantwortungsloses Tun mit einem kunstvoll aufgebauten Konstrukt aus Selbstmitleid und Sendungsbewusstsein vor seinem Gewissen und der Geschichte rechtfertigen zu können. Als die Rotarmisten bereits nur mehr wenige 100 Meter von der Reichskanzlei entfernt waren, musste Hitler zur Kenntnis nehmen, dass das Ende unmittelbar bevorstand. In dementsprechender Stimmung setzte er in der Nacht vom 28. auf den 29. April unmittelbar hintereinander zwei theatralische Schritte: Er erfüllte Eva Braun ihren so lange gehegten Wunsch, sie zu heiraten, und er setzte sein Testament auf. Der Sekretärin Traudl Junge diktierte er seinen letzten Willen:

„Da ich in den Jahren des Kampfes glaubte, es nicht verantworten zu können, eine Ehe zu gründen, habe ich mich nunmehr vor Beendigung dieser irdischen Laufbahn entschlossen, jenes Mädchen zur Frau zu nehmen, das nach langen Jahren treuer Freundschaft aus freiem Willen in die fast schon belagerte Stadt hereinkam, um ihr Schicksal mit dem meinen zu teilen. Sie geht auf ihren Wunsch als meine Gattin mit mir in den Tod. Er wird uns das ersetzen, was meine Arbeit im Dienst meines Volkes uns beiden raubte. Was ich besitze, gehört – soweit es überhaupt von Wert ist – der Partei. Sollte diese nicht mehr existieren, dem Staat, sollte auch der Staat vernichtet werden, ist eine weitere Entscheidung von mir nicht mehr notwendig. Ich habe meine Gemälde in den von mir im Laufe der Jahr angekauften Sammlungen niemals für private Zwecke, sondern stets nur für den Ausbau einer Galerie in meiner Heimatstadt Linz a. d. Donau gesammelt. Dass dieses Vermächtnis vollzogen wird, wäre mein herzlichster Wunsch. Zum Testamentsvollstrecker ernenne ich meinen treuesten Parteigenossen, Martin Bormann. Er ist berechtigt, alle Entscheidungen endgültig und rechtskräftig zu treffen. Es ist ihm gestattet, alles das, was persönlichen Erinnerungswert besitzt oder zur Erhaltung eines kleinen bürgerlichen Lebens notwendig ist, meinen Geschwistern abzutrennen, ebenso vor allem der Mutter meiner Frau und meinen, ihm genau bekannten treuen Mitarbeitern und Mitarbeiterinnen [...] Ich selbst und meine Gattin wählen, um der Schande des Absetzens oder der Kapitulation zu entgehen, den Tod. Es ist unser Wille, sofort an der Stelle verbrannt zu werden, an der ich den größten Teil meiner täglichen Arbeit im Laufe eines zwölfjährigen Dienstes an meinem Volk geleistet habe."

Neben diesem persönlichen Testament verfasste Hitler noch ein politisches. Darin leugnete er jede Schuld am Ausbruch des Krieges und schob sie vielmehr „jenen internationalen Staatsmännern, die entweder jüdischer Herkunft waren oder für jüdische Interessen arbeiteten", zu. „Maßgebende Kreise der englischen Politik" hätten den Krieg gewünscht, „teils der erhofften Geschäfte wegen, teils getrieben durch eine vom internationalen Judentum veranstaltete Propaganda". Er selbst habe dagegen einen Krieg gegen Großbritannien oder gar gegen die Vereinigten Staaten nie gewollt. Nie habe er jedoch einen Zweifel darüber gelassen, dass „jenes Volk mit zur Verantwortung gezogen werden wird, das der eigentliche Schuldige an diesem mörderischen Ringen ist: das Judentum! Ich habe weiter keinen darüber im Unklaren gelassen, dass diesmal nicht nur Millionen erwachsener Männer den Tod erleiden und nicht nur Hunderttausende an Frauen und Kinder in den Städten verbrannt und zu Tode bombardiert werden dürften, ohne dass der eigentlich Schuldige, wenn auch durch humanere Mittel, seine Schuld zu büßen hat."

Er habe sich entschlossen, so hieß es in dem politischen Testament weiter, „in Berlin zu bleiben und dort aus freien Stücken [...] den Tod zu wählen". Aus dem Glauben heraus, dass der Regierungssitz nicht mehr gehalten werden könne, habe er sich zu diesem Schritt entschlossen. „Ich sterbe mit freudigem Herzen angesichts der mir bewussten unermesslichen Taten und Leistungen." Hitler dankte der Bevölkerung dafür und sprach gleichzeitig den Wunsch aus, den Kampf unter keinen Umständen aufzugeben. Die Verräter Göring und Himmler wurden aus der Partei ausgestoßen, ihrer Ämter enthoben und dem Reichsmarschall auch seine Nachfolgerechte entzogen. Dafür ernannte Hitler „eine aus ehrenhaften Männern zusammengesetzte Regierung [...], die die Verpflichtung erfüllt, den Krieg mit allen Mitteln weiter fortzusetzen", mit dem bis zum Schluss so getreuen Dönitz als Reichspräsidenten, Kriegsminister und Oberbefehlshaber der Kriegsmarine.[1238] Goebbels sollte Reichskanzler, Bormann Parteiminister, Seyß-Inquart Außenminister und der von Hitler bis zum Schluss als „wirklicher Feldherr" gelobte Schörner Oberbefehlshaber des Heeres werden. Abschließend verlangte Hitler von allen Deutschen, dieser Regierung bis in den Tod treu und gehorsam zu dienen, um in einem letzten Satz nochmals festzuhalten: „Vor allem verpflichte ich die Führung der Nation und die Gefolgschaft zur peinlichen Einhaltung der Rassengesetze und zum unbarmherzigen Widerstand gegen die Weltvergifter aller Völker, das internationale Judentum." Goebbels, Bormann und die beiden Militärs Burgdorf und Krebs setzten um vier Uhr früh des 29. April ihre Unterschrift darunter.[1239]

Die Hochzeitszeremonie war an Trostlosigkeit kaum zu überbieten. Eva Braun, von Hitler stets nur als Schattenfigur geduldet, vernachlässigt und allein gelassen, hatte endlich einmal ihren Willen durchgesetzt. Gleich Clara Petacci wollte auch sie in den letzten Stunden bei ihrem geliebten Idol sein und hatte sich geweigert, sich in Sicherheit zu bringen. Nun, am 29. April, kurz nach Mitternacht, erhielt sie im Besprechungszimmer des Führerbunkers von Hitler das Jawort. Die treuesten Vasallen des Diktators fungierten als Treuzeugen: Goebbels und Bormann.

Im Laufe des 29. April erfuhr Hitler von Mussolinis Gefangennahme und seiner Hinrichtung. Es ist nicht bekannt, ob der deutsche Diktator von den entwürdigenden Szenen am Piazzale Loreto Kenntnis bekommen hatte, aber er selbst wollte jedenfalls alles vermeiden, um der Roten Armee in die Hände zu fallen. Seinem Luftwaffenadjutanten Below gab er gegen zehn Uhr abends vor dessen Ausbruch aus dem Regierungsviertel für Keitel eine letzte Botschaft mit: „Das Volk und die Wehrmacht haben in diesem langen und harten Kampf ihr Alles und Letztes hergegeben. Das Opfer ist ein ungeheueres gewesen. Aber mein Vertrauen ist von vielen missbraucht worden. Treulosigkeit und Verrat haben die Widerstandskraft während des ganzen Krieges untergraben. Deshalb war es mir nicht vergönnt, mein Volk zum Sieg zu führen. Der Generalstab des Heeres war mit dem Generalstab des Ersten Weltkriegs nicht zu vergleichen. Seine Leistungen stehen weit zurück hinter denen der kämpfenden Front [...] Die Anstrengungen und Opfer des deutschen Volkes in diesem Kriege waren so groß, dass ich nicht glauben kann, sie könnten umsonst gewesen sein. Es muss weiter das Ziel sein, dem deutschen Volk Raum im Osten zu gewinnen."[1240]

Um ein Uhr früh des 30. April erhielt Hitler von Keitel die Nachricht, dass ein Entsatz von Berlin unmöglich war.[1241] Anderthalb Stunden später verabschiedete sich Hitler von seinen letzten im Bunker verbliebenen Getreuen und entband sie von ihrem Eid auf ihn. Zu dieser Zeit stand die Reichskanzlei bereits unter Artilleriebeschuss. In seiner letzten Lagebesprechung machte man Hitler klar, dass die Kämpfe in Berlin wahrscheinlich noch am Abend zu Ende gehen würden. Am Vormittag verabschiedete er sich von seinem Chefpiloten Baur: „Es ist leider so weit. Meine Generale haben mich verraten und verkauft, meine Soldaten wollen nicht mehr, und ich kann nicht mehr!" Fliehen wollte er nicht. „Ich habe noch zwei Möglichkeiten: Ich könnte in die Berge gehen oder zu Dönitz nach Flensburg. Vierzehn Tage später aber wäre ich genau so weit wie heute, ich stände vor der gleichen Alternative. Der Krieg geht mit Berlin zu Ende, ich stehe und falle mit Berlin. Man muss den Mut haben, die Konsequenzen zu ziehen – ich mache Schluss! Ich weiß, morgen schon werden mich Millionen Menschen verfluchen – das Schicksal wollte es nicht anders. Die Russen wissen genau, dass ich noch hier im Bunker bin, und ich befürchte, dass sie mit Gas schießen. Wir haben im Laufe des Krieges ein Gas hergestellt, das die Menschen 24 Stunden betäubt. Durch unseren Nachrichtendienst haben wir in Erfahrung gebracht, dass auch die Russen dieses Gas besitzen. Es wäre nicht auszudenken, wenn sie mich lebendig in die Hände bekämen. Es sind hier wohl Gasschleusen eingebaut, aber wer mag ihnen trauen? Ich jedenfalls nicht – und so mache ich heute Schluss."[1242]

Zu Mittag teilte Hitler Bormann mit, sich am Nachmittag zu erschießen. Seine und die Leiche Eva Brauns sollte man verbrennen, denn er wollte nicht in Moskau zur Schau gestellt werden. Trotzdem nahm Hitler noch wie üblich gegen 13 Uhr gemeinsam mit seinen Sekretärinnen und der Diätköchin das Mittagessen ein. Danach kam es noch zu einer letzten Abschiedszeremonie mit Bormann, Goebbels, dessen Frau, den Generälen Krebs und Burgdorf und anderen der im Bunker Verbliebenen. Daraufhin zog sich Hitler mit Eva Braun in sein Arbeitszimmer zurück. Gegen 15.30 Uhr nahmen sich die beiden das Leben: Eva Braun mit Zyankali, Hitler schoss sich mit einer Pistole in die rechte Schläfe. Bormann und Linge, die draußen auf dem Korridor gewartet hatten, waren die Ersten, die das Arbeitszimmer betraten. Sie fanden die beiden Seite an Seite leblos auf dem kleinen Sofa sitzen. Vor dem

Hintergrund des infernalischen Szenarios der unter unaufhörlichem Granatenbeschuss stehenden Reichskanzlei wurden die Leichname von Adolf Hitler und Eva Braun im Garten mit Benzin übergossen und nach einigem Mühen schließlich in Brand gesteckt.[1243] So wie sein Reich ging nun auch Hitler in Flammen auf.

* * *

Hitler und Mussolini waren tot. Ihren Weggefährten und Paladinen oblag bloß noch die Aufgabe, zu der sich die beiden Führer nicht bereit finden konnten: die bedingungslose Kapitulation. Ihre Herrschaft wurde liquidiert, die Verantwortlichen, ihre Helfer und Profiteure – wenngleich in unterschiedlichem Maße – zur Rechenschaft gezogen, sofern sie nicht durch Flucht oder Selbstmord einem Prozess entgingen. Es war gerade der von beiden so ersehnte Krieg, der ihre Regimes zum Einsturz brachte und ihre schreckliche Konsequenz vor Augen führte. Politische Spieler und Abenteurer wie sie beide waren, gehörte das Alles oder Nichts zu ihrem Credo, wenngleich Mussolini durch seine über zehn Jahre längere Herrschaft und sein ausgeprägtes opportunistisches Naturell eher dazu neigte, lediglich zu drohen, um sich dann zu arrangieren.

Als der zweite große Krieg des an Katastrophen so reichen 20. Jahrhunderts – von Hitler und seinem Gefolge verschuldet – ausbrach, war auch das deutsche und italienische Volk unübersehbar unwillig gewesen, erneut zu den Waffen greifen zu müssen. Doch obwohl sich beide Diktatoren dieser Beobachtung nicht entziehen konnten, eröffneten sie die Feindseligkeiten aus rein egoistischem Antrieb, Hitler im September 1939, Mussolini im Juni 1940. Die Bevölkerung in Deutschland wie in Italien fügte sich in das ihr unvermeidbar Scheinende, doch bloß Hitlers Kalkül ging auf, wonach militärische Erfolge auch eine entsprechende Begeisterung hervorrufen würden. Die Euphorie hielt jedoch nicht lange an, und sowohl Hitler als auch Mussolini kamen gegen Ende ihrer Herrschaft zum zynischen Schluss, dass ihre Völker sich in dem Überlebenskampf als nicht stark genug erwiesen hatten. Es war die moralische Abstumpfung, der Gewohnheitseffekt der Menschen, in unbarmherzigen Zeiten zu leben, der den Diktatoren half, Krieg zu führen und Terror auszuüben. Beides tat Hitler freilich in ungleich hemmungsloserer und barbarischerer Weise als Mussolini.

Der italienische Faschismus endete letztlich wie er begann: als terroristische Bewegung in einem Bürgerkrieg ohne großen Rückhalt in der Bevölkerung. Der Nationalsozialismus und vor allem Hitlers Weigerung, zu kapitulieren, verwandelten wiederum Deutschland in eine Ruine. Im Verlauf des Krieges entwickelte sich Hitler vom Diktator zum Tyrannen, während Mussolini zur Marionette herabsank. Der Krieg zeigte deutlich die staatsmännischen Defizite der beiden „Führer" auf. Während Hitler – eigentlich von Beginn an – trotz seiner militärischen Triumphe das

Gesetz des Handelns aus der Hand gegeben hatte und bloß mehr zum Reagieren, wenn auch auf eine unerhört aggressive Weise, genötigt war, verfiel Mussolinis Autorität mit den italienischen Niederlagen kontinuierlich. Mochte er noch auf der Viermächtekonferenz in München wie der große Schiedsrichter in Europa erscheinen und sich damit vielleicht auf dem Höhepunkt seines Prestiges befunden haben, verspielte er einem Hasardeur gleich seine Stellung mit der fatalen Intervention an der Seite des Dritten Reiches völlig.

Der Verlust der Initiative und die schleichende Niederlage radikalisierten die Charakterzüge der beiden Diktatoren: Während sich Mussolinis Neigung sowohl zum Bluff als auch zur Unentschlossenheit ins Groteske steigerte, brachen in Hitler die letzten moralischen Dämme. Ein alle Vorstellungskraft übersteigender Exzess der Gewalt seitens des NS-Regimes war die Folge. In der schrankenlosen Blutrünstigkeit, die speziell durch die von Hitler so favorisierte SS industriell-technokratische Formen annahm, liegt einer der größten Unterschiede zwischen den beiden Bündnispartnern. Hitler war im Gegensatz zu Mussolini zur Vernichtung bereit, ob dies die Führungsschicht Polens, bolschewistische Funktionäre oder vor allem die europäischen Juden betraf, bei denen er sogar bis zum Genozid zu gehen bereit war.

Diese bis zur bestialischen Grausamkeit gehende Radikalität ging Mussolini ab. Auch der pathologische Rassismus und Antisemitismus Hitlers und dessen williger Gefolgsleute waren ihm fremd. Wenn sich der faschistische Diktator zu Maßnahmen gegen die jüdische Bevölkerung hinreißen ließ, so entweder aus taktischen Motiven oder aus Schwäche und Unlust, gewisse Tendenzen seiner Unterführer zu unterbinden. Auch vermochte er sich niemals in einen derart hemmungslosen Vergeltungsrausch hineinzusteigern, wie es der deutsche Diktator etwa nach dem gescheiterten Staatsstreich des 20. Juli 1944 tat, der die Vendetta gegen die „Verräter" am Faschismus bei weitem übertraf.

Offensichtlich waren dem Duce die Instinkte eines Massenmörders, wie sie Hitler besaß, fremd. Während etwa zwei Millionen Menschen als Häftlinge in dem weiten Netz von Konzentrationslagern interniert waren und allein – nach divergierenden Schätzungen – zwischen 4,2 und 5,7 Millionen Juden getötet wurden, gab es während der gesamten Dauer des italienischen Faschismus etwa 5000 politische Häftlinge, ungefähr 10.000 Menschen wurden ins innere Exil verbannt. Auch muss erwähnt werden, dass es in Italien zu vergleichsweise vielen Freisprüchen vor den Staatsgerichtshöfen bei politischen Prozessen und auch Haftverschonungen kam. Bis zum Sommer 1943 wurden 26 politisch motivierte Hinrichtungen vollstreckt. Während seiner beiden letzten Lebensjahre, als Oberhaupt der Republik von Salò zu Hitlers „Gauleiter in Italien" degradiert, ließ ein bereits beinahe willenloser Mussolini den Terror rechtsradikaler Verbände zu. Allerdings geschah dies zu einer Zeit, in der es in Ober- und Mittelitalien auch seine Gegner an Gewalttaten nicht mangeln ließen. Den italienischen Kommunisten müssen in diesem Zusammenhang schlussendlich sogar noch weit mehr Terrorakte zur Last gelegt werden. Schwerer als seine keinesfalls zu verharmlosenden innenpolitischen Repressionsmaßnahmen wiegen die Folgen der kriegerischen Verwicklungen, die der Duce Italien und den angegriffenen Ländern beschert hat. Seine Expansionslust, sein Drang, Italien zum Imperium umzugestalten, kostete viele Opfer und verwüstete ganze Landstriche. So hatte Italien im Zweiten Weltkrieg 330.000 Tote zu beklagen.

Die Bilanz der Herrschaft Hitlers erdrückt freilich jeden Vergleich der beiden Diktatoren. Unvorstellbaren 50 bis 55 Millionen Menschen – Kombattanten wie Zivilisten – kostete das Ringen gegen Hitler und seine Verbündeten, zu denen auch Mussolini zählte, im größten Krieg der Geschichte das Leben. Davon waren allein mehr als sieben Millionen Deutsche. Hinzu kamen weltweit 35 Millionen Verwundete, drei Millionen Vermisste und Zerstörungen ungekannten Ausmaßes. Das Leid der Versehrten, Verfolgten, Kämpfenden, Hinterbliebenen und Vertriebenen kommt dabei naturgemäß in den Statistiken nicht zum Ausdruck.

Mit der endgültigen militärischen Niederwerfung war auch die Herrschaft Hitlers und Mussolinis endgültig zu Ende. Es war, bei all ihren Unterschieden vor allem in ihren brutalsten Formen, eine Herrschaft von Macht, Krieg und Terror. Gerade diese Wesenszüge legten Faschismus und Nationalsozialismus eindeutig auf die Notwendigkeit des Sieges fest, um in der von Hitler und Mussolini bestimmten und vorgegebenen Form weiterexistieren zu können. Die totale Niederlage, wie sie schließlich 1945 Realität wurde, vermochten beide Regimes nicht zu überleben. So hatten sie gegen die beiden „Weltmächte" verloren, gegen die sie in ideologischer Eintracht zu deren Zerstörung angetreten waren: gegen den demokratischen Westen und Stalins kommunistisches Imperium.

Erst der von beiden Diktatoren gewünschte Krieg hatte es sowohl den Vereinigten Staaten als auch der Sowjetunion ermöglicht, derart massiv in Europa Fuß zu fassen. Zum Zerfall des Sowjetsystems brauchte es schlussendlich viereinhalb, für viele Betroffene verlorene Jahrzehnte. Der Zusammenbruch des Kommunismus machte sodann den mühsamen und noch langen Weg zur Einigung für ein demokratisches Europa frei. Die Anziehungskraft totalitärer Ideen besteht freilich weiterhin. Mag sie in Deutschland und Italien auch nur auf gesellschaftliche Außenseiter wirken, so besteht besonders in den ehemals kommunistischen, nun nicht selten ausgeprägt nationalistischen Staaten hierfür eine weit größere Gefahr. Der Fluch von Macht, Krieg und Terror ist niemals gebannt.

# Anmerkungen

Aus ökonomischen Gründen wurde bei dem vorliegenden Werk auf eine eigene Bibliographie verzichtet. Selbstverständlich beruht eine Abhandlung wie diese neben ungedruckten Quellen auf einer nahezu unüberschaubaren Bandbreite von Primär- und Sekundärliteratur. Diese im Einzelnen alphabetisch anzuführen, hätte aber zu einer Vergrößerung des Umfanges von bis zu 100 Seiten geführt, und selbst dann besäße eine solche Literaturliste noch immer keinen Anspruch auf Vollständigkeit. Aller Erfahrung nach vermag der allgemein interessierte Leser auf eine akribisch ausgestaltete Bibliographie durchaus zu verzichten. Der Wissenschafter wird die Auseinandersetzung mit den Fakten, Thesen und Interpretationen sowohl im Text als auch in den Anmerkungen wieder finden.

1 Zu Mussolinis Herkunft und Elternhaus siehe etwa Kirkpatrick, Ivone: Mussolini. Berlin (1965) 1997. 13–17; Mack Smith, Dennis: Mussolini. London 1981. 1 f.; Collier, Richard: Mussolini. Aufstieg und Fall des Duce. München (1974) 1983. 30 f.

2 Sarfatti, Margherita Grassini: Mussolini. Lebensgeschichte nach autobiographischen Unterlagen, hg. v. Alfred M. Balte. Leipzig 1927. passim; Megaro, Gaudens: Mussolini in the Making. London 1938; Alessi, Rino: Il giovane Mussolini rievocato da un suo compagno di scuola. Mailand 1969; Milza, Pierre: Mussolini. Rom 2000. 17–48.

3 Mussolini, Benito: La mia vita. Rom 1947. 36–39; Mack Smith, Mussolini, 2 f.

4 Mussolini besuchte die Anstalt von Oktober 1895 bis Juli 1901. Vgl. auch Preti, Luigi: Mussolini giovane. Mailand 1983, und De Felice, Renzo: Mussolini il rivoluzionario 1883–1920. Turin 1965. 13–20.

5 Zitiert bei Collier, Mussolini, 35.

6 Mussolini, La mia vita, 69 f.

7 Mussolini, La mia vita, 71.

8 Mack Smith, Mussolini, 6.

9 Opera Omnia di Benito Mussolini, hg. v. Edoardo und Duilio Susmel. Florenz 1951–1963. Bd. 4. 173 f.; deutsch bei Priester, Karin: Der italienische Faschismus. Ökonomische und ideologische Grundlagen. Köln 1972. 93.

10 Siehe dazu Balabanoff, Angelika: My Life as a Rebel. London 1938.

11 Zu seiner Zeit in der Schweiz siehe ausführlicher De Felice, Mussolini il rivoluzionario, 23–45.

12 Kirkpatrick, Mussolini, 33 f.; De Luna, Giovanni: Benito Mussolini mit Selbstzeugnissen und Bilddokumenten. Reinbek[3] 1993. 12 ff.

13 Besonders De Felice, Mussolini il rivoluzionario, 40, hat auf den so entscheidenden Einfluss des revolutionären Syndikalismus auf Mussolini hingewiesen. Syndikalisten wie Gino Olivetti, Sergio Panunzio und eben Corridoni und De Ambris hatten dabei ihre Wirkung auf Mussolini vor und nach 1914. Seit dem Generalstreik von 1904 fühlte er sich, wie er eigens bekannte, selbst als Syndikalist – ebenda, 45. Für Mussolini selbst verhielt sich der Syndikalismus zum Sozialismus wie der Sohn zum Vater. „Ohne eine überwundene Phase des Sozialismus ist der Syndikalismus nicht denkbar. Welches ist der Unterschied? Der Sozialismus ist ein ‚menschliches' Problem, der Syndikalismus ist ein ausschließliches ‚proletarisches' Problem. Der Sozialismus will seine historische Wirklichkeit durch die progressive Demokratisierung des Staates erreichen. Der Syndikalismus ist antistaatlich und will die Emanzipation der Arbeiterklasse durch das Berufssyndikat erreichen. [...] Die Sozialisten glauben an den Übergang auf ‚ideologischem' Wege. Die Ersten sind daher Parlamentarier, die Letzteren anti-parlamentarisch und abstensionistisch." – Opera Omnia, Bd. 2, 124; deutsch bei Priester, Faschismus, 87.

14 Mack Smith, Mussolini, 9.

15 Kirkpatrick, Mussolini, 36 ff.

16 Mack Smith, Mussolini, 13 f.; Megaro, Mussolini in the Making, 11 f.; De Felice, Mussolini il rivoluzionario, 62–78.

17 De Felice, Mussolini il rivoluzionario, 79–111.

18 Opera Omnia, Bd. 1, 103 und 138; Bd. 2, 61, 75 und 247; Bd. 5, 134 und 324 f.; Bd. 6, 51 und 80 f. Siehe dazu auch Nolte, Ernst: Marx und Nietzsche im Sozialismus des jungen Mussolini. In: Historische Zeitschrift [künftig: HZ] 191 (1960) 249–335.

19 Mack Smith, Mussolini, 14 ff.; Kirkpatrick, Mussolini, 16.

20 Mussolini, Rachele: Mussolini ohne Maske. Erinnerungen, hg. v. Albert Zarca. Stuttgart 1974. 19–25.

21 Opera Omnia, Bd. 3, 208 ff., 256–260, 307 und 406.

22 Gregor, James A.: Young Mussolini and the Intellectual Origins of Fascism. Berkeley/Los Angeles/London 1979. 101–128; Milza, Mussolini, 149–157.

23 Buchheit, Gert: Mussolini und das neue Italien. Berlin 1938. 115 f.

24 Opera Omnia, Bd. 4, 61 f.; deutsch bei De Luna, Mussolini, 23.

25 Kirkpatrick, Mussolini, 44 f.

26 De Felice, Mussolini il rivoluzionario, 112–135; Milza, Mussolini, 157–161.

27 Opera Omnia, Bd. 4, 161 f.

28 De Felice, Mussolini il rivoluzionario, 136–176; Mussolini giornalista, hg. v. Renzo De Felice, Mailand (1995) 2001.

29 Pini, Giorgio und Susmel, Duilio: Mussolini, l'Uomo e l'Opera. Bd. 1: Dal socialismo al fascismo (1883–1919). Florenz 1953. 201–204; übersetzt bei Kirkpatrick, Mussolini, 52.

30 De Felice, Mussolini il rivoluzionario, 175 f.

31 De Felice, Mussolini il rivoluzionario, 177–220.

32 Gregor, Young Mussolini, 159–179; De Felice, Mussolini il rivoluzionario, 221–257; Nolte, Ernst: Der Faschismus in seiner Epoche. Die Action française. Der italienische Faschismus. Der Nationalsozialismus. München[4] 1971. 219 ff.

33 Mussolinis Artikel „Von der absoluten Neutralität zur aktiven Neutralität" in: Opera Omnia, Bd. 6, 393 ff.

34 Opera Omnia, Bd. 6, 402 f.; deutsch bei Priester, Der italienische Faschismus, 100.

35 Opera Omnia, Bd. 6, 431.

36 Zitiert bei Scheuer, Georg: Genosse Mussolini. Wurzeln und Wege des Ur-Faschismus. Wien 1985. 23.

37 Von Napoleon übernahm er für seine Zeitung das Motto: „Revolution ist eine Idee, die Bajonette gefunden hat", von Blanqui: „Wer Eisen hat, hat Brot".

38 Opera Omnia, Bd. 7, 6.

39 Gregor, Young Mussolini, 180–184.

40 Scheuer, Genosse Mussolini, 29.

41 Opera Omnia, Bd. 7, 99 ff.

42 Scheuer, Georg: Mussolinis langer Schatten. Marsch auf Rom im Nadelstreif. Köln 1996. 54 f.

43 Scheuer, Genosse Mussolini, 43.
44 Buchheit, Mussolini, 144.
45 Gregor, Young Mussolini, 186–202; De Felice, Mussolini il rivoluzionario, 288–315.
46 Siehe dazu u. a.: Marescotti, Aldrovandi: Der Krieg der Diplomaten. München 1940; Albertini, Luigi: The Origins of the War of 1914. Bd. 3. London/New York/Toronto 1957.
47 Kirkpatrick, Mussolini, 61 f.
48 Mussolini, Benito: Mein Kriegstagebuch, hg. v. C. Conte Corti. Zürich 1930. 137.
49 Mussolini, Rachele, Mussolini ohne Maske, 71 f.
50 Siehe dazu viel zitiert: Sarfatti, Mussolini, passim.
51 Rafanelli, Leda: Una donna e Mussolini. Mailand 1946. 67 ff.
52 De Felice, Mussolini il rivoluzionario, 362–418.
53 Buchheit, Mussolini, 166.
54 Artikel vom 23. 4. 1918 in: Opera Omnia, Bd. 11, 21 f.; deutsch bei Priester, Faschismus, 210.
55 Opera Omnia, Bd. 11, 241.
56 Opera Omnia, Bd. 11, 271.
57 Opera Omnia, Bd. 11, 46; deutsch bei Priester, Faschismus, 211.
58 Opera Omnia, Bd. 14, 9; vgl. außerdem Burgwyn, H. James: The Legend of the Mutilated Victory: Italy, the Great War, and the Paris Peace Conference, 1915–1919. Westport 1993.
59 De Begnac, Yvon: Palazzo Venezia. Storia di un regime. Rom 1959. 157 f.
60 Siehe auch Tranfaglia, Nicola: La prima guerra mondiale e il fascismo. Turin 1995.
61 Zu Hitlers Herkunft, Kindheit, Jugend und seiner Zeit in Linz siehe Smith, Bradley F.: Adolf Hitler. His Family, Childhood, and Youth. Stanford 1967; Jetzinger, Franz: Hitlers Jugend. Wien 1956.
62 Fest, Joachim C.: Hitler. (1973) Frankfurt 1995. 29–34; Kershaw, Ian: Hitler 1889–1936. Stuttgart $^{2}$1982. 31–44.
63 Fest, Hitler, 37–40; Kershaw, Hitler 1889–1936, 44–51.
64 Fest, Hitler, 40–44; Kershaw, Hitler 1889–1936, 51–58.
65 Hitler, Adolf: Mein Kampf. München $^{876-880}$1943. 16–19; Hamann, Brigitte: Hitlers Wien. Lehrjahre eines Diktators. München 1996. 46–57.
66 Kubizek, August: Adolf Hitler. Mein Jugendfreund. Graz $^{3}$1953.
67 Kubizek, Adolf Hitler, 163 ff.
68 Smith, Adolf Hitler, 122.
69 Vgl. Kubizek, Adolf Hitler, 162 f., 170 f., 193, 230 f.; Kershaw, Hitler 1889–1936, 78–81.
70 Smith, Adolf Hitler, 126–139; Hamann, Hitlers Wien, 206–211, 222–234, 245–251, 265–271; Jetzinger, Hitlers Jugend, 219 f., 226–231; Jones, Jon Sydney: Hitlers Weg begann in Wien. Frankfurt/Berlin 1990. 157–161; Jenks, William A.: Vienna and the Young Hitler. New York 1960. 26 ff., 31–39; Kershaw, Hitler 1889–1936, 87–93.
71 Kershaw, Hitler 1889–1936, 93 f.
72 Zu Hitlers Beeinflussung durch Schönerer und Lueger siehe auch Heer, Friedrich: Der Glaube des Adolf Hitler. Anatomie einer politischen Religiosität. (1968) Frankfurt/Berlin 1989. 64–90.
73 Siehe dazu Köhler, Joachim: Wagners Hitler. Der Prophet und sein Vollstrecker. München 1997; Fest, Joachim C.: Fremdheit und Nähe. Von der Gegenwart der Gewesenen. Stuttgart 1996. 178 und 275–298; Schwarz, Hans-Peter: Das Gesicht des Jahrhunderts. Monster, Retter, Mediokritäten. Berlin 1998. 296–299.
74 Bullock, Alan: Hitler und Stalin. Parallele Leben. Berlin 1991. 69 f., will in dem Umzug nach München keinen Vorsatz zur Desertion sehen. Hitler musste aber doch klar sein, nicht so einfach ohne Ableistung des Militärdienstes das Land verlassen und auswandern zu können.
75 Jetzinger, Hitlers Jugend, 253–272 . Hitler wurde am 18. Januar 1914 verhaftet. Die Musterung fand am 5. Februar 1914 statt.
76 Hitler, Adolf: Monologe im Führerhauptquartier 1941–1944. Die Aufzeichnungen Heinrich Heims, hg. v. Werner Jochmann. Hamburg 1980. 316.
77 Vgl. dazu die ersten beiden Kapitel in: Joachimsthaler, Anton: Hitlers Weg begann in München 1913–1923. München 2000.
78 Hitler, Mein Kampf, 177.
79 Am 5. August dürfte sich Hitler freiwillig zum 1. bayerischen Infanterieregiment gemeldet ha-

ben. Fürs Erste hatte man jedoch noch keine Verwendung für ihn. Anfang September wurde er dem 16. bayerischen Reserve-IR zugeteilt, dem „Regiment List". Die Ausbildungs- und Übungszeit dauerte bis zum 20. Oktober. – Joachimsthaler, Anton: Korrektur einer Biographie. München 1989. 106–116.

80 Joachimsthaler, Korrektur einer Biographie, 120–124.

81 Hitler, Monologe, 71.

82 Hitler, Mein Kampf, 179.

83 Hitler. Sämtliche Aufzeichnungen 1905–1924, hg. v. Eberhard Jäckel und Axel Kuhn. Stuttgart 1980. 61 und 68; Joachimsthaler, Korrektur einer Biographie, 173–176; Wiedemann, Fritz: Der Mann, der Feldherr werden wollte. Velbert/Kettwig 1964. 25 f.; Brandmayer, Balthasar: Meldegänger Hitler. München/Kolbermoor [2]1933. 55; Toland, John: Adolf Hitler. Bergisch Gladbach 1977. 100.

84 Die Beförderung erfolgte am 3. November 1914.

85 Joachimsthaler, Korrektur einer Biographie, 159 f.; Wiedemann, Der Mann, der Feldherr werden wollte, 26.

86 Brandmayer, Meldegänger Hitler, passim; Wiedemann, Der Mann, der Feldherr werden wollte, 25 f.; Joachimsthaler, Korrektur einer Biographie, 140–146.

87 Kershaw, Hitler 1889–1936, 134 f.

88 Joachimsthaler, Korrektur einer Biographie, 169–172.

89 Joachimsthaler, Korrektur einer Biographie, 176 ff.; Kershaw, Hitler 1889–1936, 136 f.

90 Die deutsche Revolution 1918–1919. Dokumente, hg. v. Gerhard A. Ritter und Susanne Miller. Hamburg [2]1975. 77 ff.

91 Von den zahlreichen Veröffentlichungen siehe besonders Mommsen, Hans: Aufstieg und Untergang der Republik von Weimar. 1918–1933. Berlin (1998) 2001; Winkler, Heinrich August: Weimar 1918–1933. Die Geschichte der ersten deutschen Demokratie. München [2]1994; Kolb, Eberhard: Die Weimarer Republik. München [2]1988; Schulze, Hagen: Weimar. Deutschland 1917–1933. Berlin 1982.

92 Vgl. dazu die Akten der Reichskanzlei, Weimarer Republik. Das Kabinett Scheidemann, 13. Februar bis 20. Juni 1919, bearbeitet v. Hagen Schulze. Boppard 1971.

93 Detailliert bei Winkler, Heinrich August: Von der Revolution zur Stabilisierung. Arbeiter und Arbeiterbewegung in der Weimarer Republik 1918–1924. Berlin [2]1985.

94 Siehe dazu Schulze, Hagen: Freikorps und Republik 1918–1920. Boppard 1969.

95 Joachimsthaler, Korrektur einer Biographie, 187–193.

96 Vgl. Hoegner, Wilhelm: Die verratene Republik. München 1979; Revolution und Räterepublik in München 1918/19 in Augenzeugenberichten, hg. v. Gerhard Schmolze. Düsseldorf 1969; Mitchell, Allan: Revolution in Bayern 1918/1919. Die Eisner-Regierung und die Räterepublik. München 1967.

97 Siehe dazu umfassend Hillmayr, Heinrich: Roter und weißer Terror in Bayern nach 1918. München 1974.

98 Siehe dazu auch Clay Large, David: Hitlers München. Aufstieg und Fall der Hauptstadt der Bewegung. München 1998.

99 Siehe die Studie von Maurer, Trude: Ostjuden in Deutschland 1918–1933. Hamburg 1986.

100 Kershaw, Hitler 1889–1936, 161–165; Joachimsthaler, Hitlers Weg begann in München, passim.

101 Hiller von Gaertringen, Friedrich: „Dolchstoß"-Diskussion und „Dolchstoß-Legende" im Wandel von vier Jahrzehnten. In: Geschichte und Gegenwartsbewusstsein. Festschrift für Hans Rothfels zum 70. Geburtstag. Göttingen 1963. 122–160.

102 Siehe dazu umfassend Heinemann, Ulrich: Die verdrängte Niederlage. Politische Öffentlichkeit und Kriegsschuldfrage in der Weimarer Republik. Göttingen 1983.

103 Vgl. u. a.: Lloyd George, David: The Truth about the Peace Treaties. 2 Bände. London 1938; Tardieu, André: The Truth about the Treaty. Indianapolis 1921; Parker, R. A. C.: Das Zwanzigste Jahrhundert I. Europa 1918–1945. Frankfurt (1967) 1985. 7–32; Kissinger, Henry: Die Vernunft der Nationen. Über das Wesen der Außenpolitik. Berlin 1994. 241–257; Schulz, Gerhard: Revolutionen und Friedensschlüsse 1917–1920. München [6]1980, passim.

104 Vertragstext in: Der Vertrag von Versailles. Der Friedensvertrag zwischen Deutschland und den alliierten und assoziierten Mächten nebst dem Schlussprotokoll und der Vereinbarung betr. die militärische Besetzung der Rheinlande. Berlin 1926. Vgl. außerdem Krüger, Peter: Versailles. Deutsche Außenpolitik zwischen Revisionismus und Friedenssicherung. München 1986. 9–44; Grupp, Peter:

Deutsche Außenpolitik im Schatten von Versailles 1918–1920. Zur Politik des Auswärtigen Amts vom Ende des Ersten Weltkriegs und der Novemberrevolution bis zum Inkrafttreten des Versailler Vertrags. Paderborn 1988.

105 Am Tag der Ausrufung der Republik, am 12. November 1918, hatte die Provisorische Nationalversammlung in Wien mit dem „Gesetz über die Staats- und Regierungsform" gleich in Artikel 2 verordnet: „Deutschösterreich ist ein Bestandteil der Deutschen Republik." Im „Gesetz über Umfang, Grenzen und Beziehungen des Staatsgebietes von Deutschösterreich" hatte Wien wiederum am 22. November 1918 unter anderem auch die Gebiete Deutschböhmen und Sudetenland, die deutschen Siedlungsgebiete von Brünn, Iglau und Olmütz sowie Deutsch-Südmähren und Deutsch-Südböhmen für sich beansprucht. – Außenpolitische Dokumente der Republik Österreich 1918–1938 (ADÖ). Bd. 1: Selbstbestimmung der Republik. 21. Oktober 1918 bis 14. März 1919, hg. v. Klaus Koch, Walter Rauscher und Arnold Suppan. Wien/München 1993. Nr. 15 A und 26.

106 Siehe dazu ADÖ, Bd. 1 und 2 (1994), passim, sowie den Staatsvertragstext vom 10. 9. 1919 in: Bericht über die Tätigkeit der deutschösterreichischen Friedensdelegation in St. Germain-en-Laye. Bd. 2. Wien 1919.

107 Siehe auch Schwabe, Klaus: Deutsche Revolution und Wilson-Frieden. Die amerikanische und deutsche Friedensstrategie zwischen Ideologie und Machtpolitik 1918/19. Düsseldorf 1971.

108 Phelps, Reginald H.: Hitler als Parteiredner im Jahre 1920. In: Vierteljahreshefte für Zeitgeschichte [künftig: VfZ] 11 (1963) 314.

109 Zitat Hauptmann Mayrs bei Kershaw, Hitler 1889–1936, 166.

110 Hitler, Mein Kampf, 235.

111 Deuerlein, Ernst: Hitlers Eintritt in die Politik und die Reichswehr. In: VfZ 7 (1959). 177–227; hier 184 f., 199–202; Joachimsthaler, Korrektur einer Biographie, 243–249.

112 Deuerlein, Hitlers Eintritt, 187; Joachimsthaler, Korrektur einer Biographie, 251–255; Tyrell, Albrecht: Vom „Trommler" zum „Führer". München 1975. 28, 33, 195 und 198; Fest, Hitler, 164–172.

113 Fest, Hitler, 221.

114 Zitiert bei Tasca, Angelo: Glauben, gehorchen, kämpfen. Aufstieg des Faschismus. Mit einem Beitrag von Ignazio Silone. Wien/Frankfurt/Zürich 1969. 50 f.

115 Opera Omnia, Bd. 14, 232.

116 Buchheit, Mussolini, 183 f.

117 Siehe auch Gregor, James A.: Italian Fascism and Developmental Dictatorship. Princeton 1979. 101 ff.

118 Zitiert bei Kirkpatrick, Mussolini, 70.

119 Opera Omnia, Bd. 13, 61 f.; deutsch bei De Luna, Mussolini, 37.

120 Opera Omnia, Bd. 14, 21; deutsch bei Priester, Der italienische Faschismus, 224.

121 Di San Severino, Baron: Mussolini as Revealed in His Political Speeches. London 1923. 97 f.

122 Politisch forderte das Programm:
„a) Allgemeines Wahlrecht auf Grund regionaler Listen und mit proportionaler Vertretung, Wahlrecht und Wählbarkeit der Frauen.
b) Herabsetzung des Mindestalters für die Wähler auf 18 Jahre, für die Abgeordneten auf 25 Jahre.
c) Abschaffung des Senats.
d) Einberufung einer Nationalversammlung auf die Dauer von drei Jahren, deren erste Aufgabe die Beschlussfassung über die Staatsform sein wird,
e) Bildung von technischen Räten der Arbeit, der Industrie, der Sozialhygiene, des Transport- und Verkehrswesens usw. auf nationaler Ebene, die von den Berufsgenossenschaften gewählt werden und gesetzgebende Gewalt sowie das Recht erhalten sollen, einen Generalkommissar mit der Machtvollkommenheit eines Ministers zu wählen."
Auf sozialem Gebiet wurde gefordert:
„a) die sofortige Verkündung eines Staatsgesetzes, das für alle Arbeiter den Achtstundentag garantiert.
b) Mindestlöhne.
c) Teilnahme der Arbeitervertreter am technischen Vollzug der industriellen Produktion.
d) Überführung von Industrien oder öffentlichen Diensten in die Verfügungsgewalt proletarischer Organisationen (welche die erforderliche moralische und technische Reife erreicht haben).

e) Die schnelle und vollständige Übernahme der Eisenbahnen und aller Transportindustrien in den Staatsdienst.
f) Änderung des Gesetzentwurfes über die Unfall- und Altersversicherung, Herabsetzung der Altersgrenze von 65 auf 55 Jahre."
Militärisch forderte das Programm:
„a) Einrichtung einer nationalen Miliz, mit kurzen Ausbildungszeiten und zu ausschließlich defensiven Zwecken.
b) Die Verstaatlichung aller Waffen- und Munitionsfabriken.
c) Eine nationale Außenpolitik mit dem Ziel, die Stellung der italienischen Nation in der Welt durch friedlichen zivilisatorischen Wettbewerb zu heben.
Auf finanziellem Gebiet wurden die Forderungen aufgestellt."
„a) Eine starke außerordentliche und progressive Kapitalsteuer, die den Charakter einer partiellen Enteignung aller Reichtümer tragen muss.
b) Die Konfiszierung aller Ordensgüter und die Abschaffung der Ausstattung aller Bischofssitze, welche eine ungeheure Last für die Nation und ein Privileg für wenige sind.
c) Die Überprüfung aller Verträge über Lieferung von Kriegsmaterial und die Konfiszierung von 85 Prozent der Kriegsgewinne."
– Deutsche Übersetzung aus Chiurco, Giorgio Alberto: Storia della rivoluzione fascista 1919–1922. Bd. 1. Florenz 1929. 240 ff.; bei Nolte, Ernst: Der Faschismus. Von Mussolini zu Hitler. Texte, Bilder und Dokumente. München 1968. 32 ff.

123 Zitiert bei De Felice, Mussolini il rivoluzionario, 625.

124 Vgl. auch Forsyth, Douglas J.: The Crisis of Liberal Italy. New York 1993.

125 „Il Popolo d'Italia", 3. 7. 1919, zitiert bei Tasca, Glauben, gehorchen, kämpfen, 64.

126 Mandatsverteilung in der italienischen Deputiertenkammer nach den Wahlen 1919: Rechtsliberale 41; Demokratische Gruppierungen Mitte-links 168; Republikaner und Demokratische Linke 43; Popolari 100; Sozialisten 156.

127 Mussolini, Rachele, Mussolini ohne Maske, 42.

128 Mussolini, Rachele, Mussolini ohne Maske, 40 f.

129 1919 kam es zu 1663 industriellen Streiks, an denen eine Million Arbeiter beteiligt war. Etwa 500.000 Landarbeiter beteiligten sich bei 208 agrarischen Streiks. Im zweiten Jahr des „bienio rosso" gingen mehr als eine Million Arbeiter bei insgesamt 1881 industriellen Streiks in den Ausstand, während 1920 diesmal auch über eine Million Landarbeiter an 189 agrarischen Streiks teilnahmen. Überall in Italien erhielten die Gewerkschaften gewaltigen Zustrom. – Payne, Stanley G.: A History of Fascism, 1914–1945. Madison 1995. 89.

130 Pini und Susmel, Mussolini, Bd. 2, 90–94; Biographisches über den kriegerischen Dichter: De Felice, Renzo: D'Annunzio politico, 1918–1938. Bari 1978 und Spinosa Antonio: D'Annunzio. Mailand 1987.

131 Mussolini, Rachele, Mussolini ohne Maske, 37 ff., 48 ff.

132 Siehe dazu auch Salvemini, Gaetano: Le origini del fascismo in Italia. Lezioni di Harvard. Mailand [5]1979; Gentile, Emilio: Storia del Partito Fascista 1919–1922. Movimento e Milizia. Bari 1989. Vivarelli, Roberto: Storia delle origini del fascismo. L'Italia dalla grande guerra alla marcia su Roma. 2 Bände. Bologna 1967/1991.

133 Opera Omnia, Bd. 16, 299 f.; deutsch bei Nolte, Faschismus, 45.

134 Opera Omnia, Bd. 17, 220, und Bd. 16, 101 f.; deutsch bei Priester, Der italienische Faschismus, 226 f.

135 Opera Omnia, Bd. 16, 299 ff.; deutsch bei Nolte, Faschismus, 45 f.

136 Wahlen 1921: Nationaler Block (35 Faschisten, 10 Nationalisten und 60 Liberale) 105; Rechtsliberale 43; verschiedene Mitte-links-demokratische Parteien 108; republikanische und demokratische Linke 22; Popolari 108; Sozialisten 123; Kommunisten 15; Slawen und Deutsche 9; faschistische Dissidenten 2.

137 Opera Omnia, Bd. 16, 299 ff.; deutsch bei Nolte, Faschismus, 46 f.

138 Opera Omnia, Bd. 16, 431 f.; deutsch bei De Luna, Mussolini, 42.

139 Opera Omnia, Bd. 16, 431 f.; deutsch bei De Luna, Mussolini, 42.

140 Opera Omnia, Bd. 17, 85; deutsch bei Priester, Der italienische Faschismus, 228.

141 Zitiert bei Tasca, Glauben, gehorchen, kämpfen, 181 f. Biographisches zu den faschistischen

Provinzgranden siehe bei: Guerri, Giordano; Italo Balbo. Mailand 1984; Segrè, Claudio G.: Italo Balbo. A Fascist Life. Berkeley 1987; Fornari H.; Mussolini's Gadfly: Roberto Farinacci. Nashville 1971; Nello, P.: Dino Grandi. Bologna 1987.

142 Zitiert bei Tasca, Glauben, gehorchen, kämpfen, 183.

143 Siehe Seton-Watson, Christopher: Italy from Liberalism to Fascism 1870–1925. London 1967. 593 f.

144 Opera Omnia, Bd. 16, 212; deutsch bei Priester, Der italienische Faschismus, 227.

145 Opera Omnia, Bd. 17, 216 f.; deutsch bei De Luna, Mussolini, 43.

146 Der österreichische Gesandte in Rom, Kwiatkowski, an das österreichische Bundesministerium für Äußeres/Politische Sektion, Rom, 27. 11. 1921. Bericht Nr. 48/Pol., Z. 6931/1a. In: Österreichisches Staatsarchiv, Archiv der Republik, Neues Politisches Archiv, Liasse [künftig: AdR, NPA] Italien 2/3, Karton 590.

147 Vgl. De Felice, Renzo: Mussolini il fascista. Bd. 1: La conquista del potere 1921–1925. Turin 1966. 474 f.

148 Ursprünglich hatte Mussolini noch den Namen „Faschistische Arbeiterpartei" erwogen, doch trug er schlussendlich den Wünschen der reaktionär-nationalen Führer aus der Provinz Rechnung. Nach Berufsgruppen gegliedert sah die PNF im November 1921 wie folgt aus: 24,3 % Landarbeiter, 15,4 % städtische Arbeiter, 13,8 % Studenten, 12 % Bauern und Landbesitzer, 9,8 % Privatangestellte, 9,2 % Verkäufer und Handwerker, 6,6 % Freiberufler, 4,8 % Staatsbedienstete, 2,8 % Fabrikanten, 1,1 % Lehrer und 1 % Seeleute.

149 Kwiatkowski an Bundesministerium für Äußeres/Politische Sektion, Rom, 10. 3. 1922. Bericht Nr. 14/Pol., Z. 1127/1a. In: AdR, NPA, Italien 2/3, Karton 590.

150 Balbo, Italo: Der Marsch auf Rom (Tagebuch der Revolution). Mit einem Geleitwort von Hermann Göring. Leipzig 1933. 113 ff, 120 ff.

151 Opera Omnia, Bd. 18, 413.

152 Kwiatkowski an Bundesministerium für Äußeres/Politische Sektion, Rom, 28. 5. 1922. Bericht Nr. 18/Pol., Z. 1959/1a. In: AdR, NPA, Italien 2/3, Karton 590.

153 Interview vom 11. 8. 1922 in: Opera Omnia, Bd. 18, 347 f.; deutsch bei De Luna, Mussolini, 46.

154 Zitat vom 16. 8. 1922 bei Tasca, Glauben, gehorchen, kämpfen, 280.

155 Zitiert bei Tasca, Glauben, gehorchen, kämpfen, 278.

156 Zitat vom 19. 8. 1922 bei Tasca, Glauben, gehorchen, kämpfen, 277.

157 Kwiatkowski an Bundesministerium für Äußeres/Politische Sektion, Rom, 10. 8. 1922. Bericht Nr. 29/Pol., Z. 2736/1a. In: AdR, NPA, Italien 2/3, Karton 590.

158 Zitiert bei Tasca, Glauben, gehorchen, kämpfen, 296.

159 Österreichischer Generalkonsul Wersbach an Bundesministerium für Äußeres/Politische Sektion, Triest, 21. 9. 1922. Bericht Nr. 30/Pol., Z. 3137/1a. In: AdR, NPA, Italien 2/3, Karton 590.

160 Österreichischer Generalkonsul Ach an Bundesministerium für Äußeres/Politische Sektion, Mailand, 7. 10. 1922. Bericht Nr. 41/Pol., Z. 3260/1a. In: AdR, NPA, Italien 2/3, Karton 590.

161 Opera Omnia, Bd. 18, 453–459.

162 Österreichischer Geschäftsträger Freudenthal an Bundesministerium für Äußeres/Politische Sektion, Rom, 25. 10. 1922. Bericht Nr. 38/Pol., Z. 3476/1a. In: AdR, NPA, Italien 2/3, Karton 590.

163 Zitiert bei Parker, Das Zwanzigste Jahrhundert, 150.

164 Dazu auch Woller, Hans: Rom, 28. Oktober 1922. Die faschistische Herausforderung. München 1999. 13–19.

165 Lediglich im Arbeiterbezirk San Lorenzo war es bei verhältnismäßig kurzen Ausschreitungen zu 13 Toten gekommen. Seton-Watson, Italy, 627 ff., und besonders ausführlich Répaci, Antonino: La marcia su Roma. Mito e realtà. 2 Bände. Rom 1963.

166 Payne, History of Fascism, 106.

167 Negri, Guglielmo: Storia politica d'Italia dall'Unità alla Repubblica. Mailand 1994. 304 ff.

168 Ludwig, Emil: Mussolinis Gespräche mit Emil Ludwig. Berlin/Wien/Leipzig 1932. 100.

169 Zitiert bei Parker, Das Zwanzigste Jahrhundert, 152.

170 Vgl. Salvatorelli, Luigi, und Mira, Giovanni: Storia d'Italia nel periodo fascista. Turin 1961, passim.

171 Opera Omnia, Bd. 19, 15–25.

172 „So stark ist das Anklammern der Einzelnen an die Mandate, die auch im neuen Regime über kurz oder lang ihre Vorteile wieder bringen sollen." – Kwiatkowski an Bundesministerium für Äußeres/

Politische Sektion, Rom, 19. 11. 1922. Bericht Nr. 44/Pol., Z. 3822/1. In: AdR, NPA, Italien 2/2, Karton 589.

173 Österreichischer Gesandter beim Heiligen Stuhl, Pastor, an Bundesministerium für Äußeres/Politische Sektion, Rom, 18. 11. 1922. Bericht Nr. 178/Pol., Z. 3739/1. In: AdR, NPA, Italien 2/3, Karton 590.

174 Opera Omnia, Bd. 19, 97, 254 f.; Bd. 20, 136, 164 und 175.

175 Seton-Watson, Italy, 632 f.

176 Pastor an Grünberger, Rom, 27. 6. 1924. Bericht Nr. 87/Pol., Z.13 788/17. In: AdR, NPA, Italien 2/3, Karton 590.

177 Opera Omnia, Bd. 19, 15 f.; deutsch bei De Luna, Mussolini, 50.

178 Seton-Watson, Italy, 636 f. Zur Wirtschaftspolitik siehe auch Catalano, Franco: Fascismo e piccolo borghesia. Mailand 1979. 7–86.

179 Opera Omnia, Bd. 19, 241 f.; deutsch bei De Luna, Mussolini, 52.

180 Payne, History of Fascism, 111.

181 Kwiatkowski an Grünberger, Rom, 8. 2. 1923. Bericht Nr. 9/Pol., streng vertraulich, Z. 540/1. In: AdR, NPA, Italien 2/3, Karton 590.

182 Vgl. Lyttelton, Adrian: The Seizure of Power: Fascism in Italy, 1919–1929. London/New York 1973. 134 f.; De Felice, Renzo: Mussolini il fascista. Bd. 2: L'organizzazione dello Stato fascista, 1925–1929. Turin 1968. 518.

183 Zur Außenpolitik Mussolinis im ersten Jahrzehnt seiner Herrschaft siehe vor allem detailliert Di Nolfo, Ennio: Mussolini e la politica estera italiana 1919–1933. Padua 1960; Lowe, C. J. und Marzari, F.: Italian Foreign Policy 1870–1940. London/Boston 1975. 183–210; Collotti, Enzo: Fascismo e politica di potenza. Politica estera 1922–1939. Mailand 2000.

184 Mack Smith, Mussolini, 59 ff.; Kirkpatrick, Mussolini, 178–181.

185 Siehe auch Barros, James: The Corfu Incident of 1923. Princeton 1965.

186 Im Dezember 1925 zeigte London bei einem Abkommen über Abessinien gegenüber den italienischen Wünschen in Ostafrika großes Entgegenkommen; allein durch den Einspruch Frankreichs gelangte es nicht zur Durchführung.

187 Siehe dazu Salandra, Antonio: Memorie politiche, 1916–1925. Mailand 1951. 42 ff.; und Giolitti, Giovanni: Discorsi extraparlamentari. Turin 1952. 347, 352.

188 Opera Omnia, Bd. 20, 161 f.

189 Österreichischer Gesandter Egger an Grünberger, Rom, 29. 1. 1924. Bericht Nr. 25/Pol., Z. 11 531/17. In: AdR, NPA, Italien 2/5, Karton 591.

190 Mandatsverteilung in der Kammer nach den Wahlen vom 6. 4. 1924: Regierungsliste (275 Faschisten und 99 Nichtfaschisten) 374; Liberale 15; oppositionelle Demokraten 28; republikanische und demokratische Linke 9; Popolari 39; Unitarische Sozialisten 24; Maximalistische Sozialisten 22; Kommunisten 19; Slawen und Deutsche 4; faschistischer Dissident 1.

191 Ach an Grünberger, Mailand, 11. 4. 1924. Bericht Nr. 16/Pol., Z.12 684/17. In: AdR, NPA, Italien 2/5, Karton 591.

192 Alatri, Paolo: L'antifascismo italiano. Bd. 1. 1961. 277–290; Schiavi, A.: La vita e l'opera di Giacomo Matteotti. Rom 1957. 150.

193 Siehe Pini und Susmel, Mussolini, Bd. 2, 374 f.

194 Die fünf Entführer waren Amerigo Dumini, Albino Volpi, Aldo Putato, Giuseppe Viola und Amleto Poveromo. Siehe auch ausführlich Battistrada, L. und Vancini, F.: Il delitto Matteotti. Bologna 1973.

195 Siehe dazu vor allem Del Giudice, Mauro: Cronistoria del Processo Matteotti. Palermo 1954; wie auch Dumini, Amerigo: Diciasette Colpi. Mailand 1951.

196 Zur Matteotti-Krise siehe ausführlich De Felice, Mussolini il fascista, Bd. 1, 619–730.

197 Opera Omnia, Bd. 20, 327 ff.; deutsch bei De Luna, Mussolini, 55.

198 Vgl. auch Delzell, Charles F.: Mussolini's Enemies. The Anti-Fascist Resistance. London/Princeton 1961; Rosengarten, F.: The Italian Anti-Fascist Press (1919–1945). Cleveland 1968; Valiani, L.: L'altra Europa, 1922–1945. Turin 1967.

199 Valeri, D'Annunzio, 116–123, 153–161.

200 Seton-Watson, Italy, 655.

201 Rede vom 31. 8. 1924 in: Opera Omnia, Bd. 21, 56 f.; deutsch bei De Luna, Mussolini, 56.

202 Rossi, Il manganello e l'aspersorio, 133–137, 146–153; Seton-Watson, Italy, 656 f.

203 Salandra, Memorie, 61–64.
204 Giolitti, Giovanni: Discorsi parlamentari. Bd. 4. Rom 1956. 1877.
205 Egger an österreichischen Außenminister Mataja, Rom, 6. 12. 1924. Bericht Nr. 155/Pol., Z. 42 107/17. In: AdR, NPA, Italien 2/3, Karton 590.
206 Pini und Susmel, Mussolini, Bd. 2, 407 f.; Tamaro, Attilio: Vent'anni di storia 1922–1943. Rom 1953/54. 60 ff.
207 Opera Omnia, Bd. 21, 235–240; deutsch bei De Luna, Mussolini, 58 f.
208 Manifest z. B. veröffentlicht in: „Il Messagero", 9. 1. 1925.
209 Anfang 1926 übernahm Farinacci höchstpersönlich – auf seine berüchtigte „faschistische" Art und Weise – die Verteidigung der Angeklagten im Matteotti-Prozess, wo schließlich nur zwei von ihnen – zu unangemessen kurzen Haftstrafen – verurteilt wurden.
210 Opera Omnia, Bd. 21, 357–363; deutsch bei De Luna, Mussolini, 63 und 72.
211 Salvemini, Gaetano: Fascist Dictatorship in Italy. London 1928. 178–186.
212 Die Herzlichkeit des Verhältnisses zwischen Mussolini und Chamberlain wurde nach Locarno anlässlich zweier Treffen in Rapallo und in Livorno demonstriert. Bei der zweiten Zusammenkunft Ende September 1926 trug die Gattin des britischen Außenministers sogar mit Stolz das faschistische Parteiabzeichen.
213 Mack Smith, Mussolini, 97; Kirkpatrick, Mussolini, 226 ff.
214 Opera Omnia, Bd. 21, 422 f., bzw. Bd. 22, 8 f.; beide Zitate deutsch bei De Luna, Mussolini, 60.
215 Pastor an Mataja, Rom, 27. 5. 1925. Bericht Nr. 86/Pol., Z. 13 673/17. In: AdR, NPA, Italien 2/3, Karton 590.
216 Nach Don Sturzo waren Nitti 1924, Sforza, Salvemini, Donati, Gobetti und Amendola 1925, Turati und Nenni schließlich Ende 1926 nach Frankreich geflüchtet. Einen anderen möglichen Kontrahenten stellte Mussolini wiederum auf subtile Weise ruhig, indem er sich – mit öffentlichen Geldern – großzügig zeigte. Der in nationalistischen Kreisen immer noch beliebte D'Annunzio erhielt den Titel eines Prinzen und auch sonst alle möglichen Benefizien, sodass der gleichermaßen eitle wie habgierige Poet in seiner zur nationalen Pilgerstätte ausgebauten Prachtvilla am Gardasee residieren konnte und nicht gegen das Regime wetterte.
217 Opera Omnia, Bd. 22, 97 f.; deutsch bei De Luna, Mussolini, 60.
218 Vgl. Tyrell, Trommler, 27 f., 196 f.
219 Kershaw, Hitler 1889–1936, 186 f.
220 Siehe Plewnia, Margarete: Auf dem Weg zu Hitler. Der völkische Publizist Dietrich Eckart. Bremen 1970; Tyrell, Trommler, 190 f., 194.
221 Tyrell, Albrecht: Gottfried Feder and the NSDAP. In: The Shaping of the Nazi State, hg. v. Peter D. Stachura. London 1978. 49–87.
222 Siehe dazu umfassend Broszat, Martin: Der Nationalsozialismus. Weltanschauung, Programm und Wirklichkeit. Stuttgart 1960.
223 Frank, Hans: Im Angesicht des Galgens. München/Gräfelfing 1953. 38–42.
224 Siehe vor allem Tyrell, Trommler, 120–129.
225 Siehe besonders Longerich, Peter: Die braunen Bataillone. Geschichte der SA. München 1989.
226 Fest, Hitler, 233.
227 Zu Hitler als Privatmann und seinen Getreuen siehe Fest, Hitler, 189 f., 197–200; Kershaw, Hitler 1889–1936, 205 ff., 221 ff., 237–243.
228 Siehe dazu etwa Hanfstaengel, Ernst: 15 Jahre mit Hitler. Zwischen Weißem und Braunem Haus. München [2]1980. 43–61; Kershaw, Hitler 1889–1936, 238 ff.; siehe auch das Kapitel zu Winifried Wagner bei Knopp, Guido: Hitlers Frauen und Marlene. München 2001.
229 Vgl. Hanfstaengel, 15 Jahre mit Hitler, 49–52; Kershaw, Hitler 1889–1936, 205 ff.
230 Padfield, Peter: Heß. The Führer's Disciple. London 1991.
231 Fest, Hitler, 200 ff.
232 Kube, Alfred: Pour le mérite und Hakenkreuz. Hermann Göring im Dritten Reich. München [2]1987; Manvell, Roger: Der Reichsmarschall. Aufstieg und Fall des Hermann Göring. Rastatt 1987; Martens, Stefan: Hermann Göring. Erster Paladin des Führers und Zweiter Mann im Reich. Paderborn 1985; Mosley, Leonard: Göring. Eine Biographie. München 1975; Overy, Richard J.: Hermann Göring. Machtgier und Eitelkeit. München [2]1990.

233 Fest, Joachim C.: Das Gesicht des Dritten Reiches. Profile einer totalitären Herrschaft. München/Zürich [4]1975. 190–206; Fisher, Conan: Ernst Julius Röhm – Stabschef der SA und Außenseiter. In: Die braune Elite. 22 biographische Skizzen, hg. v. Ronald Smelser und Rainer Zitelmann. Darmstadt 1989. 212–222.
234 Hitler. Sämtliche Aufzeichnungen, 729.
235 Lüdecke, Kurt: I knew Hitler. London 1938. 71–74.
236 Hitler, Sämtliche Aufzeichnungen, 1034.
237 Maser, Werner: Die Frühgeschichte der NSDAP. Hitlers Weg bis 1924. Frankfurt/Bonn 1965. 356 und Anm. 570.
238 Hitler in der Nacht vom 21. auf den 22. 7. 1941: Hitler, Monologe, 43.
239 Fest, Hitler, 237 ff.
240 Der Hitler-Putsch. Bayerische Dokumente zum 8./9. November 1923, hg. v. Ernst Deuerlein. Stuttgart 1962. 56–61; Gordon, Harold J.: Hitlerputsch 1923. Machtkampf in Bayern 1923–1924. Frankfurt 1971. 177–183.
241 Maser, Frühgeschichte, 394; Franz-Willing, Georg: Krisenjahr der Hitlerbewegung 1923. Preußisch Oldendorf 1975. 86–89; Gruchmann, Lothar: Hitlers Denkschrift an die bayerische Justiz vom 16. Mai 1923. In: VfZ 39 (1991). 305–328.
242 Hitler-Putsch, 70–73; Gordon, Hitlerputsch, 196–231.
243 Interview mit der „Daily Mail", 3. 10. 1923, in: Hitler, Sämtliche Aufzeichnungen, 1027.
244 Zu den Ereignissen siehe neben der weiter oben angeführten Spezialliteratur auch Fest, Hitler, 265–274; Kershaw, Hitler 1889–1936, 256–267.
245 Zitiert bei Heiden, Konrad: Geschichte des Nationalsozialismus. Die Karriere einer Idee. Berlin 1932. 158.
246 Heiden, Konrad: Adolf Hitler. Das Zeitalter der Verantwortungslosigkeit. Eine Biographie. Bd. 1. Zürich 1936. 109.
247 Zitiert bei Fest, Hitler, 275.
248 Siehe Kershaw, Hitler 1889–1936, 269–273; Fest, Hitler, 275–278.
249 Ursachen und Folgen. Vom deutschen Zusammenbruch 1918 und 1945 bis zur staatlichen Neuordnung Deutschlands in der Gegenwart. Bd. 5. Berlin o. J. 457 f.; siehe umfassend: Der Hitler-Ludendorff-Prozess vor dem Münchener Volksgericht. Berlin 1924.
250 Ursachen und Folgen, Bd. 5, 459.
251 Frank, Im Angesicht des Galgen, 46 f.
252 Frank, Im Angesicht des Galgen, 45 f.
253 Hitler, Mein Kampf. München [78-84]1933. 774.
254 Österreichischer Honorarkonsul Günther an Außenminister Grünberger. [München,] 22. 12. 1924. Bericht Nr. 17/Pol. In: AdR, Gesandtschaftsarchiv Berlin, Karton 10.
255 Kershaw, Hitler 1889–1936, 343 ff.
256 Longerich, Die braunen Bataillone, 51 f.
257 Rauscher, Walter: Hindenburg. Feldmarschall und Reichspräsident. Wien 1997. 223–233.
258 Reuth, Ralf Georg: Goebbels. München/Zürich 1990; Heiber, Helmut: Joseph Goebbels. Berlin 1962; Höver, Ulrich: Joseph Goebbels – ein nationaler Sozialist. Bonn/Berlin 1992.
259 Kershaw, Hitler 1889–1936, 348–353.
260 Kershaw, Hitler 1889–1936, 353 ff.
261 Kershaw, Hitler 1889–1936, 358 f.
262 Fest, Hitler, 351 f.
263 Fest, Hitler, 355 f.
264 Mandatsverteilungen nach den reichsweiten Wahlen:
Deutsche Nationalversammlung (19. Januar 1919) – 421 Abgeordnete:
SPD 163 / Zentrum 91 / DDP 75 / DNVP 44 / KPD 22 / DVP 19 / Sonstige 7.
Es folgte das Kabinett Scheidemann.
1. Reichstag (6. Juni 1920) – 459 Abgeordnete:
SPD 102 / KPD 88 / DNVP 71 / DVP 65 / Zentrum 64 / DDP 39 0 /BVP 21 / Sonstige 9.
Kabinett Fehrenbach, Kabinett Wirth, Kabinett Cuno, Kabinett Stresemann, Kabinett Marx.
2. Reichstag (4. Mai 1924) – 472 Abgeordnete:

SPD 100 / DNVP 95 / Zentrum 65 / KPD 62 / DVP 45 / NSDAP 32 / Sonstige 29 / DDP 28 / BVP 16. Kabinett Marx II.
3. Reichstag (7. Dezember 1924) – 493 Abgeordnete:
SPD 131 / DNVP 103 / Zentrum 69 / DVP 51 / KPD 45 / DDP 32 / Sonstige 29 / BVP 19 / NSDAP 14. Kabinett Luther, Kabinett Luther II, Kabinett Marx III, Kabinett Marx IV.
4. Reichstag (20. Mai 1928) – 491 Abgeordnete:
SPD 153 / DNVP 73 / Zentrum 62 / KPD 54 / Sonstige 51 / DVP 45 / DDP 25 / BVP 16 / NSDAP 12. Kabinett Müller, Kabinett Brüning.
BVP: Bayrische Volkspartei; DDP: Deutsche Demokratische Partei; DNVP: Deutschnationale Volkspartei; DStP: Deutsche Staatspartei (vormals DDP); DVP: Deutsche Volkspartei; KPD: Kommunistische Partei Deutschlands und bis zum 20. Mai 1928 die Unabhängigen Sozialdemokraten (USPD); NSDAP: Nationalsozialistische Deutsche Arbeiterpartei; SPD: Sozialdemokratische Partei Deutschlands.

265 Zitiert bei Tyrell, Albrecht: Führer befiehl ... Selbstzeugnisse aus der „Kampfzeit" der NSDAP. Düsseldorf 1969. 203 ff.
266 Kershaw, Hitler 1889–1936, 389 f.
267 Fest, Hitler, 333 f., 353.
268 Die Tagebücher von Joseph Goebbels. Sämtliche Fragmente. Teil 1: Aufzeichnungen 1924–1941, hg. v. Elke Fröhlich. Bd. 1. München 1987. 196 f.
269 Kershaw, Hitler 1889–1936, 364–367.
270 Siehe Hayman, Ronald: Hitler and Geli. London 1997.
271 Fest, Hitler, 332 ff., 352 f., 374 f.
272 Siehe u. a.: Leopold, John A.: Alfred Hugenberg. The Radical Nationalist Campaign against the Weimar Republic. New Haven 1977.
273 Winkler, Weimar, 347 ff.
274 Winkler, Weimar, 354 ff.
275 Zitiert bei De Luna, Mussolini, 97; siehe allgemein auch: Lupo, Salvatore: Il fascismo. La politica in un regime totalitario. Rom 2000.
276 Vgl. auch Petersen, Jens: Mussolini. Wirklichkeit und Mythos eines Diktators. In: Mythos und Moderne, hg. v. Karl-Heinz Bohrer. Frankfurt 1983. 242–261; Hasler, August Bernhard: Das Duce-Bild in der faschistischen Literatur. In: Quellen und Forschungen aus italienischen Archiven und Bibliotheken 60 (1980) 420–506; Lepre, Aurelio: Mussolini l'italiano. Il Duce nel mito e nella realtà. Mailand [6]2001; Spinosa, Antonio: Mussolini. Il fascino di un dittatore. Mailand [10]2001; Campi, Alessandro: Mussolini. Bologna 2001.
277 Sarfatti, Mussolini, IX f.
278 Ludwig, Emil: Mussolinis Gespräche mit Emil Ludwig. Berlin/Wien/Leipzig 1932. 221 ff.
279 Collier, Mussolini, 94.
280 Zitiert bei Schwarz, Das Gesicht des Jahrhunderts, 283.
281 Churchill, Winston S.: The Second World War. Bd. 2. London 1949. 107; Ciano, Galeazzo: Tagebücher 1939–1943. Bern [2]1947. 336.
282 Ciano, Galeazzo: Tagebücher 1937/38. Hamburg 1949. 56.
283 Mussolini, Rachele, Mussolini ohne Maske, 92.
284 Ludwig, Mussolinis Gespräche, 123 f.
285 Mussolinis „Forza e consenso" („Macht und Zustimmung") vom März 1923 in: Opera Omnia, Bd. 19, 195 f.; deutsch bei Nolte, Faschismus, 85 f.
286 Mussolini, Rachele, Mussolini ohne Maske, 98 ff.
287 Collier, Mussolini, 102.
288 Mussolini, Rachele, Mussolini ohne Maske, 67.
289 Mussolini, Rachele, Mussolini ohne Maske, 89.
290 Mussolini, Rachele, Mussolini ohne Maske, 72 ff; siehe auch Spinosa, Antonio: Alla corte del Duce. Capitani d'industria, avventurieri, belle donne e massaie rurali. Mailand 2000.
291 Ciano, Edda: My Truth. London 1977, passim.
292 Vittorios Hochzeit fand am 6. 2. 1937, jene Brunos am 29. 10. 1938 statt.
293 Mussolini, Rachele, Mussolini ohne Maske, 86.

294 Zitiert bei De Luna, Mussolini, 90 f.
295 Mussolini, Rachele, Mussolini ohne Maske, 93 f.
296 Mussolini, Rachele, Mussolini ohne Maske, 103 f.
297 Opera Omnia, Bd. 28, 136 f.; deutsch bei De Luna, Mussolini, 90.
298 Opera Omnia, Bd. 22, 47 f.; deutsch bei De Luna, Mussolini, 85.
299 Zitiert bei Parker, Das Zwanzigste Jahrhundert, 156 f.
300 Opera Omnia, Bd. 24, 386 ff.; deutsch bei Nolte, Faschismus, 109.
301 Opera Omnia, Bd. 23, 267 f.; deutsch bei De Luna, Mussolini, 68.
302 Mussolini, Rachele, Mussolini ohne Maske, 108, 110.
303 Opera Omnia, Bd. 24, 43 f.; deutsch bei De Luna, Mussolini, 67.
304 Zitiert bei Parker, Das Zwanzigste Jahrhundert, 160.
305 Opera Omnia, Bd. 22, 90 f.; deutsch bei De Luna, Mussolini, 65.
306 Vgl. ausführlich Rafalsky, Traute: Italienischer Faschismus in der Weltwirtschaftskrise (1925–1936). Wirtschaft, Gesellschaft und Politik auf der Schwelle zur Moderne. Opladen 1984.
307 Opera Omnia, Bd. 24, 310 f. und 278 f.; deutsch bei De Luna, Mussolini, 80 f.; Egger an österreichischen Außenminister Schober, Rom, 21. 12. 1930. Bericht Nr. 104/Pol., Z. 34 901/13. In: AdR, NPA, Italien 2/2, Karton 589.
308 Opera Omnia, Bd. 24, 278 f.
309 Mussolini in einem Gespräch mit dem österreichischen Gesandten in Rom – Egger an Bundeskanzler Streeruwitz. Rom, 20. 6. 1929. Bericht Nr. 78/Pol., strengst geheim. Z. 22 745/13. In: AdR, NPA, Italien I/III/geheim, Karton 413.
310 Die Südtirolfrage führte speziell im Jahr 1928 – ausgelöst durch eine Debatte im Wiener Parlament am 23. Februar – zu einer Belastung des italienisch-österreichischen Verhältnisses. Die Korrespondenz zwischen Bundeskanzler Ignaz Seipel und Mussolini findet sich in: AdR, NPA, Abteilung 13, Italien 2/8/geheim und Italien I/III/geheim. Vgl. Weiß, Klaus: Das Südtirol-Problem in der Ersten Republik. Dargestellt an Österreichs Innen- und Außenpolitik im Jahre 1928. Wien/München 1989.
311 Opera Omnia, Bd. 24, 235 f.; deutsch bei Nolte, Faschismus, 98 f.
312 Zitiert bei Parker, Das Zwanzigste Jahrhundert, 156 f.
313 Opera Omnia, Bd. 24, 278 f.; deutsch bei De Luna, Mussolini, 96 f.
314 Opera Omnia, Bd. 24, 278 f.; deutsch bei De Luna, Mussolini, 96 f.
315 Opera Omnia, Bd. 25, 147; deutsch bei Nolte, Faschismus, 100.
316 Zitiert bei Shirer, William L.: Aufstieg und Fall des Dritten Reiches. Köln/Berlin 1961. 131.
317 Kershaw, Hitler 1889–1936, 396.
318 Vgl. auch Broszat, Martin: Die Machtergreifung. Der Aufstieg der NSDAP und die Zerstörung der Weimarer Republik. München [5]1994; Bracher, Karl Dietrich, Schulz, Gerhard und Sauer, Wolfgang: Die nationalsozialistische Machtergreifung. 3 Bände. Frankfurt/Berlin/Wien (1960) 1974.
319 Kershaw, Hitler 1889–1936, 417–422.
320 Zitiert bei Heiden, Adolf Hitler, Bd. 1, 275.
321 Kershaw, Hitler 1889–1936, 412–417.
322 Longerich, Peter: Die braunen Bataillone. Geschichte der SA. München 1989. 102–111.
323 Zitiert bei Fest, Hitler, 399.
324 Sitzverteilung nach den reichsweiten Wahlen:
5. Reichstag (14. September 1930) – 577 Abgeordnete:
SPD 143 / NSDAP 107 / KPD 77 / Sonstige 72 / Zentrum 68 / DNVP 41 / DVP 30 / DStP 20 / BVP 19.
Kabinett Brüning, Kabinett Papen.
6. Reichstag (31. Juli 1932) – 608 Abgeordnete:
NSDAP 230 / SPD 133 / KPD 89 / Zentrum 75 / DNVP 37 / BVP 22 / Sonstige 11 / DVP 7 / DStP 4.
Kabinett Papen.
7. Reichstag (6. 11. 1932) – 584 Abgeordnete:
NSDAP 196 / SPD 121 / KPD 100 / Zentrum 70 / DNVP 52 / BVP 20 / Sonstige 12 / DVP 11 / DStP 2.
Kabinett Schleicher, Kabinett Hitler.
8. Reichstag (5. März 1933) – 647 Abgeordnete:
NSDAP 288/SPD 120/KPD 81/Zentrum 73/DNVP 52/BVP 19/Sonstige 7/DStP 5/DVP 2.
Kabinett Hitler.

325 Siehe dazu detailliert Falter, Jürgen W.: Hitlers Wähler. München 1991, passim.
326 Falter, Hitlers Wähler, 365.
327 Falter, Hitlers Wähler, 365–374.
328 Meißner, Otto: Staatssekretär unter Ebert, Hindenburg, Hitler. Der Schicksalsweg des deutschen Volkes 1918–45, wie ich ihn erlebte. Hamburg 1950.
329 Siehe u. a. Vogelsang, Thilo: Kurt von Schleicher. Ein General als Politiker. Göttingen 1990; Plehwe, Friedrich Karl von: Kurt von Schleicher. Weimars letzte Chance gegen Hitler. München 1998.
330 Vgl. Brüning, Heinrich: Memoiren 1918–1934. Stuttgart 1970; Mommsen, Hans: Heinrich Brünings Politik als Reichskanzler. Das Scheitern eines politischen Alleingangs. In: Wirtschaftskrise und liberale Demokratie. Das Ende der Weimarer Republik und die gegenwärtige Situation, hg. v. Karl Holl. Göttingen 1978. 16–45; Conze, Werner: Brünings Politik unter dem Druck der großen Krise. In: HZ 199 (1964) 529–550, und ders.: Brüning als Reichskanzler. Eine Zwischenbilanz. In: HZ 214 (1972) 310–334.
331 Fest, Hitler, 407.
332 Siehe Rauscher, Hindenburg, 261 f.
333 Rauscher, Hindenburg, 273.
334 Rauscher, Hindenburg, 273.
335 Bullock, Hitler und Stalin, 323; Weizsäcker, Ernst von: Erinnerungen. München 1950. 103.
336 Meissner, Hans Otto: Die Machtergreifung. 30. Januar 1933. München/Berlin 1983. 65–68; Fest, Hitler, 419–427.
337 Österreichischer Gesandter Frank an Außenminister Schober. Berlin, 7. 12. 1931. Bericht, Nr. 444/Pol., Z. 26 466/13. In: AdR, NPA. Deutschland 2/3. Karton 147.
338 Hanfstaengel, 231–242; Frank, Im Angesicht des Galgens, 90 f.; Schroeder, Christa: Er war mein Chef. Aus dem Nachlass der Sekretärin von Adolf Hitler. München/Wien 1985. 153 f.; Strasser, Otto: Hitler und ich. Konstanz 1948. 74 f.; Hoffmann, Heinrich: Hitler, wie ich ihn sah. Aufzeichnungen seines Leibfotografen. München/Berlin 1974. 25 ff.; Kershaw, Hitler 1889–1936, 444–447.
339 Rauscher, Hindenburg, 276 f.
340 Rauscher, Hindenburg, 277 ff.
341 Goebbels, Joseph: Vom Kaiserhof zur Reichskanzlei. Eine historische Darstellung in Tagebuchblättern. München 1934. 22 ff.
342 Kershaw, Hitler 1889–1936, 455 f.
343 Schultheß' Europäischer Geschichtskalender 1932. 58 f.
344 Longerich, Die braunen Bataillone, 153–159.
345 Brüning, Memoiren, Bd. 2, 632–638; Rauscher, Hindenburg, 287–290.
346 Rauscher, Hindenburg, 290.
347 Siehe Petzold, Joachim: Franz von Papen. Ein deutsches Verhängnis. München 1995; Bach, Jürgen A.: Franz von Papen in der Weimarer Republik. Aktivitäten in Politik und Presse 1918–1932. Düsseldorf 1982; Turner, Henry Ashby: Hitlers Weg zur Macht. Der Januar 1933. München 1997. 56–60.
348 Winkler, Weimar, 490–503.
349 Aufzeichnung Meißners über Besprechungen zur Regierungsumbildung, 11. 8. 1932, in: Hubatsch, Walter: Hindenburg und der Staat. Aus den Papieren des Generalfeldmarschalls und Reichspräsidenten von 1887 bis 1934. Göttingen 1966. 336.
350 Aufzeichnung Meißners über die Besprechung zwischen Hindenburg und Hitler, 13. 8. 1932, in: Vogelsang, Thilo: Reichswehr, Staat und NSDAP. Beiträge zur deutschen Geschichte. Stuttgart 1962. 479 f.
351 Rauschning, Hermann: Gespräche mit Hitler. Zürich/Wien/New York [2]1940. 18 ff.
352 Frank an Dollfuß. Berlin, 23. 9. 1932. Bericht Nr. 237/Pol., Z. 24 155/13. In: AdR, NPA. Deutschland 2/3. Karton 147.
353 Egger an Peter. Rom, 12. 10. 1932. Telegramm Nr. 82, Chiffre, streng geheim, Z. 24 668/13. In: AdR, NPA. Italien I/III geheim. Karton 413.
354 Lüdecke, Kurt: I knew Hitler. London 1938. 475–479.
355 Maser, Hitler, 317; Gun, Nerin E.: Eva Braun-Hitler. Leben und Schicksal. Velbert/Kettwig 1968. 55 ff.
356 Akten der Reichskanzlei, Kabinett Papen, Bd. 2, 984 ff.

357 Akten der Reichskanzlei, Kabinett Papen, Bd. 2, 988–992.
358 Meißner an Hitler, 24. 11. 1932, in: Akten der Reichskanzlei, Kabinett Papen, Bd. 2, 998 ff.
359 Papen, Franz von: Der Wahrheit eine Gasse. München 1952. 250.
360 Stachura, Peter D.: „Der Fall Strasser": Strasser, Hitler, and National Socialism. 1930–1932. In: The Shaping of the Nazi State, hg. v. Peter D. Stachura. London 1978. 88–130.
361 Goebbels, Vom Kaiserhof zur Reichskanzlei, 219 f.
362 Hitlers Art, seine „treuesten Männer" zu entlassen, wurde bisweilen auch bereits mit „Cäsarenwahn" verglichen – Österreichischer Geschäftsträger Meindl an Dollfuß. Berlin, 21. 12. 1932. Bericht Nr. 292/Pol., Z. 25 544/13. In: AdR, NPA. Deutschland 2/3. Karton 147.
363 Rauscher, Hindenburg, 304.
364 Kershaw, Hitler 1889–1936, 517 f.
365 Turner, Hitlers Weg zur Macht, 158–168; Winkler, Weimar, 581–589.
366 Winkler, Weimar, 589–592; Kershaw, Hitler 1889–1936, 519–522.
367 Meißner, 30. Januar 1933, 275 f., 388; Rauscher, Hindenburg, 309.
368 Vgl. auch Höhne, Heinz: „Gebt mir vier Jahre Zeit." Hitler und die Anfänge des Dritten Reiches. Berlin 1999 bzw. ders.: Die Zeit der Illusionen. Hitler und die Anfänge des Dritten Reiches 1933 bis 1936. Düsseldorf/Wien/New York 1991.
369 Meindl an Dollfuß. Berlin, 6. 2. 1933. Bericht Nr. 49/Pol., Z. 20 625/13. In: AdR, NPA. Deutschland 2/3, Karton 147.
370 Meindl an Dollfuß. Berlin, 8. 3. 1933. Bericht Nr. 70/Pol., Z. 21 167/13. In: AdR, NPA. Deutschland 2/3, Karton 147.
371 Domarus, Max: Hitler. Reden und Proklamationen, 1932–1945. Bd. 1. (1962/63) München 1965. 191–194.
372 Vgl. u. a. durchaus kontroversiell: Müller, Klaus-Jürgen: Das Heer und Hitler. Armee und nationalsozialistisches Regime 1933–1940. Stuttgart (1969) 1988; ders.: Armee, Politik und Gesellschaft in Deutschland 1933–1945. Paderborn 1979; Dirks, Carl und Janßen, Karl Heinz: Der Krieg der Generäle. Hitler als Werkzeug der Wehrmacht. Berlin 1999.
373 Vogelsang, Thilo: Neue Dokumente zur Geschichte der Reichswehr 1930 bis 1933. In: VfZ 2 (1954) 434 ff.
374 Vgl. Mommsen, Hans: Der Reichstagsbrand und seine politische Folgen. In: VfZ 12 (1964) 351–413; Der Reichstagsbrand. Eine wissenschaftliche Dokumentation, hg. v. Walther Hofer u. a. 2 Bände. Berlin 1972/1978.
375 Diels, Rudolf: Lucifer ante portas. Zürich 1950. 194 f.
376 Zum ganzen Text siehe Reichsgesetzblatt [künftig: RGBl.] 1933, Teil 1, Nr. 17.
377 Meindl an Dollfuß. Berlin, 6. 2. 1933. Bericht Nr. 49/Pol., Z. 20 625/13. In: AdR, NPA. Deutschland 2/3, Karton 147.
378 Fest, Hitler, 549 f.
379 Domarus, Hitler, Bd. 1, 222.
380 Rauscher, Hindenburg, 310–313.
381 Österreichischer Gesandter Tauschitz an Dollfuß. Berlin, 24. 3. 1933. Bericht Nr. 94/Pol., Z. 21 524/13. In: AdR, NPA. Deutschland 2/3, Karton 147.
382 Hindenburgs Ansprache in der Garnisonskirche, 21. 3. 1933, in: Hindenburg, Briefe, 180 f.
383 Rauscher, Hindenburg, 313 ff.
384 Siehe ausführlich: Das „Ermächtigungsgesetz" vom 24. März 1933, hg. v. Rudolf Morsey. Düsseldorf 1992.
385 RGBl. 1933, Teil 1, Nr. 25.
386 „Völkischer Beobachter", 8. 7. 1933.
387 Fest, Hitler, 626 f.
388 Ursachen und Folgen, Bd. 10, 134 f.
389 Siehe umfassend Höhne, Heinz: Mordsache Röhm. Hitlers Durchbruch zur Alleinherrschaft 1933–1934. Reinbek bei Hamburg 1984.
390 Ursachen und Folgen, Bd. 10, 157 ff.
391 Rauscher, Hindenburg, 319.
392 Fest, Hitler, 635.
393 Ursachen und Folgen, Bd. 10, 168 ff.

394 Fest, Hitler, 640 f.
395 „Völkischer Beobachter", 1./2. 7. 1934
396 RGBl. 1934, Teil 1, Nr. 71.
397 Domarus, Hitler, Bd. 1/1, 409–424.
398 Rauscher, Hindenburg, 319 f.
399 Mussolini, Mussolini ohne Maske, 125.
400 Fest, Hitler, 645 ff.
401 Der Nationalsozialismus. Dokumente 1933–1945, hg., eingeleitet und kommentiert v. Walther Hofer. Frankfurt (1957) 1982. 71.
402 Höhne, Heinz: Der Orden unter dem Totenkopf. Die Geschichte der SS. Gütersloh 1967; Wegner, Bernd: Hitlers politische Soldaten: Die Waffen-SS 1933–1945. Studien zur Leitbildstruktur und Funktion einer nationalsozialistischen Elite. Paderborn 1982; Padfield, Peter: Himmler. Reichsführer-SS. London 1991; Breitmann, Richard: Der Architekt der „Endlösung". Himmler und die Vernichtung der europäischen Juden. Paderborn 1996; Wyks, Alan: Reichsführer SS Himmler. Rastatt 1982; Wighton, Charles: Heydrich. Hitler's Most Evil Henchman. London 1962; Whiting, Charles: Heydrich. Henchman of Death. London 1999.
403 Nationalsozialismus, Dokumente 1933–1945, 72.
404 Ursachen und Folgen, Bd. 9, 318.
405 Schroeder, Er war mein Chef, 53; 78–82.
406 Wiedemann, Fritz: Der Mann, der Feldherr werden wollte. Velbert/Kettwig 1964. 68 f., 85.
407 Kershaw, Hitler 1889–1936, 673 ff.
408 Fest, Hitler, 612–615, 712 f., Dietrich, Otto: 12 Jahre mit Hitler. Köln o. J. 45.
409 Wiedemann, Der Mann, 68 f.; 76–82, 90-99; Sereny, Gitta: Das Ringen mit der Wahrheit. Albert Speer und das deutsche Trauma. München 1995. 140 ff.; Spitzy, Reinhard: So haben wir das Reich verspielt. Bekenntnisse eines Illegalen. München [4]1994. 126 f., 130.
410 Schwerin von Krosigk, Lutz: Es geschah in Deutschland. Tübingen/Stuttgart 1951. 220.
411 Fest, Joachim: Albert Speer. Eine Biographie. Berlin 1999; Sereny, Gitta: Das Ringen mit der Wahrheit. Albert Speer und das deutsche Trauma. München 1995.
412 Gun, Nerin E.: Eva Braun-Hitler. Leben und Schicksal. Velbert/Kettwig 1968; Maser, Werner: Adolf Hitler. Legende, Mythos, Wirklichkeit. München [3]1973. 325–369.
413 Hitler, Monologe, 229 f.
414 Ward Price, G.: Führer und Duce, wie ich sie kenne. Berlin 1939. 23.
415 Siehe dazu etwa Weinberg, Gerhard L.: The Foreign Policy of Hitler's Germany. Diplomatic Revolution in Europe 1933–36. Chicago/London 1970.
416 Seidler, Franz W.: Fritz Todt. Baumeister des Dritten Reiches. München/Berlin 1986; Kaftan, Kurt: Der Kampf um die Autobahnen. Berlin 1955.
417 Vgl. aus der Legion an Literatur Broszat, Martin: Der Staat Hitlers. Grundlegung und Entwicklung seiner inneren Verfassung. München [15]2000; Bracher, Karl Dietrich: Die deutsche Diktatur. Entstehung, Struktur, Folgen des Nationalsozialismus. Berlin (1969) 1997; Fischer, Klaus P.: Nazi Germany. A New History. London 1995; Burleigh, Michael: Die Zeit des Nationalsozialismus. Eine Gesamtdarstellung. Frankfurt 2000; Kershaw, Ian: Der NS-Staat. Geschichtsinterpretationen und Kontroversen im Überblick. Reinbek bei Hamburg (1988) 1995.
418 Tauschitz an Dollfuß. Berlin, 11. 10. 1933. Bericht Nr. 90/Pol., Z. 25 588/13. In: AdR, NPA. Deutschland 2/3, Karton 147.
419 Gellately, Robert: Die Gestapo und die deutsche Gesellschaft. Die Durchsetzung der Rassenpolitik 1933–1945. Paderborn/München/Wien/Zürich [2]1994; Die Gestapo: Mythos und Realität, hg. v. Gerhard Paul und Klaus-Michael Mallmann. Darmstadt 1995.
420 Vgl. neuestens Smelser, Ronald: Die SS. Elite unter dem Totenkopf. Paderborn 2000.
421 Rauschning, Hermann: Gespräche mit Hitler. Zürich 1940. 50; siehe allgemein auch Heer, Der Glaube des Adolf Hitler. passim.
422 Siehe das 3. Kapitel bei Lewy, Guenter: Die katholische Kirche und das Dritte Reich. München 1965.
423 Meier, Kurt: Kreuz und Hakenkreuz. Die evangelische Kirche im Dritten Reich. München 1992; Conway, John S.: Die nationalsozialistische Kirchenpolitik 1933–1945. Ihre Ziele, Widersprüche und Fehlschläge. München 1969.

424 Siehe z. B.: Adam, Uwe Dietrich: Judenpolitik im Dritten Reich. Düsseldorf 1972; Schleunes, Karl: The Twisted Road to Auschwitz: Nazi Policy toward German Jews, 1933–1939. Urbana/Chicago/London 1970.

425 Nationalsozialismus, Dokumente 1933–1945, 87.

426 Smelser, Ronald: Robert Ley. Hitlers Mann an der „Arbeitsfront". Eine Biographie. Paderborn 1989.

427 Corni, Gustavo: Richard Walter Darré. Der „Blut-und-Boden"-Ideologe. In: Die braunen Eliten, 15–27; Steinert, Marlies: Hitler. München 1994. 293.

428 Schirach, Baldur von: Ich glaubte an Hitler. Hamburg 1967; Wortmann, Michael: Baldur von Schirach. Hitlers Jugendführer. Köln 1982; Lang, Jochen von: Der Hitler-Junge Baldur von Schirach. Der Mann, der Deutschlands Jugend erzog. Hamburg 1988.

429 Rauschning, Gespräche mit Hitler, 237.

430 „Völkischer Beobachter", 4. 12. 1938.

431 Vgl. etwa Overy, Richard J.: War and Economy in the Third Reich. Oxford 1994; ders.: The Nazi Economic Recovery. Cambridge [2]1996; Barkai, Avraham: Das Wirtschaftssystem des Nationalsozialismus. Frankfurt 1988.

432 Schenck, Ernst Günther: Dr. Morell. Hitlers Leibarzt und seine Medikamente. Schnellbach 1998; ders.: Patient Hitler. Eine medizinische Biographie. Augsburg 2000.

433 Petersen, Jens: Hitler – Mussolini. Die Entstehung der Achse Berlin – Rom 1933–1936. Tübingen 1973. 113–116.

434 Vgl. De Felice, Renzo: Hitler e Mussolini: I rapporti segreti (1922–1933). Florenz 1983.

435 Petersen, Hitler – Mussolini, 104 f.; 114 und 123 ff.

436 Opera Omnia, Bd. 25, 200; deutsch bei Petersen, Hitler – Mussolini, 128.

437 Petersen, Hitler – Mussolini, 157 ff.

438 Staatsgesetzblatt für Deutschösterreich 1918, Nr. 5.

439 Documents Diplomatiques Belges 1920–1940, hg. v. Ch. de Visscher und F. Vanlangenhove. La politique de sécurité extérieure. Bd. 3. Brüssel 1964. Nr. 10.

440 Amtserinnerung des Bundeskanzleramts/Auswärtige Angelegenheiten, geheim. Wien, 23. 5. 1933, Z. 22 598/13. In: AdR, NPA, Deutschland I/1 geheim, Karton 404.

441 Offiziell hatte Berlin die 1000-Mark-Sperre damit begründet, dass Anhänger der NSDAP in Österreich Gefahr liefen, schlecht behandelt zu werden, wodurch die Möglichkeit von Reibungen zwischen Deutschland und Österreich gegeben sei. Daher sehe sich die deutsche Regierung veranlasst, um die freundschaftlichen Beziehungen mit Österreich aufrechtzuerhalten, die Einhebung der Ausreisetaxe und damit die Einschränkung des Reiseverkehrs zu verfügen. – Aufzeichnung Leitmaiers, Wien, 17. 6. 1933. Z. 22 830/13. In: AdR, NPA, Deutschland I/12, Karton 404.

442 Goldinger, Walter und Binder, Dieter A.: Geschichte der Republik Österreich 1918–1938. Wien/München 1992. 205 f.

443 Aufzeichnung über die Unterredung Mussolini – Dollfuß in Rom am 12. und 13. 4. 1933, Z. 21 967/13. In: AdR, NPA, Italien I/III geheim, Karton 413.

444 Mussolini an Dollfuß. Rom, 1. 7. 1933. Schreiben, persönlich. In: AdR, NPA, Italien I/III geheim, Karton 413.

445 Egger an Peter. Rom, 26. 7. 1933. Telegramm Nr. 89, streng geheim, Z. 23 849/13, und Amtserinnerung Hornbostels, geheim. Wien, 3. 8. 1933. Z. 24 086/13. In: AdR, NPA, Deutschland I/12, Karton 112.

446 Hildebrand, Klaus: Das vergangene Reich. Deutsche Außenpolitik von Bismarck bis Hitler. Stuttgart 1995. 578 f.; Petersen, Hitler – Mussolini, 181 ff.

447 Deutsch zitiert bei Parker, Das Zwanzigste Jahrhundert, 257.

448 Aufzeichnung Bülows vom 26. 9. 1933 bei Hildebrand, Das vergangene Reich, 590.

449 Jouvenel an Paul-Boncour am 18. 7. 1933 in: Documents Diplomatiques Français 1932–1939. Serie I (1932–1935) [künftig: DDF I.] Bd. 4. Nr. 14.

450 Opera Omnia, Bd. 25, 239 f.; deutsch bei De Luna, Mussolini, 97.

451 Petersen, Hitler – Mussolini, 137–152.

452 Graham an Wellesley, 11. 10. 1933, in: Documents on British Foreign Policy 1919–1939. Serie II [künftig: DBFP II]. Bd. 5. London 1956. Nr. 444.

453 Chambrun an Paul-Boncour, 11. 10. 1933, in: DDF I, Bd. 4, Nr. 293.

454 Der Prozess gegen die Hauptkriegsverbrecher vor dem Internationalen Militärgerichtshof Nürnberg 14. November 1945–1. Oktober 1946 [künftig: IMT]. Bd. 34. Nürnberg 1949. C-140.

455 Graham an Wellesley, 15. 10. 1933, in: DBFP II, Bd. 5, Nr. 457.

456 Rauschning, Gespräche mit Hitler, 101 ff.

457 „Völkischer Beobachter", 20. 10. 1933.

458 Aufzeichnung eines Gesprächs des österreichischen Gesandten Schüller mit Mussolini am 15. 12. 1933, Z. 99 391/13. In: AdR, NPA, Italien I/III geheim, Karton 413.

459 Petersen, Hitler – Mussolini, 267 ff.

460 Akten zur Deutschen Auswärtigen Politik 1918–1945. Serie C [künftig: ADAP, C]. Bd. 2. Göttingen 1973. Nr. 40.

461 ADAP, C, Bd. 2, Nr. 126; DDF I, Bd. 5. Paris 1970. Nr. 246.

462 Rintelen an Peter. Rom, 20. 12. 1933. Telegramm Nr. 141, Chiffre, streng geheim, Z. 99 345/13. In: AdR, NPA, Italien I/III geheim, Karton 413.

463 Hildebrand, Das vergangene Reich, 586–589.

464 Ludwig, Mussolinis Gespräche, 75; vgl. auch Petersen, Hitler – Mussolini, 277 f.

465 Zitiert bei Petersen, Hitler – Mussolini, 341 f., aus Opera Omnia, Bd. 26, 232 f., bzw. „Il Popolo d'Italia", 26. 5. 1934.

466 Suvich an Dollfuß. Rom, 26. 1. 1934. Schreiben, persönlich, streng vertraulich. In: AdR, NPA, Italien I/III geheim, Karton 413.

467 Survey of International Affairs, 1934. London 1935. 455.

468 Protokoll I. Rom, 17. 3. 1934. Z. 52 344/13. In: AdR, NPA, Italien I/III geheim, Karton 413.

469 Opera Omnia, Bd. 16, 191 f.

470 Zitiert bei Petersen, Hitler – Mussolini, 344 ff.

471 Suvich an Dollfuß. Rom, 19. 6. 1934. Schreiben, Z. 55 177/13. In: AdR, NPA, Deutschland IV/1 geheim, Karton 405.

472 Domarus, Max: Mussolini und Hitler. Zwei Wege – Gleiches Ende. Würzburg 1977. 184.

473 Opera Omnia, Bd. 16, 263 ff.; Baron Pompeo Aloisis Eintrag vom 15. 6. 1934 zitiert bei Petersen, Hitler – Mussolini, 356.

474 Das politische Tagebuch Alfred Rosenbergs aus den Jahren 1934/35 und 1939/40, hg. v. Hans-Günther Seraphim. Göttingen 1956. 28 f.

475 Mussolini, Rachele, Mussolini ohne Maske, 125.

476 Goldinger und Binder, Geschichte der Republik Österreich, 232–239.

477 Ursachen und Folgen, Bd. 10, 264.

478 Mussolini, Rachele, Mussolini ohne Maske, 125 f.

479 Vgl. Robertson, Esmonde M.: Mussolini as Empire-Builder. Europe and Africa, 1932–36. London 1977. 70–83.

480 Petersen, Hitler – Mussolini, 362.

481 Petersen, Hitler – Mussolini, 363–366.

482 Österreichische Gesandtschaft. Berlin, 28. 7. 1934. Bericht Nr. 178/Pol., streng vertraulich. Z. 56 483/13. In: AdR, NPA, Deutschland, Karton 118.

483 Mussolini, Rachele, Mussolini ohne Maske, 126.

484 Zitiert bei Nolte, Der Faschismus in seiner Epoche, 288.

485 ADAP, C, Bd. 3. Göttingen 1973. Nr. 376 und 381.

486 Gegenüber dem österreichischen Gesandten bezeichnete Mussolini drei Momente für die Versöhnung mit Frankreich als ausschlaggebend: Österreich, das afrikanische Problem und die Tatsache, dass Deutschland selbst unleugbar und verzweifelt auf eine Versöhnung mit Frankreich hinarbeite. Wenn Hitler dies tue, warum solle er dies nicht auch – und zwar vor ihm – tun? – Vollgruber an Hornbostel. Rom, 11. 1. 1935. Telegramm Nr. 16, Z. 30 320/13. In: AdR, NPA, Österreich 7/1, Karton 284.

487 Vollgruber an Hornbostel. Rom, 15. 3. 1935. Telegramm Nr. 51, streng geheim, Z. 32 268/13, und Vollgruber an Berger-Waldenegg. Rom, 16. 3. 1935. Bericht Nr. 60, streng geheim, Z. 32 361/13. In: AdR, NPA, Italien 2/8 geheim, Karton 412.

488 „Völkischer Beobachter", 28. 8. 1934.

489 Domarus, Hitler, Bd. 1, 472–476.

490 Kershaw, Hitler 1889–1936, 691–695.
491 Aloisi, Pompeo: Journal (25 juillet 1932–14 juin 1936), hg. v. Mario Toscano. Paris 1957. 24. 3. 1935.
492 Schmidt, Paul: Statist auf diplomatischer Bühne 1923–1945. Bonn 1953. 294 ff.
493 Zitate bei Petersen, Hitler – Mussolini, 399 f.; siehe auch Opera Omnia, Bd. 27, 51 f.
494 Feiling, Keith: The Life of Neville Chamberlain. London 1946. 256.
495 Ursachen und Folgen, Bd. 10, 334.
496 Zitiert bei Petersen, Hitler – Mussolini, 400.
497 Aufzeichnung Liebitzky. [Rom, 11. 5. 1935.] In: AdR, NPA, Italien I/III geheim, Karton 414.
498 Dülffer, Jost: Weimar, Hitler und die Marine. Reichspolitik und Flottenbau 1920–1939. Düsseldorf 1973. 325–354.
499 Hildebrand, Das vergangene Reich, 600–604.
500 Zum Abessinienfeldzug siehe vor allem De Felice, Renzo: Mussolini il duce: Gli anni del consenso 1929–1936. Turin 1974. 597–757.
501 Zitiert aus Rochat, Giorgio: Militari e politici nella preparazione della campagna d'Etiopia. Studi e documenti 1932–1936. Mailand 1971. 376–379; Petersen, Hitler – Mussolini, 386.
502 Aufzeichnung Liebitzky. [Rom, 11. 5. 1935.] In: AdR, NPA, Italien I/III geheim, Karton 414.
503 ADAP, C, Bd. 4, Nr. 87.
504 Domarus, Hitler, Bd. 1, 511.
505 ADAP, C, Bd. 4, Nr. 121.
506 Petersen, Hitler – Mussolini, 416–420, 426–429.
507 Kirkpatrick, Mussolini, 288–291.
508 Vollgruber an Hornbostel. Rom, 2. 8. 1935. Telegramm Nr. 112, streng geheim, Z. 36 866/13. In: AdR, NPA, Österreich 7/1, Karton 285.
509 ADAP, C, Bd. 4, Nr. 246.
510 Rede Hitlers vom 7. 9. 1935 vor den Offizieren des VI. Armeekorps bei Generalfeldmarschall Keitel. Verbrecher oder Offizier?, hg. v. Walther Görlitz. Göttingen 1961. 80 f.
511 Weltgeschichte der Gegenwart in Dokumenten 1935/36. Internationale Politik, hg. v. Werner Frauendienst. Bd. 3. Essen [3]1944. 115 ff.
512 Vollgruber an Hornbostel. Rom, 3. 10. 1935. Telegramm Nr. 139, streng geheim, Z. 38 598/13. In: AdR, NPA, Italien I/III geheim, Karton 414.
513 ADAP, C, Bd. 4, Nr. 322.
514 Siehe dazu vor allem Hoare, Samuel: Neun bewegte Jahre. Englands Weg nach München. Düsseldorf 1955. 154; Cohen, Armand: La Société des Nations devant le conflit italo-éthiopien (Décembre 1934–Octobre 1935). Politique et Procédure. Genf 1960. 124; Documents on International Affairs (1935) 2. 299–304, und Petersen, Hitler – Mussolini, 432 ff.
515 Siehe Badoglio, Pietro: Der abessinische Krieg. München 1937; De Bono, Emilio: Die Vorbereitungen und die ersten Operationen zur Eroberung Abessiniens. München 1936.
516 Siehe dazu neuerdings Moseley, Ray: Mussolini's Shadow. The Double Life of Count Galeazzo Ciano. New Haven/London 1999.
517 Opera Omnia, Bd. 27, 268 f.; deutsch bei Nolte, Faschismus, 252.
518 ADAP, C, Bd. 4, Nr. 506.
519 ADAP, C, Bd. 4, Nr. 485 und 497. Trotzdem erklärte Mussolini von Hassell am 27. Januar neuerlich, dass sein Interesse an Österreich und dessen inneren Parteikämpfen stark geschwunden sei. Italien stehe mittlerweile einem von Großbritannien gebildeten militärischen Block gegenüber und sehe keinen Anlass mehr, sich für Österreich zu engagieren, das, wie er betonte, ein unabhängiger, aber deutscher Staat sei. – ADAP, C, Bd. 4, Nr. 525.
520 Interview vom 31. 1. 1936 in: Petersen, Hitler – Mussolini, 469 f.
521 Emmerson, James T.: The Rhineland Crisis, 7 March 1936. A Study in Multilateral Diplomacy. London 1977. 63; Kershaw, Hitler 1889–1936, 732.
522 Petersen, Hitler – Mussolini, 466–471.
523 Robertson, Esmonde M.: Zur Wiederbesetzung des Rheinlandes 1936. In: VfZ 10 (1962) 178–205; Die Tagebücher des Joseph Goebbel's, Teil 1, Bd. 2, 575–578.
524 Domarus, Hitler, Bd. 1, 583–597.
525 ADAP, C, Bd. 5, Nr. 18.

526 ADAP, C, Bd. 5, Nr. 252.
527 Amtsvermerk Peter, Wien, 7. 6. 1936. Z. 39 105/13. In: AdR, NPA, Italien I/III, Karton 583.
528 Zitiert bei Siebert, Ferdinand: Italiens Weg in den Zweiten Weltkrieg. Bonn 1962. 40. Siehe auch: Guerri, Giordano Bruno: Galeazzo Ciano. Una vita (1903–1944). Mailand 2001.
529 „Gentleman-Agreement". Wien, 11. 7. 1936. In: AdR, NPA, Deutschland I/12 geheim, Karton 404; ADAP, D, Bd. 1, Nr. 152.
530 Hitler an Schuschnigg. Berchtesgaden, 12. 7. 1936. Telegramm. Z. 40 356/13. In: AdR, NPA, Deutschland I/12, Karton 125.
531 ADAP, D, Bd. 1, Nr. 155.
532 Aufzeichnung und Niederschrift über die Unterredung Schmidts mit Hitler, Göring und Neurath in Berlin vom 19.–21. 11. 1936, geheim. Z. 44 371/13. In: AdR, NPA, Deutschland I/III geheim, Karton 403.
533 Ribbentrop, Joachim von: Zwischen London und Moskau. Erinnerungen und letzte Aufzeichnungen, hg. v. Annelies von Ribbentrop. Leoni am Starnberger See 1953. 88f.
534 Ausführlich bei De Felice, Renzo: Mussolini il duce. Bd. 2: Lo Stato totalitario 1936–1940. Turin 1981. 331–466.
535 Ciano, Tagebücher 1937/38, 10, 15.
536 ADAP, C, Bd. 5. Göttingen 1977. Nr. 618, 620–622, 624.
537 Anfuso, Filippo: Da Palazzo Venezia al Lago di Garda. Bologna 1957. 29; deutsch bei Kirkpatrick, Mussolini, 318.
538 Opera Omnia, Bd. 28, 70; deutsch bei Nolte, Faschismus, 268; eine etwas andere Übersetzung bei Petersen, Hitler – Mussolini, 492.
539 Treue, Wilhelm: Hitlers Denkschrift zum Vierjahresplan 1936. In: VfZ 3 (1955) 204 ff.
540 ADAP, C, Bd. 5, Nr. 572.
541 Mack Smith, Mussolini, 213 f.; Roatta, Mario: Otto milioni di baionetti: l'esercito italiano in guerra dal 1940 al 1944. Mailand 1946. 17.
542 Ciano, Tagebücher 1937/38, 43.
543 Mack Smith, Mussolini, 216 f.
544 Liebitzky an Schmidt. Rom, 23. 1. 1937. Bericht und Aufzeichnung, streng vertraulich bzw. geheim, Z. 36 615/13. In: AdR, NPA, Italien I/1 geheim, Karton 412.
545 Berger-Waldenegg an Schmidt. Rom, 2. 3. 1937. Bericht Nr. 56, Z. 36 458/13. In: AdR, NPA, Österreich geheim, Karton 406.
546 Aufzeichnung über die Unterredungen in Venedig zwischen Mussolini/Ciano und Schuschnigg/Schmidt vom 22.–23. 4. 1937. Z. 39 357/13. In: AdR, NPA, Italien I/III geheim, Karton 414.
547 Die Anweisungen für den Fall „Otto" gehörten zum strategischen Gesamtplan Blombergs „Weisung für die einheitliche Kriegsvorbereitung der Wehrmacht" vom 24. 6. 1937. In: IMT, Bd. 34, 732–745.
548 Zitiert bei Siebert, Italiens Weg, 62.
549 Schmidt, Statist, 364–370; Nolte, Faschismus, 270–275.
550 Ursachen und Folgen, Bd. 11, 507–512.
551 Mussolini, Rachele, Mussolini ohne Maske, 127.
552 Berger-Waldenegg an österreichisches Bundesministerium für Auswärtige Angelegenheiten. Rom, 2. 10. 1937. Telegramm Nr. 68, Z. 44 134. In: AdR, NPA, Italien I/III geheim, Karton 413.
553 ADAP, D, Bd. 1, 25 ff.
554 Ciano, Tagebücher 1937/38, 39.
555 Weitz, John: Hitlers Bankier. Hjalmar Schacht. München/Wien 1998.
556 Heinemann, John L.: Hitler's First Foreign Minister. Constantin Freiherr von Neurath, Diplomat and Statesman. Berkeley/Los Angeles/London 1979.
557 Vgl. dazu Döscher, Hans-Jürgen: Das Auswärtige Amt im Dritten Reich. Diplomatie im Schatten der „Endlösung". Berlin 1987.
558 ADAP, D, Bd. 1, Nr. 256.
559 Gedächtnisprotokoll Tauschitz über ein Gespräch mit Neurath. Berlin, 21. 1. 1938. In: AdR, NPA, Deutschland I/1 geheim, Karton 404.
560 Schuschnigg, Kurt: Ein Requiem in Rot-Weiß-Rot. Zürich 1946. 38–49. Die Weisung der Regierung in Wien an die österreichischen Missionen im Ausland spiegelte dagegen keineswegs die Demüti-

gung, die der Bundeskanzler durch den deutschen Diktator erfahren hatte, wider. Die Besprechung zwischen Hitler und Schuschnigg gestaltete sich – so ließ man die österreichischen Diplomaten wissen – außerordentlich schwierig und sei von scharfen Auseinandersetzungen begleitet gewesen. Erst nach vielstündigen Verhandlungen konnte eine Basis für eine Einigung gefunden werden. Der Bundeskanzler habe sich schlussendlich zu einer Zusage durchgerungen – in der Hoffnung auf eine endgültige Stabilisierung bei beiderseitiger Einhaltung der Vereinbarungen – Zirkulartelegramm Schmidts. Wien, 15. 2. 1938. Z. 51 601/13. In: AdR, NPA, Deutschland I/1, Karton 132.

561 ADAP, D, Bd. 1, Nr. 295.

562 Geheimes Protokoll. [Berchtesgaden, 12. 2. 1938.] In: AdR, NPA, Deutschland I/1, Karton 132.

563 Zirkulartelegramm Schmidts. Wien, 15. 2. 1938. Z. 51 616/13. In: AdR, NPA, Deutschland I/1, Karton 132.

564 Tauschitz an Hornbostel. Berlin, 16. 2. 1938. Telegramm Nr. 8, Chiffre, Z. 51 676/13. In: AdR, NPA, Deutschland, Karton 132.

565 Domarus, Hitler, Bd. 1, 801.

566 Berger-Waldenegg an österreichisches Bundesministerium für Auswärtige Angelegenheiten. Rom, 16. 2. 1938. Telegramm Nr. 14, Z. 51 749/13. In: AdR, NPA, Deutschland, Karton 132.

567 Ciano, Tagebücher 1937/38, 107.

568 Österreichischer Gesandter Franckenstein an Schmidt. London, 17. 2. 1938. Telegramm Nr. 9, Z. 51 751/13, und österreichischer Gesandter Vollgruber an Schmidt. Paris, 17. 2. 1938. Telegramm Nr. 13, Z. 51 753/13. In: AdR, NPA, Deutschland, Karton 132.

569 Schuschniggs gesamte Rede in: Stenographische Protokolle über die Sitzungen des Bundestages des Bundesstaates Österreich. Bd. 2. Wien 1938. 733–745.

570 Goldinger, Binder, Geschichte der Republik Österreich, 282.

571 ADAP, D, Bd. 1, Nr. 350; wörtliches Zitat: Ciano, Tagebücher 1937/38, 118.

572 Ciano, Tagebücher 1937/38, 123.

573 Kirkpatrick (für Henderson) sowie François-Poncet an Neurath. Berlin, 11. 3. 1938. Noten, Z. 52 556/13. In: AdR, NPA, Deutschland, Karton 132.

574 Neurath an Henderson und François-Poncet. Berlin, 12. 3. 1938. Noten. Z. 52 556/13. In: AdR, NPA, Deutschland, Karton 132.

575 ADAP, D, Bd. 1, Nr. 352.

576 IMT, Bd. 31, 368 ff.

577 „Neue Freie Presse", 15. 3. 1938.

578 Tatsächlich passten sich selbst die österreichischen Eliten den neuen politischen Umständen an. So forderten die österreichischen Bischöfe die Gläubigen auf, bei der für den 10. April festgesetzten Volksabstimmung sich zum Deutschen Reich zu bekennen. Das unter Druck auf die Bevölkerung abgehaltene Plebiszit brachte sodann eine Mehrheit von 99,73 % Jastimmen für den Anschluss. Dazu hatte auch der ehemalige österreichische Staatskanzler, Leiter der Friedensdelegation in Saint-Germain, Erste Nationalratspräsident, der Sozialdemokrat Karl Renner, geraten. In einem Zeitungsinterview hatte er kundgetan, als Verfechter für das nationale Selbstbestimmungsrecht für den Anschluss zu stimmen, „obschon nicht mit jenen Methoden, zu denen ich mich bekenne, errungen". 1945 sollte Renner neuerlich mithelfen, die selbstständige Republik Österreich wieder aus der Taufe zu heben. Erneut wurde er ihr Staatskanzler und dann ihr erster Bundespräsident, um festzustellen, dass der Anschlussgedanke von 1918 „etwas ganz anderes vorgesehen" habe, „als Hitler gebracht hat. [...] So war der Anschluss nie gedacht [...] Es ist Adolf Hitler, der den Anschluss zuerst verfälscht und verfehlt, und zum Schluss auf alle Zeiten verspielt hat." – Rauscher, Walter: Karl Renner. Ein österreichischer Mythos. Wien 1995. 297 ff., 324.

579 Ciano, Tagebücher 1937/38, 124 f.

580 ADAP, D, Bd. 1, Nr. 399.

581 Hitler, Monologe, 247.

582 Rintelen, Enno von: Mussolini als Bundesgenosse. Erinnerungen des deutschen Militärattachés in Rom 1936–1943. Tübingen/Stuttgart 1951. 45.

583 Bei der Flottenparade vor Neapel diskutierten Mussolini und Ciano mit Ribbentrop auf dem Schlachtschiff „Cavour" die Südtirolfrage und versicherten dabei dem deutschen Gast, keine Italianisierungspolitik betreiben zu wollen. Die bisherige Politik habe gezeigt, dass sich diese deut-

sche Volksgruppe nicht assimilieren lasse. Der Duce betrachte aber das Vorhandensein von 230.000 Deutschen in Italien als keinerlei ernstes Problem für ein 45-Millionen-Volk. Die Südtiroler müssten sich jedoch dem italienischen Staatswesen einordnen und bei der Vertretung ihrer Wünsche Disziplin bewahren. Auch dürften sie die „Verbesserung ihres Loses" nicht von einer Einflussnahme durch das Reich erwarten. Ein Entgegenkommen Roms könne vielmehr bloß Ausfluss der deutsch-italienischen Freundschaft sein. – ADAP, D, Bd. 1, Nr. 767 und 768. Gegenüber seinem Schwiegersohn äußerte sich Mussolini allerdings angesichts der deutschen Agitation in Südtirol ganz anders: „Wenn die Deutschen sich gut benehmen und loyale italienische Untertanen sind, werde ich ihnen in der Frage ihrer Kultur und ihrer Sprache entgegenkommen. Wenn sie dagegen daran denken, den Grenzstein auch nur um einen Meter zu versetzen, so sollen sie wissen, dass das nicht ohne einen harten Krieg abgehen kann, in welchem ich die ganze Welt gegen den Germanismus zusammenführen werde. Und wir werden Deutschland wenigstens für zwei Jahrhunderte niederwerfen." – Ciano, Tagebücher 1937/38, 152 f.

584 Die beiden Ansprachen in Ursachen und Folgen, Bd. 11, 518–521.

585 Hitler, Monologe, 44.

586 Rintelen, Mussolini als Bundesgenosse, 43.

587 Ciano, Tagebücher 1937/38, 156–159. Ribbentrop bewertete in einem Telegramm an die deutschen Botschaften im Ausland den Besuch Hitlers in Italien als großen Erfolg: „Bei wiederholter intimer Aussprache Führers mit Duce und bei meinen eingehenden Unterredungen mit Duce, Ciano und anderen maßgebenden Persönlichkeiten erwies sich die Achse Rom–Berlin als fest verlässlicher Bestandteil unserer weiteren Politik. Freundschaftsverhältnis Führer–Duce hat sich noch mehr vertieft. Gemeinsame Grundlage nationalsozialistischer und faschistischer Gedankenwelt stellt Interessengleichheit sicher. Österreich ist als Problem zwischen Deutschland und Italien ausgeschaltet, seine Liquidierung hat Mussolini realpolitisch bewertet. Beide Teile ziehen nunmehr Nutzen aus Bereinigung dieses letzten Differenzpunktes. Nachdem Führer erneut feierlich Unantastbarkeit gemeinsamer Grenze proklamiert hat und diese Erklärung in Italien in ihrer vollen Bedeutung gewürdigt worden ist, verbleibt als letzte Aufgabe nur die Stabilisierung heutiger deutsch-italienischer Grenze, deren Unverletzlichkeit integrierenden Bestandteil deutsch-italienischer Freundschaft bildet. Wir werden jede Propaganda, die hiergegen verstößt, streng unterdrücken." – ADAP, D, Bd. 1, Nr. 762.

588 Speer, Albert: Erinnerungen. Berlin [12]1975. 124.

589 „Il Messagero", 15. 5. 1938.

590 Ciano, Tagebücher 1937/38, 144.

591 Text des Abkommens in: Documents on International Affairs 1938. Bd. 2. London 1943. 141–156.

592 Am 2. Juli ließ der Duce demgemäß dem britischen Botschafter durch Ciano mitteilen, dass er sich in seinem politischen Verhalten nicht mehr nach dem Inhalt des Übereinkommens mit Großbritannien richten werde, sondern sich seine Handlungsfreiheit zurücknehme. Mussolini stoppte zunächst einmal jene Maßnahmen, die den italienischen Truppentransport nach Libyen allmählich auf das mit den Briten vereinbarte Maß zurückführen sollten. Bei den übrigen mit London akkordierten Fragen wollte er noch abwarten – ADAP, D, Bd. 2, Nr. 789.

593 Ciano, Tagebücher 1937/38, 162.

594 Ciano, Tagebücher 1937/38, 176.

595 Ciano, Tagebücher 1937/38, 169.

596 Nach dem Zerfall der Habsburgermonarchie am Ende des Ersten Weltkriegs erhoben (Deutsch-) Österreich und die Tschechoslowakei sofort Anspruch auf die überwiegend von Deutschen besiedelten nördlichen und südlichen Randgebiete Böhmens und Mährens sowie auf Österreichisch-Schlesien. Im „Gesetz über Umfang, Grenzen und Beziehungen des Staatsgebietes von Deutschösterreich" erhob Wien, das die Alpenrepublik ohnehin als Bestandteil Deutschlands sah, am 22. November 1918 auf diese Gebiete Anspruch. Prag betrachtete jedoch diese deutschsprachigen Gebiete als unverzichtbare Teile des historischen Königreiches Böhmen und der Markgrafschaft Mähren. Es setzte das unter Hunger und Versorgungsknappheit leidende Wien mit Kohle- und Lebensmittellieferungen unter Druck und ließ die deutschen Gemeinden in den böhmischen Ländern militärisch besetzen. Als in Wien am 16. Februar 1919 die Verfassunggebende Nationalversammlung Deutschösterreichs zusammentrat, kam es in einer Reihe von deutschen Städten in Böhmen und Mähren zu Demonstra-

tionen für das nationale Selbstbestimmungsrecht, bei denen tschechisches Militär und Exekutive 52 Menschen erschossen und 84 verletzten. Auf der Pariser Friedenskonferenz entschied sich der Oberste Rat der Siegerstaaten unter französischem Druck schließlich für die tschechischen Forderungen nach den historischen Grenzen sowie der Angliederung der Slowakei und der Karpato-Ukraine, die in der Habsburgermonarchie noch zum Königreich Ungarn gehörten.

597 Freund, Michael: Geschichte des Zweiten Weltkrieges in Dokumenten. Bd. 1. Freiburg/München 1953. 20 f.

598 Besprechung vom 21. 4. 1938 in: ADAP, D, Bd. 2, Nr. 133.

599 ADAP, D, Bd. 1, Nr. 761.

600 ADAP, D, Bd. 1, Nr. 762.

601 Fest, Hitler, 761.

602 Ciano, Tagebücher 1937/38, 168 bzw. 171.

603 ADAP, D, Bd. 2, Nr. 221.

604 Bullock, Hitler und Stalin, 766.

605 Ciano, Tagebücher 1937/38, 213 f.

606 Domarus, Hitler, Bd. 1, 900–905.

607 ADAP, D, Bd. 2, Nr. 334.

608 Ciano, Tagebücher 1937/38, 225, 228.

609 Anfuso, Da Palazzo Venezia, 68 f.; deutsch bei Kirkpatrick, Mussolini, 342.

610 ADAP, D, Bd. 2, Nr. 487.

611 Cooper, Duff: Das lässt sich nicht vergessen. Autobiographie. O. O. 1954. 291.

612 ADAP, D, Bd. 2, Nr. 488.

613 ADAP, D, Bd. 2, Nr. 554.

614 ADAP, D, Bd. 2, Nr. 562.

615 ADAP, D, Bd. 2, Nr. 573.

616 ADAP, D, Bd. 2, Nr. 583.

617 ADAP, D, Bd. 2, Nr. 565 und 571; Opera Omnia, Bd. 29, 146, 157.

618 Ciano, Tagebücher 1937/38, 239.

619 Ciano, Tagebücher 1937/38, 240.

620 ADAP, D, Bd. 2, Nr. 670.

621 ADAP, D, Bd. 2, Nr. 674–676.

622 ADAP, D, Bd. 4, Nr. 247; DBFP, 3, Bd. 2, Nr. 1228.

623 De Felice, Mussolini il duce, Bd. 2, 527–536.

624 ADAP, D, Bd. 4, Nr. 400.

625 Ciano, Tagebücher 1937/38, 261.

626 Freund, Geschichte des Zweiten Weltkrieges, 276 ff.

627 Ciano, Tagebücher 1937/38, 278.

628 Vgl. Michaelis, Meir: Mussolini and the Jews. German Italian Relations and the Jewish Question in Italy 1922–1945. Oxford 1978.

629 Petersen, Hitler – Mussolini, 440 f.

630 Ciano, Tagebücher 1937/38, 192 f.

631 Ciano, Tagebücher 1937/38, 150.

632 Ciano, Tagebücher 1937/38, 197.

633 Ciano, Tagebücher 1937/38, 249.

634 ADAP, D, Bd. 4, Nr. 424.

635 Ciano, Tagebücher 1937/38, 213.

636 Ciano, Tagebücher 1937/38, 281.

637 Ciano, Tagebücher 1937/38, 249.

638 Ciano, Tagebücher 1937/38, 275. Mussolini strebte ein Statut der Italiener, die im Protektorat von Tunis ihren Wohnsitz hatten, ferner die Gewährung eines Freihafens in Dschibuti und die Benutzung der Eisenbahnlinie Dschibuti–Addis Abeba an. Darüber hinaus hätte er auch gerne eine Beteiligung Italiens an der Verwaltung des Suezkanals gesehen.

639 Ciano, Tagebücher, 1939–1943, 21 f.

640 ADAP, D, Bd. 4, Nr. 413. Vgl. dazu DBFP, 3, Bd. 3, Nr. 500.

641 D'Aroma, N.: Vent'anni insieme: Vittorio Emanuele e Mussolini. Rocca S. Casciano 1957. 276; Navarra, Q.: Memorie del cameriere di Mussolini. Mailand 1946. 48 f.; Ciano, Tagebücher 1939–1943, 23 ff.

642 Taylor, Telford: Munich: The Price of Peace. London 1979. 950–954. Dass sich Mussolini bereits deutlich im Sog Hitlers befand, bestätigte er nicht zuletzt mit einem für Berlin ungewohnten Vertrauensbeweis, indem er Mackensen Einblick in das Protokoll der Unterredungen mit den Engländern gewährte. Es hinderte ihn daran nicht einmal der Umstand, dass Chamberlain und Halifax Rom sogar noch nicht verlassen hatten. Auch von Mackensen zog ein für Deutschland sehr positives Resümee: „Was uns betrifft, so können wir wohl mit dem Ergebnis des Besuchs zufrieden sein; denn wirksamer, als es durch Mussolini geschehen ist, konnte unser Standpunkt den Engländern gegenüber nicht vertreten werden. Ebenso konnte bei den politischen Besprechungen und in der Öffentlichkeit die Achse Rom–Berlin nicht deutlicher als die unerschütterliche Grundlage der italienischen Politik hingestellt werden, als dies geschehen ist." – ADAP, D, Bd. 4, Nr. 435.

643 Ciano, Tagebücher 1939–1943, 25.

644 Ciano, Tagebücher 1939–1943, 41.

645 ADAP, D, Bd. 4, Nr. 158.

646 ADAP, D, Bd. 4, Nr. 202.

647 ADAP, D, Bd. 4, Nr. 228.

648 ADAP, D, Bd. 4, Nr. 229.

649 Hitler privat. Erlebnisbericht seiner Geheimsekretärin, hg. v. Albert Zoller. Düsseldorf 1949. 84.

650 ADAP, D, Bd. 4, Nr. 246.

651 Die Tagebücher Joseph Goebbels', Teil 1, Bd. 3, 576 f.

652 Ciano, Tagebücher 1939–1943, 50.

653 Ciano, Tagebücher 1939–1943, 53.

654 Ciano, Tagebücher 1939–1943, 53; 58.

655 Ciano, Tagebücher 1939–1943, 55 f.

656 Ciano, Tagebücher 1939–1943, 57.

657 ADAP, D, Bd. 6, Nr. 52.

658 ADAP, D, Bd. 6, Nr. 86 ; Bottai, Giuseppe: Vent'anni e un giorno. Mailand 1949, passim.

659 Ciano, Tagebücher 1939–1943, 59.

660 Domarus, Hitler, Bd. 2, 1112 f.

661 La Rivoluzione Fascista. Scritti e Discorsi di Benito Mussolini. Edizione Definitiva. Bd. 12. Mailand 1939. 154–160.

662 Ciano, Tagebücher 1939–1943, 62.

663 ADAP, D, Bd. 6, Nr. 100.

664 Mack Smith, Mussolini, 229.

665 Schmidt, Statist, 441 f.; Ciano, Tagebücher 1939–1943, 76.

666 ADAP, D, Bd. 6, Nr. 205 und 211; Rintelen, Mussolini als Bundesgenosse, 61; Kirkpatrick, Mussolini, 360.

667 Moltmann, Günter: Franklin D. Roosevelts Friedensappell vom 14. April 1939. Ein fehlgeschlagener Versuch zur Friedenssicherung. In: Jahrbuch für Amerikastudien 9 (1964) 91–109.

668 Siehe dazu ADAP, D, Bd. 6, Nr. 273–274 sowie 276–277.

669 Domarus, Hitler, Bd. 2, 1148 ff.

670 Graml, Hermann: Europas Weg in den Krieg. Hitler und die Mächte 1939. München 1990. 216.

671 Siehe den Text z. B. in: RGBl. 1939, Bd. 2, 826 ff.

672 „Corriere della Sera", 9. 5. 1939.

673 Moseley, Mussolini's Shadow, 67.

674 Vgl. weiters: Siebert, Ferdinand: Der deutsch-italienische Stahlpakt. Entstehung und Bedeutung des Vertrages vom 22. V. 1939. In: VfZ 7 (1959) 372–395. Toscano, Mario: Le origini diplomatiche del Patto d'Acciaio. Florenz [2]1956.

675 Ciano, Tagebücher 1939–1943, 92 f.

676 ADAP, D, Bd. 6, Nr. 459; I Documenti Diplomatici Italiani, 1861–1943 [künftig: DDI]. Serie VIII. Bd. 12, Nr. 59.

677 Zum Kriegsausbruch vgl. Watt, Donald Cameron: How War Came. The Immediate Origins of the Second World War, 1938–1939. London (1989) 1991; Carley, Michael Jabara: 1939: the Alliance that

Never Was and the Coming of World War II. Chicago 1999; Taylor, A. J. P.: Die Ursprünge des Zweiten Weltkrieges. Gütersloh [2]1962; Hofer, Walther: Die Entfesselung des Zweiten Weltkrieges. Frankfurt 1964.
678 Graml, Europas Weg, 129.
679 Unterredung Ribbentrops mit Lipski am 24. 10. 1938. In: ADAP, D, Bd. 5, Nr. 81.
680 ADAP, D, Bd. 6, Nr. 61.
681 Die beiden Zitate aus den Tagebüchern des Staatssekretärs im polnischen Außenministerium, Jan Szembek, bei Graml, Europas Weg, 185 f.
682 ADAP, D, Bd. 6, Nr. 90, 101, 108.
683 IMT, Bd. 38, 274–276; ADAP, D, Bd. 6, Nr. 99.
684 Graml, Europas Weg, 180, 182.
685 Attolico an Ciano, 18. 4. 1939, zitiert bei Graml, Europas Weg, 199.
686 ADAP, D, Bd. 6, Nr. 118.
687 Gisevius, Hans Bernd: Bis zum bitteren Ende. Bd. 2. Zürich 1946. 107.
688 Siehe dazu Burckhardt, Carl J.: Meine Danziger Mission 1937–1939. München 1960. 241.
689 Zitiert bei Fest, Hitler, 794.
690 IMT, Bd. 37, 546 ff.; ADAP, D, Bd. 6, Nr. 433.
691 Die Stellung Italiens zum internationalen Konflikt. Rede des Grafen Galeazzo Ciano. Minister für Auswärtige Angelegenheiten. 16. Dezember 1939 – XVIII mit Dokumenten im Anhang. Basel 1940. 103 f.
692 Ciano, Tagebücher 1939–1943, 95 f.
693 Ciano, Tagebücher 1939–1943, 97, 99.
694 Ciano, Tagebücher 1939–1943, 114.
695 Magistrati, Massimo: L'Italia a Berlino 1935–1939. Mailand 1956.
696 Ciano, Tagebücher 1939–1943, 116.
697 Vgl. Graml, Europas Weg, 228–231; Kirkpatrick, Mussolini, 336 f.
698 Ciano, Tagebücher 1939–1943, 121 f.
699 Ciano, Tagebücher 1939–1943, 122.
700 Ciano, Tagebücher 1939–1943, 122 f.
701 ADAP, D, Bd. 7, Nr. 43; DDI, VIII, Bd. 13, Nr. 1.
702 ADAP, D, Bd. 7, Nr. 47; DDI, VIII, Bd. 13, Nr. 21.
703 Ciano, Tagebücher 1939–1943, 123.
704 Magistrati teilte dies am 20. 8. 1939 Weizsäcker im Auswärtigen Amt mit.
705 DDI, VIII, Bd. 13, 22 f. und 73. Ribbentrop teilte Attolico am 19. 8. die Antwort Hitlers auf Mussolinis Botschaft mit.
706 So berichtete Mackensen aus Rom am 23. 8. 1939.
707 Ciano, Tagebücher 1939–1943, 123 ff.
708 Graml, Europas Weg, 249 f.
709 DBFP, III, Bd. 7, Nr. 314.
710 ADAP, D, Bd. 7, Nr. 51, 56.
711 ADAP, D, Bd. 7, Nr. 98.
712 ADAP, D, Bd. 7, Nr. 142.
713 ADAP, D, Bd. 7, Nr. 159.
714 ADAP, D, Bd. 7, Nr. 228–229.
715 Generaloberst Halder. Kriegstagebuch, hg. v. Hans-Adolf Jacobsen. Bd. 1. Stuttgart 1962. 38.
716 Vgl. Hildebrand, Das vergangene Reich, 685–694.
717 Das politische Tagebuch Alfred Rosenbergs, 82.
718 Bullock, Hitler und Stalin, 815.
719 ADAP, D, Bd. 7, Nr. 192.
720 ADAP, D, Bd. 7, Nr. 193.
721 Der Generalquartiermeister. Briefe und Tagebuchaufzeichnungen des Generalquartiermeisters des Heeres, General der Artillerie Eduard Wagner, hg. v. E. Wagner. München/Wien 1963. 109.
722 DBFP, III, Bd. 7, Nr. 314.
723 ADAP, D, Bd. 7, Nr. 265.
724 ADAP, D, Bd. 7, Nr. 266; Hitler e Mussolini: Lettere e Documenti. Mailand 1946, 10 f.

725 ADAP, D, Bd. 7, Nr. 271; DDI, VIII, Bd. 13, Nr. 250.
726 Schmidt, Statist, 453.
727 ADAP, D, Bd. 7, Nr. 277.
728 ADAP, D, Bd. 7, Nr. 301; DDI, VIII, Bd. 13, Nr. 293.
729 Zitiert bei Kirkpatrick, Mussolini, 378.
730 ADAP, D, Bd. 7, Nr. 307.
731 ADAP, D, Bd. 7, Nr. 320.
732 ADAP, D, Bd. 7, Nr. 317; DDI, VIII, Bd. 13, Nr. 304.
733 Hitler e Mussolini: Lettere e Documenti, 17 f.
734 Ciano, Tagebücher 1939–1943, 136.
735 Halder, Kriegstagebuch, Bd. 1, 34, 38, 40.
736 Aus den Weizsäcker-Papieren vom 29. 8. 1939 zitiert bei Bullock, Hitler und Stalin, 824.
737 Kershaw, Hitler 1936–1945, 307–310.
738 DDI, VIII, Bd. 13, Nr. 418.
739 Zitiert bei Freund, Weltgeschichte, Bd. 3, 328.
740 ADAP, D, Bd. 7, Nr. 418.
741 ADAP, D, Bd. 7, Nr. 411.
742 ADAP, D, Bd. 7, Nr. 474.
743 ADAP, D, Bd. 7, Nr. 467; DDI, VIII, Bd. 13, Nr. 491; DBFP, III, Bd. 7, Nr. 580.
744 Kirkpatrick, Mussolini, 380 ff.
745 ADAP, D, Bd. 7, Nr. 493.
746 Aus der beinahe unüberschaubaren Fülle von Publikationen zum Zweiten Weltkrieg siehe etwa: Parker, R. A. C.: Struggle for Survival. The History of the Second World War. Oxford 1990; Weinberg, Gerhard L.: Eine Welt in Waffen. Die globale Geschichte des Zweiten Weltkriegs. Stuttgart 1995; Carr, William: Von Polen bis Pearl Harbor. Zur Entwicklung des Zweiten Weltkrieges. Leamington/Spa/New York 1987; Gruchmann, Lothar: Der Zweite Weltkrieg. Kriegführung und Politik. München [4]1975.
747 Domarus, Hitler, Bd. 2, 1312–1317.
748 Rauschning, Gespräche mit Hitler, 12; Picker, Henry: Hitlers Tischgespräche im Führerhauptquartier. Mit einer Einleitung von Percy Ernst Schramm. Stuttgart 1963. 172; Fest, Hitler, 832.
749 Hitler, Monologe, 71.
750 Rauschning, Gespräche, 16.
751 DBFP, III, Bd. 7, Nr. 314.
752 Mack Smith, Mussolini, 237 ff.
753 Die Stellung Italiens, 111.
754 ADAP, D, Bd. 7, Nr. 535, bzw. DDI, VIII, Bd. 13, Nr. 571.
755 Schmidt, Statist, 463 f.
756 ADAP, D, Bd. 7, Nr. 554; vgl. DDI, VIII, Bd. 13, Nr. 589 und 592.
757 ADAP, D, Bd. 7, Nr. 565.
758 ADAP, D, Bd. 8, Nr. 1.
759 Graziani, Rodolfo: Ho difeso la patria. Cernusco 1947. 167 f., 178 f.; Mack Smith, Mussolini, 239 f.
760 Maier, Klaus A., Rohde, Horst, Stegemann, Bernd und Umbreit, Hans: Die Errichtung der Hegemonie auf dem europäischen Kontinent. Stuttgart 1979. 111–135.
761 ADAP, D, Bd. 8, Nr. 38.
762 Domarus, Hitler, Bd. 2, 1353–1366.
763 Deutsch-sowjetisches Kommuniqué vom 28. 9. 1939 in: ADAP, D, Bd. 8, Nr. 161.
764 ADAP, D, Bd. 8, Nr. 176. Siehe auch DDI, IX, Bd. 1, Nr. 552, bzw. Ciano's Diplomatic Papers, hg. v. Malcom Muggeridge. London 1948. 309–316.
765 Schmidt, Statist, 471.
766 Ciano, Tagebücher 1939–1943, 155.
767 IMT, Bd. 26, 378 f.
768 IMT, Bd. 26, 255.
769 Die Tagebücher Joseph Goebbels', Teil 1, Bd. 7, 153; Müller, Klaus-Jürgen: Das Heer und Hitler. Armee und nationalsozialistisches Regime 1933–1940. Stuttgart (1969) 1988, 437–450; Engel, Ger-

hard: Heeresadjutant bei Hitler 1938–1943. Aufzeichnungen des Majors Engel, hg. v. Hildegard von Kotze. Stuttgart 1974. 68; Krausnick, Helmut: Hitler und die Morde in Polen. Ein Beitrag zum Konflikt zwischen Heer und SS um die Verwaltung der besetzten Gebiete. VfZ 11 (1963) 196–209; 204; ders. und Wilhelm, Hans-Heinrich: Die Truppe des Weltanschauungskrieges. Die Einsatzgruppen der Sicherheitspolizei und des SD 1938–1942. Stuttgart 1981. 103 f.; Bartov, Omer: Hitlers Wehrmacht. Soldaten, Fanatismus und Brutalisierung des Krieges. Reinbek bei Hamburg 1995; Die Wehrmacht: Mythos und Realität, hg. v. Rolf-Dieter Müller und Hans-Erich Volkmann. München 1999.

770 Unterredung vom 6. 10. 1939 in: ADAP, D, Bd. 8, Nr. 205.

771 ADAP, D, Bd. 8, Nr. 205; Ciano, Tagebücher 1939–1943, 157.

772 Hitlers Rede siehe u. a. in: Verhandlungen des Reichstages, Bd. 460. 51–63.

773 IMT, Bd. 34, 266–269.

774 Dokumente zur Vorgeschichte des Westfeldzuges 1939–1940, hg. v. Hans-Adolf Jacobsen. Göttingen/Berlin/Frankfurt 1956. Nr. 3.

775 Ciano, Tagebücher 1939–1943, 166.

776 ADAP, D, Bd. 8, Nr. 384.

777 Unterredung des Duce mit Mackensen vom 2. 12. 1939 in: ADAP, D, Bd. 8, Nr. 410.

778 Bottai, Giuseppe: Vent'anni e un giorno. Cernusco 1949. 144, 157, 159; Amicucci, Ermanno: I 600 giorni di Mussolini: dal Gran Sasso a Dongo. Rom 1948. 82–83; Alfieri, Dino: Due dittatori di fronte. Mailand 1948. 40; Frassati, L.: Il destino passa per Varsavia. Rocca S. Casciano 1949. 119 f.; Cavallero, Ugo: Commando supremo; diario 1940–43. Rocca S. Casciano 1948. 307; Gorla Giuseppe: L'Italia nella seconda guerra mondiale: memorie di un milanese, ministro del re nel governo di Mussolini. Mailand 1959. 77.

779 Simoni, Leonardo: Berlino ambasciata d'Italia 1939–1943. Rom 1946. 25.

780 Anfuso, Da Palazzo Venezia, 107; Bottai, Vent'anni, 89, 146, 153 f.; Pini, Giorgio: Filo diretto con Palazzo Venezia. Bologna 1950. 197 ff.; Carboni, Giacomo: Memorie segrete 1935–1948. Più che il dovere. Florenz 1955. 15.

781 Cianos Rede u. a. veröffentlicht im „Giornale d'Italia", 17. 12. 1939.

782 Ciano, Tagebücher 1939–1943, 182.

783 Nach einigen Änderungen wurde der Brief endlich am 5. Januar nach Berlin gesendet: ADAP, D, Bd. 8, Nr. 504, und DDI, IX, Bd. 3, Nr. 33.

784 Siebert, Italiens Weg, 396 f.

785 Ciano, Tagebücher 1939–1943, 205.

786 Vgl. Schramm von Thadden, Ehrengard: Griechenland und die Großmächte im Zweiten Weltkrieg. Wiesbaden 1955. 60 f.

787 Opera Omnia, Bd. 29, 350 f.

788 Mack Smith, Mussolini, 243 ff.

789 Ciano, Tagebücher 1939–1943, 201. Zu den atmosphärischen Störungen zwischen Mussolini und Ciano vgl. auch die Memoiren des amerikanischen Botschafters – Phillips, William: Ventures in Diplomacy. Boston 1953. 256.

790 Ciano, Tagebücher 1939–1943, 188.

791 Ciano, Tagebücher 1939–1943, 202.

792 Schreiben Hitlers an Mussolini vom 8. 3. 1940: ADAP, D, Bd. 8, Nr. 663.

793 ADAP, D, Bd. 8, Nr. 665.

794 Ciano, Tagebücher 1939–1943, 207.

795 Siebert, Italiens Weg, 418.

796 ADAP, D, Bd. 8, Nr. 669; DDI, IX, Bd. 3, Nr. 524.

797 Welles, Sumner: The Time for Decision. London 1944. 111.

798 Ciano, Tagebücher 1939–1943, 208.

799 Ciano, Tagebücher 1939–1943, 210; Rintelen, Mussolini als Bundesgenosse, 81.

800 Schmidt, Statist, 479.

801 Jodl-Tagebuch, in: IMT, Bd. 28, 414.

802 Siebert, Italiens Weg, 425.

803 Ciano, Tagebücher 1939–1943, 217 f.

804 Opera Omnia, Bd. 29, 366.

805 De Luna, Mussolini, 117.
806 Mack Smith, Mussolini, 247 f.
807 Halder, Kriegstagebuch, Bd. 1, 237–242, 302, 307 f.; Rintelen, Mussolini als Bundesgenosse, 81 f.
808 ADAP, D, Bd. 8, Nr. 644.
809 Siehe dazu auch Hubatsch, Walther: „Weserübung". Die deutsche Besetzung von Dänemark und Norwegen 1940. Göttingen ²1960.
810 Opera Omnia, Bd. 29, 432 f.
811 ADAP, D, Bd. 9, Nr. 69.
812 Ciano, Tagebücher 1939–1943, 220.
813 ADAP, D, Bd. 9, Nr. 83.
814 ADAP, D, Bd. 9, Nr. 86.
815 ADAP, D, Bd. 9, Nr. 92; Hitler e Mussolini: Lettere e Documenti, Nr. 20.
816 Anfuso, Filippo: Rom–Berlin im diplomatischen Spiel. München 1950. 110; Graziani, Ho difeso, 202.
817 Ciano, Tagebücher 1939–1943, 222.
818 ADAP, D, Bd. 9, Nr. 168.
819 IMT, Bd. 28, 420.
820 ADAP, D, Bd. 9, Nr. 172; Reynaud, Paul: In the Thick of the Fight. London 1955. 402 f.
821 ADAP, D, Bd. 9, Nr. 167 und 173.
822 DDI, IX, Bd. 4, Nr. 273.
823 DDI, IX, Bd. 4, Nr. 189 und 232.
824 Foreign Relations of the United States [künftig: FRUS], 1940, Bd. 2, 691–695; Peace and War, United States Foreign Policy, 1931–1941. Washington 1943. 519–522, 536; Phillips, Ventures in Diplomacy, 267 ff.
825 ADAP, D, Bd. 9, Nr. 190.
826 ADAP, D, Bd. 9, Nr. 192.
827 Vgl. Dokumente zum Westfeldzug 1940, hg. v. Hans-Adolf Jacobsen. Göttingen/Berlin/Frankfurt 1960.
828 Opera Omnia, Bd. 29, 441 f.
829 ADAP, D, Bd. 9, Nr. 232; Hitler e Mussolini: Lettere e Documenti, Nr. 23.
830 ADAP, D, Bd. 9, Nr. 239, 242, 272.
831 Halder, Kriegstagebuch, Bd. 1, 302.
832 Opera Omnia, Bd. 29, 77; Bottai, Vent'anni, 174; Maurano, S.: Ricordi di un giornalista fascista. Mailand 1973. 213 f.
833 FRUS, 1940, Bd. 2, 704 f.; DDI, IX, Bd. 4, Nr. 486.
834 Churchill, The Second World War, Bd. 2. 107 f.
835 FRUS, 1940, Bd. 2, 710 ff.; DDI, IX, Bd. 4, Nr. 616, 652, 659, 661, 665, 674; Guariglia, Raffaele: Ricordi 1922–1946. Neapel 1950. 453–460; Siebert, Italiens Weg, 440–445.
836 Ciano, Tagebücher 1939–1943, 234.
837 Hitler e Mussolini: Lettere e Documenti, 43–47; ADAP, D, Bd. 9, Nr. 387.
838 Vgl. Ciano, Tagebücher 1939–1943, etwa 248, und ADAP, D, Bd. 9, Nr. 343.
839 ADAP, D, Bd. 9, Nr. 356.
840 Rossi, Franceso: Mussolini e lo Stato Maggiore. Rom 1951. 14 ff.; Hillgruber, Andreas: Hitlers Strategie. Politik und Kriegführung 1940–1941. Bonn 1965. 128 f.
841 ADAP, D, Bd. 9, Nr. 357.
842 ADAP, D, Bd. 9, Nr. 360.
843 ADAP, D, Bd. 9, Nr. 370–374.
844 FRUS, 1940, Bd. 2, 713 ff.; Phillips, Ventures, 276 ff.
845 Badoglio, Pietro: Italien im Zweiten Weltkrieg. Erinnerungen und Dokumente. München/Leipzig 1947. 32.
846 Kirkpatrick, Mussolini, 416, bzw. Siebert, Italiens Weg, 450 f.
847 Die Tagebücher Joseph Goebbels', Teil 1, Bd. 4, 199, 187.
848 Siehe Canevari, Emilio: La guerra italiana: retroscena della disfatta. Rom 1948. Bd. 2, 40; Zanussi, G.: Guerra e catastrofe d'Italia, giugno 1940–giugno 1943, Bd. 1. Rom 1943. 23; Kirkpatrick, Mussolini, 419 f.
849 Ciano, Tagebücher 1939–1943, 251.

850 Hitler, Monologe, 80.
851 Ciano, Tagebücher 1939–1943, 249.
852 Ciano, Tagebücher 1939–1943, 249.
853 ADAP, D, Bd. 9, Nr. 479.
854 ADAP, D, Bd. 9, Nr. 166.
855 Ciano, Tagebücher 1939–1943, 253.
856 Die Tagebücher Joseph Goebbels', Teil 1, Bd. 4, 213.
857 Opera Omnia, Bd. 30, 162.
858 Ciano, Tagebücher 1939–1943, 251 f.
859 Speer, Albert: Erinnerungen. Augsburg 1993. 186.
860 Speer, Erinnerungen, 185 ff.
861 Die Tagebücher Joseph Goebbels', Teil 1, Bd. 4, 192.
862 Die Tagebücher Joseph Goebbels', Teil 1, Bd. 4, 231.
863 Vgl. dazu u. a. auch Kershaw, Ian: Der Hitler-Mythos: Führerkult und Volksmeinung. Stuttgart 1999, passim.
864 Jäckel, Eberhard: Frankreich in Hitlers Europa. Die deutsche Frankreichpolitik im Zweiten Weltkrieg. Stuttgart 1966. 32–123.
865 Halder, Kriegstagebuch, Bd. 1, 308.
866 Die Tagebücher Joseph Goebbels', Teil 1, Bd. 4, 234.
867 ADAP, D, Bd. 10, Nr. 26; Hitler e Mussolini: Lettere e Documenti, 54.
868 ADAP, D, Bd. 10, Nr. 166.
869 Ciano, Tagebücher 1939–1943, 254 f.
870 Siehe Hildebrand, Das vergangene Reich, 728–731.
871 ADAP, D, Bd. 10, Nr. 73.
872 Ciano, Tagebücher 1939–1943, 257; ADAP, D, Bd. 10, Nr. 129.
873 Halder, Kriegstagebuch, Bd. 1, 375.
874 Halder, Kriegstagebuch, Bd. 2, 21.
875 Hitlers Weisungen für die Kriegführung 1939–1945. Dokumente des Oberkommandos der Wehrmacht, hg. v. Walther Hubatsch. Frankfurt 1962. 61–65. Vgl. auch Dokumente zum Unternehmen „Seelöwe". Die geplante deutsche Landung in England 1940. Göttingen 1959.
876 Domarus, Hitler, 1540–1559.
877 Ciano, Tagebücher 1939–1943, 260.
878 Domarus, Hitler, Bd. 2, 1562.
879 Halder, Kriegstagebuch, Bd. 2, 32 f.
880 Hildebrand, Das vergangene Reich, 734.
881 Halder, Kriegstagebuch, Bd. 2, 49.
882 Hildebrand, Das vergangene Reich, 729 f.
883 Ciano, Tagebücher 1939–1943, 264 ff.
884 ADAP, D, Bd. 10, Nr. 407.
885 Ciano, Tagebücher 1939–1943, 269–272; 275.
886 ADAP, D, Bd. 11, Nr. 68.
887 ADAP, D, Bd. 11, Nr. 73.
888 ADAP, D, Bd. 11, Nr. 87.
889 Ciano, Tagebücher 1939–1943, 275.
890 ADAP, D, Bd. 11, Nr. 124.
891 ADAP, D, Bd. 11, Nr. 149.
892 Vgl. Schramm von Thadden, Griechenland, 105 f.
893 ADAP, D, Bd. 11, Nr. 199; Opera Omnia, Bd. 30, 170 ff.
894 Domarus, Hitler, Bd. 2, 1593.
895 Ciano, Tagebücher 1939–1943, 278.
896 Staatsmänner und Diplomaten bei Hitler. Vertrauliche Aufzeichnungen über Unterredungen mit Vertretern des Auslandes, hg. v. Andreas Hillgruber. Bd. 1: 1939–1942. München 1969. 266–279.
897 Hillgruber, Hitlers Strategie, 286.
898 ADAP, D, Bd. 11, Nr. 246; Ciano, Galeazzo: L' Europa verso la catastrofe. 184 colloqui di Mussolini,

Franco, Chamberlain ecc, accordi segreti, corrispondenza diplomatica (1936–1942). Bd. 2. Mailand 1964. 601–607.

899 Halder, Kriegstagebuch, Bd. 2, 165.

900 Halder, Kriegstagebuch, Bd. 2, 182.

901 Hillgruber, Hitlers Strategie, 358.

902 ADAP, D, Bd. 11, Nr. 353; Ciano, L'Europa, 612–616.

903 ADAP, D, Bd. 11, Nr. 366.

904 Ciano, Tagebücher 1939–1943, 289.

905 ADAP, D, Bd. 11, Nr. 369

906 Ciano, Tagebücher 1939–1943, 290.

907 Mussolini an Hitler, 22. 11. 1940, in: ADAP, D, Bd. 11, Nr. 383; Hitler e Mussolini: Lettere e Documenti, 78 f. Zum Griechenlandfeldzug siehe auch: Cerri, Mario: Storia della Guerra di Grecca. Ottobre 1940–Aprile 1941. Mailand 2000.

908 Zum Ministerrat vom 30. 11. 1940: Ciano, Tagebücher 1939–1943, 290 ff.

909 ADAP, D, Bd. 11, Nr. 477; Alfieri, Dino: Due dittatori di fronte. Mailand 1948. 107 ff.; Simoni, Leonardi: Berlino, Ambasciata d'Italia 1939–1943. Rom 1946. 187 f.

910 Unterredung zwischen Hitler und Alfieri im Beisein Ribbentrops in der Reichskanzlei am 19. 12. 1940: ADAP, D, Bd. 11, Nr. 538.

911 Ciano, Tagebücher 1939–1943, 293.

912 Mussolini ließ sein Ersuchen Mackensen durch den Unterstaatssekretär im italienischen Kriegsministerium und neuen stellvertretenden Chef des Generalstabs, General Alfredo Guzzoni, am 20. 12. ausrichten: ADAP, D, Bd. 11, Nr. 541.

913 Die Tagebücher Joseph Goebbels', Teil 1, Bd. 4, 417, 420.

914 Ciano, Tagebücher 1939–1943, 294.

915 Ciano, Tagebücher 1939–1943, 296. Vgl. auch Knox, MacGregor: Mussolini Unleashed, 1939–1941. Politics and Strategy in Fascist Italy's Last War. Cambridge 1982. 251–256.

916 Ciano, Tagebücher 1939–1943, 296–301.

917 Die Tagebücher Joseph Goebbels', Teil 1, Bd. 4, 441.

918 ADAP, D, Bd. 11, Nr. 586.

919 Halder, Kriegstagebuch, Bd. 2, 212.

920 Halder, Kriegstagebuch, Bd. 2, 224 ff.

921 ADAP, D, Bd. 11, Nr. 532.

922 ADAP, D, Bd. 11, Nr. 589. Ähnliches verkündete er auch in einer öffentlichen Rede am 23. Februar 1941. Mussolini, Opera Omnia, Bd. 30, 49 f.

923 ADAP, D, Bd. 11, Nr. 672, 679; Ciano, Tagebücher 1939–1943, 309 f.; Rintelen, Mussolini als Bundesgenosse, 126.

924 ADAP, D, Bd. 12, Nr. 17.

925 ADAP, D, Bd. 12, Nr. 76; Mussolini, Opera Omnia, Bd. 30, 185–190.

926 Halder, Kriegstagebuch, Bd. 2, 335 ff.

927 ADAP, D, Bd. 12, Nr. 208.

928 Siehe Hillgruber, Andreas: Der Zweite Weltkrieg 1939–1945. Kriegsziele und Strategie der großen Mächte. Stuttgart/Berlin/Köln/Mainz $^{2}$1983. 59; Hildebrand, Das vergangene Reich, 739 f.

929 ADAP, D, Bd. 12, Nr. 224.

930 ADAP, D, Bd. 12, Nr. 226.

931 ADAP, D, Bd. 12, Nr. 281.

932 Rintelen, Mussolini als Bundesgenosse, 140 f.; Gruchmann, Zweiter Weltkrieg, 115; Creveld, Martin van: Hitler's Strategy 1940–1941. The Balkan Clue. Cambridge 1973. 170.

933 Ciano, Tagebücher 1939–1943, 327.

934 Hildebrand, Das vergangene Reich, 738, 740; Cecil, Robert: Hitlers Griff nach Russland. Graz/Wien/Köln 1977. 176.

935 Domarus, Hitler, Bd. 2, 1697.

936 Ciano, Tagebücher 1939–1943, 327 f.

937 Joseph Goebbels' Tagebücher 1924–1945, hg. v. Ralf Georg Reuth. Bd. 4: 1940–1942. München $^{2}$1992. 1572.

938 ADAP, D, Bd. 12, Nr. 511.

939 ADAP, D, Bd. 12, Nr. 584.
940 Rintelen, Mussolini als Bundesgenosse, 144.
941 ADAP, D, Bd. 13, Nr. 7; Ciano, Tagebücher 1939–1943, 330.
942 Staatsmänner und Diplomaten bei Hitler, Bd. 1, 277–291.
943 Die Tagebücher Joseph Goebbels', Teil 1, Bd. 4, 694–697.
944 Ciano, Tagebücher 1939–1943, 332f.
945 ADAP, D, Bd. 12, Nr. 660.
946 Ciano, Tagebücher 1939–1943, 340.
947 ADAP, D, Bd. 12, Nr. 666.
948 Messe, Giovanni: La guerra al fronte russo. Mailand 1947. 177 f.; Deakin, F. W.: Die brutale Freundschaft. Hitler, Mussolini und der Untergang des italienischen Faschismus. Köln/Berlin 1962. 34.
949 ADAP, D, Bd. 13, Nr. 7; Hitler e Mussolini : Lettere e Documenti, 104–108; Opera Omnia, Bd. 30, 197–202.
950 Die Tagebücher Joseph Goebbels', Teil 1, Bd. 4, 696.
951 Cecil, Robert: Hitlers Griff nach Russland. Graz/Wien/Köln 1977; Clark, Alan: Barbarossa. The Russian-German Conflict 1941–1945. New York (1965) 1985; Barbarossa. The Axis and the Allies, hg. v. John Erikson und David Dilks. Edinburgh 1994.
952 Schmidt, Statist, 545.
953 Hillgruber, Hitlers Strategie, 505–508.
954 Hitler an Mussolini, 30. 6. 1941, in: ADAP, D, Bd. 13, Nr. 50.
955 Mussolini an Hitler, 2. 7. 1941, in: ADAP, D, Bd. 13, Nr. 62; Opera Omnia, Bd. 30, 202–206.
956 Rintelen, Mussolini als Bundesgenosse, 147 f.
957 Ciano, Tagebücher 1939–1943, 341 f., 344.
958 Halder, Kriegstagebuch, Bd. 2, 320.
959 Kershaw, Hitler 1936–1945, 622 f.
960 Hitler, Monologe, 58.
961 Hitler, Monologe, 76.
962 Hitler, Monologe, 66.
963 Hitler, Monologe, 67.
964 Jacobsen, Hans-Adolf: Kommissarbefehl und Massenexekutionen sowjetischer Kriegsgefangener. In: Martin Broszat, Hans Buchheim, Hans-Adolf Jacobsen, Helmut Krausnick: Anatomie des SS-Staates. Bd. 2. Olten/Freiburg 1965. 204; vgl. auch Die Truppe des Weltanschauungskrieges. Die Einsatzgruppen der Sicherheitspolizei und des SD 1938–1942, hg. v. Helmut Krausnick und Hans-Heinrich Wilhelm. Stuttgart 1981.
965 Jacobsen, Hans-Adolf: 1939–1945. Der Zweite Weltkrieg in Chronik und Dokumenten. Darmstadt [5]1961. 572.
966 Hillgruber, Der Zweite Weltkrieg, 77 f.
967 Krausnick, Helmut: Judenverfolgung. In: Broszat, Buchheim, Jacobsen, Krausnick, Anatomie des SS-Staates, Bd. 2, 372 f.
968 Hitler, Monologe, 106.
969 Hillgruber, Hitlers Strategie, 516–532.
970 Hitler, Monologe, 62 f.
971 Hitler, Monologe, 90 f.
972 Hitler, Monologe, 93.
973 IMT, Bd. 38, 86–94.
974 Hitler, Monologe, 55.
975 Ciano, Tagebücher 1939–1943, 346.
976 Hitler an Mussolini, 20. 7. 1941, in: ADAP, D, Bd. 13, Nr. 134.
977 Mussolini an Hitler, 24. 7. 1941: ADAP, D, Bd. 13, Nr. 156; Opera Omnia, Bd. 30, 206–212.
978 Kriegstagebuch des Oberkommandos der Wehrmacht (Wehrmachtsführungsstab) 1940–1945, hg. v. Percy Ernst Schramm. Bd. 1. Frankfurt 1961. 1063 ff.
979 Guderian, Heinz: Erinnerungen eines Soldaten. Heidelberg 1951. 179–183.
980 Warlimont, Walter: Im Hauptquartier der deutschen Wehrmacht 1939–1945. Grundlagen, Formen, Gestalten. Frankfurt 1962. 207.

981 Hitler, Monologe, 43.
982 Hitler am 20. 11. 1941 im Führerhauptquartier: Hitler, Monologe, 144.
983 Hitler, Monologe, 75.
984 Rintelen, Mussolini als Bundesgenosse, 148.
985 Ciano, L'Europa, 669–675; Dollmann, Eugen: Dolmetscher der Diktatoren. Bayreuth 1963. 27.
986 Schmidt, Statist, 546–549.
987 Ciano, Tagebücher 1939–1943, 342.
988 Ciano, Tagebücher 1939–1943, 350.
989 Ciano, Tagebücher 1939–1943, 343.
990 Ciano, Tagebücher 1939–1943, 350 f.
991 Ciano, Tagebücher 1939–1943, 366.
992 ADAP, D, Bd. 13, Nr. 424.
993 Hitler, Monologe, 55.
994 Hitler, Monologe, 137.
995 Ciano, Tagebücher 1939–1943, 361 f.
996 Hitler an Mussolini, 29. 10. 1941, in: ADAP, D, Bd. 13, Nr. 433.
997 ADAP, D, Bd. 13, Nr. 454; Opera Omnia, Bd. 30, 212–222.
998 Warlimont, Im Hauptquartier, 227.
999 Fernschreiben Rintelens, 22. 12. 1941: ADAP, E, Bd. 1, Nr. 53.
1000 Hitler, Monologe, 179.
1001 Zitiert bei Kershaw, Hitler 1936–1945, 595, 1202.
1002 Der Endsieg ist unser! Die Rede des Duce vom 23. Februar 1941. XIX. o. O., o. J. 14.
1003 Die Tagebücher Joseph Goebbels', Teil 2, Bd. 2, 494 f.
1004 Reinhardt, Klaus: Die Wende vor Moskau. Das Scheitern der Strategie Hitlers im Winter 1941/42. Stuttgart 1972. 184.
1005 Hitler an Mussolini, 29. 12. 1941, in: ADAP, E, Bd. 1, Nr. 62.
1006 Ciano, Tagebücher 1939–1943, 414.
1007 Rintelen, Mussolini als Bundesgenosse, 164 f.
1008 Rintelen, Mussolini als Bundesgenosse, 161 f.
1009 Zudem wies der Duce auf die Ustascha-Massaker gegen die serbische Minderheit in Kroatien hin und machte Göring auch auf die verheerende Hungersnot in Griechenland aufmerksam. Mussolini begrüßte es wiederum, dass Japan nicht gegen die Sowjetunion vorging, da Großbritannien der Hauptgegner sei. Der faschistische Diktator sah sich – angesichts verschiedener Gerüchte, wonach besonders die Bevölkerung in Sizilien anglophil eingestellt sei – auch bemüßigt, die gute, achsenfreundliche Stimmung in seinem Land zu betonen. Die Partei und er hätten alles fest im Griff. – ADAP, E, Bd. 1, Nr. 181.
1010 Joseph Goebbels' Tagebücher 1924–1945, Bd. 4, 1735.
1011 Domarus, Hitler, Bd. 2, 1828 f.
1012 Joseph Goebbels' Tagebücher 1924–1945, Bd. 4, 1756.
1013 Siehe umfassend: Hilberg, Raul: Die Vernichtung der europäischen Juden. Die Gesamtgeschichte des Holocaust. Berlin 1982; Die Ermordung der europäischen Juden. Eine umfassende Dokumentation des Holocaust 1941–1945, hg. v. Peter Longerich. München 1989; Reitlinger, Gerald: Die Endlösung. Hitlers Versuch der Ausrottung der Juden Europas 1939–1945. Berlin [7]1992; Fleming, Gerald: Hitler und die Endlösung. Wiesbaden/München 1982.
1014 Ciano, Tagebücher 1939–1943, 431.
1015 Ciano, Tagebücher 1939–1943, 432.
1016 ADAP, E, Bd. 2, Nr. 182.
1017 Ciano, Tagebücher 1939–1943, 433. ADAP, E, Bd. 2, Nr. 183, Anm. 3.
1018 Rintelen, Mussolini als Bundesgenosse, 166.
1019 Picker, Hitlers Tischgespräche, 386.
1020 Black, Peter: Ernst Kaltenbrunner – Vasall Himmlers: Eine SS-Karriere. Paderborn 1991.
1021 Ciano, Tagebücher 1939–1943, 441.
1022 Rintelen, Mussolini als Bundesgenosse, 168 f.
1023 Deakin, Brutale Freundschaft, 38 f.

1024 Rintelen, Mussolini als Bundesgenosse, 169 f.
1025 Rintelen, Mussolini als Bundesgenosse, 171 ff.
1026 Ciano, Tagebücher 1939–1943, 457.
1027 Hillgruber, Der Zweite Weltkrieg, 92 f.
1028 Ciano, Tagebücher 1939–1943, 478.
1029 Mussolini an Hitler, 22. 7. 1942, in: ADAP, E, Bd. 3, Nr. 122.
1030 Hitler an Mussolini, 4. 8. 1942, in: ADAP, E, Bd. 3, Nr. 153.
1031 Rintelen, Mussolini als Bundesgenosse, 174 f.
1032 Halder, Kriegstagebuch, Bd. 3, 514, und Kriegstagebuch des OKW, Bd. 2/1, 669.
1033 ADAP, E, Bd. 3, Nr. 181.
1034 Halder, Kriegstagebuch, 52.
1035 Ciano, Tagebücher 1939–1943, 475.
1036 ADAP, E, Bd. 4, Nr. 91. Anlage 1.
1037 Ciano, Tagebücher 1939–1943, 478.
1038 ADAP, E, Bd. 4, Nr. 98.
1039 ADAP, E, Bd. 4, Nr. 82.
1040 Rintelen, Mussolini als Bundesgenosse, 176–180.
1041 ADAP, E, Bd. 4, Nr. 146.
1042 Ciano, Tagebücher 1939–1943, 487.
1043 ADAP, E, Bd. 4, Nr. 165.
1044 Rintelen, Mussolini als Bundesgenosse, 182 f.
1045 Deakin, Brutale Freundschaft, 155 f.
1046 Bilanz der ersten dreißig Kriegsmonate. Rede des Duce vom 2. Dezember 1942. XXI. Rom 1942.
1047 Bottai, Vent'anni, 237 ff.
1048 6. 9. 1942 im Werwolf: Hitler, Monologe, 392.
1049 Simoni, Berlino, 297 f.
1050 Ciano, Tagebücher 1939–1943, 500.
1051 ADAP, E, Bd. 4, Nr. 303.
1052 Ciano, Tagebücher 1939–1943, 501.
1053 Kehrig, Manfred: Stalingrad. Analyse und Dokumentation einer Schlacht. Stuttgart 1974; Stalingrad und die Verantwortung des Soldaten, hg. v. Joachim Wieder und Heinrich Graf von Einsiedel. München [4]1993; Jukes, Geoffrey: Hitler's Stalingrad Decisions. Berkeley/Los Angeles/London 1985; Craig, William: Die Schlacht um Stalingrad. Der Untergang der 6. Armee. Kriegswende an der Wolga. München 1974; Beevor, Antony: Stalingrad. München 1999.
1054 Zitiert und übersetzt aus Opera Omnia, Bd. 31, 34 ff.; bei Deakin, Brutale Freundschaft, 161–164.
1055 Ciano, Tagebücher 1939–1943, 508 f.
1056 Mussolini, Rachele: Mein Leben mit Benito. Zürich 1948. 161.
1057 Siehe dazu die Abhandlung von Mussolinis Leibarzt Pozzi, Arnaldo: Come li ho visto io: dal diario di un medico. Mailand 1947. 122–128.
1058 Deakin, Brutale Freundschaft, 175–180.
1059 Deakin, Brutale Freundschaft, 181–189.
1060 Ciano, Tagebücher 1939–1943, 520.
1061 Bastianini, Giuseppe: Uomini, cose, fatti. Mailand 1959. 80 f.
1062 Deakin, Brutale Freundschaft, 196 f., 200–204.
1063 Domarus, Hitler, Bd. 2, 1974.
1064 Hitlers Lagebesprechungen. Die Protokollfragmente seiner militärischen Konferenzen 1942–1945, hg. v. Helmut Heiber. Stuttgart 1962. 135.
1065 Manstein, Erich von: Verlorene Siege. Bonn (1955) 1959. 395, 437 f.
1066 Warlimont, Im Hauptquartier, 328; Die Tagebücher Joseph Goebbels', Teil 2, Bd. 7, 593.
1067 Joseph Goebbels' Tagebücher 1924–1945, Bd. 5, 1906–1911.
1068 ADAP, E, Bd. 5, Nr. 135.
1069 ADAP, E, Bd. 5, Nr. 158.
1070 ADAP, E, Bd. 5, Nr. 163.
1071 Mussolini an Hitler, 9. 3. 1943, in: ADAP, E, Bd. 5, Nr. 192.

1072 Hitlers Lagebesprechungen, 184–188.
1073 Deakin, Brutale Freundschaft, 247–250.
1074 Bastianini, Uomini, 108.
1075 Deakin, Brutale Freundschaft, 250–253.
1076 Deakin, Brutale Freundschaft, 262–272.
1077 Hitlers Lagebesprechungen, 184.
1078 ADAP, E, Bd. 5, Nr. 204, Anlage.
1079 Schreiben Hitlers an Mussolini vom 14. 3. 1943 in: ADAP, E, Bd. 5, Nr. 207. Die Unterredung zwischen Mussolini und Dönitz fand am 15. 3. 1943 statt.
1080 Schreiben Mussolinis an Hitler vom 26. 3. 1943 in: ADAP, E, Bd. 5, Nr. 252.
1081 Unterredung vom 1. 4. 1943 in: ADAP, E, Bd. 5, Nr. 269.
1082 ADAP, E, Bd. 6, Nr. 71.
1083 Siehe dazu detailliert Deakin, Brutale Freundschaft, 306–324.
1084 Pozzi, Come li ho visto io, 139.
1085 Goebbels zitiert bei Deakin, Brutale Freundschaft, 324.
1086 Pozzi, Come li ho visto io, 147 f.
1087 Deakin, Brutale Freundschaft, 327–330; Hitler e Mussolini, 154 f.; Puntoni, Paolo: Parla Vittorio Emmanuele III. Mailand 1958. 128 f.; Simoni, Berlino ambasciata, 334.
1088 Zitiert bei Deakin, Brutale Freundschaft, 370.
1089 Deakin, Brutale Freundschaft, 389 f.
1090 Deakin, Brutale Freundschaft, 371 f.
1091 IMT, Bd. 10, 463 f.
1092 Deakin, Brutale Freundschaft, 332–337.
1093 Hitler an Mussolini, 19. 5. 1943, in: Hitler e Mussolini, 156.
1094 Die Tagebücher Joseph Goebbels', Teil 2, Bd. 8, 527 f.
1095 Hitlers Lagebesprechungen, 220 ff.
1096 Mussolini, Rachele, Mein Leben mit Benito, 167.
1097 Zitiert bei Deakin, Brutale Freundschaft, 385.
1098 Rede Mussolinis vom 5. 7. 1943, in: Ursachen und Folgen, Bd. 20, 232 ff.
1099 Deakin, Brutale Freundschaft, 391–400; Puntoni, Parla Vittorio Emmanuele III., 132 f.; Senise, Carmine: Quando ero capo della polizia 1940–1943. Rom 1946. 191 f.; Soleri, Marcello: Memorie. Turin 1949. 231 f., 237.
1100 Klink, Ernst: Das Gesetz des Handelns: Die Operation „Zitadelle" 1943. Stuttgart 1966.
1101 Moos, Herbert von: Das große Weltgeschehen, Bd. 5. Bern 1944. 80.
1102 Deakin, Brutale Freundschaft, 432.
1103 Deakin, Brutale Freundschaft, 434 f.
1104 Deakin, Brutale Freundschaft, 438 ff.
1105 Deakin, Brutale Freundschaft, 441–444.
1106 Alfieri, Due dittatori, 309.
1107 ADAP, E, Bd. 6, Nr. 159.
1108 Alfieri, Due dittatori, 313.
1109 Hagen, Walter: Die Geheime Front. Organisation, Personen und Aktionen des deutschen Geheimdienstes. Zürich 1950. 430 ff.; Rintelen, Mussolini als Bundesgenosse, 211 ff.; Alfieri, Due dittatori, 315.
1110 Schmidt, Statist, 580; Hitler e Mussolini, 165 ff.
1111 Alfieri, Due dittatori, 317; Bastianini, Uomini, 121, 166; Deakin, Brutale Freundschaft, 484.
1112 Deakin, Brutale Freundschaft, 489–504.
1113 Zu der Sitzung siehe Mussolini, Benito: Memoirs 1942–1943. With documents relating to the period, hg. v. Raymond Klibausky. London 1949. 55–64, 80; Bottai, Vent'anni, 302–318; Galbiati, Enzo: Il 25 luglio e la MVSN. 1950. 226–232; Bastianini, Uomini, 27 ff.; Alfieri, Due dittatori, 338–341; Deakin, Brutale Freundschaft 505–524; De Felice, Renzo: Mussolini l'alleato. 1940–1945. Bd. 2. Turin 1990. 1089–1410.
1114 Mussolini, Rachele, Mussolini ohne Maske, 198.
1115 Zitiert nach Tamaro, Attilio: Due anni di storia, 1943–1945. Bd. 1. Rom 1948. 76 f.; deutsch bei Deakin, Brutale Freundschaft, 613.

1116 Hagen, Geheime Front, 409 f.
1117 Deakin, Brutale Freundschaft, 615 ff.
1118 Rintelen, Mussolini als Bundesgenosse, 225 f.
1119 Hitler, Monologe, 247.
1120 Hitlers Lagebesprechungen, 312–318, 369 f.
1121 Zitiert bei Deakin, Brutale Freundschaft, 565.
1122 Goebbels zitiert bei Deakin, Brutale Freundschaft, 568.
1123 Deakin, Brutale Freundschaft, 570 ff.
1124 Rintelen, Mussolini als Bundesgenosse, 229–235.
1125 Rintelen, Mussolini als Bundesgenosse, 228.
1126 Speer, Erinnerungen, 321; Mussolini, Rachele, Mussolini ohne Maske, 201 f.
1127 Hagen, Geheime Front, 433.
1128 Manstein, Verlorene Siege, 497–506.
1129 Gesamte Rede bei Domarus, Hitler, Bd. 2, 2035–2039.
1130 Mussolini, Rachele, Mussolini ohne Maske, 202.
1131 Zitiert bei Domarus, Hitler, Bd. 2, 2040.
1132 Deakin, Brutale Freundschaft, 623. Zur Befreiung Mussolinis siehe Patricelli, Marco: Libertate il Duce. Gran Sasso 1943: La vera storia dell' operazione querica. Mailand 2001.
1133 Mussolini, Rachele, Mussolini ohne Maske, 197 f.
1134 Speer, Erinnerungen, 321.
1135 Joseph Goebbels' Tagebücher, 1924–1945, Bd. 5, 1955. Anfuso, Da Palazzo Venezia, 253 f., 326.
1136 Anfuso, Da Palazzo Venezia, 251 f.; Deakin, Brutale Freundschaft, 638–642.
1137 Ursachen und Wirkung, Bd. 20, 335–339.
1138 Deakin, Brutale Freundschaft, 642–646; Graziani, Io ho difeso la patria, 375 ff.
1139 ADAP, E, Bd. 6, Nr. 352.
1140 Tamaro, Due anni di storia, Bd. 2, 47 ff.; Deakin, Brutale Freundschaft, 649 f.
1141 Zitiert bei Deakin, Brutale Freundschaft, 653 f.
1142 ADAP, E, Bd. 7, Nr. 39.
1143 ADAP, E, Bd. 7, Nr. 35.
1144 Kirkpatrick, Mussolini, 556.
1145 Deakin, Brutale Freundschaft, 666–687.
1146 Manstein, Verlorene Siege, 517–554; Warlimont, Im Hauptquartier, 398 f.
1147 Hitlers Weisungen, 233 ff.
1148 Hitlers Lagebesprechungen, 435 ff.
1149 Lang, Jochen von: Der Sekretär. Martin Bormann: Der Mann, der Hitler beherrschte. Frankfurt 1980.
1150 Domarus, Hitler, Bd. 2, 2076.
1151 Die Unterredung fand am 4. 1. 1944 statt. Manstein, Verlorene Siege, 571 ff.
1152 Ansprache Hitlers und der Vorfall mit Manstein am 27. 1. 1944. Manstein, 578 ff.; Kershaw, Hitler 1936–1945, 818 ff.
1153 Guderian, Heinz: Erinnerungen eines Soldaten. Heidelberg 1951. 295 f.
1154 ADAP, E, Bd. 7, Nr. 147.
1155 Brief Cianos vom 23. 12. 1943. In: Churchill, Winston S.: Der Zweite Weltkrieg. Bd. 2/1. Hamburg 1950. 162 f.
1156 Deakin, Brutale Freundschaft, 718–739.
1157 Deakin, Brutale Freundschaft, 733.
1158 ADAP, E, Bd. 7, Nr. 170.
1159 Mussolini, Rachele, Mussolini ohne Maske, 209.
1160 ADAP, E, Bd. 7, Nr. 180.
1161 Speer, Erinnerungen, 357–360, 372–378; Below, Nicolaus von: Als Hitlers Adjutant 1937–1945. Mainz 1980. 363 f.; Hölsken, Heinz Dieter: Die V-Waffen. Entstehung – Propaganda – Kriegseinsatz. Stuttgart 1984.
1162 Hoffmann, Peter: Die Sicherheit des Diktators. Hitlers Leibwachen, Schutzmaßnahmen, Residenzen, Hauptquartiere. München 1975. 213–239; Below, Als Hitlers Adjutant, 363.
1163 Schenck, Ernst Günther: Patient Hitler. Eine medizinische Biographie. Düsseldorf 1989,

passim; Redlich, Fritz: Hitler. Diagnosis of a Destructive Prophet. New York/Oxford 1999. 228 f., 346.
1164 Die Tagebücher Joseph Goebbels', Teil 2, Bd. 11, 399 ff.
1165 Schmidt, Statist, 587 ff.
1166 Hilberg, Die Vernichtung der europäischen Juden, Bd. 3. Frankfurt [2]1990. 914 f.
1167 Kershaw, Hitler 1936–1945, 833 ff.
1168 Tamaro, Due anni di storia, Bd. 2, 371; deutsch bei Deakin, Brutale Freundschaft, 778.
1169 ADAP, E, Bd. 7, Nr. 354.
1170 ADAP, E, Bd. 7, Nr. 355.
1171 Anfuso, Da Palazzo Venezia, 301 ff.
1172 Below, Als Hitlers Adjutant, 372; Die Tagebücher Joseph Goebbels', Teil 2, Bd. 12, 405.
1173 Deakin, Brutale Freundschaft, 780–796.
1174 Domarus, Hitler, Bd. 2, 2104.
1175 Speidel, Hans: Invasion 1944. Tübingen 1949. 113 f.; Hitlers Lagebesprechungen, 573.
1176 Die Tagebücher Joseph Goebbels', Teil 2, Bd. 12, 516–527.
1177 Bullock, Hitler und Stalin, 1090.
1178 Zum militärisch-aristokratisch-bürgerlichen Widerstand und den Geschehnissen des 20. Juli 1944 siehe detailliert wie grundlegend vor allem Fest, Joachim C.: Staatsstreich. Der lange Weg zum 20. Juli. Berlin 1994; Hoffmann, Peter: Widerstand, Staatsstreich, Attentat. München/Zürich [4]1985; Roon, Ger van: Widerstand im Dritten Reich. Ein Überblick. München (1979) 1998.
1179 Thun-Hohenstein, Romedio Galeazzo Reichsgraf von: Der Verschwörer. General Oster und die Militäropposition. Berlin 1982.
1180 Siehe auch Höhne, Heinz: Canaris. Patriot im Zwielicht. München 1976.
1181 Hoffmann, Peter: Claus Schenk Graf von Stauffenberg und seine Brüder. Das geheime Deutschland. Stuttgart 1992; Baignet, Michael und Leigh, Richard: Geheimes Deutschland. Stauffenberg und die Hintergründe des Hitler-Attentats vom 20. 7. 1944. München 1994.
1182 Hoffmann, Widerstand, 486–501; Fest, Staatsstreich, 258–261.
1183 Deakin, Brutale Freundschaft, 797.
1184 Münsingen, Paderborn, Grafenwöhr und Sennelager.
1185 Rahn, Rudolf: Ruheloses Leben. Düsseldorf 1949. 258 f.; Anfuso, Da Palazzo Venezia, 457.
1186 Anfuso, Da Palazzo Venezia, 324 f.; Deakin, Brutale Freundschaft, 798 f.
1187 Mussolini, Rachele, Mussolini ohne Maske, 128.
1188 Schmidt, Statist, 583.
1189 ADAP, E, Bd. 8, Nr. 128.
1190 Mussolini, Rachele, Mussolini ohne Maske, 210.
1191 Deakin, Brutale Freundschaft, 803 ff.
1192 Domarus, Hitler, Bd. 2, 2126.
1193 Domarus, Hitler, Bd. 2, 2128.
1194 Ehlers, Dieter: Technik und Moral einer Verschwörung. Frankfurt/Bonn 1964. 113.
1195 Die Tagebücher Joseph Goebbels', Teil 2, Bd. 13, 153–156.
1196 Hitlers Lagebesprechungen, 611 f.
1197 Deakin, Brutale Freundschaft, 814–827. Siehe weiters: Bocca, Giorgio: La Repubblica di Mussolini, Mailand [5]2001 und Bertoldi Silvio: Salò. Vita e morte della Repubblica Sociale Italiana. Mailand (1976) 1997.
1198 Opera Omnia, Bd. 32, 126 ff.
1199 Below, Als Hitlers Adjutant, 386 f.
1200 Guderian, Erinnerungen, 342.
1201 Cartier, Raymond: Der Zweite Weltkrieg. Bd. 1. München 1967. 918.
1202 Jung, Hermann: Die Ardennenoffensive 1944/45. Ein Beispiel für die Kriegführung Hitlers. Göttingen/Zürich/Frankfurt 1971; Manteuffel, Hasso von: Die Schlacht in den Ardennen 1944–1945. In: Entscheidungsschlachten des Zweiten Weltkriegs, hg. v. Hans-Adolf Jacobsen und Jürgen Rohwer. Frankfurt 1960. 527 ff.; Hitlers Lagebesprechungen, 740.
1203 Hitlers Lagebesprechungen, 713 ff.
1204 Guderian, Erinnerungen, 346 f.

1205 Hitler am 4. Juli anlässlich einer am Berghof von Speer einberufenen Tagung von Wehrwirtschaftsführern: Domarus, Hitler, Bd. 2, 2117.
1206 Ganze Rede in: Domarus, Hitler, Bd. 2, 2179–2185.
1207 Neujahrstagesbefehl an die deutsche Wehrmacht in: Domarus, Hitler, Bd. 2, 2185–2188.
1208 Below, Als Hitlers Adjutant, 398.
1209 Guderian, Erinnerungen, 350 f.
1210 Kriegstagebuch OKW, Bd. 4, 1701 f.; Zoller, Hitler privat, 150.
1211 Guderian, Erinnerungen, 376; Boldt, Gerhard: Die letzten Tage der Reichskanzlei. Hamburg 1947. 26 f.
1212 Fernschreiben vom 21. 1. 1945, in: Hitlers Weisungen, 300.
1213 Domarus, Hitler, Bd. 2, 2197.
1214 Guderian, Erinnerungen, 387 f.
1215 Siehe auch Müller, Rolf-Dieter und Ueberschär, Gerd R.: Kriegsende 1945. Die Zerstörung des Deutschen Reiches. Frankfurt 1994.
1216 Domarus, Hitler, Bd. 2, 2203–2206.
1217 Domarus, Hitler, Bd. 2, 2211 ff.
1218 Speer, Erinnerungen, 446.
1219 Kriegstagebuch OKW, Bd. 4, 1580–1583.
1220 Siehe auch Strawson, John: Churchill and Hitler. London 1997.
1221 Zitiert bei Fest, Hitler, 1013.
1222 Hitler am 16. 4. 1945, in: Hitlers Weisungen, 310 f.
1223 Deakin, Brutale Freundschaft, 879.
1224 Deakin, Brutale Freundschaft, 891.
1225 Deakin, Brutale Freundschaft, 891 f.
1226 Deakin, Brutale Freundschaft, 893.
1227 Domarus, Hitler, Bd. 2, 2226.
1228 Kershaw, Hitler 1936–1945, 1033 f.
1229 Zitiert bei Kershaw, Hitler 1936–1945, 1033.
1230 Kershaw, Hitler 1936–1945, 1036 f., 1046.
1231 Domarus, Hitler, Bd. 2, 2230.
1232 Koller, Karl: Der letzte Monat. Die Tagebuchaufzeichnungen des ehemaligen Chefs des Generalstabes der deutschen Luftwaffe vom 14. April bis 27. Mai 1945. Mannheim 1949. 35–43; Below, Als Hitlers Adjutant, 412; Speer, Erinnerungen, 485 f.; Schroeder, Er war mein Chef, 210 f.
1233 Below, Als Hitlers Adjutant, 415; Joachimsthaler, Anton: Hitlers Ende. Legenden und Dokumente. Augsburg 1999. 182–185; Padfield, Himmler, 565–596.
1234 Zitiert bei Fest, Hitler, 1008.
1235 Ludwig, Mussolinis Gespräche, 232.
1236 Audisio war später Parlamentarier in Rom. In zwei Prozessen wurde sein Vorgehen bei der Erschießung Mussolinis und Petaccis als einwandfreie Kriegshandlung vom Gericht gebilligt. Er starb im Oktober 1973 an den Folgen eines Herzinfarkts. Domarus, Mussolini und Hitler, 475, Fußnote 18.
1237 Siehe etwa Moos, Herbert von: Das große Weltgeschehen. Bd. 6. Bern 1945. 299 ff. und Pisanò, Giorgio: Gli ultimi cinque secondi di Mussolini. Mailand (1996) 1999.
1238 Dönitz, Karl: Zehn Jahre und zwanzig Tage. München [7]1980; Padfield, Peter: Dönitz. Des Teufels Admiral. Berlin/Frankfurt/Wien 1984.
1239 Domarus, Hitler, Bd. 2, 2236–2241.
1240 Trevor-Roper, Hugh Redwald: Hitlers letzte Tage. Zürich 1948. 179 f.; Domarus, Hitler, Bd. 2, 2242.
1241 Kriegstagebuch OKW, Bd. 4, 1466 f.
1242 Baur, Hans: Ich flog Mächtige der Erde. Kempten 1956. 275 ff.
1243 Domarus, Hitler, Bd. 2, 2247 f.

# Abkürzungen

| | |
|---|---|
| ADAP | Akten zur Deutschen Auswärtigen Politik, 1918–1945 |
| ADÖ | Außenpolitische Dokumente der Republik Österreich 1918–1938 |
| AdR | Archiv der Republik |
| Anm. | Anmerkung |
| BVP | Bayerische Volkspartei |
| ČSR | Tschechoslowakische Republik |
| DAF | Deutsche Arbeitsfront |
| DAP | Deutsche Arbeiterpartei |
| DBFP II | Documents on British Foreign Policy 1919–1939, Serie II |
| DDF I | Documents Diplomatiques Français 1932–1939, Serie I |
| DDI | I Documenti Diplomatici Italiani, 1861–1943 |
| DDP | Deutsche Demokratische Partei |
| DNVP | Deutschnationale Volkspartei |
| DStP | Deutsche Staatspartei |
| DVP | Deutsche Volkspartei |
| EK I | Eisernes Kreuz I. Klasse |
| FRUS | Foreign Relations of the United States |
| Gestapo | Geheime Staatspolizei |
| HJ | Hitlerjugend |
| HZ | Historische Zeitschrift |
| IMT | Der Prozess gegen die Hauptkriegsverbrecher vor dem Internationalen Militärgerichtshof Nürnberg, 14. November 1945–1. Oktober 1946 |
| IR | Infanterieregiment |
| k. k. | kaiserlich königlich |
| k. u. k. | kaiserlich und königlich |
| KPD | Kommunistische Partei Deutschlands |
| MEFO | Metallurgische Forschungsgesellschaft mbH |
| NPA | Neues Politisches Archiv |
| NS | Nationalsozialismus, nationalsozialistisch |
| NSDAP | Nationalsozialistische Deutsche Arbeiterpartei |
| NSKK | Nationalsozialistisches Kraftfahrerkorps |
| o. J. | ohne Jahr |
| o. O. | ohne Ort |
| OKH | Oberkommando des Heeres |

| | |
|---|---|
| OKW | Oberkommando der Wehrmacht |
| PNF | Partito Nazionale Fascista |
| PSI | Partito Socialista Italiano |
| RAF | Royal Air Force |
| RGBl. | Reichsgesetzblatt |
| SA | Sturmabteilung |
| SD | Sicherheitsdienst |
| SPD | Sozialdemokratische Partei Deutschlands |
| SS | Schutzstaffel |
| USA | Vereinigte Staaten von Amerika |
| USPD | Unabhängige Sozialdemokratische Partei Deutschlands |
| VfZ | Vierteljahreshefte für Zeitgeschichte |

# Personenregister

# ABBILDUNGSVERZEICHNIS